호색한 이미지로 그려진 샤리아르 로데릭 맥크리. 1923.

샤리아르와 샤라자드·두냐자드 자매   구스타프 텐그렌의 애니메이션

〈카이로 사람과 바그다드 유령의 집〉 윌리엄 하비. 1838. '천장에서 금화가 산더미같이 쏟아져 내렸다.'

〈난파선의 여자와 그 아들〉 '알라여, 제발 나와 이 사자 같은 사나이의 사이를 갈라주소서.'

〈이무기의 여왕〉 부르키야의 모험 '옥좌에 털썩 앉아 깊은 잠에 빠져들었다.'

〈이무기의 여왕〉 얀샤의 이야기 '무슨 까닭으로 언니들의 옷을 갖지 않고 내 옷을 가져가셨나요?'

〈선원 신드바드와 짐꾼 신드바드〉 선원 신드바드의 첫 번째 항해   레옹 카레. 1878. '섬처럼 보였던 곳은 거대한 물고기의 등이었다.'

선원 신드바드의 두 번째 항해   에드먼드 뒬락. '새는 나를 매단 채 하늘 높이 날아올랐다.'

선원 신드바드의 세 번째 항해 '괴물은 선장을 와락 움켜잡더니 땅 위에 패대기친 다음······.'

선원 신드바드의 다섯 번째 항해   아서 래컴. '등에 올라탄 노인은 절대로 내려오지 않았다.'

선원 신드바드의 여섯 번째 항해 밀로 윈터. 1914. '뗏목 위에 상품과 값진 보석 등을 실은 다음 강을 타고 내려갔다.'

선원 신드바드의 일곱 번째 항해(콜카타판)　헤이우드 하디. '코끼리 무덤에 나를 내려놓았다.'

〈놋쇠의 성〉 맥스필드 패리쉬. 1909. '저것이 바로 〈놋쇠의 성〉이다.'

〈놋쇠의 성〉 '여인(미라)이 누워 있는 침대 계단을 오르자마자 양쪽에 있던 노예가 느닷없이 등과 목을 쳐버렸다.'

〈가리브와 그 형 아지브 이야기〉 '사단은 잔인하기 짝이 없는 악마여서 아담 자손의 고기 말고는 아무것도 먹지 않는다.'

《아라비안나이트》 초판 표지

World Book 135

Richard Francis Burton
THE BOOK OF THE THOUSAND NIGHTS AND ONE NIGHT
아라비안나이트 Ⅲ
리처드 버턴/고산고정일 옮김

동서문화사

디자인 : 동서랑 미술팀

아라비안나이트 Ⅲ
차례

디빌 알 후자이와 무슬림 빈 알 왈리드 그리고 미녀 (407번째 밤) … 2169
모술의 이사크와 상인 (407번째 밤~409번째 밤) … 2173
세 사람의 불행한 연인 (409번째 밤~410번째 밤) … 2180
아부 하산이 방귀를 뀐 이야기 (410번째 밤) … 2183
타이족 연인들 (410번째 밤~411번째 밤) … 2187
사랑에 미친 남자 (411번째 밤~412번째 밤) … 2190
이슬람교도가 된 수도원 부원장 (412번째 밤~414번째 밤) … 2195
아부 이사와 쿠라트 알 아인의 사랑 (414번째 밤~418번째 밤) … 2203
알 라시드의 아들 알 아민과 작은아버지 빈 알 마디
(418번째 밤~419번째 밤) … 2215
알 파스 빈 하칸과 알 무타와킬 교주 (419번째 밤) … 2217
남녀 우열에 대해 어떤 남자와 여자 학자가 토론한 이야기
(419번째 밤~423번째 밤) … 2219
아부 스와이드와 아름다운 노파 (423번째 밤~424번째 밤) … 2236
알리 빈 타히르 태수와 무니스라는 처녀 (424번째 밤) … 2238
애송이 정부를 둔 여자와 어른을 정부로 둔 여자 (424번째 밤) … 2240
카이로 사람과 바그다드 유령의 집 (424번째 밤~434번째 밤) … 2242
순례자와 노파 (434번째 밤~436번째 밤) … 2270
아부 알 후슨과 노예처녀 타와즈드 (436번째 밤~462번째 밤) … 2274
죽음의 천사와 거만한 왕 그리고 이맘 (462번째 밤) … 2356
죽음의 천사와 부유한 왕 (462번째 밤~463번째 밤) … 2360
죽음의 천사와 이스라엘 자손의 왕 (463번째 밤~464번째 밤) … 2363
이스칸다르 주 알 카르나인과 가난한 사람들 (464번째 밤) … 2365
아누시르완 왕의 위덕 (464번째 밤~465번째 밤) … 2369
유대인 판관과 정절을 지킨 아내 (465번째 밤~466번째 밤) … 2371
난파선의 여자와 그 아들 (466번째 밤~467번째 밤) … 2377
신앙심 깊은 흑인 노예 (467번째 밤~468번째 밤) … 2382

신앙심 깊은 쟁반장수와 그 아내(468번째 밤~470번째 밤) … 2387
알 하자지와 신앙가(470번째 밤~471번째 밤) … 2394
불을 만져도 아무렇지도 않은 대장장이(471번째 밤~473번째 밤) … 2397
신으로부터 구름을 얻은 신자와 경건한 국왕(473번째 밤~474번째 밤) … 2403
이슬람 전사와 그리스도교 소녀(474번째 밤~477번째 밤) … 2409
그리스도교 왕의 왕녀와 이슬람교도(477번째 밤~478번째 밤) … 2420
예언자와 신의 심판(478번째 밤~479번째 밤) … 2426
나일 강의 뱃사공과 은둔자(479번째 밤) … 2429
섬나라 왕과 경건한 이스라엘 사람(479번째 밤~481번째 밤) … 2433
아부 알 하산과 나환자 아부 자파르(481번째 밤~482번째 밤) … 2441
이무기의 여왕(482번째 밤~536번째 밤) … 2448
   부르키야의 모험 … 2455
   얀샤의 이야기 … 2485

선원 신드바드와 짐꾼 신드바드(536번째 밤~566번째 밤) … 2580
   선원 신드바드의 첫 번째 항해 … 2584
   선원 신드바드의 두 번째 항해 … 2595
   선원 신드바드의 세 번째 항해 … 2605
   선원 신드바드의 네 번째 항해 … 2617
   선원 신드바드의 다섯 번째 항해 … 2635
   선원 신드바드의 여섯 번째 항해 … 2647
   선원 신드바드의 일곱 번째 항해 … 2659
   뱃사람 신드바드의 일곱 번째 항해(콜카타판) … 2672

놋쇠의 성(566번째 밤~578번째 밤) … 2700
여자의 간사한 꾀와 원한(578번째 밤~606번째 밤) … 2759
   왕과 대신의 아내 … 2768
   과자장수와 그의 아내와 앵무새 이야기 … 2771
   세탁집 아들 … 2774
   난봉꾼의 책략과 정숙한 아내 … 2775
   구두쇠와 빵 … 2777
   바람둥이 계집과 두 명의 정부 … 2779
   왕자와 식인종 … 2781
   벌꿀 한 방울 … 2785

남편에게 흙을 체질하게 한 여자 … 2785
마력을 가진 샘 … 2787
대신의 아들과 목욕탕 집 마누라 … 2795
남편을 속인 마누라의 계략 … 2797
금세공장이와 카슈미르의 가희 … 2803
평생을 웃지 않고 버틴 사내 … 2808
왕자와 상인의 아내 … 2817
새가 하는 말을 알아듣는 척한 시동 … 2820
유부녀와 다섯 명의 구애자 … 2824
세 가지 소원 … 2835
도둑맞은 목걸이 … 2838
비둘기 두 마리 … 2839
베람 왕자와 알 다트마 공주 이야기 … 2840
전망대가 있는 저택 … 2846
왕자와 마신의 애첩 … 2859
단향 장수와 사기꾼 … 2863
난봉꾼과 세 살짜리 사내아이 … 2869
도둑맞은 돈주머니 … 2872
여우와 인간 … 2875

주다르와 그 형 (606번째 밤~624번째 밤) … 2890
가리브와 그 형 아지브 이야기 (624번째 밤~680번째 밤) … 2956
오트바와 라이야 (680번째 밤~681번째 밤) … 3137
알 누만의 딸 힌드와 알 하자지 (681번째 밤~682번째 밤) … 3148
비슈르의 아들 후자이마와 이크리마 알 파이야즈
(683번째 밤~684번째 밤) … 3152
학자 유누스와 왈리드 빈 살 교주 (684번째 밤~685번째 밤) … 3160
하룬 알 라시드 교주와 아라비아 처녀 (685번째 밤~686번째 밤) … 3167
알 아스마이와 바소라의 세 여자 (686번째 밤~687번째 밤) … 3173
모술의 이브라힘과 악마 (687번째 밤~688번째 밤) … 3179

디빌 알 후자이와 무슬림 빈 알 왈리드 그리고 미녀

(이것은 시인 디빌 알 후자이*¹가 한 이야기입니다.)

어느 날 내가 알 카르흐*²의 성문께에 앉아 있을 때 한 처녀가 지나갔는데, 지금까지 본 적이 없을 만큼 얼굴과 자태가 아름다운 여자였습니다. 게다가 간드러진 걸음걸이가 무척이나 요염하여, 그 얌전하고 나긋나긋한 모습을 본 사람은 누구든지 넋을 잃지 않을 수 없었습니다. 나도 그 처녀를 본 순간 당장 사랑의 포로가 되어 온몸이 떨리고 심장이 가슴에서 튀어나올 것만 같았습니다. 그래서 나는 처녀 앞에 서서 이런 시를 읊었습니다.

　　내 눈에서 눈물 쉬지 않고 흘러넘치고,
　　눈꺼풀에서는 잠이 달아났네, 아, 언제까지나.

그러자 처녀는 얼굴을 내 쪽으로 돌리고 말끄러미 쳐다보더니, 곧 다음과 같은 시로 화답했습니다.

　　남자의 눈이 아무리
　　짓무른다 한들 그게 뭐 대수인가요?
　　사랑에 달뜬
　　여자의 눈이 응하는 것을!

나는 상대의 교묘한 대답과 유창한 말재주에 깜짝 놀라 다시 이런 시를 보냈습니다.

　　말해 주오, 그리운 이여,
　　그 사내에게 마음을 열고 따르려오?

>   넘치는 강물처럼
>   눈물 쏟는 그 사내에게.

그러자 여자는 망설이는 기색도 없이 또 이렇게 대답했습니다.

>   내 사랑을 바라거든,
>   사랑은 빚이란 걸 아세요.
>   우리 서로
>   갚아야 할 빚이랍니다.

그때까지 나는 이처럼 아름다운 노랫소리는 들은 적이 없었고, 이처럼 빛나는 얼굴을 본 적도 없었습니다. 처녀의 노래에 진심으로 감동한 나는 운율을 바꿔 이런 시를 읊었습니다.

>   운명은 연분 맺는 기쁨으로
>   내 눈동자 축복해 줄까요?
>   애타게 사랑하는 연인 사이를
>   영원히 맺어 줄까요?

그러자 처녀는 생긋 웃으며(나는 여태까지 그렇게 예쁜 입매, 그렇게 아름다운 입술은 본 적이 없었습니다) 즉시 이런 노래로 답했습니다.

>   자, 말해봐요, 우리 두 사람에게
>   운명이 무슨 상관있을까요?
>   그대야말로 운명이지요.
>   내 눈동자여 축복하라,
>   연분 맺는 기쁨으로.

이 노래를 듣고 나는 벌떡 일어나 처녀의 손에 입을 맞추며 소리쳤습니다.
"운명의 신이 이런 기회를 나에게 내리실 줄은 꿈에도 몰랐소. 그럼 같이 갑시다. 이건 명령하는 것도 아니고 당신이 싫어하는 것을 억지로 강요하는 것도 아닙니다. 당신 자신의 뜻에 따라 기분 좋게."

내가 걷기 시작하자 처녀는 잠자코 따라왔습니다. 그때 나에게는 이런 미녀에게 어울리는 집이 없었습니다. 그러나 내 친구 무슬림 빈 알 왈리드[*3]는 당당한 저택을 가지고 있었기에, 그의 신세를 좀 지려고 찾아가 문을 두드렸습니다. 친구가 나오기에 나는 인사를 하고 말했습니다.

"이런 때를 위해서라도 친구는 참으로 소중한 법이지."

친구가 말했습니다.

"잘 왔네, 두 분 다 들어오시오."

우리는 안으로 들어갔는데, 그때 마침 친구는 공교롭게도 수중에 가진 돈이 없었습니다. 그래서 친구는 손수건을 한 장 내밀면서 말했습니다.

"이것을 시장에 가지고 가 팔아서 먹을 것과 그 밖에 필요한 것을 사오게."

나는 그 손수건을 받아 들고 시장에 가서 팔아, 먹을 것과 필요한 것들을 샀습니다. 그런데 친구의 집에 돌아와 보니 무슬림은 그 여자와 함께 지하실[*4]에 들어가 있지 않겠습니까? 무슬림은 내 발소리를 듣자 허둥지둥 방에서 나왔습니다.

"오, 아부 알리! 알라께서 자네의 친절에 보답해 주시기를 기도하겠네. 심판의 날엔 알라께서도 반드시 자네의 선행을 기리실 거야."

이렇게 말하면서 그는 내 손에서 음식과 술을 뺏어 들고는 문을 쾅 닫아 버리고 말았습니다.

나는 몹시 분개했지만 어쩔 도리가 없어 발만 동동 굴렀습니다. 그는 문 저편에 서서 재미있다는 듯이 몸을 흔들고 있었습니다. 그는 내가 화를 내고 있다는 것을 알고 이렇게 말했습니다.

"오, 아부 알리, 이런 시를 지은 사람이 누구인지 가르쳐주겠나?

　나는 밤새도록 그녀의 품에
　안겨 잠드는 행운아,
　그는 밤새도록 원망하며
　외톨이로 자야 하는 신세."

이 노래를 들은 나는 더욱더 분통이 터져 대답했습니다.
"그건 말이야, 이런 노래를 지은 놈이지.

    거대한 마나프*5도 이길 수 없는,
    수없이 많은 뿔로
    옴짝달싹 못하도록
    눌러버려라, 그런 놈은."

나는 그 비열한 행동과 수치를 모르는 야비한 수법에 대해 무슬림에게 욕을 퍼붓기 시작했지만, 상대는 입을 다물고 한마디도 하지 않았습니다.

내가 욕지거리를 그만두자 놈은 비로소 히죽 웃으며 말했습니다.

"이 덜떨어진 바보 녀석아! 너는 내 집에 와서 내 목도리를 팔아치우고 그 돈까지 썼단 말이야. 그런데 누가 누구에게 화를 내는 거야, 이 뚜쟁이 놈아!"*6

그러고는 여자에게 가 버렸습니다.

"그래, 내가 바보니 뚜쟁이니 하는 욕을 듣는 것도 당연하다, 당연해!"

나는 이렇게 말하면서 그 집을 나왔지만, 속이 부글부글 끓어 견딜 수가 없었습니다. 지금도 나는 그때의 분함을 잊을 수가 없습니다. 왜냐하면, 그 처녀를 한 번도 내 마음대로 해 보지도 못했고, 그 뒤에도 영영 여자의 소식을 듣지 못했기 때문입니다.

또 이런 이야기도 있습니다.

〈주〉

*1 디빌 알 후자이(Di'ibil al-Khuzai)의 다른 이름은 아부 알리(Abu Ali)라고 하며, 아바스 왕조(8세기부터 9세기에 걸쳐)의 시인.
*2 알 카르흐(Al-Karkh)는 바그다드의 유명한 구역으로, 야화에 자주 등장한다.
*3 무슬림 빈 알 왈리드(Muslim bin al-Walid)도 당대의 유명한 시인.
*4 지하실은 아랍어의 사르다브.
*5 마나프(Manaf)는 카바(메카의 신전)의 커다란 우상(偶像)으로, 무함마드의 손으로 파괴되었다. 이 우상의 이름에서 종족의 이름도 나왔다.
*6 '이 뚜쟁이 놈아'는 아랍어의 야 카와드(Ya Kawwad). 여기서 포르투갈어와 스페인어의 알코비티로(Alcoviteiro)가 나왔다.

모술의 이사크와 상인

(이것은 시인 이사크 빈 이브라힘 알 마우시리가 한 이야기입니다.)
어느 날 나는 왕궁에 출사하여 교주님 옆에서 보필하는 것이 싫증이 나, 새벽에 말을 타고 밖으로 나갔습니다. 드넓은 교외로 나가 시름을 풀고 싶었던 겁니다. 그래서 하인들에게 이렇게 일러두었습니다.
"교주님이나 누군가의 사자가 오거든 급할 볼일로 아침 일찍 집을 나갔는데 어디로 갔는지는 모른다고 하여라."
그런 다음 혼자 집을 나가 말을 타고 거리로 나아갔습니다. 그러는 동안 날씨가 점점 더워져서 알 하람이라는 번화한 거리에서 말을 멈췄습니다.

―여기서 날이 새기 시작했으므로 샤라자드는 이야기를 그쳤다.

408번째 밤

샤라자드는 이야기를 계속했다.
오, 인자하신 임금님, 이사크 빈 이브라힘 알 마우시리는 이야기를 계속했습니다.
―무더워져서 그늘에서 잠시 쉬려고 알 하람이라는 번화한 거리에서 말을 멈췄는데, 마침 도로로 나와 있는 건물의 널찍한 차양 밑이 그늘져 있는 게 눈에 들어왔습니다. 잠시 그 밑에 서 있으니, 한 검둥이 노예가 처녀를 태운 나귀를 끌고 지나갔습니다.
나귀 등에는 보석과 진주를 박은 마구가 얹혀 있고 처녀도 매우 호화로운 옷을 입고 있었습니다. 우수 어린 눈매에 얌전하고 기품이 있는, 참으로 아름다운 처녀였습니다. 그래서 지나가는 사람에게 그 여자가 누구냐고 물어

봤지요.

"노래를 부르는 가희랍니다."

나는 한눈에 그 여자에게 홀딱 반하여 하마터면 안장에서 떨어질 뻔했습니다. 처녀는 내가 잠시 그늘에 쉬는 그 집으로 들어가더군요.

어떻게 하면 그 가희와 가까이할 수 있을까 궁리를 하고 있는데, 아름다운 두 젊은이가 와서 주인을 찾았습니다. 집주인이 나와 두 사람에게 들어오라고 하자 두 사람은 말에서 내렸습니다. 그래서 나도 말에서 내려 두 사람을 따라 잠자코 안으로 들어가고 말았습니다.

젊은이들은 아마 이 집 주인이 나를 초대하였거니 생각했겠지요. 우리는 함께 자리에 앉자, 곧 요리가 나와 모두 먹기 시작했습니다. 이윽고 술이 나오자, 아까 그 처녀가 류트를 들고 나타났습니다. 처녀의 노래를 들으며 연거푸 술잔을 나누다가 나는 용변이 마려워서 자리를 떠났습니다. 그 사이에 주인은 젊은이들에게 내 신분을 물었습니다. 두 사람이 모른다고 대답하자 주인은 이렇게 말했습니다.

"그렇다면 건달*1인 모양이군. 하지만 유쾌한 사내이니 잘 대해 주시오."

내가 돌아와 자리에 앉자 처녀는 신묘한 가락에 맞춰 이런 노래를 부르기 시작했습니다.

여쭤보세요, 수영양이 아닌
암영양에게, 수사슴*2이 아닌
눈 화장한 암영양에게,
수컷과 잤다고 암컷이 아니에요.
그 걸음걸이는 아무리 보아도,
수컷이 아니라 암컷 같구나.

이 듣기 좋은 노랫소리에 모두 기분이 좋아져서 다시 한바탕 술잔을 돌렸습니다. 여자는 점점 더 흥이 나서 온갖 노래를 불렀는데, 그중에는 내가 지은 노래도 있었습니다. 그것은 이런 시였습니다.

인적 없는 언덕 적적하고

> 야영의 땅도 쓸쓸하구나,
> 벗들은 모두 뿔뿔이 흩어져
> 그림자조차 볼 수 없네.
> 만남 뒤의 이별이라
> 뒤에 남은 빈집과
> 이 몸은 슬프기만 하구나!

여자의 노래 솜씨는 처음보다 훨씬 훌륭했습니다. 그리고 여러 가지 옛 노래와 새로운 노래, 그리고 진기한 노래를 불렀는데 그중에도 내가 지은 것이 있었습니다.

> 당신이 무슨 말을 해도
> 새치름히 외면하는
> 화난 연인에게 이렇게 말해 보세요,
> "어쩌면 당신의 변덕이오
> 희롱이었는지 모르지만,
> 이렇게 된 건 모두
> 그대의 농간."

내가 이 노래에 약간 틀린 곳을 고쳐줄 테니 다시 한 번 불러 보라고 말하자, 젊은이 하나가 입을 열었습니다.

"당신처럼 뻔뻔스럽고 먹성 좋은 사람은 본 적이 없어. 당신은 먹는 것만으로도 부족해서 주제넘은 참견까지 하려는 거요? 진드기에 주책바가지라더니 바로 당신 같은 사람을 두고 하는 말이었군."

다른 젊은이가 말려도 상대는 좀처럼 말을 멈추지 않았습니다. 나는 창피해서 고개를 숙이고 입을 다물었습니다. 이윽고 모두 기도하기 위해 자리를 떠났으나, 나는 일부러 어물어물 남아서 류트의 나사를 죄어 줄을 잘 맞추어 두었습니다.

그러고 나서 다른 사람 뒤를 따라가 기도를 올렸습니다. 그런데 기도가 끝나자 아까 그 젊은이가 다시 나를 타박하고 욕하며 끝까지 무례한 말을 그치려 하지 않았습니다. 그래도 나는 꾹 참고 가만히 있었습니다.

이윽고 가희는 류트를 당겨 줄을 골라보더니 음조가 달라진 것을 금방 알고 물었습니다.

"누가 내 비파에 손을 대셨어요?"

"아무도 안 만졌는데요."

젊은이들이 대답하자 여자가 다시 말했습니다.

"그럴 리가 없어요. 누군가가 만졌어요. 아마 그분은 틀림없이 류트의 천재, 명장일 거예요. 이렇게 세상에 둘도 없는 대가처럼 음색을 맞춰놓으신 걸 보면."

"줄을 고른 것은 바로 나요."

내 대답에 처녀가 말했습니다.

"어머나! 그러세요? 그럼 부탁이니 한 곡 타 주세요."

그리하여 내가 류트를 들고 무척 어렵고 귀한 곡을 타자, 살아 있는 자는 숨을 멈추고 죽은 자는 숨결이 되살아나는 듯했습니다. 나는 또 이 곡에 맞춰 이런 노래를 불렀습니다.

> 나에게 단 하나의 마음 있어
> 그 마음 지니고 살아왔노라.
> 이윽고 그 마음, 애욕의
> 불길에 새카맣게 탔노라.
> 여인에게 사랑의 축복을
> 한 번도 받은 적이 없건만,
> 신은 이 종에게
> 은혜를 베풀 줄 모르더라.
> 내가 맛본 괴로움이
> 사랑의 양식이라면,
> 사랑의 양식 찾는 이는
> 모두 이 맛을 알아야 하리라.

—여기서 날이 훤히 밝아왔으므로 샤라자드는 이야기를 그쳤다.

409번째 밤

샤라자드는 이야기를 계속했다.
오, 인자하신 임금님, 모술의 이사크는 다시 이야기를 계속했습니다.
―내가 노래를 마치자 그 자리에 있던 사람들은 모두 자리에서 벌떡 일어나 마치 제자들처럼 내 앞에 앉으며 말했습니다.
"오, 선생님, 부탁이니 한 곡만 더 불러주십시오."
"좋고말고요."
나는 다시 한 번 멋지게 류트를 타면서 이런 시를 읊었습니다.

아, 내 마음은
사랑의 불길에 녹고
온갖 슬픔이 몰려와서
내 행복을 막았네.
무정한 그녀는
화살로 이 몸 쏘아
가슴의 벽과 뼈 사이의*3
피를 찾아 마지않네.
말하지 않아도 분명하구나,
거짓말하는 자의 혀끝에 속아
영원히 헤어지려고
남몰래 결심했네.
나의 피 흘리는 건 그녀,
사랑의 상처 말고는
피 흘리는 일 없는
그녀가. 아, 나를 위해
그 누가 원수를 갚고
그 여자의 피를 구할 것인가?

노래가 끝나자 모두 자리에 벌떡 일어나더니 감동한 나머지 다시 바닥에 몸을 던졌습니다. 내가 류트를 내려놓자 모두 한결같이 말했습니다.

"제발 부탁입니다. 그러지 마시고 한 곡만 더 들려주십시오. 전능하신 알라께서 당신께 더 많은 은총을 내리실 것이니!"

그래서 나는 이렇게 대답했습니다.

"오, 여러분, 여러분을 위해서라면 얼마든지 더 불러 드리지요. 그리고 내가 누구인지도 가르쳐드리겠소. 나는 이사크 빈 이브라힘 마우시라는 사람으로 교주님께서 부르시면 당당하게 입궐도 한다오. 그런데 오늘은 내가 싫어하는, 무례한 자에게 실컷 욕을 먹었소. 그러니 그 시비를 좋아하는 남자를 이 자리에서 끌어내기 전에는 한마디도 하지 않을 것이고, 함께 앉아 있는 것도 사양하겠소!"

그러자 동행한 젊은이가 그 당사자에게 말했습니다.

"그러게 내가 자네 체면을 생각해서 아까 그토록 주의를 주지 않던가."

그 자리에 있던 사람들은 그 젊은이의 팔을 붙들고 밖으로 쫓아내 버렸습니다. 나는 다시 류트를 들고 아까 처녀가 부른 내 자작시를 다시 한 번 불렀습니다. 그러고 나서 나는 주인의 귀에 입을 대고 처녀에게 마음을 빼앗겨 이젠 더는 참을 수가 없다고 속삭였더니, 주인은 이렇게 말했습니다.

"이 여자를 당신에게 드리겠습니다만, 거기에는 한 가지 조건이 있습니다."

"무슨 조건이오?"

"한 달 동안 저희 집에 머물러 주셔야 합니다. 그렇게만 해 주신다면 처녀는 물론, 저 처녀의 물건과 옷과 보석도 모두 드리겠습니다."

"좋소. 그렇게 합시다."

이리하여 나는 꼭 한 달 동안 그 집에서 묵었습니다. 그동안 내가 그곳에 있다는 것을 아는 사람은 아무도 없었고, 교주님도 사방으로 나를 찾았지만 끝내 아무런 소식도 얻지 못했습니다.

한 달이 지나자 집주인인 상인은 처녀와 함께 그녀의 귀중한 소지품과 그녀의 시중을 드는 환관 한 사람까지 나에게 주었습니다. 그래서 나는 처녀를 얻은 것을 기뻐하며, 마치 전 세계의 왕이라도 된 것 같은 기분으로 그 모든 것을 내 집으로 옮겼습니다.

그런 다음 곧 알 마문 교주 앞으로 나갔더니 교주님이 말했습니다.

"오, 이사크, 이 야속한 사람, 어디에 갔다 왔느냐?"

그래서 나는 그동안 있었던 일을 교주님에게 전부 말씀드렸습니다.

"그럼, 그 주인 남자를 이리 데려오너라."

내가 주인의 집을 가르쳐드리자, 교주님은 당장 그를 불러들여 사정을 물었습니다. 주인이 자세한 이야기를 하자 교주님은 이렇게 말했습니다.

"그대는 참으로 마음이 넓고 인심 좋은 사내로다. 어디, 그 도량 넓은 행위에 나도 보답을 해야지."

교주님은 주인에게 금화 10만 닢을 주라고 명령하고서, 나에게도 분부하셨습니다.

"오, 이사크, 그 처녀를 이리 데려와라."

내가 처녀를 데리고 교주 앞에 나가니, 처녀는 노래를 불러 교주님을 즐겁게 해 드렸습니다. 교주님은 매우 기뻐하시며 나에게 말했습니다.

"매주 목요일마다 이 처녀를 데리고 오는 것으로 정하자. 그날은 여기 와서 휘장 뒤에서 노래를 불러 다오."

그리고 처녀에게 금화 5만 닢을 내리라고 명령했습니다. 그리하여 내가 말을 타고 멀리 나간 덕분에 나를 비롯하여 여러 사람이 덕을 보게 된 것입니다.

또 이런 이야기도 있습니다.

〈주〉

*1 건달이라는 계급은 고대 로마에서는 물론, 바그다드와 카이로에서도 널리 알려졌다.

*2 〔국역(國譯)에서는 중복되므로 제2의 의미를 취하여 '사슴'이라고 번역했지만, 본문에서는 ariel, 즉 ariel gazelle='일종의 영양'으로 되어 있다〕 아랍어의 자우자르(Jauzar)=영양(bubalus, Antilope defesse)로, 눈이 크고 검어서 아인(Ayn)〔원래의 뜻은 '눈'〕이라고도 불린다.

〔또한 영양의 눈은 보통은 작고 순하다.〕 이 크고 무거운 영양은 또 바카르 알 와쉬(Bakar al-Wahsh, 야생소) 또는 보스 실베스트리스(Bos Sylvestris)〔라틴어로 숲의 소라는 뜻〕(불분명한 종류—포르스칼)라고도 명명되어 있다. 〔포르스칼(Forskal)은 스웨덴의 박물학자이자 여행가. 1736~63년.〕 그러나 자우자르는 또 사슴도 의미한다. 그래서 나는 ariel(유명한 영양)로 번역했다.

*3 이것은 심장을 일러준 것으로 '귀여운 이 녀석은 그 여자의 것.'

세 사람의 불행한 연인

(이것은 시인 알 우트비*¹가 한 이야기입니다.)

어느 날 나는 유식한 사람들과 세상 이야기를 하고 있었는데, 이야기가 마침 사랑 이야기로 옮겨가자 모두 나름대로 한마디씩 했습니다. 그 자리에 한 노인이 있었는데, 다른 사람들의 이야기를 잠자코 듣고 있더니 이야기가 다 끝나자 서서히 입을 열었습니다.

"이번에는 내가 어디 한 번 이야기해 볼까요. 여러분이 결코 들어 본 적이 없는 이야기를 말이오."

"어서 하십시오."

우리가 말하자 노인은 이야기를 시작했습니다.

─그럼 한번 들어보시오. 나에게 딸이 하나 있었는데, 이 딸아이가 내가 모르는 사이에 어떤 젊은이에게 마음을 주고 있었다오. 그런데 그 젊은이는 어느 가희를 사랑하고 있었고, 묘하게도 그 가희는 또 내 딸을 사모하고 있었더란 말이오. 하루는 내가 어떤 모임에 나갔더니 마침 그 젊은이도 와 있습디다.

─여기서 날이 새기 시작하여 샤라자드는 이야기를 그쳤다.

410번째 밤

샤라자드는 이야기를 계속했다.

오, 인자하신 임금님, 노인은 이야기를 계속했습니다.

─그 모임에는 아까 말한 그 가희도 나와 있었지요. 가희는 우리에게 이런 노래를 들려주더군요.

어서 시험하소서, 사랑 때문에
연인들이 슬픔에 잠겨
눈물 흘리는 모습을.
마음은 바스러질 것처럼 되어
연민이라곤 찾아볼 수도 없는
비참한 지경에 빠져드는 것을.

갑자기 젊은이가 소리쳤소.
"오, 여보시오, 정말 맞는 말이오! 당신은 나에게 죽으라고 권하는 것이오?"
휘장 뒤에서 여자가 대답하더군요.
"그래요. 만약 당신이 진정한 연인이시라면."
그러자 젊은이는 머리를 보료에 얹고 눈을 감았소. 이윽고 술잔이 젊은이한테 돌아와 우리가 몸을 흔들어 깨워 보니, 이게 웬일이람! 젊은이는 이미 숨이 끊어져 있지 않겠소? *2 그래서 사람들은 젊은이 옆에 모여들어, 그때까지의 즐거움은 온데간데없이 사라지고 그 자리는 순식간에 시름과 슬픔의 자리가 되어 버렸소. 그리고 모임도 곧 해산하고 말았지요.
내가 집에 돌아오니 가족들은 예정한 시간보다 일찍 돌아온 일을 이상하게 여기더군요. 나는 가족이 깜짝 놀랄 거라 생각하면서 젊은이에게 일어난 이야기를 해 주었지요.
그런데 내 이야기를 듣던 딸아이가 일어나서 방을 나가 다른 방으로 들어가기에 나도 따라가 보았더니, 아까 그 젊은이와 똑같은 모습으로 보료에 머리를 기대고 있지 않겠소? 그래서 내가 몸을 흔들어 보았더니 어찌 된 일인지 딸아이도 이미 죽어 있는 것이었소.
이튿날 아침, 우리는 딸아이의 시체를 땅속에 묻으러 나갔는데, 그 시간에 그 젊은이의 친구들도 젊은이를 장사지내려고 상여를 내는 참이었소.
그래서 함께 묘지로 가는데, 도중에 또 다른 장례행렬을 만났소. 그래서 그 사연을 물어보았더니, 글쎄 그 가희의 장례식이라 하지 않겠소? 가희는 내 딸이 죽었다는 소식을 듣고 역시 보료를 베고 숨을 거뒀다는 것이었소.
그래서 우리는 한날에 세 사람을 장사지내게 된 것인데, 이것은 정말이지 이제까지 들어본 적 없는 사랑 이야기가 아니고 뭐겠소?

그리고 또 이런 이야기도 전해지고 있습니다.

〈주〉

*1 알 우트비(Al-'Utbi)는 서기 9세기 저명한 시인.
*2 사랑 때문에 이렇게 어이없이 죽는 것은 흔한 일로, 《데카메론》 속에도 다양한 예가 있다(〈제4일〉 제7화 등). 〔이 이야기에는 상사병에 걸린 연인이 등장한다. 연인은 어느 정원에서 남몰래 만나게 되는데, 어느 날 남자는 샐비어 잎으로 이를 닦고 나서 갑자기 죽어 버린다. 살인 혐의를 받은 여자는 현장에서 그 모습을 재현하고, 그 순간 여자까지 남자처럼 죽어 버린다는 이야기이다.〕 또 《엡타메론 Heptameron》 제70화에는, 자신의 사랑이 세상에 알려져서 그 슬픔과 사랑 때문에 죽은 과부 이야기가 있다. 연인들의 실신에 대해서는 제19화를 참조하기 바란다. 〔《엡타메론》 같은 계열의 이야기에 대해 덧붙여 두고자 한다. 보카치오의 《데카메론》에 이어진 것은, 마찬가지로 이탈리아의 작가인 조반 프란시스코 스트라팔(Giovan Francisco Straparola)의 《밤의 쾌락 Piacevoli, Notti》(1550~54)이다. 이것은 74이야기로 구성되며, 영어를 제외하고 전 유럽의 각국어로 번역되었다고 한다. 그다음에 나온 것은 《7일 이야기》인데, 이것은 프랑수아 1세의 누나이자 나바르 왕국의 여왕인 마르그리트, 단그레임(Marguerite D'Angoulém)에 의해 만들어졌으며, 부제(副題)는 《행복한 연인들의 이야기 Histoire des amants fortunes》였다. 여왕은 이 이야기를 미완성으로 남기고 죽었지만, 1558년 피에르 보아이스투안(Pierre Boaistuan)이라는 자가 처음으로 위의 부제로 인쇄하고, 그 이듬해 클라우드 기제(Claude Guiget)가 《엡타메론》이라는 이름으로 발행했다. 다음은 A. 데 토르크마다의 《6일 이야기 Hexameron》이고, 그 다음이 바질레의 《5일 이야기 Pentameron》가 되는데, 마지막 책에 대해서는 다음 기회에 상세하게 설명할 것이다.〕

아부 하산이 방귀를 뀐 이야기

알 야만의 카우카반이라는 도시에 파즈리족 출신의 한 남자가 있었는데, 이 남자는 일찍부터 사막생활을 버리고 이미 오래전에 도시에 정착하여 부유한 상인이 되어 있었습니다. 젊었을 때 아내가 세상을 떠났으므로 친구들은 늘 이런 시인의 말을 들어 재혼을 권유했습니다.

　하찮은 얘기는 이제 그만하고
　다시 한 번 색시를 얻어 보구려,
　인생의 봄이 찾아올 테니.
　아내는 좋은 것 달력 같은 것,
　일 년 내내 쓸모가 있으리다.

이런 말을 들을 때마다 일일이 거절하는 데도 지친 아부 하산은, 중매쟁이 노파에게 부탁하여 알 힌드의 바다 위에 빛나는 캐놉스⁽¹⁾ 같은 숫처녀를 아내로 맞이했습니다.

하산은 성대한 잔치를 벌여 친척들은 말할 것도 없고 법률학자며 탁발승, 친구와 적 그리고 이웃의 아는 사람 모두를 초대했습니다. 집 안 구석구석까지 향연을 위해 개방하고, 오색으로 물들인 쌀과 그보다 더 고운 색깔의 과일즙을 비롯하여 호두와 편도(扁桃), 피스타치오 열매를 채운 어린 산양고기, 통째로 구운 새끼 낙타*¹ 같은 아주 맛 좋은 음식과 안주들을 잔뜩 차려 냈습니다. 그리하여 손님들은 마음껏 먹고 마시며 유쾌하게 잔치를 즐겼습니다.

이윽고 신부는 여자들이 숨을 죽이며 지켜보는 가운데 일곱 번 의상을 갈아입고, 마지막으로 한 번 더 의상을 바꿔 입고 나타났습니다. 그러는 사이 신랑은 신부 방으로 오라는 말을 듣고 위엄 있는 태도로 천천히 의자에서 몸을 일으켰습니다. 그런데, 이게 웬일입니까! 그때까지 잔뜩 먹고 마신 뒤여서 자기도 모르게 그만 어마어마하게 큰 방귀를 한 방 뀌고 말았습니다.

둘러앉았던 손님들은 눈치 빠르게 저마다 옆 손님에게 큰 소리로 말을 걸며, 마치 자신의 목숨이 달아날까 봐 두려워하는 것처럼 아무 소리도 못 들은 척했습니다.

쥐구멍에라도 들어가고 싶을 만큼 부끄러워진 하산은 신부 방으로 들어가지 않고, 소변을 보러 가는 척하며 안마당을 빠져나갔습니다. 그러고는 암말에 안장을 얹고 울면서 어둠 속을 달려가고 말았습니다.

이윽고 라헤지에 이르자 막 인도로 떠나려는 배가 있어서 얼른 그 배에 올라 마라바르의 카리카트[(2)]로 갔습니다.

그곳에서 하산은 여러 아랍인, 특히 하즈라마우트인[*2]을 만나 그들의 천거로 국왕을 알현하게 되었습니다. 국왕은 이교도이기는 했으나 아부 하산을 신임하여 근위대장으로 발탁했습니다. 그리하여 10년 동안 이 세상의 모든 위안과 기쁨을 만끽하며 살았지만, 어느덧 고향이 못 견디게 그리워졌습니다. 고국을 그리는 마음은 마치 여인을 사모하는 애틋한 사랑병과도 흡사해서 너무나 애절하여 곧 죽을 것만 같았습니다.

그러나 신께서 정하신 죽을 날은 아직 멀었기 때문에, 어느 날 아침 목욕을 마치자 하직인사도 하지 않고 왕에게서 떠나 하즈라마우트의 마카라에 상륙했습니다. 그곳에서 누더기 승복을 입고 이름과 지위를 감추고 걸어서 카우카반으로 향했습니다. 도중에 굶주림과 갈증과 피로 등 온갖 고난을 극복하고, 사자와 뱀과 식인귀 등 수없이 만나는 위험을 헤쳐가며 가까스로 고향에 다다르자, 언덕 위에서 쉴 새 없이 눈물을 흘리며 자기 집을 내려다보았습니다. 그리고 마음속으로 이렇게 중얼거렸습니다.

'혹시 사람들이 나를 알아볼지도 모르니 우선 이 언저리를 걸어 다니면서 마을 사람들의 소식을 들어보기로 하자. 알라여 부디 제 신분을 아무도 모르게 해 주소서.'

그로부터 이레 낮 이레 밤을 사람들의 말에 귀를 기울이고 있었는데, 이레째 되던 날 어느 집 문 앞에 앉아 있으니 그 집 딸이 말하는 소리가 들려왔습니다.

"어머니, 제 생일이 언제인지 가르쳐주세요. 친구가 신수점을 쳐 준대요."

그러자 어머니가 대답했습니다.

"애야, 너는 아부 하산이 방귀를 뀐 날 밤에 태어났단다."

이 말을 듣자 하산은 벌떡 일어나 또다시 달아나면서 이렇게 혼잣말을 했습니다.

"내 방귀는 완전히 날짜가 되어 버렸구나. 아마 영원토록 사라지지 않을 것이다. 시인이 이렇게 노래한 것처럼."

    야자나무 꽃이 떨어지는 그날까지,
    야자나무 가루가 흩날리는 그날까지.*3

그로부터 하산은 다시 산을 넘고 바다를 건너 여행을 계속하여 인도로 돌아가고 나서, 죽을 때까지 타향의 하늘 아래 숨어 살았습니다.

오, 이 사람 위에 알라의 은총이 내리시기를! *4

또 이런 이야기도 있습니다.

〈주〉

*1 새끼 낙타 통구이는 바다위족이 매우 좋아하는 특별식이지만, 새끼 낙타에게 무슨 이상이라도 없는 한 값이 너무 비싸다. 늙은 낙타는 소고기와 비슷하지만, 어린 낙타의 고기는 맛이 매우 훌륭하다. 하기는 유럽인은 처음 보는 생선과 마찬가지로 그 맛을 모르기 때문에 그다지 좋아하지 않는다. 나는 졸저 《최초의 발자취》에서 이것을 소개한 적이 있다. 유럽에서는 옛날부터 아랍인의 광적인 복수욕은 이 낙타를 먹는 습관에 의한 것으로 생각했다. 이 짐승은 확실히 집념이 강하다. 그러나 맹렬한 집념은 낙타를 본 적이 없는 북아메리카의 인디언들의 특징이기도 하다. 자비와 관용의 성질은 선택받은 사람들에게 속하며, 이른바 '인류'를 대부분 형성하는 가난한 사람들의 것은 아니다.

*2 하즈라마우트인(Hazramis)은 하즈라마우트(Hazramaut) 지방, 성서의 하자르마우테(Hazarmaveth. 창세기 제10장 26절)의 사람들. 이 종족은 아라비아의 스위스인으로, 검약하고 흥정을 잘하는 것으로 유명하다. 따라서 '뱀과 하즈라마우트인을 만나면 하즈라마우트인을 죽여라'라는 속담이 나왔다. 그들이 전 세계 곳곳에서 거주하는 것을 증명하는 다음과 같은 이야기가 있다. 어떤 남자가 자신의 사회에서 달아나 중국의 끝으로 가서 이제는 안전할 거라고 생각했다. 그러나 어떤 폐허에서 하룻밤을 지내려다가 바로 옆에서 누군가가 "오, 이마트 알 딘."(하즈라마우트의 수호성인의 이름)이라

고 외치는 소리를 듣고, 이 남자는 그 길로 뛰기 시작하여 지금도 달아나고 있다고 한다.

*3 즉, 아라비아(대추야자를 식용한다)와 아잠, 즉 아라비아가 아닌 곳(빵을 주식으로 한다)에서. 다시 말하면 전 세계의 모든 곳에서.

*4 이 진기한 이야기는 인종학적으로도 매우 귀중하다. 트림을 하는 것을 예의로 여기는 바다위족도, 방귀(crepitus ventris)에 대해서는 죽을 만큼 혐오감을 느낀다. 만약 제삼자가 남의 방귀 소리를 듣고 웃음을 터뜨린다면, 푼도노르(Pundonor)〔스페인어로, 체면과 관련되는 것〕라 하여 당장 칼을 맞을 것이다. 아프가니스탄의 고지(高地) 사람들에게도 같은 관습이 있는데, 그 부자연한 성질은 직계의(즉, 아라비아로부터의) 유래를 나타내고 있다. 왜냐하면 위의 두 지역은 페르시아인, 발로크인(Baloch)〔보통은 Baluch라고 쓰며, 발치스탄의 주민〕, 신드인, 펀자브인 등, 체면을 완전히 무시하고 유럽인과 마찬가지로 행동하는 많은 종족에 의해 격리되어 있기 때문이다. 이슬람 전기의 아랍인들이 이러한 종족들의 동북쪽에 있는 나라들을 침략한 사실은 거의 잊혔지만, 그래도 그 흔적은 여전히 남아 있다. 이러한 습관도 그 하나일지도 모른다.

〈역주〉
⑴ 알 힌드는 인도이고, 캐놉스는 큰곰자리 별이며, 아라비아에서는 소하이르라고 한다.
⑵ 콜카타를 가리킨다.

타이족 연인들

평소에 아디의 아들 카심은, 타밈족의 어떤 남자가 했다는 이야기를 들려주는 습관이 있었습니다.

—어느 날 나는 잃어버린 가축을 찾아다니다가 타이족의 샘터까지 가게 되었습니다. 그런데, 두 패로 갈라진 사람들이 뭔가 시비를 벌이고 있었습니다.

가만히 살펴보니 한쪽 패에, 닳아빠져 바싹 마른 물주머니처럼 수척해진 병든 젊은이가 하나 있었습니다. 내가 그 젊은이를 자세히 바라보고 있으니, 젊은이가 별안간 이런 시를 읊었습니다.

그 아름다운 처녀는
어이하여 돌아오지 않는가?
괴로움 때문인가
내 운명이 싫어서인가?
내가 앓아누우니
벗들 모두 찾아오는데,
어찌하여 그대는 나를
친구로서 찾지 않는 것인가?
그대, 혹시 앓는다면
나는 급히 달려가리,
가는 길 막아서서
말리는 사람 있다 해도.
벗들 속에 그대 없어
가련한 이 몸은, 오직 한 사람
그대 없음을 슬퍼하노라.

아아, 연인이여,
그대의 정 잃으면
그 슬픔을 어이하리!

그때 다른 한패 속에 한 처녀가 이 노래를 듣더니, 사람들이 말리는 것도 뿌리치고 남자 쪽으로 달려갔습니다. 젊은이도 처녀의 모습을 보고는 벌떡 일어나 그쪽으로 달려갔습니다. 둘러섰던 사람들은 곧 쫓아가서 젊은이를 붙잡았지만, 그는 그것을 뿌리쳤고 처녀도 마찬가지로 사람들의 손에서 벗어났습니다.
이렇게 하여 가까스로 자유로워진 두 사람은 서로 달려들어 꼭 부둥켜안고는 그대로 쓰러져서 숨을 거두고 말았습니다.

—여기서 샤라자드는 벌써 새벽빛이 비친 것을 깨닫고 이야기를 그쳤다.

411번째 밤

샤라자드는 이야기를 계속했다.
오, 인자하신 임금님, 아디의 아들 카심은 이야기를 계속했습니다.
—이때 한 노인이 천막 속에서 나타나, 두 사람 앞에 서서 외쳤습니다.
"진정 우리는 알라의 것, 알라께 돌아가리라!"
노인은 몹시 흐느껴 울면서 말을 이었습니다.
"너희 두 사람에게 알라의 은총이 내리시기를! 전능하신 신의 이름에 맹세코 너희 두 사람은 생전에는 맺어지지 못했지만 죽은 뒤에는 내가 맺어 주리라."
노인은 곧 입관 준비를 시켰습니다. 사람들은 두 사람의 몸을 씻고 한 수의로 감싸고서 무덤을 하나만 파고 기도도 한 번만 올린 다음, 한 무덤에 나란히 묻어주었습니다. 양쪽 사람들은 남녀 모두 얼굴을 때리고 슬피 울며 두 사람의 죽음을 애도했습니다.
이윽고 내가 노인에게 이 두 사람에 대해 물었더니 노인이 얘기해 주었습니다.

"이 처녀는 내 딸이고, 그 젊은이는 형님의 아들이오. 서로 사랑하다가 마침내 보시다시피 이런 꼴이 되고 말았소."

"알라의 보상이 당신께 내리시기를! 그런데 왜 두 사람을 결혼시켜 주지 않았나요?"

그러자 상대는 이렇게 대답했습니다.

"난 소문과 불명예를 두려워했다오.*¹ 하지만 결국은 이런 수치를 당하고 말았구려."

또 이런 이야기도 전해지고 있습니다.

〈주〉

*1 바다위족의 격언에 알 나르 와 라 르아르(Al-nar wa la' l-'ar), 즉 '지옥의 불도 상관없다, 그러나 수치만은 사양한다'는 것이 있다. 이것은 고결한 감정이다. 하지만 예언자의 손자인 하산은 결혼을 너무 많이 하여 기력을 상실하고서 그 반대를 선택했다. '수치가 지옥불보다 차라리 낫다'고. 오랜 아라비아 시에 이런 것이 있다.

    너의 주(主)를 업화로 삼되 치욕을 주지 말라.
    치욕을 피하여 업화로 달아나라.

알 하리리(《바다위족의 집회》)도 이렇게 노래하고 있다.

    수치보다 죽음을 택하라,
    비겁자의 이름을 얻기보다 상여 위에 올라가라.

사랑에 미친 남자

이것은 아부 르 아바스 알 무바라드*¹가 한 이야기입니다.
―어느 날 나는 볼일이 있어서 친구와 함께 알 바리드로 갔습니다. 히라클*²의 수도원 앞을 지나다가 그늘에 들어가 쉬고 있으니 한 남자가 나와서 우리에게 말했습니다.
"이 수도원에는 미친 사람들이 있는데,*³ 그 가운데 매우 재치 있게 말을 하는 미치광이가 하나 있습니다. 아마 만나 보시면 그 이야기 솜씨에 놀라실 겁니다."
그래서 우리는 모두 일어나 수도원 안으로 들어갔습니다. 그랬더니 과연 작은 방에 가죽 깔개를 깔고 앉아 머리에 아무것도 쓰지 않은 채 벽을 노려보는 한 남자가 있었습니다.
우리가 인사를 하자 그자는 돌아보지도 않고 답례를 했습니다. 그러자 안내해 온 사람이 우리를 향해 말했습니다.
"저 친구에게 노래 하나 불러주십시오. 그러면 말을 할 테니까요."
그래서 나는 이런 노래를 불렀습니다.

　　어머니 하와*⁴에게서 태어난
　　이 세상에 둘도 없이 뛰어난 그대여,
　　그대 없는 이 세상은
　　도무지 즐겁지도 아름답지도 않구나.
　　알라께서 사람들에게
　　보여주신 그 얼굴은
　　죽음도 멸망도 백발까지도
　　교묘하게 멀리 피해가리라.

사도를 찬양한 이 송가를 듣더니, 그 미친 사람은 곧 우리를 돌아보며 이런 노래를 불렀습니다.

　　진정 알라께선 아시리라,
　　내가 이토록 괴로워하는 것을.
　　이 고통 누구에게
　　보여줄 힘도 이젠 없네.
　　나에게 두 영혼 있으니,
　　하나는 여기에
　　또 하나는 다른 곳에.
　　내 몸에 없는 영혼은
　　내 몸에 있는 영혼과 흡사하여
　　이 몸에 찾아오는 고뇌를
　　함께 겪는 듯하구나.

그런 다음 미친 사람은 우리에게 이렇게 물었습니다.
"지금 부른 노래는 잘된 것입니까, 서툰 것입니까?"
우리는 대답했습니다.
"서툴기는커녕 썩 잘 된 노래였소."
그러자 미친 사람은 손을 뻗어 옆에 있는 돌을 집어 드는 것이 아니겠습니까? 우리는 맞으면 큰일이다 싶어 얼른 피했습니다.
그런데 그는 그 돌로 자기 가슴을 사정없이 치면서 말했습니다.
"겁내지 말고 가까이 와서 내 얘기를 잘 음미해서 들어 보시오."
우리가 다시 자리로 돌아가자, 상대는 이런 시를 읊었습니다.

　　밤하늘 어슴푸레 밝아올 제
　　하얗고 누르스름한 털 나부끼는
　　낙타의 무릎을 꿇리고
　　사람들 처녀를 안장에 태우니
　　낙타는 일어나 멀어졌노라.

옥 속에서 벽 너머로
그 모습 바라보니
흐르는 눈물 그칠 줄 모르고
생각은 천 갈래 만 갈래로 흩어져,
나는 외쳤네, 소리 높이
"나의 연인에게
이별의 말 고하련다,
낙타를 몰고 가는 이여,
돌아오라, 되돌아오라.
오랜 이별에 나는 그저
숙명의 날을 예감할 뿐.
나는 사랑의 맹세 지켰노라,
깨뜨리지 않고 지켰노라.
아아, 알고 싶구나, 수많은
그 맹세 어디로 갔는지?"

그런 다음 미친 사람은 이쪽을 물끄러미 바라보면서 물었습니다.
"그들[*5]이 어떻게 되었는지 아시거든 가르쳐주십시오."
그래서 나는 이렇게 대답해 주었습니다.
"그 사람들은 모두 죽었소. 전능하신 알라께서 그들에게 자비를 내리시기를!"
이 말을 듣고 그는 낯빛이 홱 달라지더니 벌떡 일어나서 큰 소리로 외쳤습니다.
"그들이 모두 죽었다는 것을 어떻게 아십니까?"
"살아 있다면, 설마 당신을 이 지경으로 내버려 둘 리가 있소."
"과연 옳은 말씀이오. 그들이 죽었다면 나도 더는 살고 싶지 않소."
그러고는 옆구리 근육을 부르르 떠는 것 같더니 그만 앞으로 고꾸라지는 것이었습니다.
내가 급히 달려가서 몸을 흔들어 보았지만 이미 숨이 끊어진 뒤였습니다. 오, 전능하신 알라시여, 부디 자비를 내려주소서! 이 어이없는 상황에 깜짝 놀란 우리는 미친 사람의 죽음을 슬퍼하면서 입관한 뒤 후하게 장사지내 주었습니다.

— 여기서 날이 새기 시작했으므로 샤라자드는 이야기를 그쳤다.

412번째 밤

샤라자드는 이야기를 계속했다.
오, 인자하신 임금님, 알 무바라드는 이야기를 계속했습니다.
— 그 미친 사람이 쓰러져 죽은 뒤 바그다드로 돌아와 알 무타와킬 교주 앞에 나갔더니, 교주는 내 얼굴의 눈물 자국을 보고 물었습니다.
"무슨 일인고?"
그래서 내가 자초지종을 말씀드리자 교주는 매우 안타까워하면서 소리쳤습니다.
"그대는 어째서 그런 몹쓸 말을 하였는고? *6 만약 그대가 그 일을 뉘우치고 그자를 애도해 주지 않았더라면 나는 그대를 응징했을 것이다!"
교주는 그날 온종일 그 미친 남자의 죽음을 애도하고 슬퍼했습니다.
또 여러 이야기 가운데 이런 것도 전해지고 있습니다.

〈주〉
*1 아부 르 아바스 알 무바라드(Abu 'l-Abbas al-Mubarrad)는 9세기의 문법가이자 수사학자.
*2 히라클(Hirakl)은 원래 시리아의 하마(Hamah, 성서의 하마테(Hamath))에 있었다. 이 이름은 아랍인들이 '비라클'이라고 부른 헤라클리우스(Heraclius) 황제가 그곳에서 죽은 것에서 유래한다. 〔헤라클리우스 황제는 610~641년까지 동로마제국을 통치하면서 페르시아의 코슬로 2세를 격파했다. 575?~641년.〕
*3 시리아에서는 최근까지 미친 사람은 수호성인의 힘으로 고칠 수 있다고 생각하여, 수도원에 가두는 관습이 있었다. 그러나 그곳에서 그들은 말할 수 없이 무서운 학대를 받았다. 백치나 미치광이는 목에 무서운 쇠사슬을 감고, 수도승에 의해 음산한 동굴 속에 거꾸로 던져져 벽의 기둥 사이에 매달렸다. 그들은 오로지, 이러한 성소를 특별

히 좋아하는 성 안토니가 찾아오기를 기다렸다. 2, 3주일도 지나기 전에 그 환자들은 추위와 고독과 굶주림으로 인해 완쾌하거나 죽거나 둘 중의 하나였다. 〔성 안토니 또는 안토니는 금욕주의 시조로 일컬어지는 이집트의 고승. 나중에 멤피스 부근에 수도원을 건립했다. 251~356년.〕

*4 하와(Hawwa)는 이슬람의 이브로, 히브리어의 Hawah='나타내 보이는 것'에 매우 가깝다. 그것은(창세기 제3장 20절) 이브가 모든 살아 있는 자(Kull hayy)의 어머니이기 때문이다. 〔창세기의 위 대목에는 "아담이 그 아내를 하와라 이름을 지어 붙이니, 그는 모든 산 자의 어미가 됨이더라"라고 되어 있다.〕

*5 사랑에 미친 젊은이는 '그 여자' 대신 '그들'이라고 말했는데, 모르는 사람에게 '그 여자'라고 말하는 건 약간 뻔뻔스럽게 생각될 수도 있기 때문일 것이다.

*6 즉, 그녀는 죽었다고 거짓말을 한 것.

이슬람교도가 된 수도원 부원장

 이것은 아부 바크르 모하메드 이븐 알 안바리*1의 이야기입니다.
 ─나는 그때 안바르를 떠나 아무리야*2로 여행을 갔습니다. 그곳에서 아무리야 수도원의 부원장이자 암자의 주인인 아브드 알 마시라는 자가 마중을 나와 나를 수도원으로 안내해 주었습니다. 그곳에는 수도승 40명이 있었는데, 그날 밤에 나를 손님으로서 성의를 다해 환대해 주었습니다. 나는 사람들이 지금까지 한 번도 보지 못했을 근면한 예배와 수행을 견학했습니다. 그리고 이튿날 수도원에 작별을 고하고 아무리야에서 볼일을 마친 뒤 안바르에 있는 집으로 돌아왔습니다.
 그 이듬해 내가 메카를 순례하며 성전 주위를 도는데, 우연히 그 수도원의 부원장 아브드 알 마시가 같은 종파의 수도사 다섯 명과 함께 카바(1)를 돌고 있는 것이 눈에 띄었습니다.
 "아니, 당신은 수도사 아브드 알 마시(2) 님이 아니십니까?"
 그가 대답했습니다.
 "아니오, 나는 알라의 자비를 구하는 아브달라(3)올시다."
 나는 당장 상대의 흰 머리에 입을 맞추고 눈물을 흘렸습니다. 그리고 그의 손을 잡고 성전 한구석으로 데리고 가서 이렇게 말했습니다.
 "당신이 이슬람교로 개종하신 경위를 이야기해 주실 수 없을까요?"
 그러자 아브달라는 이야기를 시작했습니다.
 ─이건 참으로 기이하고 또 기이한 인연입니다. 사실 이런 사정이 있었습니다. 어느 날 이슬람교도 일행이 우리 수도원이 있는 마을로 찾아와서 한 젊은이를 시켜 먹을 것을 사러 보냈습니다. 그런데 그 젊은이는 시장에 가서 어떤 그리스도교도 처녀가 빵을 파는 것을 보고, 그 처녀가 너무나 아름다워 그만 첫눈에 반해 정신을 잃고 쓰러지고 말았습니다. 이윽고 다시 정신을 차린 젊은이는 일행에게 돌아가서 사정을 이야기한 다음 이렇게 말했습니다.

"나는 상관 마시고 여러분은 어서 길을 떠나십시오. 나는 이제 같이 가지 않을 테니까요."

모두 그를 꾸짖고 달래 보았지만, 도무지 들은 척도 하지 않아 하는 수 없이 젊은이를 두고 모두 떠나고 말았습니다.

젊은이가 마을로 돌아가서 그 처녀의 가게*3 앞에 앉으니, 처녀가 무엇을 사겠느냐고 물었습니다. 그는 자신의 안타까운 심정을 처녀에게 털어놓았지만 처녀는 상대도 해 주지 않았지요. 젊은이는 사흘 동안이나 아무것도 먹지 않고 처녀의 얼굴만 바라보며 그 자리에 계속 앉아 있었습니다. 젊은이가 도무지 떠나려 하지 않자 처녀는 집안사람들에게 가서 사정을 말했습니다. 그러자 사람들은 마을의 아이들을 시켜서 젊은이에게 돌을 던져, 갈빗대를 분지르고 머리에 상처를 입혔습니다. 그래도 젊은이가 꼼짝도 하지 않자 모두 의논한 결과 마침내 그를 죽여 버리기로 했습니다.

그때 그들 가운데 한 사람이 나에게 와서 자세한 이야기를 해 주어 나는 곧 젊은이가 있는 곳으로 가보았습니다. 내가 갔을 때 젊은이는 땅에 엎어져 있었습니다. 나는 젊은이 얼굴에 흐르는 피를 닦아 주고, 수도원으로 데려와서 상처를 치료해 주었습니다. 젊은이는 열나흘 동안 수도원에 머물다가 걸음을 걸을 수 있게 되자 다시 수도원을 떠났습니다.

—여기서 날이 훤히 밝아왔으므로 샤라자드는 이야기를 그쳤다.

413번째 밤

샤라자드는 이야기를 계속했다.

오, 인자하신 임금님, 수도사 아브달라는 이야기를 계속했습니다.

—수도원을 떠난 젊은이는 그 길로 곧장 처녀의 가게로 돌아가서 다시 전과 마찬가지로 처녀의 얼굴을 바라보면서 앉아 있었습니다. 처녀는 이 모습을 보고 가게에서 나와 말했습니다.

"이젠 당신이 정말 측은해졌어요. 당신과 결혼해 드릴 테니 내가 믿는 신앙으로 개종하시겠어요?"

이슬람교도가 된 수도원 부원장

그러자 젊은이가 말했습니다.

"그건 절대로 안 됩니다. 유일신의 신앙을 버리고 다신교*4에 귀의할 수는 없어요."

"그럼 저희 집으로 따라오세요. 그리고 당신의 소원을 풀고서 이곳을 떠나가 주세요."

"천만에요. 일시적인 음욕 때문에 12년의 신앙을 헛수고로 만들 수는 없습니다."

"그렇다면 당장 여기를 떠나주세요."

"그럴 생각은 전혀 없습니다."

이 말을 듣고 처녀는 또다시 젊은이한테서 얼굴을 돌리고 말았습니다.

이윽고 젊은이의 모습을 발견한 마을 아이들이 또다시 돌팔매를 퍼붓기 시작했습니다.

젊은이는 쓰러지면서 외쳤습니다.

"코란을 내리신 알라는 나의 수호자, 반드시 올바른 자를 지켜주시리라!"*5

이 모습을 본 나는 뛰어가서 아이들을 쫓아내고 젊은이의 얼굴을 들어 올렸습니다. 그랬더니 젊은이는 여전히 이렇게 말하는 것이었습니다.

"오, 우리의 알라여, 부디 천국에서 저 처녀와 맺어주소서!"

나는 젊은이를 수도원으로 옮겼는데 도중에 그만 숨을 거두고 말았습니다. 나는 마을 밖에 무덤을 파고 그를 묻어주었습니다. 그런데 그 이튿날 밤 자정이 지난 무렵, 잠을 자던 그 처녀가 갑자기 큰 소리로 비명을 질렀습니다. 동네 사람들이 모여들어 그 까닭을 물었습니다.

"자고 있는데 불현듯이, 그 이슬람교도 젊은이가 들어와서 제 손을 잡고 천국의 문 앞으로 끌고 갔어요. 천국의 문지기는 '신앙이 없는 자는 이 안에 들일 수 없다' 하면서 저를 안으로 들여보내주지 않더군요. 그래서 그 젊은이의 손으로 이슬람교에 귀의하여 천국 안으로 들어갔더니, 그곳은 훌륭한 큰 누각이 높이 서 있고 수목이 우거져 있는, 도저히 말로 표현할 수 없을 만큼 아름다운 곳이었어요. 게다가 그분은 보석이 잔뜩 박혀 있는 천막을 가져와서 나에게 이렇게 말했어요.

'이것은 당신과 내 천막이오. 당신이 함께 들어가지 않는다면 나도 들어가지 않을 작정입니다. 만약 전능하신 알라의 뜻에 맞는다면 다섯 밤이 지나면 이 안에서 함께 살 수 있게 될 것이오.'

그러고 나서 천막 입구에서 자라는 나무에 손을 뻗어 능금 두 개를 따가지고 저에게 주며 말했어요.

'하나만 먹고, 다른 하나는 두었다가 수도승들에게 보여주시오.'

그래서 나는 그 하나를 먹었는데, 그렇게 맛있는 능금은 처음이었어요."

―여기서 날이 훤히 밝아왔으므로 샤라자드는 이야기를 그쳤다.

414번째 밤

샤라자드는 이야기를 계속했다.

오, 인자하신 임금님, 처녀는 다시 말을 이었습니다.

―"그러고 나서 젊은이는 제 손을 잡고 이 집까지 데려다주더군요. 눈을 떠보니 그 능금 맛의 여운이 아직도 입 안에 남아 있고, 손에는 또 하나의 능금이 이렇게 들려 있지 않겠어요?"

그러면서 그 능금을 보여주었는데, 그것은 마치 캄캄한 밤하늘에 빛나는 별처럼 반짝거리고 있었습니다. 마을 사람들이 그 여자를(능금을 손에 든 채) 수도원으로 데리고 가자, 여자는 그곳에서 꿈 이야기를 다시 한 번 되풀이하고서 그 능금을 꺼내 보여주었습니다. 우리도 이 넓은 세상의 수많은 과일 중에서 그렇게 아름다운 것은 처음 보았지요.

나는 조그마한 칼을 들고 그 자리에 있는 사람 수대로 능금을 잘게 잘라 나누어주었습니다. 이제까지 그렇게 맛있고 향기가 좋은 능금은 먹어본 적이 없었습니다.

하지만 우리는 어쩌면 이것은 그 처녀를 이교(異敎)에 빠뜨리려는 악마의 소행일지도 모른다고 생각했습니다. 이윽고 마을 사람들은 처녀를 데리고 돌아갔습니다.

그날부터 여자는 먹고 마시는 일을 모두 그만두더니 닷새째 되는 날 밤이 되자, 잠자리에서 일어나 마을 밖에 있는 이슬람교도 청년의 묘지에 가서 무덤 위에 몸을 던져 죽고 말았습니다. 그러나 처녀의 가족들은 아무것도 모르고 있었습니다.

이튿날, 담요를 몸에 두른 이슬람교도 장로 두 사람이 역시 같은 차림을 한 두 여자를 데리고 마을에 찾아와서 이렇게 말했습니다.

"오, 여러분, 이 마을에 이슬람교도로서 세상을 떠난 성녀(聖女), 즉 알라의 친구인 왈리야가 있을 텐데, 우리는 당신들을 대신하여 그 성녀의 유해를 거두러 왔습니다."

그 말을 듣고 마을 사람들이 찾아보니 과연 처녀는 이슬람교도의 무덤에서 죽어 있었습니다.

마을 사람들은 이렇게 말했습니다.

"이 처녀는 우리와 같은 그리스도교도로서 죽은 것이니 우리가 처리하겠소."

그러자 두 노인이 대답했습니다.

"아니오, 이 여자는 이슬람교도로서 죽었으니 우리가 당연히 맡아야 하오."

그리하여 옥신각신 말다툼이 벌어지자 이슬람교도 장로가 말했습니다.

"그렇다면 이 여자의 신앙을 시험해 보기로 합시다. 수도원의 수도사 40명을 불러 유해를 무덤에서 들어 보시오. 만약 들 수 있다면 이 여자는 그리스도교도로서 죽은 것이오. 들지 못한다면 우리 가운데 한 사람이 들어보겠소. 그리하여 유해가 들린다면 이슬람교도로서 죽은 것이오."

마을 사람들은 그 제안에 동의하고 수도사 40명을 데려왔습니다. 그들은 여자에게 가서 시체를 들어 올리려 했지만, 그 시체는 꿈쩍도 하지 않았습니다.

그래서 우리는 여자의 몸에 밧줄을 감은 뒤 있는 힘을 다해 잡아당겼습니다. 그러나 밧줄만 끊어질 뿐 시체는 여전히 꿈쩍도 하지 않더군요. 마을 사람들이 와서 똑같이 해 보았지만 역시 헛일이었습니다.*6

그래서 우리는 이슬람교도 장로에게 말했습니다.

"이번엔 당신들이 해 보시오."

그러자 노인 한 사람이 무덤으로 가더니 겉옷을 벗어 여자의 시체를 덮은 다음 기도를 외웠습니다.

"자비롭고 은혜로우신 알라의 이름으로, 그 사도(기도와 평안함이 있기를!)의 신앙의 이름으로!"

이렇게 외치면서 처녀의 시체를 일으켜 가슴에 안고 곧장 가까이 있는 동굴로 가서 눕혔습니다. 두 이슬람교도 여자가 시체를 씻고 수의를 입혔습니다. 그것이 끝나자 두 노인은 여자를 이슬람교도 연인의 무덤 옆에 묻어주고 그 자리를 떠났습니다.

그 광경을 끝까지 지켜본 우리는 이슬람교도 장로들이 가버리자 이렇게 말했습니다.

"역시 진실은 무엇보다 신봉할 만한 가치가 있는 것이다.*7 방금 우리 눈앞에 그 진실이 나타났던 거야. 우리가 오늘 이 눈으로 본 증거만큼 알 이슬람의 진리를 증명해 주는 것이 또 있을까?"

그리하여 나를 비롯한 수도사들은 한 사람도 빠짐없이 이슬람교도로 개종했습니다. 또 마을 사람들도 마찬가지로 개종했지요. 그리고 우리는 이슬람교의 가르침과 신앙의 법도를 배우기 위해 메소포타미아에 사람을 보내 법률학자를 한 사람 보내 달라고 청했습니다.

이윽고 신앙심 깊은 선지식(善知識)이 찾아와서 기도 의식과 신앙의 법도를 가르쳐주었습니다. 그리하여 지금은 우리 모두 알라의 은총 속에서 마음의 평화를 누리고 있습니다. 알라를 칭송하며 감사의 기도를 바칩시다!

또 이런 이야기도 있습니다.

〈주〉

*1 아부 바크르 모하메드 이븐 알 안바리(Abu Bakr Mohammde ibn al-Anbari)는 10세기 유명한 문법가.
*2 아무리야(Amuriyah)는 현재의 아나톨리아(Anatolia)인 프리기아(Phrygia)에 있는 고전적인 아모리움(Amorium)을 가리킨다. 안바르(Anbar)는 유프라테스 강변의 도시.
*3 가게는 아랍어로 하누트(Hanut)라 하며, 원래는 술을 파는 선술집. 그리스도교도가 경영하는 상점과 여관 등에도 경멸의 뜻으로 사용된다.
*4 다신교(the faith of Plurality)는 아랍어의 시르크(Shirk)로, 무시리크(Mushrik, 신에게 다른 신들을 부수시키는 자)의 공신론(共神論). 〔다신교와도 다르지만, 특히 유일신론에 대비된다.〕또한 무시리크는 와하나비파(派)와 바다위족, 일부에서는 무시리트(Mushrit)라고 발음한다. 〔와하나비(Wahanabi)파라는 것은 18세기 중반에 중앙아라비

아 네지드의 장로 모하메드 이븐 아브드 알 와하브라는 자가 창시한 이슬람교 일파로, 일종의 개혁파이다. 무함마드 알리는 이 일파를 무력으로 탄압했지만, 그 가르침은 오늘날에도 여전히 많은 아랍인들에 의해 신봉되고 있다.〕
* 5 《코란》 제7장 195절. 이 문구는 아랍인의 우상, 태양, 달, 별, 그 밖의 것을 공격한 것.
* 6 이 작은 기적은 항간에도 전해져 있으며, 근대의 '강신술(降神術)'에도 전혀 알려지지 않은 것은 아니라고 나는 믿고 있다. 죽은 성자인 왈리(Wali) 또는 왈리야(Waliyah) 〔여성〕는 종종 관을 메는 사람들을 사자가 좋아하는 매장소로 보낸다. 따라서 카이로에서는 묘지가 시의 주변에 흩어져 있다. 레인도 그것을 이렇게 설명했다. 〔어느 날 몇몇 사람들이 성자(왈리)의 시체를 운반하여, 미리 수도 북쪽의 대묘지에 준비된 무덤으로 나아갔다. 그런데, 바르 알 나스르라는 성문까지 갔을 때, 시체가 거기서 꼼짝도 하지 않았다. 사람들은 어쩔 줄 몰라 하다가, 뒤로 대여섯 걸음 물러나고서 다시 걷기 시작하여 억지로 나아가려 해봤지만, 역시 발이 앞으로 움직이지 않았다. 그래서 관을 길에 내려놓고 의논하기 시작했다. 그런데, 그 가운데 어떤 사람이 망인(亡人)이 들을 수 없는 곳으로 동료를 모아놓고 말했다. "관을 다시 한 번 메고, 망인이 어지러워질 정도로 관을 빙글빙글 돌리는 것이 어떨까. 그렇게 하면, 어느 쪽으로 가는 건지 알 수 없을 테니까" 사람들이 그렇게 하자, 아니나 다를까, 성인은 당황했고 사람들은 무사히 예정한 묘지에 매장할 수 있었다.〕
* 7 《코란》 제10장 36절. 진실의 숭배에서 일탈하는 자에 대해 한 말.

〈역주〉
(1) 메카의 성전.
(2) 구세주의 종이라는 뜻.
(3) 알라의 종이라는 뜻.

아부 이사와 쿠라트 알 아인의 사랑

이것은 아므루 빈 마사다*¹라는 분이 한 이야기입니다.
—알 라시드 교주의 아들 알 마문의 아우인 아부 이사는 알리 빈 히샴의 소유인 쿠라트 알 아인이라는 노예계집에게 마음을 두고 있었는데, 여자 쪽에서도 그를 싫어하지 않았습니다.
그러나 아부 이사는 자존심이 강하고 배짱이 센 기질이어서 누구에게도 자신의 심정에 대해 얘기하거나 속마음을 털어놓지 않고 가슴속에만 간직하고 있었습니다. 그것은 진작부터 그 처녀를 주인한테서 사려고 갖은 애를 썼으나 뜻대로 되지 않았기 때문입니다. 그러다가 점점 그 생각이 간절해져서 마침내 참을 수 없게 되자, 어떤 의식이 있던 날, 신하들이 물러가고 나서 알 마문 교주에게 가서 이렇게 말했습니다.
"오, 충실한 자들의 임금님, 만약 예고 없이 중신들을 찾아가 보신다면, 그들 가운데 마음이 비천한 자와 마음이 넓은 자를 구별할 수 있을 것이고, 각자의 성품에 따라 그 사람됨도 알 수 있을 겁니다."
사실 쿠라트 알 아인의 주인 집에서 그 여자를 만나고 싶은 마음이 있었으므로 이처럼 말한 것입니다. 이 말을 듣고 알 마문 교주는 말했습니다.
"거참 좋은 생각이로다."
교주는 '질풍(疾風)'이라는 이름의 배를 대령시켜 이사를 비롯하여 많은 신하를 거느리고 배에 올랐습니다. 그리하여 맨 먼저 아무런 통고도 없이 찾아간 것은 투스의 하미드 알 타윌의 집이었습니다.

—여기서 날이 훤히 밝아왔으므로 샤라자드는 이야기를 그쳤다.

415번째 밤

샤라자드는 이야기를 계속했다.

오, 인자하신 임금님, 일행이 예고도 없이 집 안에 들어가 보니 그 집 주인은 깔개 위에 앉아 있고, 그 앞에 류트와 피리 등 악기를 든 악사와 가희들이 늘어서 있었습니다.

교주가 타월과 나란히 자리에 앉자 얼마 안 되어 음식이 나왔는데, 모두 짐승고기를 요리한 것뿐이고 새는 한 마리도 들어 있지 않았습니다. 교주가 음식에 통 손을 대지 않자 아부 이사가 말했습니다.

"오, 충실한 자들의 임금님, 아무런 예고도 없이 별안간 행차하셨으니 이 집 주인으로서는 너무나 뜻밖이었을 겁니다. 이번에는 교주님을 위해 훌륭히 준비를 하고 있는, 교주님의 지체에 어울리는 집으로 가시는 게 어떻겠습니까?"

그래서 교주는 몸을 일으켜 아우인 아부 이사와 신하들을 데리고 히샴의 아들 알리의 집으로 갔습니다. 알리는 교주가 온다는 말을 듣고, 얼른 밖으로 나와 최상의 예를 갖춰 교주 앞에 엎드렸습니다.

그런 다음 모두를 안으로 맞이하여 세상에 둘도 없이 아름다운 손님방으로 안내했습니다. 바닥과 기둥, 벽까지 색색 가지의 대리석으로 되어 있고 그리스 회화가 장식되어 있으며, 신드산 돗자리[*2]를 깐 바닥에는 방의 길이와 폭에 맞춰 바소라의 양탄자와 색깔 있는 무늬를 수놓은 비단이 펼쳐져 있었습니다. 그곳에서 집의 구조와 천장, 벽 등을 둘러본 교주는 잠시 자리에 앉아 있다가 이윽고 이렇게 말했습니다.

"뭔가 먹을 것을 좀 내오너라."

그러자 순식간에 백 가지의 온갖 닭고기 요리가 나오고, 그 밖에 다른 새 요리, 고깃국, 튀김, 소금에 절인 차가운 고기가 차려졌습니다.

식사가 끝난 다음 교주는 이렇게 말했습니다.

"오, 알리, 뭐 마실 것은 없는가?"

주인은 금은, 수정 그릇에다 과일과 향료를 섞어 3분의 1로 졸인 건포도 술을 내왔습니다. 그런 다음 알렉산드리아의 천에 금실을 섞어 짠 옷을 입은 아름다운 시동들이 수정 잔에 사향이 든 장미수를 찰찰 넘치게 따라 가슴께에 받쳐 들고 나타났습니다.

알 마문 교주는 이 광경을 보고 놀라 소리쳤습니다.

"오, 아부 알 하산!"

알리는 곧 교주가 앉아 있는 양탄자로 달려와 바닥에 이마를 조아렸습니다.

"오, 충실한 자들의 임금님, 무슨 말씀이십니까?"

"재미있고 유쾌한 노래를 들려주게나."

"알았습니다."

알리는 얼른 한 환관에게 가희들을 데려오라고 명령했습니다.

환관은 나가더니 곧 황금으로 만든 의자를 하나씩 든 환관 열 명을 데리고 돌아와 의자를 차례로 늘어놓았습니다. 이어서 주인의 측실 열 명이 검은 비단옷을 입고 금관을 머리에 쓰고 나타났는데, 그 광경은 마치 빛나는 보름달이요 꽃이 활짝 핀 꽃밭이 아닌가 할 정도였습니다.

여자들은 얌전하게 걸어가서 의자에 앉더니 노래를 부르기 시작했습니다.

알 마문 교주는, 그중에서 한 여자의 기품 있는 맵시와 아름다운 얼굴을 넋 놓고 바라보다가 이렇게 물었습니다.

"그대 이름은 무엇인고?"

"오, 충실한 자들의 임금님, 저는 사자히라고 합니다."

"오, 사자히! 어디 노래를 하나 불러보라."

여자는 흥겨운 가락을 켜면서 다음과 같은 노래를 불렀습니다.

  샘가로 다가가는
  새끼 사자 두 마리를 보고
  겁 많은 사람처럼
  나는 걸었네, 가만가만히.
  시기하는 적의 눈을 피해,
  다가가는 몸 오로지 숨기고.
  마음은 공포에 떨면서
  입은 옷을 칼처럼 믿고—
  마침내 내가 본 것은
  새끼를 찾아 헤매다 지친

사막의 암사슴처럼
숙부드러운 모습의 처녀였다네.

"음, 썩 잘 불렀다. 그런데 지금 그 노래는 누구의 노래인고?"
교주가 물으니 여자가 대답했습니다.
"가사는 아므루 빈 마디 카리브 알 즈바이디*3가 쓴 것이고, 곡은 마비드*4가 지은 것입니다."
교주와 아부 이사와 알리가 서로 술잔을 돌리는 동안, 그 여자들은 물러나고 다른 여자 열 명이 나타났습니다. 모두 금실을 섞어서 꽃무늬를 넣은 알 야만의 비단옷을 입고 의자에 앉아 여러 가지 노래를 불렀습니다.
교주는 처첩 가운데 황야의 어린 암소 같은 여자에게 시선을 고정하고 말했습니다.
"그대 이름은 무엇인고?"
"오, 충실한 자들의 임금님, 저는 자비야*5라고 합니다."
"그렇다면 자비야여, 우리를 위해 노래를 불러다오."
그러자 여자는 마치 새가 지저귀듯이 이런 노래를 불렀습니다.

살생이 금지된 성역의
날짐승처럼,*6
남자를 조금도 두려워하지 않는
고귀한 태생의 선녀(仙女)여.
아양이 담긴 그 목소리에
몸을 파는 여자인가 생각되지만,
알 이슬람의 신앙은
엄격하게 금하노라, 그런 직업은.

노래가 끝나자 교주가 소리쳤습니다.
"알라의 은총이 함께 하기를!"

—여기서 날이 훤히 밝아왔으므로 샤라자드는 이야기를 그쳤다.

416번째 밤

샤라자드는 이야기를 계속했다.
오, 인자하신 임금님, 이어서 알 마문 교주가 물었습니다.
"그 노래의 작가는 도대체 누구인가?"
"노래는 자리르,*7 곡은 이븐 스라이지가 지은 겁니다."
교주와 그 일행이 다시 잔을 거듭하는 동안 여자 열 명은 물러나고, 또 다른 여자 열 명이 들어왔습니다. 모두 루비처럼 혈색이 좋고, 진주와 보석으로 선을 두르고 금실을 섞어서 짠 붉은 비단옷을 입고 있었으나 머리에는 아무것도 쓰지 않고 있었습니다. 여자들이 의자에 앉아 노래를 부르자, 교주는 그중에 한낮의 태양 같은 여자를 보고 물었습니다.
"그대 이름은 무엇인고?"
"오, 충실한 자들의 임금님, 저는 파틴이라고 합니다."
"그래, 파틴, 노래를 불러다오."
교주의 요청에 여자는 흥겨운 가락으로 이런 노래를 불렀습니다.

그대여, 정을 베푸시라
지금 바로 때가 왔으니.
쓰라린 이별의 고통
그 얼마나 겪었던가.
하늘이 내린 은총
모두 갖춘 그대의
아름다운 얼굴에, 내 인내
허무하게 무너졌으니,
가련하다, 목표를 그르쳤구나.
그대 사모하여 이 목숨
헛되이 세월만 쌓이노니,
신이시여, 가엾은 사랑
어여삐 여기시어 부디 저에게
잠시나마 만남을 허락하소서.

"훌륭하다, 파틴! 그래, 그 노래의 작자는 누구인고?"
"노래는 아디 빈 자이드의 것이고, 곡은 옛날부터 있는 것입니다."
세 사람이 잔을 거듭하는 동안 가희들은 다시 새로운 열 명으로 교체되었습니다. 이 여자들도 반짝이는 별처럼 서로 아리따운 용모를 다투면서, 황금으로 수놓은 꽃무늬 비단옷을 입고 보석이 뿌려진 띠를 매고 있었습니다. 교주는 버들가지를 연상시키는 한 미인에게 물었습니다.
"너의 이름은?"
"오, 충실한 자들의 임금님, 저는 라샤*[8]라고 합니다."
"오, 라샤, 노래를 들려주려무나."
여자는 즐거운 가락으로 이런 노래를 불렀습니다.

> 가냘픈 버들가지처럼
> 불타는 마음을 달래주는 그녀,
> 저 들판을 헤매는
> 어린 영양과도 같구나.
> 아, 여인의 뺨을 위해
> 술잔 기울이며, 그때마다
> 구슬리니 고개 끄덕이네,
> 나와 하룻밤 함께할 것을.
> 그때 나는 외쳤네.
> "진정 이것은 내 영혼이
> 갈구하는 오직 하나뿐인 행복."

"훌륭하다, 참 잘 불렀다. 다른 노래를 더 불러 보아라."
라샤는 일어나서 교주 앞에 절을 한 다음 이런 노래를 불렀습니다.

> 혼인잔치를 보고자
> 처녀는 집을 나섰네,
> 용연향 그윽하게
> 치장하고.

교주는 이 노래를 특히 마음에 들어 했습니다. 여자는 교주가 흥겨워하는 모습을 보고 몇 번이나 되풀이해서 노래를 불렀습니다. 이윽고 교주는 이제 그만 배를 타고 돌아갈까 생각하여 '질풍'을 대라 명령했습니다. 그러자 알리 빈 히샴이 말했습니다.

"오, 충실한 자들의 임금님, 저의 집에는 금화 1만 닢에 산 노예계집이 하나 있습니다. 제가 첫눈에 반해버린 계집인데, 그 처녀를 교주님에게 한 번 보여 드릴까 합니다. 만약 마음에 드시어 받아주시겠다면 기꺼이 드릴 것이고, 마음에 드시지 않더라도 노래나 한 번 들어 주십시오."

"그럼 그 계집을 데려와 보아라."

그러자 버들가지처럼 날씬한 처녀가 나타났는데, 사람의 마음을 녹일 듯한 눈빛에 눈썹은 마치 한 쌍의 활과도 같았습니다. 머리에는 진주와 보석이 박힌 황금 관을 쓰고, 그 아래에 맨 댕기에는 감람석으로 다음과 같은 구절이 새겨져 있었습니다.

이 여자는 마녀신,
마신들에게 시위 없는 활이
어떻게 하여 남자의 마음을 꿰뚫는가를
하나하나 가르친 여자!

처녀는 마치 사뿐사뿐 달리는 영양처럼, 아무리 신앙심이 깊은 자라도 파멸의 늪에 빠져들지 않을 수 없는 걸음걸이로 다가와서 의자에 앉았습니다.

—여기서 날이 훤히 밝아왔으므로 샤라자드는 이야기를 그쳤다.

417번째 밤

샤라자드는 이야기를 계속했다.

오, 인자하신 임금님, 알 마문 교주는 이 처녀를 보고 그 아름다움과 사랑스러움에 눈이 번쩍 뜨였습니다. 한편, 아부 이사는 여자를 보더니 괴로움에 가슴이 두근거리고 얼굴빛이 창백해져서 갑자기 병이라도 난 것 같은 모습이었습니다.

"오, 아부 이사여, 얼굴빛이 좋지 않은데 어디가 불편한가?"

교주가 묻자 아부 이사는 대답했습니다.

"오, 충실한 자들의 임금님, 고질병인 경련이 일어나서……."

"그대는, 저 아름다운 처녀를 전부터 알고 있었는가?"

"예, 충실한 자들의 임금님, 보름달을 어떻게 감출 수 있겠습니까?"

교주는 여자를 돌아보며 물었습니다.

"그대 이름은 무엇인고?"

"오, 충실한 자들의 임금님, 저는 쿠라트 알 아인이라고 합니다."

"그럼, 쿠라트 알 아인, 어디 노래를 한 번 불러 보아라."

처녀는 이런 노래를 부르기 시작했습니다.

　　사랑하는 남녀, 한밤중에
　　그대 곁을 빠져나와
　　새벽빛을 받으며
　　순례자들과 함께 떠나갔노라.
　　사원 옆에 둘러쳐진
　　아름다운 천막,
　　수놓은 휘장 내려
　　남의 눈을 가렸노라.

"오, 쿠라트 알 아인, 알라의 은총이 그대 위에 충만하기를! 그래, 그 노래의 지은이는 누구인고?"

교주가 묻자 처녀는 대답했습니다.

"노래는 디빌 알 후자이, 곡은 즈루즈루 알 사기르의 작품이옵니다."

옆에서 처녀를 바라보고 있던 이사가 눈물을 흘렸으므로 사람들은 모두 이상하게 여겼습니다. 그때 여자가 알 마문을 돌아보며 물었습니다.

"오, 충실한 자들의 임금님, 다른 노래를 불러 드릴까요?"

"뭐든지 좋으니 불러 보아라."

그러자 아인은 흥겨운 가락에 맞춰 이런 노래를 불렀습니다.

  마음 맞는 벗에게
  기쁨을 주려거든
  비밀은 가슴에 꼭꼭 감추고
  행여 털어놓지 말라.
  진실한 사랑 깨지는 것을
  구경하는 것밖에 낙이 없는
  비방자들의 이야기를
  믿지 말라, 행여라도.
  연인을 가까이하면
  사랑에 싫증 나고
  괴로운 이별은
  둘도 없는 사랑의 약이라고
  세상은 말하지만
  우리 두 가지 다 시험하여
  그 헛됨을 깨달았노라.
  생각건대, 가까이 있는 것이야말로
  마음의 위로가 되고 시름 사라지네.
  그러나 사랑하는 이의
  그 사랑에 진실 없다면
  가까이 있다 한들
  무슨 기쁨 있으랴.

노래가 끝나자 아부 이사가 말했습니다.
"오, 충실한 자들의 임금님."

─여기서 날이 훤히 밝아왔으므로 샤라자드는 이야기를 그쳤다.

418번째 밤

샤라자드는 이야기를 계속했다.
오, 인자하신 임금님, 아부 이사는 교주를 향해 말했습니다.
"오, 충실한 자들의 임금님, 부끄러운 일입니다만*9 마음만은 가벼워질 듯합니다. 지금 한 노래에 답하는 것을 허락해 주십시오."
"그래, 마음껏 불러 보아라."
아부 이사는 눈물을 삼키며 이런 노래를 불렀습니다.

　　입을 다물고
　　내 사랑 말하지 않았네.
　　사랑의 더없는 기쁨
　　가슴속에 숨기면서.
　　그러나 만약 내 눈에
　　내 심정 나타난다면
　　그것은 이 내 몸, 달 같은 처녀와
　　이토록 가까이 있기 때문.

그러자 쿠라트 알 아인은 류트를 들고 발랄한 가락으로 이런 노래를 불렀습니다.

　　그대 말이 진정이라면
　　그대는 다만 희망만으로
　　그 마음 흡족하지 않으리.
　　마음씨 상냥하고
　　얼굴 또한 아름다운
　　그 처녀가 없다면
　　어찌 긴 세월 참고 견디리.
　　뜻도 없는 그대의 희롱,
　　두둔해서 할 말도 없네.

이 노래를 듣고 아부 이사는 심하게 눈물을 흘리며 얼굴에 괴로운 빛을 드러냈습니다. 그러더니 이윽고 처녀를 바라보며 한숨을 내쉬면서 이런 노래를 불렀습니다.

　　내 옷이 감싼 건
　　수척하고 힘없는 몸,
　　마음속에 감춘 건
　　모든 것을 싸안은 보물.
　　나에게 마음 있는 한
　　괴로움은 영원히 계속되어
　　내 눈에서 쏟아지는
　　폭포 같은 눈물이여.
　　현자들은 만날 때마다
　　내 마음속을 엿보고
　　나를 호리는 이 사랑을
　　어리석다고, 비방하고 나무라네.
　　아, 알라여, 나는 이미
　　슬픈 사랑 짊어질 힘 없구나.
　　별안간 오라, 죽음이여,
　　그렇지 않으면 어서 오라,
　　세상에 다시없는 기쁨이여.

아부 이사의 노래가 끝나자, 알리 빈 히샴은 벌떡 일어나 이사의 발에 입을 맞추고서 말했습니다.

"오, 아부 이사 님, 알라께서는 당신의 비밀을 들으시고, 당신의 기도를 받아들여 저 아름다운 처녀를 데려갈 것을 허락하셨습니다. 충실한 자들의 임금님께서도 이젠 저 여자에게 마음을 두지 않으실 겁니다."

알 마문 교주도 말했습니다.

"설령 나에게 마음이 있다 할지라도 아부 이사에게 양보하여 부디 그 소원을 이루어주고 싶을 뿐이다."

교주는 일어나서 배를 타고 돌아갔습니다.

뒤에 남은 이사는 쿠라트 알 아인의 채비가 끝나기를 기다렸다가 기쁨에 가슴을 설레면서 처녀를 데리고 집으로 돌아갔습니다. 참으로 히샴의 아들 알리야말로 마음이 너그러운 사람이라 하겠습니다.

또 다음과 같은 이야기도 있습니다.

〈주〉

*1 아므루 빈 마사다(Amru bin Masadah)는 알 마문 교주의 대신. 쿠라트 알 아인(Kurrat al-Ayn)은 '산뜻한 눈매(즉 기쁨)'라는 뜻. 아부 알 하산(Abu 'l-Hasan)이라는 별명이 있는 알리 빈 히샴(Ali bin Hisham)은 같은 시대의 바그다드 총독이었다.

*2 신드산 돗자리는 내가 어렸던 시절에도 유명했다. 영국의 통치하에 들어가자 토착산업은 맨체스터와 버밍엄(영국의 공업중심지)을 위해 말살되고 말았다.

*3 아므루 빈 마디 카리브 알 주바이디(Amru bin Ma'di Karib al-Zubaydi)는 무함마드 시대의 시인.

*4 마비드(Ma'abid)는 1세기(이슬람력) 가수이자 작곡가.

*5 자비야(Zabiyah)는 아랍어로 노루, 암사슴. 또(여성, 암말, 암캐 등의) 요니(Yoni)(남성기인 링가에 대한 여성기로, 산스크리트어). 히브리어의 타비타(Tabitha), 그리스어의 도르카스(Dorcas)이다. 〔사도행전 제9장 36절에, "욥바에 다비다라 하는 여제자가 있으니 그 이름을 번역하면 도르가라……."라고 했듯이, 이 자비로운 여자의 이름에서 오늘날 도르카스라고 하면 여성 구제회의 이름으로 유명하다.〕 그러나 원뜻은 모두 '영양'이다.

*6 메카와 마찬가지로 알 메디나에서도 후두드 알 하람(Huddud al-Haram, 성역) 안에서는 모든 무하라마트(Muharramat, 법도의 죄악), 즉 음주를 비롯한 부도덕한 생활은 엄격하게 금지되어 있었다. 이맘 말리크는 동물의 살육도 금지했는데, 특별히 그것에 대한 죄과는 얘기되어 있지 않다. 수목의 벌채는 논의하기에는 약간 미묘한 문제이다. 또 침입자, 이단자, 신성 모독자 말고는 사형에 처할 수 없다(《순례》 제2권).

*7 자리르(Jarir)는 1세기(이슬람력) 시인.

*8 라샤(Rashaa)는 아랍어로, 겨우 걷기 시작한 새끼 사슴을 가리킨다. 또 보통 바튼 알 후트(Batn al-Hut), 즉 '고래의 배(腹)'라는 이름으로 알려진 28일째 달의 집을 가리키기도 한다. 이러한 집은 곧, 달이 그 궤도를 따라 운행할 때 통과하는 것으로, 이슬람의 천문학과 기상학에서 활발하게 다뤄진다.

*9 자신의 사랑이 다른 사람에게 알려져 체면을 잃게 되더라도.

알 라시드의 아들 알 아민과 작은아버지 빈 알 마디

어느 날 알 마문의 형 알 아민[1]이 작은아버지 이브라힘 빈 알 마디의 집을 찾아갔더니, 한 노예계집이 류트를 타고 있었습니다. 여자가 너무나 예뻤으므로 알 아민은 그만 그 여자에게 마음을 빼앗기고 말았습니다.

그것을 본 이브라힘은 호화스러운 의복과 그 밖에 값진 패물들과 함께 여자를 조카 알 아민에게 선물했습니다. 그러나 알 아민은 여자가 이미 작은아버지와 운우의 정을 맺은 것이 틀림없을 거라고 생각하니 잠자리를 같이하기가 싫어져서, 가지고 온 물건만 받고 여자는 이브라힘에게 돌려보내 버렸습니다.

알 아민의 환관한테서 그 경위를 전해 들은 작은아버지는 물결무늬가 있는 명주 속옷을 가져오게 하여 그 자락에 금문자로 이런 시를 적었습니다.

    아니로다. 나나 모든 사람이
    머리 조아리는 신께 맹세코 말하리.
    여자의 속옷 밑에 있는
    그 아무것도 건드리지 않았고
    입맞춤도 아무 짓도 하지 않았도다.
    그저 바라보고, 그저 목소리 들었을 뿐
    그래도 내 마음 흡족하였노라!

이브라힘은 여자에게 그 속옷을 입힌 다음 비파를 들려 다시 조카에게 보냈습니다. 여자는 알 아민 앞에 나가자 바닥에 엎드리고서 류트의 소리에 맞춰 이런 시를 불렀습니다.

    그대는 그 가슴 드러내어

선물을 돌려보내셨네.
속옷 입지 않은 이 몸에
잠시의 사랑도 주지 않고
매정하게도 물리치셨네.
지난날을 미워한다면
용서하시라, 그 옛날
교주의 지위 얻고부터는
깨끗하게 흘려보낸 과거의 일.

노래가 끝나고서 여자를 가만히 바라보던 알 아민은 그 속옷 자락에 적혀 있는 시를 보자 그만 욕정을 누를 수가 없게 되었습니다.

—여기서 날이 훤히 밝아왔으므로 샤라자드는 이야기를 그쳤다.

419번째 밤

샤라자드는 이야기를 계속했다.
오, 인자하신 임금님, 그 속옷 자락에 적힌 시를 읽은 알 아민은 더는 욕정을 누를 수가 없어 여자에게 다가가 입을 맞췄습니다. 그리고 저택 안의 외딴 방 하나를 여자에게 주고, 작은아버지에게는 후히 치사한 다음 라이의 통치권을 그에게 맡겼다고 합니다.
또 다음과 같은 이야기도 있습니다.

〈주〉
＊1 알 아민(Al-Amin)은 아바스 왕조 6세. 재위 기간 서기 809~812년.

알 파스 빈 하칸과 알 무타와킬 교주

어느 때 알 무타와킬 교주[1]가 병석에 누워 앓고 있었습니다. 사람들은 온갖 선물과 진기하고 귀한 보물을 보내 그를 위로했습니다.

그중에서도 알 파스 빈 하칸[2]은 당대에 제일가는 미인인, 가슴이 불룩하게 솟아오른 노예처녀와 함께 붉은 포도주를 담은 수정 항아리와 황금 술잔을 선물했습니다. 그 술잔에는 다음과 같은 시가 깨알같이 새겨져 있었습니다.

> 우리의 이맘 님, 그 병 고치시어
> 예전의 몸으로 돌아가셨으니,
> 이제 약석(藥石)은 멀리 하시라.
> 황금 잔을 가득 채운
> 맛좋은 술만큼 효험 있는
> 약은 없으리.
> 그 위에 더 좋은 것은
> 임을 위해 보존된
> 이 처녀의 봉인을 뜯는 것,
> 정녕 이것이야말로
> 약을 쓴 뒤에 마땅히 써야 할
> 더 없는 처방이리라.[3]

노예처녀가 교주의 방에 들어갔을 때, 마침 요한나[4]라는 의사가 교주 옆에 대기하고 있었습니다. 의사는 그 시를 읽더니 빙그레 웃으면서 말했습니다.

"오, 충실한 자들의 임금님, 참으로 알 파스 님은 저보다 더 명의이십니다. 교주님께서도 그분의 처방을 따르심이 좋을 듯합니다."

그리하여 그 시에 적힌 처방에 따른 교주는, 알라의 자비로 병도 회복되고 모든 소망을 이룰 수 있었습니다.

그리고 또 이런 이야기도 있습니다.

〈주〉

*1 알 무타와킬 알랄라(Al-Mutawakkil Alla'llah)는 알 라시드의 손자로, 알 와시크 교주의 뒤를 이은 아바스 왕조 10세, 재위는 이슬람력 232~247(=서기 846~861). 이 교주는 광신적인 수니파로 시아파에 맹렬하게 반대했고, 또 그리스도교도에게는 목에 굴(Ghull, 나무, 철 또는 가죽 목걸이)을 걸고, 노란 두건과 띠를 감고, 나무로 만든 등자를 사용하고, 집 정면에 악마의 조상을 두도록 명령했다. 그는 또 그리스도교도 여성과 노예에게도 옷을 차별해서 주었다. 굴, 즉 목걸이는 형벌에 사용되며, 목 주위에 징으로 고정할 때 그 밑에 여러 가지 해충을 그러모았다. 따라서 골리아스(Golius)는 이 목걸이를 'pediculosum columbar〔라틴어, 이가 들끓는 목걸이라는 뜻〕'라고 불렀다. 〔골리아스는 제임스 골리아스를 가리키며, 영국의 동양학자이자 수학자. 1596~1667년.〕

*2 알 파스 빈 하칸(Al-Fath bin Khakan)은 알 무타와킬 교주의 대신으로, 알 문타시르 빌라(Al-Muntasir Billah)〔아바스 왕조 11세〕에게 살해되었다(이슬람력 247년=서기 861년).

*3 동양인은 재계(齋戒) 중에 집무 따위의 행동을 하지 않고 말이나 행동을 매우 삼가면서, 유럽인이 건강을 조심하지 않는 것을 경멸한다. 그들은 병이 나을 때까지 외출도 하지 않고, 목욕과 술과 여자를 멀리한다. 그러나 일단 나으면, 전보다 갑절 더 열심히 이를 즐긴다. 여기서는 '봉인을 뜯는다'는 것은 처녀를 깨는 것이다.

*4 요한나(Yohanna)는 요하네스(Johannes)와 같으며, 알 무타와킬과 그 밖의 아바스 왕조 교주에게 총애를 받은 그리스인.

남녀 우열에 대해 어떤 남자와 여자 학자가 토론한 이야기

　이것은 어느 학식 있는 남자가 한 이야기입니다.
　―나는 바그다드의 설교사인 시트 알 마샤이프*¹라는 여성만큼 지적이고 성품이 너그러운 데다 예의가 바르고 지조가 굳센 여자는 본 적이 없습니다.
　이 여자는 이슬람력 561년*²에 하마 시에 와서 강좌를 열어 유익한 설교를 하고 있었습니다. 그래서 이 여자의 집에는 늘 수많은 신학생과 학자, 문인들이 찾아와 신학 문제를 토론하거나 여러 가지 화제가 되는 문제를 함께 얘기했습니다.
　나도 어느 날 세상 물정에 밝고 학식이 뛰어난 친구와 함께 그 여자를 찾아갔습니다. 우리가 자리에 앉자 알 마샤이프는 과일 접시를 우리 앞에 내놓고 자기는 휘장 뒤에 앉았습니다.
　알 마샤이프에게는 아름다운 남동생이 있었는데, 그 청년이 우리의 시중을 들어주었습니다. 과일을 먹고 나자 곧 신학상의 문제에 대해 토론을 시작하여, 나는 먼저 4종파[1]의 창시자인 이맘들의 차이에 관한 신학상의 문제를 제시했습니다.
　여자는 이 문제에 대한 답변을 시작했고, 나는 그것을 귀 기울여 듣고 있었습니다. 그런데 나와 함께 간 친구는 상대의 이야기에는 귀 기울이지 않고 그 동생의 얼굴만 뚫어지게 바라보면서 그 아름다운 모습에 감탄하고 있었습니다.
　그 모양을 휘장 뒤에서 보고 있던 여자 설교사는 이야기가 끝나자 내 친구를 향해 말했습니다.
　"보아하니 당신은 여자보다 남자를 더 좋아하시는 것 같군요?"
　"예, 그렇습니다."
　"무엇 때문인가요?"
　"알라께서 여자보다 남자를 훨씬 더 훌륭하게 만들어주셨기 때문입니다."

—여기서 날이 훤히 밝아왔으므로 샤라자드는 이야기를 그쳤다.

420번째 밤

샤라자드는 이야기를 계속했다.
—"알라께서는 여자보다 남자를 훨씬 더 훌륭하게 만드셨기 때문입니다. 그래서 나는 뛰어난 자를 좋아하고, 열등한 자는 싫어합니다."
친구의 대답을 듣고 여자는 웃으며 즉시 반문했습니다.
"만약 내가 당신과 그 문제를 토론하고 싶다면 당당히 응하시겠습니까?"
"예, 얼마든지."
"그럼 묻겠는데, 남자가 여자보다 우수하다는 증거가 어디에 있습니까?"
이 물음에 친구는 이렇게 대답했습니다.
"그 증거는 두 가지가 있는데, 하나는 전통적이고 또 하나는 윤리적입니다. 그중에서도 권위 있는 증거는 《코란》과 《사도 전설집》에 나옵니다. 먼저 최초의 전통적인 증거를 살펴보면 전능하신 알라께서는 이렇게 말씀하셨습니다.
'남자는 여자보다 뛰어난 점을 가진다. 왜냐하면 알라는 모든 점에서 남자를 여자보다 우수한 존재로 만들었기 때문이다.'[3] 또 '만약 두 사람의 인간밖에 없다면 한 남자에 두 여자가 있게 하라'[4]고 하셨고, 유산상속에 대해서도 '만약 형제자매가 있으면 남자에게는 여자 두 사람 몫을 줄지니라'[5]고 하셨습니다. 이처럼 알라께서는 (오, 진정 알라를 칭송할진저!) 여자보다 남자에게 우선권을 주었고, 여자는 남자보다 열등하므로 남자의 반밖에 가치가 없다는 것을 가르치셨습니다. 다음으로 수니[2]를 살펴보면, 예언자(알라의 구원과 가호가 있기를!)는 여자의 위자료를 남자의 절반으로 정하셨다고 전해 내려오고 있지 않습니까? 다음에 윤리적인 이유를 들자면, 남자는 능동적이고 적극적이며, 여자는 어디까지나 수동적이고 피동적입니다."[6]
그러자 알 마샤이프가 말했습니다.
"오, 참 좋은 말씀을 하셨습니다. 하지만 당신은 스스로 나의 논점을 증명해 주신 셈입니다. 그뿐만 아니라 당신은 스스로에게 도움이 되지 않는 불리

남녀 우열에 대해 어떤 남자와 여자 학자가 토론한 이야기 2221

한 증거를 제시했습니다. 알라께서(오, 알라를 칭송할진저!) 여자보다 남자에게 우선권을 주신 것은 사실입니다. 하지만 그것은 다만 남성이라는 것의 고유하고 불가결한 성질에 의한 것일 뿐입니다. 이 점에서는 더 이상 다툴 여지가 없습니다.

그런데 이 남자의 성질은 젖먹이에게도 소년에게도, 또 청년에게도 성인에게도, 마찬가지로 노인에게마저 공통되는 성질로, 그 점은 어디 하나 다른 데가 없습니다. 그렇다면 남성이 우수하다는 것이 단지 남자라는 이유 때문이라면, 당신은 소년에게도, 백발노인에게도 마찬가지로 마음이 끌리고 또 기쁨을 느껴야 합니다. 남자라는 점에서는 소년도 노인도 다를 게 없으니까요.

하지만 당신과 나 사이의 차이는 성교의 쾌락이나, 그 쾌락을 만드는 것으로 보이는 본성에 달려 있습니다. 이 우연하고 비본질적인 점에 있어서 청년이 왜 처녀보다 뛰어난가에 대해서는, 당신은 아무런 증거도 제시하지 않았습니다."

"오, 알 마샤이프 님, 당신은 그 단아한 모습과 장밋빛 뺨, 유쾌한 미소와 아름다운 말씨를 지닌 젊은이가 태어나면서부터 갖춘 성질을 모르신단 말입니까? 그런 점에서 젊은 남성은 여자보다 우수합니다. 그 증거로 예언자(오, 알라의 축복과 가호가 있기를!)는 이렇게 말씀하신 것으로 전해지고 있습니다.

'수염 없는 남자를 눈여겨보지 마라. 한순간 눈동자가 검은 낙원의 처녀를 바라본 듯한 기분이 들기 때문이다.'

아니, 정말이지 젊은 여자보다 젊은 남자가 뛰어나다는 것은 누구의 눈에도 명백한 일로, 아부 노와스[3]는 그것을 이렇게 교묘하게 노래했습니다.

　　아무리 형편없는 남자라도
　　월경이나 임신을 할
　　걱정은 조금도 없다.

또 다른 시인은 이렇게 노래했습니다.

　　미친 사람처럼 술과 여자에 빠져

그 어리석음을 세상에 알리신
우리의 이맘 노와스는
이렇게 말했노라.
'아, 젊은 사내아이들의
뺨을 사랑하는 사람들아,
마음을 기쁨으로 채워
낙원에 없는 그 기쁨을 마음껏 마셔라.'

그래서 사람들이 노예계집을 칭찬하거나 그 아름다움을 찬양하여 값을 매기고 싶을 때는 흔히 그 여자를 젊은 남자에게 견주어 말하는 겁니다."

—여기서 날이 훤히 밝아왔으므로 샤라자드는 이야기를 그쳤다.

421번째 밤

샤라자드는 이야기를 계속했다.
오, 인자하신 임금님, 친구는 말을 계속했습니다.
—"그래서 사람들이 노예계집을 칭찬하거나 그 아름다움을 찬양하여 값을 매기고 싶을 때는 흔히 그 여자를 젊은 남자에게 견주어 말하는데, 그것은 시인이 노래했듯이 남자에게 속하는 훌륭한 성질 때문입니다.

허리는 그야말로 젊은이인가,
합환(合歡)할 때 흔들리는
그 모습 마치 산들바람에
하늘거리는 버들가지 같구나.

만약 젊은 남자가 처녀보다 훌륭하고 아름답지 않다면 어찌 이런 비교가 나오겠습니까? 또 이런 것도 생각해 보십시오. (전능하신 알라께서 당신을 지켜주시기를!) 젊은 남자라는 것은, 특히 뺨에 새로이 솜털이 나고 윗입술에 처음으로 붉은 기가 돌며, 두 뺨에 보랏빛 청춘의 빛이 활짝 피게 되면, 흡사 보름달 같아져서 남의 말에도 귀 기울이고 그 충고에 따르며, 말과 태도가 쾌활해져 무슨 일에나 싫다고 말하기보다는 호응하는 경향이 있습니다. 아부 탐맘*7은 이 점을 참으로 잘 노래하지 않았습니까?

> 비방하는 자들은 말했노라.
> 그의 뺨에는 털이 나 있다고.
> 나는 대답을 하였노라.
> '부질없는 소리는 하지 말지니
> 솜털은 조금도 흠이 아니로다.
> 이미 엉덩이의 무게도
> 잘 견딜 수 있는가 하면, 콧수염에
> 숨긴 진주*8는 옥과 같이
> 가지런한 아름다움.'
> 장미는 엄숙하게 맹세하였노라,
> 이토록 아름다운 뺨을
> 어찌 떠나리오, 안 떠나련다고.
> 이는 더없이 거룩한 맹세.
> 입으로 말할 필요도 없이
> 눈동자로 뜻을 전하나니
> 그는 눈썹으로 대답했노라.
> 그대들이 이미 알고 있던 것보다
> 진정 그는 아름답도다.
> 뺨의 솜털은 모든 사람의
> 지각없는 행위를 막아주도다.
> 그리고 입가에서 뺨까지
> 보드라운 솜털로 옷을 입혀서
> 매혹스러운 힘이 이 젊은이에게
> 한층 더 아름답고 빛나는
> 생기 불어 넣도다.

이 젊은이를 사랑한다고
　　나를 비방하는 사람들이여,
　　그 이름 한 번 부를 때는
　　입을 모아 말하라!
　　'과연 그대는 미남'이라고.

또 알 하리리*9는 이런 멋진 노래를 불렀지요.

　　사람들은 비방하여 말하네.
　　'무엇 때문에 그대는 이토록
　　젊은이를 동경하며 한탄하는가?
　　그 뺨에 추한 수염 자라
　　드리워진 꼴 보이지 않느냐?'
　　그래서 나는 대답하네.
　　'바로 그거라네,
　　내가 사랑에 빠진 까닭
　　그대 만약 알고 싶거든
　　반짝이는 눈동자에 깃든
　　진실의 빛을 똑똑히 보라!'
　　그 뺨과 턱을 감싸는
　　솜털과 수염이 없다면
　　그 이마는 모든 사람의 눈
　　어지럽혀서 보지 못하게 하네.
　　초목이 나지 않는 땅에 사는 자
　　어찌 푸른 초목을 옮길 수 있을까?

또 다른 시인은 이렇게도 노래했습니다.

　　비방하는 자가 말하기를
　　'저자는 위안을 얻었다'고.

그러지 말라, 그것은 거짓말,
　　괴로워하며 한탄하는 자에게
　　위안 따위 있을 쏘냐.
　　뺨 위에 장미 한 송이
　　가까스로 피어났지만
　　내 마음은 편하지 않네.
　　이윽고 바질이 필 때
　　비로소 내 마음에 위안 찾아들리.

또,

　　허리를 나근거리는 그 모습
　　뺨의 솜털도 아름다워
　　보는 이를 괴롭히며
　　다투게 하고 죽이게 하여
　　칼끝 날카로운 수선 잎사귀의 칼로
　　붉은 피 물들였네.
　　칼 꽂는 그 칼집
　　어깨에서 허리에 건
　　그 띠는 빛 고운 도금양(桃金孃).*10

다시 또,

　　나는 취하지 않는다, 포도주에는.
　　내가 취하는 건 곱슬머리,
　　사나이들을 취하여 미치게 하는
　　새로운 술*11 같은 머리카락.
　　젊은이의 그 아름다움
　　뭇 사람들 서로 시기하면서
　　오로지 원하는 건

그 뺨에 솜털 되는 것.

이 모든 시는 여자에게서는 볼 수 없는 젊은 남성의 아름다움을 찬양한 것입니다. 이것만으로도 남자가 여자보다 우수하다는 증거는 충분할 겁니다."
이 말에 여자가 반박했습니다.
"당치도 않아요! 당신의 논리는 정말 독선적이군요. 당신은 모든 논점을 뒷받침하기 위해 온갖 말을 갖다 붙여 증거를 들었지만, '이제 진리는 밝혀졌으니'*12 본론에서 벗어나면 안 됩니다. 웬만한 증거로도 이해가 되지 않으신다면 더 자세히 말씀드리기로 하지요. 먼저 묻겠는데, 첫째, 젊은 남자를 어떻게 처녀에 비유한단 말입니까? 누가 들소와 영양을 비교할 수 있을까요? 처녀는 말씨도 상냥하고 맵시도 아름다워 마치 바질의 가는 가지 같고, 하얀 이는 카밀러의 꽃잎 같지요. 또 머리카락은 사람의 영혼을 매다는 밧줄을 닮았답니다.
그리고 뺨은 피처럼 붉은 아네모네, 얼굴은 사과를 연상시킵니다. 또 입술은 술처럼 달고 유방은 두 개의 석류를 생각게 하며 맵시는 등나무 가지처럼 나긋나긋합니다. 몸매는 훌륭하게 균형이 잡혀서 어깨는 매끈하고 코는 빛나는 칼날 같으며, 이마는 하얗게 반짝이고 눈썹은 서로 붙어 있고, 눈동자는 조화의 손에 의해 어두운 밤처럼 검게 물들어 있습니다.
입을 열었다 하면 순결한 새로운 진주알이 이내 쏟아지고, 그 고운 심성은 모든 사람에게 기쁨을 주지요.
생긋 웃을 때는 입술 사이에 빛나는 달님이 고개를 내밀고, 눈길을 맞추면 그 검은 동자에서 칼날이 번쩍이는 것이 느껴집니다.
모든 아름다움은 처녀 속에서 극치를 이루어, 타향을 떠도는 나그네이거나 고향에 있는 사람이거나 맨 먼저 처녀에게 마음이 이끌리는 법입니다. 처녀에게는 크림보다 매끄럽고 꿀보다 달콤한 붉은 입술이 있으니까요."

―여기서 날이 새기 시작했으므로 샤라자드는 이야기를 그쳤다.

422번째 밤

샤라자드는 이야기를 계속했다.

오, 인자하신 임금님, 여자 설교사는 다시 이렇게 덧붙였습니다.

"그리고 처녀는 빛나는 상아구슬 같은 한 쌍의 유방이 있어, 그 두 개의 언덕 사이에 가슴이 놓여 있는 형국이지요. 마찬가지로 매끄러운 배, 야자수의 꽃떨기 같이 부드럽게 포개어져 주름진 움푹한 옆구리, 진주 기둥처럼 봉곳하게 살이 오른 넓적다리, 크고 투명한 파도처럼 또는 문득 솟아오른 산맥처럼 꿈틀거리다 서로 만난 엉덩이, 티끌 한 점 없이 순결한 금괴로 빚은 듯 모양 좋은 손발을 가지고 있지요.

아, 가엾은 분! 과연 인간과 마신을 비교할 수 있을까요? 나는 새도 떨어뜨리는 세도를 가진 왕후와 군주도 여자 앞에서는 몸을 낮추고 무릎을 꿇으며, 이 세상의 모든 쾌락이 여자에게 달려 있다는 것을 당신은 모르시나요? 정녕 여자들은 이렇게 말할지도 모르지요.

'우리는 사람들을 지배하고 그 마음을 빼앗아버린다'고.

이 세상의 많은 부자가 영락하고, 권력 있는 사람들이 그 앞에 무릎을 꿇으며, 뛰어난 사람들이 그 노예가 되고 마는 것은, 오로지 이 여자들 때문이랍니다! 정말 여자는 현자에게서 지혜를 빼앗고 성자에게는 치욕을 주며 부자를 가난뱅이로 만들고 행복한 자를 고통의 구렁텅이로 처박고 맙니다. 그러한 재앙을 당하면서도, 현명한 남자분들은 갈수록 여자를 아끼고 사랑하며 더욱더 소중히 여깁니다. 또 남자분들은 그것을 횡포나 불명예라고는 생각하지 않지요. 얼마나 많은 남자가 여자 때문에 신을 배반하고 그 부모의 노여움을 샀던가요?

이도 저도 모두가 남자의 마음을 굴복시키고 사랑이 승리를 쟁취했기 때문입니다. 가엾은 분, 당신은 매우 크고 좋은 집도 여자를 위해 지어지고 노예계집이 매매되고 있다는 것을 모르시는군요. 눈물을 비처럼 흘리는 것도, 값비싼 보석과 용연향, 향기로운 사향을 모으는 것도, 또 군대를 갖추고 유원지를 만들고 재물을 모으고 많은 사람의 목이 달아나는 것도 모두 여자 때문이라는 것을 모르신단 말인가요? '세계는 여자를 의미한다'는 말을 한 사람이 있는데, 정말 맞는 말입니다.

그런데 당신이 인용하신 신성한 전설에 대해서 생각해 보더라도, 그것은 당신에게 유리한 증언이 아니라 오히려 불리한 증언입니다. 예언자(부디 알라의 축복과 가호가 있기를!)는 수염이 없는 소년을 눈동자가 검은 낙원의 처녀에 비유한다고 말씀하신 것 말이에요. 비유의 주체가 되는 것은 비교되는 것보다 한 단계 뛰어나다는 점은 의문의 여지가 없지요.

그러므로 여자가 더 뛰어나고 훌륭하지 않다면, 어찌 다른 것을 여자에 비유하겠습니까? 당신은 처녀가 소년에 비유된다고 말씀하셨지만 그렇지 않습니다. 그 반대입니다. 청년이 처녀에 비유되는 겁니다. 왜냐하면 사람들은 '저 젊은이는 마치 여자 같다'고 말하니까요. 또 시인들에게서 증거로 인용한 문구는 모두 자연의 섭리에 어긋나는 성질에서 나온 것이겠지요.

평소에 남색을 즐기는 자나 남창(男娼) 또는 신앙을 저버린 자는 전능하신 알라가 그 성전 속에서 이렇게 비난하고 계십니다.*13

'너희는 사람들 가운데 남자에게 다가가*14 너희 주가 만드신 아내를 소홀히 하는 것인가? 참으로 너희는 죄를 범한 자이다!' 그런 사람들은 바람을 피우거나 도리에 어긋난 행동을 하고, 또 악마를 따르며 음욕에 굴복하는 것을 좋아하고, 처녀를 젊은 남자에 비유하여 끝내 '처녀는 두 가지 기술에 뛰어나다'*15고 말합니다. 이 사람들은 모두 바른길에서 벗어나 정의를 저버리는 것입니다. 그런 사람들의 기수인 아부 노와스는 이렇게 말했습니다.

> 남색*16을 찾는 사람이나
> 창녀를 찾는 사람도
> 버들가지 같은 허리와
> 동자 같은 지혜를 기뻐하네.

또 당신은 남자의 뺨과 입술 위에 난 솜털에 대해 그것이 얼마나 남자의 얼굴에 아름다움을 더하는지 모른다고 말씀하셨는데, 그것도 진리에 어긋나고 정도에서 벗어난 말입니다. 왜냐하면 콧수염은 미소년의 아름다운 얼굴을 추하게 만들 뿐이니까요. (그리고 여자 설교사는 이런 노래를 읊었습니다.)

> 그의 얼굴에 난 솜털은

사랑을 하는 처녀들을 위해,
헛되이 그것을 찾는 모든 자에게
맺힌 원한을 풀어주었네.
그의 얼굴에는 손톱만큼도
더러운 티끌 없으나 다만 그 곱슬머리
엷게 그은 빛깔 띠었네.
하얀 종이*17 같은 얼굴이
거의 다 더럽혀졌을 때,
붓을 들어 그대는 어디에
갖가지 글씨를 적을 것인가?
젊은이가 처녀보다
뛰어나다고 칭찬한다면
그것은 지혜가 얕고
분별이 없음을 증명할 뿐."

시를 다 읊고서 여자 설교사는 이렇게 덧붙였습니다.
"전능하신 알라를 칭송할지어다!"

―여기서 날이 훤히 밝아왔으므로 샤라자드는 이야기를 그쳤다.

423번째 밤

샤라자드는 이야기를 계속했다.
오, 인자하신 임금님, 여자 설교사는 제 친구를 상대로 다시 말을 이었습니다.
"전능하신 알라를 소리 높여 찬양합시다! 이 세상에서 최상의 쾌락은 여자에게 있고, 영원한 행복은 여자 없이는 얻을 수 없다는 사실을 당신은 모르십니까? 당신도 아시다시피, 알라께서는(알라를 칭송하라!) 예언자와 성인들에게 검은 눈동자를 가진 낙원의 처녀를 약속하시고 그분들의 거룩한 선행에 대한 보답으로 처녀를 내려주셨습니다. 만일 알라께서 여자를 손에 넣는 것 말고 다른 최상의 기쁨이 있다고 생각하셨다면, 그 쾌락을 인간에게 주시지 않았을 까닭이 없습니다. 예언자(알라의 축복과 가호가 있기를!)도 이렇게 말씀하셨습니다.

'속세에 가장 귀한 것이 세 가지 있다. 그것은 여자와 향료와 기도 때의 내 눈동자의 위안⁽⁴⁾이니라.'

알라께서 낙원의 예언자와 성인에게 소년으로 하여금 봉사하게 한 것은 참으로 지당한 일입니다. 그것은 낙원이야말로 환락의 동산이고 젊은 남자의 봉사 없이는 완전한 것이 되지 않기 때문입니다. 하지만 젊은이를 봉사 말고 다른 목적에 사용하는 것은 지옥에 떨어져도 마땅할 타락이고, 방종이요 비열한 행위입니다. 시인도 이렇게 절묘하게 노래했습니다.

> 소년의 꽁무니를 쫓는 것은
> 주제를 모르는 짓이다.
> 어떠한 사람도 고귀한
> 여자를 사랑한다면
> 자기의 고귀한 천성을
> 보여주어야 하느니.
> 소년의 엉덩이를 즐기며
> 밤을 보내고서, 더러운
> 오욕 속에 눈뜨는 자
> 얼마나 많던가.
> 누렇게 바랜 붉은 꽃잎의 더러움이
> 생생하게 오욕을 얘기하니
> 부끄러운 빛 감출 길 없구나.
> 과연 그렇노라, 밝은 대낮에
> 옷에 묻은 똥 자국은
> 웃음거리가 될 수 있으리.
> 한눈에 매료되는
> 선녀 같은 미녀를 품는

쾌락의 밤 얼마나 기쁠쏘냐.
그 차이는 하늘과 땅 사이.
아침에 일어나면 깨끗하고
그윽한 향 피어올라
집안 가득 향기롭구나.
처녀 옆에 소년 따위를
앉혀 보아도 좋을 것 하나 없고,
더러운 웅덩이에 침향을
비교해 보아도 아무 소용없는 것을."*18

또 여자는 이렇게 말했습니다.

"당신 때문에 그만 도를 넘어서서 조심성을 잃어버리고, 또 자유로운 몸으로 태어난 훌륭한 여자의 법도를 깨고, 학식이 있는 자에게 어울리지 않는 천박한 수다를 떨고 말았군요. 하지만 자유로운 신분을 지닌 남녀의 가슴은 비밀의 무덤이니 지금까지 한 이야기는 이 자리에서 끝내기로 합시다. 또 행위는 모두 의도(意圖)*19에서 나오는 것이므로, 나는 나 자신을 위해서, 또 당신들과 모든 이슬람교도를 위해서 알라께 용서를 빌겠어요. 알라야말로 우리의 죄를 용서하시는 자비로운 신이시니까요."

이렇게 말하고 여자는 입을 다물더니 그때부터는 무슨 말을 해도 대답하지 않았습니다.

그래서 우리 두 사람은 그 여자와의 토론을 통해 배운 바가 있었음을 기뻐하면서 작별을 아쉬워하며 그만 물러나왔습니다.

또 이런 이야기도 전해오고 있습니다.

〈주〉
*1 시트 알 마샤이프(Sitt al-Masha'ikh)는 신앙의 장로(長老)로, 학식이 있는 노스승의 딸이라는 뜻.
*2 즉 서기 1166년.
*3 《코란》 제4장 38절. 나는 '카마르 알 자만의 이야기' 주석 109에서 이 장점이 무엇인지에 대해 말한 바가 있다.

* 4 《코란》 제2장 282절. 즉 '그대들이 증인으로 선택하는 남자가 두 사람'이라는 뜻.
* 5 《코란》 제4장 175절. '두 자매가 있을 때는 둘이서 3분의 2만 물려받을 것.'
* 6 두 가지 의미는 파일(Fa'il)='적극적인 남색자(Sodomite, 마파울(Mafaul))'='수동적인 자' '남창'이다. 또한 전자는 모욕적인 말이 아니지만, 후자는 매우 비방적인 표현이다.
* 7 아부 탐맘(Abu Tammam)은 《알 하마사 Al-Hamasah》로 불리는 사화집(詞華集)의 유명한 지은이.
* 8 젊은이의 콧수염 아래 있는 치아를 가리킨다.
* 9 알 하리리(Al-Hariri)는 '비단의 사람'을 말하며, 《마카마트 Makamat》 즉 '집회'의 유명한 지은이. 이 작품은 유럽의 모든 언어로 번역되어 있다(또는 번역이 시도되고 있다). 영어로 번역한 것도 2종이 있는데, 첫 번째는 문학사 시오도어 프레스턴(Theodore Preston, 런던 마든 사, 1850년)이 번역한 것으로, 이것은 50편 가운데 20편이 들어 있을 뿐이다. 두 번째는 고(故) 체너리(Chenery) 씨의 것으로, 제26 집회에서 끝나고 있다. 사실 이것은 1권뿐이며 다른 것은 끝내 완성을 보지 못했다. 〔또한 F. 슈타인가스의 영역은 그 뒤 완성된 것으로 추정된다.〕 따라서 독자는 실베스트르 드 사시 남작의 프랑스어 번역 《마카마트》 폴리오판의 호화판에 따를 수밖에 없다.

  〔드 사시(Silvestre de Sacy)는 앞에서도 두 번 정도 인용되었는데, 1758년 파리에서 태어나 셈계 언어를 독학으로 습득하여, 관직에서 물러난 뒤부터는 남은 생애를 동양 연구에 바쳤다. 1795년에는 동양어 연구소의 아랍어 교수, 1806년에는 페르시아어 교수에 추대되었다. 1838년 사망. 《아라비안나이트》 연구의 권위자로서 이 이야기에 관한 논고가 많다.〕
* 10 눈동자의 칼은 김드(Ghimd)를, 즉 나무나 가죽으로 만든 칼집을 매달기 위한 하마일(Hamail, 오른쪽 어깨에 매는 띠)을 가지고 있다. 그리고 이 띠는 젊은이의 콧수염을 가리킨다.

  〔참고로 《순례》 제1권에는 주머니용 코란을 '하마일'이라고 부르고 있다. 그것은 붉은 모로코가죽에 코란을 싸서 붉은 비단실로 왼쪽 어깨에 매달아 오른쪽으로 늘어뜨리기 때문이다.〕
* 11 가장 새로운 포도주는 사람을 가장 많이 취하게 하는 술로, 영국에서는 그리 알려지지 않은 사실이지만, '새 술(Vino nove)'을 마시는 자는 이것을 잘 알고 있다.
* 12 《코란》 제12장 51절. 이것은 귀인(Potiphar)의 아내가 한 말로, 다시 그녀는 이렇게 덧붙이고 있다. "나는 그를 선택하여 함께 잤다. 요셉은 진실을 말하는 자의 한 사람이다." 〔구약에서는 창세기 제39장, 제40장 참조.〕
* 13 남색이 드러났을 때 이슬람법에 의하면 사형에 처한다. 그러나 이 경우에도 증명하기가 곤란하다. 시라즈〔페르시아의 한 도시〕에서, 나는 한 신심 깊은 이슬람교도가 공개적으로 자기 아들을 처벌한 이야기를 들은 적이 있다.

* 14 《코란》 제26장 165절 이하. 이것은 주가 '롯(Lot)의 주민'(남색자)을 향해 하는 말. 〔이다음에 "오, 롯이여, 너희가 그만두지 않으면 반드시 추방되리라"고 한 문구가 이어진다.〕
* 15 앞과 뒤에서의 '성교'를 의미한다.
* 16 남색자(Sodomite)는 아랍어의 루티(Luti)이며, 복수형은 라와티(Lawati)이다. 페르시아어로는 어릿광대, 방탕자, 악인으로 흔히 사용되고 있다. 원뜻은 '롯의 주민 한 사람'이다. 〔롯은 아브라함과 헤어져 소돔에 거주했으므로.〕 고대 영어에서는 잉글(Ingle) 또는 Yngle(bardachio, catamite, 비역을 위한 소년)이라고 했는데, 이것은 민슈(Minsheu)의 설명처럼 'Vox hispanica et significat Latinè Inguen'(the groin)〔'이스파니아어로, 라틴어의 잉구엔이라는 뜻이다'라는 뜻〕이다. 〔민슈는 존 민슈를 가리키며, 1599~1617년에 11개 국어로 쓴 사전을 간행했다. 엘리자베스 왕조의 영어연구에 귀중한 문헌이다. 또한 그로인은 허벅지가 시작되는 샅굴 부위를 가리킨다.〕

우리가 널리 사용하는 근대어〔bougre를 가리킨다〕는 이탈리아어의 부지아르도(bugiardo)〔거짓말쟁이〕와 마찬가지로, 일반적으로는 프랑스어의 부그레(Bougre), 일명 불가루스(Bulgarus), 불가리아인(Bulgarian) '이단자'를 어원으로 한다. 따라서 불그린(Boulgrin)이라는 말(라블레 제1부 제2장)은 보통 알비 종파의 사람 Albigeois(Albigenses와 같으며, 이 종파의 박해는 서기 1200년 이후에 곧 시작되었다)와 루테르파가 사용한다. 〔알비 종파는 11세기 남프랑스의 알비 부근에서 일어나 13세기에 멸망했다.〕

나는 'bougre'가 근대적인 특수한 의의(즉, 남색자)를 띠게 된 것은 브라질어와 이 말이 접촉한 뒤부터라고 생각하지 않을 수 없다. 즉, 1555년에 위그노 일파의 신교도(Huguenots)들은 브라질에서 신 프랑스(Nouvelle France), 일명 적도 프랑스와 남극 프랑스를 건설하고 있는데 그곳에서 야만인들이 진귀한 물건으로서 파리에 보내졌다. 그 야만인 종족의 이름은 뷔그레(Bugre, 원래는 남부 브라질의 한 종족의 이름이지만 모든 구릿빛 토인에게 적용되었다)라고 하며, 모두가 나면서부터 남색자였다.
* 17 종이는 피부가 하얀 것을 말한다. 나는 앞에서 젊은이의 수염에 대한 페르시아식 표현을 인용했다. '그의 뺨은 그의 아름다움이 죽은 것을 애도하여 상복을 입는다.'
* 18 이 정경은 이집트의 특색을 가장 잘 표현하고 있다. 과연 여자의 위엄과 덕망은 휘장 뒤에 숨어 있기는 하지만, 정숙한 여자라도 유럽의 가장 저급한 매춘부조차 얼굴을 붉힐 만한 언어를 구사하고 있다.
* 19 의도는 아랍어의 니야트(Niyat). 의도〔종교상의 협의로 사용되면 미사를 올릴 때의 '특별한 목적'을 말한다〕에 관한 이슬람교도의 관념은 그리스도교도의 그것과 완전히 궤를 같이한다. 니야트, 즉 기도의 목적이 없으면 신앙심도 그 가치가 없다.

〈역주〉
⑴ 이슬람교는 잘 알려진 바와 같이 수니파와 시아파로 크게 분류되며, 수니파는 다시 4개의 종파로 갈라져 있다.
⑵ 무함마드의 전설적인 언행.
⑶ 아랍의 시인, 서기 762~810년.
⑷ 눈동자의 위안은 기쁨이라는 뜻.

아부 스와이드와 아름다운 노파

(아부 스와이드가 이런 얘기를 했습니다.)
어느 날 나는 친구와 함께 과수원에 과일을 사러 갔습니다.
과수원에 가보니 한구석에서 얼굴이 아름다운 백발 노파가 상아 빗으로 머리를 빗고 있었습니다.
우리는 노파 앞에서 걸음을 멈추었으나, 노파는 조금도 개의치 않고 얼굴을 베일로 가리려고도 하지 않았습니다. 그래서 내가 먼저 말했습니다.
"여보시오, 할머니,[*1] 그 흰 머리를 까맣게 물을 들인다면 처녀보다 예뻐지겠는데 왜 그렇게 하지 않으시오?"
노파는 그제야 얼굴을 들어 나를 보았습니다.

—여기서 날이 새기 시작했으므로 샤라자드는 이야기를 그쳤다.

424번째 밤

샤라자드는 이야기를 계속했다.
오, 인자하신 임금님, 아부 스와이드의 이야기는 계속되었습니다.
—내 말을 듣고 고개를 쳐든 노파는 눈을 크게 뜨고 다음과 같은 시구를 읊었습니다.

　　가는 세월에 물든 머리,
　　설령 내 손으로 물들인다고
　　어찌 오래 계속되리오.
　　빛바래지 않고 남는 것은

오직 세월의 염색뿐이라오.
젊은 날에는 나 역시
남자에게 좌우로 쫓기며
즐거웠던 한때가 있었다오.

이 노래를 듣고 나는 소리쳤습니다.
"정말 할머니는 아깝소! 지난날의 쾌락을 그리워하는 당신의 안타까운 마음에 실감이 넘치는구려. 하지만 실없는 짓은 하지 않겠다는 당신의 말은 아무래도 거짓이렷다!"
또 이런 이야기도 있습니다.

〈주〉
*1 할머니(Ya 'l-Ajuz)라는 호칭은 지금은 업신여기고 얕잡아 보는 듯이 들려 "네 눈에나 할머니겠지"라는 대답을 들을 것이다. 이집트에서의 정중한 호칭은 '오, 부인(sitt)', '오, 여성 순례자여', '오, 색시', '오, 아가씨'이다(설령 상대가 쉰 고개를 넘었다 하더라도). 아라비아에서는 "오, 부인(O waman)=이므라(Imraah)"라고 해도 되지만, 이집트에서 그렇게 말하면 "그 부인이 말이야, 알라께서 네 심장을 도려내는 것을 보게 될걸!" 하는 욕을 듣는다. 남부 이탈리아에서는 bella fé(아름다운 사람)라 부르며, vecchiarella(늙은 여자)라고 말하면 싸움이 나게 된다.

알리 빈 타히르 태수와 무니스라는 처녀

옛날에 알리 빈 모하메드 빈 아브달라 빈 타히르[1]는 무니스라는 노예계집을 사라는 권유를 받았습니다. 그 여자는 생김새며 교양이며 모두 또래 여자들을 능가하는데다 재주와 능력이 여러 가지로 많은 시인이었습니다. 알라가 이름을 묻자 여자는 대답했습니다.
"알라께서 태수님의 천수를 늘려주시기를! 저는 무니스[2]라고 합니다."
알리는 이미 그 이름을 들은 적이 있어서 한참 동안 고개를 숙이고 있더니, 이윽고 고개를 들어 여자를 바라보며 이런 시를 읊었습니다.

    그대로 하여
    사랑에 병들어
    마음 미치고
    괴로워하는 사나이를
    어떻게 생각하느뇨?

이 노래를 듣고 여자가 말했습니다.
"알라께서 부디 태수님을 칭찬해 주시기를!"
그리고 이런 노래로 화답하였습니다.

    그토록 사랑에 괴로워하는
    사내 있다면
    모든 정 다 바치리라.

이 처녀가 무척 마음에 든 알리는 은화 7만 닢을 내고 사기로 했습니다. 그리하여 나중에 경비대장이 된[3] 오바이드 알리 빈 모하메드라는 아들을 낳았습니다.
 또, 아부 알 아이나*4는 다음과 같은 이야기를 했습니다.

〈주〉
*1 알리 빈 모하메드 빈 아브달라 빈 타히르(Ali bin Mohammde bin Abdallah bin Tahir)는 알 마문 교주 시대에 이집트, 호라산 그 밖의 총독이었다.
*2 무니스(Muunis)는 동료, 위로하는 자라는 뜻.
*3 바그다드에서. 명백하게 바그다드나 모술 사람에 의해 쓰였다.
*4 아부 알 아이나(Abu al-Ayna)는 바소라의 9세기 장님 전설론자(傳說論者).

애송이 정부를 둔 여자와 어른을 정부로 둔 여자

(이것은 아부 알 아이나가 한 이야기입니다.)

내가 살던 동네에 두 여자가 있었습니다. 한 사람은 어른 정부를 두고 있었고, 하나는 아직 수염도 나지 않은 애송이를 정부로 두고 있었습니다.

어느 날 밤, 이 두 여자는 내가 옆에 있는 줄도 모르고 이웃집 옥상에서 만나 수다를 떨었습니다. [1] 먼저 애송이 정부를 가진 여자가 입을 열었습니다.

"이봐요, 당신은 보드라운 당신 가슴에 그분의 꺼끌꺼끌한 수염이 닿는 것을 용케도 참는군요. 그리고 입을 맞출 때도 당신 뺨과 입술에 콧수염이 닿아서 따가울 텐데."

"당신은 정말 바보야, 나무에도 잎이 달려 있고, 오이에도 도톨도톨한 가시가 붙어 있잖아요? 수염도 없고 멍청해 보이는 얼굴만큼 보기 흉한 것이 세상에 또 있을까? 남자의 수염은 여자의 애교털과 같다는 걸 모르나요? 털이 난 곳이 턱이건 뺨이건 도대체 무슨 차이가 있어요? [*1] 알라께서(알라를 찬양하라!) 천국에서 만드신 천사가 '남자는 수염으로, 여자는 긴 머리카락으로 장식해 주신 알라께 영광 있으라!' 하고 찬양한 것을 모르시나요? 만약 수염이 여자의 머리카락처럼 아름답지 않다면 이 둘을 함께 맺어주셨을 리가 없잖아요. 아무것도 모르는 양반, 애송이 밑에서 어떻게 다리를 벌리고 누울 수가 있담! 여자가 기분도 내기 전에 끝장을 내고 고추가 시들어 버릴 거 아니에요. 하지만 나이 지긋한 사내는 한숨 돌릴 때에도 꼭 끌어안아 주고 천천히 뺐다가 넣었다가 하여 한 번 끝내고서도 다시 해 준단 말이에요. 들이칠 때는 힘이 있을 뿐 아니라 몇 번을 빼도 또 넣어주거든요. 그러니 어떻게 그런 남자를 버리고 애송이 따위에게 눈을 돌릴 수가 있겠어요?"

이 말을 듣고 애송이 정부를 가진 여자도 크게 깨달은 바가 있어 이렇게 말했습니다.

"카바의 주님께 맹세코 그 애송이를 버려야지."

또 이런 이야기도 있답니다.

〈주〉
*1 '수염이 없는 입맞춤은 소금기 없는 빵'이라는 페르시아 속담이 있다.

〈역주〉
⑴ 중동의 도시에서는 여름밤에 옥상에서 더위를 식힌다.

카이로 사람과 바그다드 유령의 집

옛날 카이로 시에 한산이라는 바그다드 출신의 보석상인이 있었습니다. 이 사람은 막대한 금은과 보석 그리고 땅과 집을 수없이 가진 호상(豪商)이 었습니다. 그뿐만 아니라 알라의 자비로 눈부시게 아름다운 아들이 하나 있 었습니다. 뺨은 장밋빛으로 빛나고 얼굴이 빼어나게 아름다우며 팔다리가 늘씬한 젊은이였습니다. 하산은 이 아들을 카이로의 알리라고 이름 짓고 코란을 비롯하여 과학과 웅변술, 그리고 문예에 관한 온갖 과목을 가르쳐 이윽고 알리는 모든 학문에 통달하게 되었습니다.

알리는 아버지 밑에서 장사를 배우고 있었는데, 얼마 뒤 하산은 병이 들어 날로 병세가 나빠져 갔습니다. 하산은 이제 임종이 가까워 온 것을 깨닫고 아들을 머리맡으로 불렀습니다.

—여기서 날이 밝았으므로 샤라자드는 이야기를 그쳤다.

425번째 밤

샤라자드는 이야기를 계속했다.

오, 인자하신 임금님, 하산은 아들을 머리맡에 불러 이렇게 말했습니다.

"오, 아들아, 이 세상은 참으로 덧없는 것이지만 내세에서는 영원한 생명을 얻을 수 있다. 이 세상에 죽음의 길을 피해갈 수 있는 사람은 아무도 없다.[*1] 그래서 내 임종도 이제 멀지 않았으니 너에게 일러두고 싶은 말이 있다. 네가 그것을 평생 지킨다면 알라를 뵙게 되는 날까지 너는 행복하게 지낼 수 있을 것이고, 만약 내 말을 어긴다면 네게는 헤아릴 수 없이 많은 시련과 재앙이 닥칠 것이다. 그때 너는 내 말을 어긴 것을 진심으로 후회하게 될 거다."

아버지의 말에 알리가 대답했습니다.

"아버님, 이슬람교의 법도에 아버지를 따르고 아버지가 분부하시는 바를 지키라고 되어 있는데, 제가 어찌 아버님의 말씀을 듣지 않고 분부를 어길 수 있겠습니까?"

"애야, 나는 너에게 셀 수 없이 많은 토지와 집, 보물과 돈을 남기고 갈 것이다. 설사 네가 매일 금화 5백 닢씩 쓴다 해도 모자라지 않을 만큼. 그러나 아들아, 명심하여 알라를 두려워하고 알라께서 선택하신 예언자(그분에게 알라의 축복과 가호가 있기를!)의 가르침을 따르고, 예언자가 구전율법*² 으로 정하신 법도를 어기지 않도록 하여라. 가난한 자에게는 언제나 아낌없이 희사와 자비를 베풀어라. 사람과 교제를 할 때는 신앙심 깊고 인품이 훌륭한 학문 있는 사람을 택해야 한다. 가난한 사람과 곤경에 빠진 사람을 돌봐주고, 탐욕스럽고 비열한 행동은 피하며, 또 마음이 비뚤어진 사람들이나 수상한 데가 있는 사람들은 멀리 하도록 해라.

가족과 하인들에게는 친절히 대해 줘야 한다. 특히 네 아내는 유서 깊은 가문 출신이고 더구나 네 씨를 품고 있지 않으냐? 알라께서 아마 훌륭한 아들을 점지해 주셨을 게다."

아버지는 눈물을 흘리면서 거듭거듭 아들에게 당부했습니다.

"오, 아들아, 나는 최고 신의 자리, 구천(九天)*³의 주이신 알라께 네가 비록 어떤 괴로운 변을 당하더라도 곧 알라께서 구해 주시도록 한결같이 빌어주마."

이처럼 앞날을 걱정해 주는 고마운 아버지의 말을 듣고 알리는 눈물을 흘렸습니다.

"아버님, 그런 말씀을 들으니 저는 슬퍼집니다. 아버님 말씀은 마치 이 세상과 작별을 하시는 분의 말씀 같군요."

"그렇단다, 아들아, 내 병은 내가 가장 잘 안다. 지금까지 내가 한 말을 잊지 않도록 해라."

그런 다음 하산은 신앙 고백을 두 번 되풀이하고 코란의 구절을 읊조렸습니다. 그리고 예정된 시각이 다가오자 아들을 불렀습니다.

"오, 아들아, 더 가까이 오너라."

알리는 옆으로 가서 아버지에게 입을 맞추었습니다. 이윽고 하산이 깊은 한숨을 한번 내쉬니 그 영혼이 육체를 떠나 전능하신 알라 곁으로 불려 갔습니다.

알리는 깊은 슬픔에 잠겼고, 죽은 사람을 애도하는 통곡 소리가 온 집 안에 가득 울렸습니다. 아버지의 친지들도 속속 모여들었습니다.

알리는 장례식 준비를 시작하여 성대한 장례식을 치르고, 관을 예배당으로 메고 가서 기도를 올린 다음, 묘지로 운반했습니다. 모인 사람 모두가 유해를 묻고 숭고한 코란 가운데 그 자리에 어울리는 구절을 골라 다 함께 외었습니다. 그것이 끝나자 모두 하산의 집으로 돌아가 고인의 아들을 위로한 다음 각자 자기 집으로 돌아갔습니다.

그 뒤에도 알리는 금요일이면 세상을 떠난 아버지를 애도하며 어김없이 기도를 올렸고, 40일 동안 하루도 빠짐없이 코란의 전문을 외었습니다. 이렇게 금요일마다 반드시 아버지의 명복을 빌면서 한동안 외출도 하지 않고 오로지 기도와 추모에 전념하고 있는데, 어느 날 상인의 아들들이 찾아와서 인사를 한 뒤 이렇게 말했습니다.

"도대체 언제까지 장사도 하지 않고 친구들과의 교제도 끊고 돌아가신 아버님만 애도할 작정인가? 그러다간 지쳐서 병이 나겠네."

찾아온 친구 가운데 저주받은 마신이 몰래 섞여 있어 그들을 선동하고 부추겼던 겁니다.

마신의 부추김으로 그들이 시장에 같이 나가자며 알리를 꾀어내자, 마침내 알리도 지고 말았습니다.

—여기서 날이 밝아왔으므로 샤라자드는 이야기를 그쳤다.

426번째 밤

샤라자드는 이야기를 계속했다.

오, 인자하신 임금님, 알리가 그런 생각을 하게 된 것도 다 알라(찬양하라!)의 뜻이었겠지요. 그리하여 알리는 일행과 함께 비탄의 집을 나갔습니다. 그러자 친구가 말했습니다.

"암나귀를 타고 이러이러한 꽃밭으로 같이 가세. 거기서 우리가 자네를 위로하고 자네의 슬픔과 우울한 기분을 날려 보내줄 테니까."

알리는 친구들이 하자는 대로 나귀를 타고 노예를 데리고 그 꽃밭으로 갔습니다. 꽃밭으로 들어가자 친구 하나가 나가서 아침식사를 준비해 돌아왔습니다. 그들은 식사한 뒤 노래를 부르고 잡담하며 놀다가 저녁때가 되어 나귀를 타고 각자 집으로 돌아가 쉬었습니다.

그 이튿날도 날이 밝자 친구들이 찾아와서 나가자고 꾀었습니다.

"오늘은 어디로?"

알리가 묻자 그들이 대답했습니다.

"어제의 꽃밭보다 훨씬 더 근사하고 재미있는 곳이야."

그래서 함께 그 꽃밭으로 가니, 또 친구 하나가 아침식사를 준비하러 나갔습니다. 이번에는 음식 말고 금방 취하는 독한 술도 사 와서는 식사가 끝나자 그 술을 꺼내는 것이었습니다.

"그건 뭔가?"

"아, 이건 슬픔을 없애고 마음을 흥겹게 해 주는 걸세."

그들이 끈질기게 알리에게 술을 권하자 마지못해 알리도 함께 술을 마시기 시작했습니다. 그렇게 먹고 마시는 동안 날이 저물어 다시 각자 자기 집으로 돌아갔습니다.

카이로 사람 알리가 술에 몹시 취해 비틀거리는 걸음으로 집에 돌아가자 아내가 물었습니다.

"어머나, 웬일이세요? 당신 걸음걸이가 이상하네요."

"오늘은 모두 유쾌하게 놀고 있는데 한 친구가 술을 가지고 왔단 말이야. 그래서 함께 마셨는데 이렇게 취하고 말았어."

"어머나, 그런 사람들과 교제를 하시다니, 당신은 아버님의 분부와 해서는 안 된다고 말씀하신 사항을 잊으셨나요?"

"그 친구들은 수상한 사람들이 아니라 모두 상인의 아들들이야. 그저 유쾌하게 놀았을 뿐이지."

그 뒤에도 알리는 날마다 친구들과 함께 이리저리 어울려 다니며 술을 마셨습니다.

이런 날이 며칠 지나자 친구들이 알리에게 말했습니다.
"이젠 자네 차례야. 우리 차례는 끝났어."
그러자 알리는 위세 좋게 말했습니다.
"좋았어, 한번 마음껏 놀아보세!"
이튿날 아침 알리는 고기와 술을 친구들이 낸 것보다 곱절이나 준비하고, 요리사에서부터 천막을 치는 사람, 커피*4를 끓이는 사람까지 모두 데리고 알 라우자 섬*5과 나일 강의 수위 측정소(1)에 가서, 꼬박 한 달 동안 밤낮으로 먹고 마시고 음악을 들으며 흥겹게 떠들면서 놀았습니다.

한 달이 지나고서 알리는 자기가 막대한 돈을 썼다는 사실을 알았습니다. 그렇지만 저주받은 악마는 알리를 유혹하며 이렇게 속삭였습니다.
"이 정도의 돈이라면 매일 써 봤자 아무 표시도 안 날걸?"
그래서 알리는 돈 걱정은 하지 않고 3년 동안 방탕한 생활을 계속했습니다. 그동안 아내는 아버지의 유언을 들어 수없이 충고했지만, 알리는 들은 척도 하지 않았습니다.

그러는 사이에 가지고 있던 돈을 다 써버리자, 그때부터는 보석을 팔아서 그 돈으로 친구들을 대접했으나 마침내 그것마저 다 떨어지고 말았습니다. 다음에는 집과 논밭, 농장, 정원 등을 차례로 팔기 시작했고, 그것도 다 팔고 나니 이제 남은 것이라곤 자기가 사는 집밖에 없었습니다. 그때부터는 집을 장식한 대리석과 나무로 새긴 조각을 뜯어내어 팔기 시작했습니다. 나중에는 그것도 다 떨어지고 말았습니다. 알리는 머리를 싸매고 궁리했지만, 돈이 한 푼도 없다는 것을 알고 마침내 집까지 팔아서 그 돈까지 써버리고 말았습니다.

이윽고 집을 산 사람이 알리에게 와서 말했습니다.
"이 집이 필요하니 집을 비워 주셔야겠소."
알리는 곰곰이 생각한 끝에 아들과 딸 둘을 낳은 아내에게는 미안하지만 하인 하나 없는 지금, 큰 집을 가질 필요는 없다고 생각하고, 안마당*6을 마주보고 있는 어느 집의 방 한 칸을 빌렸습니다.

지난날 막대한 부를 쌓아 수많은 하인을 거느리고 호화로운 생활을 했던 알리가 그곳에 거처를 정하자, 곧 그날그날의 끼니마저 걱정해야 할 정도로 살림이 줄어들어 보잘것없는 신세가 되었습니다. 알리의 아내가 말했습니다.

"진작부터 이렇게 될 거라고 그토록 주의를 주지 않았어요? 아버님의 유언을 지키라고 그렇게 애원했는데도 당신은 들은 척도 하지 않았어요. 하지만, 영광스럽고 위대한 신 알라 외에 주권 없고 권력 없도다! 도대체 앞으로 이 가엾은 아이들에게 무엇을 먹여야 하나요? 지금부터 상인의 아들들인 당신 친구들 집을 한 바퀴 돌고 오세요. 어쩌면 오늘 하루치 양식쯤은 나누어 줄지도 모르니까요."

그리하여 알리는 친구를 한 사람 한 사람 찾아다녔습니다. 그러나 모두 만나주지도 않고 차마 들을 수 없는 모욕의 말만 퍼부을 뿐이었습니다. 알리는 집으로 돌아가서 아내에게 말했습니다.

"아무도 도와주지 않던걸."

하는 수 없이 아내는 이웃 사람에게 식구가 연명할 양식을 얻어오기 위해 밖으로 나갔습니다.

—여기서 날이 훤히 밝았으므로 샤라자드는 이야기를 그쳤다.

427번째 밤

샤라자드는 이야기를 계속했다.

오, 인자하신 임금님, 알리의 아내가 옛날부터 잘 아는 어떤 부인을 찾아가자, 부인은 그 초라한 행색을 보고 반갑게 맞이하며 눈물을 흘리면서 물었습니다.

"아니 이게 어찌 된 일이에요?"

알리의 아내는 남편의 행실을 자세히 이야기해 주었습니다.

"잘 오셨어요. 기운을 내세요. 뭐든지 필요한 것이 있으면 사양 말고 말씀하세요. 돈 같은 건 필요 없으니까요."

"알라께서 당신께 충분한 보답을 내리시기를!"[7]

알리의 아내가 말하자, 그 친구는 알리의 식구가 한 달 동안 먹고도 남을 양식을 내주었습니다. 아내는 그것을 가지고 집으로 돌아왔습니다.

남편 알리는 아내의 모습을 보고 눈물을 흘리면서 물었습니다.

"어디서 이렇게 얻어 왔소?"

"친구한테서 얻어 왔어요. 사정을 이야기했더니 친절하게도 필요한 것이 있으면 뭐든지 가져가라고 합디다."

"당신이 이렇게 많은 것을 얻어왔으니 나도 찾아갈 만한 곳으로 가보겠소. 어쩌면 전능하신 알라께서 구원해 주실지도 모르니까."

알리는 아내에게 작별을 고하고 아이들에게 입을 맞춘 다음 정처 없이 길을 떠났습니다. 터벅터벅 걸어서 불라크에 이르자 마침 다미에타*8로 가는 배가 막 돛을 올리고 떠나려는 참이었습니다. 바로 그때 예전에 아버지와 친하게 지내던 한 남자를 만났는데, 이 남자가 알리에게 인사를 하고 물었습니다.

"어디로 가나?"

"다미에타로 가는 길입니다. 그곳에 친구가 있어서 오래간만에 다녀오려고 합니다."

이 남자는 알리를 자기 집에 데리고 가서 정중하게 대접한 다음 항해에 필요한 식량과 약간의 돈까지 주어 다미에타로 가는 배에 태워주었습니다.

다미에타에 도착한 알리는 배에서 내리기는 했으나 어디로 가야 할지 엄두가 나질 않았습니다. 그래서 거리를 어정거리고 있는데 한 상인이 그를 불쌍히 여겨 자기 집으로 데리고 갔습니다.

알리는 한동안 그 집에서 신세를 지고 있었습니다. 그러나 곧 이런 생각이 들었습니다.

'남의 집에서 언제까지나 신세를 지고 있을 수야 있나.'

그래서 알리는 그 집을 나와 부두로 갔습니다. 물어보니 시리아로 가는 배가 곧 떠난다는 것이었습니다. 인정 많은 주인은 여행 중에 먹을 것을 챙겨주고 배에다 태워주기까지 했습니다.

배가 돛을 올린 뒤 이윽고 시리아 해안에 도착하자, 배에서 내린 알리는 다시 다마스쿠스까지 여행을 계속했습니다. 그 도시에 들어가 큰 거리를 걷고 있으니 뜻밖에 친절한 한 남자가 알리를 자기 집으로 데리고 갔습니다.

그리하여 한동안 그 집에서 신세를 지다가 어느 날 외출해 보니 바그다드로 가는 대상이 있다는 것이었습니다. 그 길로 신세 지던 집으로 돌아가 하직인사를 한 뒤 대상과 함께 길을 떠났습니다.

그런데 알라(알라를 찬양하라!)의 뜻이었는지, 상인 가운데 한 사람이 알리가 마음에 들어 자기 옆에서 떼어놓으려 하지 않았으므로, 알리는 그와 함께 먹고 자게 되었습니다. 그럭저럭하는 동안 마침내 바그다드까지 하룻길을 앞둔 곳에 이르렀습니다.

그런데 그날 강도 떼가 대상을 습격하여 물건을 죄다 약탈당하고 무사히 난을 모면한 자는 몇 사람 되지 않았습니다. 모두 뿔뿔이 흩어져 달아났지만, 카이로의 알리는 그대로 바그다드를 향해 길을 재촉했습니다.

저녁때에 간신히 도착하니 문지기들이 막 성문을 닫으려는 참이었습니다.

"나를 들여보내주십시오."

문지기들은 알리를 안에 들여 놓고 물었습니다.

"어디서 와서 어디로 가는 길이오?"

"나는 카이로 사람인데 상품을 실은 나귀와 노예와 하인을 데리고 왔습니다. 그런데 물건을 맡길 장소를 찾아보려고 일행보다 한 걸음 먼저 나귀를 타고 혼자 오다가 도둑 떼의 습격을 받아 그만 나귀도 물건도 몽땅 뺏기고 말았습니다. 겨우 목숨만 건져서 간신히 도망쳐 왔습니다."

그러자 문지기는 알리를 정중하게 대하며 격려해 주고 나서 이렇게 말했습니다.

"오늘 밤에는 여기서 지내도록 하시오. 내일 아침 당신에게 어울리는 숙소를 찾아 드릴 테니."

알리는 윗옷 호주머니를 뒤져 불라크의 상인한테서 받은 금화를 하나 꺼내 문지기에게 주며 말했습니다.

"이걸 가지고 가서 잔돈으로 바꿔 먹을 것을 좀 사다주시오."

문지기는 돈을 받아 들고 시장에 가서 잔돈으로 바꾸어 빵과 고기요리를 사 들고 왔습니다. 알리는 문지기들과 함께 그것을 먹고 그날 밤 거기서 잤습니다.

아침이 되자 문지기 한 사람이 알리를 바그다드의 한 상인 집에 데리고 갔습니다. 알리는 여기서도 어제와 같은 이야기를 되풀이했습니다. 주인은 알리가 막대한 상품을 가진 돈 많은 상인인 줄 알고 그 거짓말을 믿었습니다. 그래서 알리를 자기 가게로 안내하여 정중하게 대접했을 뿐만 아니라, 자기 집에서 훌륭한 옷을 한 벌 가져와서 알리를 데리고 목욕탕으로 갔습니다.

이제부터는 카이로 사람 알리가 한 말입니다.

―나는 그 상인과 함께 목욕탕에 갔습니다. 목욕을 마치자 상인은 나를 자기 집으로 데리고 가더니 아침상을 내왔습니다. 둘이서 그것을 맘껏 먹고 마신 뒤 주인은 한 흑인 노예에게 명령했습니다.

"여봐라, 마스우드, 이 손님을 모시고 가서 그곳에 있는 집 두 채를 보여 드리고 어느 쪽이든 마음에 드시는 집 열쇠를 내드리고 오너라."

그래서 나는 노예와 함께 나갔는데, 이윽고 어떤 골목까지 오자 새로 지은 지 얼마 되지 않아서 아직 문도 열지 않은 집이 세 채 나란히 서 있었습니다. 노예가 첫 번째 집 문을 열어주어 나는 집 안을 둘러보았습니다. 두 번째 집도 마찬가지로 둘러보자 노예가 물었습니다.

"어느 집 열쇠를 드릴까요?"

"저 큰 집은 누구의 집인가?"

"역시 저희 주인의 집입니다."

"그럼 열어 보게. 안을 보고 싶으니."

"보셔도 소용없습니다."

"왜?"

"유령이 나오는 집입니다. 저 집에서 잔 사람은 이튿날 아침에는 반드시 죽어 있었거든요. 저희는 아예 문도 열지 않습니다. 시체를 끌어낼 때는 다른 두 채의 집 옥상에 올라가서 시체를 끌어올리지요. 그래서 주인님은 이 집에는 손을 대지 않고 다시는 누구에게도 빌려주지 않겠다 말씀하셨습니다."

"하지만 꼭 보고 싶으니 열어주게!"

나는 이렇게 소리치면서 속으로 생각했습니다.

'이것이야말로 내가 바라는 바이다. 하룻밤 자고나면 다음 날 아침 죽어버린다니 더는 이런 고생하지 않고 편히 저세상으로 갈 수 있겠구나.'

노예에게 문을 열게 하여 들어가 보니 세상에서 가장 호화로운 집이 눈앞에 나타났습니다. 나는 노예에게 말했습니다.

"이 집에 있고 싶으니 열쇠를 주게."

"주인 나리께 말씀드리지 않고는 열쇠를 내드릴 수 없습니다."

―여기서 날이 밝았으므로 샤라자드는 이야기를 그쳤다.

428번째 밤

샤라자드는 이야기를 계속했다.
오, 인자하신 임금님, 카이로 사람 알리는 이야기를 계속했습니다.
흑인 노예는 주인에게 돌아가서 사정을 자세히 알렸습니다.
"그 이집트 손님은 그 큰 집이 아니면 살지 않겠다고 하십니다."
이 말을 들은 주인은 직접 알리에게 가서 말했습니다.
"여보시오, 구태여 이런 집에 들어갈 필요는 없지 않소?"
"아닙니다, 이 집이 아니면 살고 싶지 않습니다. 그런 어리석은 소문 따위는 조금도 개의치 않으니까요."
"그럼 이렇게 합시다. 당신에게 무슨 일이 일어나더라도 내 책임이 아니라는 것을 한 줄 써주시오."
"좋습니다."
그래서 상인은 판관에게 가서 입회인을 한 사람 불러와 증서를 받고 알리에게 열쇠를 내주었습니다. 알리는 열쇠를 받아들고 집 안으로 들어갔습니다.
상인은 노예를 시켜 알리에게 이불을 가져다주었습니다. 노예는 이불을 문 뒤의 붙박이 의자 위에 놓고 돌아갔습니다.
알리가 집 안을 한 바퀴 돌아보니 안마당에 두레박이 달린 우물이 있어서, 곧 두레박으로 물을 퍼서 간단하게 목욕한 다음 정해진 기도문을 외었습니다.
그리고는 잠시 앉아 쉬고 있는데 조금 전의 노예가 주인집에서 램프, 양초, 촛대, 수반, 물병, 물 항아리*9와 함께 저녁식사를 갖다 놓고 갔습니다.
알리는 촛불을 켜고 천천히 식사를 한 다음 밤 기도를 올렸습니다. 잠시 뒤 알리는 혼자서 중얼거렸습니다.
"자, 이불을 2층에 가지고 가서 자자. 이곳보다 2층이 더 편할지 모른다."
알리는 2층으로 이불을 메고 갔습니다. 그곳은 훌륭한 손님방이었는데, 천장에는 금박이 칠해져 있고 바닥과 벽에는 색색의 대리석이 깔려 있었습니다.
알리는 이불을 깔고 앉아 경건한 코란 구절을 외기 시작했습니다.
그때 (정말 뜻밖에도), 누군가가 자기에게 말을 거는 소리가 들려왔습니다.
"오, 알리여, 하산의 아들이여, 어떠냐, 너에게 금화의 비를 내려줄까?"

"도대체 금화가 어디 있기에?"

이 말이 채 끝나기도 전에, 마치 석궁에서 돌이 튀어나오듯이 위에서 금화가 우박처럼 쏟아져서 삽시간에 방 안이 금화로 가득 차는 게 아니겠습니까? 황금 비가 멎자 이번에는 이런 목소리가 들려왔습니다.

"이제 나는 이곳에서 나갈 테니 나를 자유롭게 풀어주시오. 당신에게 주어야 할 물건을 주었으니 내 임무는 다 마친 셈이오."

"전능하신 알라께 맹세코, 이 황금 비에 대한 연유를 말해 주시오."

그러자 목소리의 주인공이 대답했습니다.

"이것은 옛날에 당신을 위해 주문을 걸어 봉인해 두었던 보물입니다. 우리는 지금까지 이 집에 사람이 들어올 때마다 그 사람 앞에 나타나 이렇게 말해왔소. '오, 하산의 아들 알리여, 너에게 금화의 비를 내려줄까?' 하지만 이 말을 듣는 자마다 모두 기겁을 하고 비명을 질러서 우리는 그놈의 목뼈를 분질러 보내버렸지요. 하지만 오늘 당신이 이곳에 왔기에 우리가 당신과 당신 아버지의 이름을 부르며 '금화를 쏟아 줄까?' 하고 물었더니, 당신은 '그 금화가 어디에 있느냐'고 대답했습니다. 그래서 당신이 틀림없는 이 금화의 주인이라는 것을 알고 모두 쏟아 놓은 겁니다. 그뿐만이 아닙니다. 알 야만에는 이곳 말고도 아직 보물을 잔뜩 감춰놓았으니, 그곳까지 가서 가져오시는 게 좋을 겁니다. 이제 나는 이곳에서 나갈 테니 이 몸을 자유롭게 풀어주십시오."

그러자 알리가 말했습니다.

"아니오, 절대로 자유롭게 풀어줄 수 없소. 알 야만의 나라에서 그 보물을 가져다주기 전에는!"

"그럼, 내가 그 보물을 가져오면 나와 그곳 보물지기를 풀어주시겠습니까?"

"아, 좋고말고요."

"그렇다면 맹세를 해 주시오."

알리가 맹세하자 마신은 이내 날아오르려고 했습니다. 알리가 얼른 말했습니다.

"또 한 가지 부탁이 있소."

"뭡니까?"

알리는 카이로의 이러저러한 곳에 아내와 자식을 두고 온 것을 이야기하고선 이렇게 말했습니다.

"제발 내 가족이 걱정하지 않도록 무사히 이리로 데리고 와주었으면 좋겠소."

"그럼 알 야만의 보물과 함께 여러분을 가마에 태워서 환관과 하인들을 데리고 당당한 행렬을 지어 이곳에 오도록 하지요."

마신은 사흘 동안 말미를 주면 모든 것을 알리 앞에 데려오겠다 약속하고는 작별을 고하고 날아갔습니다.

알리는 날이 밝자, 손님방 안을 뒤져 금화를 숨겨 둘 장소를 찾았습니다. 그러자 한 단 높은 자리의 끝에 손잡이가 달린 대리석 판이 한 장 눈에 들어왔습니다.

그 손잡이를 돌리니 대리석 판이 쑥 내려가고 문이 나타났습니다. 그 문을 열고 안으로 들어가자 커다란 밀실이 나왔는데, 거친 베를 꼼꼼하게 꿰맨 자루가 가득 들어 있었습니다. 알리는 그 자루를 꺼내 와서 금화를 모두 쓸어 담아 그 밀실에 옮겨 놓았습니다. 그런 다음 문을 닫고 손잡이를 돌리니 대리석 판은 다시 원래대로 돌아갔습니다.

알리가 아래층으로 내려가서 문 뒤의 의자에 앉아 있으니, 이윽고 문을 톡톡 두드리는 사람이 있었습니다. 열어 보니 어제 그 노예였는데, 알리가 느긋하게 앉아 있는 것을 보고는 깜짝 놀라 주인에게 달려갔습니다.

—여기서 날이 훤히 밝아왔으므로 샤라자드는 이야기를 그쳤다.

429번째 밤

샤라자드는 이야기를 계속했다.

오, 인자하신 임금님, 노예는 좋은 소식을 가지고 나는 듯이 주인에게 돌아가 이렇게 말했습니다.

"나리, 마신이 사는 집*10에 묵는 손님이 멀쩡하게 살아서 문 뒤 의자에 앉아 있었습니다."

상인은 기뻐하며 일어나 아침밥을 가지고 그 집으로 갔습니다. 그리고 알리를 보자 끌어안고 이마에 입을 맞추며 어떻게 된 일이냐고 물었습니다.

"뭐, 별일 없었습니다. 나는 2층에 있는 대리석 손님방에서 잤습니다만."

"뭔가가 나오지 않았나요? 아니면 뭔가를 보지 않았습니까?"

"아니요. 나는 코란을 잠시 읽고 아침까지 푹 잤습니다. 날이 밝자 일어나서 간단하게 목욕하고 기도를 올린 뒤, 문 뒤 의자에 앉아 있었지요."

"당신이 무사하신 것을 알라께 감사드려야겠습니다!"

그렇게 소리치고 집으로 돌아간 상인은, 곧 흑인 노예와 백인 노예, 시녀들에게 가재도구를 들려서 보냈습니다.

하인들은 집 안을 구석구석 청소하고 훌륭한 가구를 비치했습니다. 그것이 끝나자 백인 노예 세 명과 노예계집 네 명만 남아 알리의 시중을 들기로 하고 나머지는 주인집으로 돌아갔습니다.

도시의 상인들은 알리에 대한 소문을 듣고 산해진미에 술, 옷, 그 밖에 여러 값진 선물을 보내온 뒤, 알리를 시장으로 안내하면서 물었습니다.

"당신의 상품은 언제 옵니까?"

"사흘만 지나면 도착할 겁니다."

사흘이 지나자 최초의 보물, 즉 황금의 비를 내리게 한 보물지기가 나타나서 말했습니다.

"자, 당신의 가족과 함께 알 야만에서 보물을 가지고 왔으니, 나가서 받으십시오. 보물 일부는 값진 상품으로 바꿔서 가지고 왔고, 환관과 백인 노예, 그리고 나귀와 낙타는 모두 마신의 일족이니 그리 아십시오."

그런데 이 마신이 카이로에 가보았더니, 알리의 아내와 아이들은 차마 눈 뜨고 볼 수 없는 비참한 지경에 빠져, 제대로 입지도 못한 채 주린 배를 안고 신음하고 있었습니다. 그래서 마신은 여행용 가마에 태워 교외로 데리고 나가 알 야만의 보물 속에 있던 아름다운 옷을 입혀주었습니다.

이 말을 듣고 알리는 상인들에게 가서 말했습니다.

"지난번에 말한 내 짐을 싣고 대상이 오고 있으니, 여러분도 나와 함께 교외로 나가 맞이해 주지 않겠습니까? 그리고 내 아내도 올 테니 여러분도 부인을 동반하여 맞아주신다면 더없는 영광으로 여기겠습니다."

상인들은 모두 승낙하고 저마다 아내를 불러 함께 나가 정원에서 진을 치고 기다렸습니다.

그들이 앉아서 잡담하고 있으니 갑자기 사막 한복판에서 모래먼지가 자욱이 일어나, 모두 무슨 일인가 하고 정원 밖으로 달려갔습니다. 이윽고 먼지가 가라앉자 그 속에서 나귀를 비롯하여 나귀 몰이꾼, 천막지기, 횃불잡이 일행이 노래를 부르고 춤을 추면서 다가왔습니다. 이윽고 정원에 도착하자 나귀 몰이꾼의 우두머리가 알리에게 다가와서, 그의 손에 입맞추며 말했습니다.

"나리, 사실 어제 도착할 예정이었는데 도중에 지체할 수밖에 없는 일이 생겼습니다. 도둑 떼가 두려워 나흘 동안 역참에서 묵으며 전능하신 알라께서 놈들을 물리쳐주실 때까지 기다렸습니다."

상인들은 저마다 자기 나귀를 타고 대상과 함께 나아갔고, 부인들은 알리의 아내와 아이들이 말을 타기를 기다렸다가 뒤에서 따라왔습니다. 이리하여, 눈부시도록 화려한 행렬을 지어 도성에 들어갔습니다. 상인들은 짐짝을 실은 수많은 나귀에 놀라고, 부인들은 알리 아내의 화려한 의상에, 그리고 아이들의 아름다운 차림새에 놀라 눈을 휘둥그레 뜨고 저마다 한마디씩 했습니다.

"정말이지, 바그다드의 임금님도 저렇게 훌륭한 옷은 없을 거야. 어느 곳의 임금님이건 왕후건 상인이건 저런 옷은 못 가졌을걸."

그리하여 상인들은 카이로 사람 알리를, 부인들은 알리의 처자를 에워싸고 당당하게 도시로 들어가 드디어 알리의 집에 도착했습니다.

―여기서 날이 훤히 밝아왔으므로 샤라자드는 이야기를 그쳤다.

430번째 밤

샤라자드는 이야기를 계속했다.

오, 인자하신 임금님, 그들은 알리의 집에 도착하자 말에서 내려 나귀를 이끌고 안마당 한복판에 짐을 들여놓고서, 그것을 내려 창고 속에 쌓았습니다. 한편, 아낙네들이 알리의 처자와 함께 2층 손님방으로 올라갔는데, 그곳은 호화로운 가구가 장식되어 있어 마치 화려한 꽃밭 같았습니다. 그들이 그곳에 앉아서 재미있게 웃고 즐기며 이야기하는 동안 어느새 점심때가 되었습니다. 그러자 온갖 진귀한 요리에서부터 고급과자까지 한 상이 가득 차려졌습니다.

모두 맛있는 음식을 먹고 값비싼 셔벗수를 마시고 식사가 끝나자, 몸에 장미수를 뿌리고 방 안 가득 향나무를 피웠습니다. 그런 다음 인사를 하고 남녀 모두 자기 집으로 돌아갔습니다.

집으로 돌아간 상인들은 각자 신분에 어울리는 선물을 알리에게 보냈고, 또 부인들은 부인들대로 알리의 아내에게 갖가지 선물을 보냈습니다. 그리하여 알리의 저택에는 시녀와 검둥이 노예와 백인 노예들이 알리에게 모여들고, 곡식과 설탕을 비롯하여 온갖 물건들이 산더미처럼 쌓였습니다.

바그다드 상인인 집주인은 잠시도 알리의 곁을 떠나지 않고 머물면서, 먼 길을 온 노예와 하인들을 돌아보며 알리에게 말했습니다.

"흑인 노예와 하인들은 나귀와 가축을 몰고 내 빈집으로 가 쉬게 하는 것이 어떨까요?"

그러자 알리가 대답했습니다.

"저들은 오늘 밤에 다시 다른 고장으로 길을 떠날 겁니다."

그리고 그들에게 밤이 되면 곧 떠날 수 있도록 교외에 나가서 야영하라고 지시했습니다.

이 말을 들은 마신 무리는 자유롭게 풀려난 것을 꿈인가 하고 기뻐하면서 알리에게 하직인사도 하는 둥 마는 둥 하고서 교외로 나갔습니다. 그러고는 저마다 하늘 높이 올라가 자신의 소굴로 날아갔습니다.

알리와 집주인은 밤새도록 이야기를 나누다가, 이윽고 이야깃거리가 바닥나자 상인도 자기 집으로 돌아갔습니다.

알리는 처자에게 가서 인사를 나눈 다음 물었습니다.

"내가 없는 동안 어떻게 지냈소?"

아내가 먹을 것도 입을 것도 없어 무척 고생했다는 말을 하자 알리는 말했습니다.

"아무튼 별 탈 없이 지내도록 해 주신 알라께 감사드립시다! 그런데 이곳에는 어떻게 왔소?"

"글쎄, 여보, 간밤에 내가 아이들과 자고 있는데 난데없이, 정말 생각지도 못한 일이었어요. 누가 우리를 번쩍 들고 그대로 하늘을 날아가는 게 아니겠어요? 그래도 다행히 상처 하나 입지 않고 도중에 떨어지지도 않았어요. 그러다가 우리를 아라비아의 야영지 비슷한 곳에 내려주었는데, 그곳에 짐을 실은 나귀와 나귀 두 마리 등에 실은 가마가 있고 가마 주위에 하인들이 늘어서 있더군요. 모두 남자와 소년들뿐이었어요. 그래서 내가 물었지요.
'당신들은 대체 누구예요? 이 짐은 무엇이고, 이곳은 도대체 어디죠?'
그랬더니 그 사람들이 대답하더군요.
'저희는 보석상의 아들, 카이로 사람 알리 님의 하인입니다. 그분의 명령으로 바그다드에 계시는 알리 님에게 당신을 모셔 가려는 겁니다.'
'여기서 바그다드까지는 얼마나 먼가요?'
'그리 멀지 않습니다. 하룻밤이면 갈 수 있습니다.'
그리고 그들은 우리를 가마에 태웠는데, 날이 새고 보니 상처 하나 없이 당신 옆에 와 있지 않겠어요?"
"누가 당신들에게 그 옷을 입혀 주었지?"
"대상 우두머리가 나귀에 실은 궤짝을 하나 풀더니, 그 속에서 옷을 꺼내 아이들과 나에게 한 벌씩 입혀주었어요. 그런 다음 궤짝에 자물쇠를 채우고 그 열쇠를 나에게 주면서 말하는 거예요.
'이 열쇠를 드릴 테니 주인에게 갖다 드리십시오.'
여보, 이게 그 열쇠예요."
아내는 알리에게 열쇠를 주었습니다.
"그게 어느 궤짝인지 알고 있소?"
"그럼요."
알리가 아내를 창고로 데려가 궤짝을 여러 개 보여 주었더니, 아내는 그중 하나를 가리키며 말했습니다.
"이거예요. 이 궤짝 안에서 옷을 꺼냈어요."
알리는 당장 그 열쇠를 꽂아 궤짝을 열었습니다. 그러자 안에는 많은 옷과 다른 궤짝의 열쇠가 들어 있었습니다. 알리는 열쇠를 가지고 하나씩 궤짝을 열어, 이 세상의 왕후들도 가지고 있지 않은 진귀한 보물을 보며 눈을 즐겁게 했습니다.

그런 다음 알리는 원래대로 궤짝을 닫고 열쇠를 가지고 손님방으로 돌아와 아내에게 말했습니다.

"이것은 모두 전능하신 알라의 은혜 덕분이오!"

그리고 그 비밀 대리석 판이 있는 곳으로 아내를 데려가서 손잡이를 돌려 밀실 문을 열고, 함께 안으로 들어가 전에 감춰 두었던 금화를 보여주었습니다.

"이 많은 금화가 다 어디서 났어요?"

아내가 묻자 알리는 대답했습니다.

"모두 알라의 자비에 의해 손에 넣은 것이지."

—여기서 훤히 날이 새었으므로 샤라자드는 이야기를 그쳤다.

431번째 밤

샤라자드는 이야기를 계속했다.

오, 인자하신 임금님, 알리는 말을 이었습니다.

"곤경에 빠진 나는 당신을 남겨 두고 집을 나와 불라크에서 배를 타고 다미에타로 건너갔소. 거기서 아는 사람을 만나 그 사람의 도움으로 다시 다마스쿠스로 갔지."

그리고 그 뒤 자기가 겪은 일을 처음부터 끝까지 자세히 얘기해 주었습니다. 그것을 듣고 아내가 말했습니다.

"여보, 이 모든 것은 아버님의 축복과 기도 덕분이에요. 아버님께선 임종하실 때 당신이 아무리 곤경에 빠지더라도 곧 알라께서 구원해 주시도록 기도하셨잖아요. 그러니 당신을 곤경에서 구해 주시고, 당신이 잃은 것보다 더 많은 것을 주신 알라를 찬양합시다. 하지만 여보, 제발 부탁이니 앞으로 수상쩍은 사람들은 두 번 다시 가까이하지 마세요. 안에서도 밖에서도 알라(그 이름을 찬양하소서!)를 늘 두려워하셔야 해요."

아내가 한바탕 설교를 하자 알리가 말했습니다.

"당신 말대로 하리다. 그리고 도리에 어긋나는 자들을 멀리하고 진심으로 신께 귀의하여 예언자(그분에게 축복과 평화를!)의 법도와 관행을 굳게 지켜갈 수 있도록 해달라고 알라께 기도합시다!"

그런 다음 알리는 처자와 함께 이 세상의 모든 위안과 기쁨을 누리며 나날을 보냈습니다. 그리고 시장에 가게를 내어 보석과 금은을 늘어놓고, 아들과 백인 노예들과 함께 가게 앞에 앉았습니다.

얼마 뒤 알리는 바그다드의 상인 가운데 훌륭한 호상이 되어, 그 소문이 그곳 임금님*11의 귀에까지 들어갔습니다. 그래서 왕은 알리에게 사자를 보내 알리의 출사를 명령했습니다.

"임금님께서 부르시니 곧 입궐하라."

"분부대로 하겠습니다."

알리는 즉시 진상품을 준비하기 시작하여, 순금 쟁반을 네 장 꺼내서 거기에 어느 나라의 왕도 가지지 못할 보석과 귀금속을 가득 담았습니다. 그리고 임금님 앞에 나아가 두 손을 짚고 엎드린 다음, 되도록 명문구를 골라서 임금님의 영원한 번영을 빌었습니다. 그러자 임금님이 말했습니다.

"그대와 같은 상인 덕분에 이 도시도 더욱 번영하게 되었다."

"오, 현세의 임금님이시여, 당신의 노예가 진상품을 가지고 왔으니 기꺼이 받아주신다면 더없는 기쁨이겠습니다."

알리는 네 개의 쟁반을 왕 앞에 늘어놓았습니다. 왕이 뚜껑을 열어 산처럼 쌓인 보석을 바라보니, 왕에게도 그만한 보석은 없을 뿐만 아니라 그 가치를 짐작조차 할 수 없을 정도였습니다.

"오, 상인이여, 그대의 선물을 기꺼이 받아 두겠노라. 인샬라! 그 보답으로 이에 못지않은 것을 선물하겠다."

알리는 왕의 손에 입을 맞춘 다음 왕 앞에서 물러났습니다.

왕은 중신들을 불러서 물었습니다.

"지금까지 공주에게 청혼해 온 왕이 몇 명이나 되오?"

"그 수를 어찌 헤아릴 수 있겠습니까?"

"그 가운데 한 사람이라도 이렇게 훌륭한 선물을 보낸 자가 있었던가?"

"한 사람도 없습니다. 이만한 물건을 가진 사람이 없기 때문입니다."

"나는 전능하신 알라께 공주를 이 상인에게 주어도 좋은지 여쭈어 보고 싶은데 그대들의 의견은 어떠한가?"

"임금님 좋으실 대로 하십시오."

왕은 환관들에게 네 개의 쟁반을 들려 후궁으로 가서 왕비 앞에 그것을 늘어놓았습니다. 왕비가 덮개를 벗겨 보니 자기에게는 그것과 비교할 만한 보석은 고사하고 그와 비슷한 것도 없는지라 왕에게 이렇게 물었습니다.

"이것은 어느 임금님의 선물인가요? 아마도 공주를 원하는 왕족이 보낸 것이겠지요?"

"아니오, 그렇지 않소. 이것은 최근에 이곳에 온 이집트 출신의 상인이 보낸 선물이오. 그자가 이 도시로 왔다는 소문을 듣고 궁전으로 불러들였소. 그자를 가까이 하면 공주의 출가준비를 위해 보석을 좀 살 수 있을까 해서 말이오. 그랬더니 그 상인이 진상품이라며 이 네 개의 쟁반을 가지고 오지 않았겠소. 게다가 귀공자라 해도 손색이 없을 정도로 풍모를 갖춘 데다 교양도 풍부하고 얼굴이 빼어나게 아름다우며, 머리도 총명한 젊은이였소. 나는 한눈에 그자에게 반하여, 이런 젊은이를 만난 것이 아주 기뻐 공주의 사윗감으로도 충분한 인물이라고 생각했소. 내가 이 물건들을 중신들에게 보였더니 하나같이 어떤 왕후도 갖지 못한 물건이라고 말하기에 내 생각을 말해 두었는데, 당신은 어떻게 생각하오?"

―여기서 날이 훤히 밝았으므로 샤라자드는 이야기를 그쳤다.

432번째 밤

샤라자드는 이야기를 계속했다.

오, 인자하신 임금님, 임금님의 물음에 왕비가 대답했습니다.

"오, 현세를 다스리시는 임금님, 이 일을 결정하는 건 오직 알라와 당신에게 달려 있습니다. 무슨 일이든 알라께서 뜻하시는 대로 되겠지요."

"만일 이것이 알라의 뜻이라면, 나는 공주를 그 젊은이 말고는 누구에게도 주고 싶지 않소."

왕은 그렇게 마음을 정하고 잠자리에 들었습니다.

이튿날 아침, 왕은 알현실에 나가서 알리를 비롯한 바그다드 상인들을 한 사람도 빠짐없이 불러들이고는 입을 열었습니다.

"판관을 이리 불러오라."

가신들이 판관을 불러오자 왕이 말했습니다.

"오, 판관이여, 공주와 카이로 사람 알리의 결혼계약서를 써다오."

그러자 알리가 깜짝 놀라 말했습니다.

"오, 임금님, 무엄한 말씀이오나, 저 같은 한낱 상인이 임금님의 사위가 되는 건 당치도 않은 일입니다."

"나는 그대를 사위로 삼고 싶을 뿐만 아니라, 대신의 벼슬을 내리고자 한다."

그러고는 곧 알리에게 대신의 의자를 내리고 예복을 하사했습니다.

그리하여 대신의 자리에 앉은 알리가 말했습니다.

"오, 현세의 임금님, 이러한 명예를 입은 은혜는 참으로 황공하오나, 한 가지 청이 있습니다."

"사양 말고 말해 보라."

"공주님을 주시겠다는 건 참으로 고마운 말씀이지만, 그 상대로 저보다는 차라리 소인의 아들을 선택해 주시는 것이 어떨까 합니다."

"그대에게 아들이 있는가?"

"그렇습니다."

"그럼, 어서 이리 불러오라."

"예."

알리는 곧 하인에게 일러 아들을 불러들였습니다. 잠시 뒤 아들이 와서 왕 앞에 엎드린 다음 일어나 공손하게 서 있는데, 자세히 보니 공주보다 아름답고 균형이 잘 잡힌 몸매에, 흠잡을 데 없는 몸짓이 공주도 미치지 못할 만큼 훌륭했습니다. 그래서 왕이 물었습니다.

"오, 이름이 무엇인고?"

열네 살인 알리의 아들이 대답했습니다.

"임금님, 저는 하산이라고 하옵니다."

그러자 왕은 판관에게 말했습니다.

"공주 후슨 알 우유드와 카이로 상인 알리의 아들 하산의 결혼계약서를 써다오."

판관이 두 사람의 결혼계약서를 만들자 모든 일이 경사스럽게 해결되어 알현실에 모였던 가신들은 모두 물러갔습니다.

상인들은 대신 알리를 그의 자택까지 배웅하여 그의 출세를 축하하고 돌아갔습니다.

알리가 대신의 예복을 입은 채 아내의 방으로 들어가니, 아내가 놀라 소리쳤습니다.

"어머나, 이게 웬일이에요?"

자초지종을 들은 아내는 뛸 듯이 기뻐했습니다.

그날 밤이 지나고 이튿날 아침이 되었습니다. 알리가 알현실에 출사하니 왕은 반가이 맞이하며 옥좌 옆에 앉혔습니다.

"대신, 이제 혼례식을 올려 그대의 아들과 공주를 짝지어주고 싶구려."

"오, 임금님, 임금님의 뜻이 그러하시다면 저도 이의가 없습니다."

그리하여 왕이 축제를 열도록 지시를 내리자, 백성들은 도시를 아름답게 꾸미고 모든 환락을 즐기면서 30일 동안 성대하게 축하했습니다. 그것이 끝나자 알리의 아들 하산은 공주와 백년가약을 맺고 그 아름답고 기품 있는 용모와 육체를 마음껏 즐겼습니다.

왕비도 사위에게 진심으로 따뜻한 애정을 보냈고 하산 어머니와의 만남 또한 무척 기뻐했습니다.

왕은 사위 하산을 위해 왕궁 옆에 새 궁전을 짓기로 하고 밤낮 공사를 재촉했습니다. 이윽고 호화로운 궁전이 완성되자 하산은 그곳에 들어가 살게 되었습니다.

하산의 어머니는 자주 아들을 찾아가 하산의 궁전에서 며칠 지내다 집으로 돌아오곤 했습니다.

얼마 뒤 왕비는 왕에게 이렇게 말했습니다.

"하산의 어머니는 대신 곁을 떠나 아들한테 가 있을 수도 없고, 그렇다고 아들을 버려두고 대신 곁에 있을 수도 없는 형편이네요."

그래서 왕은 하산의 궁전 옆에 궁전을 하나 더 짓게 했습니다.

이것도 며칠 만에 완성되자 대신은 살림을 새집으로 옮겨 아내와 함께 그곳에서 살게 되었습니다.

이 세 궁전은 서로 왕래하기 쉽게 되어 있어서 왕은 밤에도 대신과 애기를 나누고 싶을 때는 금방 대신을 부를 수 있었고, 하산과 그 부모들도 마찬가지였습니다.
　이렇게 하여 모두 더없이 즐겁고 행복한 나날을 보냈습니다.

　—여기서 날이 훤히 밝아왔으므로 샤라자드는 이야기를 그쳤다.

433번째 밤

　샤라자드는 이야기를 계속했다.
　오, 인자하신 임금님, 왕과 대신과 그 아들의 행복한 생활은 끝없이 계속될 것 같았지만, 얼마 안 가 왕은 병이 들어 날이 갈수록 용태가 나빠졌습니다. 그래서 왕은 영토 내의 제후들을 불러 놓고 말했습니다.
　"내가 이번에 중병에 걸려 어쩌면 다시는 일어나지 못할지도 모르겠소. 그래서 의논할 것이 있어 모이라고 했으니, 부디 그대들의 의견을 들려주시오."
　"오, 임금님, 의논이란 대체 어떤 일이옵니까?"
　"내가 이렇게 나이가 많은 데다 중병이 들고 보니, 내가 죽은 뒤, 사방에 적을 둔 이 나라의 운명이 어찌 될지 걱정이오. 그러니 그대들이 잘 의논하여 적당한 인물을 천거해 주기 바라오. 내가 살아 있는 동안 후계자에게 왕위를 물려주어 이 나라의 평안함과 태평함을 도모해 두고 싶소."
　이 말을 듣고 모두 한결같이 말했습니다.
　"그렇다면, 대신 알리의 아들이자 공주님의 부군이신 하산 님이 적임자라고 생각합니다. 그분이 총명하고 분별이 있는 분임은 누구나 인정하는 바이고, 또 그분은 빈부귀천의 구별 없이 모든 백성의 사정을 잘 알고 계십니다."
　"그대들은 진정으로 그렇게 생각하는가?"
　"그러하옵니다."
　"아마도 내 앞이라 내 체면을 생각해 그런 말을 하는 듯한데, 돌아서면 다른 말을 할 것이 아닌가?"

"알라께 맹세코 저희가 한 말에 거짓은 없습니다. 저희는 진심으로 기꺼이 그분을 모시고 싶습니다."

"그렇다면 내일은 성스러운 법도를 관장하는 판관을 비롯하여 시종과 부왕(副王), 중신들을 모두 내 앞에 불러모아 이 문제를 잘 해결해 보도록 하자."

"분부대로 하겠습니다."

그들은 왕 앞에서 물러나 법률박사(올레마)*12와 태수들 가운데 중요한 사람들에게 이 사실을 알렸습니다.

이튿날 동이 트자, 그들은 곧 알현실에 모여 알현 허락을 받고서 왕에게 인사한 다음 말했습니다.

"모두 입시했습니다."

"오, 바그다드의 태수들이여, 그대들은 내가 세상을 떠난 뒤에 누가 왕이 되었으면 좋겠는지 솔직하게 말해 보라. 내가 살아 있는 동안 그대들 앞에서 새로운 왕의 즉위식을 올렸으면 한다."

그들은 모두 한목소리로 말했습니다.

"저희는 대신 알리의 아들이자 공주님의 부군이신 하산 님이야말로 가장 적합한 분이라고 생각합니다."

"그럼, 모두 가서 하산을 이리 데려오도록 하라."

그들은 일어나 하산의 궁전으로 갔습니다.

"하산 님, 어서 임금님께 가십시다."

"무슨 일로 그러십니까?"

"당신에게, 또 우리에게도 좋은 일입니다."

하산이 그들과 함께 왕 앞에 나아가 엎드리자 왕이 말했습니다.

"거기 앉게!"

하산이 자리에 앉자 왕은 말을 이었습니다.

"오, 하산, 태수들은 모두 내가 세상을 떠나면 그대를 국왕으로 추대하겠다고 하는구나. 그래서 나는 내가 살아 있을 때 그대에게 왕위를 물려주어 상속 문제를 유감없이 정리해 두고 싶다."

이 말을 듣자 하산은 일어나서 다시 한 번 왕 앞에 엎드린 다음 이렇게 말했습니다.

"임금님, 태수들 중에는 저보다 나이도 많으시고 인품도 훨씬 뛰어난 분들이 많이 있사오니, 그 말씀만은 거두어주시기 바랍니다."

그러자 태수들이 입을 모아 말했습니다.

"저희는 하산 님이 왕위를 계승하지 않으시면 승복할 수 없습니다."

하산은 거듭 사양하여 말했습니다.

"제 아버지는 저보다 나이도 많으시고 저와는 한마음 한몸이십니다. 제가 아버지를 두고 왕위에 오르는 것은 온당치 못한 일이라고 생각합니다."

그러자 알리가 말했습니다.

"나는 여러분이 만족하시지 않는 일은 승낙할 수 없다. 이분들은 너를 천거하여 왕위에 오르도록 결정하신 것이니, 임금님의 어명과 이분들의 뜻을 저버리면 안 될 것이다."

그러자 하산은 얼굴을 붉히면서 왕과 아버지 앞에서 고개를 숙였습니다.

왕은 늘어앉은 태수들을 돌아보며 말했습니다.

"그대들은 하산이 왕위에 오르는 것에 이의가 없단 말이렷다?"

"예."

그들은 이렇게 대답하고서 코란의 첫 장*13을 일곱 번 외어 맹세했습니다.

"판관이여, 태수들이 내 사위 하산을 왕으로 추대하기로 했다는 증서를 작성해다오."

모두가 만장일치로 하산에 대한 충성을 맹세하자, 판관은 증서를 써서 모든 사람에게 도장을 찍도록 시켰습니다.*14

그런 다음 왕도 마찬가지로 옥새를 찍고 나서 하산에게 옥좌에 오르라고 명했습니다.

사람들은 모두 일어나서 하산 왕의 손에 입을 맞춰 경의를 표하고, 신하의 맹세를 한 다음 왕을 충실히 받들 것을 약속했습니다.

그날 신왕은 참으로 위엄있게 왕자다운 태도와 차림새를 갖추어 백성에게 법령을 시행하고 영내의 고관들에게는 화려한 예복을 내렸습니다.

알현실의 문이 닫힌 뒤, 그가 노왕(老王)의 방에 가서 손에 입을 맞추자 노왕은 이렇게 당부했습니다.

"오, 아들이여, 알라의 뜻을 저버리지 말고 백성을 잘 다스려주시오."

―여기서 날이 훤히 밝아왔으므로 샤라자드는 이야기를 그쳤다.

434번째 밤

샤라자드는 이야기를 계속했다.
오, 인자하신 임금님, 노왕의 간절한 당부를 듣고 하산이 대답했습니다.
"아버님의 기도 덕분에 알라의 자비와 인도를 받게 될 겁니다."
그런 다음 자기 궁전으로 돌아가니, 아내와 장모인 왕비가 시녀들을 거느리고 마중 나와서 하산 왕의 손에 입을 맞춘 뒤 즉위를 축하했습니다.
"오늘처럼 경사스러운 날, 행복하소서!"
하산 왕이 다시 부모의 궁전으로 가니 두 사람은 알라의 은총으로 아들이 출세하여 왕위에 오른 것을 기뻐하면서, 아들에게 신을 두려워하며 백성에게 어진 정치를 베풀라고 훈계했습니다.
그날 밤을 참으로 기쁜 마음으로 보낸 하산 왕은, 이튿날 아침 일찍 기도를 올리고 마지막으로 코란의 짧은 대목*15을 낭송한 다음 알현실로 갔습니다. 이윽고 귀족과 관리들, 가신들이 들어오자, 왕은 자비를 권장하되 무자비는 금지하고, 임명과 해임, 올바른 법을 시행하면서 하루를 보냈습니다.
저녁때가 되어 정무가 끝나자, 모두 물러가 자기 집에 돌아갔으므로 하산 왕도 일어나 궁전으로 들어갔습니다. 그런데 그 사이에 노왕의 병세가 악화한 것을 보고 이렇게 중얼거렸습니다.
"부왕께 부디 불행한 일이 찾아오지 않기를!"
이 말을 들은 노왕은 눈을 뜨고 하산을 불렀습니다.
"오, 하산!"
"예, 무슨 말씀이십니까?"
"내 임종이 가까워진 것 같다. 그대의 아내와 어머니를 소중히 여기고 알라를 두려워하며 부모를 공경하도록 해라. 그리고 선악과 더불어 보상을 내리시는 주의 권력을 두려워하며, 알라는 정의와 선행을 명령하신다는 것을 잊어서는 안 된다."
"잘 알았습니다."

사흘 뒤 노왕은 전능하신 알라 곁으로 돌아갔습니다. 하산은 노왕의 몸을 깨끗이 씻고 수의를 입혀 매장한 다음 40일 동안 매일 그 묘지에서 코란을 낭송했습니다. 그리하여 세상을 떠난 노왕을 대신하여 대신의 아들 하산 왕이 나라를 다스리게 되자, 백성이 모두 신왕을 축복하는 가운데 세상은 태평과 기쁨에 넘쳤습니다. 또 아버지는 변함없이 왕의 오른쪽에 앉아 재상의 지위에 올랐고, 새롭게 대신을 발탁하여 왼쪽에 앉혔습니다.

이리하여 위세가 더욱더 강대해진 하산 왕은 백성을 잘 다스리면서 바그다드의 군주로서 복된 장수를 누렸습니다. 또 알라의 은총으로 공주와의 사이에 세 아들이 태어나 하산 왕이 세상을 떠나고 나서 그 왕국을 계승했습니다.

그리하여 모든 환락을 파괴하고 모든 교제를 끊는 죽음의 손이 찾아올 때까지 이 세상의 모든 위안과 기쁨을 누리는 생애를 보냈습니다.

영원한 신, 그 손에 멸망과 증언을 쥐고 계신 알라께 언제나 영광이 함께 하기를!

그리고 다음과 같은 이야기도 있습니다.

〈주〉

*1 〔이 문구에 이어서〕 "나는 너희를 악과 선으로 시험하리니, 이때 너희는 나에게로 귀의하노라!"(《코란》 제21장 36절) 이슬람교도는 늘 이 문구를 왼다.

*2 구전율법은 아라비아어로 순나트(Sunnat)라고 하며, 글자 그대로는 법률을 가리킨다. 특히 종교적, 반종교적 사항에 있어서의 사도(무함마드)의 습관과 관행에 적용되며, 그 전부가 하디스(Hadis), 즉 그가 한 말이다. 미지의 사항은 뭐든지 비다(Bidaah)= '혁신'이라고 명명된다. 따라서 엄격한 회교도는 전형적인 보수주의자로, 그 생활규범은 7세기로 거슬러 올라간다. 이 사실은 궤변적으로 교묘하게 변명 될지도 모른다. 따라서 모든 진보를 방해하는 장애임은 틀림없으며, 알 이슬람을 위협하는 중대한 위험의 하나일 것이다.

*3 구천(九天, Empyrean)은 아랍어의 아르시(Arsh)이며, 9번째의 하늘, 신의 옥좌. 행성(行星)의 7개의 천국과 천동설(ptolemaic system)에서는 모든 천체를 움직이는 프리뭄 모빌레(Primum Mobile)의 위쪽에 있다. 〔이슬람교에서 하늘을 7개로 나눈다는 사실은 앞에서 설명했다. 프리뭄 모빌레는 프톨레마이오스가 한 말로, 운동을 일으키는 첫 번째 원인, 중심을 의미한다.〕

*4 여기서 처음으로 커피가 등장하는데, 이것은 명백하게 필사생이 멋대로 고쳐 쓴 것이

다. '커피를 끓이는 자'라고 번역한 원어는 카와지야(Kahwajiyah)로, 아랍어 카와(Kahwah)에 터키어의 어미(ji)를 붙인 것의 복수형이다.

〔커피가 처음으로 발견된 것은 이슬람력 7세기 후반, 즉 서기 14세기 말로서 오마르라는 노(老)수도승이 박해를 받아 알 야만에 망명했을 때 우연히 발견했다고 한다. 그러나 알 야만에서 커피가 널리 사용되기 시작한 것은 그보다 약 2세기 뒤부터이며, 이집트에 전래한 것은 15세기 말 또는 16세기 초의 일이다. 참고로 담배는 17세기 초에 터키와 아라비아 등에 전래했다. 따라서 《아라비안나이트》와 담배나 커피는 사실상 전혀 관계가 없으며, 버턴도 '그들 아랍인은 커피도 담배도 몰랐고, 천연두는 잘 알고 있었어도 매독은 무시했다'고 말하며, 이 이야기의 기원을 14세기 이전으로 추정했다.〕

* 5 오늘날에도 라우자(Rauzah, Rodah) 섬으로 소풍을 가는 사람들이 있다. 나도 여러 번 소풍을 즐겼는데, 이 유원지는 모두 사유지이다. 〔레인은 제2권에서 '엘 로다는 나일 강에 있는 매우 쾌적한 섬으로 길이 약 2마일 반, 카이로에 가까운 서남쪽에 있다. 그 이름은 '뜰'을 의미한다. 나일로미터(Nilometer)—나일 강의 수위를 재는 곳—는 이 섬의 남쪽 끝에 있다'고 설명했다.〕

* 6 안마당은 아랍어의 호시(Hosh)로, 초라한 주택들이 에워싸고 있다. 이러한 주거는 '토착인의' 카이로에 있는데, 지금도 여전히 새로운 건물의 '현란함'과 현저한 대조를 이루고 있다.

* 7 '알라께서 보답을 내리시기를'은 '고맙다'에 해당하는 이슬람의 언어이다. 이슬람교도는 증여자를 중개인으로 간주하며, 그 손을 거쳐 자신이 원하는 것, 더 얻고 싶은 것을 알라가 내려주는 것으로 생각한다. 이를테면 '당신의 그림자가 절대 짧아지지 않기를!'이라는 말은 '당신이 더욱더 번영하여, 그 덕택에 내가 얻는 바가 있기를!'이라는 의미이다. 또 거만한 거지인 경우(극히 당연한 일이지만), 그는 그것을 염치없이 입에 올리며 '남의 것은 내 것, (분배하지 않으면) 재산은 도난품(La propriété est le vol).'〔프랑스의 사회사상가 푸르동의 명문구〕이라고 분명하게 말할 것이다.

* 8 다미에타(Damietta)는 아랍어의 딤야트(Dimyat)로, 흔히 두미야트(Dumiyat)라고 발음한다.

* 9 동양에서는 이것도 여행자의 '여행 도구'이다.

* 10 일반인과 강신술자에게 친숙한 원래의 '유령'의 집은, 앞에서도 설명했듯이 이슬람교도들 사이에서는 마신이 사는 곳이다. 〔중근동에는 일반적인 유령은 존재하지 않으므로.〕

* 11 바그다드의 술탄이나 왕, 아테네의 대공은 역사상으로는 실재하지 않았음은 두말할 필요도 없다. 이 이야기는 '태수 빈 타히르'와 그 밖의 작자가 쓴 것이 아닌 듯하다. 424번째 밤 참조.

* 12 법률박사인 올레마(Olema)는 알림(Alim)의 복수형으로, 법률에 밝은 사람이나 신학

박사를 가리킨다. 무함마드는 각 이슬람교도의 가장을 그 집의 제사장(폰티펙스)으로 하여, 승려와 그 직업을 폐지하기 위해 온갖 노력을 기울였고, 승려 계급과 독신생활을 맹렬하게 비난했다. 그러나 인간의 성정은 무함마드도 어쩔 수 없었다. 그가 아직 살아 있었을 때부터 금욕적인 단체가 출현하기 시작했고, 이윽고 알 이슬람의 신학자들은 일종의 승려계급을 형성했다. 하기는 단 한 가지 매우 중요한 차이가 있었다. 그들은 '영혼의 치료'에 의해서가 아니라, 비종교적인 직업으로 생활하지 않으면 안 되었다(또는 그렇게 해야 했다). 따라서 터키의 무함마드 4세는 정식으로 그 지위를 거절당했다. 그 점까지는(그 이상은 아니다) 무함마드가 성공한 셈이며, 그 성공에 의해 그가 진지하고 현명하게 배제하려 했던 승려계급의 격렬하고도 영구적인 증오를 부른 것이다. 오늘날에 이르기까지, 포교사들(그리스도교의)은 조로아스터교도, 불교도, 브라만교도, 유교도 등에 대해서는 중재를 하지만, 이슬람교도에 대해서는 전혀 그런 일을 하지 않는다. 많은 실례 가운데 하나를 들면, 유명한 의사 리빙스턴(Livingstone)은 개종시킬 수 없는 유일신교의 신자(이슬람교도)보다, 개종시킬 수 있는 물신숭배자(야만인)를 명백하게 좋아했다. 〔D. 리빙스턴은 영국의 유명한 아프리카 탐험가로, 의사이자 전도사. 1813~74년.〕

*13 즉, 그들은 위엄을 더욱 과장스럽게 보여주기 위해 경전의 '첫 장'을 7번(비정상적인 회수이다) 읽은 것이다. 이 첫 장을 읽은 이유는 맹약을 맺거나 충성을 맹세하는 경우의 일반적인 의무이다. 이렇게 공개적으로 발성투표(發聲投票)를 통해 왕을 정하고 포고하는 것은, 고대 유서 깊은 포르투갈인의 습관에서 유래한 것임을 얘기하고 있다.

*14 그 자신과 왕의 도장을 찍은 뒤. 후세가 되면 투그라(Tughra), 즉 황실의 기호(記號), 또는 부표(副票)가 이것을 대신했다. 오늘날 유럽은 터키담배를 통해 이 기호와 친숙해졌다.

*15 아랍어의 위르드(Wird)='경전의 마지막 25장'으로, 이것은 파르즈(Farz) 즉, 의무적인 기도를 끝내고 한 번에 1장 또는 그 이상을 낭송한다.

〈역주〉

(1) 이른바 나일로미터를 말하며, 나일 강변의 여러 곳에 나일 강의 수위를 측정하기 위해 판 우물 모양의 것이다.

순례자와 노파

어느 날, 순례하던 남자가 실컷 늦잠을 자고 일어나 보니, 이미 일행은 흔적도 없이 사라진 뒤였습니다. 벌떡 일어나 길을 걷기 시작한 순례자는 이윽고 길을 잃고 어떤 천막 앞에 이르렀습니다. 그 입구에는 노파가 서 있고, 발치에는 개가 한 마리 누워 있었습니다. 순례자는 천막으로 가서 노파에게 인사를 하고 먹을 것을 청했습니다. 그러자 노파가 말했습니다.

"저 골짜기에 가서 뱀을 잡아 오시오. 내가 삶아 드릴 테니."

"나는 뱀을 잡을 줄 모릅니다. 또 그런 건 먹어본 적도 없고요."

"그럼 내가 같이 가서 잡아 드리지요. 겁낼 것 없어요."

노파는 개를 데리고 순례자와 함께 골짜기로 들어가 뱀을 잔뜩 잡아와서 삶기 시작했습니다. 순례자는 굶어 죽는 것이 두려워서 결국 그것을 먹을 수밖에 없었습니다. 뱀을 먹은[*1] 순례자는 목이 타서 노파에게 물을 한 그릇 청했습니다.

"샘에 가서 마시고 오시우."

순례자는 샘에 가서 물을 마셨는데 물에서 몹시 쓴맛이 났습니다. 그래도 갈증이 너무 심해 그냥 마실 수밖에 없었습니다. 순례자는 곧 노파에게 돌아와 물었습니다.

"할머니! 할머니는 왜 이런 곳에서 살고 계십니까?"

—여기서 날이 훤히 밝아왔으므로 샤라자드는 이야기를 그쳤다.

435번째 밤

샤라자드는 이야기를 계속했다.

오, 인자하신 임금님, 순례자는 할머니에게 이렇게 물었습니다.

"할머니는 왜 이런 곳에 살면서 뱀을 먹고 쓴 물을 마시는 겁니까? 이해가 되지 않는군요."

"그럼 당신네 나라에선 어떻게 하시우?"

"우리나라에선 말이지요, 집은 크고 넓으며 과일은 잘 익어 맛이 좋고, 물은 달고 먹을 것은 모두 향기롭고 몸에 좋으며, 고기는 기름기가 많아 맛이 좋고 가축은 헤아릴 수 없을 만큼 많답니다. 모두 참으로 좋은 것뿐이라 전능하신 알라께서 믿음이 깊은 신자들에게 약속하신 저 낙원 말고는 비할 데가 없을 정도로 즐겁게 살지요."

"그런 이야기는 나도 들은 적이 있소. 하지만 당신네 나라에선 임금이니 뭐니 하는 것이 있어서 제멋대로 권력을 휘두르며 백성을 다스리고, 횡포를 부린다고 하지 않소. 당신들은 그 왕이란 자의 부하들이겠지. 그자는 누군가가 죄를 지으면 재산을 몰수하고 목숨을 빼앗고, 게다가 멋대로 집에서 내쫓아 빈털터리로 만들어버리지 않소?"

"글쎄요. 그럴지도 모르지요."

"그렇다면 맛있는 음식이니 즐거운 생활이니 하늘의 은총이니 하는 것도 학대받고 압제를 당한다면 오히려 해가 될 뿐이 아니오? 거기에 비해 마음껏 자유를 즐기고 몸이 안전하다면 오히려 이것이 먹는 것은 조잡하더라도, 몸에 좋은 약이 된다 할 수 있지요. 알 이슬람이 진실한 믿음을 전한 이후, 가장 좋은 은혜는 건강과 안온함이라오."*2

그런데 이와 같은 은혜는(하고 이 이야기의 지은이는 이야기를 계속했습니다) 신을 대신하여 이 세상을 다스리는 교주가 선정을 베푸는 곳에서나 얻을 수 있을지도 모릅니다. 옛날에는 왕이 위엄을 나타낼 필요가 없을 정도로 백성은 왕의 모습을 보기만 해도 황공해 몸을 움츠렸습니다. 그러나 오늘의 왕은 최대한으로 정치력을 발휘하고 되도록 위엄을 드러내야만 합니다. 지금의 백성은 옛날과 달라 입이 험하고 이해심이 없으며, 완고하여 서로 미워할 뿐만 아니라 적개심도 강하기 때문입니다.

그래서 만약 왕(전능하신 알라여, 부디 보호하소서!)이 힘이 약하고 정치를 잘못하여 아무런 권위가 없게 되면 그것은 반드시 나라가 망하는 원인이 됩니다. 속담에도 '왕자의 포학함은 백 년, 백성의 포학함은 일 년'이라고 했는데, 백성이 서로 학대하면 알라는 그들에게 무서운 폭군을 내리십니다. 예를 들면 역사에 이런 얘기가 전해지고 있습니다.

어느 날 알 하자지 빈 유수프⁽¹⁾는 쪽지 한 장을 받았는데, 거기에는 이렇게 적혀 있었습니다.

"알라를 두려워하라, 온갖 폭정으로 알라의 종들을 학대해서는 안 된다."

그것을 읽은 하자지는 (원래 대단한 웅변가였으므로) 곧 단상에 올라가 이렇게 말했습니다.

"백성이여, 전능하신 알라께서는 너희의 교만을 누르기 위해 나를 보내 너희를 통치하게 하셨다."

—여기서 날이 훤히 밝았으므로 샤라자드는 이야기를 그쳤다.

436번째 밤

샤라자드는 이야기를 계속했다.

오, 인자하신 임금님, 이 이야기의 지은이는 말을 계속했습니다.

"내가 죽더라도 너희의 악행이 멎지 않는 한 압제에서 벗어나지 못하리라. 알라께서는 나와 같은 폭군을 많이 만들어 두셨으므로, 내가 없으면 나보다 더 악랄하고 더 무도하고 더 무자비한 자가 나타날 것이다. 마치 이런 시처럼.

> 높으신 알라의 손이 없으면
> 어떠한 일을 완수할 수 있으리오.
> 포악한 군주의 횡포를
> 다른 폭군의 손으로
> 쳐부수지 않고 둘까 보냐.*³

사람들은 포악한 정치를 두려워하지만, 정의야말로 모든 것 가운데 가장 선한 것이다. 너희는 오로지 이러한 사태를 불러오지 않도록 알라께 기도를 드릴지어다."

또 다음과 같은 이야기도 있습니다.

〈주〉

*1 알 이슬람의 실제적인 신조는 위급할 때 사람 고기를 먹는 풍습도 관대하게 인정한다. 이것은 불행한 원정가들에게 '사람 고기를 즐겨 먹는다'라는 비난을 퍼붓는 유럽의 감상주의와 좋은 대조를 이룬다. 나는 특히, 용감하고 불행한 그릴리의 항해에 대해 영국의 신문잡지가 말도 안 되는 소동을 부린 일을 언급하는 것이다(《아카데미》지 1884년 9월 25일).

〔그릴리(Adolphus Washington Greely)는 1844년 북미 매사추세츠 주에서 태어나 청년 시절을 군대에서 보내고, 1881년에 아메리카 원정대를 이끌고 북극해의 스미스 해협으로 갔다. 그러나 1883년에 구출되었을 때는 생존자가 얼마 되지 않았는데, 그들은 죽은 사람의 시체를 먹고 간신히 생명을 유지했다고 한다. 그릴리는 1906년에 소장으로 승진했다. 《북극 근무 3년》(1885) 《아메리카 탐험가들》 등의 저서가 있다.〕

*2 이것은 단순히 이솝우화와 비슷한 성격의 이야기로, '두 마리의 개' 속에 모든 것이 포함되어 있다. 또한, 무함마드의 분별 있는 한 마디가 기록되어 있는데, 여기에 인용해 둘만한 가치가 있다. "국가는 불신(우상숭배 등)에 의해서는 멸망하지 않지만, 폭정에는 멸망한다."

*3 이 시는 21번째 밤에도 나왔다. 그래서 나는 변화를 주기 위해 트렌즈의 번역을 인용했다.

〈역주〉

(1) 서기 8세기의 알 말리크 교주를 섬겼던 장군으로, 포악한 정치를 단행했다.

아부 알 후슨과 노예처녀 타와즈드[*1]

옛날 바그다드에 상인의 우두머리로서, 재산도 있고 권세도 있는 한 남자가 살고 있었습니다. 그런데 알라께서는 이 사람에게 막대한 재산을 내리셨지만, 웬일인지 아무리 원해도 자식은 점지해 주지 않았습니다. 그리하여 자식을 두지 못한 채 오랜 세월이 흘러, 몸도 약해지고 등도 구부러져 어느덧 노인이 되고 말았습니다. 그는 자신의 뒤를 이어 후세까지 이름을 남기고 싶어도 자식이 없어서, 재산과 가문이 이대로 끝나는 게 아닌가 걱정만 했습니다.

그래서 그는 전능하신 알라께 빌어보려고 낮에는 단식하고 밤에는 기도를 계속하면서, 살아 있는 신과 불멸의 신에게 온갖 맹세를 다했습니다. 또 신앙심이 두터운 사람을 찾아가서 그들을 통해 지상 최고의 신에게 기원을 드리기도 했습니다.

그러자 알라께서도 그 기도에 귀를 기울여 마침내 그 소원을 들어주셨습니다. 아마도 그의 간절한 소망을 불쌍히 여기신 것이겠지요. 어느 날 밤, 함께 운우의 정을 나눈 측실이 마침내 잉태를 한 겁니다. 그리하여 달이 차자, 마치 작은 보름달 같은 사랑스러운 사내아이가 태어났습니다. 상인은 진심으로 알라께 감사드리며 (오, 알라께 영광 있으라!) 희사를 하고 고아와 과부들에게 옷을 나눠주기도 했습니다.

이윽고 이레째가 되자, 상인은 아들에게 아부 알 후슨[*2]이라는 이름을 지어주었습니다. 후슨은 유모의 젖을 먹으면서 유모의 보살핌과 노예들의 시중 속에서 무럭무럭 자라났습니다. 그리고 숭고한 코란과 알 이슬람의 교리, 진실한 신앙의 전범(典範)과 글씨 쓰는 법, 시가(詩歌), 수학, 활 쏘는 기술 등을 배워 그 시대에 최고의 젊은이로 칭송받는 훌륭한 청년이 되었습니다. 더욱이 그는 얼굴이 아름답고 말솜씨가 흐르는 물처럼 유창하며 걸음걸이는 단아하고 체격도 균형이 잘 잡혀, 그 품위 있는 모습에 수많은 사람이 마음을 빼앗기지 않을 수 없었습니다.
 게다가 뺨은 붉게 빛나고 이마는 꽃처럼 하얀 데다, 뺨에는 부드러운 솜털이 노란빛을 띠고 있었는데, 그것은 바로 시인이 이렇게 노래한 것과 흡사했습니다.

> 뺨에 난 솜털의 봄은
> 싱싱한 장미를 연상시키지만,
> 봄이 지난 뒤의
> 붉은 장미도 볼만하여라.
> 그대 보았는가, 뺨 위에 자란
> 제비꽃 잎보다도 오래
> 남아 향기 풍기는 것을.

 아부 알 후슨은 아들의 늠름한 성장을 기뻐하는 아버지 슬하에서 안락하고 행복하게 지내는 가운데 어느덧 어엿한 어른이 되었습니다. 그러자 상인인 아버지는 어느 날 아들을 앞에 앉혀 놓고 말했습니다.
 "오, 아들아, 정해진 때가 다가온 것 같다. 죽을 때가 되었다는 뜻이다. 이제 다만 알라(오, 부디 주권과 권력이 언제까지나 그 손안에 있기를!)를 뵙는 일만 남았구나. 나는, 너는 물론이고 네 손자의 대까지 풍족하게 살 수 있는 막대한 돈과 집과 토지와 정원을 남기고 가니 조심해서 재산을 지키고, 네가 알라의 은총을 얻는 데 힘이 되어줄 수 있는 사람들의 말만 따르도록 하여라."
 그 뒤 얼마 안 가서 아버지는 병이 들어 세상을 떠나고 말았습니다. 후슨은 곧 장례식을 준비하여 성대히 치른*3 다음, 집으로 돌아와 오랫동안 밤낮없이 아버지의 죽음을 슬퍼했습니다.
 그러던 어느 날 한 친구가 찾아와서 말했습니다.
 "자네처럼 훌륭한 아들을 남기고 가신 자네 아버지는 돌아가신 게 아니야. 지난 일은 지난 일, 두 번 다시 돌아오지 않아. 탄식하며 슬퍼하는 일은 세상을 버리고 중이 된 젊은 처녀나 여편네들이 하는 짓이야."
 이렇게 설득하니 아부 알 후슨도 마침내 유혹에 져서 목욕탕으로 가 상복을 벗어버리고 말았습니다.

―여기서 날이 환히 밝아왔으므로 샤라자드는 이야기를 그쳤다.

437번째 밤

샤라자드는 이야기를 계속했다.
오, 인자하신 임금님, 아부 알 후슨은 어느덧 아버지의 유언을 잊어버리고 자신의 부에 대한 사려와 분별심도 없어지고 말았습니다. 그리고 지금까지와 마찬가지로 운명은 언제나 자기편이며, 재산은 자꾸 불어나는 것이지 결코 없어지는 것이 아니라고 생각했습니다. 그래서 흥청거리며 먹고 마시면서 온갖 나쁜 일에 빠져 옷과 돈을 마구 사람들에게 뿌렸습니다.

게다가 아침저녁으로 닭고기를 먹고, 술병 마개를 뽑아 병에서 흘러나오는 포도주의 기쁜 소리맵시에 귀를 기울이며, 가희의 절묘한 가락에 넋을 잃곤 했습니다. 이렇게 환락에 빠져 있는 동안 가세가 점점 기울어 마침내 모든 것이 사라진 뒤에야 비로소 후회하며 자신의 손을 깨무는 신세가 되고 말았습니다.*4

모든 것을 다 써서 없애고 나니 남은 것이라곤 아버지가 재산과 함께 남겨준 타와즈드라는 노예계집 하나뿐이었습니다.

이 노예계집은 아름답고 정숙하고 밝은 외모에, 단아한 기품을 지닌 세상에 보기 드문 절세가인으로, 모든 예능과 재주가 말할 수 없이 뛰어날 뿐만 아니라 온갖 미덕이 풍부하여 당대에는 비할 자가 없었습니다. 더욱이 남자의 마음을 사로잡는 재주와 솜씨가 누구보다도 뛰어나, 실제의 이치나 도리 양면에서 같은 또래들을 훨씬 능가했습니다. 또 키는 꼭 5척이었으나 얌전하고 간드러진 걸음걸이는 세상의 높은 평판을 얻었고, 하늘의 혜택을 입어 흡사 샤반월(月)*5의 초승달처럼 단정한 눈썹과 영양의 눈동자를 연상시키는 눈을 가지고 있었습니다. 코는 멋진 언월도의 날을 연상시키며, 뺨은 피처럼 붉게 빛나는 아네모네 같고, 더욱이 입매는 솔로몬의 도장반지 같으며, 치아는 두 줄의 진주 목걸이 같았습니다. 배꼽은 1온스의 안식향유도 들어갈 정도로 움푹하고, 허리는 은밀한 사랑을 가슴에 숨기고 있는 병든 사람의 몸보다 가늘었으며, 엉덩이는 두 개의 모래산보다 무거웠습니다. 한마디로 말해, 시인의 노래에도 있듯이 모든 장점을 갖춘 매력 덩어리라고 할 수 있었습니다.

> 그 처녀 나타났네,
> 마주 보면 요염한 그 모습
> 황홀하여 나를 미치게 하고
> 떠나가는 그 뒷모습
> 이별로 나를 죽게 하네.
> 태양인가 보름달인가
> 움트는 어린나무 가지인가
> 그 인품에 흠 없고
> 매정함도 찾을 수 없네.
> 가슴 밑 속옷 속에
> 천국의 낙원 감추고
> 목걸이 걸린 목덜미에는
> 보름달이 돌아가네.*6

정말이지 돋아나는 보름달인지 어린잎을 먹는 영양인지 알 수 없는 열 하고도 네 살*7의 싱싱한 아름다움에는 달도 태양도 그저 부끄럽기만 하였습니다. 노래를 잘 부르는 사람은 참으로 절묘하게도 이렇게 노래했습니다.

> 열에 넷을 더하면
> 하늘에 걸린 보름달의 모습,
> 나는 어쩔 수 없이 그대로 하여
> 지평선 끝에 돋는 달이 되고 마노라.*8

피부는 맑고 숨결은 향기로워 마치 불로 만들거나 수정으로 빚은 듯했습니다. 뺨은 장미같이 붉고 그 자태 한 점 나무랄 데가 없으니, 마치 시인이 이렇게 노래한 것과 똑같았습니다.

> 사향과 백단*9 향기 뿌리면서
> 자랑스레 처녀는 걸어갔노라,
> 아, 금빛으로 은빛으로
> 장미에 사프란빛 날리면서.
> 정녕 그대는 꽃밭의 꽃인가
> 구슬 의자 장식한 진주알,
> 선남선녀의 모여드는
> 예배당*10의 성상인가.
> 아아, 아리따운 처녀여,
> 마음 가벼이 일어서려는데
> 그 무거운 엉덩이가 말하네,
> "앉아라, 아니면 걸어라,
> 천천히 하늘거리면서."
> 처녀에게 반하여
> 이 몸 정을 청하니
> 아름다운 얼굴 "기뻐라"
> 대답하지만, 요염한 마음은
> "싫어요" 대답하며 거부하네.
> 그대에게 아름다움 나누어주신
> 최고의 신을 찬양하고
> 헐뜯는 무리의 입가
> 일그러뜨리는 신을 찬양하라!

 타와즈드는 이처럼 뛰어난 아름다움과 상냥한 미소*11로 많은 사람의 마음을 사로잡고, 눈으로 쏘는 화살로 모든 사람의 마음을 쏘아 맞히는 것이었습니다. 또 말솜씨도 유창하고 시가와 음악에도 뛰어난 재능을 보여주었습니다.
 그런데 아부 알 후슨은 재산을 탕진하고 완전히 파멸에 빠지자, 남아 있는 것이라곤 이 노예계집뿐이었습니다. 아부 알 후슨이 사흘이나 먹지도 자지

아부 알 후슨과 노예처녀 타와즈드 2279

도 않고 있으니 타와즈드가 이렇게 말했습니다.

"주인님, 제발 저를 하룬 알 라시드 교주님에게 데리고 가 주세요."

—여기서 날이 훤히 밝았으므로 샤라자드는 이야기를 그쳤다.

438번째 밤

샤라자드는 이야기를 계속했다.

오, 인자하신 임금님, 노예계집은 이렇게 말을 이었습니다.

"주인님, 제발 저를 아바스 님의 5대 후손이신 하룬 알 라시드 님에게 데려가서 금화 1만 닢에 사시라고 하세요. 만약 비싸다고 하시거든 '오, 진실한 신자들의 임금님, 이 처녀는 그보다 더 많은 가치가 있습니다. 우선 시험해 보시면 교주님의 눈에도 이 여자의 가치가 더욱 크게 비칠 것입니다. 이 노예처녀는 세상에 아무도 견줄 자가 없는 여자로 교주님 말고는 어울리는 분이 없습니다.' 이렇게 말씀하세요."

그러고는 다시 덧붙였습니다.

"주인님, 부디 명심하시어 지금 말씀드린 값보다 싸게 팔아서는 안 됩니다. 사실은 그 값도 나 같은 여자에게는 터무니없이 부족하니까요."

아부 알 후슨은 이 노예계집의 소유자이면서도 그 여자의 진정한 가치를 몰랐고 당대에 드물게 보는 뛰어난 여자라는 것도 알지 못했습니다만, 어쨌든 노예계집을 교주에게 데려가 여자가 시킨 대로 말씀드렸습니다.

그러자 교주는 여자에게 물었습니다.

"그대 이름은?"

"타와즈드*12라고 합니다."

"오, 타와즈드, 그대는 어떤 학문에 뛰어난가?"

"교주님, 저는 수사학, 시학, 철학 및 법전에 통달하고 음악, 종교, 수학, 측지학(測地學), 기하학, 고대의 우화에도 조예가 깊습니다. 또 숭고한 코란을 암송하고 있고, 7파(七派) 또는 10파(十派), 다시 14파(十四派)의 격식에 따라 읽을 수도 있습니다.

코란의 장(章), 구(句), 절(節), 단어의 수는 말할 것도 없고 그 절반, 4분의 1, 8분의 1, 10분의 1의 수도, 그 속에 나타난 배례(拜禮)의 수도 글자의 총수도 다 알고 있습니다. 또 폐기된 장구(章句)와 그것을 대신하는 구절이 어디 있는지, 어느 부분이 메카에 대한 계시인지, 또 그렇게 다른 계시가 나타난 원인은 물론 사도들이 전하는 전설은 정사(正史), 구비(口碑)를 막론하고 모든 것에 통달하여, 그 결론 속에 의심스러운 대목이 있다는 사실도 잘 알고 있습니다.

특히 박물학, 기하학, 철학, 의학, 윤리학, 수사학, 작문 등을 배워서 여러 가지를 암기하고 있고 시도 애송하고 있습니다. 또 류트를 탈 줄 알고 그 모든 음계와 음부, 악부의 지식, 점강음(漸强音), 점약음(漸弱音) 등의 기법도 잘 알고 있습니다.

제가 춤을 추거나 노래를 부르면 사람들은 모두 황홀해하고, 아름답게 차려입고 이 몸의 향내를 맡게 하면 모두 뇌쇄를 당하고 맙니다. 정말 저의 진짜 가치는 모든 학문을 깊이 닦은 분들이 아니고는 알 수 없을 만큼 완벽한 영역에 도달해 있습니다."

젊은 처녀한테서 이와 같은 웅변을 들은 교주는 어안이 벙벙해져서 아부 알 후슨을 돌아보며 말했습니다.

"그렇다면, 지금부터 학자들을 불러 이 여자를 시험해 볼까 한다. 이 여자가 정확히 대답하면 그대가 원하는 값에 사 주겠지만, 만일 만족한 대답을 하지 못할 때는 나보다는 그대에게 걸맞은 여자가 되는 셈이야."

"오, 충실한 자들의 임금님, 그렇게 하십시오."

아부 알 후슨이 대답하자, 교주는 당장 바소라의 태수에게 편지를 보내 토론에 있어서나 웅변에 있어서나 시학, 논리학에 있어서나 당대에 제일이라는 운율학자(韻律學者) 이브라힘 빈 샤이르를 불러오도록 명령하고, 또 코란의 독송자(讀誦者), 박학한 법률학자, 명의(名醫), 점성가, 수학자, 철학자들과 함께 오라고 명령했습니다. 이 가운데 이브라힘은 특히 학식이 뛰어난 인물이었습니다.

이윽고 학자들은 영문도 모르는 채 교주의 궁중에 모여들었습니다. 교주는 그들을 거실로 불러들여서 자리에 앉게 한 다음 노예처녀 타와즈드를 불렀습니다. 이윽고 명령을 받고 나타난 타와즈드는 베일을 벗어 마치 반짝이

는 별과 같은 모습을 드러냈습니다.*13

교주가 황금의자를 권하자 타와즈드는 인사한 다음 유창한 말솜씨로 다음과 같이 말했습니다.

"오, 충실한 자들의 임금님, 이 자리에 참석하신 신학박사와 법률의 대가들, 문학자, 점성학자, 과학자, 수학자, 그 밖의 분들에게 명령하시어 제발 저와 토론을 하게 해 주세요."

그러자 교주는 학자들을 향해 말했습니다.

"그대들은 이 여자와 신앙 문제에 대해 토론하되, 여자가 내세우는 의견을 모조리 반박하고 논파해 주기 바란다."

"오, 충실한 자들의 임금님, 분부대로 하겠습니다."

학자들 모두가 그렇게 대답하자 타와즈드는 고개를 숙여 인사한 다음 입을 열었습니다.

"코란의 독송과 전설에 통달하신 율법학자가 어느 분이시죠?"

그러자 한 학자가 대답했습니다.

"나요."

"그럼 무엇이든 질문해 주세요."

"그대는 알라의 그 거룩한 책을 읽은 적이 있소? 있다면 그 속에 말소된 대목과 그것을 대신하는 대목을 기억하고 있소? 또 그 구절과 뜻을 알고 있소?"

"알고 있습니다."

"그렇다면 의무와 영구불변의 법칙에 대해 묻겠으니 대답해 보시오. 당신의 주는 누구이며, 예언자는 누구이고 지도자는 누구인가? 또 예배를 드릴 때의 정면 방향을 뭐라고 하고, 그대의 동문(同門)을 뭐라고 하는가? 또한 마음의 길? 공도(公道)라는 것은?"

이 질문에 처녀가 대답했습니다.

"알라는 우리의 주님이시고 무함마드(알라의 구원과 축복이 있기를!)는 우리의 예언자시며, 코란은 우리를 이끄는 자, 예배의 정면에 있는 것은 카바(1)입니다. 또 진실하게 알라를 믿는 자야말로 우리의 형제이며 선행은 우리의 길, 수나(2)는 우리의 공도입니다."

이 어린 여자의 입에서 물 흐르듯이 쏟아져 나오는 말을 들은 교주는 몹시 놀란 기색이었습니다. 학자는 다시 질문을 계속했습니다.
"그렇다면 아가씨, 무엇을 통해 우리는 전능하신 알라를 알 수 있는가?"
"오성(悟性)으로 알 수 있습니다."
"그 오성이란 무엇을 말하는가?"
"거기에는 두 종류가 있습니다. 하나는 선천적인 것이고 또 하나는 후천적인 것입니다."

―여기서 날이 훤히 밝았으므로 샤라자드는 이야기를 그쳤다.

439번째 밤

샤라자드는 이야기를 계속했다.
오, 인자하신 임금님, 타와즈드의 대답은 계속되었습니다.
"선천적인 것은 알라(오, 알라께 영광 있으라!)께서 그 뜻대로 종들을 올바르게 이끌기 위해 만드신 것이고, 후천적인 것은 연구와 지식을 통해 사람들이 스스로 완성하는 것입니다."
"오, 잘 대답했소. 그렇다면 그 오성은 어디에 깃들어 있는가?"
"알라께서는 그것을 심장에 깃들게 하셨습니다. 그리고 그 광채는 두뇌로 올라가 그곳에 정착합니다."
"그럼 우리는 알라가 예언자라는 것을 어떻게 알고 있는가?"
"알라의 코란을 읽음으로써, 또 징조와 증명·예시·기적 등을 통해 알고 있습니다."
"의무와 영구불변의 법칙이란?"
"의무에는 다섯 가지가 있습니다. 하나는 알라 외에 일라[*14]는 없고 유일신 외에는 신은 없으며, 무함마드는 알라의 종이자 사도입니다. 둘째는 기도의 자세.[*15] 셋째는 구빈세의 납부. 넷째는 라마단의 단식. 다섯째는 알라의 성전을 순례할 것 등입니다. 그리고 영구불변의 법칙은 네 가지가 있으며, 밤·낮·태양·달, 즉 생명과 희망을 형상화하는 것입니다. 이러한 것들이 심판의 날에 멸망할지 어떨지, 아담의 자손은 아무도 모릅니다."

"신앙에 있어서 지켜야 할 의무는 어떤 것인가?"

"거기에는 다섯 가지가 있습니다. 기도·회사·단식·순례, 그리고 신앙을 위해 싸우고 금단을 범하지 않는 것입니다."

"그럼 기도할 때 일어서는 이유는?"

"신을 인정하는 노예의 경건한 마음을 표시하기 위한 겁니다."

"일어서서 기도하기 전에 해야 하는 것은?"

"목욕재계, 치부를 가릴 것, 더러운 옷을 입지 말 것, 청정한 장소에 서서 카바의 방향을 향할 것, 직립의 자세, 특별한 의도, 금단의 문구*[16] '알라호 아크바르[(3)]'를 외치는 일입니다."

"기도를 위해 집을 나설 때의 마음가짐은?"

"마음속으로 알라를 찬양하면서 집을 나서야 합니다."

"이슬람교 사원에 들어갈 때의 마음가짐은?"

"봉사의 일념으로 들어가야 합니다."

"우리는 무슨 이유로 키블라*[17]로 향하는가?"

"알라의 세 가지 법도와 전설에 의한 한 가지의 명령에 따라서입니다."

"기도의 시작과 정화와 끝이란?"

"목욕재계로 기도를 시작하여, 금단의 구절인 '알라호 아크바르'를 외어 마음을 정화하며, 배례[(4)]로 기도를 끝냅니다."

"기도를 게을리한 자는 어떠한 대가를 치르게 되는가?"

"예언자의 믿을 만한 전설에 의하면, 고의로 기도를 게을리한 자는 이슬람교도의 자격이 없다고 말씀하셨다 합니다."

―여기서 날이 훤히 밝았으므로 샤라자드는 이야기를 그쳤다.

440번째 밤

샤라자드는 이야기를 계속했다.

오, 인자하신 임금님, 노예처녀 타와즈드가 성스러운 전설 속의 말을 되풀이하자 학자는 이렇게 소리쳤습니다.

"흠잡을 데 없는 대답이로다. 그럼 기도는 무엇인가?"

"기도는 노예와 알라 사이의 영적인 소통으로, 거기에는 열 가지의 공덕이 있습니다.

첫째는 마음에 광명을 주고, 둘째는 얼굴을 빛나게 하며, 셋째는 자비로운 알라를 기쁘게 하고, 넷째는 악마를 노하게 하며, 다섯째는 재앙을 물리치고, 여섯째는 적의 흉계를 방지하며, 일곱째는 자비심을 더욱 키우고, 여덟째는 복수와 형벌을 방해하며, 아홉째는 노예를 알라께 가까이 갈 수 있게 하며, 열째는 음욕과 방종을 억제합니다. 그런 까닭에 기도는 절대적으로 필요한 것으로서 의무적인 의식이며, 신앙의 기둥입니다."

"그럼 기도의 비결은?"

"우즈, 즉 간단한 목욕*18입니다."

"간단한 목욕에 대한 비결은?"

"특별한 의도와 전능하신 알라의 이름을 부르는 겁니다."

"전능하신 알라의 이름을 부르는 비결은?"

"흔들림 없는 신앙입니다."

"신앙의 열쇠는?"

"알라를 믿는 것."

"알라를 믿는 비밀의 열쇠는?"

"희망."

"희망의 비결은?"

"복종."

"복종의 열쇠는?"

"유일신임을 고백하는 것과 알라의 공덕을 인정하는 겁니다."

"우즈, 즉 간단한 목욕에 관한 신의 규정은?"

"이맘 알 샤피 무함마드 빈 이드리스의 교전에 의하면(부디 알라께서 가상히 여기시기를!), 첫째, 얼굴을 씻는 것에 대한 특별한 의도, 둘째, 얼굴을 씻는 것, 셋째, 손과 팔을 씻는 것, 넷째, 머리 일부를 닦는 것, 다섯째, 발과 발뒤꿈치를 씻는 것, 여섯째, 올바르게 순서를 지키는 것,*19 등입니다. 전설상(5)의 불문율은 다음과 같은 10개조인데, 첫째, 신의 이름을 욀 것, 둘째, 수반에 손을 넣기 전에 반드시 손을 씻을 것, 셋째, 양치질을 할 것, 넷째, 코를 헹굴 것,*20 다섯째, 머리 전체를 닦을 것, 여섯째, 귀 안팎을 깨끗한 물로 적실 것, 일곱째, 헝클어진 수염을 다듬을 것, 여덟째, 손가락과 발가락 사이를 벌릴 것,*21 아홉째, 왼발보다 오른발을 먼저 씻을 것, 열째, 이러한 것들을 순서를 바꾸지 않고 세 번 되풀이할 것. 그리고 이 간단한 목욕이 끝나면 기도를 올리는 자는 이렇게 외쳐야 합니다.

'다른 신을 동료로 두지 않는 유일신인 알라 외에 신은 없으며, 무함마드는 그 종이요 사도임을 증명하노라. 오, 알라여, 저를 회개하여 영원히 순결 속에 사는 자가 되게 하소서! 오, 알라여, 당신께 영광을! 알라를 찬양하며 알라 외에 신이 없음을 증명하노라! 나는 알라의 말씀을 구하여, 알라께 참회하노라!'

그것은 성스러운 전설에서, 예언자는(알라의 축복과 가호가 있기를!) 이 기도에 대해 이렇게 말했습니다.

'기도를 드리고 목욕을 마친 자에게는 천국의 여덟 개의 문이 열려 어느 곳으로든지 천국으로 들어갈 수 있으리라.'"

"사람이 목욕을 시작할 때 천사와 사탄은 그자에게 어떤 행동을 하는가?"

"사람이 목욕할 준비를 하면 천사는 그 오른손에, 사탄은 왼손에 찾아옵니다. 그리고 목욕을 시작할 때 알라의 이름을 외면, 사탄은 얼른 달아나 버리고 천사는 밧줄 네 개가 달린 빛의 천막을 들고 그 사람 위를 날아다니면서, 기도자가 잠자코 있거나 알라의 이름을 외는 한 알라를 찬양하면서 그 사람을 위해 알라의 허락을 빌어줍니다. 그러나 먼저 알라(부디 주권과 권력이 그 손에 속하기를!)의 이름을 외지 않고 목욕을 시작하거나 침묵을 지키지 않는다면, 천사는 그 사람에게서 떠나고 악마가 그를 사로잡아 귀에 사악한 많은 말을 속삭여 마침내 신을 의심하게 하여 목욕을 충분히 하지 못하도록 해버립니다. 왜냐하면(다음과 같이 말한 분에게 축복과 평안함이 있기를!) '완전한 목욕은 사탄을 쫓아버리고 악마의 포악한 행위를 막아주며' 또 '목욕을 통해 몸을 정결히 하지 않는 자에게 재앙이 닥치더라도 그것은 자업자득'이라고 했기 때문입니다."

"잠에서 깨어났을 때 해야 하는 일은?"

"수반에 넣기 전에 두 손을 세 번 씻어야 합니다."

"구슬, 즉 완전한 목욕*22에 관한 경전과 전설의 법도는?"

"알라께서 정하신 법도는, 특별한 의도와 온몸을 물에 '적시는 것', 다시 말해 머리카락과 피부를 남김없이 물에 담그는 것입니다. 그런데 전설에 의한 불문율에 따르면, 맨 먼저 간단한 목욕을 한 다음 온몸을 마찰하고, 머리를 빗게 되며, 목욕의 마지막에 발을 씻는 것입니다."

―여기서 날이 훤히 밝았으므로 샤라자드는 이야기를 그쳤다.

441번째 밤

샤라자드는 이야기를 계속했다.
오, 인자하신 임금님, 학자가 다시 물었습니다.
"매우 훌륭한 대답이었소. 그럼 모래나 진흙으로 몸을 깨끗이 하는 것, 즉 타야므므가 필요한 때는 언제인가? 그리고 그것에 대한 신과 사람의 법도는?"
"그 이유는 일곱 가지가 있습니다. 물이 없을 때, 물이 부족할 우려가 있을 때, 그럴 필요가 있을 때, 여행에서 길을 잃었을 때, 병이 났을 때, 뼈가 부러졌을 때, 상처가 있을 때*23입니다. 법도에 대해 말씀드리면, 신의 법도는 네 가지를 헤아리며, 특별한 의도, 진흙, 진흙을 얼굴에 던져 붙이는 것, 두 손에 던져 붙이는 것입니다. 또 사람의 법도는 두 가지이며, 알라의 이름을 외는 것과 오른손보다 왼손을 사용하는 것입니다."
"기도의 조건, 기둥 또는 요점은?"
"조건은 다섯 가지가 있습니다. 첫째는 몸을 정결히 할 것, 둘째는 성기를 가릴 것, 셋째는 정확하게 또 되도록 원래의 시간을 지킬 것, 넷째는 키블라 방향을 향할 것,(6) 다섯째는 깨끗한 장소에 설 것 등입니다. 그리고 기둥 또는 요점에는 열두 가지가 있습니다. 첫째는 특별한 의도, 둘째는 타크비르, 즉 금단의 말을 욀 것,(7) 셋째는 설 수 있으면 설 것, 넷째는 파티하, 즉 코란의 첫 장을 외고, 그 시구(詩句)와 함께 이맘 알 샤피(8)의 교전(敎典)에 따라 '자비롭고 긍휼하신 알라의 이름으로!'라고 욀 것, 다섯째는 몸을 굽힌 자세를 유지할 것, 여섯째는 원래의 직립한 자세로 돌아가 필요한 동안 그 자세로 있을 것, 일곱째는 몸을 엎드려 오랫동안 그 자세를 유지할 것, 여덟째는 두 번 엎드리는 동안은 앉아서 그 자세를 유지할 것. 아홉째는 최후의 신앙고백을 할 때는 좌와(坐臥)의 자세를 취할 것, 열 번째는 예언자(알라의 축복과 가호가 있기를!)에게 축복을 기원할 것, 열한 번째는 최초의 인사,*24 열두 번째는 언어로 나타낸 기도를 맺고자 하는 의도. 그러나 전설에 의한 법도는 기도 시각을 알리고 외칠 것, 직립한 자세, 금구(禁句)를 말하는 동안 두 손을(얼굴 양쪽에) 댈 것, 파티하를 외치기 전에 알라를 찬양할 것, 알라께 가호를 기원할 것, '아멘'이라고 욀 것, 코란의 첫 장 파티하를 낭송할 것, 자세를 바꾸는 동안 알라를 찬양할 것, '알라여, 부디 신을 찬양하는 목소리를 들어주소서!' 또는 '오, 주여, 당신을 찬미하리라!' 하고 욀 것, 적절한 대목에서 소리 높여 기도하고, 미리 정해진 기도의 구절은 작은 소리로 기도할 것, 최초의 신앙 고백을 할 때는 앉아 있을 것, 예언자를 축복할 것, 마지막 고백과 두 번째 인사 때 가족을 축복할 것 등입니다."

"자카트, 즉 의무적인 구빈세는 무엇으로 징수하는가?"

"금·은·낙타·암소·양·밀·보리·귀리·수수·콩·살갈퀴·쌀·건포도·대추야자 열매 등입니다."

"자카트, 즉 구빈세는 돈이 얼마나 드는가?"

"금화 20닢까지는 세금이 한 푼도 붙지 않지만, 그 이상은 금화 20닢마다 금화 반 닢 꼴로 징수됩니다."*25

"은에 대해서는?"

"은화 2백 닢 이하는 세금이 없고, 그 이상은 2백 닢마다 은화 5닢의 비율입니다."

"낙타는?"

"5필마다 암양 한 필, 또는 25필마다 임신한 낙타 한 마리가 징수됩니다."

"양에는?"

"50마리마다 숫양 한 마리가 부과됩니다."

"라마단의 단식에 대한 법도는?"

"코란법에 의하면 특별한 의도, 음식과 성교의 절제, 구토의 금지 등입니다. 법령에 따르는 모든 사람이 이를 어김없이 지켜야 하지만, 임신 중이거나 분만한 지 40일이 지나지 않은 부인은 제외됩니다.

초승달을 보았을 때부터, 또는 신뢰할 만한 사람의 입에서 나와 듣는 사람의 마음에 거짓이 없다는 인상을 주었을 때, 초승달이 떴다는 소리를 듣고부터 위의 법도를 지켜야 합니다. 또 그중에서도 필요한 사항은 그 의도를 해가 질 때 입 밖으로 내어 말하는 것입니다. 전설에 의한 단식법은 일몰에는 서둘러 단식을 중단할 것, 날이 새기 전까지 식사를 해도*26 무방하나 선행을 찬양하고, 알라의 이름을 외며, 코란을 낭송하는 것 말고는 말을 삼갈 것 등입니다."

"단식을 깨뜨리지 않는 것은 무엇인가?"

"고약, 콜 가루, 길 위의 모래먼지 등을 쓰는 것, 길가의 먼지, 무심코 침을 삼키는 것, 몽정 또는 모르는 여자를 보고 사정하는 것, 사혈하는 것 등으로, 이런 것은 모두 단식을 깨뜨리는 것이 되지 않습니다."

"1년에 두 번 있는 대제전(大祭典)의 기도는?"

"기도를 알리는 말을 외치지 않고, 또는 기도를 알리는 소리*27를 외칠 때는 일어서지 않고 한 번 머리를 숙이는 기도를 두 번 하는 것이 전설상의 법도입니다. 그러나 이슬람교도는 '기도는 모든 사람을 모으는 것이다!' 말하고, 금구인 타크비르 말고 최초의 기도에서는 일곱 번 '알라호 아크바르'를 낭송해야 합니다.(9) 두 번째 기도에서는, (이맘 알 샤피—알라의 자비를 내려주시기를!—의 가르침에 따라) 신의 찬양 말고 다섯 번 '알라호 아크바르'를 외고, 신앙고백을 하는 것입니다."

—여기서 날이 훤히 밝았으므로 샤라자드는 이야기를 그쳤다.

442번째 밤

샤라자드는 이야기를 계속했다.

오, 인자하신 임금님, 노예처녀가 제전의 기도에 대해 대답하자 학자는 또 물었습니다.

"잘 대답했소. 그럼, 이번에는 태양 또는 달이 이지러졌을 때 정해져 있는 기도는?"

"기도를 알리는 말을 하지 않고, 또는 그 소리에 응하여 일어서지 않고, 한 번 머리를 숙이는 기도를 두 번 합니다. 이어서 두 번 머리를 숙이는 기도를 할 때마다 두 번 일어나서, 두 번 허리를 굽히고, 두 번 엎드린 다음 자리에 앉아 증언하고 인사를 합니다."

"기우제의 기도 의식은?"

"기도를 알리는 말을 하지 않고, 또는 그 소리에 응하여 일어서지 않고 한 번 머리를 숙이는 기도를 두 번 합니다. 이어서 참회를 하고 인사합니다. 그리고 이맘은 제전의 두 가지 설교의 경우와 마찬가지로, 알라를 찬양하는 대신 권고를 하고 알라의 용서를 구한 뒤, 다시 겉옷을 위에서 아래로 뒤집어 기원을 드립니다."

"위트르, 즉 특별한 기도나 임시 기도란?"

"최소한 한 번 머리를 숙이는 기도, 최대한 열한 번 고개를 숙이는 기도입니다."

"오전의 기도란?"

"적어도 한 번 머리를 숙이는 기도를 두 번, 가능한 한 한 번 머리를 숙이는 기도를 열두 번 합니다."

"묵상, 즉 이티카프에 대해 아는가?"

"그것은 전설이 정하는 사항입니다."

"그 요건은?"

"첫째는 특별한 의도, 둘째는 부득이한 경우 말고는 사원을 떠나지 않을 것, 셋째는 여자와 관계하지 않을 것, 넷째는 단식, 다섯째는 말을 삼갈 것."

"하지,[28] 즉 성지순례는 어떤 조건에서 의무사항이 되는가?"

"성년자일 것, 오성을 갖춘 이슬람교도일 것, 또 실행할 수 있을 것. 이 경우에는 죽기 전에 한 번은 순례하는 것이 모든 사람의 의무입니다."

"순례에 관한 경전법(經典法)이란?"

"이람, 즉 순례자의 법복, 아라파트 산에 설 것, 카바 주위를 돌 것, 사파와 마르와 사이를 달릴 것,[29] 머리를 깎든가 밀 것."

"우므라, 즉 작은 순례[30]에 관한 경전법이란?"

"순례자의 법복을 입고 카바를 돌며 달리는 겁니다."

"순례자의 법복을 입는 것에 관한 경전법이란?"[*31]

"바늘로 지은 옷을 벗고, 향료를 끊고, 삭발 또는 손톱 깎는 것을 중지하고, 새와 짐승의 살육을 피하며, 교제를 삼가는 겁니다."

"순례에 관한 전설상의 법도는?"

"첫째, '라바이카 아드숨', 즉 '우리는 여기 있나이다. 오, 알라여, 우리는 여기 있나이다!'[*32]를 외칠 것, 둘째, 도착한 날과 출발하는 날에 카바를 순회[*33]할 것, 셋째, 무즈다리파 사원과 미나의 골짜기에서 하룻밤을 보낼 것, 넷째, 돌로 칠 것."[*34]

"지하드, 즉 성전과 그 요건은?"

"그 요건은 첫째는 이단자의 후손이 아군을 공격할 때, 둘째는 아군에 이맘이 있을 때, 셋째는 준비된 상태일 때, 넷째는 단호하게 적을 맞아 물리칠 수 있을 때. 전설에 의한 법도는 격려하여 전투에 내보내는 것으로, 최고의 신도 '오, 그대, 나의 예언자여, 충실한 자를 격려하고 용기를 북돋아줘 싸우게 하라'[*35]고 말씀하셨습니다."

"매매에 대한 법도란?"

"경전법에서는 첫째, 신청과 수락, 둘째, 만약 백인 노예를 팔아 이익을 올리려 한다면, 모든 힘을 다해 당사자를 알 이슬람으로 개종시킬 것, 셋째, 폭리를 삼갈 것. 전설에 의한 법도에서는 예언자(알라의 축복과 가호가 있기를!)의 말인 '매매 당사자 양쪽은 아직 헤어지기 전에는 취소하거나 계약을 변경할 수 있다'에 따라 헤어지기 전이라면 무효로 하고 취소할 수 있습니다."

"교환이 금지된 것은 무엇과 무엇인가?"

"그 점에 대해서는 나피[*36]가 전하는 알라의 사도에 대한 신뢰할 수 있는 전설이 생각납니다. 사도는 마른 대추야자 열매와 생대추야자 열매, 생무화과와 마른 무화과, 마른고기와 날고기, 크림과 정화 버터의 교환 등, 즉 모든 식품을 같은 종류의 식품으로 바꾸는 것을 금했습니다. 어떤 것을 같은 종류의 다른 것과 교환하는 것은 불법이기 때문입니다."[*37]

이러한 대답을 듣고, 법률학자는 그녀가 재기발랄하고, 재치 있고 총명하며, 법리와 전설과 코란의 해석 등에 조예가 매우 깊은 것을 알고 속으로 이렇게 생각했습니다.

'충실한 자들의 임금님 앞이니, 무슨 수를 써서라도 토론에서 이 여자한테 이겨야지.'

학자는 다시 질문을 던졌습니다.

"아가씨, 그럼 목욕(우즈)의 사전상의 의미는?"

"언어학적으로 말씀드리면 청결하고 더러움이 없는 것을 의미합니다."

"그렇다면 사라트, 즉 기도의 의미는?"

"선(善)을 기원하는 것을 말합니다."

"전신목욕(구슬)은?"

"청정하게 하는 것입니다."

"그러면 사움, 즉 단식의 의미는?"

"삼가고 절제하는 것."

"구빈세(자카트)는?"

"증대시키는 것."

"하지, 즉 순례란?"

"참배를 말합니다."

"그럼, 성전(지하드)은?"

"격퇴를 뜻합니다."

여기에 이르자 법률학자는 갑자기 토론을 중지했습니다.

―여기서 날이 훤히 밝았으므로 샤라자드는 이야기를 그쳤다.

443번째 밤

샤라자드는 이야기를 계속했다.

오, 인자하신 임금님, 학자는 갑자기 토론을 중지하더니, 자리에서 일어나 이렇게 말했습니다.

"오, 충실한 자들의 임금님, 보시다시피 이 처녀는 확실히 저보다 법률에 통달해 있습니다."

그러자 노예계집 타와즈드가 입을 열었습니다.

"이번에는 제가 질문을 드리고 싶습니다. 진정한 학자시라면 즉시 대답해 주십시오."

"뭐든지 물어보시오."

"신앙의 화살이란 무엇입니까?"

"거기에는 열 가지가 있소. 첫째는 증명, 즉 종교, 둘째는 기도, 즉 성약(聖約), 셋째는 자선, 즉 재계(齋戒), 넷째는 단식, 즉 방어의 무기, 다섯째는 순례, 즉 일반적인 의무, 일곱째는 자선의 명령, 여덟째는 완고한 행위의 금지, 즉 일곱째와 여덟째는 사람의 명예에 관한 사항이고, 아홉째는 교우, 즉 신앙심이 깊은 자의 사교성, 열째는 지식의 탐구, 즉 찬양할 만한 길이오."

"훌륭한 대답입니다. 그럼, 한 가지 더 묻겠습니다. 알 이슬람의 근본, 즉 원리는 무엇입니까?"

"거기에는 네 가지가 있는데, 신념의 성실함, 의도의 진실성, 올바른 한계를 지키는 것, 성약을 어기지 않는 것이오."

"그럼, 하나만 더 질문하겠습니다. 거기에 대답하시면 다행이지만, 만약 대답을 못하시면 그 옷을 벗어주세요."

"좋소, 물어보시오."

"알 이슬람의 지맥(支脈), 또는 상부 구조는 무엇일까요?"

학자는 한동안 입을 다물고 생각했으나 끝내 대답하지 못했습니다. 그러자 타와즈드는 소리쳤습니다.

"자, 옷을 벗으세요. 그러면 제가 설명해 드리지요."

그러자 교주가 말했습니다.

"오, 타와즈드, 설명해 보라. 학자의 옷은 내가 벗겨줄 테니."

타와즈드는 말을 계속했습니다.

"알 이슬람에는 스물두 가지의 지맥이 있습니다. 첫째, 지고하신 알라의 말씀인 코란을 꼭 지킬 것, 둘째, 신의 사도(알라의 축복과 가호가 있기를!)의 말과 행동을 모범으로 삼을 것, 셋째, 나쁜 행위를 삼갈 것, 넷째, 올바른 음식을 먹을 것, 다섯째, 옳지 않은 것을 피할 것, 여섯째, 부당하게 취득한 물품을 반환할 것, 일곱째, 참회, 여덟째, 법률의 지식, 아홉째, 친구[38]를 사랑할 것, 열째, 진실한 계시를 믿는 자를 사랑할 것, 열한 번째,

알 이슬람의 사도들을 믿을 것, 열두 번째, 배신을 두려워할 것, 열세 번째, 현세를 떠날 준비, 열네 번째, 신념의 힘, 열다섯 번째, 모든 경우의 자비, 열여섯 번째, 약할 때의 힘, 열일곱 번째, 시련에 대한 인내, 열여덟 번째, 전능하신 알라에 대한 지식, 열아홉 번째, 알라의 예언자가 가르친 것에 대한 지식, 스무 번째, 저주받은 마신의 의도를 꺾을 것, 스물한 번째, 영혼의 색욕과 진지하게 싸우고 극복할 것, 스물두 번째, 유일신께 귀의할 것 등입니다."

이 설명을 들은 충실한 자들의 임금님은 학자에게 옷과 터번을 벗으라고 명령했습니다. 학자는 그 분부대로 한 뒤 풀이 죽어 왕 앞에서 물러났습니다.

이어서 다른 학자가 일어나서 처녀에게 말했습니다.

"이번에는 내가 두세 가지 묻고 싶은 것이 있소."

"얼마든지 물어보세요."

"선금으로 물건을 살 때의 조건은 무엇인가?"

"값이 정해져 있을 것, 물건이 정해져 있을 것, 주고받는 시기가 정해져 있고, 당사자들이 그것을 인정하는 것입니다."

"식사에 대한 경전의 법도, 전설의 법도는?"

"전능하신 알라께서 먹는 자들을 위해 먹을 것과 마실 것을 주셨음을 고백하고 알라께 감사드리는 겁니다."

"감사란?"

"사람을 위해 만들어진 것이니, 조물주께서 사람에게 주신 것을 사람이 사용하는 것입니다."

"그럼, 식사에 관한 전설상의 법도는?"

"비스밀라[39]를 외치고, 두 손을 씻을 것. 왼쪽 엉덩이로 앉아 손가락 세 개로 먹되 잘 씹고 나서 삼키는 것입니다."

"식사의 올바른 예절은?"

"조금씩 입에 넣고, 한 자리에 있는 사람 얼굴을 흘깃거리지 않는 겁니다."

―여기서 날이 훤히 밝았으므로 샤라자드는 이야기를 그쳤다.

444번째 밤

샤라자드는 이야기를 계속했다.

오, 인자하신 임금님, 학자는 다시 질문했습니다.

"과연 훌륭한 답변이오. 그럼 마음을 억제하는 것과 유지하는 것은 무엇인지 대답해 보시오."

"억제하는 것과 유지하는 것에는 세 가지가 있습니다. 첫째, 신앙을 굳건하게 유지하는 것. 그 지주는 불신을 피하는 것입니다. 둘째, 전설의 법전을 꼭 지키는 것. 그 지주는 혁신을 피하는 것입니다. 셋째, 충실하게 복종하는 것. 그 지주는 불복종을 피하는 것입니다."

"목욕의 조건은?"

"첫째, 이슬람교도일 것, 둘째, 선악의 구별을 인정할 것, 셋째, 물이 오염되지 않았을 것, 넷째, 물적, 또는 종교적인 장애물이 없을 것."

"신앙이란?"

"그것은 아홉 가지로 나누어집니다. 첫째는 숭배하는 유일신에 대한 신앙, 둘째는 숭배자의 예속적인 상태에 대한 신앙, 셋째는 신의 인격에 대한 신앙, 넷째는 두 손에 가득한 것[40]에 대한 신앙, 다섯째는 인간에게 숙명을 주신 신의 섭리에 대한 신앙, 여섯째는 폐기한 내용에 대한 신앙, 일곱째는 폐기된 내용에 대한 신앙, 여덟째는 알라와 그 천사 및 사도에 대한 신앙, 아홉째는 개인적으로나 일반적으로나 미리 정해진 운명과 그 선악, 고락(苦樂)에 대한 신앙."

"어떠한 세 가지 사항이 다른 세 가지 사항을 물리치는가?"

"수프얀 알 타사우리[41]는 '세 가지 사항이 다른 세 가지 사항을 물리친다. 경건한 자를 업신여기면 구원을 물리치고, 왕후를 업신여기면 현세를 물리치고, 비용을 업신여기면 부(富)를 물리친다.'고 했습니다."

"천국의 열쇠란? 또 천국에 있는 문의 수는?"

"전능하신 알라께서는 이렇게 말씀하셨습니다. '천국은 열리지 않는다. 곳곳에 입구가 있다.'[42] 또 예언자(알라의 축복과 가호가 있기를!)는 이렇게 말씀하셨습니다. '천국을 만드신 알라 말고는 천국의 문이 몇 개인지 아는 사람은 없다. 모든 아담의 아들에게 천국의 문은 두 개가 주어져 있으며, 그 하나를 통해 나날의 양식이 내려오고, 다른 것을 통해 그가 지은 업이 올라간다. 첫 번째 문은 사람의 생명이 끝날 때까지 닫히는 일이 없고, 또 선악을 막론하고 업의 문도 그 영혼이 심판받는 날까지 닫히는 일이 없다.'"
"마음의 종류를 들어보시오."
"건전한 마음, 병든 마음, 회개하는 마음, 헌신하는 마음, 계발된 마음 등입니다. 그런데 건전한 마음은 알라 친구 아브라함의 마음이고, 병든 마음은 알 이슬람을 믿지 않는 자의 마음이며, 회개하는 마음은 신을 두려워하는 경건한 자의 마음, 헌신하는 마음은 우리 주이신 무함마드(오, 이분에게 알라의 은총과 가호를 내리소서!)의 마음이며, 또 계발된 마음은 무함마드 신봉자들의 마음입니다.

또한 박학한 법률박사의 마음에는 세 종류가 있는데, 이 현세를 사랑하는 마음, 내세를 사랑하는 마음, 신을 사랑하는 마음입니다. 그리고 마음에는 허공에 떠 있는 마음, 즉 이단자 마음과 존재하지 않은 마음, 즉 위선자 마음, 그리고 불변하는 마음, 즉 진실한 신자의 마음이 있다고도 했습니다.

또 견실한 마음에도 세 종류가 있는데, 곧 광명과 신념으로 가득한 마음, 신 곁에서 멀어지는 것에 대한 공포로 상처 입은 마음, 가장 높은 벗에게 버림받을 것을 두려워하는 마음이 바로 그것입니다."

―여기서 날이 훤히 밝았으므로 샤라자드는 이야기를 그쳤다.

445번째 밤

샤라자드는 이야기를 계속했다.
오, 인자하신 임금님, 타와즈드의 대답을 들은 두 번째 학자가 말했습니다.
"오, 잘 대답했소."
타와즈드는 교주를 향해 말했습니다.
"오, 충실한 자들의 임금님, 이분께서는 여러 가지 질문을 하셔서 피곤하신 모양이니, 이번에는 제가 두 가지 질문을 하겠습니다. 만족하게 답하시면 모르되 대답을 못하실 때는 옷을 벗고 조용히 물러가시기 바랍니다."

"뭐든지 물어보오."

학자가 응하자 타와즈드는 곧 질문을 시작했습니다.

"종교란 무엇입니까?"

"종교란, 입으로 하는 신앙고백, 마음에 의한 확신, 또 몸으로 하는, 그에 상응하는 행위를 말하오. 예언자(축복과 평안함이 있기를!)는 이렇게 말씀하셨소. '알라를 의지하고 모든 것을 알라께 맡길 것, 알라의 명령에 따르고, 알라의 규정에 복종하며, 모든 행위를 알라를 위해서만 할 것, 이 다섯 가지 자격을 갖추지 않으면 신앙을 완수할 수 없다. 이렇게 처음으로 알라께서 인정하는 사람의 하나가 되어, 모든 것을 알라께 바치고, 모든 것을 알라를 위해 보유하는 자가 되라. 이러한 자야말로 신앙을 완수한 자이다.'"

"법도 가운데 성스러운 법도, 모든 법도를 이끄는 법도, 다른 모든 법도가 요구하는 법도, 다른 모든 법도를 포괄하는 법도는 무엇입니까? 이슬람법에 들어 있는 구전율법이란? 또 성스러운 법도를 완성한 예언자의 관행은?"

이 질문에 학자는 대답하지 못하고 입을 다물어 버렸습니다. 교주는 타와즈드에게 설명을 요구하고, 학자에게는 옷을 벗어 노예처녀에게 주라고 명령했습니다. 그래서 노예계집은 자기가 한 질문을 답하기 시작했습니다.

"학자님, 법도 중의 법도인 코란법은 전능하신 알라에 대한 지식입니다. 또 다른 모든 법도를 이끄는 법도라는 것은 알라 외에 신은 없고, 무함마드는 알라의 사도라는 증거를 말합니다. 다른 모든 법도가 요구하는 법도라 함은 부분목욕을 가리키며, 다른 모든 것을 포괄하는 법도는 더러움을 씻는 구슬 목욕을 가리킵니다. 코란법에 도입된 구전율법은 손가락과 짙은 수염을 가다듬는 겁니다. 마지막으로 모든 코란의 법도를 완성한 것은 할례[*43]를 말합니다."

이로써 학자는 완전한 패배를 인정하고 일어서 이렇게 말했습니다.

"오, 충실한 자들의 임금님, 그리고 알라께서도 봐 주십시오. 이 처녀는 신학에 대해서도 법률에 대해서도 저보다 훨씬 박식합니다."

그러고는 옷을 벗고 면목없다는 듯이 물러갔습니다. 그러자 타와즈드는 남아 있는 학자들을 둘러보면서 말했습니다.

"선생님들, 여러분 가운데 코란을 독송하시는 코란학자이시며 7종류의 독송에 능통하시고, 또 문장학과 사전편찬학에 통달하신 분은 어느 분이십니까?"
 그러자 한 학자가 나와 타와즈드 앞에 앉더니, 노예계집을 향해 이렇게 말했습니다.
 "그대는 전능하신 알라의 성전(聖典)을 읽고, 그 표식, 즉 그 시구와 폐기한 장구 및 폐기된 부분, 명료한 명령과 애매한 명령, 메카의 계시와 메디나의 계시에 대한 차이점을 자세히 아는가? 각종 전설과 기원에 따라 경전의 주석을 이해하고 연구한 적이 있는가?"
 "예, 있습니다."
 "그럼 묻겠는데, 경전의 장수(章數), 행수(行數, 10행을 한 단위로 하여), 문장의 수, 단어의 수, 글자의 수, 나아가서 절하는 횟수, 예언자의 수, 메디나에서의 장수와 메카에서의 장수,⁽¹⁰⁾ 그리고 경전에 나오는 새의 수는 얼마나 되는가?"
 "장수는 모두 114, 즉 메카에 70, 메디나에 44, 그리고 10행 단위의 행수는 621, 문장의 수는 6336,*44 단어의 수는 79439, 글자 수는 323670이며, 그것을 읽는 자에게는 한 자에 열 가지의 공덕이 있습니다. 또 경전에 포함된 절의 회수는 14번입니다."

―여기서 날이 훤히 밝았으므로 샤라자드는 이야기를 그쳤다.

446번째 밤

 샤라자드는 이야기를 계속했다.
 오, 인자하신 임금님, 타와즈드의 대답은 계속되었습니다.
 "코란 속에 나오는 유명한 예언자는 스물다섯 분이 있습니다. 그 이름을 들면 아담·노아·아브라함·이스마엘·이삭·야곱·요셉·롯·엘리샤·요나·살리*45 또는 헤베르·후드*46·슈아이브 또는 에트로*47·다윗·솔로몬·즈루 카프르 또는 요수아·이드리스·엘리아스·야야 또는 요한·자카리야·욥·모세·아론·예수·무함마드*48입니다.
 부디 이분들에게 알라의 축복과 평안함이 함께 하기를! 그리고 코란에는

9가지의 나는 것이 등장합니다. 즉 파리매·벌·파리·개미·오디새·까마귀·메뚜기·제비·예수의 새*49(오, 예수에게 평화가 있기를!), 즉 박쥐입니다."

"코란에서 가장 뛰어난 장은?"

"암소의 장*50입니다."

"가장 훌륭한 시구는?"

"왕좌의 시구로, 50단어로 되어 있으며, 한 단어 속에 40가지의 축복이 들어 있습니다."

"그 가운데 9가지 징조 또는 기적을 품은 것은 어떠한 징조 또는 시구인가?"

"전능하신 알라께서 다음과 같이 하신 말씀입니다. '참으로 천지창조 속에, 밤낮의 변천, 필요한 물품을 싣고 바다를 건너는 배, 신이 하늘에서 내려주어 죽어가는 대지를 소생시키고, 모든 가축의 목을 축여주는 빗물, 바람의 변화, 천지간에 유용하지 않을 수 없는 구름 속, 바로 이런 것에 총명한 사람들에 대한 징조가 있느니라.'"

"가장 올바른 시구란 무엇을 말하는가?"

"'진정 알라는 정의와 선행과 동포에게 필요한 것을 주는 것을 권하고, 사악과 부정과 압제를 금지한다'*51고 한 알라의 말씀입니다."

"가장 탐욕스러운 건?"

"알라의 말씀에 '모든 사람이 환락의 동산에 들어가기를 원하는 것'*52이라는 말이 있습니다."

"그럼, 가장 희망이 많은 자란?"

"전능하신 알라께서는 이렇게 말씀하셨습니다. '그대 자신의 영혼을 배반한 나의 종들이여, 결코 알라의 자비를 포기하지 마라. 알라는 모든 죄를 용서하시느니. 정녕 알라는 자비롭고 관대하시도다.'"*53

"그대는 어떤 파의 음조로 코란을 읽는가?"

"천국의 사람들과 같은 음조, 즉 나후이의 격식에 따라 읽습니다."

"알라께서 예언자들에게 거짓말을 하게 한 시구는?"

"알라의 다음과 같은 말씀입니다. '그들(요셉의 형제들)은 거짓 피가 묻은 요셉의 옷을 가져 왔더라.'"*54

"불신의 무리에게 진실을 말하게 한 대목은?"

"'유대인들은 말했다—그리스도교도들이 하는 말에는 근거가 없다고. 그리스도교도들은 말했다—유대인들이 하는 말에는 근거가 없다고. 그러나 양쪽 다 코란을 읽었더라'*55고 하신 알라의 말씀으로, 양쪽의 주장이 모두 옳습니다."

"알라께서 스스로 자신에 대해 말씀하신 것은?"

"'마신과 인간을 만든 이유는, 그들이 나를 섬기게 하려 함이니라'*56 말씀하신 대목입니다."

"천사가 말한 것은 어떤 시인가?"

"'그러나 우리는 알라의 축복을 찬양하고 알라의 덕을 찬양하노라'*57라는 시입니다."

"'돌팔매의 형벌을 받은 악마*58를 피해 알라의 가호를 구하리라'의 형식에 대해 아는 것이 있는가?"

"알라의 명령에 의해, 코란을 읽기 전에 누구나 낭송해야 하는 것으로 되어 있습니다. 알라께서도 '코란을 읽을 때는 돌팔매의 형벌을 받은 악마를 피해 알라의 가호를 구하라' 말씀하신 것처럼."

"가호를 구한다는 것은 어떤 의미이며, 그 방식의 변형은?"

"어떤 자는 '모든 것을 들으시고 모든 것을 아시는 알라께 가호를 구한다'고 하며, 또 어떤 자는 '권력 있는 알라의 가호를 구한다'고도 합니다. 그러나 가장 좋은 방식은 더없이 높은 코란에 적혀 있고 전설로 전해져 내려온 말입니다. 예언자(알라의 축복과 가호가 있기를!)는 늘 '돌팔매의 형벌을 받은 악마보다 알라의 가호를 구하라'고 외치셨습니다. 그리고 나후이가 양아버지의 권위에 걸고 전하는 전설에 의하면, '알라의 사도는 밤에 기도하러 일어날 때는 반드시 큰 소리로 '알라호 아크바르, 알라는 가장 위대하시다. 모든 주권을 갖추셨도다! 알라를 크게 찬양하라! 밤낮으로 알라께 영광이 있기를!'이라 소리 높여 외치고, 이어서 '나는 돌팔매를 맞은 악마보다는, 악마들의 유혹과 사악한 말을 피하여 알라의 가호를 구하리라'고 늘 말씀하셨습니다.

또 이븐 아바스*59에 대해(알라여, 부디 기뻐하소서!) 다음과 같이 말했다고 합니다.

'가브리엘이 처음으로 계시를 가지고 예언자를 찾아왔을 때 가호를 구하는 것을 가르쳤다. —오, 무함마드여, 나는 모든 것을 듣고 모든 것을 아시는 알라께 가호를 구하노라' 말하라. 이어 '자비롭고 긍휼하신 알라의 이름으로!'라고 말한 뒤, '응혈로 사람을 창조하신 그대 주님의 이름으로 코란을 읽을지어다'*60 말하라.'"

코란학자는 타와즈드의 대답을 듣고, 그 표현과 물 흐르는 듯한 웅변과 학식, 또 뛰어난 재치에 매우 놀라며 다시 물었습니다.

"그렇다면 아가씨, 지금 말한 '자비롭고 긍휼하신 알라의 이름으로'라는 말은 무엇인가? 그것은 코란의 한 구절인가?"

"네, '개미'*61의 장에 나오는 짧은 구절이며, 또 제1장 이하의 모든 장의 첫머리에 나옵니다. 이 말에 대해서는 학자들 사이에서 상당히 다른 의견들이 있습니다."

—여기서 날이 훤히 밝았으므로 샤라자드는 이야기를 그쳤다.

447번째 밤

샤라자드는 이야기를 계속했다.

오, 인자하신 임금님, 노예계집 타와즈드가 '바스말라'에 대해 학자들의 의견이 저마다 다르다고 말하자, 학자는 다시 물었습니다.

"훌륭한 답변이었소. 그런데 '면제'*62의 장 첫머리에는 왜 이런 형식적인 문구가 씌어 있지 않은 것인가?"

타와즈드가 대답했습니다.

"이 장이 예언자와 우상숭배자 사이의 굳은 약속을 깨기 위해 천상에서 계시되었을 때, 예언자(알라의 축복과 가호가 있기를!)는 알리 이븐 아비 탈리브*63(알라여, 부디 그 얼굴을 소중히 하소서!)를 보내 그 장을 우상숭배자들에게 읽어주었습니다. 그러나 바스말라*64는 읽지 않았습니다."

"그 형식의 뛰어난 점과 그 축복이란?"

"예언자는 '바스말라를 소리 내어 외치면 그 속에 반드시 축복이 깃들어 있다'고 말씀하셨다 합니다. 또 예언자(알라의 축복과 가호가 있기를!)의 전거에 따라 말하면, 영광된 주께서 그 영광을 걸고 병자 앞에서 바스말라를 외치면 병자는 반드시 쾌유할 것이라고 맹세하셨다고 합니다.

그리고 또 알라께서 최고천(最高天)을 창조하셨을 때, 천지를 뒤흔드는 듯한 동요가 일어났습니다. 그러나 알라께서 그 위에 '비스밀라'라고 쓰시자 동요가 딱 멎었다고 합니다. 이 형식이 처음으로 하늘에서 예언자에게 내려졌을 때 예언자는 이렇게 말씀하셨습니다. '나는 지진·변신·익사, 이 세 가지 난을 면하였다.' 그 은혜는 참으로 위대하고, 그 축복은 일일이 헤아릴 수 없을 정도로 많습니다.

알라의 사도는 또 '심판의 날, 한 남자를 끌어내어 알라께서는 그 공과 죄를 계산하여 선행이 많이 남지 않으면 지옥불로 가라고 명령하시리라. 그러나 그 남자는 소리치리라—오, 주여, 그것은 올바르지 않은 심판입니다! 그러면 알라(명예와 영광이 함께하기를!)께서 물으시리라—무슨 까닭에?' 그는 이렇게 대답할 것이다. '오, 알라여, 주께서는 스스로 자비롭고 긍휼하다 하셨습니다. 그런데 어찌 저를 불 속에 던지려 하십니까?' 그때 알라(그 주권을 찬양할지어다!)께서 대답하시리라—진실로 나는 스스로 자비롭고 긍휼한 신이라고 불렀다. 나의 자비로 이 종을 천국으로 데려가소서. 나는 자비로운 자 가운데서 가장 자비로운 자이니라!"

"바스말라 용도의 기원은?"

"알라께서 하늘에서 코란을 내리셨을 때 사람들은 '오, 알라여, 알라의 이름으로!'라고 썼습니다. 알라께서 '기도를 드릴 때는 언제나 알라의 이름을 부르라. 자비로운 알라의 이름을 부르라. 알라야말로 가장 뛰어난 이름이기 때문이다'[65]라는 말씀을 계시하셨을 때, 사람들은 '자비롭고 긍휼하신 알라의 이름으로'라고 적었습니다. 또 알라께서 '너희 신은 유일신으로, 자비롭고 긍휼하신 알라 외에 신은 없다'[66]는 말을 계시하셨을 때, 사람들은 '자비롭고 긍휼하신 알라의 이름으로!'라고 적었습니다."

이 대답을 들은 코란학자는 고개를 푹 숙이고 속으로 중얼거렸습니다.

'오, 참으로 신기하고 또 신기하도다! 이 노예계집이 바스말라의 기원을 이렇게 해석해내다니, 정말 놀라운 일이야! 하지만 알라의 이름으로 반드시 굴복시켜야 할 텐데. 어쩌면 가능할지도 모르지.'

그래서 다시 물었습니다.

"알라께서는 코란을 한 번에 계시하셨는가? 그렇잖으면 여러 번에 나누어서 하셨는가?"

"신앙심이 깊은 가브리엘(오, 이분에게 평안 있으라!)은 삼계(三界)의 왕으로부터, 사도의 왕이시자 예언자의 상징이신 무함마드에게 토막토막의 문구를 가지고 내려오셨습니다. 20년이라는 오랜 세월에 걸쳐 필요에 따라 명령과 금령, 맹약과 위협, 충고와 실례 등을 내려주신 겁니다."

"그럼, 가장 먼저 계시된 장은?"

"이븐 아바스에 의하면 '응혈'*67이라는 제목의 장이고, 또 자비르 빈 아브딜라*68에 의하면 무엇보다 '가려진 것'이라 불리는 장*69이 앞선다고 합니다."

"그럼, 맨 마지막에 계시된 장구(章句)는?"

"'폭리'에 관한 시이며, 또 '알라의 구원과 승리가 찾아올 때'라는 시*70도 그러합니다."

―여기서 날이 훤히 밝았으므로 샤라자드는 이야기를 그쳤다.

448번째 밤

샤라자드는 이야기를 계속했다.

오, 인자하신 임금님, 타와즈드가 코란학자에게 마지막 시구에 대해 대답하자 상대가 말했습니다.

"정확한 대답이었소. 그럼 또 묻겠는데, 알라의 사도가 살아 있었을 때 경전을 수록한 무함마드의 친구의 이름은?"[11]

"우바이 이븐 카브, 자이드 이븐 사비트 아부 오바이다, 카미르 빈 자를라, 그리고 오스만 빈 아판*71(오, 이분들에게 알라의 가호가 있기를!), 이 네 분입니다."

"코란의 공인독송법(公認讀誦法)의 시조로 알려진 사람들의 이름은?"

"아브달라 빈 마수드, 우바이 빈 카브, 마즈 빈 자바르, 살림 빈 아브딜라, 이 네 분입니다."

"'돌에 제물로 바쳐진 것'*[72]이라는 더없이 높은 신의 말씀에 대해서는?"

"돌이라는 건 가장 높은 알라 대신 세워 놓고 숭배하는 우상을 말합니다. 우리는 그것을 피하여 알라께 가호를 구합니다."

"'너는 내 심중을 알지만 나는 너의 심중을 모르노라'*[73]고 한 가장 높은 알라의 말씀에 대해서는?"

"그 의의는 '너는 나에 대해 진실을 알고 내 안에 있는 것을 알지만, 나는 네 안에 있는 것을 모른다. 그 증거는 '너는 숨어 있는 것을 아는 신'이라고 한 알라의 말씀이다'*[74]라 한 것으로, '너는 나의 본체를 알지만 나는 너의 본체를 모른다'고도 풀이되고 있습니다."

"그럼 '오, 진실한 신도들이여, 알라께서 너희에게 허락하신 선한 일을 거부하지 말지어다'*[75]라고 한 더없이 높은 말씀에 대해서는?"

"저의 노스승(알라여, 그분 위에 자비를 내리시기를!)의 말씀에 의하면 그 반려이신 알 자하크의 이야기 속에, '우리의 남근을 자르고 베옷을 입으리라'고 말한 진실한 신자들이 있었다고 합니다. 그래서 그 교훈이 계시되던 겁니다. 그러나 알 쿠타다가 말한 바로는, 알리 빈 아비 타리브, 오스만 빈 무사브, 그 밖에 알라의 사도들이 '우리는 고환을 까고 거친 털로 짠 법복을 입고 행자(行者)가 되리라'고 했으므로 그 문구가 계시되었다고 합니다."

"'그리고 '알라께서는 아브라함을 벗으로 삼았노라'*[76]고 한 더없이 높은 신의 말씀에 대해서는?"

"알라의 벗은 곤궁한 사람, 가난한 사람이고 (다른 설에 의하면) 사랑하는 사람이며, 즉 전능하신 알라를 사랑한 나머지 이 세상을 버림으로써 결코 그 사랑의 품에서 빠져나가는 일이 없는 사람입니다."

코란학자*[77]는 이 노예계집이 흐르는 물처럼 조금도 막힘없이 대답하는 소리를 듣고 벌떡 일어나서 말했습니다.

"오, 충실한 자들의 임금님, 그리고 알라께서도 보신 바와 같이, 이 처녀는 경전의 해석과 경전에 관한 지식에 대해서는 저보다 훨씬 박식합니다."

그러자 이번에는 타와즈드가 말했습니다.

"선생님께 한 가지만 질문을 드리고 싶습니다. 대답을 하시면 상관없지만, 만약 대답을 못하실 때는 그 옷을 벗어주십시오."

"물어보라."

교주가 말하자, 타와즈드는 이렇게 물었습니다.

"코란 가운데 카프를 23개 가지고, 밈을 16개, 아인[78]을 140개 가진 경전의 구절은 어느 것입니까? 또 '영광과 찬사와 주권은 누구에게 속하는가'라는 형식적인 문구가 빠진 부분은?"

코란학자가 이 질문에 대답하지 못하자 타와즈드는 말했습니다.

"옷을 벗어주십시오."

학자가 옷을 벗으니, 타와즈드가 대신 대답했습니다.

"오, 충실한 자들의 임금님, 밈이 16개 들어 있는 구절은 '후드'의 장 속에 있으며, '오, 노아여, 그대 마음 편히 우리의 곁을 떠나라. 네 위에 축복 있어라! 하고 말씀하셨다'[79]고 한 가장 높은 신의 말씀입니다.

또 23개의 카프가 있는 구절은 '암소'의 장에 있는 신앙의 시라 불리는 것입니다. 또 140개의 아인이 있는 구절은 '알 아라프'[80]의 장으로, 알라께서는 그 속에서 '그리하여 모세는 자기 부족 가운데 70명의 남자를 골라 약속의 날에 봉사하도록 했다. 각자 두 개의 눈을 가지고'[81]라고 말씀하셨습니다. 그리고 '영광과 찬사는 누구에게 속하는가'라는 구절이 빠진 것은, '때는 가까웠노라, 달은 두 개로 갈라지리'[82] '긍휼하신 신' '심판의 날', 이 3장[83]입니다."

이 말을 듣고 학자는 마침내 당황하여 물러가 버렸습니다.

―여기서 날이 훤히 밝았으므로 샤라자드는 이야기를 그쳤다.

449번째 밤

샤라자드는 이야기를 계속했다.

오, 인자하신 임금님, 다음에 나선 자는 유명한 의학자였습니다.

"신학에 관한 토론은 그 정도로 해 두고 이번에는 생리학 문제를 논합시다. 먼저 인체가 어떻게 생겼는지를 설명해 보겠소? 그리고 인간이 몸에는 정맥이 몇 개, 뼈와 척추뼈는 몇 개인가? 가장 중요한 혈관은 무엇이고 아담이라는 이름은 어떻게 지어졌는가?"

"아담이 아담이라 불리는 까닭은, 그 우드마, 즉 다갈색 피부에서 온 것으로, (한 학설에는) 대지의 아딤, 즉 겉흙에서 생겨났기 때문이라고도 합니다. 그 가슴은 카바의 흙이고, 머리는 동방의 흙, 다리는 서방의 흙으로 만들어졌습니다. 그리고 머리에 7개의 문, 즉 눈·귀·콧구멍·입이 있고 그 밖에 앞뒤로 두 개의 출구가 있습니다. 눈은 시각의 중심, 귀는 청각의 중심, 코는 후각의 중심, 입은 미각의 중심이며, 혀는 마음속에 있는 것을 표현합니다. 그런데 아담은 물·흙·불·공기, 이 네 가지 중요한 요소로 구성되어 있습니다. 노란 쓸개즙은 뜨겁고 건조하므로 불의 체액, 검은 쓸개즙은 차갑고 건조하므로 흙의 체액, 쓸개는 차갑고 습하므로 물의 체액, 피는 뜨겁고 습하므로 공기의 체액입니다.*84

인체에는 360개의 혈관, 249개의 뼈, 그리고 동물적·이성적·자연적인 세 가지*85 혼 또는 영이 있으며, 각각에 특별한 작용이 할당되어 있습니다. 게다가 알라는 심장·비장·폐장·6개의 장·간장·2개의 신장·엉덩이·뇌수·뼈·피부·오감, 즉 청각·후각·시각·미각·촉각을 만드셨습니다.

심장은 왼쪽 가슴에 있고 복부에 그 지배를 맡겼으며, 폐는 심장에 공기를 보내는 기관이고, 그 반대편인 오른쪽 가슴에 간장을 두었습니다. 그 밖에 가로막과 배안을 만들고, 흉부의 뼈를 격자처럼 조직하여 늑골을 만드셨습니다."

"머리에 있는 뇌실의 수는?"

"뇌실은 3개가 있는데, 거기에는 본래의 감각이라 불리는 5가지 기능이 들어 있습니다. 즉, 상식·상상·사고·인식·기억이 그것입니다."

"그럼 뼈의 형상에 대해 설명해보시오."

─여기서 날이 훤히 밝아왔으므로 샤라자드는 이야기를 그쳤다.

450번째 밤

샤라자드는 이야기를 계속했다.

오, 인자하신 임금님, 타와즈드는 곧 설명을 시작했습니다.

"인간의 체격은 머리와 몸통과 팔다리의 세 부분으로 나누어져 있습니다. 머리가 되는 부분은 다시 두개골과 안면으로 나뉘며, 두개골은 8개의 뼈로 구성되어 있고 여기에 4개의 이골(耳骨)이 연결되어 있습니다. 안면에는 11개의 뼈로 이루어진 위턱과 1개의 뼈로 된 아래턱이 있고, 또 거기에 32개의 이와 목뿔뼈가 있습니다.

몸통은 척추, 흉부, 골반으로 나뉘며, 척추는 피카르, 즉 척추뼈라 불리는 24개의 뼈로 구성되며, 흉부에는 모두 24개의 복장뼈와 늑골이 한쪽에 12개씩 나란히 있습니다.

엉덩이의 골반은 엉치뼈[86]와 꼬리뼈로 되어 있습니다. 팔다리는 상지(上肢)와 하지(下肢), 팔과 다리로 나누어져 있는데, 상지는 첫째로 어깨뼈와 빗장뼈로 구성된 어깨, 둘째로 하나의 뼈인 상지, 셋째로 2개의 뼈, 곧 노뼈와 자뼈로 이루어진 아래팔, 넷째로 팔관절, 그리고 5개의 손허리뼈와 5개의 손가락(모두 3개의 손가락뼈로 구성되며, 엄지손가락만은 2개밖에 없습니다)으로 이루어진 손으로 나누어집니다.

하지는 첫째로 한 개의 뼈인 넙다리뼈, 둘째로 정강이뼈, 종아리뼈, 무릎뼈의 3개의 뼈로 구성된 다리, 셋째는 손과 마찬가지로 발뒤꿈치, 발바닥, 발가락으로 이루어진 발로 나누어져 있습니다.

그리고 다리는 두 줄로 늘어선(한쪽에 2개, 다른 쪽에 5개) 7개의 뼈로 이루어졌으며, 발바닥뼈는 5개, 발가락도 5개로 각각 3개의 발가락뼈를 가지고 있는데 엄지발가락만 예외로 2개밖에 없습니다."

"혈관의 근원은?"

"모든 혈관의 근원은 대동맥이며 거기서 혈관이 갈라져 나옵니다. 매우 많이 있으므로, 상세한 것은 이것을 만드신 신 말고는 아무도 모릅니다. 그렇지만, 다시 한 번 말씀 드리면, 그 수는 360개에 이른다고들 말합니다.[87] 게다가 알라께선 혀는 생각을 전하는 도구로, 눈은 등불로, 코는 냄새를 맡는 도구로, 손은 사물을 붙잡는 도구로 정하셨습니다.

간장은 연민의, 비장은 웃음의,[88] 신장은 기능의 자리이고, 폐장은 통풍기, 복부는 저장실, 심장은 인체의 지주이자 대들보입니다. 심장이 건전하면 인체도 모두 건전하고, 심장이 부패하면 몸 또한 부패합니다."

"외부적이든 내부적이든, 신체의 각 기관에 나타나는 질병의 외면적인 징후란?"

"총명한 의사는 인체의 상황을 잘 음미하여, 그 손을 만져 보고 단단한지 부드러운지, 뜨거운지 차가운지, 또는 습한지 건조한지 알아보고서 그에 따라 진단을 내립니다. 내면적인 고장은 또 외면적인 징후를 통해 알 수 있습니다. 이를테면 눈의 흰자위가 누렇게 변하면 황달병의 징조이고, 등이 굽으면 폐가 나쁘다는 것을 나타내는 겁니다."

―여기서 날이 훤히 밝았으므로 샤라자드는 이야기를 그쳤다.

451번째 밤

샤라자드는 이야기를 계속했다.
오, 인자하신 임금님, 타와즈드가 외면적인 징후를 설명하자 의학자는 다시 물었습니다.

"잘 대답했소! 그렇다면 질병의 내면적인 징후는?"

"내면적인 징후를 통해 질병을 진단하는 학문은 다음과 같은 6가지 기준을 바탕으로 합니다. 첫째는 환자의 동작, 둘째는 환자의 배설물, 셋째는 고통의 성질, 넷째는 고통이 나타나는 부위, 다섯째는 부기(浮氣), 여섯째는 환자의 몸에서 발산되는 냄새."

"두뇌를 상하게 하는 원인은?"

"첫째로 과식입니다. 먼저 먹은 음식이 소화되기 전에 잇달아 먹으면 이것이 인체를 쇠약하게 하는 원인이 됩니다. 그러므로 장수를 바라는 사람은 아침을 일찍 먹고 저녁도 일찍 먹어야 합니다. 성생활은 적당히 하고, 흡각이나 사혈 같은, 좋지 않은 수단은 되도록 피해야 합니다. 그리고 자신의 배를 셋으로 나눠 하나는 음식, 또 하나는 마실 것, 나머지는 공기를 위한 공간이 되도록 합니다. 왜냐하면 사람의 장의 길이는 약 162인치이므로 음식, 음료, 호흡을 위해 각기 54인치씩 나누는 것이 적당하기 때문입니다. 걸을 때는 조용히 걷는 것이 몸에 훨씬 좋은 방법이고, '자랑스럽게 지상을 걷지 말라!'*89고 한 전능하신 알라의 말씀에도 따르는 것이 됩니다."

"노란 쓸개즙의 징후는? 그 결과 우려되는 것은?"

"그 징후는 얼굴빛이 누르스름해지고, 입안이 마르기 때문에 입맛이 쓰고, 식욕과 성욕과 그 밖의 욕망이 감퇴하며, 맥박이 빨라집니다. 그러므로 환자는 고열, 섬망(譫妄) 상태, 발진, 황달, 종기, 장의 궤양, 심한 갈증 등을 경계해야만 합니다."

"검은 쓸개즙의 징후는? 그리고 그 징후를 본 환자는 무엇을 경계해야 하는가?"

"그 징후는 거짓 식욕, 큰 불안, 노파심 등으로, 이것을 제거하지 않으면 우울증,*90 나병, 암, 비장질환이나 장의 궤양을 일으킬 우려가 있습니다."

"의술은 몇 개의 파로 나누어져 있는가?"

"두 파로 나뉘어 있습니다. 즉 질병을 진단하는 기술과 병든 몸을 건강하게 회복시키는 기술입니다."

"약을 먹는 데 가장 효과적인 시기는?"

"수액이 나무 속을 돌고, 포도송이가 무르익고, 목성과 금성이 중천을 향할 때, 그때가 약을 먹어 병마를 쫓는 데 가장 적절한 시기입니다."

"새 그릇으로 물을 마실 경우, 그 물이 평소보다 훨씬 맛이 좋고 개운하며 소화도 잘 되고, 게다가 상쾌하고 깊이 스며드는 듯한 향기가 나는 때는 언제인가?"

"식사하고 나서 한참 지난 뒤입니다. 그것에 대해 시인도 이렇게 노래하고 있답니다.

　식후에 나오는 물은
　급히 마시지 말고 잠시 기다려라.
　쉬지도 않고 물을 마시면
　그 몸은 약해져서
　이윽고 병을 얻으리라.
　잠시 목마름을 참았다가
　한참 뒤에 물을 마시면
　아, 형제여, 그때야말로

참으로 원하는 것을 얻으리라.'"*91

"그럼 병을 일으키지 않는 음식은 어떤 것인가?"
"배고픔을 느끼고서 처음으로 먹는 음식으로, 늑골이 가득 차도록 먹지 않아야 합니다. 의사인 야리누스, 즉 갈렌도 '음식을 천천히 먹어라. 그러면 병에 걸리지 않으리라'고 말했습니다. 또한 마지막으로 신(축복과 평안함이 있기를!)의 말씀을 인용하면, '위는 온갖 병의 집이고 조리한 음식은 치료의 주인이다. 온갖 병의 근원은 소화불량, 즉 음식의 부패에 있기 때문이다.'"

―여기서 날이 훤히 밝았으므로 샤라자드는 이야기를 그쳤다.

452번째 밤

샤라자드는 이야기를 계속했다.
오, 인자하신 임금님, 타와즈드의 위에 대한 설명을 들은 의학자는 말했습니다.
"오, 참으로 명답이로다! 그럼 공중목욕탕에 대한 의견은?"
"배가 부른 상태에서 목욕해서는 안 됩니다. 예언자는 '목욕이야말로 가정의 축복이다. 그것은 육체를 씻고 마음의 업화를 다스리기 때문이다' 말씀하셨습니다."
"목욕에 가장 좋은 욕탕은?"
"물이 깨끗하고 장소가 넓으며 통풍이 잘 되고, 실내 공기가 봄·여름·가을·겨울 4계절을 나타내는 곳입니다."
"가장 유익한 음식물의 종류는?"
"여자가 만들고, 만들기 쉬우며, 특히 소화가 잘되는 음식입니다. 가장 좋은 음식은 묽은 수프에 적신 빵과 고깃국*92으로, 예언자도 '아이샤가 다른 여자보다 뛰어나듯이, 고깃국은 어떤 음식보다 훌륭하다'고 했습니다."
"가장 유익한 자양물, 또는 조미료는?"

"예언자는 자양물 가운데 가장 좋은 것은 날고기이며, 그것은 현세와 내세의 기쁨이라고 하셨습니다."

"그럼, 가장 좋은 고기는?"

"양고기입니다. 그러나 말린 고기는 이로울 점이 전혀 없습니다."

"과일에 대해서는?"

"한창 잘 익었을 때 먹는 것이 좋으며, 시기가 지나면 먹어서는 안 됩니다."

"물을 마시는 것에 대한 의견은?"

"많이 마시거나 벌컥벌컥 들이켜서는 안 됩니다. 그렇지 않으면 두통을 일으키거나 여러 가지 장애를 불러일으킵니다. 그리고 목욕한 뒤에 바로 마시거나 성교 직후, 식사 직후에 바로 마셔서는 안 됩니다(젊은 사람은 15분, 노인은 40분이 지나고서 마셔야 합니다). 그리고 잠에서 깨어나 바로 마시는 것도 좋지 않습니다."

"발효술에 대해서는?"

"전능하신 알라의 경전에 있는 금령으로 충분하지 않을까요? 알라께서는 '참으로 술과 노름, 우상과 점치는 일은 마땅히 삼가야 할 악마의 소행이다. 그러므로 번영을 원하거든 그러한 것들을 피해야 한다'[*93]고 말씀하셨습니다.

또 '사람들이 술과 노름에 대해 묻거든, 그것은 사람에게 약간의 이익을 주기도 하지만 큰 죄악이 들어 있어서, 그 죄과가 이익을 지우고도 남음이 있다[*94]고 대답하라'고도 하셨습니다. 그러므로 시인도 이렇게 노래하고 있습니다.

    술 마시는 자여, 부끄럽지 않으냐?
    알라께서 엄하게 금하신 술잔을 들다니.
    자, 술을 멀리하고 다시는 가까이하지 말라
    파멸의 근원이라고 알라께서 금하셨으니.

또, 같은 뜻의 노래를 다른 시인은 이렇게 불렀습니다."

    나는 마셨노라, 죄를 마셨노라,

나의 이성을 잃을 때까지.
　　재앙을 얻으리니, 제정신
　　잃을 때까지 술을 마시다가는!

　음주의 유익한 점은 신장에서 잔돌을 제거하고 내장을 튼튼히 하여 근심을 덜어주며, 마음을 너그럽게 하고, 소화를 촉진하여 건강을 유지하며, 관절의 병을 물리치고, 탁한 체액을 정화하여 마음을 상쾌하며 즐겁게 하고, 타고난 체온을 유지하여 신체를 튼튼하게 보호합니다. 또 방광을 수축시키고 간장을 강화하며, 갖가지 장애를 제거하고 뺨의 혈색을 좋게 하며, 두뇌의 망상을 털어버려 수명을 연장하는 것 등입니다. 한마디로 말해, 알라(오, 알라께 영광 있으라!)께서 음주를 금하지 않으셨더라도,[*95] 이 지구상의 무엇도 그것을 대신할 수 없었을 겁니다. 그리고 제비뽑기로 하는 도박에 대해 말씀드리면, 그것은 기술이 아니라 이를테면 주사위처럼 운으로 승부를 정하는 도박입니다."

　"가장 좋은 술은?"

　"백포도를 짜서 발효시킨 지 80일 이상 된 술이 가장 좋습니다. 물은 말할 것도 없고 이 지구상에서 이 술에 견줄 만한 것은 아무것도 없습니다."

　"사혈에 대한 의견은?"

　"피가 너무 많고 또 아무런 결함이 없는 사람에게 시행해야 하는 의술로, 흐리지도 않고 비바람도 없는, 그 달의 17일째, 특히 달이 기울어진 화요일에 가장 효과가 좋습니다. 아무튼 뇌나 눈을 위해서 또는 머리를 상쾌하게 하기 위해서는 이 사혈법보다 유익한 의술은 없습니다."

　―여기서 어느덧 날이 밝아왔으므로 샤라자드는 이야기를 그쳤다.

453번째 밤

　샤라자드는 이야기를 계속했다.

　오, 인자하신 임금님, 의학자가 다시 물었습니다.

"그럼 그 사혈법에 가장 좋은 시간은?"

"침을 뱉을 때, 즉 아침식사 전에 사혈을 해야 하는데, 그 이유는 심기가 강해지기 때문입니다. 예언자에 대한 이런 이야기가 있습니다. 누군가가 두통 또는 다리의 통증을 호소하면, 예언자는 언제나, 피를 빼고 사혈한 뒤에는 단식하고, 괴혈병에 걸리지 않도록 소금기가 있는 음식은 먹지 말라고 명령하셨습니다. 또 사혈법을 시행한 직후에는 응결한 우유 같이 시큼한 것도 좋지 않습니다."

"사혈을 피해야 하는 시기는?"

"안식일, 즉 토요일과 수요일로, 이런 날에 사혈하는 사람은 비난을 받아야 합니다. 그리고 몹시 덥거나 추울 때도 해서는 안 됩니다. 사혈에 가장 좋은 계절은 봄입니다."

"이번에는 성교에 대해 아는 것을 말해 보시오."

이 말을 듣고 타와즈드는 수줍음과 난처함으로 한동안 교주 앞에서 얼굴을 들지 못하더니 이윽고 입을 열었습니다.

"오, 충실한 자들의 임금님, 알라께 맹세코 저는 대답에 궁한 것이 아니라, 대답은 혀끝까지 나와 있지만 부끄러워서 입을 다문 겁니다."

"오, 타와즈드여, 사양 말고 대답하라."

교주의 말에 타와즈드는 설명을 시작할 수밖에 없었습니다.

"성교에는 갖가지 공덕과 훌륭한 특성이 많이 있습니다. 특히 검은 쓸개즙이 많은 몸을 가볍게 해 주고 정욕을 달래주며, 애정을 높여주고 심기를 상쾌하게 만들어 고독의 비애를 몰아내는 효과가 있습니다. 그러나 지나치면 봄과 겨울보다는 여름과 가을에 더 해롭습니다."

"그 유익한 효과는?"

"걱정과 불안을 없애고 색욕과 분노를 진정시키며, 종기에도 효과가 있습니다. 특히 체액이 차갑고 말랐을 때 가장 효험이 좋습니다. 이에 비해, 성교를 과도하게 하면 시력이 약해지고 다리, 머리 같은 곳에 고통이 생깁니다. 특히 주의해야 할 점은 늙은 여자와의 성교로, 이것은 목숨마저 왔다 갔다 하는 일입니다. 이맘 알리(알라여, 그 체면을 소중히 하소서!)[*96]는 이렇게 말했습니다. '육체를 멸망시키는 것 네 가지가 있다. 첫째는 포식한 뒤에 하는 목욕, 둘째는 짠 음식, 셋째는 다혈질의 여자 또는 병든 여자와의 성교. 왜냐하면 그 여자는 그대들의 체력을 소모시키고 병독을 옮기기 때문이다. 마지막으로 늙은 여자는 치명적인 독이 되리라.' 또 어떤 이맘은 '비록 카룬*97을 능가하는 부를 쌓았더라도 늙은 여자를 아내로 맞지 말지어다'라고 말했습니다."

"그럼, 가장 좋은 교접은?"

"만약 상대가 젊은 여성이고, 몸매도 얼굴도 아름답고 가슴이 불룩하게 솟아오른 데다 혈통이 좋다면, 남자의 체력이 증진되고 더욱 건강해질 겁니다. 그건 마치 어떤 시인의 노래에 있는 것과 같은 여성입니다.

> 이심전심이라 그녀는
> 그대가 하고 싶은 그 일을
> 얼굴빛만 보고도 알아차리네.
> 말이나 손짓은 필요도 없네.
> 보기에도 드문 그녀의
> 아름다운 얼굴을 바라보면
> 어느 꽃밭의 매력이
> 그만한 힘 가졌을까."

"성교를 하기에 좋은 시간은?"

"밤이면 막 음식이 소화되었을 무렵, 낮이면 아침식사가 끝난 뒤입니다."

"가장 좋은 과일은?"

"석류와 시트론입니다."

"가장 좋은 채소는?"

"상추입니다."

"가장 향기로운 꽃은?"

"장미와 제비꽃."

"정액은 어떻게 분비되는가?"

"인체에는 다른 모든 혈관에 피를 보급하는 한 줄기 혈관이 있습니다. 360개의 혈관에서 모인 수분은 붉은 피가 되어 왼쪽 고환에 들어가 거기서 아담의 아들에게 고유한 체열로 조려져서 걸쭉하고 하얀 액체로 변합니다.

그 냄새는 야자나무의 포엽(苞葉)과 흡사합니다."

"하늘을 나는 짐승 가운데 정액과 월경이 있는 것은?"

"박쥐*98입니다."

"공기가 차단된 곳에서는 생명을 유지하고, 밖에 나와 공기를 마시면 죽는 짐승은?"

"물고기입니다."

"알을 낳는 뱀은?"

"수반, 즉 용*99입니다."

여기까지 오자 의학자도 질문에 지쳐서 입을 다물고 말았습니다. 이것을 본 노예처녀 타와즈드는 교주에게 말했습니다.

"오, 충실한 자들의 임금님, 이분은 보시다시피 질문하시느라 지치셨습니다. 그러니 이번에는 제가 질문을 하고 싶습니다. 만약 대답을 못하시면 이분의 옷을 상으로 받고 싶습니다."

─여기서 날이 훤히 밝았으므로 샤라자드는 이야기를 그쳤다.

454번째 밤

샤라자드는 이야기를 계속했다.

오, 인자하신 임금님, 타와즈드의 말을 듣고 교주가 말했습니다.

"오, 뭐든지 물어보라."

그녀는 의학자에게 질문을 시작했습니다.

"둥근 점에서는 지구를 닮았고 그 휴식처와 등뼈는 사람의 눈에는 보이지 않으며, 값은 싸고 또 그다지 가치도 쳐주지 않으며, 가슴은 좁은 데다 목덜미가 꽁꽁 묶여 있습니다. 그렇다고 달아난 노예도 아니고, 흉악한 강도도 아닙니다. 싸우는 것도 아닌데 마구 찔리고, 격투를 하는 것도 아닌데 상처를 입으며, 시간이 흐를수록 차츰 약해지고 물 때문에 점차 닳아갑니다. 잘못한 일도 없는데 매를 맞는가 하면, 뼈가 부러지기도 합니다. 떨어지는가 하면 어느새 다시 결합하고, 무척 유순하지만, 특별히 소중히 대해 주는 사람에게는 순종적이지 않습니다. 임신을 하지 않았지만, 배가 부르고 몸은 구부러져 있습니다. 그렇지만 옆으로 구부러진 것은 아닙니다. 더러워져도 저절로 깨끗해지고, 상대에게 들러붙지만 그러다가도 마음이 변하며, 남근도 없는데 성교를 하고, 팔도 없는데 씨름을 합니다. 쉬거나 편안하게 있기도 하고, 물려도 비명을 지르지 않습니다. 때로는 술친구보다 얌전한가 하면 여름 더위보다 귀찮고 밤이 되면 상대 여자를 내팽개쳤다가 낮이 되면 끌어안고, 그 거처는 귀족의 저택 한구석에 있습니다. 자, 대체 무엇일까요?"

의학자는 한참을 어리둥절한 얼굴로 있다, 이윽고 얼굴색이 변해 고개를 떨어뜨리더니 한 마디도 대답하지 못했습니다. 그래서 타와즈드는 말했습니다.

"자, 의학자님, 대답을 하시든가 옷을 벗으시든가 하세요."

이 말을 듣고 상대는 자리에서 일어나 교주에게 말했습니다.

"오, 충실한 자들의 임금님, 보시다시피 이 처녀는 의학과 그 밖의 사항에 대해 저보다 박식하여 도저히 당해 낼 재간이 없습니다."

그리고 옷을 벗더니 얼른 자리를 뜨고 말았습니다.

교주가 타와즈드를 향해 말했습니다.

"이제 그 수수께끼를 풀어보라."

"오, 충실한 자들의 교주님, 그것은 단추와 단춧구멍입니다."

그리고 이번에는 천문학자들에게 도전하며 말했습니다.

"여러분 중에 천문학자가 계시거든 앞으로 나와주세요."

그 말에 천문학자가 나와서 타와즈드 앞에 앉았습니다. 타와즈드는 그를 보고 웃으면서 물었습니다.

"선생님이 천문학과 수학에 능통하신 학자이십니까?"

"그렇소."

"그러시면 무엇이든 질문하세요. 제가 이길지 어떨지는 알라의 뜻에 달렸겠지요."

"그럼, 태양과 일출과 일몰에 대해 설명해 보시오."

"태양은 동반구의 그늘에서 솟아나와 서반구의 그늘로 넘어갑니다. 그리고 각각의 반구는 180도입니다. 전능하신 알라께서도 '나는 동쪽과 서쪽의 왕을 두고 맹세하노라'*[100]고 하셨고, 또 '태양으로 하여금 낮에 빛나게 하고 달로 하여금 밤에 빛나게 한 사람은 이 왕이니라. 그리고 태양의 위치를 정하여 햇수와 시간의 계산을 알려주는 사람도 이 왕이니라'*101 말씀하셨습니다.

달은 밤의 왕이고 태양은 낮의 왕이며, 이 둘은 서로 그 운행을 다투되 서로 앞지르는 일 없이 돌고 있습니다. 전능하신 알라께서는 '태양이 달을 앞지르고 밤이 낮을 앞지르는 것은 좋지 않은 일이니, 두 개의 발광체는 각기 특이한 궤도를 그리며 운행한다'*102고 말씀하셨습니다."

"그럼, 낮이 되면 밤은 어떻게 되고 밤이 되면 낮은 어떻게 되는가?"

"알라께서는 '낮에 이어 밤을 이끌고, 밤에 이어 낮을 이끄신다'*103고 말씀하셨습니다."

"달의 자리〔宿〕*104를 세어 보시오."

"달의 자리는 28가지가 있습니다. 즉 샤라탄·부타인·수라야·다바란·하쿠아·한아·지리아·나스라·타르프·자부하·즈브라·사르파·아우파·시마크·가파르·즈바니·이쿠릴·카르브·샤우라·나암·바르다·사드 알 자비·사드 알 부르아·사드 알 수드·사드 알 아프비아·제1파르그·제2파르그, 그리고 리샤입니다.

이 자리들은 그 수학상의 세력에 따라 아브자드 하우와즈, 즉 고대 알파벳의 순서로 배열되어 있습니다. 그리고 오직 알라(알라를 칭송하라!)만이 아시는 비밀스러운 효능을 간직하고 있으며, 학문상으로는 움직일 수 없는 확고한 것이 되어 있습니다.

또 달의 자리는 12궁으로 나누어지는데, 각각의 궁에는 두 자리와 3분의 1이 속해 있습니다.

그래서 샤라탄과 부타인, 그리고 수라야의 3분의 1은 양자리에 속하고 수라야의 나머지 3분의 2와 다바란과 하쿠아의 3분의 2는 황소자리에 속하며, 하쿠아의 나머지 3분의 1과 한나와 지리아는 쌍둥이자리에 속하고, 나스라와 타르프와 자부하의 3분의 1은 게자리에, 자부하의 나머지 3분의 2와 즈브라 및 사르프의 3분의 2는 사자자리에, 사르파의 나머지 3분의 1과 아우파 및 시마크는 처녀자리에, 가파르와 즈바니와 이크릴의 3분의 1은 천칭자리에, 이크릴의 나머지 3분의 2와 카르브와 샤우라의 3분의 2는 전갈자리에, 샤우라의 나머지 3분의 1과 나암과 바르다는 궁수자리에, 사드 알 자비와 사드 알 부르아 및 사드 알 수드의 3분의 1은 염소자리에, 사드 알 수드의 나머지 3분의 2와 사드 알 아프비아와 제1파르그의 3분의 2는 물병자리에, 제1파르그의 나머지 3분의 1과 제2파르그와 리샤는 물고기자리에 속해 있습니다."

―여기서 어느덧 날이 훤히 밝았으므로 샤라자드는 이야기를 그쳤다.

455번째 밤

샤라자드는 이야기를 계속했다.
오, 인자하신 임금님, 이 설명을 듣고 천문학자가 말했습니다.
"참으로 명답이오. 이번에는 행성과 그 성질에 대해, 12궁에 머물러 있는 기간, 그 길흉의 상(相), 또는 동쪽 지평선과 서쪽 지평선 위에 있는 그 자리〔宿〕에 대해 설명해 보시오."
"너무 광범위한 문제라 이 자리에서 한 번에 모든 걸 논할 수는 없지만, 하는 데까지 설명해 보겠습니다. 행성의 수는 7개이며, 태양·달·수성·금성·화성·목성·토성입니다.
뜨겁고 건조한 태양은 상합(相合)이면 흉(凶)하고, 충(衝)이면 길하며, 각 궁에는 30일 동안 머뭅니다. 차갑고 습기를 품은 달은, 시좌(視座)면 길(吉)하고, 각각의 궁에는 이틀과 3분의 1일만 머뭅니다.
수성은 잡다한 성질을 지니고 있어 길상(吉相)인 것과 상합이면 길, 흉상인 것과 상합이면 흉이 되며, 각 궁에 머무는 기간은 열이레 반입니다. 또, 금성은 온건하고 길하며 각 궁에는 스무닷새 동안 머뭅니다.
화성은 흉하며 각 궁에 머무는 기간은 열 달이고, 목성은 상서로운 조짐으로, 각 궁에 1년을 머뭅니다. 토성은 차갑고 메마르며 흉하고, 각 궁에는 서른 달을 머뭅니다. 그리고 태양의 자리는 사자자리이며 동쪽 자리는 양자리, 서쪽 자리는 물병자리입니다. 달의 자리는 게자리이며 그 동쪽 자리는 황소자리, 서쪽 자리는 전갈자리, 그리고 흉상(凶相)은 염소자리입니다. 토성의 자리는 염소자리와 물병자리로, 그 동쪽의 별자리는 천칭자리, 서쪽의 그것은 양자리, 그리고 흉상은 게자리와 사자자리입니다. 금성의 자리는 황소자리, 동쪽의 별자리는 물고기자리, 서쪽의 그것은 천칭자리, 흉상은 양자리와 전갈자리. 수성의 자리는 쌍둥이자리와 처녀자리로, 동쪽의 자리는 처녀자리, 서쪽의 자리는 물고기자리, 흉상은 황소자리. 화성의 자리는 양자리와 전갈자리, 그 동쪽 자리는 염소자리, 서쪽의 그것은 게자리, 흉상은 천칭자리입니다."

천문학자는 이 노예처녀의 명석한 두뇌와 해박한 식견을 접하고 당당한 답변을 듣자, 이번에는 대교주 앞에서 이 여자를 골탕먹이려고 이렇게 물었습니다.

"오, 아가씨, 이번에는 이달 안으로 비가 올지 어떨지 말해 보오."

이 질문에 타와즈드는 고개를 숙이고 오랫동안 깊은 생각에 잠겨 있었습니다. 이 모습을 보고 교주는 대답이 궁해서 그러는 거라고 생각했습니다.

"어째서 잠자코 있소?"

천문학자가 재촉하자 타와즈드는 말했습니다.

"충실한 자들의 임금님 허락 없이는 말씀드릴 수가 없습니다."

"그건 또 어인 까닭인고?"

교주가 웃으면서 물었습니다.

"이분의 목을 치기 위해 교주님께 칼을 빌리고 싶습니다. 왜냐하면 이분은 이단자인 데다 불가지론자(不可知論者)이고, 무신론자*105이기 때문입니다."

이 말을 듣고 교주도 소리 높여 웃고, 그 자리에 있던 사람들도 크게 웃음을 터뜨렸습니다. 타와즈드는 계속해서 말했습니다.

"천문학자 선생님, 세상에는 전능하신 알라 말고는 아무도 알 수 없는 일이 다섯 가지 있습니다."

그리고 이런 노래를 불렀습니다.

    그렇다! 알라여!
    그때는 알라만이 아신다.
    알라는 마음이 내키실 때 비를 내려주시고,
    또 알라는 여자의 자궁 안에 무엇이 있는지
    자세히 알고 계시니라.

그러나 사람은 알지 못한다,
내일 무슨 일이 일어날지.
그리고 아무도 알 수 없다,
어느 땅에서 죽어 갈지.
진정 알라는 전지전능,
모든 일을 아시느니라."*106

"훌륭한 대답이오. 알라께 맹세코 나는 다만 시험해 보려 했을 뿐이오."
"아시다시피 달력을 만든 이는 한 해의 시작과 관련하여 행성과 별자리를 인용하여 어떤 종류의 표식과 증거를 만들었습니다. 또 일반 사람들도 경험을 통해 몇 가지의 지식은 얻을 수 있지요."
"그건 어떤 것인가?"
"각각의 날에는 그것을 지배하는 행성이 있습니다. 그래서 1년의 첫날이 제1일(일요일)일 때 그날은 태양의 날로, 그것은(오직 알라만이 전지전능하십니다만) 왕이나 총독의 압제, 병을 일으키는 독기의 창궐, 가뭄 같은 징조를 보여주며, 민심은 어지러워지고, 곡류는 풍작이라도 누에콩은 말라죽고, 포도는 썩으며, 아마값은 하늘 높은 줄 모르고 치솟기만 하고, 밀가루 가격은 투바의 처음부터 바르마하트*107의 끝까지 폭락할 전조가 됩니다. 또 그 해에는 왕들 사이에 큰 전란도 일어날 겁니다. 좋은 일도 많이야 하겠지만, 모든 일을 다 아는 것은 오직 알라뿐입니다!"
"그럼 설날이 제2일(월요일)이면?"
"그날은 달에 속하며 지배자와 관리들이 올바른 정사를 펼치고, 강우량도 많으며 곡식의 수확도 좋으나, 아마의 씨가 썩고 밀의 가격은 키야크*108월에 하락하며, 나아가서 나쁜 전염병이 돌고 양과 염소는 쓰러지고, 포도는 잘 익지만 꿀의 수확은 줄어들며, 솜값이 내리는 등의 전조를 나타냅니다. 그러나 모든 것은 다만 알라만이 알고 계십니다."

—여기서 어느덧 동이 터왔으므로 샤라자드는 이야기를 그쳤다.

456번째 밤

샤라자드는 이야기를 계속했다.

오, 인자하신 임금님, 노예처녀가 제2일의 주석을 끝내자 천문학자가 물었습니다.

"그럼, 설날이 제3일(화요일)이면 그해에는 어떤 일이 일어나는지 설명해 주시오."

"그날은 화성의 날이라 훌륭한 인물들이 많이 죽고 파괴적인 사건이 빈발하며 많은 피를 흘리게 되고, 곡식값은 갑자기 큰 폭으로 오르고 강우량은 적은 전조 등이 나타나며, 어업은 때로는 풍어이지만 때로는 흉어, 잠두콩과 꿀은 값이 싸지는 한편, 아마의 씨는 비싸지고 모든 곡식 중에 보리만이 풍작일 겁니다. 왕들 사이에 큰 전쟁이 일어나고 많은 사람이 피를 흘리고 쓰러지며 또 많은 나귀가 죽을 겁니다."

"그럼, 제4일이 되면?"

"그날은 수성의 날이라 백성들 사이에 불화가 일어나 큰 동란이 발생하고 비는 순조롭게 내리겠지만, 어떤 채소는 말라 죽을 겁니다. 가축과 어린이가 매우 많이 죽으며 해상에서도 큰 전쟁이 일어나고, 바르무다부터 미스라[109]에 걸쳐 밀값은 오르지만 다른 곡식은 반대로 내립니다. 천둥과 번개가 빈번하게 발생하고 꿀값은 비싸며 종려나무는 잘 번식하여 열매가 많이 맺고, 아마의 씨와 면화는 풍작이지만 무와 파 값은 올라갑니다. 하지만 모든 것은 오직 전능하신 알라만이 알고 계십니다."

"그럼 제5일이면?"

"그날은 목성의 날이라 재상은 선정을 베풀고 판관과 탁발승과 종교를 관장하는 분들도 공명정대하게 일한다는 징조입니다. 좋은 일이 많이 있고 강우량도 풍부하며, 과일과 수목도 잘 번식하고, 아마와 목화와 꿀과 포도와 생선도 싸게 구할 수 있을 겁니다. 하지만 모든 것은 오직 알라만이 알고 계십니다."

"상합(相合)의 날, 즉 금요일일 경우는?"

"그날은 금성에 속하며, 이날로 시작되는 해에는 마신의 왕이 도발하여 온갖 횡포를 부리고 유언비어와 험담이 난무할 겁니다. 이슬이 많고 가을 추수는 풍부하며, 어떤 곳에서는 가격이 싸고 어떤 곳에서는 비싸집니다. 바다에도 육지에도 불쾌한 일이 넘치고 아마의 씨는 값이 올라가고, 밀도 하투르월(月)에는 올라가지만 아무시르월(月)에는 내려갑니다. 꿀값은 오르고 포도와 수박은 썩어버릴 겁니다. 하지만 모든 것은 오직 전능하신 알라만이 아시는 일입니다."

"그렇다면 안식일(토요일)인 해는?"

"그날은 토성의 날이라 노예와 그리스인 등, 이웃에 도움이 되지 않는, 좋지 않은 사람들이 제멋대로 활개를 칠 징조입니다. 게다가 가뭄과 기근이 발생하고 흐린 날이 많으며 아담의 아들이 멸망하고, 이집트와 시리아의 백성은 국왕의 압제에 고통을 받을 것이며, 채소가 귀하고 곡식은 썩을 겁니다. 하지만 모든 것은 오직 전지전능하신 알라만이 아시는 일입니다."[*110]

이 말을 들은 천문학자가 깊이 고개를 숙이자 타와즈드가 말했습니다.

"천문학자님, 이번에는 제가 질문하겠습니다. 대답을 못하실 때는 옷을 벗어주세요."

"물어보시오."

"토성의 자리는 어디에 있습니까?"

"제7천국에."

"목성의 자리는?"

"제6천국에."

"화성의 자리는?"

"제5천국에."

"태양의 자리는?"

"제4천국에."

"금성의 자리는?"

"제2천국에."

"달의 자리는?"

"제1천국에."

"좋습니다. 그럼 한 가지 더 질문하겠습니다."

"물어보시오."

"별에 관한 겁니다만 별은 몇 개의 부분으로 나누어져 있습니까?"

천문학자는 입을 다문 채 끝내 대답을 하지 못했습니다.

"약속대로 옷을 벗어주세요."

천문학자가 하는 수 없이 옷을 벗자 타와즈드는 그것을 받았습니다.

그러자 교주가 말했습니다.

"이제 그 해답을 들려다오."

타와즈드는 설명을 시작했습니다.

"오, 충실한 자들의 임금님, 별은 세 부분으로 나누어져 있습니다. 그 3분의 1은 지구의 하늘*111 위에서 등불처럼 지상을 비춰줍니다. 다음의 3분의 1은 악마가 몰래 다가가 천국의 이야기를 엿들으려 할 때, 그것을 쏘아 떨어뜨리는 데 사용됩니다. 전능하신 알라께서도 이렇게 말씀하셨습니다. '진정 나는 지구의 하늘을 별자리로 장식하고, 모든 악마를 막아주는 화살로 삼았노라.'*112 그리고 마지막 3분의 1은 하늘의 한가운데 떠서 바다를 비추며, 그 속에 사는 생명에게 빛을 주고 있습니다."

이 설명을 듣고 천문학자가 말했습니다.

"한 가지만 더 묻고 싶은 것이 있소. 여기에 대답하면 그때는 확실히 나의 패배를 인정하리다."

"좋습니다. 뭐든지 물어보세요."

—여기서 어느덧 날이 훤히 밝았으므로 샤라자드는 이야기를 그쳤다.

457번째 밤

샤라자드는 이야기를 계속했다.

오, 인자하신 임금님, 천문학자가 마지막으로 물었습니다.

"그러면 네 개의 서로 다른 특성을 기초로 한, 상반되는 것 네 가지는 무엇인지 말해 보시오."

"그것은 열기·냉기·습기·건기의 네 가지 특성입니다. 알라께서는 열기로 불을 만드셨는데, 그 성질은 뜨겁고 건조합니다. 또 건기로는 대지를 만드셨는데, 그 성질은 차갑고 건조합니다. 냉기로는 물을 만드셨으며, 그것은 차갑고 습합니다. 습기로 공기를 만드셨으니 그 성질은 뜨겁고 습합니다. 게다가 알라께서는 12궁, 즉 양자리·황소자리·쌍둥이자리·게자리·사자자리·처녀자리·천칭자리·전갈자리·궁수자리·염소자리·물병자리·물고기자리를 만드셔서 각각의 네 가지 성질을 정하셨습니다. 다시 말씀드리면 양자리·사자자리·궁수자리에는 불의 성질을, 황소자리·처녀자리·염소자리에는 흙의 성질을, 쌍둥이자리·천칭자리·물병자리에는 공기의 성질을, 게자리·전갈자리·물고기자리에는 물의 성질을 주셨던 겁니다."

이 말을 들은 천문학자는 자리에서 벌떡 일어나더니 말했습니다.

"보시다시피 이 처녀는 저보다 훨씬 박식합니다."

그러고는 총총히 물러갔습니다. 이윽고 교주가 소리쳤습니다.

"철학자*113는 어디에 있느냐?"

그 말에 대답하여 한 남자가 일어나 타와즈드 앞에 나와서 물었습니다.

"시간이란 무엇을 말하며, 그 한계는? 그리고 날들은? 또 시간을 가져다 주는 것은 무엇이오?"

"시간은 낮과 밤의 시각에 사용되는 이름으로, 태양과 달이 각각의 천체에서 운행하는 과정을 재는 척도입니다. 이에 대해서는 전능하신 알라께서도 이렇게 말씀하셨습니다. '시각은 다시 밤이 되어 내가 낮을 거두어 가면, 보라! 암흑 속에 뛰어들어 태양은 휴식의 장소를 향해 달려간다. 이것이야말로 전능하고 더없이 높은 신의 섭리이니라.'"*114

"아담의 아들에게 의심하는 마음이 생기는 이유는?"

"사도(그분에게 알라의 축복과 가호가 있기를!)께서는 이렇게 말했다고 합니다. '사람이 만약 현세·시간·밤·시각을 비방한다면 의심하는 마음은 마치 혈액이 혈관을 흐르듯이 사람의 마음을 돌아다니리라.' 또 '시간을 비방하지 마라. 시간은 신이기 때문이니라. 인간세상을 비방하지 마라. 인간세상은 '알라여, 나를 비방하는 자에게서 은총을 거두어 주소서!'라고 하셨지요. 또 시각을 비방하지 마라. '시각은 정확하게 다가오며, 조금도 의심의 여지가 없느니라.*115 대지도 비방하지 마라. '대지로부터 그대들을 만들고 대지로 그대들을 돌려보내어, 다시 한 번 그대들을 낳으리라'*116라고 한 더없이 높은 신의 말씀대로, 대지는 신비로운 존재이니라' 말씀하셨다 합니다."

"여자의 허리 또는 자궁에서 태어난 것도 아닌데, 먹고 마시는 다섯 가지

생물은 무엇인가?"

"아담과 시메온*117과 살리의 암낙타,*118 그리고 이스마엘의 새끼 양과 진실을 말하는 자 아부 바크르가 동굴에서 본 새,*119 이 다섯 가지입니다."

"천국에 있으며, 인간도 천사도 악마도 아닌 다섯 가지 생물은?"

"야곱의 이리와 7명의 잠자는 남자의 개, 에스드라스의 나귀와 살리의 낙타, 예언자(오, 그분에게 자비와 평화가 함께 하기를!)의 나귀 두르두르입니다."

"천국도 지상도 아닌 곳에서 기도한 사람은?"

"솔로몬입니다. 바람을 타고 나는 양탄자 위에 앉아서 기도를 드렸습니다."

"이번에는 수수께끼를 한번 풀어보오. 어떤 남자가 새벽 기도 때 한 시녀를 바라보았다. 그러나 그 여자는 남자에게 법률상 허락되지 않는 존재였다. 그러나 정오에는 법률상 허락되는 자가 되고, 오후에는 다시 불법인 자가 되었다가 저녁때 다시 인정되고 저녁식사 뒤에는 세 번째로 불법이 되었으나, 새벽녘에는 다시 합법적인 존재가 되었다."

"그 남자는 아침에 다른 사람의 노예계집을 본 것이고, 그때 그 여자는 허락되지 않는 자였습니다. 그러나 정오에는 그 여자를 샀으므로 합법적인 존재가 되었지요. 그리고 오후가 되자 여자를 자유로운 몸으로 해방시켜 주었습니다. 그러니 다시 법률상 허락되지 않는 것이 될 수밖에 없지요. 그러다가 저녁때 정식으로 그 여자와 결혼하여 다시 합법적인 것이 되었다가 밤이 되어 이혼을 해 세 번째로 법률상 허락되지 않는 존재가 되었습니다. 그러나 이튿날 새벽 여자를 다시 데려왔으므로 법률상 세 번째로 허락받은 셈이 됩니다."

"안에 들어 있는 시체와 함께 움직이는 무덤은?"

"요나의 고래를 말하며, 고래가 요나를 삼켰을 때 이야기입니다."

"낮은 땅 일부로 일찍이 딱 한 번 태양이 비친 적이 있으나, 앞으로 심판의 날까지 두 번 다시 해가 비치지 않는 곳은?"

"홍해의 바닥입니다. 모세가 지팡이로 홍해를 쳤을 때 바다는 그 지족의 수에 따라 12갈래로 갈라졌고,*120 그때 처음으로 밑바닥에 태양이 비쳤습니다. 그러나 앞으로는 아마도 심판의 날이 올 때까지 두 번 다시 햇빛을 볼

날은 없을 겁니다."

―여기서 어느덧 날이 새기 시작하였으므로 샤라자드는 이야기를 그쳤다.

458번째 밤

샤라자드는 이야기를 계속했다.
오, 인자하신 임금님, 이어서 철학자는 다음과 같은 질문을 던졌습니다.
"자락이 땅에 끌리는 긴 옷을 입게 된 시초는?"
"사라 앞에서 부끄러워진 하가르가 맨 처음 옷자락을 끌었는데, 그 뒤로 아랍인들에게 긴 옷을 입는 습관이 생겼습니다."
"생명이 없는데도 호흡을 하는 것은?"
"전능하신 알라께서는, 코란에서 '숨을 쉬는 아침을 두고'*[121]라고 말씀하셨습니다."
"그럼, 이런 수수께끼를 풀어보시오. 높은 나무를 향해 비둘기가 몇 마리 날아왔는데, 그중 몇 마리는 나무 위에 앉고 몇 마리는 아래에 내려앉았다. 나무 위에 앉은 비둘기가 땅에 앉은 비둘기에게 '너희 쪽에서 한 마리만 이쪽으로 날아오면 너희 수는 전체의 3분의 1이 되고, 이쪽에서 한 마리가 너희 쪽으로 내려가면 위아래가 똑같은 수가 되네'라고 말했다. 비둘기는 모두 몇 마리였을까?"
"나무 위에는 7마리, 땅에는 5마리, 모두 12마리입니다. 땅 위의 한 마리가 올라가면 8마리와 4마리가 되고 나무 위에서 한 마리가 내려오면 양쪽 다 6마리가 되지요. 하지만, 모든 일은 알라만이 아십니다."*[122]
이 대답을 듣자 철학자는 옷을 벗더니 그대로 달아나고 말았습니다.
이어서 다음 논쟁에 들어갔습니다. 그녀는 늘어앉은 학자들을 둘러보며 물었습니다.
"모든 예술과 학문에 대해 토론할 수 있는 웅변가는 안 계십니까?"
그러자 이브라힘 빈 샤르라는 현자가 나와서 말했습니다.
"나를 다른 사람들과 똑같이 생각하면 안 될 거요."

"선생님이 토론에 지실 것은 뻔한 걸요. 자만심이 지나치시니까요. 알라께서는 틀림없이 저에게 힘을 주시어, 저를 이기게 하시고 선생님의 옷을 벗기실 겁니다. 그러니 지금이라도 사람을 시켜 갈아입을 옷을 갖다 놓으시는 것이 어떨까요?"

타와즈드의 말에 상대는 소리치며 말했습니다.

"알라께 맹세코 반드시 그대를 물리쳐서 후세의 웃음거리로 만들고 말 테다!"

"미리 그런 부질없는 맹세를 하신 걸 후회하게 되실 거예요."

"인간을 만들기 전에 알라께서 만드신 다섯 가지는?"

"물과 대지와 빛과 어둠, 그리고 땅 위의 과일, 이 다섯 가지입니다."

"알라께서는 그 전능하신 손으로 무엇을 만들었는가?"

"아르슈, 즉 신의 옥좌, 다시 말해 최고천(最高天)과 투바라는 나무,*123 그리고 아담과 에덴동산입니다. 이것은 모두 알라께서 그 전능하신 힘으로 만드신 것이며, 그 밖에 모든 것은 다만 '있으라'는 알라의 말씀 한마디에 생겨난 겁니다."

"알 이슬람에서의 그대의 아버지는?"

"무함마드(그분에게 신의 축복과 가호가 있기를!)이십니다."

"그럼, 알 이슬람에서 무함마드의 아버지는 누구인가?"

"알라의 벗인 아브라함이지요."

"알 이슬람의 신앙은?"

"'알라 외에 신은 없고, 무함마드야말로 알라의 사도'임을 고백하는 일입니다."

"그대의 최초의 것과 최후의 것은?"

"저의 최초의 것은 더러운 물의 형태를 한 인간 정액이고, 최후의 것은 악취가 나는 썩은 고기입니다. 즉, 인간은 티끌에서 시작되어 티끌로 끝납니다. 시인은 이렇게 노래했지요.

나는 티끌에서 만들어져
사람이 된 존재, 그러므로 나는
스스로 의문을 밝혀

항상 거침없이 대답하였노라.
이윽고 다시 흙으로 돌아가
티끌이 되리라. 처음부터
티끌에서 태어났으니."

"그럼, 처음에는 나무였다가 마지막에는 생명을 얻은 것은?"
"모세의 지팡이[124]입니다. 모세가 지팡이를 골짜기에 던지니 알라의 뜻으로 꿈틀거리는 뱀이 되었습니다."
"'그리고 나에게는 지팡이가 필요한 다른 때가 있으리라'고 한 말의 뜻은?"
"모세는 늘 그 지팡이를 땅에 꽂고는 했는데, 그때마다 지팡이에서 꽃이 피고 열매가 맺으며 더위와 추위도 막아주었습니다. 게다가 지쳐 있을 때 지팡이는 모세를 태우고 다녔고, 잠을 잘 때는 사자나 야수들이 습격하지 못하도록 지켜주었습니다."
"남자만으로 태어난 여자는? 그리고 여자만으로 태어난 남자는?"
"아담에게서 태어난 이브, 마리아에게서 태어난 예수[125]입니다."
"네 가지 불에 대해 설명해 보오. 먹고 마시는 불, 먹기만 하고 마시지 않는 불, 마시기만 하고 먹지 않는 불, 먹지도 마시지도 않는 불은 무엇일까?"
"먹기만 하고 마시지는 않는 불은 현세의 불, 먹고 마시는 불은 지옥의 불, 마시기만 하고 먹지 않는 불은 태양의 불, 마시지도 먹지도 않는 불은 달의 불입니다."
"열려 있는 문과 닫혀 있는 문이란?"
"전설상의 법률은 열려 있는 문, 코란의 법률은 닫혀 있는 문입니다."
"그럼, 다음 시가 뜻하는 것은?

　　머리맡에 양식을 놓고
　　무덤 속에서 살 수 있는 자,
　　그 양식 한 번 먹으면
　　말이 입에 넘치고,
　　일어나 걷기 시작하면

혀도 없는데 말을 멈추지 않으며,
이윽고 형제 친척들이
잠들어 있는 무덤으로 돌아간다.
산 사람이 아니건만
영광 속에서 살고,
죽은 자도 아니건만
신의 은총을 받네.”

“그것은 갈대 붓입니다.”
“그럼, 이 시는 무엇을 노래하고 있는가?

몸통 둘이 하나가 되어
피가 철철 흐르는구나.
귀는 장미꽃의 붉은빛,
입은 크게 벌어져 있고
모양은 수탉 같은데,
배는 부리로구나,
값을 매기니 황금 반 닢이라네.”

“먹물 병입니다.”
“그럼, 이 시는?

지혜 있고 재능 있는 식자에게,
현명하고 고귀하며 총명하고
지혜로운 사람에게 물어보라,
아랍의 나라에서 타국을 날아
헤매 돌며 흘러간 그 새가
무엇을 낳았는지 가르쳐다오.
살은 물론, 피도 없고,
솜털도 깃털도 없습니다,

익혀서 먹어도 상관없고
식혀서 먹어도 상관없으니,
활활 타오르는 불 속에 묻어서
구워서도 먹을 수 있네.
색은 두 가지 은빛과 금빛,
순금보다 노랗구나.
살아 있는 모습은 볼 수 없지만,
그렇다고 죽은 것도 아니어라.
자, 이 신기한 수수께끼를
누가 풀어보라."

"하찮은 달걀 같은 것을 두고 어지간히 길고 번거로운 질문을 하시네요."
"그럼, 이 시는?

나는 좌우로 몸을 흔들고
그도 좌우로 몸을 흔드네.
때로는 빨리 때로는 천천히,
아주 기분 좋은 몸의 움직임,
마침내 그 사람, 눈처럼 하얀
내 가슴에 몸을 담그네.
'그대의 사랑하는 연인인가?'"

"연인이 아닙니다. 부채입니다."[*126]
"그럼 알라께서 모세에게 한 말의 수는?"
"사도는 '알라께서 모세에게 1515가지 말을 하셨노라'고 하셨습니다."
"삼계(三界)의 주에게 고하는 14가지는?"
"7개의 하늘과 7개의 땅으로, 이러한 것이 '우리 주의 명령에 따르노라'[*127]고 말했을 때의 이야기입니다."

—여기서 샤라자드는 날이 새는 것을 깨닫고 이야기를 그쳤다.

459번째 밤

샤라자드는 이야기를 계속했다.

오, 인자하신 임금님, 현자 이브라힘은 다시 질문을 계속했습니다.

"아담이 최초에 만들어진 상황을 설명해 보시오."

"알라께서는 진흙으로 아담을 창조하셨습니다. 그 진흙은 거품에서, 그 거품은 바다에서, 그 바다는 어둠에서, 그 어둠은 빛에서, 그 빛은 물고기에서, 그 물고기는 바위에서, 그 바위는 루비에서, 그 루비는 물에서, 그리고 그 물은 '알라께서 뭔가 바라실 때는 다만 "있으라"는 한 마디로 "그것은 이미 있었다"'*128고 한 말씀대로, 알라께서 그 전능하신 힘으로 창조하신 겁니다."

"그럼, 이 시의 뜻은?

　입도 없고 위도 없건만
　잘도 먹는 것,
　더구나 초목과 새, 짐승은
　모조리 나날의 양식,
　배불리 먹고는 살이 찌고
　기운이 차건만 어쩐 일인지
　물만 주면 죽는 건?"

"그것은 불입니다."

"그럼, 이 시는?

　사랑하는 두 연인
　모든 기쁨과 축복 가로막힌 채
　긴긴 밤 서로 부둥켜안고
　모든 재앙 막아주지만
　해가 돋는 동시에 좌우로 떨어지는 건?"

"여닫는 문입니다."
"지옥의 문에 대해 설명해 보시오."
"그 수는 일곱, 그 이름은 다음의 시에 나옵니다.

 첫째는 자한남, 둘째는 라자,
 셋째는 하팀이고, 네 번째
 사이르, 다음은 사카르,
 여섯째는 자힘, 일곱째는 하위야,
 이것이 4행으로 표현한
 7개의 지옥."

"다음의 노래는 무슨 뜻이오?

 그녀, 바쁘게 왔다 갔다 하네,
 두 갈래 곱슬머리 등에 길게 늘어뜨리고,
 잠도 자지 않고 울지도 않네.
 눈이 있어도 눈물 한 방울
 흘리지 않고, 평생
 옷도 한 오라기 걸치지 않지만,
 세상 사람들을 모든
 옷으로 감싸주도다."

"그것은 바늘입니다."
"알 시라트[12] 다리의 길이와 폭은?"
"길이는 걸어서 3천 년, 오르막이 1천 년, 내리막이 1천 년, 평탄한 곳이 또한 1천 년, 칼보다 날카롭고 머리카락보다 가늡니다."

—이때 샤라자드는 날이 샌 것을 깨닫고 이야기를 그쳤다.

460번째 밤

샤라자드는 이야기를 계속했다.

오, 인자하신 임금님, 타와즈드가 알 시라트 다리에 대한 설명을 마치자 상대방 학자가 다시 물었습니다.

"예언자는 인간 한 사람을 몇 번씩 알라께 주선해 주겠소?"

"세 번입니다."

"알 이슬람에 귀의한 첫 번째 사람은 아부 바르크였나?"

"그렇습니다."

"하지만 알리가 먼저 이슬람교도가 되지 않았던가?"

"알리는 7살에 예언자에게 왔습니다. 그것은 알라의 자비로 어려서 구원의 길을 깨닫고 우상 앞에 한 번도 무릎을 꿇지 않았기 때문입니다."

"알리와 아바스, 어느 쪽이 더 훌륭한가?"

타와즈드는 이때 이브라힘이 이런 질문을 하여 자기를 함정에 빠뜨리려 한다는 사실을 깨달았습니다.

그것은 알리가 아바스보다 뛰어나다고 대답하면 교주의 조상을 업신여긴 죄를 면치 못할 것이기 때문이었습니다. 그래서 타와즈드는 잠시 고개를 숙이고 얼굴이 붉으락푸르락하다가 마침내 입을 열었습니다.

"선생님이 말씀하신 두 분은 똑같이 훌륭한 분으로, 저마다 훌륭한 점을 지니고 계십니다. 이제 이야기를 본줄기로 되돌려주세요."

이 말을 들은 하룬 알 라시드 교주는 벌떡 일어나며 소리쳤습니다.

"오, 타와즈드, 카바의 신께 맹세코, 잘 대답했다!"

그러자 웅변가 이브라힘이 또 물었습니다.

"그럼 이 시의 뜻은?"

> 버들가지 허리에
> 그 맛은 더없이 달고
> 머리가 보이지 않는 긴 창을 닮았네.
> 모든 사람 몸에 좋다 하고
> 라마단의 한낮에

이것을 먹노라."

"사탕수수입니다."
"이번에는 여러 가지를 묻겠소."
"그렇게 하세요."
"꿀보다 단 것은 무엇이고, 칼보다 날카로운 것은 무엇이며, 독보다도 빨리 도는 것은 무엇이고, 순간의 환희, 사흘 동안의 만족이란 무엇인가? 가장 즐거운 날은 언제이며 희열의 일주일이란 무엇인가? 아무리 고약한 채권자도 부인하지 않는 채무는 무엇인가? 무덤의 감옥, 마음의 기쁨, 영혼의 함정, '삶 속의 죽음', 고칠 수 없는 병, 씻을 길 없는 치욕, 이것들은 다 무엇인가? 경작할 수 있는 밭을 떠나 황야에 살며 아담의 자식들을 미워하고 마음속에 7가지 야수의 성질을 감추는 것은 무엇인가?"
"그럼, 제 대답을 들어보세요. 제가 충분히 설명해 드릴 테니까요. 그런 다음 옷을 벗어주세요."
그러자 교주가 나서서 말했습니다.
"어서 풀어보아라. 저 학자의 옷은 내가 틀림없이 벗겨줄 테니."
타와즈드는 즉시 이렇게 대답했습니다.
"꿀보다 단 것은 효심이 깊은 아이들이 부모에게 품는 사랑입니다. 칼보다 날카로운 것은 혀이고, 독보다 빨리 도는 것은 남을 질투하는 자의 눈빛입니다. 순간의 환희는 육체의 교접이며, 사흘의 만족은 여자가 사용하는 탈모제를 말합니다. 가장 즐거운 날은 장사하여 이익을 본 날이고, 희열의 일주일은 신부를 두고 하는 말이며, 아무리 고약한 채권자도 부인하지 않는 채무란 인간의 죽음입니다. 무덤의 감옥이란 불효하는 자식을 두고 말하며, 마음의 기쁨이란 남편에게 순종하는 아내를 두고 하는 말입니다. (그리고 고기요리가 가슴을 타고 내려갈 때도 마음이 기쁘다고 합니다.) 영혼의 함정은 주인의 명령에 따르지 않는 노예, '삶 속의 죽음'은 빈곤, 고칠 수 없는 병은 좋지 않은 성질, 씻을 수 없는 치욕은 못된 딸을 말합니다.
마지막으로, 경작할 수 있는 밭을 떠나 황야에 살면서 아담의 자식들을 미워하고 마음속에 7가지 짐승의 성질을 감추는 것은 메뚜기를 말하는데, 그 머리는 말, 목은 황소 같으며 날개는 독수리, 다리는 낙타 같고 꼬리는 뱀과

아부 알 후슨과 노예처녀 타와즈드

같으며 뿔은 영양과 비슷합니다."

처녀의 기지에 더욱더 놀란 교주는 웅변가에게 옷을 벗으라고 명령했습니다.

그러자 학자는 자리에서 일어나며 이렇게 소리쳤습니다.

"이 자리에 모인 여러분도 잘 보셨겠지만, 이 처녀는 나는 물론이고 어떤 학자보다도 학식이 뛰어난 분이오."

그리고 옷을 벗어 타와즈드에게 주면서 이렇게 덧붙였습니다.

"자, 받으시오. 그러나 알라의 축복을 기원하지는 않겠소!"

교주는 학자를 위해 새 옷을 가져오도록 명령하고서 말했습니다.

"오, 타와즈드, 그대의 약속이 또 하나 남아 있다. 그것은 장기다."

교주는 전문기사(棋士)를 부르고 장기패*129와 말판도 가져오게 했습니다. 기사는 타와즈드와 마주앉아 패를 늘어놓으며 승부를 겨루기 시작했습니다. 타와즈드는 상대가 말을 움직일 때마다 바로 다음 수로 응수했습니다.

―여기서 날이 훤히 샜으므로 샤라자드는 이야기를 그쳤다.

461번째 밤

샤라자드는 이야기를 계속했다.

오, 인자하신 임금님, 타와즈드는 하룬 알 라시드 교주 앞에서 장기를 두었는데, 전문기사가 말을 한 번 움직일 때마다 바로 응수하여 마침내 이기고 말았습니다. 그러자 기사가 말했습니다.

"지금 내기는 내가 일부러 져준 것이었소. 그대의 실력을 떠보느라고 말이오. 그러니 다시 한 번 겨뤄봅시다. 이번에는 그리 만만치 않을 것이오."

그리하여 두 사람은 다시 말을 늘어놓았습니다. 기사는 마음속으로 생각했습니다.

'이번에는 정신 바짝 차려야지.'

그리고 말 하나하나를 신중하게 생각하며 조심스럽게 움직여 갔습니다. 잠시 뒤 타와즈드가 소리쳤습니다.

"장이야! 당신의 장이 죽었어요."

또다시 지고만 기사는 타와즈드의 기민한 머리에 완전히 두 손 들고 말았습니다. 타와즈드는 방긋 웃으면서 이렇게 말했습니다.

"자, 명수 선생님, 세 번째는 내기를 하는 게 어떨까요? 여왕과 오른쪽 성(城), 그리고 왼쪽 기사를 떼어 드릴 테니 선생님이 이기시면 제 옷을 드리고 제가 이기면 선생님 옷을 제게 주시기로 해요."

"그럽시다."

그리하여 두 사람은 다시 말을 늘어놓았고, 타와즈드는 왕과 성과 기사를 떼어놓았습니다.

"자, 선생님, 먼저 두세요!"

'졸(卒)*130이 이렇게 많으니 이번에는 틀림없이 이길 거야.'

기사는 이렇게 혼잣말을 하면서 세력을 결집하려 했습니다. 그러나 놀랍게도 처녀는 차근차근 말을 움직여 마침내 졸 하나를 여왕으로 만들더니, 졸과 다른 말을 몰아 상대편의 주의를 끌고는, 갑자기 길을 막고서 어서 먹으라고 꾀었습니다. 기사가 그 꼬임에 넘어가서 그 말을 먹자 타와즈드가 말했습니다.

"무게를 달면 좌우 균형이 꼭 맞도록 짐을 똑같이 나누어 두었지요.*131 자, 얼마든지 잡수세요. 오, 아담의 아들이여, 자신을 파멸로 인도하는 건 탐욕이랍니다. 유혹의 손을 뻗은 것은 속임수라는 사실을 모르셨지요? 제 술책이었답니다. 이제, 장을 받으세요!"

그리고 이렇게 덧붙였습니다.

"어서 옷을 벗어주세요."

"오, 알라께서 보상해 주실 테니 제발 이 속바지만은 봐주시오."

내로라하던 장기의 명수도 비명을 올리며, 알라께 맹세코 타와즈드가 바그다드에 머무는 동안에는 누구하고도 장기를 두지 않겠다고 맹세했습니다. 그러고는 옷을 벗어 처녀에게 주고 맥없이 자리를 물러났습니다.

이어서 주사위놀이의 명수가 앞으로 나오자 타와즈드가 말했습니다.

"오늘 선생님이 제게 지면 무엇을 주시겠어요?"

"금실로 무늬를 넣어 짠 콘스탄티노플산 비단 10필, 벨벳 10필, 금화 1천 닢을 드리지. 하지만 내가 이기면 그저 이겼다는 증서만 써 주면 되오."

"좋습니다. 그럼 어디 겨뤄볼까요?"

그리하여 두 사람은 주사위놀이를 시작했는데, 이번에도 결국 타와즈드가 이겨버렸습니다.

"충실한 자들의 임금님 자비에 걸고 말하지만, 세상에 이렇게 센 여자는 처음 봤다!"

상대는 프랑크어로 주절거리면서 자리를 물러났습니다.

교주는 악기를 연주하는 악사들을 불러내고서 타와즈드에게 물었습니다.

"그대는 음악에 소양이 있는가?"

"예, 있습니다."

교주는 오래된 류트를 하나 가져오게 했습니다. 그것은 오랜 세월 길이 들어 반들반들 윤이 나는 명품으로, 그 임자가 천애 고독한 가운데 세상을 떠나면서 남기고 간 악기라 합니다. 어떤 사람은 이 류트에 대해 이렇게 노래했습니다.

신께서 땅에 물을 뿌리시니
나무 한 그루가 자라
깊이 뿌리박고
하늘 높이 치솟더라.
아직 시들기 전이었던 그때는
새소리 가득했으나
시들어버린 지금, 아름다운 여인의
가락이 묘하게 울릴 뿐.

타와즈드는 사프란빛 명주 술이 달린 붉은 공단 주머니를 열어 류트를 꺼냈습니다. 그 표면에는 이런 시가 새겨져 있었습니다.

몇 번인가 어린 나뭇가지는
처녀를 위해 류트가 되었네.
그 빠르고 유쾌한 소리맵시
향연의 자리에 흐르니
남자의 마음 녹아버리네.

처녀가 노래하면, 그 노래 따라
류트의 울림 상쾌하니
아마도 야명조(夜鳴鳥)*132에게서
가락을 배운 듯하구나.

타와즈드는 무릎 사이에 류트를 올려놓고 젖먹이에게 젖을 물리는 어머니처럼 몸을 굽혀 그것을 가슴에 품었습니다. 먼저 전주곡을 12곡쯤 타고나자, 마치 밀려오는 물결 같은 그 가락에 그 자리에 있던 사람들의 마음은 환희로 술렁거렸습니다. 곧 타와즈드는 이런 노래를 불렀습니다.

이리도 무정하고 쌀쌀맞은
그대, 그러지 마소서,
파랗게 젊은 그대로 하여
이내 마음 영원히 그대를 사랑하노라!
그대의 언약 몹시 기다리면서
한숨짓고 슬퍼하며 눈물짓는 이 몸
가엾이 여기시라, 그대여, 그대.

교주는 그만 황홀해져서 이렇게 소리쳤습니다.
"그대에게도, 그대에게 그 노래를 가르친 자에게도 알라의 축복이 내리시기를!"
타와즈드가 일어나 그 앞에 엎드리자, 교주는 돈을 가져오게 하여 주인 아부 알 후슨에게 처녀의 몸값으로 금화 10만 닢을 지급했습니다. 그리고 처녀를 돌아보며 말했습니다.
"오, 타와즈드, 너는 무슨 상이 갖고 싶으냐? 뭐든지 말해 보아라!"
"제발 저를 판 옛 주인에게 돌아가게 해 주세요."
"그러마."
교주는 쾌히 그 청을 들어주어 처녀를 옛 주인에게 돌려준 다음, 타와즈드 본인의 몫으로 금화 5천 닢을 내렸습니다. 그뿐만 아니라 교주는 아부 알 후슨을 평생토록 술벗으로 삼았습니다.

―여기서 날이 훤히 새는 것을 깨닫고 샤라자드는 이야기를 그쳤다.

462번째 밤

샤라자드는 이야기를 계속했다.
오, 인자하신 임금님, 교주는 또 알 후슨에게 평생 매달 금화 1천 닢의 녹을 주기로 약속했습니다. 이리하여 아부 알 후슨은 노예처녀 타와즈드와 함께 인생의 모든 위안과 기쁨을 누리면서 남은 생애를 행복하게 보냈습니다.
오, 임금님, 이 처녀의 그토록 유창한 말재주와 해박한 지식, 총명한 머리, 그리고 모든 학문과 예술에 통달한 점이 정말 놀랍지 않습니까?
또 충실한 자들의 임금님 하룬 알 라시드 님이 주인에게 처녀의 몸값을 내고도 "뭐든지 원하는 상을 말해 보아라" 말씀하신, 그 너그러운 마음씨. 또 처녀가 원래의 주인에게 돌아가게 해달라고 하자 쾌히 허락했을 뿐 아니라 처녀의 몫으로 금화 5천 닢이나 되는 큰돈을 내리고, 그 주인을 술벗으로 삼기까지 하신 그 관대하고 도량이 넓은 행동! 아바스 왕조 역대의 교주 가운데 이처럼 관대하신 분이 또 있을까요? 오, 전능하신 알라여, 이 모든 분에게 자비를 내려주시기를!
다음에 이런 이야기도 있습니다.

〈주〉
＊1 레인(제2권)은 '이 이야기는 단순히 엄청나게 많은 주석을 필요로 할 뿐만 아니라, 대부분의 독자에게는 지루하기 짝이 없는 것'이라는 이유로 생략했다. 맞는 말이기는 하지만, 초보적인 연구를 하는 동양연구자에게는 샤피파(수니파의 4분파 가운데 하나)에 의한 교의와 실천에 대한 뛰어난 개설로서 귀중한 이야기이다.
＊2 아부 알 후슨(Abu al-Husn)은 '아름다움의 아버지'라는 뜻으로 이색적인 이름이다.
＊3 열대지역 대부분이 그렇듯이, 이집트에서도 죽은 사람은 설사 생매장(visepulture)의 우려가 있다 하더라도 즉시 매장된다. 이를테면 집시를 다룬 아브라함처럼, 이것은 셈(아랍)족의 경우 하나의 본능으로 생각한다. 《미쉬카트 알 마사비 *Mishkat al-Masabih*》(제1권)에 의하면 무함마드는 이렇게 말했다. "그대들 가운데 누군가가 죽으면 집 안에 두지 말고, 얼른 묘지로 옮겨야 한다." (위의 책은 무함마드의 전설적인

말과 행동을 수집한 전설집이다.〕

*4 알 하리리에서도 이렇게 손을 무는 것은 격렬한 회한의 정을 나타내고 있다. 이 행동은 본능적으로 인간이(육체적으로는) 손톱과 치아만으로 무장하여 서로 물고 뜯는 동물이던 시대의 흔적이다.

*5 라마단(제9월)에 대해서는 9번째 밤에서 주석한 바가 있다. 〔이 책 '바그다드의 짐꾼과 세 여자' 주석 7 참조.〕 샤반(Sha'aban, 제8월)부터 라자브(제7월)의 신의 평화(Treuga Dei)가 끝나고 전투적인 달이 시작된다. 378번째 밤 참조.

*6 이 시는 319번째 밤에도 나왔다. 나는 변화를 주기 위해 페인 씨의 번역을 인용했다.

*7 〔본문의 '9에 더하는' 5〕 즉, 적령기. 14, 5세.

*8 즉, 창백하고 누런 색.

*9 백단의 sandal은, 백단의 나무를 의미한다. 그러나 또 인도에서 산들라사(Sandlasa)라고 하는, 돌 위에 놓고 분말로 갈아서 제조하는 조제약도 암시하고 있다. 이 죽과 같은 상태의 것을 오른손으로 목의 오른쪽에 바르고, 손가락을 벌려 뒤에서 앞으로 그어서 4개의 줄이 선명하게 남도록 한다. 그런 다음 왼쪽으로 손을 내리면서 몸의 다른 부분에도 이 조제약을 바르는 것이다.

*10 예배당은 아랍어의 하이칼(Haykal)로, 현관 앞의 복도, 성체(聖體), 기도소를 포괄한다. 요세푸스(Josephus)(A. J. v. v. 3.)는 이 말을 더욱 넓은 의미의 나오스($\nu\alpha o\varsigma$) 〔신의 거처〕라는 뜻으로 사용했다. 이슬람교도의 저서에서는 일반적으로 그리스도교 회에 사용되는데, 그것은 신상(神像)이 있기 때문이다. 〔요세푸스는 서기 1세기의 유대인 역사가. 히브리와 그리스 문학에 조예가 깊고, 몇 편의 이름난 저서를 남겼는데, 여기에 인용된 A.J.는 《유대인의 고대문화 Antiquity of the Jews》의 약자.〕

*11 아라비아의 작가는 종종 미인의 미소에 대해 언급하는데, 유럽식으로 웃음소리에 대해 얘기하는 일은 거의 없다. 그들은 소리 내어 웃는 것을 상스럽게 여긴다. 이슬람교도는 흔히 이렇게 말한다. "그런 식으로 쓸데없이 큰 소리로 웃지 마라. 낄낄거리고 웃거나 히죽히죽 웃는 것은 원숭이와 그리스도교도들이나 하는 짓이다." 근엄한 민족인 스페인인은, 그리스도는 한 번도 웃은 적이 없다고 말한다. 나는 속없는 큰 웃음은 a와 o의 모음의 울림을 가지는 한편, e·i·u의 웃음은 대체로 악인 계급으로 명명해도 무방한 계급에 속한다는 나의 학설에 독자들이 주목해 주었으면 한다.

*12 타와즈드는 '다른 사람의 사랑을 쟁취하는 것', 사랑.

*13 이 여자는 노예계집으로, 매매하는 상품이므로 베일을 벗은 것이다. 만약 자유로운 신분의 여자가 이슬람교도 남성 앞에서 베일을 벗는다면, 남자는 갑자기 위압적이 되어 비난을 퍼부으리라. 왜냐하면 그런 행동은 자신을 어린아이나 환관 또는 그리스도교도로 보고 있다는 것, 사실상 한 사람의 남자로 인정받지 못하는 것을 나타내기 때문이다.

* 14 일라(Ilah)는 히브리어의 엘(El)에 해당하며 가장 어려운 어근(語根)이다. 그 의미는 힘, 중개, 신(누멘(Numen)), 영어의 더(the, 관사), ……하지 말라(don't) 등이다.
* 15 내가 아는 한, 그리스도교도는 마치 다리가 절단된 것처럼 꿇어앉아 손목을 내미는 (dare manus) 포로처럼 '두 손을 모으는' 유일한 예배자이다. 〔앞의 라틴어는 '항복하다'는 뜻.〕 그러나 그 자세는 이슬람교도의 시지다(Sijdah, 평복(平伏))만큼 추하지는 않다. 이 평복, 즉 납작하게 엎드리는 자세를 보고 북아프리카의 민족들은, '그들은 엉덩이를 하늘에 보여주고 있다'고 하며 알 이슬람을 배척했다.
* 16 '금단의'라는 것은, 기도가 끝날 때까지 다른 사람과 말하는 일이 금지되어 있기 때문.
* 17 키블라(Kiblah)는 글자 그대로는 '뭐든지 바로 맞은편에 있는 것'이라는 뜻이다. 여기서는 기도 중에 사람들이 얼굴을 향하는 카바(Kaabah)〔메카에 있는 이슬람의 성전〕에 대해 사용되고 있다. 그것은 바로 배화교도가 태양 또는 불에, 우상숭배자가 우상에, 얼굴을 향하는 것과 같다. 알 키블라타인(Al-Kiblatayn, 두 개의 키블라)은 메카와 예루살렘을 의미하며, 무함마드가 그 방향을 바꿀 때까지, 이슬람교도는 물론 유대교도와 그리스도교도도 그 두 방향으로 얼굴을 향했다.
* 18 간단한 목욕에는 타야뭄(Tayammum), 즉 모래로 씻는 것도 포함된다. 이것은 덥고 건조한 지방에서는 매우 결벽스러운 관행으로, 무함마드보다 훨씬 전에 도입되었다. 세드레누스(Cedrenus)에 의하면, 아프리카 사막에서 죽어가던 한 여행자에게 모래로 세례를 주었다고 한다. 〔세드레누스는 11세기 무렵의 그리스 수도승이자 역사가.〕
* 19 《코란》에 기록된 간단한 목욕(우즈)의 순서는 간결하기는 하나, 늘 그렇듯이 애매하여, 분분한 논의와 궤변적인 질의를 가져오게 되었다. 《코란》 자체에는 (제5장), "오, 진실한 신자들이여, 너희가 기도를 바치고자 할 때는, 얼굴을 씻고 팔꿈치까지 두 손을 씻어라(구슬). 두 손을 문지르고, 복사뼈까지 발을 문질러라(마스(Mash)). 여자와 잠자리를 함께하여 불결한 상태라면 온몸을 씻어라(구슬)"라고 되어 있다. 유대교도의 재계와 의식적(儀式的)인 목욕에 기인하여 이 명령이 나온 것이다. 또, 초기 그리스도교도의 방식은 입욕을 의무적인 사항으로 하지 않았다는 점에서 매우 현명했다. 성 바울은 (히브리서 제10장 22절) 이렇게 말했다. "마음을 씻어내어 양심의 악을 제거하고 몸을 맑은 물로 씻었으니, 참 마음과 온전한 믿음으로 하나님께 나아가자."

그러나 이것만으로는 충분하지 않았다. 따라서 마음의 선량함보다 몸의 청결함을 중시해야 할 열대지방에 사는 동양 그리스도교도는 때가 많기로 유명하며, 성인 또는 목사는 더욱 불결하여, 이슬람교도, 특히 힌두교도와 극심한 대조를 이룬다. 목욕하라는 명령과 독한 술을 마시지 말라는 금령을 무시하는 점은 그리스도교의 도덕률의 두 가지 큰 결함이다.

*20 '코를 헹구는 것'은 아랍어의 이스틴샤크(Istinshak)로, 콧구멍을 완전히 깨끗하게 하기 위해, 오른손 손바닥에 물을 담아 코로 빨아들이는 것이다. 이 '의식'은 유럽에서는 부조리하게도 무시되고 있고, 그 결과 점막과 후각신경을 손상하는 경우가 있다.

*21 손가락 사이를 씻기 위해. 짙은 수염은 손가락 끝으로 가다듬는다.

*22 전신목욕은 구슬(Ghusl)이라고 하며, 완전한 목욕이 필요한 것은 주로 성교 또는 몽정에 의한 정액의 배출에 의해서이다. 여기에 사용하는 물은 깨끗해야 하며, 일정한 양보다 적어서는 안 된다. 그리고 몸의 오른쪽 반신에서부터 시작하여 왼쪽 반신으로 끝내며, 피부의 구석구석까지 완벽하게 씻어야만 한다. 따라서 일반적으로는 전신욕이 선호되고 있다.

*23 아랍인은 물은 상처에 해롭다 생각하여 외상 치료법으로는 꺼린다. 원주민의 약품에는 보통 소금, 소다, 마그네시아 등이 포함되어 있으며, 많은 예를 통해 그 정당성이 입증되어 있다. 나는 아라비아에서 일찍이 물붕대를 시도했으나 완전히 실패한 적이 있다.

*24 즉, "우리 위에, 또 경건한 알라의 숭배자들 위에 평화가 있기를!"이라고 외치는 것.

*25 따라서 2.5퍼센트의 이자는 리바(Riba), 즉 부당한 금리, 고리라고 생각할 수 없다.

*26 단식자는 하얀 실과 검은 실을 확실히 구별할 수 있기 전에 식사를 끝내야 한다(《코란》 제2장 183절). 어떤 사람은 이것을 글자 그대로 해석하고, 어떤 사람은 어둠과 해뜨기 1시간쯤 전에 동쪽 지평선에 나타나는 황도광(黃道光)의 은빛 광선을 가리키는 것으로 해석하고 있다. 어쨌든 단식은 그때 시작되어 일몰과 함께 끝난다.

*27 기도하러 오라고 부르는 소리 아잔(Azan)에 대해서는, 레인 저《근대 이집트인》에 자세히 나와 있다. 그러나 음송(吟誦)의 가락은 나라마다 다르며, 익숙한 귀는 그것을 들으면 나라를 알 수 있다.

*28 순례(Hajj)는 히브리어의 하그(Hagg)에서 나왔으며, 원뜻은 형태 또는 움직임이 둥근 것. 여기서 우상의 주위를 춤추며 도는 것이 중요한 역할을 하는 제사에 사용되었다. 루키아노스(Lucian)는 '도무(跳舞, saltation)'에 대해 춤은 처음부터 존재했고, 고대 사랑의 신과 시대를 같이한다 말했다. 〔루키아노스는 서기 125년 무렵~180년 그리스의 작가로 만년에는 이집트에서 활동했다. 《신들의 대화》말고도 유머러스한 철학적 대화를 많이 썼다.〕 그러나 인간은 신을 숭배하기 전부터 기쁠 때는 춤을 췄다. 또 체계화된 하나의 춤을 만들어내어, 그것으로 오직 두 가지의 경우, 즉 가장 원시적인 형태의 연애와 전쟁, 구애와 싸움을 표시하게 했다.

*29 사파와 마르와는 메카에 나란히 서 있는 두 개의 언덕이다.

*30 작은 순례를 가리키는 우므라(Umrah)는, 앞에서도 언급했듯이 원래의 순례기간이 아닌 시기, 즉 둘히자(Zu l-Hijjah)라는 12번째 태음월의 8일과 10일에 메카에서 거행되는 의식이다. 그러나 이슬람교도가 이 의식으로 하지(Hajj, 순례)라 불리는 자격을

얻을 수는 없다. 페르시아인과 인도인은 이것을 Haji라고 한다.
* 31 무함마드가 이 순례의 관행을 그보다 몇 세기 전 메카의 성전(카바) 주위에서 춤춘 이단적인 아랍인에게 빌려다 썼음은 여기서 설명할 필요도 없을 것이다.
* 32 메카를 먼저 보았을 때.
* 33 카바를 도는 것은 아랍어로 타와프(Tawaf)라고 한다(《순례》제3권). 순회는 7번에 이르며, 이 순회를 각각 아쉬와트(Ashwat)라고 부른다. 〔전부를 합쳐 집합적으로는 우스부(Usbu)라고 한다.〕
* 34 미나(Mina)〔또는 무나〕에서 악마에게 돌을 던지는 것. 여기서 악마의 별명은 '투석형에 처한 자(the Stoned)'(돌에 맞은 자로, 거세당한 자라는 뜻은 아니다)가 되었다. 〔미나에서는 하나의 의식으로서, 순례자가 악마의 기둥에 7번 돌을 던진다.〕
* 35 《코란》제8장 66절, '전리품'이라는 제목의 장.
* 36 나피(Naf'i)는 오마르 교주의 아들 아브달라에 의해 노예에서 해방된 사람. 전설론자로 유명하다.
* 37 즉, 이익을 얻는 것. 교환은 동등해야만 한다. 이 규정은 가난한 사람을 보호하기 위한 것이다. 아랍인은 이런 종류의 문제에 대해서는 묘한 편견을 가지고 있다. 이를테면 바닷사람에게 우유를 주고 돈을 받는 것은 치욕이 된다.
* 38 친구는 아랍어로 알 할릴(Al-Khalil)이라고 하며, 알라의 친구 아브라함을 가리킨다. 무함마드는 유대교의 전설에 따라 아브라함을 예언자의 제2위에 두고 하즈라트 이사(Hazrat Isa)=예수보다 뛰어나지만, 자신에게는 뒤떨어진 것으로 규정했다. 앞에서도 말했듯이, 맏아들인 이스마엘(이스마일)은 아버지의 뒤를 이었는데, 유르함족(Jurhamite)〔성지의〕인 타라 빈트 무자즈 빈 오마르와 결혼하여, 그 자손은 히브리어를 버리고 아랍어(타르라바(ta'arraba))를 쓰기 시작했다. 여기서 무타리바(Muta'arribah), 즉 아라비아화한 아랍인이라 불리게 된 것이다(《순례》제3권). 이스마엘은 메카에서 죽어 어머니와 함께 알 히지르(Al-Hijr)라 불리는 카바의 북부에 매장되었다. 영국의 저술가들은 번번이 이것을 알 히지르 시(市)와 혼동하고 있다.
* 39 '비스밀라'(알라의 이름으로)라고 소리치는 것은 앞에서도 설명했듯이, 이른바 '감사의 기도를 바치는 것', 'saying grace'와 같다. 만약 이것을 게을리하면 죄악이 되어 저주를 받게 된다.
* 40 '대지의 모든 것이 부활의 날 신의 한 손안에 있을 것이요, 천국도 그 오른손에 감기게 되리라.'—《코란》제39장 67절.
* 41 81번째 밤 참조.
* 42 《코란》제78장 19절.
* 43 할례는 아랍어로 알 후트나(Al-Khutnah)라고 한다. 《코란》에서 명령한 것이 아니고 단순히 예언자의 관행에 지나지 않는 이 의식은, 개종자, 특히 노인과 병자에게는 필

수적인 것은 아니다. 이 문제에 대한 우리의 관념은 매우 애매모호한데, 그것은 근대적인 '품위'가 '할례의식'을 인정하더라도 그것에 대한 논의는 허락하지 않기 때문이다. 모세(별명 오사르시프(Osarsiph))는 이집트의 신비의식을 주도하는 이맘한테서 이 의식을 빌려 써왔는데, 그들은 모두 이렇게 하여 (할례에 의해) '정화'되었다. 할례의 목적은 '제6감'의 지나친 감수성을 중화시키고, 페니스의 귀두(glans)를 강화하여 찰과상이나 바깥의 공기에 노출되어 생기는 전염병, 옷을 입어 생기는 마찰 등을 방지하는 것이다.

거의 모든 아프리카 민족들이 이것을 실행하고 있지만, 방식은 제각각이며 그중에는 매우 진기한 방식도 있다. 나는 아라비아 지방의 알 아시르(Al-Asir)에서 실제로 지금도 행해지는 알 사르흐(Al-Salkh, 포피절제)라고 하는, 특히 야만적인 의식을 설명하고자 한다《순례》제3권).〔여기서는 알 이슬람에서 일반적으로 시행되고 있는 타하라(Taharah)의 의식과 이교 시대부터 시행되어 온, 순수한 아라비아식 사르흐가 간단하게 언급되어 있으며, 각주에서는 특히 라틴어로 사르흐에 대해 상세히 설명되어 있다.〕

히브리식 할례의식과 이슬람식 의식 사이에도 또한 차이가 있는데, 유대인 시술자는 포피를 절개하고 나서 날카롭고 뾰족한 엄지손톱으로 포피를 찢는다. 그러면 겉가죽이 속가죽에서 그다지 오그라들지 않는다. 그리고 상처를 치료하면 가느다란 원 모양의 흉터가 남는다. 그러나 이슬람교도는 포피를 찢지 않는다. 그들은 소대(小帶)의 정도와 이상유착(異常癒着)이 없음을 확인하기 위해 귀두와 포피 사이에 탐지기를 대신하는 가느다란 막대를 넣는다. 그런 다음 겸자로 포피를 꺼내 고착시킨다. 이 겸자는 5~6인치, 두께 4분의 1인치인 가느다란 대나무 두 개로 만든 것인데, 경우에 따라서는 컴퍼스처럼 철로 만들기도 한다. 그리고 위쪽의 포피를 약 1인치 반, 아래쪽을 4분의 3인치 정도 제거하기 위해 이 겸자로 포피를 꼭 집는데, 그렇게 한 다음 면도날을 밑으로 단숨에 그으면 그 포피가 제거되는 것이다. 약간의 출혈이 있지만, 누더기를 태운 것이나 재를 붙여 지혈시키고 나서 고약, 솜, 훈증소독 등을 이용하여 상처를 치료한다. 그래서 이슬람교도의 할례는 피부의 수축을 방해하는 것은 아니다.

＊44 이 6336절 가운데 불과 약 2백 절이 민사사·제례사·재정사·정치사·신앙과 의식사·정경(正經)·교무(敎務)에 관한 법규를 설명하고 있을 뿐이다.

＊45 살리(Salih)는 어떤 사람들에 의하면 셈(Shem)의 손자라고 한다《코란》제7장 71절).

＊46 《코란》제7장 63절 등.

＊47 에트로는 모세의 양부《코란》제7장 83절).

＊48 무함마드는 25명 가운데 마지막 사람으로 최대의 예언자이다.

＊49 438번째 밤 참조.

* 50 '암소'의 장은 《코란》 제2장으로, 그 제256절은 세상에 널리 알려진 숭고한 옥좌의 시이며, "알라여! 졸음에도 잠에도 지지 아니하며 살아 있는 몸으로서 영겁의 신 알라 이외에 신은 없다!"라는 구절로 시작된다. 속명(즉, '옥좌의 시')은 그 마지막 행 "알라의 옥좌는 천지(天地)에 펼쳐져 있어서, 천지를 보호하는 것은 알라에게는 참으로 쉬운 일이다. 왜냐하면 알라는 가장 높은 신이기 때문이다"에서 나왔다. 이 시는 기도에서 흔히 되풀이되며, 휴대용 부적으로서 마노 등에 새겨져 있다.
* 51 《코란》 제16장 92절.
* 52 《코란》 제70장 38절.
* 53 《코란》 제39장 54절.
* 54 《코란》 제12장 18절.
* 55 《코란》 제2장 107절.
* 56 《코란》 제51장 57절.
* 57 《코란》 제2장 28절.
* 58 《코란》 제16장 100절. 악마는 미나 또는 무나의 분지(盆地)에서 투석형에 처했다(412번째 밤). 왜냐하면 아브라함은 악마에게 이스마엘을 희생으로 바치는 것을 거부하고 알라의 명을 거역하라는 유혹을 받았기 때문이다(《순례》 제3권).
* 59 아브달라 이븐 아바스(Abdallah ibn Abbas)를 가리키며, 앞에서 말했듯이 무함마드의 첫 번째 사촌형제로, 이른바 짝이 되는 동무 가운데 가장 학식이 깊었다.
* 60 《코란》 제96장. '응혈'의 장 1절과 2절.
* 61 《코란》 제27장 30절.
* 62 《코란》 제9장. 이것은 최후에 계시된 장으로, 110절을 제외하고 유일하게 완전무결한 계시이다.
* 63 알리는 예언자에 의해 귀가 찢어진 낙타를 타고, 이 장을 널리 알리기 위해 알 메디나에서 메카로 파견되었다. 그리고 알 아카바(Al-Akabah)에서 집회에 참석하여 다음 4가지 사항을 회중에게 알렸다. 첫째, 모든 이단자는 메카의 성묘(聖廟)에 다가가서는 안 된다. 둘째, 나체의 남녀는 앞으로부터 카바 주위를 돌아서는 안 된다. 셋째, 이슬람교도만이 천국에 들어갈 수 있다. 넷째, 공적(公的)인 신조를 지켜야 한다.
* 64 사전류는 바스말라(Basmalah, 비스밀라를 외치는 것)라고 되어 있다. 그러나 일반적인 발음은 비스말라(Bismalah)이다.
* 65 《코란》 제17장 110절. 이 장이 계시된 것은, 이교도들이 자비로운 신의 이름을 부르는 무함마드의 목소리를 듣고, 알 라만(Al-Rahman)〔알라의 첫 번째 별명으로, 'the Merciful'이라는 뜻〕은 알라가 아닌 다른 신이라고 생각했기 때문이다. 알라의 명칭은 크게 두 개로 나뉘는데, 하나는 불과 같은, 또는 무서운 속칭(屬稱) 아스마 자마리, 또 하나는 부드러운(또는 공기 같은, 물 같은, 대지 같은) 속칭 아스마 자마리이다.

이 전부가 모여서 아스마 알 후스나(Asma al-Husna), 즉 영광스러운 속칭을 형성하고 있다. 〔모두 99개〕.
* 66 《코란》제2장 158절.
* 67 《코란》제96장.
* 68 자비르 빈 아브딜라(Jabir bin Abdillah)는 알 메디나 사람으로, 무함마드의 최초의 제자 가운데 한 사람.
* 69 《코란》제124장 1절 등. 무함마드가 히라(Hira) 또는 자발 누르(Jabal Nur)의 동굴에 숨어 있었던 시절, 가브리엘이 그에게 말을 건넨 것으로 상상되고 있는 장. 무함마드는 하늘과 땅 사이의 옥좌에 앉아 있는 남자의 환상을 보고, 공포에 질려 아내 카디자에게 돌아가 자신의 몸을 감싸달라고 했다. 그러자 대천사는 최초의 계시로 추정되는 이 전문을 가지고 하늘에서 내려왔다. 로드웰 씨는 "오, 그대, 겉껍질에 싸여 있는 자여!"라고 번역하고, 파트라(Fatrah), 즉 6개월에서 3년에 이르는 침묵기간에 이어지는 두 번째 장(章)으로 삼았다.
〔로드웰은 앞에서도 주석한 것처럼, 《코란》의 영어 번역자 가운데 한 사람이다. 그는 장의 배열을 연대순으로 고친 것으로 유명하며, 제1장 '응혈'—보통은 96장—끝에 다음과 같은 주를 달았다. "이 장의 계시가 있은 뒤 6개월에서 3년 등 다양하게 추정되고 있는 기간에 새로운 장의 계시는 중단되었다. 이 간격은 파트라, 즉 중단이라 불리고 있다……." 그리고 그는 보통은 74장인 '둘러싸인 자'를 제2장으로 하고 있다.〕
* 70 《코란》제110장 1절.
* 71 오스만 빈 아판(Othman bin Affan)은 이른바 제3대 정통 칼리프로, '코란의 작자.' 〔오스만 교주에 의해 재편찬되는 《코란》은 서기 660년에 완성된 이후 오늘날까지 흠정원전(欽定原典)으로서 모든 파의 이슬람교도들이 채용하고 있다.〕
* 72 《코란》제5장 4절. 세일(Sale)〔코란의 영역자〕은 '우상'이라 번역하고, 로드웰 씨는 '돌덩어리(또는 원기둥) 위에'라고 했다. 이것은 이교적인 아랍인이 자기 집 앞에 세워둔 허술한 제단이다. 〔파머는 세일과 마찬가지로 '우상에 바쳐지는 것'이라고 번역하고, 각주에는 '세워진 돌'을 원뜻으로 했다.〕
* 73 《코란》제5장 116절.
* 74 같은 장의 마지막 문구.
* 75 《코란》제5장 89절.
* 76 《코란》제4장 124절.
* 77 코란학자(Koranist)는 아랍어의 무크리(Mukri)이다. 카리(Kari)는 학생에게 경전을 읽어주는 사람. 무크리는 학생의 실수를 고쳐주는 사람.
* 78 카프는 아랍 문자의 21번째, 밈은 24번째, 아인은 18번째이다.

* 79 《코란》 제11장 50절.
* 80 알 아라프(Al-A'araf)는 천국과 지옥을 가르는 벽으로, 다른 사람들은 알 우르프(Al-Urf, '헤어졌다'는 뜻의 동사에서 나왔다)라고 부르고 있다. 유대교도는 배화교도로부터 천국과 지옥을 가르는 벽의 관념을 빌려 쓰며, 그것을 축복받은 자도 저주받은 자도 함께 얘기를 나눌 수 있을 정도로 얇게 했다. 알 아라프에 어떤 사람이 사는지는 활발하게 논의가 이루어지고 있는데, 일반적인 생각에 의하면, 천국의 보상이나 지옥의 형벌이 필요하지 않은 사람들이 살고 있다고 한다. 그렇지만 '연옥', 즉 속죄의 장소는 아니다.
* 81 《코란》 제7장 154절.
* 82 조지 B. 에어리(George B. Airy)(The Athenaeum, Nov. 29, 1884)는 세일이 번역한 '심판의 날 가까워지고'에 반대하여 '달은 반달이 되었노라'고 번역했는데, 이것이 정확하다. 이 말은 유명한 천문학 용어로, 달그림자의 밝은 부분이 선명한 직선이 될 때 사용된다. 다시 말해, 각각 월기(月期)의 4분의 1과 4분의 3에서 반월이 생기는 경우이다. 어떤 사람은 '달은 마지막 심판의 날에 갈라진다'고 번역하고, 〔원문은〕예언적인 문체로 미래 대용의 과거시제를 사용하고 있다 해석하기도 한다. 이른바 '경전 이슬람교도'는 물론 이 문구를 글자 그대로 해석하고 있다.
* 83 《코란》 제54, 55, 56장.
* 84 이 유명한 '히포크라테스의 체액(humours of Hippocrates)'은 유럽의 골상학에서는 기질이라는 형태로 재현되는데, 지금도 동양의 치료학에서는 여전히 기본을 이루고 있다.
* 85 세 가지 혼의 원리도 강신술자에게는 이해가 되지 않는 것은 아니다.
* 86 엉치뼈(Sacrum)는 아랍어의 우수스(Usus), 우리의 os sacrum이다. 그것은 부패하지 않으므로, 인체는 부활의 날을 위해 이 골 위에 형성될 것이기 때문이다. 〔sacrum은 '신성한'이라는 뜻이고 os는 '뼈'.〕 따라서 《휴디브래스 Hudibras》에서는 이러한 시구를 볼 수 있다(iii. 2). 〔영국의 새뮤얼 버틀러가 1663년에 발표한 시.〕

    유대인 랍비가 말하기를,
    사람의 신장에는
    뤼즈(leuz)라고 하는 뼈가 있다……

히브리어로는 우즈(uz)라고 하고, 옛날의 학자들은 여기서 오스(os)라는 말을 만들었다. 〔또한 뤼즈(leuz)의 l은 관사의 흔적이고, euz는 uz를 가리킨다.〕
* 87 아랍인 생리학자들은 해부시체 'subjects'를 입수하기가 쉽지 않았다. 그래서 보통 원숭이를 해부했다. 그들의 그림풀이책은 참으로 우스꽝스러운데, 그림이 몇 번이나 옮겨지는 동안 원래의 그림과는 전혀 딴판이 되고 말았다.
* 88 신장과 비장은 응결한 피로 생각되었다. 그래서 다음과 같은 대구(對句)가 있다.

>   우리는 두 개의 송장과 두 개의 피를 허락받았노라,
>   생선살과 메뚜기에, 신장과 비장.

　《순례》제3권〔여기에는 바다위족이 메뚜기를 먹는 것을 좋아한다는 것이 설명되어 있다. 즉 그들은 밤에 화톳불을 피워놓고 거기에 메뚜기가 떨어지면, 위 노래를 부르면서 그것을 먹는 자신들의 행위를 정당화했다. 버턴은 '아랍인에게 메뚜기는 브리턴인의 달팽이와 같다'고 말했다.〕

*89 《코란》제17장 39절.

*90 우울증(melancholia)은 아랍어의 알 말리훌리아(Al-malikhuliya)이며, 이 말은 당시의 그리스인이 끝에서 두 번째의 모음을 양음부(揚音符)에 따라 이아(ia)로 발음한 걸 증명하는 것이다. 우리는 이 악센트를 애매하게 발음하지만, 그들은 그렇지 않았다. 고대 히브리어에는 그리스어의 4개의 단어가 그대로 음역(音譯)되어 있으며, 힌두스탄의 여러 언어에는 지명을 포함하여 수십 개, 라틴어와 아랍어에는 수백 개의 음역이 있다. 이러한 유물을 학문적으로 비교하면, 우리는 알렉산드로스 대왕 시대 이후의 진정한 그리스어 발음을 쉽게 확립할 수 있을 것이다. 또 음량이 아니라 악센트에 따라 발음되었음을 명백하게 증명할 수 있을 것이다.

*91 교양 있는 아랍인은 가정용 의약과 관련되며, 또 살레르노 의학교에 의해 유럽에 남긴 시를 연상시키는 많은 시문(詩文)을 인용할 수 있다. 이를테면 이런 것이 있다. 〔살레르노는 이탈리아의 항구도시로, 중세에는 의학교가 세계적으로 유명했다.〕

>   점심식사 뒤에는 잠을 자라, 30분이라도,
>   저녁식사 뒤에는 걸어라, 두 걸음이라도,
>   방뇨한 뒤에는 마셔라, 두 방울이라도.

*92 고깃국은 아랍어의 사리다(Saridah, Tharidah)로 가우트(ghaut)라고도 하며, 빵을 부숴 넣고 고기를 잘게 썰어 끓인 수프, 또는 빵과 우유와 고기를 함께 섞은 것.

*93 《코란》제5장 92절.

*94 《코란》제2장 216절. 내가 '도박'이나 '내기'라고 번역한 마이사르(Maysar)라는 말(이 말의 현대적 용법은 대개 그 정도이지만)은 원래는 성 제롬이 베로만티아($\beta\epsilon\lambda o\mu\alpha\nu\tau\iota\alpha$)〔화살점〕이라 부른 것을 의미하며, 그는 이 말로 "그의 손에 예루살렘이라는 점괘가 나왔다(The king held in his hand the *lot* of Jerusalem)."(에스겔서 제21장 22절)라는 시를 설명했다. 즉, 이 제비(lot)는 도시 이름이 적힌 화살을 말한다. 아랍인은 10개의 아즐람(azlam), 즉 머리가 없는 화살(3개는 비어 있고, 나머지는 1에서 7까지 숫자가 새겨져 있었다)을 주사위 대신 던져서 승부를 겨룬다. 이것을 던지는 것은 자리브(Zarib), 즉 우두머리로, 보통 낙타를 걸었다. 아랍인처럼 격해지기 쉬운 민족은 이 도박 때문에 싸움과 유혈사태가 일어났기 때문에 나중에는 금지되었다.

*95 관대한 이슬람교도들은 경전의 법도는 절대적인 것이 아니며, 위반하면 지옥에 떨어진다 위협하는 것에 지나지 않는다고 했다. 그렇지만, 무함마드는 분명히 모든 종류의 술을 금지했고, 그가 그렇게 해야만 했던 이유도 세상에 널리 알려져 있다《순례》 제2권).

*96 〔본문에는 이맘 알리로 되어 있으므로〕 알리는 '교주(칼리프)' 또는 '큰아버지 무함마드의 후계자'라고 하지는 않는다. 〔참고로, 알리는 3대 오스만의 뒤를 이어 서기 656년 교주에 즉위하고서, 660년에 암살되었다. 아부 바크르에서 알리에 이르는 4대는 뒤의 옴미아드 또는 우마이아 왕조나 아바스 왕조와 구별하여 제○세 교주라고 부르지 않게 되었다.〕

*97 카룬(Karun)은 유대인의 코라(Korah, 민수기 제16장)에 해당하며,《코란》(제28장 76절)에 의해 과장되고 꾸며졌다. 원래 탈무드(유대교 경전)의 전설에 의한 것으로, 막대한 부를 가진 남자였다.

월경이 끊어진 노파와 자는 것이 해롭다는 생각은 오랜 옛날로 거슬러 올라간다. 그 반대일 때 많은 이익이 있다는 것은 다윗 왕도 충분히 인정하고 있었다. 조부모와 함께 자는 어린이들의 얼굴(영국에서는 실제로 사라진 악습이지만), 노인과 결혼한 젊은 아내의 얼굴, 늙은 여자와 결혼한 젊은 남자의 얼굴은 이상하게 기가 빠진 표정, 즉 청춘을 억압당하여 조화를 잃은 늙은 얼굴을 드러낸다.

*98 박쥐는 아랍어로 후파쉬(Khuffash)이며, 와트와트(Watwat)라고도 한다. 이집트 여자가 박쥐의 피를 이용하여 음부의 털을 제거하면 와트와티야(Watwatiyah), 즉 '박쥐여자'라고 불린다. 나는 이 이야기를 여러 번 들은 적이 있다. 그러나 박쥐의 피가 어떻게 해서 탈모 작용을 하는지는 알 수 없다.

*99 용은 아랍어로 수반(Su'ban)이라 하며, 일반 사전류는 '용', 코카트리스(cockatrice) 등으로 번역하고 있다. 〔코카트리스는 수탉의 알에서 태어나며, 머리와 날개와 다리는 닭이고, 몸통과 꼬리는 뱀인 괴물.〕 그러나 바다위족은 대개 크고 독성이 있어 보이는 여러 종류의 뱀에 이 말을 사용한다.

*100《코란》제70장 40절. 제55장 16절 이하 참조.〔여기에는 '신은 동쪽과 서쪽의 주님'이라는 문구가 있다.〕

*101《코란》제10장 5절.

*102《코란》제36장 40절.

*103《코란》제22장 60절.

*104 달의 자리(mansions of the moon)는 아랍어의 마나질(Manazil). 이것은 힌두교도의 나크샤트라(Nakshatra)이다. 유럽인도 무의식적으로 기상학에서 널리 사용하고 있다. 이를테면 유럽인은 '코끼리의 폭풍(Elephantina-storm)'이라는 말을 사용하는데, 이 이름이 있는 달의 자리에 대해서는 아무것도 모른다.

본문의 명칭을 차례로 설명하면, (1) 샤라탄(sharatan)은 숫양의 뿔 2개, (2) 숫양의 배(腹), (3) 묘성(昴星), (4) 알데바란(Aldebaran)〔황소자리에 있다〕, (5) 오리온의 위쪽 부분에 있는 3개의 별, (6) 마찬가지로 오리온의 어깨에 있는 별, (7) 쌍둥이자리 위쪽에 있는 2개의 별, (8) 사자의 코와 첫 번째 여름 자리, (9) 사자의 눈, (10) 사자의 이마, (11) 사자의 갈기, (12) 사자의 심장, (13) 시리우스(Dog)와 처녀자리(Virgo) 2개의 별, (14) 처녀자리의 뿔(Spica Virginis), (15) 처녀자리의 발에 있는 Φ, ι에 χ, (16) 전갈의 뿔, (17) 전갈의 머리, (18) 전갈의 심장, (19) 전갈의 꼬리, (20) 페가수스 별자리 안의 별, (21) 별이 완전히 출현하지 않는 곳, (22) 학살자의 행운, (23) 대식가의 행운, (24) 행운 중의 행운, 물병자리(Aquarius)에 있는 여러 별, (25) 천막의 행운, 물병자리에 있는 여러 별, (26) 항아리(Urn)의 앞 입술, 즉 부리, (27) 항아리의 뒤 입술, (28) 물고기〔물고기자리〕의 배꼽. 이 28개의 자리는 사계절의 각각에 7개씩 할당되어 있다.

*105 무신론자는 아랍어로 진디크(Zindik)라 하며, 원래는 두 신(고대 페르시아의 이원설)을 믿는 자. 책에서는 무신론자.

*106 《코란》 제31장 34절. 《코란》에는 알라에게만 알려진 5가지 사항이 열거되어 있다. 즉, 심판의 날, 비, 자궁 속의 아기의 성별, 내일 일어날 일, 인간이 어디서 죽는가 하는 것이다.

*107 투바와 바르마하트는 콥트교력(曆)의 제5월과 제7월(1월과 3월)로, 태양년이므로 지금도 아라비아와 이집트의 기상학자들이 사용하고 있다. 미첼(Mitchell) 씨의 《이집트력 Egyptian Calender》(알렉산드리아, 1876년)을 읽으면 이것에 대한 다양한 지식을 얻을 수 있을 것이다. 이 책은 '연월을 재는 확실한 방법은 언제나 이집트인의 손안에 있었다(Anni certus modus apud solos semper Ægyptios fuit)'(마크로비우스(Macrobius))고 하는 적절한 좌우명을 내걸고 있다. 〔미첼 씨는 마크로비우스는 5세기 초의 로마의 문법학자, 역사, 신화, 비평 등의 대화를 저술했다. 레인 저 졸역 《이집트인의 생활》에서 콥트력의 해설을 볼 수 있다.〕

*108 키야크는 콥트력으로 12월의 9~10일에 시작되는 제4월을 가리킨다. 제1월은 9월 10~11일에 시작되며 투트(Tut)라고 한다.

*109 바르무다와 미스라는 제8월과 제12월로, 대개 4월과 8월에 해당한다.

*110 이슬람교도는 이교적인 달의 명칭을 채용하지 않을 수 없었다. 그것은 무함마드가 코란에서 나시(Nasy), 즉 윤달의 삽입을 거부함으로써, 그들의 태음월은 약 33년 반에 이르는 주기로 계절의 순환적 운행을 그리며 나아가기 때문이다. 〔따라서 이슬람교도의 월(月)은 축제, 역사적 사건, 편지 등에만 사용되며, 천문학과 계절에 대해서는 콥트교의 월이 오늘날에도 일반적으로 사용되고 있다.〕 그러나 그들은 원래의 명명 동기를 포함한 월(月)의 명칭을 보존하고 있다.

즉, 제1월은 무하람(Muharram), '성스러운 달'이라 부르는데 전쟁이 금지되었기 때문이다. 첫 번째의 사파르(Safar)라는 명칭으로도 알려졌다. 제2월인 사파르는 '공백'이라는 뜻으로, 불볕더위 동안 사람들은 마을을 떠나 타이프(Taif) 등, 시원한 곳으로 피서했기 때문이다. 〔제3월과 제4월의〕 라비(Rabi'a)는 (제1과 제2로 나뉜다) 봄의 목장을 암시한 것. 〔제5월과 제6월의〕 주마다(Jumada, 이것도 제1과 제2로 나뉜다)는 건조한 토지가 '다져지는 것'을 가리킨다. 어떤 사람들에 의하면, 높은 지대의 물의 고형화, 냉동화를 간접적으로 표현해 준다고도 한다. 라자브(Rajab, 제7월)는 특별히 희생을 바쳐 숭배하는 것. 또 알 아삼(Al-Asamm), 즉 귀머거리의 달로 알려졌다. 그것은 신성한 달이어서 전란의 시끄러운 소리가 들리지 않기 때문이다.

샤반(Sha'aban)〔제8월〕은 종족 간의 전쟁이 재개되었기 때문에, '모이는 것' 산란시키는 것, 멸하는 것 등의 뜻. 라마단(Ramazan)〔제9월〕은 몹시 심한 더위, 즉 '혹서(酷暑)'를 뜻하며 이미 앞에서 설명했다. 샤발(Shawwal)〔제10월〕은 샤울(Shaul, 들어 올리는 것)을 어원으로 하며, 수낙타가 발정하여 꼬리를 쳐드는 시기. 둘카다(Zu'l-Ka'adah)〔제11월〕는 '정주(定住)하는 달'이라는 뜻으로, 전투가 금지된 기간. 둘히자(Zu'l-Hijjah)는 말할 것도 없이 순례의 달이다. 〔레인은 졸역 《이집트의 생활》에서 이슬람교의 태음력과 콥트 교도의 태양월을 나란히 비교하고 있다.〕

*111 7개의 하늘 가운데 가장 낮은 것.
*112 《코란》 제37장 5절.
*113 철학자(philosopher)는 아랍어의 파일라수프(Faylasuf)로, 명백하게 그리스어에서 본래의 뜻과 달리 전해져 그릇되게 굳어진 것. 일반적으로는 회의론자, 무신론자를 가리킨다.
*114 《코란》 제36장 37~8절.
*115 《코란》 제22장 7절. '시각'이란, 즉 '심판의 때.'
*116 《코란》 제20장 58절. '출애굽기 제7장에 관한 《미드라시 탄추마 Midrasch Tanchumah》는 파라오와 모세의 같은 대화를 내걸고 있다(로드웰, 같은 책).' 〔《미드라시 탄추마》는 구약성서에 관한 고대 히브리어 주석서. 다양한 주석가들의 무수한 해석과 민간전승이 서로 혼동되어 있다. 로드웰의 같은 책이란 그 번역 《코란》을 가리키며, 에브리맨스판에서는 각주에 해당한다.〕
*117 시메온(Simeon)은 아랍어의 샤문(Sham'un) 또는 시문(Shim'un)으로, 보통은 시몬 페테로(Simon Peter, 이를테면 사도행전 제15장 제14절에 있는 것처럼)로 사용된다. 그러나 본문에서는 성 시메온(누가복음 제2장 25~35절)을 가리킨다.
*118 사무드족을 개종시키기 위해 암석에서 기적적으로 태어난 족장 살리(Salih)의 암낙타(《코란》 제7장).
*119 아부 바크르(Abu Bakr)가 메카의 남쪽 알 사우르(Al-Saur) 언덕(Thaur 또는 Thur로, 《순례》 제2권)에 있는 동굴에서 무함마드와 함께 몸을 숨기고 있었을 때, 그 도

망자들은 입구에 둥지를 튼 새 한 마리에 의해 수호되고(다른 전설에 의하면, 거미 줄에 의해 보호되어), 한편 다른 새(이것은 까마귀, 나중에 언급할 것이다)는 일동을 배신하려고 했다. 최초의 새는 일반적으로 비둘기로 추정되며, 《휴디브래스》도 이것을 들고 있다.

이 무서운 종교의 사도들은,
무함마드와 마찬가지로, 나귀와 비둘기(widgeon)였다.

내 추측으로는, 이 나귀는 신비한 짐승 알 부라크(Al-Burak)를 가리키는 것으로 생각한다. 그리스인은 βραχ에서 나온 βραχθαν라는 이름으로 부르며(포코크 저 《아라비아 역사의 본보기》에서는 Euthymius), 인도의 이슬람교도들은 인간의 얼굴을 하고, 나귀의 귀를 가지며, 몸은 말이고, 날개와 꼬리는 공작의 모습을 한 짐승을 그리고 있다. 내 상상으로 'widgeon'은 착각이거나 비둘기(pigeon)의 잘못된 글자를 인쇄한 것이 아닌가 생각이 든다. 〔《휴디브래스》는 앞에도 두 번 나왔는데, 새뮤얼 버틀러의 시집이다. 포코크는 Edward Pocock를 말하며, 영국의 동양학자. 1604~91년. 본문에 Spec. A.H.라고 되어 있는 것은 라틴어의 저작 Specimen Historice Arabum(1649)을 가리킨다.〕

*120 아랍인은 히브리인의 기적이 비교적 온건한 데 만족하지 않고, 모든 종류의 부조리를 덧붙였다(《순례》제2권).
*121 《코란》제81장 18절.
*122 대개 이슬람교도는 수학 이론에 매우 어두워 그것을 충분히 습득할 수가 없다. 그래서 그들은 이집트에서는 콥트교도를, 그리고 동방에서는 힌두교도를 계산기 대신 이용했다.
*123 투바(Tuba)는 모든 결핍을 보충한 낙원의 수목. 그리스도교도(요한계시록 제21장 10~21절과 제22장 1~2절)는 그 낙원에 12종류의 열매와 병을 고치는 능력이 있는 잎이 나는 생명의 나무를 두었는데, 무함마드는 그들로부터 이것을 빌려 썼다(《에르마스》). 〔요한계시록에는 '강 양쪽에는 생명의 나무가 있어 12가지의 열매를 맺고, 그 열매는 달마다 맺으며, 나뭇잎은 많은 백성을 낫게 한다'고 했다. 에르마스는 초기 그리스도교의 저술가로, 2세기 반에 우화적인 작품을 썼다. 이것이 《에르마스의 양치기 The Shepherd of Hermas》로, 당시 로마의 그리스도교를 그리고 있다.〕

히브리인은 이것을 페르시아인에게서 빌려 썼다. 힌두교도들은 이 나무를 칼파브리크샤(Kalpavriksha)라는 이름으로, 스칸디나비아인들은 이그드라실(Yggdrasil)이라는 이름으로 부른다. 더욱 상세한 것은 제임스 퍼거슨(James Fergusson) 씨의 해박한 책 《나무와 뱀의 숭배 Tree and Serpent Worship》에 나온다. 〔퍼거슨은 영국의 건축사가로서 특이한 존재로 평가받은 인물. 인도 전역을 구석구석 다니며 암석으로 지은 사원을 연구했다. 《건축사》—1855년—말고도 몇 종의 저서가 있다. 1808~86

년.〕

*124 아론의 지팡이(Aaron's Rod)〔출애굽기 제7장 9~10절 참조〕는 이슬람교도들에게는 《코란》 제7장 110절 '모세의 지팡이'로 되어 있다. 그 크기는 돛대만 했다고 한다 《순례》 제1권). 《코란》 제20장 18~19절에서 그 용법에 대한 기술을 볼 수 있다. 중세기에는 고트인 왐바(Wamba)의 지팡이가 되어 재등장했다(서기 672~680년). 마법사의 빗자루는 최근에 거기서 발전한 것.

*125 예수는 《코란》에서는 (제3장) 아담에 비교되고 있다. 그 칭호 가운데 Kalamu 'llah (신의 말)라는 것이 있는데, 그것은 아버지 없이 태어났기 때문이다. 또 Rubu 'llah (신의 숨결)이라는 것도 있으며, 이것은 아름다운 젊은이의 모습으로 변신한 가브리엘이 처녀 마리아의 옥문에 숨결을 불어넣어 잉태했기 때문이다. 따라서 이슬람교도들은 '기적의 잉태'〔그리스도교의 이른바 성모수태〕를 믿었고, 그 결과 그렇게 하여 잉태한 자는 엘리아스(Elias)나 히즈르(Khizr) 등과 마찬가지로 죽음을 면하는 것으로 단정하고 있다. 그들은 또 예수는 태어나면서부터 '원죄'를 면했다고 생각했다 (이것은 매우 벌 받을 미신이다). 그것은 처녀 마리아와 그 유아 앞에 처져 있는 휘장이 악마를 막아주어, 두 사람에게 손을 댈 수 없기 때문이다.

예수는 요람에 있었을 때부터 말을 하고, 여러 가지 의술의 기적을 일으키고 나서, 천국으로 불려갔다. 또 그는 무함마드의 선구로서, 다마스쿠스의 하얀 탑 위에 나타났다가 마지막에는 알 메디나에 매장된다는 것이다.

한편, 유대교도들은 그를 '그 사람'으로 얘기하며, 월경 중에 요셉에 의해 잉태했으므로 나면서부터 마법사라고 생각했다. 게다가 예수는 4문자의 신의 이름(Nomen tetragrammaton)〔히브리어의 여호와는 Jhvh라고 썼으므로〕을 배워 그것을 양피지에 쓰고 허벅지를 갈라서 그 속에 넣었다. 그런 다음 그 신의 이름을 외자 상처가 닫혔다(벅스토프 저 《유대법 사전》 jex. Talmud.).〔벅스토프(Johann Buxtorf)라고 하며, 프로이센 출신의 히브리 학자. 여기에 인용된 책은 Lexicon Chaldaicum, Talmudicum, et Rabbinicum으로, 그 아들에 의해 1639년에 완성되었다. 1564~1629년.〕

*126 '기발한 질문'으로 널리 알려진 수수께끼의 좋은 본보기.

*127 《코란》 제41장 10절.

*128 《코란》 제36장 82절.

*129 이 카드로 된 패는 아랍어의 칸지파(Kanjifah)=한 벌의 트럼프, 페르시아어의 간지파(Ganjifah)에서 본래의 뜻과 달리 전해져 그릇되게 굳어진 것. 우리는 동양의 이 유희의 기원에 대해 거의 아무것도 모른다.

*130 졸(pawns)은 아랍어의 바이다크(Baydak)이며, 페르시아어의 피야다(Piyadah)가 본래의 뜻과 달리 전해져 그릇되게 굳어진 것이다. 걷는 자, '보병의'라는 뜻이다. 이

말은 아랍인이 페르시아에서 이 유희를 도입했음을 증명한다. 페르시아인은 내가 아는 한 가장 능숙한, 서양 주사위놀이의 명수로서 그리스인보다도 뛰어나다. 〔서양 주사위놀이는 backgammon 또는 tric-trac이라 하며, 흑백의 둘이서 각각 주사위 2개, 말 15개를 가지고 싸운다.〕

＊131 낙타와 암노새의 짐에서 온 비유.
＊132 야명조는 아랍어의 빌라빌(Bilabil)이며, Bulbul의 복수형이다. 〔참고로 불불(Bulbul)은 이미 영어화했다.〕 balabil='마음의 번뇌'와 bala'bul='재앙' '부정'의 두 가지의 뜻에 걸쳐 있다.

〈역주〉
⑴ 앞에 종종 나왔듯이 메카의 성전을 가리킨다.
⑵ 무함마드의 전설적인 언행.
⑶ '알라는 가장 위대하다'는 뜻.
⑷ 신에 대한 인사.
⑸ 《코란》에 기록되지 않은 무함마드의 말.
⑹ 메카의 성전 방향을 향하는 것.
⑺ '알라는 가장 위대하다'는 말.
⑻ 샤피파의 시조.
⑼ 원문 그대로.
⑽ 경전의 계시는 메디나와 메카, 이 두 곳에서 이루어졌으므로.
⑾ 경전은 무함마드가 구술한 것을 모아 기록한 것.
⑿ 버턴도 뒤에 주석한 것처럼, 마지막 심판의 날에 인간이 건너야 하는 다리.

죽음의 천사와 거만한 왕 그리고 이맘

오, 인자하신 임금님, 아주 오래전에 한 국왕이 영내의 태수들과 관리, 종자들을 거느리고 대행렬을 지어 위풍당당하게 말을 달리면서, 자랑스러운 자신의 권세를 백성들에게 과시하고 싶었습니다. 왕은 태수들에게 채비를 시키고 의상담당에게는 왕의 신분에 어울리는 가장 훌륭한 옷을 가져오게 했습니다. 그리고 어떤 사람도 그 훌륭한 모습에 눈길을 빼앗기지 않을 수 없는 세상에 보기 드문 순수혈통의 준마*¹도 준비시켰습니다.

모든 준비가 끝나자 왕은 그중에서 가장 마음에 드는 옷과 준마를 골랐습니다. 그리고 진주와 루비 같은 온갖 보석이 박힌 목걸이를 손에 들고 옷을 갈아입고 나서, 엄숙한 몸짓으로 말에 올라 드디어 순시의 길을 떠났습니다.

늘어선 부하들 사이로, 전성시대의 포악한 위세를 의기양양하게 자랑하면서 군마는 춤추듯이 나아갔습니다. 게다가 마신이 왕에게 달라붙어 한 손으로 왕의 코를 쥐고 콧구멍에 오만방자한 자만심의 숨결을 불어 넣었으니, 더 말할 필요도 없었지요. 왕은 더욱더 우쭐하여 마음속으로 이렇게 생각했습니다.

'이 세상에 나 같은 사람이 또 있을까?'

왕은 오만과 자만심으로 기분이 아주 좋아져서, 하늘 아래 땅 위에 오직 자기만이 훌륭하고 위대하다고 믿었으므로, 다른 사람은 거들떠볼 생각도 하지 않았습니다.

얼마 못 가서 웬 누더기를 걸친 한 남자가 나타나 왕에게 인사를 했지만, 왕은 답례도 하지 않았습니다. 그러자 그 낯선 사람이 느닷없이 왕의 말고삐를 꽉 움켜잡는 것이었습니다.

"그 손을 놓아라!"

왕이 큰 소리로 말했습니다.

"네가 잡은 이 고삐가 누구의 것인지 모르느냐?"

그러자 상대가 말했습니다.

"나는 귀하에게 할 말이 있소."

"말에서 내릴 때까지 기다려라. 내려서 들어 보기로 하자."

"비밀 이야기이니 당신에게만 얘기하고 싶소."

그러자 왕은 상대방 쪽으로 머리를 기울였습니다.

"나는 죽음의 천사다. 그러니 네 영혼을 받아가야겠어."

이 말을 듣고 왕은 대답했습니다.

"잠시만 말미를 주시오. 왕궁으로 돌아가 처자와 친척, 지인들에게 작별을 고하고 올 테니."

"절대로 안 된다. 가족들에게 돌아가거나 만나서는 안 된다. 너의 수명은 벌써 기한이 지났다."

그리고 죽음의 천사는 그 자리에서 왕의 혼을 빼앗아 가버렸습니다. 왕은 그만 말 위에서 떨어져 죽고 말았습니다.

그곳을 떠난 죽음의 천사는 얼마 안 가 전능하신 알라의 가호를 받는 이맘을 만나 인사를 했습니다. 상대가 답례하자 천사는 말을 걸었습니다.

"오, 이맘 님, 귀하에게 조용히 할 말이 있소."

"그럼 살짝 말해 보십시오."

"나는 죽음의 천사입니다."

"정말 잘 오셨습니다, 당신을 보내주신 알라께 감사드려야겠어요! 당신이 오기를 얼마나 기다렸는지 모른다오. 그토록 애타게 기다렸건만 무척 오래도록 당신은 오지 않았습니다."

"할 일이 남아 있으면 먼저 처리하시지요."

"주님(알라께 명예와 영광이 있기를!)을 만나 뵙는 것 말고 바쁜 일은 없습니다."

"왜 그토록 나에게 영혼을 맡기고 싶어 하는 것인지요? 나는 당신의 희망에 따라 당신이 원하는 대로 영혼을 거두어 오라는 알라의 명령을 받았습니다만."

"그럼, 내가 목욕을 하고 기도를 마칠 때까지 기다려주시오. 그리고 내가 대지에 엎드려 이 몸이 땅 위에 있을 때 내 영혼을 거두어가십시오."

"사실은 알라(오, 알라를 찬양할지어다!)께서는 당신이 승낙하지 않거나 원하지 않으면 그냥 돌아오라고 하셨습니다. 그럼, 당신이 원하는 대로 하겠습니다."

이맘은 손발을 씻고*² 기도를 드렸습니다. 그가 땅에 엎드려 있을 때 죽음의 천사가 그 영혼을 거두어가자, 전능하신 알라는 그것을 자비와 수용과 관용의 나라로 옮기셨습니다.

또 다음과 같은 이야기도 있습니다.

〈주〉

*1 아라비아 말에 대한 영국인의 통념은 완전히 터무니없는 것에 근거하고 있다. 모든 책이 이렇게 가르친다.

"아라비아 말에는 명백하게 세 종류가 있다. 아테치(Attechi)는 지극히 우수한 종, 카디시(Kadishi)는 아티체와의 잡종으로 그다지 가치가 없다. 코칠라니(Kochilani)는 매우 귀한 보물처럼 여기고 있어서 구하기가 쉽지 않다."

아테치는 아트 타지(At-Tazi, 아라비아 말 또는 사냥개)를 가리키는 것인지, 아니면 아트(At, 터키어), 즉 말과 혼동된 것일지도 모른다. 카디시(Kadish=Gadish 또는 Kidish)는 작은 말, 거세마, 승마, 천천히 걷는 말 'pacer'(일반적으로는 라완(Rahwan)이라 불린다)를 가리킨다. 코칠라니는 눈꺼풀 주위의 피부가 마치 콜 가루를 칠한 것처럼 암흑색을 띠고 있어서 명백하게 콜라니(Kohlani), 즉 콜 가루를 칠한 눈의 말이다. 이것은 확실히 혈통이 좋은 말이며, 그중에서도 가장 고귀한 혈통을 이어받은 것은 콜라니 알 아주즈(Kohlani al-Ajuz)이다.

아라비아 말의 원산지는 알 나지드(Al-Najd)의 아득히 넓은 고원이다. 타하마(Tahamah), 즉 아라비아 저지의 해안지방에서는 말라바르와 마찬가지로 우량종이 생산되지 않는다. 순수혈통종은 모두 알 하므사(Al-Khamsah)(5계통 the Cinque)라고 불리는 5가지의 방계적 혈속(血屬)에서 나왔다. 아랍인 문학자와 현학자들은 건조하고 암석이 많은 지방의 성지(聖地)—그곳으로 모든 말이 수입된다—에서 생산되는 무함마드의 암말들에게서 순수혈통종의 유래를 찾고 있다. 그중에는 이스마엘의 4대째 족장으로, 히브리 왕(솔로몬)보다 약 600년이나 전의 솔로몬, 아마 살만(Salman)에게까지 거슬러 올라가는 것도 있다(《코란》제28장도 그러하다). 바다위족은 아랍족 계보의 시조 아드난(Adnan)부터 4대째인 라비아트 알 파라스(Rabi'at al-Faras, 암말의 라비아트)에게서 위의 5계통의 유래를 찾고 있다.

그러나 명칭에 대해서는 저마다 다른데, 일반적으로 주어져 있는 명칭은 카힐란(Kahilan), 코하일라트(Kohaylat), 사클라위(Saklawi), 아바얀(Abayan), 하므다니(Hamdani)이다. 마나히(Manakhi, 긴 갈기의), 타니스(Tanis), 잘푼(Jalfun) 같은 이름을 대신 사용하는 사람들도 있다. 이러한 말은 아랍인 사이에서는 증명서가 필요하지 않다. 외국인에게도 그저 말로 얘기하는 것만으로 충분하다고 그들은 생각한다.

바다위족은 모든 잡종(아라비아의 수말과 지방의 암말이 교배한 것), 즉 시리아, 터키, 쿠르드, 이집트 등의 잡종을 경멸한다. 그들은 '암말의 새끼' 즉 순수혈통종에 비해 이런 종류의 것을 '말 새끼들'(기원전 1600년 아메스(Ahmes) 왕의 시대에 처음으로 이 말이 등장했다)이라고 불렀다. 〔아메스 왕은 고대 이집트의 왕으로, 힉소(Hykso)족을 몰아내고 이집트의 주권을 회복한 것으로 유명하다.〕 또, 그들은 도시에서 자란 말도 믿지 않는다.

가격을 따지지 않는다면 아라비아 종마를 사는 것도 그리 어렵지 않다. 물론 바다위족은 종족 전체에 이익이 되는 것을 좀처럼 팔려고 하지 않는다. 그러나 5백 파운드에서 1천 파운드만 제공하면 주저하지 않고 팔 것이다. 하기는, 거의 언제나 몇몇 지주의 공유재산이 되어 있는 암말일 때는 다르다.

바다위족은 또 순수혈통종의 말을 백인 신사가 타고 있는 것을 보기 싫어한다. 이를테면 다마스쿠스에서 순수혈통 루와라 암말에 훌륭한 풍채의 선교사가 타고 있는 것을 보면, 그들은 흔히 이렇게 중얼거렸다.

"불길한 이단자가 타고 돌아다니게 하다니, 도대체 무슨 짓을 하는 거야?"

이런 감정은 아랍족의 역사에 일어난 말에 관련된 많은 전쟁을 쉽게 설명해 줄 것이다.

*2 이 남자는 의식적(儀式的)으로 맑고 깨끗한 상태에서 죽고 싶었던 것이다.

죽음의 천사와 부유한 왕

어느 곳에 헤아릴 수 없이 많은 재산을 쌓고, 더할 수 없이 높으신 알라께서 만드신 온갖 보물까지 그러모으는 왕이 있었습니다.

그는 이렇게 모은 막대한 재물을 기회 있을 때 써보려고, 왕에게 어울리는 웅장한 궁전과 누각을 짓고, 튼튼한 문을 달아 하인에서 인부와 문지기에 이르기까지 엄중하게 경비와 감시를 하게 했습니다.

어느 날, 왕은 요리사에게 맛있는 음식과 술안주를 장만하게 하여 가족과 신하, 술벗과 하인에 이르기까지 모두 모아 놓고 잔치를 벌여, 그들도 그 은혜를 누리도록 했습니다.

이윽고 왕은 옥좌에 기대앉아 자기 자신에게 이렇게 중얼거렸습니다.

"오, 영혼이여, 너는 지금까지 이 세상의 모든 부를 모았다. 이제는 이 부 속에서 오래도록 한가롭게 행복을 만끽하면서 영화를 누리고 사는 일만 남았도다!"

—여기서 날이 훤히 새어 샤라자드는 이야기를 그쳤다.

463번째 밤

샤라자드는 이야기를 계속했다.

오, 인자하신 임금님, 왕의 혼잣말이 채 끝나기도 전에 누더기 옷을 입고 거지 망태를 목에 건 한 사내가, 먹을 것이라도 얻으러 온 것처럼 나타나 문고리를 세게 두드렸습니다. 그 바람에 온 궁전이 지진이 난 것처럼 흔들리고 왕의 옥좌까지 들썩거렸습니다.

깜짝 놀라 문으로 달려간 하인들은, 문을 두드린 사내를 보더니 큰 소리로 호통을 쳤습니다.

"이런 괘씸한 놈을 봤나! 이제 무슨 짓이냐? 임금님이 상을 물리실 때까지 기다려라. 그러면 찌꺼기라도 줄 테니까."

그러자 사내가 대답했습니다.

"너희 주인에게 이리 나오라고 해라. 할 말이 있다. 급하고 중대한 볼일이 있다."

하인들이 다시 소리쳤습니다.

"썩 꺼져라, 이 거지 놈아! 임금님을 이리 불러오라니 대체 넌 뭐 하는 놈이냐!"

"어서 왕에게 그리 전하라!"

하인들은 하는 수 없이 들어가서 그 말을 왕에게 전했습니다. 그러자 왕이 말했습니다.

"너희는 어째서 그놈을 꾸짖고 혼을 내주지 못하느냐!"

그런데 그 말이 채 끝나기도 전에 전보다 더욱 세게 문을 두드리는 소리가 들려왔습니다.

하인들이 저마다 몽둥이와 칼을 들고 달려나가 그 사내를 때려죽이려 하자 그는 큰 소리로 말했습니다.

"그 자리에 꼼짝 마라! 나는 죽음의 천사다!"

이 말을 들은 하인들은 기겁하고 놀란 나머지, 어찌할 줄 몰라 옆구리의 근육은 그저 부들부들 떨리고, 팔다리는 마비된 것처럼 꼼짝도 할 수가 없었습니다.

그러자 왕은 일동에게 말했습니다.

"누구든 대리인*1을, 나를 대신해 줄 사람을 데려가라고 일러라."

그러나 죽음의 천사는 대답했습니다.

"대리인은 안 돼. 내가 이렇게 일부러 온 것은 너를 데려가기 위해서이다. 네가 산더미처럼 모아둔 재물에 하직인사를 시키려고 온 거다."

왕은 눈물을 흘리며 신음 소리를 내면서 말했습니다.

"오, 알라여, 나를 기만하고 멸망시켰을 뿐만 아니라 주님께 봉사하는 것조차 방해한 이 재물을 저주하소서! 지금까지는 오직 재물만 소중한 것으로 생각해 왔는데, 이제는 오히려 회한의 씨, 재앙의 씨가 되고 말았습니다. 나는 이제 빈손으로 저세상에 가서 적의 손에 모든 것을 넘겨주는 수밖에 없구나."

이 말을 듣고 '알라'의 뜻에 따라 금은재화가 입을 열고 이렇게 말했습니다.

"너는 어째서 나를 저주하는 것이냐?*² 오히려 너 자신을 저주하라. 왜냐하면 알라께서 티끌에서 나와 너를 만드셔서 나를 네 손에 맡기신 까닭은, 네가 나를 사용하여 내세의 성찬을 얻고, 가난한 사람들과 곤경에 빠진 사람들, 또 병든 사람들에게 나를 보시하여, 사원과 구빈원, 또 다리, 수도 등을 건설하게 하려는 뜻에서였다.

그랬더라면 나는 내세에서도 너에게 힘을 빌려 줄 수 있었을 것을! 그런데 너는 나를 끝없이 모으기만 하며 자신만의 허영을 키웠다. 또 나에게는 당연한 인사말 한마디 하지 않고 그 은혜를 잊어버렸다. 그러니 이왕 이렇게 된 바에야 나를 적의 손에 남기고 가는 수밖에 없다. 너에게는 후회하고 참회하는 것 말고는 다른 길이 없다. 그건 그렇고, 네가 나를 업신여기다니, 도대체 나에게 무슨 허물이 있단 말이냐?"

죽음의 천사가 왕이 채 식사도 끝내기 전에 옥좌에 앉아 있는 왕의 영혼을 빼앗아버리니, 왕은 그 자리에 털썩 쓰러져 숨이 끊어지고 말았습니다. 전능하신 알라는 이렇게 말씀하셨습니다.

"사람들이 알라께서 맡기신 것을 기뻐하고 있을 때, 나는 별안간 그들을 잡았다. 보라, 그들은 절망의 구렁텅이에 빠졌도다."*³

그리고 이런 이야기도 있습니다.

〈주〉

*1 대리인은 아랍어로 바달(Badal)이다. 신드에서는(다른 지방은 물론이고) 거지 바달을 고용하여 부자 대신 교수형에 처하는 관습이 있었다. 찰스 네피어 경은 이러한 관례를 모르고 많은 사형집행 영장에 서명했다.〔네피어에 대해서는 '꼽추 시체가 들려주는 이야기' 주석 64 참조.〕

*2 주술은 아랍어로 란(La'an)이라고 하는데, 이 말은 종교에 따라 금지되어 있지만 모든 사람이 입에 올리고 있다. 그러나 하나피파는 주술을 허용하지 않는다《순례》제1권).〔앞에서 주석했듯이, 이슬람교는 수니파와 시아파로 크게 나뉘며, 수니파는 다시 하나피파, 샤피파, 말리키파, 한발리파로 세분된다. 카이로 주민은 대부분 샤피파나 말리키파이지만, 터키인과 아랍인도 하나피파이다.

*3 《코란》제4장 44절. 이단자를 가리킨다.

죽음의 천사와 이스라엘 자손의 왕

이스라엘 민족의 여러 왕 가운데, 권세에 있어서는 누구도 따를 수 없는 한 폭군이 있었습니다.

어느 날 그가 옥좌에 앉아 있으니 보기에도 끔찍한 풍채를 한 사내가 문을 밀어젖히고 어슬렁어슬렁 들어오는 것이 눈에 들어왔습니다.

왕은 생각지도 않은 상대의 침입과 무섭고 이상한 얼굴에 너무나 놀라 자리에서 벌떡 일어나며 소리쳤습니다.

"네 이놈! 너는 대체 누구냐? 누구의 허락을 받고 여기 들어왔느냐? 누가 너를 불렀기에 발을 들여놓은 것이야?"

낯선 남자가 대답했습니다.

"실은 이 집 주인이 나를 너에게 보내셨다. 문지기도 나를 가로막을 수는 없고, 또 나는 왕을 만나는 데 누구의 허락을 얻을 필요도 없다. 나는 국왕의 위엄도 수많은 호위병도 전혀 두렵지 않다. 아무리 폭군이라도 내 손에서 빠져나가 편히 쉴 수는 없으며 어떠한 인간도 나의 지배를 벗어날 수 없다. 나는 바로 환락의 파괴자요, 모든 사람의 이 세상에서의 교류를 끊어버리는 자이다."

이 말을 들은 왕은 온몸이 마비되어[*1] 정신을 잃고 쓰러져 버렸습니다.

얼마 뒤 정신을 차린 왕이 다시 물었습니다.

"그럼, 당신은 죽음의 천사이십니까?"

"그렇다."

"알라의 이름으로 단 하루만 여유를 주실 수 없습니까? 그동안 기도를 올려 저의 속죄를 기원하여 주님의 사면을 구하고, 제가 모은 금은을 정당한 소유자에게 돌려줄까 해서 그럽니다. 그러면 죄업에 대한 응보와 그 응보의 고통을 면할 수 있을 테니까요."

"참으로 구제할 길 없는 자로구나! 그건 절대로 안 된다."

―여기서 날이 훤히 밝았으므로 샤라자드는 이야기를 그쳤다.

464번째 밤

샤라자드는 이야기를 계속했다.
오, 인자하신 임금님, 천사는 말을 이었습니다.
"네가 살 수 있는 날수와 호흡수는 이미 다했고, 죽을 날도 오늘로 정해져 장부에 기록되어 있는데 어찌 여유를 준단 말이냐?"
"그럼, 단 한 시간만이라도."
"네가 모르는 사이에 정해진 날짜는 이미 지나가버렸다. 어물어물하는 사이에 사라져버렸단 말이다. 이제 네 숨결은 마지막으로 단 한 호흡밖에 남지 않았다."
"내가 무덤 속에 묻히면 누가 곁에 있어 줄까요?"
"그야 뻔한 일이지. 네 선악 행위 말고는 아무것도 네 옆에 없을 것이다."
"나에게는 선악의 행위 같은 건 조금도 없습니다."
"너는 틀림없이 영원한 지옥불 속에서 전능하신 알라의 노여움을 사게 될 것이다."
이 말과 함께 죽음의 천사는 왕의 혼을 붙들어 버렸으므로, 왕은 옥좌에서 굴러떨어져 죽고 말았습니다.
궁정 안은 갑자기 사람들의 울부짖는 통곡 소리로 가득 찼습니다.
그들이 만약 자기들의 왕이 알라의 노여움을 사서 죽었다는 것을 알았더라면 왕의 죽음을 애도하는 사람들의 슬픔은 더욱 컸을 것이고, 그 통곡 소리도 더욱 높고 격렬했을 겁니다.
또 이런 이야기도 있습니다.

〈주〉
＊1 마비의 발작에 수반되는 '스멀거림(formication)'을 암시하고 있다.

이스칸다르 주 알 카르나인과 가난한 사람들

오랫동안 여행을 하고 있던 이스칸다르 주 알 카르나인[1]은 우연히 어느 작은 부족을 만났습니다. 그들은 이 세상의 즐거움은 전혀 누리지 못한 채 집 앞에 무덤을 파놓고, 밤낮으로 참배하면서 묘지를 청소하고 기도하거나 전능하신 알라를 찬양하며 지냈습니다. 그들이 먹는 음식이라고는 들에서 나는 풀과 땅에서 자라는 것뿐이었습니다.

이스칸다르는 하인을 보내 부족의 족장을 불러오게 했습니다. 그러나 상대는 이렇게 거절했습니다.

"나는 그런 사람에게 특별히 볼일이 없다."

이 말을 들은 이스칸다르는 족장을 직접 찾아가 말했습니다.

"안녕하시오? 그런데 당신들은 대체 어떤 사람들이오? 보아하니 금도 은도 없이, 이 세상의 행복에 대해서는 전혀 모르는 것 같소만?"

"이 세상의 행복을 마음껏 맛볼 수 있는 사람이 어디 있겠소?"

족장이 대답하자, 이스칸다르가 물었습니다.

"왜 문 앞에 무덤을 파 두었소?"

"한눈에 잘 보이도록 하기 위해서지요. 무덤을 보면서 죽음에 대해 생각하고 토론하면서 늘 잊지 않고 있답니다. 그리고 어떤 일이 있더라도 내세를 잊지 않으려는 거지요. 그러면 현세에 대한 집착이 깨끗이 사라지고 마음이 흩어지는 일 없이 진심으로 전능하신 알라께 봉사할 수 있으니까요."

"그러면 어째서 풀을 먹고 사는 거요?"

"우리 몸을 짐승의 무덤으로 만들기 싫어서 그런 겁니다. 음식을 먹는 즐거움은 목구멍으로 들어갈 때뿐이지요."

족장은 팔을 뻗어 사람의 해골을 하나 집어 이스칸다르 앞에 놓으면서 말했습니다.

"오, '두 개의 뿔을 가진 임금'이신 주 알 카르나인 님, 당신은 이 해골이 누구의 것인지 아십니까?"

"모르겠는데."

"이 해골의 주인은 이 세상의 왕 중의 왕이라 일컬어지던 사람의 것인데, 그는 신하들, 특히 약한 자를 학대하고 이 현세의 쓰레기를 모으는 데 나날을 소비했기 때문에, 마침내 알라께 영혼을 빼앗기고 지옥불 속에 영원히 머무르게 되었습니다. 이건 바로 그 왕의 해골입니다."

족장은 또 다른 해골을 이스칸다르 앞에 놓고 물었습니다.

"이건 아십니까?"

"아니, 모르오."

"이것도 어느 왕의 해골입니다. 이 왕은 자기 부하를 사랑하고 영내 백성들을 자식처럼 사랑하고 보살펴주었습니다. 그래서 알라의 부름을 받아, 신의 나라에 살며 천국에서도 높은 지위를 얻었습니다."

족장은 이번에는 이스칸다르의 머리에 두 손을 얹고 말했습니다.

"이 두 개의 해골 가운데 어느 것이 당신의 것인지 알고 싶군요."

이 말을 들은 이스칸다르는 눈물을 흘리며 추장을 힘껏 끌어안고 소리쳤습니다.

"당신이 나와 함께 가준다면 재상으로 삼아 나라의 통치를 맡기고, 내 왕국의 반을 당신에게 드리다."

"오, 유감이지만 내게는 그럴 마음이 조금도 없습니다."

"어째서?"

"세상 사람들은 한 사람도 남김없이 당신이 손에 넣은 부와 영토 때문에 당신의 적이 되었습니다. 그렇지만 나에게는 모든 사람이 다 진정한 친구이지요. 나는 분수에 맞게 가난함을 견디고 있으니까요. 나는 무일푼일 뿐만 아니라, 인생의 행복은 아무것도 바라지 않고, 그런 건 조금도 필요하지 않습니다. 또 마음의 만족 말고 다른 것에는 전혀 관심이 없으니까요."

이스칸다르는 상대를 끌어안고 이마에 입을 맞춘 다음 그곳을 떠났습니다.[*2]

그리고 다음과 같은 이야기도 전해지고 있습니다.

〈주〉

*1 이스칸다르 주 알 카르나인(Iskandar zu Al-Karnayn), 즉 《코란》의, 또 우리 중세기의 2개의 뿔(東西)의 주인인 알렉산드로스(아랍어에서는 이스칸다르)는 상당히 과장되어 마케돈(Macedon)의 대왕과는 전혀 닮지 않았다. [이 대왕은 마케노니아국의 수도 페라에 태어났다.] 이 칭호(즉, 주 알 카르나인으로, 주는 '지주'라는 뜻)는 그의 머리 또는 투구의 2개의 돌 기물이나 2개의 긴 머리 다발에 의한다고 하며, 또 아마도 주신 (主神) 아몬(Ammon)의 뿔에 의한 것이 아닐까 하는 설도 있지만, 해석은 저마다 다르다. [아몬, 아문 또는 아멘 라(Amen-ra)는 머리는 양이고 몸은 사람인, 이집트인의 최고신이다.]

본문의 일화는 디오게네스(Diogenes)와의 유명한 대담(아마도 허구일 것이다)에 의해 시사된 것으로 생각한다. [디오게네스는 그리스의 키니코스학파 철학자로, 다른 동명인과 구별하기 위해 Diogenes the Cynic이라고 부른다. 만년에 항해하다가 해적에게 붙잡혀 노예로 팔려가고서 주인을 섬기며 가정교사로 있었을 때, 알렉산드로스 대왕이 찾아와 대담을 청했다. 그때 "나는 알렉산드로스가 아니라 디오게네스요"라고 말하며 그를 쫓아냈다고 한다. 기원전 412~323년.]

이스칸다르는 원래 마르자바(Marzabah)의 아들 마르즈반(경계지방의 군주)이라 불리며, 그리스인의 유명한 조상인 자페트(Japhet)의 아들 유난(Yunan)의 먼 후세의 자손이기는 하지만, 노파의 아들로서 출신은 비천했다. 페르시아인에 의하면, 그는 형 다라브(Darab, 카야니야 왕조, 즉 제2왕조의 다리우스 코도만누스(Darius Codomannus))의 아들로, 어머니는 마케도니아 필리포스의 딸, 그리고 할아버지의 손에서 자랐다.

아브라함과 이삭은 카바 재건 때 그를 만났는데, 알라는 사람들을 자기들의 신앙으로 개종시키거나, 아니면 죽이기 위해 세계의 구석구석까지 알렉산드로스를 파견했다. 이리하여 그는 니므롯, 솔로몬, 부흐트 알 나스르(Bukht al-Nasr, 나보코도노소르 (Nabochodonosor))[보통은 Nebuchadnezzar 또는 Nebuchadrezzar라고 쓰며, 기원전 605년부터 562년까지 바빌로니아의 왕]와 함께 세계정복자 4명 가운데 한 사람이 되어, 2세대에 걸친 가문의 불명예를 만회했다. 그의 대신(大臣)은 아리스투(Aristu, 그리스의 아리스토텔레스)[이른바 아리스토텔레스학파의 시조로 일컬어지는 유명한 철학자]인데, 이 철학자는 흑백 한 쌍의 깃발을 들고 다녔기 때문에, 그것이 밤과 낮의 표시로서 대왕에게 힘을 주어 그 정복사업을 쉽게 이루도록 해 주었다.

그는 배다른 형제 다라브 2세의 잔혹한 행위 때문에, 백성들의 권유로 페르시아의 경계에 찾아갔는데, 그곳에는 커다란 봉우리 2개가 있고, 그 뒤에 한 무리의 흉측한 난쟁이가 살고 있었다. 그들의 키는 2척 정도이며 기묘한 눈에, 귀는 요나의 이불도 될 수 있을 만큼 크고, 큰 입에는 엄니가 있으며, 손은 사자 발톱, 발은 수북한 털로 뒤덮여 있었다. 그들은 사람을 먹으며, 모든 것을 파괴하고, 공공연히 교접하여 아이들이 득실거렸다. 이 난쟁이는 자페트의 자손으로, 야주지(Yajuj)와 마주지(Majuj, 고그(Gog)와 마고그(Magog)라고 했다. 〔창세기 제10장에 의하면, 자페트는 야페테라 읽고, 마고그의 아버지. 에스겔서 제38장과 39장 참조.〕

시칸다르(Sikandar=이스칸다르)는 그들을 막기 위해 돌을 쌓고 철과 구리의 대갈못을 박은 유명한 성벽을 건설했다. 또한 다탄인의 침입을 막기 위한 것이라는 그 유명한 성채, 중국의 '만리장성'은 기원전 320년으로 거슬러 올라간다(마케돈의 알렉산드로스는 기원전 324년에 사망). 따라서 아랍인은 무함마드가 살아 있을 때 광둥에 대해 잘 알고 있었기 때문에, 그 장성을 토대로 가공의 이야기를 만들었을지도 모른다. 배화교도(즉 페르시아인)는 누스크(Nusk), 즉 젠다베스타(Zendavesta)를 불태운 혐의로 시칸다르에게 지옥에 떨어지라는 신탁을 내렸다. 〔고대 페르시아의 배화교도 또는 조로아스터교도의 성서를 젠드 아베스타 또는 젠다베스타라고 하는데, 그 말은 '법률해석'이라는 의미이다.〕

*2 동양의 폭군에 대한 이런 종류의 무서운 설법은 동양 문학의 주산물로, 신성모독과 야비한 유머의 화려한 특성을 살린 한 폭의 그림, 즉 명암의 대조를 이루고 있는데 확실히 대조(對照)의 매력이 있다. 이 이야기 대부분은 페르시아의 대시인 니사미(Nizami)가 쓴 《시칸다르 이야기 Sikandar-namen》에서 나왔다. 이 시인이 활약한 것은 이슬람력 515~597년으로, 피르다우시(Firdausi, 서기 1021년 사망)와 사디(Sa'adi, 서기 1291년 사망)의 중간기였다. 〔피르다우시는 유명한 《샤나마》를 쓴 시인. 사디도 〈장미원(굴리스탄)〉의 지은이로 페르시아에서 손꼽히는 시인이다.〕

아누시르완*¹ 왕의 위덕

정의의 왕 아누시르완에 대해 이런 이야기가 전해지고 있습니다. 어느 날, 왕은 병에 걸린 척하고, 재정관과 감독들을 불러 의사의 처방에 따라 약에 쓰고 싶으니 영내의 각 지방은 물론 방방곡곡을 뒤져서 황폐한 마을에 버려진 흙기와를 찾아오라고 명령했습니다.

가신들은 왕이 다스리는 방방곡곡을 찾아다닌 뒤 돌아와서 이렇게 보고했습니다.

"영내를 샅샅이 뒤졌지만, 어디를 가도 황폐한 땅도 없고 내다버린 흙기와도 없었습니다."

이 말을 듣고 왕은 매우 기뻐하며 알라께 감사드렸습니다.

"나는 어디든 황폐해져서 인적이 끊어진 토지가 있으면, 그곳을 재건하여 사람이 살 수 있도록 하기 위해, 이 왕국과 영토를 조사해 본 것이다. 그러나 사람이 살지 않는 땅은 아무데도 없다 하니, 정사가 더할 나위 없이 훌륭하게 시행되고, 법률도 나라 구석구석까지 잘 미치고 있으며, 인구도 충분히 늘어난 것 같구나."*²

―샤라자드는 날이 밝아온 것을 깨닫고 이야기를 그쳤다.

465번째 밤

샤라자드는 이야기를 계속했다.

오, 인자하신 임금님, 이렇게 옛날의 왕들은 영토 안의 인구를 늘리기 위해 특별히 힘을 기울인 건 아니었습니다. 그러나 국토의 인구가 늘면 그만큼 바람직한 일이 더 많아진다는 사실을 알고 있었습니다. 또 다른 의견은 제외하고, 현자와 학자들이 한 말, 즉 '종교는 왕에게, 왕은 군대에, 군대는 국고에, 국고는 인구에, 국토의 번영은 백성에 대한 정의에 의존한다'는 말을 충분히 이해하고 있었습니다. 그래서 이러한 왕들은 어떤 사람도 학대하거나 억압하지 않았습니다. 왕국은 폭정 위에는 성립되지 않으며, 도시와 토지도 폭군 아래에서는 황폐해져서, 영토는 파괴되고 상품의 수입은 끊어지며 국고는 비어져, 백성들의 안락한 생활이 흔들리게 됩니다. 왜냐하면 백성은 폭군을 미워하고 저주하기 때문입니다. 그 결과 왕은 편히 영토를 다스리지 못하고 변화가 매우 심한 운명에 시달리다가, 결국 스스로 멸망하게 됩니다.

또 다음과 같은 이야기도 있습니다.

〈주〉

*1 나는 389번째 밤에서 이 아름다운 이름에 대해 설명했다. 이 왕은 피르파이(비드야파티(Bidyapati), 학식이 높은 군주)의 우화를 페르시아에 전하고, 또 페르시아인의 비범한 재능에 의해 서양장기(체스)로까지 발달한 유희를 도입한 일로 오늘날까지 유명하다. 〔피르파이는 《사가》 계통 우화의 하나.〕

*2 여기서 우리는 마르사스주의자가 끊임없이 떠올리고 싶어 하는 영원한 진리를 볼 수 있다. 즉, 한 나라의 힘은 오로지 싸우는 사람들의 수와 육체의 완력에 있다는 것이다. 다른 종족을 정복하는 종족은 최대의 풋파운드(1파운드의 중량을 1피트 들어 올리는 일의 단위)를 들어 올리는 종족이다.

유대인 판관과 정절을 지킨 아내

 이스라엘 자손 중에 한 판관이 있었는데, 그의 아내는 남달리 얼굴이 아름다울 뿐만 아니라, 꾸준히 단식을 지키며 인종(忍從)하는 여자였습니다.
 남편은 예루살렘을 참배하기로 하고 자기가 없는 동안 아우에게 판관의 일을 맡기고, 아내도 보살펴 달라 부탁했습니다.
 진작부터 아름다운 형수에게 남몰래 마음을 두고 있던 아우는 형이 떠나자 곧 형수를 찾아가 수작을 걸었지만, 여자는 쌀쌀하게 물리치며 굳게 정조를 지켰습니다.
 아우는 여자가 쌀쌀하게 대하면 대할수록 더욱더 몸이 달아 노골적으로 유혹했으나 결국 어찌하지 못한다는 것을 알게 되었습니다. 그러나 이제는 형이 돌아왔을 때 자기가 한 짓을 형에게 일러바칠까 봐 겁이 나서 가짜 증인을 시켜 여자가 간통했다고 위증을 하게 했습니다.
 왕은 여자를 끌고 오게 하여 돌팔매 형을 선고했습니다. 그래서 가신들은 구덩이를 파서 여자를 그 속에 앉히고 몸이 완전히 묻혀버릴 때까지 돌을 던졌습니다. 그 모습을 보고 아우가 말했습니다.
 "이 구덩이가 저 여자의 무덤이 되는 거다."
 이윽고 날이 저물어 주위가 어두워지자, 가까운 마을로 가던 남자가 여자의 가냘픈 신음 소리를 듣고, 여자를 구덩이에서 꺼내 자기 집으로 데려가서 아내에게 상처를 치료해 주라고 일렀습니다.
 농부 아내의 간호로 몸이 완전히 회복된 여자는 곧 그 집 아이들을 돌보게 되어 밤에는 다른 채에서 아이와 함께 자기 시작했습니다.
 그 무렵 한 도둑이 이 여자에게 반해 사람을 시켜서 사랑의 회답을 요구했지만 쌀쌀하게 거절당하고 말았습니다.
 도둑은 그 앙갚음으로 여자를 죽이기로 하고 어둠을 틈타 그 집에 숨어들었습니다. 그런데 자는 여자를 칼로 찌른다는 것이 그만 실수로 아이를 죽이고 말았습니다. 도둑은 자신의 실수를 깨닫고 덜컥 겁이 나서 달아나고 말았습니다. 이리하여 알라의 가호로 여자는 정조를 지킬 수 있었습니다.

그러나 이튿날 아침 눈을 떠보니 옆에서 자고 있던 아이가 칼에 목이 찔려 죽어 있는 게 아니겠습니까? 잠시 뒤 아이 어머니가 와서 자기 아이가 죽어 있는 것을 보고 여자에게 소리쳤습니다.

"네가 우리 아이를 죽였지?"

그러고는 여자를 마구 때려서 죽이려고 했습니다.

그때 남편이 달려와 여자를 구해 주었습니다.

"알라께 맹세코 그런 무참한 짓을 해서는 안 돼!"

약간의 돈을 가지고 있던 여자는 허겁지겁 그 자리를 피해 정처 없이 달아났습니다.

그럭저럭 어떤 마을에 이르렀을 때 나무 등걸에 한 남자가 묶여 있고 사람들이 웅성웅성 둘러 서 있는 것이 눈에 들어왔습니다. 그 사람은 아직도 가냘프게 숨을 쉬고 있었습니다. 그것을 보고 여자가 물었습니다.

"이 사람이 무슨 짓을 했나요?"

"이놈은 죄를 범했소. 그 죄는 죽어서 보상하든가 그렇잖으면 희사의 형태로 벌금을 내지 않으면 면할 수 없소."

그러자 여자가 말했습니다.

"이 돈을 드릴 테니 저 사람을 용서해 주세요."

마을 사람들이 남자를 풀어주자, 여자 덕분에 회개한 남자는 무슨 일이 있어도 죽을 때까지 여자를 보살펴주기로 맹세했습니다. 남자는 여자를 위해 암자를 지어주고 자기는 나무를 하여 나날의 양식을 벌어왔습니다. 여자는 여자대로 알라께 정성을 다하여 예배를 드렸으므로, 어느새 병자나 귀신 들린 사람들이 여자를 찾아와 기도를 부탁하기만 하면 깨끗이 낫게 되었습니다.

―여기서 날이 새기 시작하는 것을 알고 샤라자드는 이야기를 그쳤다.

466번째 밤

샤라자드는 이야기를 계속했다.

오, 인자하신 임금님, 여자의 암자에 온갖 사람들이 찾아오고 있었을 때 (여자는 오로지 알라만을 섬기고 있었습니다), 전능하신 신의 뜻으로 형수를 모함한 시동생은 얼굴에 암이 발생하고, 여자를 때린 농부 마누라는 문둥병에 걸리고, 아이를 죽인 도둑은 중풍에 걸려 있었습니다.

한편, 남편 판관이 순례에서 돌아와 아우에게 아내의 소식을 물으니 이미 죽어서 이 세상 사람이 아니라는 것이었습니다. 그 말을 듣고 판관은 몹시 슬퍼하며 아내는 이미 조물주 곁으로 가버려 다시는 돌아올 수 없다 포기하고 말았습니다.

그러는 동안 믿음 깊은 여자 수행자에 대한 소문이 널리 퍼져 나가 각지에서 많은 사람이 모여들었습니다.

이 소문을 들은 판관이 아우에게 말했습니다.

"아우야, 너도 그 여자 수행자를 찾아가 보는 게 어떻겠냐? 알라께서 그 여자의 손을 빌려 네 병을 고쳐주실지 아느냐."

"형님, 부디 데리고 가 주십시오."

문둥병에 걸린 여자의 남편도 신심 깊은 수행자에 대한 소문을 듣고 아내를 데리고 찾아나섰고, 중풍에 걸린 도둑 일행도 역시 은자를 찾아갔습니다. 그들이 모두 여자의 암자 입구에서 딱 마주친 겁니다.

그런데 이 암자에는 방문자가 눈치채지 못하게 몰래 방문자들을 볼 수 있는 곳이 있었습니다. 문 앞에서 기다리던 사람들은 밖으로 나온 하인에게 청하여 허락을 얻은 다음 안으로 들어갔습니다.

그들을 알아본 여자는 베일을 쓰고 얼굴과 몸을 가린 뒤 방에서 나갔습니다. 그리고 문 앞에 서서 자기 남편을 비롯하여 시동생과 도둑, 농부 마누라를 한참 동안 지켜보았습니다. 하지만 방문자들은 그것을 전혀 눈치채지 못했습니다.

여자는 사람들을 향해 말했습니다.

"여러분, 여러분의 병을 고치려면 자신이 지금까지 저지른 죄를 참회해야만 합니다. 참회를 하면 조물주께서 가엾이 여기시고 그 사람의 속죄에 따라 죄를 용서해 주시니까요."

이 말을 들은 판관이 아우에게 말했습니다.

"아우야, 어서 알라께 참회하여라. 고집을 부려서는 안 된다. 참회를 하면 그만큼 병도 빨리 나을 테니까."

그때, 소리도 없이 이런 노래가 들려 왔습니다.

오늘 이날, 뜻하지 않게
서로 만난 폭군과
학대받은 약한 자.
알라께서 우리의 비밀
밝히시는 날.
여기에 죄인들은 멸망하고
성자는 알라의 뜻대로
높은 자리에 오르리라.
죄인이 아무리 완강해도,
또 아무리 패배를 인정해도,
우리 신은 진리의 길을
또렷이 밝혀주시리라.
오, 주의 노여움을 부르는 자여,
알라의 분노를 조금도
모르는 자로구나!
오, 명예를 구하는 자여,
명예는 신에게서 나오는 줄 알고,
신을 공경하는 마음으로
신을 두려워하는 마음을 풀지어다.

(이야기의 작자는 말했습니다.)

그러자 아우가 입을 열었습니다.

"그럼 바른 대로 고백하지요. 실은 형수님을 욕보이려 했습니다."

그리고 자초지종을 고백하고 마지막으로 이렇게 덧붙였습니다.

"이것이 저의 죄과입니다."

이번에는 문둥병에 걸린 여자가 말했습니다.

"저는 어떤 여자를 데리고 있었는데 그 여자에게 죄가 없다는 것을 알면서도 누명을 씌워 마구 때렸습니다. 이것이 제가 지은 죕니다."

다음에는 중풍에 걸린 남자가 말했습니다.

"나는 어떤 여자를 구슬려서 내 뜻대로 하려 했지만, 여자가 말을 듣지 않아 여자 집에 몰래 들어가 죽이려고 했습니다. 그런데 실수로 여자 옆에 자고 있던 어린아이를 죽이고 말았습니다. 이것이 내가 지은 죕니다."

이 말을 듣고 신심 깊은 여자는 말했습니다.

"오, 알라시여, 이 사람들에게 고통을 주셨듯이 이번에는 복종의 미덕을 보여주소서. 당신은 모든 것을 다스리시는 전능한 신이시니까요."

알라께서는(그 손에 주권과 권력이 가득하기를!) 즉시 모든 사람의 병을 완전히 낫게 해 주셨습니다.

이윽고 판관이 여자 수행자를 뚫어질 듯이 계속 바라보자, 여자도 가만히 있을 수가 없어서 그 까닭을 물었습니다.

"나에게는 아내가 있었는데 아직 죽지 않았다면 어쩌면 당신이 아닐까 하는 생각이 들었습니다."

이 말을 들은 여자가 자신의 신분을 밝히자 두 사람은 함께 알라(그 손에 주권과 권력이 가득하기를!)의 은혜로 뜻하지 않게 재회한 것을 신께 감사했습니다.

그러자 아우와 도둑, 농부 마누라가 한목소리로 용서를 빌었고 여자는 그들을 모두 용서해 주었습니다.

그들은 그 암자에 머물며 알라를 숭배하면서 죽을 때까지 진심으로 여자를 섬겼습니다.

다음은 사이드 집안*1 사람이 이런 이야기를 한 적이 있습니다.

〈주〉

*1 대체로(큰 논란이 되고는 있지만) 사이드(Sayyid) 집안은 무함마드의 증손 하산을 통해 무함마드의 혈통을 잇는 문필가 집안이다. 이에 반해, 샤리프(Sharif) 집안은〔일반적으로 무함마드의 자손으로서 사이드 집안과 쌍벽을 이룬다〕후사인(Husayn) 출신으

로, 무사 집안이다. 나지브 알 타라프(Najib al-taraf)는 사이드 집안의 남자와 일반 이슬람교도 여성 사이에서 태어난 자식을 말하며, 부모가 모두 사도의 혈통인 나지브 알 타라파인(Najib al-Tarafayn)과 대립한다. 이와 같은 구별은 레인의 《근대 이집트인》에는 언급되어 있지 않아서 종종 혼란을 일으키고 있다.

난파선의 여자와 그 아들

어느 어두운 밤 내가 카바 주위를 돌고 있는데, 어디선가 슬픈 목소리가 들려 왔습니다.

"오, 자비로우신 알라여, 제 진심을 걸고 당신께 맹세한 것은 반드시 지키겠습니다."

그것은 죄를 깊이 뉘우치는 사람의 목소리였습니다.

이 말을 들은 나는 숨이 멎는 것 같은 혼란을 느꼈습니다. 목소리를 따라 가까이 다가가니 뜻밖에도 그 소리의 임자는 여자였습니다.

나는 여자에게 말을 걸었습니다.

"안녕하십니까, 알라를 섬기는 시녀여."

그러자 상대도 대답했습니다.

"안녕하세요! 당신께 알라의 자비와 축복이 있기를!"

"더없이 높으신 알라께 맹세코, 당신이 마음의 진실을 다하여 맹세한 것이 대체 무엇인지 가르쳐주시지 않겠습니까?"

"천지신명께 맹세하지 않으시면 내 가슴의 비밀을 얘기해 드릴 수 없습니다. 우선 내 앞에 있는 것을 보세요."

여자 앞에는 갓난아이가 쌕쌕거리며 잠들어 있었습니다. 여자는 말을 이었습니다.

"나는 뱃속에 이 아이를 가진 몸으로 배를 타고 이 사원에 참배하러 오던 도중, 역풍을 만나 거친 파도가 덮치는 바람에 배가 난파하고 말았습니다. 어찌어찌하여 널빤지 조각에 의지하여 간신히 살아났는데, 그 널 위에서 이 아이를 낳았지요. 아이를 품속에 안고 파도에 떠밀려……."

—여기서 날이 샜으므로 샤라자드는 이야기를 그쳤다.

467번째 밤

샤라자드는 이야기를 계속했다.

오, 인자하신 임금님, 여자의 이야기는 계속되었습니다.

"이 아이를 품에 안고 파도에 떠밀려 가고 있는데, 한 뱃군이 헤엄쳐 와서 널에 기어오르더니 이렇게 말했습니다.

'나는 배에 같이 있을 때부터 당신에게 반했소. 이제 겨우 당신 곁에 왔구려. 그러니 순순히 내 말을 들으시오. 만약 싫다고 하면 바닷속에 처넣고 말테니.'

'그게 무슨 말이에요? 이런 재난을 당하고도 그때의 일을 벌써 잊으셨나요? 이런 재난이 당신에게는 아무것도 아니란 말인가요?'

'여태까지 수없이 이런 일을 겪었지만, 상처 하나 입지 않았어. 그러니 나에게는 아무것도 아니지.'

'하지만, 우린 지금 끔찍한 곤경에 빠져 있어요. 알라의 말씀을 잘 지키면 구원을 받을 수 있지만, 그렇지 않으면 살아남지 못할 걸요.'

그러나 상대는 끝까지 덤벼들었습니다. 나는 너무 무서워서 상대를 어떻게든 속여서라도 그 자리를 모면해야겠다 생각했습니다. 그래서 사내에게 이렇게 말했지요.

'정 그렇다면, 이 아이가 잠들 때까지 기다려주세요.'

그랬더니 상대는 다짜고짜 내 무릎에 있던 아이를 번쩍 집어 들어 바다에 내던져버리는 것이 아니겠어요?

나는 그 짐승 같은 행동을 보고 슬픔을 견딜 수가 없어서 하늘을 우러러 빌었습니다.

'오, 사람과 사람의 마음을 갈라놓으시는 알라여, 제발 나와 이 사자 같은 사나이의 사이를 갈라주소서. 당신은 모든 것을 다스리시는 전능하신 신이시니까요.'

그런데 이 기도가 채 끝나기도 전에 파도 사이에서 홀연히 짐승 한 마리가 나타나더니 널 위에서 그 사나이를 채 가버렸습니다. 혼자 남은 나는 아이를 잃은 슬픔과 애통한 심정이 더하여, 흐느껴 울면서 이런 노래를 읊조렸습니다.

내 눈의 위안,
사랑스러운 아기를 잃어버렸으니,
괴로움에 가슴은 찢어지고
몸은 쇠약해지는구나.
사랑의 빨간 불길이
미친 듯이 애간장을 태우니,
가련하구나, 한탄하는 이 몸에는
기쁨의 빛 사라지고
남은 것은 오직 신의 자비,
미래를 기다리는 마음뿐.
아, 알라여, 보셨나요,
이 몸에 덮친 재앙을?
내 아들 영원히 잃어버리고
이별의 괴로움을 견딜 수 없나이다.
저희를 가엾게 여기시고
저희를 다시 만나게 해 주소서.
이젠 의지할 곳 없는 몸
의지로 삼는 것은 오직 그대뿐.

 이렇게 하여 하룻밤을 보냈습니다. 날이 새자 아득히 먼 곳에 하얗게 반짝이는 돛이 보였습니다. 다행히 파도가 나를 힘차게 떠내려 보내고 바람이 그쪽으로 실어다주어 마침내 그 배가 있는 곳에 이를 수 있었습니다.
 배꾼들이 나를 끌어올려 주어 배에 올라가 보니, 글쎄 거기에 내 아들이 있지 않겠습니까! 나는 미친 듯이 아이에게 몸을 던지며 말했습니다.
 '오, 여러분! 이 아이는 내 아이입니다. 어디서 어떻게 이 아이를 구하셨습니까?'
 배꾼들이 대답했습니다.
 '항해를 하고 있는데 웬일인지 배가 갑자기 멎더니 움직이지 않더군요. 그런데 놀랍게도 배가 멈춘 곳은 도시만큼 어마어마하게 큰 짐승 위였소. 이 아이는 그 괴물의 등에 업혀서 손가락을 빨고 있더군요. 그래서 이 아이를

배 위로 건져 올렸지요.'

이 말을 듣고 나는 그때까지의 경위를 사람들에게 이야기해 주고 알라께 감사의 기도를 드렸습니다. 그리고 살아 있는 한 이 사원에서 떠나지 않을 것과 변함없이 신앙에 몰두할 것을 맹세했습니다. 그 뒤부터는 알라께서 나에게 주신 것만으로 만족하고 그 이상의 것은 원한 적이 없습니다."

여자의 신상 이야기가 끝나자 (하고 사이드 집안의 남자는 이야기를 계속했습니다) 나는 희사용 지갑에 손을 넣어 여자에게 희사하려고 했습니다. 그러자 여자가 소리쳤습니다.

"이 게으름뱅이! 여기서 냉큼 꺼져요. 방금 신의 자비와 관대한 행위에 대해 이야기해 주지 않았어요? 그런 내가 어찌 알라 말고 다른 사람한테서 희사를 받을 수 있겠어요?"

여자는 아무리 얘기해도 나의 희사를 받으려 하지 않았습니다. 나는 하는 수 없이 이런 시를 읊으면서 여자의 곁을 떠났습니다.

  알라는 얼마나 많은 은총을
  사람의 슬기로는 잴 수 없는
  무한한 신비 속에 감추어 두셨던가.
  정녕 모든 자비는
  괴로움 뒤에 오고
  불타는 마음은 환희로 채워진다.
  아침에 슬픔으로 나타나,
  밤이면 더없는 기쁨으로 변하기를
  몇 번이던가.
  그래, 언젠가 재앙이
  닥쳐올지라도 믿어야 하네,
  영원한 신을, 오직 하나뿐인
  전능하신 알라를.
  도움을 청하며
  예언자에게 오로지 기도하라,
  그러면 모든 소원 이루어지리라.

그리하여 여자는 죽는 날까지 알라의 사원을 떠나지 않고 주님을 섬겼다고 합니다.

또 말리크 빈 디나르[1](알라여, 이 분께 부디 자비를 베풀어주소서!)는 다음과 같은 이야기를 했습니다.

⟨주⟩

[1] 말리크 빈 디나르(Malik bin Dinar)는 바소라의 신학자(제8세기)로, 아부 야야(Abu Yahya)라는 다른 이름도 있었다. 신의 자비를 구하는 기도 문구는 이 이야기가 써졌을 무렵, 그가 이미 고인이었음을 나타내고 있다.

신앙심 깊은 흑인 노예

어느 때, 우리는 바소라에서 극심한 가뭄에 시달리다가 여러 번 기우제를 올리러 간 적이 있었습니다. 그런데 아무리 빌어도 기도가 이루어질 징조는 도무지 보이지 않았습니다.

그래서 나는 이타 알 사라미, 사비트 알 바나니, 나자 알 바카, 무함마드 빈 와시아, 아이유브 알 스푸티냐, 하비브 알 파르시, 하산 빈 아비 시난, 오토바 알 그람, 살리 알 무자니*1 등과 더불어 예배당으로 갔습니다.

아이들도 학교에서 나와 우린 모두 함께 비가 오기를 빌었습니다. 하지만 효과는 전혀 없었습니다. 그러는 동안 점심때가 되어 사람들은 돌아가고, 나와 사비트 알 바나니만 남아 밤이 될 때까지 돌아가지 않았습니다. 이윽고 해가 지자, 얼굴이 단정하게 생기고 정강이가 가늘며*2 배가 커다란 검둥이가 털바지를 입고 우리 쪽으로 다가왔습니다. 그자가 몸에 걸친 것은 모두 돈으로 친다면 은화 두 닢어치도 안 될 만큼 형편없었습니다.

사내는 물을 떠 와서 손발을 씻은 다음 기도하는 벽감으로 다가가 능숙하게 두 번 무릎 꿇고 절을 했습니다. 서서 허리를 굽히고 엎드리는 동작이 두 번 모두 한 치의 오차도 없이 정확했습니다. 그런 다음 사내는 하늘을 우러러보며 기도했습니다.

"오, 나의 알라시여, 나의 주님이시여, 당신의 주권을 조금도 손상하지 않는 일이거늘, 도대체 언제까지 종들의 소원을 들어주지 않으실 작정이십니까? 그것이 아니면 당신 왕국의 국고가 완전히 비어 버린 겁니까? 부디 저에게 내리시는 자비에 걸고 부탁합니다. 제발 주님의 자비로운 비를 내려주소서."

그런데 이 말이 끝나기가 무섭게 갑자기 하늘이 컴컴해지더니 마치 한꺼번에 수많은 물주머니를 터뜨린 듯 비가 세차게 쏟아져 내렸습니다. 그리하여 우리가 기도소를 나올 무렵에는 벌써 무릎까지 물이 차올랐습니다.

—여기서 날이 훤히 샜으므로 샤라자드는 이야기를 그쳤다.

468번째 밤

샤라자드는 이야기를 계속했다.
오, 인자하신 임금님, 이 광경을 본 우리는 정말 놀랐습니다. 그때 우리는 그 검둥이가 궁금하여 견딜 수가 없어, 내 쪽에서 먼저 말을 걸었습니다.
"여보게 검둥이! 참으로 괘씸한 자로군. 자네는 자신이 한 말이 부끄럽지도 않은가!"
"내가 무슨 말을 했다고 그러십니까?"
"자네는 알라께 '저에게 내리시는 자비에 걸고'라고 뻔뻔스러운 말을 하지 않았느냐? 알라께서 너에 자비를 내리시는지 않으시는지 어떻게 아느냐!"
"오, 속세의 덧없는 일에 빠져서 자기의 영혼을 아주 잊고 사는 양반이시군, 저리 썩 비키시오! 알라께서 자비로운 마음으로, 신은 오직 하나뿐이라는 사실을 고백할 힘을 주시고, 신에 대한 지식을 주셨을 때, 도대체 내가 어디에 있었단 말인가요? 나에 대한 알라의 자비로운 사랑 없이 어떻게 이러한 힘이 나에게 주어졌을 거라 생각하시오?"
그리고 이렇게 덧붙였습니다.
"나에 대한 신의 사랑은, 신에 대한 나의 사랑에 따른 겁니다."
이 말을 듣고 나는 말했습니다.
"얼마 동안 내 집에 와 있지 않겠나? 알라께서 반드시 자비를 내리실 거네."
"아니올시다, 나는 한낱 노예의 몸입니다. 코란에 적혀 있듯이 자기보다 낮은 주인이라도 배신하지 말라고 명령하셨으니까요."
그래서 우리는 멀리서 그 검둥이의 뒤를 밟아 그가 어느 노예 거간꾼의 집으로 들어가는 모습을 보았습니다.
그때는 이미 한밤중이 지나 있었지만, 아직 동이 틀 때까지는 상당한 시간이 남아 있어서 우리는 일단 집으로 돌아갔습니다.
그리고 이튿날 아침, 노예 거간꾼을 찾아가서 물었습니다.

"하인이 하나 필요한데, 젊은 남자를 구할 수 있겠소?"

"있습니다. 지금 꼭 백 명이 있으니 한번 보십시오."

그는 노예를 하나하나 불러내어 보여주었습니다. 그러나 70명 남짓을 다 볼 때까지 찾는 사내는 나타나지 않았습니다.

"이것이 전부입니다."

그리하여 그 집을 나오는데 집 옆에 허물어져 가는 헛간이 하나 눈에 띄어서 들여다보니, 뜻밖에도 그곳에 그 검둥이가 앉아 있지 않겠습니까?

"카바의 주님께 맹세코, 틀림없는 이자다!"

나는 그렇게 소리치며 거간꾼을 돌아보았습니다.

"저 노예를 팔지 않겠소?"

"아, 아부 야야 나리, 저놈은 도무지 처치 곤란한 골칫덩이입니다. 밤에는 훌쩍훌쩍 울고만 있고 낮에는 낮대로 중얼중얼 참회하는 것 말고는 아무것도 하지 않는 놈이라서요."

"바로 그것 때문에 저 사내가 필요하오."

내 말에 거간꾼은 흑인을 불렀습니다. 그러자 그자는 매우 졸린 듯한 얼굴로 나왔습니다.

"나리, 값은 주시는 대로 받겠습니다. 그 대신 흠이 있어도 책임은 못 집니다."

나는 금화 스무 닢을 주면서 물었습니다.

"이자의 이름은?"

"마이문, 즉 원숭이라고 합니다."

나는 검둥이의 손을 잡고 집으로 돌아오려고 함께 밖으로 나왔습니다. 그러자 노예가 나를 돌아보며 물었습니다.

"오, 나리, 어째서 저를 사셨습니까? 알라께 맹세코 말씀드리지만 저는 신이 만드신 인간에게 종사하기에는 어울리지 않는 사람입니다."

"너를 산 것은 내가 너에게 종사하고 싶어서다. 절대로 거짓이 아니야."

"그건 무슨 말씀입니까?"

"어저께 기도소에서 너는 우리와 함께 있지 않았느냐?"

"그래서 제가 한 말을 들으셨습니까?"

"어제께 너에게 말을 건 사람이 바로 나였다!"

그러자 검둥이는 앞장서서 성큼성큼 걸어가더니, 어느 사원으로 들어가 재배 기도를 한 뒤 이렇게 말했습니다.

"오, 알라여, 나의 주여, 당신은 나와 당신밖에 모르는 비밀을 인간들에게 알려 저를 이런 속인(俗人)들 앞에서 수치스럽게 하셨습니다. 당신과 나 사이의 비밀을 당신 말고 다른 사람이 알게 되었으니, 저는 앞으로 무슨 보람을 느끼면서 살아갈 수 있겠습니까? 제발 부탁이니 지금 당장 제 영혼을 거두어 가십시오."

노예가 그 자리에 꿇어 엎드리기에 나는 한동안 기다리고 있었습니다. 그런데 도무지 얼굴을 들 기색이 없어서 그자의 몸을 흔들어 보니 놀랍게도 정말로 죽어 있지 않겠습니까? 이 검둥이에게 전능하신 알라의 자비가 함께 하기를! 나는 그의 팔다리를 펴고 시체를 눕히고서 가만히 그 눈동자를 들여다보았습니다. 그랬더니 이건 또 웬일이란 말입니까, 그 얼굴이 빙긋이 미소를 짓는 겁니다! 그뿐만 아니라 시꺼멓던 얼굴이 새하얗게 변해 초승달처럼 환하게 빛나고 있었습니다. 그 모습을 바라보며 신기하게 여기고 있는데, 사원 문이 열리더니 한 젊은이가 들어와 말했습니다.

"안녕하십니까! 알라여, 부디 우리의 형제 마이문을 위해 힘써 주신 보답을 알라여, 이분들에게도 내려주소서! 여기 수의가 있으니 입혀주십시오."

젊은이가 지금까지 한 번도 본 적이 없는 겹옷을 주었으므로 우리는 즉시 그것을 죽은 사람에게 입혀주었습니다.

오늘날에도 이 남자의 묘지에는 비를 청하는 참배자들이 끊임없이 찾아와 알라(그 이름을 찬양하라!)께 소원을 빌고 있습니다.

이 이야기를 소재로 한 무척 멋진 노래가 있습니다.

> 신령한 지혜의 마음 하늘 높이
> 낙원에 깃드니,
> 신은 동산을 꾸미시고
> 신의 수호병도 그를 지켜주노라.
> 보라, 사람들이 마시는 것은,
> 신과 맺어지는 인연의 술,
> 타스민*3을 넣어 묵힌 술.

'벗'과 사람 사이의 온갖 비밀도
이곳에 있으면 지켜지노라,
오직 이 비밀 아는 것은
하늘을 우러르는 '마음'뿐.

또한 이런 일화도 세상에 전해지고 있습니다.

〈주〉

*1 살리 알 무자니(Salih al-Muzani)는 8세기 바소라의 신학자.
*2 흑인에 대해 잘 아는 모든 사람에 의하면, 허벅지 바로 아래쪽에 주먹만 한 장딴지가 나와 있으면, '오이 정강이(cucumber shin)'나 '종달새 뒤꿈치(lark heel)'과 마찬가지로 노예로서는 좋은 표시이다. 모양 좋은 장딴지나 맵시 있는 다리는 게으름뱅이나 폭력배라는 증거다. 이 원칙은 완전히 경험에 의한 것이기는 하지만, 나는 그것이 틀림없음을 자주 발견했다. 아마도 그것은 신경질과 점액질의 대조에 의해 암시된 것으로 생각된다.
*3 타스민(Tasmin)은 낙원에 있는 샘의 이름. 49번째 밤 참조.〔'오마르 빈 알 누만 왕과 두 아들 샤르르칸과 자우 알 마칸 이야기' 주석 41 참조.〕

신앙심 깊은 쟁반장수와 그 아내

옛날, 이스라엘의 자손 가운데 인품이 매우 훌륭한 남자가 있었습니다.
그는 열심히 알라를 섬기며 세속적인 일은 삼가고 진심으로 멀리하고 있었습니다. 그의 아내 또한 남편에게 어울리는 배필로 언제나 남편에게 순종하는 여자였습니다. 두 사람의 생업은 쟁반[*1]과 부채를 만들어 파는 일이었는데, 낮에 온종일 일하고 밤이 되면 남편이 거리에 나가 낮에 만든 물건들을 팔았습니다.
두 사람은 해가 떠 있을 때는 늘 단식[*2]을 했는데, 어느 날 아침 부부는 단식하고 어두워질 때까지 부지런히 일한 뒤, 남편은 평소같이 손님을 찾아 밖으로 나갔습니다. 그리하여 어느 지체 높은 부잣집 앞에 이르렀습니다.
그런데 이 쟁반장수는 얼굴과 자태가 매우 아름다운 젊은이였으므로, 그 집 안주인이 보고 한눈에 반해 그만 불타는 사랑에 빠져버리고 말았습니다. 마침 그날은 남편이 외출 중인지라 부인은 하녀를 불러 이렇게 일렀습니다.
"어떻게 해서든 저 사람을 이리 데려오너라."
하녀는 쟁반장수에게 다가가서 물건을 살 것처럼 불러 세웠습니다.

―여기서 날이 훤히 샜으므로 샤라자드는 이야기를 그쳤다.

469번째 밤

샤라자드는 이야기를 계속했다.
오, 인자하신 임금님, 하녀는 쟁반장수를 불러서 말했습니다.
"안으로 들어오세요. 마님께서 물건을 보시고 사시겠대요."
쟁반장수는 하녀의 말을 믿고 아무 생각 없이 안으로 들어가서 하녀가 시키는 대로 자리에 앉았습니다. 하녀는 남자를 안에 들여놓고는 문을 닫고 나갔습니다.

한참 뒤 안주인이 방으로 들어와서 쟁반장수의 헐렁한 상의*³를 붙잡고 자기 방으로 데리고 갔습니다.

"당신과 만나게 될 날을 얼마나 기다렸는지 몰라요. 이제야 내 소원이 이루어졌군요. 자, 보세요, 이 방엔 좋은 향을 피우고 음식준비도 다 되어 있는 데다 오늘 밤에는 남편도 돌아오지 않는답니다. 나는 내 몸을 아무런 조건 없이 당신에게 바치겠어요. 지금까지 임금님과 군인, 부자들이 오랫동안 내 몸을 원했지만 나는 모조리 거절했었지요."

이 말을 듣고 남자는 전능하신 알라께 부끄러울 뿐만 아니라 신이 내리는 벌의 고통과 그 대가가 두려워, 바닥에서 눈을 들지 못했습니다.

마치 시인의 이런 노래와 같은 심정이었습니다.

   참으로 수많은
   귀부인의 도전 앞에는
   오로지 매우 부끄러울 뿐,
   내 몸은 언제나 깨끗하게
   순결을 지켰노라.
   내가 매우 부끄러워한 일이
   귀부인의 더러움을 구했으니,
   만일 그 부끄러움이 없었다면
   귀부인은 그 구원을 몰랐으리.

남자는 여자의 손길에서 빠져나가려고 애를 썼지만, 도저히 불가능한지라 이렇게 말했습니다.

"한 가지 청이 있습니다."

"그게 뭔데요?"

"깨끗한 물을 좀 주십시오. 그것을 가지고 이 댁에서 제일 높은 곳에 올라가 내 부정한 몸을 씻고 싶습니다. 부인에게 이런 몸을 보여 드리고 싶지는 않으니까요."

"이 집은 넓으니 볼일을 보시려거든 작은 방이든 한쪽 구석이든 변소든 어디라도 상관없어요."
"높은 곳이 아니면 안 됩니다."
여주인은 하녀에게 일렀습니다.
"이분을 발코니로 모셔다 드려라."
하녀는 쟁반장수를 집에서 가장 높은 곳으로 데려다주었습니다. 남자는 목욕을 하고 두 번 절을 하여 기도를 마친 다음, 아득히 내려다보이는 아래를 향해 몸을 던지려 했습니다. 그러나 그 높이가 어찌나 높던지 떨어지면 온몸이 가루가 되지 않을까 걱정이 되었습니다.
하지만 알라에 대한 거역과 무서운 죄업을 생각하니, 한목숨 버리고 죽는 것은 아무렇지도 않게 생각되어 이렇게 중얼거렸습니다.
"오, 알라여, 나의 주님이시여, 당신은 지금 제가 어떤 변을 당하고 있는지 알고 계실 겁니다. 저에 대해서는 모든 것을 알고 계시니까요. 당신은 진정 모든 것을 다스리시는 분, 소리 없는 노랫소리가 저의 신세를 이렇게 노래하고 있습니다."

나는 보여주리라, 오직 그대에게,
나의 수많은 추억을,
내 가슴속 비밀을
아는 건 오직 그대뿐.
그대에게 말을 하려면
소리 높이 외칠 수도 있고
만약 말을 하지 않더라도
말 대신 몸짓 보여 드리리.
아, 그대 둘도 없는
오직 하나뿐인 신!
사랑에 상처 입은 사람들도
탄식하면서 그대에게 구하노라.
나에게 한 가닥 희망 있으니,
그것은 진실이라고 믿는 생각.

설령 마음은 약하지만
올바르고 굳게 믿을 수 있노라.
목숨 버리는 일
이다지도 어렵지만
그대 목숨 버리라 명령하시면
참으로 쉬이 버릴 수 있으리.
그러나 만약 알라의 뜻이
파멸의 심연에서 구하는 데 있다면
아, 내 희망이여, 그 일을
이룰 힘은 그대에게 있노라.

 쟁반장수는 발코니에서 훌쩍 몸을 던졌습니다. 그러나 알라가 보내신 천사가 그의 몸을 날개로 받아 주었으므로, 그는 상처 하나 없이 땅에 사뿐히 내려설 수 있었습니다.
 쟁반장수는 알라(그의 손에 주권과 권력이 가득하시기를!)를 칭송하면서, 위험에서 몸을 구하고 순결을 지키게 해 주신 알라의 자비에 감사드렸습니다. 그리고 곧 자기를 기다리는 아내에게 돌아갔습니다. 물론 빈손이었지요.
 아내는 남편을 보고 오늘은 왜 늦었으며, 어째서 빈손으로 돌아왔느냐고 물었습니다. 남편이 어떤 여자가 자기를 유혹하려 했던 일을 모두 얘기해 주자 아내가 말했습니다.
 "알라 무드릴라! —신을 찬양하라!—. 당신을 유혹의 손에서 구해 주시고 위험을 물리쳐주신 알라께 감사드립니다."
 그리고 이렇게 말을 이었습니다.
 "여보, 이웃 사람들이 밤마다 우리 집 아궁이에 불이 지펴지나 보고 있어요. 아마 오늘 밤 불을 때지 않으면 틀림없이 우리가 가난해진 줄 알 거예요. 그러니 알라께 감사를 바치고, 이런 궁색한 살림을 눈치채지 못하게 합시다. 그리고 전능하신 알라를 위해 오늘 밤에도 어제처럼 단식을 하도록 해요."
 아내는 일어나더니 이웃 아낙네들의 쑥덕공론을 듣지 않으려고 아궁이에 불을 지피면서 이런 노래를 읊었습니다.

그래, 정말 불평도 넋두리도
희망도 모두 감추고
가슴속에 넣어두자.
이렇게 불을 지피면
이웃 사람, 아무도 알지 못하리라.
신이 정하신 운명에 순종하면,
언젠가 신 또한 나의
다소곳한 행위 받아주시리.

―여기서 날이 훤히 밝았으므로 샤라자드는 이야기를 그쳤다.

470번째 밤

샤라자드는 이야기를 계속했다.
오, 인자하신 임금님, 아내가 이웃 아낙네들의 호기심을 따돌리기 위해 아궁이에 불을 지피고서, 남편과 손발을 씻고 기도를 하기 위해 일어났습니다. 그때 이웃집 아낙네가 아궁이의 불을 얻으러 왔습니다.
"얼마든지 가져가세요."
두 사람의 대답을 듣고 아궁이로 다가간 아낙네가 느닷없이 큰 소리로 외쳤습니다.
"어머나, 빵이 다 타네. 얼른 내리세요!"
아내가 남편에게 말했습니다.
"방금 저 여자가 한 말을 들었어요?"
"가서 보고 와요."
아내가 아궁이에 다가가 보니 이게 웬일입니까? 그 속에 새하얀 빵이 가득 들어 있는 게 아니겠습니까? 아내는 얼른 빵을 꺼내 알라(그 손에 주권과 권력이 가득하기를!)의 넘치는 사랑과 자비에 감사드리면서 남편에게 가지고 갔습니다. 두 사람은 함께 그 빵을 먹고 물을 마시며 전능하신 알라를 찬양했습니다.

이윽고 아내가 남편에게 말했습니다.

"여보, 더없이 높으신 알라께 기도드립시다. 어쩌면 우리가 빵을 얻기 위해 악착같이 일하지 않아도 되도록 해 주실지도 모르잖아요. 정성을 다해 신을 섬기고 신의 명령에 따르도록 해요."

남편은 고개를 끄덕이며 일어서서 기도를 올렸고, 아내도 그 기도에 맞춰 '아멘' 하고 외쳤습니다. 그런데 바로 그 순간, 지붕이 두 쪽으로 갈라지더니 루비가 하나 떨어졌습니다. 루비의 밝은 빛에 온 집안이 환하게 밝아졌습니다. 루비를 보고 뛸 듯이 기뻐한 두 사람은 알라를 더욱더 찬양하면서 알라의 뜻을 좇아 기도를 계속했습니다.*4

밤이 깊어 두 사람은 누워서 잠이 들었는데, 그날 밤 아내는 꿈을 꾸었습니다. 그녀는 꿈속에서 천국에 올라가 의자와 걸상이 수없이 놓여 있는 것을 보았습니다. 이 자리는 도대체 무엇을 위한 것이냐고 물으니, 어디선가 이런 대답이 들려왔습니다.

"의자는 예언자가, 걸상은 올바른 사람과 경건한 사람이 앉는 곳이니라."

"그럼 우리 남편의 자리는 어느 것입니까?"

"바로 이것이다."

자세히 보니 그것은 한쪽에 구멍이 나 있는 걸상이었습니다.

"이 구멍은 뭔가요?"

어디선지 모르게 또 대답이 들려왔습니다.

"그건 너의 집 지붕에서 떨어진 루비가 끼워져 있었던 곳이니라."

그 말에 눈을 뜬 아내는 올바른 사람들의 자리 가운데 남편의 걸상만 흠이 있는 것을 알고 눈물을 흘리며 슬퍼했습니다. 그래서 남편에게 꿈 이야기를 한 뒤 이렇게 말했습니다.

"여보, 이 루비가 원래의 자리로 돌아가게 해달라고 기도합시다. 이 세상에서 굶주리고 가난한 것이, 나중에 천국에 가서 올바른 사람들 사이에 앉았을 때 자기 걸상에만 구멍이 뚫려 있는 것보다는 나을 테니까요."*5

남편이 아내의 말대로 알라께 기도를 드리자, 루비는 순식간에 지붕을 뚫고 날아가 버렸습니다. 그리하여 두 사람은 변함없이 가난한 생활에 만족하면서, 한결같은 신앙심을 유지하다가 마침내 알라(명예와 영광이 있기를!)의 곁으로 불려갔습니다.

또 다음과 같은 이야기도 있습니다.

〈주〉
*1 쟁반은 아랍어로 아트바크(Atbak)라고 한다. 이러한 쟁반은 골풀로, 또 부채는 종려잎 또는 새의 꽁지깃으로 만든다.
*2 단식이 금지된 2대 축전의 경우는 제외한다. 이 단식 문제에서 상식을 보여주는 유일한 종교는 배화교도 또는 파시교도이다. 그들은 단식을 기특하거나 정당한 일로 여기지 않는다. 그들은 '혼을 더욱 강인하게 유지할 수 있다'는 이유로, 현실적인 삶의 태도에 의해 호르무즈드(Hormuzd)를 숭배한다. 〔호르무즈드 또는 오르무즈드(Ormuzd)는 조로아스터교의 신, 즉 '총명한 정신, 우주의 선한 원리'로, '불, 태양 또는 빛에 의해 상징화된다'.〕 그렇지만 그들에게도 음식에 대한 미신은 있다. 이를테면 '문(Gate)'의 제24번에 "고기를 먹는 날에는 특별히 죄를 명심하라. 왜냐하면 고기는 아리만(Ahriman)의 먹이이므로"라는 문구가 있다. 〔아리만은 조로아스터교의 악마신으로 우주의 선한 원리인 신에 비해 모든 악의 근원을 상징한다.〕 인도의 배화교도는 힌두교도를 모방하여 뿔이 있는 가축은 식탁에 올리지 않는다.
*3 헐렁한 상의(gaberdine)는 아랍어로 잘라비야(Jallabiyah)라 하고 가난한 사람들이 입으며, 거친 천으로 만든 소매가 큰 긴 옷이다.
*4 이 구절은 '수없이 기도를 바친다'는 뜻.
*5 '가난은 나의 자랑'이라는 무함마드의 말이 기록되어 있는데, 욕심 없는 사람은 이해할 수 있을 것이다. 이 점에서 무함마드는 정직하게 가난을 저주한 알리와는 정반대이다. 무함마드는 아마도 그리스도교에서 그 견해를 빌린 듯하다. 어쨌든 만약 '부유한 자가 천국에 들어가기 어렵다'고 한다면, 처지가 훨씬 불리한 가난한 사람은 어떨 것인가? 반대로 극단적으로 말하면, 가난은 모든 악의 근원이고, 다른 사람에게 도움을 줄 수 있는 인간의 힘이 줄어드는 만큼 더욱 그러하다고 말해도 무방할 것이다. 현실적으로 관찰하면, 가난을 주장하며 그것을 찬양하는 사람들은 결코 스스로 가난한 생활을 실천하지는 않는다.

알 하자지와 신앙가

알 하자지 빈 유수프 알 사카피는 오랫동안 세상에 널리 이름이 알려진 어떤 사람을 추적하고 있었는데, 어느 날 마침내 그 사내가 붙잡혀서 끌려오자, 이렇게 외쳤습니다.

"오, 알라의 적이여! 네놈은 알라의 뜻에 따라 내 손에 체포되었다. 여봐라! 이놈을 옥에 가두고 발에 차꼬를 채워 큰 우리[*1]를 씌우도록 해라. 이놈이 한 발짝도 밖으로 나갈 수 없도록, 또 아무도 들어가지 못하도록!"

부하들은 그 사내를 옥에 가두고 대장장이에게 차꼬를 가져오게 했습니다. 그런데 대장장이가 망치를 휘두를 때마다 죄수는 눈을 들어 하늘을 우러러보며 이렇게 말하는 것이었습니다.

"모든 창조물과 왕국은 알라의 것이 아니냐?"[*2]

옥지기들은 우리를 만들어 죄인에게 씌워 홀로 그 안에 남겨두고 가버렸습니다. 그러자 겁이 덜컥 난 죄수는 애달픈 심정에 마음이 너무 괴로워 소리도 없이 즉흥시를 읊었습니다.

> 선망하는 사람들의
> 희망이여, 나 역시
> 알라를 동경하노라.
> 내 마음이 갈구하는 것은 알라의 자비,
> 누구도 거부할 수 없는 자비.
> 신의 눈에 내 모습
> 숨길 길 없어 드러나니,
> 나 역시 단 한 번이라도
> 신이 보고파 그리워하노라.
> 나는 옥에서 이렇듯

온갖 고통에 시달리지만,
아, 의지할 곳 없는 옥에 갇힌 사람의 몸,
구해 주는 자 아무도 없구나!
아무리 고독한 몸이지만
그대 이름 부르며
나를 달래고 즐거워하노라,
눈동자 잠들지 못해도.
만약 내 마음 받아주신다면,
그 밖에 무엇을 더 바라오리,
가슴에 간직한 나의 그리움
오직 그대만이 아노라.

해가 지고 어두워지자 옥지기는 죄수에게 감시인을 붙여 놓고 집으로 돌아갔습니다. 그런데 이튿날 아침, 감옥으로 가보니 차꼬만 바닥에 뒹굴 뿐 죄수의 모습은 온데간데없이 사라지고 말았습니다. 옥지기는 깜짝 놀라 드디어 자기에게도 마지막이 왔구나 생각하며 각오를 단단히 했습니다.
그래서 집으로 돌아가 가족들과 작별하고 나서 자신이 입을 수의와 향초를 소매 속에 넣고 알 하자지 앞으로 나아갔습니다. 알 하자지가 향내를 맡더니 물었습니다.
"이게 무슨 냄샌가?"
"오, 임금님, 제가 가진 향초에서 나는 냄새입니다."
"어째서 그런 것을 지니고 다니느냐?"

―여기서 날이 훤히 새기 시작하였으므로 샤라자드는 이야기를 그쳤다.

471번째 밤

샤라자드는 이야기를 계속했다.
오, 인자하신 임금님, 옥지기가 알 하자지에게 자초지종을 아뢰자 그가 소리쳤습니다.

"이 멍청한 놈! 그래, 너는 그자가 무슨 말을 하는 것을 못 들었느냐?"

"예, 들었습니다. 대장장이가 차꼬를 만드는 동안 줄곧 하늘을 쳐다보며 '모든 창조물과 왕국은 알라의 것이 아니냐?' 중얼거리고 있었습니다."

"오, 그랬구나. 이젠 너도 알겠느냐! 네가 보고 있는 앞에서 그자가 찾고 있던 알라가 네가 없는 동안 그를 구해 주신 거다."

알 하자지가 대답하자, 소리도 없이 이런 노랫소리가 뇌리를 스치고 지나갔습니다.

오, 주여,
당신은 얼마나 많은 슬픔을
쫓아 버렸던가.
나는 그대의 도움 없이는
앉지도 서지도 못하는 몸.
아, 그토록 수없이, 수없이
헤일 수 없이 많은 괴로움으로부터
나를 구하셨도다!

또 이런 이야기도 전해지고 있습니다.

〈주〉

*1 우리(cage)는 아랍어로 알 바이트(Al-bayt)=집. 아마 아랍인은 중국인에게서—그 *Kea*, 즉 칼(cangue, 형틀)〔프랑스어〕은 널리 알려 있다—이 무서운 감금방법을 배운 것이리라. 이러한 아랍풍의 형태는 굴(Ghull), 즉 이동할 수 있는 형틀로, 신에게 버림받은 사람들이 심판의 날에 이것을 차게 되어 있다.

*2 《코란》 제7장 52절.

불을 만져도 아무렇지도 않은 대장장이

어떤 도시에, 불 속에 손을 집어넣어 시뻘겋게 달군 쇠를 잡아도 전혀 화상을 입지 않는*1 대장장이가 살고 있다는 소문이 어느 신앙심 두터운 사람의 귀에 들어갔습니다.

그래서 그는 그 도시로 가서 대장간을 찾아갔습니다.

그가 대장간으로 안내를 받아 가서 대장장이가 일하는 모습을 바라보니 과연 소문대로였습니다. 신앙심 두터운 사람은 그날 일이 끝나기를 기다렸다가 대장장이에게 다가가 이마에 손을 대며 인사한 다음 이렇게 말했습니다.

"오늘 밤 당신 집에서 신세를 좀 졌으면 합니다만."

"좋습니다. 그렇게 하시지요."

대장장이는 그 신앙심 깊은 사람을 자기 집으로 데리고 가서 함께 저녁을 먹고 자리에 누웠습니다.

손님이 자지 않고 거동을 엿보았는데, 주인은 밤새도록 기도를 드리는 것도 아니고 그 밖에 무슨 색다른 수행을 하는 눈치도 보이지 않아 마음속으로 생각했습니다.

'어쩌면 나에게 뭔가 숨기는 건지도 모른다.'

그래서 다음 날 밤도 그다음 날 밤도 그 집에서 묵으며 계속 살펴보았지만, 역시 대장장이는 이슬람법과 예언자가 법도로 정한 기도말고 달리 밤중에 일어나 기도를 올리는 일이 전혀 없었습니다. 마침내 손님은 주인에게 물었습니다.

"오, 형제여, 당신이 알라로부터 받은 천부적인 재주를 소문으로 듣고, 또 이 눈으로도 분명히 보았습니다. 또 당신이 신앙생활에 정진하는 것도 이미 보았습니다. 하지만 기적을 일으키는 성인처럼 무슨 특별한 수행은 하지 않는 듯한데, 도대체 어떻게 하면 그런 재주를 부릴 수 있습니까?"

그러자 대장장이가 대답했습니다.

"그렇다면 얘기해 드리지요. 나는 옛날에 어느 노예계집에게 빠져서 몇 번이나 사랑의 쾌락을 청했지만, 여자가 어찌나 정조가 굳은지 도무지 들어주지 않았습니다. 그런데 어느 해 가뭄이 들어 심한 기근으로 생활이 어려워지고, 먹을 것이 부족하여 극심한 굶주림에 허덕이게 되었습니다. 그러던 어느 날, 누가 문을 두드리기에 나가 보니 놀랍게도 그 노예계집이 찾아와서 나에게 이렇게 말하는 것이었습니다.

'여보세요, 배가 고파 견딜 수가 없어서 찾아왔습니다. 제발 부탁이니 먹을 것 좀 주세요.'

그래서 내가 말했습니다.

'당신도 모르지 않겠지요, 내가 당신을 얼마나 사랑하며 당신 때문에 얼마나 괴로워했는지. 그러니 당신이 나에게 몸을 맡기지 않는 이상 빵 한 조각도 줄 수 없소.'

여자는 이렇게 말하더군요.

'알라의 말씀을 거역할 바에는 차라리 죽는 게 낫습니다!'

그러고는 어디론지 가버렸는데, 이틀이 지나고서 여자가 다시 찾아와 전처럼 먹을 것을 달라 하는 겁니다. 나도 전과 똑같은 대답을 했더니 여자는 집 안으로 들어와서 금방 숨이 끊어질 지경이 되어 그 자리에 털썩 주저앉고 말았습니다.

내가 여자 앞에 먹을 것을 갖다놓자 그 여자는 눈에 눈물이 가득해서 소리쳤습니다.

'알라의 자비로 제발 이것을 먹게 해 주세요. 부디 알라께 명예와 영광이 있기를!'

하지만 나는 이렇게 말했지요.

'그건 안 돼, 당신이 몸을 맡기지 않는 한 안 되겠소.'

'더없이 높은 알라의 노여움을 사서 천벌을 받는 것보다는 죽는 것이 낫습니다.'

여자는 이렇게 말하고 몸을 일으키더니 음식에는 손 하나 대지 않고 그대로 나가버렸습니다."

―여기서 날이 훤히 밝았으므로 샤라자드는 이야기를 그쳤다.

472번째 밤

샤라자드는 이야기를 계속했다.
오, 인자하신 임금님, 대장장이는 이야기를 계속 했습니다.
"그 여자는 이런 노래를 부르면서 어디론지 떠나가고 말았습니다.

> 아아, 그대 이 천지를
> 자비심으로 품으시는 신이여,
> 나의 가련한 신세를
> 그 귀는 듣고 그 눈은 보시리라.
> 뜬세상의 풍파가 나를 때리니
> 그 괴로움과 슬픔의
> 재앙으로 몸은 여위어
> 말로 형용할 길 없어라.
> 이 좋은 산천의 경치 앞에 두고
> 졸졸 흘러가는 맑은 시냇물
> 한 모금도 마시지 못하는
> 목마른 사람과 같도다.
> 향기로운 음식을 보면
> 이승의 몸은 유혹을 받지만
> 그 기쁨 이윽고
> 괴로움으로 바뀌리.

그 뒤 여자는 이틀 동안 나타나지 않다가, 다시 찾아와 문을 두드리기에 나가보니 이제는 굶주림에 지쳐 말도 제대로 못 하는 것이었습니다. 한참을 쉬고 난 뒤 여자가 겨우 입을 열었습니다.
'여보세요. 나는 이제 배가 고파 거의 죽을 지경이 되었습니다. 어떻게 해야 할지 모르겠어요. 하지만 당신 말고는 아무데도 얼굴을 내밀 곳이 없습니다. 전능하신 알라의 사랑을 봐서라도 먹을 것을 좀 주시지 않겠습니까?'

하지만 나는 이번에도 매정하게 이렇게 대답했습니다.

'안 되오, 당신이 몸을 허락하지 않는 한.'

그러자 여자는 집 안으로 들어와 그대로 주저앉아 버렸습니다.

마침 음식준비가 되어 있지 않아 나는 재빨리 음식을 해서 접시에 담았습니다. 그때 이상하게도 전능하신 알라의 자비심이 나에게 전염되어 나도 모르게 이렇게 중얼거렸습니다.

'너는 어쩌면 그리도 잔인한 놈이냐? 지혜도 신앙심도 얕은 이 여자는 저토록 배가 고파서 도저히 견딜 수 없는 지경이 되도록 먹지 못하고 있지 않으냐? 수없이 거절당하면서도 너는 알라를 거역하는 행위를 그만두지 못하는구나!' 그래서 나는 이렇게 말했지요. '오, 알라여, 제 몸을 불태운 색욕의 번뇌를 당신께 참회하겠습니다!'

나는 음식을 여자에게 가지고 가서 말했습니다.

'자, 이걸 드시오. 이제 아무것도 걱정하지 마시오. 모두 알라를 사랑하는 마음으로 드리는 것이니. 알라께 영광과 명예가 있기를!'

그러자 여자는 하늘을 우러러 이렇게 말했습니다.

'오, 알라여, 이분의 말씀이 진실이라면 이 세상은 물론 저세상에서도 당신의 힘으로 이분께 업화의 불길이 미치지 않도록 부디 지켜주소서. 만물을 다스리시는 알라께서는 회개하는 자의 기도를 들으시고 용서해 주시는 분이시니까요!'

나는 여자를 남겨 두고 화로[2]의 불을 끄러 나갔습니다. 때마침 겨울이라 몹시 추웠습니다.

그런데 시뻘겋게 단 숯불 한 덩어리가 내 몸에 닿았는데도 알라의(그분께 명예와 영광이 있기를!) 가호로 조금도 뜨겁지 않았습니다. 나는 그것을 여자의 기도가 이루어진 표시라고 굳게 믿었습니다. 그래서 이번에는 시험 삼아 숯불을 손으로 집어 보았더니, 역시 아무렇지도 않기에 나는 얼른 여자에게 돌아가서 말했습니다.

'기뻐하시오. 알라께서 당신의 기도를 들어주셨소.'"

―여기서 날이 훤히 새기 시작하였으므로 샤라자드는 이야기를 그쳤다.

473번째 밤

샤라자드는 이야기를 계속했다.
오, 인자하신 임금님, 대장장이는 이야기를 계속했습니다.
―그랬더니 여자는 손에 들고 있던 음식을 떨어뜨리면서 이렇게 말했습니다.
"오, 알라여, 이분을 위해 기도드린 바를 들어주셔서 제 소원을 이루었으니 이제는 저의 영혼을 불러가 주십시오. 당신은 만물을 다스리시는 전능하신 신이시니까요."
그러자 알라께서는 즉시 이 기도에 응답하여 여자의 영혼을 거두어 가셨습니다. 오, 알라여, 그 여자에게 자비를 베풀어주소서! 그때 이 제목으로 마음속에 저절로 즉흥시를 읊는 노랫소리가 울려 퍼졌습니다.

　　처녀가 기도를 바치니
　　은총 깊은 주님은
　　그 기도의 말 들으시고
　　속죄의 기도를 올리는 죄인을
　　깨끗하게 용서하셨으니,
　　처녀의 그 기도의 말
　　신께서는 모두 이루어 주셨도다.
　　죽음 또한 (스스로 신께 빌었듯이)
　　처녀의 소원으로서 들어주셨도다.

　　지난날 처녀가
　　그 사람의 문 앞에 찾아와
　　박복한 그 몸을
　　불쌍히 여겨달라고

애원했을 때
남자는 오로지 색정에
끌린 나머지 길이 아닌
욕망을 채우고자
처녀를 벼랑 끝에 몰아세웠다.
그러나 그대는 꿈에도
그 뜻 깨닫지 못하고
회개의 마음도
구하지 않았으니 용서하지 않았도다.
신이여, 운명은 운명에서
달아나는 사람을 쫓고,
행복과 불행과 생업도
그대만이 저울질하는구나.

또 이런 이야기도 있습니다.

〈주〉
*1 서양에서는 가장 흔한 마술이, 뭐든지 쉽게 잘 믿는 동양에서는 기적이 된다.
*2 화로는 아랍어로 카눈(Kanun)이라고 하며, 일반적인 용어는 만칼(Mankal), 즉 구리 또는 놋쇠로 만든 접시 모양의 그릇이다. 이런 종류의 '그릇(chafing-dishes)' 중에는 높이가 4피트나 되는 예술적인 작품도 있다. 레인(《근대 이집트인》 제4장)은 커피를 끓이는 비교적 작은 냄비인 아지키(Aziki)와 함께, 더욱 단순한 그릇의 삽화를 싣고 있다. 538번째 밤에서도 화로에 대해 다룰 것이다.

신으로부터 구름을 얻은 신자와 경건한 국왕

옛날, 이스라엘의 후손 가운데 신앙심이 매우 견고한 수행자가 있었습니다. 그 굳은 신앙심을 칭찬하지 않는 사람은 아무도 없었고, 그 절제와 금욕을 모르는 사람도 아무도 없었습니다.

그래서 이 남자의 기도는 언제라도 신의 뜻에 맞고, 뭐든지 원하는 것을 손에 넣을 수 있게 했습니다. 이 행자는 산을 헤치고 들어가 오직 신을 찬양하며 밤을 꼬박 새우기도 했습니다.

어느 날 전능하신 알라는 이 수행자에게 구름 한 덩어리를 주셨는데, 그 구름은 어디든 수행자를 따라가서 목욕하거나 물을 마시고 싶을 때 원하는 대로 비를 내려주었습니다. 그렇게 오랜 세월이 흐르자 이윽고 행자의 신앙심도 차차 엷어져서 알라는 마침내 그에게서 그 구름을 빼앗고, 그가 아무리 빌어도 소원을 들어주지 않게 되고 말았습니다. 이렇게 되자 행자는 알라의 자비에 의해 기적을 허락받았던 시절을 떠올리고, 몹시 후회하며 언제까지나 비탄의 눈물을 짓고 있었습니다. 그러던 어느 날 밤 꿈속에서 이런 계시가 들려왔습니다.

"네가 전처럼 구름을 얻고 싶거든 이러이러한 도시의 이러이러한 왕을 찾아가서 너를 위해 기도해 달라고 청해 보아라. 그러면 알라(오, 알라를 찬양할지어다!)께서는 그 임금님의 정성어린 기도를 봐서라도 다시 구름을 네 머리 위에 펼쳐 주실 테다."

그런 다음 이런 시를 읊었습니다.

　　신앙심이 깊은 임금을
　　찾아가라, 그 님은
　　참으로 유쾌하고 슬퍼하는
　　당신의 신상을 위로하노라.

> 그 임금 한 번 기도하면
> 그대 소원 당장 이루어지니,
> 파랗게 갠 하늘에서
> 굉음과 함께 비가 내리리라.
> 왕 중의 왕인 그 임금의
> 권세는 높고 높아서
> 드물게 세상의 숭앙 받으니
> 그 임금 곁에서 봉사하면
> 그대 소원 이루어지고
> 모든 기쁨과 즐거움이
> 그대에게 모여 오리라.
> 그러니 가라, 샘 없는
> 들판을 지나 산을 헤치고,
> 그토록 원하는 꿈의 땅
> 이윽고 그대 손에 들어오리라!

그래서 행자는 꿈속에서 들었던 도시를 향해 길을 떠났습니다. 긴 여행 끝에 마침내 그곳에 도착하여 길을 물어 국왕의 궁전을 찾아갔습니다.

문 앞에 이르러보니 화려한 옷을 입은 한 노예 호위병이 커다란 의자에 앉아 있었습니다. 수행자가 그 앞에 서서 인사를 하니 상대도 답례하고는 물었습니다.

"무슨 일로 왔소?"

"나는 치욕을 당한 자로 임금님께 사정을 말씀드리려고 멀리서 찾아왔습니다."

"오늘은 뵐 수가 없소. 임금님은 청원이나 호소를 하러 온 사람은 일주일에 한 번(그날을 가르쳐주면서) 접견하기로 정해 놓으셨소. 돌아가서 그날까지 기다리는 수밖에 없소."

수행자는 이토록 거만하게 백성을 만나려 하지 않는 왕의 처사에 화가 나서 속으로 이렇게 말했습니다.

'이래서야 어떻게 알라(그 손에 주권과 권력이 가득하기를!)의 성자 중의

성자라고 할 수 있단 말인가?'

그러나 수행자는 하는 수 없이 돌아가서 지정된 날을 기다렸습니다.

(행자는 이렇게 이야기했습니다.) 그날이 되자 나는 궁전으로 갔습니다. 문 앞에 많은 사람이 모여서 알현 허가를 기다리고 있었습니다. 나도 한참 동안 사람들과 함께 기다리고 있으니, 이윽고 훌륭한 예복을 입은 대신이 호위병과 노예를 거느리고 나타났습니다.

"알현을 청한 자들은 안으로 들어오라."

그래서 다른 사람들과 함께 궁전 안으로 들어갔습니다. 왕은 지위와 신분에 따라 늘어선 문무백관과 마주보며 옥좌에 위엄 있게 앉아 있었습니다. 대신은 자기 자리에 앉아 청원자를 한 사람씩 불러들였는데, 이윽고 내 차례가 되자 왕은 내 얼굴을 보더니 이렇게 말했습니다.

"잘 왔다, '구름의 주인'이여! 일을 처리하고 나중에 천천히 이야기할 테니 잠시 거기 앉아 있도록 하라."

이 말을 듣고 깜짝 놀란 나는 그 위엄과 뛰어난 인품을 인정할 수밖에 없었습니다. 왕은 청원자들에게 하나하나 판결을 내린 다음 일어나서 대신과 중신들을 물리쳤습니다. 그러고서 내 손을 잡고 내전 입구로 안내했습니다. 그곳에는 머리에 투구를 쓰고 양손에 활과 갑옷을 든 성장한 흑인 노예가 서 있었습니다. 왕이 나타나자 대신이 달려와서 급히 문을 열어주었습니다. 나는 왕에게 손이 잡힌 채 곧장 들어가 이윽고 낮은 문 앞에 이르렀습니다. 왕은 손수 그 문을 열고 무척이나 황폐한 곳을 지나 이윽고 어떤 방으로 들어갔습니다. 거기에는 기도용 양탄자와 목욕할 때 쓰는 물통, 종려잎으로 엮은 두세 장의 멍석 말고는 아무것도 없었습니다.

방에 들어간 왕은 입고 있던 옷을 벗고 하얀 털로 헐렁하게 지은 조잡한 옷으로 갈아입고서, 머리에 펠트로 만든 원뿔꼴 모자를 썼습니다. 그런 다음 자리에 앉고 나도 앉히고서 큰 소리로 왕비를 불렀습니다.

"여보, 어디 있소!"

그러자 왕비가 안쪽에서 나오며 대답했습니다.

"여기 있어요."

"오늘 손님이 누군 줄 아오?"

"네, 알고 있어요. '구름의 주인'이라는 분이지요."

"그럼 이리 나오시오. 사양할 것 없으니."

그러자 얼굴이 초승달처럼 빛나는 왕비가 환상처럼 나타났습니다. 몸에는 헐렁한 웃옷을 걸치고 머리에는 양털로 짠 엷은 베일을 쓰고 있었습니다.

―여기서 날이 샜으므로 샤라자드는 이야기를 그쳤다.

474번째 밤

샤라자드는 이야기를 계속했다.

오, 인자하신 임금님, 이윽고 왕이 입을 열었습니다.

"오, 형제여, 그대는 우리의 신상 이야기를 듣고 싶은가? 그렇잖으면 단지 그대를 위한 기도를 올리고 그냥 돌아가고 싶은가?"

"두 분의 이야기를 들려주십시오. 더없이 바라던 바입니다."

그리하여 왕은 이야기를 시작했습니다.

"내 조상은 대대로 이 왕위를 이어 왔는데, 모두 훌륭한 인물에게서 훌륭한 인물로 연면히 이어져 내려왔다. 그리하여 선왕이 세상을 떠나고서 내 손에 계승되었으나 나에게는 이 왕위가 견딜 수 없이 무거운 짐이었다. 그 까닭은 내가 백성은 그들 자신에게 맡겨 두고 마음대로 온 세상을 여기저기 돌아다니고 싶어서였지. 그러나 그러다가 나라의 질서가 어지러워지고 백성은 혼란과 학정에 시달리다 알라의 가르침을 외면하여, 신앙에 의한 나라의 화합이 깨져서는 안 된다는 걱정이 생겼다. 그래서 나는 내 꿈을 버리고 왕위에 올라 왕의 옷을 입고 모든 관리에게 일정한 봉급을 정해 주었다. 또 불충한 자를 위협하고 선량한 백성을 보호하며, 법률과 법도를 유지하기 위해 모든 문에 감시병을 배치했다.

날마다 그러한 일들을 처리하고 나면 나는 이 방으로 돌아와서 왕의 옷을 벗고 보다시피 이런 옷으로 갈아입지. 여기 있는 왕비는 사촌누이인데, 내 생각을 좇아 뜬세상의 욕망을 끊고 나를 도와 함께 알라께 봉사하고 있네. 우리 두 사람은 낮에는 종려잎을 엮어서 그것으로 돈을 벌고, 저녁이 되면 비로소 그 돈으로 식사를 하지. 그럭저럭 40년 가까이 이런 생활을 해 왔는데 그대도 오늘 이 종려멍석을 팔 때까지 여기 있도록 하라. (알라여, 이분께 자비를 내려주소서!) 그리고 오늘 밤에 함께 식사를 하고 여기서 묵은 다음 아침이 되거든 그때 떠나도록 하라. 그대의 소원도 이루어질 테니까. 인샬라!"

그리하여 수행자는 그날 하루 왕궁의 손님이 되었습니다. 해가 저물자 다섯 살 난 사내아이가 와서 두 사람이 만든 멍석을 가지고 시장에 나가더니, 그것을 1카라트[1]에 팔아 그 돈으로 빵과 콩을 사서 돌아왔습니다. 저녁식사를 마친 수행자는 왕 부부와 한방에서 잠을 잤습니다. 한밤중이 되자 왕과 왕비는 일어나 울면서 기도를 드리기 시작했습니다. 그리고 새벽이 가까워진 무렵에 왕은 이런 기도를 올렸습니다.

'오, 알라여, 여기 있는 당신의 좋은 그자에게 전처럼 다시 구름을 내려주시기를 간절히 기도하고 있습니다. 당신에게는 불가능한 일이 없습니다. 알라여, 부디 그자의 소원을 들어주시어 구름을 돌려주소서!'

왕비도 왕과 함께 기도를 드렸습니다. 그러자 신기하게도 순식간에 푸른 하늘에 구름 한 덩어리가 일기 시작했습니다. 그것을 본 왕이 수행자에게 기쁨의 인사를 하자, 수행자는 작별을 고하고 전처럼 구름을 이끌고 왕궁을 물러났습니다.

그 뒤로 경건한 왕과 왕비의 이름으로 기원을 드리면, 알라는 반드시 그 소원을 이루어주셨습니다. 그래서 수행자는 이런 노래를 지었습니다.

나의 주님에게는 오로지
신을 공경하는 종들과
지혜의 동산에서 유유히
노니는 마음이 있어,
더없이 깨끗한 심연에
사는 가슴에는 음욕조차
조용히 눈을 감고 잠든다네.
내 눈에 보이는 건 알라를 두려워하여
아무것도 말하지 않는 사람들.
그들의 눈은

숨겨진 것도 모두 볼 수 있노라.

또 이런 이야기도 전해지고 있습니다.

〈주〉

*1 여기서 1카라트(carat)는 1디나르 또는 미스카르의 24분의 1로, 약 5펜스에 가깝다. 〔원래 카라트는 보석의 형량 단위이지만, 금의 순도에도 사용되어 순금의 24분의 1을 가리킨다.〕 내가 앞에서 주석한 대로, 이슬람의 통치자들은 모두 단순한 이쑤시개를 만들더라도, 뭔가 일을 해야 하는 종교적 의무를 지고 있다. 무함마드나 종교정치는 물론 원래의 왕정도 폐지했다.

이슬람 전사와 그리스도교 소녀

　충실한 자들의 임금님, 오마르 빈 알 하타브(알라여, 부디 이분을 기리소서!)는 옛날 다마스쿠스에 쳐들어온 적군을 상대로 성전을 일으키기 위해 이슬람군을 모집했습니다. 그리하여 적군의 요새 하나를 열 겹 스무 겹으로 포위했습니다.
　그런데 이 이슬람군 중에, 적을 조금도 두려워하지 않는 담력을 신으로부터 선물 받은 용감하고 씩씩한 두 형제가 있었습니다. 그래서 포위된 적진의 대장은 부하 병졸들에게 이렇게 말했습니다.
　"저 두 사람을 사로잡든가 죽이기만 하면 나머지는 문제없다."
　이 말을 들은 부하들이 온갖 무기를 들고 나가서 함정을 파고 간사한 꾀를 꾸미며 복병을 배치해 필사적으로 공격하자, 마침내 한 사람은 사로잡히고 또 한 사람은 살해되어 순교자로서 최후를 마치고 말았습니다.
　끌려온 포로를 지긋이 바라보던 요새의 대장은 이렇게 말했습니다.
　"이자를 죽이기는 아까운 일이다. 그렇다고 적에게 돌려보내면 아군이 고전을 면치 못할 것이고……."

　—여기서 날이 훤히 샜으므로 샤라자드는 이야기를 그쳤다.

475번째 밤

　샤라자드는 이야기를 계속했다.
　오, 인자하신 임금님, 그리스도교군 대장은 말을 이었습니다.
　"어떻게 해서든 저자를 나사렛 사람의 신앙에 귀의시켜, 아군에게 도움이 되게 할 수 없을까?"

이때 한 귀족 출신의 기사가 입을 열었습니다.

"태수님, 제가 저자를 잘 회유하여 이교의 신앙을 버리게 하겠습니다. 그 방법은 다름이 아니라, 아랍인은 여자를 매우 좋아한다고 하는데, 마침 제 딸아이가 절세미인이니 아마 한 번 보면 넋을 잃고 말 겁니다."

"그렇다면 그대에게 맡기겠네."

그리하여 포로를 집으로 데려간 기사는 딸에게 화려한 옷을 입혀 아름답게 꾸몄습니다.

그런 다음 이슬람교도를 방에 안내하여 산해진미를 대접하면서 아름답게 단장한 딸을 눈앞에 대령했습니다. 처녀는 마치 주인에게 충실한 시녀처럼, 다소곳하게 상대의 분부를 기다렸다가 바지런히 시중을 들어주었습니다.

이슬람교도는 자기에게 재앙이 덮쳐온 것을 깨닫고, 전능하신 알라께 몸을 맡긴 채 눈을 감고 오로지 알라께 기도를 드리며 코란을 외었습니다.

그런데 이 이슬람교도는 목소리가 매우 아름다운 데다 특별히 머리가 뛰어난 남자였으므로, 나사렛 사람인 처녀는 이내 상대에게 반해버려 애타는 사랑에 빠지고 말았습니다.

이리하여 일주일이 지났을 때 처녀는 이렇게 혼잣말을 중얼거렸습니다.

"아, 부디 저분의 허락으로 이슬람교도가 되게 해 주소서!"

처녀의 심정은 마치 이런 노래와도 같았습니다.

내 영혼도 이 가슴도
그대에게 드릴 테고
모든 것이 그대 것인데
그대, 왜 나를 외면하는가?
나는 고향도 같은 겨레도
스스로 버리리라, 영원히,
어떠한 신앙*1도 버리고
칼의 신앙에 귀의하리라.
나는 또한 굳게 증명하노라,
알라 외에 신은 없음을.
이 증명이야말로 이 진실이야말로

흔들림 없는 초석이라네.
신은 이윽고 언젠가
사랑하는 사람을 맺어주시고,
사랑에 미친 마음을
위로하고 격려하시리라.
굳게 닫혔던 문도
몇 번이고 열어
슬픔 뒤에 있는
모든 행운을 보여주시리라.

처녀는 가슴이 터질 것 같아 더는 버티지 못하고 상대 앞에 몸을 던지며 이렇게 말했습니다.
"제발 부탁이니, 제 소원을 들어주세요."
"도대체 무슨 소원이오?"
남자가 묻자 처녀는 대답했습니다.
"저에게 알 이슬람의 교리를 가르쳐주세요."
남자가 이슬람교의 가르침을 설명해 주자, 처녀는 그 자리에서 이슬람교로 개종하여 할례*2를 받고 기도하는 방식까지 배웠습니다. 그런 다음 처녀는 남자에게 말했습니다.
"제가 알 이슬람으로 개종한 까닭은 오직 당신 때문이에요, 당신의 사랑을 받고 싶어서예요."
이 말에 남자가 대답했습니다.
"이슬람교의 율법에 따르면 두 사람의 정식 증인을 세워 그 앞에서 결혼하기 전에 잠자리를 함께하는 일은 금지되어 있소. 게다가 지참금과 후견인도 필요하오. 그런데 나에게는 그런 증인도 친구도 없고, 아무것도 가진 것이 없다오. 하지만 무슨 수를 써서라도 여기서 달아나게 해 준다면 알 이슬람의 나라로 돌아갈 수 있을 테고, 그리 된다면 알 이슬람이 아무리 넓다 해도 당신 말고 다른 여자는 아내로 맞이하지 않겠다고 맹세하리다."
"그럼, 어떻게든 해 보겠어요."
처녀는 그렇게 대답하고 부모에게 가서 말했습니다.

"저 이슬람교도는 이제 진심으로 마음을 바꿔 먹고 그리스도교에 귀의하고 싶어 하니, 저는 저분의 소망대로 몸을 허락할까 합니다. 다만 저분은 형제가 살해된 도시에서 그런 인연을 맺고 싶지는 않다고 하며, 이 도시 밖으로만 나간다면 마음의 위안을 얻을 수 있을 테니 거기서 인연을 맺자고 합니다. 이제는 함께 다른 곳으로 가더라도 아무 걱정이 없을 것이니, 반드시 부모님이 바라시는 대로 다 잘 될 거예요."

처녀의 아버지가 대장에게 가서 상황을 보고하니 대장은 무척 기뻐하면서 두 사람을 처녀가 말한 마을로 보내도록 명령했습니다.

그리하여 두 사람은 그 마을에 가서, 낮에는 쉬고 밤이 되자 서둘러 준비를 하여 종적을 감춰버렸습니다. 그것은 마치 시인이 이렇게 노래한 것과 같았습니다.

"이별할 시간이 다가왔다."
사람들은 울부짖건만 나는 다만
이렇게 대답할 뿐.
"이별의 위협, 그 몇 번이던가."
나는 들판을 지나
산을 넘어 나아가노라.
샘도 솟지 않고 물도 없는
황야를 건너
여행길을 거듭하면서
오로지 앞만 보고 달려갈 뿐.
사랑하는 사람이 낯선 나라
찾아가서 청하는 잠
거듭하면 나 역시
어디든 따라가리.
서로 사랑하는 마음이야말로
내 갈 길을 가리키며
사랑스러운 사람 곁으로
이끄는 이정표.

―여기서 날이 샜으므로 샤라자드는 이야기를 그쳤다.

476번째 밤

샤라자드는 이야기를 계속했다.

오, 인자하신 임금님, 젊은 이슬람교도는 발이 빠른 준마를 타고 뒤에 처녀를 태워 밤새도록 쉬지 않고 길을 재촉했습니다. 이윽고 날이 훤히 밝아오자 한길에서 샛길로 들어가 말에서 내리고서, 손발을 씻고 새벽 기도를 올렸습니다.

그런데 그 기도 도중에 별안간 칼 부딪치는 소리와 사람들이 웅성거리는 소리에 섞여 말발굽 소리가 어지럽게 들려왔습니다. 젊은이는 처녀에게 말했습니다.

"오, 나사렛 사람들이 쫓아온 모양이오. 어떻게 해야 할까? 말은 지칠 대로 지쳐서 이제 꼼짝도 하지 않는데."

"무슨 말씀이세요? 겁을 먹은 거예요?"

처녀가 소리치자 남자는 대답했습니다.

"그렇소, 무섭소."

"'매달리는 자는 금방 구원을 받으리라'는 알라의 말씀을 일러주신 분이 바로 당신 아니던가요? 자, 마음을 맑게 가라앉히고 알라께 기도드립시다. 어쩌면 우리에게 구원의 손길을 뻗어 은총을 내려주실지도 모르니까요. 어서 알라의 이름을 찬양합시다!"

"그렇소. 당신의 말이 맞소."

그리하여 두 사람은 진실로 경건하게 전능하신 알라께 기도를 드렸습니다. 그런 다음 이런 시를 읊었습니다.

진정 나는 언제나
알라의 더없는 구원을
바라 마지않는 자,
비록 머리에 왕관을 쓸

때가 왔다 할지라도
당신의 구원을 원하노라.
당신은 더없는 나의 희망,
설령 내 손에 모든
희망을 얻는 날 온다 해도
희망은 모두 사라졌노라.
무슨 일이고 거절하지 못하는
마음 넓은 당신,
당신의 은총이 자애로운 비처럼
하늘에서 쏟아져 내리네.
나는 죄로 말미암아 당신의 그 비
맞지 못하는 신세,
아, 관용의 신이여,
너그러운 용서의 빛
내려주소서.
오, 고민을 물리쳐주시는 신,
내 슬픔을 쫓아주소서!
당신 말고 다른 누구도
이렇게 무서운 슬픔
쫓아줄 수는 없나이다.

 용사가 기도를 바치고, 처녀가 "꼭 그렇게 될지어다!" 외는 동안에도 말발굽 소리는 점점 가까이 다가오고 있었습니다.
 그런데 이게 웬일입니까! 용사의 귀에 순교자로서 최후를 마친 형의 목소리가 들려오는 게 아니겠습니까!
 "오, 아우여, 두려워하지 말고 탄식하지도 마라. 우렁차게 달려오는 사람들은 알라의 군사와 천사의 무리이니 알라께서 너희 혼인에 입회할 증인으로 보내신 사람들이다. 알라는 천사를 보내셔서 너에게 명예를 주시고 수훈자로서 또 순교자로서 은상을 내려주시려는 것이다. 알라께서는 또한 너를 위해 육지를 마치 양탄자 말듯이 말아서 줄여주시니, 너희는 내일 아침까

이슬람 전사와 그리스도교 소녀

지는 알 메디나의 산에 도착할 수 있을 것이다. 거기 가거든 오마르 왕(알라여, 이분을 기리소서!)을 만나 뵙고 나의 인사를 전한 뒤, '임금님이 올바르게 조언을 주고 충실하게 봉사하며 분투하셨으므로, 알라께서 그 노력에 대해 충분한 보답을 내리실 것'이라고 전해다오."

그때 천사들이 용사와 신부를 향해 소리 높여 축복을 내렸습니다.

"참으로 전능하신 알라는 그대의 조상 아담(그분에게 영원한 평안함이 함께 하기를!)을 창조하신 2천 년 전부터 그 처녀와의 결혼을 정하셨노라."

그리하여 두 사람은 환희와 평화와 행복 속에서 더욱 깊이 신을 믿었고, 신앙심 깊은 두 사람을 이끄신 신의 뜻은 완전히 이루어졌습니다. 그러는 동안 날이 샜으므로, 두 사람은 다시 새벽 기도를 올리고 길을 떠났습니다.

그런데 알 하타브의 아들 오마르 교주(그분을 칭송하라!)는 언제나 어두울 때 일어나서 새벽 기도를 드리는데, 때로는 두 사람의 종자를 거느리고 기도소의 벽감 속에 서서 코란의 '가축의 장'*3이나 '여인의 장'*4을 낭송하기도 했습니다. 그리하여 잠을 자던 사람은 눈을 뜨고, 목욕하던 사람은 빨리 목욕을 마치고, 또 먼 데 사람들도 달려와 기도에 참여했습니다.

오마르 왕의 첫 기도가 채 끝나기도 전에 사원은 모인 사람들로 꽉 차기 때문에, 왕은 늘 코란의 짧은 장을 외면서 얼른 두 번째 기도를 마치곤 했습니다.

그런데 그날 아침에는 두 번 다 짧은 장을 외면서 서둘러 두 번의 예배를 마친 다음, 마지막 인사를 하고 나서 종자를 돌아보며 말했습니다.

"자, 지금부터 신부 신랑을 맞이하러 가자."

종자들이 영문을 몰라 어리둥절해하며 왕을 따라나서자, 이윽고 성문에 이르러 젊은 이슬람교도 용사를 만났습니다.

용사는 날이 새고 나서 알 메디나의 깃발이 펄럭이는 것을 보고 신부를 데리고 급히 성문을 향해 왔던 겁니다.

젊은이를 만난 오마르는 두 사람의 결혼을 축하하는 잔치를 올리라고 명령했고, 이슬람교도들이 모여들어 그 잔치에 참석했습니다. 이렇게 이슬람교도 용사와 신부가 경사스러운 부부의 인연을 맺으니, 전능하신 알라는 두 사람에게 자식을 점지해 주셨습니다.

―여기서 날이 훤히 새었으므로 샤라자드는 이야기를 그쳤다.

477번째 밤

샤라자드는 이야기를 계속했다.

오, 인자하신 임금님, 그런데 그 자식들도 신앙의 길에 들어가 훌륭하게 싸우면서 집안의 고귀한 전통을 지켰습니다. 그것은 자신들의 가문에 긍지를 느꼈기 때문입니다.

거기에 대해 다음과 같이 노래한 시가 있는데, 참으로 훌륭한 시가 아닙니까?

> 그대 문 앞에 서서 눈물 흘리며
> 탄식하는 모습을 나는 보았네.
> 다만 호기심 많은 기이한 사람,
> 그대의 탄식에 대답할 뿐.
> 사악한 눈에 홀렸느냐?
> 불행한 운명이 재앙의 벽 세워,
> 그대와 벗 사이를 가로막았더냐?
> 오늘은 눈을 뜨고
> 오로지 기도를 바치리라,
> 가버린 사람이 뉘우친 바,
> 스스로 자신의 죄악 회개할지어다.
> 언젠가 용서의 비 내려
> 그대의 죄를 씻어주리니,
> 그대 잘못을 빌면, 머리 위에
> 자비의 비 내리리라.
> 죄수도 속박이 풀려
> 자유의 몸 되고,
> 노예도 마침내 예속이

풀려 자유를 찾으리라.

그리하여 두 사람은 환락을 파괴하고 인간의 교류를 단절시키는 자가 찾아올 때까지, 인간세상의 모든 위안과 기쁨을 누리면서 행복하게 살았습니다.

또 시디*5 이브라힘 빈 알 하와스(이분에게 알라의 자비가 있기를!)가 자신에 대해 말한 다음과 같은 이야기도 있습니다.

〈주〉

*1 알 이슬람.
*2 이슬람교도는 고전(이를테면 아리스토텔레스 등)과 마찬가지로, 음핵(clitoris, 아랍어의 *Zambur*)은 성애(性愛)의 자리이자 원천(sedes et scaturigo veneris)으로 생각하고 있지만, 손니니(Sonnini)에 의하면 그것은 신에 대한 모독이라고 한다. 〔손니니는 프랑스의 박물학자이자 뷔퐁의 협력자. 1751~1812년.〕 갓난아기 때는 이 음핵이 음순보다 밖으로 나와 있어서 그 끝을 자르는 것이 여성할례이다. 이 의식은 질투 때문에 하가르(Hagar)의 음부를 그렇게 절단한 사라(Sarah)가 발명했다고 이슬람교도들은 생각하고 있고, 그 뒤 알라의 명령으로 사라 자신도 아브라함과 동시에 할례를 받아야만 했다. 〔성서는 창세기 제17장 제15절 이하 참조.〕

오늘날 할례는 알 이슬람에서는 널리 시행되고 있으며(또는 널리 시행되어야 하며), 아랍인들은 할례에 의해 '정화되지 않은' 여자하고는 결혼하지 않는다. '할례를 받지 않은' 여자의 아들(Ibn al-bazra)이라고 부르는 것은 매우 큰 모욕이다. 유대 여자가 랍비 게르솜(Rabbi Gershom)의 시대(서기 1천 년)까지—그는 할례를 그리스도교도에 대한 치욕이라며 규탄했다—할례를 받았다는 세상의 생각에 대해, 박학한 H. 그레츠(Graetz) 교수는 나에게 약간 분노하여 그런 의식은 한 번도 일어난 적이 없었으며, 그 위대한 랍비는 단순히 일부다처에 반대했을 뿐이라고 대답했다. 〔그레츠는 유대 역사에 밝은 유대인 역사가. 1817~91년.〕

그러나 나는 여성할례는 유대인의 벽지 마을에서는 관례가 되었다 믿고 있다. 이 의식은 양성(兩性)의 생식기의 성감을 평등하게 말살하여 평균화하고, 남성할례를 적정하게 보완하는 것이다. 할례를 하지 않은 여자는 할례 한 남자보다 오르가슴이 빠르고, 또 그 횟수도 많다. 그리고 성교를 자주 하면 여자의 건강을 해치게 된다. 따라서 위의 박학한 역사가의 증언이 있음에도, 나는 여성할례가 동양의 유대인에 의해 이루어지고 있음을 믿어 의심치 않는다.

'절제'는 상(上)나일의 흑인계 종족〔웨르네(Werne)〕, 소마르족〔아프리카 동부에 사는 흑인종) 등, 인근의 부족 사이에서 전반적으로 시행되고 있다. 노파 시술자는 우선 도구를, 나무자루에 끼운 작은 칼 또는 면도날을 들고 세 번 쓱 쓰다듬듯이 하여, 음순과 음핵의 끝 부분을 베어낸다. 그런 다음 음부를 굵은 바늘과 양가죽 실로 봉합한다. 다르 포르(Dar For)〔아프리카 수단의 동부 지방〕에서는 요도에 주석으로 만든 관을 삽입한다. 신랑은 결혼 전에 한 달 동안 쇠고기와 벌꿀, 우유로 정기(精氣)를 길러 만약 신부를 자연의 무기로 열 수 있으면 검객으로서, 마을 안의 어떤 여자도 육체를 거부할 수 없다. 만약 그것을 하지 못하면 손가락 끝으로 목적을 이루려 시도하고, 또 마지막 수단으로는 칼을 뽑아서 음부를 절개한다.

아덴에서 영업하던 소수의 소말리인 매춘부는 하나같이 음순과 음핵을 절개하고, 그 자리에 거친 봉합 자국을 남기고 있었다. 여성할례의 정신적인 효과는 특이하다. 할례에 의해 정욕은 줄어드는 반면 음욕은 오히려 증대되어, 육체적인 음탕함보다 더한 마음의 음욕을 낳는다. 그것은 일종의 독특하고 차가운 잔인성과 '쾌락'을 위한 인위적인 자극에 대한 취향이 수반되기 때문이다. 그것은 인류의 암시적인 두뇌에 의해 모방한 거세견(去勢犬)의 무성(無性, sexlessness)이다.

＊3 《코란》 제6장. 가축에 대한 일종의 미신이 그 속에 언급되어 있으므로 이렇게 불린다.
＊4 《코란》 제4장. 결혼, 이혼 등을 다루고 있으므로 이 이름이 붙어 있다.
＊5 시디(Sidi, Sayyidi='나의 주'가 축소된 것)는 오늘날에도 마로코와 마그리브 지방(Maghrib)의 성자에게 사용되는 칭호이다. 〔마그리브 또는 마그레브는 서아프리카를 말한다.〕 동아프리카 연안에서는 흑인종이나 흑인계 이슬람교도들이 사용하고 있다. '시디 보이(Seedy boy)'는 잔지바르인을 가리키는 영인어(英印語)이다. 또한 하와스(Khawwas)는 종려잎(Kohs)으로 바구니, 돗자리 등을 짜는 사람. 그러나 여기서는 선대부터 이어져 내려온 이름일지도 모른다.

그리스도교 왕의 왕녀와 이슬람교도

아주 오래전 일입니다. 나는 이교도의 나라에 가보고 싶어서 견딜 수가 없었습니다. 그러나 이런저런 방법으로 마음을 가라앉히며 그런 엉뚱한 생각을 몰아내려고 애썼지만, 도무지 욕망이 가라앉지 않았습니다. 그래서 나는 여행을 떠나 불신의 무리가 사는 나라에 가서 구석구석 돌아다니게 되었습니다. 그것은 내 몸이 알라의 은총과 하늘의 가호를 받고 있었으므로, 길을 가다가 만나는 나사렛 사람마다 어김없이 나를 외면하면서 몸을 피했기 때문입니다.

이윽고 어느 큰 도시에 이르렀을 때, 성문에 갑옷을 입고 손에 창을 든 흑인 노예들이 모여 있는 모습이 보였습니다. 그들은 나를 보더니 일어나서 물었습니다.

"당신은 의사입니까?"

"그렇소."

"그렇다면, 우리의 임금님 앞에 나가서 말씀 좀 해 주십시오."

그러고는 매우 위엄 있는 왕의 풍채를 한 훌륭한 지배자 앞으로 나를 안내했습니다. 내가 그 앞에 서자 왕은 지긋이 나를 바라보며 물었습니다.

"그대는 의사인가?"

"그렇습니다."

내 대답을 듣고 왕은 부하들에게 명령했습니다.

"이자를 공주에게 안내하되, 방에 들어가기 전에 공주의 증세를 잘 설명해 주어라."

부하들은 내 손을 잡고 물러 나와서 이렇게 말했습니다.

"사실 임금님께는 공주님이 한 분 계시는데, 그 공주님이 지금 중병에 걸려 어떤 의사도 고치지 못하고 있소. 그런데 일단 공주님의 방에 들어가서 치료를 시작했다가 만약 고치지 못할 때는, 임금님께서 사정없이 그 사람을 죽여 버리신다오. 그러니 당신도 신중히 생각하시는 게 좋을 거요."
"임금님께서 나를 공주에게 데리고 가라 하셨으니 안내나 하시오."
부하들은 나를 공주의 방 앞까지 데리고 가서 문을 두드렸습니다. 그러자 뜻밖에도 방 안에서 공주가 이렇게 외치는 소리가 들려왔습니다.
"신비로운 비밀을 다스리는 그 의사를 안내하라!"
그러고는 곧 이런 노래를 부르기 시작했습니다.

문을 열어라!
그대 의사여,
내 영원 속에
비밀 잠겼으니
아무리 가까워도
마음에는 멀고
아무리 멀어도
마음에는 가깝네.
그대들이 에워싸도
나는 역시 혼자.
그러나 진리[*1]의
이름 가진 주 알라의
뜻에만 맞는다면
위안은 나타나리.
가르침과 신심의
힘 있는 연분으로
맺어진 우리,
사랑하는 벗으로
정답게 다시 만나
사랑하는 벗으로
기쁘게 맞이하네.
나를 만나고자
그대 올 때마다

뒤따르는 자 있어
시기하고 비웃으며
우리를 나무라네.
헐뜯지 말라,
비웃지도 말라,
한 마디도 듣지 않으리.
마음에도 두지 않으련다.
덧없는 물거품처럼 사라지는 것,
내가 진심으로 원하는 건
덧없이 사라지지 않는 것.

그러자 놀랍게도 한 노인이 급히 문을 열고 나에게 말했습니다.
"어서 들어오십시오."
내가 안으로 들어가니 방에는 향기로운 풀이 뿌려져 있고, 한구석에는 휘장이 한 장 드리워져 있었습니다. 그 휘장 뒤에서 금방이라도 숨이 끊어질 것 같은 가냘픈 신음이 들려 왔습니다. 휘장 앞에 앉아서 공주에게 인사를 하려던 나는 문득 어떤 사람(알라의 구원과 가호가 있기를!)이 한 말이 생각났습니다.
"유대인 또는 그리스도교도에게는 액수례(額手禮: 이마에 손을 대는 인사)를 하지 마라. 길에서 그들을 만나거든 한구석의 좁은 곳으로 쫓아버려라!"[*2]
그래서 나는 인사를 그만두었습니다. 그러자 공주가 큰 소리로 외쳤습니다.
"오, 하와스 님, 그 '유일한 불가분의 신'의 인사를 잊으셨나요?"
이 말을 듣고 나는 깜짝 놀라 물었습니다.
"어떻게 나를 아십니까?"
"마음과 생각이 건강하면 은밀한 영혼의 밑바닥에서 저절로 혀가 줄줄 말을 한답니다. 어제 저는 알라께 기도드리고 신의 성자를 한 분 저에게 보내주십사고 빌었지요. 그분의 손으로 구원을 얻고 싶어서요. 그랬더니 이 집의 어두운 곳에서 이렇게 외치는 소리가 들려오더군요. '슬퍼하지 말지어다. 내가 곧 광주리장수 이브라힘을 너에게 보내리라.'"
"당신은 대체 무슨 말씀을 하시는 겁니까?"

"지금부터 4년 전의 일이에요. 제 앞에 '자명한 진리'가 모습을 드러냈지요. 그 신은 바로 말하는 자, 인연을 맺는 자, 통일하는 자, 주선하는 자였습니다. 하지만 그때부터 사람들은 나를 흘겨보며 마치 내가 타락이라도 한 듯이 생각했을 뿐 아니라 끝에 가서는 미치광이 취급을 하게 되었습니다. 그래서 이 방에 들어오는 의사는 모두 나를 위협할 뿐이고, 문병 오는 손님들도 모두 내 마음을 어지럽히기만 한답니다."

"그래서, 당신이 체험하신 그 깨달음으로 당신을 이끈 분은 누굽니까?"

"그것은 알라께서 주신 명백한 신호와 전조이지요. 길이 밝아지면 자기 자신의 눈으로 그 증거와 증거가 되는 자도 볼 수 있습니다."

이렇게 이야기를 주고받고 있는데 느닷없이 공주의 호위를 맡고 있는 아까 그 노인이 들어와서 말했습니다.

"이번 의사 선생님은 어떻습니까?"

공주가 대답했습니다.

"아픈 데를 잘 알고 계시고 그 치료법도 알아내신 것 같아요."

—여기서 날이 훤히 밝았으므로 샤라자드는 이야기를 그쳤다.

478번째 밤

샤라자드는 이야기를 계속했다.

오, 인자하신 임금님, 이 말을 들은 노인은 매우 기뻐하며 환한 얼굴로 나를 치하한 다음 왕에게 가서 이 사실을 알렸습니다.

그러자 왕은 왕대로 예를 다하여 나를 정중하게 대접하라고 분부했습니다.

그리하여 나는 그때부터 매일 공주를 찾아갔는데, 꼭 이레째가 되던 날 공주가 이렇게 말했습니다.

"여보세요, 아부 이사크 님, 대체 우리는 언제 알 이슬람의 나라로 달아날 수 있을까요?"

"어떻게 당신이 달아날 수 있단 말입니까? 그뿐만 아니라 누가 당신에게 힘을 빌려줄 용기가 있을까요?"

"강제로 떠밀듯이 당신을 나에게 보내주신 분이 도와주시겠지요."
공주의 말을 듣고 나는 대답했습니다.
"참으로 지당한 말씀입니다."

그리하여 우리는 이튿날 아침 성문을 빠져나갔는데 누구에게도 들키지 않았습니다. 그것은, 알라께서 뭔가 원하는 바가 있을 때 오직 '있으라!'는 한마디로 그대로 되게 하시는 알라의 규정 덕분이었습니다.*3

그리하여 나는 공주와 함께 여행을 계속하여 무사히 메카에 도착했습니다. 공주는 알라의 성전 바로 옆에 거처를 정하고 예정된 죽음의 날이 찾아올 때까지 7년 동안 그곳에서 살았습니다. 메카의 대지는 공주의 묘지가 되었던 것인데, 나는 공주만큼 그렇게 한결같이 기도와 단식에 정진하신 분은 아직 본 적이 없습니다. 부디 알라께서 공주님에게 자비를 내려주시기를! 그리고 또 다음과 같이 노래한 시인도 불쌍하고 가엾게 여기시기를!

> 사람들이 나에게
> 그 의사를 데려왔을 때
> (흐르는 눈물과 그리움의
> 병의 증상 보여주며)
> 베일을 벗고
> 그 얼굴을 응시하건만,
> 다만 들리는 건 몸도 마음도
> 허허로운 자가 토해내는 한숨뿐이로다.
> "이것은 사랑만이 고칠 수
> 있는 상사병이로구나,
> 사랑에는 사람의 지혜로는 잴 수 없는
> 신비한 비밀이 숨겨져 있으니."
> 의사의 말에 사람들이 대답하기를
> "병든 원인, 그 징후,
> 이것을 모른다면, 어떻게
> 약효험이 있을 수 있으랴."
> 나는 대답했네,

"그만둬라,
나에게는 이렇다 할 수단 없으니."

또 이런 이야기도 있습니다.

〈주〉
*1 진리는 알 하크(Al-Hakk)='진실'이며, 알라의 99개의 이름 가운데 하나.
*2 이슬람교도는 같은 이슬람교도에게 살람(Salam, '당신과 더불어 평안하기를!'이라는 뜻)을 말하는 것이 의무이지만, 그리스도교도에게는 지금도 이 인사를 입 밖에 내려 하지 않는다(《코란》 제4장과 제68장).
*3 《코란》 제36장 82절.

예언자와 신의 심판

어떤 예언자*1가 기슭에 물이 솟아나는 높은 산꼭대기에 예배소를 짓고 사람들의 눈을 피해 낮에는 그 정상에 앉아 더없이 높은 알라의 이름을 부르거나, 샘 옆에 찾아오는 사람들을 바라보거나 하며 지냈습니다.

어느 날, 여느 때처럼 예언자가 기슭의 샘을 내려다보고 있는데, 한 사내가 샘가에 이르러 말에서 내리더니 목에 건 자루를 옆에 내려놓고 물을 마시며 한참 동안 쉬고 있었습니다. 그러다가 다시 말을 타고 떠났는데, 그만 금화가 든 자루를 깜박 잊고 그 자리에 두고 가버렸습니다.

잠시 뒤 또 한 사내가 샘물을 마시러 왔다가 그 자루를 발견하고, 그 안에 금화가 가득 들어 있다는 것을 알자, 목을 축이고서 그 자루를 들고 가버렸습니다. 한참 뒤 이번에는 한 나무꾼이 무거운 장작을 지고 와서 물을 마시려고 샘가에 앉았습니다. 바로 그때 금화 자루를 두고 갔던 첫 번째 사내가 허겁지겁 달려와서 나무꾼에게 물었습니다.

"여기 있던 자루를 못 보았소?"

"아무것도 보지 못했는데요."

말 탄 사내는 다짜고짜 칼을 뽑아 나무꾼을 베어 죽이고 말았습니다. 그러고는 나무꾼의 옷을 여기저기 뒤져보더니 아무것도 나오지 않자 시체를 그곳에 그대로 내버려 둔 채 가버렸습니다.

그 광경을 지켜본 예언자는 이렇게 탄식하며 말했습니다.

"오, 알라여, 한 사람은 금화 1천 닢을 손에 넣고 한 사람은 아무런 죄도 없이 살해되고 말았습니다. 이게 어찌 된 일입니까?"

그러자 알라는 이렇게 대답했습니다.

"그대는 기도에 열중할지어다. 세상의 법도는 그대가 헤아릴 수 있는 것이 아니기 때문이니라. 그 말 탄 자의 아버지는 두 번째 말을 타고 온 자의 아버지가 가진 금화 1천 닢을 폭력으로 약탈한 자이니라. 그러니 나는 그 아들에게 아버지의 돈을 돌려준 것이다. 또 나무꾼은 말 탄 자의 아버지를 살해한 악한이라 아들로 하여금 아버지의 원수를 갚게 한 것이니라."

이 신의 말을 들은 예언자는 이렇게 외쳤습니다.

"오, 알라 외에 신은 없나이다. 오직 알라에게만 영광이 있기를! 진정 당신이야말로 모든 비밀을 다 아는 분이십니다."*²

─여기서 날이 훤히 밝았으므로 샤라자드는 이야기를 그쳤다.

479번째 밤

샤라자드는 이야기를 계속했다.

오, 인자하신 임금님, 또 시인의 한 사람은 이 일에 대해 다음과 같은 시를 읊었습니다.

> 예언자는 모든 것을 다 보시고
> 눈에 들어오는 것과 그 밖에
> 여러 가지를 자세히 밝히시도다.
> 그러나 생각을 그르쳐
> 예언자는 이렇게 말하네,
> "우리의 주님, 그 피해자는 죄가 없습니다.
> 그자는 겉모습은 가난해도
> 일하지 않고 부를 쟁취했습니다.
> 또, 그 남자는 죄도 없이
> 한창나이에 살해되었나이다."
> 신이 대답하시네.
> "보물을 얻은 그자는,
> 아버지의 은덕에 의한 것,
> 도적질이 아니라 유산을 받았느니라.
> 그 나무꾼 또한 그 기사의

아비를 죽였으니
그 아들이 정당하게
원수를 갚은 것.
그러므로 나의 종이여!
명심하여 그런
잘못된 생각을 버릴지어다!
나는 세상 사람들에게
신비한 비밀을 감췄노라!
우리의 법률에 따라,
좋든 나쁘든 모든 것은
나의 법도임을 알라! *3

또 어떤 신앙심 깊은 분한테서 이런 이야기를 들었습니다.

〈주〉

*1 모세와 히즈르(Khizr)의 이야기는 앞에서 다룬 바 있다. 《코란》 제18장 64절 이하 참조. 레인(제2권)에 의하면, 알 카즈위니가 《마흐루카트의 기담(奇譚)》에서도 이야기했다고 한다. 이것은 아마 파넬의 《은둔자 Hermit》의 모체가 된 《로마인의 무용담》 제80화 '천사와 은둔자' 및 제127화인 '정의와 공평함에 대하여'임이 분명하다. 책을 편집한 사람〔무용담의〕은 '멋진 교훈'이 들어 있다고 했지만, 나는 '선이 태어날지도 모른다고 생각하여 나쁜 짓을 하는 것'에 대한 그럴듯한 구실을 발견할 뿐이다. 〔파넬은 17세기 말의 영국 시인 Thomas Parnell을 가리키는데 오랜 친구 포프가 죽은 뒤 발표한 《은둔자》는 그의 대표작이다. 1679~1718년.〕
*2 《코란》 제5장 108절.
*3 이 나쁜 시는 참으로 놀라운 것이다.

나일 강의 뱃사공과 은둔자

나는 옛날에 나일 강에서 동쪽과 서쪽 기슭 사이를 오가면서 뱃사공 노릇을 한 적이 있습니다.
하루는 나룻배에 쪼그리고 앉아 있자니, 얼굴이 맑게 빛나는 한 노인이 찾아와서 인사를 하기에 나도 답례를 했습니다. 그러자 노인이 말했습니다.
"나를 저쪽으로 건네주지 않겠소?"
"그렇게 하지요."
"또 한 가지 부탁이 있는데, 먹을 것을 좀 주지 않겠소?"
"기꺼이 드리죠."
그래서 노인을 배에 태워 동쪽 기슭에 건네주었습니다. 노인의 행색을 보니 누덕누덕 기운 헐렁한 옷을 입고 표주박을 매달고 지팡이를 하나 들고 있을 뿐이었습니다. 노인은 배에서 내리기 전에 나에게 이렇게 말했습니다.
"사실 당신에게 중요한 부탁이 하나 있소만."
"무슨 일인데요?"
"나는 신의 계시로 죽을 날이 얼마 남지 않았소. 당신이 내일 정오에 저 나무 밑에 와 보면 내가 죽어 있을 거요. 그러면 내 시체를 씻고 내 머리 밑에 깔린 수의를 입혀서 명복을 빈 다음, 이 모래땅에다 묻고 내 옷과 표주박과 지팡이를 가져가시오. 그리고 나중에 누가 그 물건을 찾으러 오면 내주기 바라오."
이 말을 듣고 나는 이상하다 생각하면서도 그 자리에서 하룻밤을 보냈습니다. 그리고 이튿날 점심때까지는 노인이 한 말을 마음에 두고 있었으나 어느 틈엔가 깜박 잊어버렸다가, 오후 기도시간이 되어서야 겨우 생각이 나서 부랴부랴 그 장소로 가보았습니다.
그랬더니 아니나 다를까, 나무 밑에 어제의 노인이 죽어 있었습니다. 새

수의를 머리에 베고 있었는데, 주위에는 사향 향기가 풍기고 있었습니다. 나는 곧 시체를 씻고 수의를 입힌 다음, 기도를 올리고 모래 구덩이를 파서 묻어주었습니다.

모든 일이 끝나자 나는 노인의 누더기 옷과 표주박과 지팡이를 가지고 나일 강을 건너 서쪽 기슭으로 가 거기서 밤을 보냈습니다.

이튿날 아침 날이 밝아 성문이 열리자 곧 한 젊은이가 홀연히 나타났는데, 보아하니 불한당 같은 자로, 화려한 옷을 입고 손에 물감을 칠하고 있었습니다. 그 젊은이가 나를 보고 물었습니다.

"당신이 누구누구라는 사람이오?"

"그렇소."

"그럼 맡은 물건을 주시오."

"맡은 물건이라니?"

"누더기 옷과 표주박과 지팡이 말이오."

"대체 누가 당신한테 그것을 가르쳐주었소?"

"사실 나도 영문을 모르는 일이오만, 간밤에 친구의 결혼잔치에 초대받아 가서 밤새도록 먹고 마시며 놀다가 점심때가 되어서야 잠시 눈을 붙였는데, 무슨 조화인지 내 옆에 누가 서서 이렇게 말하지 않겠소.

'진실로 전능하신 알라께서 한 성자를 곁에 부르시고, 그 뒤를 그대가 잇도록 하라는 신탁을 내리셨노라. 그러니 이제부터 어떤 사람(뱃사공의 이름을 가르쳐주며)을 찾아가서 죽은 노인의 겉옷과 표주박과 지팡이를 받을지어다. 죽은 자가 그대를 위해 그 물건들을 사공에게 맡겨 두었느니라.'"

나는 그 말을 듣고 그 물건을 꺼내 그에게 주었습니다. 젊은이는 입고 있던 옷을 벗고 누더기 옷으로 갈아입고서 떠났습니다.

나는 주위가 어두컴컴해지자 눈물을 흘리며 울기 시작했습니다. 그날 밤 잠을 자는데, 꿈속에 성스러운 주님(오, 그분에게 영광이 있기를!)께서 나타나셔서 이렇게 말씀하시더군요.

"오, 나의 종이여, 나의 종 하나를 나에게 돌려보낸 일이 너에게는 그토록 슬픈 일이더냐? 그것은 나의 자비에 의한 것이다. 나는 만물을 다스리는 전능한 신이니 마음먹은 대로 누구에게나 자비를 내려주느니라."

그래서 나는 이런 시를 읊었습니다.

사랑하는 자는 사랑을 받으니[1]
신에 대해 목적도
의지도 잃고, 모든
선택마저도 죄 많은
치욕에 불과한 것을,
더러는 신의 은총 허락하더라도
인연을 허락하더라도
네 곁을 떠날지라도
털끝만큼도 신의 허물이 아니니라.
만약 신께 배반당하여
기쁨을 잃었거든 떠나가려 마!
이제, 네가 쉴 곳도 없고
있을 곳도 없다면.
너는 멀리 있는 신도
가까이 있는 신도
분별하지 못하느냐?
그것을 모른다면, 사랑 또한
허무한 것이로다, 네 다리는
힘을 잃어 저만치 처졌구나.
오로지 신을 동경하면서
마음 애태우며 괴로워한다면,
혹은 스스로 멸망에 빠진다면,
신의 손은 영락없이
고삐를 꼭꼭 조이시리라.
그러니 행여 좌우로
신의 거처 옮길지라도
나에게는 오로지 하나일 뿐.
신께서 정해 주신 것은

누구도 더럽히지 않노라.
내 사랑도 오직 하나
신의 증거를 구할 뿐.
그러니 신께서 헤어지라고
하신다면 나 또한
같은 말 되풀이할 뿐.

또 다음과 같은 이야기도 있습니다.

〈주〉

*1 이슬람 범신론자(수피)의 말투를 빌린다면, 창조물은 사랑하는 자이고 조물주는 사랑 받는 자이다. 또 현세는 이별, 분리, 헤어져 흩어짐이고, 내세는 재회이자 결합이다. 이러한 생각의 기본은 인간의 혼은 '위대한 영혼'에서 분리되어 육체라는 감옥에 갇힌, 한 분자에 지나지 않는다는 것이다. 이 생각은 애상적인 시를 낳았다는 점에서는 귀중하지만 '상식'은 이렇게 반문할 것이다. "그 증거는 어디에 있느냐?"고. 또 이성도 알고 싶어하리라. 도대체 그러한 것이 무슨 의미가 있느냐고.

섬나라 왕과 경건한 이스라엘 사람

 옛날 이스라엘 자손 가운데 유명한 부자가 있었는데, 그에게는 신앙심이 매우 깊고 축복받은 아들이 하나 있었습니다. 이윽고 아버지의 임종이 가까워졌을 때 아들은 아버지의 머리맡에 앉아서 이렇게 말했습니다.
 "오, 아버님, 뭔가 교훈이 될 만한 말씀을 남겨주십시오."
 "사랑하는 아들아, 내가 남기고 싶은 말은, 진실이건 거짓이건 결코 신의 이름을 걸고 맹세하지 말라는 것이다."
 이 말을 하고 아버지는 곧 숨을 거두고 말았습니다.
 같은 이스라엘 자손인 방탕한 아들이 이 얘기를 전해 듣고 아들을 찾아와서 말했습니다.
 "당신도 알고 있겠지만, 당신 아버님께 돈을 빌려주었는데 그것을 돌려주어야겠소. 돈을 돌려주거나, 돌려주지 못하겠거든 그런 돈은 빌린 적이 없다고 신께 맹세하시오."
 이 효심 깊은 아들은 돌아가신 아버지의 가르침을 어기고 싶지 않아서 사람들이 달라는 대로 돈을 내주었습니다.
 그 뒤에도 그들은 이런 방법으로 계속 돈을 갈취했으므로 아들은 금세 재산을 잃고 비참한 신세로 떨어지고 말았습니다.
 이 젊은이에게는 알라의 축복을 받아 신앙심이 두터운 아내와 어린 두 아들이 있었습니다.
 어느 날 남편이 아내에게 말했습니다.
 "저 사람들이 요구하는 금액이 점점 늘어 가는데, 그 돈을 지급할 수 있는 동안은 망설이지 않고 지급했지만 이젠 한 푼도 남아 있지 않구려. 앞으로 다른 자가 또 요구해 오면 나 당신이나 완전히 곤경에 빠져버릴 텐데. 그러니 제일 좋은 방법은 아무도 모르는 곳으로 달아나서 다시 시작하는 것이오. 신분이 비천한 사람들 사이에 섞여 일하며 그날의 양식을 구하는 수밖에 없을 것 같소."

그리하여 젊은이는 아내와 두 아들을 데리고 정처 없이 배를 탔습니다. 코란에도 "알라께서 심판하실 때 그 심판에 거역할 자 없느니라"[*1]고 했듯이, 이런 시도 있습니다.

> 적이 두려워 내 집
> 버리고 달아난 자들이여!
> 달아난 까닭에 그대들은
> 오히려 낙원의 땅을 만났노라.
> 타향으로 달아나, 우연히
> 행운을 붙잡고 부를 얻더라도,
> 방랑하는 사람 부러워하여
> 행여 시기하지 말라.
> 진주 구슬이 영원히
> 껍데기에 붙어 떨어지지 않는다면,
> 눈부신 왕관
> 장식할 날 바이없으리.

그런데 그들이 탄 배가 도중에 풍랑을 만나 난파하고 말았습니다. 남편은 널조각에 매달려 목숨을 건졌고, 아내와 자식들도 다른 널을 붙잡아 구사일생으로 살아났습니다.

그러나 가족들이 모두 풍랑 때문에 뿔뿔이 헤어지고 말았으니, 아내와 아들 하나는 각자 다른 나라의 바닷가로 떠밀려가고, 둘째 아들은 지나가던 배에 구조되었습니다. 그리고 아버지는 거친 파도에 떠밀려 무인도로 흘러가 버렸습니다.

아버지는 섬에 오르자 먼저 손발부터 씻었습니다.

―여기서 날이 훤히 새기 시작하여 샤라자드는 이야기를 그쳤다.

480번째 밤

샤라자드는 이야기를 계속했다.

오, 인자하신 임금님, 아버지가 무인도에 올라가서 손발을 씻어 바다의 더러움을 씻어낸 뒤, 일어나서 소리 높이 기도를 외기 시작했습니다.

그런데 무슨 조화일까요? 온갖 바다 생물들이 나타나 그와 함께 목소리를 맞춰 기도하는 게 아니겠습니까! 기도가 끝나자 그는 나무열매를 찾아 요기하고 샘을 찾아내어 목을 축이고서 알라(영광과 명예가 함께하기를!)를 찬양했습니다.

그렇게 사흘 동안 목숨을 겨우 이어 살아가는데, 그가 일어나서 기도를 올릴 때마다 바다 생물들이 나타나서 그와 함께 기도를 드리는 것이었습니다.

나흘째가 되던 날, 문득 이렇게 소리 높여 외치는 소리가 들려왔습니다.

"오, 올바르고 신심 깊은 자여, 네 아버지를 공경하고 네 주님의 법도를 숭배하는 자여, 슬퍼하지 마라. 알라(오, 알라를 찬양할진저!)께서 네 손에서 떠난 모든 것을 너에게 돌려주시리라. 이 섬에는 금은보화와 귀중한 물건들이 많이 있으니, 전능하신 알라의 뜻에 따라 그것을 받을지어다. 그 물건들이 있는 곳을 일러줄 것이니 가서 찾도록 하라. 그리고 그대에게 배를 보낼 테니 사람들에게 자비를 베풀어 많은 사람이 이 섬에 옮겨와 살게 하라."

이 말을 들은 젊은이가 곧 일러준 장소에 가 보니 알라의 뜻으로 수많은 재물이 눈앞에 나타났습니다. 곧 배들이 잇달아 섬으로 왔습니다. 그는 선원들에게 많은 선물을 주면서 말했습니다.

"그대들이 틀림없이 사람들을 나에게 보내 준다면, 이러이러한 물건을 주고 이러이러한 지위에 앉혀 주겠다."

그러자 전 세계에서 온갖 사람들이 모여들어 10년도 지나지 않아 섬은 사람들로 넘치게 되었고, 그는 섬의 임금님이 되었습니다.[*2] 이 섬에 찾아오는 자는 누구나 후한 대접을 받았으므로 그의 이름은 전 세계 구석구석까지 알려졌습니다.

한편 그의 큰아들은 어떤 사람의 손에 구조되어 훌륭하게 자랐을 뿐만 아니라 여러 가지 교육도 받을 수 있었습니다. 마찬가지로 어떤 사람의 양자가 된 동생도 양아버지 손에서 최고의 교육을 받고 어엿한 상인이 되었습니다.

아내는 아내대로 우연히 한 상인을 알게 되었는데, 상인은 모든 재산을 그녀에게 맡기고, 자신은 방탕한 짓을 하지 않을 것이며 여자를 도와 함께 알라(그 손에 주권과 권세가 가득하기를!)의 가르침을 따르겠다고 맹세했습니다. 이 상인은 바다여행이나 육지여행을 할 때마다 이 여자를 데리고 다녔습니다.

그런데 큰아들이 이 섬을 다스리는 왕에 대한 소문을 듣고 자신의 아버지인 줄도 모르고 찾아가 보기로 했습니다. 그리하여 섬에 가니 왕은 그를 정중하게 맞이하여 자신의 비서로 삼았습니다.

얼마 안 가 아우도 이 섬의 왕이 신앙심이 두텁고 정의를 사랑한다는 소문을 전해 듣고 찾아가서 집사로 발탁되어 왕을 모시게 되었습니다.

이렇게 하여 두 형제는 서로 상대가 누구인지도 모른 채 그 섬에서 함께 살게 되었습니다. 이윽고 형제의 어머니를 돌봐주고 있던 상인도 왕이 정의를 지키고 관대한 정사를 펼치고 있다는 소문을 듣고, 값진 천을 비롯하여 훌륭한 토산품을 배에 싣고 형제들의 어머니와 함께 섬으로 향했습니다.

무사히 섬에 도착하자 곧 선물을 갖고 왕을 알현하니, 왕은 매우 기뻐하면서 상인에게 훌륭한 답례품을 내렸습니다. 그런데 상인이 가져온 수많은 헌상품 가운데 향기 높은 풀뿌리가 있어서 왕은 그 풀의 이름과 쓰이는 길을 알고 싶어 상인에게 말했습니다.

"오늘 밤에는 여기서 묵도록 하라."

―여기서 날이 훤히 샜으므로 샤라자드는 이야기를 그쳤다.

481번째 밤

샤라자드는 이야기를 계속했다.

오, 인자하신 임금님, 왕의 말을 듣고 상인이 대답했습니다.

"임금님, 사실 배 안에 한 여자를 두고 왔는데, 그 여자를 절대로 남의 손에 맡기지 않겠다고 굳게 약속했습니다. 그 여자는 성녀로서 그녀의 기도 덕분에 저 또한 행복하게 살고 있습니다."

"그렇다면, 그 여자에게 믿을 만한 부하를 보내 하룻밤 배 안에서 지내며 그 여자와 주변을 경호하게 하면 되지 않겠는가?"

상인은 왕의 제안을 받아들여 그날 밤은 왕궁에서 묵기로 했습니다. 왕은 당장 비서와 집사를 불러 분부했습니다.

"이 사람의 배에 가 하룻밤 지내면서 잘 경호하도록 하라, 인샬라!"

그리하여 두 사람은 배에 올라, 한 사람은 배의 뒷부분에 한 사람은 배의 앞부분에 앉아 밤중까지 알라(그 손에 주권과 권력이 가득하기를!)의 이름을 외면서 밤을 보내게 되었습니다. 그러다가 한쪽이 상대에게 말했습니다.

"여보게, 자지 말고 경계하라고 분부하셨는데 이러다가 잠이라도 들면 큰일이네. 그러니 이제부터 각자가 걸어온 기구한 운명과 인생의 시련에 대해 서로 이야기나 나누세."

"그럽시다, 형제여. 내가 겪은 시련은 운명의 신이 어머니와 하나밖에 없는 형으로부터 나를 떼어 놓아 헤어진 일입니다. 그 형은 당신과 똑같은 이름이었지요. 우리가 뿔뿔이 헤어지게 된 사연은 이렇습니다. 우리 아버지는 어떤 고장에서 가족과 함께 배를 타고 떠났다가 우연히 폭풍을 만나 배가 전복되어 알라께서 우리를 갈라놓고 말았습니다."

"오, 형제여, 당신 어머니의 성함은 뭐라고 하오?"

"아무개라고 합니다."

"그리고 아버님의 성함은?"

아우가 아버지의 이름을 대자 형이 다짜고짜 아우에게 몸을 던지며 외쳤습니다.

"알라께 맹세코 너는 내 아우다!"

두 사람이 서로 어릴 때 일들을 이야기하는 소리를 형제의 어머니가 안에서 죄다 듣고 있었습니다. 그러나 어머니는 입 밖에 내지 않고 설렘을 가슴속에 꼭꼭 누르고 있었습니다.

이튿날 아침, 형이 아우에게 말했습니다.

"지금부터 우리 집으로 가서 실컷 얘기를 나누자꾸나."

"예, 그럽시다."

형제는 함께 배에서 내렸습니다. 얼마 뒤 상인이 배로 돌아와 보니 여자가 당혹한 기색을 하고 있어서 물어보았습니다.

"무슨 일이 있기에 그렇게 걱정스러운 표정을 짓고 있소?"

"간밤에 보내주신 사람들이 저에게 이상한 짓을 하려고 했어요. 정말 불쾌했어요."

화가 난 상인은 곧 왕에게 달려가서 두 충신의 괘씸한 행동을 죄다 호소하고 말았습니다. 왕은 평소에 충실하게 근무하는 데다 신앙심이 두터워 특별히 총애하고 있던 두 사람을 당장 불러들였습니다. 그리고 동시에 여자도 불러내어 직접 증언을 들어 보기로 했습니다. 이윽고 여자가 왕 앞에 나오자 왕이 물었습니다.

"여봐라, 내가 신뢰하는 이 두 사람이 그대에게 어떤 짓을 했느냐?"

"오, 임금님, 전능하신 알라, 자비로우신 알라, 하늘에 계신 주님께 맹세코, 부디 저 두 사람이 간밤에 주고받은 말을 여기서 다시 한 번 되풀이하도록 명령해 주십시오."

그래서 왕은 두 사람을 향해 말했습니다.

"그대들이 간밤에 나눈 얘기를 여기서 다시 한 번 되풀이해 보라. 한 마디도 빠뜨리면 안 된다."

두 사람이 간밤에 했던 이야기를 되풀이하자, 왕은 벌떡 일어나 외마디 소리를 지르면서 두 사람에게 달려가 와락 부둥켜안았습니다.

"오, 알라께 맹세코, 너희는 틀림없는 내 아들들이다!"

이 광경을 본 여자도 베일을 벗고 말했습니다.

"그리고 나는 너희 어머니란다."

이렇게 하여 그들은 다시 인연을 맺고, 저세상에 갈 때까지 인간세상의 모든 위안과 쾌락을 마음껏 누리면서 한세상을 살았습니다. 구원을 청하면 종을 구하시고, 그 희망과 믿음을 외면하지 않으시는 알라께 영광이 가득하기를! 시인은 이 일에 대해 꼭 알맞게 노래하고 있습니다.

    될지 안 될지는 모르지만
    모든 사물에는 미리
    정해진 때가 있다.
    힘겨운 고민을 만났다고
    한탄하지 말지어다. 불행과 복은

언제나 붙어 다니는 것
세상 여자들은 수없이
비탄의 구렁에 빠지지만
그러다가 가슴속 깊이
커다란 환희에 떨게 되리라.
세상 사람들의 멸시받는
박복한 사람도 때로는
어느새 세상에 드러나서
끝없는 영화 누리리니.
그자도 오랜 세월 동안
슬픔과 고민 속에
때가 오기를 기다리며
변하는 세상 지켰노라.
더없이 사랑하던 아내를
오랜 인연 맺은 끝에
동서로 갈라져 잃었더니,
우리 주께서 고맙게도
두 사람을 다시 맺어주었노라.
모든 행복은 주 안에
있음을 인정받으시니,
섭리로서 삼라만상을 다스리는
알라께 영광 있으라!
우리에게 최상의
확실한 증거 보여주시니,
'가까운 것' 가까이 있건만,
사람의 지혜로도 그 모습
밝힐 수 없고, 또한 먼 길
가더라도 소원한 무리는
'주'께 다가갈 수 없으리라.

또, 다음과 같은 이야기도 있습니다.

〈주〉
＊1 《코란》 제13장 41절.
＊2 일종의 아랍적인 경건함을 가미한 로빈슨 크루소라고 할 수 있다. 《무용담》(제110화)의 기사 플라시두스(Placidus)의 이야기. 보카치오 저작 《데카메론》에서도 비슷한 이야기를 볼 수 있다.

아부 알 하산과 나환자[*1] 아부 자파르

나는 여러 번 메카(알라여, 그 명예를 더욱 높여주소서!)에 순례한 적이 있는데, 내가 길을 잘 아는 데다 물을 마실 수 있는 곳도 기억하고 있었으므로 사람들은 늘 나를 따라다녔습니다.

그런데 어느 해엔가 나는 다시 성지순례의 길을 떠나 알라의 예언자 무함마드(그분에게 은총과 평화가 가득하기를!)의 영묘(靈廟)에 참배하고 싶어서 혼자 중얼거렸습니다.

"나는 길을 잘 알고 있으니 이번에는 혼자 가기로 하자."

그리하여 길을 떠나 알 카디샤[*2]라는 곳에 이르러 어떤 사원에 들어갔습니다. 그러자 검은 나병에 걸린 한 사내가 벽감 속에 앉아 있다가 나를 보고 이렇게 말하는 것이었습니다.

"오, 아부 알 하산 님, 메카까지 동행하면 안 될까요?"

나는 속으로 생각했습니다.

'일부러 동행을 거절하고 혼자 왔는데, 어떻게 문둥이와 같이 간담!'

그래서 상대에게 말했습니다.

"동행은 누구든 거절하고 있소."

상대는 내 말을 듣고는 입을 다물었습니다.

나는 이튿날도 혼자 여행을 계속하여 알 아카바[*3]라는 고개에 이르렀습니다. 그런데 그곳의 사원에 들어가니, 뜻밖에도 그 문둥이가 벽감 속에 앉아 있지 않겠습니까? 나는 속으로 생각했습니다.

'알라께 영광을! 어떻게 저자가 나보다 먼저 여기 왔을까?'

그때 상대가 나를 향해 얼굴을 들고 빙긋 웃으면서 말했습니다.

"오, 아부 알 하산 님, 알라께서는 약한 자를 위해 강한 자를 놀라게 하는 일도 하신답니다!"

그날 밤 나는 내 눈으로 직접 본 일들이 그저 놀라울 뿐이었습니다.

이튿날 아침이 되자 나는 또다시 일찌감치 먼저 출발해 버렸습니다.
그런데 아라파트 산에 도착하여 그곳 사원에 들어가 보니 이게 어인 일입니까, 그 문둥이가 이번에도 먼저 와서 앉아 있지 않겠습니까? 나는 그만 상대에게 몸을 던지고 그 발에 입을 맞추면서 말했습니다.
"오, 순례자여, 부디 저와 동행해 주십시오."
그러자 상대가 대답했습니다.
"그건 안 됩니다."
내가 벗을 잃은 슬픔에 눈물을 흘리기 시작하자 그가 말했습니다.
"울지 마시오. 울어도 소용없으니까."

―여기서 날이 훤히 밝았으므로 샤라자드는 이야기를 그쳤다.

482번째 밤

샤라자드는 이야기를 계속했다.
오, 인자하신 임금님, 아부 알 하산은 이야기를 계속했습니다.
―그리고 그는 이런 노래를 불렀습니다.

> 혼자 가라고 그대 말하기에
> 혼자 가는데
> 그대, 왜 우는가?
> 동행을 단념하고
> 헤어지려는 우리
> 새삼스레 왜 동행을 청하는가?
> 그대가 본 것은
> 다만 나의 약함, 나의 병.
> 그래서 그대가 한 말은
> "밤이건 낮이건 병든 몸으로
> 오가는 길 함께는 안 된다네."

하지만 그대는 보았는가, 알라께서
그자의 기도 들어주신 것을.
설사 내 몸 이렇게
비참하게 병들었지만,
또 가는 길에 먹을 양식도 없이,
오직 하나의 목표를 향해
사람들이 서두르는 곳으로
나 역시 발걸음 옮기지만,
나에게는 자비를 숨기신
높으신 창조주 있노라.
비견할 자 없는 신, 두려움을
모르는 알라시니라.
그러니 가시게, 나를 남겨두고,
오직 신만이 내 고독
위로해 주실 테니.

그리하여 나는 그 남자를 두고 혼자 떠났습니다. 그리고 내가 역참에 도착할 때마다 그는 반드시 나보다 한발 먼저 와 있었습니다.

그리하여 마침내 알 메디나에 도착했는데 그곳에 가자 상대의 모습은 보이지 않았고, 또 소식도 더는 들을 수 없었습니다.

그곳에서 나는 아부 야지드 알 부스타미와 아부 바크르 알 스히브리 등, 많은 장로와 학자들을 만나 얘기를 나누다가 이번 여행에 겪었던 일을 자세히 얘기해 주었습니다.

그랬더니 사람들은 이렇게 말했습니다.

"그런 일이 있고 나서 그에게 동행을 요구하다니, 너무하셨군요. 그분은 문둥이 아부 자파르라고 하는 분으로, 사람들은 늘 그분의 이름을 부르며 비를 바라는 기도를 드리는데, 그분의 축복과 기도 덕분에 반드시 기원이 이루어집니다."

이런 이야기를 들으니 더욱더 그 사람과 동행하고 싶은 마음이 간절해져서, 제발 다시 한 번 만나게 해달라고 전능하신 알라께 기도드렸습니다.

그런데 내가 아라파트 산 꼭대기에 서 있으니,*4 뒤에서 내 소매를 당기는 자가 있었습니다. 그래서 돌아보니 놀랍게도 내가 그토록 찾던 그 사람이 아니겠습니까? 생각지 않은 우연에 나는 외마디 소리를 지르며 그대로 정신을 잃고 말았습니다.

그러나 정신을 차려보니 그의 모습은 이미 보이지 않았습니다. 그 뒤부터 나는 그 사람이 그리워서 순례 의식도 귀찮아지고, 변치 않는 마음으로 그 사람을 만나게 해 주십사고 전능하신 알라께 기도만 드리고 있었습니다.

그 뒤 한 2,3일 지났을 때 다시 누가 뒤에서 잡아당기기에 돌아보니 바로 그 사람이었습니다.

"나에게 원하는 것이 있으면 사양 말고 말해 보시오."

상대의 이 말에, 나는 세 가지 기도를 드려 달라고 부탁했습니다. 첫째는 알라께서 내가 가난을 사랑하는 사람이 되도록 해 주실 것, 둘째는 밤에 내일의 양식을 준비해 놓고 자는 일이 없도록 해 주실 것, 셋째는 알라의 은총으로 자애로운 신의 옥안을 뵐 수 있게 해 주실 것, 이 세 가지였습니다.

그러자 상대는 내 소원대로 기도를 드리고는 떠났습니다. 그리고 알라는 그 행자의 기도를 어김없이 들어주셨습니다.

맨 먼저, 알라의 마음으로 가난을 사랑하게 되어, 전능하신 알라께 맹세하지만, 이 세상에서 가난은 무엇보다 친숙한 것이 되었습니다. 둘째로 그로부터는 내일의 양식을 마련해 놓고 잠자리에 드는 일이 한 번도 없었을 뿐만 아니라, 알라께서는 그로 말미암아 내가 불편함을 느끼게 하시지도 않았습니다. 다만 세 번째 기도는, 알라께서는 자비로우신지라 언젠가는 반드시 이루어주시리라 믿고 있습니다.

다음과 같이 노래한 자에게 알라의 자비가 내리시기를!

    탁발승 차림으로 세상 버린 비천한 몸,
    너덜너덜한 누더기 옷이야말로 수행자가 입는 법의.

    이지러져 가는 달처럼 파르스름한 색은
    탁발승의 이마를 장식하는 창백한 빛.

밤마다 잠 못 이루며 기도하는 몸 여위어
흐르고 흐르는 눈물비에 눈동자 흐려지네.

신을 생각하니 외로운 거처 위안 되고
전지전능하신 알라는 가까운 어둠 속에 계시네.

신 곁에 숨으면 고난의 승려도 구원받고,
말과 소도 날짐승도 언제나 함께 구원받네.

알라께서 수행자로 하여 짐짓 즐겨 노하시고
하늘에선 수행자를 위해 자애로운 비 내리시네.

혹시 그 행자, 어느 날엔가 몹쓸 병 물리치시라 기도하면
그 병 그치고 악업도 폭군과 함께 멸망하리라.

세상 사람 슬퍼하며 서로 시름 한탄할 때
행자는 자비를 나눠주는 마음 넓은 의사 되네.

행자의 이마 빛나니, 만약 그 얼굴 바라보면
그대 마음도 빛을 받아 은총의 빛 발하리라.

나면서부터 갖춰진 선한 영혼 피하는 그대,
(재앙이로다!) 그대 빨리, 그 무거운 허물 벗어버려라!

그대 선한 영혼 뒤쫓아 잡을 수 있을 줄 알지만,
가는 길 어리석음 거듭하면 어디 가든 파멸뿐.

선한 영혼의 가치 그대 안다면, 모든 명예
다하여 그 눈에 폭포 같은 눈물 흘려라.

아부 알 하산과 나환자 아부 자파르 2445

감기 앓는 사람들은 꽃향기를 못 맡지만
옷값이 얼만지 거간꾼은 잘 알리라.

그러니 서둘러 그대의 주 만나도록 노력하라.
운명이 그대 위해 구원의 손 내밀리라.

피할 생각 아예 말고, 내 몸 스스로 힘겹게 하지 말라.
희망은 환희, 그대의 의도는 이윽고 축복 얻으리.

원하는 자에게 주의 뜰 활짝 열리니
유일한 신 우리 주, 전지전능한 힘이시네.

그리고 또 다음과 같은 이야기도 있습니다.

〈주〉

*1 아랍인은 두 종류의 나병, 바하크(Bahak) 또는 바라스(Baras), 즉 일반적인 나병 또는 '하얀 나병'과 주잠(Juzam), 즉 '검은 나병'을 인정하고 있다(관절 나병은 붉은 병(mal rouge)이다). 모두 물고기를 먹거나 우유를 마시는 부적당한 먹을 것에 의해 발생한다고 하며, 또 모두 강장제, 특히 비소로 치료를 한다. 이슬람교도는 나병이 이스라엘인 사이에서 창궐했으므로 '성서의 질병(Scriptural malady)'으로 간주하고 있다. 마네소(Manetho)의 말에 의하면 이스라엘 사람들은 주민에게 나병을 옮기고 그것을 더럽혔기 때문에, 이집트에서 쫓겨났다고 한다. 〔마네소는 기원전 3세기의 이집트 역사가이자 제사장. 왕조 30대에 관한 사실초록(事實抄錄)이 있다.〕

중세의 그리스도교 나라에는 구세주가 나환자였다는 생각이 유포되었다. 따라서 'mor bus sacer(신성한 병)'라는 이름이 있고, 또 일부 성인들과 교황〔클레멘토 3세, 서기 1189년〕의 인사말에서도 환자들에게 경의를 표했다. 'dilectis filiis leprosis(친애하는 나환자들이여).'(파라 저《그리스도의 생애 Life of Christ》i, 149) 〔파라는 Frederic William Farrar로, 영국의 신학자이자 교육자. 1831~1903년.〕

나병에 의해 생기는 '혐오해야 할 맹렬한 색정'에 대해서는 칸디아(Candia)의 카네아(Canea)〔크레이트 섬 북쪽 해안의 항구〕에서 나환자들을 방문한 손니〔'이슬람 전사와 그리스도교 소녀' 이야기 주석 2〕를 참고할 것. 나환자의 이러한 징후를 묘사한 사람이 많은데, 손니도 그 한 사람이다. 이런 하늘이 내리는 큰 벌이 오늘날에도 발생하는 브라질에서는, 그런 말을 한 번도 들어본 적이 없다.
*2 알 카디샤(Al-Kadisiyah)는 이라크의 한 도시. 사산 왕조의 마지막 왕 예즈데기르드(Yezdegird)가 최후를 마친 '3일 전쟁'으로 유명하다.
*3 알 아카바(Al-Akabah)는 메카에 가까운 산길로, '가파른 언덕의 최초의 성의(誠意)'로 유명하다(《순례》제2권). 이 이슬람 사원은 본문 속의 사건을 기념하기 위해 건설되었다.
*4 즉, 설교에 귀를 기울이고.

이무기의 여왕[*1]

아득히 먼 옛날 그리스에 다니엘이라는 철인(哲人)이 있었습니다. 그 밑에는 많은 문하생과 젊은이들이 모여들었고, 현자들은 그의 가르침을 본받아 그의 학식과 견문을 존경하며 따르고 있었습니다.
그런데 애석하게도 알라께서는 그에게 아들 한 명도 점지해 주지 않으셨습니다. 그래서 어느 날 밤 철인은 자신의 학문을 계승할 아들이 없음을 슬퍼하다가 문득 이런 생각을 하게 되었습니다. 즉, 알라(찬양하라!)께서 구원을 바라는 자의 기도는 반드시 들어주신다는 것, 알라의 은총의 문 앞에는 문지기가 없다는 것, 또 아무런 차별 없이 뜻에 맞기만 하다면 끝없는 자비를 내리시며, 애원하는 자를 공연히 물리치시지는 않는다는 것, 아니, 오히려 그런 사람들에게 넘치는 은총과 자비를 내리신다는 것이었습니다.
그리하여 철인은 전능하신 신, 자비로우신 알라께 부디 대(代)를 잇는 자식을 점지해 주시고 자비를 아낌없이 내려주십사고 기원을 드렸습니다. 그런 다음 집으로 돌아가 아내와 잠자리를 같이했는데, 바로 그날 밤에 아내는 성자의 씨를 잉태하게 되었습니다.

―여기서 날이 훤히 새기 시작하여 샤라자드는 이야기를 그쳤다.

483번째 밤

샤라자드는 이야기를 계속했다.
오, 인자하신 임금님, 그로부터 며칠이 지나고 나서 성자는 배를 타고 어느 지방으로 여행을 떠났는데, 도중에 배가 난파하여 널빤지 한 조각을 붙잡고 간신히 목숨만 건졌습니다. 그러나 가지고 있던 책은 거의 다 잃어버리고, 손에 남은 것은 겨우 다섯 권뿐이었습니다.
 집으로 돌아온 그는 그 책을 궤짝에 넣고 자물쇠를 채운 다음 열쇠를 아내(그때는 이미 배가 제법 불러 있었습니다.)에게 주면서 말했습니다.
 "잘 들으시오, 나는 이제 임종이 얼마 남지 않아, 곧 이 현세를 떠나 영원한 집으로 들어가게 될 거요. 하지만 당신은 몸이 무거우니 내가 죽은 뒤 사내아이를 낳을지 모르오. 만약 사내아이가 태어나거든 하시브 카림 알 딘*² 이라 이름을 지어주고 소중히 키워주기 바라오. 아이가 자라서 '아버님은 나에게 어떤 유산을 남겨 주셨습니까?' 하고 묻거든 이 궤짝에 든 책 다섯 권을 꺼내주시오. 그 아이가 이것을 읽고 그 뜻을 이해한다면, 아마도 당대에 제일가는 학자가 될 것이오."
 그런 다음 철인은 아내에게 마지막 작별인사를 하고 깊은 한숨을 내쉬더니 이 현세를, 현세의 모든 것을 남기고 떠났습니다—그분에게 더없이 높으신 알라의 은총이 내리기를! 가족과 친구들은 그의 죽음을 애도하여 눈물을 흘리면서 유해를 깨끗이 씻고 성대한 장례를 치러주었습니다. 철인을 매장하고 난 그들은 모두 자기 집으로 돌아갔습니다.
 그 뒤 며칠이 되지 않아 과부가 된 철인의 아내는 예쁜 사내아이를 낳았고, 철인의 유언대로 하시브 카림 알 딘이라는 이름을 지어주었습니다. 아기를 낳은 지 얼마 안 되어 아내는 점성가들을 불렀는데, 그들은 태어난 아이의 운세를 점치고 운세도를 그린 뒤 이렇게 말했습니다.
 "부인! 이 아드님은 장수할 상입니다. 젊었을 때 상당한 고난을 겪어야 하지만 그 고비를 넘기면 모든 지식을 추구하는 뛰어난 학자가 될 겁니다."
 어머니는 2년 동안 아이에게 젖을 먹이고*³ 세 살이 되어서야 젖을 뗐습니다. 그리고 다섯 살이 되자 학교에 보내 공부를 시켰는데, 아이가 도무지 책을 읽으려 하지 않는 것이었습니다. 그래서 학교를 그만두고 이번에는 장사를 가르치려 했으나 역시 아무것도 배우려 들지 않아서, 결국 아무것도 할 줄 아는 게 없었습니다. 어머니가 아들의 장래를 걱정하며 슬퍼하고 있으니 이웃 사람들이 이렇게 말했습니다.
 "장가를 보내 보세요. 그러면 색시에게 반해서 색시를 위해 장사를 배우게 될지 모르잖아요?"
 어머니는 그 말이 옳다 여기고 당장 한 처녀를 골라 결혼시켜 주었습니다.

그러나 색시를 얻어 세월이 흘러도 여전히 게으름만 피울 뿐 아무것도 하려 들지 않았습니다.

어느 날 이웃에 사는 나무꾼들이 찾아와서 이렇게 말했습니다.

"댁의 아드님에게 나귀와 밧줄과 도끼를 사줘서, 우리하고 같이 산으로 보내는 게 어떻겠습니까? 우리가 함께 나무를 해서 그 돈을 나누면 당신과 며느리의 생활은 유지할 수 있을 테니까요."

어머니는 매우 기뻐하면서 아들에게 필요한 물건들을 사주고, 나무꾼들에게 아들을 데려가 모든 것을 부탁했습니다.

"아드님 염려는 조금도 하지 마십시오. 알라께서 모든 걸 주선해 주실 테니까요. 게다가 우리에게는 스승의 아드님이신 걸요."

나무꾼들은 젊은이를 데리고 산으로 가서 함께 나무를 베어 나귀에 실었습니다. 그런 다음 시장에 내다 팔아서 그 돈으로 각자 가족을 부양했습니다. 다음 날도, 또 그 다음 날도 같은 일을 계속하면서 한동안 꾸준히 일했습니다.

그러던 어느 날, 그들은 산속에서 일을 하다가 폭풍우를 만나 커다란 동굴 속으로 몸을 피해 비가 멎기를 기다리게 되었습니다. 그런데 하시브 카림 알 딘은 동료와 떨어져서 혼자 동굴 깊숙이 들어가 앉더니, 동굴 바닥을 도끼로 쿵쿵 때리기 시작했습니다. 그러다가 땅속이 텅 빈 듯한 소리가 울리는 것을 알아차리고 한참 동안 그곳을 계속 파 내려갔습니다. 그랬더니 뜻밖에 고리가 달린 둥근 포석(鋪石)이 나오는 것이었습니다. 그것을 본 젊은이는 신이 나서 동료 나무꾼들을 불렀습니다.

—여기서 샤라자드는 날이 새기 시작한 것을 깨닫고 이야기를 그쳤다.

484번째 밤

샤라자드는 이야기를 계속했다.

오, 인자하신 임금님, 젊은이가 나무꾼들을 부르자, 그들이 와서 보더니 그 포석을 쳐들었습니다. 그러자 그 밑에 뚜껑이 있고, 그것을 열어 보니 벌꿀이 가득 든 지하실이 나타났습니다.

"이것 참 굉장한데. 일단 마을로 돌아가서 꿀을 담을 그릇을 가져와야겠군. 그래서 이 꿀을 팔아서 돈을 나누세. 그런데 딴 놈들이 가져가면 안 되니 누군가 망보기를 세워야겠어."

그러자 하시브가 말했습니다.

"여러분이 항아리나 냄비를 가져 올 때까지 내가 여기서 지키고 있지요."

나무꾼들은 하시브를 남겨 놓고 마을로 돌아가서 그릇을 가져온 뒤, 그 그릇에 꿀을 가득 담아 나귀에 싣고 마을로 가져가 팔았습니다. 그 이튿날도 그들은 동굴로 가서 같은 일을 되풀이했습니다. 그리하여 며칠 동안 밤에는 마을에서 자고 낮에는 꿀을 내다 팔았습니다. 그동안 하시브는 내내 망을 보고 있었는데, 이윽고 꿀이 얼마 남지 않게 되자 나무꾼들은 서로 이렇게 소곤거렸습니다.

"꿀을 발견한 사람은 하시브 카림 알 딘이야. 그러니 내일은 마을로 내려가서 그걸 발견한 건 자기라고 불평을 하거나 제 몫을 요구할지도 몰라. 그러니 놈을 지하실로 내려 보내 남은 꿀을 꺼내고, 놈을 그대로 내버려 두고 오는 수밖에 없어. 그러면 틀림없이 굶어 죽어 버려 아무도 눈치채지 못할 거야."

산으로 가는 길에 나무꾼들은 이렇게 모의를 하고는 동굴에 도착하자 하시브에게 말했습니다.

"여보게, 하시브, 이 저장고 속에 내려가서 남아 있는 꿀을 긁어내 주게."

하시브는 아래로 내려가 남아 있는 것을 모조리 긁어서 올려주었습니다.

"이제 끌어올려 주십시오. 꿀은 이제 없어요."

그러나 나무꾼들은 들은 척도 하지 않고 나귀에 꿀을 싣고는, 하시브를 지하실에 남겨둔 채 마을로 돌아가 버렸습니다.

그것을 알고 하시브는 울부짖으면서 소리쳤습니다.

"위대한 신 알라 외에 주권 없고 권력 없도다!"

얘기는 바뀌어, 나무꾼들은 마을에 도착하여 꿀을 팔아치우고는 하시브의 어머니를 찾아가서 눈물을 흘리며 말했습니다.

"아주머니, 아드님인 하시브보다 장수하시기를!"[1]

"예? 그 애가 죽었다는 말인가요?"

이무기의 여왕 2451

"산꼭대기에서 나무를 베다가 갑자기 큰 비가 쏟아져서 어떤 동굴로 비를 피했지요. 그런데 아드님의 나귀가 느닷없이 고삐를 끊고 골짜기 쪽으로 달아나는 바람에 아드님이 그걸 잡으려고 쫓아갔는데, 커다란 이리가 나타나서 아드님을 습격하여 갈가리 물어뜯고는 나귀까지 잡아먹고 말았습니다."

이 말을 들은 어머니는 자기 얼굴을 때리고 머리에 흙을 뿌리며 아들의 죽음을 애통해했습니다. 그때부터 어머니는 매일 나무꾼들이 가져다주는 음식과 물만 먹고 겨우 목숨을 부지하고 있었습니다.

한편, 나무꾼들은 각자 가게를 차리고 상인이 되어, 날마다 먹고 마시고 흥청거리면서 방탕한 나날을 보냈습니다.

그 무렵 하시브 카림 알 딘은 지하실 한구석에 앉아서 줄곧 도움을 청하며 울부짖고 있었는데, 그때 머리 위에서 전갈 한 마리가 툭 떨어졌습니다. 하시브는 얼른 일어나서 전갈을 죽였습니다. 그러다 문득 이런 생각이 들었습니다.

'가만있자, 여기에는 꿀이 가득 차 있었는데 이 전갈이 어디로 들어왔을까?'

그는 몸을 일으켜 양쪽 벽을 자세히 살펴보다가 마침내 전갈이 떨어진 구멍을 발견했습니다. 그리로 햇빛이 새어 들어왔으므로 하시브는 나무꾼의 도끼를 꺼내 구멍을 창문만 한 크기로 넓혀서 그리로 빠져나갔습니다.

한참 동안 걸어가니 널찍한 복도가 나와서 계속 걸어가자 검은 철문과 딱 마주쳤습니다. 문에 백은으로 된 자물쇠가 걸려 있고 금 열쇠가 꽂혀 있어서 그 구멍으로 들여다보니, 환하게 빛나는 커다란 등불 하나가 눈에 들어왔습니다.

하시브가 열쇠로 문을 열고 잠시 걸어나가자 이번에는 커다란 인공호수가 있고, 그 속에 뭔가 백은처럼 반짝반짝 빛나는 물건이 보였습니다. 더 가까이 가보니 바로 그 옆에 푸른 벽옥으로 만든 언덕이 있는데, 그 꼭대기에 온갖 종류의 보석이 박힌 황금 옥좌가 놓여 있지 않겠습니까?

―여기서 날이 훤히 밝기 시작하여 샤라자드는 이야기를 그쳤다.

485번째 밤

샤라자드는 이야기를 계속했다.

오, 인자하신 임금님, 그 옥좌 주위에는 황금과 은, 에메랄드로 만든 온갖 걸상이 수없이 놓여 있었습니다. 하시브가 언덕 위로 올라가서 세어 보니 그 수가 무려 1만 2천 개나 되었습니다.

하시브는 한복판에 있는 옥좌에 털썩 앉아 호수와 걸상을 돌아보면서 그저 어안이 벙벙해 있다가 어느새 졸음이 와 깊은 잠에 빠져들고 말았습니다.

이윽고 거친 숨소리와 슉! 하는 소리, 또 바스락거리는 소리에 눈을 떴습니다. 일어나 보니 걸상이란 걸상에 모두 길이가 백 완척(腕尺, 45㎝)은 될 듯한 커다란 뱀들이 도사리고 있는 게 아니겠습니까? 하시브는 그 광경을 보고 너무나 무서워서 하얗게 질린 채 입안이 바싹바싹 타올랐습니다.

불길처럼 활활 타오르는 큰 뱀의 눈을 보니 이제는 죽었구나 하는 생각밖에 들지 않았습니다. 이윽고 호수 쪽으로 시선을 돌리니 반짝반짝 빛나는 수면이라 생각했던 것이, 실은 더없이 높으신 알라 말고는 아무도 알 수 없을 만큼 엄청난 수의 새끼 뱀들이 서로 엉겨 있는 덩어리였음을 알게 되었습니다.

잠시 뒤 나귀만 한 큰 뱀이 황금 쟁반을 등에 지고 다가왔는데, 그 쟁반 위에는 수정처럼 빛나는 몸에 여자 얼굴을 하고,[*4] 인간의 말을 할 줄 아는 뱀이 한 마리 앉아 있었습니다. 그 암뱀이 하시브 앞에 와서 인사를 하자 하시브도 답례를 했습니다.

그때 걸상에 도사리고 있던 뱀 가운데 한 마리가 내려가서 소반 위의 뱀을 받아 내려 자리에 앉히자, 수정같이 반짝이는 그 뱀이 뱀들의 언어로 뭔가 큰 소리를 외쳤습니다. 그러자 뱀들은 일제히 걸상에서 내려와 정중하게 절을 했습니다. 그런 다음 암뱀이 자리에 앉으라는 신호를 하자 모두 원래대로 걸상에 올라가 앉았습니다.

이윽고 큰 뱀이 하시브를 돌아보며 말했습니다.

"젊은이여, 두려워할 것 없어요. 나는 이무기의 여왕이랍니다."

이 말을 듣고 하시브는 가까스로 정신을 차렸습니다. 여왕이 하시브에게 먹을 것을 가져다주라고 구렁이들에게 명령하자,[*5] 부하들은 사과를 비롯하여 석류, 피스타치오 열매, 개암, 그리고 호두, 편도, 바나나 등을 가지고 와서 하시브에게 내밀었습니다. 이무기의 여왕이 물었습니다.

"잘 오셨습니다! 이름이 무엇인가요?"

"하시브 카림 알 딘이라고 합니다."
"오, 하시브 님, 여기는 달리 먹을 것이 없으니 이 과일이라도 드세요. 아무것도 두려워할 필요 없어요."
이 말을 들은 하시브는 과일을 배불리 먹고 전능하신 알라를 찬양했습니다. 이윽고 쟁반을 내가자 여왕이 말했습니다.
"오, 하시브 님, 당신은 어디서 오셨나요? 어떻게 이리로 오셨는지, 또 어떤 분인지 자세히 이야기해 주세요."
하시브는 아버지가 죽고 자기가 태어났을 때의 일부터 시작해서, 학교에 들어갔으나 아무것도 배우지 못한 일, 나무꾼이 되어 나무를 하다가 꿀이 든 지하실을 발견하고 그 안에 갇히게 된 일, 전갈을 죽인 뒤 구멍을 발견하여 그것을 뚫고 철문을 열어 마침내 여왕을 만나게 된 일을 자세히 이야기하고 마지막으로 이렇게 덧붙였습니다.
"이것이 지금까지 내가 겪은 모험담입니다. 앞으로 내가 어떻게 될지는 오직 알라만이 아시겠지요."
귀를 기울이며 듣고 있던 여왕은 이렇게 말했습니다.
"앞으로는 내내 좋은 일만 생기고 나쁜 일은 전혀 일어나지 않을 거예요."

—여기서 날이 벌써 새기 시작하여 샤라자드는 이야기를 그쳤다.

486번째 밤

샤라자드는 이야기를 계속했다.
오, 인자하신 임금님, 이무기의 여왕은 말을 이었습니다.
"오, 하시브 님, 당분간 이곳에 머물러 계세요. 나의 신상 이야기를 해 드리고, 나에게 닥친 온갖 기이한 이야기를 들려 드리고 싶으니까요."
"그렇게 하겠습니다."
이리하여 여왕은 다음과 같은 이야기를 시작했습니다.

부르키야의 모험

오, 하시브 님, 옛날 카이로에 이스라엘 민족의 왕이 살고 있었습니다. 이 왕은 총명하고 신앙심이 두터운 분이었으나, 공부에 너무 열중했으므로 허리가 몹시 구부러지고 말았습니다. 이 왕에게는 부르키야라는 왕자가 하나 있었습니다.

왕이 늙어서 몸이 쇠약하여 죽을 때가 다가오자 귀족과 고관들이 병문안을 드리기 위해 속속 모여들었습니다. 그러자 왕은 모여든 사람들에게 이렇게 말했습니다.

"여러분, 나는 이제 이 세상을 떠날 때가 다가온 것 같소. 그대들에게 특별히 남길 말은 없고, 다만 왕자 부르키야만은 부디 잘 부탁하겠소."

그런 다음 왕은 '알라 외에 신은 없음을 증명하노라!' 하고 신앙고백을 한 뒤, 깊은 한숨을 한 번 내쉬고 그대로 숨을 거두고 말았습니다. 알라여, 이 왕에게 자비를 내리소서!

신하들은 입관 준비를 한 다음 유해를 씻고 성대하게 장례식을 올리고서 왕을 매장했습니다. 그 뒤 부르키야 왕자는 부왕을 대신하여 왕위에 올라 정의롭게 나라를 다스렸으므로 백성은 모두 태평한 세상을 즐길 수 있었습니다.

그러던 어느 날, 우연히 부르키야가 부왕의 보물창고에 들어가 주위를 살펴보니, 안쪽에 별실이 하나 있고 출입구인 듯한 것이 있어서 그것을 밀고 안으로 들어가 보았습니다.

그러자 뜻밖에도 작은 밀실이 나왔는데, 중앙에 새하얀 대리석 기둥이 하나 서 있고 그 꼭대기에 흑단으로 만든 조그만 상자가 하나 놓여 있었습니다. 그 상자를 열어 보니 다시 작은 황금 상자가 하나 나타났고, 그 속에는 책이 한 권 들어 있었습니다. 책을 펴서 읽어 보니 우리의 주이신 무함마드(그분에게 알라의 축복과 가호가 있기를!)께서 최후의 날[6]에 알라의 명으로 예언자들의 최초의 주가 되고 최후의 예언자가 되신 유래가 적혀 있었습니다.

이 이야기를 읽은 부르키야 왕은 진심으로 무함마드를 사모하게 되었습니다. 그래서 당장 이스라엘의 자손 가운데 명사들을 비롯하여 판관, 점쟁이, 학자, 승려들을 한 자리에 불러놓고 그 책의 일부를 읽어주고 나서 이렇게 말했습니다.

"여러분, 나는 부왕의 유해를 무덤에서 파내어 화장해야겠소."

그러자 신하들이 물었습니다.

"어찌하여 그런 말씀을 하십니까?"

"부왕께서 이 책을 감추어 두시고 내 손에 전해 주지 않으셨기 때문이오."

그 책이란 세상을 떠난 선왕이 5서(五書, 토라)(2)와 아브라함의 글에서 발췌하여 적은 것을 보물창고 속에 넣어 두고 누구의 눈에도 띄지 않게 해 두었던 것입니다. 그래서 신하들이 말했습니다.

"오, 임금님, 아버님은 이미 세상을 떠나시어 그 몸은 티끌 속에 묻혔고 모든 것은 주님의 손에 맡겨 있습니다. 그러니 무덤을 파헤치는 것은 안 될 일입니다."

부르키야는 신하들이 자기의 의견을 들어주지 않자 그 자리를 떠나 어머니에게 가서 말했습니다.

"어머님, 사실 제가 아버님의 보물창고 속에서 책을 한 권 발견했는데, 그 책에는 나이가 들어 늙어 가는 시기에 신께서 보내주신 예언자 무함마드에 대한 것이 적혀 있었습니다. 저는 그것을 읽고 진심으로 무함마드를 사랑하게 되었습니다. 그래서 무함마드를 만날 때까지 전 세계 곳곳을 널리 돌아다니기로 마음먹었습니다. 그렇지 않으면 저는 그분에 대한 사랑과 동경을 견디지 못하고 죽어 버릴지도 모릅니다."

그런 다음 왕은 왕의 옷을 벗고 산양의 털로 짠 외투로 갈아입은 다음, 헌신을 신고 말했습니다.

"오, 어머님, 기도를 하실 때는 저에 대한 것도 잊지 말아 주세요."

어머니는 울면서 말했습니다.

"그럼 뒤에 남은 우리는 대체 어찌 되는 것이냐?"

"저는 이제 더 이상 견딜 수가 없습니다. 저나 어머님에 대한 것은 전능하신 알라의 손에 맡겨 둡시다."

이윽고 왕은 아무도 모르게 혼자 시리아를 향해 도보여행을 떠났습니다. 해변까지 오자 배를 한 척 발견하고 스스로 선원이 되어 배를 타고 항해를 계속하는 동안 어느 섬에 이르렀습니다.

부르키야는 다른 선원들과 함께 그 섬에 내린 다음, 동료와 떨어져 한 나무 밑에 가서 혼자 앉아 쉬다가 그만 기분 좋게 잠이 들고 말았습니다.
 한참 뒤 눈을 뜨고 배를 찾으니, 배는 부르키야만 남겨두고 이미 떠난 뒤였습니다. 그런데 이 섬에는 낙타와 종려나무만큼이나 큰 구렁이 떼가 있었는데 모두 알라(찬양하라!)의 이름을 외며 무함마드(신의 가호와 구원이 있기를!)를 축복하고, 알라의 유일함을 노래하면서 알라의 영광을 찬양하고 있었습니다. 그것을 본 부르키야는 매우 신기하게 생각했습니다.

 ─여기서 날이 새기 시작하여 샤라자드는 이야기를 그쳤다.

487번째 밤

 샤라자드는 이야기를 계속했다.
 오, 인자하신 임금님, 뱀들은 부르키야의 모습을 보자 일제히 다가오더니 그중 한 마리가 물었습니다.
 "당신은 누구십니까? 어디서 오셨으며 어디로 가십니까? 그리고 이름은 무엇인지요?"
 "내 이름은 부르키야라고 하며 이스라엘인의 자손인데, 무함마드(알라의 축복과 가호가 함께하기를!) 님을 사모하여 그를 찾아 여행하고 있습니다. 그런데 당신들은 대체 누굽니까?"
 "우리는 지옥(자한남)에 사는 자들로 전능하신 알라께서 이단자를 벌하기 위해 만드신 존재입니다."
 "그런데 어떻게 해서 여기까지 왔지요?"
 "사실, 뜨겁게 끓고 있는 그 지옥은 1년에 두 번 숨을 쉽니다. 여름에 토해내고 겨울에 빨아들이기 때문에, 여름은 덥고 겨울은 추운 거지요. 그래서 지옥이 숨을 내쉴 때마다 우리는 그 입에서 쏟아지고 숨을 들이마실 때마다 다시 빨려 들어가는 겁니다."
 "지옥에는 당신들보다 더 큰 뱀이 있나요?"
 "우리는 몸이 작아서 토해내는 숨결과 함께 나오는 겁니다. 지옥에 남아 있는 큰 뱀은 상상도 할 수 없을 만큼 크기 때문에, 우리 가운데 가장 큰 것이 그 콧등을 기어다녀도 전혀 모를 정도랍니다."

"당신들이 알라를 칭송하고 무함마드에게 전능하신 알라의 축복과 가호를 기원한다고요? 도대체 어떻게 무함마드에 대해 아는 것이오?"

"부르키야 님, 무함마드의 이름은 천국의 문에 적혀 있는 걸요. 그리고 무함마드가 없었으면 알라께서는 천국도 지옥도 이 대지도 창조하시지 않았을 겁니다.*7 알라께서는 오로지 무함마드를 위해 모든 것을 창조하시고 모든 곳에서 자신의 이름과 무함마드의 이름을 결부시키셨으니까요. 그래서 우리는 무함마드(알라의 축복과 가호가 함께하기를!)를 사랑하고 있답니다."

이무기들의 이야기를 듣고 부르키야는 더욱더 무함마드가 그리워져서 단 한 번이라도 좋으니 무함마드를 만나고 싶은 마음이 더 간절해졌습니다.

부르키야가 이무기들과 작별을 고하고 바닷가로 나가니 운 좋게도 배 한 척이 매어져 있었습니다. 부르키야는 그것을 타고 다시 항해를 계속하다가 또 다른 섬에 이르렀습니다.

그곳에 상륙하여 한동안 이리저리 돌아다니다가 이윽고 알라 말고는 아무도 그 수를 알 수 없을 만큼의 크고 작은 뱀들을 만났습니다. 그 가운데 코끼리처럼 큰 뱀 등에 얹혀 황금 쟁반 위의 수정보다 맑게 빛나는 하얀 뱀이 한 마리 앉아 있는 게 보였습니다. 오, 하시브 님, 그것이 바로 이무기의 여왕인 나 자신이었던 겁니다. ─

그래서 하시브는 물었습니다.

"그래서 당신은 부르키야에게 뭐라고 했습니까?"

그러자 여왕은 다시 이야기를 계속했습니다.

─부르키야의 모습을 보고 내가 인사를 하자 상대방도 답례를 하기에 나는 이렇게 물었습니다.

"당신은 어떤 분입니까, 어디서 무슨 볼일로 오셨지요?"

상대가 대답했습니다.

"나는 이스라엘의 자손으로 이름은 부르키야라고 합니다. 무함마드에 대해 쓴 책을 읽고 그를 사모하게 되어 이렇게 전 세계를 돌아다니며 그를 찾는 중입니다. 그런데 당신은 어떤 분이고 당신 주위에 있는 뱀들은 대체 뭡니까?"

"오, 부르키야 님, 나는 이무기의 여왕입니다. 당신이 무함마드(알라여,

이분에게 가호와 구원을 내려주소서!) 님을 만나 뵙게 되면 부디 내가 드리는 인사말을 전해 주세요."

그런 다음 부르키야는 나와 작별하고 여행을 계속하여 마침내 예루살렘이라는 성도에 이르렀습니다.

그곳에는 여러 학문, 특히 기하학, 천문학, 수학을 비롯하여 하얀 마술*8과 강신술에 조예가 깊은 아판이라는 사람이 살고 있었습니다. 모세의 오서, 복음서, 시편, 아브라함의 서(書) 등을 연구하고 있던 그는, 어떤 책을 읽고 인간과 마신, 날짐승과 그 밖의 모든 피조물은 반드시 솔로몬의 도장반지를 낀 자의 명령에 따른다는 사실을 알게 되었습니다. 또 솔로몬 대왕의 유해가 참으로 이상하게도 일곱 개의 바다를 건너 매장지로 운반된 관 속에 들어 있다는 사실도 알아냈습니다.

―여기서 날이 새기 시작하여 샤라자드는 이야기를 그쳤다.

488번째 밤

샤라자드는 이야기를 계속했다.

오, 인자하신 임금님, 그 책 속에는, 이 세상의 것이든, 영계(靈界)의 것이든, 그 어떤 자도 솔로몬의 손가락에서 도장반지를 뺄 수 없으며, 어떤 항해자도 솔로몬 왕의 관이 실려 간 일곱 바다를 건널 수는 없다, 그러나 어떤 종류의 풀이 있는데 그것을 뜯어 즙을 짜서 발에 바르면 발바닥을 적시지 않고도 전능하신 알라께서 창조하신 바다를 건널 수 있다, 그러나 그 풀은 이무기의 여왕과 같이 가지 않으면 뜯을 수 없다는 등등의 것이 적혀 있었습니다.

부르키야는 성도 예루살렘에 이르자 곧 기도를 올리기 시작하여 오로지 알라를 찬양했습니다. 그때 아판이 옆에 다가와 진실한 신자로서 인사를 했습니다. 이윽고 부르키야가 모세의 오서를 읽고 전능하신 알라를 찬양하는 것을 알자 이렇게 말했습니다.

"오, 당신은 누구시오? 어디서 와서 어디로 가시오?"

"나는 부르키야라고 하는 사람인데 무함마드(알라여, 그분에게 축복과 가호를 내려주소서!)를 사모하여 머나먼 카이로 시에서 이렇게 찾아왔습니다."

"뭔가 대접을 하고 싶은데, 내 집까지 와주시지 않겠소?"

"그렇게 하지요."

부르키야의 대답에 수행자 아판은 젊은이의 손을 잡고 자기 집으로 데려가서 정중히 대접한 뒤 이렇게 말했습니다.

"오, 형제여, 당신의 신상 이야기를 들려 주시겠소? 무함마드(그분에게 알라의 가호와 구원이 늘 함께하기를!)를 알게 된 뒤 몹시 사모하여 이렇게 먼 곳까지 그분을 찾아 여행하게 된 경위와 누구의 안내로 이곳에 찾아왔는지 자세히 얘기해 주시오."

그래서 부르키야가 지금까지의 경위를 자세히 이야기하자 아판은 참으로 놀라워하면서 말했습니다.

"나를 그 이무기의 여왕과 만나게 해 준다면, 나도 당신을 무함마드와 만나게 해 드리지요. 전도할 시기는 아직 먼 앞날이기는 하나, 우리는 그 이무기의 여왕을 설득하여 우리 속에 넣어서 풀이 우거진 어떤 산으로 데리고 가면 됩니다. 이무기의 여왕이 옆에 있는 동안은 길가에 자라는 풀이 인간의 말을 하고, 더없이 높은 알라의 뜻에 따라 그 공덕을 드러내 보여 줄 겁니다. 나는 책에서 어떤 종류의 풀을 뜯어 즙을 짜서 발에 바르면 전능하신 알라께서 창조하신 바다를 발도 적시지 않고 건널 수 있다는 걸 읽은 적이 있습니다. 그 불가사의한 풀을 손에 넣으면 이무기의 여왕을 돌려보내주고 우리는 그 풀즙을 발에 발라 일곱 바다를 건너 솔로몬 왕의 묘지로 갑시다. 그리고 솔로몬 왕의 손가락에서 반지를 빼어 솔로몬 왕과 마찬가지로 세계를 다스리며 모든 소원을 이루도록 합시다. 그리고 '암흑의 해원(海原)바다'*9에 가서 생명수를 마시기만 하면 전능하신 알라께서는 이 세상의 마지막 날까지 우리를 살게 해 주실 테고, 그러면 무함마드(알라여, 그분에게 축복과 가호를 내리소서!)를 만날 수 있을 것이오."

이 말을 듣고 부르키야가 대답했습니다.

"오, 아판 님, 그렇다면 이무기의 여왕을 만날 수 있게 해 드리지요."

그리하여 아판은 철로 우리를 만들고, 술과 우유를 각각 담은 그릇 두 개를 가지고 부르키야와 함께 배를 탔습니다. 항해를 계속하다 그 섬에 도착하자, 두 사람은 배에서 내려 걸어갔습니다. 그런 다음 아판은 우리를 조립하여 그 속에 올가미와 그릇 두 개를 넣고서, 두 사람은 멀찌감치 몸을 숨겼습니다.

잠시 뒤 이무기의 여왕(즉 나 자신)이 거기 나타나 우리를 살펴보았습니다. 여왕은(즉 나는) 우유 냄새를 맡고 뱀 등의 황금 쟁반에서 내려 우리로 들어가 그 우유를 마셨습니다. 그런 다음 큰 술이 담긴 그릇으로 다가가 그것도 마셔 버리자 머리가 어찔어찔해져서 그만 그 자리에 쓰러져 잠이 들고 말았습니다.

이 광경을 본 아판은 즉시 다가와서 우리에 자물쇠를 채워 머리에 이고는 부르키야와 함께 배가 있는 곳으로 갔습니다.

잠시 뒤 깨어난 여왕은 자기가 우리 속에 갇혀 사람의 머리 위에 얹혀 가고 있다는 사실을 깨닫고, 또 옆에 부르키야가 나란히 걸어가는 모습을 보고 이렇게 말했습니다.

"이것이 아담의 아들에게 아무런 나쁜 짓도 하지 않은 자에 대한 보답인가요?"

"오, 여왕님, 무서워할 것은 전혀 없습니다. 당신에게 결코 나쁜 짓을 하려는 게 아니니까요. 다만 풀이 있는 곳을 가르쳐주시기만 하면 됩니다. 그 풀을 찧어서 짜면 즙이 나오는데, 그것을 발에 바르면 전능하신 알라께서 창조하신 모든 바다 위를 발을 적시지 않고 걸어갈 능력을 얻을 수 있습니다. 그러니 그 풀만 찾아내면 당신을 원래 장소로 돌려보내 드릴 테니, 자유롭게 돌아가시면 됩니다."

그리하여 아판과 부르키야는 나를 데리고 풀이 자라는 언덕으로 갔는데, 두 사람이 지나가자 길가의 풀과 나무들이 더없이 높은 알라의 허락을 얻어 인간의 언어로 자신의 공덕을 말하기 시작했습니다.

이렇게 좌우에서 말을 거는 풀 사이를 걸어가니 어떤 풀이 이렇게 말하지 않겠습니까?

"내가 바로 당신들이 찾는 그 풀이랍니다. 나를 뜯어 즙을 짜서 발에 바르세요. 그러면 전능하신 알라께서 창조하신 바다를 발을 적시지 않고 건너갈 수 있을 거예요."

이 말을 듣고 아판은 머리에서 우리를 내려놓았습니다. 그러고는 그 풀을 듬뿍 모아 즙을 짜서 나중에 또 쓸 수 있도록 유리병 두 개에 가득 담고, 남은 즙을 발에 발랐습니다.

그리고 두 사람은 여왕을(즉 나를) 가둔 우리를 지고 밤낮을 계속하여 여행한 끝에 내가 사는 섬에 돌아오자 우리를 열고 나를 꺼내주었습니다. 나는 자유로운 몸이 되자 두 사람에게 물었습니다.

"그 풀즙은 무엇에 쓰시려고 그러십니까?"

"이 즙을 발에 바르고 일곱 바다를 건너 솔로몬 왕의 묘지[10]에 가서 도장반지를 손에 넣을 작정이오."

"솔로몬 왕의 도장반지를 손에 넣는다고요? 그런 일은 절대로 불가능해요."

"어째서요?"

두 사람의 물음에 나는 이렇게 대답했습니다.

"전능하신 알라께서는 솔로몬 왕에게 그 도장반지를 선물하시고 특별한 은총을 내리셨어요. 그것은 솔로몬 왕이 신께 '주님이여, 부디 제가 죽은 뒤, 사람의 손에 넘어가지 않는 왕국을 주소서. 진정 당신은 왕국을 주시는 분[11]이니까요' 하고 말했기 때문입니다. 그러니 그 도장반지는 절대로 당신들 손에 들어가지 않을 거예요.

그리고 당신들이, 한 번만 먹으면 누구나 최초의 나팔 소리[12]까지 살아남을 수 있다는 풀을 뜯어왔더라면, 차라리 이런 풀에 손을 대는 것보다 훨씬 좋았을 텐데. 이 풀을 손에 넣어봤자 결코 희망은 이루어지지 않을 테니까요."

이 말을 듣고 두 사람은 몹시 분해하면서 떠났습니다.

—여기서 날이 새기 시작하여 샤라자드는 이야기를 그쳤다.

489번째 밤

샤라자드는 이야기를 계속했다.

오, 인자하신 임금님, 여왕은 다시 이야기를 계속했습니다.

자유로운 몸이 된 나는 부하들을 찾아나섰는데, 내가 없는 동안 강한 뱀들은 약해지고 약한 뱀들은 모두 죽고 없어, 보기에도 참담한 상태가 되어 있었습니다. 남은 부하들은 나를 보자 무척 기뻐하며 몰려와서 물었습니다.

"대체 어떻게 된 일입니까? 어디 갔다 오셨습니까?"

나는 그동안 있었던 일을 이야기한 다음 부하들을 데리고 이 카프 산을 찾아왔습니다. 오, 하시브 카림 알 딘 님, 당신도 보신 것처럼 우리는 여기서 여름의 더위와 겨울의 추위를 피하고 있습니다. 이것이 내가 지금까지 겪은 사연입니다. ―

이무기의 여왕 이야기를 듣고 하시브는 매우 놀라면서 말했습니다.

"제발 당신을 지켜주는 뱀들에게 명령하여 나를 땅 위로 데려다주십시오. 인간세상으로 돌아가고 싶습니다."

"오, 하시브 님, 겨울이 올 때까지는 돌아갈 수 없습니다. 겨울이 되면 우리와 함께 카프 산으로 가서 산과 사막과 나무를 바라보고, 유일신을 찬양하는 새들의 노랫소리를 들으면서 마음을 위로해야만 합니다. 또 전능하신 알라를 제외하고 헤아릴 수 없이 많은 마신족의 무리도 구경하셔야 해요."

하시브는 이 말을 듣자 마음이 몹시 초조하고 불안했지만, 이윽고 이무기의 여왕에게 이렇게 말했습니다.

"그럼, 아판과 부르키야가 어떻게 당신과 헤어져서 일곱 바다를 건너 솔로몬 왕의 묘지에 갈 수 있었는지, 또 무사히 도장반지를 손에 넣었는지 이야기해 주십시오."

그러자 뱀의 여왕은 다음과 같이 이야기를 시작했습니다.

―나와 헤어진 부르키야와 아판은 그 풀즙을 발에 바르고 깊은 바다의 신비에 흥분하면서 물 위를 걸어 바다에서 바다로 여행을 계속했습니다. 그리고 마침내 일곱 바다를 건너 아득한 저편 하늘에 솟아오른 산이 보이는 곳까지 이르렀습니다.

그 산의 돌은 모두 에메랄드이고 모래는 모두 사향이며 그 사이에 산골짜기에는 끝없이 흐르는 강도 있었습니다. 두 사람은 그곳에 이르러 무척 기뻐하면서 서로 말했습니다.

"우리의 소원이 끝내 이루어졌소."

두 사람은 산길로 접어들어 계속 나아가다가, 이윽고 아득한 저편에 크고 둥근 지붕에 덮인 동굴 하나를 발견했습니다.

그 동굴 안으로 들어가 보니 온갖 보석이 박힌 황금 옥좌가 있고 그 주위에 수많은 의자가 놓여 있었습니다.

솔로몬 왕의 유해는 금실을 짜서 보석과 귀금속을 박은 녹색 비단옷을 입고 옥좌 위에 길게 누워 있었습니다. 오른손이 가슴 위에 얹혀 있었는데, 그 가운뎃손가락에 다른 보석보다 훨씬 빛나는 도장반지가 끼워져 있었습니다.

아판은 부르키야에게 수많은 기도와 주문을 가르쳐준 다음 이렇게 말했습니다.

"내가 저 도장반지를 뺄 때까지 이 주문을 계속 외어야 하오."

아판은 옥좌 쪽으로 다가갔습니다. 그런데 바로 앞으로 다가간 순간, 놀랍게도 옥좌 밑에서 거대한 구렁이가 쑥 나타나더니 입에서 불을 뿜으며 온 동굴 안이 울릴 만큼 무서운 목소리로 외치는 것이었습니다.

"여기서 나가라, 그렇지 않으면 목숨을 잃을 것이다!"

그러나 아판은 정신없이 주문만 욀 뿐 상대의 위협에 전혀 동요하지 않는 기색이었습니다. 그러자 구렁이는 모든 것을 불태워 버릴 듯이 무시무시한 불길을 내뿜으면서 소리쳤습니다.

"무례한 놈! 당장 나가지 않으면 불태워 죽일 테다!"

이 말을 듣고 부르키야는 동굴 안에서 달아났지만, 아판은 여전히 들은 척도 하지 않고 성큼성큼 예언자 곁에 다가서서 손을 뻗어 필사적으로 솔로몬 왕의 손에 있는 반지를 빼내려 했습니다.

그 순간 구렁이가 또다시 불을 확 뿜어내니 아판은 순식간에 한 덩어리의 재가 되고 말았습니다.

이 광경을 목격한 부르키야는 그 자리에서 정신을 잃고 쓰러지고 말았습니다.

—여기서 날이 훤히 밝았으므로 샤라자드는 이야기를 그쳤다.

490번째 밤

샤라자드는 이야기를 계속했다.

오, 인자하신 임금님, 이무기의 여왕은 이야기를 계속했습니다.

그때 알라(오, 그 주권을 찬양하라!)께서는 가브리엘을 불러내어 하계로 내려가서 구렁이가 불을 뿜기 전에 부르키야를 구해 주라고 명령했습니다.

가브리엘은 즉시 하계로 내려가서 한 줌의 재가 된 아판과 기절해 쓰러진 부르키야를 바라보더니, 그를 안아 일으켜 정신을 차리게 한 뒤 인사를 하고 이렇게 물었습니다.

"당신은 어떻게 해서 여기 왔소?"

부르키야는 모든 것을 자세히 이야기한 다음 덧붙였습니다.

"내가 무함마드(알라여, 그분 위에 가호와 구원을 내리소서!)를 사모하지만 않았던들 이런 곳에 오지는 않았을 겁니다. 아판이 나에게 무함마드의 사명은 이 세상의 마지막 날까지 성취되지 않으며, 솔로몬의 반지를 통해 생명수를 마시고 마지막 날까지 살아남지 않으면 아무도 무함마드를 만날 수 없다고 했습니다. 그래서 나는 아판을 따라 여기까지 와서 이런 일을 당하게 되고 말았습니다. 다행히 나는 불의 난을 피했지만, 이제 어디로 가야 무함마드를 만날 수 있는지 가르쳐주십시오."

"오, 부르키야, 어서 이곳을 떠나시오. 무함마드가 나타나는 것은 아직도 먼 훗날의 일이니까."

그러고는 곧장 하늘로 올라가 버렸습니다.

부르키야는 눈물을 흘리며 솔로몬의 도장반지를 손에 넣는다는 건 인간에게는 불가능한 일이라고 한 내 말을 떠올리며 자신이 한 짓을 후회했습니다.

이윽고 산에서 내려간 부르키야는 몹시 어지러운 마음으로 해변에 이르러 근처의 산과 바다와 섬들의 진기한 경치를 바라보며 하룻밤을 새웠습니다.

새벽녘이 되자 다시 풀즙을 발에 바르고 물 위로 내려가서 바다의 공포와 깊은 바다의 수많은 신비에 놀라기도 하면서 밤낮으로 물 위를 걸은 끝에 마침내 에덴동산 같은 섬에 이르렀습니다.

올라가 보니 그곳은 쾌적하기 이를 데 없는 섬으로 이곳저곳 다녀보는 동안, 그 모래먼지는 사프란이고, 조약돌은 홍옥수(紅玉髓)나 보석, 울타리는 재스민, 식물은 모두가 세상에 보기 드문 나무와 향나무, 풀숲은 코모린이나 수마트라의 침향, 억새처럼 보이는 건 모두 사탕수수였습니다. 그 둘레에는 장미·수선화·아마란스·스톡·질리플라워·카밀러·백합·제비꽃, 그 밖에 별의

별 꽃들이 활짝 피어 있었습니다. 그리고 섬이 상당히 넓고 뛰어나게 아름다워, 마치 물질적·정신적 아름다움을 모조리 모아 놓은 듯, 이 세상 영계의 아름다움이 빠짐없이 모여 있는 듯했습니다.

나뭇가지에 우짖는 새소리는 코란 속의 성가보다도 상쾌하고 그 가락은 사랑을 잃은 사람들의 마음을 충분히 달래줄 만했습니다. 영양은 매우 기뻐하고 즐거워하며 뛰어다니고 야생소는 초원을 어슬렁거리며 돌아다녔고, 나무는 하늘 높이 솟았으며 강은 반짝반짝 흘러내리고 샘에서는 줄곧 맑은 물이 솟아나는 등 눈에 보이는 모든 게 매우 아름답고 즐거울 뿐이었습니다.

부르키야는 이 기막힌 섬에 정신을 빼앗기고 있다가 아판을 따라온 길에서 벗어나 버려 길을 잃어버린 사실을 깨달았습니다. 이리저리 돌아다니면서 온갖 경치를 즐기던 그는 해가 지자 잠을 자려고 나무에 올라가 앉아서 사방의 아름다운 경치에 넋을 잃고 있었습니다.

그때 별안간 파도가 일고 엄청나게 큰 짐승 한 마리가 물속에서 쑥 나타나더니 무서운 소리를 질렀으므로, 섬 안의 생물들은 모두 겁에 질려서 벌벌 떨었습니다.

부르키야가 나무 위에서 그 큰 짐승을 바라보며 그 몸뚱이가 너무나 커서 놀라고 있는데, 그 뒤로 이어 온갖 바다짐승들이 헤아릴 수 없이 속속 나타났습니다. 그런데 모두 앞발에 등불처럼 빛나는 보석을 쥐고 있어 섬 전체가 낮처럼 훤하게 밝아졌습니다.

한참 있으려니 이번에는 섬 한가운데에서 많은 야수가 나타났는데, 그 가운데 사자와 표범, 살쾡이와 그 밖의 맹수들도 끼여 있었습니다.

야수들은 바닷가로 몰려나가 바다짐승과 정답게 이야기를 시작하더니, 날이 새기 시작하자 서로 다시 헤어져서 저마다 자기들이 사는 곳으로 돌아갔습니다.

그 광경을 본 부르키야는 그만 무서워져서 바닷가로 달려가 그 불가사의 한 풀즙을 발에 바른 다음 물 위로 걸어나갔습니다. 이렇게 하여 두 번째 바다를 밤낮없이 걸어가서 이윽고 커다란 산으로 이루어진 섬에 이르렀습니다. 그곳에는 끝없이 이어지는 개울이 있고 암석은 모두 자석이었으며 짐승은 사자와 토끼, 표범뿐이었습니다.

물에 올라 이리저리 돌아다니던 부르키야는 해가 지자, 바닷가의 조그만 언덕 기슭에 몸을 기대고 앉아 파도에 떠밀려 와서 말라버린 물고기를 주워 먹었습니다.

그러다가 무심코 옆을 보니 뜻밖에도 커다란 표범 한 마리가 두 눈에 불을 켜고 부르키야를 뜯어 먹으려는 듯이 슬금슬금 다가오는 게 아니겠습니까? 부르키야는 허둥지둥 그 풀즙을 발에 바르고 물 위로 달려가서 어둠에 싸인 세 번째 바다를 건너 달아났습니다. 그날 밤은 매우 깜깜하고 바람 또한 무척 심한 밤이었습니다.

이리하여 계속 앞으로 나아가는 동안 또다시 다른 섬에 이르렀습니다. 육지에 올라 보니 나무마다 싱싱한 햇열매와 마른 열매가 주렁주렁 달려 있었습니다.*13 부르키야는 그 열매를 따 먹고 전능하신 알라를 찬양하면서 해가 질 때까지 바람을 쐬며 섬 안을 돌아다녔습니다.

─여기서 날이 밝았으므로 샤라자드는 이야기를 그쳤다.

491번째 밤

오, 인자하신 임금님, 이윽고 해가 져서 부르키야는 하룻밤을 보내고 날이 새자 다시 온 섬을 구경하며 다녔습니다. 그리하여 열흘을 지낸 그는 해변으로 나가서 발에 풀즙을 바르고 네 번째 바다를 건넜습니다. 며칠 동안 밤낮없이 걸어 세 번째 섬에 이르렀는데, 그곳에는 희고 아름다운 모래만 깔려 있을 뿐 나무나 풀은 그림자도 보이지 않았습니다. 부르키야는 섬에 올라 한참 동안 돌아다녀 보았지만, 그 섬에는 모래 속에 둥지를 튼 매밖에 살고 있지 않았습니다. 부르키야는 또다시 발에 풀즙을 바르고 다섯 번째 바다로 나가서 밤낮으로 터벅터벅 걸은 끝에 이번에는 땅바닥도 언덕도 수정처럼 맑은 작은 섬에 이르렀습니다. 그곳에는 황금이 나오는 광맥이 묻혀 있었고, 별의별 곳을 다 가보았지만, 지금까지 한 번도 본 적 없는 신비로운 나무들이 무성하게 자라고 있었습니다. 그 나무의 꽃들은 황금과 똑같은 색깔로 피어 있었기 때문입니다. 부르키야가 육지에 올라가 섬을 구석구석 돌아다니면서 구경하는 동안, 어느덧 해가 지자 나무의 꽃들이 마치 밤하늘의 별처럼 어둠 속에서 반짝반짝 빛나기 시작했습니다. 그 광경을 보고 하도 신기해서 부르키야는 중얼거렸습니다.

"이 섬에 피는 꽃은 아마 햇빛을 받으면 시들어서 땅에 떨어진 뒤, 바람이 불면 자연히 바위 밑에 모여 연금약액(鍊金藥液)*14이 되는 모양이다. 그러면 섬사람들은 그것을 모아 황금을 만드는 거겠지."

부르키야는 그날 밤은 이 섬에서 자고, 날이 새자 또 발에 풀즙을 바르고는 여섯 번째 바다를 향해 떠났습니다. 이번에도 며칠 동안 밤낮없이 나아가서 다섯 번째 섬에 이르렀습니다. 그곳에 상륙하여 한동안 둘러보니 울창한 나무로 뒤덮인 두 봉우리의 산이 보였습니다.

그 산 나무에 열린 열매는 머리카락을 묶어서 매달아 놓은 사람의 머리처럼 생긴 게 있는가 하면, 어떤 열매는 발을 묶어 거꾸로 매달아 놓은 파랑새 같은 모습을 한 것도 있었습니다. 또 알로에와 흡사한 게 있는데, 그 즙이 사람 몸에 닿으면 불이 되어 타버릴 것만 같았습니다. 그리고 우는 열매, 웃는 열매 등, 부르키야는 이 섬에서 온갖 신기한 것을 볼 수 있었습니다.

이윽고 해변으로 돌아오니 커다란 나무가 한 그루 있어서 저녁때까지 그 밑에 앉아 쉬다가, 밤이 되어 하룻밤을 보내려고 무성한 가지 위로 올라갔습니다. 거기서 알라의 불가사의한 조화를 생각하며 앉아 있으니, 이건 또 무슨 조화인지, 별안간 바다가 거세게 일렁이더니 그 속에서 인어들이 쑥 나타났습니다. 인어들은 모두 손에 보석을 하나씩 들고 있었는데, 그것이 마치 새벽빛처럼 빛나고 있었습니다.

인어들은 해변으로 올라와 나무 밑에 와 앉아서 놀거나 춤을 추고 장난을 치며 떠들어대기 시작했습니다. 부르키야는 꼼짝도 하지 않고 인어들이 노는 모습을 재미있게 구경했지만, 날이 새자 인어들은 어느새 다시 바닷속으로 자취를 감추어 버렸습니다.

부르키야는 나무에서 내려와 다시 발에 풀즙을 바르고 일곱 번째 바다를 향해 출발했습니다. 그리하여 꼬박 두 달 동안 언덕, 섬, 넓은 육지, 낮은 육지, 해변, 아무것도 보이지 않는 바다로 계속 나아간 끝에, 마침내 그 바다가 다하는 곳에 이르렀습니다. 그동안 배가 너무 고파서 물 위에 떠오른 물고기를 잡아 날것을 그대로 먹어야만 했습니다.

이렇게 하여 부르키야는 어느 날 아침 일찍, 나무가 무성하게 자라고 시냇물이 졸졸 흐르는 여섯 번째 섬에 도착했습니다. 부르키야는 섬에 상륙하여 여기저기 돌아다니다가 가까스로 사과나무 한 그루를 발견하고 손을 뻗어 열매를 따려 하는데, 뜻밖에도 나무 위에서 이렇게 호통치는 소리가 들려왔습니다.

"이 나무의 열매를 따기만 해 봐라. 네 몸을 두 동강 내버릴 테니."

부르키야가 위를 올려다보니 키가 60완척[3](당시 사람들의 척도입니다만)은 되어 보이는 거인이 있지 않겠습니까? 그는 깜짝 놀라 얼른 나무에서 물러서면서 물었습니다.

"어째서 이 나무 열매를 못 먹게 합니까?"

그러자 상대가 대답했습니다.

"네 조상인 아담은 알라와의 맹세를 어기고 이 나무 열매를 먹는 죄를 범했는데, 너는 바로 그 아담의 자손이기 때문이다."

"당신은 대체 누구십니까? 이 섬과 나무들은 누구 것이고, 당신의 이름은 무엇인지요?"

"내 이름은 샤라히야, 이 나무와 섬은 사푸르*15라는 왕의 것이다. 나는 왕의 부하로서 이 영지를 맡아보고 있다. 그런데 너는 누구이며, 어디서 왔느냐?"

부르키야가 자신이 지금까지 겪은 일을 자세히 들려주자, 샤라히야는 먹을 것을 가져다주면서 말했습니다.

"이걸 먹고 기운을 내게."

부르키야는 음식을 배불리 먹고 나서 거인과 헤어져 다시 열흘 동안 산을 넘고 사막을 가로지르며 여행을 계속했습니다.

그러던 어느 날 마침내 아득한 저편에 공중누각처럼 모래먼지가 피어오르는 게 눈에 띄어 그쪽을 향해 걸어가니, 갑자기 시끄러운 고함과 함께 칼 부딪는 소리와 요란한 싸움 소리가 들려왔습니다.

이윽고 두 달이나 걸어가야 할 만큼 큰 골짜기에 도착하여 그 어수선한 소리가 나는 쪽을 바라보니 수많은 기사가 불꽃을 튀기면서 치열한 싸움을 벌이는 중이었습니다. 부상병들이 흘린 피가 강물을 이루고 양쪽 군사의 함성이 우렛소리처럼 울리는 가운데 손에 손에 창과 칼과 철퇴, 활 등을 들고 맹렬한 기세로 싸우는 것이었습니다. 이 광경을 본 부르키야는 기겁을 하고 놀라고 말았습니다.

―여기서 날이 밝았으므로 샤라자드는 이야기를 그쳤다.

492번째 밤

샤라자드는 이야기를 계속했다.
오, 인자하신 임금님, 이무기의 여왕은 이야기를 계속했습니다.
―부르키야는 적과 아군이 한데 뒤엉켜 싸우는 모습을 보고 깜짝 놀라 어떻게 해야 좋을지 알 수 없어 쩔쩔매고 있었습니다. 그때 마침 병사들이 그를 발견하고 급히 싸움을 멈추더니, 한 무리의 병사들이 부르키야에게 달려와 한 사람이 말을 걸었습니다.

"너는 대체 누구냐? 어디서 와서 어디로 가는 거냐? 그리고 이 나라로 오는 길은 누가 가르쳐주었느냐?"

"나는 아담의 자손인데 무함마드(알라여, 그분에게 은총과 가호가 늘 함께하기를!)를 사모하여 길을 떠났다가 도중에 길을 잃고 이렇게 헤매고 있습니다."

부르키야가 이렇게 대답하자 기마병이 말했습니다.

"우리는 지금까지 아담의 자손을 본 적이 없다. 아담의 자손이 이 나라에 온 적은 한 번도 없었거든."

기사들은 부르키야의 모습을 이상하다는 듯이 훑어보며 그의 말에 무척 놀라는 기색이었습니다. 이번에는 부르키야가 물었습니다.

"당신들은 대체 누구십니까?"

"우리는 마신들이다."

"그럼, 무슨 까닭에 동료끼리 그렇게 싸우시나요? 그리고 당신들이 사는 곳은 어딥니까? 또, 이 골짜기와 이 육지의 이름은 무엇인지요?"

"우리는 하얀 나라에 살고 있는데, 해마다 전능하신 알라의 뜻에 따라 이곳에 와서 이단의 마신들과 전쟁을 하고 있지."

"그 하얀 나라는 어디에 있는데요?"

"카프 산 너머에 있네. 그곳은 아드족의 아들 샤다드의 나라라고 하는 섬에서 75년이나 여행을 하지 않으면 갈 수 없는 곳이지. 우리는 성전을 수행하기 위해 여기 와 있지만, 전쟁이 없을 때는 신을 찬양하고 숭배하는 것 말고는 아무것도 할 일이 없다네. 또 우리는 사푸르 왕이라는 지배자를 모시고 있는데, 너도 우리와 함께 왕을 알현하는 게 좋을 거야. 특별히 기뻐하며 너를 맞이해 주실 테니까."

그래서 부르키야는 기사들을 따라 여행을 계속하여 마침내 하얀 나라에 도착했습니다. 맨 먼저 부르키야의 눈에 들어온 것은, 수없이 많이 늘어서 있는 녹색 비단의 호사스러운 천막이었습니다. 그 중앙에는 둘레가 몇천 완척이나 됨직한 거대한 붉은 공단 천막이 서 있었고, 거기에는 파란 비단 밧줄과 금은의 말뚝까지 사용되어 있었습니다.

부르키야가 그 광경에 놀라 눈을 커다랗게 뜨고 일행의 뒤를 따라가니, 그것은 바로 왕의 막사였습니다.

그가 기사들의 안내를 받아 왕 앞으로 나아가자, 왕은 진주와 보석이 박힌 화려한 순금 옥좌에 앉아 있고, 그 오른쪽에는 마신의 영주들과 장군들, 왼쪽에는 장로와 태수와 중신들, 그 밖에 많은 가신이 빛나는 별처럼 늘어앉아 있었습니다.

왕이 신하에게 부르키야를 가까이 데려오게 하였으므로 부르키야는 왕 앞에 나아가 땅에 엎드리고 인사를 올렸습니다. 왕도 답례로 인사를 하고서 이렇게 말했습니다.

"오, 인간이여, 더 가까이 오라!"

부르키야가 왕 앞으로 더욱 다가가자 왕은 자기 옆에 의자를 가져오게 하여 그를 앉히고 물었습니다.

"그대는 누구인고?"

"저는 인간이며 이스라엘의 자손입니다."

"그대의 신상 이야기를 들려주지 않겠나? 그대가 겪은 모든 일과 어떻게 이 나라에 오게 되었는지 자세히 들려주게."

그리하여 부르키야는 처음부터 끝까지 세상을 헤매고 다니는 동안 겪었던 일을 하나도 빠뜨리지 않고 얘기해 주었습니다.

―여기서 날이 새기 시작하여 샤라자드는 이야기를 그쳤다.

493번째 밤

샤라자드는 이야기를 계속했다.
오, 인자하신 임금님, 이무기의 여왕은 이야기를 계속했습니다.
―부르키야가 사푸르 왕에게 자신이 겪은 일을 모두 얘기하자 왕은 몹시 신기하게 생각하는 눈치였습니다. 이윽고 왕이 식사를 내오라고 명령하니 금은과 구리로 만든 1천5백 개나 되는 커다란 접시에 온갖 음식들이 날라져 왔습니다. 거기엔 20마리에서 50마리의 낙타요리가 담겨 있는가 하면, 50마리의 양고기가 담겨 있는 것도 있었습니다. 이 끔찍한 식탁을 보고 부르키야는 소름이 끼치도록 놀랐지만, 모두 함께 배불리 먹고 전능하신 알라께 감사기도를 바쳤습니다. 식탁을 치우자 이번에는 과일이 나왔으므로 모두 다시 알라의 이름을 찬양하고 예언자 무함마드(알라여, 그분에게 은총과 가호가 있기를!)를 축복하면서 그것을 먹었습니다.
마신들이 무함마드의 이름 외는 것을 듣고 이상하게 생각한 부르키야는 사푸르 왕에게 이렇게 말했습니다.
"좀 여쭈어 볼 말씀이 있습니다만."
"무엇인고?"
"오, 임금님, 임금님은 어떤 분이고 임금님의 조상은 어떤 분이십니까? 어떻게 해서 무함마드(알라여, 그분 위에 가호와 구원을 내리소서!)를 아시고 사랑하시게 되셨습니까?"
"오, 부르키야여, 알라께서는 지옥을 7개의 계층으로 나누어 만드셨는데, 하나하나의 계층은 서로 겹쳐져 있고, 다음 지옥까지 가려면 1천 년이나 걸려야 한다. 신은 첫 번째 지옥을 자한남[16]이라 부르시고, 신에 대한 죄를 범하고도 죽을 때까지 회개하지 않은 진실한 신자의 적들을 벌하는 곳으로 정하셨고, 두 번째 지옥은 라자라고 이름 짓고 신앙이 없는 자를, 세 번째는 자힘이라고 하며 고그와 마고그[17]를, 네 번째는 사이르라 하며 모든 마신을 벌하는 곳으로 정하셨지. 그리고 다섯 번째는 사카르라 불리며 기도를 게을리한 자를, 여섯 번째는 후타마라 하여 유대교도와 그리스도교도를, 마지막으로 일곱 번째는 하위야라고 하여 위선자들을 벌하기 위해 만드셨다네. 이것이 지옥의 7계층이라네."

"그렇다면 그중에서 자한남이 제일 위에 있으니까 고통도 제일 적겠네요?"

"그렇지, 가장 견디기 쉬운 곳은 역시 자한남이겠지. 하지만 거기에도 1천 개나 되는 불의 산이 있고, 각각의 산에는 7만 개 불의 도시가 있으며, 각 도시에는 또 7만 개 불의 성이 있고, 각 성에 다시 7만 채 불의 집, 각 집에는 7만 개 불의 침대, 그 침대에 7만 가지 고통이 있단 말이야. 그러니 다른 지옥에는 얼마나 많은 종류의 고통이 갖추어져 있을지, 오직 전능하신 알라 말고는 아무도 상상 못할 일이야."

이 말을 듣고 부르키야는 정신을 잃었다가 한참 뒤 다시 정신을 차리고는 눈물을 흘리면서 말했습니다.

"오, 임금님, 저는 대체 어떻게 될까요?"

"두려워하지 말게. 무함마드(알라여, 그분에게 은총과 가호가 있기를!)를 사모하는 자는 지옥 불에도 타지 않게 되어 있으니까. 알라께서는 그런 자를 생각하여 불에 타지 않게 해 주셨으니까. 또 무함마드의 신앙에 귀의하면 불이 스스로 피해 가는 법이지.

그런데 전능하신 창조주께서는 우리를 불에서 만드셨다네.

맨 처음 알라께서 자한남에 만드신 것은 알라를 섬기는 두 종으로, 하리트와 마리트라는 이름을 지어주셨지. 그런데 하리트는 사자와 닮은 모습으로 만드셨는데, 거북과 같은 모습의 꼬리는 20년 동안 걸어가야 도달할 만큼 길고, 그 끝에는 남자의 성기가 달려 있었네. 한편, 마리트는 얼룩 이리를 닮았고 꼬리 끝에는 여자의 성기가 달려 있었지.

전능하신 알라께서 그 꼬리와 꼬리를 결합하여 교미하라고 명령하시니 이윽고 꼬리에서 큰 뱀과 전갈이 태어나 지옥불 속을 집으로 삼은 것이라네. 즉, 지옥에 떨어진 자들을 뱀과 전갈로 고통을 주고자 하는 알라의 뜻이었지. 그 뱀과 전갈의 수는 점점 늘어났다네. 그 뒤 알라께서 두 번째로 하리트와 마리트의 꼬리를 결합하여 교미하게 하시자, 마리트의 꼬리는 곧 하리트 꼬리의 씨를 잉태하여 남자 7명과 여자 7명을 낳았어. 이들이 성장하자

한 쌍씩 서로 짝을 지어 알라께 복종했지만, 단 한 명 알라의 명령을 듣지 않는 자가 있어 결국 사탄(이블리스)이라는 벌레의 모습으로 바뀌고 말았네. (알라의 저주가 내리기를!) 그런데 사탄은 원래 알라를 섬기는 종인 지천사(케루빔)의 하나였어. 그러다가 나중에는 천국으로 불려가서 자비로운 알라의 특별한 은총을 받고 마침내 지천사의 우두머리까지 되었지."

—여기서 날이 훤히 밝아 샤라자드는 이야기를 그쳤다.

494번째 밤

샤라자드는 이야기를 계속했다.
오, 인자하신 임금님, 이무기의 여왕 이야기는 계속됩니다.
—사푸르 왕은 말을 이었습니다.
"알라께서는 아담(그 위에 평안 있어라!)을 창조하시고 사탄을 불러 아담 앞에 무릎을 꿇으라고 명령하였으나, 사탄이 그 말씀을 어기고 달아나 버렸기 때문에, 알라께서는 사탄을 천국에서 추방하고 저주를 내리셨지.*18 그리하여 이 사탄에게서 태어난 자손이 악마로 불리는 일족이라네. 그리고 그 형인 다른 여섯 형제는 진실한 신자인 마신의 조상이 되었는데, 우리가 바로 그 자손들이야. 오, 부르키야, 이것이 우리의 내력*19이라네.
이 말을 듣고 부르키야는 신기하게 여기면서 왕에게 말했습니다.
"오, 임금님, 소원이오니 부하에게 분부하시어 저를 고향에 데려다주십시오."
"그건 안 돼. 전능하신 알라의 지시가 없는 한. 하지만 그대가 기어이 고향에 가고 싶다면 내 말에 태워서 이 영토 끝까지 데려다주겠네. 그곳까지 가면 바라히야 왕을 만나게 될 텐데, 그 왕은 한눈에 말의 주인이 누구인지 알아보고 이리로 돌려 보내줄 테니까. 거기까지가 나로서 해 줄 수 있는 일이라네."
부르키야는 그 말을 듣고 눈물을 흘리며 말했습니다.
"그럼 잘 부탁하겠습니다."

사푸르 왕은 암말을 한 필 끌어 내오게 하여 부르키야를 태우고서 말했습니다.

"중간에 말에서 내리거나, 말을 때리고 말 앞에서 소리를 지르지 않도록 부디 조심하게. 그런 짓을 하면 그대는 말에 차여 죽을 테니까. 조용히 타고 가다 말이 걸음을 멈추면 그때 거기서 내려 그대가 가고 싶은 곳으로 가도록 하게."

부르키야는 그러겠다 대답한 다음 말을 타고 천막 사이를 지나 오랫동안 계속 나아갔습니다. 도중에 왕가의 취사장 옆을 지나갔는데, 50마리의 낙타를 넣은 커다란 솥이 타오르는 불길 위에 몇 개나 걸려 있는 게 눈에 들어왔습니다.

부르키야가 걸음을 멈추고 신기한 듯이 바라보고 있으니, 사푸르 왕은 배가 고파 그러는 줄 알고 통으로 구운 낙타 두 마리를 가져와서 말 뒤에 매달아 주었습니다.

그리하여 부르키야는 왕을 비롯하여 그들과 작별하고 다시 출발했습니다. 이윽고 사푸르 왕의 영지에서 나가자마자 말이 걸음을 멈추었으므로 말에서 내려 옷의 먼지를 털었습니다. 그러자 암말을 본 한 떼의 사람들이 말과 부르키야를 바라히야 왕 앞으로 끌고 갔습니다.

부르키야가 왕에게 인사를 하자 왕도 답례를 하더니 아주 큰 천막 안의 옥좌 옆에 앉혔습니다. 좌우에는 왕의 군사와 호위병, 그리고 마신의 신하인 영주들이 늘어서 있었습니다.

이윽고 왕이 식사를 내오게 하여 두 사람은 배불리 먹고 마신 뒤 알라 무드릴라(4)를 외쳤습니다. 이어서 과일까지 먹고 나자 사푸르 왕과 같은 신분인 바라히야 왕이 손님에게 물었습니다.

"사푸르 왕에게서 떠난 것은 언제였나?"
"이틀 전입니다."
"그 이틀 동안 며칠 분의 여행을 했는지 그대는 아는가?"
"모릅니다."
"그대는 70개월이나 걸리는 길을 여행한 것이네."

—여기서 날이 새기 시작하여 샤라자드는 이야기를 그쳤다.

495번째 밤

샤라자드는 이야기를 계속했다.
오, 인자하신 임금님, 이무기의 여왕은 이야기를 계속했습니다.
─바라히야 왕은 다시 말을 이었습니다.
"그대가 그 암말을 탔을 때 말은 그대가 아담의 자손인 것을 알고 놀라서 그대를 떨어뜨려 버리려고 했지. 그래서 무거운 것을 매달아 말이 날뛰지 못하게 하려고 낙타 두 필을 매단 거라네."
이 말을 듣고 깜짝 놀란 부르키야는 자기가 무사했던 것을 전능하신 알라께 감사드렸습니다. 이윽고 왕이 말했습니다.
"그럼, 그대가 어째서 이 나라에 오게 되었는지 그대의 모험담을 들려주지 않겠나?"
부르키야는 왕에게 자기가 지금까지 겪은 일을 모두 이야기해 주었습니다. 그 얘기를 들은 왕은 매우 놀라워하면서 2달 동안 그를 자기 나라에 머물게 했습니다.
이무기의 여왕이 여기까지 이야기하자 그저 놀라고 있던 하시브 카림 알딘은 다시 이무기의 여왕에게 부탁했습니다.
"제발 소원이니 부하들에게 명령하셔서 가족에게 돌아갈 수 있도록 대지까지 데려다주십시오."
"오, 하시브 님, 당신은 땅 위로 돌아가면 틀림없이 맨 먼저 가족에게 인사를 한 다음, 곧 목욕탕으로 가서 목욕하시겠죠. 그런데 당신이 목욕을 마치면 그 순간에 나는 숨을 거두게 된답니다. 그것이 내가 죽는 원인이 되지요."
"그렇다면, 내가 살아 있는 한 절대로 목욕탕에 가지 않겠습니다. 또 도저히 목욕을 하지 않을 수 없을 때는 집에서 몸을 씻겠습니다."
"당신이 설사 백만 번을 맹세한다 해도 나는 믿을 수 없어요. 죽을 때까지 목욕탕에 들어가지 않는다는 건 도저히 불가능한 일이니까요. 게다가 나는 당신이 아담의 자손이라는 것을 알고 있고, 아담의 자손에게는 어떠한 맹세도 결코 신성한 게 아니랍니다. 더없이 높은 알라께서는 40일 동안 아침마다 흙을 이겨서 당신의 조상 아담을 창조하시고, 또 천사들에게 일러 아담에게 종사케 했지만, 아담은 알라께 맹세하고도 그것을 잊고 알라의 명령을 어겼어요."

하시브는 이 말을 듣고 입을 다물더니, 갑자기 눈물을 흘리며 울음을 터뜨렸습니다. 그 뒤 열흘이나 계속 운 끝에 이무기의 여왕에게 이렇게 말했습니다.

"그럼, 부르키야가 그 뒤에 어떤 모험을 했는지 얘기해 주십시오."

그리하여 이무기의 여왕은 다음과 같이 이야기를 다시 시작했습니다.

─오, 하시브 님, 부르키야는 바라히야 왕 곁에서 두 달 동안 묵은 뒤 작별을 고하고, 황야를 지나 사막을 가로지르며 밤낮없이 여행을 계속한 끝에 이윽고 한 높은 산에 이르렀습니다. 그 산꼭대기에 올라가보니 한 대천사(大天使)가 거기서 알라의 이름을 부르며 무함마드에게 축복을 내려달라 기원하고 있었습니다. 그 앞에는 흰 글자와 검은 글자가 가득 씌어 있는 서판(書板)[20]이 하나 놓여 있었습니다.

천사는 그 서판을 줄곧 들여다보며 양쪽 날개를 동쪽과 서쪽의 지평선까지 펼치고 있었습니다. 부르키야가 다가가서 인사를 하자 천사도 답례를 한 뒤 물었습니다.

"너는 대체 누구냐? 어디서 와서 어디로 가는 거지? 그리고 너의 신분은?"

그래서 부르키야가 자기가 겪은 일을 모두 이야기하자 천사는 매우 놀라는 것이었습니다.

"제 이야기를 들으셨으니 이번에는 그 서판에 무엇이 씌어 있는지 가르쳐 주십시오. 그리고 당신의 이름은 무엇이고, 지금은 무슨 일을 하고 계신 건지요?"

"내 이름은 미카엘이라고 하며 밤과 낮의 변화를 맡은 자라네. 그 일은 마지막 심판의 날까지 내가 해야 할 일이네."

부르키야는 천사의 말투와 그 풍채와 얼굴, 그리고 거대한 몸집에 감탄하면서 작별인사를 한 뒤 다시 밤낮없이 길을 재촉하여 어느 널찍한 초원에 이르렀습니다.

지나가면서 자세히 살펴보니 거기에는 7개의 강물이 흐르고 나무가 울창하게 우거져 있었습니다. 한참 동안 그 아름다운 경치에 넋을 잃어버린 부르키야는, 이윽고 그 한쪽에 커다란 나무가 한 그루 있고, 그 밑에 천사 네 명이 있는 것을 보았습니다. 가까이 다가가 보니 첫 번째 천사는 사람의 모습, 두 번째 천사는 야수의 모습, 세 번째는 새의 모습, 마지막 천사는 암소의 모습을 하고 있었습니다.

그들은 모두 전능하신 알라를 찬양하며 이렇게 기도하고 있었습니다.

"오, 우리의 주 알라여, 우리의 왕이시여, 당신의 예언자 무함마드(진실과 평안함이 함께하기를!)의 신분에 걸고, 부디 저의 모습과 흡사하게 만드신 모든 것에게 당신의 자비와 용서를 내리소서! 당신은 만물을 다스리시는 전능하신 신이시니."

부르키야는 그 기도의 말을 듣고 이상하게 생각했지만, 그대로 여행을 계속하여 또 다른 산에 이르렀습니다. 그 산에 올라가니 꼭대기에 한 대천사가 앉아서 알라를 찬양하며 무함마드(알라의 가호와 구원이 있기를!)의 축복을 기도하고 있었습니다. 그러면서 천사는 끊임없이 두 손을 폈다, 오므렸다, 손가락을 구부렸다 오므렸다 하고 있었습니다. 부르키야가 인사를 하자 천사도 답례를 한 뒤 물었습니다.

"너는 누구이고 어떻게 여기까지 왔는가?"

그래서 부르키야는 자신의 모험담과 길을 잃고 헤매는 까닭을 얘기하고서, 반대로 당신은 누구이고 무엇을 하는 것이며 또 이 산은 무슨 산이냐고 물었습니다. 그러자 천사가 대답했습니다.

"오, 부르키야, 이곳은 바로 카프 산이라는 곳으로, 전 세계를 에워싸는 산이라네. 그리고 조물주께서 만드신 모든 나라가 다 내 손안에 있지. 전능하신 알라께서 어느 나라에 지진이나 기근과 풍년, 또 살육과 번영을 내리고 싶으시면 곧 나에게 명령을 내리신다네. 그러면 나는 이 자리에서 한 발짝도 움직이지 않고 그 사명을 실행하지. 내 손은 이렇게 대지의 뿌리를 꽉 움켜잡고 있으니 말이야."

—여기서 날이 훤히 샜으므로 샤라자드는 이야기를 그쳤다.

496번째 밤

샤라자드는 이야기를 계속했다.
오, 인자하신 임금님, 이무기의 여왕은 다시 이야기를 계속했습니다.
―부르키야는 다시 물었습니다.
"그렇다면, 알라께서는 카프 산 안에 우리가 사는 세상 말고 다른 세상도 만드셨다는 말씀인가요?"
"그렇다네, 알라께서는 백은처럼 새하얀 세계를 만드셨는데, 그 넓고 커서 끝없는 넓이는 알라 자신 말곤 아무도 모른다네. 그리고 그 세계에 천사들을 살게 하였으니 천사들이 먹고 마시는 음식은 바로 알라를 찬양하는 것, 신의 예언자 무함마드(알라의 축복과 가호가 함께하기를!)를 찬양하고 늘 숭배하는 것이지. 또 천사들은 매주 목요일 밤에는 이 산으로 돌아와 새벽까지 함께 알라를 숭배한다네. 그리고 무함마드에게 귀의한 죄인이나, 또 기원이나 무함마드의 가르침을 거역한 적이 있는 자, 또는 금요일의 대목욕을 하는 모든 사람에게 여러 가지 공덕을 기리는 말과 기도의 보답이 돌아가도록 결정하는 것이지. 여행하는 모든 사람에 대한 미래의 보답을 결정하고 있는데 이 일은 부활의 날이 올 때까지 계속된다네."
"알라께서는 이 산 너머에도 세계를 만드셨을까요?"
"이 산 뒤에는 눈과 얼음으로 뒤덮인 커다란 산맥이 있는데, 그 길이는 끝에서 끝까지 가려면 5백 년이나 걸릴 정도라네. 그것은 자한남(지옥)의 더위를 막기 위한 것으로 그것이 없었더라면 이쪽 세계는 다 타버리고 말았을 거네.
그리고 카프 산 뒤에는 이곳의 40배나 되는 큰 세상이 40개나 있는데 그 가운데 어떤 것은 황금, 어떤 것은 은, 또 어떤 것은 홍옥수로 만들어져 있다네. 모두 천사가 사는 독특한 색깔의 집이지만 이브도 없고 아담도 없고 밤낮도 없는 별천지라네.
그곳의 천사들이 하는 일은 오로지 알라를 찬양하고 알라의 이름을 외며 알라가 유일신임을 고백하고, 알라의 전능하신 힘을 노래하면서 무함마드(알라여, 그분에게 은총과 가호를 내리소서!)를 사모하는 자를 위해 기도하는 것뿐이지. 그리고 대지는 7층으로 이루어져 있고, 각층은 서로 겹쳐져 쌓여 있다네. 알라께서는 한 천사를 만드시어 그 어깨에 7개의 세계를 지워주셨어. 하기야 그 천사의 모습이나 성질은 알라 말곤 아무도 아는 자가 없지만 말이야. 알라께서는 그 천사의 발아래 커다란 바위를 하나 만들고, 그 바위 밑에 수소[21]를, 수소 밑에 커다란 물고기를, 물고기 밑에 큰 바다를 만드셨지. 알라께서 그 옛날 이사[5](평안하게 잠드시기를!)에게 그 물고기에 대해 이야기하셨을 때, 이사가 '오, 주여, 그 물고기를 보여주십시오' 하고 말하니, 전능하신 알라께서는 천사에게 이사를 데려가서 물고기를 보여주라 명령하셨다네. 그래서 천사가 이사를 물고기가 사는 바다로 데려가, '이사여, 이 물고기를 보시오' 하고 말하자 이사는 그것을 자세히 바라보았으나 처음에는 아무것도 보이지 않았지. 잠시 뒤 별안간 물고기가 번개처럼 스쳐가는 바람에 이사는 그만 그 자리에 기절하고 쓰러졌다가 이윽고 다시 정신을 차렸을 때, 알라께서 영감을 통해 이렇게 말씀하셨네.

'이사여, 너는 그 물고기를 보고 그 크기를 이해했느냐?'

이사가 대답했지.

'주님의 명예와 영광에 맹세코 물고기는 한 마리도 보지 못했나이다. 그러나 끝에서 끝까지 사흘이나 걸릴 만큼 긴 소가 한 마리 눈앞을 지나갔는데 그것이 무엇인지 모르겠습니다.'

그러자 알라께서 말씀하셨네.

'이사여, 그대가 본 그 괴물, 지나가는 데 사흘이나 걸렸다고 한 것이 바로 물고기 머리이니라. 나는 그런 물고기를 매일 40마리씩 만들고 있다.'

이 말을 들은 이사는 전능하신 알라의 위력에 깜짝 놀랐다네."

부르키야는 거듭 물었습니다.

"알라께서는 그 물고기가 사는 바다 밑에 무엇을 만드셨습니까?"

천사가 대답했습니다.

"바다 밑에는 깊이를 알 수 없는 공기의 심연을, 공기 밑에는 불을, 불 밑에는 파라크라고 하는 거대한 뱀을 만드셨는데, 더없이 높은 알라가 두렵지만 않았다면, 이 이무기는 틀림없이 공기도 불도 천사도, 또 천사가 어깨에 진 것까지 위에 있는 것은 무엇이고, 그것이 무엇인지도 모르고 삼켜버렸을 거네.

—여기서 날이 훤히 샜으므로 샤라자드는 이야기를 그쳤다.

497번째 밤

샤라자드는 이야기를 계속했다.

오, 인자하신 임금님, 천사는 이무기에 대해 이야기를 하면서 부르키야에게 말했습니다.

"알라께서는 이 이무기를 만드셨을 때, 영감(靈感)을 통해 이렇게 고하셨다네.

'너에게 좋을 것을 줄 테니 소중히 간직하라. 자, 입을 벌려라.'

그러자 이무기가 말했네.

'뜻대로 하십시오.'

이무기가 입을 벌리자 알라께서는 그 입 안에 지옥을 넣고, 부활의 날까지 잘 간직하고 있으라 말씀하셨네. 부활의 날이 오면, 전능하신 알라께서는 천사들에게 쇠사슬을 주어 지옥으로 보내셔서 모든 인간을 그곳에 불러내실 날이 올 때까지 지옥을 묶어 두도록 하실 거네. 그리하여 알라께서 지옥의 문을 열라고 명령하시면, 그 안에서 이 산맥보다 큰 섬광이 달릴 거라네."

이 말을 들은 부르키야는 몹시 흐느껴 울면서 천사에게 작별을 고하고 서쪽을 향해 여행을 계속했습니다. 이윽고 굳게 닫힌 문 앞에 이르렀는데, 그 문 앞에는 생물 두 마리가 앉아 있었습니다.

가까이 가보니 문지기 중 하나는 사자의 모습을 하고 있고, 또 하나는 수소의 모습을 하고 있었습니다. 부르키야가 인사를 하니 상대방도 답례를 하고 물었습니다.

"너는 누구냐? 어디서 와서 어디로 가는 길인가?"

"나는 아담의 자손인데 무함마드(알라여, 이분에게 축복과 가호를 내리소서!)를 사모하여 찾아 헤매다가 길을 잃고 말았습니다."

그런 다음 문지기들에게 당신들은 누구이고 뒤에 있는 문은 뭐냐고 물었습니다.

"우리는 보다시피 이 문을 지키고 있는데, 알라를 찬양하고 무함마드(알라의 축복과 가호가 있기를!)에게 축복을 비는 것 말고는 아무것도 하는 일이 없네."

부르키야가 이상하게 생각하며 다시 한 번 물었습니다.

"이 문 안에는 무엇이 있습니까?"

"우리는 모르네."

"당신들의 영광된 주를 두고 부탁합니다만, 그 안에 있는 것을 보여주실 수 없을까요?"

"그럴 순 없네. 신앙심이 두터운 가브리엘(그분에게 평안함이 있기를!) 님 말고는 아무도 이 문을 열 수가 없어."

이 말을 듣고 부르키야가 큰 소리로 알라께 매달리며 외쳤습니다.

"오, 주여, 당신의 사자, 신앙심이 깊은 사도 가브리엘 님을 보내시어 부디 이 문을 열고 안에 있는 것을 보여주소서!"

전능하신 알라는 이 기원을 들으시고 천사장을 지상으로 내려 보내, 두 개의 바다가 서로 맞닿아 있는 곳에 있는 문을 열어주라고 분부하셨습니다.

가브리엘은 지상으로 내려와서 부르키야에게 인사한 뒤, 문을 열고 말했습니다.

"안으로 들어가라, 알라의 명령으로 문을 열어줄 테니."

부르키야가 안으로 들어가자 가브리엘은 문을 닫고 다시 천국으로 올라가 버렸습니다.

문 안으로 들어선 부르키야가 앞을 바라보니 넓고 먼 바다가 펼쳐져 있는데 반은 소금물, 반은 민물로 되어 있고, 사방이 루비의 산맥으로 둘러싸여 있었습니다. 그 산 꼭대기에 알라를 찬양하며 그 이름을 외는 천사들의 모습이 보여서, 그리로 가 인사를 하고 그 바다와 산에 대한 것을 물었습니다.

"이 바다는 구천(九天) 밑에 있으며, 온 세계 모든 바다의 원천을 이루고 있다네. 우리는 소금물에는 소금물을, 민물에는 민물*22을, 전 세계 곳곳으로 나누어 보내라는 분부를 받고 있네. 또 이 산맥은 바다의 물을 막고 지키는 역할을 하고 있다네. 그런데, 너는 대체 어디서 와서 어디로 가는 길인가?"

부르키야는 자신이 겪은 일을 죄다 얘기한 다음 지금부터 갈 길을 물었습니다.

천사들이 눈앞의 바다를 가로질러 가라고 말했으므로 부르키야는 가지고 온 풀즙을 발에 바르고 천사들과 작별하고서, 다시 밤낮으로 바닷길을 재촉했습니다. 그러다가 한 아름다운 젊은이를 만났는데 그도 부르키야와 마찬가지로 여행을 하는 젊은이였습니다. 부르키야가 인사하니 상대방도 답례를 했습니다.

젊은이와 헤어져서 다시 나아가니 대천사 4명이 바다를 건너오는 모습이 보였습니다. 그런데 그 걸음이 어찌나 빠른지 눈이 어지러울 정도였습니다. 부르키야는 천사들이 걸어오는 길목에 서서 기다렸다가 곧 그들이 다가오자 인사를 하고 말을 걸었습니다.

"영광되고 전능하신 알라를 두고 묻습니다만 당신들의 이름은 무엇이고 어디로 가시는 것입니까?"

첫 번째 천사가 대답했습니다.

"내 이름은 가브리엘, 여기 있는 이는 이스라필, 미카일, 아즈라일이라고 하며, 셋 다 내 동료이다. 동쪽에 거대한 용이 나타나 수많은 도시를 파괴하고 그 백성을 모조리 삼켜 버렸으므로, 알라의 명령을 받고 그 용을 잡아서 자한남에 던져 넣으려고 가는 길이다."

부르키야는 그 천사들의 거대한 몸집을 보고 혀를 내두르며 다시 밤낮없이 길을 서둘렀습니다.

그러다가 한 섬에 이르러 뭍으로 올라가서 한동안 섬을 둘러보았습니다.

─여기서 날이 훤히 밝았으므로 샤라자드는 이야기를 그쳤다.

498번째 밤

샤라자드는 이야기를 계속했다.

오, 인자하신 임금님, 부르키야가 섬에 상륙하여 이리저리 돌아다니고 있노라니 얼굴이 아름답게 빛나는 한 젊은이가 두 무덤 사이에 앉아 비탄에 잠겨 있는 모습이 보였습니다. 부르키야가 다가가서 인사를 하니 젊은이도 답례했습니다. 부르키야는 이렇게 물었습니다.

"당신은 뉘시오? 그리고 이 두 무덤은 누구의 무덤입니까? 또 왜 그렇게 슬퍼하고 계십니까?"

젊은이는 부르키야를 쳐다보더니 입은 옷이 눈물에 흠뻑 젖을 정도로 심하게 울고서 이윽고 입을 열었습니다.

"형제여, 내 신상 이야기는 참으로 불가사의하고 진기한 얘기라오. 하지만 그보다 당신이 먼저 내 옆에 앉아서, 자신의 이름과 모험담을 들려주고 이곳에 오게 된 경위를 말해 주시오. 그러면 내 이야기를 하지요."

부르키야는 그 젊은이 옆에 앉아 아버지를 여위고서 지금까지 있었던 일을 자세히 얘기해 주었습니다.

"여기까지가 내 신상 이야기라오. 앞으로 어떻게 될지는 알라만이 아시겠지요."

이 말을 들은 젊은이는 한숨을 내쉬면서 말했습니다.

"오, 가여운 분이구려! 하지만 나에 비하면 당신은 세상을 아직 조금밖에 보지 못한 것이오. 부르키야 님, 당신과 달리 나는 솔로몬 왕이 살아 계실 때 뵌 적도 있고 그 밖에도 헤아릴 수 없이 많은 것을 보았소.

사실 내 이야기는 너무나 불가사의해서 아마 아무도 상상할 수 없을 거요. 그러니 이곳에 머물면서 내 이야기를 들어주시오. 그러면 내가 이런 곳에 앉아 있는 이유도 알게 될 테니까."

이무기의 여왕이 여기까지 이야기하자 하시브는 여왕의 말을 가로막으며 애원했습니다.

"오, 여왕님, 제발 소원이니 부하에게 명령하여 나를 땅 위로 보내주십시오. 그러면 죽을 때까지 목욕탕에 가지 않겠다고 맹세할 테니까요."

그러나 여왕은 이렇게 대답했습니다.

"그건 안 돼요, 게다가 당신이 맹세한다 해도 그 말을 어떻게 믿겠어요?"

하시브는 또다시 울음을 터뜨리고 말았습니다. 그러자 그 자리에 있던 다른 뱀들도 하시브를 동정하여 눈물을 흘리면서 여왕에게 말했습니다.

"저희도 부탁하겠습니다. 저희 가운데 누군가에게 분부하시어 이분을 지상으로 안내하게 해 주십시오. 이분은 살아 있는 동안은 목욕탕에 들어가지 않겠다고 맹세를 하셨으니까요."

그제야 야무라이하(여왕의 이름입니다)는 부하들의 간곡한 청을 받아들여

하시브에게 다시 한 번 굳게 맹세를 하게 한 다음, 큰 뱀 한 마리에게 하시브를 지상까지 데려다주라고 명령했습니다. 곧 출발준비가 끝나 여왕이 하시브를 전송하러 나가려 하자, 하시브는 여왕을 돌아보며 말했습니다.

"그 두 개의 무덤 사이에 앉아 있던 젊은이의 이야기를 마저 들려주시지 않겠습니까?"

그리하여 여왕은 다시 이야기를 계속했습니다.

—오, 하시브 님, 부르키야는 그 젊은이의 신상 이야기와 무덤 사이에 앉아 있는 이유를 듣기 위해 먼저 자신에게 일어난 일을 모두 이야기해 주었습니다.

—여기서 날이 훤히 밝았으므로 샤라자드는 이야기를 그쳤다.

499번째 밤

샤라자드는 이야기를 계속했다.

오, 인자하신 임금님, 이무기의 여왕은 이야기를 계속했습니다.

부르키야의 이야기를 들은 젊은이는 한숨을 내쉬면서 말했습니다.

"오, 가여운 분이구려! 하지만 나에 비하면 당신은 세상을 아직 조금밖에 보지 못한 것이오. 부르키야 님, 당신과 달리 나는 솔로몬 왕이 살아 계실 때 뵌 적도 있고 그 밖에도 헤아릴 수 없이 많은 것을 보았소. 사실 나는 도저히 상상도 할 수 없는 불가사의한 일을 너무나 많이 겪었다오."

그리고 나서 젊은이는 다음과 같은 이야기를 시작했습니다.

얀샤의 이야기*23

오, 형제여, 실은 내 아버지는 테그무스라는 왕인데, 카부르의 나라를 다스리면서도, 전쟁을 좋아하는 샤란족 추장 1만 명을 부하로 거느리고 계셨소. 그 추장들은 각자 백 개의 도시와 백 개의 성채를 갖고 있었지요. 왕은 또한 제후 7명을 지배하고 있었으므로 동서에 걸쳐 크고 넓게 펼쳐진 나라들에서 공물이 끊임없이 모여들었습니다. 아버지는 공명정대하게 정사를 펼쳤기 때문에 전능하신 알라의 뜻으로 이 모든 것들이 주어졌고, 또 그토록 강대한 국토를 받은 것입니다. 그런데 애석하게도 (간절하게 소망했지만) 자신이 죽은 뒤 왕국을 이어받아 다스릴 후계자가 없었습니다.

그래서 어느 날 왕은 법률학자와 점성가, 수학자, 역학자 등을 불러 놓고 이렇게 말했습니다.

"나의 운세도를 그리고 알라께서 나에게 후계자를 점지해 주실지 어떨지 살펴보라."

그래서 학자들은 각자 책을 뒤지고 왕의 별을 관찰한 다음 이렇게 말했습니다.

"오, 임금님, 언젠가는 반드시 아들을 얻게 되실 겁니다. 그러나 호라산 왕의 공주를 왕비로 맞이하지 않으시면 소원은 이루어지지 않을 것입니다."

이 말을 들은 왕은 매우 기뻐하면서 점성가와 그 밖의 현자들에게 수많은 보물을 주어 돌려보냈습니다.

이 나라의 재상은 아인 자르라 하는 유명한 전사였는데, 싸움터에 나가면 병사 1만 명이 힘을 합쳐도 그를 이기지 못할 정도로 굳세고 용감한 사람이었습니다. 왕은 이 대신을 불러 점성가들이 예언한 말을 전하고 이렇게 말했습니다.

"오, 대신이여, 여행준비를 하고 호라산으로 가 호라산 왕 바르완의 딸에게 나 대신 청혼을 하시오."

대신은 곧 채비를 하여 용장과 몇몇 가신을 이끌고 성 밖에서 야영했습니다.

한편 테그무스 왕은 호라산 왕에게 보내는 선물로 비단, 보석, 진주, 루비, 그 밖의 수많은 보석과 금은을 가득 채운 짐짝 1천5백 개와 신부의 치장에 필요한 물건들을 낙타와 암노새에 싣고 편지 한 통을 곁들여 아인 자르에게 맡겼는데, 그 편지 속에는 이런 말이 적혀 있었습니다.

하늘의 축복을 기원하며, 테그무스 왕이 바르완 왕께 몇 자 올립니다.
다름이 아니라 며칠 전에 이 나라의 점성가와 현자, 수학자들을 불러모아 의논을 해본 결과, 귀하의 공주를 왕비로 맞이하면 아들을 얻을 수 있다 합니다. 그래서 대신 아인 자르에게 많은 혼수를 들려 나의 대리인으로서 귀하의 딸과 혼인계약을 주선하도록 보냈으니, 부디 귀하의 호의로 내 대리인의 요청을 받아들여 주시기 간절히 바랍니다. 그것은 바로 나의 요청이며, 당신께서 대신에게 베푸시는 모든 후의는 바로 내가 받는 것입니다. 특히 이번 혼인에 대해서는 나의 의도를 외면하지 말아 주시기를 간절히 부탁합니다. 알고 계시겠지만, 알라께서는 나에게 카부르 왕국을 주시고, 또 샤란족도 복종시켜 크고 넓은 영토를 다스리게 하고 있습니다. 그러니 나와 귀하의 딸이 결혼하면, 귀하와 나 두 사람은 한몸이 되어 왕권을 장악하게 되는 겁니다. 또 귀하가 원하시는 만큼 해마다 보물을 보내 드리겠습니다. 우선 위와 같은 내용을 간절히 부탁하는 바입니다.

테그무스 왕이 자신의 도장반지로 편지를 봉하여 대신에게 주니, 대신은 많은 부하를 이끌고 출발하여 이윽고 호라산의 수도 가까이에 이르렀습니다.

바르완 왕은 아인 자르의 일행이 왔다는 말을 듣고 주요 태수들에게 먹을 것과 마실 것, 그 밖에 필요한 물건들은 물론 말먹이까지 준비하여 마중[*24]을 보냈습니다.

태수 일행은 도시 외곽에서 아인 자르 일행을 만나자, 말에서 내려 서로 인사를 나눈 다음 함께 먹고 마시며 열흘 동안 머물렀습니다. 그러고서 다시 말을 타고 함께 도시로 들어가니, 바르완 왕이 마중을 나와 있다가 말에서 내려 대신을 끌어안고 인사를 나눈 다음 모두를 성채 안으로 안내했습니다.

아인 자르가 수많은 선물을 바르완 왕 앞에 내놓고 편지를 건네주니 왕은 그것을 읽고 매우 기뻐하며 대신을 환대했습니다.

"걱정하지 마시오, 원하시는 대로 해 드릴 테니까. 그뿐만 아니라 설사 테그무스 왕이 내 목숨을 달라고 하시더라도 기꺼이 드리고 싶은 심정이오."

그리고 곧 공주와 왕비 그리고 친척들에게 가서 카부르 왕의 청혼에 대해 얘기하고 나서 의견을 묻자 모두가 대답했습니다.

"임금님만 좋으시다면, 저희는 아무래도 상관없습니다."

—여기서 날이 훤히 밝았으므로 샤라자드는 이야기를 그쳤다.

500번째 밤

샤라자드는 이야기를 계속했다.

오, 인자하신 임금님, 왕은 그 길로 곧장 아인 자르 대신에게 돌아가서 모든 사람이 대신의 희망을 이의 없이 인정했다는 사실을 알렸습니다. 대신은 그로부터 2달 동안 그곳에 머물고서 어느 날 바르완 왕에게 말했습니다.

"이제 저희는 고국으로 돌아갈까 하니, 저희가 찾아 뵌 목적을 완결지어 주시기 바랍니다."

"좋습니다."

왕은 곧 결혼에 필요한 모든 준비를 하고, 대신과 태수, 중신, 승려들까지 불러 그들이 입회한 자리에서 공주와 테그무스 왕 대리인의 혼인계약을 맺었습니다.

이어서 왕은 신하에게 명령하여 도성을 아름답게 꾸미고 거리에 양탄자를 깔게 했습니다. 또 공주에게 여행준비를 시키는 한편, 온갖 선물과 진기한 물건, 값진 귀금속 등 이루 말할 수 없이 많은 물건을 갖추어 대신 아인 자르에게 모든 것을 맡기고서 테그무스 왕에게 보냈습니다.

이 소식을 전해 들은 테그무스 왕도 도성을 아름답게 꾸미고 결혼식을 준비했습니다.

이윽고 결혼이 끝나자 왕은 공주의 방에 들어가서 첫날밤을 보냈습니다. 이윽고 왕비는 왕의 씨를 잉태하여 달이 차서 보름달 같은 옥동자를 낳았습니다.

테그무스 왕은 왕비가 옥 같은 사내아이를 낳았음을 알고 더없이 기뻐하며 현자와 점성가, 수학자들을 불러서 말했습니다.

"아이의 운세도를 그려 운세를 점치고 장래에 어떤 운명을 걷게 될지 봐다오."

그리하여 학자들이 계산고 점을 친 결과 운세가 좋다는 점괘가 나왔습니다. 그러나 동시에 왕자는 열다섯 살에 큰 위기와 장애를 만나는데, 그것만 무사히 극복하면 행운을 만나 부왕보다 더욱 위대하고 훨씬 더 큰 지위와 권세를 지닌 훌륭한 대왕이 된다는 것도 알았습니다.

이 예언을 들은 왕은 매우 기뻐하며 왕자에게 얀샤라는 이름을 지어주었습니다. 그리고 유모와 보모에게 맡겨 애지중지 키워서 어느새 다섯 살이 되자, 부왕은 복음서를 강의하고 온갖 무예를 가르쳤으므로, 일곱 살도 되기 전에 얀샤 왕자는 말을 타고 사냥을 나가게 되었고, 무예에 있어서는 그 누구도 따라올 자가 없는 용사가 되었습니다. 왕자의 용감무쌍한 무용을 전해 들을 때마다 부왕의 기쁨은 더욱더 커졌습니다.

어느 날, 테그무스 왕은 얀샤 왕자와 함께 군사를 이끌고 사냥을 하러 황야로 나갔습니다. 사흘째 되던 날 낮에 왕자는 털 색깔이 특이한 영양 한 마리를 발견하여 쫓아갔는데, 영양이 자꾸만 달아나자 발 빠른 준마를 탄 테그무스 왕의 백인 노예 일곱 명을 거느리고 그 뒤를 추격했습니다.

영양은 쉬지 않고 달아나 마침내 바닷가로 나갔습니다. 일행은 이때를 놓치지 않으려고 사냥감에 달려들었으나, 영양은 추격대를 피하여 파도 속에 풍덩 몸을 던지고 말았습니다.

—여기서 날이 훤히 샜으므로 샤라자드는 이야기를 그쳤다.

501번째 밤

샤라자드는 이야기를 계속했다.

오, 인자하신 임금님, 바다에 뛰어든 영양은 바닷가 근처에 매어져 있던 고깃배로 헤엄쳐 가서 그 위에 올라갔습니다. 왕자와 부하들도 곧 말을 버리고 뒤쫓아 가서 그 배에 올라 영양을 산 채로 잡아 해변으로 돌아가려고 했습니다. 그러나 바로 그때 왕자는 아득한 저편에 커다란 섬이 하나 있음을 발견하고, 부하들에게 말했습니다.

"저 섬에 가보고 싶구나."

"가 보시죠, 뭐."

그리하여 그들은 배를 저어 그 섬으로 가서 여기저기 돌아다니며 즐겁게 시간을 보냈습니다. 그런 다음 다시 배에 올라 영양과 함께 되돌아오기 시작했는데, 어느새 날이 저물어 일행은 바다 위에서 그만 길을 잃고 말았습니다. 게다가 때마침 거센 바람이 불어 배를 바다 한복판으로 밀어내 버리는 바람에 이튿날 아침에 눈을 떴을 때는, 위치도 방향도 도무지 짐작할 수 없는 넓고 먼 파도 사이에 떠 있었습니다.

한편 테그무스 왕은 왕자가 보이지 않자 곧 부하 병사들을 여러 대로 나누어 행방을 찾게 하였습니다.

병사들은 사방으로 흩어져 왕자를 찾기 시작했는데, 그중 바닷가로 나간 자들이 왕자 일행이 배를 탈 때 말의 파수꾼으로 남겨 두었던 백인 노예 한 사람을 발견했습니다. 왕자와 여섯 병사들의 행방을 묻자, 노예는 자초지종을 남김없이 이야기했습니다. 병사들은 노예를 데리고 테그무스 왕에게 돌아가서 그대로 보고했습니다.

이 소식을 들은 왕은 눈물을 흘리며 왕관을 땅바닥에 내동댕이치고, 괴로운 나머지 자신의 손을 깨물기까지 했습니다.

그러나 곧 정신을 차리고 일어나 급히 편지를 써서 바다 위에 있는 모든 섬에 보냈습니다. 그뿐만 아니라 1백 척의 배를 준비하여 병사들을 태워서 바다 위를 샅샅이 뒤지게 하고, 자신은 남은 병사들과 함께 성으로 돌아와 걱정과 우울 속에 시간을 보냈습니다.

왕비는 왕자가 사라졌다는 소식을 듣고 슬픔을 견디지 못해 자기 얼굴을 때리면서 몹시 탄식하다가 아들이 이미 죽은 줄 알고 장례식까지 치렀습니다.

한편 그 무렵 얀샤 왕자 일행은 여전히 바람에 떠내려가고 있었습니다. 수색대는 열흘 동안이나 바다 위를 찾아다녔으나 끝내 배 그림자 하나 찾지 못한 채 돌아오고 말았습니다.

그러는 동안 왕자 일행은 멀리 섬이 하나 있는 사실을 발견했습니다. 그 섬 중앙에는 샘이 솟아나고 있고, 그 옆에 한 남자가 앉아 있었습니다. 왕자 일행이 그곳으로 다가가서 남자에게 인사를 하자, 그 사람은 마치 새의 휘파람 소리[*25] 같은 목소리로 대답했습니다.

얀샤는 그 남자의 목소리를 듣고 꺼림칙해서 그 자리에 서 있었습니다. 그러자 그 사람은 주위를 두리번거리더니 별안간 몸이 두 쪽으로 갈라져 양쪽으로 사라지고 말았습니다.[*26]

그러자 산에서 기괴하게 생긴 남자들이 한꺼번에 달려 내려왔는데, 도저히 다 헤아릴 수 없을 만큼 많은 수였습니다. 샘가로 달려 내려온 그들은 모두 저마다 두 쪽으로 갈라져서 얀샤와 백인 노예들에게 달려들어 잡아먹으려 했습니다.

일행은 깜짝 놀라 바닷가를 향해 달아났습니다. 그러나 식인종은 바짝 뒤쫓아 와서 기어이 백인 노예 세 사람을 그 자리에서 잡아먹고 말았습니다. 그리하여 나머지 세 노예와 얀샤만이 간신히 배로 달아날 수 있었습니다.

그들은 곧 출발하여 다시 바다로 나가 정처 없이 밤낮으로 떠내려갔습니다. 그동안 영양을 죽여 그 고기로 겨우 목숨을 이어가면서 바람에 불려가다가 세 번째 섬에 닿았습니다.

이 섬은 나무가 무성하고 물도 풍부하여 꽃들이 흐드러지게 피어 있고, 과수원에는 온갖 과일이 열려 있으며, 나무 그늘에는 시냇물이 흘러 마치 에덴동산이 아닌가 싶을 정도였습니다. 이 광경에 얀샤 왕자는 기분이 좋아져서 백인 노예에게 물었습니다.

"누가 이 섬에 상륙하여 동정을 살펴보고 올 사람 없나?"

그러자 한 노예가 대답했습니다.

"제가 갔다 오지요."

왕자가 다시 말했습니다.

"아니, 안 되겠구나, 나는 이 배에 남아 있을 테니 다 함께 가서 조사해 오너라."

그리하여 일동은 섬에 상륙했습니다.

—여기서 날이 훤히 밝았으므로 샤라자드는 이야기를 그쳤다.

502번째 밤

오, 인자하신 임금님, 왕자의 명령으로 백인 노예들은 섬에 올라가 구석구석 둘러보았으나, 사람 그림자는 하나도 보이지 않고 섬 한복판에서 하얀 대리석으로 성벽을 쌓은 수정 궁전을 발견했습니다. 궁전 안에는 정원이 하나 있는데, 거기에는 온갖 과일나무마다 신선한 열매가 열리고 향기로운 꽃이 활짝 피었으며 나뭇가지에는 새들이 지저귀고 있었습니다.

또 정원 한복판에 매우 큰 못이 있고, 그 한쪽에 높은 단이 설치된, 지붕도 벽도 없는 대사원이 서 있었습니다. 그 단상에는 온갖 보석, 특히 많은 루비를 박은 옥좌가 있고 주위에 수많은 걸상이 늘어서 있었습니다.

　백인 노예들은 그 아름다운 궁전과 정원을 구경하면서 안으로 들어가 여기저기 살펴보았으나, 역시 사람은 하나도 없어서 배에 돌아가 왕자에게 본 대로 보고했습니다.

　그 말을 듣고 왕자가 말했습니다.

　"그럼 경치를 구경하면서 울적한 마음이나 풀도록 하자."

　부하들을 따라 궁전에 간 왕자는 아름다운 광경에 감탄하면서 안으로 들어갔습니다.

　정원을 이리저리 돌아다니며 과일을 따 먹는 동안 해가 저물자, 대사원으로 돌아가 얀샤는 중앙의 옥좌에, 세 명의 백인 노예들은 좌우의 의자에 앉았습니다.

　왕자가 옥좌에 앉아 아버지가 계시는 고향과 친구, 친척들과 멀리 떨어져 타향을 헤매고 다니는 신세를 생각하며 모든 것을 잃어버린 사실을 탄식하자, 부하들도 왕자를 에워싸고 함께 눈물을 흘렸습니다.

　그때 별안간 바다 쪽에서 귀청이 떨어질 듯 절규하는 소리가 들려왔습니다. 소리가 들려오는 쪽을 바라보니, 그것은 마치 메뚜기 떼처럼 수없이 몰려오는 원숭이들이었습니다.

　이 섬과 성은 원숭이들의 것으로 낯선 배가 와 있는 것을 보고 배에 구멍을 뚫어 가라앉히고서 서둘러 궁전으로 돌아와 보니, 뜻밖에도 옥좌에 앉아 있는 얀샤와 그 부하들을 발견한 겁니다.

　여기까지 이야기하자 이무기의 여왕은 부르키야에게 말했습니다.

　"오, 하시브 님, 이것은 모두 두 개의 무덤 사이에 앉아 있던 젊은이가 얀샤 왕자에게 들려준 이야기예요."

　"그래서 도대체 얀샤는 원숭이들을 어떻게 했나요?"

　여왕은 다시 이야기를 계속했습니다.

　―원숭이의 출현에 얀샤 일행이 깜짝 놀라는 가운데, 원숭이들은 왕자가 앉아 있는 옥좌에 다가와서 바닥에 엎드려 한참 동안 두 손을 가슴에 대고

정중하게 절을 했습니다.

이어서 다른 원숭이들이 잡아서 껍질을 벗긴 영양을 성 안으로 가지고 들어왔습니다. 그리고 양고기를 먹을 수 있도록 잘 구워서 금접시와 은접시에 담아 식탁을 차리더니 얀샤와 노예들에게 먹으라고 신호했습니다.

얀샤 왕자와 부하들은 의자에서 내려와 원숭이들과 함께 배불리 먹었습니다. 이어서 과일이 나오자 왕자 일행은 그것도 먹은 다음 알라게 기도를 드렸습니다.

그리고 나서 왕자가 손짓 발짓으로 원숭이들의 정체와 궁전의 소유자를 물으니, 원숭이들도 몸짓으로 이렇게 대답했습니다.

"이 성은 원래 다윗의 아들 솔로몬의 것인데(오, 이 두 분에게 평안함이 함께 하기를!), 왕은 심신을 단련하기 위해 해마다 한 번씩 이곳에 오셨다가 다시 어디론가 가시곤 했습니다."

—여기서 날이 훤히 밝았으므로 샤라자드는 이야기를 그쳤다.

503번째 밤

샤라자드는 이야기를 계속했다.

오, 인자하신 임금님, 원숭이들은 이야기를 계속했습니다.

"오, 임금님, 당신은 우리의 국왕이 되시고 우리는 당신의 신하가 되었습니다. 어서 맘껏 드십시오. 당신의 명령이라면 뭐든지 따르겠습니다."

그리고 얀샤 앞에 공손히 엎드린 뒤 물러갔습니다.

그날 밤 왕자는 옥좌 위에, 백인 노예들은 양쪽 의자에 누워 잤습니다. 날이 새자 원숭이들의 대신이나 수령으로 보이는 원숭이 네 마리가 왕자 앞에 정렬하여 서고, 뒤에는 부하 원숭이들이 각자의 지위에 따라 왕의 주위를 에워싸자, 궁전은 원숭이들로 꽉 차고 말았습니다.

이윽고 네 마리의 원숭이가 왕자 앞에 다가와 손짓 몸짓으로 부디 자신들을 올바르게 다스려 달라고 부탁했습니다. 그런 다음 원숭이들은 환호성을 지르며 물러가고, 몇몇 원숭이가 남아서 새 왕을 모셨습니다.

한참 뒤 한 무리의 원숭이들이 머리에 무거운 쇠사슬을 두른, 말을 닮은 큰 개를 데리고 나타나더니, 얀샤와 부하들에게 그 개를 타고 따라오라는 것이었습니다.

왕자를 비롯하여 세 사람은 개가 어찌나 크던지 은근히 놀라면서, 그 개를 타고 네 명의 대신 원숭이와 함께 메뚜기 떼 같은 원숭이들을 따라 해변으로 갔습니다.

왕자는 자기들이 타고 온 배를 찾다가 원숭이들이 구멍을 뚫어 배를 바닷속에 가라앉힌 사실을 알고, 대신을 돌아보며 어째서 그런 짓을 했느냐 물었습니다.

"오, 임금님, 저희는 임금님께서 이 섬에 오셨을 때, 이 섬의 국왕으로 모시고 싶어서 우리가 없는 동안 어디로 가시지 못하도록 배를 가라앉혀 버린 겁니다."

왕자는 백인 노예를 돌아보며 말했습니다.

"우리는 이제 이 원숭이들에게서 달아날 수 있는 수단을 잃어버렸다. 이렇게 된 바엔 알라께서 구원해 주실 때까지 기다리는 수밖에 없다."

일행은 이윽고 강둑으로 나갔습니다. 둑 한쪽에는 높은 산이 있고 그 산 위에 많은 식인귀(食人鬼)들이 보이자 왕자가 물었습니다.

"저 식인귀는 도대체 무엇이냐?"

"오, 임금님, 저 식인귀야말로 우리에게는 불구대천의 원수입니다. 우리는 놈들과 싸우기 위해 이곳에 온 것입니다."

말을 탄 식인귀들을 본 왕자는 그 엄청난 수와 기괴한 용모에 깜짝 놀랐습니다. 그중 어떤 것은 목이 소와 같고 또 어떤 놈은 낙타와 비슷했습니다.

식인귀는 원숭이 떼를 보자 별안간 강둑으로 들이닥치더니 짧은 창만큼이나 큰 돌을 던지기 시작했고, 그때부터 양군 사이에 큰 전투가 시작되었습니다.

식인귀 쪽이 약간 우세한 것을 본 왕자는 백인 노예들에게 명령했습니다.

"빨리 활을 꺼내 저놈들을 쏘아라!"

백인 노예들이 일제히 활을 쏘아 수많은 식인귀를 쓰러뜨리자 상대방은 겁을 먹고 달아나기 시작했습니다.

왕자의 솜씨를 보고 신이 난 원숭이들은 그를 앞장세워 강 건너편까지 추격하여 많은 적을 죽였습니다. 그리하여 높은 산에 이르자 마침내 식인귀들

이무기의 여왕

은 자취를 감추고 말았습니다.
 왕자는 주위를 둘러보다가 설화석고로 만든 서판을 발견했습니다. 그 서판에는 이와 같은 글이 적혀 있었습니다.
 "오, 그대, 이 나라에 발을 들여놓은 자여, 그대는 반드시 원숭이의 왕이 되리라. 산을 뚫고 뻗어 있는 동서의 산길을 가지 않으면 결국 원숭이 떼를 피할 도리가 없음을 알지어다. 만약 그대가 동쪽 길을 택하면 식인귀, 야수, 악령, 마신 등이 출몰하는 나라를 거쳐 석 달 동안 여행한 끝에 대지를 둘러싼 해안에 이르리라. 그러나 서쪽 길을 택하면 넉 달 동안 여행한 끝에 개미의 계곡(와디)*27에 도달하여, 이 산길을 따라 열흘 동안 나아가면……."

—여기서 날이 훤히 밝았으므로 샤라자드는 이야기를 그쳤다.

504번째 밤

 샤라자드는 이야기를 계속했다.
 오, 인자하신 임금님, 그 서판의 글은 마지막으로 이렇게 맺어져 있었습니다.

 "이어서 그대는 눈이 아찔하리만치 흐름이 빠른 큰 강가에 이르리라. 토요일마다 물이 마르는*28 이 강 건너편에는 무함마드의 신앙을 거부하는 유대인들이 점거한 한 도시가 있으니, 이슬람교도는 한 사람도 없고 또 이 나라에는 그 밖의 도시도 없노라. 그러니 그대는 원숭이족의 왕으로서 그들을 다스리도록 하라. 왜냐하면 그대가 머무는 동안 원숭이족은 식인귀와의 싸움에서 승리를 거둘 것이기 때문이다. 끝으로 이 서판을 적은 자는 다윗의 아들 솔로몬 왕(이 두 분에게 평안함이 있기를!)임을 알라!"
 이것을 읽은 얀샤는 눈물을 흘리면서 부하들에게도 읽어주었습니다. 그리고 다시 개를 타고 승리의 기쁨에 취해 있는 원숭이 떼에 둘러싸여 성으로 돌아갔습니다.
 그리하여 얀샤는 원숭이족의 국왕으로서 1년 반 동안 그곳에 머물러 있었습니다. 그러던 어느 날 원숭이 군사에게 사냥 준비를 시켜 개를 타고 산과 들판에 나가 이리 뛰고 저리 달리는 동안, 언젠가 서판에서 읽어 알고 있던 그 개미의 골짜기라는 곳에 이르렀습니다.

얀샤는 개 등에서 내려 그곳에서 꼬박 열흘을 머물렀습니다. 열흘이 지나자 얀샤는 밤중에 세 백인 노예들을 몰래 한쪽으로 불러내 말했습니다.

"나는 개미의 골짜기를 빠져나가 유대인의 도시로 달아날 생각이다. 틀림없이 알라께서 원숭이들로부터 달아날 수 있게 해 주실 것이다. 그럼, 이제부터 알라의 길을 더듬어 가도록 하자."

세 사람의 부하들도 이에 찬성하여, 얀샤는 밤이 좀더 깊어지기를 기다렸다가, 저마다 갑옷을 입고 장검과 단검 등의 무기를 허리에 차고는 야영지를 빠져나가 날이 샐 때까지 서쪽으로 나아갔습니다.

원숭이들은 아침이 되어 눈을 떠 보니 얀샤를 비롯한 세 백인 노예의 모습이 보이지 않자, 네 사람이 달아난 사실을 깨달았습니다. 그들은 곧 개를 타고 한 무리는 동쪽의 산길을, 다른 무리는 개미의 골짜기로 급히 쫓아갔는데, 골짜기로 들어가는 도망자들을 이내 발견하여 질풍같이 그 뒤를 쫓아갔습니다. 얀샤 일행은 뒤쫓아오는 원숭이 떼를 보고 급히 골짜기 속으로 뛰어들었습니다. 하지만 원숭이들이 금방 쫓아와서 하마터면 붙잡혀 모조리 죽음을 당할 뻔한 순간, 이건 또 무슨 조화일까요? 땅에서 개만 한 개미들이 메뚜기 떼처럼 새까맣게 나타나서 쫓아온 원숭이 떼를 향해 달려드는 것이 아니겠습니까?

그리하여 양군이 서로 맞붙어 목숨을 빼앗고 빼앗기는 싸움을 벌였지만, 형세는 개미 쪽에 유리하게 전개되었습니다. 한 마리의 개미가 한 마리의 원숭이에게 도전해 두 쪽을 내버렸지만, 원숭이는 열 마리가 힘을 합쳐 가까스로 개미 한 마리를 죽이고 나면, 이번에는 자기들이 두 쪽 나버리는 형편이었습니다.

이 치열한 싸움은 저녁때까지 계속되어 마침내 개미군이 이겼습니다. 한편 얀샤와 부하들은 골짜기의 강바닥을 따라 계속 달아났습니다.

―여기서 날이 훤히 밝았으므로 샤라자드는 이야기를 그쳤다.

505번째 밤

샤라자드는 이야기를 계속했다.

오, 인자하신 임금님, 날이 새자 원숭이들이 다시 쫓아와서 덤벼들자, 얀샤는 세 백인 노예를 향해 외쳤습니다.

"칼을 휘둘러 원숭이들을 무찔러라!"

세 백인 노예가 칼을 뽑아들고 정신없이 베어 넘기고 있는데, 그때 코끼리 같은 엄니를 가진 원숭이 한 마리가 나타나서 백인 노예 하나를 쓰러뜨리고 갈가리 찢어 죽이고 말았습니다. 이때라는 듯이 더 많은 원숭이가 전보다 더욱 맹렬하게 얀샤를 공격해 오자, 얀샤는 부하들과 함께 더욱 낮은 골짜기 쪽으로 달아났습니다.

거기에는 널찍한 강이 가로막고 있었는데, 강가에는 수많은 개미 군사들이 기다리고 있었습니다. 개미들은 얀샤 일행을 보자 일제히 몰려와서 일행을 에워쌌습니다. 백인 노예 하나가 칼을 뽑아 앞에 다가온 개미를 두 동강이 내버리자, 개미들이 일제히 덤벼들어 백인 노예를 남김없이 뜯어 먹고 말았습니다.

진퇴양난(進退兩難)의 바로 그때, 갑자기 원숭이 떼가 산 위에서 내려와 얀샤 일행을 공격하기 시작했습니다. 그러나 얀샤는 곧 입고 있던 옷을 벗어 버리고는 살아남은 백인 노예와 함께 강물 속에 뛰어들어 헤엄치기 시작했습니다.

강 건너편에 나무 한 그루가 눈에 띄어 그쪽으로 헤엄쳐 가서 가지를 붙잡고 기어 올라갔습니다. 그러나 단 한 사람 남았던 백인 노예마저 급류에 휩쓸려 바위에 부딪쳐서 죽고 말았습니다.

얀샤는 젖은 옷을 짜서 볕에 펼쳐놓고 말렸습니다. 그동안에도 개미와 원숭이들은 치열한 싸움을 벌였고, 마침내 원숭이들은 추적을 단념하고 자기 나라로 돌아갔습니다.

얀샤는 혼자 강가에 앉아서 슬퍼하고 있다가 밤이 되자 동굴을 찾아 들어가서 극심한 공포와 노예들을 잃은 고독감에 휩싸여 하룻밤을 지새웠습니다.

날이 새자 그곳을 출발한 그는 풀을 뜯어 먹으면서 밤낮없이 길을 재촉하여 불처럼 타오르는 산에 이르렀습니다. 그곳에서 안식일마다 물이 마르는 그 강가에 이르렀습니다. 매우 넓은 그 강 건너편에 큰 도시가 있었는데, 그것이 바로 서판에 적혀 있던 그 유대인의 도시였습니다.

얀샤는 그 자리에서 걸음을 멈추고 다음 안식일까지 기다렸다가, 강물이 마르자 강을 건너 유대인의 도시로 들어갔는데, 어찌 된 일인지 사람이 하나도 보이지 않았습니다. 얀샤 왕자는 사방을 돌아다닌 끝에 어느 집 앞에 이르러 문을 열고 안으로 들어가 보니, 그 집 사람들은 입을 굳게 다문 채 묵묵히 앉아만 있었습니다.

"지나가는 나그네인데 지금 배가 무척 고픕니다."

얀샤가 이렇게 말하자 그들은 몸짓으로 신호를 보냈습니다.

"음식을 먹는 것은 좋으나 절대로 말을 해서는 안 됩니다."*29

얀샤는 음식을 먹은 뒤 그날 밤은 거기서 잤습니다. 날이 새자 그 집 주인이 나와 얀샤에게 인사를 하고 환영의 말을 하면서 물었습니다.

"당신은 어디서 오셨습니까? 그리고 어디로 가시는 길입니까?"

얀샤는 흐느껴 울면서 지금까지 겪은 일을 자세히 들려준 다음, 자기 아버지가 카부르의 왕이라는 것까지 얘기했습니다. 그러자 유대인은 의아하다는 듯이 말했습니다.

"그런 도시 이름은 처음 듣습니다. 하지만 대상들 말로는 그 방향에 알 야만이라는 나라가 있다고 하더군요."

"그 나라는 여기서 얼마나 떨어져 있습니까?"

"대상의 말을 들으면 그 나라에서 여기 오는 데 2년 하고도 석 달이 걸린다더군요."

"그 대상은 언제쯤 이곳에 옵니까?"

"아마 내년이면 올 겁니다."

—여기서 날이 훤히 샜으므로 샤라자드는 이야기를 그쳤다.

506번째 밤

샤라자드는 이야기를 계속했다.

오, 인자하신 임금님, 이 말을 들은 얀샤는 하염없이 울면서 자신과 백인 노예의 불행을 생각하고 슬퍼했습니다. 또 부모님 곁을 떠나 타향을 떠도는 서글픔과 방랑 중에 겪은 온갖 불행한 일을 탄식하자 유대인이 말했습니다.

"젊은 양반, 울지 마시오. 대상이 올 때까지 우리 집에 머물도록 하시오. 대상이 오면 부탁해서 고향으로 보내드릴 테니까."

그리하여 얀샤는 꼬박 두 달 동안 그 유대인의 집에서 지내면서 매일같이 거리에 바람을 쐬러 나갔습니다.

그러던 어느 날 평소처럼 거리를 거닐고 있는데, 어떤 사내가 이렇게 외치는 소리가 들렸습니다.

"자, 누구 없는가! 아침부터 저녁까지 하루 일하고 금화 1천 닢과 기막히게 아름다운 미인을 손에 넣고 싶은 사람!"

이 말에 아무도 대답하는 사람이 없자 얀샤는 속으로 생각했습니다.

'일이 어지간히 어려운 게로구나. 한나절 일하고 금화 1천 닢에다 예쁜 처녀까지 준다는 걸 보면!'

그래서 얀샤가 나섰습니다.

"내가 해보지요."

사내는 얀샤를 하늘 높이 우뚝 솟아 있는 어떤 저택으로 데리고 갔습니다. 두 사람이 안에 들어가니, 한 유대인 상인이 혼자 흑단 의자에 앉아 있었습니다. 사내가 상인 앞으로 가서 공손히 머리를 숙이며 말했습니다.

"나리, 석 달 동안 매일같이 포고를 했지만 응해 준 사람은 이 젊은이 하나뿐입니다."

상인은 얀샤를 친절하게 맞이하며 호화로운 방으로 안내하고서 하인에게 식사준비를 시켰습니다. 하인들이 산해진미를 차려내자 상인과 얀샤는 함께 식사를 한 다음 손을 씻었습니다. 이어서 술이 나와 술을 마신 뒤, 유대인은 일어나서 금화 1천 닢이 든 지갑과 아름다운 노예계집을 데리고 왔습니다.

"자, 이 처녀와 수고비를 주겠네."

얀샤가 돈을 받고 노예계집을 곁에 앉히자 상인이 다시 말했습니다.

"그럼, 내일 일을 시작해 주게."

그날 밤 얀샤는 노예계집과 함께 한 침대에서 밤을 보냈습니다.

이튿날 아침이 되기가 무섭게, 상인은 노예에게 얀샤가 목욕탕에서 나오면 값진 비단옷을 입히라고 분부했습니다. 노예들이 주인이 시키는 대로 하여 얀샤를 데리고 들어오자, 류트와 술을 가져오게 하여 둘이서 술잔을 기울이고 비파를 뜯으면서 밤중까지 즐겁게 놀았습니다. 밤이 깊어지자 유대인은 안채로 물러가고, 얀샤는 다시 아침이 올 때까지 노예계집을 품에 안고 잤습니다.

이튿날 아침 얀샤가 목욕탕에서 돌아오자 상인이 와서 말했습니다.

"지금부터 나를 위해 일을 시작해 주게."

"알았습니다."

상인은 노예들에게 암노새 두 마리를 끌고 오게 하여 둘이 나누어 타고 마을을 빠져나가서 점심때가 되어 한없이 높은 산기슭에 이르렀습니다.

거기서 노새에서 내린 상인은 얀샤도 내리게 하고는, 짧은 칼 한 자루와 밧줄을 내주며 말했습니다.

"이 나귀를 죽이게."

얀샤는 소매와 옷자락을 걷어붙이고 밧줄로 노새의 팔다리를 묶어 쓰러뜨리고 나서 멱을 땄습니다. 그런 다음 가죽을 벗기고 머리와 팔다리를 떼어내니, 노새는 한낱 고깃덩어리가 되고 말았습니다.

그러자 유대인이 말했습니다.

"나귀 배를 가르고 그 속에 들어가게. 그러면 내가 밖에서 꿰맬 테니 한동안 그러고 있다가 그 안에서 본 것을 나에게 모두 얘기해다오."

얀샤는 나귀의 배를 가르고 그 속에 기어들었습니다. 그러자 상인은 배를 꿰매고 멀리 가버렸습니다.

—여기서 날이 훤히 밝아왔으므로 샤라자드는 이야기를 그쳤다.

507번째 밤

샤라자드는 이야기를 계속했다.

오, 인자하신 임금님, 상인은 얀샤를 나귀의 배에 넣고 꿰맨 뒤 멀리 몸을 피하여 산자락에 숨었습니다. 한참 뒤, 커다란 새가 한 마리 날아와 나귀의 시체를 움켜잡더니 산꼭대기로 날아가서 뜯어 먹으려는 것이었습니다. 이 기척을 눈치챈 얀샤가 나귀의 배를 가르고 나오자 새는 깜짝 놀라 어디론가 멀리 날아가 버렸습니다.

얀샤가 사방을 둘러보니 햇볕에 말라 미라가 된 사람의 시체 말고는 아무것도 없었습니다.

"영광되고 위대한 알라 외에 주권 없고, 알라 외에 권력 없도다!"

얀샤가 이렇게 외친 뒤 벼랑 아래를 내려다보니, 산기슭에 서서 자기를 찾는 상인의 모습이 눈에 들어왔습니다. 상인도 얀샤를 발견하고 소리쳤습니다.

"네 주위에 있는 돌을 던져라. 그러면 내려오는 길을 가르쳐줄 테니!"

그래서 얀샤는 2백 개가량의 돌을 정신없이 던졌는데, 그 돌은 모두 루비[30]나 감람석, 그 밖의 값진 보석들이었습니다.

돌을 던지고 나자 얀샤는 유대인에게 소리쳤습니다.

"내려가는 길을 가르쳐주시오. 그러면 돌을 더 많이 던지겠어요."

그러나 유대인은 잠자코 돌을 긁어모아 나귀에 싣고는 얀샤를 산꼭대기에 남겨둔 채 가버리고 말았습니다.

얀샤는 자기가 혼자 남게 된 것을 알고 알라의 도움을 구하면서 사흘 동안 울었습니다. 울다 지친 얀샤는 일어나서 산등성이에 돋아난 풀을 뜯어 먹으며 두 달 동안 산속을 헤맸습니다.

그리하여 가까스로 어느 산기슭에 이르러 아득한 저편을 바라보니, 골짜기가 눈에 띄었는데 그곳에는 주렁주렁 과일이 매달려 있는 나무가 무성하게 자라고 있고, 새들이 떼지어 영광된 유일신 알라를 찬양하는 노래를 드높이 부르고 있었습니다.

이 멋진 광경에 얀샤는 뛸 듯이 기뻐하며 계속 걸음을 재촉하여 빗물이 바위 틈새로 졸졸 흘러 떨어지는 곳에 이르렀습니다. 그 바위 틈새를 따라 내려가니 산꼭대기에서 본 골짜기로 나왔으므로, 양쪽 경치를 바라보면서 정신없이 강을 따라 나아갔습니다.

그러자 하늘 높이 솟아 있는 커다란 성이 보였는데, 성문 앞에 기품 있는 노인이 홍옥수 지팡이를 들고 서 있었습니다.

얀샤가 노인 곁으로 다가가서 인사를 하자 노인은 답례하며 말했습니다.

"자, 앉으시오."

얀샤가 성문 옆에 앉자 노인이 물었습니다.

"지금까지 아담의 자손들은 한 번도 발을 들여 놓은 적이 없는 이 나라에 어떻게 오셨소? 그리고 어디로 가시는 길이오?"

이 말에 얀샤는 지금까지 겪은 모든 고생이 한꺼번에 생각나서 눈물이 넘쳐흘러 말을 할 수가 없었습니다.

"오, 젊은 양반, 울지 마시오. 당신이 우는 것을 보니 가슴이 아프구려."

노인은 일어나서 먹을 것을 가지고 나왔습니다.

"자, 이걸 드시오."

얀샤는 그것을 먹고 전능하신 알라께 감사드렸습니다.

"젊은 양반, 당신의 신상 이야기를 들려주지 않겠소?"

노인의 청에 얀샤가 자신에게 일어난 일을 모두 이야기하자 노인은 무척 놀라는 눈치였습니다. 이번에는 얀샤 쪽에서 물었습니다.

"그런데 이 골짜기를 다스리는 분은 누구이며, 이 훌륭한 성은 누구의 것입니까?"

"젊은 양반, 이 골짜기와 그 안에 있는 것, 그리고 이 성은 모두 다윗의 아들 솔로몬 왕(이 두 분 위에 평안함이 있기를!)의 것이오. 나는 샤이프 나스르[31]라고 하는데, 새들을 다스리는 왕이라오. 솔로몬 왕이 이 성을 나에게 맡기시며―"

―여기서 날이 훤히 새기 시작하였으므로 샤라자드는 이야기를 그쳤다.

508번째 밤

샤라자드는 이야기를 계속했다.

오, 인자하신 임금님, 나스르 노인은 말을 이었습니다.

"솔로몬 왕은 이 성을 나한테 맡기시고, 나에게 새의 말을 가르쳐주신 뒤 이 세상 모든 새의 지배자로 삼으셨소. 그래서 모든 새가 한 마리도 빠짐없이 해마다 한 번씩 이곳에 와서 나의 검열을 받고 간다오. 그래서 나는 죽 이곳에 살고 있지요."

이 말을 들은 얀샤는 눈물을 흘리며 말했습니다.

"어르신, 제가 고향으로 돌아가려면 어떻게 하면 될까요?"

"젊은 양반, 여기는 카프 산에 가까운 곳이라 새들이 모여들 때까지 이곳에서 떠날 수가 없소. 새들이 오면 어느 새에게든 젊은이를 맡아 달라고 부탁하겠소. 그러면 새가 당신을 고향으로 실어다줄 것이오. 그때까지 나와 함께 살면서 이 성 안을 구경하며 마음을 달래는 게 좋겠소."

이렇게 하여 얀샤는 나스르 노인 옆에 머무르게 되었습니다. 골짜기를 산책하고 과일을 먹고 노인과 함께 놀기도 하면서 즐겁게 지내는 동안, 마침내 예년처럼 새들이 자기들의 지배자를 찾아오는 날이 왔습니다. 그러자 나스르 노인이 얀샤에게 말했습니다.

"오, 얀샤, 이 성의 열쇠를 줄 테니 성 안의 방을 모두 열어 보고 그 안의 것들을 구경하면서 마음을 달래구려. 그러나 이러이러한 방만은 절대로 열어선 안 되니 명심해야 하오. 만약 그대가 내 말을 어기고 안에 들어가는 날에는 두 번 다시 행운과는 인연이 끊어질 것이니 그리 아시오."

나스르 노인은 몇 번이나 다짐을 두면서 주의를 준 뒤 새들을 만나러 갔습니다. 그러자 온갖 새들이 차례로 날아와서 나스르 노인의 손에 입을 맞추는 것이었습니다.

얀샤는 성 안을 돌아다니며 차례차례 방문을 열어보고 방 안을 구경했습니다. 그러는 동안 나스르 노인이 열거나 들어가서는 안 된다고 주의를 준 방 앞에 이르렀습니다.

그 문에는 훌륭한 황금열쇠가 걸려 있었는데, 얀샤는 그것을 가만히 바라보는 동안 그 멋진 모습에 감탄하고 말았습니다.

"이 방은 틀림없이 다른 어느 방보다도 아름답겠지? 나스르 영감님은 이 문을 열어서는 안 된다고 했지만, 대체 이 안에 무엇이 들어 있을까? 한번 들어가 보고 싶은걸. 아니, 무슨 일이 있더라도 안에 들어가서 방 안을 구경해야겠어. 어차피 정해진 일이라면 인간은 무슨 일이든 피할 수 없는 법이니까."

이렇게 중얼거리며 얀샤는 손을 뻗어 자물쇠를 열고 방 안에 들어갔습니다. 그러자 눈앞에 커다란 수반이 꾸며져 있고, 한쪽에는 히아신스석으로 격자창을 낸 작은 정자가 있는데, 온통 금과 수정만으로 지은 것이었습니다.

바닥은 녹주석(綠柱石), 루비, 사파이어, 그 밖에 온갖 보석을 모자이크식으로 깐 호사스러운 것, 정자 한복판에는 물이 가득 담긴 황금 수반에서 분수가 솟아나고 있었습니다.

그 수반 가장자리에는 금과 은으로 빚은 갖가지 짐승과 새의 조각이 붙어서 저마다 입으로 물을 뿜고 있었으며, 솔솔 부는 바람이 그 새들의 귀로 들어가 동물상들은 마치 살아 있는 듯 저마다의 소리맵시로 새소리 같은 노래를 부르는 것이었습니다.

분수 옆에는 지붕이 없는 홀이 있고 한 단 높직한 자리 위에는 진주와 보석을 박은 큼직한 홍옥수 옥좌가 있었습니다. 그 옥좌에는 사방이 1백 척이나 되는 녹색 비단천막이 덮여 있는데, 도장반지라도 만들고 싶은 보석으로 수를 놓고 귀금속으로 가장자리를 장식한 것이었습니다.

그리고 그 천막 안에는 솔로몬 왕(이분께 평안 있으라!)의 양탄자를 깐 작은 방도 있었습니다. 게다가 정자는 널찍한 정원으로 둘러싸여 있어 과일 나무가 가득 들어서 있고 곳곳에 시냇물이 흐르고 있었습니다.

옥좌 가까이에는 장미와 질리플라워, 유럽 들장미, 그 밖의 온갖 향기로운 화초가 자라는 화단이 있는데, 한 가지에 싱싱한 열매와 마른 열매가 함께 달린 나뭇가지는 사랑을 구하는 바람의 속삭임에 따라 부드럽게 한들거리고 있었습니다.

이러한 경치가 모두 그 방 안에 담겨 있었으므로 얀샤는 너무 놀라서 어리둥절할 지경이었습니다. 얀샤가 왕궁과 정원 안을 이리저리 돌아다니며 이색적이고 신기한 광경을 즐거운 마음으로 바라보다가 문득 수반으로 눈을 돌려 보니, 그 바닥에 깔린 조약돌은 모두 보석과 귀금속이었습니다. 그 밖에도 방 안에는 온갖 불가사의한 것들이 많이 있었습니다.

─여기서 날이 훤히 밝아왔으므로 샤라자드는 이야기를 그쳤다.

509번째 밤

샤라자드는 이야기를 계속했다.

오, 인자하신 임금님, 한참 뒤 얀샤는 정자로 들어가 옥좌에 앉아 천막 속에서 잠이 들었습니다. 그러다가 눈을 뜨고 그곳을 나와 문 앞에 있는 걸상에 앉아서 그곳의 아름다움에 감탄하고 있는데, 크기는 독수리만 하고 모습은 비둘기를 닮은 새 세 마리가 하늘에서 날아와 연못가에 앉는 것이었습니다.

그리고 한동안 그 연못가에서 놀던 새들이 갑자기 깃털을 벗어 버리더니, 순식간에 이 넓은 세상에 비할 자가 없을 정도로 달덩이 같은 세 처녀로 변했습니다.[32] 세 사람은 사이좋게 못에 뛰어들어 헤엄을 치고 희롱하면서 흥겹게 놀았습니다. 얀샤는 그 세 사람의 아름다운 자태와 요염하고 사랑스러운 모습을 보고 황홀경에 빠지고 말았습니다.

이윽고 세 사람은 못에서 올라오더니 여기저기 돌아다니며 꽃밭을 산책하기 시작했습니다. 그들이 물에서 나온 모습을 본 얀샤는 미칠 것만 같은 심정이었습니다. 그래서 정신없이 일어나 비틀비틀 세 사람을 따라가서 인사를 하니 세 사람도 답례를 하기에, 얀샤가 물었습니다.

"오, 아름다운 공주님들 당신들은 뉘시며 어디서 오셨소?"

그러자 제일 젊은 처녀가 대답했습니다.

"우리는 눈에 보이지 않는 전능하신 알라의 저승 세계에서 왔는데, 이곳에서 유쾌하게 놀고 싶어 왔답니다."

세 여자의 아름다움에 넋을 잃은 얀샤는 제일 어린 처녀에게 말했습니다.

"제발 나를 가엾이 여기시고 정을 베풀어주십시오. 지금까지 내 신상에 일어난 불행한 사연을 얘기해 드릴 테니까."

"그런 말씀 마시고 얼른 돌아가세요."

이 말을 들은 왕자는 눈물을 흘리며 땅이 꺼져라 한숨을 쉰 다음 이런 시를 읊었습니다.

얼굴 고운 처녀가
꽃밭으로 나왔네.
푸른 옷 차려입고
드러난 가슴과 목덜미에,
긴 머리 휘날리며.

그대 이름은?
내가 물으니 그녀 대답하네,
난 남자의 영혼을
사랑의 불길로 태우는 여자.
뜨거운 사랑과 괴로움
그녀에게 하소연하니
처녀는 탄식하며 대답하네.
하지만 바위 위에선
그대의 슬픔도 헛되이 시드는 것을.
나는 거듭 말하네,
아, 그대 마음
바위일지라도
신은 묘하게도 바위틈에서
맑은 물이 솟게 하심을.*33

이 노래를 들은 처녀들은 웃음을 터뜨리고 장난을 치며 노래를 부르면서 즐겁게 재잘거렸습니다.
얀샤가 과일을 가져오자 배불리 먹고 마시다가 아침까지 그와 함께 잔 처녀들은, 아침이 되자 날개옷을 입고 다시 비둘기의 모습으로 변하여 휙 날아가 버렸습니다.
처녀들의 사라져가는 뒷모습을 바라보던 얀샤는 분별심마저 처녀들을 따라 날아 가버린 듯이 울부짖다가 정신을 잃고 쓰러져 온종일 깨어나지 못했습니다.
한편 나스르 노인은 얀샤를 새에게 맡겨 고향으로 보내주려고, 새들의 회의에서 돌아와 그를 찾았으나 아무데도 보이지 않았습니다. 노인은 젊은이가 틀림없이 금단의 방에 들어간 모양이라고 짐작했습니다.
그보다 앞서 그는 새들을 향해 이렇게 말했습니다.
"나에게 한 젊은이가 와 있다. 아직 어린아이지만 얄궂은 운명으로 먼 나라에서 여기까지 왔는데, 이 젊은이를 고향으로 데려다줄 수 없을까?"
그러자 새들은 입을 모아 대답했습니다.

"그렇게 하겠습니다."

그리하여 얀샤의 행방을 찾아 성 안을 샅샅이 뒤지던 노인은 이윽고 금단의 방 앞에 이르렀습니다. 문이 열려 있어 안으로 들어가 보니 얀샤가 나무 밑에 정신을 잃고 쓰러져 있었습니다. 그것을 본 장로가 향수를 가지고 와서 얼굴에 뿌리니 얀샤는 가까스로 정신이 돌아와……

―여기서 날이 훤히 밝았으므로 샤라자드는 이야기를 그쳤다.

510번째 밤

샤라자드는 이야기를 계속했다.

오, 인자하신 임금님, 정신을 차린 왕자는 사방을 둘러보았으나 노인 말고는 아무도 보이지 않자 깊은 한숨을 쉬며 이런 시를 읊었습니다.

> 행복한 밤, 그 처녀
> 보름달처럼 빛나네,
> 날씬한 자태, 버들가지 허리,
> 눈동자의 마력으로
> 세상 사람을 매혹하네.
> 입술은 붉은 장미
> 루비와 흡사하고
> 칠흑 같은 머리칼
> 어두운 밤 담았네.
> 명심하라, 사랑하는 자는
> 그 검은 머리칼의 악함을,
> 진정 허리는 가늘건만
> 사랑하여도 마음이 굳어
> 돌보다 더 여무네.
> 활 같은 눈썹, 눈길의 화살을

소나기처럼 퍼부어
멀어도 빗나가지 않네.
아, 이토록 아름다운 처녀여,
이 세상에 비할 자 없구나.

이 노래를 듣고 나스르 노인이 말했습니다.
"오, 젊은 양반, 그러니 내가 뭐라던가. 하지만 어쩔 수 없지. 그래, 대체 무엇을 보았나? 그리고 무슨 일이 일어났는지 모든 걸 얘기해 보게나."
왕자는 자기와 세 처녀 사이에 일어난 일을 죄다 얘기하자 잠자코 듣고 있던 나스르 노인이 입을 열었습니다.
"오, 젊은 양반, 그 세 처녀는 마신의 딸이야. 1년에 딱 하루 여기 와서 점심때까지만 놀다가 자기 나라로 되돌아가지."
"그 나라는 어디에 있습니까?"
"그건 나도 몰라. 하지만 아무튼 기운을 내서 그런 여자는 깨끗이 단념하고 나를 따라와요. 새들에게 부탁해서 고향에 데려다주라고 할 테니까."
이 말을 듣고 얀샤는 비명을 지르며 정신을 잃고 그 자리에 쓰러지고 말았습니다.
그러나 곧 다시 정신을 차리고 말했습니다.
"오, 할아버지, 저는 고향에 가지 않아도 좋습니다. 그 처녀들을 다시 만나고 싶습니다. 설사 제가 할아버지 곁에서 죽는 한이 있더라도 두 번 다시 고향 사람들에 대한 말은 하지 않겠어요."
그리고 눈물을 흘리며 소리쳤습니다.
"비록 1년에 단 한 번이라도 그리운 그 처녀의 얼굴을 볼 수 있으면 저는 만족하겠습니다!"
얀샤는 깊은 한숨을 내쉬며 다음과 같은 시를 읊었습니다.

바라노니 환상*34이여,
하다못해 밤이라도 나에게 나누어다오.
그대 사랑하는 마음, 영원히
사라지지 않도록!

그대 그리워 내 마음의 불꽃
타올라 재가 되지 않는다면,
내 뺨은 눈물에 젖지 않고
내 눈도 흐려질 일 없으리라.
밤은 밤대로 낮은 낮대로
내 가슴에 불행 견디라고 명령하건만
아, 그리움의 뜨거운 불길
이 몸 태우지 않을 길 없구나.”

얀샤는 나스르 노인의 발아래 몸을 던지고 그 발에 입맞추며 뜨거운 눈물을 흘리면서 외쳤습니다.

“제발 저를 불쌍히 여겨주십시오. 그러면 알라께서도 당신에게 자비를 베풀어주실 겁니다. 제발 저를 도와 이 괴로움에서 구해 주신다면 알라께서도 당신을 구원하실 겁니다.”

하지만 노인은 이렇게 대답했습니다.

“알라께 맹세코, 나는 그 처녀들에 대해서 아무것도 모르는 걸. 또 그 나라가 어디 있는지도 모르고. 하지만 젊은 양반, 당신이 아무래도 그중 한 사람을 단념할 수 없다면, 내년 이맘때까지 내 곁에 있어요. 그러면 다시 그 세 사람이 올 테니까.

그리고 처녀들이 올 날이 가까워지거든 뜰의 나무 뒤에 숨어 있어요. 그러다가 처녀들이 지상에 내려와 날개옷을 벗고 연못 속으로 뛰어들어 멀리 헤엄치고 있을 때, 짬을 보아 젊은이가 사랑하는 처녀의 날개옷을 치워 버리는 거야. 처녀들은 젊은이를 보고 못가로 다가오겠지. 옷을 빼앗긴 처녀는 달콤한 말로, 영혼도 녹일 듯한 미소를 지으며 이렇게 말하겠지.

‘오, 나의 오빠, 내 날개옷을 돌려주세요. 이 벌거숭이 몸을 감추지 않고는 부끄러워 못 견디겠어요.’

하지만 그때 만약 날개옷을 돌려줘 버리면 젊은이는 영원히 소원을 이룰 수가 없게 되오. 처녀는 그 옷을 입기가 무섭게 자기 나라로 날아가서 당신은 두 번 다시 처녀를 볼 수 없게 될 테니까. 그러니 날개옷을 손에 넣거든 겨드랑이에 꼭 끼고 내가 새들의 대화에서 돌아올 때까지 가지고 있으란 말이오. 그러면 내가 당신과 그 처녀 사이를 잘 주선해서 함께 고향으로 보내 줄 테니까. 내가 할 수 있는 일은 고작 이 정도라오."

―여기서 날이 새는 것을 깨닫고 샤라자드는 이야기를 그쳤다.

511번째 밤

샤라자드는 이야기를 계속했다.
오, 인자하신 임금님, 얀샤 왕자는 나스르 노인의 말을 듣고 안도하여, 다시 1년 동안 새들이 돌아오기를 손꼽아 기다리면서 노인 곁에 머물렀습니다.
드디어 그날이 오자 나스르 노인은 말했습니다.
"모든 것을 내가 시킨 대로 해야 해. 나는 지금부터 새들을 만나러 갈 테니까."
"알았습니다."
나스르 노인이 떠나자 얀샤는 그 정원으로 가서 아무데서도 보이지 않는 나무 뒤에 숨었습니다. 그리하여 하루, 이틀, 사흘을 꼼짝도 하지 않고 기다렸으나 처녀들은 나타나지 않았습니다. 얀샤는 몹시 슬퍼하면서 안타까운 마음에 울기도 하고 깊은 한숨을 쉬기도 했지만, 나중에는 눈물도 말라버리고 그만 정신을 잃고 말았습니다. 이윽고 다시 정신을 차려 연못을 바라보고 하늘을 올려다보는가 하면, 대지의 표면과 넓은 들판을 내다보며 그리움에 몸부림치고 있었습니다.
바로 그때, 갑자기 독수리만 한 비둘기 세 마리가 하늘에 나타나더니, 정원으로 날아와 연못가에 내려앉았습니다. 그리고 주의 깊게 사방을 둘러본 뒤, 마신이나 인간이나 아무도 없는 것을 알고, 날개옷을 벗고 세 처녀로 변신한 다음, 연못에 뛰어들어 깔깔거리면서 헤엄치기 시작했습니다. 실오라기 하나 걸치지 않은 그 모습은 마치 은 막대기처럼 아름다웠습니다.
"얘, 누군가 정자 안에 숨어서 우리를 기다리는 게 아닐까?"
큰언니가 말했습니다.

"어머나, 언니도 참! 솔로몬 왕 시대부터 이 정자에는 마신이고 인간이고 간에 아무도 들어온 적이 없잖아요."

작은언니가 말했습니다.

"알라께 맹세코, 만약 누가 숨어 있다면 틀림없이 나를 노리고 있을 거예요."

제일 나이 어린 처녀가 웃으면서 말했습니다.

세 사람은 다시 장난을 치면서 놀기 시작했고, 얀샤는 불타는 욕정으로 두근거리는 가슴을 안은 채 처녀들에게 들키지 않도록 나무 뒤에 가만히 몸을 숨기고 있었습니다.

이윽고 세 사람은 날개옷을 물가에 둔 채 못 한가운데로 헤엄쳐 갔습니다. 그것을 본 왕자는 번개처럼 뛰어나가 꿈에도 잊지 못하던 태양의 처녀(샤무사)라고 하는 가장 어린 처녀의 날개옷을 움켜잡았습니다. 이때 처녀들이 고개를 돌려 젊은이의 모습을 발견하고는, 깜짝 놀라 부끄러워하며 물속에 몸을 숨겼습니다.

이윽고 처녀들은 물가로 헤엄쳐 와서 젊은이의 동정을 살폈습니다. 그리고 보름달도 무색게 하는 자태로 이렇게 말했습니다.

"당신은 누구신지요? 여기엔 어떻게 오셨나요? 그리고 왜 샤무사의 날개옷을 빼앗는 거예요?"

"이리 가까이 오세요. 그러면 내 신상 이야기를 들려 드릴 테니까."

"그런데 무슨 까닭으로 언니들의 옷을 갖지 않고 내 옷을 가져가셨나요?"

"오, 내 눈동자의 빛이여, 어서 연못에서 올라오시오. 내 신상 이야기를 한 다음, 어째서 당신을 선택했는지 가르쳐드리지요."

"도련님, 내 눈동자의 서늘한 빛, 나의 열매여,[(6)] 제발 옷을 돌려주세요. 옷을 입고 이 살을 가리고 싶어요. 그런 다음 당신 곁으로 가겠어요."

그러나 얀샤는 들어주지 않았습니다.

"오, 아름다운 공주 중의 공주님, 당신의 날개옷을 돌려주었다가 이루지 못할 사랑 때문에, 내 몸을 망칠 그런 짓을 어떻게 할 수 있겠소? 나는 새들의 왕인 나스르 노인이 돌아올 때까지 이 날개옷을 드릴 수가 없습니다."

"옷을 못 주시겠다면 하다못해 저만치 물러나세요. 그러면 언니들이 올라가서 무엇이든 내 몸을 가릴 것을 줄 테니까요."

"좋아요."

왕자는 세 처녀에게서 떠나 정자로 들어갔습니다.

처녀들은 연못에서 나와 두 언니는 날개옷을 입고 일부(그것만으로는 날 수 없습니다)를 동생에게 주었습니다. 그것을 입고 물에서 나온 샤무사는 마치 돋아나는 보름달이나 나무의 어린잎을 먹는 영양 같은 모습이었습니다.

샤무사는 아까부터 옥좌에 앉아 있는 얀샤에게 가서 인사를 하고 그 옆에 앉았습니다.

"오, 아름다운 도련님, 당신은 자신은 물론 나까지 멸망시키는 짓을 하셨습니다. 하지만 어떤 사정인지 알고 싶으니 사연을 들려주세요."

이 말을 듣고 왕자는 소맷자락이 푹 젖을 정도로 눈물을 흘리며 울었습니다. 샤무사는 왕자가 자기를 미치도록 사랑하고 있음을 알고, 일어나서 그의 손을 잡고 자기 곁에 앉힌 뒤 소매로 눈물을 닦아 주었습니다.

"오, 아름다운 도련님, 울지 마시고 우리에게 신상 이야기를 들려주세요."

그리하여 얀샤는 지금까지 자신에게 일어난 일과 보아온 일들을 죄다 이야기해 주었습니다.

─여기서 날이 훤히 밝았으므로 샤라자드는 이야기를 그쳤다.

512번째 밤

샤라자드는 이야기를 계속했다.

오, 인자하신 임금님, 가만히 귀 기울이며 이야기를 듣고 난 샤무사는 한숨을 내쉬며 말했습니다.

"저를 그토록 사랑하신다면 제발 그 옷을 돌려주세요. 그 옷을 입고 언니들과 함께 고향에 날아가서 당신이 저를 얼마나 사랑하고 있는지 얘기해 주고 싶어요. 그리고 다시 돌아와 당신을 고향으로 데리고 가겠어요."

이 말을 듣자 왕자는 눈물을 흘리면서 대답했습니다.

"알라께서 보시는 앞에서 무정하게 나를 죽게 내버려두고도 당신은 아무렇지도 않단 말인가요?"

"어머, 내가 어째서 그런 무정한 짓을 하겠어요?"

"옷을 돌려주면 당신은 그대로 날아가 버릴 것이고 나는 이 자리에서 죽어버릴 테니까요."

이 말을 듣고 샤무사가 웃음을 터뜨렸으므로 언니들도 따라 웃었습니다.

이윽고 샤무사는 다시 말을 이었습니다.

"어서 기운을 차리시고 걱정일랑 하지 마세요. 저는 반드시 당신과 결혼할 테니까요."

그리고 젊은이를 향해 몸을 구부려 상대를 포옹하고서 이마와 뺨에 입을 맞췄습니다. 두 사람은 한동안 그렇게 꼭 끌어안고 있다가 떨어져서 옥좌에 앉았습니다.

그러자 가장 큰언니가 정원에 내려가서 과일을 따고 꽃을 꺾어 정자로 가지고 왔습니다. 그들은 그것을 먹은 다음, 함께 웃고 떠들면서 재미있게 놀았습니다.

얀샤는 보기 드물게 사랑스러운 홍안에 날씬하고 균형 잡힌 모습을 한 젊은이였으므로 샤무사는 이렇게 말했습니다.

"오, 그리운 분, 저도 당신을 못 견디게 사랑하게 되었어요. 무슨 일이 있어도 당신 곁을 떠나지 않겠어요."

이 말을 들은 젊은이는 그제야 안심하고 이를 드러내며 싱긋 웃었습니다.

이렇게 두 사람이 한동안 기쁨에 잠겨 정신없이 들떠 있을 때, 새들의 회의를 끝낸 나스르 노인이 갑자기 들어왔습니다.

그들은 일어나서 공손히 인사를 하고 그 손에 입을 맞췄습니다. 그러자 노인도 손님을 기꺼이 맞이하며 자리에 앉으라고 한 뒤, 샤무사를 향해 말했습니다.

"이 젊은 양반은 진심으로 그대를 사랑하고 있으니 부디 친절을 베풀어주시오. 이 젊은이는 인간세상에서 신분이 높은 왕자님이시오. 아버님은 카부르 국을 지배하는 왕으로, 그 위세가 크고 넓은 영토 구석구석까지 미치고 있으니까."

"네, 알았습니다."

처녀는 나스르 노인의 손에 입을 맞추고 그 앞에 공손하게 서 있었습니다.

장로는 다시 말을 이었습니다.
"그 말에 거짓이 없다면 생명의 끈에 이어져 있는 한 이분을 배반하지 않겠다고 신의 이름으로 맹세하시오."
노인의 말에 처녀는 결코 왕자를 배반하지 않을 것이고, 반드시 그의 아내가 되겠다고 굳게 맹세한 다음 이렇게 덧붙였습니다.
"오, 나스르 님, 저는 결코 이분을 버리지 않겠습니다."
노인은 처녀의 맹세를 믿고 이번에는 얀샤를 향해 말했습니다.
"이렇게 결정을 내려주신 알라께 감사드리세."
소원이 이루어진 것을 매우 기뻐한 얀샤는 그 뒤 석 달 동안 샤무사와 함께 나스르 노인의 집에서 잔치를 벌이며 즐겁게 지냈습니다.

—여기서 날이 훤히 밝았으므로 샤라자드는 이야기를 그쳤다.

513번째 밤

샤라자드는 이야기를 계속했다.
오, 인자하신 임금님, 석 달 동안 얀샤, 나스르 노인과 함께 즐거운 나날을 보낸 샤무사는, 마침내 석 달이 지나갈 무렵 얀샤에게 말했습니다.
"이제 당신과 함께 고향으로 가고 싶어요. 거기서 부부가 되어 함께 살아요."
"그렇게 합시다."
얀샤가 나스르 노인에게 의논하니 그도 이렇게 말했습니다.
"그럼, 귀국하게. 샤무사는 그대에게 맡길 테니."
그러자 샤무사가 말했습니다.
"오, 나스르 님, 왕자님에게 제 날개옷을 돌려주라고 말씀해 주세요."
나스르 노인이 날개옷을 돌려주라고 하니, 얀샤는 즉시 정자로 달려가서 그것을 가지고 왔습니다.
샤무사는 날개옷을 입고 얀샤에게 말했습니다.
"자, 내 등에 타세요. 그리고 눈을 감고 빙글빙글 도는 천체의 소리가 들리지 않도록 귀를 막으세요. 떨어지지 않도록 내 옷을 꼭 잡으시고."

얀샤가 시키는 대로 하자 샤무사는 드디어 날아가려고 날개를 폈습니다. 그때 나스르 노인이 말했습니다.

"길을 잃지 않도록 카부르 나라를 설명해 줄 테니 잠깐만 기다리시오."

샤무사는 얀샤를 등에 태운 채 나스르 노인이 일러주는 말을 들은 뒤 언니들과 작별인사를 나누고, 고향에 돌아가거든 자기와 왕자에 대해 모든 것을 전해 달라고 부탁했습니다.

그리고 이내 하늘 높이 날아올라 한 줄기 바람처럼, 번쩍이는 번개처럼 아득히 사라져 갔습니다. 언니들도 곧 하늘로 날아올라, 고향으로 날아가서 친척들에게 샤무사에 대한 소식을 전했습니다.

샤무사는 얀샤를 등에 태운 채, 아침부터 낮 기도시간까지 계속 날아가다가 아득한 저편에 숲이 울창하고 물이 흐르는 계곡을 발견하고 얀샤에게 물었습니다.

"저 골짜기에 내려서 숲 속에서 쉬면서 오늘 밤을 보냈으면 하는데 어떠세요?"

"당신 좋도록 하시오."

샤무사가 하늘에서 내려와 골짜기에 내리자 얀샤도 등에서 내려 여자의 이마에 입을 맞춘[*35] 다음, 둘이서 강가에 앉아 쉬었습니다. 이윽고 두 사람은 골짜기를 거닐면서 즐겁게 시간을 보낸 뒤 나무 열매를 따 먹고, 밤이 되자 나무 밑에 누워서 아침까지 잤습니다.

날이 밝자 샤무사는 일어나서 얀샤를 등에 태우고 다시 하늘 여행을 계속했습니다. 점심때가 되어 나스르 노인이 말한 집과 비슷한 것들이 눈 아래 홀연히 나타나자 카부르가 머지않았다는 사실을 알았습니다.

샤무사는 곧 하늘에서 내려가 온갖 꽃이 활짝 피어 있는 넓은 들판에 내렸습니다. 여기저기 영양이 뛰놀고 있고, 샘물이 솟아나고 강물이 흐르며, 나무열매는 알맞게 익어가는 곳이었습니다. 얀샤가 샤무사의 등에서 내려 그녀의 이마에 입을 맞추자, 그녀가 물었습니다.

"오, 나의 사랑스러운 분, 서늘한 눈동자여, 당신은 어제부터 며칠 분의 여정을 날아왔는지 아세요?"

"아니, 모르겠소."

"우리는 30개월의 여행길을 날아온 거예요."
"오, 알라여, 저희를 지켜주셔서 감사합니다."
왕자의 입에서 자기도 모르게 감사의 말이 튀어나왔습니다.
두 사람은 나란히 앉아 먹고 마시며 웃고 희롱하면서 한참 동안 놀았습니다.
두 사람이 그렇게 즐기고 있으니 뜻밖에도 옛날에 왕자를 모셨던, 부왕의 백인 노예 두 사람이 다가왔습니다. 그들 가운데 한 사람은 왕자가 고깃배를 탔을 때, 말을 지키기 위해 남겨두었던 자였습니다. 두 사람은 얀샤를 보자 이내 왕자라는 것을 알아보고 반갑게 인사한 다음 말했습니다.
"괜찮으시다면 지금부터 아버님께 가서 왕자님이 무사히 돌아오셨다는 기쁜 소식을 전하고 싶습니다."
"그럼, 아버님께 가서 내 얘기를 하고 천막을 가지고 와다오. 이레 동안 여기서 쉬고 있을 테니. 그동안 아버님께서 우리를 맞을 종자를 준비해 주신다면 당당하게 수도로 들어가고 싶구나."

―여기서 새벽이 가까웠으므로 샤라자드는 이야기를 그쳤다.

514번째 밤

샤라자드는 이야기를 계속했다.
오, 인자하신 임금님, 얀샤의 명령을 받은 두 백인 노예는 급히 테그무스 왕에게 돌아갔습니다.
"오, 임금님, 반가운 소식이 있습니다!"
"반가운 소식이라니 무어냐? 왕자라도 돌아왔단 말이냐?"
"예, 임금님, 왕자님이 여행에서 돌아오셔서 지금 가까운 키라미 들판에 계십니다."
이 말을 들은 왕은 매우 기쁜 나머지 까무러치고 말았습니다. 이윽고 다시 정신을 차린 왕은, 두 백인 노예에게 훌륭한 옷과 돈을 주라고 대신에게 명령했습니다. 대신은 즉시 명령대로 한 뒤 노예들에게 이렇게 말했습니다.
"거짓인지 사실인지 모르겠으나 아무튼 반가운 소식을 가져 왔으니 받도록 해라."

그러자 두 사람은 입을 모아 대답했습니다.

"결코 거짓말이 아니올시다. 방금 왕자님과 함께 앉아 인사도 하고 손에 입도 맞췄습니다. 왕자님께선 저희에게 천막을 가져오라고 분부하셨는데, 대신, 태수, 중신들 모두가 마중을 나올 수 있을 때까지 이레 동안 야영을 하고 싶어서라고 하십니다."

"그래, 왕자의 행색은 어떻더냐?"

"예, 왕자님은 마치 천국에서 데려오신 듯한 미녀와 함께 계셨습니다."

이 말에 왕은 크게 기뻐하며 북을 치고 나팔을 불게 했습니다. 그리고 얀샤의 어머니를 비롯하여 대신과 태수, 그리고 영내 제후들의 부인들에게까지 사자를 보내 이 기쁜 소식을 알렸습니다. 또 포고인들은 온 도시를 뛰어다니며 얀샤 왕자의 귀국을 알렸습니다.

이윽고 왕은 만반의 준비를 하여 기병과 보병들을 거느리고 키라미 들판으로 왕자를 찾아갔습니다. 그때 샤무사와 둘이서 한가로이 마주 앉아 있던 얀샤는 왕의 행렬이 다가오는 것을 보고 일어나 그들을 맞이하러 나갔습니다.

그들은 틀림없는 왕자임을 알고 모두 말에서 내려 인사를 한 뒤 그 손에 입을 맞췄습니다. 왕자가 일렬로 늘어선 가신들을 앞세우고 부왕 앞으로 나아가자, 왕은 말에서 뛰어내려 아들을 가슴에 부둥켜안고 기쁨의 눈물을 흘렸습니다.

이윽고 그들은 다시 말을 타고 좌우에 가신들을 거느리고 강가로 나아갔습니다. 그곳에서 전군의 장병은 말에서 내려 맑고 또렷하게 울리는 나팔과 피리 소리, 또 북과 징이 울려 퍼지는 소리와 함께 천막과 막사를 치고 깃발을 세웠습니다. 테그무스 왕은 천막담당에게 명령하여 샤무사를 위해 특별히 붉은 비단천막을 치게 했습니다.

샤무사가 초라한 날개옷을 벗고 아름다운 옷으로 갈아입은 뒤 천막으로 들어가서 빛나도록 아름다운 모습으로 앉아 있는데, 왕과 왕자가 함께 들어왔습니다. 왕을 보자 샤무사는 몸을 일으켜 그 앞에 엎드렸습니다.

왕은 왕자를 오른쪽에 샤무사를 왼쪽에 앉혀 놓고 자기도 자리에 앉아 샤무사에게 환영의 말을 한 다음, 왕자에게 말했습니다.

"그럼, 오랫동안 타향에서 어떤 일을 겪었는지 모두 얘기해다오."

그리하여 야샤가 지금까지 있었던 일을 자세히 얘기하자, 왕은 몹시 놀라며 샤무사를 돌아보고 말했습니다.

"왕자와 그대를 맺어주신 알라를 찬양해야겠다! '이것이야말로 알라의 끝없는 은총이로다.'"[*36]

―여기서 날이 훤히 밝았으므로 샤라자드는 이야기를 그쳤다.

515번째 밤

샤라자드는 이야기를 계속했다.
오, 인자하신 임금님, 왕은 샤무사에게 다시 말했습니다.
"소원이 있으면 뭐든지 사양 말고 말해 보라. 어떤 것이든 다 이루어주리라."
샤무사가 대답했습니다.
"제 소원은 큰 꽃밭 속에 궁전을 짓고 그 밑에 시냇물이 흐르도록 해 주시는 일이옵니다."
"좋고말고."
왕은 샤무사의 청을 쾌히 승낙했습니다.
그때 왕자의 어머니가 대신과 태수와 명사들의 부인들을 거느리고 다가오고 있었습니다. 왕자는 그 모습을 보자 일어나서 천막 밖으로 나가 맞이했습니다. 두 사람은 오랫동안 끌어안고 눈물을 흘렸습니다. 어머니는 매우 기뻐 눈물을 흘리면서 이런 시를 읊었습니다.

　　기쁨이 그지없으면
　　반가움도 참기 어려워,
　　기쁨 때문에 기뻐서
　　눈물은 그칠 줄 모르고 흐르네.
　　오, 내 눈동자여, 눈물은

이제 그대의 천성이 되어
슬픔과 두려움 때문에 울듯이
기쁨 때문에 하염없이 눈물 흘리네.

이렇게 하여 모자는 오랜 이별이 가져다준 슬픔과 괴로움을 서로 눈물로 이야기했습니다. 이윽고 왕이 자신의 천막으로 물러가자, 얀샤는 어머니를 자기 천막으로 안내하여 쌓인 회포를 풀었습니다. 그때 샤무사 공주의 시녀가 와서 말했습니다.

"지금 공주님께서 인사를 드리려고 이리로 오고 계십니다."

이 말을 듣고 어머니는 일어나서 공주를 맞이하러 나가 서로 인사를 나누고 자기 옆에 앉혔습니다. 잠시 뒤에 어머니는 귀족과 고관의 부인들을 거느리고 샤무사와 함께 공주의 천막으로 갔습니다.

한편 테그무스 왕은 왕자의 귀국을 기념하여 병사와 가신들에게 선물을 듬뿍 내리고, 열흘 동안 성대한 잔치를 열어 더없이 즐거운 나날을 보냈습니다.

열흘이 지나자 모두 왕의 명령으로 그곳을 걷고 궁전으로 돌아가게 되었습니다. 대신과 시종을 비롯하여 군사의 호위를 받은 왕은 말을 타고 잠시도 쉬지 않고 앞으로 나아가 아름답게 꾸며진 도시로 들어갔습니다. 이에 앞서 백성들이 값비싼 천과 보석으로 집을 꾸미고, 또 국왕 일행의 말발굽 아래에 호사스러운 비단을 깔아두었습니다.

북소리가 기쁜 소식을 알리니, 영내 고관들은 축하인사로 호사스러운 선물을 연방 날라 왔습니다.

구경꾼들은 이 광경을 그저 경탄의 눈길로 바라볼 뿐이었습니다. 거지와 탁발승들에게도 먹을 것을 베풀고, 열흘 동안 대향연을 벌이자 샤무사 공주도 여간 기뻐하지 않았습니다.

테그무스 왕은 건축가와 목수와 미술가들을 불러 정원 안에 궁전을 새로 짓도록 명령했습니다.

공사가 곧 시작되자, 얀샤 왕자는 인부들을 시켜 흰 대리석을 실어오게 한 다음 속을 파내어 상자 같은 것을 만들게 했습니다. 그것이 다 되자 샤무사 공주가 자기를 업고 하늘을 날아올 때 입었던 날개옷을 그 속에 넣고 납을 녹여 단단히 봉한 다음, 그것을 주춧돌 밑에 묻고 그 위에 궁전을 지탱하는 아치를 세우도록 했습니다.

　이윽고 궁전이 완성되어 마지막 장식을 하고 나니, 꽃밭 한복판에 멋진 전당이 우뚝 솟아 있고 사방의 벽 아래로 냇물이 졸졸 흐르는 아름다운 풍경이 연출되었습니다.*37

　이어서 왕자를 위해 호화찬란한 결혼식이 거행되었습니다. 사람들은 기나긴 행렬을 지어 신부를 궁전 안에 데려다주었습니다. 그런데 샤무사 공주가 궁전 안에 발을 들여놓은 순간, 날개옷의 향기가 공주의 코끝을 은은하게 스치고 지나갔습니다.

　―여기서 날이 훤히 밝았으므로 샤라자드는 이야기를 그쳤다.

516번째 밤

　샤라자드는 이야기를 계속했다.
　오, 인자하신 임금님, 새 궁전으로 들어간 샤무사 공주는 날개옷 향기를 맡고 그것이 있는 곳을 짐작하자 어떻게든 그것을 손에 넣기로 했습니다.
　한밤중이 되어 얀샤가 깊이 잠들기를 기다린 공주는 일어나서 곧장 아치 밑으로 가서 대리석 상자가 묻혀 있는 곳의 흙을 팠습니다. 그리고 밀봉한 납을 뜯고 날개옷을 꺼내 그대로 몸에 걸치고는 훨훨 날아올라 궁전 지붕 위에 내려앉고서 사람들에게 이렇게 외쳤습니다.
　"작별인사를 하고 싶으니 부디 얀샤 님을 데려와 주세요."
　사람들의 전갈을 듣고 얀샤가 부랴부랴 밖으로 나가보니, 샤무사가 날개옷을 입고 궁전 지붕 위에 앉아 있지 않겠습니까?
　"아니, 왜 그런 짓을 한단 말이오?"
　얀샤가 소리치자 샤무사가 대답했습니다.
　"오, 그리운 분, 나의 서늘한 눈동자, 내 마음의 열매여! 알라께 맹세코 저는 진심으로 당신을 사랑하고 있어요. 그리고 이렇게 당신을 고향으로 모시고 와서 부모님과 만날 수 있게 해 드린 것도 얼마나 기쁜 일인지 몰라요. 그러니 이제는 제가 당신을 사랑하는 것만큼 당신도 저를 사랑하신다면, '보

석의 성' 타크니까지 찾아와 주세요."

샤무사는 이 말을 남기고 가족과 친구들을 찾아 날아가 버렸습니다.

낙담한 얀샤 왕자는 가슴이 막혀 그 자리에 쓰러지고 말았습니다. 그 소식을 들은 테그무스 왕이 말을 타고 왕자의 궁전으로 달려와 보니, 왕자가 정신을 잃고 쓰러져 있는 것이 아니겠습니까? 그 광경을 본 왕은 아들이 사랑하는 공주를 잃고 혼절한 것을 알고 눈물을 흘리면서 아들의 얼굴에 장미수를 뿌렸습니다.[*38]

가까스로 정신을 차린 얀샤는 머리맡에 부왕이 있는 것을 보고 아내를 잃은 슬픔에 하염없이 눈물을 흘렸습니다. 왕이 대체 어찌 된 일이냐고 묻자, 얀샤는 그제야 샤무사가 마신의 딸임을 밝히고 그녀를 만난 경위를 모두 얘기했습니다.

그러자 왕이 말했습니다.

"애야, 그렇게 슬퍼할 것 없다. 곧 온 나라의 상인과 선원들을 모두 불러서 타크니 성이 어디 있는지 물어보자. 그 성이 있는 곳을 아는 대로 그곳에 찾아가 샤무사의 부모에게 공주를 달라고 하자꾸나. 전능하신 알라께서는 너를 위해 공주를 돌려주시고 부부의 인연을 맺어주실 게다."

왕은 곧 궁전으로 돌아가서 네 사람의 대신을 불러, 도성의 상인과 선원들을 모두 소집하여 타크니 성의 소재를 알아보라고 명령한 다음 이렇게 덧붙였습니다.

"누구든지 우리를 그 성에 안내해 주는 자에게는 금화 5만 닢을 주겠노라."

대신들은 왕 앞에서 물러나 상인과 선원들을 불러 알아보았으나, 타크니 성을 아는 자는 한 사람도 없었습니다.

대신들이 돌아와 왕에게 이것을 아뢰자 왕은 왕 옆에서만 볼 수 있을 정도로 아름다운 노예계집과 측실, 가희, 악사들을 얀샤 왕자에게 보냈습니다. 어쩌면 이 미녀들로 말미암아 샤무사 공주를 그리워하는 왕자의 마음을 달랠 수 있지 않을까 하는 생각에서였습니다.

한편으로는 모든 나라와 섬과 지방에 급사와 밀정을 보내 '보석의 성' 타크니의 소재를 알아보도록 했습니다. 그러나 그들은 두 달 동안 찾아다니다 끝내 아무런 단서도 얻지 못한 채 빈손으로 돌아오고 말았습니다. 왕이 눈물을 흘리며 슬퍼하다가 왕자의 방에 가보니, 왕자는 많은 측실과 가희와 악사들에게 둘러싸여 앉아 있었습니다. 그러나 누구도 샤무사 공주를 대신하여 왕자의 마음을 위로해 줄 수는 없었습니다.

"오, 왕자여, 타크니 성을 아는 자는 하나도 찾을 수가 없구나. 그러니 샤무사 공주보다 훨씬 아름다운 공주를 데려다주마."

그러자 왕자는 눈에 가득 눈물을 글썽이며 이런 시를 읊었습니다.

> 견딜힘은 약해져 가는데
> 그리운 마음 사라지지 않고
> 가련한 이 내 몸은 동경의
> 불길에 타는 듯하구나.
> 샤무사 공주와 그 언제
> 다시 만날 운명인고?
> 보라, 그리는 마음에
> 나의 뼈 이렇게 삭아가건만.

그런데 그 무렵 테그무스 왕과 카피드라고 하는 인도의 대왕은 불구대천의 원수 사이로, 테그무스 왕은 수많은 군사와 용사를 거느린 데다, 막하에 매우 용감하고 사나운 무장 1천 명을 두고 있었습니다. 또 무장들은 저마다 1천 부족을 지배하며, 각 부족에서 4천 명의 기사를 소집할 수 있을 만큼 강대했습니다.

한편 카피드 왕은 각기 1천 개의 요새로 둘러싼 1천 개의 도시를 다스리며 4명의 대신과 수많은 태수, 제후들이 지방을 통치하고 있었습니다. 그야말로 하늘을 나는 새도 떨어뜨릴 만한 위세와 절대적인 권력을 자랑하는 대왕으로서 그가 거느리는 병력이 온 천지를 뒤덮을 정도였습니다.

그런데 테그무스 왕은 전에 이 카피드 왕에게 도전하여, 그 영토를 침략하고 군사를 무찔러 보물을 빼앗은 적이 있었습니다. 그러나 지금 테그무스 왕은 왕자에 대한 사랑 때문에 국사를 소홀히 하고 오직 자식만 생각하느라, 병력도 줄어들고 세력도 약해졌다는 소문이 카피드 왕의 귀에도 들어갔습니다. 그래서 왕은 대신과 태수를 모아놓고 말했습니다.

"전에 테그무스 왕은 내 영토를 침략하여 보물을 빼앗고 부왕과 형제를 살해했다. 그때 그대들도 모두 마찬가지로 그자 때문에 피해를 당하고 토지를 짓밟히고, 보물을 약탈당하고, 아내와 딸을 빼앗기고, 가족을 살해당했다.

그런데 요즘 듣자 하니 그는 아들 얀샤에게 정신이 팔려 군사도 줄어들고 세력도 약해졌다고 한다. 그야말로 놈에게 복수할 수 있는 절호의 기회가 온 것이다.

그러니 곧 진군 준비를 하고 무장토록 해라. 어떠한 일이 있어도 신속하게 움직여 단숨에 놈을 습격해서, 그 아들과 함께 숨통을 끊어 놓고 영토를 빼앗아야 한다."

―여기서 날이 훤히 밝았으므로 샤라자드는 이야기를 그쳤다.

517번째 밤

샤라자드는 이야기를 계속했다.
오, 인자하신 임금님, 왕의 명령을 듣고 그들은 한목소리로 대답했습니다.
"분부대로 하겠습니다."

당장 출정준비와 병력 소집이 시작되었습니다. 그렇게 석 달 동안 준비하여 만반의 태세가 갖춰지자, 북을 치고 나팔을 불고 온갖 깃발을 휘날리면서 진군하기 시작했습니다. 카피드 왕이 몸소 앞장서서 군사를 움직여 밤낮없이 진군한 끝에, 마침내 테그무스 왕의 영토 카부르 나라의 국경에 이르렀습니다. 전군은 그곳에서 공격을 시작하여 적의 백성을 괴롭히고 노인을 학살하고 젊은이를 포로로 잡았습니다.

이 보고가 테그무스 왕에게 들어가자 왕은 몹시 노하여 문무대관을 모아 놓고 의논했습니다.

"실은 카피드라는 자가 우리나라에 쳐들어 와서 결전을 벌일 모양이다. 게다가 전능하신 알라 말고는 아무도 알 수 없는 대군을 이끌고 온 듯한데, 그대들의 생각은 어떤가?"

"오, 현세의 임금님이시여, 당장 적을 맞이하여 싸워서 적을 나라 밖으로 몰아내야 합니다."

그리하여 왕은 전쟁준비를 명령하고 갑옷과 투구, 창과 칼 등에 이르기까지 병사들을 쓰러뜨리고 용사의 목숨을 빼앗을 수 있는 모든 무기를 꺼내 주었습니다. 장병들이 속속 모여들자 인도군을 무찌르기 위해 왕은 깃발을 휘날리면서 북과 징을 치고 나팔과 피리 소리를 울리며 선두에 서서 말을 몰았습니다.

이윽고 적군에게 접근하자 왕은 진군을 중지하고 카부르 국경에 가까운 자란 골짜기*³⁹에 진을 쳤습니다. 그리고 카피드 왕에게 사자를 보내 다음과 같이 전했습니다.

"귀하의 행동은 정녕 무뢰한과 같다. 귀하가 진정으로 왕의 피를 이은 군주라면 이러한 소행을 감행하여, 내 영토를 침범하고 백성을 죽이고 그 재산을 약탈하는 부정한 행위를 하지는 않을 것이다. 귀하는 이 모든 행위가 하늘이 허락하지 않는 폭군의 소행임을 모르는가? 귀하가 내 영토를 침범할 사실을 미리 알았던들 네가 오기 전에 우리는 여기 와서 귀하의 진군을 막았을 것이다. 그러나 지금이라도 귀하가 군사를 거두고 악업을 그만둔다면 모르되 그렇지 않다면 깨끗하게 전장에서 나를 맞아 당당히 무예와 용맹을 겨루는 것이 좋으리라."

왕은 편지를 봉하여 부하에게 맡기고, 또 사자와 함께 첩자를 보내 적의 움직임을 염탐케 했습니다.

사자가 이 편지를 가지고 적의 진영 가까이에 이르니 푸른 비단 깃발이 펄럭이고, 비단과 공단으로 만든 천막이 수없이 늘어서 있었습니다. 그 한가운데에 호위병들이 빙 에워싸는 커다란 붉은 공단 천막이 하나 눈에 띄었습니다. 사자가 그 천막을 향해 나아가서 누구의 천막이냐 물으니 카피드 왕의 천막이라 하기에 보니, 과연 왕이 대신과 태수와 중신들에게 에워싸여 보석 박힌 의자에 앉아 있는 것이었습니다.

사자가 편지를 꺼내자 대뜸 일대의 호위병들이 다가와서 편지를 빼앗아 카피드 왕에게 건넸습니다.

왕은 그것을 읽고 다음과 같은 답장을 적었습니다.

"테그무스 왕에게 고하노라. 우리 군은 귀하에게 품은 숙원을 풀고 치욕을 씻기 위해, 그 영토를 짓밟고 장막을 갈라 늙은이를 살해하고 젊은이를 노예로 삼을 각오로 왔다. 그러니 내일 아침 대평원에서 마주하여 우리 군의 실력을 발휘하여 결전을 벌이고자 하노라."

사자는 이 편지를 갖고 테그무스 왕에게 돌아갔습니다.

―여기서 날이 훤히 밝았으므로 샤라자드는 이야기를 그쳤다.

518번째 밤

샤라자드는 이야기를 계속했다.
오, 인자하신 임금님, 사자는 답장을 가지고 돌아와서 왕 앞에 엎드려 편지를 전해 주고 자기가 보고 들은 것을 보고했습니다.
"오, 현세의 임금님이시여, 적군은 수많은 전사와 기사, 보병을 거느리고 있었습니다."
테그무스 왕은 카피드 왕의 답장을 읽고 열화와 같이 노했습니다. 그래서 대신 아인 자르에게 기마 1천 기를 이끌고 공격하기 쉬운 한밤중에 적진을 습격하여 몰살하라고 명령했습니다.
한편, 카피드 왕에게는 가트라판*⁴⁰이라는 대신이 있었는데, 이 대신도 5천 기를 이끌고 테그무스 왕을 습격하라는 명령을 받았습니다. 가트라판은 명령을 받들어 한밤의 어둠을 틈타 군사를 이끌고 진군했습니다.
이리하여 중간에서 만난 양군, 가트라판 대신이 아인 자르 대신을 향해 쳐들어갔습니다. 양군은 서로 뒤엉켜 새벽녘까지 격전을 벌인 끝에 마침내 카피드의 군사가 밀려서 뿔뿔이 흩어져 진지로 달아났습니다.
이 광경을 본 카피드 왕은 불같이 노하여 도망쳐온 장병들을 큰 소리로 꾸짖었습니다.
"이런 형편없는 놈들이 있나! 대장을 버리고 도망쳐오다니 이게 무슨 짓이냐!"

"오, 임금님, 가트라판 대신은 테그무스 왕을 습격하기 위해 한밤중에 진군했으나, 뜻밖에도 도중에 기마병과 용사를 이끌고 온 아인 자르를 만났습니다. 거기가 마침 자란 골짜기의 언덕바지라, 사태를 깨달았을 때는 아군은 이미 적의 수중에 빠지고 바로 눈앞에 적군이 닥쳐 와 있었습니다.

한밤부터 새벽까지 쉬지 않고 격전을 벌여 양군 다 수많은 전사자가 났습니다. 이윽고 적의 대신과 군사가 함성을 지르면서 코끼리의 얼굴을 마구 치는 통에 놀란 코끼리 떼가 꼬리를 말아 넣고 아군을 짓밟으면서 달아나기 시작했습니다. 먼지가 자욱하게 일어 바로 눈앞에 있는 상대의 얼굴도 보이지 않았고, 군사들이 흘린 피는 강물을 이루었습니다. 저희가 이렇게 도망쳐오지 않았다면 마지막 한 사람까지 모조리 죽었을 것입니다."

이 말을 들은 카피드 왕은 자기도 모르게 소리쳤습니다.

"네놈들에게는 하늘도 저주를 내리시라고 기도 하마! 부디 이 자들에게 노염의 불길을 내리소서!"

한편, 아인 자르 대신도 테그무스 왕에게 돌아가서 전투경과를 보고했습니다. 왕은 그들의 무사함을 기뻐하며 북을 치고 나팔을 불게 하여 그 무용을 치하했습니다. 그런 다음 점호를 해 보니 이 전투에서 한 사람당 1천 기의 능력을 갖춘 군사가 2백 명이 넘게 전사한 것이었습니다.

얘기는 바뀌어, 카피드 왕은 이어서 병마를 들판 한가운데로 이끌고 나가 각기 1만 기로 구성된 15대열을 편성하고, 그 지휘를 막강한 3백 명의 무장에게 맡겼습니다. 매우 용감하고 사나운 용사 중에서 골라 뽑은 용사들은 즉각 코끼리 등에 올라탔습니다. 왕이 깃발을 휘날리고 북과 나팔을 울리자, 용사들은 용감하게 대열을 박차고 나갔습니다.

테그무스 왕도 대열을 갖추었는데, 놀라지 마십시오, 각각 1만 기로 구성된 진열 10대가 편제되었고, 왕을 좌우에서 모시고 진군하는 호걸도 1백 명에 이르렀습니다. 이윽고 양군의 이름 높은 용사들은 중원으로 나아가 엎치락뒤치락 있는 힘을 다해 전투를 벌였습니다. 그 넓은 대지가 저편과 이편 사이의 어마어마한 군사들로 빈틈없이 뒤덮였습니다. 또 북과 쟁과리, 피리, 나팔 소리에 지축을 뒤흔드는 말발굽 소리, 사람들의 고함 소리는 귀가 떨어져 나갈 지경이었습니다. 먼지가 일어 하늘을 뒤덮는 가운데 양군은 새벽부터 해질녘까지 한 번 앞으로 나아갔다 한 번 뒤로 물러서는 격전을 되풀이하고

서, 이윽고 해가 지자 양군은 좌우로 갈라져 저마다 진영으로 물러갔습니다.

―여기서 날이 훤히 밝았으므로 샤라자드는 이야기를 그쳤다.

519번째 밤

샤라자드는 이야기를 계속했다.
오, 인자하신 임금님, 이튿날 병사를 점호한 카피드 왕은 5천 명의 병사를 잃은 것을 알고 분통을 터뜨렸습니다. 한편, 테그무스 왕도 가장 용감한 기마병 3천 명이 전사하여 크게 격분했습니다.
이튿날 아침이 되자 카피드 왕은 다시 군사를 싸움터로 이끌고 가 전날과 마찬가지로 지휘했고, 부하 병사들도 승리를 거두려 온 힘을 다해 싸웠습니다.
카피드 왕은 병사들을 향해 말했습니다.
"누구든 싸움터 한복판에 나가서 가장 먼저 싸움을 도전할 자 없느냐?"
그러자 대열 속에서 바르카이크라는 건장한 병사가 왕 앞으로 나와 코끼리에서 내린 뒤 땅에 엎드려 자기가 도전해 보겠다고 허락을 청했습니다. 그 병사는 곧 다시 코끼리를 타고 싸움터 한복판으로 나가서 이렇게 외쳤습니다.
"나에게 도전할 자 누구 없느냐? 기사의 본분을 발휘하여 무예를 겨뤄볼 자 없느냐?"
이 말을 들은 테그무스 왕은 부하 병사들을 돌아보며 물었습니다.
"저 검사와 일대일로 맞설 자는 없느냐?"
그러자 말을 탄 한 씩씩한 기사가 대열에서 나와 왕 앞에 엎드리더니 바르카이크를 상대하게 해달라고 청했습니다. 그는 곧 다시 말을 타고 바르카이크를 향해 달려갔습니다. 그를 보고 바르카이크가 소리쳤습니다.
"너는 누구이고, 이름이 무엇이냐? 혼자의 몸으로 나에게 도전하여 나를 우롱할 작정이냐?"
"나는 캄히르의 아들 가잔파르*⁴¹라고 하는 사람이다!"
카부르의 용사가 대답하자 상대는 다시 말했습니다.

"그 이름은 들은 적이 있다. 자, 그러면 병사들 앞에서 승부를 가리자!"

가잔파르가 그 말이 떨어지기가 무섭게 허벅지 밑에서 창을 꺼내자, 바르카이크도 칼을 빼들고 서로 몇 합 겨루는 동안, 바르카이크가 기세 좋게 가잔파르의 머리 위로 칼을 내리쳤습니다. 그러나 아깝게도 투구에 튕겨나가 생채기 하나 내지 못했습니다. 다음 순간 가잔파르가 창으로 상대의 머리에 맹렬한 일격을 가하자 바르카이크는 그만 코끼리 등에서 목숨이 끊어지고 말았습니다.

그 광경을 본 순간, 다른 상대가 튀어나와 가잔파르에게 호통을 쳤습니다.

"내 형제를 죽인 놈이 누구냐?"

그리고 무시무시한 기세로 창을 던지니, 창은 정확하게 상대방의 넓적다리에 맞아 갑옷을 꿰뚫고 살에 가서 박혔습니다.

그러나 가잔파르는 깊은 상처를 입고도 맹렬히 반격을 가하며 창을 휘둘러, 상대는 피투성이가 되어 땅에 굴러떨어졌습니다. 그 틈에 카부르의 도전자 가잔파르는 말을 달려 테그무스 왕에게 돌아갔습니다.

카피드 왕은 두 기사가 죽는 것을 보고 전군을 향해 명령을 내렸습니다.

"모두, 적진으로 돌격하라! 젖 먹던 힘까지 다해 싸워라!"

한편 테그무스 왕 쪽에서도 마찬가지로 부하를 질타하니 양군은 또다시 대격전을 펼치기 시작했습니다. 군마는 콧김을 내뿜고 병졸들은 함성을 지르며 칼날을 휘두르는가 하면, 한쪽에서 북이 둥둥거리고 나팔 소리가 맑고 또렷하게 울려 퍼졌습니다. 기병들이 서로 칼을 부딪치고, 이름난 용사가 전진하면 겁쟁이는 창끝이 두려워 뒷걸음질치는 가운데, 양군의 함성과 격렬하게 부딪치는 무기 소리만이 귓전을 때릴 뿐이었습니다. 양군의 시체는 점점 산을 이루어 가고 난투극은 언제 끝날지도 모르는 상황이었으나, 창공의 태양이 기울자 양쪽의 왕은 군사들을 거두어 각각의 진영으로 물러갔습니다.*42

진지로 돌아온 테그무스 왕은 군사를 점호한 결과 5천의 병사를 잃었을 뿐만 아니라, 군기 4개가 무참하게 찢어져 있는 것을 알고 열화와 같이 분노했습니다. 그러나 카피드 왕 쪽에서도 가장 용감한 군사 6백 명과 9개의 군기를 빼앗겼습니다.

그로부터 양군은 사흘 동안 창을 거두고 쉬었습니다. 사흘이 지나자 카피드 왕은 사자에게 편지 한 통을 들려 파쿤 알 카르브(카피드의 어머니 쪽 친척이라고 합니다)라는 왕에게 보냈습니다. 편지를 받은 왕은 인도 왕을 구하기 위해 즉시 군사를 이끌고 출발했습니다.

―여기서 날이 훤히 밝았으므로 샤라자드는 이야기를 그쳤다.

520번째 밤

샤라자드는 이야기를 계속했다.
오, 인자하신 임금님, 테그무스 왕이 정원에서 쉬고 있으려니 한 부하가 와서 이렇게 말했습니다.
"멀리 하늘 높이 모래먼지가 구름처럼 일어 일대를 가득 뒤덮고 있습니다."
왕은 곧 부하들에게 나가서 무슨 일인지 알아보라고 지시했습니다. 잠시 뒤 병사가 돌아와서 보고했습니다.
"먼지가 이는 곳에 가까이 가서 확인해 보니, 7개의 깃발을 앞세우고 한 깃발 아래 각기 3천 기의 병마가 카피드 왕의 진지를 향해 나아가고 있었습니다."
한편 인도군와 합류한 파쿤 왕은 인사를 하고 물었습니다.
"전황은 어떻습니까? 그리고 이 전쟁은 어찌 된 일인지요?"
"귀하는 모르셨소? 저 테그무스 왕은 나의 숙적, 아버지와 형제를 살해한 원수입니다. 그래서 숙원을 풀기 위해 결전을 벌일 생각으로 군사를 일으킨 것입니다."
"오, 귀하에게 하늘의 축복이 있기를!"
인도 왕은 파쿤 알 카르브 왕이 무사히 도착한 것을 기뻐하며 자신의 진영으로 안내했습니다.
이렇게 대적하는 왕들에 대해서는 이쯤 해 두고, 한편 야샤 왕자는 두 달 동안 부왕도 만나지 않고 시녀들도 가까이 오지 못하게 한 채 궁전 안에 틀어박혀 있었습니다. 그러나 시간이 갈수록 마음이 초조하고 불안하여 시중드는 자에게 이렇게 물었습니다.

"아버님이 오랫동안 오시지 않는데 무슨 일이 있느냐?"

왕자는 부왕이 카피드 왕과의 싸움에 출진했다는 대답을 듣고 즉시 분부를 내렸습니다.

"그렇다면 나도 아버님께 갈 것이니 말을 끌고 오라."

부하들이 즉시 말을 끌고 오자 왕자는 마음속으로 생각했습니다.

'나는 나 자신과 내 사랑밖에 생각할 수가 없다. 차라리 이 말을 타고 유대인의 도시로 가버리는 게 낫겠다. 그러면 알라께서 언젠가 루비를 손에 넣으려고 나를 고용했던 그 상인을 만나게 해서, 다시 한 번 전처럼 나를 고용하게 해 주실지도 모른다. 행운이란 언제 어디서 올지 아무도 모르는 일이니까.'

그리하여 왕자가 1천 필의 말을 이끌고 출발하자, 사람들은 저마다 이렇게 말하는 것이었습니다.

"그러면 그렇지, 마침내 얀샤 님도 전장에서 부왕을 만나 힘을 합쳐 같이 싸우기로 하신 게로군."

왕자 일행은 길을 서둘러 해질 무렵에는 드넓은 초원에 이르렀으므로 거기서 야영을 하기로 했습니다.

왕자는 부하들이 잠들기를 기다렸다가 몰래 일어나 허리띠를 매고 말에 올라 바그다드로 떠났습니다. 언젠가 유대인으로부터 2년마다 바그다드에서 유대인의 도시로 대상이 떠난다는 말을 들은 적이 있어, 다음에 가는 대상을 따라가야겠다고 결심한 겁니다.

이튿날 아침 눈을 뜬 부하들은 왕자와 말이 사라진 것을 알고 사방팔방으로 말을 달려 찾아다녔으나 도무지 보이지 않자, 하는 수 없이 부왕에게 가서 보고했습니다.

이 말을 듣고 격분한 왕은 쓰고 있던 왕관을 벗어 던지고 입에 불꽃이 뿜어져 나올 듯한 형상으로 이렇게 외쳤습니다.

"알라 외에 주권 없고 알라 외에 권력 없도다! 적을 바로 눈앞에 두고 있는데 아들마저 잃어버렸구나!"

그러자 대신과 시종들이 위로했습니다.

"오, 이 세상을 다스리는 임금님, 부디 견디셔야 합니다. 참고 견디시면 반드시 좋은 날이 올 것입니다."

한편 얀샤는 연인과 이별한 슬픔과 부왕을 그리는 마음을 누르지 못하고, 비탄과 오뇌에 가슴이 찢어지는 듯하여 밤이고 낮이고 눈물에 잠겨 잠을 이루지 못하고 있었습니다.

부왕은 부왕대로, 아군이 입은 손실을 알고 더는 싸울 수 없다 판단하여 카피드 왕에게 등을 보이며 철수하고 말았습니다. 그리고 도성으로 돌아가 성문을 굳게 닫고 성벽을 엄중하게 수비했습니다. 카피드 왕은 달아나는 적을 추격하여 도시 정면에 진을 치고 이레 동안 싸움을 걸었으나, 그 뒤 다시 원래의 진영으로 돌아가 부상자를 치료하기 시작했습니다.

그동안 백성들은 요새를 쌓고, 투석기와 그 밖의 전쟁도구를 성벽에 장치하여 할 수 있는 모든 방위수단을 마련했습니다. 그리하여 두 왕은 그로부터 7년이라는 오랜 세월 동안 서로 대치한 채 전쟁을 계속했습니다.

─여기서 날이 훤히 밝았으므로 샤라자드는 이야기를 그쳤다.

521번째 밤

샤라자드는 이야기를 계속했다.

오, 인자하신 임금님, 한편, 얀샤 왕자는 말을 달려 산을 넘고 들을 지나 도시에 들어갈 때마다 사람들에게 '보석의 성' 타크니에 대해 물었으나, 모두들 이렇게 대답할 뿐이었습니다.

"그런 곳은 들어본 적이 없는데요."

그러다가 마침내 어떤 상인으로부터 유대인의 도시가 동양의 끝에 있다는 말을 들었습니다.

그 상인은 또 이렇게 말했습니다.

"이달 안으로 대상이 인도의 미즈라칸을 향해 출발하는데 당신도 따라가구려. 거기서 호라산으로 가서 시마운과 프와라줌 시에 갈 건데, 이 프와라줌 시에서 그 '유대인의 도시'까지는 1년 3개월이면 갈 수 있어요."

그래서 얀샤는 대상이 출발하기를 기다렸다가 함께 여행을 계속하여 미즈라칸에 도착했습니다. 그곳에서 얀샤는 혼자서 '보석의 성' 타크니의 소재를 물으면서 다시 길을 재촉하여 온갖 고난과 위험과 굶주림에 시달리면서 가까스로 시마운에 도착했습니다. 거기서 '유대인의 도시'로 가는 길을 물어 그 길을 알아낼 수 있었습니다. 그리하여 다시 몇 날 며칠 밤 여행을 계속하여, 그 옛날 원숭이군의 눈을 교묘하게 속이고 달아났던 장소에 도착한 다음, 거기서 다시 건너편에 유대인의 도시가 보이는 강가에 이르렀습니다.

얀샤는 그 강가에서 알라의 뜻에 따라 안식일에 물이 빠지기를 기다렸다가, 강을 건너 도시로 들어가 전에 묵었던 그 집을 찾아갔습니다. 그 유대인과 가족들은 얀샤를 반갑게 맞이하고 식사와 마실 것을 대접하면서 물었습니다.

"지금까지 어디에 계셨소?"

"전능하신 알라의 나라에 가 있었지요."*43

그리하여 그날 밤 그들의 집에서 보내고서, 이튿날 아침이 되자 밖에 나가 거리를 산책했습니다. 그러던 중 마침 포고인이 외치는 소리가 들려왔습니다.

"반나절만 일하고 금화 1천 닢과 아름다운 노예처녀를 얻고 싶은 자는 없는가?"

얀샤는 상대에게 다가가서 말했습니다.

"내가 한번 해 보지요."

"좋소, 나와 함께 갑시다."

포고인은 얀샤를 전에 간 적이 있는 그 유대인 상인의 집으로 안내했습니다.

상인은 얀샤를 알아보지 못하고 안채로 데리고 가서 음식을 대접했습니다. 식사가 끝나자 상인은 전과 마찬가지로 돈과 아름다운 노예계집을 주었으므로 그날 밤은 그 여자와 함께 잤습니다.

날이 새자 얀샤는 돈과 노예계집을 전에 묵었던 집주인에게 맡기고, 상인과 함께 말을 타고 그 높고 험준한 산기슭으로 갔습니다. 거기서 상인은 칼과 밧줄을 꺼내놓고 얀샤에게 말했습니다.

"이 암말을 죽이시오."

얀샤는 말을 쓰러뜨리고 유대인이 시키는 대로 팔다리를 밧줄로 묶어 죽인 다음 머리와 팔다리를 자르고 배를 갈랐습니다.

그러자 상인이 말했습니다.

"그 배 속으로 들어가시오. 그러면 내가 밖에서 그 입구를 꿰맬 테니까.

그리고 배 속에서 본 일을 나에게 알려줘야 하오. 당신에게 준 수고비는 이 일 때문에 지급한 것이니까."

얀샤가 말의 배 속에 들어가니 상인은 배를 꿰매 놓고 멀리 달아나 몸을 숨겼습니다.

한 시간가량 지나자 커다란 새 한 마리가 날아와서 말의 시체를 움켜잡고 하늘 높이 날아올라 갔습니다. 이윽고 산꼭대기에 그 말을 내려놓고 뜯어 먹으려 하자, 얀샤가 칼을 꺼내 말의 배를 가르고 밖으로 튀어나오니 커다란 새는 놀라서 멀리 날아가 버렸습니다.

얀샤가 시야가 트인 곳에 올라가서 아래를 내려다보니 산기슭에 서 있는 상인의 모습이 마치 참새처럼 조그맣게 보였습니다. 그는 상인을 향해 큰 소리로 외쳤습니다.

"여보시오, 상인, 이제 뭘 하면 됩니까?"

"당신 주위에 굴러다니는 돌을 던져주시오. 그러면 내려오는 길을 가르쳐 줄 테니."

"나는 5년 전에도 너 때문에 굶주림의 고통과 온갖 끔찍한 변을 다 겪었다! 오늘도 그런 변을 보이려고 나를 여기 데리고 왔겠지만, 이번에는 아무것도 던져주지 않을 테다!"

그러고는 홱 돌아서서 새들의 왕, 나스르 노인을 찾아 출발했습니다.

—여기서 날이 훤히 밝았으므로 샤라자드는 이야기를 그쳤다.

522번째 밤

샤라자드는 이야기를 계속했다.

오, 인자하신 임금님, 얀샤는 눈에 눈물을 가득 머금고 무거운 마음으로 밤낮없이 여행을 계속했습니다. 배가 고프면 풀을 뜯어 먹고 목이 마르면 냇물을 마셔가며 마침내 솔로몬 왕의 성에 이르렀습니다.

마침 나스르 노인이 성문에 나와 있어서 얀샤가 다가가 그 손에 입을 맞추니 나스르 노인도 답례하고 반가이 맞아주었습니다.

"오, 젊은 양반, 당신을 그 시원한 눈동자로 사람의 마음을 설레게 해 주는 샤무사 공주와 짝지어서 고향으로 돌려보냈는데 다시 여길 오다니, 대체 어찌 된 일인가?"

얀샤는 눈물을 흘리며 지금까지 있었던 경위와 공주가 자기 나라로 달아나버렸다는 사연을 이야기한 다음 이렇게 간청했습니다.

"만약 저를 사랑하신다면 제발 '보석의 성' 타크니로 데려다주십시오."

그러자 노인은 깜짝 놀라 말했습니다.

"나는 그런 도시에 대해 전혀 아는 바가 없네. 솔로몬 왕의 공덕에 걸고 난 아직 그런 이름은 들은 적이 없어."

"그렇다면 저는 대체 어떻게 해야 합니까? 사랑에 애가 타서 죽을 것만 같습니다."

"새들이 올 때까지 기다려보게. 그러면 새들에게 '보석의 성' 타크니에 대한 것을 물어봐 줄 테니까. 그중에 누군가가 그 성에 대한 것을 알지도 모르잖나."

노인의 말을 듣자 얀샤는 마음이 약간 풀렸습니다. 그래서 궁전으로 들어가 언젠가 세 처녀를 보았던 호수로 통하는 방으로 발길을 돌렸습니다.

그로부터 얀샤 왕자는 한동안 나스르 노인에게 신세를 지게 되었는데, 어느 날 둘이 함께 앉아 있을 때 노인이 말했습니다.

"오, 얀샤, 기뻐하게. 새들이 돌아올 때가 왔어."

이 소식을 들은 얀샤는 뛸 듯이 기뻐했습니다. 2, 3일이 지나 새들이 차츰 돌아오기 시작하자 노인은 얀샤에게 말했습니다.

"오, 얀샤, 이러이러한 여러 가지 이름*44을 잘 기억해 두게, 그리고 나와 함께 새들을 만나러 가세."

이윽고 새들이 차례차례 나스르 노인 앞에 날아와서 인사를 했습니다. 노인은 새들에게 '보석의 성' 타크니에 대해 물어보았으나 새들은 한결같이 똑같은 대답만 하는 것이었습니다.

"그런 곳은 이름조차 들은 적이 없습니다."

얀샤는 절망에 빠져 슬퍼하다가 마침내 정신을 잃고 말았습니다.

나스르 노인은 커다란 새를 불러서 명령했습니다.

"이 젊은이를 카부르의 나라까지 실어다주어라."

그리고 그 나라와 그곳으로 가는 길을 가르쳐주고 얀샤를 그 등에 태웠습니다.

"조심해서 등에 똑바로 앉아 있게. 절대로 한쪽으로 기울어져서는 안 돼. 잘못하면 떨어져서 가루가 되어버릴 테니까. 그리고 귀를 잘 막고 결코 바람 소리를 듣지 않도록 하게. 빙글빙글 도는 천체와 몹시 요란하게 울리는 물결 소리에 귀머거리가 되지 않도록."

얀샤는 노인의 주의를 깊이 명심했습니다. 그 새는 하늘 높이 올라간 뒤, 꼬박 하루를 날아가서 마침내 샤 바드리라고 하는, 짐승의 왕 앞에 얀샤를 내려놓고 말했습니다.

"나스르 님이 가르쳐주신 길을 그만 잃어버리고 말았습니다."

새가 다시 왕자를 태우고 날아오르려 하자 왕자가 말했습니다.

"상관없으니 나를 여기 남겨두고 혼자 돌아가거라. 나는 '보석의 성'을 찾아내기 전에는 죽는 한이 있어도 고향에는 돌아가지 않을 작정이다."

새는 얀샤를 짐승의 왕에게 남겨 놓고 그대로 날아가 버렸습니다. 그러자 짐승의 왕이 물었습니다.

"오, 젊은이여, 그대는 대체 누구인가? 그 큰 새를 타고 어디서 날아왔는가?"

얀샤가 짐승의 왕에게 자초지종을 이야기하자 왕은 깜짝 놀라며 말했습니다.

"솔로몬 왕의 위세에 걸고 나도 그런 성은 도무지 모르겠는걸. 하지만 내 부하 중에 혹시 아는 자가 있으면 상을 듬뿍 주고서 그대를 그 성으로 안내해 주겠네."

얀샤는 한동안 슬피 울다가 이윽고 눈물을 거두고, 샤 바드리의 집에 머물렀습니다.

그러던 어느 날 짐승의 왕이 말했습니다.

"이 서판을 손에 들고 잘 들여다보고서 거기에 적혀 있는 문구를 외워두게. 짐승이 찾아오면 '보석의 성'에 대해 물어볼 테니까."

─여기서 날이 훤히 밝았으므로 샤라자드는 이야기를 그쳤다.

523번째 밤

샤라자드는 이야기를 계속했다.

오, 인자하신 임금님, 그러는 동안 짐승들이 차례로 모여들어 샤 바드리에게 인사를 했습니다. 왕은 짐승들에게 '보석의 성' 타크니에 대해 물어보았지만, 짐승들은 모두 이렇게 대답했습니다.

"그런 성이 있다는 걸 한 번도 들어본 적이 없습니다."

이 말을 들은 얀샤는 몹시 실망하여 나스르 노인이 태워 보낸 새와 함께 돌아가지 않은 것을 눈물을 흘리면서 후회했습니다.

그러자 샤 바드리가 말했습니다.

"오, 젊은이여, 그렇게 탄식할 필요는 없네. 나에게는 시마크 왕이라는 형이 하나 있는데, 옛날에 솔로몬 왕을 배신하여 죄수가 된 적도 있지만, 마신족 중에서도 이 형과 나스르 노인이 제일 연장자지. 어쩌면 이 형이 그 성을 알고 있을지도 몰라. 어쨌든 이 지방의 마신들을 지배하고 있으니까."

왕은 형 시마크 앞으로 얀샤 왕자를 잘 부탁한다는 편지를 써서 얀샤에게 주며 짐승 한 마리 등에 태워 길을 떠나보냈습니다.

이렇게 하여 얀샤는 짐승과 함께 며칠 동안 밤낮으로 여행을 계속하여 마침내 시마크 왕의 궁전에 이르렀습니다. 짐승은 왕의 모습을 보자 멀리 떨어진 곳에서 걸음을 멈췄으므로, 얀샤는 짐승의 등에서 내려 왕 앞으로 걸어갔습니다. 그리고 왕의 손에 입을 맞추고 샤 바드리 왕의 편지를 내밀었습니다. 왕은 그것을 읽고 볼일을 알자 반가이 맞이하며 말했습니다.

"알라께 맹세코 나는 태어나서 지금까지 그런 성은 본 적도 없고 들은 적도 없네!"

얀샤가 낙담하여 울기 시작하자 시마크 왕은 이렇게 덧붙였습니다.

"어쨌든 그대의 사연을 들려주지 않겠나? 그대는 누구이며, 어디서 와서 어디로 가는지."

얀샤가 모든 이야기를 자세히 얘기해 주자 왕은 매우 놀라면서 말했습니다.

"오, 젊은이, 솔로몬 왕도 그런 성에 대해서는 본 적도 들은 적도 없었을걸. 하지만 젊은이[*45]여, 나는 산중에 있는 한 늙은 은자를 알고 있는데 새들도 짐승들도 마귀들도 모두 그 노인을 따르고 있다네. 그 은자는 마귀의 왕들에게 주문을 걸었는데, 그 주문과 마술의 힘으로 마귀들도 자연히 복종하게 되었고, 지금은 새와 짐승들도 모두 그 은자의 종이 되어 있지.

나도 전에 솔로몬 왕에게 모반을 꾀했을 때 왕은 나를 응징하려고 그 은자를 부른 적이 있었네. 간사한 지혜와 저주와 요술로 나를 굴복시킬 수 있는 자는 그 은자뿐이었거든. 그때 은자는 나를 붙잡아서 감옥에 가두었는데, 그 때부터 나도 그 사람의 신하가 되어 버렸네.

그 은자는 수많은 나라와 온갖 지방을 두루 돌아다니며 모든 길과 모든 지방, 모든 성과 도시를 잘 알고 있으니 아마 그가 모르는 곳은 한 군데도 없을 거야.

그러니 그대를 그 사람에게 보내주기로 하지. 그 은자가 그대를 그 '보석의 성'으로 데려가 줄 수 있을지도 몰라. 만약 그 은자가 모른다면 그야말로 아무도 알 수가 없어. 그곳은 은자의 뛰어난 마술 때문에 새들도, 짐승들도, 또 산까지도 그에게 순순히 복종하며 그의 부름에 응하고 있거든.

그뿐만 아니라 그 은자는 마술의 힘으로 세 개의 지팡이를 만들었는데 그 것을 땅에 심고 주문을 걸면 첫 번째 지팡이에서는 피와 살이, 두 번째 지팡이에서는 달콤한 우유가, 세 번째 지팡이에서는 밀과 보리가 쏟아진다네.

그러면 은자는 지팡이를 뽑아들고 '다이아몬드의 암자'라고 부르는 자기 집으로 돌아가지. 또 이 은자는 뛰어난 발명가여서 온갖 신비로운 행위를 하고, 계략과 책략을 자유자재로 구사하는 교활한 마술사일 뿐만 아니라, 모든 마술과 요술을 터득한 세상에 보기 드문 사기꾼이라네. 이름은 야그무스라고 하는데, 이제부터 그대를 4개의 날개를 가진 커다란 새의 등에 태워서 그 은자에게 보내주겠네."

―여기서 날이 훤히 밝았으므로 샤라자드는 이야기를 그쳤다.

524번째 밤

샤라자드는 이야기를 계속했다.
오, 인자하신 임금님, 짐승의 왕 시마크는 얀샤에게 말했습니다.

"그럼, 이제부터 4개의 날개를 가진 커다란 새에 태워서 그대를 야그무스 은자에게 보내줌세. 날개 하나하나의 길이는 하시미 완척(腕尺)*46으로 30, 다리는 마치 코끼리 다리만 하다네. 하지만 1년에 단 두 번밖에 날지 않아."

그런데 그곳에는, 역시 시마크 왕의 부하로 매일 이라크에서 바크트리아 낙타*47 두 필을 운반해 와서는 그것을 잡아 큰 새들에게 먹이는 티무슌이라는 사내가 있었습니다.

이윽고 시마크 왕은 그 큰 새의 등에 얀샤를 태워 야그무스 은자에게 데리고 가라고 명령했습니다. 큰 새는 하늘 높이 솟아올라 밤낮으로 날아가서 '성채의 산'과 '다이아몬드 암자'에 이르렀습니다.

얀샤가 새 등에서 내려 암자로 다가가 보니 야그무스 은자는 마침 기도를 올리는 중이었습니다. 그래서 기도소 안에 들어가 바닥에 엎드린 뒤 공손하게 은자 앞에 섰습니다.

얀샤의 모습을 보고 은자가 말했습니다.

"오, 고향을 떠나 정처 없이 헤매는 젊은이여, 잘 왔네. 어떻게 해서 여기 오게 되었는지 자세히 얘기해 보게."

얀샤는 눈물을 흘리며 자기 신상에 일어난 일을 모두 얘기하고, '보석의 성'을 찾고 있다는 것도 털어놓았습니다. 얘기를 들은 은자는 몹시 놀라며 말했습니다.

"알라께 맹세코, 나는 알라의 사도 노아(평안히 눈을 감으소서!)의 시대부터 살면서 새들과 짐승들, 마귀들을 다스리고 있지만, 그런 성에 대해서는 아직 한 번도 들은 적이 없고 또 그런 성을 보거나 얘기를 들었다는 사람을 만난 적도 없네. 아마도 다윗의 아들 솔로몬 왕도 모를걸. 하지만 곧 새와 짐승과 마귀의 우두머리들이 인사를 하러 올 테니 그때까지 기다리게. 오거든 그 성에 대해 물어볼 테니까. 혹시 그중에 누군가가 무슨 단서가 될 만한 걸 알고 있을지도 모르니. 전능하신 알라께서 반드시 그대 소망을 이루어주시리라."

그리하여 얀샤가 은자의 집에 머무르는 동안 어느덧 집회의 날이 되자, 온갖 새와 짐승과 마귀들이 찾아와서 충성을 맹세했습니다.

야그무스와 손님 얀샤는 그들에게 '보석의 성' 타크니에 대해 물어보았으나, 그들은 하나같이 모른다고 했습니다.

"저희는 그런 성을 본 적도 들은 적도 없습니다."

이 말을 듣고 얀샤는 한없이 눈물을 흘리며 더없이 높은 신 앞에 꿇어 엎드렸습니다.

그러자 이때 아득한 하늘에서 거대한 몸집을 한 칠흑같이 검은 새가 다른 새보다 한발 늦게 내려와 은자의 손에 입을 맞추었습니다. 야그무스가 '보석의 성' 타크니에 대해 묻자, 그 새가 대답했습니다.

"오, 은자님, 저와 제 형제가 아직 어렸을 때 카프 산 뒤의 사막 속에 있는 수정의 언덕에서 살았던 적이 있습니다. 저희 부모님은 아침마다 카프 산에 가서 저녁이 되면 먹을 것을 가지고 돌아왔는데, 어느 날 부모님은 아침 일찍 나가서는 그대로 이레가 지나도록 돌아오지 않았습니다. 덕택에 저희는 배가 고파 죽을 지경이었지요. 여드레 만에 부모님이 울면서 돌아오셨기에 어째서 늦으셨느냐고 물었더니, '한 마신이 갑자기 우리를 습격해서는 발톱으로 움켜잡고 '보석의 성' 타크니로 데려갔단다. 그리고 샤란 왕 앞에 끌고 갔는데 우리를 금방이라도 죽이려는 듯이 험악한 기색이었지. 하지만 어린 새끼를 둥지에 남겨 놓고 왔다 하니까 가까스로 놓아 주더구나' 하는 것이었습니다. 그러니 부모님이 아직 살아 계신다면 그 성에 대해 뭔가 단서를 알려 줄 겁니다."

이 말을 들은 왕자는 또 심하게 흐느껴 울며 은자에게 말했습니다.

"제발 저를 카프 산 뒤의 수정의 언덕에 있는, 이 새의 부모님한테 데려가라고 명령해 주세요."

"오, 새여, 이 젊은이가 하는 말은 뭐든지 들어주도록 하라!"

"알았습니다."

새는 대답하기가 무섭게 왕자를 등에 태워 며칠 동안 밤낮으로 날아 마침내 수정의 언덕에 이르렀습니다. 한참 쉰 다음 다시 왕자를 태우고 만 이틀을 날아 부모의 둥지가 있는 곳에 도착했습니다.

—여기서 날이 훤히 샜으므로 샤라자드는 이야기를 그쳤다.

525번째 밤

샤라자드는 이야기를 계속했다.

오, 인자하신 임금님, 부모의 둥지가 있던 곳에 이르자 새는 왕자를 내려놓고 말했습니다.

"얀샤 님, 여기가 옛날에 우리 둥지가 있던 곳입니다."

왕자는 흐느껴 울면서 말했습니다.

"제발 좀더 날아가서 너의 부모님이 먹이를 찾던 곳까지 데려가 다오."

새는 이 말을 듣고 다시 왕자를 태워 여드레 낮 이레 밤을 날아서 카르무스라고 하는 언덕 꼭대기에 내려주었습니다.

"이 언덕 너머에 있는 나라에 대해서는 아무것도 몰라요."

그러고는 그대로 날아가 버렸습니다.

얀샤는 그 꼭대기에 앉아 있다가 어느덧 잠이 들었습니다. 이윽고 눈을 떠보니 아득한 저편에 번갯불처럼 번쩍이는 것이 있고, 하늘 가득 그 섬광이 빛나고 있었습니다. 그 빛이 자기가 그토록 찾는 '보석의 성'에서 나오는 것인 줄은 꿈에도 모르고, 얀샤는 도대체 저게 뭘까 하고 이상하게 생각했습니다.

그래서 얀샤는 산에서 내려와 빛이 비치는 방향을 향해 걷기 시작했는데, 사실 그 빛은 바로 '보석의 성' 타크니에서 나오는 것이었습니다. 카르무스라는 언덕에서 그곳까지는 걸어서 두 달이나 걸리는 길이었습니다.

성의 초석은 진홍빛 루비로 되어 있고, 그 건물은 전부 황금이었습니다. 그리고 진귀한 금속으로 만든 작은 탑이 1천 개나 있는데, 거기에는 '암흑의 바다'에서 가지고 온 보석과 광물이 수없이 박혀 있었습니다. 그것 때문에 '보석의 성' 타크니라는 이름으로 불리고 있었던 겁니다. 그 크고 넓은 성곽의 주인은 샤란 왕으로, 샤무사와 그 자매의 아버지였습니다.

샤무사 공주는 얀샤 왕자에게서 달아나 곧장 '보석의 성'으로 돌아왔을 때, 부모님에게 왕자와 자기 사이에 일어난 일, 즉 왕자가 세계 이곳저곳을 널리 돌아다니며 수많은 신비를 눈앞에서 목격한 일, 진심으로 자기를 사랑하고 있고 자기도 상대를 깊이 사랑하고 있다는 것을 모두 얘기했습니다. 이 말을 들은 부모는 말했습니다.

"너는 알라의 뜻을 저버리는 행동을 했구나."

샤란 왕은 마신족의 호위병과 관리들에게 이 이야기를 전하고, 누구든 상관없으니 인간을 만나면 자기에게 데려오라고 분부했습니다. 그것은 샤무사 공주한테서 들은 말이 있었기 때문입니다.

"얀샤는 저를 깊이 사랑하고 있으니 반드시 뒤쫓아 올 거예요. 저는 그분 아버님의 궁전 지붕에서 날아오를 때 '저를 진심으로 사랑한다면 「보석의 성」 타크니로 찾아오세요' 하고 큰 소리로 말해 두고 왔거든요."

한편 얀샤 왕자는 그 빛의 정체를 알아내려고 그쪽을 향해 여행을 계속하고 있었습니다. 그런데 우연히도 바로 그날 샤무사 공주는 혹시나 하고 한 마귀를 카르무스 언덕 쪽으로 내보냈습니다.

그리하여 도중에 인간을 만난 마귀는 급히 다가와 인사를 했습니다. 얀샤가 상대의 얼굴을 보고 깜짝 놀라면서 답례를 하자 마귀가 물었습니다.

"당신의 이름은 무엇인지요?"

"나는 얀샤라고 하는데, 샤무사 공주라는 마녀신을 미치도록 사랑하고 있소. 그 여자의 아름다운 모습에 완전히 사로잡혀 버렸지요. 하지만 이토록 사랑하고 있는데, 그 여자는 우리의 보금자리로 정한 궁전에서 달아버려 이렇게 찾아다니는 중이라오."

얀샤는 이렇게 대답하며 흐느껴 울었습니다.

이 슬픈 이야기를 들은 마귀는 젊은이가 가엾어서 가슴이 미어지는 듯했습니다.

"울지 마십시오. 왕자님의 소망은 틀림없이 이루어질 테니까요. 사실 그 공주님도 왕자님을 깊이 사모하여 부모님에게 모든 것을 털어놓았습니다. 그 성에 있는 자들은 모두 공주님 때문에 당신을 사랑하고 있습니다. 그러니 기운 내시고 눈물을 거두십시오."

그러고는 얀샤를 어깨에 메고 서둘러 '보석의 성'으로 돌아갔습니다. 이 소식을 들은 샤무사 공주와 부모는 춤을 출 듯이 기뻐했습니다.

샤란 왕은 호위병과 마신, 마귀들에게도 왕자를 정중하게 맞이하도록 명령하고, 자신도 즉시 말을 타고 왕자를 마중 나갔습니다.

―여기서 날이 훤히 밝았으므로 샤라자드는 이야기를 그쳤다.

526번째 밤

샤라자드는 이야기를 계속했다.

오, 인자하신 임금님, 왕은 왕자를 만나자 말에서 내려 포옹했고 왕자는 왕의 손에 입을 맞추었습니다. 이윽고 왕은 금실로 가장자리를 장식하고 보석을 잔뜩 박은 색색의 비단예복을 왕자에게 입히고 머리는 인간세상에서는 볼 수 없는 왕관을 씌워주었습니다. 그리고 마신의 왕이 사용하는 군마 중에서 가장 멋진 암말을 골라서 태우고, 자기도 말에 올라 좌우에 많은 부하를 거느리고 위풍당당하게 성으로 돌아왔습니다.

그런데 그 성의 건물이 어찌나 화려하던지 왕자는 눈이 휘둥그레졌습니다. 성벽은 루비와 그 밖의 보석으로 되어 있고 바닥에는 수정과 벽옥, 에메랄드가 깔려 있었습니다.

왕자가 지금까지의 고생을 생각하며 감격의 눈물에 젖어 있으니 왕과 왕비가 왕자의 눈물을 닦아주면서 말했습니다.

"이제 눈물을 거두고 기운을 내게. 마침내 그대의 소원이 이루어졌으니까."

샤란 왕은 얀샤 왕자를 성의 내전으로 안내했습니다. 거기에는 많은 아름다운 시녀와 시동, 마신의 흑인 노예들이 있었습니다. 그들은 얀샤를 맞이하여 명예의 자리에 앉히고서 시중을 들기 위해 곁에 늘어섰습니다. 얀샤는 그 자리의 화려한 구조와 귀금속과 보석으로 만든 주위의 벽을 보고, 놀라서 입을 다물 수가 없었습니다.

잠시 뒤, 샤란 왕은 알현실에 들어가서 옥좌에 앉아 노예계집과 시동에게 왕자를 안내해 오라고 명령했습니다. 왕자가 들어오자 일어서서 맞이한 다음 자기 옆의 옥좌에 앉혔습니다. 이윽고 식사가 나와서 둘이서 배불리 먹고 마신 다음 손을 씻고 나니, 샤무사 공주의 어머니인 왕비가 들어와 왕자에게 인사를 했습니다.

"온갖 고생 끝에 겨우 당신의 소원이 이루어졌군요. 오랫동안 제대로 잠을 못 잤을 텐데, 이제는 편히 잘 수 있을 거예요. 당신이 무사한 걸 알라께 감사드려요!"

왕비는 나가더니 곧 샤무사 공주를 데리고 돌아왔습니다. 공주는 얀샤에게 인사를 하고 그 손에 입을 맞춘 뒤, 부모 앞에서 어쩔 줄 몰라 하며 수줍은 듯이 고개를 숙였습니다. 그러는 동안 궁전 안에서 샤무사의 자매들이 모여들어 왕자와 첫인사를 나누었습니다. 이윽고 왕비가 말했습니다.

"정말 잘 오셨어요. 내 딸 샤무사가 참으로 못된 짓을 했더군요. 하지만 우리를 봐서 너그러이 용서해 주세요."

얀샤는 이 말을 듣자 외마디 소리를 지르며 정신을 잃고 말았습니다. 왕은 그 모습에 놀라, 사람들을 시켜 사향과 영묘향(靈猫香)을 섞은 장미수를 얼굴에 뿌리게 했습니다. 그제야 왕자는 정신을 차리고 샤무사 공주를 지긋이 바라보면서 말했습니다.

"내 소원을 이루어주시고 가슴의 불을 꺼주신 알라를 찬양하라!"

공주가 그 말에 화답했습니다.

"알라께서 당신을 그 불길에서 지켜주시기를! 얀샤 님, 우리가 헤어지고서 어떤 일을 겪으셨는지, 또 어떻게 여기까지 오시게 되었는지 얘기해 주세요. 마신족조차 이 '보석의 성' 타크니에 대해서는 아무도 모르거든요. 그리고 우리는 어떤 왕에게도 예속되어 있지 않고, 이곳으로 오는 길을 아는 사람도 아무도 없답니다."

왕자는 도중에 겪은 온갖 모험과 고난, 카피드 왕과 싸우는 부왕을 남겨두고 온 경위까지 모두 얘기한 다음, 마지막으로 이렇게 이야기를 끝맺었습니다.

"이 모든 것은 다 당신 때문이라오. 나의 샤무사 공주!"

그러자 왕비가 말했습니다.

"그대의 소원은 이제 이루어졌어요. 샤무사는 당신의 시녀가 되었으니까요. 우리는 공주를 아무런 조건 없이 그대에게 바치겠어요."

이 말을 들은 왕자의 마음은 기쁨으로 가득 찼습니다. 왕비는 다시 이렇게 덧붙였습니다.

"전능하신 알라의 뜻이라면 다음 달에 성대한 결혼식을 올려 축하하기로 합시다. 그게 끝나면 우리의 호위병 중에서 1천 명의 마신을 골라 호위로 딸려서 두 사람을 고국까지 데려다주겠어요. 이 마신들은 가장 약한 군사일지라도, 당신이 카피드 왕과 그 부하를 무찌르라고 명령만 내리면 눈 깜짝할 사이에 마지막 한 사람까지 없애줄 겁니다. 그리고 원한다면 혼자서도 적을 전멸시킬 수 있는 병사들을 해마다 보내 드리겠어요."

―여기서 날이 훤히 밝았으므로 샤라자드는 이야기를 그쳤다.

527번째 밤

샤라자드는 이야기를 계속했다.
오, 인자하신 임금님, 옥좌에 앉은 샤란 왕은 중신들을 불러 혼례잔치를 준비하고, 이레 낮 이레 밤 동안 도시를 아름답게 장식하라고 명령했습니다.
"분부대로 하겠습니다."
중신들은 그렇게 대답하고 그때부터 두 달 동안 일사불란하게 준비하여, 왕자와 공주의 결혼식을 올리고서 일찍이 없었던 성대한 잔치를 벌였습니다.
그런 다음 얀샤 왕자는 신부 샤무사 공주와 원앙의 인연을 맺고, 2년 동안 이 세상의 온갖 위안과 환락을 누리며 화목하게 지냈습니다.
2년이 지나자 왕자는 아내 샤무사에게 말했습니다.
"그대 아버님은 우리 두 사람에게 내 고향으로 돌아가도 좋다고 허락하셨소. 1년은 고국에서 지내고, 다음 해에는 다시 여기서 지내도록 하라는 분부였소."
"알았어요."
샤무사는 밤이 되자 샤란 왕에게 가서 왕자의 말을 전했습니다.
"알았다. 그러나 출발준비도 있고 하니 다음 달 초순까지만 기다려라."
샤무사 공주가 아버님의 말을 남편에게 전하여, 두 사람은 출발준비가 되기를 기다렸습니다. 드디어 출발하는 날이 오자, 마신들은 샤란 왕의 명령을 받들어 진주와 보석을 수없이 박은 황금 가마를 들고 나왔습니다. 찬란한 장식과 보석을 박은 녹색 비단덮개가 있는, 그 호화롭고 아름다운 모습이 참으로 눈부신 가마였습니다.
샤란 왕은 마신 네 명을 가마꾼으로 뽑아, 왕자 일행이 가자는 곳이면 어디든 가도록 지시했습니다. 또 딸에게는 3백 명의 아름다운 시녀를, 왕자에게는 마신의 아들인 백인 노예를 같은 수만큼 주었습니다. 샤무사 공주가 어머니와 자매를 비롯하여 친척들에게 다시 작별인사를 하고 출발하자, 부왕도 일행을 전송하기 위해 성 밖까지 나갔습니다. 네 명의 가마꾼은 따로따로 가마 네 귀퉁이를 메고 마치 하늘을 나는 새처럼 가볍게 하늘과 땅 사이를 날아갔습니다. 점심때가 되자 왕의 명령으로 일동은 지상에 내려섰습니다.

세 사람은 서로 아쉬운 작별인사를 나누고서, 왕은 딸을 왕자에게 맡기고 마신들에게 두 사람을 부탁한 다음 '보석의 성'으로 돌아갔습니다.

왕자와 공주가 다시 가마를 타자, 마신들은 그것을 메고 꼬박 열흘을 날아갔습니다. 일행은 하루에 30개월의 길을 날아 마침내 테그무스 왕의 도시가 보이는 곳에 도착했습니다. 그런데 마신 가운데 하나가 전부터 카부르 성을 알고 있었으므로, 도시가 보이자 많은 사람이 모여 있는 도시 한복판에 가마를 내리라고 동료에게 말했습니다.

—여기서 날이 훤히 밝았으므로 샤라자드는 이야기를 그쳤다.

528번째 밤

샤라자드는 이야기를 계속했다.

오, 인자하신 임금님, 이때 테그무스 왕은 카피드 왕과의 싸움에 패하여 도시로 달아났으나 완전히 포위되어 심각한 곤경에 빠져 있었습니다. 그래서 왕은 인도 왕과 화의를 맺으려 했지만 카피드 왕은 전혀 응하지 않았습니다.

그래서 테그무스 왕은 도저히 빠져나갈 길이 없음을 깨닫고 스스로 목을 매어 이 곤경과 불운에서 영원히 벗어나기로 했습니다. 그래서 왕은 대신과 태수들에게 작별을 고하고 후궁의 처첩들에게도 마지막 인사를 하기 위해 어전에 들어갔습니다. 온 나라에 슬픈 울음소리와 통곡, 비탄의 외침이 가득 차 흘러 넘치고 있었습니다.

이렇게 절박한 상황이 한창 벌어지는 가운데, 마신 일행이 성채 안 궁전 위에 가마와 함께 내려선 겁니다. 얀샤 왕자가 알현실 한가운데에 가마를 내리라고 명령하여 마신들이 그대로 하자, 왕자는 시녀와 백인 노예를 데리고 가마에서 내렸습니다. 그리고 백성들이 모두 비참한 곤경에 빠져 비탄에 젖어 있는 것을 보고 공주에게 말했습니다.

"오, 나의 사랑스러운 연인, 눈동자의 서늘함이여, 저것 좀 보시오, 아버님께서 말할 수 없이 비참한 곤경에 빠져 계신 것 같소."

이 말을 들은 공주는 마신 호위병들에게 포위 중인 적군을 습격하여 무찌르라고 명령했습니다.

"한 놈도 남김없이 몰살해야 한다!"

왕자는 왕자대로 굉장히 힘이 세고 용감한 카라타슈[48]라는 마신에게 카피드 왕을 산 채로 잡아 오라 명령했습니다.

마신들은 가마에 덮개를 씌워 놓고는 밤중이 되기를 기다려 적진으로 습격해 들어갔습니다. 아군 한 사람에게는 적을 열 명, 또는 적어도 여덟 명을 상대할 수 있는 힘이 있었습니다. 이쪽 마신들이 철퇴를 적병에게 휘두르면, 저쪽 마신들은 마력을 지닌 코끼리를 타고 하늘 높이 올라갔다가 질풍처럼 내려와서 적을 낚아채어 공중에서 갈기갈기 찢어버렸습니다.

한편 카라타슈는 곧장 카피드 왕이 있는 본진을 향해 돌진해 갔습니다. 그리하여 침대에서 자고 있다가 불의의 습격을 받고 공포에 떨며 울부짖는 왕을 옆구리에 끼고, 그대로 얀샤에게 돌아갔습니다.

얀샤 왕자는 마신 네 명에게, 카피드 왕을 가마에 묶어 적진의 상공 높이 매달아 부하들이 살육당하는 광경을 구경케 하라고 명령했습니다.

마신들이 얀샤 왕자의 명령대로 카피드 왕을 공중에 매달아 놓고 돌아가 버렸습니다. 그러자 공포 때문에 정신을 잃었던 왕은 공중에 매달린 채 다시 의식을 되찾고 비탄에 사로잡혀 자기 얼굴을 때렸습니다.

한편 테그무스 왕은 아들의 모습을 보자 매우 기쁜 나머지 외마디 소리를 지르며 까무러치고 말았습니다. 모두 우르르 달려가서 왕의 얼굴에 장미수를 뿌리자 가까스로 정신을 차린 그는 왕자를 끌어안고 하염없이 울었습니다. 테그무스 왕은 마신들이 카피드 왕의 병사를 상대로 싸우고 있을 줄은 꿈에도 몰랐기 때문입니다.

샤무사 공주는 왕에게 인사하고서 그 손에 입을 맞추며 말했습니다.

"아버님, 저와 함께 궁전 지붕에 올라가서 제 아버지의 부하인 마신들이 적을 무찌르는 광경을 구경하지 않으시겠어요?"

왕은 샤무사 공주의 말대로 지붕으로 올라가, 공주와 나란히 앉아 마신들이 종횡무진으로 활약하면서 포위군을 공격하고 적진을 토막토막 끊어놓는 광경을 구경했습니다.

한 마신이 철퇴를 휘둘러 코끼리와 함께 그것을 탄 병사를 후려치니 어느 쪽이 사람이고 어느 쪽이 짐승인지 구별이 되지 않을 정도로 박살이 났습니다. 어떤 마신은 달아나는 적병 바로 앞을 가로막고 서서 큰 소리를 한번 지르자, 적은 그 소리에 놀라 힘없이 쓰러져 죽고 말았습니다. 또 어떤 마신은 기마무사 20명을 말과 함께 움켜잡고 하늘 높이 올라가서 땅을 향해 내동댕이치니, 모두 가루가 되어 버렸습니다.

그것은 얀샤에게도 부왕과 샤무사 공주에게도 가슴이 뻥 뚫리는 통쾌한 광경이었습니다.

―여기서 날이 훤히 밝아왔으므로 샤라자드는 이야기를 그쳤다.

529번째 밤

샤라자드는 이야기를 계속했다.

오, 인자하신 임금님, 카피드 왕은(아직도 하늘과 땅 사이에 매달려서) 자기 군사들이 학살당하는 광경을 보고 비탄의 눈물을 흘리며 자기 얼굴을 때렸습니다. 이렇게 하여 인도군의 학살은 꼬박 이틀 동안 쉬지 않고 계속되어 마침내 마지막 한 명까지 살해되고 말았습니다.

싸움이 끝나자 왕자는 시므와르라는 마신을 불러 카피드 왕에게 쇠고랑과 족쇄를 채운 뒤, 그를 '검은 성채'라는 탑 속에 가두라고 명령했습니다. 이 명령이 실행된 다음, 테그무스 왕은 북을 울리도록 명령하고 왕비에게 사자를 보내 얀샤 왕자가 돌아왔다는 기쁜 소식을 알렸습니다.

말을 타고 급히 달려온 왕비는 왕자를 가슴에 와락 끌어안고 너무나 기뻐서 그만 정신을 잃고 말았습니다. 사람들이 왕비의 얼굴에 장미수를 뿌렸더니 그제야 정신을 차리고 다시 왕자를 끌어안으며 기쁨의 눈물을 흘렸습니다.

샤무사 공주도 왕비가 온 것을 알고 찾아와 인사를 하자, 두 사람은 오래도록 부둥켜안고 있다가 이윽고 자리에 앉아서 이야기를 나누기 시작했습니다.

테그무스 왕은 성문을 열어젖히고 전 영토 구석구석까지 전령을 보내 무사히 국난을 면한 좋은 소식을 널리 알렸습니다. 이 소식을 들은 태수를 비롯하여 제후와 중신들도 모두 궁전으로 모여들어 테그무스 왕에게 승리의 기쁨을 얘기하고 왕자가 무사히 귀국한 것을 축하했습니다. 그들은 또 호사스러운 진상품과 진귀한 선물을 산더미처럼 쌓아 국왕에게 바쳤습니다.

한동안 이러한 알현과 진상품 전달이 계속된 다음, 테그무스 왕은 샤무사 공주를 위해 두 번째 혼례식을 전보다 더욱 성대하게 올리고, 온 도시를 장식하여 큰 잔치를 벌이라고 명령했습니다.

그리하여 베일을 벗겨 더없이 호화롭게 꾸민 신부가 얀샤 왕자 앞에서 선을 보였습니다. 신부 방으로 들어간 왕자는 아름다운 노예처녀 100명을 선물하여 공주 옆에서 시중을 들게 했습니다.

그러고서 며칠이 지나자 샤무사 공주는 테그무스 왕에게 가서 카피드의 목숨을 구하기 위해 이렇게 말했습니다.

"그자를 자기 나라로 돌려보내주십시오. 만약 앞으로 또다시 아버님께 위해를 가한다면 제가 마신에게 명령하여 그자를 도로 붙잡아 오게 하겠습니다."

테그무스 왕은 이 청을 받아들이기로 하고, 시므와르에게 죄수를 끌어내라고 분부했습니다.

포박당한 채 끌려나온 카피드 왕이 테그무스 왕 앞에 무릎을 꿇고 엎드렸습니다. 테그무스 왕은 사슬을 끊으라 명령하고 카피드를 절름발이 말에 태운 다음 이렇게 말했습니다.

"실은 샤무사 공주의 청으로 너를 풀어주는 것이니 이제 고향으로 돌아가거라. 그러나 두 번 다시 그런 간사한 꾀를 꾸미는 일이 있으면 공주가 마신을 시켜서 너를 다시 이리로 잡아 오게 할 것이다."

이리하여 카피드 왕은 초라한 모습으로 고국을 향해 떠났습니다.

―여기서 날이 샜으므로 샤라자드는 이야기를 그쳤다.

530번째 밤

샤라자드는 이야기를 계속했다.

오, 인자하신 임금님, 얀샤 왕자와 샤무사 공주는 이 세상의 모든 환락과 행복을 누리며 즐거운 나날을 보냈습니다.

무덤 사이에 앉은 젊은이는 이 긴 이야기를 마치자, 마지막으로 이렇게 덧붙였습니다.

"오, 부르키야 님, 실은 내가 바로 그 모든 일을 겪은 얀샤 왕자라오."

이 말을 듣고 무함마드(알라여, 이분 위에 축복과 가호를 내려주소서!)를 사모하여 세계 이곳저곳을 널리 돌아다니고 있던 부르키야는 얀샤에게 물었습니다.

"오, 형제여, 그런데 이 두 개의 무덤은 누구의 겁니까? 왜 그 사이에 앉아서 우는 겁니까?"

"들어 보시오, 부르키야 님. 우리 두 사람은 온갖 인생의 즐거움을 누리며 1년은 고향에서, 다음 해는 '보석의 성' 타크니에서 지내고 있었습니다. '보석의 성'에 갈 때는 마신이 맨 가마를 타고 하늘과 땅 사이를 날아가곤 했지요."

"얀샤 님, 당신의 나라에서 그 성은 얼마나 떨어져 있습니까?"

"우리는 걸어서 30개월이나 걸리는 거리를 단 하루에 날아갔는데, 그 성까지는 열흘이 걸린다오. 그렇게 오랜 세월을 지냈는데 어느 해에 '보석의 성'을 향해 가던 도중, 이 섬에서 쉬었다 가려고 가마에서 내려 강가에 앉아 식사하고 놀았습니다. 식사가 끝나자 공주는 목욕하고 싶다며 옷을 벗고 강물에 뛰어들었습니다. 시녀들도 같이 옷을 벗고 들어가서 한동안 헤엄치며 놀았습니다. 나는 노는 그들을 남겨 놓고 강변을 거닐었지요. 그런데 글쎄, 깊은 바다의 괴물인 커다란 상어가 나타나 시녀들은 놔두고 하필이면 공주의 발을 물었던 겁니다. 아내는 외마디 소리를 지르고는 그대로 죽어 버렸습니다. 시녀들은 상어를 피하기 위해 강에서 나와 천막으로 달아났다가 한참 뒤에 돌아가서 공주의 시체를 끌어올려 가마가 있는 곳으로 옮겼습니다. 나는 아내의 시체를 보자 정신을 잃고 쓰러지고 말았지요. 사람들이 얼굴에 장미수를 뿌려 간신히 정신이 돌아온 나는 아내의 시체에 매달려 하염없이 울

었습니다. 그러고 나서 마신들을 아내의 부모와 가족에게 보내 이 비극을 알렸습니다. 모두 급히 현장에 달려와 아내의 시체를 씻고 수의를 입힌 다음, 강가에 묻어주고 명복을 빌었습니다. 그들은 나를 함께 타크니로 데려가려 했지만 나는 샤란 왕에게 이렇게 부탁했습니다. '제가 죽으면 아내 옆에 묻힐 수 있도록 아내의 무덤 옆에 제 무덤을 파주십시오.' 그래서 왕은 마신 한 사람에게 내 무덤을 파게 한 다음 모두 고국으로 돌아갔습니다. 이렇게 하여 혼자 남은 나는 죽을 때까지 공주의 죽음을 슬퍼하고 있지요. 이것이 내가 두 무덤 사이에서 사는 이유입니다."

그리고 얀샤 왕자는 다음과 같은 시를 읊었습니다.[*49]

> 사랑하는 아내여, 그대 떠나가면
> 이 집도 이미 집이 아니네.
> 이웃 사람 하나 찾아오지 않고
> 다정한 옛 벗도 벗이 아니네.
> 아, 찬란하고 아름답던 빛도
> 그 빛을 잃었구나.

얀샤의 이야기를 다 듣고 난 부르키야는 너무도 신기하여······.

—여기서 날이 훤히 밝았으므로 샤라자드는 이야기를 그쳤다.

531번째 밤

샤라자드는 이야기를 계속했다.

오, 인자하신 임금님, 얀샤의 이야기를 들은 부르키야는 무척 놀라워하며 이렇게 소리쳤습니다.

"나도 제법 온 세계를 돌아다녔다고 자부했는데 당신의 모험담을 듣고 나니 내가 듣고 본 건 정말 아무것도 아니라는 생각이 드는군요."

부르키야는 잠시 입을 다물고 있다가 다시 말했습니다.

"얀샤 님, 제발 부탁이니 안전한 길을 가르쳐주지 않겠소?"

그리하여 얀샤에게서 안전한 길을 들은 부르키야는 작별인사를 하고 다시 길을 떠났습니다.

이무기의 여왕에게서 여기까지 이야기를 들은 하시브 카림 알 딘이 물었습니다.

"그런데 당신은 어떻게 그런 이야기를 알고 계시는 겁니까?"

"오, 하시브 님, 사실 지금부터 25년 전에 내 부하 가운데 제일 큰 뱀을 이집트에 보내 부르키야 앞으로 문안 편지를 전한 적이 있어요. 그때 그 뱀은 빈트 슈무프*50라는 나라에 자기 딸이 하나 있었으므로 좋아라고 떠났지요. 큰 뱀은 어찌어찌하여 부르키야를 찾아서 내 편지를 전했답니다. 부르키야는 그것을 읽고 내 사자인 뱀에게 말했습니다.

'당신은 이무기의 여왕한테서 왔군요. 사실 나도 볼일이 있어서 여왕을 찾아가려고 하던 참이오.'

'아, 그렇습니까? 그럼 같이 가십시다.'

그리하여 사자는 부르키야와 함께 먼저 자기 딸한테 가서 작별을 고한 뒤 젊은이에게 '눈을 꼭 감으시오' 하고 말했어요. 부르키야가 눈을 감았다가 다시 떠보니 어느새 내가 지금 앉아 있는 이 산꼭대기에 와 있었지요. 안내자가 부르키야를 큰 구렁이에게 데리고 가자 부르키야는 그 구렁이에게 인사를 했습니다. 그 큰 뱀이 안내자에게 물었어요.

'부르키야 님에게 편지를 드렸느냐?'

그러자 안내자가 대답했습니다.

'예, 전해 드렸습니다. 그 당사자가 저와 함께 이리로 와서 지금 이 자리에 서 계십니다.'

부르키야가 이무기의 여왕인 나에 대해 묻자 그 구렁이는 대답했습니다.

'여왕님은 겨울이면 언제나 부하들을 거느리고 카프 산에 가 계시다가 여름이 되면 다시 이쪽으로 돌아오십니다. 그쪽에 가 계실 때는 언제나 나를 대리로 임명하시지요. 여왕님께 무슨 볼일이 있으시다면 내가 처리해 드리겠습니다.'

'그렇다면 풀을 가져다주셨으면 합니다. 그 풀을 찧어서 즙을 내어 마시면 병에 걸리지 않고 머리도 세지 않으며 죽지도 않는다고 하더군요.'

'그건 안 됩니다. 먼저 당신이 이무기의 여왕 곁을 떠나 아판과 함께 솔로몬 왕의 무덤을 찾아가고서 어떤 일을 겪었는지 이야기해 주기 전에는.'

그래서 부르키야는 얀샤의 기구한 운명 이야기부터 자신의 여행담과 모험담을 얘기하고, 마지막으로 이렇게 덧붙였지요.

'제발 부탁이니 나를 고향으로 돌려보내주시오.'

그러자 구렁이가 말했습니다.

'솔로몬께 맹세코 나는 당신이 말하는 풀이 어디 있는지 모릅니다.'

그리고 부르키야를 데리고 온 뱀에게 다시 이집트로 데려다 드리라고 명령했어요.

사자는 구렁이의 지시에 따라 부르키야에게 눈을 감으라고 말했고, 부르키야는 눈을 감았다가 다시 떠보니 어느새 무카담*51 산꼭대기에 도착해 있었던 거지요."

"내가 카프 산에서 돌아오니(하고 여왕은 덧붙였습니다) 나의 대리인 부하는 부르키야가 찾아와서 나에게 안부를 전한 사실을 보고하고, 또 부르키야의 신상 이야기와 얀샤를 만난 이야기를 되풀이해 들려주었어요. 그래서 하시브 님, 부르키야의 모험담과 얀샤 이야기를 알게 된 거랍니다."

이 말을 듣고 하시브가 말했습니다.

"여왕님, 그렇다면 부르키야가 이집트로 돌아가고 나서 겪은 일도 이야기해 주십시오."

그래서 여왕은 다시 이야기를 시작했습니다.

―부르키야는 얀샤와 헤어져서 밤낮으로 쉬지 않고 여행을 계속하여 마침내 큰 바닷가에 이르렀습니다. 거기서 발에 마법 풀즙을 바르고 서둘러 바다 위를 걸어가다 보니 마치 에덴동산처럼 나무와 샘과 과일이 가득한 섬이 나타났습니다.

뭍에 올라가 돌아다니고 있노라니 잎이 돛만큼 큰 거대한 나무가 눈에 띄었습니다. 그 나무 밑에 식탁이 놓여 있는데 거기에는 온갖 음식이 차려져 있고, 나뭇가지 하나에는 신기한 커다란 새가 앉아 있었지요. 그 새의 몸은 진주와 에메랄드로 되어 있고, 발은 은, 부리는 붉은 홍옥수, 날개는 귀금속으로 되어 있었습니다. 그리고 더없이 높으신 알라를 열심히 찬양하고 무함마드(이분에게 축복과 평화가 함께하시기를!)를 칭송하는 노래를 부르고 있었습니다.

―여기서 날이 훤히 밝았으므로 샤라자드는 이야기를 그쳤다.

532번째 밤

샤라자드는 이야기를 계속했다.
오, 인자하신 임금님, 부르키야는 그 새를 보고 물었습니다.
"대관절 너는 무엇이냐?"
그러자 새가 입을 열고 말했습니다.
"나는 에덴동산에 살다가, 전능하신 알라께서 아담을 쫓아내셨을 때 아담을 따라온 새입니다. 알라께서는 그때 아담이 알몸을 가릴 수 있도록 에덴의 나뭇잎을 네 장 던지셨습니다. 한참 뒤 나뭇잎은 땅에 떨어졌는데 그중 한 잎은 벌레에게 먹히어 거기서 비단이 생겼습니다. 두 번째 잎은 영양에게 먹히어 사향이 되었습니다. 세 번째 잎은 꿀벌이 먹어 꿀이 되었지요. 네 번째는 인도에 떨어져서 온갖 향료가 생긴 것입니다.
나는 알라께서 내가 살 곳으로 이 섬을 주실 때까지 지구 위를 헤매다가 마침내 이곳에서 살게 되었는데, 금요일마다 밤부터 아침까지 성인과 신앙의 왕자(王子)들*52이 이곳에 와서 신앙 모임을 하고 전능하신 알라께서 마련해 주시는 이 식탁에서 식사한답니다. 식사가 끝나면 식탁은 다시 하늘 위로 치워지지만, 음식은 없어지지도 썩지도 않습니다."
부르키야는 그 음식을 배불리 먹고 위대한 조물주를 찬양했습니다.
한참 있으니 알 히즈르*53가 나타났습니다. (이분께 평화가 있으시기를!) 그의 모습을 보고 부르키야가 일어나서 인사를 하고 물러나려 하자 새가 말했습니다.
"부르키야 님, 알 히즈르 님 앞에 앉으세요."
부르키야가 앉자 알 히즈르가 말했습니다.
"당신은 누구시오? 당신에 대한 이야기를 들려주시오."
부르키야는 자기가 겪은 일을 처음부터 끝까지 이야기한 다음 물었습니다.

"장로님, 여기서 카이로까지는 얼마나 됩니까?"

"95년은 걸릴 거요."

이 말을 듣고 부르키야는 큰 소리로 울음을 터뜨리며 알 히즈르의 발아래 몸을 던져 그 발에 입을 맞췄습니다.

"제발 부탁이니 이 낯선 나라에서 저를 구원해 주십시오. 그러면 알라께서 반드시 보답을 내리실 겁니다. 저는 이제 죽은 거나 다름없는 몸, 어떻게 해야 좋을지 모르겠습니다."

"전능하신 알라께 기도를 드리고, 당신이 죽기 전에 내가 당신을 카이로에 데려다줘도 되는지 여쭤보시오."

부르키야는 눈물을 흘리며 알라 앞에 엎드렸습니다. 알라께서는 그 기도를 들으시고 영감을 통해 알 히즈르에게 부르키야를 고향에 데려다주라고 명령했습니다. 그러자 예언자가 말했습니다.

"알라께서 당신의 기도를 들어주셔서 당신의 소원을 이루어주라고 하셨소. 자, 두 손으로 나를 꼭 붙들고 눈을 감으시오."

부르키야 왕자가 들은 대로 하자, 알 히즈르는 딱 한 걸음을 내디뎠습니다.

"이제 눈을 뜨시오!"

부르키야가 눈을 떠보니 어느새 카이로에 있는 자기 궁전 앞에 서 있는 것이 아니겠습니까! 놀란 부르키야가 알 히즈르에게 인사를 하려고 돌아보니 알 히즈르는 이미 그림자도 보이지 않았습니다.

―여기서 밤이 샜으므로 샤라자드는 이야기를 그쳤다.

533번째 밤

샤라자드는 이야기를 계속했다.

오, 인자하신 임금님, 부르키야가 궁전으로 들어가자 어머니는 아들의 모습을 보고 너무나 기뻐서 외마디 소리를 지른 뒤 정신을 잃고 말았습니다. 사람들이 얼굴에 물을 뿌리자 이윽고 정신을 차린 어머니는 아들을 끌어안고 하염없이 눈물을 흘렸고, 부르키야도 함께 울다 웃기를 되풀이했습니다.

이윽고 친구들과 친척들이 한 사람도 빠짐없이 찾아와서 부르키야가 무사히 돌아온 일을 기뻐했습니다. 이 기쁜 소식이 온 나라 안에 퍼져 사방에서 선물을 보내오고, 백성들은 북을 울리고 피리를 불며 진심으로 기뻐했습니다. 부르키야는 사람들에게 자기가 겪은 이야기를 모두 들려준 다음, 알 히즈르가 어떻게 이 궁전 앞까지 자기를 데려다주었는지 얘기하자 모두 감동하여 눈물이 마르도록 울었습니다.

하시브는 여왕에게서 이 신기한 이야기를 듣고 나자 몹시 감동하여 눈물을 흘렸습니다. 그러고는 다시 한 번 자기를 가족에게 돌려보내 달라고 이무기의 여왕에게 부탁했습니다.

"하지만 하시브 님, 고향으로 돌아가면 아까 그 약속은 까맣게 잊어버리고 이내 목욕탕으로 가는 건 아니겠죠?"

하시브는 자신이 살아 있는 한 절대로 목욕탕에 들어가지 않겠다고 다시 한 번 굳게 맹세했습니다.

그러자 여왕은 큰 뱀을 한 마리 불러 하시브를 땅 위로 데려다주라고 명령했습니다. 뱀은 하시브를 등에 태워 이리저리 돌아다닌 끝에 이윽고 어느 인적 없는 둑으로 데려가서 그곳에 내려놓고 돌아갔습니다.

거기서 하시브는 도시까지 걸어가서 저녁나절이 되어서야 자기 집에 이르러 문을 두드렸습니다. 어머니는 문을 열고 아들의 모습을 보더니 큰 소리를 지르며 아들에게 몸을 던지고는 기쁨의 울음을 터뜨렸습니다. 아내도 시어머니가 크게 우는 소리를 듣고 나와서 남편을 보고는 인사를 하고 그 손에 입을 맞춘 다음 셋이서 함께 부둥켜안고 기뻐했습니다.

세 사람은 집 안으로 들어가서 그동안 쌓인 이야기를 나누었습니다. 하시브는 이윽고 자기를 지하실 속에 가두고 가버린 나무꾼들은 어떻게 되었는지 물었습니다.

"그 사람들이 집으로 와서 네가 골짜기에서 이리에게 잡아먹혔다고 하더구나. 그 뒤 그 나무꾼들은 상인이 되어 가게를 내고 집도 장만하고 떵떵거리며 아주 잘살고 있단다. 하지만 매일 잊지 않고 먹을 것과 마실 것을 가져다주더라. 오늘도 가져다주었다만."

"그럼, 내일 그 사람들에게 가서 이렇게 말하세요. 아들 하시브 카림 알 딘이 여행에서 돌아왔으니 아들을 만나러 와달라고요."

다음 날 아침 어머니가 나무꾼들의 집으로 가서 아들의 말을 전하자 모두 낯빛이 변해서 대답했습니다.

"알았습니다."

그리고 각자 금으로 수놓은 비단옷 한 벌씩을 어머니에게 주면서 말했습니다.

"이것을 아드님*54에게 가져다 드리고 내일 찾아가겠다고 전해 주십시오."

어머니는 집으로 돌아와서 아들에게 나무꾼들의 선물을 주며 그 말을 전했습니다.

한편 나무꾼들은 많은 상인을 불러모아 자신들과 하시브 사이에 있었던 일을 모두 얘기한 다음 어떻게 하면 좋을지 의논을 청했습니다.

그러자 상인들이 말했습니다.

"각자 가진 돈과 백인 노예를 절반씩 내놓는 게 좋을 것 같소."

나무꾼들도 이 말에 의견을 같이했습니다.

이튿날이 되자 그들은 각자 재산의 절반씩을 가지고 하시브의 집으로 가서 인사한 다음, 그의 손에 입을 맞추고 가져 온 것을 하시브 앞에 내놓았습니다.

"이것은 하늘이 당신에게 내리는 선물이오. 그리고 우리는 당신이 원하는 건 뭐든지 들어 드리겠소."

하시브는 그들이 내민 화해의 선물을 받아들이고 말했습니다.

"지난 일은 지난 일, 우리에게 일어난 일은 모두 알라께서 정하신 것이니 인간의 얕은 지혜로는 운명을 좌우할 수 없는 거지요."

그러자 그들이 권했습니다.

"그럼, 지금부터 거리를 산책하다가 목욕이나 하러 갑시다."

하시브가 대답했습니다.

"아니, 그건 안 됩니다. 나는 죽을 때까지 목욕탕에 가지 않기로 맹세했으니까요."

"그렇다면 우리 집에라도 갑시다. 대접을 할 테니."

하시브는 그들의 권유를 받아들여 나무꾼들의 집으로 갔습니다. 나무꾼들은 모두 7명이었으므로, 모두 이레 동안 그를 극진히 대접했습니다.

이렇게 하여 부자가 된 하시브는 집을 갖고 가게를 차려 상인들과도 교제하게 되었습니다. 하시브는 상인들에게도 자기가 겪은 일을 모두 이야기해 주었습니다. 그리하여 하시브는 상인들의 우두머리로 추대되었습니다.

이렇게 지내던 어느 날, 우연히 거리의 목욕탕 앞을 지나가게 되었습니다. 전부터 아는 사이인 목욕탕 주인이 마침 밖에 나와 서 있다가 하시브를 보자 반갑게 인사하고 포옹하면서 말했습니다.

"들어가서 목욕이나 하고 가시는 게 어떻겠소?"

하시브는 다시는 목욕탕에 들어가지 않겠다고 굳게 맹세했다며 사양했으나 주인은 한사코 권했습니다.

"목욕을 거절하시면 나는 세 마누라를 세 번 쫓아내 버리겠소."

하시브는 상대의 간곡한 청에 매우 난처해하며 대답했습니다.

"오, 형제여, 당신은 내 집을 파괴하고 내 자식을 고아로 만들며 또 내 목에 죄악의 무거운 짐을 지울 작정이오?"

그러자 주인은 하시브의 발아래 몸을 던지며 발에 입을 맞춘 다음 말했습니다.

"당신이 목욕을 해 준다면 나에게 더없는 영광이 될 것이오. 그 죄는 내가 대신해서 목에 지겠소."

그때 목욕탕의 하인들이 나와서 하시브를 억지로 안으로 끌어들여 옷을 벗기고 말았습니다. 그리하여 하시브가 벽을 등지고 앉아 머리에 물을 끼얹으려는 순간, 많은 사람이 우르르 목욕탕 안으로 들어와서 하시브에게 말했습니다.

"자, 그만 일어서시오! 같이 임금님께 갑시다. 임금님께서 볼일이 있으시다 하오."

그중 한 사람이 대신에게 가서 이 일을 알리자, 대신은 곧 말을 타고 60명의 백인 노예를 이끌고 목욕탕으로 달려왔습니다.

대신은 말에서 내려 하시브에게 다가왔습니다.

"모시러 왔습니다."

그리고 목욕탕 주인에게 금화 백 닢을 주고는 하시브를 말에 태워 가신들과 함께 왕궁으로 갔습니다.

왕궁에 도착하자 대신은 부하들에게 명하여 하시브를 말에서 정중히 내려준 다음 편히 앉게 한 뒤, 산해진미를 차려 냈습니다. 식사를 마치고 손을 씻자 대신은 은화 5천 닢이나 하는 예복을 두 벌 가지고 와서 하시브에게 입혔습니다.

"당신을 이렇게 우리에게 보내주신 건 알라의 자비 덕분입니다. 사실 임금님께서 현재 나병으로 돌아가시게 되었는데 책을 조사해 보았더니 당신의 손으로 고칠 수 있다고 되어 있더군요."

그러고는 많은 중신과 함께 어리둥절해 하는 하시브를 데리고 어전의 7개의 문을 지나 왕의 거실로 들어갔습니다.

이 왕의 이름은 카라즈단이라고 하는데 페르시아와 더불어 일곱 나라를 다스리며, 그 밑에 순금 의자에 앉은 백 명의 왕후와 10만 명의 용감한 대장들을 거느리고, 각각의 대장 밑에는 저마다 백 명의 부장, 칼과 도끼로 무장한 같은 수의 두령이 있었습니다.

하시브가 들어가 보니 왕은 침상에 누워서 천으로 얼굴을 가리고 고통에 신음하고 있었습니다. 그 모습을 본 하시브는 두려운 생각이 들어 멍하니 정신을 잃은 채 왕 앞에 엎드려 축복을 기원했습니다. 그러자 샤무르라는 대신이 일어나서 하시브를 맞아 왕의 오른쪽에 있는 높은 의자에 앉혔습니다.

—여기서 날이 훤히 새었으므로 샤라자드는 이야기를 그쳤다.

534번째 밤

샤라자드는 이야기를 계속했다.

오, 인자하신 임금님, 대신은 하시브를 앉히고서 하인들에게 식사준비를 명령했습니다. 식탁이 차려지자 다 함께 식사를 하고 손을 씻었습니다.

식사를 마친 샤무르는 일어나서(다른 사람들도 하시브에게 경의를 표하기 위해 모두 일어섰습니다) 하시브에게 다가가 말했습니다.

"우리는 모두 당신의 종입니다. 설령 이 왕국의 절반을 요구하시더라도 기꺼이 드릴 테니 부디 임금님의 병을 고쳐주십시오."

그러고는 하시브의 손을 잡고 임금님의 침상으로 데려갔습니다.

하시브가 왕의 얼굴을 가린 천을 벗겨 보니 이미 임종의 징조가 뚜렷했으므로 사람들이 아직도 왕의 완쾌에 희망을 거는 사실이 이상하게 생각되었습니다. 그러나 대신은 하시브의 손에 입을 맞추고 아까 그 청을 되풀이하더니 마지막으로 이렇게 말했습니다.

"당신에게 부탁하고 싶은 것은 오로지 임금님을 고쳐주십사 하는 것뿐입니다."

그래서 하시브는 대신에게 말했습니다.

"나는 알라의 예언자 다니엘의 자손이지만 예언자의 의술에 대해서는 아무것도 모릅니다. 의술을 가르치는 학교에 한 달 동안 다니기는 했어도 의술에 대해서는 아무것도 배우지 못했거든요. 의술을 조금이라도 알아서 임금님의 병을 고쳐 드릴 수 있으면 좋겠습니다만."

"아니, 그런 변명은 하실 필요가 없습니다. 동쪽 끝에서 서쪽 끝까지 의사란 의사는 죄다 불러 보았으나, 당신을 빼고는 아무도 임금님을 고쳐 드릴 수 있는 자가 없습니다."

"임금님의 병세도 치료법도 전혀 모르는 제가 어떻게 고쳐 드릴 수 있단 말입니까?"

"임금님의 목숨은 당신 손에 달렸습니다."

"내가 치료법을 안다면야 왜 고쳐 드리지 않겠습니까?"

"당신은 그 치료법을 잘 알고 계십니다. 이 병을 치료할 수 있는 자는 이무기의 여왕인데, 당신은 그 여왕과 함께 계셨으니 여왕이 사는 곳을 아실 것입니다."

이 말을 듣고 하시브는 이 모든 일의 발단은 자기가 목욕탕에 들어간 데에 있다는 사실을 깨닫고 후회하였으나, 이미 때는 늦었습니다.

"이무기의 여왕이라니요? 나는 그런 여왕을 모를 뿐만 아니라 그런 이름조차 생전 처음 듣습니다."

대신이 그 말을 가로막으며 말했습니다.

"여왕을 안다는 사실을 숨기실 필요는 없습니다. 당신이 여왕을 알고 있고 2년이나 함께 있었다는 증거까지 있으니까요."

"아닙니다, 나는 그런 여자를 만난 적이 없을 뿐만 아니라 얘기도 들은 적이 없습니다."

그러자 샤무르는 책을 한 권 꺼내 여기저기 뒤적이더니 이윽고 얼굴을 들고 읽기 시작했습니다.

"이무기의 여왕은 한 남자를 만나 2년 동안 함께 지낸다. 이윽고 남자는 여왕과 헤어져서 땅 위로 돌아오는데 그가 목욕탕에 들어가는 순간 배가 까맣게 변한다."

그런 다음 대신은 말했습니다.

"당신의 배를 한번 보시오."

하시브가 자기 배를 보니 정말 까맣게 변해 있지 않겠습니까? 그래도 하시브는 완강하게 거절했습니다.

"내 배는 날 때부터 검은 걸요."

"실은 목욕탕 입구에 백인 노예 세 명을 세워 놓고 들어오는 사람을 지켜보다가 배가 검은 자를 보는 대로 알리도록 명령해 두었는데, 당신이 들어오는 것을 보니 배가 검었으므로 곧 나에게 알려 온 거요.

이젠 당신을 만날 수 없을 거라고 단념하려던 찰나 다행히 당신을 만나게 된 겁니다. 우리가 원하는 건 다만 당신이 어디로 해서 땅 위로 나왔는지 그 장소를 가르쳐주는 것뿐이오. 그것만 가르쳐주면 당신을 돌려보내 드릴 것이오. 나에게는 이무기의 여왕을 잡아올 수 있는 부하들이 있으니까."

그러자 다른 대신들부터 태수와 중신들까지, 자신의 경솔한 행동을 진심으로 후회하는 하시브 주위에 모여들었습니다. 그들은 끈질기게 이무기의 여왕이 있는 곳을 가르쳐 달라고 졸랐습니다. 그러나 하시브는 계속 완강하게 버텼습니다.

"나는 그런 여왕은 본 적도 없고 들어 본 적도 없습니다."

그러자 대신은 마침내 형리를 불러서 하시브를 발가벗겨 때리라고 명령했습니다. 형리가 때리기 시작하자 하시브는 고통에 못 이겨 이를 악물면서 이제 마지막이라 여기고 체념했습니다.

"네가 이무기의 여왕이 있는 곳을 알고 있다는 증거가 있는데 왜 끝까지 잡아떼는 것이냐? 네가 나온 장소만 가르쳐주면 돌려보내주겠다고 하지 않느냐? 여왕을 잡아 올 자는 따로 있으니 너에게는 아무런 피해도 없을 것이다."

대신은 하시브를 안아 일으켜 보석으로 꾸민 비단예복을 주었습니다. 그리고 다시 정중한 말로 타이르니, 마침내 하시브도 굴복할 수밖에 없었습니다.
"그럼 그 장소를 가르쳐드리지요."
이 말을 들은 대신은 매우 기뻐하며 하시브를 앞세우고, 많은 부하와 함께 말을 타고 달려갔습니다.
이윽고 그 옛날 하시브가 꿀이 든 지하실을 발견했던 동굴에 이르자 그들은 말에서 내려 하시브의 뒤를 따라 들어갔습니다.
하시브는 한숨을 쉬고 눈물을 흘리며 동굴로 들어가서 자기가 빠져나온 우물을 가리켰습니다. 대신은 그 옆에 앉아 불 접시에 향료를 뿌리고 주문을 외기 시작했습니다.
대신은 뛰어난 마술사이자 점쟁이이고, 강신술에도 능하였으므로 먼저 세 가지 주문을 되풀이하면서 사이사이에 새로운 향을 불에 뿌리며 큰 소리로 외쳤습니다.
"이곳에 있는 이무기의 여왕이여, 이리 나오너라!"
그러자 신기하게도 우물의 물이 줄어들더니 한옆에 있는 커다란 문이 열리고, 천둥처럼 몹시 요란하게 울리는 소리가 들려왔습니다.
그 무시무시한 소리에 부하들은 우물이 무너지는 줄 알고 모두 기절하여 쓰러지고 말았습니다. 그뿐만 아니라 그중에는 공포 때문에 숨이 끊어진 자도 있었습니다.
이윽고 우물 안에서 코끼리만 한 구렁이가 눈과 입으로 벌겋게 단 숯불 같은 불을 내뿜으며 나타났습니다. 등에는 진주와 보석이 박힌 커다란 황금 쟁반이 얹혀 있고 그 쟁반에 구렁이가 한 마리 누워 있었는데, 그 몸에서 번쩍이는 빛이 나와 주위를 환하게 비췄습니다.
여왕의 얼굴은 아름답고 젊었으며 말솜씨도 매우 유창했습니다. 잠시 좌우를 둘러보던 이무기의 여왕은 하시브를 보더니 입을 열었습니다.
"당신이 나에게 한 약속, 그 굳은 맹세의 말은 어떻게 되었나요? 절대로 목욕탕에 들어가지 않겠다고 약속하지 않았어요? 하지만 운명을 거역할 수는 없는 법, 어떤 사람이고 자기 이마에 새겨진 규정을 피할 수는 없지요.
알라께서는 내 생명을 당신의 손에 맡기셨습니다. 내가 살해되어 카라즈단 왕의 병이 낫게 되는 일도 알라의 뜻인가 봐요."
여왕이 그렇게 말하면서 슬피 울자 하시브도 같이 눈물을 흘렸습니다.

그때 그 얄미운 샤무르 대신이 손을 뻗어 여왕을 잡으려 했습니다.

"그 손을 거두지 못할까, 저주받을 놈! 당장에 불을 뿜어 검은 잿더미로 만들어 버리기 전에!"

여왕은 그렇게 소리를 치고는 하시브를 큰 소리로 불렀습니다.

"내 옆으로 와 당신 손으로 나를 잡아서, 가지고 온 쟁반에 담은 뒤 머리에 이세요. 난 발단이 없는 영원*55으로부터 당신의 손에 죽기로 처음부터 정해져 있었으니, 이것은 당신에게도 피할 수 없는 운명이랍니다."

그래서 하시브가 여왕을 잡아서 접시에 담고 머리에 이자, 우물은 다시 원래의 상태로 돌아갔습니다.

그리하여 일행은 왕궁으로 돌아가게 되어 하시브는 쟁반을 그대로 머리에 이고 돌아갔습니다.

도중에 이무기의 여왕은 하시브의 귀에 대고 살며시 속삭였습니다.

"하시브 님, 내 충고를 잘 들으세요. 당신은 나와의 약속을 깨고 자신의 맹세를 헌신짝처럼 버려서 나쁜 짓을 했지만, 그것은 영겁의 옛날부터 정해져 있었던 일이랍니다."

"예."

하시브가 고개를 끄덕이자 여왕은 말을 계속했습니다.

"대신의 집으로 가면, 그 사람은 당신에게 내 목을 베고 몸뚱이를 세 토막 내라고 명령할 거예요. 그때 당신은 '죽이는 방법을 모릅니다'*56 하고 거절하세요. 그 사람이 자기 손으로 나를 죽이고 자신의 부정한 생각을 이루도록 내버려 두는 거예요. 그 사람이 내 목을 베고 몸통을 세 토막 냈을 때 사자가 나타나서 임금님이 부르신다고 할 겁니다. 그러면 대신은 왕에게 가기 전에 내 살을 놋쇠 솥에 넣어서 화로 위에 얹어 놓고 당신에게 이렇게 말할 거예요. '불이 꺼지지 않도록 주의해서 거품이 끓어오르면, 그 거품을 떠서 병 속에 담아 식혀라. 식거든 그것을 마시도록 하라. 그러면 네 몸은 병에 걸리지 않고 고통도 느끼지 않게 될 것이다. 두 번째 거품이 떠오르거든 다시 한 번 그것을 떠서 내가 돌아올 때까지 병에 담아 두어라. 내 허리병을 고치기 위해 내가 먹을 테니까.'

그리고 대신은 당신에게 병을 주고 임금님에게 갈 겁니다. 대신이 가거든 불을 지펴서 처음에 떠오르는 거품을 기다렸다가 그것을 병에 담아두고 그

병을 그대로 두세요. 그것은 먹으면 안 되니까 조심해야 해요. 그렇지 않으면 큰일이 날 테니까요. 두 번째 거품이 떠오르거든 그것을 떠서 다른 병에 넣어 두었다가 식으면 하시브 님이 마시세요. 대신이 돌아와서 두 번째 병을 달라고 하거든, 그 첫 번째 병을 내주고 어떻게 되는지 잘 지켜보세요."

―여기서 날이 훤히 밝았으므로 샤라자드는 이야기를 그쳤다.

535번째 밤

샤라자드는 이야기를 계속했다.
오, 인자하신 임금님, 여왕은 다시 말을 이었습니다.
"두 번째 거품을 마시면 당신의 마음에 지혜의 샘이 솟아날 거예요. 그런 뒤에 살점을 놋접시에 담아 임금님에게 가지고 가서 그 고기를 먹이세요. 그것이 임금님의 위 속에 들어가면 얼굴에 수건을 씌우고 정오까지 곁에 계세요. 그때까지는 고기도 소화가 될 테니까요.
다음에는 포도주를 약간 먹이세요. 그러면 전능하신 알라의 뜻으로 임금님의 병은 낫고 옛날처럼 건강한 몸으로 돌아갈 테니까요. 내가 지금 말한 것을 명심하고 부디 잊지 않도록 하세요."
모두가 길을 서둘러 대신의 집에 도착하자 대신은 하시브에게 말했습니다.
"같이 들어가자."
하시브는 안에 들어가고 부하들은 흩어져 저마다 자기 집으로 돌아갔습니다.
하시브가 머리에서 쟁반을 내리니 대신은 이무기의 여왕을 죽이라고 명령했습니다.
"저는 죽이는 방법을 모릅니다. 태어난 이래 지금까지 어떤 것도 죽여본 적이 없습니다. 이무기의 여왕 목을 베시려거든 손수 하십시오."
대신은 쟁반에서 여왕을 꺼내 죽이고 말았습니다.
그것을 보고 하시브가 슬피 울자 대신은 비웃으면서 말했습니다.
"소심한 놈이로다! 벌레 한 마리 죽인 걸 가지고 무얼 그리 운단 말이냐."

대신은 여왕의 몸을 세 토막 내어 놋쇠 솥에 넣고 불 위에 얹은 다음 앉아서 고기가 익기를 기다렸습니다.

이때 임금님이 보낸 노예가 와서 전했습니다.

"지금 곧 듭시라는 분부십니다."

"알았다."

대신은 하시브에게 병을 두 개 주면서 처음에 뜬 거품은 하시브가 마시고 두 번째 거품은 자기가 돌아올 때까지 두라고 명령했습니다. 대신은 몇 번이고 같은 지시를 되풀이하고서 나갔습니다.

하시브는 처음에 떠오른 거품을 떠서 병에 담아 옆에 두었습니다. 그리고 두 번째 거품이 떠오르자 그것을 다른 병에 담아 자기 몫으로 두었습니다.

고기가 익자 하시브는 솥을 불에서 내려놓고 대신이 돌아오기를 기다렸습니다.

이윽고 대신이 돌아와서 물었습니다.

"어떻게 됐나?"

"분부하신 대로 했습니다."

"첫 번째 병은 어떻게 했느냐?"

"방금 제가 마셨습니다."

"몸에 이상은 없느냐?"

"머리부터 발끝까지 불 위에 서 있는 듯한 기분입니다."

마음이 비뚤어진 대신은 사실을 숨기고 거기에 대해서는 아무 말도 하지 않고 그저 이렇게 말했습니다.

"두 번째 병을 다오. 그것을 먹어야겠다. 그걸 먹으면 아마 허리병도 낫겠지."

하시브가 첫 번째 병을 내주니 대신은 그것이 두 번째 거품이 든 병인 줄 알고 단숨에 들이켰습니다.

그런데 그것을 마시기가 무겁게 병은 손에서 미끄러지고 대신은 눈 깜짝할 사이에 몸이 퉁퉁 부어서 털썩 쓰러져 죽고 말았습니다. 이렇게 해서 대신은 '형제를 빠뜨리기 위해 구덩이를 파는 자는 자기가 먼저 그 속에 떨어진다'는 속담을 몸으로 보여준 셈입니다.

하시브는 그 모습을 보고 너무나 놀라서 자기 몫을 마시기가 무서워졌습니다. 그러나 이무기의 여왕이 한 말을 생각하고, 또 독이 들어 있다면 대신이 일부러 자기가 마시려고 떠놓게 했을 리가 없다고 생각했습니다.

"이렇게 된 이상 알라를 믿는 수밖에 없다."*57

하시브는 병에 든 것을 마셔버렸습니다. 그런데 그것을 마신 순간, 더없이 높으신 알라는 하시브의 마음에 지혜의 샘을 솟아나게 하여 온갖 지식의 샘을 열어주셨습니다. 하시브의 가슴에 말할 수 없는 기쁨이 솟아났습니다.

하시브는 곧 솥 안에서 구렁이의 살을 꺼내 놋쟁반에 담아 대신의 집을 나섰습니다.

궁전으로 가는 도중에 눈을 들어 바라보니 일곱 천국과 그 속에 있는 온갖 것들, 그리고 거기서 더는 나아갈 수 없다는 대추나무*58까지 눈에 보이고, 천체가 움직이는 광경도 생생하게 보였습니다. 게다가 알라는 행성의 배열, 행성과 항성의 운행 모습까지 똑똑하게 보여주었습니다. 또 하시브는 육지와 바다의 윤곽을 본 덕분에 기하학과 점성술, 천문학, 수학, 그 밖에 그와 관계있는 모든 학문도 깨우치고, 일식과 월식의 인과관계까지 깨달았습니다.

다음에는 대지에 주목하여, 땅속과 땅 위에 있는 모든 광물과 식물을 바라보고 그 특성과 효능까지 배웠으므로, 순식간에 의학, 화학, 마술 및 금과 은을 만드는 비결까지 터득하고 말았습니다.

하시브는 고기를 들고 궁전으로 가서 카라즈단 왕의 거실로 들어가, 그 앞에 엎드렸습니다.

"임금님께서 샤무르 대신보다 장수하시기를."

왕은 대신이 죽었다는 소식을 듣고 몹시 애통해하며 눈물을 흘렸습니다. 태수와 중신, 가신들도 대신의 죽음을 애도하며 슬퍼했습니다.

"그는 조금 전까지도 아무런 이상 없이 건강하게 내 곁에 있었다. 이무기 여왕의 고기가 익었으면 가져 오겠다고 방금 나갔는데 별안간 죽다니, 대체 어찌 된 일이냐? 무슨 일이 있었느냐?"

하시브는 대신이 병에 든 거품을 마시고 몸이 통통 부어 죽은 경위를 아뢰었습니다. 임금님은 대신의 죽음을 매우 슬퍼하며 하시브에게 말했습니다.

"샤무르가 없으니 나는 이제 어찌해야 좋을꼬?"

"오, 현세의 임금님, 슬퍼하지 마십시오. 제가 사흘 안에 임금님의 병을 치료하여 흔적도 없이 낫도록 해 드리겠습니다."

이 말을 듣고 왕은 마음을 놓으며 말했습니다.

"몇 년이 걸려도 좋으니 제발 이 고통을 제거해다오."

하시브는 왕 앞에 이무기 여왕의 고기를 담은 쟁반을 내려놓고 한 조각을 먹였습니다. 그리고 왕의 얼굴을 수건으로 덮어 편히 잠들게 한 다음 그 옆에 앉아 있었습니다.

왕은 저녁때까지 푹 잤는데 그 사이에 고기도 다 소화되었습니다. 왕이 이윽고 눈을 뜨자 하시브는 포도주를 조금 먹이고 다시 잠자게 하니, 왕은 그대로 아침까지 깊이 잠들었습니다.

아침이 되자 하시브는 또 고기 한 점을 먹이고 같은 치료를 되풀이했습니다.

이렇게 사흘 동안 치료를 계속하여 왕이 고기를 다 먹고 나자, 피부가 마르면서 껍질이 떨어지기 시작하더니 머리에서 발끝까지 땀이 줄줄 흘렀습니다. 그러는 동안 차츰 건강이 회복되어 그 무서운 병이 흔적도 없이 나았습니다. 하시브는 그것을 보고 왕에게 말했습니다.

"이제 목욕을 하십시오."

하시브는 왕을 목욕탕으로 데리고 가서 몸을 깨끗이 씻겨주었습니다.

목욕탕에서 나온 왕은 마치 은 막대기처럼 원래의 건강한 몸으로 돌아가 있었습니다. 아니, 오히려 병에 걸리기 전보다 더 건강해져 있었습니다.

왕은 제일 좋은 옷을 입고 옥좌에 앉고서 하시브를 불러 자기 옆에 앉혔습니다. 그리고 식탁을 준비시켜 둘이서 사이좋게 식사를 하고 손을 씻었습니다. 그것이 끝나자 이번에는 술상을 내오게 하여 둘이서 마음껏 술을 마셨습니다.

이 소식을 들은 영내의 대신을 비롯하여 태수와 고관대작들, 그리고 명사들까지 모두 왕을 알현하고 회복을 축하했습니다. 또 백성들은 경사를 축하하기 위해 북을 울리고 도시를 아름답게 꾸몄습니다. 이윽고 왕은 모여든 신하들에게 말했습니다.

"오, 대신, 태수, 여러 중신이여, 여기 있는 이 사람이 내 병을 고쳐준 은인 하시브 카림 알 딘이오. 모두 잘 들으시오. 나는 샤무르 대신의 후임으로 오늘부터 이 사람을 재상에 임명하겠소."

―여기서 날이 훤히 밝았으므로 샤라자드는 이야기를 그쳤다.

536번째 밤

샤라자드는 이야기를 계속했다.

오, 인자하신 임금님, 왕은 다시 말을 이었습니다.

"하시브 카림 알 딘을 사랑하는 자는 나를 사랑하는 자이고, 이 사람을 공경하는 자는 나를 공경하는 자이며, 이 사람을 따르는 자는 곧 나를 따르는 자이오."

"알았사옵니다."

모두 그렇게 대답하고 일어나 하시브에게 다가가서 그 손에 입을 맞추고 인사를 하며 재상에 임명된 일을 축하했습니다.

이어서 왕은 하시브에게 진주와 보석이 박힌 호사스러운 비단옷을 내렸는데, 그것은 아무리 적게 잡아도 금화 5만 닢의 가치가 있는 것이었습니다.

그 밖에 백인 노예 3백 명과 달처럼 아름다운 측실 3백 명, 아비시니아[*59] 노예계집 3백 명을 내려주고, 금은보화를 실은 5백 필의 나귀와 양, 소, 물소, 암소 그 밖의 헤아릴 수 없이 많은 가축도 주었습니다.

그리고 대신을 비롯하여 태수, 중신, 명사, 백인 노예, 일반 신하들까지 모두 하시브에게 선물을 가져오라고 명령했습니다.

이윽고 하시브는 대신과 태수, 중신, 그리고 전 군사를 거느리고 말을 타고 나가, 왕이 특별히 하사하신 저택으로 갔습니다.

대신과 태수들은 앞다투어 그에게 다가와서 손에 입을 맞추고 공손하게 충성을 맹세하며 출세를 축하했습니다.

어머니와 가족들도 이 소식을 듣고 무척 기뻐하며 아들의 행운을 축하했고, 그 옛날의 동료였던 나무꾼들도 찾아와서 기쁨의 말을 전했습니다.

이어서 하시브는 말을 타고 죽은 샤무르 대신의 집으로 가서 집 안에 있는 물건들을 모두 몰수하여 자기 집으로 옮겼습니다.

이렇게 하여 그때까지 글자 한 자도 모를 정도로 무식했던 하시브는 전능하신 알라의 뜻으로 온갖 학문에 통달하고 모든 종류의 지식을 터득하여, 그 명성이 방방곡곡까지 전해졌고, 의학은 물론이고 기하학, 점성학, 연금술, 요술, 경전해석, 강신술, 그 밖의 모든 학예 전반에 걸쳐 조예가 깊은 대학자로서 모든 사람의 숭상을 받게 되었습니다.

어느 날 하시브는 어머니에게 말했습니다.

"아버님은 매우 총명하고 학문에 뛰어난 분이셨으니 아마 여러 가지 책을 써 남기셨을 테지요. 어떤 것이 있는지 가르쳐주십시오."

그러자 어머니는 커다란 상자를 가지고 와서 간직해 둔 책을 잃어버렸을 때 가까스로 남은 책 다섯 권을 꺼내주었습니다.

"네 아버님이 남기신 건 이 책 다섯 권뿐이란다."

그것을 읽고 하시브는 물었습니다.

"어머니, 이것은 책의 일부분입니다. 나머지는 어디에 있습니까?"

"아버님은 책을 모두 가지고 항해를 떠나셨다가 배가 난파하는 바람에 책을 모두 잃어버리고 오직 이 두루마리로 된 책 다섯 권만 남았단다. 아버님은 다행히 전능하신 알라 덕택으로 무사히 살아서 돌아오셨는데, 그때 내가 너를 잉태한 사실을 아시고 이렇게 말씀하셨단다. '아마 사내아이가 태어날 것이니, 이 책 다섯 권을 잘 간직해 두었다가 아들이 장성해서 아버지의 유품을 찾으면 이것을 주고 아버지의 유산은 이것뿐이라고 말해 주구려.' 이게 바로 그 유산이다."

그리하여 당대에 제일가는 대학자가 된 하시브는 인생의 환락을 파괴하고 사람들의 교제를 끊어버리는 죽음이 찾아올 때까지, 이 세상의 온갖 쾌락과 위안을 마음껏 누리며 살았습니다.

하지만, 인자하신 임금님, 다음 이야기는 이 부르키야와 얀샤의 이야기보다 훨씬 더 재미있답니다.

〈주〉

*1 여러 가지 삽화가 들어 있는 53번째 밤에 걸친 이 긴 이야기를 레인은 완전히 생략했다(제2권). 그 이유는 '지극히 터무니없는 이야기로 되어 있기' 때문이다. 그러나 오히려 독자들이 스스로 판단할 수 있게 해야 한다고 생각한다.

*2 하시브 카림 알 딘(Hasib Karim al-Din)은 트레뷔티앙 등의, 폰 함머(고본에 따른 사람들 번역본에서는 자마스프(Jamasp, 고대 페르시아 왕 구시타스프(Gushtasp)의 형제이자 재상)라 불리고 있다. 〔폰 함머는 Joseph von Hammer를 가리키며, 오스트리아의 위대한 동양학자. 이른바 폰 함머 고본 MS를 입수하여 E. 친젤링(Zinserling)에게 독일어로 번역하게 했다(1823년, 전 3권). G.S. 트레뷔티앙(Trébutien)은 이 친젤링의 독일어 번역본을 프랑스어로 완역하고(1828년), 마찬가지로 조지 람(George Lamb)은

영어로 번역했다(1826년).〕
* 3 동양에서의 수유기간은 2년 반이 보통이며, 이것은 샤라(Shara), 즉 예언자의 계율에 의해 제정된 원칙으로 생각되고 있다. 그러나 보통 세 살, 때로는 네 살 된 아이조차 어머니 젖을 무는 모습을 자주 볼 수 있다. 이 기간에 어머니는 남편과 잠자리를 같이 하지 않는다. 또 임신과 함께 별거가 시작된다. 이것은 '하등동물'의 습관일 뿐만 아니라, 이집트인(히브리인은 그들한테서 이 습관을 배웠다), 아시리아인, 중국인 등 모든 고대인의 관습이었다. 나는 졸저 《성인(聖人)의 도시 City of the Saints》에서 임신과 관련하여 이 관습에 대해 논한 바가 있다. 모르몬교도도 이 순결의 규율을 준수해야 한다고 주장하고 있다.
* 4 힌두교 연구가라면 나가국(Naga-land)에서 대지의 보물을 수호하는 나가의 왕들과 왕비를 연상할 것이다. 문학에 처음으로 뱀이 등장한 것은 이집트 상형문자에서이며, 뱀은 f와 t의 문자를 형성하며, 코브라 디 카펠로(Cobra di Capello)〔포르투갈어로 두건을 쓴 코브라라는 뜻〕의 형태로 한정사(限定詞) 역할을 한다.
* 5 상대인 젊은이에게 위해를 가하지 않겠다는 표시로서.
* 6 아히르 알 자만(Akhir al-Zaman) 노인이 과거를 매우 칭찬하듯이, 예언자들은 자신을 최후의 사람이라고 주장하고 싶어한다. 초기의 그리스도교도들은 세계의 종말이 가깝다는 광기 어린 예언을 하여, 질서와 법을 사랑하는 로마인들 사이에 큰 소동을 불러일으켰다. 결과적으로 언젠가는 죽음을 맞는 저마다의 인간에게는 사실이지만, 세계는 무한한 세월에 걸쳐 존속해 왔고, 앞으로도 무한한 세월에 걸쳐 존속하지 않을 거라고 주장할 수 있는 근거는 되지 않는다.
* 7 자주 인용되는 라우 라 카(Lau la-ka)〔'만약 그가 없었다면'이라는 뜻〕의 문구를 미리 간접적으로 표현해 주고 있다. "그대가 없었다면(오, 무함마드여) 나(알라)는 천체를 만들지 않았을 것이다"라는 문구는 "아브라함이 나기 전부터 나는 존재하노라"(요한복음 제8장 58절)나, 조로아스터교의 '문(門)' 제91장 "오, 자르두쉬트여, 그대를 위해 나는 세계를 만들었다"(《다비스탄》 제1권)에 의해 암시된 것인지도 모른다. 그 생각은 내 박학한 친구 알로이스 슈프렝거(Aloys Sprenger) 교수가 상상한 것처럼, '시아파적(的)'인 것은 결코 아니다. 그의 《무함마드》에도 어떤 일파에 속하는 시인의 다음과 같은 문구가 발췌되어 있다. "그대를 위해 우리는 대지를 펼치고 물을 흘려보내고, 하늘에 둥근 천장을 쳤다."〔슈프렝거는 티롤 출신의 동양학자. 베른에서 동양학 교수로 있음. 주요 저서로는 위의 《무함마드의 생애와 가르침 Leben und Lehre des Muhammed》, 1813~93년.〕

또 박학하고 노련한 동양학자 알프래드 폰 크래머 남작(Baron Alfred von Kremer)이 나에게 돌이켜 생각해내게 한 것처럼 '시아파'는 항상 이런 종류의 신성화에 대한 결정적인 경향을 보여주고 있으며, 지금까지 알리와 이맘들을 신격화 또는 반쯤 신격화했다. 그러나 이 상투적인 문구는 알 부시리(Al-Busiri)의 매우 정통적인 시 속에서 최초로 발견되었다.

'그가 없었다면(라우 라 카) 세계는 무(無)에서 태어나지 않았을 것이다.'

여기서 널리 세상에 퍼진 것이다. 가르생 드 타시(Garcin de Tassy) 씨[프랑스의 동양학자. 1794~1878.]가 쓴 《캄루프의 모험 Les Aventures de Kamrup》과 《탁발승의 소행 Les Œuvres de Wali》, 그리고 《다비스탄》(제1권)에서도 찾아볼 수 있다.

*8 하얀 마술(white magic)은 아라비아어로 시미야(Simiya)라고 하며, 페르시아어에서 나왔다. 명백하게 키미야(Kimiya=연금술(alchemy))를 모방한 말. 그리고 힌두교의 '인드라잘(Indrajal)과 거의 마찬가지로 매혹, 작은 기적, 하얀 마술 등에 사용되었다. 연금술에 대한 일반적인 용어는 일름 알 카프(Ilm al-Kaf, 카프 즉 'K의 학문')인데, 이것은 공공연하게 연금술을 운운하는 것이 위험했기 때문이다.

*9 암흑의 해원(Main of Murks)은 Mare Tenebrarum[라틴어]=암흑의 바다이다. 보통 '안개가 짙게 낀 쓸쓸한 대서양'에 사용된다.

*10 이슬람교도 중에는 솔로몬과 다윗이 예루살렘에 매장되었다고 생각하는 자가 있고, 또 그중에는 티베리아스 호[팔레스타인에 있다]에 묻혀 있다는 사람도 있다. 알 타바리(Al-Tabari)의 역사서에 의하면(뒬뢱스(Duleux)가 편집한 《타바리의 연대기 Chronique de Tabari》)[타바리는 페르시아 출신으로, 아랍어로 귀중한 이슬람교 연대기를 저술했다. 839~923년], 무함마드는 이렇게 말했다고 한다. "마신들은 솔로몬의 유해를 '대해'의 한 지맥에 에워싸인 어떤 외딴섬의 바위에 새겨진 궁전으로 옮겨, 손가락에 반지를 낀 채로 옥좌에 앉힌 뒤, 12명의 마신에게 수호를 맡겼다." 그리고 "단 두 사람을 제외하고, 즉 부르키야를 동반한 아판을 제외하고는 그 누구도 그 무덤을 본 적이 없다. 두 사람은 온갖 어려움을 무릅쓰고 현장에 도착했다. 그러나 아판이 반지를 가지고 달아나려 한 순간 벼락이 쳐서 불에 타죽고, 부르키야는 그대로 돌아갔다."

*11 《코란》 제38장 34절. 또는 '아낌없이 주는 자이다.'

*12 즉, 천사장 이스라필(Israfil)이 분 마지막 나팔. 이것은 그리스도교도에게서 빌려온 생각이다.

*13 이것은 열매가 신선하고, 게다가 대추야자 또는 타마린드처럼 건조한 것을 의미하는 건지도 모른다. 그렇지 않으면 포도와 석류처럼 껍질이 부드러운 것과 단단한 것을 가리키는 것일까?

*14 연금약액(Elixir)은 아랍어의 알 이크시르(Al-Iksir)로, 문자 그대로는 에센스, 실체라는 뜻. 또 철학자의 돌이기도 하다. [철학자의 돌은 비금속을 황금으로 바꾸는 힘을 가진 황금석을 가리킨다.]

*15 사푸르는 솔로몬이 티베리아스 호수 속에 가둔 마신의 이름. [이 책 '어부와 마신 이야

기' 주석 5 참조.〕

*16 일반적으로는 자한눔(Jahannum)이라고 발음된다. 두 번째 지옥은 보통 그리스도교도에게 할당되어 있다. 7개의 천국(행성의 궤도)이 존재하고 있으므로, 이슬람교도가 좋아하는 균형감각을 만족하게 하기 위해서는 같은 수의 대지와 그 밑의 지옥이 없으면 안 된다. 이집트인은 이러한 기분 나쁜 집을 발명했고, 페르시아인의 놀라운 상상력은 그것을 시가(詩歌)로까지 발전시켰다.

*17 고그(Gog)와 마고그(Magog)는 아랍어의 야주지(Yajuj)와 마주지(Majuj)로, 대략 기원전 8백 년 무렵의 소아시아의 인종학을 설명한 창세기 제10장 2절에 처음으로 그 이름이 등장한다. 〔"야벳의 아들은 고메르와 마고그와 마대와 야완과 두발과 메세크와 티라스요, 고메르의 아들은……."〕

고메르는 김리(Gimri) 또는 시메리아인(Cymmerians)〔흑해와 아조프해 북쪽에 살았던 고대 종족〕, 마고그는 메디아 주민(Medes)의 한 분파인 원래의 마기족(Magi), 야완(Javan)은 이오니아의 그리스인, 메세크(Meshesh)는 모스키인(Moschi), 티라스(Tiras)는 투루샤인(Turusha) 또는 원시 시메리아인이다. 그 뒤의 시대에 마고그는 스키트인(Scythians)에게 사용되었으며, 근대의 이슬람교도는 《코란》(제18장과 제21장)을 토대로 야주지와 마주지가 러시아인이라는 결론을 내리고, 모스크바 강의 이름에서 모스카(Moska) 또는 모스코프(Moskoff)라 불렀다.

*18 《코란》(제7장)의 비속한 설명으로, 이것은 바르나바의 복음서(Gospel of Barnabas)에서 빌려온 것인 듯하다. 〔바르나바에 대해서는 사도행전 제4장 36, 37절 참조.〕 따라서 아담은 일종의 신인(神人)이 되어 있다.

*19 이러한 터무니없는 전설은 아담의 영혼의 아내 릴리스(Lilith)에서 비롯된 랍비풍〔유대교의〕 전설의 희화화에 불과하다. 자연과 그 일부분인 피시스(Physis)와 안티피시스(Antiphysis)는 민간전승에 튼튼한 기반을 제공하고 있다. 인두교도들에게는 브라마(Brahma, 창조자)와 비스와카르마(Viswakarma, 반창조자)가 있는데, 전자는 말과 소를 만들고, 후자는 그러한 것들을 나귀와 물소 등으로 희화화한다.

*20 서판이란 라우 알 마흐즈(Lauh al-Mahtuz), 즉 보존된 서판(Preserved Tablet). 〔영원한 옛날부터 각자의 모든 행위가 적혀 있는 것으로, 이것을 바탕으로 이슬람교의 숙명설 또는 예정설이 태어났다. 상세한 것은 파머 역 《코란》 서문과 레인 역 《신역 천일야화》 제1권에 자세히 나와 있다.〕 여기에 알라의 모든 규정과 선(백) 악(흑)의 인류의 행위가 적혀 있다. 이것은 《코란》(제6장 59절)의 이른바 '명석한 문서'이다. 〔로드웰은 'distinct writing'이라고 번역하고 주를 달았다.〕 이 생각도 역시 배화교적이다.

*21 여기서도 역시 페르시아어의 가우 이 자민(Gaw-i-Zamin)='대지의 수소'. 골드스미스의 소설 《웨이크필드의 목사 The Vicar of Wakefield》에서 볼 수 있는 '우주창조

설'.
*22 즉, 호수나 하천.
*23 얀샤(Janshah)라는 이름은 '생명의 왕'이라는 뜻으로, 페르시아어. 다음의 테그무스(Teghmus)의 테그(Tegh) 또는 티그(Tigh)는 '야만의 칼'을 의미하며, 바르완(Bahrwan)은, 생각건대 알렉산드로스 대왕의 페르시아 이름 비룬(Bihrun)을 잘못 쓴 듯하다.
*24 아랍어의 물라카트(Mulakat), 즉 손님을 맞이하는 일. 앞에서도 말한 것처럼, 이것은 동양적인 예의의 중요한 부분이다. 알현실, 방, 가옥 또는 도시로부터의 거리는 상대방의 지위와 신분에 따라 달라진다.
*25 휘파람은 아랍어로 시프르(Sifr)라고 하며, 바다위족은 악마의 언어로 생각했다. 뛰어난 탐험가 부르크하르트는 이 악습 때문에 오명을 쓴 적이 있다. [존 루이스 부르크하르트는 스위스의 탐험가.]
*26 아랍인은 시크(Shikk, 분열한 사람)라 부르고, 페르시아인은 님차라(Nimchahrah, 반쪽의 얼굴) 즉, 둘로 나뉜 인간의 모습을 한 일종의 악마로 부르고 있다. 이 소름 끼치는 불쾌한 괴물은 놀라운 속도로 달리는 데다 매우 잔인하고 위험하다. 유명한 예언자 시크와 사티(Satih)에 대해서는 체너리가 번역한 《알 하리리의 집회》에 나와 있다.
*27 개미의 계곡(Wady of Emmets)은 아랍어로 와디 알 나믈(Wady al-Naml)이며, 《코란》의 와디(제27장)를 연상시킨다. 어떤 사람은 그것이 시리아에, 다른 사람은 타이프(Taif)에 있다고 주장하고 있다.
*28 이것은 안식일을 지키는 강(River Sabbation)에 관한 매우 오래된 전설로, 플리니우스(xxxi. 18)는 '안식일(토요일)마다 물이 마른다'고 전했고, 유대의 역사가 요세푸스는 안식일에만 물이 흘러 안식일의 규정을 어긴다고 말했다.
*29 그들은 안식일을 지키는 중인 것이다. 티베리아스와 사페트(Safet)[모두 팔레스타인의 도시]에 있는 이스라엘인 친구들의 집에 머물렀을 때, 나는 토요일이 끝날 때까지, (아침의 인사가 끝나면) 그들에게 한마디도 말을 하지 않았다.
*30 루비는 아랍어로 랄(La'al)과 야쿠트(Yakut)라고 하며, 뒤의 이름은 석류석이나 온갖 종류의 2급품 보석에도 사용된다. 이슬람교도는 루비가 그야말로 태양에 의해 '만들어진' 일반 광석이며, 등산가도 가까이 다가갈 수 없는 산악의 꼭대기에서만 생산되는 것으로 생각하고 있었다. 이 통념은 바다흐샨(Badakhshan)국(루비의 원산지로 상상되고 있다)과 그 험준한 산길, 톱니 같은 산꼭대기, 무시무시한 계곡 등에 대한 과장된 전설에서 나온 것 같으며, 따라서 스페인어의 전와어(轉訛語) 발라헤(Balaxe)[Balaje라고도 쓰며, 아주 짙은 다홍색의 루비를 가리킨다]를 통해, 영어의 발라스 루비(balasruby)[보통 홍보옥으로 번역되고 있는 듯하다]가 되었다. [또한 프랑스어에서

도 rubis balais라고 한다.] 서기 403년에 죽은 키프로스 섬 살라미스의 주교 에피파니우스(Epiphanius)는 한 논고(《12보석에 대하여 De duodecim gemmis rationalis summi sacerdotis Hebraeorum Liber》, opera Fogginii. 1743년, 로마, 30페이지)에서, 스키티아(Scythia)에서 풍신자석(히아신스)의 발견법에 대해 똑같은 기술을 했다. "대(大) 스키티아 오지의 황량한 토지에는 암석이 많은 산이 마치 벽처럼 에워싸고 있는 계곡이 있다. 인간이 접근하기 어려운 곳으로, 무척 깊어서 계곡의 바닥은 주위의 산꼭대기에서도 보이지 않는다. 그 암흑은 마치 일종의 혼돈 양상을 띠고 있다. 그곳에 어떤 죄인들이 흘러들어와 죽인 새끼 양을 그 계곡에 던져넣는 것을 생업으로 삼고 있다. 던져진 새끼 양은 미리 가죽을 벗긴 것이어서, 그 살점에 작은 돌들이 달라붙는다. 그러면 산꼭대기에 서식하는 독수리들이 고기 냄새를 맡고 날아내려 와서, 작은 돌들이 붙어 있는 새끼 산양을 채 간다. 그때 그곳에서 유형생활을 하는 죄수들은 독수리가 고기를 다 먹기를 기다렸다가 달려가 그 돌을 차지하는 것이다."

이 글을 쓴 에피파니우스〔팔레스타인 출신으로 이집트인 수도사에게 교육을 받았다. 그리스 교회의 장로. 주요 저서 《파나리온 Panarion》이 있다. 310?~403년〕는 수많은 종교적 저술가들의 존경을 받고 있다. 성 제롬은 지금 여기에 인용한 논고를 평하여 "Egiegium volumen, quod si legere volueris, plenissimam scientiam consequeris ('뛰어난 책, 이것을 읽으면 훌륭한 지식을 얻을 수 있다'는 뜻)"라고 했다. 또 실제로 이 이야기가 에피파니우스의 기술에서 처음으로 아랍어로 번역되었다는 것도 결코 있을 수 없는 일은 아니리라.

같은 기술은 마르코 폴로(Marco Polo)와 니콜로 데 콘티(Nicolo de Conti)에게서도 볼 수 있는데, 이를테면 일찍이 그들이 들은 적 있는 관행이 인도에서 이루어지고 있었던 것 등이 언급되어 있다. 콘티가 추정한 산의 위치는 비야나가르(Vijanagar)의 북쪽으로 보름 걸리는 곳에 있으며, 골콘다(Golconda)〔인도의 하이데라바드에 있다〕를 가리키는 것이 거의 확실하다. 그는 이 산을 아르베니가라스라 부르며 뱀이 우글거리고 있다고 했다. 〔콘티는 이탈리아 여행가, 1444년 무렵에 활약.〕

마르코 폴로도 뱀에 대해 언급하며, 신드바드의 루프 새가 먹이로 하는 뱀이 베네치아인의 독수리에 잡아먹히는 한, 그의 기술은 신드바드〔이야기〕의 그것과 합치하며, 한편 콘티의 기술에 의하면, 독수리는 고기를 가지고 뱀이 없는 안전한 장소로 날아간다고 한다. (R.H. 메이저(Major) 저서 《15세기 인도 India in the Fifteenth Century》, etc. 런던, 1857년, 하클루이트 협회(Hakluyt Soc.) 발행, 서문 42페이지) 〔위의 번역문 중 '베네치아인의 독수리'라고 하는 것은 마르코 폴로가 베네치아 출신이기 때문이다. 그 여행기는 유명하며, 1824년 헨리 율이 편찬한 것이 마르코 본인의 구술에 가장 근접한 것으로 알려졌다. 메이저는 미상. 하클루이트 협회는 영국의 지리학자 하클루이트—1616년 사망—를 기념하여, 지리, 여행기, 역사 등의 고서진본

*31 승리의 장로. 나스르(Nasr)는 이슬람교도들이 매우 좋아하는 이름이다.
*32 이것은 유럽이 최근에 지겨울 정도로 들어온 '백조 처녀(스완 메이든)' 이야기이다. 〔참고로 스완 메이든 전설은 날개옷 전설이라고도 하며, 《아라비안나이트》에서는 779번째 밤 이후의 '바소라의 하산'이 그 전형이다. 버턴도 보충주석을 더했으므로 참고하기 바란다. 이 전설은 물론 우리나라에도 상당히 있고 세계 각지에도 널리 퍼져 있는데, 어느 것이 그 원조인지는 확실하지 않다.〕 우리는 이 전설을 설명할 때 매우 극단적으로 치닫기 쉬운 것 같다. 잘 자란 처녀는 많은 점에서 백조와 매우 흡사하므로, 이내 이러한 관념이 머릿속에 떠오르는 것이다. 또, 그것은 영혼선재(靈魂先在)에 대한 고대 이집트인의(그리고 플라톤적인) 신앙과 영혼의 윤회는 말할 것도 없고, 생전에 지은 죄에 관한 유대구교(舊敎)적이고 불교적 교의에 의해 지지를 얻고 있다. (요세프(Joseph) 저서 《고대문화》 Ant. vii. 153). 〔요세프는 플라비우스 요세푸스(Flavius Josephus). 유대의 역사가. 위의 글은 《유대의 고대문화 Jewish Antiquities》로, 유대민족의 역사를 아주 먼 옛날부터 네로 시대 말기까지 다룬 명저. 1837~97년.〕
*33 이 시는 앞에도 나왔다. 나는 변화를 주기 위해 페인 씨의 번역을 인용했다.
*34 환상(phantom)은 아랍어로 알 하얄(Al-Khayal). 이것은 알 타이프(al-Tayf)와 뜻이 같은 말로, 앞에서 설명한 것처럼 우리의 망령 'ghost'에 가장 가깝다. 시에서는 꿈속에서 보는 연인의 환상이다.
*35 얀샤는 그 처녀와 결혼할 생각이므로 입에 키스하지는 않는다.
*36 이것은 '명백한' 은혜로다(《코란》 제27장 16절). 〔로드웰은 'clear boon'이라고 번역했다.〕
*37 이것은 천국을 묘사할 때 사용되는 코란적인 문구이다. 다마스쿠스가 그 비근한 예로, 도시의 지하를 바라다(Baradah)라고 하는 강이 수많은 운하로 갈라져 흐르고 있다.
*38 평민에게는 평범한 물로도 충분하지만, '귀인'의 얼굴에는 장미수를 뿌린다고 쉽게 풀이해도 무방할 것이다. 나는 장미수로 만든 차를 대접받은 적이 있었는데, 도저히 맛있다고는 할 수 없었다.
*39 꽃의 골짜기. 자란(Zahran)은 알 메디나에 가까운 지명.
*40 가트라판(Ghatrafan)은 '거만한 자' 또는 '성질이 급한 사람.'
*41 가잔파르(Ghazanfar)는 '사자(獅子).'
*42 간결한 동시에 매우 인상적인, 이 전쟁 묘사에 독자의 주의를 환기시키고 싶다.
*43 영어풍의 애매한 표현으로 명백하게 평계이다.
*44 즉, 마술상의 정해진 문구. 내용은 고의로 얼버무리고 있다.

*45 이 반복은 일종의 겸손으로, 배려심의 표시이다.
*46 하시미 완척(Hashimi cubits)은 18인치를 말하는 일반적인 완척. 근대의 완척은 22인치에서 26인치까지로 다양하다.
*47 시리아인이나 이집트인이 코끼리에 비교하는 바크토리아산 쌍봉낙타에 대해서는 앞에서도 언급했다.
*48 타슈(Karatash)는 아마 터키어의 카라 타슈(Kara Tash)='검은 돌'의 전와어일 것이다. 아랍어에서는 하자르 자한남(Hajar Jahannam)='지옥의 돌', 용암, 현무암.
*49 21번째 밤에 나오는 시의 변형.
*50 즉, 오만한 딸. 거만한 자.
*51 카르크판에는 잘못된 글자가 인쇄된 것으로 마크타브(Maktab)라고 되어 있다. 자발 무카탐(Jabal Mukattam)은 옛날에는 지중해의 파도가 핥고 있는 오래된 절벽으로, 그 북서쪽 경사면에 카이로 시가 서 있다.
*52 왕자(王子)는 아랍어의 쿠트브(Kutb). 글자대로는 마음의 중심, 극(極), 다음에 왕자, 성도(聖徒) 중의 고승, 또는 선임자. 특히 수피파의 이단자들 사이에서 사용된다.
*53 알 히즈르(Al-Khizr)는 글자대로는 '녹색의'(예언자)로, 엘리야(Elijah), 성 조지 등과 혼동되는 신비로운 인물. 그는 이슬람교도, 즉, 당대 이슬람교의 진정한 신자로, 기원전 6세기 카야니아 왕조의 시조 카이코바드(Kaykobad)를 섬기던 재상이었다. 우리는 앞에서 모세와 같은 시대인으로서 그를 알았다.
　나의 박학한 친구 샤를 클레르몽 가노(Ch. Clermont-Ganneau)는 그와 비슷한 매우 많은 예를 들며(이를테면 프로테우스(Proteus), 페르세우스(Perseus) 등), 오리시스 신의 아들에게서 그 기원을 찾고 있다《호루스 신과 성 조르주 *Horus et Saint Georges*》). 〔프로테우스와 페르세우스는 그리스 신화에 나오는 신. 호루스 신은 고대 이집트의 신으로 오시리스 신의 아들.〕
*54 아드님은 아랍어의 왈라드(Walad)로, 이븐(Ibn)보다 훨씬 격식을 차린 말이다. 참고로 이 말에서 시동 또는 하인을 뜻하는 영어 valet이 나왔다. 일반적으로 이러한 사람들은 야 왈라드〔O boy의 뜻〕라고 불린다.
*55 아랍어의 아잘(Azal)은 (시작이 없는) 영원. 아바드(Abad)는 무한(끝이 없는 영원).
*56 이슬람교도의 도살(멱을 따는 도살) 예식은 유대교도만큼 엄격하지는 않지만, 그래도 몇 가지 의식을 필요로 한다. 그 여러 가지 조건에 맞지 않는 데가 있으면 그 고기는 부정해져서 단순히 썩은 고기가 되고 만다.
*57 이슬람교도의 입에 끊임없이 오르는 문구이다. '우리는 알라에게 신뢰를 보낸다'의 통속적인 의미는 '달아나자(Let's cut our stick)'이다.
*58 《코란》 제53장 14절. 대추나무인 시드라트 알 문타하(Sidrat al-Muntaha)(*Zyzyphus*

lotus)는 제7천국의 알라의 옥좌 오른쪽에 서 있다. 천사들도 거기서 앞으로 더 나아 갈 수 없다. 〔이 나무의 열매를 먹으면 속세의 모든 시름을 잊고 몽환의 경지에서 즐길 수 있다고 하며, 그리스 신화에서는 이 열매를 먹는 자를 Lotophagi=lotus eater라고 했다.〕

*59 아비시니아는 아랍어로는 하바슈(Habash). 이 말은 단칼리 지방(Dankali Country)과 그 연안을 포함하므로 '아비시니아' 이상의 것을 의미한다. 이것은 터키 정부를 상대로 싸웠을 때의 고(故) 스트랫퍼드 드 레드클리프(Stratford de Redcliffe) 경이 몰랐던 사실이었다. 〔레드클리프는 북미와 콘스탄티노플 등에 대사로 주재했던 영국 외교관. 1786~1880년.〕 나는 그를 계몽하려고 했다가 크게 덴 적이 있었다.

〈역주〉
(1) 사람의 죽음을 알릴 때의 완곡한 표현.
(2) 토라는 히브리어로 5서, 즉 모세 오경을 가리킨다.
(3) 1완척은 45~50cm.
(4) 악마를 물리치는 주문.
(5) 예수와 같다.
(6) 모두 아랍인의 관용적인 어법으로, 사랑하는 자를 가리킨다.

선원 신드바드와 짐꾼 신드바드[*1]

신앙심 깊은 자의 임금 하룬 알 라시드의 시대, 바그다드에 남의 짐을 머리에 이고 날라주는 대신 품삯을 받아서 하루하루 살아가는 신드바드라는 짐꾼[*2]이 있었습니다.

몹시 무더운 어느 날, 신드바드는 머리에 인 짐이 너무 무겁고 날씨마저 더워서 땀을 뻘뻘 흘리다가 어느 상인의 집 앞을 지나가게 되었습니다. 그곳은 길이 깨끗이 청소되고 물이 뿌려져 있어서 주변 공기까지 시원하고 차가운 느낌이 들었습니다. 신드바드는 문 옆에 커다란 걸상이 놓여 있는 것을 보고, 거기에 짐을 내려놓고 잠시 숨을 돌리면서 상쾌한 공기를 깊이 들이마셨습니다.

—여기서 날이 훤히 밝아왔으므로 샤라자드는 이야기를 그쳤다.

537번째 밤

샤라자드는 이야기를 계속했다.

오, 인자하신 임금님, 짐꾼 신드바드가 걸상 위에 짐을 내려놓고 쉬고 있으니 상인의 집 샛문에서 상쾌한 산들바람과 함께 그윽한 향기가 흘러나왔습니다.

그리고 집 안에서 류트 소리와 온갖 현악기의 아름다운 가락과 더불어 흥겹게 노래 부르고 시를 읊조리는 소리가 들려왔습니다.

그 노랫소리에 맞춰 산비둘기, 앵무새, 개똥지빠귀, 나이팅게일, 염주비둘기, 도요새[*3] 등 별의별 새들이 온갖 소리로 저마다 즐거운 듯 노래하고 지저귀면서 전능하신 알라의 영광을 칭송하고 있었습니다. 그 소리를 들은 신드바드는 속으로 이상한 생각이 들었으나 어쩐지 마음이 들뜨기 시작했습니다.

그래서 슬그머니 문으로 다가가 안을 들여다보니 집 안에는 커다란 정원이 있고, 국왕이나 군주가 아니고는 부릴 수 없을 만큼 많은 시동과 흑인 노예, 하인과 종자들이 죽 늘어서 있었습니다.

게다가 푸짐하게 잘 차려진 온갖 산해진미와 빛 좋고 맛 좋은 술의 향기가 코끝을 찔러 신드바드는 자기도 모르게 아득한 하늘을 우러러보며 이렇게 탄식했습니다.

"오, 주여, 만물의 창조주여! 원하는 자에게는 아낌없이 무한하게 베풀어 주시는 조물주여, 오, 나의 성스러운 신이시여, 나의 모든 죄를 용서해 주십시오! 모든 잘못을 회개하고, 주의 구원을 구하나이다! 오, 주여, 결코 당신의 명령과 지배를 부정하지 않을 것이고, 당신의 행위를 의심하지도 않겠습니다. 당신은 진정 만물을 다스리시는 전능한 알라이시니까요. 당신의 완전무결함을 찬양합니다! 인간을 가난하게 만드는 것도 부자로 만드는 것도 오직 당신의 뜻! 당신은 또 마음먹으신 대로 사람의 신분을 높이기도 하고 낮추기도 하십니다.

당신 말고 다른 신은 없습니다! 당신의 권력은 얼마나 크고 그 지배는 얼마나 길며 또 그 다스리는 바는 얼마나 훌륭하신지요! 진정 당신은 당신의 종 가운데 뜻에 맞는 종에게 은총을 베푸십니다. 그래서 이 집 주인은 이렇게 이 세상의 온갖 즐거움을 누리며 생활하고, 좋은 향기를 맡으며 맛있는 음식을 먹고 귀한 술을 마음껏 즐길 수 있겠지요.

그것도 다 당신께서 인간들에게 원하시는 바를 미리 정하시고, 그것을 인간들에게 몫을 갈라 나누어주시기 때문입니다. 그러므로 어떤 자는 힘들고 고달프게 살지만 어떤 자는 편안하게 살며, 또 어떤 자는 복되고 영화로운 삶을 누리며 풍요롭게 살지만, 어떤 자는 저처럼 괴로움을 참으며 비참하게 사는 거겠지요."

그리고 신드바드는 이런 시를 읊기 시작했습니다.

영원히 끝나지 않는 나의 고난이여,
뜬세상의 쾌락을 맛보며
서늘한 그늘 속에 쉴 수 있는 날

이 세상에서 몇 날이나 될까?
날이면 날마다 고생만 하며
슬픔으로 지새는 기구한 신세,
무거운 짐에 오직 허덕이는데,
많은 사람은 복을 받아서
가난한 생활을 면하였구나.
운명의 신은 그네들에게
나처럼 무거운 짐 주지 않으니
모두 큰 기쁨과 위안 누리며
즐거운 나날을 노래하네.
마음껏 먹고 마시고
귀한 족속이란 명예 누리며
번영에 파묻혀 살아가누나.
이 세상에 태어난 모든 사람
한 방울 정액에서 태어나
나 역시 근본은 고귀하거늘
그들과 비교하니 한심하여라.
초와 술이 아예 다르듯
향기와 맛의 차이 극심하구나.
하지만 전능하신 알라시여,
나는 한탄하지 아니하리라,
알라의 법도는 올바르시고
그의 정의는 티끌 하나 없으리니.

　노래를 마친 짐꾼 신드바드가 다시 짐을 지고 그 자리를 떠나려 하는데, 문 안에서 얼굴이 아름답고 맵시도 단정하며 옷차림도 깨끗한 시동 하나가 나오더니 그의 손을 잡으면서 말했습니다.
　"주인님께서 볼일이 있으신 듯하니 안으로 들어오셔서 만나보세요."
　신드바드는 체면을 차리며 사양했으나 시동이 들어주지 않아 하는 수 없이 짐을 문지기에게 맡겨 놓고 시동을 따라 집 안으로 들어갔습니다. 그곳은 구석구석까지 위용이 넘치는, 참으로 눈부시게 찬란하고 훌륭한 저택이었습니다.

한참 들어가니 커다란 홀이 나왔는데, 거기에는 온갖 이상한 꽃과 향기로운 풀이며 산해진미와 말린 과일, 갖가지 과자, 그리고 향기로운 술이 차려진 식탁을 둘러싸고 많은 귀족과 고관들이 앉아 있었습니다.

또 많은 악기와 놀이기구가 갖추어져 있어 노예계집과 시녀들이 춤을 추고 노래를 부르고 있었습니다. 사람들은 저마다 신분에 따라 앉아 있었는데 제일 윗자리를 차지한 사람은 턱수염도 하얗게 센 기품 있는 노인이었습니다. 당당한 풍채에 품위 있고 후덕한 얼굴, 중후한 위엄을 갖춘 모습이었습니다.

짐꾼 신드바드는 이러한 방 안의 광경을 보고 은근히 놀라 속으로 이렇게 중얼거렸습니다.

"오, 여긴 틀림없이 천국의 낙원이 아니면 어느 국왕의 궁전일 거야!"

짐꾼은 그들의 번영을 기원하면서 공손하게 인사를 하고는 바닥에 무릎을 꿇고 이마를 조아린 뒤, 고개를 숙인 채 겸손하게 앉아 있었습니다.

—여기서 날이 훤히 밝아왔으므로 샤라자드는 이야기를 그쳤다.

538번째 밤

샤라자드는 이야기를 계속했다.

오, 인자하신 임금님, 신드바드가 머리를 숙이고 앉아 있으니 주인이 옆으로 불러 자리를 권하고 친절히 말을 걸며 환대해 주었습니다. 그런 다음 그의 앞에 산해진미를 가득 차려내게 했으므로 그는 알라께 감사하며 배불리 먹었습니다. 식사를 마치자 짐꾼은 이렇게 외쳤습니다.

"우리의 운명이 어떻게 되든 알라를 칭송합시다!"[*4]

그리고 손을 씻고 사람들을 향해 환대해 준 데 대해 감사의 인사를 잊지 않았습니다. 그러자 주인이 말했습니다.

"잘 와 주었소. 그런데 당신 이름은 무엇이고 어떤 일을 하고 있소?"

"오, 나리, 저는 신드바드라고 하며 남의 짐을 머리에 이고 날라주는 짐꾼입니다."

그러자 주인은 빙그레 웃으면서 말했습니다.

"오, 짐꾼 양반! 당신 이름이 내 이름과 똑같구려. 나는 뱃사람 신드바드라 하오. 그건 그렇고, 당신이 아까 문 앞에서 부른 노래를 다시 한 번 들려주지 않겠소?"

짐꾼은 불현듯 얼굴을 붉히며 대답했습니다.

"오, 당신에게 알라의 자비가 늘 함께하기를! 하지만 부디 그것만은 사양하고 싶습니다. 고생만 하는 가난한 사람은 시시한 것, 하찮은 것만 배운답니다."

"그렇게 부끄러워할 필요 없소. 당신은 내 형제가 되었으니 아까 그 시를 한 번 더 들려주구려. 아까 문 앞에서 부르는 소리를 듣고 매우 흥미를 느꼈다오."

짐꾼은 하는 수 없이 주인에게 그 시를 읊어주었습니다. 그러자 주인은 매우 기뻐하면서 이렇게 말했습니다.

"오, 짐꾼 양반, 사실 나에게도 참으로 기구한 사연이 있다오. 내가 오늘날 이렇게 좋은 저택의 주인이 되어 부귀영화를 누리기 전까지 어떤 일을 겪었고, 어떤 일을 해 왔는지 들려 드리리다.

내가 이렇게 권세를 누리는 신분이 된 것도, 신물 나도록 고생하면서 수많은 위험한 고비를 넘긴 덕분이라오. 옛날에는 정말 온갖 고생을 다하면서 끝없는 고통을 겪었지! 나는 일곱 번이나 항해를 했는데 그때마다 참으로 놀라운 일들이 일어났다오. 그것도 다 운명이 정한 바에 따라 일어난 거겠지. 인간은 아무래도 정해진 운명을 피할 수 없는 모양이오. 그럼, 여러분, 지금부터 내 모험담을 들어 보구려."

주인은 이렇게 말하더니 이야기를 계속했습니다.

선원 신드바드[*5]의 첫 번째 항해

내 아버지는 재산이 많고 부유한 상인으로 고향에서는 행세깨나 하던 유지였습니다. 아버지는 내가 어렸을 때 금은과 토지와 농장 등, 막대한 재산을 남겨 놓고 세상을 떠났습니다.

어른으로 성장한 나는 전 재산을 물 쓰듯이 쓰면서 맛 좋은 음식을 먹고 내키는 대로 술을 마셨습니다. 또 사치스러운 옷을 입고 으리으리한 저택에서 같은 또래 청년들에게 둘러싸여 흥청거리며 세월을 보냈습니다.

이렇게 안락한 생활을 계속하는 동안에는 행여 인생에 부침(浮沈)이 있을 줄은 꿈에도 생각지 못했지요. 오랫동안 그렇게 살다가 이윽고 그것이 어리석은 처신임을 깨달은 내가 달콤한 꿈에서 깨어났을 때는 이미 때가 늦어 있었습니다. 금고는 텅텅 비어 버리고 집안의 운수마저 기울어져, 가지고 있던 재산은 모조리 남의 손에 넘어가 있었습니다.

악몽에서 깨어난 나는 당황하여 어찌할 바를 모른 채 그저 멍하니 정신을 잃고 있었습니다. 그제야 전에 아버지한테서 들은 다윗의 아들 솔로몬(이분에게 평안함이 있기를!)의 말이 생각나더군요.

"인생에서는 이 세 가지가 다른 세 가지보다 훨씬 낫다. 죽는 날은 태어나는 날보다 낫고, 산 개는 죽은 사자보다 나으며, 무덤은 가난보다 낫다."*6

그래서 나는 남은 재산을 그러모아 내 옷가지까지 합쳐서 몽땅 은화 3백 닢에 팔아치웠습니다. 어느 시인의 노래를 생각하면서 그 돈을 지니고 낯선 타국으로 방랑의 길을 떠나기로 한 것이지요.

> 몸이 부서지라 노력해야 출세하니
> 이름을 얻으려는 자는
> 밤에도 잠자지 말아야 하고,
> 진주를 캐고 싶은 자는
> 바닷속 깊숙이 잠겨야 한다.
> 있는 힘을 다해야만
> 행복도 재물도 얻을 수 있으니.
> 일하지 않고 명성을
> 구하는 자는
> 뜬구름을 좇아
> 헛되이 생명을 깎아 먹는 사람일 뿐.

그리하여 나는 기운을 차려 항해에 필요한 물자와 상품을 모두 사들였습니다. 그리고 한시바삐 떠나고 싶어서 부랴부랴 짐을 꾸린 뒤 다른 상인들과 함께 바소라로 가는 배를 탔습니다.

바소라에서 배를 갈아타고 오랫동안 밤을 낮 삼아 섬에서 섬으로, 바다에서 바다로, 해안에서 해안으로 항해를 계속하며 배가 닿는 곳에서는 장사를 하고 물물교환도 했습니다.

그러는 동안 천국의 낙원 같은 한 섬에 이르러, 선장은 배를 해변에 대고 닻을 내리고서 상륙용 널빤지를 뭍에 걸쳤습니다. 배에 있던 사람들은 모두 뭍으로 올라가서 화덕*7을 만들고 불을 지피며 부산하게 움직였습니다.

사람들은 음식을 만들어 먹거나 빨래를 하고, 소풍 삼아 섬 안을 돌아다니기도 하며 저마다 즐겁게 시간을 보냈습니다.

나도 산책하는 패에 끼어서 근처를 거닐고 있는데, 별안간 뱃전에서 선장이 목청이 터지라 외치는 소리가 들려왔습니다.

"큰일 났다! 모두 목숨이 위태하다! 짐이고 뭐고 모두 버리고 빨리 배로 돌아오라! 그렇잖으면 죽는다. 알라여, 제발 우리를 보호해 주소서! 이것은 섬이 아니라 바다 한가운데 떠 있는 커다란 물고기다. 그 물고기 등에 모래가 붙어 나무가 자라면서 마치 섬처럼 된 것이다!*8 그런데 거기에 당신들이 불을 지피는 바람에 물고기가 뜨거워서 몸부림치기 시작했다. 당신들을 태운 채 금방이라도 바닷속으로 가라앉을지 모른다! 그렇게 되면 모두 물에 빠져 죽고 말 것이니 어서 짐을 버리고 배를 향해 뛰어오라!"

—여기서 날이 훤히 밝아왔으므로 샤라자드는 이야기를 그쳤다.

539번째 밤

샤라자드는 이야기를 계속했다.

오, 인자하신 임금님, 모든 것을 버리고 목숨만이라도 건지라는 선장의 말을 듣고, 상륙했던 사람들은 도구고 짐이고, 빨래한 옷이고 하지 않은 옷이고, 솥이고 놋쇠 냄비고 모두 버려둔 채 헐레벌떡 배를 향해 달려갔습니다.

그런데 그들 가운데 미처 배로 돌아가지 못한 자들이 있었습니다(나도 그 한 사람이었지요). 별안간 섬이 한바탕 크게 흔들리더니 우리를 태운 채 바닥 모를 바닷속 깊이 잠겨 버렸기 때문입니다. 섬이 사라지고 나서는 커다란 소용돌이만 남았습니다.

우리는 모두 바닷속으로 깊이 빠져 들어갔는데, 전능하신 알라께서는 다행히도 나를 물에 빠뜨리지는 않고 승무원들이 목욕할 때 쓰는 나무통 하나를 주셨습니다. 나는 옳다구나 하고 그것을 잡아서 마치 말이라도 타는 듯 그 위에 걸터앉아 물결 사이로 이리저리 흔들리면서 노 대신 두 다리로 물살을 헤치며 나아갔습니다.

한편 선장은 돛을 올리고 물에 빠져 죽어가는 자와 이미 빠져 죽은 자들은 거들떠보지도 않고 배에 올라탄 사람들만 태운 채 그곳을 떠나고 말았습니다. 나는 오래도록 배를 바라보고 있다가 마침내 그림자마저 보이지 않게 되자 이제 살아갈 가망이 없다고 단념해 버렸습니다.

그렇게 파도에 떠밀려가는 동안 어둠이 찾아와 나는 밤새도록 바람과 파도에 시달려야 했습니다. 그 이튿날도 표류는 계속되었습니다. 그러는 동안 내가 올라타고 있던 나무통은 마침내 바다 위로 나뭇가지를 드리운 높다란 섬의 기슭까지 흘러갔습니다. 아슬아슬하게 목숨을 건진 나는 나뭇가지를 붙잡고 간신히 섬 위로 기어 올라갔습니다.

기슭에 올라가 보니 두 다리는 뻣뻣하게 마비되었고 발바닥에는 물고기에게 물어뜯긴 자국이 남아 있었습니다. 극심한 피로와 고통 때문에 그때까지는 전혀 느끼지 못하고 있었던 겁니다. 반송장이 되어 대지에 몸을 던진 나는 그대로 축 늘어져서 정신을 잃고 말았습니다.

이튿날 아침 태양이 떠올라 그 따뜻한 햇볕을 받고 간신히 정신은 돌아왔으나, 깨어나 보니 두 다리가 퉁퉁 부어 있어서 앉은뱅이처럼 엉덩이를 끌거나 무릎으로 기어서 움직이는 수밖에 없었습니다.

그 섬에는 과일이 풍요롭게 열려 있고, 맛있어 보이는 샘물이 솟아나고 있었습니다. 나는 그 과일을 먹고 샘물을 마신 덕분에 기운을 회복하기 시작했습니다.

그렇게 그 섬에서 며칠 지내는 동안 생명력이 되살아나서 체력도 회복되고 걸음걸이도 훨씬 편해졌습니다. 그래서 곰곰이 생각한 끝에 섬을 탐험하여 전능하신 알라께서 이 섬에 어떤 것을 만들어두셨는지 살펴보면서 즐기기로 마음먹었습니다.

나는 그때까지 몸을 기대어 쉬고 있던 나무에서 가지를 하나 잘라 몸을 의지할 지팡이를 만들었습니다.

그러던 어느 날, 해변을 따라 걸어가다가 먼 곳에 그림자 같은 게 보이기에 아마도 야수나 바다의 괴물이겠거니 생각하고 가까이 다가가 보니, 놀랍게도 그것은 기슭에 매어 있는 훌륭한 암말 한 마리였습니다.

이윽고 바로 옆에까지 가자 말은 나를 보고 무서웠는지 갑자기 날카로운 소리를 내며 울었고, 나 역시 무서운 생각이 들어 몸이 떨려와 발길을 돌려 달아나기 시작했습니다. 이때 땅속에서 한 사내가 불쑥 나타나더니 고함을 지르면서 쫓아오는 것이었습니다.

"네 이놈! 네 이름은 무엇이며 어디서 온 자이냐? 여긴 무슨 일로 왔느냐?"

나는 대답했습니다.

"오, 나리, 실은 저는 떠돌아다니는 외국인입니다. 배를 타고 항해하던 가운데 버림을 받고 다른 사람들과 함께 물에 빠져 죽을 뻔하다가,*9 다행히 자비로우신 알라께서 저에게 나무통을 하나 주셔서 그것을 타고 이 섬으로 떠내려 왔습니다."

이 말을 듣자 그는 내 손을 붙잡고 말했습니다.

"나를 따라오게나."

그는 나를 손님방처럼 크고 널찍한 지하실로 데리고 갔습니다. 그리고 나를 윗자리에 앉히고 뭔지 모를 음식을 내왔습니다. 배가 몹시 고팠던 나는 그것을 배불리 먹고 기운을 차릴 수 있었습니다.

이렇게 하여 나를 안심시킨 그는 내 신상에 대해 이모저모 물었고, 나는 처음부터 끝까지 숨기지 않고 얘기해 주었습니다.

그가 내 모험담을 듣고 깜짝 놀라기에 나는 이렇게 말했습니다.

"나리, 부디 저의 무례를 용서해 주십시오. 저는 알라께 맹세코 지금까지 겪은 일을 있는 그대로 털어놓았을 뿐입니다. 이번에는 나리의 얘기를 듣고 싶군요. 나리는 어떤 분이시고 왜 이런 지하에서 살고 계시며, 저 바닷가에 말은 왜 매어 놓고 계신 겁니까?"

"사실 나는 이 섬 여기저기에 흩어져 사는 패거리의 한 사람으로, 우리는 미르잔 왕*10의 마부들이다. 국왕의 말이란 말은 모두 우리가 관리하고 있다. 그런데 매월 초순이 되면, 아직 한 번도 종마와 교미를 한 적이 없는 훌륭한 암말을 몇 마리 이리 끌고 와서 바닷가에 매어 놓고 아무도 보지 못하는 땅속에 몸을 숨기고 있지.

그러면 바다의 종마가 암말의 냄새를 맡고 바닷속에서 쑥 올라와서 사람 그림자가 없는지 살핀 뒤, 암말에 올라타고 실컷 욕정을 푼다 이 말이야. 교미를 끝내면 암말을 자꾸 바닷속으로 꾀어 가려고 하지만, 암말의 발이 밧줄에 묶여 있어서 마음대로 할 수가 없지. 그러면 종마는 암말을 향해 울어대거나 머리로 치받거나 발로 차곤 하는데, 그 소리가 들려오면 교미가 끝난 것이기에 우리는 한꺼번에 우르르 밖으로 달려나가 큰 소리를 질러대는 거야. 그러면 종마는 깜짝 놀라 다시 바닷속으로 달아나는 거지. 암말은 종마의 씨를 잉태하여 얼마 뒤 천만금의 가치가 있는 새끼를 낳아주는데, 그런 망아지는 삼천세계를 다 뒤져도 찾을 수 없을 만큼 귀하다네. 이제 슬슬 바다의 종마가 나타날 때가 됐는데…….

일이 끝나면 인샬라! (1) 자네를 미르잔 왕한테 데려가주지."

—여기서 날이 훤히 밝아왔으므로 샤라자드는 이야기를 그쳤다.

540번째 밤

샤라자드는 이야기를 계속했다.

오, 인자하신 임금님, 미르잔 왕의 마부*11는 선원 신드바드에게 말했습니다.

"자네를 임금님에게 데리고 가서 우리나라를 구경시켜 주지. 만일 자네가 우리를 만나지 못했더라면 아마도 비참하게 최후를 마쳤을 테고, 아무도 자네에 대한 소식을 알지 못하게 되었을 걸세. 하지만 이렇게 나하고 만났으니 어떻게 해서든 자네를 구하여 고향으로 돌아갈 수 있게 해 주겠네."

나는 그 사내에게 알라의 축복을 기원하고, 그 친절하고 인정 많은 대접을 감사하게 여겼습니다.

이렇게 둘이서 이야기하는 동안 종마가 바다에서 나타나 한 번 크게 울부짖더니 암말에게 덤벼들어 그 등에 올라탔습니다. 그리고 볼일을 마치자 상대의 등에서 내려 암말을 데려가려 했지만, 암말이 밧줄로 매여 있어서 뜻대로 되지 않았습니다.

그러자 종마는 암말을 발로 걷어차고 울부짖으면서 난동을 부리기 시작했습니다. 마부는 지하실에서 칼과 방패*12를 들고 뛰어나가, 칼로 방패를 두들기며 동료를 불렀습니다. 그러자 다른 마부도 함성을 지르면서 창을 들고 뛰어나오니 종마도 깜짝 놀라 하는 수 없이 물소처럼 허둥지둥 바닷속으로 뛰어들어가 파도 속으로 자취를 감추고 말았습니다.*13

이 소동이 끝난 뒤 잠시 앉아서 쉬고 있으니 다른 마부들이 각각 암말을 끌고 하나 둘 모여들었습니다. 그들이 내가 동료 마부와 함께 앉아 있는 모습을 보고 내 신상에 대해 묻기에 내가 앞서와 똑같은 이야기를 또 되풀이했더니, 모두 내 옆에 와서 음식을 차려놓고 나에게도 함께 먹자고 권했습니다.

그리하여 다 같이 식사를 끝내자, 그들은 말에 올라타고 나도 암말 한 마리에 태워줘서 함께 출발했습니다. 그리고 쉬지 않고 나아간 끝에 마침내 미르잔 왕의 수도에 도착하여, 모두 왕에게 가서 나에 대해 이야기를 했습니다. 국왕이 나를 불러서 그들과 함께 왕 앞에 나아가 인사를 드리자, 왕은 우아한 말로 나를 환영하면서 나의 장수를 빌어 준 다음, 내 신상 이야기를 해 보라고 분부했습니다.

그래서 내가 지금까지 겪은 이야기를 모두 이야기하자 왕은 매우 놀라면서 이렇게 말했습니다.

"오, 참으로 기이하게 목숨을 건졌구나. 네가 만일 장수할 운명이 아니었더라면 그런 위험하고 어려운 처지에서 살아날 수 없었으리라. 무사히 목숨을 보전한 것을 알라께 감사하라!"

왕은 매우 기분이 좋아서 나에게 이것저것 물어보면서 친절하게 환대해 주었습니다.

그리고 나를 항구의 감독대리에 임명하여, 항구에 들어오는 모든 배를 등록하는 소임을 맡겼습니다.

내가 충심으로 왕을 섬기며 성실하게 왕명을 따르자 왕은 나를 총애하여 온갖 배려를 베풀어주었을 뿐만 아니라 값지고 훌륭한 예복까지 내려주었습니다. 내가 왕의 두터운 신임을 얻게 되니, 사람들은 왕에게 뭔가 청원할 일이 있으면 나에게 주선을 부탁했고, 나도 백성과 왕 사이에서 기꺼이 그들을 위해 수고해 주었습니다.

그렇게 하여 오랫동안 살면서, 도시를 지나 항구로 나갈 때마다 상인과 여행자와 선원들에게 늘 바그다드에 대한 소식을 물어보곤 했습니다. 어쩌면 고향에 돌아갈 기회가 있을지도 모른다고 생각했기 때문입니다. 하지만 안타깝게도, 바그다드라는 도시를 알고 있거나 그곳에 가본 적이 있는 사람은 아무도 없었습니다. 오랜 타향살이에 지친 나는 그저 속만 끓이고 있을 수밖에 없었습니다.

그래서 한동안 의욕을 잃고 풀이 죽어 있었는데, 어느 날 미르잔 왕에게 문안을 드리러 갔더니 그곳에 한 무리의 인도인들이 앉아 있었습니다. 내가 인사를 하자 인도인들은 정중하게 답례를 하며 고향이 어디냐고 물었습니다.

―여기서 날이 훤히 밝아왔으므로 샤라자드는 이야기를 그쳤다.

541번째 밤

샤라자드는 이야기를 계속했다.

오, 인자하신 임금님, 그들이 내 고향을 묻기에 나도 그들의 고향에 대해 물었더니 그들은 모두 여러 계급 출신이라고 대답했습니다. 어떤 자는 크샤트리아(Kshatriya, 刹帝利)[*14]라는 가장 고귀한 사람들로, 다른 사람들을 압제하거나 폭력을 가하지 않는다고 하며, 또 어떤 자는 브라만(Brahman, 婆羅門)이라 하는데, 술은 끊었지만 유쾌하고 즐겁게 세상을 살아가며 낙타와 말, 소 같은 가축을 소유하고 있다 말했습니다.

그뿐만 아니라 인도의 민중은 72계급으로 나누어져 있다는 말을 듣고 나는 몹시 놀랐습니다.

내가 미르잔 왕의 영토 안에서 본 것 가운데는 밤새도록 크고 작은 북소리가 들려오는 카실[*15]이라는 섬도 있었습니다. 그런데 그 이웃 섬에 사는 사람들이나 여행자들의 말을 들으면, 그곳 주민들은 매우 부지런하고 분별심이 뛰어난 사람들[*16]이라 했습니다.

또 앞바다에서 길이가 2백 완척이나 되는 물고기*17를 보았는데, 어부들은 그 물고기를 매우 무서워해서 나뭇조각을 두들겨 쫓아버리곤 했습니다. 나는 또 머리가 부엉이처럼 생긴 물고기를 본 적도 있습니다. 그 밖에도 이상하고 진귀한 것들을 자주 보았지만 여기서 하나하나 늘어놓으면 여러분도 아마 싫증이 나겠지요.

이렇게 섬들을 구석구석 탐험하면서 마음을 달래고 있던 어느 날, 평소의 습관대로 지팡이를 짚고 항구에 서 있는데, 많은 상인을 태운 커다란 배 한 척이 항구를 향해 들어오고 있었습니다.

이윽고 도시 아래쪽에 배들이 정박하는 작은 내항까지 들어오자 선장은 돛을 내리고 배를 해안에 댄 다음, 상륙용 널빤지를 육지에 걸쳤습니다. 선원들은 즉시 짐을 풀어 뭍에 내리기 시작했습니다.

나는 그 옆에 서서 물건을 하나하나 기록하고 있었습니다. 그런데 짐을 내리는 데 너무 오랜 시간이 걸려 나는 선장에게 물어보았습니다.

"배 안에 아직도 짐이 남아 있는가?"

"나리, 선창에 아직도 여러 짐이 남아 있는데, 그 짐의 임자는 이곳에 오는 도중 어느 섬에서 물에 빠져 죽고 말았습니다. 그래서 그 짐을 우리가 위탁받은 셈이 되어, 그것을 팔아 그 가격을 하나하나 기록해 두었다가 언젠가 '평화의 도시' 바그다드에 있는 그의 가족에게 전해 줄 생각입니다."

"그 상인의 이름은 무엇인가?"

"뱃사람 신드바드라고 합니다."

이 말을 듣고 상대의 얼굴을 자세히 들여다보니, 바로 그 선장이 분명하여 나는 나도 모르게 그만 큰 소리로 외쳤습니다.

"오, 선장! 내가 바로 다른 상인들과 함께 이 배에 탔던 뱃사람 신드바드요! 그 커다란 물고기가 움직이기 시작했을 때 선장이 모든 사람에게 큰 소리로 위급함을 알렸지만, 살아난 자도 있고 바다에 빠져 죽은 자도 있었지. 나도 바다에 빠졌다가 자비로우신 알라께서 감사하게도 선원들이 목욕할 때 쓰는 커다란 나무통을 나에게 던져주셨소. 그리하여 파도에 흔들리고 바람에 밀려 이 섬까지 떠내려 왔는데, 역시 알라의 가호로 미르잔 왕의 마부들을 만나 그들의 왕에게 오게 되었지요. 왕은 내 신상 이야기를 들으시고 나를 매우 총애하시고 신뢰하시어 이 항구의 감독으로 임명해 주셨소. 그러니 그 짐은 마땅히 내 것이오, 알라께서 나에게 주신 것이니까."

―여기서 날이 훤히 밝아왔으므로 샤라자드는 이야기를 그쳤다.

542번째 밤

샤라자드는 이야기를 계속했다.
오, 인자하신 임금님, 뱃사람 신드바드의 말에 선장이 소리쳤습니다.
"오, 영광스러운 위대한 신 알라 외에 주권 없고 권력 없도다! 정말이지 요즘 사람들은 정말 양심도 없고 신을 두려워하는 마음도 없단 말이야!"
"아니 선장, 그게 무슨 소리요? 내가 그 짐을 잃은 경위를 다 얘기하지 않았소?"
"안 될 말이지, 당신은 그 임자가 빠져 죽고 없는 짐을 내가 맡고 있다는 말을 듣고 부당하게 그것을 가로챌 생각인 거요. 그러나 법이 있는 이상 그렇게는 안 되지. 나는 그 임자가 다른 손님들과 함께 바다에 빠져 죽는 걸 이 눈으로 똑똑히 보았으니까. 그들 가운데 단 한 사람도 살아난 자가 없단 말이오. 그런데 어떻게 당신이 그 물건의 주인이라고 우기는 거요?"
"여보시오, 선장, 내가 하는 말을 듣고 잘 생각해 보시오. 그러면 내 말에 거짓이 없다는 것을 알 수 있을 테니까. 거짓말은 위선자나 하는 짓이야."
그래서 나는 선장과 함께 바그다드를 떠나 하마터면 빠져 죽을 뻔했던 그 거대한 물고기 섬에 이르기까지의 과정을 자세히 얘기해 주었습니다. 그리고 우리 두 사람 사이에 일어났던 일들을 떠올려주자, 선장과 상인들도 내 이야기에 거짓이 없으며, 내가 그 신드바드임이 틀림없다는 사실을 인정하고 내가 무사히 살아남은 것을 축하해 주었습니다.
"설마 당신이 이렇게 살아 있을 줄은 꿈에도 생각지 못했소! 이거야말로 알라의 뜻으로 새로운 생명을 얻은 것이오."
선장은 이렇게 말하며 나의 짐을 내주었습니다. 그 짐에는 내 이름이 선명하게 적혀 있었고 없어진 물건은 하나도 없었습니다.
나는 짐을 풀어 그 속에서 가장 아름답고 값진 물건들을 골라 미르잔 왕에게 선물하려고 선원들에게 짐을 들게 하고 궁전으로 향했습니다. 그리고 왕 앞에 나아가서 그 발아래 선물을 내려놓고 자초지종을, 특히 배와 내 짐에 대해 자세히 이야기했습니다.

이야기를 들은 왕은 몹시 놀라면서도 내 말에 조금도 거짓이 없음을 믿어 주었습니다.

그 뒤로 왕의 총애는 더욱 두터워져서 더할 수 없는 영예를 주시고, 내 선물에 대한 답례로 훌륭한 하사품도 내려주셨습니다.

그리하여 나는 배에서 찾은 짐을 팔아 잠깐 사이에 막대한 이익을 올렸고, 그 돈으로 이 고장에서 생산되는 온갖 진기한 상품들을 사 모았습니다.

드디어 상인들이 배와 함께 귀국길에 오르려 할 때, 나는 가지고 있던 물건을 모조리 배에 싣고 왕을 알현하러 갔습니다. 그리고 지금까지 베풀어주신 은혜와 인정에 깊이 감사드리고 고국의 친구들 곁으로 돌아가는 것을 허락해 달라고 간청했습니다.

왕은 나와의 작별을 아쉬워하면서도 이 나라의 온갖 상품을 선물로 주었습니다. 나는 작별인사를 하고 배에 올랐습니다.

우리 일행은 전능하신 알라의 뜻에 따라 몇 날 며칠 쉬지 않고 항해를 계속했습니다. 다행히 운명의 신이 그 뒤의 항해에도 은총을 내려주시어, 얼마 뒤 바소라에 무사히 도착할 수 있었습니다.

나는 아무 탈 없이 다시 고국 땅을 밟게 된 것을 기뻐하며 도시에 상륙했습니다. 잠시 그곳에 머물러 있다가 진기한 상품을 산더미처럼 싣고 '평화의 도시' 바그다드를 향해 출발하여, 바그다드에 도착해서는 곧장 집으로 달려갔습니다. 그 소식을 듣고 지인들과 친척들이 인사를 하러 모여들었습니다.

그리하여 나는 환관과 처첩, 노비, 흑인 노예 등을 사서 큰 가구를 이루게 되었습니다. 또 집을 사고 토지와 정원을 사들이는 동안 재산은 더욱 불어나서 전보다 큰 부자가 되었습니다. 그리고 그 옛날 고향을 떠나 헤매면서 온갖 어려움과 괴로움, 위험한 모험을 겪었던 일은 깨끗이 잊어버리고 전보다 더욱 자주 친구들과 어울리기 시작했습니다.

그렇게 온갖 즐거움과 유흥에 빠져 술이야 안주야 하고 진탕 먹고 마시며 지냈지만, 그러한 생활에도 내 재산은 끄떡도 하지 않았습니다.

여기까지가 나의 첫 번째 항해 이야기이고, 내일은 인샬라! 일곱 번의 항해 가운데 두 번째 항해에 대해 얘기해 드리지요.

(이야기의 화자는 말을 이어갔다.) 그때부터 선원 신드바드는 짐꾼 신드바드와 함께 저녁을 먹었습니다.

"오늘은 당신이 함께 있어 줘서 정말 즐거웠소."

그러면서 선원 신드바드는 하인에게 짐꾼 신드바드에게 금화 백 닢을 주라고 명령했습니다. 짐꾼은 주인에게 감사의 말을 한 뒤, 방금 들은 이야기를 곰곰이 되새기며 세상에는 참 이상한 일도 다 있구나 하고 신기하게 생각하면서 집으로 돌아갔습니다.

그날 밤 집에서 잠을 잔 그는 이튿날 아침 일찌감치 뱃사람 신드바드의 집으로 갔습니다. 짐꾼을 반가이 맞아들인 주인은 손님을 자기 옆자리에 앉히고서 친구들이 모여들자 또 술상을 차리게 했습니다.

모두 배불리 먹고 마시면서 흥이 올랐을 무렵, 주인공인 뱃사람 신드바드는 어제에 이어 다음과 같은 이야기를 시작했습니다.

선원 신드바드의 두 번째 항해

형제들이여, 어제도 말했지만 나는 이 세상의 모든 위안과 즐거움을 누리면서 말할 수 없이 방탕한 생활을 보내고 있었습니다.

―여기서 날이 훤히 밝아왔으므로 샤라자드는 이야기를 그쳤다.

543번째 밤

샤라자드는 이야기를 계속했다.

오, 인자하신 임금님, 선원 신드바드는 손님들이 다 모여들자 다시 이야기를 시작했습니다.

―그렇게 더없이 즐거운 생활을 보내던 어느 날, 나는 문득 온 세상 모든 나라를 돌아다니면서 도시란 도시, 섬이란 섬을 모조리 구경하고 싶다는 생

각이 들기 시작했습니다. 외국 사람들과 교역을 하여 한 재산 단단히 벌어보고 싶었던 겁니다.

마음을 정한 나는 당장 막대한 현금을 마련하여 항해에 필요한 상품과 물건들을 사들이고서 그것을 짐짝으로 꾸려 놓고 강가에 나가 보았습니다. 그랬더니 훌륭하게 만든 새 배가 아름다운 천으로 돛을 달고 많은 승객과 짐을 싣고 막 출범하려는 참이었습니다.

그래서 나도 다른 상인들과 함께 그 배의 손님이 되어 그 배에 짐을 실었습니다. 배는 그날 안에 닻을 올리고 출범했습니다.

항해는 매우 순조로워서 항구에서 항구로, 섬에서 섬으로 건너다니면서, 닻을 내리는 곳마다 많은 상인과 귀인들, 고객들을 만나 매매와 거래를 성사시켰습니다.

그러는 사이 운명의 신은 우리의 배를 어느 섬으로 인도해 갔는데, 그 아름답고 푸른 섬에는 노랗게 여문 과일이 주렁주렁 매달린 나무가 무성하고 꽃은 향기로우며 새는 아름다운 목소리로 지저귀고 맑은 냇물이 졸졸 흐르며 반짝이고 있었습니다.

그런데 사람의 모습은 하나도 보이지 않았습니다. 어디에서도 아궁이에 불을 피우는 사람이 한 사람도 없었던 겁니다.*18

선장이 배를 섬에 대자, 상인과 선원들은 모두 뭍에 올라 그 일대를 거닐면서 나무 그늘에 앉아 쉬기도 하고 알라를 찬미하는 새소리에 귀를 기울이기*19도 했습니다. 모두 전능하신 알라께서 창조하신 놀라운 조화에 감탄을 금치 못했습니다.

나도 그들과 함께 뭍에 올라 숲 속에 샘솟는 맑은 옹달샘 옆에 자리 잡고 앉아서 가지고 간 음식을 꺼내 전능하신 신께서 마련해 주신 양식을 먹었습니다.

그러는 사이 산들바람이 불어오고 꽃의 달콤한 향기가 풍겨오자, 나는 어느새 졸음이 스르르 덮쳐 그 자리에서 그만 깊은 잠에 빠져들고 말았습니다.

내가 잠에서 깨어나 보니 주위에 사람은 아무도 없고, 배는 나만 남겨 두고 섬을 떠난 뒤였습니다. 상인이고 선원이고 나에 대해서는 아무도 생각하지 못했던 모양입니다. 나는 당황해서 온 섬을 이리저리 살피며 돌아다녔지만, 인간은커녕 마신의 그림자도 보이지 않았습니다. 나는 견딜 수 없이 불안해져서, 쓸개주머니가 근심 걱정과 고민 탓에 금방이라도 터져버릴 듯했습니다. 도구도 없고 먹을 것과 마실 것도 없이 혼자 남은 채, 몸은 피곤하고 마음은 비탄에 빠져 있었기 때문입니다. 나는 이제 죽은 거나 다름없다 체념하고 이렇게 중얼거렸습니다.

"아무리 헤엄을 잘 치는 사람이라도 이번에는 물에 빠져 극락왕생하지 않을 수 없을걸. 지난번에는 다행히 사람을 만나 무인도에서 사람이 사는 곳으로 갈 수 있었지만, 이번에는 꼼짝없이 죽게 생겼구나."

나는 눈물을 흘리며 마구 소리를 지르고 마치 발광한 것처럼 분노를 터뜨렸습니다. 그러면서 고향 내 집에서 맛있는 음식과 술을 마음대로 먹고 좋은 옷을 입으며 아무런 부족함 없이 호화롭게 살 수 있었는데도, 또다시 이렇게 스스로 위험하고 고생스러운 뱃길여행을 나선 자신의 어리석음을 책망했습니다.

그리고 바그다드를 떠나온 일을 이만저만 후회하지 않았는데, 최초의 항해에서 갖은 괴로움과 어려움을 겪은 끝에 가까스로 목숨을 건진 뒤였던 만큼 그 후회는 더욱 절실했습니다.

나는 나도 모르게 소리쳤습니다.

"진정 우리는 모두 알라의 것이며, 돌아가는 곳 또한 알라가 계시는 곳이다!"

그리고 마치 마귀에게 홀린 미치광이처럼 불안한 기분에 사로잡혀 한자리에 가만히 있지 못하고 갑자기 일어나 온 섬을 여기저기 헤매고 다녔습니다.

그러다가 높은 나무로 올라가서 사방을 둘러보았습니다. 눈에 보이는 건 오직 끝없는 하늘과 바다, 나무와 새, 섬과 모래밭뿐이었습니다.

그래도 얼마 동안 열심히 눈길을 모아 바라보니, 아득한 섬 속 깊숙이 뭔가 희끄무레한 게 눈에 띄었습니다. 나는 곧 나무에서 내려가 그쪽으로 가 보았습니다. 그것은 하늘 높이 우뚝 솟아 있는 백악(白堊)의 커다란 건조물이었습니다. 가까이 가서 둘레를 한 바퀴 돌아봤지만, 입구도 없고 매끈매끈한 게 발 디딜 곳은커녕 손잡을 곳도 없는 괴상한 건물이었습니다.

그래서 이번에는 서 있던 자리에 표시를 해 놓고 둘레를 한 바퀴 돌아보니 쉰 걸음은 족히 되었습니다. 나는 그 자리에 우뚝 선 채 어떻게든지 안에 들어갈 수 없을까 궁리하기 시작했습니다.

때마침 해질 무렵이라 태양도 수평선 가까이 내려와 있었는데, 갑자기 태양이 사라지고 사방이 어둑어둑해졌습니다. 아마 구름이 태양을 가린 거겠지 하면서도 한여름이라 어딘지 이상한 생각이 들어 고개를 들고 하늘을 쳐다보니, 놀랍게도 구름인 줄 알았던 건 커다란 새 한 마리였습니다.

그 새는 몸뚱이도 무척 컸지만, 날개가 정말 엄청나게 커서 그것이 펄럭이며 구름처럼 태양을 덮어버리고 햇빛을 가렸던 겁니다. 그것을 보고 소스라치게 놀란 나는 문득 이런 이야기가 생각났습니다.

―여기서 날이 훤히 밝아왔으므로 샤라자드는 이야기를 그쳤다.

544번째 밤

샤라자드는 이야기를 계속했다.
오, 인자하신 임금님, 선원 신드바드는 이야기를 계속했습니다.
―그 이야기란 전에 순례자와 여행자한테서 들은 것으로, 어떤 섬에 루흐[20]라는 커다란 새가 살고 있는데, 그 새끼의 먹이로 코끼리를 준다 했습니다. 나는 지금 내 눈앞에 있는 둥근 지붕이 바로 그 루흐라는 새의 알이라는 사실을 깨달았습니다.

그것을 쳐다보면서 전능하신 알라의 신묘한 조화에 경탄하는 동안, 새는 둥근 지붕에 내려앉아 날개로 알을 덮고는 땅 위에 두 발을 쭉 뻗은 채 잠이 들고 말았습니다. 오, 영원히 잠자는 것을 모르는 전능하신 알라께 영광 있으라!

그것을 보고 일어난 나는 머리의 터번을 끌러 그것을 두 겹으로 꼬아서 배에 단단히 감은 뒤, 새의 발에 내 가슴을 꽁꽁 묶은 다음 속으로 중얼거렸습니다.

"틀림없이 이 새가 나를 도시나 인간이 사는 곳으로 날라다줄 것이다. 이런 무인도에 홀로 있는 것보다 그편이 훨씬 좋아."

그리고 그날 밤은 잠을 자지 않고 꼬박 새웠습니다. 루흐가 갑자기 날아오르면 큰일이었기 때문입니다. 이윽고 날이 밝아 빛나는 아침이 되자, 새는 일어나 한 번 날카롭게 외친 뒤 날개를 펴더니 나를 매단 채 하늘 높이 날아올랐습니다.

하늘 높이 끝없이 올라가기에 이러다가 우주의 끝에 도달하는 게 아닌가 하는 생각이 들었을 때쯤, 새는 다시 땅으로 내려가더니 이윽고 어느 높은 산꼭대기에 내려앉았습니다.

새가 땅에 앉기가 무섭게 나는 공포에 떨면서 재빨리 터번 밧줄을 풀었습니다. 새는 나를 보지도 못하고 눈치도 채지 못한 듯했습니다. 나는 새의 발에서 터번 밧줄을 풀고 정신없이 달아났습니다.

얼마 뒤 새는 그 커다란 발톱으로 뭔가를 움켜잡고 하늘 높이 날아 올라갔는데, 자세히 보니 그것은 몸통이 굵고 기다란 뱀이었습니다. 새는 그것을 움켜잡은 채 이내 시야에서 사라졌습니다.

나는 공포에 사로잡혀 그 광경을 바라본 뒤, 앞으로 나아가서 바닥이 보이지 않을 정도로 깊고 폭이 넓은 골짜기가 내려다보이는 산등성이에 이르렀습니다.

그곳은 꼭대기에 올라가는 것은 고사하고 쳐다볼 수도 없을 만큼 깎아지른 높은 산악으로 둘러싸여 있었습니다. 나는 스스로 청해 그곳에 오게 된 일을 탄식하면서 혼자 중얼거렸습니다.

"아, 차라리 그 섬에 있을 걸! 이렇게 황량한 산꼭대기보다 그곳이 훨씬 나아! 그곳에는 그나마 나무열매와 마실 물이 있었는데 이곳에는 열매도 냇물도 없어. 하지만 위대하신 알라 외에 주권 없고 권력 없도다! 아, 갈수록 태산이구나, 한고비를 넘기니 또 한고비!"

하지만 나는 용기를 내어 한 걸음 한 걸음 계곡으로 내려갔습니다. 그런데 내려가다 보니 발밑에 있는 흙덩어리들이 모두 다이아몬드가 되어 있지 않겠습니까!

그것은 모든 광석, 보석, 자기(磁器), 줄마노 등을 부술 수 있는 돌이었습니다. 그 다이아몬드는 치밀하게 굳은돌로, 철이나 쇠망치로 아무리 두드려도 끄떡도 하지 않고 연석(鉛石)의 힘을 빌리지 않으면 자를 수도 쪼갤 수도 없이 단단한 것이었습니다.[21]

그뿐만 아니라 계곡에는 많은 구렁이와 독사들이 우글거리고 있었는데, 모두 종려나무처럼 굵고 코끼리라도 통째로 삼킬 만한 큰 것들뿐이었습니다.

뱀들은 낮에는 모습을 숨기고 있다가 밤이 되면 나타났는데, 그것은 루흐새나 독수리의 습격을 받아 잡아먹힐 우려가 있었기 때문입니다.
"아, 나 스스로 수명을 재촉하고 말았구나!"
이렇게 탄식하면서 터벅터벅 걸어가는 동안 어느덧 날이 저물자, 나는 뱀들이 무서워 어디 하룻밤 지낼 만한 곳이 없는지 이곳저곳을 살펴보았습니다. 목숨이 걱정되어 먹을 것은 아예 생각도 나지 않았습니다.
그때 마침 가까운 곳에 입구가 좁은 동굴이 보이기에 다행히 그 안으로 들어가 옆에 있는 커다란 바위를 굴려 입구를 막았습니다.
"이만하면 오늘 밤은 안심이다. 날이 새는 대로 뛰어나가서 어떤 운명이 나를 기다리고 있나 보도록 하자."
그런데 동굴 안을 둘러보니 안쪽에 알을 품은 구렁이의 모습이 눈에 띄지 않겠습니까? 나는 그만 온몸이 덜덜 떨리고 머리카락이 곤두서고 말았습니다. 그러다가 될 대로 되라는 심정으로 하늘에 계신 알라를 부르며 운명을 하늘에 맡기고 한숨도 자지 못한 채 뜬눈으로 밤을 지새웠습니다. 이윽고 날이 밝기가 무섭게 바위를 입구에서 치운 다음 불면과 공포와 굶주림에 비틀거리면서 마치 술 취한 사람처럼 밖으로 나갔습니다.
그렇게 비참한 몰골로 다시 골짜기를 따라 내려가고 있는데, 난데없이 짐승의 시체가 위에서 툭하고 떨어졌습니다. 사방을 둘러봐도 사람 그림자 하나 보이지 않았습니다. 이상한 생각이 들었지만, 문득 언젠가 상인과 순례자, 여행자들한테서 들은 기묘한 이야기가 생각났습니다.
그것은 다이아몬드가 있는 산에는 매우 위험하고 무서운 일들이 많아 그곳에서 무사히 빠져나올 수 있는 자는 아무도 없는데, 다이아몬드 상인들은 매우 교묘한 방법으로 그 보석을 손에 넣는다는 얘기였습니다.
그 방법이란, 다이아몬드 상인들이 양을 죽여서 가죽을 벗기고 그 시체에 많은 칼자국을 내어 산꼭대기에서 골짜기로 던지면, 아직 피가 마르지 않은 끈적끈적한 그 양의 시체에 보석이 달라붙습니다. 상인들이 가까운 곳에서 정오 무렵까지 몸을 숨기고 있으면, 큰 독수리나 새매가 날아와서 양의 시체를 발톱으로 채 갖고 산꼭대기로 날아갑니다. 그때를 노려 보석 상인들이 나타나 큰 소리를 질러 새들을 위협하여 쫓아버린 다음, 시체에 묻어 있는 보석을 주워 모으고 고기는 날짐승에게 남겨준 다음 그 자리를 떠난다는 것이 없습니다. 이런 방법이라도 쓰지 않으면 도저히 다이아몬드를 손에 넣을 수 없다는 얘기였습니다.

—여기서 날이 훤히 밝아왔으므로 샤라자드는 이야기를 그쳤다.

545번째 밤

샤라자드는 이야기를 계속했다.
오, 인자하신 임금님, 선원 신드바드는 이야기를 계속했습니다.
—눈앞에 떨어진 짐승의 시체를 바라보면서 전에 들은 적 있는 이야기를 떠올린 나는, 그 짐승의 시체에 다가가서 좋은 다이아몬드만 골라 주머니, 품 안, 터번, 옷 주름, 그 밖에 물건을 넣을 만한 곳이면 어디든 집어넣었습니다.
그렇게 열심히 보석을 줍고 있는데 다시 큰 고깃덩이가 떨어져 내렸습니다. 나는 터번을 풀고 반듯이 눕고서 가슴 위에 고깃덩이를 올려 그 불룩한 고깃덩이 밑에 내 몸을 감쪽같이 숨겼습니다.
내가 고깃덩이를 꽉 움켜잡자마자 큰 독수리 한 마리가 내려와 내 몸과 함께 고기를 발톱으로 채서 하늘 높이 날아올랐습니다. 한참을 날아가 이윽고 산꼭대기에 내려앉더니 독수리는 고깃덩이를 땅에 내려놓고 뜯어 먹기 시작했습니다.
그때 갑자기 커다란 고함 소리와 나무 두들기는 소리가 요란하게 들려오자 새는 깜짝 놀라 날아가 버리고 말았습니다.
나는 고깃덩이 밑에서 빠져나와 피투성이가 된 채 그 자리에 우뚝 서 있었습니다. 그때 큰 소리로 독수리를 쫓아버린 상인이 다가오더니, 나를 보고 입을 다물지도 못할 만큼 놀라 몸을 떨고만 있을 뿐이었습니다.
잠시 뒤 상인은 고깃덩이에 다가가서 뒤적거려 보더니 다이아몬드가 하나도 묻어 있지 않은 사실을 알고 비명을 질렀습니다.
"오, 이 무슨 불운이란 말이냐! 알라 외에 주권 없고 권력 없도다! 돌이 된 악마를 피해 달아나 알라께 보호를 구하는 수밖에 없다!"

그는 몹시 슬퍼하면서 자기 손을 철썩철썩 때렸습니다.

"아, 이게 무슨 일이람! 도대체 이게 어떻게 된 일이지?"

내가 옆으로 다가가자 상인이 말했습니다.

"당신은 누구요? 어쩌다가 이런 곳에 오게 되었소?"

"걱정하지 마십시오. 나는 인간입니다. 게다가 선량한 상인이지요. 나는 참으로 기구한 운명에 싸여 이상한 모험을 거듭해 왔습니다. 이곳에 오게 된 경위도 참으로 기이하지요. 그러니 너무 낙담하지 마시고 기운을 내십시오. 당신이 원하는 것을 드릴 테니까요. 다이아몬드라면 얼마든지 갖고 있으니 당신이 원하는 만큼 드리지요. 모두 당신이 좀처럼 손에 넣을 수 없는 훌륭한 것들뿐입니다. 아무것도 걱정하지 마십시오."

이 말을 들은 상인은 매우 기뻐하면서 감사와 축복의 말을 늘어놓았습니다. 그렇게 둘이서 이야기를 하고 있으니 다른 상인들도 가까이 와서 인사를 했습니다. 모두 고깃덩어리를 던진 상인들이었습니다.

이렇게 하여 모두 함께 산에서 내려오는 동안, 나는 그동안 겪었던 일을 얘기하며, 얼마나 험난한 항해를 했고 또한 어떻게 해서 이 계곡에 오게 되었는지를 얘기해 주었습니다. 고깃덩이의 임자들은 내가 다이아몬드를 많이 주자 내가 무사히 위험을 벗어난 일을 축하해 주었습니다.

"정말이지 당신은 목숨 하나를 더 얻은 거나 마찬가지요. 그 골짜기엔 아무도 갈 수 없을 뿐만 아니라, 간다 하더라도 그곳에서 살아 돌아올 수 있는 사람은 없을 테니까. 당신은 무사히 돌아올 수 있었던 것을 알라께 감사드려야 할 거요."

그날 밤 안전하고 기분 좋은 장소에 모두 숙소를 정했는데, 나는 '구렁이의 골짜기'를 빠져나와 사람이 사는 곳으로 돌아온 게 무엇보다도 기뻤습니다.

이튿날 아침 우리는 계곡 아래 구렁이들을 내려다보면서 끝없이 이어진 크고 높은 봉우리를 넘어 곧장 나아가, 이윽고 어느 아름답고 커다란 섬에 이르렀습니다.

그곳에는 커다란 녹나무가 많이 서 있는 식물원이 있는데, 모두 그 그늘 아래 백 명의 사람이 쉴 수 있을 만큼 큰 나무들뿐이었습니다. 장뇌를 채취하려면 이 나무줄기 위쪽에 긴 쇠막대기로 구멍을 뚫으면 됩니다. 그러면 거기서 수액인 장뇌가 흘러나오는데, 그것을 그릇에 받으면 고무처럼 굳습니

다. 그렇게 장뇌를 받은 나무는 얼마 뒤 말라죽어서 땔감밖에 되지 않습니다.[22]

이 섬에는 녹나무 말고도 무소[23]라는 야수가 소나 물소처럼 들판에서 풀을 뜯어 먹으며 살고 있었습니다. 낙타보다 훨씬 몸집이 큰 짐승이지만 낙타처럼 나뭇잎과 연한 가지를 뜯어 먹고 삽니다.

그 무소는 다른 동물과는 완전히 모습이 달라서 몸길이가 10완척이나 되고, 머리 한가운데 굵은 뿔이 하나 우뚝 솟아 있습니다. 그 뿔을 두 쪽으로 쪼개어 보면 인간과 비슷한 모습을 볼 수 있습니다.

또한 육지와 바다의 여행자와 순례자들의 말에 의하면, 카르카단이라는 이 짐승은 큰 코끼리를 그 뿔 위에 얹고도 끄떡도 없이 섬과 해변을 돌아다니며 풀을 뜯는다고 합니다. 그러다가 코끼리가 죽으면 코끼리 기름이 햇볕에 녹아내리는데, 그것이 눈에 들어가면 눈이 멀어 마침내 물가에 쓰러져버린다고 합니다.

그때 그 루흐라는 새가 날아와서 카르카단을 그 뿔 위의 코끼리와 함께 채가서 새끼에게 먹이는 겁니다. 또 나는 이 섬에서 우리나라에서는 볼 수 없는 여러 종류의 소와 물소도 보았습니다.

어쨌든 나는 그곳에서 약간의 다이아몬드를 팔아 금화와 은화로 바꾸거나, 그 나라의 산물과 물물교환을 했습니다. 그리하여 사들인 짐을 나귀에 싣고 다른 상인들과 함께 계곡에서 계곡으로, 도시에서 도시로 돌아다니며 장사도 하고 이국의 풍물과 알라께서 창조하신 조화와 생물을 구경하면서 여행을 계속한 끝에 마침내 바소라에 도착했습니다. 나는 그곳에서 며칠 동안 묵은 다음 바그다드를 향해 다시 길을 떠났습니다.

―여기서 날이 훤히 밝아왔으므로 샤라자드는 이야기를 그쳤다.

546번째 밤

오, 인자하신 임금님, 뱃사람 신드바드는 다시 이야기를 계속했습니다.

―이렇게 하여 나는 수많은 다이아몬드와 값나가는 모든 물건을 갖고 '평화의 도시' 바그다드의 내 집에 돌아왔습니다.

나는 친구와 친척들과 함께 다시 우의를 다지는 한편, 모든 지인과 동료에게 보시하고 축의금을 주고 또 진귀한 물건들을 선물했습니다.

그런 다음 맛있는 음식을 먹고, 좋은 술을 마시고, 좋은 옷을 입는 사치에 홀딱 빠져, 친구들을 불러모아서는 마음껏 유흥을 즐기며 가벼운 마음으로 이 세상의 온갖 즐거움과 방탕에 몸을 맡긴 채 행운을 마음껏 누렸습니다. 그리고 목숨을 가까스로 건지고 돌아온 기쁨에, 지난날 겪었던 모든 괴로운 경험은 깨끗이 잊어버리고 말았습니다.

내가 귀국했다는 소식을 전해 들은 사람들이 찾아와서 나의 모험담과 외국의 사정 등을 물을 때는, 내가 겪은 일을 모조리 얘기하고서 얼마나 많은 고난을 헤치고 왔는지 자세히 들려주었습니다. 모두 내 이야기를 신기하게 들으면서 무사히 돌아온 일을 기뻐해 주었습니다.

이것이 나의 두 번째 항해 이야기입니다. 내일은 인샬라! 그 세 번째 항해 이야기를 해 드리지요.

그 이야기를 들은 사람들은 매우 신기하게 여기면서 신드바드와 함께 저녁식탁에 앉았습니다. 저녁식사가 끝나자, 짐꾼 신드바드는 또 금화 백 닢을 얻어 고맙다는 인사를 하고 그를 축복해 준 다음, 뱃사람 신드바드의 이야기에 놀라 혀를 내두르면서 집으로 돌아왔습니다.

집에 돌아오고서도 그는 뱃사람 신드바드를 내내 축복했습니다.

이튿날 아침 해가 뜨자, 짐꾼 신드바드는 곧 자리에서 일어나 기도를 드린 다음 다시 뱃사람 신드바드의 집을 찾아가서 아침 인사를 했습니다.

뱃사람 신드바드가 짐꾼 신드바드를 반갑게 맞이하고서 마주 보고 앉아 있으니, 다른 사람들도 차례차례 모여들어 술과 밥을 배불리 먹고 이내 모두 흥이 오르자, 그는 세 번째 항해 이야기를 시작했습니다.

―그럼 여러분, 얘기를 시작할 테니 잘 들어 보십시오. 이것은 어제까지 한 이야기보다 훨씬 더 재미있는 이야기입니다. 하지만 사람이 보지 못하는 것을 알고 계신 것은 오직 알라 한 분뿐이지요! 그럼 이야기를 시작하겠습니다.

선원 신드바드의 세 번째 항해

어제 이야기한 것처럼, 나는 무사한 건 물론이고 막대한 재물까지 얻어서 두 번째 항해에서 돌아왔습니다. 그것은 오로지 알라의 덕분으로, 그전에 탕진해 버렸던 모든 것이 되돌아온 셈이었지요.

이렇게 바그다드에서 재물과 온갖 즐거움, 행복, 무엇 하나 부러운 게 없는 안락한 생활을 즐기는 동안, 신드바드는 또다시 여행을 떠나 기분전환도 하고, 모험도 하면서 장사를 하여 한밑천 잡아보고자 하는 생각으로 좀이 쑤실 지경이었습니다. 사람의 마음은 자칫하면 나쁜 쪽으로 기울어지기 마련이니까요.

마침내 결심을 굳힌 나는 항해에 필요한 물건들을 모두 사들인 다음 바소라 항에 나가보았습니다. 다행히 선원들을 충분히 고용하고, 수많은 상인과 부자, 신앙인, 관리 같은 높은 양반들을 태운 배가 막 떠나려는 참이었습니다.

그래서 나도 그들과 함께 배에 올라 알라의 축복 속에서 그 수호와 은총 아래 안전하고 쾌적한 항해가 되기를 빌며 항구를 떠났습니다. 그리고 아직 목적지에 도착하기도 전에 서로 행운과 즐거운 항해를 축하했습니다.

우리는 바다에서 바다로, 도시에서 도시로, 섬에서 섬으로 돌며, 배를 대는 곳에서는 장사하거나 관광을 하고 즐기면서 항해를 계속했습니다.

어느 날 거친 파도를 헤치며 나아가고 있는데, 뱃전에 서서 주위를 살펴보고 있던 선장이 갑자기 날카로운 비명을 지르는 것이었습니다. 선장은 곧 자기 얼굴을 때리고 수염을 잡아 뽑고 옷을 찢으면서 당장 돛을 내리고 닻을 던지라고 명령했습니다.

"아니, 선장, 대체 왜 그러시오?"

"큰일 났소! 오, 알라여, 저희를 구원해 주소서! 사실은 바람에 속아서 뱃길을 잘못 들어 큰 바다 한복판으로 나오고 말았소. 게다가 하필이면 배가 큰 바다 한복판에서 주그브인들이 사는 산[*24] 옆으로 떠내려가고 있어요. 주그브인은 원숭이처럼 털이 많은 인종인데, 그들에게 걸리면 아무도 살아나지 못해요. 이제 우리는 죽은 목숨이나 마찬가지라고 각오해야 할 것 같소."

선장의 이 말이 채 끝나기도 전에 그 원숭이 떼가 벌써 습격해 오고 있었습니다. 그들은 사방에서 메뚜기처럼 떼지어 배에 기어 올라왔고 해안에도 새까맣게 몰려와 있었습니다.

그들은 야수 중에서도 가장 무서운 모습을 하고 온몸이 펠트 같은 검은 털로 뒤덮여 있어 보기에도 흉측한 모습이었습니다. 키는 네 뼘이 될까 말까 하고, 눈은 누렇고 얼굴빛은 새까만데, 누구 하나 그들의 말을 알아듣는 사람도 없고 그 정체를 아는 자도 없으며, 또 그쪽에서도 인간과의 접촉을 피하고 있었습니다.

우리는 이 원숭이들을 죽이고 때리거나 쫓아버리는 것을 자제했는데, 그도 그럴 것이 워낙 수효가 많아서 만에 하나, 한 마리라도 잘못 건드렸다가 상처라도 입히면 놈들이 한꺼번에 덤벼들어 우리를 모조리 다 죽일 수도 있는 세력이었기 때문입니다.

그래서 물건이나 연장을 뺏길 일을 걱정하면서도 놈들이 제멋대로 하게 내버려 두는 수밖에 없었습니다.

놈들이 밧줄을 타고 떼지어 올라와서 배의 밧줄을 모조리 물어뜯어 버리는 바람에 배는 바람에 떠내려가 암초투성이 위에 얹히고 말았습니다. 그러자 원숭이 놈들은 상인과 선원들을 모두 끌고 가 섬으로 옮기고 뱃짐도 모두 약탈해서 어디론가 자취를 감추고 말았습니다.

이렇게 하여 섬에 남게 된 우리는 나무열매와 풀을 뜯어 먹고 냇물을 마시면서 목숨을 이어갔습니다. 그러던 어느 날, 섬 한복판에서 사람이 사는 듯한 집 한 채를 발견했습니다. 우리는 서둘러 그쪽으로 달려갔습니다. 그것은 뜻밖에도 높은 성벽을 두르고 굳고 단단하게 방비하는 성채로, 흑단으로 만든 문 두 짝이 좌우로 활짝 열려 있었습니다.

안으로 들어가 보니 광장 비슷한 공터가 있고 그 주위에 있는 높은 문짝들도 모두 열려 있었습니다. 광장 안쪽 끝에는 긴 돌 의자와 화로가 놓여 있고 화로 위에는 요리도구가 걸려 있는데, 그 옆에 뼈다귀가 수북이 쌓여 있었습니다.

우리는 인기척이 도무지 없어서 몹시 의아하게 생각하면서도 잠시 그 안뜰에서 쉬다가, 어느새 모두 잠이 들어버려 저녁때까지 세상모르고 잠을 잤습니다.

그러다 갑자기 대지가 뒤흔들리고 공중에서 무서운 소리가 울리더니, 성채 꼭대기 부근에서 인간의 모습을 한 거대한 괴물이 우리 쪽으로 내려왔습니다. 새까만 색에 마치 거대한 나무처럼 키가 큰 괴물인데, 눈은 훨훨 타는 석탄불처럼 이글거리고 이빨은 산돼지 엄니마냥 날카로우며 입은 우물처럼 크게 열려 있었습니다.

게다가 입술은 마치 낙타입술처럼 젖가슴까지 축 늘어져 있고 조각배*25 같은 귀는 어깨까지 닿았으며 손톱은 영락없는 사자의 발톱이었습니다.*26

이 무서운 모습의 거인을 보고 너무나 놀란 우리는 거의 넋이 나갈 지경이 되어, 보면 볼수록 놀랍고 무서워 죽을 것만 같았습니다.

―여기서 날이 훤히 밝아왔으므로 샤라자드는 이야기를 그쳤다.

547번째 밤

샤라자드는 이야기를 계속했다.
오, 인자하신 임금님, 뱃사람 신드바드의 이야기는 계속됩니다.
―우리가 무서운 거인의 모습에 정신을 잃고 있는데, 괴물은 땅에 발을 내려놓고 잠시 돌 벤치에 걸터앉아 있다가, 이윽고 일어나 우리 쪽으로 다가와서 여러 상인 중에서 느닷없이 나를 손으로 집어 들고 이리 엎어 보고 저리 뒤집어 보고 하는 것이었습니다. 그 모습은 마치 양을 잡기 전에 이리저리 만지고 살펴보는 백정과 비슷했습니다.

이 괴물이 볼 때 나 같은 고깃덩어리는 거의 한 입 거리밖에 되지 않을 겁니다. 그런데 나는 그때 너무 심한 고생과 걱정과 피로 때문에 기름기 하나 없이 말라 있었으므로 맛이 없어 보였던지, 괴물은 나를 놓아 주고 대신 다른 사람을 집어 들었습니다. 이번에도 괴물은 몇 번 뒤집어 보더니 역시 도로 놓아주었습니다.

그리하여 차례차례 한 사람씩 괴물의 검사를 받은 끝에 마지막으로 선장 차례가 되었습니다.

선장은 늠름한 체격에 살도 찌고 생기도 있었으므로 괴물의 입맛에 당겼던지, 백정이 가축을 움켜잡듯이 선장을 와락 움켜잡더니 땅 위에 패대기를 친 다음 목덜미를 발로 짓밟아 버렸습니다. 그런 다음 긴 꼬챙이를 가져와서 선장의 등허리에서 머리끝으로 꿴 다음, 활활 타는 불 위에 얹어 앞뒤로 뒤집으면서 잘 익도록 구웠습니다. 선장이 잘 구워지자 불에서 내려 양고기 꼬치구이처럼 자기 앞에 놓았습니다.

그리고 사람이 닭을 먹을 때처럼 선장의 두 다리를 잡고 쭉 찢고서, 이빨로 물어뜯거나 손톱으로 뜯어 먹고 뼈다귀까지 맛있게 핥아먹는 것이었습니다. 마침내 성벽 한쪽에 내버린 약간의 뼈다귀 말고는 모조리 깨끗하게 해치우고 말았습니다.

식사를 마친 괴물은 잠시 꼼짝도 하지 않고 앉아 있다가 이윽고 돌 벤치에 벌렁 누워 먹을 딴 양이나 암소가 목을 드렁거리듯이 코를 골고 이상한 소리를 내면서 이튿날 아침까지 한 번도 깨지 않고 자는 것이었습니다.

아침이 되자 괴물은 벌떡 일어나더니 어디론가 사라져 버렸습니다.

괴물이 가버리자 우리는 즉시 입을 열고 이 황당한 재앙에 빠진 일을 탄식하면서 울부짖었습니다.

"아, 차라리 바다에 빠져 죽던가 아니면 그 원숭이 놈들한테 잡아먹히는 편이 훨씬 나았을걸! 그편이 불고기가 되는 것보다 오히려 나았을 텐데, 이게 무슨 개죽음이란 말인가! 하지만 이 또한 알라의 뜻이겠지, 역시 위대한 알라 외에 주권 없고 권력 없도다! 여기서 빠져나갈 방법이 없으니 아무도 모르게 비참한 최후를 마치는 수밖에 없다."

그래도 우리는 일어나 섬 안을 여기저기 돌아다니면서 몸을 숨길 장소나 도망칠 구멍을 찾았습니다. 불에 구워져*27 뜯어 먹히는 것만 아니면 죽는 것도 두렵지 않을 듯했습니다.

그러나 아직 숨을 장소를 찾기도 전에 밤이 되었기에 무서워서 다시 성으로 돌아가 옴짝달싹 못하고 웅크리고 있으니, 잠시 뒤 발아래의 대지가 흔들리면서 그 괴물이 다시 나타났습니다. 괴물은 다시 우리를 하나씩 살펴보고는 마음에 드는 사람을 하나 골라 전날처럼 불에 구워 뜯어 먹어 버렸습니다.

그것이 끝나자 벤치*28 위에 나자빠져 먹을 딴 짐승처럼 으르렁거리며 코를 골면서 아침까지 자더니 다시 어디론가 가버리고 말았습니다.

우리는 다시 모여서 의논해 보았지만, 그저 서로 이렇게 주고받는 게 고작이었습니다.

"알라께 맹세코, 정말 불고기가 되어 죽는 것보다는 바다에 떨어져 죽는 편이 백번 나아! 이렇게 죽는 건 정말 끔찍하기 짝이 없어."

그러자 한 사람이 말했습니다.

"여러분, 내 의견을 한번 들어보시오. 차라리 무슨 수를 써서 이 괴물을 죽여 버리는 게 어떻겠소? 그러면 우리 이슬람교도들은 비참한 죽음을 당할 거라는 공포에서 벗어날 수 있고, 더할 수 없이 잔인한 놈의 손아귀에서 달아날 수 있을 거요."

그 말에 나도 맞장구를 쳤습니다.

"여러분, 그 괴물을 죽이는 수밖에 도리가 없다면, 여기 있는 장작과 널빤지를 해변으로 옮겨서 미리 조각배를 만들어 둡시다. 그리고 다행히 괴물을 죽일 수 있으면 그 배를 타고 물결치는 대로 떠내려가면서 알라의 뜻에 맡기기로 합시다. 그렇지 않으면 여기서 배가 지나가기를 기다렸다가 얻어 타든지. 만일 죽이지 못하고 실패할 때도 모두 조각배를 타고 바다로 나갑시다. 그러면 바닷물에 빠져 죽는 한이 있더라도 불고기가 되는 것만은 면할 수 있을 테니까. 아무튼 도망칠 수 있는 데까지 도망치기로 하고 물에 빠지면 물에 빠지는 대로 순교자로서 깨끗하게 죽기로 합시다."

"옳은 말이오, 그렇게 합시다."

모두 찬성했으므로 우리는 곧 그 일을 시작했습니다.

그리하여 즉시 돌 벤치 주위에 있는 나뭇조각을 바닷가로 운반하여 조각배를 만들고서 기슭에 매어 놓고, 그 안에 약간의 식량을 실은 다음 모두 성으로 돌아왔습니다. 밤이 되자 또 땅이 뒤흔들리더니 그 시꺼먼 괴물이 나타났습니다. 마치 그 괴물은 당장에라도 물어뜯을 듯이 개처럼 으르렁거리면서 우리를 덮쳤습니다.

악귀는 우리를 어루만지며 하나씩 움켜잡고 뒤집어 본 다음 그중 하나를 골랐습니다. 그리고 전날과 마찬가지로 불에 구워 먹고는 벤치 위에 나자빠져서 이윽고 천둥 같은 소리를 내며 코를 골기 시작했습니다.

괴물이 곯아떨어진 사실을 확인한 우리는 일어나서 그곳에 있는 쇠꼬챙이 두 개를 활활 타는 불 속에 꽂아 숯불처럼 빨갛게 달궜습니다. 그런 다음 그것을 단단히 움켜잡고 벤치 위에 누워 있는 괴물에게 살금살금 다가가서 모두 힘을 모아 괴물의 두 눈에 동시에 찔러 넣고 마구 쑤셔댔습니다. 그러니 제아무리 억센 괴물이라도 견딜 재간이 있겠습니까? 식인귀는 그만 두 눈알

이 튀어나와 완전히 눈이 멀고 말았습니다.

　괴물은 커다란 비명을 지르며 의자에서 벌떡 일어나 무서워서 벌벌 떠는 우리를 향해 무턱대고 덤벼들었습니다. 우리는 이리저리 왔다 갔다 하면서 좀처럼 방향을 잡지 못하고 도망쳤지만, 괴물은 양쪽 눈이 다 멀어서 우리를 볼 수 없었습니다. 그래도 우리는 극심한 공포 때문에 달아나지도 못하고 이젠 모두 죽는 수밖에 없다고 체념했습니다. 이윽고 손으로 더듬어 문을 찾아낸 괴물은 신음을 지르면서 밖으로 굴러 나갔습니다. 그 소리가 어찌나 무시무시하던지 지축이 흔들릴 정도였기에 우리 모두 죽은 사람처럼 얼굴이 창백해졌습니다.

　괴물이 나가자 우리도 그 뒤를 따라 그곳에서 뛰쳐나가 조각배를 매어둔 바닷가로 달려갔습니다.

　"저놈의 저주받을 괴물이 내일 저녁까지 이곳에 나타나지 않으면 죽은 것으로 봐도 괜찮으리라. 하지만 만약 다시 돌아오면 모두 조각배를 타고 운명을 하늘에 맡긴 채 달아날 수 있는 데까지 노를 젓는 수밖에 없다."

　그런데 이 말이 채 끝나기도 전에 그 검은 괴물이 영락없는 식인귀 모습을 한 다른 두 괴물을 데리고 다시 나타나는 것이 아니겠습니까! 그 두 괴물은 먼저 괴물보다 더 흉측하고 무서운 얼굴에 타오르는 숯불 같은 두 눈알을 번뜩이고 있었습니다.

　그것을 보고 모두 허둥지둥 조각배에 올라 밧줄을 끊고 필사적으로 먼 바다로 나갔습니다.*29 우리를 발견한 식인귀들은 뭐라고 욕설을 퍼부으면서 바닷가로 달려 내려와 커다란 돌을 마구 던져댔습니다.

　우리 가운데에는 그 돌에 맞아 쓰러지는 자도 있었고, 바다에 빠져 죽는 자도 있었습니다. 그리하여 죽을힘을 다해 노를 저어 가까스로 돌이 닿지 않는 곳까지 달아날 수 있었지만, 우리는 이미 대부분이 돌에 맞아 죽은 뒤였습니다.

　그리하여 우리는 바람과 물결에 흔들리면서 거친 바다 한복판으로 떠밀려 갔는데, 어느 방향으로 가야 할지 도무지 모른 채 표류하는 동안 동료는 하나 둘 죽어가 살아남은 것은 나와 다른 두 사람뿐이었습니다.

　─여기서 날이 훤히 밝아왔으므로 샤라자드는 이야기를 그쳤다.

548번째 밤

샤라자드는 이야기를 계속했다.

오, 인자하신 임금님, 뱃사람 신드바드는 이야기를 계속했습니다.

―우리는 동료가 죽을 때마다 시체를 바닷속으로 던져 넣었으므로 조각배에는 살아남은 세 사람만 남게 되었습니다. 배가 고파 거의 죽을 지경이었지만 용기를 내어 서로 격려하면서 힘껏 노를 저어가다가 마침내 어느 낯선 섬까지 떠내려갔습니다. 그때는 세 사람 모두 피로와 공포와 굶주림으로 거의 산송장이 되어 있었습니다.

가까스로 섬에 올라가 가까운 곳을 돌아다녀 보니, 나무가 울창하고 시냇물도 졸졸 흘렀으며 새들도 지저귀고 있었습니다.

우리 세 사람은 우선 나무열매로 배를 채운 뒤, 검은 괴물의 손에서 벗어난 것과 바다에서 물고기 밥이 되지 않고 무사히 목숨을 구한 것을 서로 기뻐했습니다.

그러는 사이 밤이 되자 극도의 피로 때문에 쓰러져 누워 이내 잠에 빠져들고 말았습니다. 하지만 곧 한 줄기 바람이 부는 것처럼 슉슉 하는 이상한 소리가 나서 눈을 떠 보니 마치 용처럼 생긴, 그 희귀한 이무기 한 마리가 우리를 에워싸고 똬리를 틀고 있지 않겠습니까?

괴이한 모습에 몸집 또한 어마어마하게 큰 놈이었습니다. 이무기는 천천히 대가리를 쳐들더니 다짜고짜 동료 하나를 붙잡아 단숨에 어깨까지 삼켜버렸습니다. 그리고 남은 몸뚱이를 통째로 꿀꺽 삼켜버리자, 배 속에서 그 사람의 갈비뼈가 우두둑 부러지는 소리가 들려 왔습니다.

얼마 뒤 이무기는 자취를 감추고 말았지만, 잠시 혼이 나간 우리 두 사람은 뱀에게 한입에 먹혀버린 친구를 애도하는 한편, 앞으로 자신들에게 닥칠 일을 걱정하기 시작했습니다.

"정말 불가사의한 일이다! 차례로 우리를 위협하는 죽음은 갈수록 더 무서워만 가니. 간신히 그 시꺼먼 식인귀로부터 도망쳐 나오고 물고기 밥이 되지 않은 것을 기뻐했더니 이렇게 더욱 끔찍하고 소름끼치는 일이 기다리고 있을 줄이야! 알라 외에 주권 없고 권력 없도다! 전능하신 알라의 구원을 받아 검은 괴물과 물에 빠져 죽는 것은 모면했지만, 이 무서운 독사로부터는 도대체 무슨 수로 달아난단 말인가!"

우리는 섬 안을 헤매고 다니며 과일을 따 먹고 시냇물을 마시다가 저녁 어스름이 다가오자, 높은 나무에 올라갔습니다. 나는 동료보다 더욱 높은 가지에 자리를 잡고 그날 밤을 거기서 보내기로 했습니다.

사방이 어두워지자마자 이내 그 이무기가 나타나 좌우를 둘러보면서 다가왔습니다. 그리고 우리가 숨어 있는 나무 밑에 와서 스르르 기어올라와 먼저 동료의 머리부터 어깨까지 삼켰습니다. 나는 무서워하면서도 꼼짝 않고 계속 지켜보고 있으니, 이무기는 자기 몸을 나무줄기에 칭칭 감았고[*30] 그 때문에 동료의 뼈가 그 배 속에서 부서지는 소리가 들려왔습니다.

이무기는 동료의 몸을 완전히 삼켜버린 뒤 나무에서 미끄러져 내려갔습니다.

날이 밝아 사방을 둘러보았으나 이무기가 보이지 않아서 나는 나무에서 내려갔습니다. 극도의 공포와 고통으로 거의 초죽음이 되어버린 나는 차라리 바다에 몸을 던져 단숨에 이 세상의 고통을 끊어버릴까 생각도 했지만, 역시 생명에 대한 미련 때문에 그럴 수도 없었습니다.

그래서 나는 한 가지 꾀를 생각해 냈습니다. 폭이 넓고 긴 나무판자 다섯 개를 주워 모아 하나는 발바닥에 옆으로 대고 몸의 좌우와 가슴에도 한 장씩 대고서, 가장 넓고 긴 것을 머리에 대고 밧줄로 단단히 붙들어 매었습니다.

그런 다음 반듯하게 땅에 누우니 내 몸뚱이는 마치 관에 들어간 것처럼[*31] 완전히 판자로 싸였습니다.

이윽고 밤이 되자 곧 그 이무기가 나타났는데, 내 몸을 둘러싼 나무판자 때문에 나를 집어삼키지 못하고 그저 내 주위를 꿈틀거리며 기어다닐 뿐이었습니다.

그동안 나는 공포로 말미암아 거의 죽은 것이나 다름없이 되어 그 모습을 지켜보고 있었습니다. 이무기는 몇 번을 물러갔다 다가왔다 하면서 나를 잡아먹으려 했지만, 사방에서 나를 에워싼 판자 때문에 도저히 목적을 이룰 수 없었습니다. 이러한 상태가 저녁부터 새벽까지 계속되다가 마침내 아침 햇살이 퍼지기 시작하자, 뱀은 몹시 화를 내며 힘없이 낙담한 모습으로 물러갔습니다.

나는 손을 뻗어 몸을 동여맨 나무판자를 풀었지만, 공포와 고통으로 거의 살아 있는 심정이 아니었습니다.

이윽고 바닷가로 내려가 사방을 살펴보니 문득 멀리 파도 사이에 배가 한 척 떠 있는 게 보여서, 나는 커다란 나뭇가지를 꺾어 흔들고 목이 터지라 소리를 질러 배에 신호를 보냈습니다. 나를 발견한 배 위 사람들은 서로 이렇게 말했습니다.

"배를 해안에 갖다 대어 저게 뭔지 살펴봐야겠다. 아무래도 사람 같은걸."

그리하여 섬 가까이 다가가 나의 외침을 들은 그들은 나를 배에 끌어올린 다음 그간의 사정을 물었습니다.

내가 처음부터 끝까지 그동안 겪은 이야기를 해 주었더니 사람들은 매우 놀라면서 옷과 음식을 주었습니다. 나는 음식을 배불리 먹고 맛있는 물을 마시면서 간신히 기운을 차렸습니다.

그리하여 전능하신 알라께서는 나를 죽음의 구렁텅이에서 다시 구해 주셨던 것입니다.

나는 더없이 높은 알라를 찬양하며 그 은총과 자비에 깊은 감사를 올렸습니다. 절망의 시궁창에 빠져 있던 내 마음이 다시 원래대로 생기를 되찾자, 그때까지 겪은 온갖 고난은 모두 한바탕 꿈처럼 여겨졌습니다.

배는 전능하신 알라의 은혜로 순풍에 돛을 달고 항해를 계속하여, 이윽고 백단향 나무가 울창하게 자라는 알 살라히타[*32]라는 섬에 이르렀습니다. 그곳에서 선장은 닻을 내렸습니다.

―여기서 날이 훤히 밝아왔으므로 샤라자드는 이야기를 그쳤다.

549번째 밤

샤라자드는 이야기를 계속했다.

오, 인자하신 임금님, 뱃사람 신드바드는 다시 이야기를 계속했습니다.

―닻을 내리자 상인들과 선원들은 각자 장사를 하기 위해 상품을 가지고 상륙했습니다. 그때 선장이 나를 보고 이렇게 말했습니다.

"당신은 외국인인 데다 아무것도 가진 게 없소. 게다가 지금까지 온갖 무서운 재난을 당했소. 그래서 당신에게 한밑천 잡게 하여 무사히 고향에 돌아가게 해 줄 생각이오. 그러니 앞으로 언제까지나 나를 축복해 주고 나를 위해 기도해 주시오."

"물론이지요, 기도하고말고요."

"그럼 얘기하리다. 사실은 이 배에 어떤 손님이 타고 있었는데 항해 중에 그만 행방불명이 되고 말았소. 그 뒤 여태까지 아무 소식이 없으니 살았는지 죽었는지 알 도리가 없소. 그래서 당신에게 그 사람의 짐을 맡길 참이니 이 섬에서 한번 팔아 보시오. 매상 일부를 수고비 조로 당신에게 줄 테니. 나머지는 우리가 보관해 두었다가 바그다드에 돌아가면 유족을 찾아서 팔다 남은 물건과 함께 돌려줄 작정이오. 어떻소, 그 짐을 갖고 상륙해서 다른 상인들처럼 장사를 해 보지 않겠소?"

"그렇게 하지요. 정말 감사합니다."

선장은 그 짐을 선원과 짐꾼들을 시켜 육지로 나르게 하여 나에게 맡겼습니다. 그때 배의 사무원이 선장에게 물었습니다.

"선장님, 이 짐은 무슨 짐입니까? 상인의 이름을 뭐라고 적어 둘까요?"

"뱃사람 신드바드라고 적어 둬. 그게 이 배에 타고 있다가 로크 섬에서 행방불명이 되고서 소식이 없는 그 상인의 이름이니까. 그 짐을 이 양반에게 팔게 하여 매상 일부는 수고비로 나누어주고 남은 돈은 바그다드로 돌아갈 때까지 보관했다가 본인이 있으면 본인에게 내주고 본인이 없을 때는 가족에게 줄 참이야."

"아, 그렇게 하면 되겠군요."

한편 내 이름을 써놓으라는 선장의 말을 듣고 나는 속으로 말했습니다.

'아니, 내가 바로 뱃사람 신드바드인데!'

나는 용맹심을 발휘하여, 상인들이 모두 육지에 올라 한곳에 모여서 흥정을 시작할 때까지 기다렸다가 선장에게 다가가서 물었습니다.

"선장님, 당신이 나에게 팔아보라고 한, 이 짐의 임자 신드바드란 사람이 어떤 사람인지 알고 계십니까?"

"나는 그 사람이 바그다드 출신의 뱃사람 신드바드라는 것밖에 모르오. 그 사람은 우리가 어떤 섬에 닻을 내렸을 때 다른 사람들과 함께 바다에 빠졌는데 그 뒤로는 행방을 전혀 모르고 있소."

이 말을 듣고 나는 큰 소리로 외쳤습니다.

"오, 선장님, 당신에게 알라의 가호가 있기를! 실은 내가 바로 그 뱃사람 신드바드라는 사람이오! 나는 바다에 빠져 죽지 않았소. 당신이 그 섬에 배를 댔을 때 나도 다른 상인과 선원들과 함께 상륙해서 기분 좋은 장소에 홀로 앉아 갖고 간 음식을 먹고 있었소.

그러다가 스르르 졸음이 와서 그만 그곳에서 깊이 잠이 들고 말았지요. 눈을 떴을 때 이미 배는 떠나고 가까운 곳엔 사람 그림자 하나 보이지 않았소.

그러니 이 물건은 모두 틀림없는 내 것이오. 다이아몬드의 골짜기에서 보석을 주위 온 상인들이 있으면 내가 그곳에 있는 것을 보았으니까, 내가 틀림없는 뱃사람 신드바드라는 걸 증명해 줄 거요. 나는 그 사람들에게 그때까지의 경위를 전부 이야기해 주어서, 당신들이 섬에서 잠들어 있는 나를 두고 가버린 일과 그 뒤 내가 겪은 혹독한 시련에 대해 모두 알고 있으니 말이오. 이건 결코 거짓말이 아니오."

내 말을 듣고 상인들과 선원들이 모두 내 주위로 모여들었는데 그중에는 내 말을 믿는 자도 있고 의심하는 자도 있었습니다. 그때 다이아몬드 골짜기의 이야기를 듣고 있던 한 상인이 앞으로 나서며 말했습니다.

"여러분, 전에 내가 여행 중에 있었던 신기한 일에 대해 이야기하다가 '내가 동료와 함께 뱀의 골짜기로 죽은 짐승의 시체를 던졌더니, 그 시체에 인간이 걸려 나왔다'고 말한 적이 있지요? 그때 여러분은 내 말을 믿지 않고 나를 거짓말쟁이라고 하지 않았소?"

"그랬지, 그런 이야기를 들었지만 도저히 믿을 수가 없었거든."

"그런데 그때 세상에 드문 매우 값진 다이아몬드를 나에게 준 사람은 바로 이분이었소. 짐승의 시체에 묻어오는 것보다 훨씬 많은 다이아몬드를 나에게 주었단 말이오. 그때 나는 그 사람과 함께 길을 나서 바소라까지 갔는데, 거기서 그 사람은 우리와 헤어져서 고향으로 돌아갔어요. 여기 이분이 바로 그분입니다.

그때 이분 이름이 뱃사람 신드바드라는 것과 외딴섬에서 배를 놓쳐 혼자 남게 된 사정도 들었지요. 여러분, 알라께서는 내 이야기가 거짓이 아님을 증명하기 위해 이분을 이곳에 보내주신 것이오. 그리고 처음 이분을 만났을 때 이 짐에 대한 이야기도 들었으니 이 짐은 마땅히 이분의 것이오. 이분은 결코 거짓말을 할 사람이 아니오."

이 말을 들은 선장은 나를 이리저리 살펴보더니 이윽고 입을 열었습니다.

"당신 짐에는 어떤 표시가 되어 있소?"

내가 사실대로 대답하자, 선장 역시 내가 바소라에서 배를 탔을 때 일을 떠올리고 내가 분명히 뱃사람 신드바드라는 사실을 알고는, 내 목덜미를 덥석 끌어안으며 내가 무사한 것을 축하했습니다.

"오, 당신의 모험담은 참으로 신기하구려! 우리를 다시 만나게 해 주시고 당신의 상품에 주인을 되찾아 주신 알라를 찬양합시다!"

―여기서 날이 훤히 밝아왔으므로 샤라자드는 이야기를 그쳤다.

550번째 밤

샤라자드는 이야기를 계속했다.

오, 인자하신 임금님, 뱃사람 신드바드는 다시 이야기를 계속했습니다.

―선장이 말했습니다.

"알라 무드릴라! ⁽²⁾ 상품과 소유물을 당신의 손에 되돌려 주신 알라를 찬양합시다!"

그리하여 나는 이리저리 머리를 짜내 상품을 잘 팔아서 막대한 이익을 손에 넣었습니다. 나는 정말 기뻤습니다. 목숨을 건진 것과 상품이 다시 내 손에 돌아온 게 생각할수록 기뻤습니다.

우리는 몇 개의 섬들을 돌면서 장사를 계속하여 마침내 인도에 이르렀습니다. 그곳에서 정향과 생강, 그 밖에 온갖 향료를 사들인 뒤 다시 신드에 가서 그곳에서도 물건을 매매했습니다.

그 부근의 인도해(海)에서는 신기한 것을 수없이 많이 보았는데 그중에서도 가장 신기했던 건 소처럼 생긴 물고기로, 그것은 새끼를 낳아 사람처럼 젖을 먹여 키웠습니다. 그 가죽으로 둥근 방패도 만든다고 하더군요.*33

또 낙타와 당나귀 비슷한 물고기*34와 길이가 20완척이나 되는 바다거북*35도 보았습니다.

그뿐만 아니라 조개껍데기에서 태어나 바다 위에 알을 낳고 새끼를 부화

하면서 절대로 육지에 올라오지 않는 새도 보았습니다.*36

그리하여 우리는 전능하신 알라의 축복 속에 다시 돛을 올리고 순풍을 받으며 항해를 계속한 끝에 무사히 바소라 항구에 닿았습니다. 나는 그곳에서 몇 달 머문 뒤 바그다드로 가서 집에 도착하자 가족과 친구들을 오랜만에 다시 만났습니다.

이번 항해에서 막대한 이익을 얻은 나는 무사히 귀국한 데에 대한 감사의 뜻으로 적선하고 선물을 나누어주고 과부들과 고아들에게 옷을 나눠주었습니다. 그리고 동료와 친구들을 불러 잔치를 벌이고 흥청망청 먹고 마시며 사치에 푹 빠져 있는 동안 그때까지 겪은 온갖 고생과 위험한 재난, 쓰라린 경험에 대해서는 말끔히 잊어버리고 말았습니다.

이것이 내가 세 번째 항해에서 경험한 신기한 이야기입니다. 알라의 뜻에 맞는 일이라면 내일은 또 네 번째 항해 이야기를 해 드리겠습니다. 지금까지 한 이야기보다 몇 배나 더 재미있는 이야기입니다.

(이야기의 주인공은 얘기를 계속했습니다.) 그런 다음 뱃사람 신드바드는 하인에게 전날처럼 짐꾼 신드바드에게 금화 백 닢을 주라고 분부하고 식사준비를 시켰습니다. 사람들은 식탁에 둘러앉아 저녁식사를 먹은 뒤, 방금 주인에게서 들은 모험담을 매우 신기하게 여기면서 각자 집으로 돌아갔습니다.

짐꾼 신드바드도 금화를 받고 집주인인 뱃사람 신드바드가 한 이야기에 감탄하면서 집으로 돌아가 그날 밤을 보냈습니다. 그리고 날이 밝아 아침 해가 눈부시게 빛나기 시작하자 자리에서 일어나 새벽 기도를 올리고, 다시 뱃사람 신드바드의 집으로 갔습니다.

뱃사람 신드바드는 변함없이 짐꾼을 반갑게 맞아들여 자기 옆에 앉혔습니다. 곧 다른 친구들도 모이자, 주인은 맛있는 음식을 가득 차려놓고 먹고 마시며 흥겹게 술자리를 벌였습니다. 그러다가 뱃사람 신드바드는 다시 모두에게 이런 이야기를 시작했습니다.

선원 신드바드의 네 번째 항해

그럼 형제들이여, 네 번째 항해 이야기를 시작하지요. 나는 세 번째 항해에서 돌아온 뒤 곧 친구들과 옛정을 나누며 나날이 유흥에 빠져 방탕한 날을 보내면서 지난날의 고생은 말끔히 잊어버리고 말았습니다. 그러던 어느 날 여러 명의 상인들이 나를 찾아왔습니다.

그들은 내 옆에 앉아 외국여행이며 장사에 대한 이야기를 자꾸 늘어놓았습니다. 그리하여 마침내 내 마음속에 숨어 있던 악마라는 놈이 고개를 쳐들어, 다시 한 번 상인들과 여행을 떠나 외국의 풍물을 구경하고 싶은 마음이 구름처럼 일어났습니다.

거기에는 색다른 여러 인종에 대한 흥미와 장사와 돈벌이에 대한 욕심이 섞여 있었던 거지요. 그래서 나는 그 상인들과 함께 여행을 떠날 결심을 하고 긴 항해에 필요한 물건들을 갖춘 다음, 이제까지 없었던 값진 상품을 잔뜩 준비하여 바소라로 보냈습니다. 그리하여 바소라에서 상인들과 함께 배에 올랐는데 모두 바소라에서 손꼽히는 상인들이었습니다.

우리는 전능하신 알라의 은혜를 믿으며 항구를 떠나 순풍을 타고 모든 일에 나무랄 데 없는 상태로 섬에서 섬으로, 바다에서 바다로 항해를 계속했습니다.

그러던 어느 날, 바람이 갑자기 역풍으로 바뀌어 선장은 배가 바다 한가운데로 떠내려가지 않도록 닻을 내렸고, 우리는 더없이 높은 알라 신 앞에 꿇어 엎드려 기도를 드렸습니다.

그러나 열심히 기도드린 보람도 없이 심한 돌풍이 불어 닥쳐 돛은 갈가리 찢어지고 닻줄도 끊어져 버렸습니다. 그리하여 배는 가라앉고 우리는 상품과 함께 바닷속에 내던져지고 말았습니다.

나는 한나절 헤엄치면서 어떻게든 바다 위에 떠 있었으나, 이제는 죽었구나 하고 막 포기하려는 순간, 전능하신 알라께서 배의 널빤지 한 장을 던져 주셨습니다. 나는 몇 사람의 상인과 함께 그 판자 위에 기어 올라갔습니다.

—여기서 날이 훤히 밝아왔으므로 샤라자드는 이야기를 그쳤다.

551번째 밤

샤라자드는 이야기를 계속했다.

오, 인자하신 임금님, 뱃사람 신드바드는 이야기를 계속했습니다.

─나는 다른 상인들과 함께 한 조각의 널빤지에 기어 올라가 말이라도 타는 듯이 그 위에 걸터앉아 두 다리를 저어 물살을 헤쳤습니다.

그렇게 하루 낮 하룻밤을 풍랑에 떠밀려 가다가, 다음 날 아침과 정오의 중간에 해당하는 시간*37이 되기 조금 전부터 바람이 더욱 거세지고 바다는 한결 사나워졌습니다. 우리는 피로와 불면과 추위, 게다가 굶주림과 공포와 갈증 때문에 거의 송장이나 다름없이 되어, 파도를 타고 어떤 섬의 기슭으로 밀려 올라갔습니다.

다리를 질질 끌며 바닷가를 돌아다녀 보니 풀이 잔뜩 자라고 있었습니다. 우리는 목숨을 잇기 위해 그것을 양껏 뜯어 먹고 다소 기운을 차리고서, 해변에 드러누워 이튿날 아침까지 세상모르고 잤습니다.

눈부신 아침 햇살이 빛나기 시작하자 우리는 일어나 섬 여기저기를 돌아다녔는데, 그러다가 문득 아득한 저편에 사람이 사는 집 비슷한 게 눈에 띄었습니다. 그쪽을 목표로 한참 걸어가서 그 집 근처에 이르렀을 때, 난데없이 벌거벗은 사내들이 우르르 달려와서 인사는커녕 말도 붙이지 않고 우리를 붙잡아 그들의 왕 앞으로 끌고 갔습니다.

왕은 우리에게 앉으라고 손짓을 하더니 생전 듣도 보도 못한 묘한 요리*38를 내놓는 것이었습니다.

동료 상인들은 배고픔을 이기지 못해 그것을 먹기 시작했지만 나는 왠지 속이 거북하여 먹고 싶은 마음이 없었습니다. 그런데 알라의 은총에서인지, 사실 그때 그 음식을 먹지 않아서 지금 이렇게 살아 있게 된 겁니다.

그들은 그 음식을 한입 먹기가 무섭게 분별심이 사라지고 몸의 상태도 완전히 이상해져서, 마치 악령에 사로잡힌 미치광이처럼 게걸스럽게 그것을 먹기 시작했습니다.

그러자 야만인들은 야자기름을 주고는 마시게 한 뒤 모두의 몸에 발라주었습니다. 그들이 그것을 마시고 나자, 이번에는 당장 눈이 돌아가고, 평소 예의범절은 어디로 갔는지 닥치는 대로 걸신들린 듯 음식을 먹어치우는 것이었습니다.

이 광경을 본 나는 너무 놀라서 그들에게 도대체 무슨 일이 일어날지 걱정이 되기 시작했습니다. 그리고 이 발가숭이 야만인들에 대한 공포로 내 앞날도 걱정되어 미칠 것만 같았습니다. 그래서 야만인들이 하는 짓을 유심히 살펴본 결과, 그들은 식인귀*39를 왕으로 둔 사교(邪敎)를 믿고 따르는 종족임을 알았습니다.

이 나라에 발을 들여놓은 사람이나 그들이 출몰하는 골짜기와 도로에서 붙잡힌 사람들은 모두 가차없이 이 왕한테 끌려와서 그 음식을 먹고 야자기름을 바르게 되는데, 그러면 위주머니가 갑자기 늘어나서 먹을 것을 마구 먹게 되고 분별심이 사라져서 생각하는 힘을 잃어버리고 완전히 바보처럼 되고 맙니다.

식인종은 사람들에게 야자기름과 아까 말한 그 음식을 먹여 통통하게 살을 찌운 뒤에 먹을 따서 불에 구워 왕의 식탁에 바치는 겁니다. 그러나 야만인들 자신은 사람 고기를 날로 먹는 게 보통입니다.*40

이것을 안 나는 나 자신은 물론이고 동료들이 걱정되어 거의 미칠 지경이었습니다. 그러나 당사자들은 완전히 바보가 되어 누가 무슨 짓을 해도 뭐가 뭔지 모른 채 천하태평이었습니다.

이윽고 왕은 우리를 한 남자에게 맡겼는데, 그자는 매일 우리를 집 밖으로 끌어내 마치 소나 양을 키우듯이 섬 안을 여기저기 몰고 다녔습니다. 그렇게 숲 속을 거닐거나 마음 내키는 대로 쉬는 동안 동료들은 하루하루 살이 통통하게 쪘습니다.

그런데 나만은 몹시 애를 태우는 데다 공포와 굶주림까지 겹쳐 얼굴이 파리해지고, 살이 점점 빠져 뼈와 가죽만 남고 말았습니다.

내 모습을 본 야만인들은 나를 내버려 둔 채 아예 상관도 하지 않았습니다. 이렇게 관심 밖에 있는 틈을 타 나는 어느 날 야만인들의 눈을 피해 멀리 떨어진 바닷가로 달아났습니다.

그러자 주위가 온통 바다로 에워싸인 나지막한 언덕 위에 상당히 나이를 먹은 한 남자가 혼자 앉아 있는 게 눈에 띄었습니다.

자세히 보니 그는 내 동료 상인들을 맡아서 놓아기르거나, 우리처럼 불행한 신세에 빠진 많은 사람을 감시하는 복자(牧者)의 한 사람이었습니다. 그자는 나를 흘낏 쳐다보더니 내가 아직 정신이 멀쩡하고 다른 사람들처럼 미치지 않은 것을 알았는지 멀리서 손짓으로 뭔가 신호를 하는 것이었습니다.

"되돌아가서 오른쪽 길로 가시오. 그러면 좋은 큰길에 나설 테니."

그것은 마치 이렇게 가르쳐주는 듯했습니다.

그래서 나는 발길을 돌려 오른쪽 길로 갔습니다. 어떤 때는 공포에 쫓겨 정신없이 뛰기도 하고, 또 어떤 때는 천천히 걸으며 한숨 돌리기도 하면서 나아가는 동안 어느새 노인의 모습은 완전히 보이지 않게 되었습니다.

이미 해는 떨어지고 어둠이 찾아와서 나는 길가에 앉아 잠을 자려고 했지만, 공포와 굶주림과 피로 때문에 도저히 잠이 오지 않았습니다.

그래서 한밤중에 다시 일어나 걷기 시작했습니다. 이윽고 아름답게 단장한 새벽이 찾아오자, 태양이 높은 산꼭대기를 넘어와 자갈이 깔린 지대 낮은 들판에 비스듬하게 빛을 던졌습니다.

나는 피곤함에 지친 데다 배는 고프고 목이 말라 견딜 수가 없었습니다. 그래서 섬에 자라는 풀을 뜯어 먹으며 배 속을 채우면서 간신히 목숨을 이어 갔습니다. 그런 다음 다시 출발하여 그날도 그다음 날도 나무뿌리와 풀을 먹으며 굶주림을 달래면서 여행을 계속했습니다. 그리하여 이레 낮과 이레 밤을 걸어 여드레째 되는 날 아침이 되어서야 아득한 저편에 뭔가 희미하게 보이는 게 있었습니다. 온갖 고생과 위험을 헤쳐 나온 터라 가슴이 무척 설레었는데, 가까이 다가가 보니 그것은 후추 열매*41를 따는 사람들이었습니다!

그들은 나를 보더니 곧 가까이 다가와서 빙 둘러 에워싸고는 물었습니다.

"당신은 누구시오? 어디서 오셨소?"

나는 대답했습니다.

"오, 여러분, 나는 외국에서 온 여행자입니다."

그리고 나의 신상에서 시작하여 지금까지 겪어온 고생담을 상세하고 간곡하게 죄다 얘기해 주었습니다.

—여기서 날이 차츰 밝아왔으므로 샤라자드는 이야기를 그쳤다.

552번째 밤

샤라자드는 이야기를 계속했다.

오, 인자하신 임금님, 뱃사람 신드바드의 이야기가 다시 시작되었습니다.

—내가 그 야만인들한테서 달아난 경위를 얘기하자 후추를 따고 있던 사람

들은 무척 놀라면서 내가 무사히 위험을 뚫고 나온 것을 기뻐해 주었습니다.

"정말 기이한 일이군! 사람을 잡았다 하면 하나도 남기지 않고 잡아먹어 버리는 그 검둥이 야만인들한테서 어떻게 달아날 수 있었단 말이오? 지금까지 거기서 무사히 돌아온 사람은 한 사람도 없었고, 그놈들의 흉악한 손길에서 벗어나는 것은 거의 불가능한 일인데."

나는 다시 동료들이 처한 상황을 자세히 얘기해 주었습니다. 그러자 그들은 일이 끝날 때까지 나를 옆에 앉혀 놓고 이것저것 맛있는 음식을 가져다주었습니다. 나는 그것을 배불리 먹고 쉬었습니다.

이윽고 사람들은 나를 배에 태워 자기들의 왕한테 데리고 갔습니다. 왕은 내 인사에 답례하며 정중히 맞이하고서, 나의 신상에 대해 물었습니다. 그래서 바그다드를 떠난 이후의 일들을 자세히 얘기했더니 왕을 비롯한 신하들은 내 이야기를 매우 신기하게 여겼고, 왕은 나를 자기 바로 옆에 앉혔습니다.

그런 다음 음식이 나오자 왕과 함께 배불리 먹었습니다. 그리고 식사가 끝나고 나서, 나는 손을 씻고 전능하신 알라께 감사기도를 드린 다음 그 은총에 감사하고 그 영광을 찬미했습니다.

이윽고 나는 왕 앞에서 물러나 도시 이곳저곳을 구경하고 다녔는데, 매우 부유하고 인구가 많은 고장이었고, 시장거리가 몇 군데나 있었습니다. 어디든 식료품과 상품이 풍부하게 진열되어 있고 손님과 상인들도 많았습니다.

그것을 본 나는 이렇게 번영한 곳에 온 것을 다행으로 생각하며 고생을 거듭한 몸과 마음을 그곳에서 푹 쉬기로 했습니다. 그러는 사이 그곳 주민들과도 친해져서 어느덧 그들의 존경과 호의를 받게 되었습니다. 국왕과의 사이도 국내의 중요한 인물도 미치지 못할 만큼 가까워져 갔습니다.

그런데 그곳 사람들은 신분의 상하를 불문하고 살이 알맞게 찐 훌륭한 말을 타고 다녔는데, 아무도 안장을 사용하지 않고 마구간도 없었습니다. 나는 그것을 이상하게 여기고 왕에게 물었습니다.

"오, 임금님, 말을 타실 때 어째서 안장을 쓰지 않으십니까? 안장을 놓으면 훨씬 타기도 편하고 승마술도 향상될 텐데요."

그리고 이렇게 덧붙였습니다.

"분부만 하신다면 제가 그 안장을 만들어 드릴 테니 기분이 어떤지 시험해 보시기 바랍니다."

"그렇게 해 보라."

"그런데 그러려면 약간의 목재가 필요합니다."

그러자 왕은 곧 필요한 재료를 모두 보내왔습니다.

나는 솜씨가 뛰어난 목수를 하나 찾아내어 그 옆에 붙어 서서 나무 위에 먹줄을 긋고 안장 만드는 방법을 가르쳐주었습니다. 그리하여 양털을 잘라서 펠트를 만들고, 안장에 부드러운 가죽을 씌워 그 속에 펠트를 넣은 다음, 가죽에 광택을 내도록 했습니다.

그것에 배띠와 등자 가죽을 달게 한 뒤, 이번에는 대장장이를 불러서 등자와 말 재갈의 모양을 가르쳐주고 그것을 만들게 하니, 대장장이는 쇠를 벼리어서 한 쌍의 등자와 말 재갈을 훌륭하게 만들었습니다. 그것을 줄로 밀어 매끄럽게 고른 다음 주석[*42]을 입혔습니다.

다시 가장자리에 비단 장식을 달고 재갈에 가죽 고삐를 매고는 임금의 말 가운데에서 늠름한 놈을 한 필 끌어내게 했습니다. 그 말에 만든 안장을 얹고 재갈을 물린 뒤 등자를 얹고 왕 앞으로 끌고 갔습니다.

그것을 본 왕은 매우 흡족한 기색으로 나를 치하한 다음, 곧 말을 타고 말 안장에 앉은 기분을 마음껏 즐기고서, 다시금 나에게 막대한 상금을 주며 수고를 위로해 주었습니다.

왕의 재상이 이 안장을 보더니 자기도 하나 만들어 달라고 하여, 당장 만들어서 바쳤습니다. 그리하여 나는 안장 제작에 전념하여(목수와 대장장이에게 만드는 방법을 전수해 주었으므로) 원하는 사람들에게 그것을 팔아 더할 수 없이 많은 돈을 모으게 되었고, 왕을 비롯하여 왕가와 귀족들의 총애도 한층 두터워졌습니다.

이렇게 한동안 안락한 나날을 보내던 어느 날 만족한 기분으로 왕 옆에 공손하게 앉아 있으니, 왕이 말했습니다.

"오, 그대와는 마치 형제처럼 가까운 사이가 되어 내 친척 한 사람이 된 것이나 다름없네. 그대를 소중히 여기며 친애하고 있으니 이제 와서 그대와 새삼스럽게 헤어질 수도 없거니와, 그대를 이 도시에서 떠나보내고 싶지도 않구나. 그래서 말인데 그대가 꼭 들어주었으면 하는 일이 있네. 싫다고는 하지 못하리라."

나는 대답했습니다.

"오, 임금님, 대관절 무슨 분부이신지요? 어찌 제가 임금님의 분부를 거역하겠습니까? 저는 이제까지 임금님의 한없는 은혜와 두터운 정을 입고, 여러 가지 배려를 받고 있습니다. 더욱이(알라를 찬양할지어다!) 저는 이제 임금님의 신하가 아닙니까?"

"다름이 아니라, 나는 그대에게 용모와 재주가 뛰어난 훌륭한 아내를 맞아주고 싶어 그런다네. 그 여자는 얼굴이 아름다운 데다 재산도 많은 부자라네. 아내를 맞이하면 그대는 이 나라 사람이 되어 내 옆에서 함께 살게 될 게 아니겠는가? 나는 그대를 이 왕궁 안에서 살게 할 생각이네. 그러니 이번 일은 내가 시키는 대로 하고 거절해서는 안 되네."

이 말을 듣고 나는 몹시 민망스러워서 무슨 말을 해야 할지 몰라 대답을 할 수가 없었습니다.*43

"왜 대답이 없는가?"

왕이 재촉하자 나는 겨우 대답했습니다.

"오, 현세의 임금님이시여, 뭐든지 분부하시는 대로 하겠습니다."

그리하여 왕은 즉시 판관과 입회인을 불러 당장 매우 고귀한 신분의 여자와 나를 짝지어주었습니다. 그 여자는 부족한 것이 전혀 없는 유복한 신분으로, 유서 깊은 가문의 꽃이며 매우 기품 있는 절세미인일 뿐만 아니라 논밭과 토지와 재산도 많이 가지고 있었습니다.

—여기서 날이 훤히 밝아왔으므로 샤라자드는 이야기를 그쳤다.

553번째 밤

샤라자드는 이야기를 계속했다.

오, 인자하신 임금님, 뱃사람 신드바드는 다음과 같이 이야기를 계속했습니다.

—왕은 나에게 세상에서 보기 드문 아내를 짝지어주었을 뿐 아니라 호화롭고 으리으리한 저택에 많은 노예와 가신들까지 내려주고 녹봉과 수당까지 정해 주었습니다.

그리하여 나는 아무런 부족함 없는 행복한 신분이 되어 매우 안락한 생활을 하면서 그때까지 겪은 온갖 불행과 고난은 깡그리 잊어버리고 말았습니다. 나는 진심으로 아내를 사랑했고, 아내 역시 나에게 뒤지지 않는 애정을 보내주었기 때문에, 우리 두 사람은 그야말로 몸과 마음이 하나가 되어 서로 세상에 둘도 없는 위안을 나누면서 행복하게 살았습니다. 나는 혼자 이렇게 중얼거렸습니다.

"고향에 돌아갈 때는 무슨 일이 있어도 이 아내를 데리고 가야지."

그러나 전생의 숙명은 피할 수 없고, 장차 어떤 일이 일어날지는 아무도 모르는 법이지요.

그렇게 오랫동안 지내는 사이에 전능하신 알라께서는 우리 이웃의 한 사람에게서 아내를 거두어가고 말았습니다. 이 이웃 남자는 나의 절친한 말벗이기도 하여 문상객들이 울며 애도하는 소리가 들리자 나도 곧 문상을 하러 갔습니다.

가보았더니 그 친구는 딱하게도 모진 충격을 받고 몸과 마음이 지칠 대로 지쳐 있는 모습이었습니다. 나는 애도의 말을 하고 여러 가지로 위로한 끝에 이렇게 말했습니다.

"지금쯤 부인은 알라의 자비 속에 편히 계실 테니 너무 상심하지 마십시오. 알라께서는 죽은 부인 대신 더 훌륭한 여인을 보내주실 테니까요, 인샬라! 그리고 앞으로 당신의 명망은 더욱 높아지고 오래오래 장수할 수 있을 겁니다."*44

그러나 그는 눈물을 줄줄 흘리면서 대답했습니다.

"오, 벗이여, 내가 어떻게 다른 여자와 결혼할 수 있단 말이오? 어떻게 알라께서 그 이상의 여자를 나에게 줄 수 있단 말입니까? 나에게는 이제 하루밖에 수명이 더 남지 않았는데."

"오, 제발 마음을 느긋하게 먹고 죽는다는 말은 입에 올리지 마십시오. 당신은 지금 아무런 병도 없이 이렇게 건강하지 않습니까?"

"오, 내일이면 당신은 나를 더는 보지 못할 것이고 부활의 날(3)까지 다시는 만날 수 없을 겁니다."

"아니, 그게 무슨 말입니까?"

"내일이 아닌 오늘 아내는 매장되고, 나도 같은 무덤 속에 묻히게 되니까요. 아내가 먼저 죽으면 남편도 함께 산채로 매장되고 남편이 먼저 가면 아내도 마찬가지로 생매장되는 게 이 나라의 관습이기 때문입니다. 따라서 부부 중 어느 한 쪽이 죽으면 그 배우자도 더는 살 수 없게 되지요."

나는 그만 이렇게 소리치고 말았습니다.

"어이쿠, 이거 큰일 났구나! 그건 세상에 둘도 없는 악습이야. 도저히 받아들일 수 없다!"

그러는 사이 마을 사람들이 찾아와서 죽은 여자와 그 남편을 애도하며 위로의 말을 하기 시작했습니다.

이윽고 사람들은 관습대로 아내의 시체를 널에 담아 들고 나오더니, 남편도 함께 교외로 데리고 갔습니다.

그리고 바닷가에 가까운 산의 외진 곳까지 오자, 커다란 바위를 들어 올렸습니다. 그러자 돌로 쌓은 구덩이, 아니면 우물 같은 게 나타났습니다. 그것은 그 산 밑에 있는 커다란 동굴의 입구였던 것입니다.

사람들은 이 구멍 속에 먼저 여자의 시체를 던져 넣더니 이어서 남편의 겨드랑이를 종려밧줄로 묶어 그 몸뚱이를 동굴 속에 내렸습니다.

그리고 죽음의 길 양식으로서 맑은 물을 담은 커다란 물병과 보리과자 일곱 개를 함께 넣어주었습니다.*45 사내가 동굴바닥에 내려서서 밧줄을 풀자, 사람들은 밧줄을 끌어올리고 구멍을 바위로 막고는 죽은 아내와 함께 남편을 동굴 속에 남겨둔 채 마을로 돌아왔습니다.

이 광경을 지켜본 나는 혼잣말을 중얼거렸습니다.

"알라께 맹세코 이건 먼저 죽는 것보다 훨씬 더 비참한걸."

그래서 나는 왕 앞에 나아가서 물었습니다.

"오, 임금님, 여기서는 어째서 살아 있는 자를 송장과 함께 매장하는 겁니까?"

"사실 아득한 옛날부터 조상과 선왕들이 지켜오던 관습이네. 남편이 먼저 죽으면 그와 함께 아내를 매장하고 아내가 먼저 죽으면 남편도 같이 매장하게 되어 있지. 우리는 이렇게 살아서도 죽어서도 부부 사이를 갈라놓지 않는 것이라네."

"오, 현세의 임금님이시여, 그렇다면 저와 같은 외국인의 아내가 죽어도 그 남편은 같은 일을 당해야 합니까?"

"암, 당연하지, 그대가 그 눈으로 본 대로 그렇게 해 주마."

이 말을 듣고 나는 정신이 아득해지면서 앞날이 걱정되어 쓸개가 찢어질 것만 같았습니다. 멍하니 정신을 잃고 무서운 감옥 속에 갇혀 있는 듯해 이런 사람들과 어울려 사는 게 구토증이 나도록 싫어졌습니다.

만일 아내가 먼저 죽을 경우, 나 역시 산 채로 매장당할 거라고 생각하니 견딜 수가 없었습니다. 그러나 나는 이렇게 중얼거리며 내 마음을 스스로 달랬습니다.

"어쩌면 내가 아내보다 먼저 죽을 수도 있고, 아니면 아내가 죽기 전에 고향에 돌아가 있을지도 모르지. 어쨌든 어느 쪽이 먼저 죽고 어느 쪽이 살아남을지는 아무도 모르는 일이다."

그 뒤 나는 여러 가지 일로 바빴고 또 그 일은 되도록 생각하지 않으려고 노력하며 지냈습니다. 그런데 얼마 뒤 아내가 별안간 병이 들어 고통을 호소하며 자리에 눕더니 며칠 지나지 않아 어처구니없게 알라의 부름을 받고 말았습니다.

그러자 왕을 비롯하여 그곳 사람들이 모두 그곳의 관습을 따라 나와 아내의 유족들을 조문하러 와서, 아내의 죽음을 애도하는 동시에 나 자신의 불행에 대해서도 위로의 말을 하는 것이 아니겠습니까!

여자들은 아내의 몸을 씻고 곱게 화장해 주고서, 가장 좋은 옷을 입혔습니다. 그런 다음 황금 장식품과 목걸이와 보석 등으로 꾸며서 널에 담고 앞에 말한 그 산으로 운반해 갔습니다. 그리고 동굴의 뚜껑을 젖히고 시체를 그 속에 던져 넣었습니다.

그렇게 아내를 매장한 내 친구들과 아내의 친척들은 내 주위에 모여들어 마지막 작별인사를 하면서 나의 죽음을 애도하기 시작했습니다.

그들이 그러는 동안 나는 큰 소리로 이렇게 외쳤습니다.

"전능하신 알라께서는 산 사람을 송장과 함께 매장하는 것을 결코 인정하신 적이 없다! 나는 외국인이고 당신들의 종족이 아니므로 당신들의 관습을 따를 필요가 없다. 이런 관습이 있다는 것을 알았더라면 나는 당신들의 나라에서 결혼하지 않았을 것이다!"

그러나 나의 이 말은 그들에게는 소귀에 경 읽기라, 전혀 들은 척도 하지 않았습니다. 그들은 내 몸을 강제로 붙잡아 밧줄로 묶더니 관습대로 맑은 물

한 병에 보리과자 일곱 개와 함께 나를 동굴 속에 밀어 넣고 말았습니다.

내가 동굴 밑에 닿자 사람들은 밧줄을 몸에서 끄르라고 소리쳤습니다. 그러나 내가 듣지 않자 밧줄을 동굴 속에 그대로 던져 넣고 바위로 구멍을 막은 다음 모두 돌아가 버렸습니다.

―여기서 날이 훤히 밝아왔으므로 샤라자드는 이야기를 그쳤다.

554번째 밤

샤라자드는 이야기를 계속했다.
오, 인자하신 임금님, 뱃사람 신드바드는 이야기를 계속했습니다.
―사람들이 동굴 속에 아내의 시체와 나를 던져 넣고 입구를 막고 돌아가자, 나는 동굴 안을 둘러보았습니다. 넓은 동굴 안에는 시체가 산더미처럼 쌓여 있었습니다. 그것이 고약한 냄새를 내뿜고 있었고 공기는 죽어가는 사람들의 신음 소리로 무겁게 가라앉아 있었습니다. 나는 나 자신의 경솔한 행동을 후회하면서 이렇게 중얼거렸습니다.

"아, 천벌을 받았구나! 나는 지금까지 내 몸에 닥친 운명도, 또한 이제부터 닥쳐올 운명도 모두 달게 받아야 한다. 빌어먹을! 이런 곳에서 아내를 얻다니 얼마나 어리석은 일이었던가! 영광되고 위대한 알라 외에 권력 없고 주권 없도다! 입버릇처럼 하는 소리지만, 죽을 줄도 모르고 불에 뛰어드는 하루살이란 바로 나를 두고 하는 말이었어! 아, 이게 무슨 개죽음이란 말인가! 어차피 죽일 거면 제대로 죽여서, 제대로 된 인간이나 이슬람교도처럼 깨끗하게 염을 한 뒤 수의나 입혀줄 것이지! 이렇게 비참하게 죽느니, 차라리 바다에 빠지거나 산속에서 죽는 편이 훨씬 낫겠다!"

이렇게 나는 자신의 어리석음과 탐욕을 후회하면서, 낮인지 밤인지 분간도 할 수 없는 캄캄한 동굴 속에서 끊임없이 악귀를 저주하기도 하고, 전능하신 알라를 축복하기도 했습니다.

그러다가 죽은 자의 해골 위에 쓰러진 채 오로지 알라의 구원을 빌다가 절망한 나머지, 제발 죽게 해달라고 빌기도 했습니다. 그러는 동안 오래 배 속이 비어 있던 탓에 위가 따끔거리며 아프고, 목은 타는 듯한 갈증으로 달아올라, 하는 수 없이 어둠 속에 손을 더듬어 빵을 찾아서 그것을 겨우 한 입 베어 물고 물도 한 모금 마셨습니다.

그런 다음 칠흑 같은 어둠 속에서 몸을 일으켜 동굴 안을 살펴보니, 동굴은 길쭉하게 뻗어 있고 양쪽에 움푹 팬 곳이 몇 군데 있으며, 그 부근에 시체와 아득한 옛적부터 있었던 삭은 사람의 뼈가 겹겹이 쌓여 있었습니다.

나는 새로 들어온 시체 옆에서 떨어져 움푹한 곳을 하나 차지하고 그곳에서 잠을 자기로 했습니다. 그렇게 지내는 동안 드디어 식량도 얼마 남지 않게 되었습니다. 그래서 하루에 한 번이나 이틀에 한 번만 먹기로 하고 물도 어쩌다 조금 마실 뿐이었습니다. 죽기 전에 식량이 떨어지는 게 두려워서 그렇게 나 자신을 억제하고 있었던 겁니다.

"조금씩 먹고 마셔야 한다. 알라가 틀림없이 나에게 구원의 손길을 뻗어주실 테니까."

어느 날, 신세를 한탄하며 빵과 물이 없어지면 어떻게 하나 걱정하고 앉아 있는데, 그 동굴 구멍을 막고 있던 바위가 갑자기 치워지더니 빛이 비쳐 들어왔습니다.

"대체 무슨 일일까? 아마 또 시체가 들어올 모양이구나."

이윽고 구멍 주위에 많은 사람이 늘어선 것이 보였습니다.

얼마 뒤 그들은 한 남자의 시체와 불행을 울부짖는 그 아내를 동굴에 던져 넣었습니다.*46 그런데 함께 들어온 빵과 물이 여느 때보다 훨씬 많아 보였습니다.

그 여자는 대단한 미녀였습니다. 물론 여자 쪽에서는 내가 보이지 않았습니다. 얼마 뒤 사람들은 입구를 막고 가버렸습니다.

나는 옆에 있는 송장의 다리뼈를 움켜쥐고 여자 곁으로 다가가서 머리를 힘껏 내리쳤습니다. 여자가 외마디 소리를 지르며 바닥에 쓰러지자 연거푸 두어 번 후려쳤더니 그만 숨이 끊어지고 말았습니다.

이렇게 하여 여자의 빵과 물을 빼앗은 나는 여자가 호화로운 옷을 걸치고 보석과 황금의 값진 장신구를 숱하게 단 모습을 보았습니다. 대체로 여자를 매장할 때는 한껏 치장시키는 것이 이곳 관습이었습니다.

나는 빼앗은 식량을 내 자리로 옮겨 놓고 목숨만 겨우 부지할 만큼 조금씩

아껴가며 먹었습니다. 식량이 빨리 없어져서 굶어 죽는 것이 두려웠고, 나는 아직도 전능하신 알라께 기대를 걸고 있었기 때문입니다.

그리하여 나는 동굴 안에 생매장되는 사람들을 차례로 살해하고 그 식량과 물을 빼앗아 얼마 동안 목숨을 부지하고 있었습니다. 그러던 어느 날 깊이 잠들어 있던 나는 문득 동굴 한구석에서 뼈다귀를 긁는 소리와 뭔가 부스럭거리는 소리에 놀라 잠이 깼습니다.

"저게 뭐지?"

나는 늑대나 하이에나라도 들어온 게 아닐까 걱정하면서 벌떡 일어나 그 다리 뼈다귀를 움켜잡고 소리 나는 쪽으로 다가갔습니다.

그러자 상대도 내 기척을 알아차리고 급히 동굴 안쪽으로 달아나고 말았는데, 놀랍게도 그것은 한 마리의 짐승이었습니다. 나는 용기를 내어 안쪽까지 깊숙이 쫓아갔습니다. 그랬더니 멀리 떨어진 곳에서 별빛 같은 빛살이 한 줄기 희미하게 켜졌다 꺼졌다 하는 게 아니겠습니까!

그것을 향해 계속 나아가보니 거리가 가까워짐에 따라 빛이 점점 커지고 밝아졌습니다. 그리하여 그것이 바깥세계와 통하는 바위틈이라는 것을 알았습니다.

나는 자신도 모르게 혼잣말을 했습니다.

"이 바위틈에는 뭔가 까닭이 있을 것이다. 사람들이 나를 던져 넣은 동굴 입구가 또 하나 있거나, 아니면 자연히 생긴 바위틈이겠지."

나는 잠시 궁리하다가 살그머니 그 빛에 다가가 보니 그것은 산 뒤쪽으로 통하는 구멍이었고, 짐승들이 동굴 안에 들어와서 송장을 뜯어 먹기도 하고 자유롭게 드나들기 위해 파고 넓힌 틈이었던 것입니다.

그것을 알자 내 영혼은 다시 살아나 희망이 솟아올랐고, 이제는 살아날 수 없다고 각오했던 목숨도 다시 살 수 있다는 자신감이 들기 시작했습니다.

그리하여 마치 꿈을 꾸는 듯한 심정으로 그 구멍에서 기어나가 보니, 밖은 높은 산비탈이었고, 발아래는 바다였으며, 섬에서는 절대로 접근할 수 없게 되어 있었습니다. 그러므로 도시에서 이쪽으로 오는 것은 도저히 불가능한 일이었습니다.[*47]

나는 이제는 살았다는 안도로 가슴을 쓸어내리며, 알라를 찬양하고 감사 기도를 바쳤습니다. 그런 다음 다시 한 번 동굴 속으로 들어가서 먹다 남긴 빵과 물을 전부 꺼내오고, 내 옷 위에 죽은 사람의 옷을 덧걸쳤습니다.

또 시체에 장식된 진주와 보석 목걸이는 물론이고, 보석을 아로새긴 금은 장신구, 그 밖의 장식품과 귀중품을 닥치는 대로 그러모아 수의에 싸서 바다를 바라보는 그 산허리로 가지고 나왔습니다.

그리고 그곳에 앉아 전능하신 알라께서 지나가는 배에게 구원받게 해 주실 날을 기다리기로 했습니다.

그렇게 매일같이 동굴에 드나들면서 생매장된 사람을 발견할 때마다 남녀를 불문하고 죽인 다음에, 그 식량과 값진 물품들을 빼앗아 바깥으로 들고 나왔습니다.

나는 오랫동안 그렇게 지내고 있었습니다.

―여기서 날이 훤히 밝아왔으므로 샤라자드는 이야기를 그쳤다.

555번째 밤

샤라자드는 이야기를 계속했다.

오, 인자하신 임금님, 오늘 밤에도 뱃사람 신드바드 이야기는 계속됩니다.

―나는 그렇게 식량과 값진 물품을 빼앗아 동굴 밖에 날라다 놓고 오랫동안 바닷가에서 지냈습니다. 그러던 어느 날, 거친 파도가 출렁거리는 바다 한가운데를 헤치고 나아가는 배 한 척이 보였습니다.

나는 갖고 있던 수의를 장대에 붙들어 매고 그것을 흔들며 바닷가를 달리면서 배에 있는 사람들에게 신호를 보냈습니다. 그쪽에서도 마침내 나를 발견하고 내가 외치는 소리를 듣고는, 당장 나를 구하기 위해 작은 배를 보내주었습니다. 배가 해안 가까이 이르렀을 때 배에 타고 있던 사람이 큰 소리로 물었습니다.

"당신은 누구요? 지금까지 사람 그림자를 한 번도 본 적이 없는 그런 산에는 어떻게 올라갔소?"

"저는 수상한 사람이 아니고 상인입니다. 배가 난파하여 널빤지 하나를 붙들고 약간의 짐과 함께 겨우 목숨만 살아났습니다. 알라의 축복과 운명이 정하신 바에 따라, 또한 나 자신의 능력과 재능 덕택에 갖은 고생 끝에 겨우 상품을 가지고 이곳에 상륙하여 지나가는 배에 구출되기만을 기다리고 있었습니다."

이 말을 듣고 사람들은 나를 작은 배에 태우고, 동굴에서 가지고 나와 옷과 수의에 싸둔 보석과 값진 물건들도 함께 자신들의 배로 옮겨주었습니다.

모선(母船)에 닿으니 선장이 나를 찾아와서 물었습니다.

"그 산 너머에는 큰 도시가 있지만, 어쩌다가 그런 산 그러한 곳에 있게 되었소? 나는 지금까지 이 근처를 수없이 오고 가면서 그 산 옆을 지나간 적도 많았지만, 야수나 새 말고 다른 사람의 모습은 한 번도 본 적이 없었다오."

그래서 나는 앞서 선원들에게 한 이야기를 선장에게도 되풀이하고,[*48] 도시와 동굴 속 사건에 대해선 입을 굳게 다물었습니다. 그 배 안에 그곳 사람이 타고 있지 않을까 염려했기 때문입니다.

나는 갖고 있던 진주 가운데 가장 좋은 것을 세 알 꺼내 선장에게 주면서 말했습니다.

"선장님, 당신은 저를 이 산에서 구해 주신 생명이 은인입니다. 지금 저는 가진 돈이 없으니, 친절과 인정에 대한 사례로 이것을 받아주십시오."

그러나 선장은 온갖 말을 다해 사양하면서 말했습니다.

"우리는 조난당한 사람을 해안이나 섬에서 발견하면 언제든지 그를 구하여 먹을 것과 마실 것을 주고 아무것도 입지 않고 있으면 옷도 입혀주곤 하지요. 그렇다고 그런 사람들에게 사례를 받진 않는다오. 그뿐만 아니라 안전한 항구에 닿으면, 돈까지 주어 상륙시키고 더한 인정도 베풀어주지요."

그래서 나는 육지에 오른 뒤에도 선장이 오래오래 장수하기를 기원해 주었습니다. 그리고 가까스로 죽음을 모면하고 지난날의 불행을 잊을 수 있게 된 것을 기뻐했습니다. 그 산에서는 죽은 아내와 함께 동굴 속에 내던져졌던 일을 떠올릴 때마다 공포에 몸을 떨어야 했기 때문입니다.

그 뒤 배는 항해를 계속하여 섬에서 섬으로, 바다에서 바다로 다니는 동안 방울 섬이라는 곳에 도착했습니다. 그곳에는 통과하는 데 이틀이나 걸릴 만큼 끝없이 뻗은 도시가 있었는데, 우리는 그곳에서도 엿새나 더 가서 인도에 가까운 칼라 섬[*49]으로 건너갔습니다. 그곳은 나는 새도 떨어뜨린다는 세력을 지닌 왕이 다스리고 있었고, 산물로서는 훌륭한 장뇌와 인도 등나무를 많이 생산하며 납 광산도 있었습니다.

이렇게 알라께서 이끄시는 대로 무사히 바소라에 도착하여, 그곳에서 2, 3일 머문 다음 바그다드로 돌아간 나는 기쁨에 넘쳐 내 집 안으로 들어섰습니다.

집으로 돌아온 나는 오랜만에 가족과 친구들을 만났습니다. 그들은 내가 무사히 돌아온 것을 무척 기뻐해 주었습니다.

나는 가지고 온 물건을 모두 창고에 넣어둔 다음, 탁발승과 걸인들에게 희사하고 과부와 고아에게도 옷을 나눠주었습니다. 그러고는 다시 옛날처럼 술과 유흥에 빠진 생활로 돌아가 온갖 방탕한 쾌락을 즐기기 시작했습니다.

이것이 내가 네 번째 항해에서 겪은 신기한 모험담입니다. 여러분이 내일 또 와주신다면 다섯 번째 항해에서 어떤 일을 겪었는지 들려 드리지요.

오, 육지의 신드바드 형제여, 당신도 물론 또 와주시겠지요.

(이야기의 화자는 말을 이었습니다.) 신드바드의 이야기가 끝나자 여느 때와 마찬가지로 저녁식사가 준비되었습니다. 식탁이 차려지자 손님들은 저녁을 먹었고, 주인은 어제처럼 짐꾼 신드바드에게 금화 백 닢을 주었습니다. 당사자는 물론, 그 자리에 함께 있었던 손님들은 모두 흥분된 기분으로 방금 들은 이야기를 매우 신기하게 여기면서 집으로 돌아갔습니다. 그도 그럴 것이 이야기는 첫날보다 갈수록 점점 재미있었기 때문입니다.

짐꾼 신드바드는 집으로 돌아가 뜻밖의 행운을 만난 것을 매우 만족스럽게 여기며 놀라움과 감탄 속에서 그날 밤을 보냈습니다.

그리고 날이 밝아 아침 해가 떠오르자 얼른 새벽 기도를 올리고, 뱃사람 신드바드의 집에 다시 갔습니다. 주인은 짐꾼 신드바드를 반갑게 맞아들여 다른 손님들이 모여들 때까지 자기 옆에 앉아 있게 했습니다. 이윽고 사람들이 모여들어 함께 식사를 하고 술을 마시는 동안 점차 분위기가 무르익자 주인은 다섯 번째 항해 이야기를 하기 시작했습니다.

—여기서 날이 훤히 밝아왔으므로 샤라자드는 이야기를 그쳤다.

556번째 밤

샤라자드는 이야기를 계속했다.
오, 인자하신 임금님, 주인은 다음과 같이 이야기를 시작했습니다.

선원 신드바드의 다섯 번째 항해

여러분, 네 번째 항해를 마치고 돌아온 나는 한동안 육지에 머물며 방탕한 생활을 보내고 있었습니다. 그때 얻은 더할 수 없이 많은 재물로 영화를 누리면서 그때까지 겪은 온갖 어려운 고비와 괴로움에 대해서는 씻은 듯이 잊어버리고 말았습니다. 그런데 나는 참으로 미련하기 짝이 없는 사람인지라, 또다시 여행을 떠나 낯선 나라와 섬들을 돌아다니고 싶은 욕망이 솟아나서 견딜 수가 없었습니다.

그래서 나는 이 계획에 어울리는 값진 상품을 사들여 짐짝을 꾸린 뒤 바소라로 갔습니다. 바닷가의 부두에 나가보니 뱃전이 매우 높고 훌륭한 배 한 척이 눈에 들어왔습니다. 그것은 이제 막 건조되어 모든 게 새로운 배로, 첫 항해를 기다리는 참이었습니다.

나는 그 배가 매우 마음에 들어 즉시 그것을 사들이고 상품을 모두 실은 뒤, 선장과 선원을 고용하고 내 노예와 하인들에게 감독을 맡겼습니다. 이 밖에도 많은 상인이 여행준비를 하고 찾아와서 짐삯과 뱃삯을 내고 배에 올라탔습니다.

그리하여 우리는 파티하[4]를 중얼거리며 기쁨에 넘쳐, 순조로운 항해와 막대한 이익을 꿈꾸면서 알라의 바다를 향해 힘차게 돛을 올렸습니다.

이렇게 하여 도시에서 도시로, 섬에서 섬으로, 바다에서 바다로 항해하면서 곳곳의 도시와 나라를 구경하며 장사를 계속하다가 어느 날 매우 큰 무인도에 이르렀습니다.

사람은 하나도 살지 않는 쓸쓸한 섬으로, 어마어마하게 크고 하얀 둥근 지붕이 반쯤 모래 속에 묻혀 있었습니다. 상인들은 나를 배에 남겨 두고 섬을 돌아본다면서 육지로 올랐는데, 그 둥근 지붕은 다름 아닌 거대한 루흐의 알이었습니다.

사람들은 그런 줄도 모르고 돌을 주워 던지자 그것이 깨지면서 엄청난 물이 흘러나왔고, 이윽고 그 속에서 새끼 루흐가 나타났습니다. 그것을 본 사람들은 모두 덤벼들어 그 새끼를 밖으로 끌어낸 다음 목을 베어 죽이고 고기를 듬뿍 잘라냈습니다.

나는 배 안에 남아 있었으므로 사람들이 무슨 짓을 하고 있는지 몰랐는데, 이윽고 손님 하나가 돌아와서 말했습니다.

"나리, 뭍에 올라가서 우리가 둥근 지붕이라고 착각했던 저 새알을 좀 보십시오."

그래서 나가보니 상인들이 알을 향해 돌을 마구 던지고 있지 않겠습니까? 나는 그들을 향해 큰 소리로 외쳤습니다.

"그만두시오, 그만둬! 그 알에 손을 대선 안 되오. 그런 짓을 하면 루흐 새가 나타나서 배를 부수고 우리를 모두 죽이고 말 테니까."*50

그러나 사람들은 내 말을 곧이듣지 않고 장난을 멈추지 않았습니다. 그러자 갑자기 사방이 캄캄해지면서 마치 온 하늘이 구름으로 뒤덮인 듯 태양도 사라지고 말았습니다.*51

모두 고개를 들고 쳐다보니 검은 구름이라고 생각한 것은 하늘을 맴도는 루흐 새의 날개였습니다. 이윽고 섬 위에 이른 새는 알이 깨진 것을 보고 외마디 소리를 지르며 크게 한 번 울었습니다.

곧 암놈도 나타나서 루흐 새 두 마리가 천둥보다 큰 소리로 울어대며 배 위를 빙빙 돌기 시작했습니다. 나는 선장과 선원들을 향해 소리쳤습니다.

"빨리 배를 몰아라! 몰살당하기 전에 달아나야 한다!"

상인들이 급히 배에 올라타자, 우리는 닻줄을 감아올리고 허겁지겁 섬에서 바다 한복판을 향해 나아갔습니다.

이것을 본 루흐 새 두 마리는 어디론가 날아가 버렸고, 우리는 그저 루흐 새 둥지에서 달아날 생각에 돛을 잔뜩 펼치고 달렸습니다.

그런데 얼마 뒤 루흐 새 두 마리가 다시 나타나 배를 쫓아 왔는데, 이윽고 배 위에 다가온 모습을 보니 그 거대한 발톱에 산에서 가져온 듯한 커다란 바위를 움켜잡고 있었습니다. 먼저 수놈 루흐가 배 바로 위에 와서 발톱을 벌려 바위를 배 위에 떨어뜨렸습니다. 그러나 선장이 재빨리 배를 돌린 덕분에 바위는 아슬아슬하게 배 옆으로 떨어졌고 곧 엄청난 물기둥이 치솟았습니다.

그 충격으로 배는 일단 높이 떠올랐다가, 다음 순간 바다 밑이 보일 만큼 깊은 파도의 골짜기 속으로 떨어졌습니다.

이어서 암놈 루흐가 수놈이 떨어뜨린 것보다 훨씬 큰 바위를 배 위에 떨어뜨렸습니다. 그러자 정해진 운명이라고 할까요, 그 바위는 정확하게 배의 앞부분에 떨어져 배는 엉망으로 부서지고 키도 산산조각이 되어 날아가 버렸습니다. 배는 사람들과 짐을 태운 채 가라앉아 물고기 밥이 되고 말았습니다.[*52]

나는 그때 속세에 대한 미련을 버리지 못하고 필사적으로 허우적대고 있었더니, 다행히 전능하신 알라께서 배의 널빤지를 하나 던져주셨습니다.

나는 그 널빤지에 매달려 말처럼 올라타고서 노 대신 두 발을 젓기 시작했습니다. 그런데 배가 침몰한 곳은 큰 바다 한복판에 있는 작은 섬 바로 옆이었으므로, 파도와 바람에 밀려 떠내려가는 동안, 마침내 더없이 높은 신의 뜻으로 그 섬의 기슭으로 떠밀려 올라갔습니다.

그때는 이미 고통으로 숨도 제대로 못 쉬고 굶주림과 갈증으로 거의 반죽음 상태여서, 뭍에 올랐을 때는 살아 있는 인간이 아니라 죽은 것이나 다름없는 모습이었습니다. 나는 그 자리에 몸을 던지고 한동안 누워 있었는데, 그러는 동안 차차 기운이 회복되어 섬을 둘러보기로 했습니다.

그곳은 천국의 낙원이 있다면 바로 이런 곳이리라고 생각되는 섬이었습니다. 싱싱한 나무에는 노랗게 익은 과일이 흐드러지게 달렸고, 시냇물은 맑고 깨끗하게 반짝이고 있었습니다. 또 아름답게 활짝 핀 꽃은 향기로운 냄새를 흩날리고 새는 영원한 생명을 지닌 전능하신 알라를 찬양하며 즐겁게 재재거리고 있었습니다.

나는 과일을 배불리 먹고 시냇물로 마음껏 갈증을 풀었습니다. 그리고 더없이 높은 알라께 감사기도를 드리고 그 영광을 찬양했습니다.

―여기서 날이 훤히 밝아왔으므로 샤라자드는 이야기를 그쳤다.

557번째 밤

샤라자드는 이야기를 계속했다.

오, 인자하신 임금님, 뱃사람 신드바드는 이야기를 계속했습니다.

―그리하여 나는 아무 소리도 들리지 않고 사람 그림자도 보이지 않는 그곳에서 밤이 될 때까지 꼼짝 않고 앉아 있었습니다. 그러다가 괴로움과 두려움과 피로를 견디지 못해 쓰러지듯 옆으로 눕자마자, 마치 죽은 사람처럼 아침까지 깊이 잠들고 말았습니다.

이윽고 잠에서 깬 나는 일어나서 우거진 나무 아래를 거닐었습니다. 그러다가 콸콸 솟아나는 샘물을 끌어 만든 우물의 물길이 있는 곳에 이르렀습니다. 그 우물 옆에 점잖은 풍채의 노인이 종려나무 섬유[53]로 짠 허리천[54]을 두르고 앉아 있었습니다.

"이 노인 역시 타고 있던 배가 난파해서 가까스로 이 섬에 올라온 모양이구나."

나는 이렇게 생각하며 노인에게 다가가서 인사를 하자 노인도 몸짓으로 답례했습니다. 그런데 말을 전혀 하지 않는 것이었습니다.

그래서 나는 물어보았습니다.

"노인장은 왜 이런 곳에 앉아 계십니까?"

그러자 노인은 머리를 흔들며 신음 소리를 내더니 한 손으로 손짓을 했습니다.

"나를 어깨에 메고 이 물길을 건네주실 수 없겠소?"

마치 이렇게 말하는 것 같았습니다. 나는 속으로 중얼거렸습니다.

'그래 이 노인이 원하는 대로 해 드리자. 아마도 중풍환자 같은데, 이분에게 친절을 베풀면 설마 하늘이 보답해 주시겠지.'

이렇게 생각하며 노인을 어깨에 메고 가자는 곳까지 가서 말했습니다.

"그럼, 조심해서 내려오십시오."

그러나 노인은 내 어깨에서 내려오려 하지 않고 오히려 두 다리로 내 목을 감는 것이었습니다. 그 다리를 보니 색깔이 검고 까칠까칠한 게 꼭 물소가죽 같았습니다.[55]

나는 기분이 오싹해져 노인을 어깨에서 내려놓으려고 했지만, 노인은 더욱 세게 매달려 두 다리로 내 목을 바짝 조이는 통에, 나는 숨이 막히고 눈앞이 캄캄해져서 마침내 정신을 잃고 그 자리에 쓰러지고 말았습니다.

그래도 노인은 내 어깨에서 내려오지 않고 두 발을 들어 종려나무 채찍보다 더 아프게 등이고 어깨고 할 것 없이 내리쩍었습니다. 나는 너무 아파서 결국 다시 일어나지 않을 수 없었습니다.

그때부터 노인은 한 손으로 이리 가라, 저리 가라며 가리키고, 나는 시키는 대로 가장 맛있는 과일이 여문 나무 사이를 이리저리 왔다 갔다 하고 있었습니다. 만약 시키는 대로 하지 않거나 우물쭈물하면서 게으름을 피우기라도 하면 채찍질보다 더 아프게 두 발로 냅다 차버리는 것이었습니다.

노인은 이렇게 언제까지나 손짓 하나로 자기가 가고 싶은 방향을 가리키는 것을 그만둘 기색이 없었습니다. 나는 마치 포로가 된 노예처럼 노인을 어깨에 멘 채 온 섬을 쏘다녔습니다.

날이 저물어도 다시 밝아 와도 노인은 내려오기는커녕 똥오줌도 내 어깨와 등에 그대로 누었습니다. 그뿐만 아니라 잠이 오면 발을 내 목에 감고 내 등에 기댄 채 그대로 자고, 잠이 깨면 또 나를 발로 차는 것이었습니다.

그러면 나는 그 고통에서 벗어나기 위해 불평도 하지 못하고 벌떡 일어나야 했습니다. 그리고 이따위 늙은이에게 섣불리 동정심을 느껴 이런 꼴을 당하게 된 나 자신을 저주했습니다. 또한 나는 기진맥진한 끝에 이렇게 중얼거리기도 했습니다.

"나는 이 늙은이에게 친절을 베풀어주었는데 늙은이는 나에게 이런 고생을 시키는구나. 알라께 맹세코, 내가 살아 있는 한, 다시는 누구에게도 친절을 베풀지 않을 테다."

그리고 너무나 힘들고 괴로워서 알라께 차라리 당장 숨을 끊어주십사고 빈 적도 한두 번이 아니었습니다.

이런 상태로 꽤 오랜 시간이 지난 어느 날, 여느 때와 마찬가지로 노인을 짊어지고 조롱박이 많이 열린 곳에 이르렀습니다.

그 조롱박은 대부분 말라 있었는데 그중에서 큰 것을 하나 따서 꼭지 부분을 잘라 알맹이를 파내고 속을 비웠습니다. 그리고 가까이 있는 포도나무에서 포도를 훑어 즙을 짜서 조롱박에 가득 담았습니다.

그런 다음 꼭지에 마개를 달고 볕이 바로 드는 곳에 며칠 두었더니 이윽고 독한 술이 되었습니다.

그때부터 매일 그 포도주를 조금씩 마시면서 뻔뻔스럽고 심술궂은 악마에게 학대받는 자신을 위로하며 지친 몸을 그럭저럭 지탱하고 있었습니다. 술을 목구멍에 넘길 때마다 고통도 잊고 기분도 좀 나아지는 듯했습니다.

어느 날, 내가 그 술을 마시는 것을 보고 늙은이가 손짓으로 물었습니다.

"그것이 뭔가?"

나는 대답했습니다.

"이것은 아주 좋은 강장제인데, 이것을 마시면 마음이 흥겹고 즐거워진답니다."

그러고는 취기가 돈 김에 노인을 짊어진 채 숲 속을 이리저리 뛰어다니면서 손뼉도 치고 노래도 부르고 신나게 춤도 추었습니다. 그리고 일부러 다리를 못 가누는 척 비틀거려 보이기도 했습니다.

노인은 그런 내 모습을 보고 자기도 마시고 싶으니 조롱박을 달라고 손을 내밀었습니다. 나는 또 무슨 행패를 당할지 몰라 순순히 조롱박을 주었습니다. 그러자 노인은 술을 한 방울도 남기지 않고 다 마셔버리고는 빈 조롱박을 땅에 내던졌습니다.

이윽고 술에 취하자 노인은 흥이 올라 내 어깨 위에서 손뼉을 치고 몸을 좌우로 흔들기 시작했습니다. 그뿐만 아니라 내 옷이 흠뻑 젖도록 오줌을 싸더니, 취기가 머리 꼭대기까지 올랐는지 완전히 곤드레만드레 되어 옆구리와 팔다리 근육이 축 늘어져서 온몸을 건들거리기 시작했습니다.

나는 늙은이가 술에 취해 인사불성이 된 것을 알고, 그 발을 잡아 내 목에서 풀고는 땅에 닿을 듯이 허리를 굽혀 노인을 힘껏 내팽개쳤습니다.

―여기서 날이 훤히 밝아왔으므로 샤라자드는 이야기를 그쳤다.

558번째 밤

샤라자드는 이야기를 계속했다.

오, 인자하신 임금님, 뱃사람 신드바드는 이야기를 계속했습니다.

―나는 어깨에 메고 있던 노인을 땅바닥에 내던지기는 했지만 그것으로 이 악마로부터 완전히 벗어난 것은 아니어서, 술이 깨면 또 어떤 행패를 부릴지 몰라 걱정이 되었습니다. 그래서 숲에 들어가서 커다란 돌을 하나 주워 죽은 듯이 잠들어 있는 늙은이에게 다가가 그 머리를 힘껏 내리쳐서 머리뼈를 깨부수고 말았습니다.

그리하여 살점과 비계와 피가 뒤범벅된 늙은이는 천벌을 받아 지옥불 속에 떨어지고 만 것입니다. 그런 놈에게는 알라께서도 결코 자비를 내리지 마시기를!

나는 그제야 마음을 놓고, 전에 있었던 해안으로 돌아가서 나무열매를 따먹고 시냇물을 마시면서 날마다 지나가는 배가 있을까 하고 바다만 바라보면서 지냈습니다.

그러던 어느 날, 그날도 바닷가에 앉아서 그때까지 내 몸에 닥쳤던 일들을 이것저것 회상하면서 이렇게 중얼거리고 있었습니다.

"알라께선 과연 내가 살아서 가족과 친구들에게 돌아갈 수 있도록 나를 구원해 주실까?"

그때 마침 파도를 헤치며 섬으로 다가오는 배 한 척이 눈에 띄었습니다.

배는 순식간에 섬에 닿아서 닻을 내리더니 승객들이 내렸습니다. 내가 그들에게 달려가자 그들도 나를 발견하고 달려와선 나를 둘러싸며, 어째서 이런 곳에 와 있는지 물었습니다.

내가 그동안의 모든 일을 말하자 그들은 매우 놀라면서 말했습니다.

"당신이 메고 다닌 자는 샤이프 알 바르, 다시 말해 '바다의 노인'[56]이라고 불리는 늙은이오. 지금까지 그 늙은이에게 걸렸다가 살아남은 사람은 당신 말고는 아무도 없소. 모두 그 늙은이에게 잡아먹히고 말았단 말이오. 당신이 무사히 살아난 것을 알라께 감사하시오!"

그들은 나에게 먹을 것을 주었습니다. 나는 그것을 배불리 먹고 옷도 얻어 거의 벌거숭이가 되어 있던 몸을 가렸습니다.

그런 다음 그들의 배를 타고 밤낮없이 항해를 계속하다가 그것도 운명의 장난인지, 마침내 원숭이 도시라는 곳에 이르렀습니다.

그 도시에는 웅장한 건물들이 바다를 향해 즐비하게 늘어서 있었는데 건물마다 쇠못을 박은 굳고 단단한 성문이 하나 있을 뿐이었습니다.

그곳 사람들은 매일 저녁이 되기가 무섭게 크고 작은 배를 타고 바다로 노를 저어 나가 바다 위에서 밤을 보냈습니다. 산에서 내려오는 원숭이 떼가 무서워서였습니다.

그 이야기를 듣자 나는 그 옛날 원숭이들에게 몹시 혼났던 일이 생각나 소름이 오싹 끼쳤습니다.

그래도 도시를 구경하면서 나그네의 고달픔을 달래려고 땅에 올랐는데, 내가 시내를 구경하는 사이 이번에도 배는 나를 남겨두고 떠나가고 말았습니다.

나는 상륙한 것을 후회하며 동료들을 생각하고, 또 원숭이들에게 혼난 일을 떠올리면서 그 자리에 주저앉아 절망에 빠져 탄식하기 시작했습니다. 그때 마을 사람이 다가와서 나에게 말을 건넸습니다.

"이보시오, 보아하니 이곳 사람이 아닌 것 같군요."

"예, 타국 사람입니다. 정말 가엾은 처지의 나그네랍니다. 배가 닻을 내리고 머무르는 사이에 잠깐 구경하러 상륙했다가 돌아가 보니 이미 배는 떠나가고 없지 뭡니까?"

"그렇다면 나를 따라가서 함께 배를 탑시다. 이 도시에서 잠을 자다가는 원숭이 놈들에게 잡아먹히고 마니까요."

"그럼, 부탁합니다."

나는 일어나서 그 사람과 함께 작은 배를 타고 바다로 나가, 뭍에서 1마일가량 떨어진 곳에 닻을 내리고 그날 밤을 보냈습니다.

날이 밝자 사람들은 모두 도시로 돌아가서 저마다 일터로 나갔습니다. 이렇게 매일 밤 같은 일을 되풀이하고 있었는데, 만약 누군가가 밤에 도시에 남아 있기라도 하면 어김없이 원숭이들이 습격해 와서 죽여 버리기 때문이었습니다.

그리고 날이 밝으면 원숭이들은 이곳에서 달아나 곳곳의 과일을 따 먹고 산으로 돌아가 날이 저물 때까지 잔 다음, 밤이 되면 다시 도시로 내려왔습니다.*57

그 도시는 흑인국 중에서 가장 먼 변경에 있었는데, 그곳에 머무는 동안 내가 겪은 일 가운데 이색적인 사건이라면 이런 일이 있었습니다.

어느 날, 같은 배에서 잠을 잔 친구 하나가 나를 찾아와서 말했습니다.

"당신은 이 고장이 처음인 것 같은데, 무슨 기술이라도 있소?"
"나는 아무 직업도 기술도 없는 사람입니다. 원래 부유한 상인이어서 내 배를 갖고 있었는데, 상품을 산더미처럼 싣고 항해하다가 난파하여 모두 바다에 가라앉고 말았다오. 알라께서 던져주신 널빤지 하나를 붙들고 죽을 고비를 여러 차례 넘기며 겨우 목숨만 건졌지요."

그러자 그는 무명 자루를 하나 주면서 말했습니다.

"그럼 이것을 가지고 바닷가로 가서 조약돌을 가득 담으시오. 그런 다음 이곳 사람들을 따라가시오, 당신을 잘 보살펴주라고 내가 부탁해 놓을 테니, 다른 사람들이 하는 대로만 하면 고향에 돌아갈 뱃삯쯤은 벌 수 있을 거요."

그는 나를 바닷가에 데리고 갔습니다.

그리하여 내가 조약돌을 자루에 담고 있으니 마침 조약돌을 담은 자루를 어깨에 메고 도시를 떠나는 한 떼의 사람들이 나타났습니다.

그러자 그 친구가 그들에게 말했습니다.

"이 사람은 외국인인데, 함께 데리고 가서 어떻게 하면 되는지 가르쳐주게. 그러면 이 사람은 생계를 꾸려나갈 수 있게 되고, 당신들도 천국에서 보상을 받게 될 테니."

그리고 나를 잘 돌봐주라고 부탁했습니다.

"염려 마십시오!"

사람들은 나를 반가이 맞이해 주며 말했습니다. 우리는 곧 함께 출발했습니다.

이윽고 어느 넓은 골짜기에 이르렀는데, 그곳에는 커다란 나무들이 울창하게 자라고 있었습니다. 그런데 그 나무줄기가 모두 매끈매끈해서 아무도 올라갈 수가 없었습니다. 나무 밑에서 많은 원숭이가 잠을 자다가 우리를 보고 놀라 모두 나무 위로 올라가 버렸습니다.

이때 사람들은 각자의 자루에서 조약돌을 꺼내 원숭이를 향해 돌팔매질했습니다. 그러자 원숭이들도 그 나무에 열린 열매를 따서 마구 던지는 것이었습니다. 원숭이가 던지는 열매를 자세히 보니 바로 인디언 카카오 열매,[*58] 즉 코코아 열매였습니다.

나는 원숭이가 떼지어 올라가 있는 큰 나무를 골라 가까이 가서 돌을 던지기 시작했습니다. 그러자 원숭이가 그 답례로 열매를 던져주는지라 다른 사람들이 하는 것처럼 나도 그것을 주워 모았습니다.

그리하여 자루 속의 조약돌을 다 던지기도 전에 코코아 열매가 꽤 많이 모였습니다. 다른 사람들처럼 나를 수 있을 만큼 코코아 열매를 모은 나는 발길을 돌려 도시로 돌아갔습니다. 모두 하루의 노동으로 피로에 지쳐 있었습니다.

그러나 나는 이 열매 줍는 일을 소개해 준 그 친절한 사람을 찾아가서 고맙다는 말을 하고 내가 주운 열매를 모두 사례로 내밀었습니다. 그러나 그는 받으려 하지 않고 이렇게 말했습니다.

"그것을 팔아서 돈으로 바꾸시오."

그뿐만 아니라 그는 자기 집 다락방 열쇠까지 내주면서 내게 말했습니다.

"당신이 주워온 열매를 이 안전한 장소에 넣어두시오. 그리고 매일 아침에 가서 오늘처럼 나무열매를 주워 오시오. 그중에서 별로 질이 좋지 않은 것은 팔아서 생계에 보태고 좋은 것만 여기에 비축해 두면 머지않아 당신이 고향에 돌아갈 때 도움이 될 것이오."

"오, 알라께서 당신에게 틀림없이 좋은 보답을 주실 겁니다."

나는 감사인사를 하고 그 뒤부터 그의 말대로 매일 코코아 열매를 줍는 사람들과 함께 일을 했습니다. 그들은 모두 친절한 사람들이어서 여러모로 나를 돌봐주며 열매가 가장 잘 여문 나무를 가르쳐주기도 했습니다.[*59]

그렇게 한동안 지내면서 나는 막대한 판매액과 질 좋은 열매를 잔뜩 비축할 수 있었습니다. 이렇게 하여 나는 매우 안락한 생활을 하게 되어 원하는 것은 뭐든지 사들이면서 행복하고 재미있게 도시생활을 즐기고 있었습니다.

그러던 어느 날 바닷가에 서 있으니, 커다란 배 한 척이 바다 한복판에서 미끄러지듯 다가와 해안 가까이에 닻을 내리는 것이었습니다. 그 배에서 상인들이 상륙하더니, 가지고 온 상품들을 팔거나 코코아 열매나 다른 토산물과 물물교환을 하기 시작했습니다.

나는 그 친절한 친구를 찾아가서 배가 들어왔다는 것과 그 배를 타고 고향으로 돌아가고 싶다는 뜻을 전했습니다.

"당신 좋을 대로 하구려."

그래서 나는 그때까지의 그의 친절에 깊은 감사의 뜻을 표시하고 작별인사를 한 뒤, 당장 그 배의 선장을 찾아갔습니다. 그리고 짐삯을 정하고 코코아 열매와 그 밖의 소지품을 가지고 배에 올라탔습니다.

—여기서 날이 훤히 밝아왔으므로 샤라자드는 이야기를 그쳤다.

559번째 밤

샤라자드는 이야기를 계속했다.
오, 인자하신 임금님, 뱃사람 신드바드는 이야기를 계속 했습니다.
—나는 코코아 열매와 물건을 배에 싣고 원숭이 섬을 떠나게 되었습니다. 배는 그날 중으로 닻을 감고 항구를 떠나 섬에서 섬으로, 바다에서 바다로 항해를 계속해 갔습니다. 나는 배가 닻을 내리고 머무를 때마다 코코아 열매를 팔았는데, 알라께서는 결국 전에 내가 잃은 것보다 더 많은 재산을 모을 수 있게 해 주었습니다.

이렇게 여기저기 항해를 계속하다가 정향*60과 계피와 후추를 대량으로 생산하는 어느 섬에 이르렀습니다.

이 섬 사람들의 말에 의하면, 후추 옆에는 반드시 커다란 잎이 한 장 나 있는데, 그것은 뜨거운 햇볕을 가려주고 비가 많이 오는 시기에는 비도 막아주며, 비가 그치면 잎이 반대쪽으로 젖혀져서 후추 옆에 축 늘어진다는 것이었습니다.*61

나는 코코아 열매 대신 후추, 정향, 계피를 듬뿍 손에 넣었습니다. 그런 다음 코모린 침향을 생산하는 알 우시라트*62라는 섬으로 건너갔다가, 다시 횡단하는 데 닷새나 걸린다는 다른 섬을 찾아갔습니다.

그곳에서는 코모린 침향보다 질이 좋은 중국 침향이 생산되고 있었습니다. 다만 이 섬*63 주민들은 지난 섬의 주민들보다 생활과 신앙 수준이 낮아서, 우상을 숭배하고 술을 좋아하며 기도는 물론이고 사람들에게 기도시간을 알리며 소리치는 것(5)에 대해서도 전혀 몰랐습니다.

다음에 간 곳은 진주조개 채취장이었습니다. 나는 잠수부들에게 코코아 열매를 약간 주고 부탁했습니다.

"내 운을 시험해 보게 한 번 잠수해 주지 않겠나?"

그러자 잠수부들은 곧 바다에 뛰어들어 깊은 후미*64 속에서 값을 매길 수 없을 만큼 큰 진주를 듬뿍 캐서 올라왔습니다.

"오, 나리의 운수가 매우 좋은데요!"

이렇게 알라의 축복 속에서 다시금 항해를 계속한 끝에 무사히 바소라에 도착했습니다.

바소라에서는 잠시 머물렀을 뿐, 나는 곧장 바그다드로 가서 내 집으로 돌아가 가족도 만나고 친구들에게도 각각 인사를 하고 다녔습니다. 모두 내가 무사히 돌아온 것을 기뻐해 주었습니다.

나는 갖고 돌아온 상품과 재물을 광에 넣어 둔 다음, 보시와 선물을 아끼지 않고 과부와 고아들에게 옷을 나누어주며, 친척들과 벗들에게는 선물을 주었습니다. 그것은 알라께서 나에게 잃은 것을 네 곱으로 돌려주셨기 때문입니다.

그 뒤 나는 다시 전과 같이 술을 마시고 노래를 부르는 등, 방탕한 생활로 돌아가 큰돈을 번 기쁨에 젖어 그때까지 겪은 온갖 고난과 맵고 신 세상살이에 대해서는 깡그리 잊고 말았습니다.

여기까지가 나의 다섯 번째 항해의 신기한 이야기입니다.

그럼, 이제부터 저녁식사를 하도록 합시다. 그리고 내일 또 오시면 나의 여섯 번째 항해가 어땠는지 얘기해 드리지요. 그것은 다섯 번째 항해보다 훨씬 신기하고 재미있는 이야기가 될 것입니다.

(이야기의 화자는 이렇게 말했습니다.) 그런 다음 뱃사람 신드바드는 식사준비를 명령했습니다. 하인들이 식탁을 차리고 손님들이 저녁식사를 마치자, 주인은 짐꾼 신드바드에게 금화 백 닢을 주라고 분부했습니다. 짐꾼 신드바드는 집에 돌아가 그날 들은 모험담에 무척 감탄하면서 잠자리에 들었습니다.

이튿날 아침 먼동이 트자 짐꾼 신드바드는 얼른 새벽 기도를 드리고 세상 모든 것의 중심인 무함마드를 축복한 다음, 뱃사람 신드바드 집으로 가서 아침인사를 했습니다.

뱃사람 신드바드는 그를 자리에 앉히고 그와 함께 세상 이야기를 하면서 다른 사람들이 오기를 기다렸습니다. 그리하여 모두 모이자 하인들이 상을 차려냈으므로 모두 배불리 먹고 마시면서 어지간히 흥이 올랐을 무렵, 뱃사람 신드바드는 또 다음과 같은 이야기를 시작했습니다.

선원 신드바드의 여섯 번째 항해

여러분, 나는 다섯 번째 항해에서 돌아와 한동안 정말 즐겁고 안락하게 살고 있었습니다.

그리고 내가 일구어 낸 막대한 재산을 바라보면서 그동안 고생한 일은 모두 잊어버리고 있었습니다. 그러던 어느 날 친구들과 함께 흥겹게 놀고 있는데, 여러 명의 상인들이 들어왔습니다. 화제가 갑자기 여행담으로 옮겨가서, 항해와 모험, 보물, 일확천금 등의 이야기가 나오자, 나는 문득 타향에서 돌아왔을 때의 일과 다시 고향 하늘 밑에서 가족과 친구들을 해후했을 때의 감격과 기쁨을 돌이켜보고는, 다시금 여행을 떠나 장사를 해 보고 싶은 마음이 굴뚝처럼 솟아올랐습니다.

그리하여 운명이 이끄는 대로 새로운 항해를 떠날 결심을 굳히고, 외국과의 교역에 어울리는 값비싼 물건들을 사들여 짐을 꾸린 뒤, 바그다드를 떠나 바소라로 갔습니다.

바소라에 도착하니 때마침 막 항구를 떠나려는 큰 배가 있었는데, 그 배에는 값비싼 짐을 지닌 상인들과 명사들이 많이 타고 있었습니다.

그래서 나도 그 배에 짐을 싣고 수호신의 보호 아래 의기양양하게 바소라를 떠났던 것입니다.

─여기서 날이 훤히 밝아왔으므로 샤라자드는 이야기를 그쳤다.

560번째 밤

샤라자드는 이야기를 계속했다.
오, 인자하신 임금님, 뱃사람 신드바드는 이야기를 계속했습니다.
─짐을 배에 싣고 힘차게 바소라를 떠난 우리는 이 나라 저 나라, 이 도시 저 도시로 여행을 거듭했습니다. 그리고 가는 곳마다 장사를 하여 돈을

벌고, 이방인이 사는 나라들을 구경하면서 심심찮게 항해를 계속했습니다.

그리하여 다행히 모든 일이 순조롭게 진행되었는데, 어느 날 별안간 선장이 비명을 지르면서 터번을 벗어 갑판에 내팽개치는 것이었습니다. 그러고는 마치 여자처럼 자기 얼굴을 철썩철썩 때리고 수염을 쥐어뜯으면서 슬픔과 분노에 거의 까무러칠 지경이 되어 중갑판 위에 나자빠져서 소리쳤습니다.

"오, 내 집안에도 마침내 파멸이 왔구나! 가엾게도 아이들은 고아가 되고 말겠지!"

상인과 선원들이 모두 선장 주위에 모여들어 물었습니다.

"아니 선장, 도대체 무슨 일로 그러시오?"

그러자 선장이 대답했습니다.

"여러분, 사실은 뱃길을 잘못 들어 지금까지 잘 알고 있던 바다를 벗어나 도무지 어딘지 모를 곳으로 오고 말았소. 알라께서 구원해 주시지 않는 한, 우리는 이미 죽은 목숨이나 다름없어요. 여러분도 더없이 높은 알라께서 우리를 이 어려운 처지에서 건져주시도록 제발 기도해 주시오. 아마도 당신들 중에는 알라께서 그 기도를 들어주실 만한 신앙심 깊은 분이 한 분쯤은 계실 테니까요."

이렇게 말한 선장은 일어나서 돛대로 올라가, 어떻게든 이곳을 빠져나갈 길이 없는지 사방을 살펴보았습니다.

그리고 모든 돛을 내리기 시작했습니다. 그러나 바람이 점차 거세져서 배는 세 번이나 나뭇잎처럼 빙글빙글 돌고서 반대쪽으로 떠밀려 가고 말았습니다. 이때 키마저 부서져서 배는 우뚝 솟은 높은 산을 향해 곧장 질주하기 시작했습니다. 그것을 본 선장은 돛대에서 내려와 외쳤습니다.

"영광되고 위대하신 알라 외에 권력 없고 주권 없도다! 운명이 정한 바는 그 누구도 거역할 수 없다. 알라께 맹세코, 우리는 마침내 파멸의 늪에 떨어져 더는 달아날 길이 없다. 단 한 사람도 살아남지 못할 것이다!"

이 말을 듣고 우리는 자신에게 닥친 불행을 생각하고, 이제 살아날 가망이 없음을 깨닫고 눈물을 흘리며 서로 하직인사를 나누었습니다.

그러는 사이 배는 마침내 무서운 힘으로 산에 가서 부딪쳐 박살이 나고, 배 안의 것은 모두 바닷속에 가라앉고 말았습니다. 상인 중에는 그대로 빠져 죽은 사람도 많았지만 몇 사람은 가까스로 기슭에 닿아 산에 오를 수 있었습니다.

그 속에 나도 끼여 있었는데, 상륙해 보니까 그곳은 큰 섬이라기보다 반도[65]였습니다. 해변에는 난파한 배의 잔해와 상품과 도구 같은 표착물들이 어지럽게 흩어져 있었습니다. 그것은 모두 승객이 물에 빠져 죽은 난파선에서 나온 것으로, 파도에 떠내려가다가 해안으로 밀려 올라온 것이었습니다. 얼마나 많이 떠밀려 왔던지 글로도 말로도 도저히 표현할 수 없을 정도였습니다.

나는 해안의 벼랑을 기어올라 섬 안쪽으로 계속 들어갔는데, 어느덧 맑은 물이 흐르는 곳에 이르렀습니다. 그 강물은 가장 가까운 산자락에서 솟아나 반대쪽으로 뻗은 산맥 속으로 사라지고 있었습니다.

다른 사람들은 모두 산을 넘어서 두메로 들어갔는데, 모두 뿔뿔이 흩어지면서 주위 풍경에 놀라기도 하고, 바닷가에 흩어진 보물을 보고 기뻐 날뛰기도 했습니다. 나는 나대로 방금 이야기한 강바닥을 들여다보다가, 무수한 루비와 값비싼 진주,[66] 갖은 보석들이 마치 들판을 흐르는 시냇물 바닥의 조약돌처럼 깔려 있고, 그와 아울러 모래까지 반짝반짝 빛나는 것을 발견했습니다.

그뿐만 아니라 그 섬에는 중국산이나 코모린산의, 세상에서 참으로 귀한 침향이 풍부하게 있었습니다.

또 어딘가에는 천연 그대로의 용연향[67] 샘도 있었는데, 용연향이 타는 듯한 태양열에 녹아서 밀랍이나 고무처럼 기슭에서 넘쳐나 바닷가로 흘러내리고 있었습니다. 그러면 깊은 바다에 사는 괴물들이 나와서 그것을 마시고 다시 바다로 돌아갔습니다.

그러나 용연향은 위 속에 들어가면 너무 뜨거워서 괴물들은 그것을 다시 토해내고 맙니다. 토해낸 용연향은 물낯에서 응고하여 빛깔과 부피가 변하는데, 마지막으로 기슭에 밀려 올라가면 여행자와 상인들이 그것을 모아다가 파는 것입니다.

괴물의 배 속에 들어가지 않은 천연 용연향은 물길에서 넘쳐나서 일단 기슭에서 응고하는데, 태양이 내리쬐면 다시 녹아서 온 골짜기에 사향과 같은 향기를 풍기게 됩니다.

그러다가 햇빛이 비치지 않으면 다시 원래대로 굳어 버립니다. 하지만 천연 용연향이 솟아나는 곳에는 아무도 접근할 수 없습니다.*68 이 섬을 사방에서 둘러싼 산들이 모두 너무 높고 가팔라 올라갈 수가 없기 때문입니다.

그렇게 우리는 그저 알라의 무궁무진한 조화와 풍부한 보물에 놀랍고 신기함을 느끼면서 온 섬을 구석구석 조사해 보았지만, 자신들에게 닥친 일을 생각하면 마음이 불안하고 앞으로 어떻게 될지 걱정이 되어 견딜 수가 없었습니다.

우리는 해변에 밀려 올라온 것 가운데 약간의 식료품을 주워 와서 매우 절약하여 하루나 이틀에 한 끼씩만 먹기로 했습니다. 식량이 떨어져서 굶주림과 공포 속에 비참하게 죽는 것이 두려웠기 때문입니다.

그런데 이런 형편에 엎친 데 덮친 격으로 살아남은 사람들도 모두 뱃멀미와 영양실조 때문에 산증(疝症)에 걸려 점차 쇠약해져서 차례차례 쓰러졌으므로, 뒤에 남은 것은 몇 사람밖에 되지 않았습니다. 그리하여 누군가가 죽으면 우리는 그의 몸을 깨끗이 씻어서 파도에 떠밀려온 옷이나 삼베로 싸고 장사지내 주었습니다.

그러는 동안 남은 자들도 하나씩 죽어가서 마지막 한 사람을 땅속에 묻자, 마침내 나 혼자만 남아 천애 외롭고 쓸쓸한 몸이 되고 말았습니다. 평소에 좋은 옷을 입고 좋은 음식을 먹는 게 몸에 밴 나에게 남은 양식이라야 참으로 조금밖에 되지 않았습니다. 나는 자신의 신세를 한탄하며 푸념했습니다.

"아, 그들보다 먼저 죽을 걸 그랬다. 그랬으면 내 몸을 깨끗이 씻어서 장사라도 지내주었을 텐데! 죽어도 누구 하나 몸을 씻어줄 사람도 옷을 입혀 장사지내 줄 사람도 없구나. 하지만 어쨌든 전능하신 알라 외에 권력 없고 주권 없도다!"

―여기서 날이 훤히 밝아왔으므로 샤라자드는 이야기를 그쳤다.

561번째 밤

샤라자드는 이야기를 계속했다.
오, 인자하신 임금님, 뱃사람 신드바드는 다시 이야기를 계속했습니다.

―나는 마지막으로 죽은 친구를 묻어주고 혼자 섬에 남았을 때, 바닷가에 나를 위한 무덤을 깊게 파 놓았습니다. 그리고 혼잣말을 했습니다.

"몸이 쇠약해져서 마침내 죽음이 가까워진 것을 알게 되면 이 구덩이에 뛰어들어가서 죽자. 그러면 바람이 모래를 날라와 내 몸을 덮어 나를 무덤 속에 폭 파묻어 주겠지."*69

나는 그때까지 다섯 번이나 항해에 나서서 온갖 어려운 고비를 겪었으면서도, 그래도 정신을 차리지 못하고 또다시 고향을 뛰쳐나와 이렇게 살아날 희망이 없는 지경에 빠지고 만 나 자신의 경솔한 행동을 저주했습니다. 더욱이 여행을 거듭할 때마다 반드시 전보다 더 무섭고 위험한 재난을 당하고 갈수록 끔찍한 고비를 만나, 결국 도저히 빠져나갈 수 없는 어려운 처지에 처하게 되었으니 더 말할 것도 없었습니다.

특히 분하고 억울해서 견딜 수 없었던 것은 막대한 보물을 눈앞에 두고도 그것이 다 쓸모없는 물건이나 마찬가지가 되어, 살아 있는 동안 가진 돈의 반도 쓰지 못하게 된 것이었습니다.

하지만 그런 생각을 하는 동안 자비로운 알라께서는 나에게 한 가지 좋은 생각을 떠오르게 해 주셨습니다.

"이 강에는 시작이 있는 것과 마찬가지로 끝도 있을 것이다. 그러니 어딘가에 이 강의 하구가 있어야만 한다. 어쩌면 이 강물을 따라 내려가면 어딘가 사람이 사는 곳에 닿지 않을까? 그러니 가장 좋은 방법은 내가 타고 앉을 만한 작은 배를 만들어 이 강물에 띄우고서 타고 내려가는 것이다. 만약 알라의 도움이 있으면 살게 될지 모르고, 죽는다 하더라도 이런 곳에 앉아서 이대로 죽는 거보다 강 속에서 죽는 편이 그래도 나을 것이다."

그리하여 나는 한숨을 지으면서 중국종과 코모린종의 침향나무 조각을 잔뜩 주워 모아 바닷물에 떠내려 온 새끼줄로 단단히 묶었습니다. 다음에는 난파된 배에서 이 침향나무에 꼭 들어맞는 널빤지를 찾아내 강폭보다 약간 좁게 뗏목을 만들어 못질한 것처럼 튼튼하게 엮었습니다.

그 뗏목 위에 상품과 값진 보석, 보옥, 조약돌만 한 진주와 순수한 천연 용연향, 그 밖에 섬에서 모은 보물, 남아 있는 식량과 약초 등을 실은 다음, 뗏목 양쪽에 노 대신 널빤지를 하나씩 묶었습니다.

그리하여 준비가 다 갖춰지자 뗏목을 강물에 띄우고, 시인이 이렇게 노래한 것처럼 강을 타고 내려갔습니다.

>도망쳐라, 재앙이 닥칠 때
>목숨을 아껴 도망쳐라.
>뒤는 그대로 내버려 두고
>폐가(廢家)에 말하게 하라,
>그 임자의 운명을.
>온갖 나라를 돌지 않으면
>찾을 수 있는 건 오로지 딴 세상뿐,
>그대가 소원하는
>또 하나의 목숨은 없으리라.
>번뇌에 시달리는 밤사이에
>영혼을 좀먹게 하지 말라.
>늦건 빠르건
>고뇌는 모두 사라지는 것.
>이 세상에 태어났으면
>이 세상에서 죽는 것도 이치.
>타인에게 큰일을
>행여 맡기지 말라,
>믿을 수 있는 건
>오직 마음 하나뿐.*70

나는 이제부터 나에게 어떤 운명이 닥쳐올지 걱정하면서 뗏목을 타고 강을 따라 내려갔습니다. 흘러 흘러 가다 보니 이윽고 강줄기가 산자락을 돌아 사라지는 곳에 이르렀습니다.

그 안쪽으로 노를 저어 들어가자, 뗏목은 물결에 밀려 지하 물길을 타고 내려갔습니다.*71 물길은 갈수록 좁아져서 뗏목 양쪽이 벽에 닿고 머리는 천장에 닿으려 했지만, 여기까지 와서 되돌아갈 수도 없었습니다. 나는 이런 무모한 위험을 저지른 것을 후회했습니다.

"이 통로가 더 좁아지면 뗏목이 지나갈 수 없을 것이고, 그렇다고 해서 되돌아갈 수도 없으니 여기서 비참하게 죽는 수밖에 없구나."

이윽고 물길은 더욱 좁아져서 나는 뗏목 위에 엎드렸습니다. 그동안에도 물살은 뗏목을 흘려보내고 있었는데, 깜깜한 암흑과 당장에라도 죽을 수 있다는 공포에 낮과 밤도 구별할 수가 없었습니다.

이렇게 좀 넓어졌다 싶으면 다시 좁아지는 물길을 내려가다가 어둠에 완전히 질려버린 나는 뗏목 위에 몸을 던진 채 잠이 들고 말았습니다.

시간이 얼마나 흘렀는지, 문득 눈을 떴을 때는 넓은 곳에 나와서 하늘 아래 햇살을 담뿍 받고 있었습니다. 그리고 내가 탄 뗏목은 어느 섬에 매어져 있고, 수많은 인도인과 아비시니아인들이 뗏목 주위에 모여 있었습니다.

내가 눈을 뜬 것을 보자 흑인*72들이 가까이 다가와서 자기네 말로 말을 걸었습니다. 그러나 나는 무슨 소리인지 도통 알아들을 수 없었습니다. 어쩌면 너무 걱정하고 괴로워한 탓에 무슨 나쁜 꿈이나 환상을 보는 것만 같았습니다. 그래도 어쨌든 무사히 그 물길을 빠져나온 것은 무척 기뻤습니다.

사람들과 말이 전혀 통하지 않아 내가 대답하지 못하는 것을 보고, 마침내 한 남자가 앞으로 나와 아라비아어로 말을 걸었습니다.

"당신에게 평화가 있기를! 여보시오, 형제! 당신은 대체 누구요? 어디서 와서 어떻게 저 강을 지나왔는지 얘기해 주지 않겠소? 저 산 뒤에는 대체 어떤 나라가 있던가요? 우리가 아는 한 지금까지 그곳에서 온 사람은 하나도 없었단 말이오."

그제야 비로소 나도 입을 열었습니다.

"당신들에게 알라의 자비와 축복이 내리기를! 그러는 여러분은 대체 어떤 분들이고, 여기는 어느 나라입니까?"

"오, 형제여, 우리는 땅을 가는 농부인데 논밭에 물을 주려고 나왔다가 당신이 이 뗏목 위에 엎드려 잠든 것을 보고 기슭으로 끌어올려 당신을 깨운 거요. 대체 당신은 어떻게 여기로 오게 됐소?"

"그것을 말하기 전에 무엇이든 먹을 것부터 좀 주십시오. 배가 고파 죽을 지경입니다. 그다음에 묻고 싶은 게 있으면 무엇이든지 물어보십시오."

그러자 그가 얼른 먹을 것을 갖다 주었으므로 그것을 배불리 먹은 나는 공포심도 사라지고 생기가 완전히 되살아나는 것을 느꼈습니다.

그래서 나는 더없이 높은 알라께 자비로운 은총을 내려주신 것을 감사드리고, 그 강을 무사히 빠져나온 것과 농부들에게 구원받은 것을 기뻐하면서 자초지종을, 특히 좁은 물길 안에서 고생한 일을 상세히 이야기해 주었습니다.

―여기서 날이 훤히 밝아왔으므로 샤라자드는 이야기를 그쳤다.

562번째 밤

샤라자드는 이야기를 계속했다.
오, 인자하신 임금님, 뱃사람 신드바드는 이야기를 계속했습니다.
내가 뭍에 올라가 인도인과 아비시니아인들에게 둘러싸여 잠시 휴식을 취하는 동안 사람들은 자기들끼리 의논하면서 저마다 말했습니다.
"저 사람을 임금님에게 데리고 가서 모든 모험담을 들려 드리는 수밖에 없다."
그리하여 사람들은 내 뗏목과 거기 실었던 재물, 상품, 보석, 금화 등과 함께 나를 임금님께 데려갔습니다.
이 왕은 사란디브[*73] 섬의 영주였는데, 사람들이 자초지종을 이야기하자 왕은 내 인사에 답하고 반가이 맞아주었습니다. 그리고 아라비아 말을 할 줄 아는 사람을 중간에 세워 나의 신상과 모험에 대해 여러 가지로 물었습니다.
내가 처음부터 끝까지 겪은 일을 상세히 이야기하자 왕은 매우 신기해하며 나의 무사함을 기뻐해 주었습니다.
그리고 뗏목에 싣고 온 값진 보석과 용연향과 침향 등을 왕에게 듬뿍 바쳤더니, 왕은 흡족한 듯이 받고는 나를 매우 정중하게 대접하면서 궁전 안에 나의 거처를 마련해 주었습니다.
그리하여 나는 섬의 유지들을 가까이 사귀게 되었고 섬 사람들은 나에게 최대의 경의를 보여주었으므로 그대로 궁전에 머물게 되었습니다.
한편, 이 사란디브라는 섬은 적도 바로 밑에 있어서 낮과 밤이 꼭 12시간씩이었습니다. 섬의 크기는 길이 80리그,[(6)] 폭 30리그, 측면에는 하늘 높이 우뚝 솟아 있는 높은 산과 천 길 깊은 골짜기가 에워싸고 있었습니다.

사흘 길 떨어진 곳에서도 뚜렷하게 보이는 그 산속에는 갖은 보석과 광석이 묻혀 있고, 모든 종류의 향나무가 무성하게 자라고 있었습니다. 땅바닥은 보석을 자르고 연마하는 금강사(金剛砂)로 덮여 있고, 강에는 다이아몬드, 골짜기에는 진주도 있었습니다.

나는 산에 올라가 뭐라 말할 수 없이 신비로운 광경을 구경하며 눈과 마음을 즐기고서 왕에게 돌아가곤 했습니다.

어느 때는 여행자와 상인들이 찾아와서 내 고국에 대한 것과 하룬 알 라시드 교주와 그 경륜에 대해 묻기에, 나는 교주의 인품에서 그 명성에 이르기까지 자세히 얘기해 주었습니다. 그러자 그들은 교주의 위엄과 덕망을 칭송해 마지않았습니다. 그래서 이번에는 내 쪽에서 그들 나라의 풍속과 습관을 자세히 묻자 그들도 내가 알고 싶어 하는 것을 모두 가르쳐주었습니다.

그러던 어느 날 왕도 우리나라의 정치에 관해 이것저것 질문하여, 나는 바그다드에서 교주가 어떻게 올바른 경륜을 펼치고 있는지, 그 훌륭한 정치에 대해 자세히 이야기했습니다. 또 교주가 임명과 해임을 하시는 모습에 대해 설명해 드리자 왕은 놀라면서 이렇게 말했습니다.

"교주의 율령은 참으로 훌륭하고 그 집정 역시 찬양할 만하다. 그대가 나에게 해 준 얘기를 들으니 교주를 존경하는 마음이 절로 생기는구나. 나는 그대를 통해 무엇인가 교주에게 선물하고 싶다."

그래서 나는 말했습니다.

"알았습니다. 제가 선물을 가지고 가서 임금님께서 진심으로 교주님을 존경하고 계신다는 말씀을 드리겠습니다."

그 뒤 나는 오랫동안 왕의 총애를 받으며 옆에서 모셨습니다. 그러던 어느 날, 궁전에서 바소라로 가는 배를 준비하는 상인이 있다는 말을 들었습니다.

나는 저도 모르게 혼잣말을 했습니다.

"그 사람들과 함께 항해를 해야겠다."

나는 부랴부랴 왕 앞에 나아가 그 손에 입을 맞춘 다음, 내 나라의 가족과 형제, 친구들이 견딜 수 없이 그리워서 상인들과 함께 출발하고 싶다고 아뢰었습니다.

"그대의 몸은 누구에게도 얽매어 있지 않다. 하지만 좀더 내 옆에 머물러 있어 준다면 참으로 고맙겠다만."

"오, 임금님이 저에게 베풀어주신 모든 은총과 호의에 대해서는 깊이 감사드리고 있습니다만, 제 친구와 가족과 고향도 간절히 보고 싶습니다."

왕은 배 여행을 한다는 상인들을 불러 내 뱃삯을 지급하고 그들에게 나를 잘 보살펴주라고 명령했습니다.

그런 다음 왕은 국고에서 막대한 재물을 꺼내 나에게 주시고, 하룬 알 라시드 교주에게 바칠 선물도 나에게 맡기면서 말했습니다.

"이 물건들을 신앙심 깊은 자들의 왕에게 그대가 직접 전해 주고 거듭거듭 안부를 전한다는 내 말을 아뢰어주게."

그러면서 나에게 겉봉을 봉한 편지 한 통을 맡겼습니다.

"분부대로 하겠습니다."

그 친서는 양피지보다 아름다운 노란색 하위*74 가죽에 군청색 잉크로 다음과 같은 사연이 적혀 있었습니다.

눈앞에 수천 마리의 코끼리를 거느리고 궁전 벽에 무수한 보석이 반짝이는 인도의 왕이 인사를 올립니다.

(알라와 그 예언자를 찬양할지어다!) 이번에 약소하나마 선물을 드리고자 하오니 부디 받아주시기 바랍니다. 귀하는 나에게 진정한 형제이고 진실한 친구입니다. 귀하를 존경하는 내 마음이 참으로 깊은바, 곧 답장을 받는 영광을 주신다면 더없는 행복으로 여기겠습니다. 보내 드리는 물건들은 귀하의 위엄에 비한다면 부족한 것이기는 합니다만 너그러이 받아주시기를 거듭 부탁하는 바입니다.

그건 그렇고 그 선물이란 높이가 1지척(指尺)이나 되는 루비 잔*75으로, 그 안쪽에는 귀하디귀한 진주가 아로새겨져 있었습니다. 또 코끼리도 집어삼킨다는 구렁이 가죽을 씌운 침대(이 가죽에는 금화 크기의 반점이 여러 개 있는데 그 위에서 자면 병에 걸리지 않는다고 합니다*76)와 인도 침향 10만 미스카르,(7) 그리고 달처럼 아름다운 여자노예 한 명이었습니다.

나는 왕에게 작별인사를 하고 섬 안의 모든 지인과 친구들에게도 작별인사를 한 다음 상인들과 함께 항해를 떠났습니다.

배는 순풍에 돛을 달고 알라의 보호 아래 순조로운 항해를 계속하여 마침내 바소라에 도착했습니다.

거기서 나는 며칠 묵으면서 준비를 한 뒤 '평화의 도시' 바그다드로 돌아왔습니다. 그리고 즉시 교주에게 알현을 청하여 왕의 편지와 선물을 내놓았습니다. 그러자 교주는 나에게 어디를 다녀왔느냐고 물었습니다.

"오, 충실한 자들의 임금님, 그 도시의 이름도 그곳에 가는 길도 저는 전혀 알지 못합니다."

"오, 신드바드여, 왕의 이 편지에 씌어 있는 것은 모두 사실이냐?"

"예, 임금님, 저는 그 나라에서 이 편지에 씌어 있는 것보다 훨씬 많은 것을 구경했습니다. 예를 하나 든다면 왕이 정식으로 행차하실 때는 키가 11완척이나 되는 커다란 코끼리 등에 옥좌를 얹고, 거기에 왕이 앉으면 제후와 중신, 빈객들이 그 좌우에 두 줄로 늘어섭니다. 맨 앞에는 황금 장창을 든 자가 서고 바로 뒤에는 길이가 1지척, 두께는 사람의 엄지손가락만 한 황금 철퇴를 든 자가 따르는데, 이 철퇴 머리에는 에메랄드가 박혀 있습니다. 또한 왕이 말을 타고 납실 때는 금빛 능라와 비단으로 아름답게 차린 1천 명의 기수들이 뒤따르며, 맨 선두에 선 한 사람은 이렇게 소리 높여 외칩니다."

'권세가 하늘처럼 높으신 국왕 폐하님의 행차시다!'

그리고 알아들을 수 없는 온갖 말로 왕의 위엄과 덕망, 권력을 찬양하고서, 마지막에는 이렇게 소리칩니다.

'솔로몬도 미라지*77도 일찍이 가진 적이 없는 왕관을 쓰신 국왕이시다!'

다음에는 뒤에 있는 자가 외칩니다.

'대왕도 이윽고 죽으리라! 대왕도 이윽고 죽으리라!'

그러면 첫 번째 남자가 다시 이렇게 덧붙입니다.

'오, 영원히 죽지 않는 완전무결한 신을 찬양할지어다!'*78

또 이 왕은 직접 공정하게 재판하고 율령을 공포하여 지혜로운 정사를 펼치므로, 그 도시에는 판관은 한 사람도 없고 백성들 또한 진실과 허위를 똑똑히 구별할 줄 알고 있습니다.

이 말을 들은 교주가 말했습니다.

"참으로 위대한 왕이로다! 왕의 친서를 보아도 그것을 짐작할 수 있도다. 그 세력은 그대가 그 눈으로 직접 보고 말한 바와 같으리라. 참으로 깊은 지혜와 위대한 실권을 아울러 갖춘 왕이로다."

이어서 나는 충실한 자들의 임금님에게 이번 항해에서 겪은 일을 자세히 이야기했습니다. 교주님은 매우 놀라시며 즉시 역사가에게 명하여 내 이야기를 기록하고, 후세에 이것을 읽는 자들에게 교훈이 될 수 있도록 보물창고 속에 보관하게 하셨습니다.

그리고 나에게는 매우 훌륭한 하사품을 내리셨습니다.

곧 나는 정든 고향의 내 집으로 돌아가서 갖고 돌아온 상품과 물건을 모두 창고에 넣었습니다. 이윽고 옛날 친구와 친척들이 모여들자 그들에게 선물을 나눠주고, 보시와 희사도 잊지 않았습니다. 그 뒤에는 또다시 흥청망청 즐기는 방탕한 생활에 빠져 그때까지 고생한 일은 까맣게 잊어버리고 말았습니다.

여러분, 이것이 나의 여섯 번째 항해에서 겪은 모험담입니다. 내일은 또 일곱 번째, 즉 마지막 항해 이야기를 해 드리지요. 이제까지 말한 여섯 번의 항해담보다 훨씬 재미있고 신기한 이야기입니다.

(이야기의 지은이는 말을 이었습니다.) 그런 다음 주인 신드바드는 식탁을 차리게 하여 모두 함께 만찬을 즐겼습니다. 식사가 끝나자 그는 짐꾼 신드바드에게 언제나처럼 금화 백 닢을 주었고, 손님들은 주인에게서 들은 이야기를 몹시 신기하게 생각하면서 각자 집으로 돌아갔습니다.

―여기서 날이 훤히 밝아왔으므로 샤라자드는 이야기를 그쳤다.

563번째 밤

샤라자드는 이야기를 계속했다.

오, 인자하신 임금님, 짐꾼 신드바드는 언제나처럼 다른 사람과 함께 집에 돌아가서 잠자리에 들었습니다. 이튿날 짐꾼 신드바드는 날이 밝자마자 일어나서 새벽 기도를 드린 다음, 다시 같은 이름을 가진 신드바드의 집으로 갔습니다. 사람들이 모두 오기를 기다렸다가 주인은 다시 이야기를 시작했습니다.

선원 신드바드의 일곱 번째 항해

사실 여러분, 여섯 번째 항해에서 돈을 잔뜩 벌어온 나는, 그전의 생활로 되돌아가서 낮이고 밤이고 온갖 즐거움을 누리며 기쁘고 즐겁게 살고 있었습니다. 그런데 이번에도 어김없이, 다시 항해를 나가 진기한 나라를 구경하고 상인들의 친구가 되어 여러 새로운 얘기들을 듣고 싶어서 좀이 쑤시기 시작했습니다.

떠나기로 마음을 정한 나는 교역할 만한 값진 물건을 많이 꾸려서 수도 바그다드를 떠나 바소라로 갔습니다.

그곳에서 많은 상인을 태우고 막 항구를 떠나려는 배를 발견하고, 그 배에 올라 상인들과 사귀면서 힘차게 운명을 시험하는 항해를 떠났습니다.

배는 순풍 속을 나아가 마디나트 알 신이라는 도시에 도착했습니다.

그러나 곧 이 도시를 뒤로하고 의기양양하게 항해를 계속하면서 거래와 여행길에 대해 이것저것 궁리하고 있는데, 별안간 심한 앞바람이 불어 우리 몸은 물론 짐도 모두 물에 젖고 말았습니다.

그래서 외투와 양탄자나 돛대 천 같은 것으로 짐을 덮어 비를 맞지 않도록 한 뒤, 전능하신 알라께 기도를 드리며 오로지 이 위기에서 벗어날 수 있기만을 빌었습니다.

선장도 일어나서 허리띠를 단단히 조여 매고 무정한 악마의 손에서 선객들을 지켜 달라고 알라께 기도드린 뒤, 돛대 위에 올라가 사방을 살펴보았습니다. 그러더니 별안간 손님들과 선원들을 바라보면서 자기 얼굴을 때리고 수염을 쥐어뜯는 것이었습니다.

"선장, 대체 왜 그러시오?"

우리가 묻자 선장은 대답했습니다.

"오, 이 고난에서 우리를 구해 달라고 알라께 빌고, 슬퍼할 만큼 슬퍼하면서 서로 이승에서의 마지막 작별인사나 나누시오. 사실 큰 바람이 일어나 삼천세계의 바다 끝까지 떠내려오고 말았소."

이윽고 선장은 돛대 꼭대기에서 내려와 커다란 상자를 열더니, 파란 무명 자루를 꺼내 그 속에서 재 같은 가루를 꺼냈습니다.

그것을 접시에 담고 물을 약간 축이고는, 잠시 뒤 그 냄새를 맡고 혀로 핥는 것이었습니다. 그리고 다른 나무상자에서 얇은 책을 한 권 꺼내 잠시 읽더니 이윽고 선장은 이렇게 말했습니다.

"오, 승객 여러분, 이 책에 놀라운 사실이 적혀 있군요! 이 부근까지 온 자는 죽음을 면치 못할 것이라고 합니다. 왜냐하면 이 근처는 '왕의 바다'라고 하는데 다윗의 아들 솔로몬 왕(이 두 분에게 평안함이 있기를!)이 매장되어 있고, 무서운 형상의 커다란 뱀이 살고 있기 때문입니다. 또한 이 해역에 들어온 배와 그 배의 승객 모두가 바닷속에서 나타난 큰 물고기[79]에게 통째로 잡아먹힌다고 씌어 있군요."

선장의 이야기를 들은 우리는 모두 몹시 놀라 얼굴이 하얗게 질리고 말았습니다. 그런데 선장의 그 말이 채 끝나기도 전에 배는 하늘 높이 치솟았다가 다시 깊이 가라앉았고, 우리는 드디어 마지막이로구나 하면서 죽음의 기도[80]를 드리며 알라의 손에 우리 영혼을 맡겼습니다.

그때 다시 천둥 같은 무시무시한 소리가 들려오자, 공포에 질린 우리는 거의 죽은 사람처럼 되어 이제야말로 마지막이라 체념하고 말았습니다.

그때 어디선가 산더미만 한 커다란 물고기가 홀연히 나타났습니다. 우리는 너무 무서워서 미친 듯이 울부짖으며 이젠 죽었다고 마지막 각오를 했습니다. 그리고 그 무시무시한 몸집과 불길한 생김새에 경이의 눈을 크게 뜨고 있는데, 엎친 데 덮친 격! 두 번째 물고기가 지금까지 한번도 본 적이 없는 기괴한 모습을 드러내는 것이었습니다. 우리는 이제는 정말 마지막이라 생각하고 서로 작별인사를 나누었습니다. 그런데 또다시 이 두 마리보다 훨씬 더 커다란 물고기가 바다 위에 모습을 드러냈습니다. 생각할 힘도 분별심도 깡그리 잃어버린 우리는 그저 공포에 사로잡혀 넋을 잃고 말았습니다.

세 마리의 큰 물고기가 배를 에워싸고 빙빙 돌기 시작했습니다. 그중 가장 큰 놈이 배를 한입에 삼킬 것처럼 그 커다란 입을 쩍 벌렸습니다. 그 입은 도성의 문짝보다 크고 목구멍은 깊은 골짜기만 했습니다.

우리가 오직 전능하신 알라께 구원의 기도만 드리고 있는데, 갑자기 빠르고 거센 바람이 일어나 배를 덮치자, 배는 한 번 높이 치솟았다가 바다 괴물의 소굴인 커다란 암초를 들이받고 산산조각으로 부서졌고, 배에 타고 있던 사람들은 화물과 함께 모조리 물고기 밥이 되고 말았습니다.

그때 나는 입고 있던 옷을 잡아 뜯어버리고 속옷 바람으로 잠시 헤엄치다

가, 배의 널빤지 하나를 발견하고 그것을 붙잡아 말처럼 걸터앉았습니다.
비바람은 마구 나를 희롱하고 파도는 나를 공중으로 높이 던졌다가 다시 밑바닥으로 내동댕이쳤습니다. 나는 공포와 고통에 굶주림과 갈증마저 겹쳐서 말할 수 없이 비참한 꼴이 되었습니다.
나는 새삼스레 나 자신의 경솔함을 후회했습니다. 안일한 생활에 젖어 있었던 탓에 마음이 몹시 약해져 있었던 겁니다. 그래서 나는 나 자신을 일깨웠습니다.
"오, 뱃사람 신드바드여, 이제 와서 후회한들 소용없다. 너는 언제나 무서운 재난을 당하고 모진 고생을 겪었으면서도 아직도 항해를 단념하지 못하고 있지 않으냐! 이젠 다시는 항해를 하지 않겠다고 말한다 해도 그건 거짓말이렷다! 이만한 괴로움쯤은 참아내야 한다. 어쨌든 이런 꼴을 당하는 건 어디까지나 너 스스로 자초한 일이니까."

―여기서 날이 훤히 밝아왔으므로 샤라자드는 이야기를 그쳤다.

564번째 밤

샤라자드는 이야기를 계속했다.
오, 인자하신 임금님, 뱃사람 신드바드는 이야기를 계속했습니다.
―널빤지에 올라탄 나는 혼자 중얼거렸습니다.
"이 모든 것이 다 내가 자초한 일이다. 이런 재난의 원인이 된 나의 탐욕을 훈계하기 위해 알라(그 이름을 찬양하라!)께서 미리 정하신 운명이야. 내가 너무 많은 재물을 가지고 있으니까."
이윽고 나는 제정신이 돌아와 이렇게 말했습니다.
"아, 이번만은 오로지 일확천금의 꿈과 모험만 뒤쫓아 온 것을 더없이 높은 알라께 진심으로 참회하고, 앞으로는 두 번 다시 여행을 떠나는 것은 단념하고 입에 올리지도 말도록 하자."
이렇게 전능하신 알라 앞에 엎드려 방탕과 호사스러운 술잔치에 빠졌던 지난날을 떠올리며 한없이 탄식에 잠겨 있었습니다.

나는 이틀 동안이나 바다 위를 표류하다가 이틀째 저녁 무렵 나무가 울창하고 시냇물도 흐르는 커다란 섬에 닿았습니다.

나는 섬에 올라가서 과일을 따 먹고 시냇물을 마시며, 다시 기운을 차리고 몸과 마음을 회복하자 이런 시를 읊었습니다.

　　이따금 그대의 신상에
　　실타래가 얽히고설켜
　　풀기 어려워 보일 때 있지만,
　　그럴 때마다 하늘에서 내려온
　　숙명의 손이 있어
　　얽힌 가닥 깨끗이 풀어주네.
　　그대 운명의 실타래가
　　가닥을 찾을 때까지 인내하라.
　　그것을 엉클어버리신 신께서
　　언젠가는 풀어서 끌러주시리!

그리고 나서 섬 안을 돌아다녀 보니 훨씬 안쪽에 맑은 물이 힘차게 흐르는 큰 강이 있었습니다. 나는 문득 전에 뗏목을 만들었던 일이 생각나서 중얼거렸습니다.

"이거 또 뗏목을 만들어야겠는걸. 잘만 된다면 그걸로 이 막다른 길에서 탈출할 수 있을지도 모른다. 무사히 벗어날 수만 있으면 소원이 이루어지는 건데, 그렇게 되면 이번에야말로 전능하신 알라께 맹세코 다시는 항해를 떠나지 말아야지. 또 만약 살아나지 못한다면 깨끗이 단념하고 이 세상을 하직하는 거다."

나는 일어나서 나무를 잘라 뗏목을 만들 목재를 모았습니다. 그 목재는 모두 이제까지 한 번도 본 적이 없는 훌륭한 백단향나무 뿐이었습니다. 그런 다음 넝쿨 풀과 가는 가지를 엮어 그물 같은 것을 만들고서, 그것으로 목재를 단단히 묶어 뗏목을 엮었습니다.

"이것으로 살아날 수 있다면 그야말로 알라의 은총이다."

이렇게 중얼거리면서 뗏목을 타고 강물을 따라 내려갔습니다.

하루, 이틀, 사흘이 흘러갔습니다. 그동안 뗏목 위에 드러누워 아무것도 먹지 못한 채 목이 마르면 강물을 마셨습니다. 나중에는 극도의 피로와 굶주림, 공포에 시달린 끝에 마치 병아리처럼 힘이 없어 고개도 가누지 못할 지경에 이르렀습니다.

그러는 동안 높은 산기슭에 이르렀는데 강은 그 땅속으로 흐르고 있었습니다. 그것을 보고 그전처럼 또 물길이 비좁아져서 목숨이 위태로워 질까봐 겁이 나 뗏목을 강가에 대고 산등성이를 기어오를까 생각했습니다. 하지만 물살이 거세어 뜻을 이루지 못하고, 도도하게 흐르는 강물이 이끄는 대로 아치 같은 지하 물길로 빨려 들어가고 말았습니다.

나는 이제 마지막이라 생각하고 중얼거렸습니다.

"오, 영광되고 위대하신 알라 외에 주권 없고 권력 없도다!"

하지만 한참 뒤 뗏목은 다시 푸른 하늘 아래로 미끄러져 나가, 눈앞에 드넓은 골짜기가 펼쳐졌습니다. 강물은 천둥 같은 소리를 내며 질풍 같은 속도로 흐르고 있었습니다.

나는 물에 빠지지 않으려고 죽을힘을 다해 뗏목에 매달렸습니다. 물살은 나를 좌우로 마구 뒤흔들었고, 뗏목은 강물을 따라 쏜살같이 떠내려가서 그것을 멈추거나 기슭에 대는 것은 도저히 불가능한 일이었습니다.

그리하여 마침내 사람들이 많이 사는 커다란 도시에 이르렀습니다. 그곳 사람들이 뗏목을 타고 내려오는 나를 보고 밧줄을 던져주었지만, 나는 그것을 붙잡을 힘이 없었습니다. 그러자 사람들은 뗏목에 투망을 던져 뗏목째로 나를 기슭으로 끌어올려 주었습니다. 나는 가까스로 뭍에 올라왔지만, 공포와 굶주림과 수면 부족으로 거의 산송장이 되어 그 자리에 쓰러져 버렸습니다.

그때 군중을 헤치고서, 연륜을 쌓아 위엄이 서린 풍채의 한 노인이 다가오더니 나에게 훌륭한 옷을 여러 벌 주었습니다. 내가 그것으로 알몸을 가리자 노인은 나를 목욕탕으로 안내하고, 시원한 과일즙과 달콤한 향료를 가져다주었습니다.

목욕을 하고 나자 그는 나를 자기 집으로 데리고 갔는데, 그 가족들은 모두 나를 환대하며 푹신한 자리를 권한 뒤 산해진미를 차려주었습니다.

나는 음식을 배불리 먹고 나서 더없이 높은 알라께 나를 구원해 주신 것을 감사드렸습니다. 곧 시동이 더운물을 가져다주어 손을 씻고 시녀가 바치는 비단수건으로 손과 입을 닦았습니다.

　노인은 자기 집 한쪽에 내 방을 마련해 주고 시동과 여자노예에게 내 시중을 들게 했습니다. 이렇게 그 집 사람들이 모든 것을 세심하게 배려해 주는 동안 어느새 그 집에서 사흘이 지나고 말았습니다. 그동안 맛있는 음식과 향기로운 술을 마시고 질 좋은 향료를 피우면서 편안히 지낸 덕분에, 정기가 되살아나고 공포도 사라지고 평화로운 마음으로 되돌아갈 수 있었습니다.

　그리하여 나흘째가 되자 주인인 노인이 찾아와서 말했습니다.

　"오, 젊은 양반, 당신이 내 집에 와주어서 얼마나 기쁜지 모르겠소. 무사히 목숨을 보전했으니 참으로 다행한 일이오. 그런데 이제부터 나와 함께 바닷가와 시장으로 가서 당신의 상품을 팔아 돈으로 바꾸는 게 어떻겠소? 그 돈으로 또 다른 교역용 물품을 살 수 있을 것 아니겠소. 내가 하인을 시켜서 당신의 그 상품을 이미 강가에 내다 났소만."

　나는 어리둥절해서 잠시 속으로 생각했습니다.

　'가만있자 이게 무슨 소리지? 내가 무슨 상품을 갖고 왔단 말인가?'

　노인은 다시 말을 이었습니다.

　"그렇게 걱정하거나 생각할 필요는 없소. 글쎄, 내 뒤만 따라오구려. 살 사람이 만족할 만한 값을 준다면 파는 것이고, 값이 마음에 들지 않으면 내 집 창고에 쌓아 두었다가 좋은 때를 봐서 팔면 되잖소."

　그래서 나는 지금의 내 처지를 생각하고 이렇게 중얼거렸습니다.

　"그래, 이 노인이 하자는 대로 해서 내 상품이란 게 도대체 뭔가 보아야겠다."

　그리고 노인에게 말했습니다.

　"오, 노인장 말씀대로 하지요. 당신이 하시는 일에는 무엇이든 알라의 축복이 있으니 어떠한 분부라도 따르겠습니다."

　그리하여 노인을 따라 시장으로 가보니 주인이 내가 타고 온 백단향나무 뗏목을 해체하여 시장에 내놓은 것을 두고 거간꾼들이 열심히 흥정하고 있었습니다.

　―여기서 날이 훤히 밝아왔으므로 샤라자드는 이야기를 그쳤다.

565번째 밤

샤라자드는 이야기를 계속했다.
오, 인자하신 임금님, 뱃사람 신드바드는 이야기를 계속했습니다.
―나는 노인이 강가에 쌓아둔 내 상품이란 다름 아닌 내가 뗏목으로 쓴 목재였고, 노인이 그것을 옮겨와서 거간꾼들에게 흥정을 붙이고 있다는 것을 비로소 알았습니다.
상인들이 이 목재에 값을 매겨 서로 맞서 겨루는 동안 값은 금화 1천 닢까지 올라갔습니다. 이때 그 이상의 값을 말하는 자가 없을 것으로 판단한 노인이 나를 돌아보며 말했습니다.
"들으셨소? 이렇게 불경기일 때는 이 정도가 당신 물건의 시세일 거요. 이 값으로 파시겠소, 아니면 좀더 값이 오를 때까지 내 창고에 넣어 두겠소?"
"주인어른, 흥정에 대해선 모두 어르신께 맡기겠습니다. 아무쪼록 좋으실 대로 하십시오."
"그렇다면 이 목재를 나에게 팔지 않겠소? 상인들이 매긴 값에 금화 백 닢을 더 얹어주리다."
"좋습니다. 현금거래로 어르신께 드리지요."[*81]
노인은 하인을 시켜 목재를 창고로 나르게 하고 나를 데리고 다시 집으로 돌아왔습니다. 그리고 자리에 앉자 백단향 목재값을 셈하여 자루에 넣고 나서 비밀 장소에 넣어두고 자물통을 채운 다음 열쇠를 나에게 주었습니다.
이런 일이 있은 지 며칠이 지난 어느 날 노인이 나에게 말했습니다.
"당신에게 긴히 부탁할 것이 있소. 당신은 틀림없이 내 청을 들어주리라 믿소만."
"무슨 일인지요?"
"사실은 보다시피 이 늙은이에게는 아직 아들이 없소. 그러나 딸은 하나 있는데 나이가 젊은 데다 재산도 있고 얼굴도 꽤 아름다운 편이라오. 그래서 당신이 내 딸과 결혼하여 함께 이 나라에서 오래 살아주었으면 하오. 나는 이제 늙은이라 내가 가진 것을 모두 물려 줄 테니 내 후계자가 되어 달라는 거요."

내가 부끄러워서 아무 말도 하지 못하고 잠자코 있으니 노인은 다시 말을 이었습니다.

"부디 내 소원대로 해 주시구려. 나는 당신이 행복해지기를 바라고 있소. 당신이 내 청을 들어줄 결심이 선다면 즉시 딸아이를 당신에게 드릴 뿐만 아니라, 내가 지금 가진 것은 물론 앞으로 들어올 것도 모두 당신 것이 되는 거요. 그리고 만일에 당신이 고향으로 돌아가서 장사하고 싶다면 절대 말리지 않으리다. 당신의 자산을 당신 자신이 어떻게 사용하든 당신 마음대로 하면 되니까 어느 쪽이든 마음 내키는 대로 하구려."

"오, 주인어른, 저는 어르신을 아버지처럼 생각하고 있습니다. 지금까지 수많은 고난을 겪어온 저는 죽을 고비를 여러 번 겪어서 이젠 분별심도 판단력도 잃어버리고 말았습니다. 그러니 어떻게 해야 좋을지, 어르신이 정해 주시는 대로 하겠습니다."

노인은 즉시 하인을 시켜 판관과 입회인을 불러오게 한 뒤, 나와 딸을 혼인시키고 성대한 잔치를 열어주었습니다.

부부의 인연을 맺은 첫날밤에 상대를 찬찬히 바라보니, 타고난 아름다운 얼굴에 균형 잡힌 체격, 온화한 성품, 어느 것 하나 흠잡을 데가 없었습니다. 그뿐만 아니라 호화롭기 짝이 없는 의상으로 성장하고, 금은보석 목걸이와 도저히 값을 매길 수 없는 고가의 장식품을 주렁주렁 달고 있었습니다.

나는 완전히 신부에게 반하여 서로 뜨거운 정을 나누며 그날 밤을 보냈습니다.

그리하여 이 세상의 모든 기쁨과 즐거움을 누리며 젊은 아내와 함께 사는 동안, 장인은 어느덧 전능하신 알라의 곁으로 불려갔습니다. 우리는 장인의 시신에 수의를 입혀 매장하고 정성껏 장사를 지냈습니다.

나는 장인의 유산을 모두 물려받아, 재산과 하인들과 노예들 모두 내 것이 되었습니다. 또 장인은 살아 있을 때 상인들의 장로이자 우두머리로서, 장인의 승낙이 없으면 아무도 거래를 하지 못했는데, 그 후임에 내가 앉게 되어 장인의 신분과 지위까지 고스란히 내 차지가 되었습니다.

그리하여 그곳 사람들과도 친해진 나는 매달 초순이 되면 남자들이 모습을 바꾼다는 것을 알았습니다. 그들은 얼굴까지 완전히 변하여 새처럼 변신하고서, 날개를 펼치고 하늘 높이 날아갔습니다. 그러면 도시에는 여자와 아이들만 남게 되었습니다.

나는 속으로 생각했습니다.

'이번 달 초순이 돌아오면 누군가에게 부탁해서 어디든 좋으니 나도 데려다 달라고 해야겠다.'

이윽고 그때가 돌아와 사람들의 얼굴과 모습이 변했을 때, 나는 그중 한 사람을 찾아가서 말했습니다.

"부탁이니 나도 데려가주지 않겠소? 함께 바람을 쐬고 다시 당신 등에 업혀 돌아오고 싶은데."

"그건 곤란합니다."

상대는 거절했지만, 내가 계속 졸라대며 끈질기게 설득하자 견디다 못해 승낙했습니다.

그래서 나는 가족[82]과 하인과 벗들에게는 아무 말도 하지 않고 그 사람과 함께 가기로 했습니다. 그는 곧 나를 등에 태우고 하늘 높이 날아 올라갔습니다.

이윽고 천국에서 천사들이 알라를 찬양하는 소리가 들려와서 나는 너무나 놀라 무심코 그만 이렇게 외치고 말았습니다.

"알라를 찬양하라! 알라의 완전무결함을 찬양하라!"

이 타스비—알라를 찬양하라!—의 문구가 채 끝나기도 전에 하늘 저편에서 불덩이가 날아와 우리 일행을 거의 모두 불태우고 말았습니다.

살아남은 사람들은 허둥지둥 달아나 나를 저주하면서 하계로 내려온 뒤, 몹시 화를 내면서 높은 산꼭대기에 나를 버려두고 다시 날아가 버렸습니다. 나는 아무도 없이 혼자 남고 말았습니다.

나는 새삼 내가 저지른 일을 후회하며 분수를 모르고 어리석은 행동을 한 자신을 꾸짖었습니다.

"영광되고 위대한 신 알라 외에 주권 없고 권력 없도다! 스스로 불 속으로 뛰어드는 하루살이란 바로 나를 두고 한 말이었구나!"

어디로 가야 할지 몰라 자신의 불행한 신세를 한탄하고 있으니 뜻밖에 달처럼 아름다운 두 젊은이가 각각 순금 막대를 지팡이 삼아 짚고 올라왔습니다.

내가 두 사람 쪽으로 다가가서 인사를 하니 두 사람 역시 이마에 손을 대고 답례를 했습니다.

"실례지만 두 분은 대체 어떤 분들입니까?"
"저희는 더없이 높은 알라의 종으로 이 산에 사는 자입니다."
그리고 갖고 있던 순금 지팡이를 나에게 주고는 나를 그대로 남겨둔 채 어디론가 가버렸습니다.
나는 두 젊은이를 생각하면서 그 지팡이에 의지하여 그들이 사라진 쪽을 향해 산등성이를 걸어갔습니다. 그런데 갑자기 커다란 큰 뱀 한 마리가 사람 하나를 배꼽까지 삼킨 채 산속에서 기어 나왔습니다.
그 남자는 나를 보자 죽을힘을 내어 이렇게 외쳤습니다.
"사람 살려! 나를 구해 주면 알라께선 당신을 어떤 불행에서도 구해 주실 겁니다!"
그래서 큰 뱀에게 다가가 그 머리를 순금 지팡이로 후려치자 큰 뱀은 물고 있던 남자를 토해 냈습니다.

―여기서 날이 훤히 밝아왔으므로 샤라자드는 이야기를 그쳤다.

566번째 밤

샤라자드는 이야기를 계속했다.
오, 인자하신 임금님, 뱃사람 신드바드는 이야기를 계속했습니다.
―내가 순금 지팡이로 큰 뱀의 머리를 후려쳤더니 뱀은 입에서 사나이를 토해 냈습니다. 이어서 다시 한 번 때리자 큰 뱀은 그대로 돌아서 달아나고 말았습니다.
죽을 뻔하다가 살아난 사람이 나에게 다가와서 말했습니다.
"내가 큰 뱀한테서 살아난 것은 오로지 당신 덕분입니다. 그러니 이제부터 당신 곁을 떠나지 않고 이 산속에서 사이좋게 지내고 싶습니다."
"좋습니다."
우리는 산길을 한동안 나아가다가 모여 있는 한 떼의 사람들을 만났습니다.
그중에는 나를 등에 태워 날아가다가 그 산꼭대기에 내려놓고 가버린 그 남자도 끼여 있었습니다. 나는 그에게 다가가서 사죄하면서 정중하게 말했습니다.

"오, 형제여, 당신은 친구의 의리도 모르는 분이구려."

그러자 그자가 말했습니다.

"내 등에서 타스비를 외어서 우리를 거의 죽을 뻔하게 만든 사람은 바로 당신이 아니었소?"

"정말 미안하오. 나는 그런 것에 대해서는 아무것도 몰랐소. 만일 다시 나를 이곳에서 데리고 돌아가 준다면, 이번에는 맹세코 아무 말도 하지 않으리다."

그 사람은 내가 가엾게 생각되었던지 나를 다시 등에 태워 데려다주기로 약속했습니다. 그 대신 나에게, 그의 등에 타고 있는 동안에는 타스비도, 알라에 대한 찬양도 절대로 입 밖에 내지 않겠다고 굳게 맹세하도록 했습니다.

나는 뱀의 입에서 구해 준 사내에게 순금 지팡이를 주고 작별인사를 했습니다. 친구는 나를 등에 태우고 전과 같이 하늘 높이 날아올라 도시로 돌아가서 내 집에 내려주었습니다. 아내가 나와서 내가 무사히 돌아온 것을 기뻐하면서 말했습니다.

"이제부터는 제발 그 사람들과 어울리는 것은 그만두세요. 사실 그 사람들은 악마의 일족이에요. 그래서 알라의 이름을 부르는 것도, 알라를 예배하는 것도 모른답니다."

"그렇다면 당신 아버지는 어떤 사람들하고 교제했소?"

"제 아버지는 그 사람들과는 교제하지 않았고, 그 사람들이 하는 행동도 하지 않으셨어요. 이젠 아버지도 돌아가셨으니 당신은 재산을 전부 팔고 그 돈으로 상품을 사들여 당신의 고향으로 돌아가는 것이 좋겠어요. 아버지도 어머니도 돌아가신 지금은 저 역시 이곳에 아무런 미련이 없으니 당신을 따라가겠어요."

그래서 나는 장인의 재산을 상당한 값으로 팔고 바소라로 떠나는 자가 있으면 같이 갈 생각으로 찾아보았습니다.

그러다가 항해를 하고 싶어 하는 사람들이 있다는 얘기를 듣게 되었습니다. 그런데 그들은 아무리 해도 배를 구하지 못해 할 수 없이 나무를 사서 직접 커다란 배를 한 척 만들었습니다. 나도 그 배에 타기로 하고 뱃삯을 냈습니다.

그리하여 나와 아내는 집과 토지는 그대로 남겨둔 채 물건만 챙겨 배에 올랐습니다.

배는 순풍에 돛을 달고 섬에서 섬으로, 바다에서 바다로 항해를 계속한 끝에 무사히 바소라에 도착했습니다.

그러나 그곳에 머물지는 않고 곧바로 다른 배에 상품을 갈아 싣고는 곧장 수도 바그다드를 향해 떠났습니다. 그리하여 무사히 도착하자 전에 살던 집으로 돌아가서 가족과 친구와 친지들을 만난 다음 상품을 모두 창고에 집어넣었습니다.

가족들은 내가 일곱 번째 항해를 떠나 집을 비운 지 20년하고도 7년이나 지나, 나에 대해서는 완전히 포기하고 있었습니다. 그러던 참에 내가 돌아왔으니 모두 크게 기뻐하며 내가 무사히 돌아온 것을 축하해 주었습니다.

내가 그동안 있었던 일들을 하나도 빠짐없이 얘기해 주었더니 모두 아주 놀라워했습니다.

그리고 나는 더없이 높은 알라께 육지든 바다든 두 번 다시 운명을 시험하는 여행은 하지 않겠다고 굳게 맹세했습니다.

이 일곱 번째의 마지막 항해로 나는 여행에도 모험에도 그만 진절머리가 나고 말았기 때문입니다. 그리고 무사히 고국과 가족에게 돌아와서 친지들을 다시 만날 수 있게 된 사실을 알라(찬양하라!)께 감사드리고 축복을 바쳤지요.

"그러니, 짐꾼 신드바드여, 잘 생각해 보시오."
뱃사람 신드바드는 이야기를 계속했습니다.
"내가 지금의 신분이 되기까지 어떠한 어려움을 극복하고 얼마나 위험한 고비와 고생을 견뎌왔는지……."
그러자 짐꾼 신드바드가 대답했습니다.
"나리, 부디 용서해 주십시오! 제가 당신에게 참으로 잘못된 말을 했군요."*83

그리하여 두 사람은 그 뒤에도 오랫동안 깊은 우정을 나누며, 이 세상의 모든 위안과 즐거움을 누리면서 살았습니다. 그리고 이윽고 기쁨을 멸하고 교제를 끊으며, 왕궁을 파괴하고 무덤에 송장을 보내는 자, 즉 죽음의 잔이 두 사람에게도 찾아왔습니다.

오, 결코 멸망하는 일이 없는 영원한 신 알라께 영광이 있기를! *84

뱃사람 신드바드의 일곱 번째 항해(콜카타판)

그런데 여러분, 나는 항해와 무역을 그만두기로 결심하면서 속으로 이렇게 중얼거렸습니다.

'이제 모험은 지긋지긋하다.'

그리고 매일 방탕한 생활을 즐기고 있었습니다. 그러던 어느 날 집에 앉아 있는데 누군가가 문을 두드리는 소리가 났습니다.

문지기가 문을 열어 주니, 한 시동이 들어와서 말했습니다.

"교주님께서 부르십니다."

나는 시동과 함께 교주님의 어전에 나아가 그 앞에 엎드리며 인사를 올렸습니다. 교주님은 나를 반가이 맞이하며 융숭하게 대접해 주면서 이렇게 말했습니다.

"신드바드여, 그대에게 부탁이 한 가지 있는데 들어주겠는가?"

나는 교주님 손에 입을 맞추고 물었습니다.

"오, 임금님, 주인님이 노예에게 하시는 부탁이란 대체 무엇입니까?"

"사란디브의 왕한테 가서 내 편지와 선물을 전해 주기 바라네. 지난번에 사란디브의 왕이 나에게 선물과 편지를 보냈으니 그 답례를 하고 싶구나."

나는 그 말을 듣고 몸을 떨면서 대답했습니다.

"오, 전능하신 알라께 맹세코, 임금님이시여, 저는 이제 여행은 진저리가 납니다. 항해니 여행이니 하는 말만 들어도 지난날에 겪은 괴로움과 어려움이 생각나서 팔다리가 떨려 견딜 수 없습니다. 이제는 정말 여행을 하고 싶은 생각이 눈곱만큼도 없습니다. 더구나 저는 이제 바그다드에서 한 발짝도 나가지 않겠다고 맹세를 했사옵니다."

그리고 내가 지금까지 겪은 일을 모두 이야기했더니 교주님은 몹시 놀라면서 이렇게 말했습니다.

"오, 신드바드, 그대가 겪은 그런 재난은 정말 난생처음 듣는 신기한 얘기들뿐이구나. 그러니 그대가 여행에 대해 고개를 젓는 것도 무리가 아니겠구

나. 하지만 이번만큼은 나를 위해서 선물과 편지를 가지고 사란디브 왕에게 다녀와다오. 그리고 인샬라! —알라의 뜻에 맞는다면! —곧바로 돌아오도록 하라. 그러면 최소한 사란디브 왕에 대한 의리는 지키는 셈이 될 테니까."

나는 교주님의 명령인지라 거역할 수도 없어서 마지못해 승낙하고 말았습니다. 그래서 선물과 함께 편지와 노자를 받아, 교주님의 손에 입을 맞추고서 물러났습니다.

그리하여 바그다드를 떠나 만[(8)]으로 가서 다른 상인들과 함께 배를 탔습니다. 배는 몇 날 며칠 동안 순풍에 돛을 달고 나아가, 마침내 사란디브 섬에 무사히 도착했습니다. 배가 닻을 내리자 모두 뭍에 상륙했고, 나도 선물과 편지를 가지고 왕에게 가서 그 앞에 엎드렸습니다. 나를 본 왕은 무척 반갑게 맞아주었습니다.

"오, 신드바드, 이게 얼마 만인가! 무척 만나고 싶던 차에 잘 와주었네! 그대를 다시 만나게 해 주신 알라께 영광을!"

왕은 내 손을 잡고 자기 옆에 앉혔습니다. 그리고 예나 다름없이 진심으로 나를 환영하며 오랜 지기처럼 대해 주었습니다. 이런저런 세상 이야기를 나누던 끝에 이윽고 왕이 나에게 물었습니다.

"여보게, 신드바드, 그래 이번엔 무슨 일로 왔는가?"

나는 왕의 손에 입을 맞추며 감사의 뜻을 표하고서 대답했습니다.

"오, 임금님, 사실 저의 주군이신 하룬 알 라시드 교주님께서 임금님께 보내시는 선물을 가지고 왔습니다."

그리고 신드바드는 교주님의 선물과 편지를 내놓았습니다. 왕은 편지를 읽고 매우 흡족해하는 눈치였습니다. 교주님이 선물로 보낸 암말 한 필은 보석을 아로새긴 황금 안장을 단, 은화 1만 닢의 가치가 있는 것이었습니다. 그 밖에 두루마리 책 한 권, 호화로운 의상 한 벌, 카이로산 흰 천을 비롯하여 수에즈,[*85] 쿠파, 알렉산드리아의 비단이 백 가지, 그리스산 양탄자와 아마포, 생명주실 백 마운드,[*86] 그리고 한복판에 사자 앞에 무릎을 꿇은 사내가 사자 머리를 겨누고 활시위를 당기는 그림이 그려진, 세상에도 희귀한 명품인 수정 잔이 있고, 또 다윗의 아들 솔로몬(이분에게 평화가 있기를!)의 식사용 쟁반도 있었습니다. 그리고 편지에는 다음과 같은 글이 적혀져 있었습니다.

(저는 물론 그 선조들에게도 고귀한 신분과 아낌없는 영광을 주신) 알라의 가호를 입고 있는 하룬 알 라시드가 복 많은 국왕께 삼가 몇 글자 올립니다. 보내주신 친서를 받고 참으로 기쁜 생각을 금할 수 없었습니다. 하여 국왕께 어울리는 여러 가지 진귀한 보배와 더불어 '슬기로운 사람의 기쁨과 벗에게 바치는 진귀한 선물'*[87]이라는 제목의 책을 보내오니 부디 받아주시기 바랍니다. 당신에게 영원한 평안함이 있으시기를!

왕은 나에게 분수에 넘치는 재물을 내려주고 예를 다해 대접해 주었으며, 나는 왕의 후한 환대에 깊은 감사의 뜻을 표했습니다.

며칠 뒤 왕에게 이만 물러갈 뜻을 비쳤으나 왕은 좀처럼 허락해 주지 않았습니다. 나는 온갖 수단을 다 써서 왕을 설득한 끝에 하직인사를 올린 다음, 곧바로 그곳을 떠나 상인들과 함께 귀국길에 올랐습니다. 도중에 어디를 들르거나 교역을 할 마음은 없었으므로 오로지 항해를 계속하여 이제 절반쯤 왔을 무렵, 갑자기 헤아릴 수 없이 많은 통나무배가 우리 배를 에워싸는 것이었습니다. 통나무배에는 손에 손에 활과 칼, 단검을 쥐고 갑옷을 입은 악귀 같은 자들이 타고 있었습니다.

그들은 저항하는 자를 닥치는 대로 살해하고 배를 통째로 탈취한 뒤 우리를 어느 섬으로 끌고 가서 헐값에 팔아치워 버렸습니다.

나는 어느 부자에게 팔려갔는데 다행히 그는 나를 집으로 데려가서 먹을 것을 주고 옷까지 입혀주면서 친절하게 보살펴주었습니다. 그래서 나도 기운을 차려 한동안 피로를 풀면서 휴양하고 있었습니다. 그러던 어느 날 주인이 나에게 물었습니다.

"자네는 무슨 기술이 있든가, 아니면 뭐라도 할 줄 아는 것이 있나?"

나는 대답했습니다.

"오, 나리, 저는 상인이어서 장사나 무역일밖에 할 줄 모릅니다."

"하지만 활은 쏠 줄 알겠지?"

"예, 그것 같으면 어느 정도 자신 있습니다."

이튿날 주인은 활과 화살을 준비하여 나를 코끼리에 태우고서 자기도 앞에 탔습니다. 우리는 날이 샐 무렵 집을 나서서 커다란 나무들이 무성하게 자라는 숲을 지나 한 그루의 높고 튼튼한 나무 앞에 이르렀습니다. 주인은 나에게 그 나무에 오르라 하고는 활과 화살을 내주며 말했습니다.

"이 나무 위에 앉아 있다가 이른 아침에 코끼리 떼가 지나가거든 활을 쏘게. 그래서 만약 한 마리라도 코끼리를 쓰러뜨리면 나한테 알리러 오게."

주인은 그렇게 말하고 돌아가 버렸습니다.

나는 태양이 떠오를 때까지 무서움에 벌벌 떨면서 나무 위에 숨어 있었습니다. 이윽고 해가 뜨자 코끼리 떼가 나타나서 나무 사이를 어슬렁어슬렁 돌아다니기 시작했습니다.

나는 코끼리를 겨냥하여 화살을 쏘았습니다. 연거푸 화살을 날리는 동안 가까스로 한 마리를 쓰러뜨릴 수 있었습니다.

저녁때 주인한테 가서 그 사실을 알려주었더니 무척 기뻐하면서 나를 매우 극진하게 대접했습니다. 그리고 다음 날 아침 주인은 쓰러져 있는 코끼리를 운반해 갔습니다.

이렇게 거의 매일 아침 나는 코끼리를 활로 쏘아 죽이고 주인은 그것을 가져갔습니다.

그러던 어느 날 나무에 올라가 숨어 있으니 갑자기 어마어마한 코끼리의 대군이 줄줄이 나타나는 것이었습니다. 코끼리들[88]은 지축을 뒤흔드는 것처럼 무서운 소리로 울부짖었습니다.

그리하여 둘레가 무려 50완척이나 되는 나무를 에워싸더니 그중 엄청나게 큰 놈이 앞으로 나와 코를 나무줄기에 감고 뿌리째 뽑아 대지에 내동댕이쳤습니다.

나는 정신을 잃은 채 코끼리 떼 속에 쓰러져 있었습니다. 그러자 그 큰 코끼리가 코로 내 몸을 감아 자기 등에 태우고는 다른 코끼리들을 거느리고 그 자리를 떠났습니다. 그리고 여전히 정신을 잃고 있는 나를 데리고 목적지까지 가서는 나를 땅에 내려놓고 다른 코끼리들과 함께 어디론지 사라져 버렸습니다.

나는 한동안 그 자리에 누워 있다가 얼마 뒤 무서움이 조금 가라앉자 가만히 사방을 둘러보았습니다. 그랬더니 놀랍게도 그곳은 코끼리의 시체가 가득한 장소 한복판이 아니겠습니까? 이윽고 나는 그곳이 코끼리의 무덤이고, 큰 코끼리가 상아[89]가 있는 곳을 가르쳐주기 위해 나를 이곳까지 데려왔다는 사실을 깨달았습니다.

나는 꼬박 일주일을 걸어서 가까스로 주인집으로 돌아갈 수 있었습니다. 주인은 공포와 굶주림으로 얼굴빛이 완전히 변해 버린 내 모습을 보더니 무척 놀라면서 내가 무사히 돌아온 것을 기뻐했습니다.

"얼마나 걱정했는지 모르네! 자네가 돌아오지 않아서 그 장소에 가 보았더니 글쎄, 나무가 뿌리째 뽑혀 있어서 틀림없이 자네가 코끼리에게 죽음을 당해버린 줄로만 알았지. 대체 어찌 된 일인가?"

내가 자초지종을 얘기하자 주인은 몹시 놀랐지만, 이윽고 기쁜 빛을 띠며 물었습니다.

"그런데, 그 장소를 기억하고 있나?"

"예, 잘 기억하고 있습니다."

그리하여 둘이서 코끼리를 타고 그곳으로 갔습니다. 그 장소에 이르자 주인은 산더미처럼 쌓인 상아를 보고 크게 기뻐하며 당장 가져갈 수 있는 만큼 싣고 함께 집으로 돌아왔습니다.

이 일이 있고부터 주인은 나를 전보다 더욱 극진하게 대해 주었습니다.

"자네 덕분에 큰 돈벌이가 될 길이 열렸어. 알라께서 그에 어울리는 대가를 내려주시도록 기도하겠네! 자네는 전능하신 알라의 자비로, 알라께서 보고 계시는 눈앞에서 자유로운 신분이 된 게야! 그 코끼리들은 우리가 코끼리 사냥을 해서 상아를 빼앗는 바람에 지금까지 우리 동료들을 상당히 많이 죽였다네. 그런데 다행히 자네는 무사히 살아난 데다 아까 그 상아의 산을 알아내어 큰 돈벌이를 시켜주었단 말이야."

"오, 주인님, 알라께서 당신을 지옥불에서 구해 주시기를! 그럼 이제 고국으로 돌아갈 수 있도록 허락해 주십시오."

"물론이지, 허락해 주고말고. 다만 이곳에서 해마다 한 번씩 서는 장날이 얼마 남지 않았는데, 그때는 상아를 사러 곳곳에서 상인들이 모여든다네. 그러니 그 거래가 끝나면 상인들에게 부탁해서 함께 고향에 돌아갈 수 있도록 해 주겠네."

그리하여 나는 주인에게 축복과 감사의 말을 하고, 정중한 대접을 받으면서 주인집에 며칠 더 머물기로 했습니다. 이윽고 주인이 얘기한 대로 상인들이 찾아와서 거래가 시작되었습니다. 그리고 상인들이 귀국 준비를 마쳤을 무렵, 주인이 나에게 와서 말했습니다.

"그럼, 길 떠날 채비를 해서 고향까지 저 상인들과 함께 가도록 하게."

상인들은 상아를 듬뿍 사 짐을 꾸린 뒤 배에 싣기 시작했습니다. 그때 주인은 나를 데리고 상인들에게 가서 뱃삯과 경비를 치러주었을 뿐만 아니라 커다란 짐짝을 하나 선물로 주었습니다.

우리는 곧 돛을 올리고 섬에서 섬으로 항해를 계속하여 큰 바다를 건너서 페르시아 만에 도착했습니다.

그곳에서 상인들은 짐을 내려서 팔았고, 나도 가진 물건을 팔아 엄청난 이익을 올렸습니다. 그리고 토산물로서 그곳에서 가장 아름다운 물건과 진기한 상품, 그 밖에 원하는 것을 닥치는 대로 사들였습니다. 또 짐 운반용 가축을 한 마리 사서 상품을 싣고, 그곳을 떠나 나라에서 나라로 사막을 건너 마침내 바그다드에 도착했습니다.

나는 곧장 교주님을 찾아가서 인사를 드리고 손에 입을 맞춘 뒤, 모든 것을 남김없이 말씀드렸습니다. 교주님은 내가 무사히 귀국한 것을 기뻐하며 전능하신 알라께 감사의 뜻을 표한 다음, 그 이야기를 금문자로 기록해 두라고 신하에게 분부하셨습니다.

그리하여 나는 집으로 돌아와 가족과 친지들을 다시 만난 것입니다.

이것이 일곱 번째 항해 중에 내가 겪은 일들입니다. 우주 만물의 창조주이자 조물주이신 유일한 신 알라를 찬양할지어다!

―샤라자드가 두 사람의 신드바드에 대한 이야기를 마치자 두냐자드는 감탄하여 소리쳤다.

"아! 언니, 언니는 어쩌면 그렇게 재미있고 신기한 이야기를 다 아는 거예요! 정말 즐겁고 유쾌했어요!"

그러자 샤라자드가 대답했다.

"내일 밤에 들려줄 이야기에 비하면 이건 아무것도 아니란다."

"그것은 어떤 이야기인고?"

샤리아르 왕이 묻자 샤라자드는 다음과 같은 이야기를 시작했다.

〈주〉
＊1 레인(제3권)은 나의 어릴 적 친구를 '바다의 에스 신드바드(Es-Sindbad)'라 불렀다. 또

독일의 산스크리트어 학자 벤페이(Benfey)는 이 말의 유래를 산스크리트어의 시다파티(Siddhapati)='성자들의 군자(君子)'에서 찾고 있다. 이 이름은 아라비아의 이야기에 자주 나오는데, 그 어원(히브리어에서는 Sandabar, 그리스어에서는 Syntipas)은 아직도 분명하지 않다. 그중에는 비드파이(Bidpai, Bidyapati)가 단순히 본디 뜻과 다르게 전해져 그릇되게 굳어진 것에 지나지 않는다고 생각하는 사람도 있다.

홀(Hole)(《아라비안나이트 평역 Remarks on the Arabian Nights' Entertainment》 법률박사 리처드 홀 저, 런던, 캔델, 1797년 간행)은 그 어원이 페르시아어의 아바드(abad) 지방에서 나왔다고 했는데, 그것은 있을 수 없는 일이다. 〔홀은 영국의 시인, 저술가. 1750?~1803년. 버턴에 의하면, 그는 갈랑 교수의 번안을 통해서만 아라비안나이트를 알고 있다고 한다.〕

*2 짐꾼(Hammal)은 콘스탄티노플의 유명한 아르메니아인 같은 품팔이꾼. 어떤 판본에서는 신드바드를 알 힌디바드라 부르고 있다.

*3 도요새(stone-curlew)는 아랍어로 카라완(Karawan, Charadrius oedicnemus)이라고 한다. 그 날카로운 노랫소리에 이집트인들은 감탄하지만, 사냥꾼은 싫어한다.

*4 오늘날에도 사람들이 흔히 사용하는 이 문구는 흉악한 눈길을 방지한다. 〔흉악한 눈길은 evil eye라고 하며, 적대하는 마음이 담긴 시선에 의해 나쁜 일이 일어난다는 미신. 이런 미신은 전 세계에서 볼 수 있는데, 특히 어린이는 노파의 눈길에 의해 불행한 일을 당한다고 한다. 상세한 것은 졸저 《아라비안나이트 사전》, R.H. 로빈스 저 《마법과 악마학 백과사전 The Encyclopedia of Witchcraft and Demonology》(1963년, 뉴욕 간행)에 자세히 나와 있다.〕 아랍인 지은이는 이 신드바드를 묘사하면서, 베네치아로 돌아간 마르코 폴로에 관한 전설을 재현하는 것처럼 보인다.

*5 내 소꿉친구와 《신드바드 이야기 Sindibad-namah》, 즉 현자인 신드바드에 대한 페르시아 이야기 주인공과 혼동해서는 안 된다.

*6 최초와 두 번째 문구는 전도서 제7장 1절과 제9장 4절부터 나온다. 〔'죽는 날이 세상에 나오는 날보다 낫다.' '산 개가 죽은 사자보다 낫다.'〕 부르판(版)에는 세 번째 문구가 '무덤은 왕궁보다 낫다'고 되어 있다. 솔로몬이 한 말은 하나도 없는데, 동양인은 인용문의 출전을 확인하지 않는다.

*7 아랍어의 카눈(Kanun)으로, 아궁이. 앞에서 다룬 적이 있는 화로를 말한다. 여기서는 땅속에 묻은 숯불이 가득 든 화덕, 또는 바람구멍이 뚫려 있는 말발굽 모양의 작은 점토 화덕이다.

*8 이러한 물고기의 섬은 그리스 라틴의 고전에 자주 등장한다. 이를테면 플리니우스(《박물학》 xvii. 4)의 프리스티스(Pristis) 같은 것이다. 〔이것은 보통명사로서는 '바다의 괴물'이라는 뜻으로, 고래, 바다뱀, 톱상어 등을 말한다.〕 올라우스 마그누스(Olaus Magnus)는 이 괴상하게 생긴 물고기를 발틱해로 옮기고(xxi, 6), 네아르코스

(Nearchus)의 고래와 마찬가지로 겁낼 필요가 없는 것으로 취급했다. 〔올라우스 마그누스는 스웨덴의 역사가. 여기에 일러준 책은, 그의 명저 《북국인사(北國人史) Historia de Gentibus Septentrionalibus》이다. 1490~1558년. 네아르코스는 기원전 4세기 무렵의 크레타 섬 사람으로, 알렉산드로스 대왕의 친구로서 군인으로 활약했다. 그 실록이 전쟁 역사가인 아리안(Arrian)의 《인디카 Indica》 속에 보존되어 있다.〕

C.J. 솔리누스(Solinus) (Peinii Simia)는 이렇게 말했다. "인도해(海)의 고래에는 5명의 사람이 놀 수 있을 정도로 큰 공간이 있다(Indica maria balaenas babent ultra spatia quattuor jugerum)." 〔솔리누스는 230년 무렵에 활약한 로마의 역사가이자 지리학자. 괄호 안의 이탤릭체는 그의 저작. 고대 그리스의 루키아노스는 《진짜 이야기》에서 고래 배 속에서 수많은 사람이 전쟁을 벌인다는 기발하고 엉뚱한 거짓말을 많이 늘어놓았다.〕

욥의 커다란 바다짐승(제41장 16~17절)에 대해서는 보샤르(Bochart)의 《히에로조이콘 Hierozoicon》(i. 50)을 참조할 것. 〔참고로 욥기에서는 레바이아산은 악어로 기술되는 한편, 이사야서에서는 구렁이로 되어 있으며, 시편에서는 아마 고래를 가리키는 것으로 알려졌다. 어쨌든, 이 말은 비정상적으로 커다란 것을 상징하는 말로, 이를테면 토마스 홉스의 유명한 《더 레바이아산 The Leviathan》은 국가를 가리킨다. 사무엘 보샤르는 프랑스의 신학자, 동양학자. 위의 인용한 책은 1663년에 출판, 1599~1667년.〕

이것에서 보이아르도(Boiardo) (Orl. Innam. 제4부)는 그 마법의 고래를 빌려 썼고, 또 밀턴(P.L. 제1권)은 레바이아산을 섬으로 생각했다. 〔M.M. 보이아르도는 이탈리아의 문인. 인용한 책은 《사랑하는 올란도 Orland Innamorato》로 1486년의 작품, 1434~1494년. 밀턴이 인용한 책은 《실낙원》이며, "신은 그 모든 창조물 중에서 큰 바다를 헤엄치는 가장 커다란 바다짐승을 만들었는데, 노르웨이의 바다 위에 잠들어 있는 이 짐승을 선원들은 종종 섬으로 착각한다"고 말한 시를 볼 수 있다.〕

햇볕을 쬐는 고래는 올라우스 마그누스(xxi. 25)의 크라켄(Kraken)이나 세투스(Cetus)를 이내 연상시킨다. 〔크라켄은 노르웨이 앞바다에 나타난다는 커다란 괴물로, 때로는 새의 모습으로, 때로는 문어의 모습으로 보인다고 한다. 세투스는 커다란 물고기라는 뜻으로, 고래나 돌고래를 가리킨다.〕

《세계의 불가사의 Ajaib al-Makhlukat》에 대한 알 카즈위니(Al-Kazwini)의 유명한 논설도 술라파(Sulahfah), 즉 거북, 큰 거북(colossochelys)에 대해서 같은 화제를 전하고 있다. 〔또한 레인판 《신역 천일야화》 제3권의 주석에도 '새로 착각하는 물고기'라는 항목이 있다.〕

*9 신드바드는 자신이 난파자라고 말하지는 않았다. 그것은 이른바 '모험담'에서는 상투적인 표현이지만……. 즉, 그는 거짓말을 하여 자신에게 이롭지 않을 때에는 언제나 진

실을 말하고 있다.
* 10 레인(제3권)은 이 말, 즉 미르잔(Mihrjan)을 힌두어의 마하라지(Maharaj)='위대한 라자'의 다르게 전해진 말이라고 했다. [라자는 왕후라는 뜻.] 그러나 이 말은 조로아스터교의 가을 대축제의 이름으로, 순수한 고대 페르시아어의 미르(Mihr, 태양, 여기서 미트라스(Mithras)가 나옴)와 잔(jan)='생명'에서 만들어진 말이다. [미트라스는 '승리자'라는 뜻으로, 이 종교에서는 수호자와 심판자.] 이윽고 나중에 알게 되듯이, 정의의 왕 아누시르완의 시대에는 페르시아인은 남부 아라비아와 과르다푸이 곶(지르드 하푼(Jird Hafun))[아프리카 주의 동쪽 끝 아덴 만 입구에 돌출해 있다. 옛 이름은 아로마타 곶] 이남의 동아프리카를 영유하고 있었다.

그러나 만약 이 말이 마하라지의 본디 뜻과 달리 전해져 그릇되게 굳어진 말이라고 가정한다면, 신드바드는 비자야나가르(Vijayanagar)를 수도로 하는 인도 중남부의 유명한 나르신가(Narsinga) 왕국을 암시하는 건지도 모른다. 그렇지 않으면 누군가 위대한 인도 왕을, 어쩌면 카치(Kachch, Cutch)의 대왕까지 암시하는 건지도 모른다. [카치는 뭄바이의 속국.] 이 대왕은 이슬람교의 이야기에서는 발라라(Balhara)라는 이름으로 널리 알려졌다. 즉 발라비(Ballabhi) 시대의 기초를 둔 발라바 라이스(Ballaba Rais)를 가리킨다. 또는 카몬이시의 자모린(Zamorin) 왕조, 즉 말라바르의 사므드리 왕가(Samdry Rajah)를 가리키는 것일 수도 있다.

Mahrage 또는 Mihrage에 대해서는 르노도(Renaudot)의 《9세기의 두 이슬람교도 여행가 *Two Mohammedan Travellers of the Ninth Century*》를 보기 바란다. [E. 르노도는 프랑스의 동양학자. 1646~1720년. 위의 책은 영역서로, 정확하게는 '*Accounts of India and China by two Mohammedan Travellers in the Ninth Century*'라고 한다. 레인은 이 책에서 자기 주장의 증거를 열심히 찾았다.]

볼프(Wolf)의 세일론 기(記)에서는(영역), 네덜란드 상인이 종마를 보낸 '일라스 데 카발로스(Ilhas de Cavalos)'(야생마의 섬)에 결부시키고 있다. [J.C. 볼프는 함부르크의 동양학자. 1683~1739년.] W. 존스(Jones) 경(《아시아 개설 *Description of Asia*》 제2장)은 이 아랍인의 섬을 소보르마(Soborma) 또는 Mahraj=보르네오로 보고 있다. [존스는 영국의 동양학자. 1746~94년.]
* 11 마부(Syce)는 아랍어의 사이스(Sais)이다. 마부라기보다 '말의 사육자(horse-keeper)'를 의미하는 유명한 영인어(英印語).
* 12 방패(target)는 아랍어의 다라카(Darakah). 이것에서 우리가 쓰는 말, 즉 타깃(target)이 나왔다.
* 13 암말이 바람에 의해 잉태한다는 전설은 유럽의 고전작가에게도 널리 알려졌다. 또 '바다의 종마'는 암나귀를 말뚝에 매어놓고 야생 당나귀를 붙여주는 아랍인의 풍습에서 나온 것이리라. 봄베이(뭄바이) 연대의 J.D. 왓슨 대령이 나에게 일러준 바로는,

신드바드는 란 오브 카치치(the Ran of Kachch(Cutch))〔인도 서해안의 카치만 북안 일대에 위에서 말한 '염분을 머금은 저습성 사막'이 있다〕의 입구에서 배가 난파하여, 보트를 타고 우기(雨期)에 형성된 섬들의 하나로 떠내려갔는데, 그곳에는 야생 당나귀(Equus onager), 하르 가드(Khar gadh), 페르시아어로는 고르 하르(Gor-khar)가 오늘날에도 번식하고 있다고 한다. 이 사실은 이른바 '바다의 종마'의 정체를 밝혀줄 것이다. 실제로 짙은 갈색에 등과 다리에 줄무늬가 있는 순 카티아와르 말에는 당나귀의 피가 섞인 흔적이 있다. 〔카티아와르(Kathiawar)는 아라비아해 속에 돌출한 인도 서부의 반도 이름.〕

*14 〔본문에서는 크샤트리아(Kshatriya, 刹帝利)가 가장 고귀한 사람들로 되어 있지만, 실제로는 버턴의 주에도 있는 것처럼, 브라만(Brahman, 婆羅門) 다음이며, 그 밑에 바이샤(Vaisya, 吠舍)와 수드라(Sudra, 首陀) 계급이 있다.〕제2계급, 또는 토족계급(무사)을 말하며, 일반적으로 이 계급은 도끼를 든 라마(Battle-axe Rama)(파라슈 라마(Parashu Rama))에 의해 파멸된 것으로 상상되고 있다. 〔영웅 라마의 뛰어난 업적에 대해서는 고대 인도의 역사시 《라마야나》에 기술되어 있다.〕

그런데 라지푸츠(Rajputs) 토후국〔라지푸타나(Rajputana)는 북서 인도의 토후국 가운데 가장 세력이 큰 나라〕의 몇몇 종족과 그 밖의 종족들이 이 고귀한 혈통을 이어받았다고 주장하고 있다. 왓슨 대령은 이 말의 어원은 샤하야트(Shakhayat) 즉, 고귀한 카티스(Kathis, 카티아와르 사람들) 또는 시카리(Shikari), 즉 직업적인 사냥꾼(여기서는 마부의 역할을 하고 있다)이라고 설명했다.

*15 카실(Kasil) 섬은 부르판에서는 카빌(Kabil)로 되어 있다. 레인(제3권)은 알 카즈위니(Al-Kazwini)의 이른바 '바르타일(Bartail)'로 보르네오 부근에 있는 것으로 생각하고, 스페인인 B.L. 데 아르헨솔라(de Argensola)《몰루카 제도의 역사 History of the Moluccas》의 말을 인용했다. 데 아르헨솔라는 반다(Banda) 부근에 절규와 휘파람, 포효, 무서운 요괴 등으로 악명 높은 무인도 포엘사턴(Poelsatton)이 있는데, 이 섬에는 악마들이 서식하고 있다고 했다(스티븐스(Stevens) 제1권). 〔알 카즈위니는 이미 몇 번 인용된 적이 있는 13세기 아랍 시인, 《세계의 불가사의》의 저자. 데 아르헨솔라는 시인이자 역사가. 1564(또는 65)~1613(또는 31)년. 마지막의 스티븐스는 'Stevens' Collection of Voyages' 즉 《스티븐스의 항해담집》을 가리킨다.〕

*16 어떤 원서는 이 마지막 구절을 "그리고 선원들의 이야기로는 알 다잘(Al-Dajjal)이 그곳에 살고 있다고 합니다"라고 되어 있다. 이슬람교도인 알 다잘은 일종의 그리스도 배격자(排擊者)로 가장 큰 등급의 죄인이다. 그는 만년에 모습을 드러내어 7만 명의 유대인을 이끌고 대지를 황폐화시키려 했으나, 루드(Lud)의 문에서 예수의 공격을 받고 살해되었다. 〔무함마드가 예언한 그리스도 배격자의 수는 약 30명에 이른다고 하며, 알 다잘은 그 가운데 가장 큰 등급의 죄인이었다. 레인은 제3권 각주에 세

일의 Preliminary Discourse—영어 번역 코란의 서문—에서 알 다잘에 관한 해설의 전문을 그대로 인용했다. 또한 다잘의 원뜻은 '거짓의, 허위의'라는 뜻으로, 그 뒤에 구세주, 즉 그리스도가 붙는다.〕

*17 이것도 역시 알 카즈위니에게서 빌려 쓴 것. 동아프리카 연안 앞바다에 오늘날에도 자주 출몰하는 고래에 대한 과장된 기술이다. 내가 탄 배의 선원들도 베르베라(Berberah)와 아덴 사이에서 출현한 고래를 보고 몹시 놀랐다. 〔베르베라는 소말리아의 주요도시.〕 네아르쿠스(Nearchus)는 페르시아만에서 나팔을 불어 고래들을 쫓았다 (스트라보(Strabo) 제15장). 〔네아르쿠스는 기원전 4세기 후반의 마케도니아 제독이자 알렉산드로스 대왕의 친구. 스트라보에 대해서는 앞에서도 주석을 달았지만, 그리스의 유명한 지리학자로, 17장으로 구성된 그의 저서 《지리학 Geographica》에는 매우 중요한 기술이 많이 있다. 기원전 64~서기 21년 이후에 사망. 그의 생몰연월은 추측에 의한 것으로, 각 전기사전과 인명사전에 따라 상당한 차이가 있다. 여기에 든 것은 신판 《체임버 전기사전》에 따랐다.〕

부엉이의 얼굴을 한 물고기에 대해서는 나로서는 알 수 없다. 어쩌면 물범이나 바다소를 가리키는 것이 아닌지. 홀(Hole)에 의하면, 예수회의 마르티니 신부(17세기)는 광둥해(海) 일대에 '새의 머리에 물고기의 꼬리를 가진 짐승'—파라트 비크(Parrot-beak), 즉 앵무새의 부리를 닮은 입을 가진 물고기—을 보았다고 한다. 〔홀에 대해서는 이 이야기 주석 1을 참고하기 바란다. 마르티니 신부는 중국에 건너간 적이 있는 마르틴 마르티니(Martin Martini)를 가리킨다. 1614~61년.〕

*18 황량한 광경을 표현할 때 흔히 쓰는 말.

*19 모든 국민의 문학에 이런 종류의 생리학적 왜곡이 들어 있다. 즉, 새들은 찬가를 부르는 것이 아니며, 수놈의 노래는 단순히 암놈을 부르는 소리일 뿐이다. 발정기가 끝나면 새들은 울지 않는다.

*20 큰 새 또는 대괴조(大怪鳥, Rukh)는 비교적 오래된 시대의 로크(roc)이다. 이 말은 페르시아어로, 빰(랄라(Lalla), 로흐 'Rookh'), 체스(chess)의 차(車), 'rook', 무소 그 밖에 여러 가지 의미가 있다. 이른바 wundervogel(괴상하게 생긴 새라는 뜻의 독일어)에 관한 세계적인 전설은 다른 예와 마찬가지로 사실에 근거하고 있다. 즉, 인간은 기억하거나 조합하지만 만들어내지는 못한다. 이집트의 베누(Bennu(티 베누(Ti-bennu))=불사조(phoenix)는 커다란 perodactyl(적당한 역어가 없음)이나 그 밖의 날개 있는 괴물을 상상한 것이었는지도 모른다. 이러한 동양의 허풍쟁이들이 만든 전설은 나일 강에서 세계 구석구석으로 퍼져, 다음과 같은 것을 낳았다.

《경전 Zend》〔여기서는 고대 페르시아의 경전 Zend-Avesta를 가리킨다〕의 에로슈(Erosh) (여기서 페르시아어의 시무르그(Simurgh), 즉 '30마리의 새 같은' 큰 새). 유대 입법학자의 'Bar Yuchre'. 힌두교도의 'Garuda'. 아랍인의 'Anka ('긴 머리'의 새)'.

불타(Buddhagosha)의 훈화(訓話)의 Hathilingq으로, 그 힘은 코끼리 세 마리의 힘과 같았다. 터키인의 Kerkes. 그리스인의 Gryps. 러시아인의 'Norka'. 중국인의 성룡(聖龍). 일본의 'Pheng'과 'Kirin'(모두 미상). 커다란 물푸레나무(Yggdrasil)[북구 신화에 나온다]에 앉아 있는 '현명한 늙은 새'. 중세의 용, 그리핀(griffin)[원래는 그리스 신화에 나오는 상반신은 독수리, 하반신은 사자인 괴물], 바실리스크(basilisk)[노려보는 것만으로도 사람을 죽인다는, 뱀과 비슷한 괴물] 등등. 과장(誇張)이라는 상부구조가 빠져 있는 제2의 것(마르코 폴로의 루크(Ruch)는 날개 깃털 하나의 길이가 사람의 12걸음이었다)으로는, 극히 최근에 아주 없어진 커다란 새가 있다. [레인도 마르코 폴로의 여행기에서 마다가스카르 섬의 주민에게서 들었다고 하는, 이 새에 대한 그의 이야기를 인용했다.] 신드바드는 그 알의 용량이 2.35갤런에 이르는 커다란 타조(Æpyornua, 마다가르사르의)를 말하는 건지도 모른다.

고(故) 힐데브란트(Hildebrand) 씨는 마다가스카르에 면한 아프리카 연안에서, 다른 코다란 새의 흔적을 발견했다. 보샤르《히에로조이콘》 ii. 854)는 Avium Avis Ruch에 대해 언급하면서, 그 새끼(pulli)를 잡으면 어미 새가 돌을 던졌다고 했다. 레인(제3권)에 실린 페르시아인의 삽화는 루흐가 세 마리의 코끼리를 거머잡고 나는 그림인데, 그 비율은 매와 들쥐 정도였다. [레인에 의하면 이 그림은 왕립 아시아 협회의 도서실에 있는 아름다운 채색화라고 하며, 〈시무르그 또는 루흐의 그림〉이라는 제목 아래 〈아라비안나이트의 시무르그 또는 루흐〉라는 부제가 붙어 있었다고 한다.]

'12명의 원탁기사'는 어쩌면 페르시아 이야기의 12날개의 루흐였을지도 모른다. 우리는 페이버(Faber)를 모방하여, 낙원의 문을 수호한 천사 케루빔(Cherubim)에까지 거슬러 올라갈 필요는 없을 것이다. [페이버는 영국의 신학자 F.W. 페이버를 가리키는 것인가?]

더욱 상세한 것은 H.H. 윌슨(Wilson) 박사의《평론집 Essays》제1권(나와 편지를 주고받은, 인도관(India House)의 박학한 사서 R. 로스트(Rost) 박사가 편찬한)에 나와 있다. [윌슨은 영국의 동양학자, 옥스퍼드의 산스크리트어 교수.《범영사전(梵英辭典)》,《산스크리트어 사전》등의 저술이 있다. 1786~1860년.]

*21 다이아몬드 연마공(研磨工)의 '강철판'을 억지로 갖다 붙인 것으로 이해하지 않으면 이 구절은 설명하기 어렵다. 또 다이아몬드의 가치를 높이기 위한 것으로 이해하지 않으면 이 모험담이 세상에 널리 퍼져 있는 사실을 밝힐 수도 없다. 왜냐하면 다이아몬드는 대체로 인도, 브라질, 희망봉 등과 같은 먼 곳을 바라보기 좋은 비교적 평탄한 충적(沖積) 지역에서 생산되기 때문이다.

살라미스(Salamis)의 대주교 에피파니우스(Epiphanius)는 풍신자석 또는 루비에 대해, 이와 같은 이야기를 하고 있다(《에피파니우스 저작집 Epiphanii Opera》 1682년). [에피파니우스는 키프로스의 옛도시 살라미스에서 오랫동안 대주교를 역임한 그리스

교회의 장로. 310?~403년.) 그리고 이 이야기가 마르코 폴로('다이아몬드를 들고 날아오르는 독수리에 대하여')와 니콜로 데 콘티(Nicolo de Conti)의 다이아몬드로 옮겨 갔다. 니콜로 데 콘티의 '아프베니가라스 산'은 코르곤다 토후국(인도)의 비자야 나가르(Vijayanagar)를 가리키는 것이 틀림없다. (레인도 마르코 폴로의 이 이야기를 인용하고 있다. 니콜로 데 콘티는 이탈리아 여행가로, 그 여행기는 15세기 가장 뛰어난 남아시아 기행으로 알려졌다. 1395?~1469년.)

레넬(Rennel) 소위는 유명한 파우나(Pauna) 또는 푸르나(Purna)의 다이아몬드 광이 줌나(Jumna) 강 서남쪽의 2백 제곱마일 남짓한 산악지대에 있다고 말했다. (레넬은 인도에 오래 주재한 영국의 군인이자 지리학자 제임스 레넬을 가리키며, 대양의 조류와 헤로도토스에 관한 여러 작품이 있다. 1742~1830년. 줌나 강은 히말라야 산에서 발원하여, 갠지스 강에 합류하는 인도의 강.)

알 카즈위니는 '혼돈(渾沌)'의 소재지가 '세렌디브(세일론)의 죽 잇대어 있는 산속의 달의 골짜기'라 하였고, 중국인도 훌라쿠(Hulaku)의 여러 전쟁에서 같은 이야기를 하고 있다. 그리고, 이 이야기는 아르메니아에서도 알려졌다. ('혼돈'이라는 것은 알 카즈위니가 "인도의 나라에 한 골짜기가 있고, 그 바닥은 눈도 미치지 않을 만큼 깊고, 그 속에 뱀이 있으며……"라고 다이아몬드의 골짜기를 기술하고 있기 때문이다. 이 상세한 인용문에 대해서는 레인판 제3권 참조.)

율(Yule) 대위에 의하면, 이러한 모든 이야기는 아랍인과 그 계피(시나몬)에 관해 헤로도토스가 이야기한 전설(iii. 3)에서 파생한 것이다. (M.P. ii. 349). (엔리 율에 대해서는 앞에 약간 언급했다. 여기에 거론된 책은 《마르코 폴로 경의 책 The Book of Ser Marco Polo》(1871)이다. 'iii. 3'이라고 한 것은 헤로도토스의 《역사》를 말하며, 제3부 3장. 그러나 롤린슨 역에서는 지정한 장에 이 전설은 나오지 않는다.) 그러나 헤로도토스는 도대체 어디서 이 이야기를 빌려온 것일까?

*22 신드바드는 원시적인 장뇌 추출법을 정확하게 묘사하고 있다. 이 약은 그리스인과 로마인은 몰랐던 것으로, 아랍인을 통해 전해져서 라스파유(Raspail) 씨에 의해 새롭게 평가되었다. (F.V. 라스파유는 프랑스의 화학자, 의사, 혁명가로, 장뇌의 방부적 효용을 처음으로 설명한 사람. 1794~1878년.)

가장 우수한 장뇌 Laurus camphora는 말레이반도, 수마트라, 보르네오에서 생산된다. 하지만 마즈던(Marsden, 《마르코 폴로》)은 적도 이남에서는 이 나무를 찾아볼 수 없다고 딱 잘라 말했다. (유명한 마즈던판의 마르코 폴로는 1818년에 나왔으며, 그 주가 나중에 본판에 수록되었다.)

최초의 2백 밤을 기록한 카르크판에서는 장뇌섬(또는 반도)은 알 리하(Al-Rihah)라 불리는데, 이것은 제리코(Jerico) 시의 아라비아 이름이다. (제리코는 팔레스타인의 도시. 또한 레인은 '여기에 언급된 장뇌 나무, 뒤의 무소, 기묘한 종류의 물소 등

에서, 나는 이 섬을 수마트라라고 믿어 의심치 않는다'고 말했다. 제3권.〕

*23 무소(rhinoceros)는 부르판에서는 카즈카잔(Kazkazan), 카르크판에서는 카르카단(Karkaddan), 그 밖의 판(版)에서는 카르칸드(Karkand), 카르카단(Karkadan)이라고 되어 있다. 이 말은 페르시아어의 카르그(Karg), 또는 카르가단(Kargadan), 아엘리아누스(《동물계에 대하여 Hist. Anim.》 xvi. 21)의 카르다주논($\chi\alpha\rho\tau\alpha\zeta\upsilon\nu\upsilon$)이다. 〔아엘리아누스(Claudius Ælianus)는 서기 220년 무렵 로마에서 수사학을 가르친 소피스트 철학자.〕

뿔의 길이(몹시 과장되어 있지만)는 여기서 말하는 무소가 백색종임을 나타내고 있고, 이 뿔은 지팡이로 쓸 수 있을 정도의 것이다. 〔검은 무소는 아프리카 원산으로 2개의 뿔이 있으며, 피부는 매끄럽고 털이 없다. 이에 비해 하얀 무소는 아시아종이며, 높이가 6피트 남짓으로 모든 종류 가운데 가장 크고, 피부에 주름이 있으며 뿔에 털이 몇 가닥 나 있다.〕 검은 뿔(섬유 다발)로 양주잔을 만드는데, 이것은 베네치아제 유리잔과 마찬가지로 독이 닿으면 이슬이 맺힌다. 〔베네치아제 유리잔(Venetian glass)은 독이 닿으면 스스로 깨진다고 한다.〕 뿔의 횡단면은 하얀 선으로 인간의 모습이나 각종 새의 모습이 나타난다고 하는데, 나는 한 번도 본 적이 없다. 무소 사냥은 매우 멋지지만, 아프리카종은 커다란 동물 사냥 중에서도 아마 가장 위험할 것이다. 유럽의 학계에서는 이 사실에서 유니콘은 아주 없어졌다는 설을 퍼뜨렸지만, 중앙아프리카 토착민은 이구동성으로 이마에 발기성의 뿔을 하나 가진 말 같은 동물이 현존하는 것으로 주장하고 있다. 니제르 강으로 유명한 고(故) 베이키(Baikie) 박사는 이를 전면적으로 믿었다. 이 문제는 모하메드 이븐 오마르 알 툰시(Mohammed ibn Omar al-Tounsy) (Al-Tunisi) 저 《다르푸르 기행 Voyage au Darfour》(파리, 뒤프라, 1845년)의 서문인 아부 카른(Abu Karn, 뿔의 아버지)에 자세히 나와 있다. 〔베이키는 'William Balfour Baikie'를 가리키며, 스코틀랜드의 탐험가, 박물학자, 언어학자. 1854년에 아프리카의 니제르 강을 탐험하고 개발했다. 1825~64년.〕

*24 이븐 알 와르디(Ibn al-Wardi)는 중국해의 '원숭이 섬'에 대해 언급했고, 알 이드리시(Al-Idrisi)는 이 섬이 수쿠트라(Sukutra) (Dwipa Sukhatra, Socotra)에서 배로 이틀 걸리는 곳에 있다고 했다. 〔둘 다 아라비아 지리학자. 알 이드리시는 12세기 사람이며 《풍토 Climate》라는 저서가 있다.〕 호메로스와 헤로도토스의 소인(小人) 전설을 유인원으로 설명하는 것은 흔히 빠지기 쉬운 오류이다. 소인(Phgmy) 전설(Pygmaei Spithamai=1완척=세 뼘)은, 훗날의 답사에서 실제로 증명된 것처럼 다른 예와 마찬가지로 사실에 입각한 것이다. 왜인(矮人, dwarfs)은 다양한 종족의 소인(homunculi)으로, 아카(Akka)족, 도코(Doko)족, 티키티키(Tiki-Tiki)족, 그리고 왐빌리키모(Wambilikimo, 2완척의 사람)족 등이 있으며, 이들은 '반투어(Bantu語)'라고 잘못 불리는 대남(大南) 아프리카어 방언을 사용하는, 매우 키가 큰 종족들과 함께 열대 아

프리카의 중부지역에 살고 있다.

홀은 소인(Pygmies)을 '원숭이(monkeys)'라고 번역했는데, 이 말은 우리가 이탈리아인에게서 빌려온 것이다(monichio à mono=원숭이). 또 그는 순다의 동쪽에 있는 프톨레마이오스의 네소이 톤 사튜론($νησοι\ των\ Σατυρων$, 원숭이 섬)을 인용했다.

*25 자름(Jarm)선(船)은 나일 강에서 사용되는 바닥이 평평한 짐배(barge)를 말하며, 전체를 한눈으로 관찰하면 배(梨) 모양(sub-pyriform)으로 보인다. 레인은 카르크판에 따라 '두 개의 막자사발 같은 귀'라고 번역했다.

*26 이 거인은 명백하게 폴리페무스(Polyphemus)이다. [폴리페무스는 그리스 신화의 폴리페모스($Πολύφημος$)로 별명은 키클롭스(Cyclops), 오디세우스에게 눈이 찔린 시칠리아의 거인. 사람 고기를 먹었다고도 한다.] 그러나 동양에는 동양의 독특한 거인과 키클롭스가 있다(《히에로조이콘》 ii. 845). 《인도의 불가사 Ajaib al-Hind》(제122장)는 폴리페무스를 양과 짝을 짓고 있다. 존 만데빌 경(이 인물이 실존했다고 가정하고)은 인도 제도에 있는 신장 50피트의 인간에 대해 말하고 있다.

또 알 카즈위니와 알 이드리시는 이것을 중국해로 옮겼는데, 중국해는 일반적으로 괴상하게 생긴 짐승이 서식하는 보타니 만 같은 곳이다. [보타니 만은 호주, 뉴사우스웨일스 주의 동해안에 있는 만으로 각종 식물이 자라는 것으로 유명하다.]

*27 이슬람교도들은 형벌로서 불을 사용하는 것이 금지되어 있다. 불은 내세를 위해 보존해 두어야 한다는 생각에서이다. 그러므로 선원은 잡아먹히는 것보다 화형당하는 것을 더 두려워한다. 우리는 아마 그 반대일 것이다. 널리 알려진 바와 같이, 페르시아인은 사람을 욕할 때 '피다르 소프타', 즉 '불에 구어진 아버지의 아들'이라고 한다.

*28 벤치는 아랍어의 마스타바(Mastabah)로, 앞에서 말한 돌 벤치이다. 고대 유럽에서는 의자가 사치품이었으므로 벤치가 의자보다 더욱 널리 사용되었다. 그래서 혼(Horne) 왕은 '왕위에 오른(sett him abenche)' 것이며, 여기서 우리의 '왕의 벤치(King's Bench)'(고등법원)가 나왔다. [영국에서 가장 오래된 소설의 주인공. (현재의) 맨 섬의 왕자가 우여곡절을 겪은 끝에 이 섬의 왕위에 오르기까지의 모험담. 13세기 후반의 작품.]

*29 이 대목은 브레슬라우판 제4권에 의한 것이며, 카르크판은 단순히 발췌한 정도이다. 부르판에서 이 괴물은 '남자 악귀보다 더 크고 더 무시무시한 형상을 한 여자 악귀를 데리고' 돌아온 것으로 되어 있다. 우리는 폴리페무스[거인] 부인을 인정할 수는 없다.

*30 이것은 알 카즈위니한테서 빌려다 쓴 것. 그는 뱀이 '자신의 몸을 나무 또는 바위에 감고, 배 속 짐승의 뼈를 산산조각내는' 것을 그리고 있다.

*31 카르크판에는 '작은 방처럼'이라고 되어 있다. 이 뱀은 어마어마한 크기로 성장하는 비단뱀(python)을 과장한 것. 괴물뱀(Ophidia)에 대해서는 온건한 역사서에서도 다

뤄지고 있다. 이를테면 레굴루스(Regulus)의 군대가 앞으로 나아가는 것을 늦춘 괴물 뱀. 〔레굴루스는 로마의 장군, 마지막에는 카르타고군에 패하여 참살당했다. 기원전 250년 무렵.〕

성실하고 사려 깊은 브라질인 여행가 데 라세르다(De Lacerda) 박사의 말에 의하면, 그의 하인들이 상파울루(브라질)의 사령장관구(司令長官區)에서 한 커다란 나무 밑에 앉아 있는데, 그 줄기가 움직이기 시작하여 커다란 뱀이라는 것을 알았다고 한다. F.M. 핀토(Pinto)(그다지 탐탁한 인물은 아니지만, 포르투갈의 신드바드)는 수마트라에 머물던 중, '호랑이, 악어, 똬리를 튼 뱀, 입김으로 인간을 죽이는 구렁이 등'에서 달아나 나무에 기어올랐다. 〔핀토는 27세 때 인도에 가서 동남아시아에 21년 동안 머물며 모험, 해적, 무역 등을 하며 기이한 반생을 보냈다. 1588년에 고국으로 돌아가 기발하고 엉뚱한 모험담 《여행기 Perigrinação》를 썼다. F. 코간의 영역이 있다. 1510년 무렵~83년.〕

로보(Lobo) 신부(제10장)는 티그레(Tigre)에서 커다란 뱀의 독기를 쐬어 빈사상태에 빠졌으나, 그럴 경우를 위해 특별히 가지고 다니던 위석(胃石)을 이용하여 쾌유했다. 〔헤로니모 로보는 리스본 출신의 예수회 회원이자 여행가. 1621년 인도에 갔고, 아비시니아에서 포교를 펼쳤다. 1595~1678년. 티그레는 아비시니아 북부 지방. 책이름은 미상. 또한 위석이란 산양이나 영양의 배 속에 있는 결석인데 옛날에는 해독제로 중시되었다.〕

마페우스(Maffaeus)는 악어의 숨결은 지극히 기분 좋은 것이라고 했지만, 마라바르산 뱀이나 독사의 숨결은 '그 숨결 자체만으로도 죽인다는 말이 있을 정도로 무섭고 유해하다(adeo teter ac noxius ut afflatu ipso necare perhibeantur)'고 했다.

*32 알 살라히타 섬(Al-Salahitah)은 알 이드리시와 랑글레(Langlés)에서는 알 살라히타이고, 브레슬라우판에서는 알 카라시타(Al-Karasitah). 알 카즈위니는 알 살라미트(Al-Salamit)라고 썼다.

또 알 카즈위니는 카몬이시(《루스 The Lus》 x. 104)가 순다, 즉 마르코 폴로의 소(小) 자바(Java Minor)에 있다고 했다. 사람의 신경을 마비시키는 샘이 이 섬에 있다고 한다. 〔카몬이시의 이 작품은 버턴에 의해 완역되었다.〕

그중에는 백단향나무, 정향나무, 계수나무 등으로 유명한 몰루카 제도의 하나인 살라바트 테모르(Salabat Timor)로 해석하는 사람도 있다(《퍼카스 순례》 ii. 1784년). 〔《퍼카스 순례》는 앞에서도 언급했지만, 이 이야기 주석 66 참조.〕

*33 명백하게 하마를 가리킨다(플리니우스 vii. 25; I. 3; xiii. 11). 설마 몰루카산의 맥(獏)은 아닐 것이다. 왜냐하면, 그 가죽으로 방패를 만들지는 않기 때문이다. 홀은 페르시아를 거쳐 인도에서 이집트로 건너간 물소를 가리키는 것이라고 했는데, 그렇다면 그다지 신기할 것도 없다.

*34 당나귀의 머리를 한 물고기는 플리니우스(ix. 3)에서 나왔다. 이러한 이야기는 모두 바다소(manatee)(그 등의 돌출은 낙타를 연상시킨다), 해표(seal), 주곤 또는 해표(sea-calf) 등을 토대로 하고 있다. 나는 앞에서《잔지바르》제1장) 동아프리카 연안에 널리 퍼져 있는 어학상(魚學上)의 기적에 관한 여러 가지 전설을 기술한 적이 있다. 스코틀랜드 연안의 각종 괴물까지 다 알려진 것은 아니다. 보샤르 저서 《대어(大魚)에 대하여 De Cetis》와 《퍼카스 순례》에 자세히 나와 있다. 〔또한 주곤은 수생 포유동물로, 옛날부터 이것이 '인어'로 혼동되었다고 한다.〕

*35 커다란 거북은 아엘리아누스(《동물계에 대하여 De Nat. Animal》 xvi. 17), 스트라본(제15권) 〔그의 《지리학》은 전 17권으로 구성된다〕, 플리니우스(ix. 10), 그리고 첼로노파기(Chelonophagi)라는 종족에 대한 소문을 들은 디오도루스 시쿨루스(Diodorus Siculus)(iv. 1) 등이 언급했다. 〔첼로노파기는 '조개류를 먹는 자'라는 뜻. 시쿨루스는 서기 1세기 그리스 역사가.〕

아엘리아누스는 타프로베인(Taprobane)〔스리랑카의 옛 이름〕 부근의 거북을 16완척이라 하고, 등딱지를 지붕으로 쓸 수도 있다고 했다. 또 이 등딱지로 조각배와 코라클(coracle)〔버들가지를 엮어서 짐승 가죽을 씌운 작은 배〕을 만드는 사람도 있다.

큰 거북(colossochelys)은 스크왈리크 언덕(Scwalik Hills)〔Swalik라고 쓰는 사람도 있다. 인도 서북부〕에서 처음으로 폴코너(Falconer) 박사와 캔틀리(Cantley) 대령(나중의 프로비(Proby) 경)에 의해 발견되었다. 〔폴코너(Hugh Falconer)는 영국의 고생물학자. 인도 사하란푸르 식물원의 원장을 지내고, 앞에 말한 스크왈리크 언덕에서 많은 화석을 발견했다. 인도의 화석에 대한 중요한 저술이 많다. 1808~65년. 캔틀리는 미상.〕

1867년 에밀 블랑샤르(Emile Blanchard) 씨는 과학 아카데미에 키가 1.20미터(다리를 더하면 2.50미터)에 이르는 일본산 대게를 출품했다. 다른 여행가 중에는 4미터짜리가 있었다고 전하는 사람도 있다. 이러한 갑각류는 결코 성장이 멈추지 않는 것 같으며, 유리한 상황에서는, 즉 인간에게 방해받지 않는 한에서는 엄청난 키로 자랄 것이다.

*36 레인(제3권)은 이 '새'는 앵무조개(nautilus)라고 넌지시 알렸는데, 어쩌면 그럴지도 모른다. 그러나 기러기(barnacle-goose)에 관한 터무니없는 전설이 아마 이 가공담의 근거가 되었을 수도 있다. 앨버트로스도 오랫동안 육지에 올라가지 않는 것으로 상상되고 있었다. 아마 기러기는 다탄인의 양(洋) 바로메츠(barometz)와 마찬가지로, 아직 동식물계가 다양한 방향으로 분화되지 않았던 시절의 유물일 것이다. 〔여기서 말하는 바나클 구스는 북극 지방에 서식하는 새로, 겨울철에는 다시 유럽 북부로 이동한다. 학명 Bernicla leucopsis, 기러기(Wild-goose)보다도 작다.〕

*37 아랍어의 자와(Zahwah)로, 점심이라는 뜻도 있다. 하루 다섯 번의 예배 덕분에, 모

든 이슬람교도는 시간을 엄밀히 헤아리게 되어 그 명칭이 매우 다양하다.
* 38 이것은 '미치광이 풀'이다. 1599년에 수마트라를 탐방한 데이비스는 (퍼카스 i. 120) '어떤 씨앗'에 대해 언급했는데, "이것을 소량이라도 먹으면 모든 사물이 일그러져 보이고 바보가 되어버린다"라고 했다. 〔데이비스는 John Davis를 가리키며, 북극 항해를 세 번한 항해가로, 마지막에 싱가포르에 가까운 빈탄 섬에서 일본인 해적을 만나 죽었다. 1550년 무렵~1605년.〕 린스호턴의 '푸트로아(Putroa)'는 멜론처럼 작은 핵을 가진 양귀비 모양의 꽃봉오리로, 이것을 갈아서 먹으면 사람이 '마치 바보나 실성한 것처럼' 된다. 〔린스호턴(John Hugh van Linschoten)은 네덜란드 항해가, 1563~1611년.〕

이것은 로보 신부의 이른바 카피르족의 '방기니(Vanguini)'로, 포르투갈인은 두트로(dutro, Datura Stramonium)라고 부르는데, 오늘날에도 부정한 제과업자들이 사용하고 있다. 〔로보 신부에 대해서는 앞의 주석 31 참조.〕 이것은 댐피어의 강가(Ganga, Ganjah) 또는 방그일지도 모른다. 그는 이 풀이 '체질에 따라' 작용을 다르게 한다고 했다. '왜냐하면 어떤 자는 마비되고 어떤 자는 졸음이 오며, 또 흥분하여 떠드는 자가 있는가 하면, 완전히 미치광이가 되는 자도 있기 때문이다'라고 말했는데, 정말 그대로이다〔해리스(Harris)의 《전집 Collect》 ii. 900〕. 〔댐피어는 William Dampier로, 영국의 유명한 항해가이자 해적. 세계의 바다를 거의 다 돌아다녔다. 그의 저작에 마스필드판의 《항해기 Voyages》가 있다. 1652~1715년.〕

프라이어(Fryer) 박사〔미상〕도 역시 두티(Duty), 붕그(Bung), 포스트(Post)(베르니에의 푸스트(Poust)로, 양귀비속의 씨앗을 달인 물) 등에 대해 언급하고 있다. 〔베르니에는 François Bernier로, 프랑스의 의사이자 여행가. 그 여행기가 매우 흥미롭다고 한다. 1654년 무렵~88년.〕

* 39 아랍어의 굴(Ghul)은 여기서는 식인귀(ogre), 식인종을 말한다. 나는 '황야의 굴'을 인간이 정말로 위험한 사막 앞에서 느끼는, 그 자연스러운 공포와 전율의 상징으로 간주할 수밖에 없다. 식인종에 대해서는, 상식적인 알 이슬람의 종교는 생명을 구하는 데 필요할 때 습관적으로 사람 고기를 먹는 것을 너그럽게 인정하고, 우리의 매우 감상적인 근대적 감각과는 달리 'Alimentis talibus usi/Produxere animos(이러한 음식을 먹고 생명을 지키는)' 사람들을 절대 비난하지 않는다.

* 40 식인종에 대해서는 헤로도토스의 마사게티(Massagetae)족(제1서), 인도의 파디(Padaei)족(제3서), 미오티스(Maeotis) 부근의 에세도네스(Essedones)족(제4서), 루시(Luci)족에 관한 스트라본(제4부), 폼포니우스 멜라(Pomponius Mela)(iii.7), 스코티(Scoti)족에 관한 성 제롬(《욥기에 대하여 ad Jovinum》 등을 참조할 것.
〔우선 헤로도토스의 《역사》 제1서 216절에는 "사람이 늙으면 친척들이 모여서 그 노인을 희생물로 바친다……그 뒤에 그들─마사게티족─은 그 고기를 구워 먹으면

서 잔치를 벌인다. 사람이 병으로 죽으면 그 고기를 먹지 않고 땅속에 묻는다……곡류를 재배하지 않고 가축이나 물고기를 주로 먹는다……주된 음료는 우유이다…….” 제3서 99절에는 “이러한 인도인의 동쪽에 파디아족(Padaeans)이라 불리는 다른 유랑민 종족이 있는데, 그들은 날고기를 주로 먹는다……사람이 늙은 나이에 달하면, 그들은 그 노인을 신에게 희생물로 바치고 나중에 그 고기를 먹는다.” 제4서 26절에는 “이세도니아족(Issedonians)은 다음과 같은 습관을 가지고 있다고 한다. 아버지가 죽으면 모든 친척이 양을 그 집으로 가져와서 희생물로 바친 뒤 그 고기를 토막 낸다. 동시에 죽은 사람의 유해도 마찬가지로 처리한다. 그런 다음 양쪽 고기를 섞어서 연회석에 낸다. 죽은 사람의 머리는 따로 처리된다. 즉 모발을 뽑아 깨끗이 한 다음 황금의 대 위에 올려놓고 일족의 자랑스러운 장식물로 삼아, 해마다 축제 때 가지고 간다…….”

스트라본의 책은 전 17권으로 이루어진 《지리학》. 멜라는 남스페인 출신의 지리학자. 여기에 인용된 책은 《지구론 De Situ Orbis》일 것이다. 서기 50년 무렵에 생존했다.〕

마르코 폴로는 식인종의 서식지를 수마트라의 한 왕국 드라그비아(Dragvia)나 안가만(Angaman, 안다만 제도(諸島))이라고 했다(iii. 17). 아마 이 안가만은 프톨레마이오스(vii)가 니코바르 제도와 혼동하여, 벵골만 동쪽에 있다고 한 10개의 마니올라이(Maniolai) 제도를 가리키는 것이리라. 또한 이 섬에서 선박의 쇠를 끌어당기는 헤라클레스의 돌(자석)이 나왔다(세라피온(Serapion) 저서 《자석에 대하여 De Magnete》 1479년 판, 1절판 6권과 브라운(Brown) 저서 《일반적 오류 Vulgar Errors》 제6판).

〔마르코 폴로의 안다만 제도에 관한 기술은 제3권에 인용했는데, 거기에 의하면 “그 주민은 우상숭배자로, 개과에 속하는 그것과 비슷한 머리, 눈, 이를 가지고 있으며, 매우 잔혹하고 야만적인 종족이다. 그 성정이 잔인하여 자신의 종족에 속하지 않는 인간이면 닥치는 대로 잡아먹는다.” 이 자석에 관한 전설이 유럽에 널리 퍼져 있었던 것은 괴테의 《젊은 베르테르의 슬픔》 7월 26일 자 편지에도, “나의 할머니는 자석의 산이라는 옛날이야기를 자주 들려 주셨다. 배가 너무 가까이 다가가면, 모든 철재가 벗겨 나가고, 못이 모두 그 산을 향해 날아간다”고 한 것을 보아도 알 수 있다. 세라피온은 고대 이집트의 도시 트무이스(Thmuis)의 제사장을 지낸 사람. 브라운은 Sir Thomas Browne으로, 명저 《의사의 종교 Religio Medici》와 “Pseudodoxia Epidemica” 즉 《일반적 오류》를 쓴 영국의 의사이자 문인. 램과 드킨시와 로엘에게 높은 평가를 받았다. 1605~82년.〕

만데빌은 라마라이(Lamaray, 수마트라)에서, 바르테마(Barthema)는 '갸바 섬(Isle of Gyava, 자바)'에서 각각 식인종을 발견했다. 〔만데빌 저서 《동방여행기》에는 라모리(라마라이) 섬의 나쁜 관습에 대해 언급하며, “그들은 다른 어떤 음식보다 사람 고기를 즐겨 먹는다……상인들은 이 나라에 어린이들을 팔러 찾아온다. 그러면 이 나라 사람들은 아이들을 사서 살이 쪘으면 바로 먹어버리고, 살이 찌지 않았으면 살을 찌운 뒤 잡아먹는다. 그들의 이야기로는, 사람 고기는 세상에서 가장 맛있는 음식이라고 한다"고 했다. 바르테마는 미상.]
이븐 알 와르디와 알 카즈위니는 잔지(Zanj, 잔지바르)해(海)의 사크사르(Saksar) 섬에 식인종이 있다고 말했다. 이 섬의 이름은 페르시아어의 사그 사르(Sag-Sar, 개의 머리)가 사실과 달리 전해져 그릇되게 굳어진 것으로, 여기서 페구(Pegu)의, 카몬이시의 이른바 개를 조상으로 하는 종족이 나왔다(*The Lus*. x. 122). [페구는 미얀마의 한 지방.] 브레슬라우판(제4권)에서는 이 종족을 하와리지(Khawarij)='동부 아라비아의 광신자'라 부르고 있다. 야자열매의 기름은 아편 또는 흰독말풀, 대마, 히요스(henbane) 등을 섞지 않는 한, 마취 효과가 없다.

*41 검은 후추는 고어인들이 재배하고 있지만, 빌라드 알 필필(Bilad Al-Filfil, 후추의 원산지)을 방문하려면 남쪽으로, 즉 마라바르로 가야 한다. 이 향료의 대가로서 베네치아는 엄청난 값을 요구했는데, 이것이 직접적인 동기가 되어 포르투갈인은 희망봉 항로를 발견하게 되었다. 그것은 바로 '낙원의 낟알(*Amomum Granum Paradisi*)'에 주목하여, 영국인이 서아프리카 연안을 답사하게 된 것과 같다. ['낙원의 낟알'이란 방향유 발삼을 채취하는 향나무를 가리킨다.]

*42 주석은 아랍어의 카즈디르(Kazdir), 산스크리트어의 카스티르(Kastir), 그리스어의 카시테론(Kassiteron), 라틴어의 카시테로스(Cassiteros)이며, 명백하게 모두 같은 어원을 두고 있다. 히브리어로는 바디(Badih)라고 하며 대용물, 합금의 의미가 있다. 타나카(Tanakah)는 아라비아의 속어로, 아시리아어 아나쿠(Anaku)와 같은 종류의 것. 또 Kala'i는 인도에서 사용되는 아랍어의 전와어(轉訛語).

*43 우리 아라비아의 율리시스(그리스어로는 오디세우스)는 아마 고향에 페넬로페(Penelope)를 한두 명 두고, 이 오기기아(Ogygia) 섬에서 칼립소(Calypso)를 만난 셈이다. 여자 이야기를 듣고 부끄러워하는 모습은 주목할 만하다. [페넬로페는 율리시스의 아내로 열녀의 본보기. 칼립소는 불로불사하는 바다의 요정으로 율리시스를 7년 동안 오기기아 섬에 붙잡아 두었다고 한다.]

*44 이 문구는 이럴 때 이슬람교도들이 흔히 하는 애도의 말이다. 불행한 홀아비의 앞날과 지금의 처지를 비교하는 점에 정취가 있다.

*45 홀로 남은 남편을 산 채로 땅속에 묻는 것은 어떤 종족의 풍습인지 알 수 없다. 그러나 만들어진 이 이야기는 힌두교도의 사티(Sati, Suttee) 풍습에서 간단하게 착안한 건지도 모른다. 단순한 생매장은 많이 있었고 지금도 그 풍습이 남아 있는 곳이 있다. [사티 풍습이란 옛날 인도에서 남편의 시체와 함께 아내도 산 채로 불태웠던 풍습을 가리킨다.]

*46 여자 쪽이 남자보다 약하기 때문이다. 그러나 브레슬라우판에는 '한 잔의 물과 보리 과자 다섯 개'라고 되어 있다.

*47 이 이야기는 명백하게 메세니아인 아리스토메네스(Aristomenes)가 여우의 안내를 받아 갇혀 있던 동굴 속에서 탈출한 옛이야기에서 따온 것이다. 초기 아랍인은 열성적인 그리스 문학 연구가였다. 홀도 이 우연한 일치에 대해 언급한 적이 있다. 〔아리스토메네스는 11년 동안 이라 산에서 농성하며 스파르타인과 전쟁을 벌였던, 기원전 7세기 메세니아의 왕.〕

*48 여기서 신드바드는 듣는 사람이 다 아는 이야기를 되풀이했기 때문에, 나는 이야기를 생략했다.

*49 칼라(Kala) 섬은 징의 섬(아랍어의 나쿠스(Nakus)로, 그리스도교도가 사용하는 나무 징. 이슬람교도에게는 금지되어 있다). 칼라는 Kala, Kela, Kullah 등 각종 철자가 있다. 볼케네르(Walckenaer) 남작은 이 섬의 소재를 수마트라 건너편 말레이 반도의 케이다(Keydah)라고 했다. 한편 르노도는 '마라바르 곶 부근의' 칼라하르(Calahar)로 보고 있다. 〔볼케네르는 프랑스의 곤충학자, 지리학자, 전기작가, 1771~1852년. 르노도는 앞의 주석 10 참조.〕

*50 성스러운 소를 먹은 율리시스의 동반자들처럼(《오디세우스 Odysseus》 제12편).

*51 루키아노스(Lucian) 저서 《진짜 이야기 True History》의 커다란 물총새도 그러했다 (제2권). 〔루키아노스는 그리스의 풍자작가, 철학자. 125?~180년.〕

*52 이 이야기는 이븐 알 와르디(Ibn al-Wardi)에게서 빌려 쓴 것. 그는 또한, 노인들이 새끼 루흐 새를 먹고 이튿날 아침 눈을 떴더니, 절대로 하얗게 세지 않는 검은 머리카락이 머리에 나 있었다는 이야기를 덧붙였다. 같은 전설을 알 디미리(Al-Drmiri, 이슬람력 808=1405~6년 사망)도 얘기했으며, 그 작품은 보샤르(《히에로조이콘》 제2권)의 손으로 라틴어로 번역되었고, 홀과 레인(제3권)이 그것을 인용했다.

마르코 폴로의 루흐 새에 관한 뛰어난 연구는 나의 박학한 친구인 볼로냐의 고(故) G. G. 비안코니(Bianconi) 교수에 의해 이루어졌다(《루크 새에 대하여 Dell'Uccello Ruc》 볼로냐, 감베리니, 1868). 비안코니 교수는 동아프리카 해안의 건너편에 있는 마다가스카르에서 또 다른 큰 새가 발견될 것이라고 예언했다. 그러나 그는 힐데브란트의 발견을 기다리지 못하고 사망했다.

*53 종려나무 섬유(palm-fronds)는 아랍어의 리프(Lif)로서, 불결한 해면을 대신하는 대용물이다. 이른바 런던의 '증기목욕탕'에도 알려져 있다.

*54 복대(腹帶) 또는 허리천은 아랍어의 이자르(Izar)로, 동양인의 가장 초기의 옷이다. 메카 순례에서는 지금도 복대로 보존되고 있다. 이 복대는 끝을 질러 넣거나 띠로 단단하게 고정한다. 〔버턴의 《순례》 제2권, 순례 때의 간단한 복장으로서 리다와 이자르가 언급되어 있다.〕

＊55 페르시아인은 타스메 파(Tasmeh-pa)='뼈가 없는 가죽발'이라 불리는 플리니풍의 괴물을 가지고 있다. 이 '노인'은 오랑우탕(orang outang)이 아니며, 또 771번째 밤 '사이프 알 무르크의 이야기'에 나오는 마신도 아니다. 아시아 각지에서, 특히 독파리인 '체체파리(Tsetse-fly)'가 가축의 생육을 방해하는 아프리카 오지의 풍습을 재미있게 과장한 것이다. 이븐바투타에 의하면, 마라바르에서는 모든 것을 사람의 등에 지고 운반한다고 한다. 중앙아프리카에서는 추장들은 노예의 등에 올라타고, 의식(儀式)의 경우에는 재상의 등에 올라탄다. 나도 종종 어쩔 수 없이 이런 종류의 운반법을 이용한 적이 있는데, 인간은 탈것으로서는 가장 불편하다는 것을 알았다. 즉, 붙잡을 데가 없는 데다, 어깨뼈가 뾰족해서 다리가 이내 참을 수 없이 아파져 오기 때문이다.

고전학자들은 물론 트리톤 일족(Tritons)이나 네레우스(Nereus) 속에서 '바다에 사는 노인'을 인정하고 있고, 또 보샤르(《히에로조이콘》 제2권)는 homo aquaticus(바다에 사는 사람이라는 뜻), Senex Judaeus(늙은 유대인), Senex Marinus(바다에 사는 노인) 등에 대해 언급하고 있다. 〔트리톤은 그리스 신화 속의 작은 바다신, 포세이돈의 아들. 그러나 후기의 전설에 의하면 포세이돈을 섬기는 트리톤은 여러 명에 이르며, 모두 반인반어(半人半魚)의 모습을 하고 조개껍데기를 나팔처럼 불고 있다. 이 말은 '흐르다'는 뜻의 tritto를 어원으로 한다. 네레우스는 현대 그리스어의 물(Nero)과 같은 어원으로, 폰토스 신의 아들, 많은 바다신 가운데 가장 오래되었다.〕

홀은 판에 박힌 오랑우탕(숲 속에 사는 사람), 즉 '우리의 굴욕적인 모방자들'의 한 사람을 시사하고, 또한 스카롱(Scarron)의 우스운 이야기(제2부 제1장)에서의 '운명'이나, 리날도(Rinaldo)를 둘러싼 '질투'를 인용했다(O. F. lib. 42). 〔폴 스카롱은 프랑스의 시인, 작가. 여기에 우스운 이야기라는 것은 17세기 중반에 나온 Le Roman Comique로, 르사주, 데포, 필딩 등에 큰 영향을 끼쳤다고 한다. 1610~60년. O. F는 《성난 오를란도 Orland Furioso》의 약자로, 아리오스트의 영웅 연애 서사시, 46부의 노래로 구성되어 있으며, 작중인물인 리날도는 샤를마뉴 황제를 섬긴 저명한 기사.〕

＊56 더 정확하게 말하면 '바다의 장로'이다. 샤이프(Shaykh)는 노인(eoldermann, alderman)이라기보다 여기서는 장로이기 때문이다. 이를테면 십자군 시대에 유명했던 '산의 노인'은 리바누스〔레바논과 같음〕산악이 북부로 뻗은 누사이랴, 또는 안사리 산맥에 살고 있던 '장로'였다.

본문의 '노인'은 경전학자들로부터 암시받은 건지도 모른다. 즉, 한 이단자가 무덤에서 일어나자, 무시무시한 형상을 한 사람의 그림자가 눈앞에 나타나, 너는 왜 나의 흉측한 모습을 보고 놀라는 것이냐? 나는 너의 악업이다. 네가 이승에서 내 등에 올라탔으니, 이번에는 내가 네 등에 올라탈 차례다(그렇게 말하면서 그 동작을 취한다), 라고 말했다.

＊57 서아프리카, 특히 고릴라 나라(Gorilla-land)〔하(下)기니를 가리키는가〕에서는 여자들

이 원숭이에게 납치되는 이야기가 많이 나온다. 게다가, 모든 사람이 여자는 원숭이의 새끼를 밴다고 믿고 있다. 유인원이 여자를 앞에 두고 욕정을 일으키는 것은 확실하며, 나는 전에 카이로에서(1856년의 일) 한 마리의 커다란 개코원숭이(비비)가 한 소녀를 범하려 하여, 총검으로 찔러 죽인 광경을 얘기한 적이 있다. 피렌체(이탈리아)의 데미도프 공원이나 동물원을 방문한 젊은 부인들은, 비비가 고의로 그 얼룩무늬가 있는 육체를 드러내는 모습을 자주 보고 어처구니없어했다고 한다. 암놈도 마찬가지로 남자의 관심을 끈다.

나는 인도 체류 중에 봄베이(뭄바이)의 친구 고(故) 미르자 아크바르(Mirza Ali Akbar)한테서 원숭이와 인간의 성교가 이루어진 사실을 알고 있다는 얘기를 들은 적이 있다. 과연 아이가 태어나고, 그러한 아이가 자랄 수 있었는지는 아직 논의의 여지가 있는 문제이다. 그러한 잡종은 단순히 반분의 지능을 가질 뿐이고, 나아가서 동종 사이에 생기는 아이는 4분의 1의 지능을 가지는 데 지나지 않을 것이므로, 심리학이라 불리는 가짜 과학을 더욱 분규시킬 것이다. 내가 잘 아는 어떤 여행가가 옛날에, 나무를 베고, 물을 긷는 일에만 쓸모가 있는 원숭이 같은 인간을 번식시키려고 제안한 일이 있었다. 그의 생각으로는 원숭이의 최고 종족을 최하급 인류로 만들려는 작정이었던 것이다. 그 뒤, 그의 '번식 마구간'이 어떻게 되었는지 한 번도 들은 적이 없었다.

*58 인도산 야자열매는 아랍어로 자우즈 알 힌디(Jauz al-Hindi)라고 하며, 영어의 코코아(cocoa)는 포르투갈어의 코코(Coco)에서 나왔다. 이것은 인간의 얼굴, 머리카락, 눈, 입 등의 희화(戱畵)를 넌지시 암시하며, '벌레'와 '도깨비'를 의미한다. 참고로, 야자나무에는 한 토막의 새끼줄 또는 손수건이 있으면 쉽게 오를 수 있다.

*59 이집트의 묘지에는 과실을 주워 모으는 사육 원숭이의 모습이 그려져 있다. 또 그로시아(Grossier)(홀과 레인이 인용한 《중국 개설 Description of China》 속에서)는 중국에서 원숭이들을 시켜서 찻잎을 따게 한다는, 비슷한 이야기를 했다. 〔그로시아는 미상. 레인은, 고대 이집트의 분묘에서 볼 수 있는 그림에 대해서는 가드너 윌킨스 경(Sir Gardner Wilkinson)의 《고대 이집트인의 풍속과 습관 Manners and Customs of Ancient Egypitans》 속의 삽화를 참조하라고 했다. 참고로 윌킨슨은 영국의 저명한 이집트 학자. 1798~1875년.〕

*60 브레슬라우판. 그 무렵에는 정향나무와 계수나무는 매우 외진 곳에서 자랐다.
*61 후추 재배장에서는 담쟁이덩굴 열매 같은 (꼬투리가 아닌) 송이를 맺는 어린나무에 햇빛을 가려주기 위해 흔히 바나나(Musa paradisiaca)를 심는다.
*62 알 우시라트(Al-Usirat)는 브레슬라우판에서는 알 마라트(Al-Ma'arat)로 되어 있다. 랑글레는 알 카마리(Al-Kamari) 섬이라고 부르고 있다.
*63 섬(insula)이라고는 하지만 원래는 반도(peninsula)이다. 코모린(Comorin)은 칸야

(Kanya=처녀(Virgo), 여신 두르가(Durga))와 쿠마리(Kumari, 소녀, 공주)가 본디 뜻과 달리 전해져 그릇되게 굳어진 것. [두르가는 인도 신화 속의 시바의 아내.] 시바 신(Shiva)의 아내를 모시는 사원에서 나왔다. 여기서 또한, 프톨레마이오스의 코리 아크론($κῶρου ἄκρον$)[코리 곶이라는 의미]이 나왔고, 그 부근의 북근부에 코마리아 아크론 카이 폴리스($Κομαρια\ ἄκρον\ καί\ πόλις$)[코마리아 곶과 도시]가 있다. 마페우스(Maffaeus)(*Hist. Indic.* i. p. 16)에 의하면 '코모린인이 섬의 머리라 부르는 코리 곶' 즉 'Promontorium Cori quod Comorini caput insulae vocant'이다. [마페우스는 John Peter Maffei를 말하며, 예수회, 위에 나온 《인도의 역사》 그 밖의 저서가 있다. 1536~1603년.]

본문 속의 침향 알 우드(Al'ud)는 독수리의 나무(eagle-wood, *Aloekylon Agallochum*)를 가리키지만, 이 이름이 붙은 까닭은 독수리의 깃털처럼 반점이 있기 때문이다. 챔파(Champa)(코친차이나(Cochin-China), 카몬이시의 《오스 루시아도스》에 언급되어 있다)의 그것은 더욱 유명하다. [침향의 생산지는 동남아시아 방면이었기 때문이다.]

*64 후미는 아랍어의 비르카트(Birkat)로, 탱크, 수조, 후미 등의 뜻이 있다. 따라서 수에즈 만 안에 비르카트 파라운(Birkat Far'aun)도 있다《순례》제1권).

*65 강에서 판단하건대 아마 코모린 곶을 가리키는 듯. 그러나 본문은 보석으로 이름 높은 사란디브(Sarandib, 세일론 섬)[뒤에 나옴]의 이름을 들고 있다. 그것은 마르코 폴로(제3부 19절)도 얘기했고, 또 고대 저작가들도 '타프로베인(Taprobane)'[세일론의 옛 이름, 뒤에 나옴]에 대해 같은 기술을 하고 있다.

*66 진주채취에 관한 주석을 가하여 독자 여러분을 번거롭게 할 필요는 아마 없을 것이다. 여행가들의 기록은 플리니우스(ix. 35), 솔리누스(cap. 56), 마르코 폴로(iii. 23) 등의 시대부터 계속 잇달아 전해져 오고 있다. [솔리누스(Caius Jullius Solinus)는 서기 230년 무렵에 활동한 역사가, 지리학자로, 여기에 언급되어 있는 책은 《박학자(博學者) *Polyhistor*》이다.]

트란실바니아의 맥시밀리언(Maximillian)은 마젤란의 항해에 관한 기술(《신세계 *Novus Orbis*》)에서 셀레베스 제도에서는 산비둘기의 알만 한 크기의 진주가 생산된다고 했다. 또 포르네(Porne, 보루네오)의 왕은 거위알만 한 크기의 진주를 두 개 가지고 있었다고도 했다. 피가페타(Pigafetta)(퍼카스(*Purchas*)에서의)는 이것을 달걀 크기로 줄이고, 토마스 허버트(Thomas Herbert) 경은 다시 비둘기 알 정도로 축소했다.

[맥시밀리언은 이른바 멕시코 황제로, 처음에는 오스트리아의 제독이었다. 여행기와 수필 등의 저작이 있다. 1832~67년. 마젤란은 포르투갈의 유명한 항해가로 태평양의 명명자이다. 1470년 무렵~1522년. F.A. 피가페타는 이탈리아의 항해가이며, 마

젤란과 함께 항해하면서 그 항해기를 저술했다. 1491~1535년. S. 퍼카스는 앞에서도 언급했듯이 영국의 목사로, 유명한 여행기 《퍼카스 순례 Purchas his Pilgrimage》가 있다. '퍼카스에서의'라고 한 것은 아마 그의 인용에 의한 것이기 때문이리라. 1577~1626년. 허버트는 영국 여행가, 1610~82년.〕

＊67 용연향(ambergris)은 아라비아어로 Anbar이며, 암바르(Ambar)라고 발음한다. 그래서 나는 '신의 음식(Ambrosia)'의 어원을 여기서 찾고 싶다. 어쨌든, 용연향은 오랫동안 일종의 화석, 즉 바다 밑에 살거나 호수 속에서 생장한 일종의 식물, 또는 '석뇌유(나프타)나 역청처럼 물속에 생기는 물질'로 상상되었다. 그런데 현재는 고래의 배설물이라는 것이 밝혀져 있다. 잔지바르 연안에서는 몇 파운드의 덩어리를 이룬 것이 발견되어 유력한 미약(媚藥)으로 간주하고 있기 때문에, 높은 가격에 매매된다. 〔프랑스의 마담 드 발리가 루이 14세의 사랑을 잃지 않으려고 용연향을 향수로 사용했다는 이야기는 유명하다. 어쨌든 '동양에서는 오늘날에도 강력한 미약으로 여겨지고 있다.'〕

컵 바닥을 약간 파내고 그 안에 넣은 작은 용연향 조각 위에 커피를 따른다. 표면에 떠오르는 거품 '카이마그(커피의 유막(油膜))' 사이에 유성(油性)의 물질이 점점이 나타났을 때, 숙련된 '커피 전문가'가 그것을 손님들에게 균등하게 분배한다. 아르헨솔라(Argensola)는 세일론에서 '우리의 정유(精油)와 어떤 종류의 순향유(純香油, 발삼)보다 더욱 진한 액상 역청의 샘'에 대해 언급했다. 〔스페인의 아르헨솔라에는 같은 이름의 두 형제가 있는데, 아마 여기서는 시인이자 역사가인 루페르시오 레오나르도 데 아르헨솔라를 가리키는 것으로 생각한다. 1564~1613년. 또한 용연향을 넣은 커피를 끓이는 방법에 대해서는 레인 저 《이집트의 생활》에 상세히 나와 있다.〕

＊68 이야기의 화자는 신드바드와 그 일행이 그곳에 방금 올라간 것을 잊고 있다. 그러나 이 모순은 동양의 모험담의 한 특색이다.

＊69 이 풍습은 레인도 언급한 적이 있다(《근대 이집트인》 제15장). 이것은 깊은 병이 들어 걸음을 걷거나 말을 탈 수 없는 경우에, 메카 순례자가 선택하는 일반적인 행동이다(《순례》 제1권). 따라서 모든 사람이 각자 수의를 가지고 다닌다.

＊70 이 시의 변형은 11번째 밤에도 나온다.

＊71 이런 종류의 지하의 강(리빙스턴 박사는 코웃음 쳤지만)은 모두 지리학자들이 아는 바이다. 나는 포이카(Poika) 강을 걸어서 내려가려고 시도한 적이 있어서, 신드바드의 탄식을 어느 정도 체험해 보았다. 〔포이카 강은 트리에스테 지방 아델베르크의 강 이름으로, 포스트미아 동굴이 유명하다.〕 고전문학에서는 알페오스(Alpheus)가 있고 (플리니우스 v. 31 ; 세네카(Seneca)의 *Nat. Quae.* vi.), 또 티그리스 유프라테스 강도 지하를 흐르는 것으로 상상되었다. 그리고 중세 사람들은 다마스쿠스의 아바나(Abana) 강과 이스파한의 젠데루드(Zenderud)를 알고 있었다.

〔알페오스 강은 그리스의 펠로폰네소스 반도의 주강(主江)으로 이오니아해로 흘러든다. E. H. 블레크니(Blakeney) 편 《고전 소사전 A smaller Classical Dictionary》에 브리맨스판 1926년에 의하면, "그 유로의 어떤 부분에서 이 강은 지하를 흐르고 이다. 이렇게 지하를 흐르고 있으므로 강의 신 알페오스와 반신반녀인 처녀 아레투사에 관한 전설이 태어나기에 이르렀다……"고 되어 있다. 세네카의 책 이름은 《자연론 Naturales Quaestiones》, 만데빌의 《동방여행기》에는 나일 강이 지상의 낙원에서 발원하여 어떤 곳에서는 지하를 흐른다고 말한 기술을 볼 수 있다.〕

*72 아라비아인〔에티오피아인〕은 무엇보다 '흑인(blackamoors)'이라고는 할 수 없다. 그러나 하얀 피부는 유럽인과 마찬가지로(그 이상은 아니라 하더라도) 동양인들 사이에서도 자랑거리가 된다(이를테면 터키인이나 브라만교도). 남인도에는 바스코 다 가마(Vasco da Gama)가 답사한 당시에는 아랍인에 의해 수입된 아비시니아인 노예가 많이 있었다. 〔바스코 다 가마는 희망봉을 거쳐 인도에 이르는 항로를 발견한 유명한 포르투갈의 항해가. 1469~1524년.〕

*73 사란디브(Sarandib)도 세일론(Ceylon, 프톨레마이오스와 디오도루스 시쿨루스(Diodorus Siculus)의 타프로베인(Tapreobane)에 해당)도 고대 타물(Tamul)어의 Silam과 Ilam으로 줄인 팔리어의 시할람(Sihalam)(산스크리트어의 Sinhala가 아니다)에서 나왔다. 〔프톨레마이오스와 시쿨루스는 이미 앞에서 설명했다. 타물은 타밀어(語)라고도 하며, 드라비다 계 언어로, 남부 마드라스와 북(北) 세일론에서 사용된다. 타밀어 문학은 9~13세기에 발달했다. 팔리어는 인도에서 가장 오래된 일반어로, 산스크리트어에서 갈라진 것.〕 판 데르 툰크(Van der Tunk)〔미상〕는 말레이어의 풀로 셀람(pulo Selam)='보석의 섬'에서 그 어원을 찾는 습관이 있었고, 석학 율 대령도 (《마르코 폴로》 ii. 296) 우리가 무수한 말레이어 명칭을 도입했다고 말했다. 이를테면 페구(Pegu), 중국(China), 일본(Japan) 등—. 사란디브는 명백하게 만데빌이 'Silha'로 줄인 'Selan-dwipa'이다.

〔헨리 율(Henry Yule)은 앞에서 종종 인용되고 있지만, 오랫동안 인도와 관련된 공무에 종사한 스코틀랜드 출신의 동양학자로, 《중국과 중국으로 가는 길 Cathay and the Way Thither》(1866)년과 《마르코 폴로 경의 서 The Book of Sir Marco polo》(1871), 《영인어해(英印語解, Anglo-Indian Glossary)》(1886) 등의 주요저서가 있다. 1820~89년. 페구는 미얀마의 한 지방 이름이자 도시 이름이다.〕

*74 하위(Khawi)라는 말은 사전류에는 실려 있지 않다. 홀과 레인도 돼지사슴(hog-deer)의 뜻으로 해석하고 있는데, 왜 그런지 그 이유는 짐작이 가지 않는다.

*75 마르코 폴로는 세일란(세일론)에 길이 1장척(掌尺)〔7인치에서 10인치〕두께 3지폭(指幅)〔약 2인치〕의 루비가 있었다고 했다. 윌리엄 오브 타이어(William of Tyre)는 무게가 12이집트 드럼인 루비에 대해 언급했다(기번 ii. 123). 또 만데빌은 맘메라

(Mammera)의 왕이 길이 1피트, 폭 5지폭[약 4인치]의 '동양 루비'를 목걸이로 사용했다고 썼다. [윌리엄은 타이어의 수도원장이었던 영국의 고승이자 역사가, 1137~83년. 기번의 저서는 말할 것도 없이 《로마제국쇠망사》.]

＊76 이 이야기는 알 카즈위니와 이븐 알 와르디에서 나왔는데, 이 두 사람은 구렁이의 산지를 '잔지(즉 잔지바르)의 바닷속'이라고 했다. 동북 벵골의 이른바, '가로 구릉지대'에서는 부라와르(Burrawar?)라는 뱀의 가죽이 병의 고통을 치유한다고 믿고 있다.

＊77 미라지(Mihraj)는 명백하게 마하라지(Maharaj)=대(大) 라자, 라자의 우두머리라는 뜻. [라자는 영인어로 왕이라는 뜻.] 이것은 Narsinga, Balhara 또는 Samity 3왕국의 주권자에게 공통되는 힌두교적 칭호이다. [앞의 주석 10 참조.]

＊78 이것은 아마 고전적인 것인 듯하다. 이를테면 마케도니아의 필리포스를 향해 그 시동은 매일 아침, "잊지 말라, 필리포스, 너는 죽어야 하는 자이니라(Remember, Philip, thou art mortal)"이라고 말했다. 또 로마의 개선식에서는 노예가 "너희의 나중을 생각하라. 인간이라는 것을 잊지 마라(Respice post te : hominem te esse menento)!"라고 소리쳤다. 인도에도 이러한 풍습이 있었을지도 모른다. [필리포스는 알렉산드로스 대왕의 아버지. 그리스를 정복했으며 페르시아 원정 중에 암살당했다. 기원전 382~336년.]

＊79 큰 물고기는 아랍어의 후트(Hut)이며, 요나의 고래와 심해의 괴물에 적용된다. [신약성서 마태복음 제12장 40절에는 "요나가 밤낮 사흘을 큰 물고기 배 속에 있었던 것같이……라고 되어 있다.]

＊80 보통은 두 번 절하는 기도.

＊81 이것은 이슬람교도의 매매에서 공식적으로 정해진 문구이다.

＊82 즉, 그의 아내(완곡하게)를 가리킨다. 생각나는 일이 있는데, 어느 마르타인이 이탈리아인 부인을 향해, "내 아내는—당신 앞이지만(Mia moglie-con rispetto parlando)"이라고 말했을 때 그녀는 매우 기분이 상했다. "그게 무슨 말이에요?" 하고 그 부인이 말했다. "그 사람은 자기 아내를 마치 쓰레기라도 되는 것처럼 말하더군요!"

＊83 즉, 흉악한 눈길을 받을 위험성이 있는데도 신드바드의 재산을 부러워한 것.

＊84 200번째 밤의 카르크판에서 '7번째 항해'의 역문을 보충해 둔다. 이것은 앞의 것과는 중요한 점에서 다른 것이 있다. [참고로 카르크판은 합계 46가지 이야기로 구성되어 있다.] 뱃사람 신드바드에 대한 이야기는 어떠한 것이든 특별한 재미가 있지만, 어떤 의미에서 이 세계적으로 유명한 이야기는 순서가 잘못되어 있다. 가장 긴장감이 있는 모험담이 맨 먼저 나와 있어서 재미가 갈수록 줄어드는데, 그 때문에 극적인 효과가 약해졌다. 루흐 새, 식인귀, 바다의 노인 등은 마지막에 와야 할 것이다.

＊85 수에즈는 아랍어로는 Al-Suways라고 한다. 고대 아르시노에(Arsinoë)를 이어받은 이 도시는, 현지 전설에 의하면, 마로코 알 수스(Al-sus)의 한 은자에 의해 창건되었는데, 그는 자신의 이름 'Little Sus(작은 벌레)'에 따라서 명명했다고 한다. 〔이집트에는 아르시노에라는 이름을 가진 도시가 여럿 있는데, 여기서는 물론 수에즈 만에 있는 고대 도시이다. 일반적으로는 아르시노에라는 이름의 여자를 아내로 얻은 프톨레마이오스 2세가 아내를 무척 사랑하여 여러 도시에 그 이름을 붙였다고 한다.〕
＊86 마운드(Maund)는 아랍어로는 Mann이라고 하며, 2파운드에서 6파운드의 무게. 이 일반적인 명칭조차 레인 저《근대 이집트인》보유 B의 표에서는 볼 수 없다. '마운드'는 유명한 영인(英印)의 중량이다.
＊87 명백하게 가공의 제목이다.
＊88 이 섬은 오랫동안 코끼리의 산지로 명성을 떨쳤던 세일론이 분명하다. 린스호턴(Linschoten)과 볼프(Wolf)에 의하면, 모든 나라의 코끼리는 세일론산 코끼리에 경의를 표한다고 한다. 〔J.H.판 린스호턴은 네덜란드의 항해가. J. 크리스토퍼 볼프는 함부르크의 동양학자이자 성서 연구가.〕 또한 이 큰 나무는 유명한 반얀(banyan, *Ficus indica*)나무이다.
＊89 가치가 있는 것은 코끼리의 '이빨'이 아니라, '엄니'이다. 홀(Hole)도 말했듯이, 플리니우스와 신드바드의 코끼리들은 모두 상아의 가치를 의식하고 있다. 플리니우스(viii. 3)는 상아 매매에 관한 헤로도토스의 말을 인용하며, 사냥꾼에게 쫓기는 코끼리가 자신의 몸값으로서 나무줄기에 부딪쳐 자신의 엄니를 부러뜨리는 모습을 그리고 있다. 아엘리아누스, 플루타르코스, 필로스트라토스는 '반(半) 이성을 지닌' 상아의 언어상의 지성과 종교적인 숭배에 대해 다루었다. 16세기 스위스 박물학자 게스너에 의하면, 코끼리는 스스로 자신의 엄니를 묻으며 '그 엄니는 보통 10년마다 빠진다'고 한다. 아랍 문학에서는 코끼리는 언제나 인도와 관련되어 있다.

〈역주〉
(1) '신의 뜻에 맞는다면'이라는 뜻.
(2) 아랍인의 미신에서 나온 주문으로, '흉악한 눈'을 피하기 위해 외우는 말이다.
(3) '마지막 심판의 날'과 같은 말.
(4)《코란》의 첫 장으로, 위험할 때, 여행을 출발할 때, 계약을 할 때 등에 외는 말.
(5) 이른바 '무에진'의 외침.
(6) 1리그는 약 3마일.
(7) 1미스카르는 1디나르와 같다.
(8) 페르시아 만을 가리킨다.

놋쇠의 성[*1]

아득한 옛날, 시리아의 다마스쿠스에 옴미아드 왕조의 제5세 칼리프인 그 유명한 아브드 알 말리크 빈 마르완이라는 교주가 있었습니다.

어느 날 이 충실한 자들의 임금님은 궁전에 앉아 영내의 태수와 고관들을 상대로 이런저런 이야기를 나누다가, 화제가 어느덧 옛날의 전설과 다윗의 아들 솔로몬 왕(이 두 분에게 평화가 있기를!)에 대한 전승에 이르러, 전능하신 알라께서 솔로몬에게 인간, 마신, 새, 짐승, 뱀, 바람, 그 밖에 모든 창조물을 지배하는 권한을 주셨다는 이야기로 옮겨 갔습니다.

그러자 교주는 마지막으로 이렇게 말했습니다.

"우리보다 먼저 돌아가신 분들의 얘기로는, 알라(알라를 찬양하라!)께서는 솔로몬 왕에게 다른 누구에게도 주신 적이 없는 권한을 주셨다고 한다. 그리하여 솔로몬 왕은 그 옛날 마신과 마귀, 악마 등을 구리 항아리 속에 가두어 납으로 뚜껑을 덮고 자신의 반지로 봉인했는데, 그러한 것을 할 수 있는 사람은 솔로몬 왕 말고는 아무도 없으리라."

―여기서 날이 훤히 밝아왔으므로 샤라자드는 이야기를 그쳤다.

567번째 밤

샤라자드는 이야기를 계속했다.

오, 인자하신 임금님, 교주가 솔로몬 왕에 대해 이야기를 하자, 탈리브 빈 사르라고 하는, 전부터 보물을 찾아다니며 땅속에 묻혀 있는 금은보화의 소재를 적은 책을 여러 권 가지고 있던 자가 입을 열었습니다.

"오, 충실한 자들의 임금님―알라여, 부디 임금님의 위세를 영원히 빛나게 하시고, 그 위엄과 덕망을 오래도록 드러내 주시기를! —저의 아버지가 한 번은 저에게 할아버지에 대해 이런 이야기를 해 준 적이 있습니다. 언젠가 할아버지는 여러 사람과 함께 시칠리 섬을 향해 배를 타고 여행을 떠났는데, 얼마쯤 가다가 앞바람이 불어 와서 배가 그만 항로 밖으로 밀려나고 말았습니다. 그로부터 한 달째 되던 날, 알라 말고는 아무도 아는 자가 없는 어느 큰 산기슭에 도착했답니다."

할아버지는 다음과 같이 얘기했다고 합니다.

"그때는 한밤중이었는데, 날이 샐까 말까 할 무렵에 산속의 동굴에서 피부가 까만 벌거숭이들이 우리 옆에 모여들었다. 마치 야수 같은 모습들이었지. 이쪽이 무슨 말을 해도 도무지 통하지가 않았어. 그들의 추장을 제외하면 아랍어를 아는 자가 한 사람도 없었으니까.

그 추장은 우리 배를 보고 부하들을 거느리고 산에서 내려오더구나. 그리고 우리에게 인사를 하고 환영의 말을 한 다음, 우리가 그곳에 이르게 된 까닭과 우리의 종교에 대해 묻더군. 이쪽의 사정을 다 얘기하니, 당신들을 해치는 일은 절대 하지 않을 테니 안심들 하시오, 하기에, 이번에는 우리 쪽에서 그들의 신앙을 물어보았다. 저마다 이슬람교가 시작되어 무함마드(알라의 축복과 가호가 있기를!)가 전도하기 전에 세상에 퍼져 있던 많은 교의의 하나를 믿고 있다는 것이었어.

그래서 우리는 말했지.

'당신들의 말은 도무지 알아들을 수가 없군요.'

그러자 추장이 말했다.

'지금까지 당신들 말고는 이 나라에 온 사람은 아무도 없었으니까요. 하지만 두려워할 것 없습니다. 꼭 무사히 고국에 돌아가게 해 드리겠습니다.'

그러고 나서 추장은 사흘 동안 새와 들짐승과 바닷고기로 우리를 대접하고, 나흘째가 되자 우리를 바닷가로 데려가서 어부들이 고기를 잡는 광경을 보여 주더구나.

한 어부가 그물을 치고 고기를 잡고 있었는데, 끌어올린 그물을 보니 놀랍게도 그 속에 납으로 마개를 한 다윗의 아들 솔로몬 왕(편히 잠들어 있기를!)이 봉인한 구리 항아리가 들어 있었다!

어부가 그 항아리를 갖고 올라와 깨버리자 안에서 한 줄기 연기가 솟아올라 파랗게 퍼지면서 하늘로 올라갔다. 그 순간, 무시무시한 목소리로 이렇게 울부짖는 소리가 들려왔어.

'잘못했습니다. 저희가 잘못했습니다! 제발 용서해 주십시오. 오, 알라의 예언자님! 다시는 옛날의 잘못을 되풀이하지 않겠습니다.'

그러는 사이에 한 줄기 연기는 무서운 모습을 한 거인으로 변했는데, 키가 어찌나 큰지 그 머리가 산봉우리에 닿을 것만 같았지. 우리가 그것을 보고 모두 공포에 질려 있으니, 쓱 사라져 버리더구나. 그런데 검둥이들은 아무렇지도 않은 눈치였어. 그래서 추장에게 돌아가서 물어보았더니 추장은 이렇게 설명해 주었다.

'그건 마신의 하나인데, 다윗의 아들 솔로몬 왕이 몹시 화가 나서 마신을 항아리에 넣고는 납을 녹여 마개를 한 다음 바닷속에 던진 것입니다. 어부들이 그물을 치면 곧잘 그런 항아리가 걸려 나오는데, 열어보면 그 속에서 마신이 나오지요. 마신들은 솔로몬 왕이 아직 살아 있어서 자기들을 용서해 준 줄로만 알고 황공해서 '잘못했습니다, 오, 알라의 예언자님!' 하며 울부짖는 거지요.'

이것이 제 아버지가 할아버지께 들은 이야기입니다."

교주는 탈리브의 이야기를 듣고 무척 신기해하면서 말했다.

"오호, 정말 알라께선 솔로몬 왕에게 참으로 위대한 지배권을 주셨구나."

그런데 마침 그 자리에 알 나비가 알 주브야니[2]라는 사람이 있다가 이렇게 말했습니다.

"방금 탈리브가 한 이야기는 참으로 맞는 이야기로, 전지전능하신 알라께서 하신 말씀으로 증명되어 있습니다.

　　신께서 솔로몬에게 말씀하셨노라.
　　솔로몬이여, 일어나서
　　교주가 되어 세상을 다스려라,
　　올바른 길을 따라—.
　　너의 명령을 삼가
　　따르는 자에게는 상을 주고
　　거역하는 자는 잡아서

영원한 옥에 가두어라.

그래서 솔로몬 왕은 늘 마신들을 구리 항아리에 넣어 바닷속에 던졌던 것입니다."
교주는 시인의 이 말이 몹시 마음에 든 모양이었습니다.
"그 솔로몬 왕의 항아리를 꼭 한번 보고 싶구나. 교훈이 필요한 자에게 틀림없이 좋은 본보기가 될 것이다."
그러자 탈리브가 말했습니다.
"오, 충실한 자들의 임금님, 굳이 외국에 가시지 않더라도 구경하실 수 있습니다. 임금님의 형제이신 마르완의 아브드 알 아지즈 빈 마르완 님에게 사자를 보내십시오. 마르완 님은 곧 마그리브(모로코)의 총독 무사 빈 누사이르[3]에게 편지를 써서 제가 이야기한 산으로 말을 타고 달려가 그곳에서 원하시는 수만큼 항아리를 가져오라고 명령하실 겁니다. 그 산은 누사이르 총독의 영지와 경계를 이루고 있기 때문입니다."
"오, 탈리브, 그것참 좋은 생각이다. 말이 나왔으니 수고스럽지만, 그대가 무사 빈 누사이르에게 사자로 가다오. 그렇게 해 주면 흰 깃발[4]은 물론, 필요한 돈과 명예와 그 밖에 원하는 것은 뭐든지 들어줄 것이고 그대가 없는 동안 가족도 잘 돌봐주리라."
"기꺼이 다녀오겠습니다."
"그럼, 알라의 축복과 가호 아래 당장 다녀오라."
교주는 자신의 형제인 이집트의 부왕(副王) 아브드 알 아지즈와 북서아프리카의 부왕 무사 빈 누사이르에게 편지를 한 통씩 쓰고, 무사에게는 정사를 아들에게 맡기고 직접 솔로몬의 항아리를 찾으러 가라고 분부했습니다. 또한 안내인을 고용하고 사람과 경비를 아낌없이 쓰고, 어떠한 변명도 듣지 않을 것이니 실수가 없도록 하라고 주의시켰습니다.
교주는 두 통의 편지를 봉하여 탈리브 빈 사르에게 내주고 왕기(王旗)를 선두에 세워 길을 서둘 것을 명령했습니다. 그리고 여행에 필요한 금은을 비롯하여 기병과 보병까지 주고 뒤에 남은 가족들에게 필요한 물품도 하사했습니다. 이리하여 탈리브는 출발하여 무사히 카이로[5]에 도착했습니다.

—여기서 날이 훤히 밝아왔으므로 샤라자드는 이야기를 그쳤다.

568번째 밤

샤라자드는 이야기를 계속했다.
오, 인자하신 임금님, 탈리브 빈 사르는 호위병들과 함께 출발하여 시리아와 이집트 사이에 있는 사막을 횡단했습니다. 그러자 이집트 총독이 마중을 나와 탈리브와 그 일행이 이 나라에 머무는 동안 정중하게 대접했습니다. 그런 다음 태수 무사가 주재하는 사이드, 즉 상(上)이집트까지 길 안내를 한 사람 붙여주었습니다.
누사이르의 아들은 탈리브가 도착했다는 소식을 듣고 즉시 마중을 나와 무사한 도착을 축하했습니다. 탈리브가 교주의 편지를 전하자 머리 위로 엄숙하게 받들면서 이렇게 소리쳤습니다.
"충실한 자들의 임금님, 분부대로 거행하겠나이다!"
무사는 주요 가신들을 불러모아 교주의 편지 내용을 설명해 주고서 어떻게 하면 좋을지 의견을 물었습니다. 가신들이 대답했습니다.
"오, 태수님, 거기 가시는 데 안내자가 필요하시다면 사마누드의 주민[*6] 아브드 알 사마드 이븐 알 아브드 알 구두스라는 노인을 부르십시오. 그 노인은 지식이 풍부하고 곳곳을 여행하여 바다와 황야, 세계 여러 나라와 그 주민에 대한 진기한 이야기들을 모두 알고 있습니다. 그 노인을 부르시면 아마도 원하시는 장소에 안내해 드릴 것입니다."
그래서 무사는 사자를 보내 그를 불렀는데, 오랜 세월에 폭삭 늙어빠진 꼬부랑 노인이었습니다.
태수는 노인에게 인사를 하고 말했습니다.
"오, 아브드 알 사마드 노인, 사실 충실한 자들의 임금님 아브드 알 말리크 빈 마르완 님이 나에게 솔로몬 왕의 항아리를 가져오라 분부하셨다. 그런데 나는 그 물건이 있는 나라를 전혀 모른다. 듣자하니, 그대가 그곳에 대해 잘 알고 있고 그곳으로 가는 길도 안다고 하던데, 나와 함께 그곳에 가주지 않겠나? 더없이 높은 알라의 뜻에 맞는다면 그대의 수고도 헛되게 하지는 않을 테니까."

그러자 노인이 대답했습니다.

"분부대로 잘 모시겠습니다. 그러나 태수님, 그곳은 길이 매우 멀 뿐만 아니라 길다운 길이라곤 거의 없다는 것을 각오하셔야 합니다."

"얼마나 먼 곳인가?"

"그곳에 가는 데만 2년 하고도 몇 달이 걸리며 돌아올 때도 그만큼 걸립니다. 게다가 도중에 곳곳에서 힘들고, 무서우며, 기발하고 엉뚱한 일들을 수없이 만나게 될 겁니다. 더군다나 태수님은 신앙의 전사(戰士)*7이시고, 또 이 나라는 적국 바로 옆에 있으므로, 만일 태수님이 나라를 비운 사이에 나사렛 사람들이 쳐들어올지도 모르는 만큼, 누군가 든든한 인물을 남겨 태수님 대신 정사를 돌보게 하실 필요가 있습니다."

"그대의 말이 옳다."

무사는 자기가 없는 동안 아들 하룬을 총독으로 임명하고 전군 장병들에게 충성을 맹세하게 한 뒤, 그의 명령이면 어떠한 일이든 복종해야 한다고 분부했습니다. 모두 태수의 분부에 복종을 맹세했습니다.

하룬은 나면서부터 용감하고 씩씩하여 천하에 이름을 떨치고 있는 뛰어난 용사였습니다. 아브드 알 사마드 노인은 이 하룬에게 일부러, 일행이 목표로 하는 장소가 해안을 따라 겨우 넉 달이면 갈 수 있는 곳으로, 곳곳에 야영지가 있으며, 풀이 무성하고 샘물도 풍부하게 솟아나고 있다 속이고, 마지막으로 이렇게 덧붙였습니다.

"오, 충실한 자들의 임금님의 부총독님이시여, 당신의 축복에 의해 모든 일이 순조롭게 이루어질 것입니다."

그때 무사가 물었습니다.

"우리보다 먼저 그 나라에 발을 들여 놓은 왕이 있지는 않은가?"

"예, 그곳은 옛날에 알렉산드리아의 왕 그리스인 다리우스의 영토였습니다."

그리고 노인은 무사에게 살며시 말했습니다.

"태수님, 낙타 1천 필에 식량과 물 항아리*8를 많이 싣도록 하십시오."

"대관절 그건 어쩌려고?"

"도중에 카이라완 사막(시레네 사막)이 있는데, 횡단하는 데 나흘이나 걸리는 넓은 황야라 물이 전혀 없습니다. 그곳에 일단 발을 들여 놓으면 사방은 고요하고 쓸쓸하여 아무 소리도 들리지 않고 사람 하나 없는 황야이지요. 그뿐만 아니라 시문*9이라는 바람과 알 주와이브라는 뜨거운 바람이 불어 와서 가죽 물주머니는 금세 말라버립니다. 그러나 물 항아리에 넣어 두면 그럴 염려가 조금도 없습니다."

"알았네."

무사는 곧 알렉산드리아에 사자를 보내 많은 물 항아리를 가져오게 했습니다. 그런 다음 미늘옷으로 빈틈없이 무장한 재상 이하 2천 명의 기병을 거느리고 여행길에 올랐습니다. 그 선두에서 말을 타고 길을 안내한 것은 다름 아닌 아브드 알 사마드였습니다.

일행은 어느 때는 사람이 사는 집이 있는 곳을 지나가기도 하고 어느 때는 폐허가 된 마을을 지나갔으며, 무서운 숲과 물이 없는 황야를 가로지르고 하늘 높이 솟은 산을 넘으며 열심히 길을 재촉했습니다. 이렇게 꼬박 1년 동안 여행을 계속하던 어느 날, 밤새도록 행군하여 날이 샜을 때, 노인은 어느새 자기가 전혀 모르는 곳에 와 있음을 깨달았습니다. 노인은 자기도 모르게 소리쳤습니다.

"영광되고 위대한 신 알라 외에 주권 없고 권력 없도다!"

그러자 태수가 물었습니다.

"노인장, 대체 무슨 일인가?"

"오, 신전의 주님께 맹세코 분명히 길을 잃은 듯합니다."

"어쩌다가 그렇게 되었는가?"

"별이 구름에 가려 방향을 잃고 말았습니다."

"그래서 지금 우리는 어디에 있나?"

"그것을 모르겠습니다. 여태까지 이런 곳은 한 번도 본 적이 없습니다."

"그렇다면 처음 길을 잃은 곳으로 돌아가면 되지 않는가?"

"그런데 어디서 길을 잃었는지 도무지 모르겠습니다."

노인이 대답하자 잠시 뒤 무사가 말했습니다.

"그렇다면 앞으로 계속 나아가세. 알라께서 우리를 인도하여 제대로 된 방향을 알려주시겠지."

그리하여 모두 다시 정오의 기도시간까지 나아가니, 이윽고 잔잔한 바다처럼 온화하고 넓은 평원이 나왔습니다. 그때 먼 지평선 너머에 뭔가 높고 크고 시커먼 것이 눈에 들어왔습니다. 그 중앙에서 구름 같은 게 하늘 끝까지 피어오르고 있었습니다.

일행이 걸음을 서둘러 그쪽으로 다가가 보니, 뜻밖에도 그것은 반석처럼 묵직하게 앉아 있는 음산한 큰 성채였습니다. 그것은 마치 하늘에 닿을 듯한 준봉처럼 우뚝 솟아 있었습니다. 전체가 검은 돌로 되어 있고 삼엄한 총안과 흉벽, 그리고 번쩍거리는 중국 강철로 만든 문이 있는 것을 보니 눈이 어지럽고 간담이 서늘해지는 듯했습니다. 게다가 둘레에는 헤아릴 수 없이 많은 계단이 있고, 멀리서 연기처럼 보인 것은 높이가 백 완척은 될 성싶은 둥근 납 지붕이었습니다.

그것을 보고 매우 놀란 태수는 어째서 이 성에는 인기척이 없는지 이상한 생각이 들었습니다.

노인도 성 안에 사람이 없는 것을 확인하고 이렇게 소리쳤습니다.

"알라 외에 신은 없고 무함마드는 알라의 사도다!"

이것을 들은 태수가 말했습니다.

"그대가 지금 알라를 찬양하고 우러르는 게 뭔가 기뻐하는 기색이구나."

아브드 알 사마드가 대답했습니다.

"태수님, 기뻐하십시오, 알라(알라를 찬양할지어다!) 덕분에 우리는 무서운 숲과 물이 없는 황야에서 구원받은 것입니다."

"어째서?"

"사실 저의 아버지가 제 할아버지로부터 이런 이야기를 들은 적이 있습니다. '우리가 여행하다가 길을 잃고 헤맨 끝에 우연히 그 궁전에 이르렀다. 그곳에서 놋쇠의 도시로 갔는데, 거기서부터 두 달이면 갈 수 있는 곳이지. 다만 거기서부터는 끝까지 해안을 따라 길을 가야만 하며 해안을 벗어나선 안 된다. 그곳에는 주 알 카르나인 이스칸다르 왕이 만든 급수장과 우물과 야영지가 있기 때문이다. 왕이 그 옛날 모리타니를 정벌할 때 물이 없는 사막과 황야뿐이어서 우물을 파고 연못을 만들어 놓고 갔던 것이다.'"

"그것참 반가운 소식이로다!"

"그럼, 저 궁전에 어떤 신기한 것들이 있나 구경하도록 합시다. 좋은 교훈이 될지도 모르니까요."

그리하여 노인과 가신들을 이끌고 궁전으로 가보니 성문이 활짝 열어젖혀 있었습니다. 그 문은 높은 원기둥과 복도로 되어 있고 벽과 천장에는 금은보석이 아로새겨져 있었습니다.

그 문까지 가려면 계단을 몇 개 오르게 되어 있고, 그 계단 가운데에는 온갖 색깔의 대리석으로 만든 폭넓은 계단이 두 개 있었는데 어디서도 볼 수 없는 훌륭한 것이었습니다. 또 그 현관에는 현판이 한 장 걸려 있고 거기에는 고대 이오니아의 금문자가 새겨져 있었습니다.

"오, 태수님, 읽어 드릴까요?"

노인이 말하자 무사가 대답했습니다.

"읽어 보게. 이 여행에서 이렇게 진기한 것을 여러 가지로 구경하는 것은 모두 그대 덕분이다. 오, 알라여, 이 노인에게 은총을 내려주소서!"

학문에 조예가 깊고 온갖 언어와 문자에 통달한 노인은 현판 밑에 다가가 거기에 새겨져 있는 글을 읽었습니다. 그것은 이런 시였습니다.

여기에 그들이 보여주는
온갖 위업의 자취는
우리에게 경고를 내리는 것,
모든 사람이 걸어가는 길은
한 치 어긋나지 않는 같은 길임을.
이 땅에 잠시 발길 멈추고
권세 영원히 사라져버린 자들의
소식 듣고자 하는 사람이여,
주저 말고 이 궁전 문을 지나
티끌 속에 묻혀버린
영화의 자취를
그 폐허에서 찾아보라.
죽음의 신에 의해 덧없이 흩어지고
빛나던 영광 맥없이 꺾였으니
자랑하던 그 온갖 재물들은
지금 어디에.

정녕 그들은 무거운 짐
벗어놓고 잠시 쉬다가
이윽고 다시 사라져간 나그네 같구나.

태수 무사는 이 시를 듣고 정신이 아득해질 정도로 눈물을 흘리고서 이렇게 외쳤습니다.
"오, 영원히 살아 있는 알라 외에 신은 없도다!"
궁전 안으로 들어간 그들은 그 호화롭고 화려한 광경에 그저 놀라고 감탄할 뿐이었습니다.
한동안 그림과 조각을 구경하다 보니 이윽고 또 하나의 문이 나왔습니다. 거기에도 시가 새겨져 있어서 노인에게 말했습니다.
"오, 이것도 읽어주게."
노인이 앞으로 나와 다음과 같은 시를 읽었습니다.

그 옛날, 이 둥근 지붕 아래
잠시도 머무르지 못하고
사라져간 사람들
그 얼마였던가.
보라, 세월의 무상함은,
이렇듯 귀한 사람을
쏘아서 쓰러뜨린 그 화살로
오, 얼마나 무자비하게
세상 사람을 쏘았느뇨.
살아 있을 때 그들은 함께 어울려
모은 재물 나누다가
기쁨을 남겨 놓고
멸망의 문을 향해
무거운 발걸음 옮겼도다.
대체 무엇인고, 기쁨이란
대체 무엇인고, 먹고 마신 것이

이제는 티끌에 묻혀
구더기의 밥이 되었으니
그 애통함이여, 덧없음이여.

이 노래를 듣고 태수 무사는 눈물을 철철 흘리니, 눈앞에서 세상이 갑자기 캄캄해지는 듯했습니다.
"참으로 알라께서 우리를 만드신 것은 그 위대한 일을 위해서였다!"[*10]
그들은 궁전 안을 샅샅이 조사해 보았습니다. 그곳에는 사람은 그림자도 없고 정원과 건물은 황폐해질 대로 황폐해져 살아 있는 것이라고는 아무것도 없었습니다. 중앙에는 하늘 높이 솟은 둥근 지붕 아래 높은 누각이 서 있고, 그 주위에는 노란 대리석으로 만든 묘비가 4백 개나 있었습니다.
태수가 그쪽으로 가까이 가보니 그 사이에 크고 길쭉한 묘석이 있고 그 꼭대기에는 다음과 같은 시가 새겨진 하얀 대리석 판이 한 장 얹혀 있었습니다.

오, 싸움터에 나가기 몇 번이던고,
내가 베어 죽인 자, 그 얼마던고,
하늘의 은총 입기 그 몇 번이며,
멸망을 목격한 것 또한 몇 번이던고,
내가 먹은 것은 그 얼마이며,
마신 것은 또한 얼마였던고,
가희의 절묘한 가락에
황홀히 취한 것은 몇 번이던고,
명령을 내리고 금지도 하고
성채를 에워싸고 그곳 성주를
찾은 일이 또한 몇 번이던고,
성 안 깊숙이 숨어 있는
젊은 처녀들 마치 제 것인 양
붙잡은 적 또한 그 몇 번이던고!
아, 아무것도 모르고
마침 좋은 것 행여 놓칠세라

무참히도 죄를 지었도다.
그러다가 끝내 알았노라.
손에 넣어도 아무 이득 없이
오로지 공허하게 사라지는 것임을.
이르노니 사람이여,
슬기로운 마음 간직하여
죽음과 숙명의 잔
마셔버리기 전에 돌아보라.
그대 머리 위에
한 줌의 흙 뿌리지만,
그 목숨 허무하게 사라지는 것을.

태수와 일행은 이 시를 읽고 눈물을 뚝뚝 흘렸습니다. 이윽고 높은 누각으로 다가가 보니, 황금 못과 별모양의 은장식, 그리고 온갖 보석이 박힌 백단향 문이 8개나 있었습니다. 그 첫 번째 문에는 이런 시가 새겨져 있었습니다.

내 뒤에 남은 것은
높은 영혼의 고귀함이 아니라
모든 사람에게 마련된
심판과 신의 뜻에 의한 것.
내 일찍이 복이 많아
자랑스럽게 살며 사자처럼
여러 시간을
보물 지키며 싸웠네.
쉴 새 없이 욕심에 젖어
뺏고 탐하고 긁어모아
무서운 지옥의 불길에서
내 영혼 구할 생각 없이
겨자 한 알도 남에게 안 주었네.

그리하여 마침내 어느 날
만물의 창조주이자
정의와 권력의 임금님이
엄한 심판 내리시어
화살인 양 나를 쓰러뜨렸네.
이처럼 죽음이 정해졌을진대,
뜬세상에서 거드름 피우던 나의
얕은꾀와 속임수로도
이 목숨 붙들 수 없고
둘러싼 군병의 방패도
나아갈 길 막지 못했으며
다정한 벗도 이웃도
이 함정에서 건지지 못했다.
따지기도 하고 위로도 받고
기뻐도 하고 원망도 하다가
삶을 떠난 죽음의 나그넷길이
하도 험난해 지쳐버린 이 몸.
오, 사람들아 명심할지니
황금에다 황금을 보태어
돈 자루를 부풀려본들
허무하여라, 밤이 다 오기 전에
남김없이 그대를 떠나간다.
낙타는 그대의 시체를 나르고
낙타 몰이꾼*11 무덤 파는 자들은
먼동이 채 트기도 전에
그대의 후사를 데리고 올 것이며
심판의 날엔 그대 홀로
수많은 죄업에 울며
주님 앞에 황공하게 서리라.
뜬세상의 온갖 유혹 피하고

집안사람들에게, 이웃 사람들에게
어떠한 은혜를 베풀었는지
곰곰이 돌이켜 보라.

무사는 이 시를 읽고 눈물을 철철 흘리며 슬피 울다가 정신을 잃고 말았습니다. 이윽고 다시 정신을 차리고 누각으로 들어가 보니, 그곳에는 보기에도 무서운 직사각형 무덤이 하나 있었습니다. 그 위에 중국 강철로 만든 서판이 걸려 있어서 아브드 알 사마드 노인이 다가가 그 비문을 읽었습니다.

"영원한 알라, 시작도 없고 끝도 없는 알라의 이름으로, 낳는 일 없고 태어나는 일도 없으며, 세상에 둘도 없는 알라의 이름으로, 주권과 권력의 주 알라의 이름으로, 멸망하지 않고 영원히 살아 있는 신의 이름으로!"

―여기서 날이 훤히 밝아왔으므로 샤라자드는 이야기를 그쳤다.

569번째 밤

샤라자드는 이야기를 계속했다.
오, 인자하신 임금님, 아브드 알 사마드 노인이 읽는 비문은 이렇게 계속되었습니다.

"오, 이 땅을 찾아온 나그네여, 세월의 무상함과 운명의 성쇠를 유심히 바라보고 스스로 훈계로 삼아라. 티끌 같은 세상과 그 영화, 허식, 오류, 허위, 혹은 덧없는 유혹에 흔들리는 일 없도록 하라. 이승은 아부와 기만과 모반으로 가득하고 속세의 기쁨은 잠시 빌린 것일 뿐이어서 언젠가는 그 임자가 뺏어가게 마련인 것을. 그것은 마치 하루아침에 사라지는 꿈이나 환상과 같고, 또는 목이 타는 자가 물이라고 생각하는 사막의 신기루[*12]와 같다. 죽음에 이르기까지 인간의 눈에 이 세상을 화려한 것처럼 보여주는 것은 모두 악마의 짓이로다. 이것이 덧없는 세상의 습성이니라. 그러므로 인간세상에 믿음을 두지 말라, 마음을 기울이지 마라. 인간세상을 믿고 모든 일에 몸을 초로 같은 뜬세상에 맡기는 자는 오히려 속을지니. 인간세상의 함정에 빠지지 말지어다. 그 옷자락에 매달리지 말지어다. 나를 본보기로 보고 스스로 훈계로 삼아라.

나는 일찍이 4천 필의 구렁말과 호화로운 궁전을 가지고, 가슴이 봉곳하고 달처럼 아름다운 미녀 1천 명을 거느렸노라. 나는 용맹한 사자 같은 1천 명의 아들도 두었노라. 그리고 오랜 세월을 즐겁게 살며 땅 위의 어떤 국왕도 넘보지 못하는 재물을 쌓았노라. 환락이 영원히 계속되리라 믿었노라. 그러나 덧없더라. 갑자기 나를 덮친 자 있었으니, 그것은 환희를 빼앗고 즐거운 교제를 끊으며, 단란한 모임을 파괴하고 사람이 사는 토지를 황폐케 하여, 남녀노소 귀천을 가리지 않고 생명을 앗아가는 자. 그는 가난한 자의 곤궁함을 동정하지 않고, 또 왕의 명령을 두려워하지도 않는다. 그렇다, 우리는 이 왕궁에서 안락하게 살고 있었기에 삼계(三界)의 주, 하늘의 주, 대지의 주이신 알라의 심판이 우리 위에 내려 의심할 여지없이 아주 뚜렷한 진실*13의 복수를 하였노라.

그리하여 날마다 둘씩 죽어가서 이윽고 그 번성했던 동포들은 멸망하고 말았도다. 나는 파멸의 전당에 들어가, 우리와 함께 살며, 우리를 죽음의 바다에 빠뜨리는 모습을 보고, 기록관을 불러 이러한 글귀와 교훈을 쓰게 하고, 문을 비롯하여 현판과 묘석에 자와 컴퍼스로 이를 새기게 하였노라.

일찍이 나는 1백만 기의 기병을 가졌으니 그들은 모두 혼자서 기병 1천 명을 싸워 이길 수 있는 용사로서 창과 찬연한 갑옷과 번쩍이는 칼로 무장한 전사였노라. 나는 그 강자들에게 긴 갑옷을 입고 날카로운 칼을 차고 늠름한 말에 올라 무서운 창을 겨누라 명령했노라.

그리하여 우리의 머리 위에 천지의 주이신 알라의 선고가 내렸을 때 나는 그들에게 말했노라.

'오, 전사들이여, 너희는 전능하신 주께서 우리에게 내리신 파멸을 막을 수 있겠느뇨?'

이에 전사들은 도무지 무력하여 이렇게 대답했노라.

'어떤 종도 다가가기 어려운 주님, 지키는 자 없는 문의 주인을 상대로 어찌 싸우리요?'

그래서 나는 명령했노라.
'내 재화와 보물을 가지고 오라.'
내 보물창고에는 물을 담는 큰 통이 있고, 각 물통에는 순금 1천 킨타르,*14 은 1천 킨타르, 진주, 그 밖에 모든 종류의 보석과 귀중품 등, 세계 어느 국왕도 쉽게 손에 넣을 수 없는 보물이 숱하게 있었으니, 가신들이 즉시 내 명령을 좇아 온갖 재화와 보물을 내 눈앞에 놓았을 때 나는 물었노라.
'이 모든 보물로 내 몸을 살 수 있겠느냐? 이것으로 나에게 하루의 목숨을 구해 줄 수 있겠느냐?'
이리하여 전사들은 전생의 숙명과 운명에 몸을 맡기고, 나 역시 알라의 심판에 복종하여, 정해진 오뇌를 참고 견뎠노라. 그러나 알라는 끝내 내 혼을 빼앗아 나의 무덤에 잠들게 하였노라. 내 이름을 묻는다면 대답하리라. 나는 위대한 아드족의 아들인 샤다드의 아들 쿠슈이니라."

그리고 서판에는 다음과 같은 시가 새겨져 있었습니다.

내 이름을 알고 싶다면,
이제 말하노라, 나야말로
쉼 없이 변하는 세월에
목숨이 다한 샤다드의 아들,
내 모든 사람을 잘 다스려
삼천세계를 지배했노라.
어리석고 고루한 무리
모두 내 앞에 무릎을 꿇으니,
샴에서 카이로를 지나 아드난이
사는 토지 끝에 이르기까지.*15
허다한 왕을 정복하여
영광 아래 군림했으며
무리는 하나같이
나의 노여움을 겁냈노라.
모든 종족과 군대들이

내 손바닥 안에 있었으니
적도 아군도,
온 세상이 내 앞에서 떨었도다.
내 한 번 말에 올라
때로 병마를 살필 때
말 탄 군병이 1백만 기,
불운을 물리치고자 차지한
갖은 금은보배
아무도 헤아릴 수 없는 거부였으니,
내 목숨을 살 수 있다면
잠시라도 파멸을
면할 수 있다면,
그 재물을 아낌없이
내던질 수도 있었을 것을.
하지만 알라는 그 뜻을
조금도 굽히지 아니하니
내 기어이 형제들과
떨어져서 홀로 살아가며
고독을 되씹는 몸 되었도다.
인간을 떼어 놓는 죽음의 신은
내 운명을 뒤바꾸어
호화찬란한 궁전에서
침침한 움막으로 옮겼노라.
그리하여 나는 볼모처럼
외롭고 쓸쓸한 신세 되어,
수많은 죄업으로 말미암아
하늘이 보답을 약속한
명예와 드높은 위업도
모두 허무하게 사라져 버렸도다.
그러니 두려워할지어다.

인간세상 벼랑길 헤매면서
허허로이 걸어간 인간들아,
무상한 운명과 세월의
피고 지는 영고성쇠를.

태수 무사는 이 인간 도살장을 눈앞에 바라보며 몹시 마음이 괴로워서 살아 있는 것조차 번거롭게 여겨졌습니다.

그들이 궁전 안의 크고 작은 통로를 헤매면서 거실과 유원지를 두루 구경하는 동안, 어느덧 4개의 백송*16 다리가 달린 노란 줄무늬 마노의 식탁이 있는 곳에 이르렀습니다. 그 위에는 이런 글이 새겨져 있었습니다.

"오른쪽 눈이 먼 1천 명의 왕, 왼쪽 눈을 잃은 1천 명의 왕, 또 두 눈이 성한 1천 명의 왕, 이 식탁에 앉아 식사를 들었건만, 그 왕들은 모두 세상을 떠나 저승과 무덤에 잠자리를 정했도다."

태수는 이 말을 모두 베껴 쓰고서 오직 그 식탁만 가지고 궁전을 떠났습니다. 그리고 다시 부하들을 이끌고 노인 사마드의 안내로 사흘 동안 길을 간 끝에 높은 언덕에 이르렀습니다. 그 언덕 꼭대기에는 놋쇠 기사가 한 명 서 있었습니다. 한 손에 넓적한 창끝이 달린 긴 창을 쥐고 있었는데, 번개처럼 번쩍이는 그 자루에는 다음과 같은 글귀가 새겨져 있었습니다.

"오, 나를 찾아온 그대여, 만일 놋쇠의 성에 이르는 길을 모르거든 이 기사의 손을 문질러라. 그러면 기사는 빙글빙글 돌다가 이윽고 멈추리라. 그때 기사가 향한 방향을 향해 두려움 없이 나아가라. 그러면 어렵지 않게 놋쇠의 성에 이르리라."

―여기서 날이 훤히 밝아왔으므로 샤라자드는 이야기를 그쳤다.

570번째 밤

샤라자드는 이야기를 계속했다.

오, 인자하신 임금님, 태수 무사가 기사의 한 손을 문지르자, 기사는 번개처럼 빠른 속도로 빙글빙글 돌더니 그들이 지나온 방향과는 다른 방향을 향해 정지했습니다. 그래서 모두 그 방향을 향해(그것이 옳은 길이었습니다만) 길을 나아갔습니다.

그 길은 잘 다져져 있어서, 밤낮을 가리지 않고 걸음을 재촉하여 아득하게 넓은 황무지를 어렵지 않게 통과했습니다. 이윽고 생각지도 않게 굴뚝 비슷한 검은 돌기둥이 서 있는 곳에 이르렀는데, 거기에는 인간과 비슷하게 생긴 것이 겨드랑이까지 묻혀 있었습니다. 그것은 두 개의 커다란 날개와 네 개의 팔이 달려 있었고, 그중 두 개는 인간의 팔과 비슷하지만, 나머지 두 개는 마치 쇠발톱이 붙어 있는 사자의 다리 같았습니다.

피부가 새카맣고 키가 큰 그 괴물은 보기에도 무서운 형상을 하고 있는 데다, 머리는 말 꽁지와 흡사하고 눈은 숯불처럼 훨훨 타오르며, 얼굴은 세로로 찢어져 있었습니다.

게다가 이마 한복판에는 살쾡이 같은 눈이 또 하나 박혀 있는데, 거기서 불꽃이 튀고 있었습니다.

그 괴물은 커다란 목소리로 이렇게 외쳤습니다.

"심판의 날까지 나에게 이토록 끔찍한 가책과 잔인한 형벌을 내리신 알라께 영광 있으라!"

사람들이 이 괴물을 보고 너무 무서워서 몸을 돌려 달아나려고 하자 태수 무사는 사마드 노인에게 물었습니다.

"도대체 저것이 무엇이냐?"

"저도 모르겠습니다."

"가까이 가서 사정을 물어보라. 어쩌면 자세한 까닭을 들려줄지도 모른다."

"태수님께 알라의 가호가 있기를! 태수님, 사실은 저도 저것이 무섭습니다."

"아니 겁낼 것 없다. 흙 속에 묻혀 있는 저것이 우리에게 뭘 어쩌겠느냐?"

그제야 사마드 노인은 그 기둥에 다가가서 괴물에게 물었습니다.

"대체 너는 누구이고 이름은 무엇이냐? 그리고 어쩌다가 이렇게 되었느냐?"

"나는 마족(魔族) 가운데 마신인데, 이름은 알 아마슈의 아들 다이슈라고 한다.*17 알라의 심판으로 벌을 받아 최고의 권위와 권력을 가지신 알라께서 나를 풀어주실 때까지 이렇게 갇혀 있는 것이다."

"어째서 그 기둥 속에 갇혀 있는가 물어보라."

무사가 이렇게 말하자 노인은 그 이유를 물었습니다. 그러자 마신이 대답했습니다.

―아, 내 신세는 참으로 기구하기 짝이 없으니, 얘기하자면 이렇다. 마신의 자손 하나가 루비로 만든 우상을 하나 갖고 있었는데 나는 그것을 지키는 신관이었다. 그런데 나 말고도 바다의 여러 왕 가운데 하나가 그 우상을 섬기고 있었다. 그 왕은 나는 새도 떨어뜨린다는 강대한 세력을 가진 왕으로서 무슨 일이 생기면 그 부름을 받고 모여들어 칼을 휘둘러 왕의 적을 토벌하는 백만의 마족 전사를 지휘했다.

그것이 또한 모두 내 지배 아래에서 내 명령에 따라 다윗의 아들 솔로몬(편히 잠드시기를!)에게 반기를 들고 있었다. 나는 언제나 그 우상의 배 속에 숨어 앉아서 그들에게 이렇게 하라 저렇게 하라고 명령을 내리곤 했다.

그런데 그 용맹한 바다의 왕에게 딸이 하나 있어서, 그 공주 또한 이 우상을 받들어 모시며 곧잘 그 앞에 엎드려 기도를 드리곤 했다. 이 공주는 그 시대 제일가는 미녀로서, 그 아름다운 얼굴과 사랑스러운 자태와 기품이 참으로 흠잡을 데 없는 여자여서 솔로몬이 소문을 듣고 그 아버지에게 사자를 보내 이렇게 말했다.

"그대의 딸을 내 아내로 보내라. 그리고 그대는 루비의 우상을 파괴하고 '알라 외에 신은 없고 솔로몬은 알라의 예언자이다!'라는 말을 외치고 증명하라. 그렇게 하면 내 손에 들어오는 것을 그대에게 나눠줄 것이고, 그대의 부채도 내가 갚아주리라. 그러나 그대가 이 청혼을 거절할 때는 알라의 부름을 받을 준비를 하고 수의를 입는 것이 좋을 것이다. 나는 무적의 대군을 이끌고 쳐들어가서, 이 황량한 대지를 병마(兵馬)로 빈틈없이 뒤덮고, 그대를 한 번 지나간 뒤 영원히 돌아오지 못할 신세로 만들어주리라."

왕은 이 말을 듣고 반역심이 무럭무럭 일어나, 오만하게 가슴을 내밀며 대신들에게 이렇게 소리쳤다.

"사실 다윗의 아들 솔로몬이 사자를 보내 내 딸을 보내고 루비의 우상을 파괴할 것이며, 또 이슬람에 귀의하라고 하는데 그대들은 이것을 어떻게 생각하느냐?"

그러자 대신들은 저마다 이렇게 대답했다.

"오, 위대하신 임금님, 솔로몬 따위가 어떻게 그런 짓을 할 수 있겠습니까? 설사 솔로몬이 이 넓은 바다 한복판에 계시는 임금님을 향해 쳐들어온다 하더라도 결코 임금님을 이길 리가 없습니다. 왜냐하면 마신들이 임금님을 위해 싸울 것이고, 임금님이 섬기고 계신 저 수호신에게 구원을 청하신다면 틀림없이 임금님을 도와 승리를 안겨줄 것이기 때문입니다. 그러므로 임금님께서는 저 하느님(이것은 그 우상을 가리키는 것입니다)에게 의논하셔서 의향을 물어보시는 것이 좋을 줄 압니다. 만약 하느님이 싸우라고 한다면 결전을 벌이시고 안 된다고 하면 그만두는 것이 어떨까 합니다."

그래서 왕은 곧 우상 앞으로 가서 산 제물과 사람을 신에게 바친 뒤 그 앞에 꿇어 엎드려 이마를 조아리고 눈물을 흘리며 이런 노래를 불렀다.

　오, 우리의 신이여, 나는 알고 있노라
　억센 당신의 손을,
　솔로몬은 당신을 무찔러
　당신을 저주 속에 쫓으려 하도다.
　오, 우리의 신이여,
　당신의 가호를 빌며 내 이 자리에 섰노라.
　명하시라, 꿇어 엎드려
　삼가 높으신 명을 받들리라.

이때 나는(마신은 노인과 주위의 사람들을 향해 이야기를 계속했습니다) 지혜가 모자라 솔로몬의 법칙도 주권도 전혀 알지 못한 채 우상의 배 속에서 이렇게 대답했지.

　나에게 묻는다면 대답하노니,
　솔로몬 따위는

눈곱만큼도 두려울 게 없노라,
나의 힘 나의 지혜 끝이 없으니
그가 만일 싸움을 원한다면
나 역시 투혼을 보여주리라,
내 그 몸에서 영혼을 빼앗아
가차없이 찢어버릴 것이니!

나의 이 거만한 대답을 들은 왕은 갑자기 간덩이가 커져서 예언자 솔로몬에게 도전하여 한판 벌일 결심을 하게 된 것이다. 그래서 왕은 솔로몬이 보낸 사자를 채찍으로 흠씬 때려주고서, 솔로몬에게 다음과 같은 협박을 늘어놓으며 말도 안 되는 답장을 보냈다.

"네가 그런 허튼 생각을 하다니 참으로 어이가 없구나. 그따위 거짓말로 나를 협박할 셈인가? 너야말로 단단히 전쟁준비를 하도록 해라. 만약 네가 오지 않으면 내 쪽에서 반드시 쳐들어가리라."

사자가 이 편지를 들고 솔로몬 왕에게 돌아가서 자세히 보고하자, 마치 심판의 날이라도 된 듯이 몹시 노하여 펄펄 뛰며 성을 내던 솔로몬은 곧 전쟁준비에 들어가, 인간과 마신과 새와 뱀의 군대를 소집했다.

먼저 대신이자 마신의 대장인 알 디미르야트에게 전 세계의 마신들을 불러모으라고 지시하자, 그는 순식간에 6억[18]이 넘는 마물을 규합했다.

또 대신 아사후 빈 바르히야도 솔로몬의 명령에 따라 1백만이 넘는 군대를 소집했다. 솔로몬은 이들에게 무기와 갑옷을 지급하고, 이 군사들과 함께 양탄자를 타고 하늘 높이 올라갔다. 한편, 짐승은 그 아래 땅에서 적을 치기 위해 앞으로 나아가고 새들은 그 머리 위를 날았다.

이윽고 솔로몬 왕은 어리석은 왕이 있는 섬에 내려 사방에서 포위하여 한 치의 빈틈도 없이 대지를 가득 채우고 말았다.

—여기서 날이 훤히 밝아왔으므로 샤라자드는 이야기를 그쳤다.

571번째 밤

샤라자드는 이야기를 계속했다.
오, 인자하신 임금님, 마신의 이야기는 계속되었습니다.
—그래서 예언자 솔로몬(평안하게 잠드시기를!)은 섬에 내려서자 우리의 왕에게 사자를 보내 이렇게 말했다.
"드디어 내가 왔으니, 네 머리 위에 떨어진 것을 물리쳐 목숨을 방어하든가, 아니면 깨끗하게 항복하고 내가 예언자임을 인정한 뒤 네 딸을 정식 아내로서 나에게 보내라. 그런 다음 너의 우상을 때려부수고 유일신 알라를 숭배하라. 너도 네 부하도 알라 외에 신은 없고 솔로몬은 알라의 사도라고 외침으로써 그것을 증명하라. 만약 그렇게 한다면 나는 너를 용서할 것이고 위해를 가하지 않겠다. 그러나 만약 거절한다면 아무리 이 섬을 지키려 해도 소용없을 것이다. 왜냐하면 알라(찬양할지어다!)께서는 바람에게 내 지휘를 따르라고 명령하셨기 때문이다. 그래서 나는 양탄자를 타고 너에게 데려다 달라고 바람에게 명령했노라. 그러므로 너를 본보기로 응징하여 두 번 다시 어리석은 일을 꾸미지 못하게 하리라."
그러나 왕은 솔로몬의 사자에게 이렇게 대답했다.
"너의 요구는 들어줄 수가 없으니 내 쪽에서 치고 나가겠다고 전하라."
사자가 이 대답을 가지고 돌아오자 솔로몬은 즉각 1백만에 이르는 휘하의 마신들을 불러모으고, 바다의 섬과 산꼭대기에서 마족과 악마들을 동원하여 함께 정렬시킨 뒤, 무기창고를 열어 무기와 갑옷을 지급했다.
그런 다음 예언자는 군사를 전투대형으로 짜고 짐승을 2대로 나눠, 1대는 인간군의 우익에, 다른 1대는 좌익에 배치하여 적의 군마를 갈기갈기 찢으라고 명령했다. 그뿐만 아니라 온 섬의 새들에게 적의 머리 위를 날아다니다 공격이 시작되면 적병에게 덤벼들어 부리로 눈알을 쪼고 날개로 얼굴을 때리라고 명령했다. 그러자 새들은 입을 모아 대답했다.
"오, 알라의 예언자여, 알라와 당신의 명령에 복종하겠습니다!"
솔로몬은 보석을 아로새기고 순금을 씌운 설화석고 옥좌에 앉아 대신 아사후 빈 바르히야와 인간 왕들을 오른쪽에, 알 디미르야트 대신과 마신의 왕들은 왼쪽에 거느리고, 짐승과 독사와 큰 뱀을 선두에 세워 바람에게 하늘 높이 데려가라고 명령했다. 그리하여 그들은 우리를 향해 밀물처럼 쳐들어왔다. 우리는 대평원에서 이틀 동안 싸웠는데 사흘째 되는 날, 마침내 더없이 높은 알라께서 우리 머리 위에 재앙을 내려 심판을 내리신 것이다.

맨 먼저 적을 공격해 나간 것은 나와 내 부하의 군대로, 나는 부하들에게 이렇게 소리쳤다.

"너희는 이곳에서 가만히 있어라. 내가 뛰어나가서 알 디미르야트 놈을 부추겨서 일대일로 결투를 할 테니까."

그러자 별안간 알 디미르야트가 불꽃을 뿜고 연기를 토하면서, 커다란 산 같은 몸집으로 혼자 나서는 게 아닌가? 그는 나를 향해 불꽃의 별똥별을 던졌으나 내가 살짝 몸을 피해 다행히 맞지는 않았다.

다음에는 내 쪽에서 불꽃을 던져 어김없이 명중했으나, 놈은 창[19]으로 그것을 척 받아내고는 하늘이 무너질 듯이 무시무시한 목소리로 호통을 치지 뭔가. 마치 하늘이 떨어져 내리고 산도 몸을 떨 만큼 우렁찬 목소리더군.

이어서 부하들에게 공격하라고 명령을 내리니, 그 한 마디에 놈들이 함성을 지르며 돌격해 오자 우리도 단숨에 돌격했지. 서로 고함을 지르며 허허실실(虛虛實實)의 치열한 싸움이 벌어졌다. 싸움이 점차 절정에 달하여 모래먼지는 하늘로 뭉게뭉게 피어오르고, 적과 아군의 심장은 당장에라도 찢어질 듯했다.

새와 하늘을 나는 마신들은 하늘에서, 짐승과 인간과 땅 위의 마신들은 모래먼지 속에서 싸웠고, 나는 알 디미르야트를 상대로 둘 다 녹초가 될 때까지 사투를 벌였다.

그러다가 나는 마침내 힘이 다하여 놈에게 등을 보이며 달아나기 시작했지. 그것을 본 아군은 모두 겁을 먹고 허둥지둥 사방으로 흩어져 달아나버렸다. 그때 솔로몬이 큰 소리로 호통을 쳤다.

"저 저주받은 놈, 저 괘씸한 놈을 붙잡아라! 거칠고 사나운 위세를 휘두른 저 고얀 놈을 붙잡아라!"

그러자 병사는 병사에게, 마신은 마신에게 덤벼들고, 예언자가 지휘하는 군대는 좌우에 짐승과 사자를 이끌고 우리에게 덤벼들어, 아군의 말을 찢어놓고 인간도 갈기갈기 찢어놓으며 사납게 날뛰더군. 또 새는 우리 머리 위를 날아다니며 발톱과 부리로 눈알을 쪼고 날개로 얼굴을 때리는가 하면 독사는 독사대로 그 독니로 마구 물어대니 정신을 차릴 수가 없었다. 마침내 우리 편은 대부분 대추야자나무 줄기처럼 땅에 길게 뻗어버리고 말았다.

그리하여 결국 바다의 왕은 비참하게 패배하고 우리 편은 모두 솔로몬의 포로가 되고 말았다. 나는 알 디미르야트의 손에서 달아났지만, 놈은 석 달이나 나를 쫓아다녔다. 마침내 나는 지쳐 나자빠져 그만 사로잡히고 말았다.

"당신을 숭배하고, 나를 쓰러뜨리신 알라의 공덕에 걸고, 제발 목숨만은 살려주시어 솔로몬 님 앞에 데려다주십시오!"

내가 이렇게 말했더니 놈은 나를 끌고 솔로몬 앞으로 데려갔다. 솔로몬은 나를 발로 차고 실컷 짓밟고 나서, 이 기둥을 가지고 오게 하여 속을 파내고는 나를 그 속에 가두었다. 그리고 사슬로 묶고 도장반지로 봉인한 다음 알 디미르야트를 시켜 여기까지 져 나르게 했다. 마지막으로 솔로몬은 대천사에게 명하여 나를 감시하게 했으니 이 기둥은 심판의 날까지 내 감옥이 되고 만 셈이다.

―여기서 날이 훤히 밝아왔으므로 샤라자드는 이야기를 그쳤다.

572번째 밤

샤라자드는 이야기를 계속했다.

오, 인자하신 임금님, 기둥 안에 갇힌 마신이 자신의 신상 이야기를 마치자, 사람들은 그 이야기는 물론이고, 마신의 더럽고 흉악한 용모에 놀라움을 금치 못했습니다. 태수 무사는 자기도 모르게 이렇게 외쳤습니다.

"알라 외에 신은 없다! 솔로몬 왕은 진정 위대한 권력을 받은 자로구나."

그때 사마드 노인이 마신에게 말했습니다.

"여보게, 자네에게 묻고 싶은 게 있는데 가르쳐주겠나?"

"뭐든지 물어 보슈."

"이 근처에 솔로몬 시대부터 구리 항아리에 갇혀 있는 마신은 없나?"

"있고말고, 알 카르카르[20]의 바다에 가면 있지. 그 해안에는 노아(평안히 잠드소서!)의 자손들이 살고 있거든. 그곳까지는 노아의 홍수가 미치지 않앉고 다른 인간들과는 접촉이 전혀 없으니까."

"그럼 '놋쇠의 성'과 솔로몬의 항아리가 있는 장소에 가려면 어디로 가면 되나? 그리고 거기까지는 얼마나 먼가?"

"아주 가까워."

마신은 방향을 가르쳐주었습니다.

그들은 마신을 뒤에 두고 길을 서둘렀습니다. 이윽고 아득한 앞쪽에 거무스름하고 커다란 물체가 나타났는데, 그 속에 두 개의 불기둥이 마주 보고 서 있었습니다.

무사가 노인에게 물었습니다.

"저기 보이는 저 크고 검은 것과 두 개의 불기둥은 대체 무엇인가?"

"기뻐하십시오, 태수님, 제가 소중히 간직하고 있는 《숨겨진 재보의 책》에 적혀 있는 대로 저것이 바로 '놋쇠의 성'입니다. 성벽은 검은 돌로 되어 있고, 안달루시아산(産)*21 놋쇠 탑이 두 개 있습니다. 먼 데서 보면 그것이 두 개의 불기둥처럼 보이기 때문에 이 도시를 '놋쇠의 성'이라 부르는 것입니다."

일행은 쉬지 않고 나아가 이윽고 도시 가까이 이르렀습니다.

도시는 흡사 산 일부나 쇠틀로 만들어낸 무쇠 덩어리 같았고, 아득히 올려봐야 하는 높은 성벽과 보루는 그야말로 공격하기가 어려워 쉽게 함락되지 않는 성이었습니다.

또한 그 건물과 구조의 아름다움은 무엇과도 비교할 수 없었습니다. 그들은 말에서 내려 입구를 찾았지만, 성벽에는 입구는커녕 작은 틈새 하나 찾을 수가 없었습니다. 사실은 이 도시에는 25개의 입구가 있지만, 외부에서는 보이지 않았던 것입니다.

태수 무사가 말했습니다.

"오, 노인, 이 도시에는 문 같은 것이 통 눈에 띄지 않는구나."

"아닙니다, 태수님, 내가 가진 책에 의하면 25개의 문이 있지만 성 안에서만 보이고 또 열 수 있답니다."

"그렇다면 이 도시에 들어가서 내부의 불가사의를 보려면 어찌해야 하느냐?"

그러자 사르의 아들 타리브라는 대신이 나서서 대답했습니다.

"알라여, 부디 태수님에게 가호를 내려주시기를! 여기서 2, 3일 머무는 것이 어떨까요? 그러는 동안 알라의 뜻이 있다면 성벽 안으로 들어갈 길이 생기겠지요."

이 말을 듣고 무사는 부하 한 사람에게 분부했습니다.

"낙타를 타고 성벽을 한 바퀴 돌아보아라. 그러면 문이든가 성벽이 낮은 곳, 아니면 비집고 들어갈 만한 틈이 있을지도 모르니까."

부하는 물과 식량을 챙겨 낙타를 타고 출발했습니다. 그리하여 이틀 낮과 이틀 밤을 잠시도 고삐를 늦추지 않고 성벽을 한 바퀴 돌았으나, 성벽에는 입구가 허물어진 곳도 전혀 없는 것이 흡사 하나의 쇳덩어리 같았습니다.

사흘째 되던 날 아침에 돌아온 그는 자기가 본대로 이 도시가 무척 넓고 높다는 것을 보고한 다음, 이렇게 덧붙였습니다.

"오, 태수님, 이 근처에서 그나마 좀 쉬운 곳이라면 지금 태수님이 말에서 내려 서 계시는 바로 이곳입니다."

무사는 타리브와 사마드를 데리고 도성을 굽어볼 수 있는 가장 높은 언덕으로 올라갔습니다.

세 사람이 꼭대기에 올라가자 한눈에 도시가 내려다보이는데, 그 아름답고 웅장하며 큰 경치는 천하에 비할 데가 없을 정도였습니다. 탑처럼 높이 서 있는 크고 작은 집들을 비롯하여 궁전과 누각, 찬란하게 빛나는 둥근 지붕, 높은 등대, 더없이 견고한 보루가 즐비한 데다, 냇물이 졸졸 흐르고 꽃도 흐드러지게 피어 예쁜 자태를 뽐내고 있으며 과일은 빨갛게 익어 있었습니다. 또 그야말로 공격하기가 어려워 쉽게 함락되지 않는 성벽을 가진 도시였습니다. 그런데 그 안은 쥐 죽은 듯이 고요하여 인기척이 없고, 사람 목소리도 들리지 않으며, 사람이 사는 흔적조차 보이지 않았습니다.

부엉이가 거리에서 울고 있고 새들은 광장 위를 가볍게 날아다니며, 까마귀는 큰길 한복판에서 깍깍 울어대는 것이 마치 지난날, 이 훌륭한 도시를 세운 사람들을 애도하는 것 같았습니다.[*22]

태수 무사는 황폐한 도시의 광경을 보고 이상하기도 하고 서글프기도 하여 잠시 그곳에 멍하니 서 있다가 이윽고 이렇게 외쳤습니다.

"세월이 흐르고 세상이 바뀌어도 변할 줄 모르는 신, 그 손으로 만물을 창조하신 알라께 영광 있으라!"

문득 고개를 옆으로 돌리니 멀찍한 곳에 하얀 대리석 서판이 7개 나란히 있는 것이 눈에 들어왔습니다.

가까이 가보니 비문이 새겨져 있어서 즉시 노인을 불러 읽어 보게 했습니다. 노인이 앞으로 나아가서 자세히 살펴보니 그것은 인간에 대한 경고와 충고, 훈계의 말로 가득했습니다.

첫 번째 서판에는 고대 그리스 문자로 다음과 같은 말이 새겨져 있었습니다.

"오, 아담의 아들이여, 너는 네 눈앞에 있는 것에 어찌 그렇게 관심이 없는고, 한 해 한 해 나이를 거듭한 보람도 없이 네 마음은 그것에서 떠나버렸구나! 죽음의 잔은 그대의 멸망으로 채워지고, 머지않아 너는 시간마저 다 마셔버리게 될 것을. 무덤에 들기 전에 너 자신의 운명을 똑똑히 바라볼지어다. 모든 나라를 지배하며 알라의 종들에게 굴욕을 주고, 궁전을 지어 아래에 대군을 거느렸던 제후는 지금 어디에 있느뇨? 기쁨을 파괴하고 즐거운 교제를 끊고 주거를 짓밟는 자가 마침내 제후의 머리 위에 찾아와 크고 넓은 궁전에서 비좁은 무덤으로 그들을 데려갔느니."

그리고 그 서판 아래에는 이런 시가 적혀 있었습니다.

이 땅 위에 모여 세상을 다스린 왕들은,
지금 어디에 있는가,
애달프다, 대체 어디 있는가.
백성이 모여 사는 집들을
영원히 버리고 가버렸구나.
왕들은 무덤에 들어갔건만
지난날의 행위로 빚을 지어
죽은 뒤 모두 썩어 티끌이 되었네.
아, 어디 있는가, 충성스러운
왕들의 군사도 이제는
지키고 막을 힘 없구나!
어디로 갔는가, 곳간에 쌓인
녹이 슬도록 많은 부와 재물과 보물은.

구천의 신, 한 마디 호통
왕자가 뜻밖에 허를 찔리면
금은재화 은신처도
신의 운명을 막지 못했네.

이 노래를 들은 태수는 눈물을 흘리며 소리 높이 울었습니다.
"알라께 맹세코, 속세를 버리는 것이 가장 현명한 길이고 유일한 구원의 길이다."
그리고 펜과 종이를 청하더니 첫 번째 비석에 새겨진 말을 옮겨 적었습니다.
그런 다음 두 번째 비석으로 가보니 거기에는 이런 말이 새겨져 있었습니다.

"오, 아담의 아들들아, 알라를 위한 봉사에서 그대를 꾀어내어 어느새 죽음의 빚을 치러야 함을 잊게 한 자 그 누구인고? 이 세상은 잠깐의 거처일 뿐 영원히 계속되는 게 아님을 모르느뇨. 너는 인간사에 번뇌하고 거기에 집착하려느냐. 이라크에 백성을 살게 하고 사방을 제 것으로 차지했던 왕은 지금 어디 있느뇨? 이스파한과 호라산의 땅에 살았던 자들 지금 어디 있느뇨? 죽음을 부르는 자의 목소리로 그들을 부르니, 사람들 그 목소리에 대답했노라. 멸망의 사자가 소리 높여 부르니 그들 또한 여기 있소 대답했노라. 참으로 이르노니 그들이 쌓고 다진 것 아무 소용없고, 그들이 모으고 갖춘 것도 그것을 막지 못하느니."

또 그 서판 아래에는 이런 시가 새겨져 있었습니다.

세상에 없는 높은 누각
쌓고 다진 사람들도
애달프고 애달프다, 지금은 어디에 있는가?
운명이 두려워 삼군의
많은 군사를 모았건만
세월이 바뀌고 때가 닥치니
그것도 아무 소용없네.

제왕은 어디로 갔나,
굳고 단단한 철벽 속에 살았건만
그림자도 남기지 않고
급히 서둘러서 가버렸구나.
마치 그 옛날의 그날들이
이 세상에 존재하지 않는 것처럼.

태수 무사는 눈물을 흘리면서 소리쳤습니다.
"진정 우리는 안이하게 살아서는 안 되겠구나."
그는 비석에 새겨진 말을 베끼고서 세 번째 서판으로 다가갔습니다.

―여기서 날이 훤히 밝아왔으므로 샤라자드는 이야기를 그쳤다.

573번째 밤

샤라자드는 이야기를 계속했다.
오, 인자하신 임금님, 태수는 세 번째 서판으로 다가갔는데 거기에는 이런 말이 새겨져 있었습니다.

"오, 아담의 아들이여, 너는 이 속계의 것을 사랑하고 중히 여기며, 네 주의 명령을 비웃고 얕보는구나. 너의 나날은 거의 지나가고 있건만 너는 어찌 그리 천하태평인가. 너에게 정해진 날을 위해 너의 성스러운 양식을 준비하라. 살아 있는 모든 것의 주님이 묻는 것에 대해 대답할 준비를 하라!"

그리고 그 아래에는 이런 시가 적혀 있었습니다.

그 옛날 인도와 신드에
수많은 백성을 살게 하고
학정(虐政)으로 다스렸던 임금은

지금 그 어디에 있는가?
잔지바르와 하바슈의 나라를
짓밟고, 누비아를 정복한
그 임금도 지금은 없구나.
묻혀버린 임금의 소식
기다리지 말라.
너의 환상
도와줄 이도 없으니.
가엾구나, 죽음의 일격은
날카롭게 그를 때려
궁전도 영토도 모두
피하지 못했노라, 파멸의 운명을.

이것을 들은 태수는 심하게 흐느껴 울면서 네 번째 서판으로 갔습니다. 거기에는 또 이런 문구가 적혀 있었습니다.

"오, 아담의 아들이여, 너는 날이면 날마다 어리석음의 깊은 못에 가라앉는구나. 너의 주가 언제까지 너를 참아줄 것 같으냐? 또 어느 날에 너를 죽이지 않을 것을 확인했느냐?

오, 아담의 아들이여, 하루하루의 세월도 거짓임을 깨닫고, 그 기쁨에 속지 말지어다. 명심하라, 죽음은 항상 너를 기다리며, 좋아라고 네 어깨에 뛰어내리려고 호시탐탐 엿보고 있는 것을.

또한 죽음은 아침이 되면 너와 함께 일어나고, 밤이 되면 너와 더불어 잠자리에 들지 않는 날이 하루도 없음을 기억하라. 죽음의 갑작스러운 공격에 마음의 준비를 게을리하지 말지어다. 죽음은 일찍이 나에게 찾아온 것처럼 너에게도 찾아올 것이니.

너는 생애를 모두 헛되이 쓰고 기쁜 나날의 환희를 낭비했도다. 그러니 내 말에 귀 기울이고 주 안의 주에게 믿음을 두어라. 모든 것이 덧없는 이 세상, 흡사 거미줄과 같도다."

그리고 서판 아래에는 이런 시가 적혀 있었습니다.

성채의 주춧돌을 놓고
힘을 들여
이렇듯 높다랗게 성을 쌓은
그 사람들 어디로 가고
성주 또한 어디로 갔나.
그 옛날 여기서 살았건만
이윽고 여기를 떠나
황폐하고 썩도록 내버려 두었네.
그네들 모두 무덤에 있으니—
후세 사람들의 눈에
온갖 죄악 보여 주는
증거로서 그 속에 있네.
영원히 멸망하지 않는 주권자인,
더없이 높은 신 말고는
영원한 생명은 없나니.

태수는 이것을 읽자 정신이 아득해졌습니다. 그러나 이윽고 정신을 가다듬고 몹시 놀라며 감탄하면서 그것을 종이에 베껴 썼습니다. 그런 다음 다섯 번째 서판으로 가보니, 거기에는 다음과 같은 말이 새겨져 있었습니다.

"오, 아담의 아들이여, 너는 어찌하여 너의 창조주, 너의 존재를 낳은 자, 어린 너를 키우고 성인이 된 너에게 먹을 것을 주신 신의 명을 거역할 셈이냐?

신은 그 수호의 장막을 네 위에 드리고 은혜로 너를 지켰음에도, 너는 신의 자비를 잊어버렸도다. 너에게 알로에보다 쓰고 숯불보다 뜨거운 한때가 반드시 찾아올 날이 있으리라.

그 한때를 위해 준비하라. 어느 누가 그 씁쓸함을 달콤한 맛으로 바꾸고 그 불을 끌 수 있겠느냐? 죽기 전에 너는 앞서 간 사람들과 영웅을 생각하고 교훈으로 삼을지어다."

그리고, 서판 아래에는 이런 시가 새겨져 있었습니다.

> 정든 땅 떠나
> 모아둔 재화와 보물과 더불어
> 급히 무덤으로 길을 서둔
> 이 어수선한 세상의 임금, 어디로 갔느뇨?
> 그 옛날 무력의 위세를 자랑하며
> 천군만마로 대지를
> 비좁게 채웠건만.
> 내 인생의 봄날, 그 숱한 왕들
> 발아래 꿇어 엎드렸고,
> 그 얼마나 숱한 군사들
> 거느리고 죽였던가?
> 오, 그러나 하늘이신 주께서
> 홀연히 한 말씀 내리시니,
> 기쁨은 덧없이 사라지고
> 슬픔의 눈물로 변해 버렸구나.

태수는 무척 놀라며 이것도 베껴 썼습니다. 그리고 나서 여섯 번째 서판으로 가보니 거기에는 이런 말이 적혀 있었습니다.

"오, 아담의 아들이여, 죽음은 항상 네 머리 위에 깊이 새겨 있으니 영원한 안락이 이어질 거라고 생각지 마라. 네 조상은 지금 어디 있는가? 형제는 어디 있는가? 친구와 사랑하는 사람들, 지금은 모두 어디로 사라졌는가?

그들은 모두 무덤의 티끌이 되어 일찍이 한 번도 먹고 마신 적 없는 것처럼, 자비로운 신 앞에 섰도다. 그들이 전에 얻은 것에 대한 담보로서.

그러므로 무덤에 들기에 앞서 경건하게 너 자신을 돌아보라."

그리고 그 아래에는 이런 시가 적혀 있었습니다.

그 옛날 프랑크인들을
다스린 왕은 지금 어디 있는가?
틴기스*23의 들판으로 백성을 옮기고
그들을 다스린 임금은 어디에 있는가?
왕들의 그 역사적 자취는,
만물의 아버지인 신이
증거로 보존하신
어떤 책에 적혀 있느니라.

태수 무사는 매우 놀라면서 감탄했습니다.
"알라 외에 신은 없도다! 이곳 사람들은 참으로 훌륭한 사람들이었구나!
그리고 그 노래를 옮겨 적었습니다. 그런 다음 일곱 번째 서판으로 다가갔는데 거기에도 이런 말이 새겨져 있었습니다.
"스스로 만드신 만물에 죽음을 정하신 신, 멸망하지 않는 영원한 알라께 영광 있으라! 오, 아담의 아들이여, 너의 나날의 기쁨, 너의 시간과 생애의 기쁨에 속지 말지어다. 너의 죽음은 네 옆에, 바로 네 어깨 위에 앉아 있음을 알라. 죽음의 공격을 각오하고 그 내습에 대비하라.
너 또한 나와 다르지 아니하니, 너는 인생의 쾌락과 생애의 기쁨과 즐거움을 헛되이 낭비했도다. 그러니 내 충고에 귀 기울이고 주 안의 주를 믿으라. 인간세상에 변하지 않는 것 없으니, 그것은 마치 거미줄과 같아서 모든 것이 덧없으며 이 세상에 사는 자는 모두 멸망하는 존재임을 깨달을지어다.
아미드*24의 주춧돌을 놓고 그것을 쌓은 자, 또는 파리킨*25을 건설하고 그것을 찬미한 자, 다 어디로 갔는가? 굳고 단단한 요해에 의지한 사람들 또한 모두 어디로 갔는가? 굳고 단단한 요해에 의지하여 살며 세력을 떨친 자들 이윽고 무덤으로 갔으니, 죽음이 모두 휩쓸어 갔느니라.
우리 또한 마찬가지로 숙명에 의해 고뇌를 얻으리라. 지고한 신 알라 외에 머무는 자 없으니, 알라는 자비로운 신이로다."

태수 무사는 눈물을 흘리면서 이것을 모두 베껴 썼습니다. 이 속세가 태수의 눈에는 몹시 하찮은 것으로 느껴졌습니다.

일행은 언덕을 내려가 군대가 주둔한 곳으로 돌아가서 그날은 성 안으로 들어갈 방법을 궁리하며 보냈습니다. 태수는 타리브 빈 사르 대신을 비롯하여 주위에 있는 중신들을 돌아보며 말했습니다.

"이 도시에 들어가 신기한 것을 보려면 도대체 어떻게 해야 할까? 어쩌면 이 도시에서 충실한 자들의 임금님이 흡족하게 여기실 것을 발견할 수 있을지도 모른다."

그러자 타리브가 말했습니다.

"알라께서 태수님의 행운을 오래도록 지켜주시기를! 사다리를 만들어 성벽을 기어 올라가는 방법이 어떨까요? 그러면 아마도 안에서 성문을 찾을 수 있을 것입니다."

"나도 마침 그 생각을 하고 있었다. 그게 훌륭한 생각인 듯하다."

태수는 목수와 대장장이를 불러 나무로 뼈대를 만들고 철판을 씌운 다음 쇠로 조여서 사다리를 만들게 했습니다.

목수와 대장장이들은 튼튼한 사다리를 만들기 시작했는데, 많은 사람을 동원했음에도 그 일은 꼬박 한 달이나 걸렸습니다.

사다리가 완성되자 모두 함께 밀고 가서 성벽 앞에 세웠습니다. 사다리는 성벽 꼭대기에 닿아서 마치 오래전부터 그 자리에 있었던 것처럼 보였습니다.

태수는 매우 기뻐하면서 말했습니다.

"알라께서 그대들 위에 은총을 듬뿍 내려주시기를! 마치 성벽의 높이를 미리 재 놓은 듯하구나. 훌륭한 솜씨로다."

그리고 가신들에게 말했습니다.

"그대들 중에 이 사다리에 올라가서 성벽 위에서 성 안으로 내려갈 방법을 찾을 자가 없느냐? 그렇게 하여 성 안이 어떻게 되어 있으며, 어떻게 하면 성문을 열 수 있는지 나에게 알려다오."

그러자 한 가신이 말했습니다.

"오, 태수님, 제가 성벽을 넘어가서 성문을 열겠습니다."

"오, 그렇게 해다오. 그대에게 알라의 은총이 있기를!"

이윽고 가신은 사다리를 타고 성벽 꼭대기에 올라가서 그 자리에 우뚝 선 채 잠시 성 안을 내려다보았습니다. 그러더니 손뼉을 치면서 목청껏 외치는 것이었습니다.

"참으로 아름다운 도시로다!"

그러나 다음 순간 그는 몸을 날려 성 안으로 뛰어내렸습니다.

그것을 보고 태수 무사가 말했습니다.

"틀림없이 죽고 말았을 게다!"

그러자 다른 가신이 태수 앞으로 나서며 말했습니다.

"오, 태수님, 저자는 아마도 실성한 듯합니다. 그래서 제정신을 잃고 몸을 던진 게 틀림없습니다. 만일 알라의 뜻이 있다면 이번에는 제가 올라가서 문을 열어 보겠습니다."

"그럼, 올라가 보아라, 알라께서 그대를 가호해 주시기를! 그러나 부디 조심하여 저자처럼 실성하지 않도록 해야 한다."

그런데 그자도 사다리를 올라가더니 성벽 꼭대기에 이르자마자 껄껄껄 웃으면서 소리치는 것이었습니다.

"훌륭하다, 훌륭해!"

그러더니 손뼉을 치고는 성벽 아래로 뛰어내려 그 자리에서 바로 죽고 말았습니다.

태수는 그 모습을 보고 말했습니다.

"저것이 제정신인 자들이 하는 짓이라면 대체 미치광이는 어떤 짓을 한단 말이냐? 내 부하들이 모두 똑같이 저런다면 한 사람도 살아남지 못할 테고, 그렇게 되면 우리에게 맡겨진 임무도 교주님의 목적도 이룰 수 없으리라. 모두 어서 출발준비를 해라. 이 도시에 더는 볼일이 없다."

그때 세 번째 사람이 나서면서 말했습니다.

"이번에 올라가는 가신은 저 두 사람처럼 정신이 돌지는 않겠지요."

그리하여 세 번째 가신이 성벽에 올라가고, 이어서 네 번째, 다섯 번째 가신도 올라갔지만 모두 하나같이 큰 소리를 지르고는 첫 번째 가신과 마찬가지로 몸을 던지고 말았습니다.

그리하여 금세 10명이 넘게 죽고 말았습니다.

그때 사마드 노인이 앞에 나와서 스스로 용기를 북돋우며 이렇게 말했습니다.

"이 일은 나 말고는 아무도 할 사람이 없을 듯합니다. 왜냐하면 경험 많은 자와 그렇지 못한 자는 다르니까요."

"그대는 나서서는 안 된다. 나는 그대한테는 이 일을 시키고 싶지 않아. 그대가 죽어버리면 안내인이 없어지니 우리는 모두 목숨을 잃고 말 게다."

"어쩌면 우리의 목적은 더없이 높은 알라의 자비에 의해 제 손으로 성취될지도 모릅니다."

다른 자들이 모두 노인이 사다리를 올라가는 데 찬성하자, 그는 더욱 분발하여 외쳤습니다.

"은총을 내려주시는 자비로우신 알라의 이름으로!"

그리고 노인은 주의 이름을 외치고 안전을 기도하는 시구를 읊으면서 사다리를 타고 올라갔습니다. 그리고 성벽 꼭대기에 이르자 손뼉을 친 뒤 성 안을 가만히 바라보고 서 있었습니다. 아래에 있던 사람들은 그 모습을 보고 모두 입을 모아 외쳤습니다.

"오, 아브드 알 사마드 장로여, 절대로 뛰어내려선 안 되오!"

그리고 저마다 이렇게 덧붙였습니다.

"진정 우리는 알라의 것이고 알라께 돌아가야 하는 자들이다! 만약 장로가 죽으면 우리도 모두 죽게 된다."

이윽고 노인은 깜짝 놀랄 정도로 크게 웃더니, 전능하신 알라의 이름을 외친 다음, 안전을 기도하는 글귀*26를 읊으면서 오랫동안 꼼짝 않고 앉아 있었습니다. 이윽고 다시 일어나더니 있는 목청을 다 짜내어 이렇게 외쳤습니다.

"오, 태수님, 걱정하지 마십시오! 아무런 재앙도 일어나지 않을 것입니다. 알라(주권과 권력은 알라의 것!)의 은혜로 악마의 나쁜 음모를 막아냈습니다. 그것은 '자비로우신 알라의 이름으로!'라는 말의 공덕 덕분입니다!"

그 말을 들은 태수가 물었습니다.

"오, 그대는 도대체 무엇을 본 것인가, 노인이여!"

아브드 알 사마드 노인이 대답했습니다.

"열 명의 처녀들을 보았습니다. 마치 극락에서 내려온 듯한 아름다운 미녀들이 손을 흔들면서 저를 부르고 있었습니다."

—여기서 날이 훤히 밝아왔으므로 샤라자드는 이야기를 그쳤다.

574번째 밤

샤라자드는 이야기를 계속했다.
오, 인자하신 임금님, 아브드 알 사마드 노인의 대답은 계속되었습니다.
"그 처녀들이 자기들 쪽으로 오라고 손짓*27을 했습니다. 그리고 제 발아래 호수가 있는 듯하여 얼떨결에 뛰어내릴까 생각도 했지만, 문득 12명의 누워 있는 시체가 눈에 띄었습니다. 나는 나도 모르게 가슴이 덜컥하여 '알라의 서(書)'(1)에서 두세 가지 문구를 골라 읊었습니다.
그러자 알라께서 마녀들의 수상한 음모와 사악한 유혹을 물리쳐주시어 여자들은 모두 사라지고 말았습니다. 그것은 이 도시를 엿보거나 안으로 들어오려는 자를 막으려고 이곳 사람들이 꾸며낸 마법이 틀림없습니다. 그것을 모르고 우리 동료들은 이 마법에 걸려들어 죽은 것입니다."
노인은 성벽 위를 걸어가기 시작하여 이윽고 앞서 말한 두 개의 놋쇠 탑이 있는 데까지 갔습니다. 탑 속에는 두 개의 황금 문이 있었지만, 자물쇠도 없고 손잡이도 보이지 않았습니다.
노인은 오랫동안 걸음을 멈추고*28 주위를 살펴보았습니다. 이윽고 문 한쪽 중앙에 놋쇠 기사가 하나 서 있는데, 그 손이 어떤 방향을 가리키고 있고 손바닥에 무엇인가 적혀 있는 게 눈에 들어왔습니다.
노인이 가까이 가서 보니 거기에는 이런 글귀가 적혀 있었습니다.
"오, 이 도시에 온 자여, 들어올 생각이거든 내 배꼽 속 바늘을 12번 돌려라, 그러면 문이 열리리라."
그것을 읽고 노인이 놋쇠 기사의 몸을 살펴보니, 과연 배꼽 속에 황금 바늘이 단단히 꽂혀 있는지라 그것을 12번 돌렸습니다. 그러자 놋쇠 기사가 번개처럼 빠른 속도로 돌더니 천둥소리 같은 커다란 소리와 함께 문이 활짝 열렸습니다.
그 문을 지나서 안으로 들어가니 긴 통로가 있고, 그곳을 지나 계단을 몇 개 내려가자 훌륭한 나무결상이 있는 위병소가 나왔습니다.

걸상 위에는 몇 명의 남자들이 숨이 끊어져 서로 몸을 기대고 있고, 그 머리 위에는 훌륭한 방패와 시퍼렇게 날이 선 칼, 활시위를 얹은 활, 오늬를 먹인 화살이 매달려 있었습니다.

그곳을 지나 성의 정문까지 오자, 문은 철봉 또는 묘한 형태를 한 자물쇠와 빗장, 사슬, 그 밖에 나무와 철로 만든 잠금쇠로 튼튼하게 잠겨 있었습니다.

"어쩌면 저 망자들이 열쇠를 가졌는지도 모른다."

노인은 중얼거리면서 다시 위병소로 돌아갔습니다. 그리고 그 망자 중에서 한층 높은 걸상에 대장인 듯싶은 노인이 걸터앉아 있는 모습을 보고 사마드 노인은 속으로 생각했습니다.

'송장들은 노인의 부하이고, 노인은 이 도시의 경비대장이 틀림없다.'

그래서 그자에게 다가가 옷을 들춰보니 예상한 대로 성문의 열쇠가 허리띠에 매달려 있었습니다. 그것을 보고 노인은 뛸 듯이 기뻐했습니다.

열쇠를 손에 든 노인이 급히 성문으로 돌아가서 자물쇠를 열고 빗장을 뽑자, 성문의 큰 문짝이 마치 천둥이 울리는 것처럼 어마어마한 소리를 내면서 열렸습니다.

그것을 보고 노인은 큰 소리로 외쳤습니다.

"알라호 아크바르! —알라는 가장 위대하도다!"

그러자 성 밖에 있던 사람들도 일제히 환호하여 노인에게 감사하고서 같은 문구를 외어 호응했습니다.

태수도 노인이 무사한 사실과 성문이 열린 일을 여간 기뻐하지 않았습니다.

병사들이 서로 앞다투어 안으로 들어가려고 몰려가자, 태수 무사가 명령을 내렸습니다.

"우리가 한꺼번에 다 들어가면 무슨 일이 생겼을 때 곤란하니 반만 들어가고 나머지 반은 성 밖에서 기다리도록 하라."

무사는 무기를 든 부하들을 반만 거느리고 안으로 들어가서 우선 죽은 부하들의 시체를 땅에 묻어주었습니다.

다음에 문지기와 환관, 시종, 가신들이 비단침대에 누워 있는 모습이 눈에 들어왔습니다. 자세히 보니 그것들도 모두 시체였습니다.

안으로 더 들어가자 도시의 중심가에 높은 건물이 즐비하게 서 있는 시장이 나왔습니다. 시장 안의 가게는 모두 열려 있고, 가게 앞에는 저울을 비롯하여 놋쇠 그릇과 물건들이 가득 진열되어 있었습니다. 대상(隊商)의 숙소에는 모든 상품이 넘쳐나고 있었습니다.

상인들은 가게에 앉은 채 죽어 있었는데, 피부는 말라붙고 뼈는 삭아 있었습니다. 교훈을 받아들일 줄 아는 자에게는 참으로 무서운 훈계가 될 만한 광경이었습니다.

시장은 네 군데로 나누어져 있었는데 어느 곳이나 상품은 풍부했습니다. 그곳을 지나 더욱 나아가니 이윽고 비단시장이 나왔습니다.

그곳에는 금으로 가장자리를 두르거나 갖가지 빛깔의 천에 은으로 무늬를 수놓은 비단과 능라가 쌓여 있었습니다. 가게 주인은 향료를 뿌린 산양가죽 위에 죽어 누워 있었는데, 살아 있을 때 모습 그대로인 듯 보여서 인사를 건네고 싶을 정도였습니다.

이어서 그들은 진주와 홍옥, 그 밖의 다른 보석들이 진열된 시장을 지나 환전상들의 거리로 갔습니다. 금과 은이 산처럼 쌓여 있는 그곳에는, 점원들이 생명주실과 염색한 천으로 짠 양탄자 위에 앉은 채 죽어 있었습니다.

다음은 향료시장이 나왔는데, 이 가게에는 금과 같은 가치가 있는 상아와 흑단과 하란지 재목, 안달루시아산 구리 그릇에 든 모든 종류의 약품을 비롯하여 사향주머니, 용연향, 감송향(甘松香), 장뇌, 그리고 온갖 종류의 등나무와 인도산 등나무가 비좁게 진열되어 있었습니다. 그러나 가게 주인들이 모두 죽어 있어서 먹을 것은 하나도 없었습니다.

이 향료시장을 지나니 바로 궁전이 나왔는데, 눈부시게 장식된 당당하고 큰 건축물이었습니다. 그 안에 들어가 보니 온갖 색깔의 깃발과 칼집에서 빼낸 도검, 활줄을 매어 놓은 활, 금과 은사슬로 매단 둥근 방패, 찬란한 황금 투구가 있었습니다.

또 현관에는 번쩍이는 황금을 붙이고 비단을 씌운 긴 상아 의자 위에 뼈와 가죽만 남은 사람들이 누워 있었습니다. 주의력이 부족한 사람들이 보면 꼭 잠자는 것으로 착각할 정도였지만 사실은 먹을 게 없어서 굶어 죽은 사람들이었습니다.

이러한 광경을 바라본 태수 무사는 더없이 높으신 알라를 찬양하고, 웅장하며 화려한 왕궁과 튼튼한 석조공사의 흠 잡을 데 하나 없는 크고 찬란한 아름다움에 매료되어 그 자리에 멍하니 정신을 잃고 서 있었습니다. 그 아름답고 견고하게 지은 궁전을 장식하는 것은 대부분 푸른빛을 띤 유리색*29이었습니다. 궁전의 안쪽 문은 열려 있고, 거기에 황금빛과 군청색 문자로 다음과 같은 시가 적혀 있었습니다.

오, 사람들이여, 잘 생각하라
이 땅이 너에게 보여준 것을,
같은 길을 걸어가기 전에
깊이 마음의 준비를 하라.
또한 좋은 식량도 준비하라,
장차 반드시 도움이 되리니.
이 집에 잠시 머무는 사람,
앞선 자의 뒤를 좇아
반드시 멸망하리니.
생각하라, 이 사람들이
얼마나 궁전을 사랑하여
아름답게 꾸몄던가를,
또한 뿌린 죄업의 씨앗,
그 때문에 티끌에 묻혀
쓸쓸하게 버림받은 것을.
땀 흘려 쌓아올린
높은 누각도 아무런 쓸모없고
미리 모아 둔 재화와 보물도
목숨을 구할 길 없네.
숙명의 날을 다시금
연기시킬 재주도 없구나.
아, 세상 사람들은 종종
정해지지 않은 것을 소원하여
은총을 입기 전에
무덤을 향해 사라졌노라.
높고 위엄 있는 자리에서

홀연히 비좁은 무덤으로 굴러떨어졌노라.
장사가 끝나고 파묻힌 뒤에야
사람들은 외치리라,
옥좌에 왕관, 황금이
대체 무슨 소용 있더냐고.
휘장과 베일로 숨긴 가인들의
고운 얼굴 다 어디로 갔나?
애달프다, 그 매혹스러운 아름다움
한때 사람들의 눈길 끌며
뭇 입에 오르내렸건만.
만일 묻는 자 있으면
무덤은 소리 높이 대답하리라,
"파멸의 재앙 만나
그 장밋빛 뺨도 이렇게 썩어갔노라."
오랫동안 먹고 마셨건만
기쁨과 즐거움에도 끝이 있으니,
먹었던 자, 언젠가 다시
흙 속의 구더기에게 먹히리라.

태수는 이것을 읽고, 당장에라도 정신을 잃을 것처럼 심하게 눈물을 흘렸습니다.

―여기서 날이 훤히 밝아왔으므로 샤라자드는 이야기를 그쳤다.

575번째 밤

샤라자드는 이야기를 계속했다.
오, 인자하신 임금님, 태수는 그 시를 읽고 매우 감격해서 그것을 적어 두라고 명령하고 다시 궁전 안으로 깊숙이 들어갔습니다.

그러자 별안간 커다란 홀이 나타났습니다. 그 홀의 네 구석에는 금과 은을 엷게 입히고 갖가지 색을 칠한 높고 넓은 막사가 있고, 홀 중앙에는 설화석고로 만든 큰 분수가 있는데, 그 위에 금란으로 만든 닫집이 덮여 있었습니다.

각 막사에는 좌석이 있고 거기에는 섬세하게 장식된 분수와 대리석을 깐 연못이 있으며, 물은 바닥에 판 물길을 통해 갖가지 빛깔의 대리석으로 꾸민 큰 연못으로 흘러들어 가고 있었습니다.

이 광경을 바라보던 태수가 사마드 노인에게 말했습니다.

"저 막사에 가보자."

그들은 첫 번째 막사에 들어가 보았습니다. 그곳에는 금, 은, 진주, 히아신스석, 그 밖의 보석과 귀금속이 잔뜩 들어 있었고, 빨간색, 노란색, 흰색의 비단이 가득 든 상자도 있었습니다.

두 번째 막사에 들어가 보니 금박을 입힌 투구와 다윗의 갑옷, 인도의 검, 아라비아의 창, 코라스미오이*30의 단창, 그 밖의 다른 전쟁도구 등, 온갖 무기가 가득 들어 있었습니다.

다시 세 번째 막사로 가보니 자물통을 채우고 온갖 종류의 자수를 놓은 휘장이 드리워진 작은 방이 몇 개나 있었습니다. 그 하나를 열어보니 진귀한 뚫새김 세공을 하고 금은 상감과 보옥으로 장식한 무기들이 산처럼 높이 쌓여 있었습니다.

다시 네 번째 막사에 들어가 작은 방을 하나 열어보니 수정 접시와 금은 그릇들, 아름다운 진주를 박은 술잔, 홍옥수 컵들이 가득 들어 있었습니다.

그들은 마음에 드는 것을 골라 지닐 수 있을 만큼 지니고 밖으로 나왔습니다.

막사에서 나온 일행의 눈에, 궁전 중앙에 있으며 상아와 흑단으로 세공하고 황금을 입힌 티크재 문이 들어왔습니다. 문에는 온갖 자수로 가장자리를 두른 비단휘장이 드리워져 있고 은 자물쇠가 채워져 있었습니다. 그것은 열쇠를 사용하지 않고 손으로 조작하여 열게 되어 있는 자물쇠였습니다.

사마드 노인은 그 문짝에 다가가서 온갖 지식을 짜내어 숙련된 솜씨로 그것을 열었습니다. 그리고 안으로 들어가 보니 대리석이 깔린 복도가 있고 양쪽 벽에는 온갖 새와 짐승의 모습을 수놓은 베일*31처럼 얇은 벽걸이천이 걸려 있었습니다. 짐승과 새의 몸에는 금과 은을 사용했고, 눈은 진주와 루비를 박아서 그것을 보는 사람들의 눈을 멀게 할 정도였습니다.

다시 복도를 나아가자 이번에는 잘 갈리고 닦인 대리석으로 짓고 보석을 박아 넣은 손님방이 나왔습니다.

손님방 바닥은 마치 흐르는 물처럼 미끄러워서 아무도 걸을 수가 없었습니다.*32 그래서 태수는 노인에게 걸을 수 있도록 바닥에 뭐든 뿌리라고 명령했습니다.

노인이 시키는 대로 뭔가를 뿌리자 사람들은 가까스로 그곳을 지나갈 수 있었습니다. 이윽고 모두 설화석고로 되어 있는 둥근 천장 아래, 황금으로 도금한 돌로 지은 집에 이르렀습니다. 그 둘레에는 조각이 새겨져 있고, 길쭉한 에메랄드를 박은 격자창이 나 있어서, 어떠한 왕도 흉내낼 수 없을 만큼 호화로웠습니다.

이 둥근 천장 밑에는 금란으로 만든 닫집이 순금 기둥으로 받쳐 있고, 그 기둥에는 녹섬석(綠閃石)의 발이 달린 새가 새겨져 있었습니다. 그리고 그 새 밑에는 선명한 광택이 나는 진주가 그물눈처럼 꿰어져 있었습니다. 닫집은 빛나는 황금을 얇게 붙인 상아와 홍옥수 분수 위를 덮고 있고, 그 옆에는 진주와 루비, 그 밖의 보석을 박은 침대의자가 하나 놓여 있었습니다. 침대의자 바로 옆에는 황금 기둥이 하나 서 있는데, 그 기둥 꼭대기에 루비로 만든 한 마리의 새가 앉아 있고, 그 부리에 별처럼 빛나는 진주가 한 알 물려 있었습니다.

그리고 침대의자 위에는 빛나는 태양을 방불케 하는 한 처녀가 누워 있었습니다. 일찍이 누구도 본 적이 없는 미녀였습니다. 몸에 꼭 맞는 아름다운 진주 가운을 입고 보석을 아로새긴 황금관을 머리에 썼으며, 이마에는 태양빛 못지않게 빛을 발하는 커다란 보석이 두 알 장식되어 있었습니다.

가슴 위에는 사향과 용연향이 풍기는 보석이 들어 있는 부적이 걸려 있었는데, 그것만 해도 제후의 왕국에 비길 만큼 값진 것이었습니다.

목에 향기로운 사향향기가 나는 루비와 굵은 진주 목걸이를 건 그 처녀는 마치 좌우를 둘러보며 일행을 지켜보는 것만 같았습니다.

─여기서 날이 훤히 밝아왔으므로 샤라자드는 이야기를 그쳤다.

576번째 밤

샤라자드는 이야기를 계속했다.

오, 인자하신 임금님, 비할 데 없이 아름다운 그 처녀의 모습에 놀란 태수 무사는, 그 검은 머리카락과 장밋빛 뺨을 보고는 그만 넋을 빼앗기고 말았습니다. 누가 보아도 죽은 사람 같지가 않고 마치 살아 있는 것처럼 보였던 것입니다.

"오, 처녀여, 안녕하시오!"

무사가 자기도 모르게 처녀에게 말을 걸자, 타리브 빈 사르가 끼어들었습니다.

"오, 태수님, 알라께서 태수님을 가호해 주시기를! 이 여자는 죽은 사람입니다. 그러므로 태수님의 인사에 대답할 리가 없습니다. 사실 이것은 뛰어난 기술로 만든 미라에 불과합니다. 두 눈동자는 죽은 직후에 도려내어 거기에 수은을 붓고 나서 다시 원래대로 끼어 놓았지요. 그래서 이 눈동자는 밝은 빛을 가진 것이며, 바람의 작용으로 눈썹이 움직이면 꼭 눈을 깜박이는 듯 보이는 것입니다. 죽었으면서도 눈동자를 움직여 물체를 응시하는 것처럼 보이는 것이지요."

이 말을 들은 태수는 깜짝 놀라 외쳤습니다.

"스스로 창조하신 것을 죽음의 주권에 복종케 하신 알라께 영광 있으라!"

처녀가 누워 있는 침대에는 발판이 붙어 있었는데, 거기에 안달루시아산 구리로 만든 노예의 조각상이 두 개 서 있었습니다.

하나는 백인 노예로 강철 단창을 들었고, 하나는 흑인 노예인데 시퍼렇게 벼린 칼을 치켜들고 있었습니다. 이 두 개의 조각상 사이에 있는 계단에 황금 서판 하나가 놓여 있는데, 거기에는 은으로 이런 글이 선명하게 새겨져 있었습니다.

"은혜를 베풀어주시는 인자하신 알라의 이름으로! 인류를 창조하신 알라를 찬양하리라! 알라야말로 모든 군주의 군주이고 모든 원인의 근원이로다. 시작도 없고 끝도 없는 숙명과 행운을 정하신 알라의 이름으로!

오, 아담의 자손들이여, 그대를 어리석은 자로 만들고 헛되이 오랜 소원을 품게 하는 것이 무엇이뇨? 죽을 날의 불행에 무관심하게 만드는 것이 무엇이뇨? 죽음은 그대를 찾아, 서둘러 그대의 넋을 붙잡으려 하는 것을 모르는가? 그렇다면 나그넷길 채비를 하고 이 세상 떠날 준비를 할지어다. 그것은 반드시 조금의 유예도 없이 이 세상을 떠나지 않을 수 없기 때문이다. 인류의 시조 아담은 어디 갔는가? 노아와 그 자손은 어디 갔는가? 인도와 이라크 평원의 왕들도, 세계 최대의 영토를 다스린 사람들도 다 어디 갔는가? 아마르카이트인은 어디에 살며, 그 옛날의 거인과 폭군은 어디에 있는가? 참으로 사람 사는 곳에 그들의 모습 보이지 않으니, 모든 인연을 버리고 집을 떠나가 버렸도다.

아라비아와 아잠의 왕들은 어디 갔는가? 그들은 모두 죽어서 삭은 해골이 되어버렸도다. 옥좌에 있던 왕들은 어디에 있는가? 그들도 모두 멸망했노라. 코라와 하만은 어디 가고, 아드의 아들 샤다드는 어디 있는가? 카난과 백성을 고문한 형주(刑柱)의 왕 즈르아우타드*33는 어디 있는가? 알라께 맹세하고 목숨을 거두어 들이는 자, 그들을 베어내어 그 영토를 텅 비워버렸도다. 그들은 부활의 날을 위해 알라께 대답할 준비를 하였던가?

오, 그대여, 그대 만일 나를 모른다면 내 이름을 밝히리라. 나는 아마르카이트족의 왕을 아버지로 둔 타드무라 공주*34이니라. 내 족속은 그릇됨이 없이 정당하고 떳떳하게 나라를 다스려 백성들을 충심으로 복종케 하였노라. 나는 일찍이 국왕이 갖지 못한 것을 소유했고, 정사는 올바르게, 신하를 대하기는 공평하게 하였노라. 또한 선물과 은상을 아낌없이 내리고 많은 노예와 하인에게 자유를 주었노라. 이렇듯 인생의 편안함과 즐거움을 누리며 긴 세월을 보냈더니 마침내 죽음이 문턱에 찾아와 나와 내 백성에게 재앙을 내렸도다. 그것은 다음과 같은 사정에 의함이로다.

내 영토에 7년의 긴 세월 동안 가뭄이 계속되어 하늘에서 비 한 방울 내리지 않고 땅에서는 푸성귀 한 잎 남지 않게 되었다. 비축해 둔 식량은 바닥이 나고 가축마저 마침내 씨가 말라버렸도다.

그리하여 나는 내 재화와 보물을 꺼내, 그 양을 저울질하여 식량을 구하기 위해 충실한 신하를 곳곳에 파견했다. 그들은 식량을 구하려고 나라마다 헤매다니며 찾아가지 않은 도시가 없었건만, 끝내 식량을 얻지 못하고 긴 여행 끝에 보물을 그대로 가지고서 빈손으로 돌아왔다.

그들이 고하기를, 가장 질 좋은 진주와 가장 질이 나쁜 밀을 같은 양, 같은 무게로도 바꿀 수가 없었노라고. 이로써 우리에게는 구원의 희망이 끊어졌으므로 값진 물건들을 모두 늘어놓고 도시의 문과 성채의 문을 봉한 다음 알라의 뜻에 모든 것을 맡겼다. 그리하여 우리는 그대가 보다시피 죽어갔고 우리가 쌓은 것, 비축한 것을 뒤에 남겼노라.
이것이 우리의 역사이니, 이제 실체는 멸망하고 껍데기만 남았도다."

이어서 사람들은 서판 아래를 바라보았습니다. 거기에는 이런 시가 씌어 있었습니다.

오, 아담의 아들아, 명심하라
지나친 소망에 속아서
사람에게 비웃음을 받지 말라,
그대가 비축한 재화와 보물도
언젠가는 그대 손을 떠나가리.
그대 뜬세상에 매혹되어
덧없는 세상사 탐내지만,
사라진 옛 사람들도
그대가 하듯이 했도다.
법도에 맞든
법도에 맞지 않든
쌓아올린 재화와 보물은
때가 차면
정해진 숙명에 따라
헛되이 사라지고 마는 것.
천군만마의 군사 이끌고
산 같은 황금을 얻었지만
이윽고 운명에 짓눌려
재물도 궁전도 남겨 두고
어쩔 수 없이 사라졌도다.

가는 곳은 어디냐, 오로지
비좁은 북망산과 티끌의 잠자리.
한 번 그곳에 들어가면
현세의 모든 말과 행동
담보가 되니
자유를 쟁취할 길마저 없구나.
그것은 마치 나그네가
아무런 양식도 없는
집에 짐을 풀고
집을 구하는 딱한 꼴과 비슷하구나.
집주인이 말하기를
"여러분, 들어보소, 이 집은
당신의 집이 아니오."
그러면 나그네는 허둥지둥
다시 짐을 꾸려
급히 그곳을 떠나노라.
마음이 무거운 그 발걸음
길을 가는 데도 쉬는 데도
즐거운 한순간 끝내 없구나.
그러니 그대도 명심하여
내일의 나그넷길 채비하라.
바르고 곧게 살아가는 것 말고는
주의 뜻에 꼭 맞는 일 하나 없으니.

태수 무사는 또 다음과 같이 씌어 있는 것을 읽고 눈물을 흘렸습니다.

"알라께 맹세코, 주를 두려워하는 것은 최상의 재산, 확실한 기둥, 유일하며 단단하고 튼튼한 주춧돌이다. 참으로 죽음이야말로 명백한 진실, 지상의 명령이니, 오, 그대여, 거기엔 뚜렷한 목표와 도달해야 할 끝판이 있도다. 그러므로 이미 티끌로 돌아간 사람들, 미리 정해진 목적지로 서둘러 간 사람들을 본보기로 삼을지어다. 하얗게 센 머리털은 그대를 무덤으로 부르고 머리에 내린 서리는 그대의 숙명을 한탄함을 모르느냐. 그러니 항상 눈을 뜨고 문을 나설 준비를 게을리하지 말며, 자신의 결산을 준비하라.

오, 아담의 아들이여, 그대의 마음을 완고하게 만든 것은 무엇이냐? 그대를 꾀어 알라께 봉사를 게을리하게 한 것은 무엇이냐? 옛사람들은 다 어디 갔느냐? 그들의 모습이야말로 교훈을 얻어야 할 자에게 가장 좋은 교훈이 되리로다! 알 신의 제왕, 위세가 세상을 휩쓴 영주들은 어디로 갔느냐? 아드족의 아들 샤다드는 어디에 있느냐? 그들이 쌓고 지은 것은 다 어디에 있느냐? 알라를 거역하고 알라에게 도전한 님로드는 어디에 있고, 알라께 등 돌리고 알라를 거역한 파라오는 어디로 갔느냐? 죽음은 쉬지 않고 그 뒤를 쫓아가서 남녀 귀천을 막론하고 가차없이 그들을 쓰러뜨렸도다. 사람의 목숨을 거둬들이는 자, 낮 다음에 밤을 마련하신 알라의 손으로 그들을 죽였노라! 오, 이 땅에 온 자여, 지금 그대가 본 여자는 인간세상과 그 덧없는 쾌락에 혹하지 않았노라. 무릇 인간세상은 믿음이 없고 진실 없이 헛되며, 또 두 마음 품은 파멸의 집이라. 인간에게 유익한 것은 오로지 자신의 죄업을 깨닫는 것. 그러므로 이 여자는 알라를 두려워하며 행실을 깨끗이 하여 양식을 준비하고 정해진 출발의 날을 기다리고 있었노라.

오, 내 도시에 이르러 알라에게서 여기 들어올 자격을 얻은 자는 지닐 수 있는 만큼 재화와 보물을 가져가도 괜찮다. 그러나 내 몸을 장식한 것에는 손대지 말지어다. 그것은 내 치부[35]를 가린 것으로서 마지막 길의 나들이옷이니. 그러니 이곳에 온 자, 알라를 두려워하고 알라의 것을 더럽히지 말지어다. 그렇지 않으면 스스로 파멸에 이르리라. 이것이 여기에 온 자들에게 주는 경고이니 행여 허술하게 여기지 말지어다. 그러면 부디 그대들에게 평안함이 있기를! 나는 기도하리라, 알라시여, 부디 병과 재앙으로부터 이들을 지켜주시기를!"

─여기서 날이 훤히 밝아왔으므로 샤라자드는 이야기를 그쳤다.

577번째 밤

샤라자드는 이야기를 계속했다.

오, 인자하신 임금님, 이것을 읽은 태수 무사는 하염없이 눈물을 흘리다 마침내 정신을 잃고 말았습니다. 이윽고 다시 정신을 차린 태수는 글귀를 남김없이 베껴 쓰고 자신의 눈으로 목격한 모든 것을 값진 교훈으로 삼았습니다. 그런 다음 태수는 가신들에게 말했습니다.

"낙타를 끌고 와서 이곳에 있는 재화와 보물, 보석과 항아리를 모두 실어라."

그러자 타리브 대신이 옆에서 물었습니다.

"오, 태수님, 이 여자가 몸에 지닌 것은 그대로 둡니까? 이런 것은 천하일품이라 일부러 구하려 해도 도저히 구할 수 없는 것으로, 태수님이 가지고 가시려는 어떠한 물건보다 값진 것들입니다. 충실한 자들의 임금님 마음을 위로해 드리는 데 이보다 더 좋은 선물은 없을 것입니다."

그러나 무사는 이렇게 대답했습니다.

"오, 타리브, 너는 이 여인이 서판에 새긴 글을 읽지 않았느냐? 두 마음이 없는 우리를 신뢰하고 저렇게 적어 놓았는데 어찌 그것을 배신할 수 있겠느냐?"

"그런 말이 씌어 있다고 해서, 여자가 이미 죽은 걸 알면서 아깝게도 이 재화와 보물, 보석을 그대로 놔두고 떠난다는 말씀입니까? 죽은 자에게 이것이 다 무슨 소용입니까? 이런 것들은 이 세상의 장식으로서, 살아 있는 우리가 쓸 물건입니다. 이 여자가 몸을 가리는 데는 무명옷 한 벌이면 넉넉합니다. 이 재화와 보물에 대한 권리는 이 여자보다 오히려 우리에게 있지 않겠습니까?"

이렇게 말한 타리브는 침대의 계단을 올라갔습니다. 그런데 타리브가 거기 서 있는 두 노예에게 접근하자마자 짧은 창을 든 노예가 느닷없이 타리브의 등을 후려치더니, 또 다른 노예가 손에 든 칼로 그 목을 쳐버렸습니다. 타리브는 그 자리에 쓰러져 숨이 끊어지고 말았습니다. 이 광경을 본 태수가 말했습니다.

"너의 안식처에는 알라께서 은총을 내려주지 않으시리라! 다른 재화와 보물만으로도 충분한데, 정말이지 탐욕은 인간을 타락시키고 마는구나."

 그는 부하들에게 명령하여 성 안으로 들어가서 재화와 보물, 황금을 낙타에 싣게 했습니다. 그것이 끝나 모두 밖으로 나오자 태수는 성문을 전과 같이 닫도록 명령했습니다.

 그들은 해변을 따라 꼬박 한 달 가까이 나아간 끝에 높은 산이 보이는 곳에 이르렀습니다. 그곳에는 동굴이 많이 있고, 거기서 바다도 굽어볼 수 있었습니다. 그 동굴에는 짐승의 가죽을 두르고 들어보지 못한 언어를 쓰는 흑인들이 살고 있었습니다.

 흑인 사내들은 군대를 보자 겁쟁이 말처럼 놀라서 동굴 안으로 도망쳐 들어갔고, 여자와 아이들만 동굴 입구에 나와서 낯선 사람들을 바라보았습니다.

 "오, 사마드 노인, 저것은 어떤 사람들인가?"

 "오, 저들이야말로 우리가 충실한 자들의 임금님을 위해 찾는 바로 그 사람들입니다."

 그들은 말에서 내려 짐을 풀고 천막을 치기 시작했습니다.

 작업이 끝났을 무렵 흑인들의 왕이 산에서 내려와 야영지에 다가왔습니다.

 아랍어를 아는 이 왕이 태수 앞에 와서 이마에 손을 대고 인사를 하자, 태수도 거기에 답례하며 정중하게 맞이했습니다.

 왕이 태수에게 물었습니다.

 "여러분은 인간이오, 아니면 마신이오?"

 "우리는 인간이오. 그보다 당신들이야말로 이런 깊은 산속에서 살며, 게다가 유달리 몸집이 큰 것을 보니 아무래도 마신 같구려."

 "아닙니다. 우리 역시 아담의 아들인 노아(편히 잠드소서!)의 아들로서 함의 자손입니다. 그리고 이 바다는 알 카르카르라고 하는 바다입니다."

 "그렇다면 당신들의 종교는 무엇이고 무엇을 숭배하고 있소?"

 "우리는 하늘에 계신 알라를 섬기고 있으며, 종교는 무함마드(알라의 축복과 가호가 있기를!)의 종교입니다."

 "오, 어떻게 하여 무함마드교를 알게 되었소? 특별히 예언자가 이 나라를 방문한 적도 없을 텐데?"

 "오, 사실 그 옛날 바다 쪽에서 한 남자가 홀연히 나타났는데, 그 몸에서 발산하는 빛에 수평선이 환하게 비칠 정도였지요. 그 남자는 먼 곳과 가까운 곳에 사는 사람들에게 다 들리도록 커다란 목소리로 이렇게 외쳤습니다.

'오, 함의 자손들이여, 볼 수 있되 보이지 않는 알라를 공경하라! 그리고 "알라 외에 신은 없고 무함마드는 알라의 사도이다"라고 외칠지어다.'

그리고 이렇게 덧붙였습니다. '나는 아부 알 아바스 알 히즈르라는 사람이다.'

그때까지는 우리는 동료끼리 서로 숭배하고 있었지만, 그분의 권유로 만물의 조물주를 섬기게 된 것입니다. 또 그분의 가르침을 받고 이러한 말을 외는 것도 배웠습니다.

'동반자가 없는 유일신 알라 외에 신은 없도다. 왕국은 알라의 것이고, 찬가도 신의 것이다. 알라께선 전능하시니, 생명과 죽음을 주시고 만물을 다스리신다. 우리는 또 알라께 다가갈 때는 이러한 말을 반드시 외어야 한다. 그밖의 말은 모르기 때문이다. 그러나 금요일 전날 밤*36에는 언제나 땅 위에 한 줄기 빛을 보고, 천사장이 '성스러운 영광으로 충만한 영혼이여!' 부르는 소리를 듣는다. 알라께서 원하는 것은 존재하고, 원하지 않는 것은 존재하지 않는다. 모든 은혜는 알라의 자비에서 나오는 것이며, 영광되고 위대한 알라 외에 주권 없고 권력 없도다!'"

왕은 말을 마치자 이렇게 물었습니다.

"당신들은 대체 어느 나라의 누구이며 무슨 일로 이 나라에 오셨습니까?"

태수 무사가 대답했습니다.

"우리는 충실한 자들의 임금님이신 이슬람교의 교주 아브드 알 말리크 빈 마르완의 신하들이오. 우리 임금께서는, 알라께서 다윗의 아들 솔로몬 왕(이분들에게 평안함이 있기를!)에게 최대의 주권을 주셨다는 것과 솔로몬 왕은 마신과 짐승과 새를 지배하며, 마족의 누군가가 뜻에 거슬리는 짓을 할 때는 구리 항아리에 가두어 납으로 마개를 한 다음 도장반지로 봉인하여 알 카르카르 바다에 던지는 습관이 있었다는 이야기를 들으셨소. 그 바다가 귀하의 영토 가까운 곳이라는 말을 듣고 충실한 자들의 임금님께서 그 항아리를 몇 개 구해 오라고 우리를 보내신 것이오. 그 항아리를 보고 마음의 위로를 얻으시려는 거지요. 그런 사정이니 왕이시여, 충실한 자들의 임금님께서 분부하신 임무를 완수할 수 있도록 부디 우리를 도와주시오."

이 말을 듣고 흑인 왕은 대답했습니다.

"기꺼이 도와드리지요."

흑인 왕은 일행을 손님방으로 안내하여 정중히 대접하면서, 진기한 물고기 요리를 비롯하여 필요한 것은 뭐든지 마련해 주었습니다.

그리하여 사흘이 지나자 왕은 어부에게 명하여 바닷속에서 솔로몬의 항아리를 건져오게 했습니다. 어부는 물속으로 자맥질해 들어가서 구리 항아리를 12개나 건져왔습니다.

그것을 본 태수와 노인과 가신들 모두 마침내 교주의 명령을 완수하고 소원한 물건을 손에 넣은 것을 여간 기뻐하지 않았습니다.

태수가 흑인 왕에게 여러 물건을 선물하자 왕도 깊은 바다에 사는, 인간의 모습을 한 진기한 물고기*37를 무사에게 선물했습니다.

"지난 사흘 동안 여러분이 드신 요리는 바로 이 생선이었습니다."

"그렇다면 꼭 이것을 교주님께 갖다 드려야겠소. 어쩌면 솔로몬의 항아리보다 이것을 보고 더 기뻐하실지 모르겠소."

이윽고 모두 흑인 왕에게 작별을 고하고 귀국길에 올라, 여행에 여행을 거듭한 끝에 다마스쿠스에 무사히 도착했습니다. 무사는 충실한 자들의 임금님 앞에 나아가서 보고 들은 것, 시와 전설, 경험한 갖가지 일들을 상세히 이야기한 다음, 타리브 빈 사르 대신이 죽은 경위도 보고했습니다.

"오, 나도 그대들과 함께 갔더라면 좋았을 것을. 그랬으면 그대들이 본 것을 직접 볼 수 있었을 텐데."

교주는 이렇게 말하면서 구리 항아리를 하나씩 집어 뚜껑을 열었습니다. 그러자 항아리 속에서 악마들이 이렇게 외치면서 튀어나오는 것이었습니다.

"오, 알라의 예언자여! 저희가 잘못했습니다! 다시는 나쁜 짓을 하지 않겠습니다!"

이것을 본 교주는 매우 신기하고 재미있게 생각했습니다. 그런데 흑인 왕이 선물로 준 깊은 바다의 인어는 어떻게 되었을까요? 사람들은 널빤지로 에워싸서 못을 만든 뒤 물을 가득 채우고 그 속에 인어를 집어넣었습니다. 그러나 더위가 너무 심해서 얼마 지나지 않아 모두 죽고 말았습니다.

또 교주는 놋쇠의 성에서 빼앗아 온 물건들을 가져오게 하여 충성스러운 신하들에게 골고루 나눠주었습니다.

―여기서 날이 훤히 밝아왔으므로 샤라자드는 이야기를 그쳤다.

578번째 밤

샤라자드는 이야기를 계속했다.
오, 인자하신 임금님, 교주는 빼앗아 온 물품을 신하들에게 나눠주면서 이렇게 말했습니다.
"알라께서는 지금까지 다윗의 아들 솔로몬 왕에게 내리신 것과 같은 것을 그 누구에게도 주신 적이 없도다!"
태수 무사는 성지 예루살렘에 가서 알라께 기도를 드리고 싶으니 자기 대신 아들을 총독에 임명하게 해달라고 교주에게 청했습니다.
충실한 자들의 임금님은 태수 무사의 청을 받아들여 그의 아들 하룬에게 통치권을 인정하셨으므로, 무사는 영광스러운 성지로 가서 그곳에서 세상을 떠났습니다.
이것으로 '놋쇠의 성'에 대해 전해 내려오는 이야기는 끝났습니다. 전지전능하신 알라를 찬양할지어다!
그럼 다음에는(하고 샤라자드는 이야기를 계속했다) 다른 이야기를 해 드리지요.

〈주〉
* 1 이것이 진짜 '놋쇠의 도시'이다. 그 소재지는 마술과 신비의 지방 마그리브(Maghrib, 모리타니)이다. 이 공상은 아마 웅장하고 위엄 있는 로마의 폐허에서 암시받은 것인 듯하다. 이 이야기와 272번째 밤 '라브타이트의 도시'를 비교해 보기 바란다.
* 2 알 주브야니(Al-Nabighah al-Zubyani)는 이슬람 전기의 유명한 음유시인이었으므로, 여기에 등장하는 것은 분명한 시대착오이다. 하지만, 아마 일부러 등장시킨 것인지도 모른다.
* 3 무사 빈 누사이르(Musa bin Nusayr)는 스페인 최초의 이슬람교도 정복자. 그의 부관으로, 불운했던 남자 타리크(Tarik)는 지브롤터(Gibraltar, Jabal al-Tarik)의 이름을 지어 붙인 사람이다. 〔자발은 산이라는 뜻.〕
* 4 우마이야(Umayyah)족(옴미아드 왕조) 교주의 깃발은 하얀색이었다. 아바스(Abbas)족

(아바스 왕조)의 깃발은 검은색, 파티마 왕조(Fatimites)의 깃발은 녹색이었다. 왕의 깃발을 받는 것은 대원수 또는 전권대사로서 자기 신분을 나타내는 것이었다.

*5 이 카이로는 옛 카이로, 또는 푸스타트(Fustat)를 가리킨다. 현재의 카이로는 그 당시에는 루이 트케슈로마(Lui-Tkeshroma)라 불린 옛 이집트인 거주지의 기초를 둔 콥트교도의 마을에 지나지 않았다. 루이는 명백하게 레비(Levi)의 어원으로, 고승을 의미하고(부르그슈 ii. 130), 그 아들의 이름은 로마였다.

*6 알 사무디(al-Samudi)라는 말은 알 사만후디(Al-Samanhudi)를 잘못 쓴 글자라는 생각을 지울 수가 없다. 즉, 다미에타 강 지류의 삼각주에 있는 사만후드(Samanhud), 이슬람 시대에 유명인을 많은 낳은 도시의 토착민을 말한다. 그러나 덴데라(Danderah)의 하류 2, 3마일 되는 곳에 삼후드(Samhud)라는 도시도 있다. 그 무덤이 증명하는 것처럼, 이것은 일종의 고대 유적이다. 〔덴데라는 나일 강변의 상(上)이집트의 도읍.〕

*7 이집트는 그때까지 그리스도교도에게 정복된 적이 한 번도 없었다.

*8 즉 보리 또는 건포도로 빚은 발효주 푸카(Fukka'a)를 담는 데 사용되는, 약간 유공성(有孔性)이 있는 얇은 토기 항아리를 말한다.

*9 시문(Simoon)이라 했는데, 나는 이 낡은, 오랜 역사가 있는 오류를 보존하고 싶다. 올바른 형태는 사문(Samun)으로, 삼(Samm)에서 유래되었으며 바람에 의해 얼굴에 염증이 생기는 병을 뜻한다.

*10 즉, 신의 숭배와 내세에 대비하는 것.

*11 바다위인은 사람이 죽으면 그 시체를 흔히 낙타에 싣고 먼 묘지로 운반한다. 따라서 낙타 꿈을 꾸는 것은 죽음의 징조이다. 〔최근에 미국에서 에드워드 저, 《죽음은 낙타를 탄다》라는 제목의 버턴 전기가 나왔다.〕

*12 《코란》 제24장 39절. 〔이 대목에는 "신을 믿지 않는 무리가 하는 짓은 평원의 신기루와 같다. 목마른 자는 이것을 물로 생각하지만, 가까이 다가가보면 사라진다……"고 되어 있다.〕 사라브(Sarab, 신기루)라는 말은 이사야서(제35장 7절)에서도 볼 수 있다. 그 문구는 "그리고, 신기루(사라브)는 호수로 변할 것이다"라고 번역해야 하며, "불탄 대지는 못이 될 것이다(and the parched ground shall become a pool)"라고 번역해서는 안 된다. 〔입말 번역 성서에서도 '불탄 모래는 못이 되고'라고 되어 있다.〕

*13 알라의 별명의 하나.

*14 아랍어의 킨타르(Kintar)로, 100Weight(즉 1백 파운드). 상형(常衡)으로 약 $98\frac{3}{4}$ 파운드.

*15 즉, 샴(시리아)에서 귀화한 아랍인의 조상 아드난(의 땅)까지, 즉 아라비아까지라는 뜻.

*16 각종 원서에서 아라르(Arar, 그리스인이 신상(神像)을 만드는 데 사용한 *Juniperus oxycedrus*)와 마르마르(Marmar) 대리석 또는 설화석고가 모두 잘못 옮겨져 있다. 탈

무드 경전에서는 마르모라(Marmora)=대리석이라고 썼는데, 이것은 명백하게 $μαρμαρος$='빛나는 돌'에서 나온 것이다.

*17 이러한 마신의 이름은 괴이한 버릇이나 기이한 행동과 연관된 것이 많다. 알 다이슈는 깜짝 놀라는 자라는 뜻. 또 알 아마슈는 언제나 눈물이 흐르는 나약한 눈을 가진 자라는 뜻.

*18 아랍인은 million에 해당하는 말을 가지고 있지 않다. 〔그래서 본문에서는 6억을 six hundred thousand thousand라고 번역했다.〕

*19 브레슬라우판(제6권)에서는 삼후(Samm-hu), 즉 '독'이라고 읽고 있는데, 이것은 아마도 사므후(Sahmhu)='화살대'를 잘못 베낀 것이리라.

*20 알 카르카르(Al-Karkar)는 라틴어의 Carcar(감옥이라는 뜻)에서 나온 가상의 바다인가?

*21 안달루시아의=스페인의, 즉, 반달족의 나라(Vandal-land)에서 이슬람교도 침략군에 의해 인정받은 명칭.

*22 이 멋진 묘사를 접한 독자는 서기 6세기 이래 사람이 살지 않는 고대 하우란〔시리아의 한 주〕지방의 여러 도읍을 떠올릴 것이다. 어떤 어리석은 저작가는 이러한 도읍을 '바샨의 커다란 도시'라고 잘못 불렀지만—.〔바샨은 팔레스타인의 요르단 강 동쪽에 있는 평범하고 비옥한 지방.〕

나는 그러한 굳고 단단한 요해 같은 곳에서 달 밝은 하룻밤을 보낸 적이 있는데, 그렇게 음산한 밤은 난생처음이었다. 처음 세워졌을 때와 똑같이 완전한 모습을 간직하는 새카만 현무암 위에 눈처럼 하얀 달빛이 쏟아지고 있고, 잔잔한 바람결에 승냥이가 슬피 우는 소리가 들려왔으니 말이다.

*23 틴기스(Tingis)는 아랍어의 Tanjah로 스트라본의 $Τιγγις$(어원은 불명), 틴기타니아(Tingitania), 탄지에르(Tangiers)와 같다. 그러나 어미의 s는 왜 붙어 있는 것일까.

*24 아미드(Amid) 또는 아미다(Amidah)로, 터키인은 암석의 색에 의해 '카라(검은) 아미드(Kara Amid)'라 불렀다. 아랍인은 디야르 바크르(Diyar-bakr, Diarbekir)라 부르고 있는데, 그들은 또 전 지역에 즉, 메소포타미아에도 이 명칭을 부여했다.

*25 파리킨(Farikin)은 Mayyafarikin을 가리키며, 디야르 바크르의 감독 아래에 있는 도시. 그 주민을 파리키(Fariki)라고 했으므로, 본문처럼 생략형이 생겼다.

*26 부적으로서의 작용이 있는《코란》의 글귀. 이를테면 "우리가 어찌 알라께 의지하지 않을 수 있으랴?"(제14장 15절) "너희는 외쳐라, 알라가 정하신 것 말고는 아무 일도 일어나지 않는다고."(제9장 51절)

*27 아랍어의 이샤라(Isharah)로, 이 말은 손짓으로 부르는 것도 의미한다. 동양인은 우리와는 반대인데, 우리는 자기 쪽으로 손이나 손가락을 움직이지만, 그들은 상대를 향해 흔든다. 우리의 방식으로는 '가라!'는 뜻이 된다.

*28 즉, 지루할 정도로 오랫동안 생각에 빠져서, 라는 뜻.
*29 색채의 명칭은 유럽의 고전문학에서도 마찬가지지만, 아랍인들도 되는 대로 적당히 사용하고 있다. 이를테면 담회색 또는 연한 쥐색의 말(즉 흰 바탕의 얼룩말)은 '푸른, 또는 녹색의 말'로 불리고 있다.
*30 코라스미안(Chorasmian)은 아랍어의 화라즘(Khwarazm)으로, 코라스미오이인(Chorasmioi)의 나라를 뜻한다. 헤로도토스(제3지서 93절)와 많은 고전 지리학자들이 언급한 바 있다. 그들은 이 소재를 소그디아나(Sogdiana)에 두고 있는데, 현재의 히바(Khiva) 지방에 해당한다. [전자는 사마르칸트와 보하라 부근의 고대 페르시아 지방. 후자는 중앙아시아 투르키스탄의 러시아 보호령.]
*31 아랍어로 부르카라 하며, 보통 여성의 베일로 사용된다. 따라서 '메카의 신부(新婦)'인 카바[본전]의 덮개로도 사용된다.
*32 솔로몬이 빌키스(Bilkis)의 다리는 당나귀처럼 털이 많다는 말을 듣고 그녀에게 잔꾀를 부린 것을 본뜬 것이다. [빌키스는 '시바의 여왕'을 가리킨다. 즉, 솔로몬은 물고기가 헤엄치는 물 위에 유리 통로를 깔았기 때문에, 빌키스는 솔로몬에게 다가갈 때 옷자락을 걷어 올리지 않을 수 없었다. 이리하여 솔로몬은 소문이 사실이라는 것을 알았다. 여기서 탈모의 관습이 생겼다. 《코란》제27장 참조.]
*33 파라오(Pharaoh)는 땅속에 박아 넣은 네 개의 기둥에 인간을 매달아 고문했으므로 《코란》(제38장 11절)에서는 '화형 기둥의 파라오'로 불리고 있다. 세일은 '책주(磔柱)의 고안자'로 번역하고, 다시 덧붙여 "어떤 자는 이 말을 비유적으로 해석하여, 파라오 왕국의 굳세고 튼튼한 조직을 의미한다고 했다. 왜냐하면, 아랍인은 그 천막을 기둥에 튼튼하게 고정하기 때문이다. 그러나 아마도 왕의 완고함과 냉혹함을 풍자한 것이리라"고 말했다.
*34 아랍인에 의하면, 타드무르(Tadmur, Palmyra)[다마스쿠스 북동쪽 150마일에 있는 소아시아의 옛 도시]는 하산 빈 우자이나(Hassan bin Uzaynah)의 딸 타드무라(Tadmurah) 여왕에 의해 창건되었다.
*35 남성의 아우라트(Aurat, 치부)는 배꼽에서 무릎까지, 여성의 그것은 머리 꼭대기에서 발가락 끝까지이다.
*36 금요일은 주마(Zum'ah, 집회)라 불린다. 그것은 만인의 부활(General Resurrection)이 그날 일어날 것이고, 또 그날 아담이 창조되었기 때문이다. 그러나 이러한 이유는 모두 명백하게 나중에 생각해낸 것이다. 유대교도는 토요일을 준수하라는 성스러운 율법을 받았고, 그리스도교도는 멋대로 안식일을 일요일로 옮겼다. 이 때문에 이슬람교도는 스스로 금요일을 선택한 것이다. 그러나 이슬람교에는 안식일을 엄수(sabbatarianism)한다는 개념이 없다. 일을 하는 것도 코란의 명령으로(제62장 9~10절) 이슬람 사원에서 많이 모인 사람들이 기도하는 동안만 중단된다. 즉, 이슬람교도는

고작 해야 예배가 끝날 때까지 일 또는 여행을 삼갈 뿐이다. 그러나 이슬람교도는 대부분 '휴식의 날'을 원하지 않는다. 이와는 반대로 그리스도교도는 매일 억척같이 모두 엇비슷한 일과를 되풀이하며, 자신을 문명화하고 가장 불행한 존재의 어둠을 깨는 한 줄기 빛조차 없어서 틀림없이 그러하게 안식일을 요구하는 것이다.

*37 모든 곳에서, 우주에 있는 온갖 사물과 현상에서, 자신의 모습을 보는 인류는 이른바 4대 원소 속에서도 자신과 닮은 것을 창조하지 않고는 못 배긴다. 즉, 공기(氣精, Sylphs), 불(마신 Jinns), 물(남녀 인어 Mermen and Mermaids), 흙(地精, Kobolds). 이 인어는 말할 것도 없이 물범이나 바다소였다.

〈역주〉
(1)《코란》을 가리킨다.

여자의 간사한 꾀와 원한[*1]
왕과 그 왕자, 측실, 그리고 7인의 대신에 관한 이야기

아득한 옛날, 중국에 군주 중의 군주로 칭송받는 강력한 왕이 있었습니다.

이 왕은 지혜와 정의, 무력과 주권을 지니고 수많은 병사와 노비를 다스리고 있었습니다. 농민을 대하는 태도가 그릇됨 없이 아주 정당하고 신하들에게는 너그러웠으므로 백성들로부터 깊은 사랑을 받고 있었습니다.

왕은 더할 수 없이 센 권세와 더불어 넉넉한 재산을 자랑하고 있었지만, 안타깝게도 혈육이 없어서 그것이 오직 하나밖에 없는 걱정거리였습니다.

자신의 핏줄이 끊기고 자신의 이름은 영원히 잊혀, 이윽고 영토도 남의 손에 들어갈지 모른다는 생각에 늘 괴로워하고 있었습니다.

그런 이유로 왕은 궁전 안 깊은 곳에 들어앉은 채 좀처럼 모습을 보이지 않았으므로, 신하들은 왕의 소식을 몹시 궁금해하다가 마침내 왕의 신상에 대해 이러쿵저러쿵 억측들을 하기 시작했습니다.

"임금님이 돌아가신 건 아닐까?"

이렇게 말하는 자가 있는가 하면 이런 말로 반박하며 웃어넘기는 자도 있었습니다.

"아니야, 그럴 리가 있나. 임금님은 돌아가시지 않았어."

그러다가 모두 백성을 다스리고 국정을 운영할 수 있는 군주를 찾으려고 죽을힘을 다했습니다.

한편, 왕은 마침내 자신의 힘만으로는 후계자를 얻을 수 없다 체념하고, 더없이 높으신 알라께 주선해 주는 예언자에게 부탁하기로 했습니다.

그리고 예언자를 비롯하여 성인과 순교자, 그 밖의 하늘의 뜻에 맞는 신앙심 두터운 사람들의 영광에 걸고, 부디 자기를 위해 눈동자의 위안이 되고 자신이 죽은 뒤에 왕국의 후계자가 될 아들을 점지해 달라고 신께 기원을 드렸습니다.

간절한 기도가 끝나자 왕은 곧 일어나 거처로 건너가서 큰아버지의 딸인 왕비를 불러들였습니다.

이 왕비는 왕의 처첩 중에서 뛰어나게 아름다운 절세가인이며 혈통도 왕과 가장 가까워서 왕의 총애를 한몸에 받고 있었습니다. 그뿐만 아니라 지혜가 풍부하고 재주가 뛰어난 데다가 분별심까지 있는 여자였습니다. 왕비가 왕의 거처에 가보니 왕은 눈물을 글썽거리면서 비탄에 잠겨 있었습니다. 왕비는 그 앞에 엎드려 이렇게 말했습니다.

"오, 임금님, 제 생명을 희생해서라도 당신의 생명을 연장할 수 있기를! 시간이 임금님의 적이 되거나 운명의 변천이 임금님을 불행에 빠뜨리는 일이 없기를! 하느님이 임금님께 온갖 기쁨을 주시고 모든 괴로움에서 지켜주시기를! 옥안을 뵈오니 무엇인가 근심으로 괴로워하시는 것 같은데, 대체 무슨 일이신지요?"

그러자 왕이 대답했습니다.

"그대도 알다시피 나는 이제 나이를 먹어 쇠약한 늙은이오. 그런데 아직 내 눈을 즐겁게 해 줄 왕자가 하나도 없으니, 내가 죽으면 이 나라는 다른 사람의 손에 들어가고 내 이름도 기억도 사람들의 머리에서 사라지고 말 거요. 그것을 생각하니 견딜 수 없이 괴롭구려."

"알라께서 부디 임금님의 슬픔을 덜어주시기를! 오래전의 일입니다만 저도 당신과 마찬가지로 아이가 미칠 듯이 갖고 싶었던 적이 있었어요. 그 뒤 어느 날 밤 꿈을 꾸었는데, 꿈속에서 이런 계시가 있었답니다.

'네 남편인 왕은 세자를 간절히 원하고 있지만, 만일 계집아이가 태어나면 그 아이는 나라를 멸망시킬 것이고, 사내아이가 태어나면 성인이 되기까지 갖은 고난과 시련을 겪되, 목숨만은 잃지 않고 무사히 극복해 나갈 것이다. 더구나 그 사내아이를 낳을 수 있는 것은 너 말고는 없고, 네가 잉태하는 것은 달이 쌍둥이자리와 합을 이룰 때이니라.'

이 말을 듣고 저는 꿈에서 깨어났지요. 그때부터 저는 잉태하는 게 두려워서 도무지 아이를 낳고 싶은 마음이 들지 않았습니다."

"인샬라! ―신의 뜻에 맞는다면― 나는 무슨 일이 있어도 아들을 하나 낳고 싶구려."

왕이 그렇게 소리치자, 왕비는 왕을 달래고 위로하면서 그 마음을 풀어주

었습니다.

　이런 일이 있고 나서 왕은 신하 앞에 예전처럼 모습을 나타내어 옥좌에 앉아서 정사를 보게 되었으므로 모든 신하, 특히 영내의 영주들이 말할 수 없이 기뻐했습니다.

　그리하여 달이 쌍둥이자리와 합을 이룬 날 밤에 왕과 왕비가 베개를 함께 하며 운우의 정을 맺으니, 전능하신 신의 은혜로 마침내 왕비는 잉태하게 되었습니다.

　왕비는 그 기쁜 소식을 왕에게 알렸습니다. 그리하여 아홉 달이 지나자 열나흗날 밤, 달처럼 둥근 얼굴의 사내아이가 태어났습니다.

　나라 안 백성들은 서로 축하 인사를 주고받았고, 왕은 신학자와 철학자와 점성가들을 불러 놓고 이렇게 분부했습니다.

　"왕자의 미래를 점치고 탄생 때의 운세를 알아본 뒤, 점성도에 나타난 상(相)이 있거든 뭐든지 얘기해다오."*2

　"알라의 이름에 걸고 당장 분부대로 알아보겠습니다."

　그들은 이렇게 대답하고 열심히 왕자의 운명을 감정하기 시작했습니다. 그리하여 출생 때의 운세를 확인한 뒤 이렇게 판단을 내렸습니다.

　"운세는 아주 좋고 무사히 자라시어 장수하실 상입니다. 다만 젊었을 때 한번 위기를 겪게 됩니다만."

　이 말을 듣고 왕이 몹시 걱정하자, 그들은 이렇게 덧붙였습니다.

　"그러나 왕자님은 그 위기를 무사히 극복하실 것이며, 그 밖에는 이렇다 할 해를 입지 않으실 것입니다."

　이 말을 듣자 왕의 걱정과 불안은 깨끗이 사라져서 점성술사들에게 훌륭한 옷과 상금을 하사했습니다.

　그리고 운명이 정한 것은 거역할 수 없다는 진리를 깨닫고 오로지 하늘의 뜻에 모든 것을 맡기기로 했습니다.

　왕은 어린 왕자의 시중을 유모와 보모, 그리고 시녀와 환관들에게 맡겨 7살이 될 때까지 후궁에 두고 키웠습니다.

　아들이 7살이 되자 왕은 영내의 영주와 총독들에게 편지를 보내 신학박사와 철학자를 비롯하여 법학자, 종교학자까지 모든 지방에서 불러 모았는데, 그 수가 무려 360명에 이르렀습니다.

왕은 그들을 위해 특별한 모임을 열었습니다. 모든 자가 모여들자, 우선 옥좌 가까이 다가와서 편히 앉으라고 권한 뒤 맛있는 음식을 잔뜩 대접했습니다. 모두 배불리 먹고 연회가 끝나 각자 신분에 따라 자리에 앉자 왕은 비로소 입을 열었습니다.

"내가 무엇 때문에 그대들을 이렇게 불러 모았는지 아는가?"

"임금님, 저희는 전혀 모르고 있습니다."

"사실은 그대들 가운데 우선 50명을 가려내고, 그 50명 가운데 10명을 고른 뒤, 또 그 10명 가운데 한 사람을 뽑아 왕자의 스승으로 삼으려 한다. 그것은 장차 왕자가 모든 학문을 익히게 되면 국왕의 주권을 왕자에게 나누어 주고, 내가 가진 모든 것을 분배하고 싶기 때문이다."

"그렇다면, 저희 중에서 현자로 불리는 신디바드[*3]만큼 학문과 인격이 뛰어난 사람은 없습니다. 그는 임금님의 보호 아래 이 도시에 살고 있으므로 그런 계획에는 참으로 알맞은 인물입니다. 임금님의 뜻이 그러하시다면 신디바드를 부르시어 명령하시는 것이 어떨까 합니다."

왕은 그들의 건의에 따랐습니다. 이윽고 그 현자가 임금님 앞에 불려 나와 인사를 올린 뒤 충성과 복종의 뜻을 나타냈습니다. 왕은 신디바드를 가까이 불러 그 신분을 높여준 다음 이렇게 말했습니다.

"오, 현자여, 다름이 아니라 내가 이렇게 학자들을 불러 모아, 수많은 학자 중에서 한 사람을 골라 왕자에게 모든 학문을 가르쳐 달라고 부탁했더니 모두 입을 모아 그대를 추천했소. 그러니 그대가 만일 이 임무를 완수할 수 있다면 이 일을 맡아주지 않겠소? 이 아이는 나의 오장육부에서 태어난 결정이요, 나의 심장과 간장의 중심이라고 생각해 주시오. 내가 원하는 것은 그 아이를 교육하는 것이오. 알라여! 부디 좋은 열매를 맺을 수 있도록 인도해 주소서!"

왕은 왕자를 불러내어 3년 안에 교육을 마친다는 조건으로 신디바드에게 맡겼습니다.

이렇게 해서 신디바드는 왕자를 맡았지만 3년이 지나도록 이 젊은 왕자는 아무것도 배우려 하지 않고, 오로지 즐겁게 노는 일과 장난에만 열중했습니다. 부왕이 불러서 시험을 해 보아도 왕자의 머릿속은 텅 비어 있을 뿐 아무것도 배운 것이 없었습니다.

그래서 왕은 다시 한 번 학자들을 불러 왕자의 스승을 뽑으라고 명령했습니다.

그러자 모두 의아하게 여기며 이렇게 물었습니다.

"왕자님의 스승인 신디바드는 대관절 무엇을 하고 있었습니까?"

그러자 왕이 대답했습니다.

"그자는 왕자에게 아무것도 가르치지 않았다."

그래서 법률학자와 철학자와 중신들은 알 신디바드를 불러서 물어보았습니다.

"현자여, 그 긴 세월 동안 왕자에게 아무것도 가르치지 않았다니 이게 어찌 된 일입니까?"

성인이 대답했습니다.

"여러분, 왕자님은 완전히 노는 데만 정신이 팔려 있습니다. 그러니 임금님께서 제가 말씀드리는 세 가지 조건을 승낙하시고 지켜주신다면 7년이 걸려도 배우지 못할 것(아니, 아무도 가르칠 수 없는 것)을 7개월 안에 가르쳐드리지요."

이 말에 왕이 대답했습니다.

"좋소, 승낙하겠다."

"그러시다면 이제부터 말씀드리는 세 가지 격언을 마음에 깊이 새겨 두시기 바랍니다. 첫째, 자기가 원하지 않는 일은 남에게도 하지 말라.*4 둘째, 경험 있는 자와 의논하지도 말고 일을 서둘지 마라. 셋째, 권력을 지니고 있을 때는 연민의 정을 가지고 남을 대하라. 왕자님을 교육하는 데는 이 세 가지 격언만 잊지 않고 지켜주시면 충분합니다."

"여기 있는 자들 모두 잘 들어라. 나는 이 세 가지 조건을 반드시 지킬 것이니 그대들이 그 증인이 되어다오."

왕은 이렇게 말하고 당장 그것을 문서로 작성하여 직접 서명하고 신하들에게도 증인으로 서명하게 했습니다.

그러자 현자는 왕자의 손을 잡고 자기 집으로 데리고 돌아갔습니다. 왕은 이 두 사람에게 부엌살림 도구부터 돗자리, 그 밖에 필요한 가구를 모두 가져다주었습니다.

현자 알 신디바드는 왕자를 위해 집을 한 채 새로 짓고 벽에 하얀 회반죽을 바른 뒤, 그 위에 다시 하얀 분을 발랐습니다. 그리고 그 하얀 벽 위에 왕자에게 가르치고자 하는 사물의 모습을 가득 그려 놓았습니다.

집이 완성되자 현자는 왕자를 데려가서 충분한 식량과 함께 방 안에 가두어 놓고 자기는 밖으로 나와 문에 자물쇠 7개를 채웠습니다.

그리고 사흘에 한 번씩 왕자를 찾아가서 벽의 갖가지 그림과 관련된 지식을 가르치고, 마실 것과 먹을 것을 두고 나오곤 했습니다.

혼자 남은 왕자는 무료함을 견디지 못해 결국 벽의 그림을 열심히 쳐다보면서 공부에 힘쓴 결과, 그 그림에서 연상되는 모든 사항을 전부 암기했습니다.

현자는 그것을 보고 다음에는 다른 방면으로 왕자의 마음을 끌어서 외면적인 사물 안에 내포된 내면의 의의를 가르쳤습니다. 이렇게 하여 왕자는 눈 깜짝할 사이에 중요한 사항을 모두 터득하게 되었습니다.

그러자 현자는 왕자를 밖으로 데리고 나와 승마와 봉술, 활 쏘는 기술 등을 가르쳤습니다. 왕자가 이러한 기술을 모두 익히자, 현자는 왕에게 사람을 보내 왕자가 학문과 무예의 전반을 모조리 습득하여 이제 그와 나란히 어깨를 겨룰 자가 없을 정도라고 보고했습니다.

왕은 매우 기뻐하면서, 왕자를 시험해 보려고 대신과 영주들을 소집해 놓고 현자에게 왕자를 데려오라고 분부했습니다.

그런데 알 신디바드가 왕자가 태어났을 때의 천궁도를 그려놓고 운수를 점쳐보니 이레 동안 불길한 운이 들어와 방해하고 있다는 것을 알았습니다. 왕자의 생명에 위험이 닥쳐올까 걱정이 된 현자는 왕자에게 이렇게 말했습니다.

"왕자님이 태어났을 때의 천궁도를 한 번 살펴보시오."

왕자는 천궁도를 살펴보고 불길한 징조가 나타나 있음을 알고 자신의 신변이 걱정되어 현자에게 물었습니다.

"그럼 앞으로 어떻게 하는 것이 좋겠습니까?"

"이제부터 1주일 동안 한 마디도 말을 해선 안 됩니다. 설사 아버님께서 채찍으로 왕자님을 때려죽이려 하시더라도 결코 입을 떼지 마십시오. 만약 이 기간을 무사히 넘길 수 있으면 왕자님은 옥좌에 올라 아버님의 지위를 잇게 될 것이고, 한 번이라도 입을 열게 되면 왕자님의 신상에 큰일이 일어날지도 모릅니다."

그러자 제자인 왕자가 말했습니다.

"오, 이건 선생님께서 잘못하신 겁니다. 너무 성급하게 내 천궁도도 살펴보지 않고 아버님에게 대답하신 것 아닙니까? 1주일 뒤로 대답을 연기하셨더라면 모든 일이 순조로웠을 텐데."

"아닙니다. 이것도 운명이고, 나로서는 해야만 한 일을 했을 뿐입니다. 한 가지 잘못이 있다면 왕자님이 훌륭한 학자가 되신 것을 매우 기뻐한 것이지요. 어쨌든 각오를 단단히 하십시오. 전능하신 알라께 의지하여 단 한 마디도 하지 마시도록."

이윽고 왕자가 접견실에 들어가자 대신들이 그를 맞이하여 부왕 앞으로 안내했습니다. 왕은 왕자에게 고개를 끄덕이며 말을 건넸으나 왕자는 아무런 대꾸도 하지 않았습니다.

왕이 대답을 하라고 재촉해도 왕자는 여전히 한 마디도 하지 않았습니다.

이 광경을 본 대신들은 모두 입을 딱 벌렸습니다. 왕도 너무나 기가 막히고 걱정이 되어 신디바드를 부르러 사람을 보냈습니다.

그러나 현자는 어디로 사라졌는지 그 행방을 찾기는커녕 소식조차 들을 수가 없었습니다.

누구랄 것도 없이 사람들은 이렇게 속삭였습니다.

"왕자님은 왕과 가신들 앞에 나서는 것을 부끄러워하고 계시는 거다."

"왕자님을 후궁에 보내면 부인들을 상대로 틀림없이 말문을 여실 것이고, 그러면 수줍어하는 마음도 사라질 텐데."

왕도 이 말을 듣고, 당장 그렇게 하라고 지시를 내렸습니다. 대신들은 왕자를 후궁 깊숙한 곳으로 데리고 갔습니다.

시냇물이 흐르고 그 물가에 온갖 과일나무와 향기로운 풀꽃이 자라는 후궁 안에는 방이 40개나 있고 방마다 10명의 여자노예들이 기거하고 있었습니다. 여자들은 모두 악기를 한 가지씩 능숙하게 다룰 줄 알아서 누군가가 악기를 켜기 시작하면 그 감미로운 가락에 맞춰 온 궁전 안의 여자들이 춤을 추기 시작했습니다.

왕자는 이 후궁에서 하룻밤을 보냈습니다. 이튿날 아침, 임금님이 매우 총애하는 측실 하나가 우연히 왕자의 모습을 보고 그 아름다운 얼굴과 균형 잡힌 체격, 품위 있고 우아한 모습에 매료되어 그만 사랑의 포로가 되고 말았

습니다.*5

그래서 여자는 왕자에게 다가가서 몸을 던졌으나 왕자는 아무런 반응이 없었습니다. 젊은이의 아름다움에 넋을 빼앗긴 여자는 왕자에게 간절한 사랑을 호소하면서 울며 매달리기도 하고, 사랑을 허락하여 안타까운 소망을 이루어달라며 유혹했습니다. 이윽고 여자는 왕자에게 몸을 던져 상대를 가슴에 꼭 껴안고 입을 맞추면서 말했습니다.

"오, 왕자님, 제발 자비를 베풀어주세요. 제가 반드시 당신을 아버님의 옥좌에 앉혀 드릴 테니까요. 아버님에게 독약을 쓰면 이내 돌아가실 것이니 그렇게 되면 이 영토와 재산은 모두 왕자님의 것이 되잖아요?"

이 말을 들은 왕자는 불같이 노하여 손짓 발짓을 다해 이렇게 말했습니다.

"이 저주받은 계집 같으니! 내가 말만 할 수 있게 되면 반드시 너의 그 버릇없고 괘씸한 행위를 응징해 줄 테다. 아버님께 말씀드리면 너는 그 자리에서 처형될 테니까."

왕자는 분노에 불타 벌떡 일어나서 여자의 방을 나갔습니다.

그 모습을 보고 여자는 자신에게 위기가 찾아온 것을 알고, 제 얼굴을 때리고 옷을 찢고 머리카락을 쥐어뜯고 머리에 쓴 베일을 벗어 던지고는 왕에게 달려가 울부짖으면서 그 발아래 몸을 던졌습니다.

왕은 남달리 사랑하는 여자의 그런 모습을 보고 몹시 걱정하며 물었습니다.

"도대체 무슨 일이냐? 왕자에게, 내 아들에게 무슨 좋지 않은 일이라도 일어난 것이냐? 설마 그건 아니겠지?"

"네, 임금님, 사실 신하들이 벙어리라고 한 그 왕자님이 제 몸을 요구했습니다. 제가 거절했더니 왕자님은 저를, 보시는 바와 같이 이런 꼴로 만드시고, 당장에라도 죽일 듯이 덤벼드셨어요. 그래서 가까스로 도망쳐 왔는데 다시는 왕자님 곁으로 돌아가고 싶지 않아요. 아니 후궁에도 돌아가지 않겠어요. 두 번 다시는!"

왕은 이 말을 듣고 불같이 화를 내며, 대신 7명을 불러 왕자를 처형하라고 명령했습니다. 그러자 대신들은 서로 말했습니다.

"만약 우리가 임금님의 명령을 그대로 시행하면 나중에 틀림없이 후회하실 것이다. 임금님은 왕자님을 매우 사랑하실 뿐만 아니라 한 번 포기했다가 귀하게 얻은 왕자님이란 말이야. 나중에 '너희는 어째서 내가 왕자를 죽이지 않도록 간하지 않았느냐' 꾸짖으실 게 틀림없다."

그래서 대신들은 왕의 노여움을 풀 방법이 없을까 이마를 맞대고 이 궁리 저 궁리를 하다가 이윽고 재상이 말했습니다.

"오늘은 내가 임금님을 뵙고 거칠고 사나운 명령을 거두시도록 해야겠다."

재상은 왕 앞에 나아가 엎드리며 조용히 드릴 말씀이 있다고 아뢰었습니다. 왕이 허락을 하자 재상은 입을 열었습니다.

"오, 임금님, 설사 임금님께 천 명의 아드님이 있다 하더라도, 사실인지 거짓인지도 모르면서 한 여자의 말에 좌우되어 아드님을 처형하시는 것은 매우 경솔한 처사인 줄 압니다. 게다가 어쩌면 그것은 거짓이고, 왕자님을 해치려는 간사한 꾀일지도 모릅니다. 왜냐하면 사실 여자들의 부정한 행실과 꾀, 그리고 앙심에 대해 참으로 많은 얘기가 전해지고 있는 것을 들은 적이 있기 때문입니다."

"그렇다면, 그대가 들은 이야기 중에서 아무거나 하나 해 보라."

"예, 임금님, 사실 이런 이야기를 들은 적이 있습니다."

왕과 대신의 아내[*6]

그 옛날 왕 중의 왕으로서 절대적인 권력을 가진 임금님이 있었습니다. 이 왕은 늘 여자를 사랑하는 데만 관심을 기울이고 있었습니다. 어느 날, 궁전의 한 방에서 밖을 내다보고 있다가, 어떤 집 발코니에 아름다운 여자 하나가 있는 것을 보고 그만 한눈에 반하고 말았습니다.[*7]

그래서 신하를 불러 그 집이 누구의 것이고 여자는 누구냐고 물으니, 집은 어느 대신의 집이고 여자는 그 부인이라 했습니다.

곧 그 대신을 부른 왕은 그에게 임무를 주어 영내의 먼 지방으로 파견했습니다. 그 임무란 그 지방의 상황을 살피고 오라는 것이었습니다. 대신이 명령을 받고 출발하자 왕은 즉시 계략을 써서 그 집과 여자에게 접근했습니다.

대신의 아내는 찾아온 왕의 모습을 보자 벌떡 일어나서 그 손과 발에 입을 맞추며 환영했습니다.

그리고 왕을 대접하기 위해 부지런히 움직이며 멀리서 이렇게 말했습니다.

"오, 임금님, 어쩐 일로 저희 집을 찾아 주셨습니까? 저희 같은 미천한 자에게는 분에 넘치는 영광입니다."

그러자 왕이 대답했습니다.

"그대가 마음에 들어서 위안을 얻고 싶은 생각에 발길이 저절로 이곳으로 향한 것이다."

이 말을 듣고 대신의 아내는 왕 앞에 두 번 절을 한 뒤 대답했습니다.

"오, 임금님, 저같이 임금님의 시녀가 될 가치도 없는 여자가 그런 분에 넘치는 명예와 은총을 입어도 괜찮을는지요?"

왕은 여자의 부드러운 살결을 즐기려고 한 손을 뻗었습니다.

"그럼 하는 수 없군요. 하지만 임금님, 잠깐만 참으시고 오늘은 저와 함께 여기서 느긋하게 보내십시오. 우선 식사부터 준비하겠습니다."

그래서 왕은 대신의 침대에 걸터앉아서 기다렸습니다.

대신의 아내는 급히 나가서 책을 한 권 들고 오더니, 식사를 준비하는 동안 읽으라고 임금님에게 주었습니다.

왕이 무심코 그 책을 펼쳐 보니 거기에는 간음을 자제하고 죄를 범할 용기를 꺾는, 도덕상의 훈계와 여러 가지 실례가 씌어 있었습니다.

이윽고 대신의 아내는 종류도 빛깔도 저마다 다른 음식을 90개의 접시에 담아 왕 앞에 차려 놓았습니다. 왕은 그 음식을 하나하나 맛보았지만, 접시의 수는 그처럼 많은데도 맛은 모두 한 가지였습니다. 왕은 몹시 의아하게 생각하며 물었습니다.

"오, 대신의 아내여, 음식은 이렇게 가지각색인데 맛이 똑같으니 대체 어찌 된 일이냐?"

"오, 알라여, 임금님을 축복하소서. 그것은 임금님에게 간언을 올리려고 생각해 낸 비유입니다."

"아니, 그러면 이것이 어떤 의미가 있단 말이냐?"

"오, 알라여, 우리의 주군이신 임금님을 구해 주소서! 임금님의 궁전에는 90명의 살빛이 다른 측실이 있지만, 그 맛은 모두 한 가지일 것입니다."[8]

왕은 이 말을 듣고 그만 부끄러워져서 얼른 일어나 여자를 탓하지도 않고 부랴부랴 궁전으로 돌아갔습니다.

그런데 이때 왕은 너무나 당황한 나머지 도장반지를 침대의 깔개 밑에 떨어뜨리고 와버렸습니다. 그 뒤 그 일이 생각나기는 했지만 찾으러 가는 것이 창피해서 그대로 내버려 두었습니다.

왕이 궁전에 돌아오는 것과 거의 때를 같이하여 대신도 돌아와, 왕 앞에 엎드려 양탄자에 입을 맞춘 다음 자신이 살펴보고 온 지방의 상황을 보고했습니다.

그리고 집으로 돌아가 침대에 걸터앉으며 무심코 깔개 아래 손을 넣었는데, 뜻밖에도 왕의 도장반지가 나오는 것이 아니겠습니까?

대신은 그 반지가 왕의 것이라는 사실을 알고 그 일을 마음속으로 고민하면서, 거의 1년 동안 아내를 찾지도 않을뿐더러 말도 하지 않고 서먹서먹하게 지냈습니다. 아내 쪽에서는 남편이 왜 화를 내는지 도무지 알 길이 없었습니다.

―여기서 날이 훤히 밝아왔으므로 샤라자드는 이야기를 그쳤다.

579번째 밤

샤라자드는 이야기를 계속했다.

오, 인자하신 임금님, 그래서 대신의 아내는 오랫동안 남편에게 소박을 맞고 혼자 지내는 것이 쓸쓸해져서 친정아버지를 오게 하여 그동안의 사정을 말했습니다. 그러자 아버지는 이렇게 말했습니다.

"그렇다면 네 남편이 어전에 있을 때 임금님께 말씀을 드려보도록 하겠다."

어느 날 대신의 장인이 왕을 알현하러 갔더니 마침 대신과 대판관도 와 있었으므로 왕에게 이렇게 어려움을 호소했습니다.

"오, 전능하신 알라여, 우리의 임금님을 구해 주소서! 저는 아름다운 꽃밭을 가지고 있는데, 그곳에 손수 꽃을 심고 열매를 맺을 때까지 재산을 들여 정성껏 돌보았습니다. 그리고 드디어 열매가 익어 거두어들일 때가 되자, 저는 그것을 여기 있는 이 대신에게 주었습니다. 그런데 이 대신은 맛있어 보이는 부분만 먹고 나머지는 버리고 말았습니다. 그리고 물도 주지 않고 손질도 하지 않으니 꽃은 시들고 빛은 바래서 원래의 모습을 찾아볼 수 없게 되고 말았습니다."

그러자 대신이 말했습니다.

"오, 임금님, 이분이 말한 것은 사실입니다. 저는 사실 그 꽃밭을 잘 손질하여 나무랄 데 없이 키우고 있었는데, 어느 날 그곳에 가보았더니 사자가 휘젓고 간 흔적이 있지 않겠습니까? 그래서 저는 목숨을 잃을까 두려워서 다시는 그 꽃밭에 들어가지 않기로 한 것입니다."

이 말을 들은 왕은 대신이 말하는 사자의 흔적이 바로 자기가 두고 온 도장반지라는 것을 깨닫고 이렇게 말했습니다.

"오, 대신, 그대는 안심하고 꽃밭으로 돌아가라. 아무것도 겁낼 것 없다. 사자는 그 꽃밭 가까운 곳에도 가지 않았으니까. 뭐, 들리는 말에 의하면 사자는 그곳에 가기는 했지만 내 조상에 맹세코 사자는 결코 그 꽃밭을 짓밟지는 않았다고 한다."

"분부대로 하겠습니다."

이렇게 왕에게 대답하고 집으로 돌아간 대신은 아내를 불러 화해를 하고, 그때부터는 아내의 정절을 의심하는 일 없이 살았다고 합니다.

재상은 말을 이었습니다.

"오, 임금님, 제가 이 이야기를 한 것은 여자라는 것이 얼마나 간사한 꾀를 부리는 존재인가 하는 점과 경솔한 행동은 후회의 씨앗이 된다는 것을 말씀드리고 싶어서였습니다. 저는 또 이런 이야기도 들은 적이 있습니다."

과자장수와 그의 아내와 앵무새 이야기[*9]

옛날 이집트에 미인으로 평판이 자자한 아내를 둔 과자장수가 있었습니다.

그 과자장수는 앵무새를 한 마리 키우고 있었는데, 이 새는 때와 장소에 따라 파수꾼과 야경꾼 노릇을 하거나, 때로는 초인종이나 첩자 역할까지 하는 기특한 새였습니다.

이를테면 설탕 주위에 파리가 붕붕거리며 날아다니는 소리를 들으면 곧 날개를 파닥여서 알려주곤 했지요. 또 주인이 집을 비우는 동안 있었던 일을 주인에게 죄다 고자질을 했습니다. 그러므로 과자장수 아내에게는 눈엣가시와 같은 존재였습니다.

어느 날 저녁, 과자장수는 친구를 찾아가기 전에 앵무새에게 밤새도록 자지 말고 불침번을 잘 서라고 엄하게 명령해 놓고, 아내에게는 아침까지 돌아오지 않을 테니 집을 잘 보라고 이른 다음 밖으로 나갔습니다.

그런데 과자장수가 문밖으로 나가기가 무섭게 아내는 얼른 오래된 정부를 부르러 갔습니다. 그리고 정부와 같이 돌아와서 밤새도록 농탕질을 하며 하룻밤을 보냈습니다. 그 광경을 앵무새가 낱낱이 보고 있었습니다.

이튿날 아침, 정부가 일찌감치 돌아간 뒤 집에 들어온 과자장수는 앵무새한테서 그 얘기를 듣고 아내의 방으로 뛰어들어가 아내를 흠씬 두들겨 팼습니다. 마누라는 속으로 생각했습니다.

'도대체 누가 고자질한 거지?'

그래서 자기가 무슨 비밀이든지 다 털어놓고 얘기하는 하녀 한 사람에게 네가 고자질한 것이 아니냐고 족쳤습니다. 그러나 하녀는 절대로 그런 배신행위는 하지 않았다고 맹세하면서, 주인 나리가 아침에 집에 돌아와 잠시 앵무새 앞에 서서 무슨 말인가 듣고 있는 모습을 보았다고 일렀습니다.

그제야 마누라는 고자질한 게 앵무새임을 알고 그 앵무새를 죽이기로 했습니다.

며칠이 지난 어느 날, 과자장수는 또 한 친구에게서 하룻밤 같이 놀자는 초대를 받았습니다. 그래서 집을 나갈 때 전과 마찬가지로 앵무새에게 자기 아내를 잘 감시하게 하고 마음 놓고 집을 나섰습니다.

한편 과자장수 마누라와 그 심복하녀는 어떻게든 주인이 앵무새에게 보내고 있는 신뢰를 깨부수려고 꾀를 냈습니다.

그래서 두 사람은 가짜 폭풍우를 연출하기로 했습니다. 먼저 앵무새 머리 위쪽에 맷돌을 놓고(정부가 가죽 위에 물을 부으면서 그것을 돌렸습니다), 부채질도 하며, 촛불 위에 씌운 덮개를 갑자기 벗겨 접시 밑에 숨기기도 했습니다. 이렇게 번개와 큰 비를 섞어 가짜 폭풍을 일으키자, 앵무새는 몸이 흠뻑 젖어서 마치 대홍수 속에 빠진 꼴처럼 되었습니다. 금방 번개가 번쩍이는가 하면 곧이어 천둥소리가 울렸는데, 번개는 촛불이 어른거리는 빛이고 천둥소리는 맷돌이 돌아가는 소리였습니다. 앵무새는 속으로 생각했습니다.

'이거 큰일 났다! 노아조차 본 적이 없는 대홍수가 났나 보다.'

앵무새는 겁이 덜컥 나서 머리를 날갯죽지 속에 파묻고 말았습니다.

이튿날 아침 집에 돌아온 과자장수는 급히 앵무새에게 가서 자기가 없는 동안 일어난 일을 물었습니다.

앵무새는 간밤에 일어난 무시무시한 홍수와 폭풍우에 대해서는 자기 입으로는 다 표현할 수가 없으며, 그 맹렬한 싹쓸바람과 폭풍우를 설명하자면 아마 몇 해는 걸릴 거라고 대답했습니다. 과자장수는 간밤에 홍수가 났다는 앵무새의 말을 듣고 몹시 화를 내며 말했습니다.

"이 앵무새야! 네놈은 틀림없이 미쳤나 보구나. 뭐, 간밤에 폭풍우가 일고 번개가 쳤다고? 그러고 보니 네놈이 유서 깊은 우리 가정을 망쳐놓았어. 원래 내 마누라는 세상에 둘도 없는 정숙한 여자란 말이다. 내 마누라에 대한 네놈의 고자질은 새빨간 거짓말이었어!"

과자장수는 그렇게 소리치면서 홧김에 새장을 바닥에 내동댕이치고 앵무새의 목을 비틀더니 창문 밖으로 내던지고 말았습니다.

얼마 뒤 친구 한 사람이 그 집을 찾아왔다가 목이 비틀어지고 털이 뜯긴 앵무새의 죽은 몸뚱이를 보고 그 까닭을 물어보았습니다. 그러자 그것은 여자들이 꾸민 간사한 꾀가 틀림없다고 생각하고 과자장수에게 이렇게 말했습니다.

"자네 부인이 목욕탕에 가거든 심복종년을 족쳐서 비밀을 자백받아보게."

과자장수는 아내가 집을 나가자마자 안으로 들어가 종년을 족치며 사실을 자백하라고 다그쳤습니다.

하녀가 진상을 자세히 자백하자, 과자장수는 죄 없는 앵무새를 죽인 일을 몹시 후회했습니다.

재상은 말을 이었습니다.

"오, 임금님, 이 이야기는 여자들이 얼마나 간사한 꾀와 나쁜 음모에 뛰어난지, 그리고 서둘러 일을 처리하면 틀림없이 나중에 후회하게 된다는 것을 임금님께서 깨우치시기를 바라고 말씀드린 것입니다."

대신의 말을 듣고 왕은 마음을 돌려 왕자를 죽이는 것을 중지시켰습니다. 그런데 이튿날 그 애첩이 왕 앞에 엎드리며 이렇게 말하는 것이었습니다.

"오, 임금님, 어째서 올바른 길로 나아가는 것을 주저하고 계시는지요?

제후들은 임금님이 명령을 내리신 사실을 다 알고 있습니다. 임금님의 재상이 그것에 반대한 것도요. 그렇지만, 왕명에 복종한다는 것은 왕명을 받들어 시행하는 일이며, 임금님이 올바르게 심판하시고 누구에게나 그릇됨이 없이 정당하신 것은 모든 사람이 알고 있습니다. 그러니 저를 위해 왕자님에게 올바른 심판을 내려주십시오. 그리고 저 또한 이런 이야기를 들은 적이 있습니다."

세탁집 아들

옛날에 세탁을 해 주며 생계를 꾸려나가는 한 남자가 있었습니다.

그는 매일 세탁물을 가지고 티그리스 강가로 나갔는데, 언제나 아들이 그를 따라갔습니다. 아들은 아버지가 빨래하는 동안 강에 들어가 헤엄을 치려고 따라갔는데 아버지는 굳이 말리려 하지 않았습니다.[*10]

어느 날, 아들이 헤엄을 치다가 갑자기 팔에 쥐가 나서 물에 빠지고 말았습니다. 아버지는 놀라서 강물에 뛰어들어 아들의 팔을 붙잡았지만, 아들이 정신없이 아버지를 움켜잡고 매달리는 바람에 그만 부자가 함께 빠져 죽고 말았습니다.

"오, 임금님, 임금님의 처지도 이와 비슷합니다. 만약 왕자님을 저대로 내버려두시고 저의 원한을 풀어주지 않으신다면 두 분이 함께 물에 빠지는 꼴이 되지 않을까 걱정됩니다."

―여기서 날이 훤히 밝아왔으므로 샤라자드는 이야기를 그쳤다.

580번째 밤

샤라자드는 이야기를 계속했다.

오, 인자하신 임금님, 왕의 애첩은 다시 말을 이었습니다.

"남자들의 음흉한 책략에 대한 한 예로서, 저는 이런 이야기도 들은 적이 있습니다."

난봉꾼의 책략과 정숙한 아내

한 난봉꾼이 미모와 우아한 매력의 본보기 같은 아름다운 여자를 연모하고 있었습니다. 그 여자는 이미 결혼한 뒤여서 부부가 서로 아끼고 사랑하며 금실 좋게 살고 있었습니다.

게다가 저처럼 순결하고 정숙한 여자였으므로 난봉꾼은 도무지 여자에게 접근할 방법이 없었습니다. 그래서 난봉꾼은 곰곰이 생각한 끝에 자신의 목적을 달성하기 위해 한 가지 꾀를 생각해 냈습니다.

그 여자의 남편에게는 그 집에서 자라난 요리사로서 깊이 신뢰하고 있는 한 젊은이가 있었습니다. 이 난봉꾼은 그 젊은이에게 달라붙어 선물도 하고 달콤한 말을 속삭이면서 친절을 베풀어 교묘하게 환심을 샀습니다. 그러자 젊은이는 그만 완전히 속아 넘어가 난봉꾼이 하는 말이라면 입안의 혀처럼 순종하면서 뭐든지 시키는 대로 했습니다.

어느 날 난봉꾼이 젊은이에게 말했습니다.

"여보게, 여주인이 집에 없을 때 나를 집 안으로 불러다오."

"예, 그렇게 하지요."

그리하여 주인이 가게에 나가고 여주인은 목욕탕에 갔을 때, 난봉꾼을 집 안으로 불러 방과 그곳에 있는 물건들은 모두 보여주었습니다.

난봉꾼은 여자에게 죄를 뒤집어씌울 생각으로 달걀흰자를 그릇에 담아 가지고 갔는데, 젊은이가 안 보는 사이에 그것을 주인의 침대에 몰래 쏟아놓고는 시치미를 떼고 그 집에서 나왔습니다.

이윽고 주인이 가게에서 들어와 쉬려고 침대에 누웠는데, 그 위에 무언가 끈적끈적한 것이 묻어 있지 않겠습니까? 자세히 살펴보니 그것은 아무래도 남자의 정액 같았습니다. 그래서 주인은 젊은이를 무섭게 노려보면서 물었습니다.

"마님은 어디 갔느냐?"

"목욕탕에 가셨는데*11 곧 돌아오실 때가 되었습니다."

주인은 그 말을 듣고 정액이 아닌가 하는 의심이 더욱 짙어져서 화를 버럭 내며 고함을 질렀습니다.

"당장 가서 데리고 오너라."

잠시 뒤 아내가 돌아오자 질투심 많은 남자는 다짜고짜 아내에게 달려들어 마구 두들겨 팬 뒤, 뒷결박을 지워 놓고는 칼로 여자의 목을 찌르려 했습니다.

놀란 여자가 비명을 지르며 이웃의 도움을 청하자 이웃 사람들이 달려왔습니다. 아내는 사람들에게 호소했습니다.

"이 양반이 아무 이유도 없이 나를 두들겨 패고 죽이려고 하는데, 내가 무슨 죄를 지어서 죽게 되는 건지 도대체 알 수가 없어요!"

그러자 사람들이 남편에게 물었습니다.

"어째서 이런 심한 짓을 하는 것입니까?"

"이 여자와는 이혼할 거요!"

"당신에게는 이 여자를 학대할 권리가 없소. 이혼하거나, 아니면 친절히 대해 주어야 합니다. 우리는 이 여자가 행실이 바르고 순결하며 정숙하다는 사실을 잘 알고 있습니다. 오랫동안 이웃에 살면서 이 여자에 대한 나쁜 평판은 한 번도 들은 적이 없어요."

그러자 남편이 말했습니다.

"그런데 조금 전에 집에 돌아와 보니 내 침대에 남자의 정액 같은 것이 묻어 있었소! 나로서는 아무래도 그 까닭을 알 수가 없소."

이때 사람들 속에서 한 아이가 앞으로 나오며 말했습니다.

"아저씨, 그걸 좀 보여주세요."

아이는 그것을 보고 냄새를 맡아보더니 불과 냄비를 가져오게 하여 그것을 냄비에 떠 넣어 불 위에 올렸습니다. 그것이 굳자 아이는 먼저 자기가 먹어보고 남편과 다른 사람에게도 맛을 보게 하니, 그것은 틀림없는 달걀 흰자였습니다.

그제야 남편은 아무 죄도 없는 결백한 아내에게 터무니없는 누명을 씌웠다는 사실을 깨달았습니다. 이웃 사람들이 이혼 소동까지 갈 뻔한 두 사람의 사이를 중재하여, 남편은 아내에게 용서를 빌고 금화 백 닢을 선물했습니다.

이렇게 하여 부도덕한 난봉꾼의 간사한 꾀는 여지없이 실패로 돌아가고 말았습니다.

"오, 임금님, 이것은 남자들이 얼마나 간사하고 악독하며 부정한지를 말해 주는 한 예입니다."

이 이야기를 들은 왕은 다시 왕자를 베라고 명령했습니다.

그러나 이튿날이 되자, 두 번째 대신이 중재하기 위해 찾아와 왕 앞에 엎드렸습니다.

"고개를 들라. 알라께 예배를 드릴 때만 엎드리는 것이다."*12

왕이 말하자 대신은 몸을 일으키고 이렇게 말했습니다.

"오, 임금님, 제발 성급하게 왕자님을 죽이지는 마십시오. 이미 포기하셨다가 전능하신 알라께서 은총을 베풀어 왕비님께 점지해 주신 아드님이 아닙니까? 그것은 참으로 기적과 같은 행운이었습니다. 따라서 저희는 왕자님이 오래도록 살아계셔서 위세를 더욱 떨치시고, 임금님의 위엄과 덕망을 영원히 지켜주시기를 바라고 있습니다. 그러하오니 잠깐만 참아주십시오. 아마 왕자님은 때가 오면 입을 열어 해명하실 겁니다. 만약 서둘러 왕자님을 죽이신다면 마치 어떤 장사꾼이 후회한 것처럼 임금님도 틀림없이 후회하게 되실 것입니다."

"대신, 그 장사꾼이 뭘 어떻게 했단 말인가?"

왕이 묻자, 두 번째 대신은 다음과 같은 이야기를 시작했습니다.

구두쇠와 빵

옛날에 지독하게 인색하여 먹고 마시는 것까지 아까워서 벌벌 떠는 한 장사꾼이 있었습니다.

이 장사꾼이 하루는 어느 도시로 여행을 가서 시장을 걷다가 방금 구운 먹음직스러운 빵 두 개를 든 노파를 만났습니다.

"그거, 파실 거요?"

상인이 물었습니다.

"예."

장사꾼은 값을 깎고 또 깎아서 턱없이 싼 값에 그것을 산 다음 숙소로 돌아가 그날의 양식으로 삼았습니다.

이튿날이 되어 다시 그 장소에 가보았더니 어제의 노파가 또 빵 두 개를 안고 있어서, 또 그것을 샀습니다.

그리하여 스무닷새 동안 하루도 빠짐없이 빵을 사 먹었는데, 어느 날 갑자기 이 노파가 보이지 않는 것이었습니다. 그래서 이웃 사람들에게 물어보았으나 아는 사람이 아무도 없었습니다.

며칠이 지난 뒤, 길을 가다가 뜻밖에 이 노파를 다시 만났습니다. 장사꾼은 노파를 불러 세워 인사를 하고 몇 마디 친절한 말을 늘어놓은 뒤, 빵을 파는 일은 그만두었느냐고 물었습니다.

그러자 노파는 처음에는 통 대답을 하려 하지 않다가, 상인이 자꾸만 캐물으니 노파는 하는 수 없이 입을 열었습니다.

"정 그렇다면 이야기하지요. 사실 나는 등에 고약한 종기가 난 어떤 사람을 간호하고 있었다우. 의사 선생이 밀가루에 버터를 섞어서 고약을 만들어 그것을 밤새도록 종기에 붙여두라기에 그렇게 했지요. 그리고 이튿날 아침이 되면 그 고약을 떼어다가 구워서 빵을 두 개씩 만들어 사람들에게 팔았답니다. 그런데 그이가 죽어버리고 말았으니 빵을 만들 수 없게 된 것이지요."*13

이 말을 들은 장사꾼은 분통을 터뜨리며 이렇게 소리쳤습니다.

"오, 참으로 우리는 알라의 것이며, 알라의 것으로 돌아가는 자로다! 오, 영광되고 위대한 알라 외에 주권 없고, 권력 없도다!"

그러나 아무리 후회해도 이미 소용없는 일이었습니다.

─여기서 날이 훤히 밝아왔으므로 샤라자드는 이야기를 그쳤다.

581번째 밤

샤라자드는 이야기를 계속했다.

오, 인자하신 임금님, 장사꾼은 또 이렇게 소리쳤습니다.

"너에게 닥쳐오는 어떠한 재앙도 자업자득이라는 것을 기억하라!"*14

장사꾼은 더없이 높은 알라의 말을 중얼거리며 배 속에 든 것을 전부 토해내고는 병에 걸리고 말았습니다. 그러나 이미 소 잃고 외양간 고치기와 마찬가지였습니다.

두 번째 대신은 이야기를 계속했습니다.
"오, 임금님, 저는 또 여자의 간사한 꾀에 대해 이런 이야기도 들은 적이 있습니다."

바람둥이 계집과 두 명의 정부

옛날이야기입니다만, 어느 임금님의 칼잡이(무사)가 평범한 유부녀를 몹시 연모하고 있었습니다.
어느 날, 그 사내는 늘 하듯이 시동을 시켜 그 여자에게 편지를 보냈습니다. 그런데 시동이 여자 옆에 앉아서 여자와 수작을 나누는 사이에, 여자는 그만 이 젊은이에게 마음이 끌려 젊은이를 가슴에 끌어안고 온몸을 어루만지기도 하고 입을 맞추기도 했습니다.
시동은 그만 참을 수가 없어서 여자에게 몸을 요구했고 여자는 즉시 허락하여 막 그 짓을 벌이려고 하는데, 느닷없이 시동을 심부름 보낸 칼잡이가 찾아와서 문을 두드리는 것이었습니다.
여자는 얼른 비밀 문을 열어 시동을 지하실에 밀어 넣고 문을 열어주었습니다. 칼잡이는 손에 칼을 들고 들어와서 여자의 침대에 걸터앉았습니다. 여자는 그 옆에 앉아서 사내에게 입을 맞추고 가슴에 안기면서 여느 때처럼 애교를 부리기 시작했습니다. 그리하여 이윽고 남자가 여자를 안은 채 침대에 자빠지려 하는데, 이번에는 여자의 남편이 문을 두드리는 게 아니겠습니까? 칼잡이는 깜짝 놀라 물었습니다.
"저건 누구야?"
"우리 집 영감이에요."
"이거 큰일 났군, 어떡하지?"
"어서 칼을 뽑고 문 앞에 서서 저에게 마구 욕설을 퍼부으세요. 그러다가 영감이 들어오거든 그대로 밖으로 나가면 돼요."
정부는 여자가 말한 대로 하기로 했습니다. 여자의 남편이 안에 들어가 보니, 임금님의 칼잡이가 시퍼런 칼을 뽑아들고 자기 아내에게 마구 욕설을 하면서 위협을 하다가, 자기를 보더니 얼굴을 붉히고 언월도를 칼집에 꽂고는 방에서 나가고 말았습니다.

그러자 남편이 물었습니다.

"대체 무슨 일이오?"

"정말 제때 잘 돌아오셨어요. 하마터면 진실한 신자가 죽을 뻔한 것을 구해 주신 거예요. 사실은 제가 발코니에 나가서 물레질하고 있는데 한 젊은이가 공포에 떨면서 미친 사람처럼 헐레벌떡 제 앞으로 뛰어 오지 않겠어요? 칼을 뽑아든 아까 그 사내에게 쫓겨서 도망쳐 온 거였어요. 그 젊은이는 내 앞에 몸을 던지고 손발에 입을 맞추면서 이렇게 말했지요.

'저는 지금 오해를 받고 살해될 참입니다. 제발 자비를 베푸시어 저를 살려 주십시오.'

그래서 저는 그 젊은이를 지하실에 숨겨 주었더니, 곧이어 아까 그 사내가 손에 시퍼런 칼을 치켜들고 젊은이를 찾으러 들어왔어요. 제가 젊은이는 오지 않았다고 말했더니 그 사내는 아까 보신 것처럼 저에게 마구 욕을 하면서 위협하지 뭐예요. 마침 그때 다행히 당신을 저한테 보내주신 알라를 찬양합시다! 저는 정말 무서워서 죽는 줄 알았어요. 도와주는 사람이 아무도 없었으니까요."

아내의 설명을 듣고 남편이 말했습니다.

"오, 정말 잘했소! 전능하신 알라께서 당신에게 틀림없이 상을 내려주실 거요. 당신의 훌륭한 행위에 알라께서 복을 듬뿍 내려주시기를!"

남편은 지하실로 내려가는 비밀 문 앞으로 가서 시동에게 말했습니다.

"자, 이제 그만 나오게. 걱정할 것 없으니까. 그자는 가버렸어."

젊은이는 공포에 질려 아직도 오들오들 떨면서 지하실에서 나왔습니다.

"기운 내! 이젠 아무도 너를 해치지 않을 테니까."

남편은 젊은이가 겪은 재난을 위로했고, 젊은이는 젊은이대로 그에게 하늘의 축복을 기원했습니다. 두 사람은 함께 밖으로 나갔는데, 남편도 시동도 여자의 계략에 감쪽같이 속아 넘어간 줄은 꿈에도 몰랐습니다.

대신은 말했습니다.

"오, 임금님, 이것은 여자의 앙큼한 꾀를 일러주는 한 예입니다. 그러므로 임금님께서도 여자의 말을 너무 믿지 않으시도록 특별히 유의하시기 바랍니다."
　임금님은 이 얘기를 듣고 그럴듯하다 여기고 왕자의 처형을 나중으로 미루었습니다. 그러나 사흘째가 되자 그 애첩이 다시 왕에게 나아가 바닥에 엎드리며 말했습니다.
　"오, 임금님, 부디 저와 왕자님을 공평하게 심판해 주세요. 대신들의 실없는 말을 믿고 뜻을 굽히셔서는 안 됩니다. 교활한 대신에게 무슨 미덕이 있겠어요? 부디 악랄한 고문의 말을 신뢰한 바그다드의 임금님처럼 되지 않으시기를 빌겠어요."
　"그것은 어떤 이야기인고?"
　"오, 인자하시고 현명하신 임금님, 제가 전해 들은 이야기는⋯⋯."
　왕의 물음에 측실은 다음과 같은 이야기를 시작했습니다.

왕자와 식인종*15

　옛날 어느 임금님에게 한 왕자가 있었습니다. 왕은 다른 자식들보다 특별히 이 왕자를 귀여워하며 매우 사랑하고 소중히 여겼습니다.
　어느 날 왕자가 왕에게 말했습니다.
　"아버님, 사냥을 가고 싶습니다."
　그리하여 왕은 사냥준비를 하게 하는 한편 대신을 불러 왕자를 호위하고 시중을 들라고 명령했습니다.
　명령을 받은 대신은 여행에 필요한 것을 빠짐없이 마련한 뒤, 환관과 관원과 시동들을 거느리고 왕자와 함께 출발했습니다. 한참 나아가자 풀이 무성하게 자라고 물과 사냥감이 풍부한 푸른 들판에 이르렀습니다.
　왕자가 대신을 돌아보며 이곳이 마음에 드니 여기서 머무는 게 어떠냐고 말했습니다. 그리하여 모두 말에서 내려 매와 살쾡이와 개를 풀어 많은 짐승을 잡았습니다. 모두 행운을 만나 크게 기뻐하며 그곳에서 며칠 머물면서 이 세상의 모든 즐거움을 즐겼습니다.
　이윽고 왕자는 다시 출발 명령을 내렸습니다. 일행이 한참 길을 나아가니, 마치 두 개의 뿔 사이에서 떠오르는 태양처럼 멋진 영양 한 마리가 무리에서 떨어져 왕자 앞으로 뛰어나왔습니다. 그것을 본 왕자는 어떻게든지 영양을 잡고 싶어서 대신에게 말했습니다.

"나는 저 영양의 뒤를 쫓겠다."

"알았습니다."

왕자가 혼자 말을 타고 정신없이 영양을 쫓다 보니 어느새 부하들의 모습이 보이지 않게 되었습니다. 그리고 영양을 쫓는 동안 어느덧 해질 무렵이 되어, 영양은 바위가 많은 곳에 뛰어들어 숨어버렸고 어둠이 왕자를 휩싸고 말았습니다.

왕자는 돌아가려고 서둘렀지만 길을 찾을 수가 없었습니다. 불안해진 왕자는 이렇게 외쳤습니다.

"영광되고 위대한 신 알라 외에 주권 없고 권력 없도다!"

왕자는 새벽녘까지 밤새도록 말을 탄 채 길을 찾았지만, 아무것도 보이지 않았습니다. 아침이 되어도 마찬가지여서 굶주림과 갈증에 괴로워하며 무턱대고 말을 몰았습니다. 그러는 동안 어디로 가고 있는지도 통 모르는 채 어느덧 한낮이 되자 태양이 사정없이 내리쬐기 시작했습니다.

그때 문득, 거대한 주춧돌 위에 하늘 높이 성벽을 두른 도시가 눈에 들어왔습니다. 그렇지만 그 도시는 폐허였으며 까마귀와 부엉이를 제외하고 살아 있는 것이라고는 하나도 보이지 않았습니다.

그런데 폐허 속에 서서 그 황량한 광경을 멍하니 바라보고 있는 왕자의 눈에 뜻밖에도 젊고 아름다운 처녀 하나가 들어왔습니다. 왕자는 성벽 아래 앉아서 구슬프게 울고 있는 처녀에게 다가가 말을 걸었습니다.

"당신은 누구십니까? 누가 당신을 이곳에 데리고 왔습니까?"

"저는 잿빛나라의 왕 알 티야프의 딸 빈트 알 타미마라고 합니다. 어느 날 변소에 갔다가*16 마족 가운데 마신에게 납치되어 하늘과 땅 사이로 날아갔습니다. 그런데 날아가다가 별똥별이 불길로 변하여 마신을 태워 죽였기 때문에 이곳에 떨어졌지요. 지난 사흘 동안 아무것도 먹지 못한 데다 목이 말라 견딜 수가 없어요. 하지만 이렇게 당신을 만나니 갑자기 살고 싶은 생각이 드는군요."

―여기서 날이 훤히 밝아왔으므로 샤라자드는 이야기를 그쳤다.

582번째 밤

샤라자드는 이야기를 계속했다.

오, 인자하신 임금님, 왕자는 알 티야프 왕의 공주가 왕자를 만나 갑자기 살고 싶은 의욕이 생겼다고 하는 말을 듣자 가여운 생각이 들어 그녀를 안아 말 위에 태웠습니다.

"이젠 아무 걱정하지 말고 기운을 내시오. 만약 알라(오, 알라를 찬양할지어다!)께서 나를 백성과 가족한테 돌아가게 해 주신다면 당신을 고국으로 보내 드리리다."

그리고 왕자는 구원을 빌면서 다시 길을 나아갔습니다.

잠시 뒤 처녀가 말했습니다.

"왕자님, 잠깐만 내려주세요. 저기 벽이 있는 곳에서 용변을 보고 올 테니까요."

왕자가 말고삐를 당기자 처녀는 말에서 내렸습니다. 여자가 벽 뒤에 몸을 숨기고 있는 동안 왕자는 오랫동안 기다리고 있었습니다. 그런데 이윽고 다시 나타난 그녀는 얼굴이 차마 눈 뜨고 볼 수 없을 만큼 더럽고 흉악하게 변해 있지 않겠습니까?

왕자는 머리카락이 곤두서고 온몸이 떨리는 데다, 얼굴은 죽은 사람처럼 새파랗게 질렸습니다. 여자는 그 흉측한 얼굴로 왕자의 말에 다시 올라탔습니다. 그리고 잠시 뒤 이렇게 말하는 것이었습니다.

"오, 왕자님, 무슨 걱정이라도 있으신지 얼굴빛이 좋지 않으신데, 왜 그러세요?"

"좀 걱정되는 일이 있어서 그럽니다."

"그렇다면 아버님의 군대나 용사들의 힘을 빌리시면 되잖아요?"

"제가 두려워하고 있는 것은 군대도 얕잡아 보고 있어서 용사도 아무 힘을 쓸 수가 없습니다."

"그렇다면 아버님의 황금과 재물의 힘을 빌리세요."

"제가 두려워하고 있는 건 재물로도 만족하지 않습니다."

"그럼, 왕자님께선 당신의 눈엔 보이지만 다른 사람에겐 보이지 않는 전지전능하신 신을 믿고 계시겠죠?"

"그렇군요. 알라 말고는 구원을 청할 자가 없군요."

"그러시다면 알라께 기도하세요. 어쩌면 알라께서는 적으로부터 당신을 구해 주실지 모르잖아요?"

그래서 왕자는 하늘을 우러러 열심히 기도를 드리기 시작했습니다.

"오, 알라여, 부디 절 괴롭히는 것에서 저를 구원해 주소서."

그러면서 여자를 한 손으로 가리키자, 여자는 순식간에 숯덩이처럼 새까맣게 타서 땅에 굴러떨어지고 말았습니다.

왕자는 알라께 감사드리고 알라를 찬양하면서 다시 말을 달려 나아갔습니다. 전능하신 알라(알라를 찬양할지어다!)께서 은총을 내리시어 올바른 길로 인도하신 덕분에, 이젠 살아날 가망이 없다고 단념하고 있었던 왕자는 무사히 자기 나라를 찾아서 부왕이 있는 도시로 돌아갈 수 있었습니다.

그런데 이렇게 된 것은 모두, 왕자를 수행한 대신이 왕자를 죽이려고 음모를 꾸몄기 때문에 일어난 일이었습니다. 하지만 전능하신 알라께서 왕자를 구해 주신 것이지요.

측실은 말을 이었습니다.

"이런 이야기를 임금님께 들려 드린 까닭은 간사하고 악독한 대신은 주군에게 충성을 다하지 않을 뿐만 아니라, 주군에게 진심으로 간언하는 것도 아니라는 사실을 알아주시라는 뜻에서입니다."

임금님은 측실의 이 이야기에 넘어가서 다시 왕자를 죽이라고 명령했습니다.

그러자 세 번째 대신이 들어와서 동료 대신들에게 오늘은 자기가 반드시 임금님의 마음을 돌려놓겠다고 말한 뒤, 왕 앞에 나아가 바닥에 엎드렸습니다.

"오, 임금님, 저는 임금님의 진실한 의논상대로서, 임금님과 나랏일을 늘 걱정하고 있습니다. 그래서 이 세상에서 가장 진실한 충고의 말을 드리고자 합니다. 그것은 다름이 아니라 임금님의 눈동자를 즐겁게 해 주는, 생명의 결정체인 왕자님을 성급하게 죽여서는 안 된다는 것입니다. 아마도 왕자님의 죄는 아주 작은 실수일 것입니다. 그것을 그 측실이 임금님 앞에서 공연히 부풀려서 말씀드린 것입니다. 옛날 벌꿀 한 방울 때문에 두 마을 사람들이 다 같이 멸망했다는 이야기를 들은 적이 있습니다."

"오호, 그건 어떤 이야기인가?"

"그럼, 한 방울의 벌꿀 이야기를 해 드리기로 하지요."

벌꿀 한 방울*17

매일 숲에 가서 들짐승을 사냥하며 살아가는 한 사냥꾼이 있었습니다. 어느 날 이 사냥꾼은 산속의 동굴에 들어갔다가 벌꿀이 가득 든 땅굴이 있는 것을 발견했습니다.

그래서 그는 가지고 간 가죽 물주머니에 벌꿀을 가득 담아 어깨에 둘러메고 귀여워하는 개를 데리고 마을로 내려갔습니다. 사냥꾼은 기름가게로 가서 그 꿀을 사지 않겠냐고 물었습니다. 기름장수는 꿀을 사서 내용물을 확인하기 위해 조심조심 가죽 주머니의 꿀을 부었는데 그만 꿀 한 방울이 땅에 떨어지고 말았습니다. 그러자 금방 그 주위에 파리들이 꼬여 들었고, 그 파리를 노리고 까마귀도 한 마리 내려왔습니다.

그런데 이 기름장수가 키우고 있던 고양이가 까마귀에게 덤벼들자, 사냥꾼의 개가 고양이를 보고 달려들어 물어 죽이고 말았습니다. 그래서 기름장수가 개를 때려죽이니, 화가 난 사냥꾼도 기름장수에게 덤벼들어 패 죽이고 말았습니다.

자, 그런데 이 기름장수와 사냥꾼은 서로 다른 마을에 살고 있었으므로, 두 마을 사람들이 이 이야기를 듣고 저마다 손에 손에 무기를 들고 갑옷을 입고 맞붙어 싸우기 시작했습니다. 결국 맹렬한 난투극 끝에 전능하신 알라 말고는 아무도 모를 만큼 수많은 사람이 목숨을 잃고 말았습니다.

또 여자의 나쁜 마음에 대해서는 여러 가지 이야기가 전해지고 있는데(하고 대신은 말을 이었습니다) 그 가운데 이런 것도 있습니다.

남편에게 흙을 체질하게 한 여자*18

옛날에 어떤 사내가 아내에게 은화 한 닢을 주어 쌀을 사러 보냈습니다.

아내는 돈을 갖고 쌀집으로 갔는데, 여자가 워낙 예뻤으므로 쌀장수는 여자에게 쌀을 주면서 눈을 찔끔거리며 수작을 걸기 시작했습니다.

"쌀은 설탕을 치지 않으면 맛이 없지요. 생각이 있다면 한 시간쯤 놀다 가시지요."

"그럼, 설탕을 조금만 주세요."

여자는 주인을 따라 가게 안으로 들어갔습니다. 쌀장수는 실컷 재미를 보고 난 뒤 노예에게 말했습니다.

"설탕을 은화 한 닢어치만 달아 드려라."

하지만 쌀장수는 여자 모르게 따로 눈짓했으므로 노예는 보퉁이를 받아서 쌀을 다 쏟은 다음, 쌀 대신 흙과 쓰레기를 넣고 설탕 대신 조약돌을 넣어 여자 옆에 놓았습니다.

쌀장수의 마음보는 이렇게 하여 여자를 한 번 더 자기 가게에 오게 하려는 것이었습니다.

여자가 가게에서 나갈 때 쌀장수는 그 보퉁이를 내주었습니다. 여자는 그 속에 쌀과 설탕이 들어 있는 줄로만 알고 그대로 받아들고 집으로 돌아갔습니다.

집에 돌아오자 여자는 남편 앞에 보퉁이를 내려놓고 냄비를 가지러 갔습니다. 남편이 보퉁이를 끌러보니 흙과 돌만 있으므로 냄비를 갖고 온 아내에게 말했습니다.

"내가 집이라도 짓는다고 했나, 흙과 돌을 사서 오게!"

여자는 이내 쌀집 노예에게 감쪽같이 속은 것을 깨닫고, 시치미를 뚝 떼면서 남편에게 이렇게 말했습니다.

"어머나, 내 정신 좀 봐. 아까 하도 혼이 나서 체를 가지러 갔다가 요리 냄비를 가져왔네."

아내가 호들갑을 떨자 남편이 물었습니다.

"대체 무슨 일이 있었는데?"

"당신이 쌀 사오라고 주신 돈을 시장에서 잃어버리고 말았지 뭐예요? 여러 사람 앞에서 찾는 것이 부끄러웠지만, 은전을 잃은 것이 아까워서 떨어뜨린 곳의 흙을 긁어 왔죠 뭐. 집에 와서 체로 쳐 보려고요."

이어서 여자는 체를 갖고 와서 남편에게 주고는 말했습니다.

"잘 체질해 봐요. 당신 눈이 제 눈보다 훨씬 밝으시니까."

남편은 웅크리고 앉아 흙을 체질하기 시작했습니다.

얼굴과 수염이 먼지투성이가 되도록 체질을 한 남편은, 여자의 간사한 꾀를 꿰뚫어 보지 못하고 여자의 행실에 대해서도 전혀 눈치채지 못했던 것입니다.

대신은 말을 이었습니다.
"오, 임금님, 이 이야기는 여자의 사악한 마음을 보여주는 한 예입니다. 전능하신 알라께서는 '참으로 너희(여자들)의 교활한 지혜는 놀라운 것이다'[19] 하셨습니다. 또 '정녕 악마의 간사한 꾀도 여자의 간사한 꾀에 비하면 작은 것'[20]이라고 하셨는데, 이 말을 깊이 생각해 보시기 바랍니다."
왕은 대신의 말을 듣고 그럴듯하다고 고개를 끄덕이면서 대신이 인용한 알라의 말씀에 감탄했습니다. 이치에 맞는 간언이 왕의 오성(悟性)을 자극하여 찬란하게 빛을 발하니, 왕은 아들을 죽이려던 생각을 다시 뒤엎었습니다.
그런데 나흘째가 되자 또 그 애첩이 나타나 울면서 바닥에 몸을 던지는 것이었습니다.
"오, 인자하신 임금님, 좋은 조언자이신 군주님, 그토록 저의 억울한 사정을 임금님께 낱낱이 밝혔건만, 임금님은 너무도 냉정하게 저의 원한을 풀어 주는 것을 피하고 계시는군요. 왕자님이 임금님께서 사랑하시는 아드님이라 그러시겠지요. 하지만 알라께선(오, 알라를 찬양할지어다!) 머지않아 저를 구해 주시고 그 사람을 멸하실 거예요. 마치 어떤 왕자를 구해 주고 부왕의 대신을 멸망시키신 것처럼요."
"그것은 또 어떤 이야기인고?"
"오, 임금님, 저는 이런 이야기를 들은 적이 있답니다."

마력을 가진 샘[21]

옛날에 자식이라고는 오직 외아들 하나를 둔 왕이 있었습니다. 이 왕자가 커서 장부가 되었을 때, 임금님은 그를 다른 왕의 공주와 짝을 지어주기로 했습니다.
그 공주는 나무랄 데 없는 미인의 본보기였지요. 그런데, 그전에 그 사촌 오빠가 왕에게 공주와 혼인시켜 달라고 청한 일이 있었습니다. 그러나 공주 쪽에서 싫다고 쌀쌀맞게 거절했다고 합니다.

그런 까닭으로 공주가 왕자와 정혼했다는 말을 들은 사촌오빠는 질투심을 이기지 못해 이 궁리 저 궁리 한 끝에, 왕자의 부왕을 모시는 대신에게 좋은 물건과 훌륭한 보물을 선물하여 교묘하게 환심을 산 다음, 계략을 꾸며서 왕자를 죽여 버리거나 왕자가 공주를 포기하게 해달라고 부탁했습니다.

"제가 이런 부탁을 하는 것은 질투 때문입니다. 공주는 저의 사촌동생이니까요."*22

선물을 듬뿍 받은 대신은 이렇게 장담했습니다.

"기운을 내어 눈물을 닦으시오. 어떻게든 소원을 성취해 줄 테니까."

얼마 뒤 신부의 아버지는 왕자에게 편지를 보내, 공주와 첫날밤을 보내기 위해 자신의 왕궁으로 와 달라고 전했습니다.

왕자의 부왕은 아들이 그곳에 가는 것을 승낙하고, 뇌물을 먹은 그 대신에게 말 천 마리와 선물, 천막과 가마 따위를 주어 왕자를 모시고 공주의 왕성으로 가게 했습니다.

대신은 마음속으로 왕자를 함정에 빠뜨릴 궁리를 하면서 시치미를 떼고 왕자와 함께 출발했습니다.

그들이 사막에 발을 들여 놓았을 때, 대신은 문득 그 산속에 알 자라*23라고 하는 샘이 있는 것이 생각났습니다.

그 물을 마시면 남자가 여자로 변해 버리는 샘이었습니다. 그래서 대신은 그 샘 근처에서 행렬을 멈추게 하고, 자기는 곧 다시 말에 오르며 왕자에게 말했습니다.

"저와 함께 근처에 있는 샘을 구경하러 가시지 않겠습니까?"

왕자는 앞으로 자기에게 무슨 일이 일어날지 꿈에도 모르고 부하도 하나 거느리지 않고 말을 타고 나아갔습니다. 이윽고 샘에 이르자 왕자는 목이 말라 대신에게 말했습니다.

"오, 대신, 목이 타서 못 견디겠구려."

그러자 대신은 옳거니 하고 대답했습니다.

"그러면 말에서 내려 이 샘물을 마시십시오."

왕자가 말에서 내려 손부터 씻고 물을 마셨더니 순식간에 여자로 변하고 말았습니다. 자신의 몸에 일어난 변화를 깨달은 왕자는 비명을 지르며 정신이 아득해질 때까지 탄식하면서 울었습니다.

대신은 무슨 일이 생겼는지 아무것도 모르는 척 시치미를 떼고 왕자에게 다가가서 물었습니다.

"왕자님, 왜 그러십니까?"

왕자가 기막힌 사정을 이야기하자 대신은 참으로 안됐다는 얼굴로 왕자에게 위로의 말을 늘어놓았습니다.

"전능하신 알라께서 왕자님을 불행에서 구해 주시기를! 어째서 이런 불행한 일이 일어난 걸까요? 저희는 왕자님이 공주님한테 가신다기에 기뻐하며 모시고 왔는데, 이렇게 되고 보니 공주님한테 가야 할지 말아야 할지 도무지 갈피를 잡을 수가 없습니다. 왕자님의 생각에 맡기는 수밖에 없군요, 어떻게 하면 좋겠습니까?"

"아버님께 돌아가서 내 몸에 일어난 불행을 자세히 여쭈어주시오. 나는 원래의 몸으로 돌아가거나, 아니면 탄식하며 슬퍼하다가 이대로 죽어 버리기 전에는 이곳에서 한 발짝도 움직이지 않을 테니."

왕자는 부왕 앞으로 자세한 경위를 적은 편지를 썼습니다.

대신은 그 편지를 가지고 군대는 그곳에 남겨둔 채, 마음속으로 계획이 순조롭게 들어맞은 것을 기뻐하면서 도성으로 돌아갔습니다.

도성에 도착한 대신은 곧 왕을 알현하고 그때까지의 일을 보고한 뒤 왕자의 편지를 전했습니다.

왕은 왕자가 당한 예상치 못한 괴상한 재난을 알고 매우 슬퍼하면서 현자들과 밀교를 연구하는 학자들을 불러들였습니다. 왕자 몸에 생긴 변화의 원인을 밝혀 시원하게 해결해 줄지도 모른다는 생각에서였습니다. 그러나 누구도 속 시원한 대답을 하는 자가 없었습니다.

한편, 대신이 공주의 사촌오빠에게 편지를 보내 왕자가 불행한 재난을 당한 것을 알려주자, 사촌오빠는 매우 신이 나서 이제는 공주와 결혼하게 되었다고 여기고는 대신에게 답장과 함께 많은 선물을 보냈습니다.

반면에 왕자는 사흘 낮 사흘 밤을 물 한 모금도 입에 대지 않고 샘가에 앉은 채 고뇌하면서, 자신에게 의지하는 자를 절대 배반하지 않는 알라(알라를 찬양할지어다!)께 모든 것을 맡기고 기도를 드렸습니다.

그러자 나흘째 되는 날, 밝은 밤색 말을 타고 머리에는 마치 왕의 일족인 것처럼 왕관을 쓴 기사가 홀연히 나타나 왕자에게 말을 걸었습니다.

"오, 젊은 양반, 누가 당신을 이런 곳에 데리고 왔습니까?"

왕자는 자신에게 일어난 불행, 즉 화촉을 밝히기 위해 여행을 하다가 대신의 안내로 샘에 찾아온 일과 샘물을 마신 순간 뜻밖의 재앙을 당한 일을 눈물을 흘리면서 자세히 얘기해 주었습니다.

말을 탄 남자는 그 이야기를 듣고 나자 왕자를 가엾게 여기며 말했습니다.

"당신을 이렇게 만든 것은 그 대신입니다. 그자 말고는 이 샘에 대해 아는 사람은 아무도 없으니까요."

그리고 이렇게 덧붙였습니다.

"자, 내 뒤에 타십시오. 함께 우리 집에 갑시다. 오늘 밤 저희 집 손님이 되어주십시오."

"그 전에 당신이 누구신지 가르쳐주십시오."

"당신이 인간의 왕자인 것처럼 저는 마족의 왕자입니다. 그러니 눈물을 닦고 기운을 내십시오, 내가 당신의 걱정거리를 반드시 제거해 드릴 테니까요. 나에겐 그런 것쯤은 조금도 어렵지 않은 일입니다."

그리하여 왕자는 이 낯선 기사의 뒤에 타고 군대를 남겨둔 채 아침부터 밤까지 길을 달렸습니다. 이윽고 마신의 왕자가 물었습니다.

"우리가 지금까지 얼마나 되는 길을 달려왔는지 아십니까?"

"모릅니다."

"열심히 말을 달려 꼬박 일 년은 걸리는 길을 온 것입니다."

"아니, 그러면 부하들에게 돌아가려면 어떻게 해야 합니까?"

"그런 건 걱정하실 필요 없습니다. 모든 것을 저에게 맡겨주십시오. 왕자님의 고민거리가 해결되면 금방 그 장소로 돌려보내 드리겠습니다. 그런 일은 저에게는 아무 일도 아니니까요."

이 말을 듣고 왕자는 뛸 듯이 기뻐하면서, 마치 꿈을 꾸는 듯한 기분으로 이렇게 소리쳤습니다.

"불행한 사람에게 행복을 주시는 알라께 영광을!"

―여기서 날이 훤히 밝아왔으므로 샤라자드는 이야기를 그쳤다.

583번째 밤

샤라자드는 이야기를 계속했다.

오, 인자하신 임금님, 그렇게 두 사람은 밤새도록 말을 몰아 화창한 아침에는 어느새 파릇파릇한 들판에 도착해 있었습니다. 우거진 숲 속에서 새들은 노래하고 시냇물은 졸졸 흘렀습니다. 풍성하게 열매가 익어가고 향기로운 꽃들이 아름다운 자태를 뽐내는 꽃밭에는 높은 누각들이 우뚝 서 있었습니다. 그곳에 오자 마신의 왕자는 말에서 내려 왕자의 손을 잡고 한 누각으로 안내했는데, 그 안에는 보기에도 늠름한 대왕 한 명이 앉아 있었습니다. 왕자는 그날 해가 저물 때까지 그 대왕과 함께 음식을 먹고 술을 마시며 시간을 보냈습니다.

이윽고 마신의 왕자는 다시 말에 올라 왕자를 뒤에 태우고 어둠 속을 뚫고 나는 듯이 말을 달렸습니다. 날이 새고 보니 이번에는 어느새 시커먼 바위가 굴러다니는, 음산한 무인의 황야 속에 있는 것이 아니겠습니까?

"여기는 도대체 어느 나라입니까?"

왕자가 묻자 마신의 왕자가 대답했습니다.

"이곳은 암흑의 나라라고 하는데 즈루 야나하인이라고 하는 마왕의 영토입니다. 다른 마왕들은 아무도 이 마왕에게 대항하지 못하고, 또 이 마왕의 허락이 없으면 아무도 그 영토 안에 들어갈 수가 없습니다. 그러니 여기서 잠시 기다려주십시오. 승낙을 받아올 테니까요."

그리고 마신의 왕자는 혼자 어디론가 사라졌다가 잠시 뒤 돌아왔습니다. 두 사람이 다시 나아가자 이윽고 검은 바위에서 솟아나오고 있는 샘에 이르렀습니다.

마신의 왕자는 샘가에 말을 세우면서 말했습니다.

"자, 여기 내려서 물을 마십시오."

왕자는 주저하지 않고 그 물을 마셨습니다. 그러자 놀랍게도 알라의 은총에 의해 홀연히 원래의 남자 모습으로 돌아가는 게 아니겠습니까?

왕자는 매우 기뻐하며 마신에게 물었습니다.

"오, 형제여, 이 샘은 무슨 샘입니까?"

"이것은 '여자의 샘'이라고 합니다. 여자가 이 물을 마시면 모두 남자가

되기 때문이지요. 그러니 원래대로 돌려주신 전능하신 알라께 감사드리고 알라를 찬양하십시오. 그런 다음 다시 말을 타십시다."

왕자는 땅에 엎드려 전능하신 알라께 감사드린 다음 다시 말에 올랐습니다. 그리고 온종일 쉬지 않고 말을 달려 마침내 마신의 집에 도착하자, 그날 밤은 그곳에서 온갖 즐거움을 누리며 보냈습니다. 이튿날도 먹고 마시며 하루해를 보낸 뒤 저녁때가 되자 마신이 물었습니다.

"오늘 밤에라도 고국으로 돌아가고 싶으십니까?"

"예, 가족이 그리워서 견딜 수가 없군요."

마신은 라지즈라고 하는, 아버지의 노예를 불러 명령했습니다.

"이 젊은 분을 네 어깨에 태우고, 날이 밝기 전에 이분의 장인과 신부 곁으로 모셔다 드려라."

"알았습니다. 기꺼이 가겠습니다. 이 머리와 눈동자에 맹세코!"

노예는 그렇게 대답하고 물러가더니 곧 마물의 모습을 하고 나타났습니다.

그 모습을 보고 너무 놀란 왕자가 그 자리에서 정신을 잃을 뻔하자 마신의 왕자는 말했습니다.

"무서워하실 것 없습니다. 뭐 나쁜 짓은 하지 않을 테니까요. 자, 말을 탄 채로 마물의 어깨에 오르십시오."

"아닙니다. 말은 이곳에 두고 저만 어깨에 올라가지요."

왕자가 마물의 어깨에 올라타자 마신의 왕자가 소리쳤습니다.

"눈을 감으십시오. 무서워하지 말고!"

왕자는 정신을 가다듬고 눈을 감았습니다. 마물은 왕자를 태우고 하늘 높이 올라가서 잠시도 쉬지 않고 하늘과 땅 사이를 날아갔습니다.

그동안 왕자는 정신을 잃고 있었는데, 새벽녘이 되기 전에 마물은 왕자와 함께 장인의 궁전 지붕 위에 내렸습니다.

"자, 내려서 눈을 뜨십시오. 여기가 왕자님의 장인과 공주님의 궁전이니까요."

왕자가 마물의 어깨에서 내리자 그는 궁전 지붕 위에 왕자를 남겨둔 채 날아가 버렸습니다.

아침이 되어 정신을 차린 왕자는 궁전으로 내려갔습니다. 그 모습을 보고 맞이하러 나온 장인은 왕자가 지붕에서 내려온 것을 이상하게 여기고 물었습니다.

"웬만한 사람은 다 문으로 들어오는데, 그대는 어찌하여 하늘에서 내려왔는가?"

"알라(알라를 찬양할지어다!)께서 뜻하시는 것은 뭐든지 이루어집니다."

왕자는 이렇게 대답하고 자신에게 일어난 일을 자세히 이야기했습니다. 왕은 매우 놀라면서 왕자가 무사히 돌아온 것을 기뻐했습니다.

이윽고 해가 뜨자, 왕은 곧 대신에게 결혼잔치를 준비하라고 명령했습니다. 그리하여 성대한 결혼잔치가 끝나자 왕자는 신부의 방으로 가서 두 달 동안 함께 지낸 다음, 둘이서 손을 잡고 왕자의 부왕이 있는 도시를 향해 출발했습니다.

한편, 공주의 사촌오빠는 질투에 시달리다 얼마 뒤 죽고 말았습니다.

왕자와 신부가 부왕의 도시 가까이에 이르자, 부왕은 군대와 대신들을 이끌고 아들을 마중 나왔습니다.

이렇듯 알라(알라를 찬양할지어다!)의 도움으로 왕자는 신부의 사촌오빠와 부왕의 대신을 통쾌하게 파멸시킬 수 있었던 것입니다.

"그래서 저도 이렇게 기도하고 있는 것이랍니다."

애첩은 이렇게 덧붙였습니다.

"그리고 전능하신 알라의 도움으로 반드시 저 대신들을 물리칠 수 있도록 말이에요. 그러니 제발 왕자님에 대한 이 원한을 풀어주시어요."

이 이야기를 들은 왕은 다시 왕자를 죽이라고 명령했습니다.

―여기서 날이 훤히 밝아왔으므로 샤라자드는 이야기를 그쳤다.

584번째 밤

샤라자드는 이야기를 계속했다.

오, 인자하신 임금님, 그런데 이날은 나흘째였으므로 네 번째 대신이 들어와서 왕 앞에 엎드리며 말했습니다.

"알라께서 부디 임금님의 위세를 든든하게 지켜주시기를! 오, 임금님, 결단을 내리고 그것을 실행에 옮길 때는 몇 번이고 깊이 생각하셔야 합니다. 현자는 뒷일을 잘 생각하지 않고서는 아무것도 실행하지 않습니다. 세상의 속담에도 '행위의 결과를 생각하지 않는 자는 세상 사람들을 내 편으로 만들 수 없다'고 했습니다. 경솔하게 행동하는 자는 어느 목욕탕 주인처럼 재앙을 당하게 됩니다."

"그 목욕탕 주인인가 하는 자가 대체 어떤 재앙을 당했기에?"

"오, 임금님, 저는 이런 이야기를 들은 적이 있습니다……."

대신의 아들과 목욕탕 집 마누라*24

옛날에 목욕탕을 운영하는 한 남자가 있었습니다. 지방의 명사와 높은 양반들이 단골로 다니고 있었는데, 어느 날 그 목욕탕에 대신의 아들이 들어왔습니다. 체격이 크고 뚱뚱하며 상당히 잘생긴 미남이었습니다. 주인은 시중을 들기 위해 자리에서 일어났습니다. 그런데 벌거벗은 젊은이의 몸을 보니 마땅히 있어야 할 물건이 보이지 않는 것이었습니다.*25

너무 살이 쪄서 살 속에 파묻혀 개암만 한 것이 겨우 고개를 내밀고 있었기 때문입니다.*26

그것을 보고 목욕탕 주인은 자기도 모르게 손뼉을 짝 치면서 탄식했습니다. 그러자 젊은이가 말했습니다.

"무슨 일로 그렇게 안타까워하고 딱해하는가?"

"오, 젊은 나리, 사실 나리가 딱해서요. 정말 안되셨습니다. 훌륭한 신분에 풍채도 그렇게 좋으신데 다른 남자들처럼 즐거움을 누릴 수 있는 도구가 없으시다니."

"오, 그렇군. 영감의 말을 들으니 잊고 있었던 일이 생각나는군."

"무슨 말씀이신지?"

"금화를 한 닢 줄 테니 예쁜 여자를 하나 데려와 주게, 이 녀석을 시험해 보고 싶으니까."

그래서 주인은 금화를 받아 쥐고 자기 마누라한테 가서 말했습니다.

"여보, 마누라, 지금 대신의 아들인 보름달처럼 잘생긴 젊은이가 목욕탕에 와 있는데, 그 사람에게는 보통 남자들이 가진 물건 대신 도토리만 한 것이 달렸을 뿐이더군. 내가 남의 일이지만 무척 안타까워하니까 이 금화를 주면서 시험해 보고 싶으니 여자를 하나 데려오라는 거야. 그런데 이 금화를 다른 여자에게 주기보다는 당신이 가지는 게 낫지 않겠어? 내가 지키고 있을 테니 걱정할 건 없어. 잠깐 그자 옆에 앉아서 상대해 주면 이 금화를 가질 수 있단 말이야."

그래서 마음씨 좋은 마누라는 금화를 받고 화장을 한 다음 가장 좋은 옷으로 갈아입었습니다. 그런데 이 여자는 세상에 둘도 없이 아름다운 미인이었습니다.

남편에게 이끌려 대신의 아들이 있는 별실로 들어간 마누라가 상대를 쳐다보니, 정말 보름달로 잘못 볼만큼 아름답고 훌륭한 젊은이여서 가슴이 두근거릴 정도였습니다.

마찬가지로 젊은이 쪽에서도 여자를 본 순간, 그 애교 넘치는 미소에 그만 몸도 마음도 빼앗기고 말았습니다.

젊은이는 이내 일어나서 문을 단단히 잠근 다음, 두 팔로 여자를 가슴에 꼭 끌어안았습니다.

그러는 사이 젊은이의 물건이 금세 부풀어 올라 나귀의 그것처럼 늠름하게 우뚝 서는 것이 아니겠습니까? 젊은이가 여자의 가슴 위에 올라타고 그것을 집어넣자, 여자는 밑에서 흐느껴 울다가 한숨을 토해내다가 꿈틀꿈틀 몸부림을 치기도 했습니다.

그때 문간에 서서 일이 어떻게 돌아가는지 기다리고 있던 목욕탕 주인은, 심상치 않은 방 안의 낌새에 그만 참다못해 마누라를 불러댔습니다.

"이봐, 압딜라 어멈! 그만 됐으니 이제 나오라구, 아이가 젖 달라고 울고 있단 말이야."

이 말을 듣고 젊은이도 여자에게 말했습니다.

"어서 아이한테 갔다가 또 이리로 오구려."

"여기서 당신과 떨어지면 내 혼이 몸에서 빠져 달아날 거예요. 아이 같은 건 울다 죽든지 말든지 내버려 둬요. 어미 없는 고아가 되어도 상관없으니까."

마누라는 이렇게 말하면서 남자에게 착 달라붙은 채 도무지 떨어지려 하지 않았습니다. 결국 젊은이는 내리 열 번이나 시험에 성공했습니다.
그동안 남편은 문짝에 매달려 마누라를 불러대고 고함을 지르며 울기도 하고 구원을 청하면서 난리를 피웠지만 도와주러 오는 자는 아무도 없었습니다.
"나는 죽고 말 테다!"
참다못한 남편은 마침내 이렇게 소리쳤습니다. 그러다가 마침내 자기 마누라가 다른 남자의 품에 안겨서 한숨을 내쉬고 숨을 헐떡이고 신음을 내는 것을 듣고, 분노와 질투에 정신이 돌아서 목욕탕 지붕으로 뛰어올라가서는 곧장 몸을 던져 죽고 말았습니다.

대신은 말을 이었습니다.
"오, 임금님, 저는 여자의 간사한 꾀에 대해 이런 이야기도 들은 적이 있습니다."
"그것은 어떠한 이야기인가?"
"이번에는 남편을 속여 먹으려던 아내에 대한 이야기입니다."

남편을 속인 마누라의 계략

옛날, 아름답고 우아하며 요염함에서 당대에 비할 자가 없는 여자가 있었습니다.
그런데 어느 음탕한 난봉꾼이 이 여자에게 한눈에 반해 완전히 빠져버리고 말았습니다. 그러나 정숙하기로 이름 높은 여자는 불륜 같은 것에는 관심을 기울이지도 않았습니다.
그러던 어느 날, 여자의 남편이 마침 어떤 도시로 여행을 떠나자, 난봉꾼은 이때다 하고 여자에게 하루에도 몇 번씩 구애편지를 보냈습니다. 그러나 여자는 아무 대답도 없었습니다.
그래서 난봉꾼은 여자의 집 이웃에 사는 노파를 찾아가서 인사도 하는 둥 마는 둥 하고, 자기가 그 여자에게 반해서 미칠 지경이라며, 어떻게든지 여자를 손에 넣고 싶은데 좋은 수가 없겠느냐고 호소했습니다. 그러자 노파가 말했습니다.

"걱정 마시우, 내가 소원을 풀어 드릴 테니까. 인샬라! 그것이 알라의 뜻이라면."

난봉꾼은 노파에게 금화 한 닢을 주고 돌아왔습니다.

이튿날 노파는 당장 여자를 찾아가 그동안 소식을 전하지 못함을 사과하고 옛정을 되살렸습니다.

그날부터 매일같이 여자를 찾아가서 점심과 저녁을 함께하고는 자기 아이에게 줄 음식을 얻어서 돌아오곤 했습니다.

게다가 이 노파가 언제나처럼 여자를 상대로 희롱하고 놀리며 장난을 쳤으므로, 이 정숙한 유부녀도 어느새 나쁜 짓에 물들어*27 노파가 없으면 잠시도 견딜 수 없게 되어 버렸습니다.

그런데 노파는 언제나 빵과 비계를 가져와서 후춧가루를 약간 뿌리고는 여자 집 근처에 있는 암캐에게 주었습니다. 매일 그렇게 하는 동안, 암캐는 노파에게 길이 들어서 어디를 가나 졸졸 따라오게 되었습니다.

어느 날, 노파가 빵에 후춧가루를 듬뿍 뿌려서 암캐에게 주자 후춧가루가 너무 매워서 개는 눈물을 흘리면서 노파를 따라왔습니다. 그것을 본 젊은 유부녀는 깜짝 놀라 물었습니다.

"어머, 할머니, 이 암캐는 어째서 울고 있어요?"

그러자 노파가 대답했습니다.

"글쎄, 내 얘기 좀 들어보구려. 이 암캐에는 이상한 이야기가 있다우. 이 개는 옛날에 나와 사이가 좋은 친구였어요. 귀엽고 예의도 바르고 어디 하나 나무랄 데 없는 미인이었지요. 그런데 언젠가 이웃에 있는 젊은 그리스도교도가 이 여자를 연모하게 돼서, 그 열정과 고뇌가 점점 깊어지다 못해 마침내 병석에 눕고 말았지 뭐예요. 젊은이는 여자에게 수없이 편지를 보내 자기를 가엾게 여겨 인정을 베풀어 달라고 애원했지만, 여자는 번번이 거절했지요.

그래서 나는 그 여자에게 그 남자를 불쌍하게 여기고 인정을 베풀어 소원을 들어주라고 친절하게 충고했어요. 하지만 그 여자는 내 말을 귓등으로도 듣지 않더군요. 젊은이는 마침내 더는 견디지 못하고 한 친구에게 사정을 하소연했어요. 그러자 그 친구는 마술을 부려서 여자를 개로 변하게 했지 뭐예요.

여자는 개로 변해 버린 자신의 처량한 꼴을 보고, 나 말고는 자신에게 동정을 베풀어주는 사람이 아무도 없다는 것을 알자, 우리 집에 와서 그저 나에게 아양을 떨면서 손발을 핥고 끙끙거리며 눈물을 흘리는 것이었어요. 그제야 나도 이 개가 그 여자라는 것을 알고 이렇게 말해 주었답니다. '내가 그렇게 입이 닳도록 말해 주었건만 너는 내 충고를 들은 척도 하지 않았잖아?'"

―여기서 날이 훤히 밝아왔으므로 샤라자드는 이야기를 그쳤다.

585번째 밤

샤라자드는 이야기를 계속했다.
오, 인자하신 임금님, 노파는 젊은 부인에게 그럴듯하게 지어낸 암캐 이야기를 해 주면서 그녀를 설득하려 했습니다.
"마법에 걸린 개가 나에게 와서 우는 것을 보고 가까스로 눈치를 챈 나는, 어쩐지 가여운 생각이 들어서 이 암캐를 집에서 키워주기로 했다우. 그래서 지난 일을 생각할 때마다 지금의 자기 신세가 처량해져서 이렇게 울고 있는 거라오."
이 이야기를 들은 유부녀는 몹시 놀라며 말했습니다.
"오, 할머니, 그런 이야기를 들으니 저도 어쩐지 무서워져요."
"어째서요?"
"글쎄, 어떤 훌륭한 젊은 분이 저를 연모하여 편지를 자주 보내왔는데, 저는 상대도 하지 않았거든요. 그래서 저도 저 암캐처럼 되지 않을까 걱정이 되네요."
"부인, 내 말을 잘 듣고 반드시 내 말대로 하도록 하세요. 사실 나도 몹시 걱정되는구려. 그분의 주소를 모른다면 어떤 분인지 나에게 얘기해 주세요. 내가 그분을 이리로 모시고 와서 당신에게 누구도 원한을 품는 일이 없도록 해 드릴 테니까."
그리하여 여자가 젊은 남자의 모습을 얘기해 주자, 노파는 시치미 떼는 얼굴로 말했습니다.
"밖에 나갔을 때 그분을 찾아보지요."

그러고는 여자의 집에서 나와 곧장 그 난봉꾼한테 달려갔습니다.
"이제 기운을 내시구려. 내가 그 여자를 잘 구슬려 놓았으니 내일 점심때 그 길모퉁이에서 기다리고 계시우. 그러면 내가 그 여자네 집까지 데려다줄 테니까. 그다음에는 당신 마음대로 그 여자와 함께 낮이고 밤이고 흥겹게 즐기시구려."
난봉꾼은 뛸 듯이 기뻐하며 노파에게 사례로 금화 두 닢을 주며 말했습니다.
"소원을 풀면 나중에 금화 열 닢을 더 주겠소."
노파는 다시 젊은 여자한테 돌아갔습니다.
"다행히 그분을 만나서 잘 얘기해 놓았어요. 부인에게 몹시 화가 나서 앙심을 품고 있었던 것 같은데, 다행히 일이 잘돼서 내일 정오의 기도시간에 이곳에 오게끔 승낙을 받아 왔어요."
젊은 유부녀는 매우 기뻐하며 말했습니다.
"오, 할머니, 그분이 약속을 지켜주신다면 할머니에게 금화 열 닢을 드리겠어요."
그러자 노파는 능청스럽게 말했습니다.
"내 덕분에 그분이 이리 오게 되었다는 것을 잊으시면 안 돼요."
이튿날 아침 노파가 다시 여자를 찾아왔습니다.
"좀 일찍거니 식사준비를 하세요. 술도 빠뜨려선 안 돼요. 곱게 화장하고 가장 좋은 옷과 장신구로 치장하세요. 나는 이제부터 가서 그분을 모셔 올 테니까."
그래서 여자는 가장 아름답고 화려한 옷으로 갈아입고 정성껏 음식을 장만했습니다.
그런데 노파가 약속한 장소에 가보니 그 난봉꾼의 모습이 보이지 않는 것이었습니다. 노파는 여기저기 알만한 곳을 찾아보았지만, 도무지 소식을 들을 수가 없었습니다.
그래서 초조해진 노파는 혼자 중얼거렸습니다.
"어찌 된 일일까? 그 여자가 차린 요리며 술이 이대로 쓸모없어져 약속한 금화 열 닢도 그림의 떡이 되고 마는 건가? 아니지, 모처럼 꾸민 일을 헛일로 만들어서야 쓰나. 다른 사내라도 괜찮을 테니 쓸 만한 놈을 하나 구해서 데리고 가야겠다."

노파가 큰길을 서성거리고 있으니, 마침 인품이 있어 보이는 젊은 남자가 걸어왔습니다.

마을 사람들이 그를 보고 인사를 했는데, 남자의 얼굴에는 긴 여행을 하고 온 피로가 나타나 있었습니다. 노파는 그 사내에게 다가가서 인사를 하고 물었습니다.

"식사와 술을 드시지 않으시겠수? 화장을 예쁘게 하고 기다리는 아가씨도 있는데."

"대체 그것이 어디 있다는 거요?"

"저희 집에 있습지요."

노파는 그 사내가 바로 그 여자의 남편인 줄은 꿈에도 모르고 그 집으로 데려가서 문을 두드렸습니다.

여자는 문을 열어주고는 이내 옷맵시를 가다듬고 향수로 화장을 끝낼 요량으로 급히 안으로 들어가 버렸습니다. 그동안 노파는 여자의 남편이요 이 집 주인인 사내를 손님방으로 안내하고는, 자기의 간사한 꾀가 교묘하게 들어맞은 것을 흡족해하며 사내를 자리에 앉혔습니다.

얼마 뒤 방으로 들어온 여자는 노파 옆에 앉아 있는 자기 남편을 보고 속으로 큰일 났다 싶었지만, 금방 남편을 속일 꾀를 생각해 내고는 조금도 당황하지 않고 얼른 덧신을 벗어들고 남편을 향해 고함을 치기 시작했습니다.

"오라! 당신은 우리가 맹세한 약속을 이렇게 잘도 지키시는군요. 나를 배신하고 뻔뻔스럽게도 이 할멈을 따라오시다니. 잘하셨어요! 난 당신이 돌아오신 것을 알고 당신을 시험해 보려고 이 할멈을 보냈던 건데, 당신은 이 할멈의 꾐에 넘어가서 내가 절대 해선 안 된다고 간곡히 당부했던 일을 태연히 하려고 들어왔단 말이지요? 좋아요! 당신이 어떤 사람인지 이제 알았어요. 나는 배신당한 거예요. 당신이 이 할멈과 함께 오는 것을 내 눈으로 보기 전까지는 당신을 점잖고 행실이 좋은 분이라고만 믿고 있었어요. 그런데 사실은 지조 없이 창녀나 찾아다니는 오입쟁이였던 거예요."

그러면서 덧신으로 남편의 머리를 마구 때리며 호들갑을 떨었습니다.

"이혼해요, 어서 이혼하자고요!"

남편은 높으신 알라께 맹세코 이제까지 한 번도 바람을 피운 적이 없을 뿐만 아니라 의심을 살만한 일도 무엇 하나 한 적이 없다고 극구 변명했지만,

여자는 도무지 들으려고도 하지 않았습니다.
"아, 이슬람교도 여러분, 저를 도와주세요!"
여자는 이렇게 소리 지르며 울고불고 미친 듯이 악다구니를 퍼부으면서 쉴 새 없이 남편을 때렸습니다.
남편이 여자의 입을 막으려고 그 입에 손을 가져가니 손마저 물어뜯었습니다. 그뿐만 아니라 남편이 여자 앞에 무릎을 꿇고 그 손과 발에 입을 맞추어도 여자는 좀처럼 화를 풀지 않고 억지를 부렸습니다.
그러면서 여자가 노파를 향해 서 와서 자기 손을 붙잡고 말리라고 눈짓을 하니, 비로소 노파는 두 사람을 뜯어말리고 여자의 손과 발에 입을 맞춘 뒤 마침내 두 사람을 화해시켰습니다.
이렇게 하여 세 사람이 자리에 앉게 되자, 가까스로 마음을 놓은 남편은 노파의 손에 입을 맞추며 인사했습니다.
"오, 전능하신 알라께서 당신에게 좋은 보답을 내리시기를! 당신은 저를 아내로부터 구해 주셨습니다."
내로라하는 노파도 이 젊은 여자의 수단과 간사한 꾀에 그만 혀를 내두르지 않을 수 없었습니다.

대신이 말을 이었습니다.
"오, 임금님, 이것이 여자가 얼마나 간사하며 믿을 수 없는 존재인지를 말해 주는 수많은 실례 가운데 하나입니다."
이 얘기를 들은 왕은 그럴듯하게 여겨 왕자를 죽이지 말라고 명령했습니다.

—여기서 날이 훤히 밝아왔으므로 샤라자드는 이야기를 그쳤다.

586번째 밤

샤라자드는 이야기를 계속했다.
오, 인자하신 임금님, 네 번째 대신이 이야기를 마치자 왕은 왕자를 죽이려던 결심을 돌이켰습니다.

그러나 닷새째가 되자, 그 측실이 손에 독약이 든 그릇을 들고 왕 앞에 나타나, 하늘의 구원을 빌고 자신의 뺨과 얼굴을 때리면서 말했습니다.

"오, 임금님, 그렇다면 우리를 공평하게 재판하여 왕자에 대한 원한을 풀어주시든지, 아니면 제가 이 독약을 마시고 죽어서 심판의 날에 그 원한을 임금님의 머리 위에 뿌리게 하든지 둘 중 하나를 선택하세요. 여기에 계신 대신들은 나의 간사한 꾀와 말을 믿을 수 없다고 꾸짖고 있지만, 세상에 남자만큼 믿을 수 없는 것은 없습니다. 임금님은 금세공장이와 카슈미르의 가희*28에 대한 이야기를 들으신 적이 있으신가요?"

"그 두 사람 사이에 무슨 일이 있었단 말인가?"

측실은 곧 다음과 같은 이야기를 시작했습니다.

금세공장이와 카슈미르의 가희

옛날, 페르시아의 어느 도시에 여자와 술을 아주 좋아하는 금세공장이가 살고 있었습니다.

어느 날, 친한 친구 집에서 놀고 있는데, 비파를 타는 예쁜 처녀의 그림이 벽에 붙어 있는 것이 눈에 들어왔습니다. 그토록 아름다운 여자의 모습은 그때까지 본 적이 없는지라, 금세공장이는 넋을 잃고 그림을 쳐다보다가 마침내 그림 속 처녀를 열렬히 사랑하게 되었습니다. 그리하여 욕정의 포로가 된 금세공장이는 상사병이 들어 거의 죽다시피 되었습니다.

그러던 어느 날 한 친구가 찾아와서 머리맡에 앉으며 물었습니다.

"대체 왜 이러는 건가? 어디가 아픈가?"

금세공장이는 대답했습니다.

"오, 상사병일세. 사실 어떤 친구 집 벽에 붙어 있는 여자 그림을 보고서 그만 홀딱 반하고 말았네."

"그런 바보 같은 소리가 어디 있어! 벽의 그림을 사랑하다가 상사병에 걸리다니, 어떻게 그럴 수가 있나? 상대는 듣지도 보지도 못하고 해롭지도 이롭지도 않을 뿐만 아니라 손도 쓸 줄 모르지 않는가?"

"아니야, 그 그림을 그린 사람은 틀림없이 아름다운 여자를 보고 그렸을 거야."

"상상으로 그렸을 테지 뭐."

"어쨌든 난 지금 그 그림 속 미녀에게 반해서 죽어가고 있네. 이 세상 어딘가에 그 그림의 모델이 된 여자가 살고 있다면 나는 그 여자를 볼 때까지 내 생명을 지켜달라고 알라께 빌겠네."

그래서 사람들이 그 그림을 그린 화가를 찾아보니 이미 다른 도시로 떠난 뒤라, 편지를 보내 그때 그 그림은 상상하여 그린 것인지, 아니면 살아 있는 사람을 그린 것인지 물어보았습니다. 그랬더니 다음과 같은 답장이 왔습니다.

"그 그림은 인도의 카슈미르에 사는 대신의 가희를 보고 그렸습니다."

그 소식을 듣고 당장 카슈미르로 떠난 금세공장이는 갖은 고생 끝에 간신히 그 도시에 이르렀습니다.

그곳에서 잠시 묵는 동안, 하루는 거리에 나가 어떤 사람과 사귀게 되었는데, 그는 영리한 데다 좀 능글맞기도 한 약장수였습니다.

어느 날 저녁, 금세공장이는 그 남자에게 그 도시의 왕과 정치에 대해 물어보았습니다.

그러자 상대가 대답했습니다.

"임금님의 정사는 매우 공평하고, 신하를 대하는 태도가 그릇됨 없이 아주 정당하며, 백성에게는 인자하시다오. 이 세상에서 마법사를 제외하고 그분이 싫어하는 것은 하나도 없소. 다만 마법사는 남자든 여자든 잡아들여서 당장 성 밖 땅굴에 던져 넣어 굶어 죽을 때까지 내버려 두지요."

다음에 대신들에 대해서 물어보니 약장수는 한 사람 한 사람씩 그 인품과 신분을 이야기해 주었습니다. 그리고 이야기가 가희에게 미쳤을 때 금세공장이가 슬쩍 운을 떠보았더니, 이렇게 말하는 것이었습니다.

"그 여자는 어느 대신의 것이라오."

금세공장이는 그 대신의 주소를 적어 두고 기회를 엿보기로 했습니다. 그 동안 자신의 소원을 풀 수 있는 계략을 곰곰이 생각해 두었습니다.

폭풍우가 사납게 몰아치던 어느 날, 금세공장이는 도둑들이 사용하는 도구를 마련하여 그 가희를 소유하고 있는 대신의 집을 찾아갔습니다.

드디어 집 근처에 이르자 금세공장이는 우선 갈고리가 달린 줄사다리를 벽에 걸어 저택의 높은 담장 위에 올라갔습니다. 거기서 안뜰로 내려가 여자들의 거처로 들어가 보니 여자노예들이 저마다 침대에서 세상모르게 자고 있었습니다.

그중에 설화석고 침대의 황금 요 위에 한 여자가 누워 있었는데, 열나흗날 밤에 떠오른 달처럼 아름다웠습니다.

침대 아래위에 용연향 촛불이 눈부시게 번쩍이며 금 촛대 위에서 타오르고 있었지만, 여자의 모습은 그 찬란한 빛마저 부끄러울 정도로 아름다웠습니다. 머리맡에는 은으로 된 작은 보석상자가 놓여 있었습니다.

금세공장이가 여자에게 다가가서 홑이불을 들치고 자세히 들여다보니, 그 여자는 바로 자기가 죽도록 사모하여 온갖 고생을 하며 이곳까지 찾아오게 한 그 가희였습니다.

그래서 금세공장이는 작은 칼을 꺼내 그 가희의 등에 아주 살짝 상처를 입혔습니다. 깜짝 놀라 눈을 뜬 여자는 금세공장이를 보고 도둑인 줄 알고 무서워서 소리도 지르지 못하다가 겨우 이렇게 말했습니다.

"이 상자도 그 속에 들어 있는 것도 모두 가져가시고, 제발 목숨만은 살려주세요. 저를 죽이든 살리든 당신 마음이지만, 죽인들 당신에겐 아무런 이익도 없을 거예요."

그래서 금세공장이는 여자의 말대로 보석상자만 들고 나왔습니다.

―여기서 날이 훤히 밝아왔으므로 샤라자드는 이야기를 그쳤다.

587번째 밤

샤라자드는 이야기를 계속했다.

오, 인자하신 임금님, 금세공장이는 대신의 집에 숨어 들어가서 가희에게 약간 상처를 입힌 뒤, 보석상자를 빼앗아 가지고 나왔습니다.

그리고 이튿날 아침이 되자 금세공장이는 학자나 법률가처럼 차려입은 다음, 보석상자를 들고 그 도시의 왕을 찾아가서 그 앞에 엎드려 이야기를 꺼냈습니다.

"임금님이시여, 저는 신앙심이 깊은 사람으로 매일같이 임금님의 평안함을 위해 기도하고 있사온데, 임금님께서 바른 정치를 펼치시며 백성을 그릇됨 없이 아주 정당하게 다스리신다는 소문을 듣고 몹시 흠모하여 임금님의 신하가 되고자 머나먼 호라산에서 이곳까지 찾아왔습니다.
그런데 제가 이곳에 이르렀을 때는 이미 날이 저물어 성문이 닫힌 뒤라, 성벽 밑에서 하룻밤을 보내려고 몸을 눕혀 꾸벅꾸벅 졸고 있으니 여자 네 사람이 제가 있는 곳으로 왔습니다.
하나는 빗자루*29를 탔고 또 하나는 술독을 탔으며, 세 번째는 부젓가락을, 그리고 네 번째는 까만 암캐를 타고 있었습니다. 보아하니 틀림없이 이 도시를 찾아온 마녀들인 듯한데, 그들 가운데 하나가 저에게 다가와 발길질하고 손에 든 여우꼬리로 저를 마구 때리는 것이었습니다.
제가 화가 나서 그년에게 고함을 쳤더니 그 마녀가 달아나려고 몸을 휙 돌리기에, 그때 갖고 있던 주머니칼로 마녀의 등을 그었습니다. 그 마녀는 등에 상처를 입은 것을 알고 뒤도 돌아보지 않고 뺑소니를 쳤는데, 그때 이 작은 상자를 떨어뜨리고 갔습니다. 제가 주워들어 뚜껑을 열어보니 놀랍게도 이렇게 값진 보석이 들어 있었습니다. 부디 이것을 받아주십시오.
저는 산속을 이리저리 헤매고 다니는 방랑객으로, 진정 이 세상을 버리고, 이 세상에 있는 모든 것과 인연을 끊고 오로지 최고의 신 알라의 얼굴만 뵙고자 하는 몸이라 이런 물건은 도무지 쓸모가 없습니다."
금세공장이는 이렇게 가희의 보석상자를 왕에게 바친 다음 그대로 물러났습니다.
임금님이 그 상자를 열고 안에 든 장신구 따위를 살펴보니, 언젠가 자신이 가희의 주인인 대신에게 내린 목걸이가 있었습니다. 임금님은 곧 그 대신을 불러서 물어보았습니다.
"이것은 아무래도 내가 그대에게 준 목걸이 같은데?"
대신은 첫눈에 그것이 왕에게서 하사받은 목걸이라는 걸 알았습니다.
"그렇습니다. 저는 그것을 저의 가희에게 주었습니다."
"그렇다면 그 가희를 데리고 오라."
대신이 가희를 데리고 오자 왕이 명령했습니다.
"그 여자를 발가벗겨 등에 상처가 있나 없나 조사해 보아라."
대신이 가희의 옷을 벗기고 등을 조사해 보니 과연 작은 칼자국이 있었습니다.
"등에 분명히 작은 칼자국이 있습니다."

"흐음, 그렇다면 이 여자는 그 신앙심 깊은 자가 말한 마녀 가운데 하나가 틀림없구나. 의심할 여지가 없어."

왕은 여자를 당장 마법사와 마녀를 던져 넣는 땅굴 속에 가두라는 엄명을 내렸습니다. 그리하여 그 가희는 즉시 땅굴 속에 갇히고 말았습니다.

한편 금세공장이는 일이 자신의 계략대로 순조롭게 되자, 금화 1천 닢이 든 지갑을 가지고 밤에 그 땅굴을 찾아갔습니다.

그리고 옥지기에게 교묘하게 접근하여 둘이서 우스갯소리를 주고받는 동안 어느덧 밤이 이슥해지자, 금세공장이는 마침내 사정을 털어놓았습니다.

"사실 형제여, 저 여자는 자기가 저지른 죄로 이런 봉변을 당하고 있는 것이 아닐세. 사실을 말하면, 저 여자를 저렇게 만든 것은 바로 나일세."

그는 그때까지의 자초지종을 옥지기에게 모두 얘기해 주었습니다.

"일이 그렇게 된 것이니, 형제여, 금화 1천 닢이 든 이 지갑을 자네에게 줄 테니 부디 저 여자를 나에게 넘겨주게. 그러면 저 여자를 우리나라로 데리고 가겠네. 자네로 봐서는 저 여자를 땅굴 속에 가두어 놓고 지키는 것보다야 이 금화가 훨씬 낫지 않겠는가?

그러면 진정 알라의 보답이 있을 걸세. 우리는 이제부터 둘이서 자네의 번영과 안녕을 열심히 기도할 생각이니까 말일세."

이야기를 들은 옥지기는 그 계략이 교묘하게 성공한 데 은근히 놀라면서 지갑을 받아 넣고, 그 도시에는 잠시도 머물러 있지 않는다는 조건으로 여자를 그에게 내주었습니다.

금세공장이는 뛸 듯이 기뻐하며 여자를 데리고 쉬지 않고 여행을 계속하여 마침내 자기 나라로 돌아왔습니다. 그렇게 하여 기어이 오랜 소원을 풀었던 것입니다.

"오, 임금님."

측실이 말을 이었습니다.

"사내들의 음흉한 마음과 간사한 꾀는 이와 같은지라, 대신들은 임금님이 왕자님에 대해 공정한 판결을 내리시지 못하도록 방해하고 있는 것입니다. 그렇지만 내일이면 임금님도 저도 올바른 심판자 앞에 서게 되겠지요. 그분은 공평하게 저희를 재판하실 것이니까요."

측실의 이야기를 듣고 왕은 다시금 왕자를 사형에 처하라고 명령했습니다.
그러자 다섯 번째 대신이 왕 앞에 나와 무릎을 꿇고 말했습니다.
"오, 대왕님이시여, 왕자님을 죽이는 것은 잠시만 미뤄주십시오. 서두르시다 보면 일을 그르치고 후회하시게 마련입니다. 저는 임금님이 남은 생애를 웃음을 잃고 지낸 어느 사내처럼 후회하게 되지 않으실까 걱정돼옵니다."
"대신, 그것은 대체 어떠한 이야기인가?"
왕의 물음에 대신이 대답했습니다.
"임금님, 사실 이런 이야기를 들은 적이 있습니다."

평생을 웃지 않고 버틴 사내

옛날 옛적에 토지와 저택과 현금이 어마어마하게 많고, 환관과 노예들을 많이 거느린 한 남자가 있었습니다. 때가 되어 그가 자비로우신 알라께 돌아가니, 그 뒤에는 어린 아들 하나만 남았습니다.

이 아들은 자라서 어른이 되자 날이면 날마다 사람들을 초대해서 잔치를 벌이고, 춤과 노래, 술과 여자에 빠져 갖은 난봉을 피웠을 뿐만 아니라, 선물이다 답례다 해서 마구 돈을 쓰고 재산을 낭비했으므로 아버지가 남긴 재산을 몽땅 털어먹고 말았습니다.

—여기서 날이 훤히 밝아왔으므로 샤라자드는 이야기를 그쳤다.

588번째 밤

샤라자드는 이야기를 계속했다.

오, 인자하신 임금님, 젊은이는 재산을 거덜 내고 돈이 한 푼도 없게 되자, 이번에는 노예와 측실과 집을 팔아넘겼고 그 돈마저 전과 마찬가지로 모두 다 써버렸습니다. 마침내 빈털터리 신세가 되어 일해서 생계를 유지하는 수밖에 없게 되었습니다. 일 년 남짓 그렇게 그럭저럭 살아가던 어느 날, 그가 어떤 집 담장 밑에 앉아 누군가 고용해 줄 사람이 없나 하고 기다리고 있는데, 기품이 있어 보이고 풍채가 훌륭한 노인이 다가와 가볍게 인사를 했습니다.

젊은이는 물었습니다.

"오, 어르신, 전부터 저를 알고 계십니까?"

그러자 노인이 대답했습니다.

"아니, 그렇지는 않소. 나는 당신을 전혀 모르는 사람이오. 그런데 보아하니 당신은 지금은 아주 가난한 모양이지만 그래도 어딘가에 도련님티가 남아 있구려."

"오, 어르신, 정말 숙명이란 돌고 도는 수레바퀴라 이렇게 되었습니다만 제가 할 만한 일이 없겠습니까?"

"젊은이, 사실 조그만 일이 하나 있는데 당신이 해 주었으면 하오."

"무슨 일인지요?"

"사실은 우리 늙은이 열한 명이 한집에 살고 있는데, 우리의 시중을 들어줄 사람이 없소. 그러니 당신이 우리에게 와서 시중을 들어주기만 한다면 식사와 옷을 만족할 만큼 주는 것은 물론이고 돈이든 물건이든 당신이 필요한 만큼 드리리다. 그러면 알라께서 반드시 그 수입으로 그 전 재산을 찾아주실 것이오."

"그러시다면 제가 하겠습니다."

"그런데 한 가지 조건이 있소."

"무슨 조건입니까?"

"그건 말이오, 우리가 하는 일을 보더라도 못 본 척 비밀만 지켜주면 되는 거요. 그리고 우리가 우는 걸 보아도 그 까닭을 물어서는 안 되오."

"예, 알았습니다."

"그럼 나를 따라오구려. 전능하신 알라께서 당신에게 은혜를 내려주시기를!"

얘기가 끝나자 노인은 젊은이를 목욕탕으로 데리고 가 몸을 말끔하게 씻게 한 뒤, 심부름꾼을 시켜 조촐한 리넨 옷을 가져오게 하여 젊은이에게 입혔습니다. 그런 다음 친구들과 함께 사는 자기 집으로 데려갔습니다. 그곳은 높다랗게 솟아 있는 으리으리한 저택으로, 상당히 튼튼하게 지은 것이었습니다. 안에는 서로 마주보고 있는 침실 말고 손님방도 여러 개가 있었습니다. 그리고 그 하나하나마다 분수가 설치되어 있었으며, 그 위에서 새들이 지저귀고 있었습니다. 또 사방에 창문이 나 있어서 아름다운 안뜰을 내려다볼 수도 있었습니다,

노인은 젊은이를 온갖 색깔의 대리석을 깐 커다란 홀로 데리고 갔습니다. 천장은 군청색과 불타는 듯한 황금빛으로 아름답게 치장되어 있고, 바닥에는 비단이 깔려 있었습니다.

그런데 방 안에 상복을 입은 노인 열 명이 두 사람씩 마주 앉아 슬피 울고 있는 것이었습니다. 젊은이는 그 광경을 보고 이상하게 여기며 까닭을 물어보려다가, 문득 노인과 한 약속이 생각나서 입을 다물었습니다.

그때 젊은이를 데리고 온 노인이 금화 3만 냥이 든 상자를 젊은이에게 주면서 말했습니다.

"여보게, 젊은이, 우리를 보살피거나 자네 자신을 위해 필요한 비용은 모두 이 상자에서 마음대로 꺼내 쓰게. 그 대신 정직하게 일하고 약속한 것을 잊지 않도록 하게."

"예, 분부대로 하겠습니다."

젊은이는 그렇게 대답하고 밤낮없이 열심히 일했습니다. 그러다가 한 노인이 죽자 노인들은 그의 몸을 깨끗이 씻고 수의를 입혀서 저택 뒷마당에 묻었습니다.

그러는 동안 노인들이 계속해서 하나 둘 죽어가서, 마침내 젊은이를 고용한 노인만 남게 되었습니다.

그 뒤 노인과 젊은이는 단둘이 몇 년을 같이 살았습니다. 두 사람 말고는 알라를 제외하고 아무도 없었습니다. 그러던 어느 날 노인마저 병이 들어 자리에 눕고 말았습니다. 이제는 살아남을 가망이 없다고 생각한 젊은이는 노인 곁에 가서 여러 가지 회한의 말을 하며 이야기를 시작했습니다.

"어르신, 저는 벌써 12년 동안 어르신들을 모시면서 단 한시도 의무를 게을리하지 않고 충실하고 정직하게 온 힘을 다했다고 생각합니다."

"그래, 너는 내 친구들이 모두 알라(알라께 영예와 영광 있으라!)의 부르심을 받아 그 곁으로 돌아갈 때까지 우리의 시중을 잘 들어주었지. 이제 내 명도 얼마 남지 않은 것 같군."

"어르신의 말씀대로 여명이 얼마 남지 않으신 것으로 생각합니다만, 마지

막 선물로 어르신들이 언제나 슬피 우시고 상복을 입으신 까닭이 무엇인지 가르쳐주십시오."

"그것은 너하고는 상관없는 일이야. 내가 대답할 수 없는 것을 꼬치꼬치 묻지 말게. 그것은 우리가 당한 불행을 한 사람도 겪게 하고 싶지 않아서, 그 자세한 내용을 누구에게도 말하지 않겠다고 전능하신 알라께 맹세했기 때문이네. 그러니 우리가 입은 재앙을 면하고 싶거든 절대로 저 문을 열어선 안 되네."*30

노인은 그렇게 말하면서 저택의 한곳을 가리켰습니다.

"하지만 우리가 괴로워했던 고통을 너도 겪고 싶다면야 저 문을 열면 되지. 그러면 어째서 우리가 그런 짓을 하고 있었는지 알게 될 거고, 그렇게 되면 틀림없이 너도 후회하겠지만, 그때는 이미 때가 늦어."

─여기서 날이 훤히 밝아왔으므로 샤라자드는 이야기를 그쳤다.

589번째 밤

샤라자드는 이야기를 계속했다.

오, 인자하신 임금님, 그 뒤 노인의 병은 점점 깊어져서 마침내 그 일생을 마치고 알라께 돌아가고 말았습니다.

젊은이는 손수 노인의 시체를 씻고 수의를 입혀서 친구들 옆에 묻어주었습니다. 그 뒤에도 젊은이는 혼자 그 집에 살면서 그곳에 있는 모든 것을 가졌습니다.

그렇지만 죽은 노인들의 신상이 도무지 궁금해서 견딜 수가 없었습니다. 그러던 어느 날, 죽은 노인이 한 말과 절대로 열지 말라고 했던 그 문에 대해 곰곰이 생각하다가 그만 그 문을 한번 찾아보고 싶어졌습니다.

그래서 몸을 일으켜 죽은 노인이 가리켰던 언저리를 잘 살펴보니 어스름한 한구석에 작은 문이 하나 있는데, 거미줄이 잔뜩 끼어 있는 데다 쇠 자물통이 네 개나 채워져 있었습니다.

그것을 본 젊은이는 노인의 충고가 생각나서 호기심을 꾹 누른 채 그대로 돌아섰습니다. 그 뒤 이레 동안 그곳에 가까이 가는 것조차 삼가고 있었지만, 마음속에서는 늘 문을 열어보라, 열어보라 하고 속삭이는 유혹이 꿈틀거리고 있었습니다.

그리하여 여드레째가 되자 젊은이는 마침내 호기심을 더는 이기지 못하고 이렇게 중얼거렸습니다.

"무슨 일이 일어나든 저 문을 열어보고 그 결과로 내 몸에 어떤 일이 생기는지 시험해 보아야겠다. 무슨 일이든 알라가 정하신 것을 바꿀 수는 없어. 또 알라의 뜻이 아니고는 어떤 일도 생기지 않는 법이야."

그리하여 젊은이는 그만 자물쇠를 부수고 말았습니다. 문을 열자 좁은 통로가 있어서 그 길을 따라 세 시간가량 나아가니 널찍한 바닷가가 나왔습니다.

이런 곳에 이렇게 큰 바다가 있었나 수상쩍게 생각하며 여기저기 둘러보면서 물가를 얼마쯤 걸어갔습니다. 그때 난데없이 커다란 독수리가 한 마리 날아오더니, 그 날카로운 발톱으로 젊은이를 채서 하늘과 땅 사이를 날아갔습니다. 독수리는 이윽고 바다 한가운데 있는 섬에 젊은이를 떨어뜨려 놓고 날아가 버렸습니다.

아무 생각 없이 멍해진 젊은이는 어디로 가야 할지 도무지 알 수가 없었습니다. 2, 3일 동안 자신의 신세를 한탄하고 있으려니, 바다 한가운데에 밤하늘의 별 하나처럼 돛대가 하나 보였습니다.

젊은이의 마음은 그 돛대에 사로잡혀 떠날 줄을 몰랐습니다. 어쩌면 그 배에 구출될지도 모른다고 생각했기 때문입니다. 그래서 한눈을 팔지 않고 지켜보는 동안 배는 점점 가까이 다가왔습니다.

그것은 상아와 흑단으로 만든 범선으로, 번쩍번쩍 빛나는 황금으로 장식되어 있고 강철못이 박혀 있었습니다. 노는 백단향나무와 침향나무로 만든 것이었습니다. 그리고 배 안에는 달처럼 아름답고 가슴이 봉긋한 처녀 열 명이 타고 있었습니다.

처녀들은 젊은이의 모습을 보자 해변으로 올라와서 젊은이의 손에 입을 맞춘 뒤 저마다 이렇게 말했습니다.

"당신은 신랑님, 저희 임금님이십니다."

그때 한 젊은 귀부인이 젊은이에게 다가와 인사를 했습니다. 맑게 갠 푸른 하늘에 빛나는 태양처럼 아름다운 귀부인은 손에 비단 보퉁이를 들고 있었는데, 그 속에는 임금님의 예복과 갖은 루비와 진주를 아로새긴 황금 왕관이 들어 있었습니다.

귀부인이 젊은이에게 그 옷을 입혀주고 머리에 왕관을 씌워주자 시녀들은 젊은이의 팔을 잡고 살며시 부축하여 배 안으로 데리고 갔습니다. 배에 올라가 보니 그곳은 온갖 비단깔개와 색색의 휘장으로 꾸며져 있었습니다.

이윽고 배는 돛을 올려 바다 한가운데로 미끄러져 나갔습니다. 다음부터는 그때의 일을 젊은이가 직접 이야기한 것입니다.

―그들이 나를 배에 태우고 바다에 나갔을 때, 나는 이게 정말로 꿈이 아닌가 싶었습니다. 어디를 향해 나아가는지 도통 알 수가 없었습니다. 얼마 뒤 육지가 나타났는데, 해변에는 알라(알라를 칭송할지어다!) 말고도 그 수를 알 수 없는 수많은 군사가 늘어서 있었습니다. 모두 훌륭한 복장에 빈틈없이 무장하고 있었습니다.

배를 육지에 묶어두고서 그들은 곧 좋은 혈통이라는 표시가 있는 말*31 다섯 필을 내 앞에 끌고 왔는데, 어느 말에나 진주와 값비싼 보석을 아로새긴 황금 안장이 놓여 있었습니다.

그중 한 필을 골라 내가 올라타자 나머지 네 마리는 내 옆에 대기하고 섰습니다. 내 머리 위에는 깃발이 펄럭이고 군대는 좌우로 정렬했습니다. 이윽고 그들은 북을 치고 자바라를 울리면서 진군하기 시작했습니다.

대체 이것이 꿈인지 생시인지 나 혼자 궁금해하는 가운데 자꾸자꾸 앞으로 나아가 이윽고 푸른 초원에 이르렀습니다. 그곳에는 궁전과 꽃밭이 있고 수목이 우거진 사이로 냇물이 흐르며, 꽃이 활짝 피고 새들은 유일신인 알라를 찬양하고 있었습니다.

그때 한 떼의 군대가 궁전과 꽃밭 사이에서 마치 둑이 터져 쏟아지는 급류처럼 튀어나오더니, 숱한 병사가 초원을 순식간에 메워버렸습니다.

이 군대가 내 바로 앞에 와서 멈추자, 그 사이에서 중신들을 앞세운 왕이 나타났습니다.

왕이 젊은이 앞에 와서 (하고 대신은 이야기를 이었습니다.) 말에서 내리자 두 사람은 지극히 정중하게 인사를 나눴습니다.

그런 다음 왕이 말했습니다.

"부디 저와 함께 가십시다. 당신은 저의 귀한 손님이십니다."

그리하여 두 사람은 다시 말에 올라타 위풍당당하게 나란히 이야기하며 나아갔습니다. 어느덧 왕궁에 이르자 두 사람은 함께 말에서 내렸습니다.

―여기서 날이 훤히 밝아왔으므로 샤라자드는 이야기를 그쳤다.

590번째 밤

샤라자드는 이야기를 계속했다.

오, 인자하신 임금님, 왕궁에 이르자 왕은 젊은이의 손을 잡고 시종들을 거느리며 둥근 천장의 방으로 안내했습니다. 그리고 젊은이를 황금 옥좌에 앉히고 자기는 그 옆자리에 앉았습니다.

그런 다음, 얼굴 아래쪽을 가린 천을 떼어내니, 왕이라고 생각했던 사람은 뜻밖에도 하늘에 빛나는 태양처럼 아리따운 젊은 여인이었습니다. 그 아름다운 모습과 상냥하고 우아한 자태가 그야말로 한 점 나무랄 데 없는 절세미인이었던 것입니다.

이 특별한 하늘의 축복과 아름다움의 화신을 바라보는 젊은이의 마음은 오로지 기쁨에 넘쳐나고 있었습니다. 옆에 앉은 귀한 여인의 매혹적이고 고상한 자태며 눈에 보이는 것 모두가 화려하고 풍성하여, 그저 멍하니 넋을 잃고 앉아 있는데, 젊은 여인의 아름다운 목소리가 들려왔습니다.

"오, 임금님, 사실 저는 이 나라의 여왕이며 당신이 보신 기마병과 보병들도 모두 여자들입니다. 남자는 한 사람도 없습니다. 이 나라에서는 땅을 파고 씨를 뿌린 뒤 거두어들이는 농사일과 도시의 건설, 그 밖의 노동과 기술은 모두 남자들이 맡아서 하고, 국가의 중요한 관리가 되어 정사를 베풀고 무기를 잡는 일은 모두 여자가 합니다."

이 말을 듣고 젊은이는 그저 놀라서 입을 다물 수가 없었습니다.

두 사람이 이야기하는 동안 대신이 나타났습니다. 근엄한 얼굴에 당당한 풍채를 지닌 키가 훤칠한 백발의 노파였습니다.

여왕이 여대신에게 말했습니다.

"판관과 증인을 데려오세요."

여대신이 물러가자 여왕은 젊은이를 돌아보며 다시 다정하게 말을 걸어왔습니다. 자신에 대한 두려움을 없애주고 산들바람보다 부드러운 말로 젊은이의 수줍음을 덜어주려고 애쓰는 듯했습니다.

"당신이 저의 낭군이 되시고, 제가 당신의 아내가 되는 것이 싫으신가요?"

이 말을 들은 젊은이가 일어나 여왕 앞에 무릎을 꿇으려 하자 여왕이 얼른 붙들고 못 하게 말렸습니다. 그래서 젊은이는 이렇게 대답했습니다.

"오, 임금님, 저는 당신을 섬기는 노예 중에서도 가장 천한 노예입니다."

"여기 있는 노비와 병사들, 그리고 부와 금은보화를 모두 보셨나요?"

"예, 보고말고요."

"이것을 모두 당신 마음대로 할 수 있는 거예요. 누구에게 주시든 어떻게 하시든 당신 좋으실 대로!"

그리고 여왕은 닫혀 있는 문 하나를 가리키며 말했습니다.

"모든 것을 당신 마음대로 하실 수 있지만, 저 문만은 안 됩니다. 저 문은 절대로 열어서는 안 돼요. 열고 나서 후회해도 돌이킬 수가 없으니까요. 그러니 부디 조심해 주세요. 다시 한 번 말씀 드리지만 이것만은 절대 잊지 말아 주세요."

그때 여대신이 판관과 증인을 데리고 방에 들어왔습니다. 모두 머리를 어깨까지 늘이뜨린 근엄하고 당당한 체격의 고상한 노파들이었습니다.

여왕은 젊은이와 자신의 혼인계약서를 작성하라고 명령했습니다. 모든 것이 준비되자, 여왕은 성대한 혼례식을 올리고 전군의 병사들을 모두 초대했습니다.

결혼잔치가 끝나자 젊은이는 신방에 들었는데, 신부는 그때까지 순결한 처녀의 몸이었습니다. 젊은이는 그 처녀의 문을 열었고, 그 뒤 이 세상의 모든 즐거움과 기쁨을 누리면서 7년 동안 여왕과 함께 즐거운 세월을 보냈습니다.

그러던 어느 날, 젊은이는 문득 열어서는 안 된다고 했던 문을 생각하며 혼자 중얼거렸습니다.

"그 속에 내가 지금까지 본 것보다 더욱 크고 더욱 귀한 보물이 들어 있지 않다면, 그렇게 열지 말라고 말릴 리가 없지."

젊은이는 일어나 문을 열었습니다. 그러자 놀랍게도 그 안에는 자기를 해변에서 섬으로 데려다준 그 새가 들어 있는 게 아니겠습니까? 새는 젊은이를 쏘아보며 말했습니다.

"영화를 누릴 줄 모르는 놈에게 재앙이 내릴지어다!"

젊은이는 독수리의 모습을 보고 또 그 목소리를 듣자 몸을 돌려 달아나려 했습니다. 그러나 독수리가 쫓아와서 날카로운 발톱으로 젊은이를 덥석 낚아채더니 하늘로 휙 치솟아 올랐습니다. 한동안 하늘과 땅 사이를 날아간 독수리는 전에 젊은이를 붙잡은 장소까지 가서 그를 그곳에 다시 떨어뜨린 뒤 그대로 날아가 버렸습니다.

정신을 차린 젊은이는 불과 얼마 전까지 수많은 군사를 거느리고 숱한 신하들 위에 군림했던 영화를 떠올리며, 이제는 모두 잃어버린 명예와 행복을 떠올리고 비탄의 구렁텅이에 빠지고 말았습니다.

그래도 젊은이는 행여나 다시 아내 곁으로 돌아갈 수 있을지 모른다는 헛된 희망에 사로잡혀 두 달이나 그 바닷가에 머물러 있었습니다. 그러던 어느 날 밤, 잠을 이루지 못한 채 눈을 멀거니 뜨고 누워 있으니 모습은 보이지 않는데 이런 목소리가 들려왔습니다.

'얼마나 큰 기쁨이었던가! 아, 애달프구나, 지나가 버린 행복은 두 번 다시 돌아오지 않으리니!'

이 말을 들은 젊은이는 지난날에 대한 미련이 골절이 되는 심정이었지만, 이젠 단념할 수밖에 도리가 없었습니다. 젊은이는 과거의 화려하고 행복했던 신분을 되찾는다는 희망을 버리고, 상처 입은 끔찍한 마음으로 전에 노인들과 살던 집으로 터벅터벅 돌아갔습니다.

그리고 그제야 그 노인들도 자기와 똑같은 꼴을 당하여 그처럼 눈물을 흘리며 불운을 슬퍼한 것임을 깨달았습니다. 그래서 그는, 전에는 이해하지 못했던 노인들의 심정을 알고 그들을 탓하는 마음이 모두 사라져 버렸습니다.

그로부터 젊은이는 후회와 비탄에 사로잡혀 방 안에만 틀어박힌 채, 하염없이 눈물을 흘리며 슬퍼했습니다. 음식과 좋은 향료, 노래와 춤과 음악마저 모두 끊어버리고 앞서 간 노인들 곁에 묻히는 날까지, 다시는 웃음을 모르는 인간이 되어 쓸쓸히 남은 생애를 보냈던 것입니다.

"오, 임금님." 대신은 이야기를 계속했습니다. "경솔하게 행동하시면 그러한 결과를 가져올 뿐입니다. 거기에는 반드시 후회가 뒤따릅니다. 저는 이 얘기로써 조심스럽게나마 진심 어린 충고와 거짓 없는 조언을 대신한 겁니다. 부디 총명하신 판단을 내리시기를!"

이 말을 들은 왕은 왕자를 죽이려던 마음이 다시 사라졌습니다.

—여기서 날이 훤히 밝아왔으므로 샤라자드는 이야기를 그쳤다.

591번째 밤

샤라자드는 이야기를 계속했다.

오, 인자하신 임금님, 왕은 그 이야기를 듣고 왕자를 죽이는 것을 단념했습니다. 그러나 엿새째가 되자 다시 그 애첩이 손에 시퍼렇고 예리한 칼을 들고 왕 앞에 나와서 말했습니다.

"오, 임금님, 부디 저의 호소를 들어주세요. 서로 한패가 되어 저를 괴롭히고 있는 대신들에 대해 임금으로서의 위엄과 명예를 지켜주지 않으신다면, 저는 이 칼로 스스로 목숨을 끊을 생각입니다. 그렇게 하면 저의 피는 마지막 심판의 날, 임금님께 불리한 증거가 되겠지요. 대신들은 모두 똘똘 뭉쳐서 여자란 간사하고 사심과 부정의 덩어리라며 터무니없는 거짓말을 해 저에 대한 임금님의 올바른 판결을 방해하고 있어요. 하지만 들어 보세요. 저는 이제부터 왕자 중의 왕자라는 자가 어떤 방법으로 악랄한 계략을 꾸며 한 상인의 아내에게 접근했는지를 말씀드림으로써, 남자들이야말로 여자보다 훨씬 간사하고 믿을 수 없는 존재라는 증거를 보여 드리겠어요."

"그 두 사람 사이에 어떤 일이 있었단 말이냐?"

"오, 임금님, 저는 이런 이야기를 들은 적이 있답니다."

왕자와 상인의 아내

질투심이 매우 강한 한 상인이 있었는데, 그에게는 참으로 아름다운 아내가 있었습니다.

상인은 아내를 많은 사람의 눈에 띄기 쉬운 도시 안에서 살게 하는 것이 질투도 나고 걱정도 되어, 도시에서 멀리 떨어진 외딴곳에 커다란 별장을 지어주었습니다.

담을 높이 쌓고 문은 모두 튼튼하고 단단하게 만들어서, 색다른 자물쇠를 구해다가 자기가 성 안으로 들어갈 때는 엄중히 문을 걸어 잠그고 열쇠를 목에 걸고 가곤 했습니다.[*32]

그러던 어느 날, 상인이 외출하고 없는데 도시의 왕자가 성문 밖의 널찍한 교외로 바람을 쐬러 나왔다가 외따로 쓸쓸하게 서 있는 저택을 보았습니다. 그러면서 대체 어떤 집일까 궁금하여 걸음을 멈추고 잠시 쳐다보고 있었습니다.

그때 문득 아름답고 사랑스러운 한 여자가 창문으로 몸을 내밀고 주위 경치를 내다보고 있는[*33] 모습이 눈에 들어왔습니다. 그 아름답고 매혹적인 모습에 그만 넋을 잃은 왕자는 어떻게 그 여자에게 접근할 방법이 없을까 궁리해 보았지만 신통한 생각이 얼른 떠오르지 않았습니다.

그래서 시동을 불러 먹통과 종이[*34]를 가져오게 하여, 간절한 마음을 적은 연애편지를 한 통 써서 화살에 매어 여자 집 안으로 쏘아 넣었습니다.

그 화살은 마침 안주인이 시녀들을 데리고 산책을 하는 정원에 떨어졌습니다.

그것을 본 안주인이 시녀에게 말했습니다.

"저것을 가져오너라."

글을 읽고 쓸 줄 아는[*35] 여자는 그 연애편지를 읽고 왕자의 열렬한 사랑과 애타는 소망을 알게 되었습니다. 안주인은 즉시 답장을 써서 창문 밖으로 날려 보냈습니다.

"저는 당신보다 더욱더 애타게 당신을 사모합니다."

왕자는 답장을 읽은 뒤 창문 밑으로 가서 말했습니다.

"이 열쇠를 드리고 싶으니 실을 내려주십시오. 그리고 소중히 간직해 주십시오."

여자가 실을 내려주자 왕자는 거기에 열쇠를 붙들어 맸습니다.[*36]

그 자리를 떠난 왕자는 부왕의 대신 한 사람을 찾아가서 자신의 사랑을 이야기하고 그 여자 없이는 하루도 살 수 없다고 호소했습니다.

"그렇다면 제가 어떻게 해 드리면 좋겠습니까?"

대신이 묻자 왕자가 대답했습니다.

"나를 큰 궤짝 속에 넣어서*37 대신의 것이라면서, 그 상인더러 며칠 동안 맡아 달라고 부탁하시오. 그러면 그동안 그 여자와 마음껏 즐길 수 있을 것 아니오. 그런 다음 다시 그 궤짝을 찾으러 와주시오."

"알았습니다."

왕자는 궁전으로 돌아가서 적당한 궤짝에다 여자에게 준 열쇠에 맞는 자물쇠를 단 다음 그 궤짝에 들어갔습니다. 대신은 궤짝에 자물쇠를 채워 말에 싣고 상인의 집으로 갔습니다.

상인은 대신을 공손히 맞이하여 그 손에 입을 맞추며 말했습니다.

"오, 대신님, 제가 할 수 있는 일이 있다면 무엇이든 분부하십시오. 저에겐 크나큰 영광이요 행복이니까요."

"다름이 아니라 이 궤짝을 내가 다시 찾으러 올 때까지 그대 집에서 제일 안전한 곳에 보관해 주게."

상인은 하인들을 시켜서 그것을 집 안으로 옮겨 다락방에 넣어놓고는 볼 일을 보러 집을 나갔습니다.

남편이 나가자 상인의 아내는 곧 궤짝에 다가가 왕자가 준 열쇠로 자물쇠를 열었습니다. 그러자 그 속에서 보름달처럼 아름다운 왕자가 나타났습니다.

그것을 보고 여자도 가장 화려한 옷으로 갈아입은 뒤, 왕자를 자기 방으로 안내하여 그곳에서 이레 동안 함께 먹고 마시면서 온갖 즐거움을 즐겼습니다. 그리고 남편이 집에 돌아오면 그때마다 왕자를 궤짝 속에 숨기고 자물쇠를 채웠습니다.

어느 날 별안간 왕이 왕자를 찾으니, 대신은 성 안에 있는 상인의 가게에 가서 궤짝을 돌려 달라고 말했습니다.

―여기서 날이 훤히 밝아왔으므로 샤라자드는 이야기를 그쳤다.

592번째 밤

샤라자드는 이야기를 계속했다.

오, 인자하신 임금님, 대신은 상인의 가게에 가서 궤짝을 돌려 달라고 말했습니다.

그래서 상인은 평소와 달리 급히 별장으로 달려가서 문을 두드렸습니다. 남편이 갑자기 돌아오는 바람에 상인의 아내는 허둥지둥 왕자를 궤짝 속에 숨겼는데 너무 서두르다가 그만 자물통 채우는 것을 잊고 말았습니다.

상인은 하인들을 시켜서 그것을 성 안의 가게로 옮기게 했습니다. 하인들이 뚜껑에 손을 대고 둘러메려고 하자 자물통이 채워져 있지 않아 뚜껑이 활짝 열리고 말았습니다. 그러자 그 속에 왕자가 누워 있는 것이 아니겠습니까? 그것이 왕자임을 안 상인은 대신에게 달려갔습니다.

"오, 대신님, 제발 오셔서 왕자님을 모셔 가십시오. 저희는 황송해서 손을 댈 수가 없습니다."

대신은 하는 수 없이 상인의 집으로 가서 왕자를 데리고 나와 함께 왕에게 돌아갔습니다.

두 사람의 모습이 보이지 않게 되기를 기다렸다가 상인은 아내를 두들겨 패서 내쫓고는, 다시는 결혼하지 않겠다 굳게 맹세했다고 합니다.

측실은 이야기를 계속했습니다.

"오, 임금님, 저는 이런 이야기도 들은 적이 있습니다."

새가 하는 말을 알아듣는 척한 시동[*38]

어느 신분 높은 남자가 어느 날 노예시장에 나가 보았더니, 한 시동이 팔리러 나와 있어 그를 사서 집으로 데리고 가 아내에게 말했습니다.

"잘 데리고 있어야 해."

그런지 얼마쯤 지난 어느 날 남편이 아내에게 말했습니다.

"내일은 장원(莊園)에 나가서 소풍이나 하시오."

아내가 대답했습니다.

"그렇게 하지요."

이 얘기를 듣고 있던 시동은 밤에 몰래 고기와 마실 것, 과일과 과자를 가지고 장원에 갔습니다. 그러고서 안주인이 지나갈 길목을 예상하여 고기는 이 나무 아래, 술은 저쪽 나무 아래, 과일과 과자는 또 다른 나무 아래에 숨겨 두었습니다.

이튿날 아침 주인은 시동에게 그날 필요한 모든 음식을 갖고 안주인을 따라 장원에 가라고 일렀습니다.

이윽고 안주인이 말을 타고 시동을 데리고 장원에 가서 여기저기 거닐고 있는데, 까마귀 한 마리가 깍깍 울기 시작했습니다.*39

그러자 시동이 그 울음소리에 대답이나 하듯이 이렇게 말하는 것이었습니다.

"응, 그래."

그래서 안주인은 물었습니다.

"넌 까마귀 소리를 알아듣느냐?"

"예, 마님, 저 까마귀는 '저 나무 아래 고기가 있으니 가서 먹으라'고 울었던 것입니다."

"정말 그래?"

안주인이 그 나무 밑에 가보니 당장에라도 먹을 수 있는 고기가 한 접시 놓여 있었습니다. 시동의 말이 거짓이 아닌 것을 알고 안주인은 매우 이상히 여기면서 함께 그 고기를 먹었습니다. 그런 다음 가까운 곳의 경치를 구경하고 있는데 까마귀가 나시 와서 우는 것이었습니다.

그러자 시동은 또다시 이렇게 말했습니다.

"응, 알았어."

안주인이 물었습니다.

"이번에는 뭐라고 그러던?"

"예, 마님, 이번엔 '저쪽 나무 아래 사향수를 넣은 그릇과 해묵은 술이 들은 술병이 있다'고 하네요."

안주인이 시동을 데리고 그 나무 밑에 가보니, 그곳에는 정말 술과 물이 있었으므로 더욱 놀라서 시동을 섣불리 얕보아서는 안 되겠다고 생각했습니다.

두 사람은 그곳에 앉아 술과 물을 마시고 나서 다시 산책했습니다.

얼마 뒤 또 까마귀가 울자 시동이 고개를 끄덕였습니다.

"응, 그래."

"이번엔 뭐라고 했느냐?"

"'저 나무 밑에 과일과 과자가 있다'고 했습니다."

가보니 과연 그런지라 두 사람은 그곳에 앉아서 또 과일과 과자를 먹었습니다.

그런 뒤 다시 걷고 있는데, 이번에는 까마귀의 네 번째 울음소리가 들려왔습니다. 그러자 시동은 별안간 돌을 집어 까마귀에게 던졌습니다. 안주인이 놀라 물었습니다.

"아니 대체 까마귀가 뭐라고 했기에 돌을 던지는 것이냐?"

그러자 시동이 대답했습니다.

"오, 마님, 이번엔 좀 말씀드리기 난처한 말을 하는군요."

"상관없으니 말해 보아라. 부끄러워할 게 뭐 있느냐. 너와 나 말고는 아무도 듣는 사람이 없는걸."

"하지만, 이것만은 아무래도 난처합니다."

그러나 안주인이 자꾸만 졸라대니 시동은 못 이기는 척하고 입을 열었습니다.

"글쎄, 까마귀란 놈이 저에게 '네 주인이 마님에게 하는 일을 너도 하여라' 하고 말하지 않겠습니까, 아이 참!"

이 말을 들은 안주인은 재미있다는 듯이 배를 잡고 웃으면서 말했습니다.

"괜찮아, 그리 어려운 일도 아닌 걸 뭐. 난 싫다고 하지 않겠어."

그러고는 한 나무 밑으로 가서 깨끗한 잔디 위에 깔개를 깔고 누워 시동을 불렀습니다.

바로 그때 두 사람 뒤를 따라온 여자의 남편이 시동에게 호통을 쳤습니다.

"여봐라, 무슨 일이냐? 어째서 마님이 그런데 누워서 우시느냐?"

"오, 나리! 마님이 나무에서 떨어져 하마터면 저세상으로 가실 뻔하셨습니다. 하지만 알라(알라의 이름을 찬양할지어다!)의 자비로 깨어나셔서 잠시 누워 쉬고 계시는 중입니다."

안주인은 머리맡에 서 있는 남편을 보고, 마치 일어나려는 듯한 시늉을 하면서 사뭇 아픈 얼굴을 찌푸렸습니다.

"아이고, 등이 아파요! 옆구리도 아프고. 누가 좀 도와줘요, 괴로워 죽겠으니."
 그럴듯한 엄살에 속은 주인은 시동에게 분부했습니다.
 "여봐라, 빨리 마님의 말을 끌고 와서 태워 드려라."
 그런 다음 주인은 시동에게 한쪽 고삐를 잡게 하고 자기도 다른 쪽 고삐를 잡으며 말했습니다.
 "알라께서 당신의 고통을 덜어주시고 괴로움을 덜어주시기를!"
 그는 아내를 집으로 데리고 돌아갔습니다.

 애첩이 말했습니다.
 "오, 임금님, 이것은 남자들이 간사하고 믿을 수 없는 존재임을 가르치는 숱한 예의 하나에 지나지 않습니다. 그러니 제발 대신들의 말을 물리치시고 왕자님을 처벌하시어 저를 구해 주시기 바랍니다."
 여자가 이렇게 말하며 눈물을 흘리자, 왕은 모든 측실 가운데 가장 어여삐 여기는 여자가 그르므로, 왕자를 다시 사형에 처하라고 명령했습니다.
 그러자 이번에는 여섯 번째 대신이 나와서 왕 앞에 엎드리더니 이렇게 말했습니다.
 "전능하신 알라시여, 부디 임금님의 위엄을 더욱 높여주시기를! 임금님, 제가 왕자님을 처분하는 일은 신중하셔야 한다고 말씀을 드리려는 까닭은 오로지 임금님에 대한 충성 때문입니다."

 —여기서 날이 훤히 밝아왔으므로 샤라자드는 이야기를 그쳤다.

593번째 밤

 샤라자드는 이야기를 계속했다.
 오, 인자하신 임금님, 여섯 번째 대신이 말을 이었습니다.
 "무릇 거짓이란 것은 연기와 같은 것이고, 진실은 이와 반대로 깨뜨릴 수 없는 굳고 단단한 주춧돌 위에 서 있습니다. 그뿐만 아니라 진실의 빛은 거짓의 어둠을 벗겨줍니다. 잘 아시겠지만, 여자의 나쁜 행실은 그 깊이를 알 수 없으며, 숭고한 알라께서도 그 예언서에 '여자의 사악한 마음은 참으로 두렵도다'*⁴⁰ 하고 한탄하셨습니다. 또 제가 들은 이야기에 의하면 어떤 여자는 지금까지 아무도 생각지 못한 간사한 꾀를 부려 대관들을 희롱했다고 합니다."

"그것은 대체 어떤 이야기인가?"

대신은 다음과 같은 이야기를 시작했습니다.

유부녀와 다섯 명의 구애자*⁴¹

어느 상인의 딸이 여행을 무척 좋아하는 남자와 결혼을 했습니다. 한 번은 남편이 여느 때처럼 먼 나라로 여행을 떠나 오랫동안 집을 비웠습니다.

그리하여 아내는 매일 심심하고 지루한 것을 괴롭게 여기다가 얼마 뒤 성안의 상인 아들 가운데 아름다운 젊은이를 알게 되었고, 두 사람은 열렬한 사랑에 빠졌습니다.

어느 날 그 젊은이는 다른 사내와 싸움을 벌였는데, 상대가 경무장관에게 고소하여 옥에 갇히고 말았습니다.

젊은이의 정부인 그 상인 마누라는 그 소식을 듣고 까무러칠 듯 놀랐습니다. 여자는 당장 자리에서 일어나 따로 간직해 둔 훌륭한 나들이옷을 입고 경무장관을 찾아가서, 인사도 하는 둥 마는 둥하고 다음과 같은 탄원서를 내밀었습니다.

'나리께서 옥에 보내신 그 젊은이는 제 오빠인데 어떤 남자와 싸움을 하게 되었습니다. 증인들은 오빠에게 불리한 말만 하고 있지만 모두 거짓말입니다. 오빠는 정말 억울하게 옥에 갇혔건만 저는 달리 의논할 만한 이가 없고 저를 부양해 줄 사람도 없습니다. 부디 자비를 베푸시어 오빠를 풀어주시기를 엎드려 빕니다.'

탄원서를 읽은 경무장관이 여자를 흘깃 쳐다본 순간, 그만 그 아름다운 모습에 빠져 어느새 사랑의 포로가 되고 말았습니다. 그래서 여자에게 이렇게 말했습니다.

"그럼 그자를 불러오게 할 테니 내 집에 들어가서 기다리시오. 그가 오면 곧 그대에게 넘겨주리다."

"오, 나리! 저에게는 알라 말고는 의지할 분이 아무도 없습니다. 그리고 알지도 못하는 타인인 제가 어찌 남의 집에 함부로 들어가겠습니까?"

"아니요, 그대가 내 집에 와서 내 말대로 하지 않으면 그대의 오빠를 절대 석방하지 않을 것이오."

"그렇다면 저희 집에 오셔서 낮잠이라도 주무시면서 천천히 하루 쉬어가시는 수밖에 없겠군요."

"그대의 집이 어디기에?"

여자는 자기 집을 가르쳐주고 장관이 찾아올 날짜까지 약속했습니다. 그리하여 상대를 정욕에 반미치광이가 되게 한 다음, 경무장관 앞을 물러 나와 그길로 그 도시의 판관을 찾아갔습니다.

"오, 판관 나리!"

여자가 부르자 판관이 물었습니다.

"무슨 일인가?"

"이 사건을 조사해 주세요. 부디 최고신인 알라의 손으로 응보를 내리시기를!"

"누군가 너에게 몹쓸 짓이라도 했단 말이냐?"

"판관님, 저에게 오빠가 하나 있는데, 오빠는 저에게 하나밖에 없는 가족입니다. 오늘 제가 이곳을 찾아온 까닭은 사실 그 오빠 때문에 부탁할 것이 있어서예요. 오빠는 사람들의 거짓 증언 때문에 악당으로 몰려 옥에 갇히고 말았거든요. 그러니 나리께서 경무장관에게 말씀하셔서 오빠를 구해 주세요."

좀 전부터 여자의 아름다움에 반한 판관은 부드러운 목소리로 이렇게 말했습니다.

"그럼, 네 오빠를 석방해 주도록 내가 경무장관에게 사람을 보내줄 테니, 그동안 우리 집에 가서 하녀들과 함께 쉬고 있어라. 또 벌금이라도 물어야 한다면 내가 물어주마. 그런데 그 대신 내 소원을 들어줘야겠다. 너의 그 아름다운 목소리가 내 마음에 꼭 드는구나."

"오, 판관님, 그런 짓을 하시다간 사람들을 재판하실 수 없을 텐데요."

"그것이 싫다면 네 멋대로 하려무나."

"정 그렇게 하고 싶으시다면 댁보다 저희 집이 남의 눈에 띄지도 않고 훨씬 안전하지 않겠어요? 댁에는 노예와 환관들도 많고 출입하는 사람도 많을 테니까요."

"그러면 네 집이 어디냐?"

여자는 자신의 집을 가르쳐주고 경무장관과 약속한 것과 같은 시간에 만나기로 했습니다.

여자는 그곳을 나오자 이번에는 대신한테 가서 무엇과도 바꿀 수 없는 오빠를 꼭 옥에서 구해 달라는 탄원서를 내밀었습니다. 그러자 이 대신 역시 여자의 아름다움에 정신이 팔려 이렇게 말했습니다.

"내 청을 들어준다면 오빠가 풀려 나오도록 주선해 주마."

"그게 소원이시라면 저희 집으로 와 주세요. 그편이 사람 눈에 띄지 않아서 좋겠지요. 여기서 그다지 멀지도 않고 또 아시는 바와 같이 여자는 몸가짐이 중요하니까요."

"네 집이 어디냐?"

그리하여 여자는 자신의 집을 가르쳐주고 전의 두 사람과 같은 날 같은 시간에 만날 것을 약속했습니다.

여자는 그곳에서 나오자 이번에는 임금님을 찾아가서 사정을 이야기하고 도움을 청했습니다. 그러자 왕이 물었습니다.

"네 오빠를 옥에 넣은 것은 누구냐?"

여자가 대답했습니다.

"임금님의 경무장관입니다."

이렇게 대답하는 여자의 목소리가 하도 매력적이라 왕은 기분이 황홀해졌습니다.

"곧 판관한테 사자를 보내어 네 오빠를 석방하도록 해 줄 테니, 그동안 내전에 들어가서 나를 기다려라."

"오, 임금님, 제가 뭐라고 대답하든 임금님께서 꼭 그렇게 하셔야겠다면 거절할 수 없겠지요. 그것은 저에게 둘도 없는 기쁨이기도 합니다. 하지만 귀찮은 사람들의 눈을 피하고자 저희 집까지 왕림해 주신다면 그보다 더 큰 영광은 없을 것입니다. 그 영광은 마치 시인이 이렇게 읊은 것과 같을 거예요.

오, 벗이여, 그대들은
보았는가, 들었는가.

덕망 높으신 임금님이
행차하시는 모습을?"

왕이 좋을 대로 하라 이르니, 여자는 전의 세 사내와 같은 날 같은 시간에 오십사고 약속한 뒤 자신의 집을 가르쳐주었습니다.

―여기서 날이 훤히 밝아왔으므로 샤라자드는 이야기를 그쳤다.

594번째 밤

샤라자드는 이야기를 계속했다.
오, 인자하신 임금님, 그 여자는 왕궁에서 물러나와 그길로 목공을 찾아갔습니다.
"여보세요, 목수 양반, 위에서 차례로 네 개의 칸막이가 있는 장롱을 짜주세요. 칸마다 자물쇠를 채울 수 있는 문을 달아야겠는데, 비용은 얼마나 들까요? 말씀해 주시면 나중에 치르겠어요."
"금화 네 닢이면 충분합니다. 하지만 훌륭한 귀족 댁 마님이시니, 저 같은 놈에게도 정을 베풀어주신다면 한 푼도 받지 않겠습니다만."
"당신이 정 그것을 원하신다면 장롱의 칸막이를 다섯으로 하고 문짝마다 자물쇠를 달아줘요."
그리고 날짜를 어기지 말라고 당부했습니다.
"좋습니다. 마님, 잠시 그곳에 앉아 계십시오. 이제부터 일을 시작해서 금방 만들어 드릴 테니까요. 일이 끝나면 나중에 찾아가 뵙도록 하지요."
그래서 여자가 목수 옆에 앉으니 목수는 곧 일을 시작했습니다. 그리하여 장롱이 완성되자 여자는 그것을 집으로 배달시켜 자기 방에 놓았습니다.
그런 다음 네 벌의 잠옷을 싸서 염색집으로 가서 각각 다른 색으로 물을 들이고, 고기와 술, 과일, 꽃, 향료 등을 준비했습니다.
약속한 날이 되자 여자는 제일 좋은 옷으로 갈아입고 보석으로 치장하고 향을 뿌린 다음, 방에 갖가지 깔개를 깔아 놓고 약속한 사람들이 오기를 기다렸습니다.

그러자 제일 먼저 들이닥친 것은 판관이었습니다.

여자는 벌떡 일어나서 그 앞에 엎드렸습니다. 그리고 판관의 손을 잡아 긴 의자로 안내하여 나란히 걸터앉았습니다. 두 사람은 이내 뒹굴며 서로 희롱하기 시작했습니다. 뜨거운 정열에 사로잡힌 판관이 막 그 일을 치르려 하는데, 갑자기 여자가 그것을 조용히 누르면서 말했습니다.

"나리, 그 옷과 터번을 벗으시고 이 노란 잠옷을 입으세요. 그동안 저는 고기와 마실 것을 갖고 오겠어요. 뭘 잡수신 다음에 소원을 풀어 드릴 테니."

그런 다음 여자는 대법관의 옷과 터번을 벗기고 노란 잠옷과 두건으로 갈아입혔습니다.*42

그러나 그 잠옷을 채 다 입기도 전에 누군가가 문을 두드리는 소리가 들려왔습니다.

"저건 누구지?"

"제 남편인가 봅니다."

"아니, 그럼 대체 어떻게 해야 하지? 어디로 도망가야 하나?"

"괜찮아요. 걱정하실 것 없어요. 이 장롱에 잠깐 들어가 숨으세요."

"그래, 잘 부탁한다."

여자는 판관의 손을 잡아 장롱의 맨 아래쪽 칸에 밀어 넣고 자물쇠를 채웠습니다.

그런 다음 입구의 문을 열어 보니 경무장관이 서 있었습니다. 여자는 그 앞에 무릎을 꿇은 뒤, 남자의 손을 잡고 방으로 안내했습니다.

"나리, 잘 오셨습니다. 이 집은 당신의 집, 이 방도 당신의 방, 그리고 저는 당신의 측녀이옵니다. 오늘은 온종일 나리와 함께 즐기도록 하겠어요. 그러니 우선 그 옷을 벗으시고 이 빨간 잠옷을 입으세요."

여자는 판관의 옷을 벗기고 빨간 잠옷을 입힌 뒤 머리에는 아무 헝겊이나 둘둘 감아주었습니다.

두 사람은 침대에 나란히 누워 서로 희롱하다가 이윽고 더는 참지 못하게 된 경무장관이 여자에게 손을 뻗었습니다. 그러자 여자가 말했습니다.

"나리, 저는 오늘 온종일 당신의 거예요. 그러니 다른 사내는 절대로 얼씬도 못하게 하겠어요. 하지만 제가 마음 놓고 당신에게 몸을 맡길 수 있게, 당신의 관대하신 정으로 먼저 오빠의 석방명령서를 써주세요."

"물론이지, 내 머리와 눈에 대고 맹세코!"

그런 다음 경무장관은 비서 앞으로 다음과 같은 편지를 썼습니다.

'이 편지가 도착하는 대로, 아무개를 즉각 석방할 것. 답장은 필요 없다.'

장관이 편지에 도장을 찍자 여자는 다시 침대에 누워 사나이의 애를 태우기 시작했습니다. 잠시 뒤 누가 문을 두드리는 소리가 들려 왔습니다.

"저 소리가 뭐지?"

"제 남편일 거예요."

"아니 그럼, 나는 어떻게 해야 하지?"

"이 장롱에 잠시 들어가 계세요. 남편을 쫓아버리고 올 테니까요."

이렇게 말하고 여자는 경무장관을 두 번째 칸에 밀어 넣고 자물쇠를 채웠습니다. 이 두 사람이 주고받는 이야기가 먼저 장롱에 들어가 있던 판관의 귀에 들어간 것은 말할 것도 없습니다.

여자가 문간에 나가보니 대신이 와 있었습니다. 여자는 그 앞에 엎드린 뒤 공손하게 맞아들였습니다.

"나리, 이렇게 누추한 저희 집을 찾아주시다니 이보다 더한 영광은 없을 것입니다. 알라시여! 부디 대신님의 이 총애를 거두어가지 마시기를!"

여자는 대신을 침대 위에 앉혔습니다.

"나리, 그 거추장스러운 옷은 벗으시고 이 가벼운 잠옷으로 갈아입으세요."

대신이 옷과 터번을 벗어버리자, 여자는 파란 잠옷을 입히고 머리에는 높고 새빨간 모자를 씌웠습니다.

"이 정식 관복은 정사를 돌보실 때만 입도록 하세요. 술을 마시면서 마음껏 떠들고 노는 데는 이 가뿐한 잠옷이 훨씬 잘 어울린답니다."

두 사람이 그렇게 침대 위에서 뒹굴면서 서로 희롱하는 동안, 대신은 욕정을 참을 길이 없어 미칠 지경이 되었습니다. 그래도 여자는 교묘한 말솜씨로 요리조리 피하는 것이었습니다.

"나리, 그렇게 서두르실 필요 없어요. 잠시만 참으세요, 곧 소원을 들어드릴 테니까."

두 사람이 정답게 이야기를 주고받고 있는데 문을 똑똑 두드리는 사람이 있었습니다.

"저건 누구냐?"

"제 남편이에요."

"아이고, 이 일을 어쩌면 좋으냐?"

"이 장롱에 들어가 계세요. 절대로 염려하실 필요 없어요. 제가 나가서 남편을 쫓아버리고 올 테니까요."

그리하여 여자는 대신을 세 번째 칸에 넣고 자물쇠를 채운 뒤 현관에 나가 문을 열었습니다. 그러자 안으로 들어온 사람은 바로 국왕이었습니다. 여자는 왕의 모습을 보자마자 황급히 그 앞에 몸을 조아린 뒤, 그 손을 잡고 방으로 안내했습니다.

그리고 왕을 침대에 앉히고 말했습니다.

"오, 임금님이시여, 이보다 더한 명예는 없을 것이옵니다. 아무리 이 세상과 이 세상의 모든 것을 임금님께 바친다 하더라도, 이 누추한 곳에 왕림해 주신 그 발걸음 하나에도 미치지 못할 것입니다."

―여기서 날이 훤히 밝아왔으므로 샤라자드는 이야기를 그쳤다.

595번째 밤

샤라자드는 이야기를 계속했다.

오, 인자하신 임금님, 왕이 침대 위에 걸터앉자 여자는 말을 이었습니다.

"그런데 임금님, 한 가지 드릴 말씀이 있사온데 들어주시겠습니까?"

"무엇이든 말해 보라."

"오, 주인님, 이제 그 옷과 터번은 벗으시고 편히 쉬십시오."

왕이 금화 1천 닢은 나갈 예복을 벗자, 여자는 기껏해야 은화 열 닢짜리밖에 되지 않는, 누덕누덕 기운 싸구려 잠옷을 입히고 나서, 재미있는 이야기를 하며 농탕을 치기 시작했습니다.

그러는 동안 장롱 속에 있는 사내들은 자초지종을 죄다 듣고 있었지만, 용

감하게 소리를 내는 자는 한 사람도 없었습니다. 이윽고 왕이 여자를 포옹하며 욕심을 채우려 하자 여자가 말했습니다.

"반드시 분부대로 하겠으니 잠시만 기다려주세요. 저는 전부터 이 방에서 임금님을 한번 모시고 싶었습니다. 게다가 임금님께서 흡족해하실 만한 것도 가지고 있답니다."

두 사람이 다시 이야기하고 있는데 또 문을 두드리는 소리가 들려왔습니다.

"누구냐, 저것은?"

"제 남편입니다."

"네가 나가서 적당히 쫓아 보내라. 그렇지 않으면 내가 가서 쫓아버릴 테다."

"아닙니다. 임금님께 그런 일을 하시게 하는 건 황송한 일이지요. 제가 잘 말해서 쫓아버리고 오겠으니 잠시만 참아주세요."

"그럼 그동안 나는 어찌 하고 있어야 한단 말이냐?"

여자는 왕의 손을 잡고 가서 장롱의 네 번째 칸 속으로 밀어 넣은 뒤 자물쇠를 채워버렸습니다.

그런 다음 나가서 문을 열어보니 목수가 들어오면서 인사를 하는 것이었습니다.

"당신이 만들어준 그 장롱은 도대체 어떻게 된 거예요?"

"오, 마님, 뭐가 잘못된 곳이라도?"

"제일 위 칸이 너무 좁단 말이에요."

"아닙니다, 그럴 리가 없을 텐데요."

"그럼, 당신이 들어가서 잘 살펴봐요. 당신 몸뚱이도 들어갈 수 없을 만큼 좁은걸 뭐."

"그럴 리가 없습니다. 한꺼번에 넷이 들어가도 충분할 만큼 넓을 텐데요."

이렇게 말하면서 목수가 다섯 번째 칸으로 들어가자, 여자는 그 문을 탁 닫고 자물쇠를 채워 버렸습니다.

그런 다음 경무장관이 쓴 편지를 들고 비서를 찾아가니, 비서는 편지를 읽은 다음 입을 맞추고 나서 여자의 정부를 내주었습니다.

여자가 젊은이에게 그때까지의 경위를 자세히 얘기해 주자 젊은이가 말했습니다.

"그런데 이제부터 어떻게 할 셈이오?"

"여기서 도망쳐서 다른 곳으로 가요. 이런 일을 저질렀으니 여기서 우물거리고 있을 수는 없는 노릇 아니겠어요?"

그리하여 두 사람은 가재도구를 몽땅 꾸려서 낙타에 싣고 다른 도시로 달아나고 말았습니다.

한편 다섯 사내는 사흘 낮 사흘 밤을 꼬박 굶은 채 장롱 속에 갇혀 있었습니다.

그동안 그들은 오줌을 꾹 참고 있었지만, 마침내 제일 위 칸에 있던 목수가 더는 참지 못하고 그만 임금님의 머리 위에 오줌을 내갈기고 말았습니다.

그러자 이어서 왕이 대신의 머리 위에 오줌을 갈기고, 대신은 경무장관의 머리 위에 내갈기고 경무장관은 판관의 머리 위에 내갈겼습니다.

이렇게 모두의 오줌으로 목욕한 판관이 마침내 참지 못하고 소리를 질렀습니다.

"허, 이게 무슨 지저분한 꼴인가! *43 이 비좁은 장롱 속에 갇혀 있는 것만도 답답해서 죽을 지경인데 오줌벼락까지 맞아야 한다니, 어이구, 정말 죽겠구나."

이 말을 듣고서 판관의 목소리임을 안 경무장관이 큰 소리로 말했습니다.

"오, 판관, 알라께서 그대에게 상금을 듬뿍 내려주시기를!"

그 목소리를 듣고 판관은 그것이 경무장관임을 알아차렸습니다. 경무장관은 다시 소리를 버럭 질렀습니다.

"정말, 이게 무슨 망신이란 말인가, 허!"

이번에는 대신이 외쳤습니다.

"오, 경무장관, 알라께서 그대에게 상금을 내려주시기를!"

경무장관도 상대가 대신이라는 것을 알았습니다. 대신이 다시 비명을 질렀습니다.

"허! 이 무슨 민망한 꼴이냐!"

그 목소리를 듣고 왕은 그것이 대신이라는 것을 알았습니다. 왕이 입을 다물고 있으니 대신이 계속해서 말했습니다.

"우리를 이런 꼴로 만들다니, 참으로 저주받을 계집이로다! 그년이 우리나라의 대관들을 모조리 이곳에 때려 넣었으니 말이야. 하긴 임금님은 빼놓고 말이지만."

이것을 듣자 왕도 그만 입을 열고 말았습니다.

"여봐라, 그리 소란 떨 것 없다. 그 음탕한 계집년의 덫에 맨 먼저 걸린 것은 바로 나니까."

이 말을 듣자 목수가 소리쳤습니다.

"그렇다면 소인은 대체 무슨 짓을 했단 말입니까? 금화 네 닢으로 이 장롱을 짜고 그 대금을 받으러 왔더니, 이렇게 나를 속여서 이 칸 속에 밀어 넣고 자물쇠를 채우고 말았으니 말입니다."

이렇게 칸막이를 사이에 두고 서로 이야기를 하면서 왕의 비위를 맞추며 위로해 주기도 했습니다.

그러는 동안 이웃 사람들이 이 집에 와서 사람이 없는 것을 알고 수군거리기 시작했습니다.

"정말 이상하단 말이야. 얼마 전까지만 해도 이 집에 아름다운 부인이 살고 있었는데, 지금은 소리 하나 들리지 않고 고양이 새끼 한 마리 없는 것 같아. 모두 어떻게 되었나 안으로 들어가 보자. 만일 이 일이 경무장관이나 임금님의 귀에라도 들어가, 우리까지 애꿎은 허물을 뒤집어쓰고 옥에 갇히면 큰일이니 말이야."

사람들이 집 안에 들어가 방으로 가보니 커다란 새 장롱이 놓여 있는데, 그 속에서 굶주림과 목마름에 괴로워하는 사람들의 신음이 들려왔습니다.

"아무래도 이 장롱 속에 마물이 들어 있는 모양이다."

누군가가 이렇게 말하자 다른 사람이 제안했습니다.

"그렇다면 이 주위에 장작을 쌓고 불을 질러 태워버리는 게 어때?"

이 말을 듣자 장롱 속에서 판관이 큰 소리로 외쳤습니다.

"그런 짓은 절대로 용서할 수 없다!"

—여기서 날이 훤히 밝아왔으므로 샤라자드는 이야기를 그쳤다.

596번째 밤

샤라자드는 이야기를 계속했다.

오, 인자하신 임금님, 판관의 목소리를 들은 이웃들은 온갖 말을 주고받더니 급기야 이렇게 말하는 사람도 있었습니다.

"이건 틀림없이 악마란 놈이 인간의 목소리를 흉내내는 거야."

장롱 속 판관은 우선 신성한 코란의 글귀부터 외우고 나서 이렇게 말했습니다.

"여러분, 우리가 들어 있는 이 장롱 가까이 오시오."

그러자 사람들이 다가갔습니다.

"나는 이곳의 판관으로 너희와 같은 인간이다. 결코 수상한 자가 아니란 말이다."

"그럼, 대체 어떤 놈이 나리를 이 속에 가두었습니까?"

사람들이 묻는 바람에 판관은 하는 수 없이 모든 이야기를 털어놓았습니다. 그제야 사람들은 앞뒤 사정을 이해하고 다른 목수를 데려와서 다섯 개의 문을 열어 저마다 우스꽝스러운 차림을 한 판관과 경무장관, 대신, 왕, 목수를 꺼내주었습니다.

장롱에서 나온 사람들은 서로의 망측한 몰골을 비교하면서 뱃살을 잡고 웃었습니다. 그러나 처음에 입고 온 옷은 여자가 모두 가져갔으므로 각자 자기 집에 사람을 보내 옷을 가져오게 하여 간신히 옷을 차려입고는 사람들이 볼세라 슬금슬금 돌아갔습니다.

대신이 말했습니다.

"그러하오니, 임금님이시여, 이 여자가 우리 모두에게 얼마나 깜찍한 짓을 하였는지 깊이 생각해 보시기 바랍니다. 또 저는 다음과 같은 이야기도 들었습니다."

세 가지 소원*44
―'신의 밤'을 보고 싶었던 남자 이야기

오래전부터 평생에 단 한 번이라도 좋으니 '신의 밤'*45을 보고 싶어한 남자가 있었습니다.

어느 날 밤 그가 하늘을 쳐다보고 있으니, 천사들이 춤추는 모습이 보이면서 천국의 커다란 문이 활짝 열려 있고, 알라 앞에서 온갖 중생들이 신분에 따라 꿇어 엎드려 있는 광경이 보였습니다. 그는 마누라를 불러서 말했습니다.

"내 말을 잘 들으시오. 알라께서 나에게 방금 '신의 밤'을 보여주셨단 말이오. 그리고 보이지 않는 세계로부터 나에게 세 가지 소원을 들어주겠다는 말씀이 있었다오. 그러니 어떤 소원을 드리면 좋을지 임자하고 의논하고 싶소."

그러자 마누라가 말했습니다.

"여보, 영감, 남자분들의 모든 가치와 기쁨은 바로 그 물건에 달렸으니까, 당신의 물건이 좀더 크고 굵어지게 해달라고 알라께 기도하세요."

그래서 남자는 두 팔을 하늘 높이 쳐들고 이렇게 기도했습니다.

"오, 알라시여, 제 물건을 굵고 길고 늠름한 것으로 만들어주소서."

그러자 그 말이 끝나기가 무섭게 남자의 물건은 순식간에 굵고 긴 기둥같이 되고 말았습니다. 그래서 앉거나 서고 몸을 움직이는 데 도무지 방해되어 주체할 수가 없었습니다. 마누라에게 가까이 가도 마누라는 엄청나게 큰 크기에 겁을 집어먹고 요리조리 도망만 치는 것이었습니다. 남자는 화가 나서 버럭 소리를 질렀습니다.

"이 우라질 것아! 어떡하면 좋단 말이야? 이거야말로 네가 원하던 게 아니었어?"

그러자 마누라도 질세라 대답했습니다.

"무슨 소리예요? 난 이렇게 어마어마한 것은 원한 적이 없어요. 그보다 훨씬 적게 해달라고 기도하세요."

그래서 남자는 다시 하늘을 우러러보며 빌었습니다.

"오, 알라시여, 이것을 없애시어 저를 구원해 주소서."

그러자 이번에는 남자의 물건이 순식간에 오그라들더니 마침내 흔적도 없이 사라져 버리는 것이었습니다.

그것을 본 마누라가 말했습니다.

"이젠 당신 같은 남잔 아무짝에도 소용없어요. 당신은 물건이 잘린 내시가 되고 말았으니까요, 뭐."

"이것은 모두 네년의 소갈머리 없는 주책과 얕은꾀에서 나온 벌이다. 나는 세 가지 소원을 이룰 수 있어서 이 세상뿐만 아니라 다음 세상에서도 나를 위한 소원을 이룰 수 있었는데, 네년의 주책없는 소망 때문에 귀중한 소원을 두 개씩이나 허탕치고, 이제 겨우 하나밖에 안 남았잖아!"

"그럼, 드높으신 알라께 제발 원래대로 물건을 돌려 달라고 기도하시구려."

남자가 알라께 기도하니 옛 물건이 다시 전과 같이 되었던 것입니다.

그리하여 이 남자는 여자의 얄팍한 지혜와 지각없는 생각 때문에 모처럼 이룰 뻔했던 세 가지 소원을 아깝게도 날리고 만 것이지요.

대신은 말을 이었습니다.

"임금님이시여, 이런 이야기를 해 드린 것은 임금님께서 여자의 어리석음과 천박함을 깨달으시고, 여자의 말에 귀를 기울이면 어떤 결과가 되는지 알아주십사 해서입니다. 그러니 여자 따위의 말에 좌우되어 왕자님을 죽이겠다는 분부는 제발 거두어주십시오. 만일 임금님이 돌아가시더라도 왕자님만 계시면 임금님의 모습을 두고두고 전하게 되지 않겠습니까?"

왕은 대신의 말을 듣고 보니 과연 옳다 싶어서 왕자를 죽이는 것을 중지했습니다.

그런데 이레째가 되자 그 측실이 뭐라 울부짖으면서 나타나더니, 왕 앞에 커다란 화톳불을 피우고 금방이라도 그 속에 몸을 던질 듯한 시늉을 하는 것이었습니다.

그래서 사람들이 여자를 붙잡아 임금님 앞으로 데리고 가자 왕이 물었습니다.

"어째서 그런 짓을 했느냐?"

"왕자님에 대한 제 원한을 풀어주지 않으신다면, 저는 이 화톳불 속에 몸을 던지고 부활의 날에 임금님을 원망하겠어요. 저는 이제 세상이 싫어져서 죽을 결심을 하고, 여기 오기 전에 유언장을 써놓고, 가진 물건도 모두 나누어주었어요. 그러면 아마 임금님도, 옛날에 목욕 시중을 들어주던 신앙심 깊은 여자를 벌주신 임금님처럼 몹시 후회하시게 되겠지요."

"그건 또 무슨 이야기인가?"

왕이 묻자 애첩이 대답했습니다.

"예, 임금님, 저는 이런 이야기를 들은 적이 있습니다."

도둑맞은 목걸이

옛날 번거로운 세상을 버리고 오로지 신앙의 길만 걸어가는 여자가 있었습니다.

그런데 이 여자는 평소 어떤 왕의 어전에 드나드는 것이 허용되어 있었습니다.*46

왕궁 사람들은 이 성녀를 접하며 축복을 받고 있었으므로 이 여자를 매우 존경하고 있었습니다.

어느 날, 여느 때처럼 이 여자가 궁중에 들어가 왕비 옆에 앉아 있으니, 왕비가 금화 1천 닢의 가치가 있는 목걸이를 맡기면서 말했습니다.

"저어, 내가 목욕을 갔다 올 테니 그동안 이것을 맡아줘요."

그러고는 궁전의 목욕탕으로 갔습니다.

신앙심 깊은 여자는 뒤에 남아 왕비가 돌아오기를 기다리는 동안 목걸이를 기도용 양탄자 위에 놓고 일어나서 기도를 올리기 시작했습니다.

그러다가 여자가 잠깐 소피보러 간 사이에 까치*47 한 마리가 내려와 목걸이를 물고 날아가더니, 궁전의 어느 돌담 틈에 감춰버렸습니다.

왕비가 목욕을 마치고 돌아와 목걸이를 돌려 달라고 하자, 여자는 그것을 찾았지만 어디로 갔는지 눈에 보이지 않았습니다.

그래서 여자는 왕비에게 말했습니다.

"왕비님, 알라께 맹세코 그 목걸이를 맡아서 기도용 깔개 위에 두었는데, 기도하는 동안 하녀 가운데 누군가가 눈독을 들이고 몰래 가져갔는지, 저로선 도통 어떻게 된 일인지 짐작이 가지 않습니다."

이 얘기가 왕의 귀에 들어가자, 왕은 여자를 불로 고문해서라도 자백시키라고 왕비에게 분부했습니다.

―여기서 날이 훤히 밝아왔으므로 샤라자드는 이야기를 그쳤다.

597번째 밤

샤라자드는 이야기를 계속했다.

오, 인자하신 임금님, 왕비의 명령을 받은 사람들이 여자를 갖은 방법으로 고문했습니다. 그러나 여자는 자백할 수도, 그렇다고 다른 사람의 이름을 댈 수도 없었습니다.

왕은 여자를 옥에 가두고 손과 발에 수갑과 족쇄를 채웠습니다.

그 뒤 어느 날, 왕과 왕비는 궁전 안뜰에 있는 분수 옆에 나란히 앉아 있었습니다. 바로 그때 웬 까치가 돌담 구석의 틈바구니에서 목걸이를 물고 나오는 것이 아니겠습니까?

그래서 시녀에게 큰 소리로 알리자, 시녀는 즉시 새를 잡아 목걸이를 빼앗았습니다.

비로소 신앙심 깊은 여자를 죄인으로 몬 것은 커다란 실수였음을 깨달은 왕은, 여자에 대한 자신의 행동을 후회하면서 여자를 불러내어, 그 머리에 입을 맞추고 눈물을 흘리며 용서를 구했습니다.

그런 다음 왕은 여자에게 수많은 보물을 내렸지만, 여자는 사양하며 아무것도 받으려 하지 않았습니다.

그러나 여자는 왕의 잘못을 용서하고, 두 번 다시 남의 집에 발을 들여 놓지 않기로 굳게 맹세하며 왕 앞에서 물러났습니다. 그때부터 오로지 산과 골짜기를 헤매면서 죽을 때까지 고행 속에서 알라를 공경했다고 합니다.

"임금님, 또 남자의 교활한 지혜에 대해서 이런 이야기도 전해오고 있습니다."

애첩은 이야기를 계속했습니다.

비둘기 두 마리[*48]

옛날에 한 쌍의 비둘기가 겨울 동안, 자신들의 둥지 속에 보리와 밀을 듬뿍 저장해 두었습니다.

그런데 여름이 되자 식량이 줄어들어 점점 궁핍해져 갔습니다. 수비둘기는 아내에게 말했습니다.

"네가 이 곡식을 몰래 먹었지?"

"천만에, 절대로 아니에요, 건드린 적도 없다니까요!"

수비둘기는 그 말을 믿으려 하지 않고 암비둘기를 날개로 때리고 부리로 쪼아서 끝내 죽이고 말았습니다.

그러는 동안 다시 추운 겨울철이 돌아오자 곡식은 낟알이 점점 부풀어서 양이 전과 같이 되었으므로, 수비둘기는 아무 까닭 없이 암비둘기를 죽인 것을 깨닫고 후회했습니다.

수비둘기는 아내의 시체 옆에 누워 그 죽음을 슬퍼하면서 목이 메도록 울었습니다. 그러다가 급기야 음식마저 끊은 끝에 병이 들어 죽고 말았습니다.

측실은 이야기를 계속했습니다.

"하지만 저는 이 두 가지 이야기보다 훨씬 더 끔찍한 사나이의 고약한 획책에 대한 이야기를 알고 있습니다."

"그렇다면 그 이야기를 들려주려무나."

왕의 말에 측실은 이야기를 시작했습니다.

"오, 임금님, 저는 이런 이야기를 들은 적이 있습니다."

베람 왕자와 알 다트마 공주 이야기

옛날 어느 왕에게 한 공주가 있었습니다.

그 아름답고 사랑스러운 얼굴과 균형 잡힌 몸매, 정숙한 매무시, 버들가지처럼 매력적인 허리, 그리고 사내를 홀리는 몸짓과 교태는 당대에 이 공주를 따를 자가 없었습니다. 그 공주의 이름은 알 다트마라고 하는데, 공주는 늘 입버릇처럼 이렇게 말하며 으스대었습니다.

"지금 이 세상에 나보다 잘난 여자는 없을 거야."

그뿐만 아니라 마술과 무예를 비롯하여 기사에게 필요한 모든 소양에서도 이 공주보다 뛰어난 사람은 아무도 없었습니다.

그러므로 여러 나라의 왕자들이 청혼했지만, 공주는 모조리 퇴짜를 놓으며 이렇게 말했습니다.

"특별히 마련된 장소에서 정당하고 떳떳하게, 창던지기든 칼싸움이든 대결하여 나를 이기는 분이라면 기꺼이 결혼하겠어요. 하지만 만일 지게 되면 그 말과 옷과 무기는 모두 압수하고, 그분의 이마에 인두로 '이자는 알 다트마의 해방노예다'라고 새긴 불도장을 찍겠어요."

그리하여 가깝고 먼 나라에서 내로라하는 왕자들이 모여들었지만, 공주는 그들을 한 사람도 남김없이 물리치고 무기를 빼앗은 뒤 이마에 불도장을 찍어버렸습니다.

그러는 동안 페르시아의 왕 중 왕으로 칭송받는 어느 왕의 후계자인, 베람 이븐 다지라고 하는 왕자가 이 미녀에 대한 소문을 들었습니다. 왕자는 수많은 선물과 보물을 준비하여 수많은 부하와 말을 거느리고 알 다트마 공주의 부왕 궁전을 향해 길을 떠났습니다.

긴 여행을 마치고 목적지인 도성에 닿은 왕자가 공주의 부왕에게 준비해 간 훌륭한 선물을 바치자, 왕은 답례하고서 최상의 예우로 맞이했습니다. 이윽고 왕자가 페르시아에서 데려온 대신을 내세워 공주를 자신의 아내로 맞이하고 싶다는 뜻을 전하자 왕은 이렇게 대답했습니다.

"오, 왕자여, 알 다트마 공주에 대해서는 아비인 나도 어쩔 도리가 없다오. 공주는 포장을 둘러친 광장에서 힘으로 시합하여 자기를 이기는 사람이 아니면 결혼하지 않겠다 우기고 있소."

그러자 왕자가 말했습니다.

"제가 아버님의 궁전을 떠나 여기까지 온 것은 오로지 공주에게 시합을 청할 생각에서였으니 아무쪼록 임금님께서 주선해 주셨으면 합니다."

"그렇다면 내일 공주와 대결하도록 하시오."

왕이 공주에게 이 사실을 알리자 공주는 다음 날 갑옷으로 무장하고 시합 준비를 하여 광장에 나가기로 했습니다.

이 소문을 들은 사람들은 이번 시합은 어떻게 될지 궁금하게 여기며 사방에서 광장으로 모여들었습니다.

이윽고 빈틈없이 무장하고 가죽띠를 두른 공주가 얼굴을 베일로 가린 채 말을 타고 나타나자, 페르시아의 왕자도 화려하게 무장하고 왕녀 앞에 나타났습니다.

잠시 뒤 두 사람은 서로 말을 박차고 접근하여 나아갔다 물러서기를 되풀이하면서, 온갖 비술을 다하여 오랫동안 싸웠습니다. 그러나 그때까지의 왕자들과는 달리 베람 왕자는 무예와 용맹, 승마술이 남달리 뛰어나서, 공주는 자기가 져서 사람들 앞에서 창피를 당하게 될까 두려워졌습니다.

마침내 자기가 질 것이 분명해지자, 그럴 바에는 마지막 수단을 쓰는 수밖에 없다고 생각하고 머리에 쓰고 있던 베일을 벗어 던졌습니다.

그리하여 보름달보다 눈부신 공주의 얼굴이 드러나자, 왕자는 그만 그 아름다움에 정신이 홀려 온몸에서 힘과 용기가 쏙 빠져나가고 말았습니다.

그것을 눈치챈 공주가 그 틈에 왕자를 안장에서 끌어내리는 바람에, 왕자는 독수리에 채인 참새처럼 놀라고 당황스러워서 무엇이 어떻게 된 건지 미처 정신을 차리기도 전에 그만 공주에게 사로잡히고 말았습니다.

그리하여 왕자는 약속대로 말과 옷, 무기를 뺏기고 이마에 불도장이 찍히고 말았습니다.

가까스로 정신을 차린 왕자는 며칠 동안 자기를 이긴 공주가 원망스럽기도 하고 그립기도 하여, 제대로 먹지도 못하고 밤에는 잠을 이루지 못했습니다.

그러다가 그는 노예를 시켜 고국의 부왕에게 공주를 손에 넣지 못하면 이곳에서 죽어 버리겠다는 편지를 보냈습니다.

부왕은 그 편지를 보고 왕자의 신상을 염려하여 당장에라도 군사를 일으켜 왕자를 구출하겠다고 나섰으나 대신들이 온갖 말을 다해 말리는 바람에 단념하고, 모든 것을 더없이 높은 알라의 손에 맡기기로 했습니다.

한편 왕자는 무슨 수를 쓰든지 소원을 풀려고 갖은 궁리를 하다가, 허리가 구부러진 늙은이로 변장하여 시커먼 구레나룻에 흰 수염을 붙이고 왕의 정원으로 갔습니다. 공주가 매일 그 정원에서 산책한다는 것을 알고 있었기 때문입니다. 그는 그곳의 정원사를 찾아가서 말했습니다.

"저는 먼 나라에서 온 이방인인데 이곳에는 처음입니다. 어려서부터 정원사 일을 해서 접붙이기나 과실나무와 꽃 기르기, 포도 손질 같은 건 누구에게도 지지 않지요."

이 말을 듣고 정원사는 무척 기뻐하면서 정원 안으로 안내해서 일꾼들을 소개해 주었습니다.

그리하여 왕자는 뜰의 나무를 손질하거나 과일나무를 돌보고, 페르시아식 물레방아를 개량하고 관개용수로도 끌어댔습니다.

그러던 어느 날 여느 때처럼 일하고 있는데, 노예 몇 명이 깔개와 음식 그릇을 나귀에 싣고 정원으로 들어왔습니다. 왕자가 그 까닭을 물으니 노예들이 대답했습니다.

"공주님이 바람을 쐬러 나오신다네."

이 말을 듣고 왕자는 급히 숙소로 돌아가서 고국에서 가지고 온 보석과 장신구를 들고 나와 정원 안에 자리를 잡고 앉았습니다. 그리고 자기 앞에 온갖 물건들을 늘어놓고는 몸을 가늘게 떨면서 마치 다 죽어가는 노인행세를 했습니다.

―여기서 날이 훤히 밝아왔으므로 샤라자드는 이야기를 그쳤다.

598번째 밤

샤라자드는 이야기를 계속했다.

오, 인자하신 임금님, 페르시아 왕자가 정원 안에 자리 잡고 앉아서 보석과 장신구를 늘어놓고 다 죽어가는 노인행세를 한 지 한 시간쯤 지났을 때, 시녀와 환관들이 한 무리 들어왔습니다. 그 한가운데 뭇 별 속의 달과 같은 공주의 모습도 보였습니다. 그들은 정원에 들어서자 각자 흩어져서 과일을 따고 꽃을 즐기며 놀았습니다.

그러다가 나무 밑에 사람의 모습이 어른거려서 가까이 다가가 보니(그것은 베람 왕자였습니다), 웬 노인이 손발을 떨며 앉아 있는데, 그 앞에 많은 보석과 훌륭한 장신구가 진열되어 있었습니다.

사람들은 그런 모습을 이상하게 여기고 노인에게 그 보석을 어떻게 할 거냐고 물었습니다.

그러자 노인이 이렇게 대답했습니다.

"이 머리장식과 교환해서, 당신들 가운데 한 사람을 마누라로 얻고 싶소."

노인의 이 말에 시녀들은 한바탕 떼굴떼굴 구르며 웃었습니다.

"영감님이 마누라를 얻어서 뭐 하시려고요?"

"꼭 한 번만 입맞추고 다시 자유로운 몸으로 풀어줄 작정이오."

그러자 공주가 말했습니다.

"그럼 이 처녀를 영감님 색시로 드리겠어요."

왕자는 허리를 펴고 일어나 떨리는 몸을 지팡이로 버티면서 비틀비틀 처녀에게 다가가 입을 맞춘 뒤 보석과 장신구를 내주었습니다.

그 처녀는 매우 기뻐했고, 사람들은 노인을 실컷 놀려대다가 돌아갔습니다.

그다음 날 공주 일행이 다시 정원에 가보니 그 노인이 역시 같은 장소에 앉아 있었습니다. 그런데 그 앞에는 전날보다 더 많은 보석과 장신구가 놓여 있었습니다.

"여보세요, 할아버지, 이 보석을 어떡하실 거예요?"

"어제와 마찬가지로 이 보석과 교환해서 당신들 가운데 한 사람을 마누라로 삼고 싶어 그러오."

"그럼, 이 처녀를 드리죠."

왕자는 공주가 말하는 그 처녀에게 다가가서 입을 맞추고 어제처럼 보석을 주었습니다.

그리하여 그들은 궁전으로 돌아갔는데, 시녀들에게 그처럼 인심이 후한 노인을 보고 공주는 속으로 생각했습니다.

'그렇게 보잘것없는 여자들보다는 내가 그 보석을 받을 자격이 더 있을 거야.'

그래서 공주는 이튿날 아침 시녀 차림을 하고 몰래 방을 빠져나와 혼자서 정원으로 갔습니다. 그리고 노인 앞에 서서 말했습니다.

"여보세요, 할아버지, 공주님이 저를 당신의 아내로 주신다며 보내셨어요."

노인으로 변장한 왕자는 그녀가 바로 공주라는 것을 금방 눈치챘습니다.

왕자는 수많은 보석과 가장 훌륭한 장신구를 공주에게 준 뒤, 입을 맞추려고 일어섰습니다. 공주는 전혀 경계하지 않고 상대를 의심하지도 않았습니다.

그래서 성큼성큼 공주 앞에 다가간 왕자는 느닷없이 힘껏 공주를 끌어안고 그 자리에 쓰러뜨린 다음, 재빨리 허벅지를 벌려 처녀를 빼앗고 말았습니다.*49

그런 다음 왕자는 얼굴에 붙인 수염을 뜯어냈습니다.

"내가 누군지 알겠소?"

"당신은 대체 누구신가요?"

"나는 페르시아의 왕자 베람입니다. 당신을 사모하여 이렇게 변장을 하고 백성과 영토도 모두 버린 채, 오로지 당신에게 접근하려고 그동안 그 많은 재물을 뿌렸던 겁니다."

공주는 말없이 왕자를 뿌리치며 일어났습니다. 뜻밖의 일을 당하여 머리도 멍하고 부끄럽기도 해서 잠자코 있는 것이 가장 좋다고 생각했기 때문입니다. 그래서 왕자가 무슨 말을 해도 공주는 아무런 대꾸도 하지 않았습니다. 그러나 속으로는 이렇게 생각했습니다.

'이렇게 된 이상 자결을 한들 무슨 소용이 있으랴. 그렇다고 왕자의 목숨을 빼앗은들 나에게 득 될 것도 없으니, 차라리 왕자와 함께 페르시아로 달아나자.'

공주는 궁전으로 돌아가서 금과 보석들을 긁어모은 뒤, 왕자에게 사람을 보내 소지품을 챙겨서 함께 달아나자고 전하고 출발시각도 약속해 놓았습니다.

약속한 밤이 되자 두 사람은 발 빠른 말을 타고 어둠을 틈타 탈출했습니다. 그리하여 하늘이 훤해질 무렵에는 이미 상당한 거리를 달린 뒤였습니다.

마침내 두 사람은 페르시아로 들어가서 부왕의 도성에 이르렀습니다.

왕자가 돌아온 것을 안 부왕은 매우 기뻐하며 군대를 이끌고 나와 맞이했습니다. 그리고 며칠 뒤 공주의 부왕에게 훌륭한 선물과 함께 편지를 보내, 공주가 자기에게 와 있다는 것을 알리고, 혼례의상을 보내 달라고 청했습니다.

알 다트마의 부왕은 매우 기뻐하며 이 사신을 맞이했습니다. (공주는 틀림없이 죽은 것으로 생각하고 비탄의 눈물에 젖어 있었으니까요.)

그런 뒤 혼인잔치를 벌이고, 판관과 증인을 불러 공주와 페르시아 왕자의 결혼계약서를 꾸미게 했습니다. 또 사신에게 예복을 내리고 혼인예물을 갖추어 공주에게 보내주었습니다.

그리하여 베람 왕자는 죽음이 찾아와 두 사람을 갈라놓을 때까지 공주와 의좋게 살았다고 합니다.

"그러하오니, 임금님, 굽어살펴 주옵소서!"

측실은 이야기를 계속했습니다.

"남자들이란 이렇듯 간사한 꾀를 부려서 여자를 감쪽같이 속여먹지 않습니까? 하지만 저는 죽을 때까지 바른 주장을 물릴 생각이 없습니다."

그래서 왕은 또다시 왕자를 사형시키라고 명령했습니다.

그러자 일곱 번째 대신이 왕 앞에 나와 엎드린 뒤 이렇게 말했습니다.

"임금님, 외람되오나 소신이 몇 마디 진언하고자 하오니, 잠시만 참고 제 말을 들어주시기 바랍니다. 인내심이 강하고 아둔한 사람들은 소원을 이루지만, 조급하게 일을 저지르는 사람들 대부분은 모두 후회의 늪에 빠지게 됩니다. 제 눈으로 볼 때 저 여자는 우리 임금님의 마음을 현혹해 무도한 악행을 권하고 있습니다.

그러나 임금님의 무한한 은혜를 입고 있는 이 소신이, 충성이 담긴 진정한 간언을 드리고자 합니다. 왜냐하면 소신이야말로 여자의 간사한 마음을 누구보다 잘 알고 있기 때문입니다. 특히 그중에서도 노파와 상인의 아들에 대한 이야기는 참으로 교훈이 가득 담긴 이야기입니다.

"오, 대신, 그 두 사람에게 어떤 일이 있었는가?"

왕이 묻자 일곱 번째 대신이 대답했습니다.

"임금님, 저는 다음과 같은 이야기를 들었습니다."

전망대가 있는 저택[50]

어떤 부유한 장사꾼에게 몹시 사랑하는 아들이 하나 있었습니다. 어느 날 그 아들이 아버지에게 말했습니다.

"아버님, 사실 소원이 하나 있습니다."

"그래, 무슨 소원인지 말해 보아라. 설사 내 눈을 달라 하더라도 네 소원이라면 들어줄 테니."

"저에게 돈을 주십시오. 저도 상인들 틈에 끼어 바그다드로 가서 그곳의 명소를 구경하고, 티그리스 강에 배도 띄워 보고, 역대 교주님들의 궁전도 참배하고 싶어서 그럽니다. 상인의 아들들이 하는 말을 듣고 나니까 저도 가고 싶어졌어요."

"하지만 아들아, 귀여운 아들아, 내가 너를 보내고 어찌 살 수 있겠느냐?"

"방금 말한 것처럼 저는 이미 결심한걸요. 바그다드에 가고 싶어서 참을 수가 없어요. 아버지가 승낙하시든 안 하시든 저는 바그다드에 꼭 가겠어요.

그곳에 가 보고 싶다는 동경이 제 가슴에 한번 불붙은 이상, 그곳에 가지 않고는 이 불을 끌 수가 없습니다."

―여기서 날이 훤히 밝아왔으므로 샤라자드는 이야기를 그쳤다.

599번째 밤

샤라자드는 이야기를 계속했다.
오, 인자하신 임금님, 아버지는 아들의 결심을 돌이킬 수 없다는 것을 알게 되자 금화 3만 3천 닢어치의 상품을 준비하여, 자신이 신뢰하는 상인 몇 사람에게 거듭거듭 아들을 부탁하여 길을 떠나보냈습니다.
아들은 아버지와 작별하고 상인들과 여행을 계속한 끝에, 마침내 '평화의 도시' 바그다드에 도착했습니다.
젊은이는 우선 시장에 가서 살 집부터 한 채 빌렸습니다. 그 깨끗하고 쾌적하며 넓고 우아한 집을 보고 젊은이는 깜짝 놀라고 말았습니다. 그 저택 안에는 여러 개의 정자가 서로 마주보며 서 있고, 바닥에는 온갖 색깔의 대리석이 깔려 있는 데다, 천장은 황금과 유리로 장식되어 있으며, 정원에서는 새들이 한가롭게 지저귀고 있었기 때문입니다.
그래서 문지기*51에게 집세를 물으니 한 달에 금화 열 닢이라는 것이었습니다.
"아니, 그게 정말이오? 아니면 나를 놀리는 거요?"
젊은이가 되받아 묻자 문지기가 대답했습니다.
"알라께 맹세코 거짓말이 아닙니다. 사실 이 집에서는 기껏 1주일*52이나 2주일 정도, 그 이상 사신 분은 아무도 없기 때문입니다."
"그건 또 왜요?"
"나리, 이 집에서 사신 분은 영락없이 병자가 되거나 죽어서 나갑니다. 그래서 빌리려는 사람이 아무도 없어서 결국 집세가 내려간 겁니다."
이 말을 듣고 젊은이는 몹시 이상하게 여기며 생각했습니다.
'그렇게 사람이 병이 들거나 죽어서 나가는 데는 틀림없이 무슨 까닭이 있

을 거야.'

젊은이는 잠시 궁리한 끝에 악마의 손에서 지켜 달라고 알라께 기도드린 다음, 그 집을 빌려 살기로 했습니다. 그리고 마음속 두려움을 쫓아내고 오로지 장사에만 몰두했습니다. 그러나 며칠이 지나도 문지기가 말한 재난의 조짐은 전혀 나타나지 않았습니다.

그러던 어느 날, 문 앞에 의자를 내놓고 앉아 있는데 난데없이 백발 노파가 걸어오는 것이었습니다. 그 생김새는 마치 흑백의 얼룩무늬가 있는 살무사 같았는데, 소리 높이 알라의 이름을 외치고 호들갑스럽게 알라를 칭송하면서 돌멩이나 그 밖에 발에 걸리는 것은 모조리 치우며*53 다가왔습니다.

그러다가 젊은이가 앉아 있는 것을 보자 빤히 쳐다보며 이상하게 생각하는 눈치였습니다. 그래서 젊은이가 말을 걸었습니다.

"여보시오, 할머니, 나를 아십니까? 아니면 누구 아는 분과 내 얼굴이 닮기라도 했습니까?"

노파는 종종걸음으로 젊은이 앞에 가까이 오더니 허리를 굽혀 인사를 하고 물었습니다.

"당신은 이 집에서 지낸 지 며칠이나 되었소?"

"두 달쯤 됐는데요."

"그래, 그래, 내가 놀란 이유는 바로 그것 때문이야. 물론 젊은 양반, 나는 당신을 모르고 당신도 나를 모를 거야. 그리고 내가 아는 사람 중에 당신과 닮은 사람도 없다오. 내가 놀란 까닭은 이 집에 들어간 사람치고 죽거나 죽을병에 걸리지 않은 사람은 아무도 없거든. 당신을 빼놓고 말이야. 그래서 놀란 거라오. 그런데 젊은 양반, 새파랗게 젊은 당신은 지금 위태로운 지경에 빠져 있어. 당신은 아직 이 집 지붕 위에 올라간 적도 없고, 그곳의 전망대에서 아래를 굽어본 적도 없지?"

노파가 그렇게 중얼거리며 가버리자, 젊은이는 그녀가 남기고 간 수수께끼 같은 말을 곰곰이 생각했습니다.

'그래, 맞아, 난 아직 이 집 옥상에 올라간 적도 없고 그곳에 전망대가 있다는 것도 몰랐어.'

그래서 곧 일어나 집 안으로 들어가서 집 안팎을 샅샅이 살펴보았습니다. 그랬더니 한쪽 벽 구석에 작은 샛문이 있고 그 옆 기둥 근처에는 거미줄이 잔뜩 처져 있었습니다.

'거미란 놈이 여기다 거미줄을 쳐놓은 것을 보니, 이 문 저쪽엔 아마 죽음과 재앙이 숨어 있나 보다.'

그러면서도 젊은이는 '이렇게 외어라, 우리를 위해 알라께서 글로 적어 정하신 것 말고는 어떤 일도 일어나지 않느니라.'[*54]라는 알라의 말씀을 외면서, 용기 내어 그 문을 열고 좁은 계단을 올라갔습니다. 그런데 그 계단 끝 옥상에는 정원이 있었습니다.

그곳에 전망대가 있는지라, 거기에 앉아 쉬면서 경치를 둘러보고 있는데, 바로 근처에 손질이 잘된 아름다운 집 한 채가 눈에 들어왔습니다.

그 집 옥상에는 바그다드의 성 안을 한눈에 굽어볼 수 있는 높다란 전망대가 마련되어 있고, 거기에 낙원의 여신이 저럴까 싶을 정도로 놀랍도록 어여쁜 여자가 홀로 앉아 있었습니다.

그 아름다움은 순식간에 젊은이의 마음을 사로잡고 분별심을 빼앗아버려, 그에게 남은 것이라고는 욥의 고통과 인내, 야곱의 한탄과 눈물뿐이었습니다.

그 여자의 아리따운 모습은 정말이지 수행자의 마음도 어지럽게 하고 신앙심이 깊은 자조차 사랑의 괴로움에 시달리게 할 만한 것이었습니다. 젊은이가 여자한테서 눈을 떼지 못하고 대관절 누구일까 생각하는 동안, 가슴에서 불덩어리가 치솟아 올라 자기도 모르게 뜨거운 한숨을 내쉬었습니다.

'이 집에 들어온 자가 죽든가 병들든가 한다더니 만일 그것이 사실이라면 분명히 저기 있는 저 여자 때문이다. 아, 어떻게 하면 그러한 재앙을 면할 수 있을까? 모든 지각과 분별심이 나를 버리고 달아나고 말았으니!'

젊은이는 자신의 신세를 탄식하면서 간신히 옥상에서 내려와 방 안에 앉았습니다. 그러나 아무래도 마음이 뒤숭숭해서 문밖으로 나가 우울한 생각에 잠겨 있었습니다.

마침 그때 조금 전의 그 노파가 알라의 이름을 칭송하면서 맨발로 지나가지 않겠습니까? 젊은이는 일어나서 노파에게 정중하게 인사하고 알라에게 자신의 수명을 더욱 연장해 주시도록 빈 다음 이렇게 말했습니다.

"오, 할머니, 당신이 전망대에 오르는 문을 가르쳐주시기 전에는 제 마음과 몸에 아무런 병이 없었습니다. 그런데 할머니의 말을 듣고 그 문을 열고 옥상으로 올라가 봤더니 거기서 눈에 띈 것이 저의 분별심을 빼어가서 지금은 저 자신이 생각하기에도 산송장이나 다름없이 되고 말았습니다. 저의 이 병을 고쳐주실 이름난 의사는 할머니밖에 없습니다."

이 말을 듣고 노파는 웃으면서 말했습니다.

"인샬라! —그것이 알라의 뜻이라면! —나쁜 일은 하나도 일어나지 않을 거요!"

젊은이는 집에 들어가서 금화 백 닢을 들고 나왔습니다.

"오, 할머니, 이것을 받아주십시오. 그리고 주인이 노예를 다루듯 저를 대해 주시고 어떻게 하면 좋은지 가르쳐주십시오. 구해 주시려거든 제 목숨이 있는 동안에 구해 주셔야 합니다. 이 상사병 때문에 제가 죽어 버리면 심판의 날이 왔을 때 저의 피 값은 당연히 할머니가 치러야 할 것입니다."

노파가 대답했습니다.

"기꺼이 고쳐 드리지요. 그런데 젊은 양반, 수고스럽지만 당신의 힘을 빌려야겠어요. 당신의 소망이 이루어지고 안 이뤄지고는 그 일에 달렸으니까."

"오, 할머니, 내가 무엇을 하면 됩니까?"

"비단시장에 가서 아부 알 파스 빈 카이담의 가게를 찾아가요. 그 가게에 들어가서 앉으며 주인에게 인사한 뒤, '황금으로 가장자리를 장식한 베일[55]이 있으면 좀 보여주시오' 하고 말해 봐요. 그 가게에는 매우 아름다운 베일이 있으니까. 그리고 아무리 값이 비싸더라도 주인이 부르는 대로 사서, 내일 내가 다시 올 때까지 잘 가지고 있어요. 인샬라!"

노파는 그렇게 말하고 가버렸습니다. 그날 밤 젊은이는 가자나무[56]의 새빨간 숯불 위에 앉아 있는 듯한 심정으로 뜬 눈으로 밤을 지새웠습니다.

이튿날 아침 젊은이는 금화 1천 닢가량을 품 안에 넣고 비단시장으로 가서 알 파스의 가게가 어딘지 물으니 장사꾼 하나가 안내해 주었습니다.

가게에 들어가 보니 위엄 있는 풍채의 주인이 좌우에 시동과 환관, 하인을 거느리고 있었습니다. 엄청난 부자인 데다가 사려분별심도 있고 교주님의 신임을 받는 유력자였습니다. 젊은이의 영혼을 녹인 그 여자는 드높으신 알라께서 바로 이 사람에게 내려주신 수많은 축복 가운데 하나, 다시 말해서 이 남자의 아내로, 세상에 드문 그 뛰어난 미모는 어느 왕후장상의 처첩도 가지지 못한 것이었습니다.

젊은이가 주인에게 인사를 하자 알 파스는 답례하며 자리를 권했습니다.

젊은이는 알 파스 옆에 앉아서 말했습니다.
"주인장, 황금으로 가장자리를 장식한 베일을 보여주십시오."
주인은 노예를 시켜 가게 안에서 비단 보퉁이를 가져오게 했습니다. 그것을 풀어 몇 개의 베일을 꺼냈는데, 하나같이 찬란하게 아름다운 것들뿐이라 젊은이는 눈이 휘둥그레졌습니다.
그리고 그 속에 찾고 있던 호화로운 베일이 있어서, 젊은이는 금화 50닢을 주고 사서 기쁜 걸음으로 집에 돌아갔습니다.

―여기서 날이 훤히 밝아왔으므로 샤라자드는 이야기를 그쳤다.

600번째 밤

샤라자드는 이야기를 계속했다.
오, 인자하신 임금님, 젊은이는 상인의 집에서 베일을 사서 집으로 돌아갔습니다.
젊은이가 집에 도착하자마자 곧 그 노파가 나타났습니다. 젊은이가 일어나 노파를 맞이하고 그 손에 방금 사온 베일을 건네주자, 노파는 타고 있는 숯을 하나 가지고 오라고 일렀습니다. 노파는 그 숯불로 베일의 한쪽 끝을 눌린 다음, 다시 잘 개서 품 안에 넣고 알 파스의 집으로 가 문을 두드렸습니다. 그러자 그 아름다운 여자의 목소리가 들려왔습니다.
"누구세요?"
노파가 자신의 신분을 밝히자, 여자는 어머니의 친구인 노파의 목소리를 알아듣고 나와서 문을 열어주었습니다.
"아주머니, 무슨 일로 오셨어요? 어머니는 지금 친정에 가고 안 계시는데요."
"색시, 어머니가 안 계신 건 나도 잘 알고 있어요. 지금 막 어머니의 친정에서 왔으니까요. 내가 온 것은 그만 정신없이 돌아다니다가 기도시간이 다 되어서, 이 댁에서 몸을 좀 씻을까 해서라오.*57 색시는 깨끗한 걸 좋아해서 집 안이 늘 청결하다는 걸 잘 알고 있어요."

여자가 노파를 집 안에 들여놓으니, 노파는 인사를 하고 축복의 말을 늘어놓았습니다. 그런 다음 물 항아리를 들고 목욕탕으로 들어가서 몸을 깨끗이 씻은 뒤, 한 장소를 골라 기도를 드렸습니다. 그러더니 금방 다시 나와서 여자에게 말했습니다.

"이봐요 색시, 아무래도 당신의 시녀들이 저기 드나들었는지 부정을 탄 흔적이 있네요. 그러니 어딘가 기도하기 좋은 장소를 알려주시오. 이때까지 한 기도가 헛일이 되어버린 것만 같아서 마음이 놓이지 않아요."

그러자 여자는 노파의 손을 잡고 말했습니다.

"그럼, 아주머니. 이리로 오셔서 남편이 늘 앉는 제 깔개 위에서 기도를 드리세요."

그래서 노파는 그 자리에 서서 정성껏 기도와 예배를 드리고 꿇어 엎드려 절도 했습니다. 그러다가 틈을 보아 숨겨 온 베일을 깔개 밑에 슬쩍 넣어 두었습니다. 그리고 천연덕스러운 얼굴로 여자를 축복하고서 그 집을 나왔습니다.

그날 해질 무렵이 되어 알 파스가 집에 돌아왔습니다. 그리고 양탄자에 앉아서 아내가 내온 저녁식사를 끝낸 뒤, 평소 습관대로 깔개 위에 앉아 있는데 문득 무릎 밑에 베일이 보이는 것이었습니다. 꺼내보니 분명히 그날 아침 한 젊은이에게 판 물건이 틀림없었습니다. 남자는 그만 아내가 부정한 짓을 하지 않았나 하는 의심이 솟아나서 아내를 불러 놓고 물었습니다.

"이 베일이 어디서 났지?"

아내는 거짓이 아님을 맹세하며 대답했습니다.

"당신 말고 이 방에 들어온 사람은 아무도 없었어요."

이 신분 높은 상인은 나쁜 소문이 날까 두려워서 더는 추궁하지 않고 마음속으로 중얼거렸습니다.

'만일 이 일이 세상에 알려지면, 나는 온 바그다드에서 창피를 당하게 된다.'

게다가 알 파스는 교주와도 절친한 사이였으므로 입을 굳게 다무는 수밖에 도리가 없었습니다. 그래서 거기에 대해서는 별말 없이, 마자라는 이름의 젊은 아내에게 이렇게 말했습니다.

"장모님이 심장병에 걸려[58] 몸져누우셔서, 시녀들이 모두 옆에서 눈물을 흘리고 있다는데 당신도 병문안을 갔다 오구려."

그래서 마자가 어머니의 친정에 가보니 피둥피둥한 어머니가 딸에게 오히려 물었습니다.

"이 시간에 어쩐 일로 여길 다 왔느냐?"

마자는 남편이 한 말을 자세히 말하고 잠시 어머니 옆에 앉아 있었습니다.

그러자 인부들이 남편의 집에서 여자의 옷과 장신구, 소지품, 밥그릇 등을 모두 어머니의 집으로 날라 왔습니다. 그것을 보고 어머니가 딸에게 물었습니다.

"아니, 이게 무슨 일이냐? 네 남편과 네 사이에 도대체 무슨 일이 있었는지 말해 보아라."

"무슨 일인지 저도 모르겠어요. 제가 이런 일을 당할만한 잘못은 꿈에도 저지른 적이 없어요."

"아니다. 여기엔 분명히 무슨 까닭이 있을 거다."

"전 전혀 짐작되는 일이 없어요. 이렇게 된 이상, 이제부터는 전능하신 알라께서 알아서 처리해 주시겠죠, 뭐."

태연하게 말하는 딸을 보고 어머니는 그만 울음을 터뜨리며, 자기 딸이 재산으로 보나 신분과 지위로 보나 나무랄 데 없이 훌륭한 남편과 헤어지게 된 일을 슬퍼했습니다.

며칠이 지난 어느 날, 이름이 코란 독송자*59 밀리암이라는 그 꺼림칙하고 불길한 노파가 친정에 와 있는 마자를 찾아와서 친근하게 인사를 하고 말했습니다.

"오, 부인, 귀여운 색시, 이게 어떻게 된 일입니까? 이번 일에 대해선 이 할멈도 정말 마음이 아프답니다."

그렇게 말하고 어머니 방으로 갔습니다.

"이봐요, 당신 따님 내외의 이번 일은 대체 어쩐 일이란 말이오? 듣자하니 따님이 소박을 맞았다며? 대체 따님이 무슨 짓을 했다고 그럴까요?"

"코란 독송자인 당신의 그 영험한 기도의 힘으로 저 애 남편도 머지않아 딸에게 다시 돌아올지 모르니까 제발 우리 딸을 위해 기도해 줘요. 당신은 낮에는 단식하고 밤에는 기도만 하며 사시잖아요?"

그리고 셋이서 머리를 맞대고 이야기하다, 이윽고 노파가 딸에게 말했습니다.

"오, 색시, 너무 슬퍼하지 마요. 알라의 뜻에 맞기만 하면, 곧 내가 당신과 나리를 화해시켜 드릴 테니까."

노파는 작별을 고한 뒤 그곳을 나와서 그길로 젊은이한테 갔습니다.

"자, 맛있는 음식을 두 사람 몫 준비해 둬요. 오늘 밤엔 그 여자를 꼭 데려다줄 테니까."

젊은이는 뛸 듯이 기뻐하며 밖으로 나가 고기와 술을 비롯하여 음식을 잔뜩 사서 돌아와 두 사람이 오기를 기다렸습니다.

노파는 다시 여자의 어머니한테 갔습니다.

"오늘 밤 어느 댁에서 혼인잔치가 있는데 따님을 좀 빌려주지 않겠수? 기분전환 삼아 즐겁게 놀면서 근심거리도 깨끗하게 흘려보내고, 이혼의 아픔까지 잊을 수 있을 테니까. 그리고 데리고 나갔을 때 모습 그대로 틀림없이 따님을 곧 돌려줄 테니 그 점은 염려 말아요."

그래서 어머니는 좀처럼 입은 적이 없는 훌륭한 나들이옷을 꺼내 딸에게 입히고, 값진 보석이 달린 장신구로 꾸며주고 문간까지 배웅을 나와 노파에게 거듭거듭 당부했습니다.

"외간 남자들에게 딸아이 얼굴이 보이지 않도록 조심해 줘요. 저 애 남편의 신분이 신분인 만큼. 그리고 너무 늦지 않도록, 끝나면 바로 데리고 오세요."

그리하여 노파는 여자를 젊은이 집으로 데려갔고, 여자는 거기가 바로 혼인잔치가 열리는 집인 줄만 알고 노파의 뒤를 따라 들어간 것입니다. 그런데 손님방에 들어서는 순간……

—여기서 날이 훤히 밝아왔으므로 샤라자드는 이야기를 그쳤다.

601번째 밤

샤라자드는 이야기를 계속했다.

오, 인자하신 임금님, 여자가 손님방에 들어가자마자 젊은이가 달려나와 느닷없이 여자의 목을 끌어안더니 그 손과 발에도 입을 맞추었습니다.
 여자는 젊은이의 아름다운 얼굴과 온갖 사치를 다한 아름다운 방, 차려 놓은 음식과 꽃과 향료를 바라보며, 그저 어리둥절하여 모든 것이 꿈만 같았습니다.
 여자의 이런 감정을 눈치챈 노파가 말했습니다.
 "색시, 알라께서 당신을 지켜주시기를! 걱정할 것 없어요. 내가 옆에 있으니까요. 잠시도 당신 곁을 떠나지 않겠어요. 당신은 참으로 이 젊은이에게 어울리는 분이고, 이 젊은이도 당신 못지않게 꼭 어울리는 분이라오."
 여자는 부끄러워서 어찌할 줄 모르면서도 꿈결 같은 기분으로 그 자리에 앉고 말았습니다.
 젊은이가 농담을 걸거나 재미있는 이야기를 들려주기도 하고, 또 아름다운 노래를 부르면서 열심히 여자의 비위를 맞춰주자, 어느덧 여자도 마음을 놓고 무척 편안한 기분이 되었습니다.
 이윽고 먹고 마시는 동안 취기가 돌기 시작한 여자는, 스스로 비파를 손에 들고 다음과 같은 시를 읊었습니다.

  가버린 벗 다시 돌아왔네
  기쁘게 맞이할거나,
  오오, 이처럼 아름다운
  임이 보여주는 빛을!
  따가운 사람들의 시선을
  조금도 두려워 않는다면,
  그이의 사랑스러운 뺨에서
  붉은 장미를 따련만.

 젊은이는 여자가 자신의 미모에 마음이 끌리고 있음을 알자 그다지 술도 마시지 않는데 그만 술에 잔뜩 취한 기분이 되었습니다. 그리고 이 연모의 정에 비하면 목숨 같은 건 하찮은 것이라고 생각했습니다.[*60]
 그러는 사이에 노파는 자취를 감춰버렸고, 그날 밤 두 사람은 아무 거리낌 없이 마음껏 사랑의 즐거움을 맛보았습니다.

이튿날 아침이 되자 노파는 다시 두 사람을 찾아와서 인사를 한 다음 여자에게 물었습니다.

"오, 젊은 새댁, 어젯밤은 즐거웠어요?"

"정말 멋진 밤이었어요. 아주머니의 수단과 멋진 중매*61 덕분이죠, 뭐."

"그럼, 이제 어머니한테 돌아갑시다."

노파가 재촉했습니다.

이 말을 들은 젊은이는 금화 백 닢을 꺼내 노파에게 주면서 말했습니다.

"이걸 드릴 테니 오늘 밤에도 이 여자와 함께 있게 해 주시오."

노파는 두 사람을 그대로 두고 여자의 어머니한테 갔습니다.

"따님이 안부를 전하더군요. 사실 신부의 어머니가 오늘 밤에도 꼭 자고 가라고 놓아주지 않아서요."

그러자 어머니가 말했습니다.

"그 애가 그렇게 하고 싶다면 하룻밤쯤 더 자도 괜찮겠죠, 뭐. 즐겁게 놀다가 마음이 개운해지면 그때 데리고 돌아오세요. 남편 생각을 하며 울적해 하는 것보다 그편이 얼마나 좋겠어요?"

이렇게 노파가 차례차례 구실을 만들어서 어머니를 안심시키는 동안 마자는 이레 낮, 이레 밤을 젊은이와 지냈습니다.

노파는 매일 젊은이로부터 금화 백 닢씩을 뜯어내고 있었습니다. 그동안 젊은이는 여자와 둘이서 인생의 온갖 즐거움을 다 누렸습니다.

그러나 이레가 지나자 여자의 어머니가 노파에게 말했습니다.

"빨리 내 딸을 데려다줘요. 걱정되어 죽겠어요. 오늘로 벌써 이레나 집을 나간 채 돌아오지 않으니, 아무래도 이상하잖아요?"

노파는 그 집을 나왔습니다.

"극성스런 여편네 같으니! 어떻게 나한테 그런 말을 함부로 할 수 있담!"

이렇게 중얼거리면서 젊은이의 집으로 갔습니다. 그리고 술에 취해 곯아떨어져 있는 젊은이는 그대로 내버려둔 채 여자의 손을 잡아끌고 어머니의 집으로 돌아갔습니다. 어머니는 몹시 기뻐하면서 딸을 맞아들였습니다. 그리고 딸의 얼굴이 한결 눈부시게 아름다워진 것을 보고 모든 걱정이 사라졌습니다.

"오, 애야, 너 때문에 얼마나 속을 태웠는지 모른단다. 너무 걱정돼서 이 할머니에게까지 비위에 거슬리는 말을 다했지 뭐냐."
"어머나, 그렇다면 일어나서 할머니의 손과 발에 입을 맞춰 드리세요. 이 분은 제가 필요로 할 때면 마치 하녀처럼 여러 가지로 시중을 들어주셨답니다. 그렇게 해 주지 않으시면, 어머닌 제 어머니도 아니고 저도 어머니의 딸이 아니에요."

어머니는 곧 노파에게 다가가서 화해를 청했습니다.

한편 젊은이는 잠에서 깨어나 보니 여자의 모습이 보이지 않아 무척 서운했지만, 그래도 충분히 소원이 이루어진 것을 기뻐했습니다. 얼마 뒤 코란 독송자인 밀리암 노파가 찾아왔습니다.

"어땠수, 내 솜씨가?"
"정말 뛰어나고 멋진 생각이고 놀라운 꾀였어요."
"이번엔 우리가 망가뜨린 것을 다시 원래대로 만들어서 남편에게 돌려줘야지. 그 사람들을 생이별시켜 놓은 것은 우리이고, 그것은 별로 좋은 일이 아니니까 말이야."

"그러자면 어떻게 해야 하지요?"

"당신은 그 알 파스의 가게에 가서 주인에게 인사한 뒤 그 옆에 앉아 계시오. 그러다가 내가 그곳을 지나가거든 일어나서 내 옷소매를 붙잡고 욕을 하며 위협을 하면서 나에게 그 베일을 돌려달라고 하는 거예요. 그러고 나서 상인을 보고 이렇게 말하는 거예요. '여보시오, 주인장, 내가 금화 50닢을 주고 당신한테 산 그 베일 기억하시지요? 누구에게나 흔히 있는 일이지만, 내 첩 하나가 그것을 쓰고 있다가 그만 한쪽 끝을 살짝 태웠지 뭡니까? 그래서 첩이 그것을 이 할멈한테 가져갔더니 이 할망구는 잘 고쳐준다고 약속해 놓고는 어디론지 자취를 감췄다가 이제야 나타났지 뭡니까?'라고 말이오."

"알았습니다, 그렇게 하지요."

그리하여 젊은이가 일어나서 그 가게를 찾아가 잠시 이야기를 나누고 있는데, 미리 짜놓은 각본대로 노파가 염주를 헤아리면서 지나갔습니다. 젊은이는 당장 뛰어나가 노파를 붙잡고는 욕을 있는 대로 퍼부었고, 노파는 노파대로 이렇게 빌었습니다.

"아이고, 젊은 양반 용서하세요. 미안하게 됐어요."

이렇게 둘이서 장단을 맞추는 동안 시장에 있던 사람들이 우르르 몰려들었습니다.

"왜 그래, 무슨 일이야?"

사람들이 떠들기 시작하자 젊은이는 사람들을 둘러보면서 이렇게 말했습니다.

"아 글쎄, 이 가게에서 금화 50닢에 베일을 하나 사서 내 첩에게 주었더니, 얼마 쓰지도 않고 향내를 스며들게 하려다가 향로에서 튄 불티가 떨어져서 그만 베일에 구멍이 났지 뭡니까? 그래서 그걸 이 노파에게 맡기고 잘 수선해 줄 사람을 찾아달라고 부탁한 것인데, 이 할멈은 그만 자취를 감추고 말았어요."

노파가 대답했습니다.

"이분의 말씀이 사실이에요. 나는 베일을 맡아서 늘 다니던 집에 갔다가 깜박 잊고 왔는데, 그 집이 어느 집인지 도무지 생각이 나질 않는 거예요. 그래서 나는 가난뱅이라 베일의 임자를 만나면 돌려달라고 할까 봐 겁이 나서 숨어 있었지요, 뭐."

물론 이 두 사람이 지껄이는 말을 듣고 있는 사람들 속에 그 여자의 남편도 끼여 있었습니다.

—여기서 날이 훤히 밝아왔으므로 샤라자드는 이야기를 그쳤다.

602번째 밤

샤라자드는 이야기를 계속했다.

오, 인자하신 임금님, 젊은이가 노파의 옷소매를 붙잡고 미리 짜놓은 대로 베일을 두고 실랑이를 하고 있을 때, 여자의 남편도 두 사람의 이야기에 귀를 기울이고 있었습니다. 그리고 교활한 노파와 젊은이가 연출한 이야기를 다 들은 뒤 일어나서 이렇게 외쳤습니다.

"오, 전능하신 알라여, 저의 아내를 의심한 죄를 부디 용서해 주소서!"

그리고 진실을 보여주신 알라를 찬양한 뒤 노파에게 말을 건넸습니다.

"할머니는 우리 집에 자주 오시오?"*62

"아, 그럼요, 저는 시주를 받기 위해서라면 어느 집이든 찾아갑니다. 하지만 지금까지 누구 한 사람 그 베일에 대해 알려준 사람은 없어요."

"내 집에 와서 물어보았소?"

"예, 댁에도 갔지요. 그런데 종들 말을 들으니 부인이 이혼을 당했다 해서 더 물어보지도 못하고 나왔지요, 뭐."

이 말을 들은 가게 주인은 젊은이를 향해 말했습니다.

"이 할머니를 놓아주십시오. 그 베일은 나한테 있으니까."

그리고 가게 안에서 베일을 갖고 나와 여러 사람이 보는 앞에서 수선하는 직공에게 맡겼습니다.

그 뒤 상인은 직접 아내를 찾아가서 약간의 돈을 주고 온갖 사과의 말을 늘어놓은 다음, 알라께 용서를 빌며 아내를 집으로 데리고 돌아갔습니다. 이 모든 것이 노파가 꾸민 짓인 줄은 까맣게 모르고서 말입니다.

대신은 이야기를 계속했습니다.

"오, 임금님, 이것은 여자의 간사한 꾀를 보여주는 한 가지 예입니다. 그와 같은 예로서 또 이런 이야기도 있습니다. 그 이야기란……."

왕자와 마신의 애첩*63

어떤 왕자가 어느 날 홀로 건들건들 산책하다 파릇파릇한 들판에 이르렀습니다. 과일이 주렁주렁 달린 나무가 무성하게 자라고, 그 가지마다 새들이 지저귀며, 시냇물이 졸졸 흐르는 곳이었습니다.

왕자는 그 경치가 더없이 마음에 들어서 그곳에 앉아 가지고 온 마른 과일을 먹기 시작했습니다.

그때 한 줄기 검은 연기가 하늘로 치솟는 것이 보였습니다. 깜짝 놀란 왕자는 나무 위로 올라가 나뭇가지 사이에 몸을 숨겼습니다. 이윽고 강 한복판에서 마신이 쑥 올라왔는데, 머리에는 자물쇠를 채운 대리석 관을 이고 있었습니다.

마신이 관을 풀밭에 내려놓고 뚜껑을 열자 그 속에서 빛나는 태양처럼 아름다운 여자가 나타났습니다. 마신은 잠깐 여자의 모습을 바라보며 즐기고 있더니, 이윽고 여자의 무릎을 베고 잠이 들어버렸습니다.

여자는 마신의 머리를 살짝 들어 관 위에 올려놓고 일어나서 가까운 곳을 산책하기 시작했습니다. 그리고 얼마 뒤 나뭇가지 사이에 숨어 있는 왕자를 발견하고는 내려오라고 손짓을 했습니다.

왕자가 거절하자 여자는 화를 내며 말했습니다.

"빨리 내려와서 내 말을 듣지 않으면, 이 마신을 깨워서 당신이 숨어 있다는 걸 알릴 테요. 그러면 당신은 곧 죽고 말걸요."

왕자가 그 말에 겁이 나서 내려가니, 여자는 그의 손과 발에 입을 맞추며 정사를 요구했습니다. 왕자가 승낙하고 여자의 소원을 풀어주었더니, 여자가 말했습니다.

"당신의 손가락에 있는 그 반지를 저에게 주세요."

왕자가 반지를 빼주자 여자는 비단 손수건을 꺼내어 싸는데, 그 속에는 비슷한 반지가 여든 개가량이나 들어 있었습니다.

"웬 반지가 그렇게 많습니까?"

"사실 이 마신은 나를 아버지의 궁전에서 납치하여 이 관 속에 가두고는 어디를 가나 머리에 이고 다니면서 절대로 열쇠를 손에서 놓지 않는 거예요. 그리고 질투가 심해서 잠시도 나를 놓아 주지 않고 내가 아무것도 하지 못하게 방해를 한답니다.

그래서 나는 남자만 보면 상대가 어떤 사람이든 내 소중한 것을 허락하기로 했지요. 그래서 보시다시피 여기에 내가 상대한 남자의 수만큼 반지가 있는 거랍니다. 정을 나눌 때마다 그 사람한테 반지를 달라고 해서 이 손수건에 싸서 다니는 거예요."

그러고는 이렇게 말하는 것이었습니다.

"자, 이젠 돌아가세요. 이제부터 다른 남자를 찾아가겠어요. 이 마신은 아직 얼마 동안은 깨어나지 않을 테니까요."

왕자는 자신의 귀를 의심하면서 부왕의 궁전으로 돌아갔습니다. 부왕은 왕자의 손에서 반지가 없어진 것을 보고, 자신의 애첩 가운데 누군가에게 준 것이 분명하다고 오해를 하여 왕자를 죽이라고 명령했습니다.*64

그러고는 자리를 박차고 일어나 내전으로 들어가 버렸습니다. 그러자 대신들이 왕을 찾아가서 마음을 돌리도록 온갖 말을 다해 설득했습니다.

그날 밤 왕은 대신들을 모두 불러모아 왕자의 사형을 말린 그들의 간언에 감사의 말을 했습니다. 그러자 왕자도 말했습니다.

"여러분은 아버지께 내 목숨을 살려주십사 간언해 주었소. 인샬라! 가까운 장래에 반드시 그 보답을 할 생각이오."

그런 다음, 자기가 반지를 잃게 된 사연을 얘기하자 모두 왕자의 장수와 행복을 빌고 물러갔습니다.

대신은 말했습니다. "오, 임금님, 여자의 간사한 꾀와 남자에 대한 원한이 얼마나 무서운지 이 왕자의 이야기로 잘 아셨을 줄 믿습니다."

왕은 대신의 이 간언에 귀를 기울이고 다시금 왕자의 사형을 취소하라고 명령했습니다.

그런데 이튿날 아침, 그러니까 여드레째가 되는 날, 왕이 대관과 태수와 대신들에게 둘러싸여 접견실에 앉아 있는데 뜻밖에도 왕자가 스승인 알 신디바드의 손에 이끌려 들어왔습니다.

왕자는 부왕을 비롯하여 대신과 중신, 신학자들을 막힘없는 웅변으로 칭송하면서 자신의 목숨을 살려준 데 대해 감사의 말을 했습니다. 그 자리에 있던 수많은 사람은 왕자의 그 유창하고 명쾌한 웅변에 입을 딱 벌리고 말았습니다.

특히 부왕은 더할 나위 없이 기뻐하며 왕자를 가까이 불러 이마에 입을 맞췄습니다. 그리고 왕자의 스승 신디바드를 불러 왕자가 이레 동안 입을 열지 않은 까닭을 묻자, 신디바드는 이렇게 대답했습니다.

"오, 임금님, 사실 그렇게 하도록 한 사람이 바로 저입니다. 왕자님에게 닥칠 불의의 죽음을 염려했기 때문입니다. 왕자님을 모시고 입궁하기 전날 천문을 살펴보니, 왕자님이 만일 이 이레 동안 입을 열면 목숨을 부지하지 못할 거라는 점괘가 나와 있었으니까요. 이제 그 위기도 임금님의 위엄과 운세 덕분에 말끔히 사라졌습니다."

이 말을 들은 왕은 몹시 기뻐하며 대신들을 둘러보면서 말했습니다.

"만일 내가 왕자를 죽였다면, 그 벌은 과연 누가 받게 되었을까? 나와 그 여자와 이 신디바드 세 사람 중에서 말이다."

그러나 아무도 대답하는 사람이 없자 알 신디바드는 왕자에게 말했습니다.
"왕자님이 한번 대답해 보십시오."

—여기서 날이 훤히 밝아왔으므로 샤라자드는 이야기를 그쳤다.

603번째 밤

샤라자드는 이야기를 계속했다.
오, 인자하신 임금님, 알 신디바드가 왕자에게 묻자 왕자는 이런 이야기를 시작했습니다.
"한 번은 어느 상인의 집에 몇 명의 손님이 묵게 되자, 집주인은 노예를 시장에 보내 응결한 우유*65를 한 항아리 사오게 했습니다. 노예가 응결한 우유를 사서 돌아오는데, 머리 위로 솔개 한 마리가 뱀을 물고 피를 빨면서 날아가다가 독 한 방울을 항아리 속에 떨어뜨렸습니다.
노예는 그런 줄도 모르고 집으로 돌아갔고, 상인은 그 우유를 자기도 먹고 손님들에게도 대접했습니다. 그 우유가 사람들의 배 속에 들어가자 한 사람도 남김없이 모두 죽고 말았습니다.*66 그렇다면 아버님, 이 경우에 잘못은 대체 누구에게 있는 것일까요?"
그러자 한 사람이 말했습니다.
"그것은 잘 조사도 하지 않고 그 우유를 먹은 사람들의 잘못입니다."
그러나 어떤 사람은 이렇게 주장했습니다.
"그 항아리에 뚜껑을 덮지 않은 노예에게 죄가 있습니다."
이때 신디바드가 물었습니다.
"왕자님은 어떻게 생각합니까?"
"그것은 노예의 죄도 아니고 손님들의 잘못도 아닙니다. 다만 그 사람들에게 정한 시간이 닥쳐와, 알라께서 정하신 수명이 끝났기 때문입니다. 그들은 그런 죽음을 당하도록 알라께서 미리 정해 놓으셨던 것입니다."
사람들은 매우 감탄하며 입을 모아 왕자를 칭찬했습니다.
"오, 참으로 명답입니다. 왕자님이야말로 당대에 제일가는 현자이십니다."

"아니요, 나는 현자도 뭐도 아니오. 장님 늙은이와 세 살짜리 사내아이, 그리고 다섯 살짜리 사내아이도 모두 나보다 똑똑했소."

"그렇다면 왕자님보다 현명했다고 하는 그 세 사람의 이야기를 들려주시지 않겠습니까?"

"좋아요, 얘기해 드리지요."

단향 장수와 사기꾼*67

옛날에 큰 부자상인이 있었는데 여행을 무척 좋아해서 어떤 장소도 마다치 않고 방문하곤 했습니다.

하루는 어느 고장에 가고 싶은 생각이 나서, 그곳에서 온 사람에게 물어보았습니다.

"당신 고장에서는 어떤 물건이 잘 팔리나요?"

"단향목(檀香木)입니다. 아주 좋은 값으로 팔리지요."

상인은 있는 돈을 다 털어서 단향을 사들여 그 고장으로 갔습니다. 그리하여 저녁때 그 도시에 도착한 상인은 양을 몰고 오는 한 노파를 만났습니다.

"당신은 누구시오?"

노파가 먼저 말을 건네 왔습니다.

"타국에서 온 장사꾼입니다."

"그렇다면 이곳 사람들을 조심하세요. 모두 거짓말쟁이고 성미가 고약한 도적 같은 놈들이라서, 타향 사람이면 반드시 속여서 물건을 모조리 뺏어버리는 걸 업으로 삼고 있으니 말이오. 정말 조심해야 하오."

노파는 그렇게 일러주고 가버렸습니다.

그 이튿날 성 안 사람을 한 명 만났는데 그 남자가 인사를 하고서 물었습니다.

"여보시오, 어디서 오셨소?"

상인이 여차여차한 곳에서 왔다고 대답하니 그 남자가 또 물었습니다.

"어떤 물건을 가지고 왔소?"

"단향을 갖고 왔지요. 여기선 좋은 값으로 팔린다면서요?"

"당신에게 그런 소릴 한 놈은 거짓말쟁이입니다. 여기선 단향을 밥 짓는 땔감으로 쓰니까요. 그래서 값도 땔감값 정도라 신통치 않아요."

이 말을 들은 상인은 얼마쯤 믿으면서도 한편으로는 의심되어 한숨을 내쉬며 후회했습니다.

이윽고 상인은 한 객줏집에 들어갔는데, 밤이 되자 한 사내가 단향으로 불을 때고 있는 것이 보였습니다. 그자는 바로 낮에 상인에게 수작을 건 남자였는데, 단향을 태우는 것도 그의 간사하고 악독한 꾀였던 겁니다. 상인이 자기를 보고 있는 사실을 알고 사내가 말했습니다.

"무엇이든 당신이 원하는 것을 두 손으로 네 움큼*68 드릴 테니 당신의 그 단향목과 바꾸지 않겠소?"

"그렇게 합시다."

상인이 이렇게 덜컥 승낙해 버리자 사내는 단향목을 모두 자기 집 창고에 넣었습니다. 상인은 그 값으로 금화를 두 손으로 네 움큼 받을 작정이었습니다.

이튿날 아침, 상인이 길을 걷고 있는데 눈알이 새파란 애꾸가 느닷없이 상인의 옷소매를 붙잡고 소리쳤습니다.

"내 눈을 훔친 게 바로 네놈이로구나. 죽어도 놓치지 않겠다!"*69

상인의 눈도 파란색이기는 했지만 하도 어처구니가 없어서 상인도 대들었습니다.

"내가 당신의 눈을 훔치다니, 대체 그게 무슨 소리요!"

그러는 사이에 수많은 사람이 두 사람을 에워싸고 마구 떠들어대면서 애꾸에게 내일까지 상인을 용서해 주라고 달랬습니다.

그 대신 내일은 꼭 눈값을 가져오겠다고 약속시키고 한 사내를 보증인으로 앞혀 얼렁뚱땅 간신히 상인을 놓아주었습니다. 싸우는 동안 신이 터져버린 상인은 구둣방으로 갔습니다.

"내 신을 수선해 주게. 당신이 만족할 만한 것을 주겠으니."

그렇게 신을 맡겨 놓고 다시 길을 걷는데, 몇 명의 남자들이 길가에 둘러 앉아 벌금 놀이를 하고 있기에 상인도 기분을 풀 겸 그 옆에 앉았습니다.

그러자 함께 하지 않겠냐고 자꾸 권하는 바람에 그도 끼어들었지만, 사내들은 한패가 되어 번번이 상인을 지게 한 끝에 바닷물을 다 마시든가 있는 돈을 다 내놓든가 둘 중 하나를 선택하라고 윽박질렀습니다.

"제발 부탁이니 내일까지만 시간을 주십시오."

상인은 사정사정하여 가까스로 그 자리를 빠져나왔습니다.

그리하여 상인은 이날 자기가 당한 갖가지 재난을 생각하니 도무지 갈피를 잡을 수가 없고, 어떻게 해야 좋을지 몰라 어느 한적한 곳에 앉아서 우울한 얼굴로 시름에 잠겨 있었습니다.

그때 마침 전에 만났던 노파가 지나가다가 송장처럼 창백해진 상인의 꼴을 보고 걸음을 멈췄습니다.

"아마도 이 마을 사람들이 당신을 바보로 만들고 달콤한 국물을 빨아먹었나 보지. 그 꼴로 봐선 뭔가 큰 걱정거리가 생긴 모양인데, 어디 한 번 얘기해 보구려."

상인이 모든 것을 자세히 이야기해 주자 노파가 말했습니다.

"우선 단향으로 당신을 속인 놈부터 얘기하자면, 여기서는 단향이 파운드당 금화 열 닢이라는 것을 잘 기억해 두시오. 하지만 내가 좋은 수를 가르쳐주지. 내가 말한 대로만 하면 또 다른 재난에서 모면할 수 있을지 모르니까. 저기 어딜 가면 문이 있고 근처에 눈먼 장로가 살고 있는데, 그 노인은 절름발이지만 마치 마법사처럼 지혜가 많은 현인이라 무엇 하나 모르는 것이 없는 척척박사라오. 그래서 누구든 그 사람을 찾아가서 의논하면, 좋은 꾀를 가르쳐주지. 계략, 마술, 사기에도 훤하니까. 하긴 이 장로*70 자신도 큰 사기꾼이라서 밤이 되면 패거리들이 찾아오지만 말이야. 당신도 그 장로를 한 번 찾아가 보구려.

그리고 한 가지 당부해 두지만, 당신의 적이 보지 못하도록 몸을 숨겨서 그자들이 주고받는 말을 들어야 해요. 그자는 그들에게 어떻게 하면 이기고 어떻게 하면 진다는 것을 가르쳐주고 있으니 말이야. 그것을 들으면 아마 당신도 그놈들의 수를 어떻게 피하고 살아날 수 있는지 좋은 생각이 떠오를 거요."

—여기서 날이 훤히 밝아왔으므로 샤라자드는 이야기를 그쳤다.

604번째 밤

샤라자드는 이야기를 계속했다.

오, 인자하신 임금님, 상인은 노파가 가르쳐준 장소로 가서 눈먼 노인 가까이에 몸을 숨기고 있었습니다.

얼마 뒤 평소에 이 노인을 자기들의 심판관이라고 떠받드는 패거리들이 모여와서 노인에게 인사하고 그를 둘러앉았는데, 그중에는 상인을 속여 먹은 네 사나이도 분명히 들어 있었습니다.

노인이 얼마 안 되는 음식을 내놓자, 그들은 그것을 집어 먹으면서 차례대로 그날 있었던 일들을 이야기했습니다.

이윽고 단향목을 차지한 사내가 앞으로 나와서 어느 상인한테서 단향목을 헐값에 사고, 그 값으로 상대방이 원하는 것은 무엇이든 두 손으로 네 움큼 주겠다고 약속했노라고 말하자, 노인이 말했습니다.

"그렇다면 상대방이 이기겠는걸."

"어째서 그렇게 됩니까?"

"두 손으로 황금이나 은을 한 움큼 달라면 어떻게 하겠나?"

"좋지요. 나는 주겠습니다. 그래도 엄청난 이득이 되니까요."

"그렇다면 만일 저쪽에서 두 손으로 네 움큼의 벼룩을, 그것도 반은 수놈과 반은 암놈을 섞어서 달라*71고 하면 어떡하지?"

그래서 사기꾼은 자기가 졌다는 것을 깨달았습니다.

다음에는 애꾸눈이 나와서 말했습니다.

"두목, 오늘 나는 파란 눈의 타국 사람을 만나 시비를 걸어서 소매를 붙들고 '내 한쪽 눈을 훔친 놈은 네놈이다' 하고 우기면서 꼭 쥐고 놓아주지 않았더니, 어떤 자가 보증인이 되어서 내일은 반드시 눈값을 가져오겠다고 그럽디다."

"그뿐이라면 상대가 이기고 넌 손해를 본다."

"어째서요?"

"그자는 틀림없이 이렇게 말할 거야. '당신에게 남아 있는 눈알을 뽑아주시오. 그러면 나도 내 한쪽 눈을 뽑아서 두 개의 무게를 비교해 보고, 만일 두 눈알의 무게가 같으면 당신 말이 옳으니까 돈을 드리지요.' 그렇게 되면 너는 하나밖에 없는 눈마저 뽑으니 장님이 되겠지만, 그쪽은 아직 한쪽 눈이 남을 게 아니냐?"

이 말을 듣고 애꾸눈은 만일 상인이 그렇게 트집을 잡고 나온다면 자기는

지겠구나 생각했습니다.

다음에는 구두 수선공이 앞으로 나왔습니다.

"노인, 오늘 어떤 사람이 구두를 가져와서 고쳐 달라기에 돈을 얼마나 주겠느냐고 물었더니 내가 만족할 만큼 주겠다고 말했습니다. 저는 그놈의 전 재산을 받지 않으면 구두를 내주지 않겠습니다."

"그러나 상대편 마음에 따라 너는 구두만 내주고 아무것도 못 받게 될 게다."

"어째서요?"

"그자는 다만 이렇게 말하면 되거든. '우리 국왕의 적은 싸움에 지고 달아났다. 적의 힘은 쇠약해지고 우리 임금님의 군대는 점점 그 수가 늘기만 한다. 어때, 당신은 이 일에 만족한가, 불만인가?' 하고 말이다. 그 말에 네가 '예, 그렇습죠. 만족합니다'*72고 하면 그것으로 만족한다고 했으니까 그 사나이는 구두를 그냥 가져갈 것이고, 만일 네가 '아니, 불만이오' 한다면, 그는 뭐? 하면서 구두를 움켜잡고 네 얼굴이고 목이고 마구 갈길 게다."

이래서 구두 수선공도 그만 자신의 패배를 인정했습니다.

그다음에 나온 것은 노름꾼들이었습니다.

"노인장, 오늘은 어떤 사내와 벌금 놀이를 해서 형편없이 상대를 지게하고 '네가 바닷물을 다 마신다면 내 전 재산을 내주마. 그러나 만일 그렇게 하지 못하면 내가 네 전 재산을 차지하겠다'고 했소."

"그것도 네가 졌는걸."

"어째서요? 그럴 리가 없는데!"

"그자는 너에게 '여보시오, 그럼, 바다의 수도꼭지가 있는 곳으로 나를 데려가서 입을 대게 해 주시오. 그러면 반드시 다 마셔버릴 테니' 하면 그만이니까. 그런 일은 네가 할 수 없으니 상대가 그렇게 나오면 지지 안 져?"

이 이야기를 모조리 엿들은 상인은 자기 상대를 어떻게 요리해야 하는지 그 요령을 모조리 터득했습니다.

이윽고 사기꾼들이 모두 노인의 집에서 나와 흩어졌으므로 상인도 자기 객주로 돌아왔습니다.

이튿날 아침이 되자 먼저 노름꾼이 찾아와서 빨리 바닷물을 모두 마시라고 재촉했으므로 상인이 대답했습니다.

"바닷물의 수도꼭지가 있는 곳으로 나를 데려다주시오. 모조리 들이마시고 말 테니까."

노름꾼은 할 말이 없어서 자기가 진 것을 인정하고 금화 백 닢을 내놓고 돌아갔습니다.

다음에는 구두 수선공이 찾아와서 자기가 만족할 만한 것을 달라고 했습니다.

"우리 국왕의 군대가 적의 군대를 격파하고, 덤비는 자들을 모조리 물리쳐 우리 편은 강성해졌소. 당신은 이 일에 만족하오, 불만족하오?"

상인이 이렇게 물으니 구두 수선공은 하는 수 없이 대답했습니다.

"예, 만족하게 생각합니다."

그리고 구두를 놓고 삯도 받지 못한 채 돌아갔습니다.

그다음은 애꾸눈이었는데, 이자는 상인을 보자마자 눈값을 내놓으라고 대들었습니다.

"네 눈알을 뽑아다오, 나도 내 눈알을 뽑을 테니. 그것을 저울에 달아서 무게가 같으면 네 눈이 틀림없으니 눈값을 치를 것이고, 만일 다를 때는 네가 거짓말을 한 것이니 마땅히 뽑아낸 내 눈값을 내놓아야 한다."

"제발 며칠만 기다려주십시오."

"안 돼, 난 나그네의 몸이라 그럴 시간이 없어. 네가 보상을 해 줄 때까지 놓아주지 않을 테다."

그래서 애꾸눈은 울며 겨자 먹기로 자기 쪽에서 눈 하나 값으로 금화 백 닢을 내놓고는 줄행랑을 쳐버렸습니다.

맨 나중에 온 사람은 단향목을 산 사내였습니다.

"단향목 값을 내겠습니다."

"무엇을 줄 작정이오?"

"무엇이든 당신이 원하는 것을 두 손으로 네 움큼 드리기로 했으니까 금화든 은화든 요구하시오."

"아니오, 난 그런 건 필요 없소. 나는 그만큼의 벼룩을 받고 싶소. 암놈과 수놈을 절반씩 섞어서 말이오. 그것 말고는 승낙할 수 없소."

"그건 도저히 안 되겠는데요."

그래서 결국 자기가 진 것을 인정한 사기꾼은 단향목을 돌려주었을 뿐만 아니라, 상인에게 금화 백 닢을 주면서 계약을 취소해 달라고 애원했습니다.
그 뒤 상인은 자기가 부른 가격으로 단향목을 팔았습니다. 그리고 사기꾼들의 고장을 떠나 의기양양하게 고국으로 돌아왔습니다.

—여기서 날이 훤히 밝아왔으므로 샤라자드는 이야기를 그쳤다.

605번째 밤

샤라자드는 이야기를 계속했다.
오, 인자하신 임금님, 왕자는 다시 말을 이었습니다.
"하지만 세 살짜리 사내아이 이야기는 이것보다 더 신기합니다."
"그것은 어떤 이야기인가?"
왕이 묻자 왕자가 대답했습니다.
"저는 이런 이야기를 들은 적이 있습니다……."

난봉꾼과 세 살짜리 사내아이

오, 아버님, 술과 여자와 노름에 빠진 한 난봉꾼이 있었는데, 어쩌다가 다른 도시에 사는 매우 아름답고 귀여운 여자에 대한 소문을 들었습니다.
그래서 그는 선물을 갖고 그 도시로 가서 여자에게 편지 한 통을 보냈습니다. 그 편지에는 사랑하는 마음으로 낮이나 밤이나 애태우다가 생각다 못해 고향을 등지고 당신을 만나러 왔으니, 언제 어디서 만나 주겠는지 약속을 해 달라고 적혀 있었습니다.
그러자 여자에게서 집으로 찾아와도 좋다는 답장이 왔습니다. 난봉꾼이 좋아라고 여자의 집을 찾아가자 여자는 일어나 정중하게 맞아들이고는 남자의 손에 입맞춘 뒤, 좋은 고기와 술을 내와 후하게 대접해 주었습니다.
그런데 이 여자에게는 겨우 세 살밖에 안 된 아들이 하나 있었는데, 그 아이를 옆에 둔 채 여자는 쌀*73을 요리하느라 여념이 없었습니다.
이윽고 남자가 재촉했습니다.

"이제 저쪽으로 가서 즐기도록 합시다."
그러자 여자가 대답했습니다.
"저 애가 우리를 빤히 보고 있어요."
"그래 봤자 젖먹이 애가 아니오. 아직 아무것도 모르고 말도 제대로 못 하는데."
"아니에요. 당신은 이 애가 얼마나 영리한지 몰라서 그런 말을 하시는 거예요."
그러는 사이에 식사준비가 다 되자 아이가 몹시 울기 시작했습니다.
"오, 착한 우리 아가, 왜 우니?"
"밥을 떠줘. 버터를 넣어서."
어머니가 밥을 조금 떠서 그 속에 버터를 넣어주니, 아이는 몇 숟가락 먹고는 또 울었습니다.
"착한 우리 아기, 이번엔 뭘 어떻게 해 주련?"
"밥에 설탕을 쳐 줘."
이 말을 들은 난봉꾼이 화를 버럭 냈습니다.
"정말 형편없는 놈이로군."
그러자 아이가 대꾸했습니다.
"형편없는 건 아저씨지. 이 거리 저 거리를 여자 꽁무니나 쫓아다니는 주제에. 난 눈에 무엇이 들어가서 울었는데, 눈물을 흘렸더니 괜찮아졌어. 그리고 밥은 버터와 설탕을 쳐서 먹었더니 이젠 더는 먹고 싶지 않아. 그렇다면 도대체 어느 쪽이 형편없는 병신이야?"
세 살짜리 젖먹이한테 이렇게 호되게 망신을 당한 난봉꾼은 그제야 알라의 자비를 느끼고 마음을 고쳐먹었습니다. 그래서 여자에게는 손가락 하나 대지 않은 채 고향으로 돌아가서 죽을 때까지 잘못을 뉘우치며 남은 생애를 보냈다고 합니다.

"아버님, 다음은 다섯 살짜리 사내아이에 대한 이야기입니다."
왕자는 이야기를 계속했습니다.

여자의 간사한 꾀와 원한 2871

도둑맞은 돈주머니

옛날에 네 사람의 장사치가 금화 1천 닢을 공동으로 가지고 있었습니다. 그들은 그것을 한 주머니에 넣어서 그 돈으로 물건을 사러 출발했습니다.

그런데 도중에 아름다운 꽃밭이 있어서 그 꽃밭을 지키고 있는 여자에게 돈주머니를 맡기면서 말했습니다.

"알았지, 이 돈주머니는 우리 네 사람이 함께 와서 달라고 하기 전에는 절대로 내주어선 안 돼."

그리고 그들은 안으로 들어가 잠시 꽃밭을 거닐면서 먹고 마시고 놀았습니다. 이윽고 상인 하나가 말했습니다.

"향료가 들어 있는 가루비누를 가져왔는데, 이 냇물에서 머리를 감지 않겠나?"

그러자 한 사람이 대답했습니다.

"빗이 없는걸."

이어서 세 번째 남자가 말했습니다.

"그 문지기에게 물어보는 게 어때? 아마 그 여자는 갖고 있을 거야."

그래서 한 사람이 여자한테 갔습니다.

"아까 그 돈주머니를 내주게."

"네 분이 함께 오시거나 당신에게 내주라고 말씀하기 전엔 줄 수 없어요."

여자의 말에 남자는 보이지 않는 동료들을 향해 큰 소리로 외쳤습니다.

"여보게, 이 여자가 주려고 하지 않네."

그러자 그들은 빗을 말하는 줄만 알고 여자에게 말했습니다.

"내주시오!"

그래서 여자가 돈주머니를 내주자, 사나이는 그것을 갖고 걸음아 나 살려라 하고 도망쳐 버렸습니다.

남은 세 사람은 기다리다 지쳐 여자한테 가서 물었습니다.

"왜 아직도 빗을 내주지 않나?"

"빗이라뇨? 그 양반이 달라고 한 것은 돈주머니였는데. 여러분의 승낙이 있을 때까지 주지 않고 있다가 아까 주라고 하시기에 내주었지요. 그 양반은 그것을 갖고 어디론지 가버리던데요?"

세 사람은 자신들의 얼굴을 때리며 여자를 붙잡고 소리쳤습니다.
"우리는 빚을 내주라고 말한 거였어!"
"그 사람은 빗이라는 말은 한 마디도 하지 않았어요!"
마침내 그들은 여자를 판관 앞으로 끌고 가서 고소했습니다. 판관은 여자에게 돈주머니를 물어주라고 선고했을 뿐만 아니라, 각 채권자에게 여자의 증인이 되라고 명령했습니다.

—여기서 날이 훤히 밝아왔으므로 샤라자드는 이야기를 그쳤다.

606번째 밤

샤라자드는 이야기를 계속했다.
오, 인자하신 임금님, 재판소 문을 나선 문지기 여자는 어떻게 해야 이 곤경에서 벗어날 수 있을지 몰라 그저 아득하기만 했습니다.
그래서 시름에 잠겨 걸어가다가 다섯 살짜리 사내아이를 만났습니다.
아이는 근심이 가득한 여자의 얼굴을 보고 물었습니다.
"아주머니, 왜 그러세요?"
여자는 상대가 아직도 젖비린내 나는 어린아이라 아무 대답도 하지 않았는데, 아이가 두 번 세 번 되풀이해서 묻자 하는 수 없이 자신에게 닥친 재난을 모두*74 이야기했습니다. 그러자 아이가 말했습니다.
"아주머니, 과자 사 먹게 돈 한 닢만 주세요. 그러면 좋은 꾀를 하나 가르쳐 드릴게요."
여자는 은화 한 닢을 아이에게 주었습니다.
"그래, 어떤 꾀를 가르쳐줄래?"
"판관한테 가서 '저와 저 사람들은 네 사람이 함께 오지 않으면 돈주머니를 내주지 않기로 약속했어요. 그러니 네 사람이 함께 오면 약속대로 돈주머니를 내드리지요.' 이렇게 말해 봐요."
여자가 얼른 판관을 찾아가서 사내아이가 가르쳐준 대로 말하니 대법관이 세 상인에게 물었습니다.

"너희는 확실히 이 여자와 그런 약속을 했느냐?"

"예, 그렇습니다."

"그렇다면 너희는 그 동료를 데리고 와서 이 여자에게서 돈주머니를 찾을 수밖에 없다."

그리하여 세 상인은 동료를 찾아 나섰고, 여자는 무죄방면되었던 것입니다.

참으로 알라께서는 전지전능한 신이십니다! *75

왕과 대신을 비롯하여 그 자리에 있던 모든 사람은 왕자의 이야기를 듣고 입을 모아 말했습니다.

"오, 임금님, 왕자님이야말로 참으로 당대에 보기 드문 박식한 분이십니다."

그리고 왕과 왕자에게 하늘의 축복이 있기를 빌었습니다.

왕은 왕자를 가슴에 굳게 끌어안고 이마에 입을 맞춘 뒤 왕자와 측실 사이에 일어난 일에 대해 물었습니다.

왕자는 전능하신 알라와 알라의 신성한 예언자 무함마드를 두고 맹세하면서, 유혹한 것은 자신이 아니라 여자 쪽이며 자기는 그것을 거절했다고 말하며 이렇게 덧붙였습니다.

"게다가 그 여자는 독약을 타서 아버님을 죽이고 저를 왕위에 앉혀 준다고까지 했습니다. 그래서 저는 화를 내고 '이 저주받을 여자야! 기회가 있는 대로 네가 지금 한 말을 아버님께 아뢰어 혼을 내줄 테다!' 하고 호통을 쳤습니다. 그 때문에 여자는 저를 몹시 두려워하고 그런 짓을 했던 것입니다."

왕자의 말을 믿은 왕은 곧 측실에게 사람을 보내는 동시에 그 자리에 있는 사람들에게 물었습니다.

"이 여자를 어떤 방법으로 처형할까?"

그러자 혓바닥을 뽑으라는 자가 있는가 하면 불에 태워 죽이라는 자도 있었습니다.

그러나 왕 앞에 나온 여자는 이렇게 말했습니다.

"임금님과 저 사이에 일어난 일은 저 여우와 인간들에 관한 이야기와 똑같습니다."

"그것은 어떤 이야기냐?"
"오, 임금님, 들어 보십시오."

여우와 인간*76

어느 날 성벽을 넘어 성 안으로 들어간 여우 한 마리가, 가죽장수의 창고에 들어가서 그 안에 있는 가죽을 모두 물어뜯어 못 쓰게 해 놓았습니다.
그래서 가죽장수가 덫을 놓아 여우를 사로잡은 뒤, 짐승가죽으로 후려 패자 여우는 정신을 잃고 쓰러져 버렸습니다. 가죽장수는 그 여우가 죽은 줄만 알고 성문 옆의 길바닥에 내던져 버렸습니다. 얼마 뒤 그곳을 지나가던 한 노파가 여우를 보고 말했습니다.
"이놈의 여우 눈깔을 아이 목에 걸어두면 울보가 되지 않는단 말이야."
그러면서 노파는 여우의 오른쪽 눈알을 후벼 파서 가지고 가버렸습니다. 잠시 뒤에 사내아이가 하나 지나가다가 말했습니다.
"이 여우에게는 이런 꼬리가 없어도 되잖아?"
그러더니 여우의 꼬리를 잘라가 버렸습니다.
얼마쯤 있다 다른 남자가 와서 말했습니다.
"아, 여우구나. 여우 간을 술에 담가두면 눈이 침침할 때 약이 된다던데?"
그렇게 말하면서 여우의 배를 가르려고 칼을 꺼내 들었습니다. 그때 여우는 생각했습니다.
'눈을 뽑아 가고 꼬리를 잘라가는 것쯤은 참을 수 있지만, 배를 째는 건 도저히 못 참아!'
그러고는 후다닥 일어나 용케도 목숨을 건졌다고 생각하면서 성문을 빠져 도망쳤다고 합니다.

이 이야기를 듣고 왕은 말했습니다.
"나는 이 여자를 용서해 주겠다. 이 여자의 목숨은 왕자의 손에 맡긴다. 고문하든 어떻게 하든 네가 좋을 대로 하여라."
그러자 왕자도 말했습니다.

"용서하는 것은 원수를 갚는 것보다 뛰어나며, 온정을 베푸는 것은 귀인의 천성이라 합니다."
"오, 아들아, 네 마음대로 하려무나."
왕자는 여자를 풀어주며 이렇게 말했습니다.
"이곳에서 떠나라. 오, 알라여, 부디 지나간 일은 용서하소서!"
왕자의 말이 끝나자 왕은 옥좌에서 내려와 왕자를 그 자리에 앉히고 손수 왕관을 씌워주었습니다.
그리고 왕국의 고관들에게 왕자에 대한 충성을 맹세하게 하고 신하로서의 예를 다 하라고 일렀습니다. 그런 뒤 다시 이렇게 덧붙였습니다.
"신하들이여, 나는 이제 나이를 먹어 왕위에서 물러나 오로지 우리의 주 알라께 남은 생애를 바치는 것이 마지막 소원이다. 그래서 그대들이 보는 앞에서 왕관을 벗어 왕자의 머리에 씌워준 것처럼 스스로 왕권을 버리고 임금의 자리를 물려줄 것을 선서하노라."
신하들은 모두 한결같이 왕자에게 충성을 맹세했습니다.
그 뒤 부왕은 오로지 알라 섬기기를 게을리하지 않았고, 왕자는 새로운 왕으로서 왕위를 보전하고 올바른 정사를 펼쳤으므로, 위엄은 더욱 온 나라에 떨치고 그 지위는 더욱 탄탄해져서 이 세상의 온갖 즐거움과 위안 속에서 남은 생애를 즐겁게 보냈다고 합니다.

〈주〉

＊1 여기서 《신디바드 나마 Sindibad-namah》〔신디바드 이야기라는 뜻으로 신디바드는 현자의 이름이다〕가 시작된다. 이것은 《돌로파토스 Dollopathos》(북프랑스의 음유시인의 작품, 13세기)와 《7 현자 Seven Sages》(1575년, 존 홀란드(John Holland))와 《7인의 현자 Seven Wise Masters》, 그 밖의 수많은 이야기의 원형이다. 페르시아의 《신디바드 이야기》는 1375년에 현재의 형태를 갖추었다. 폴코너 박사는 〈동양신문 Orient Journ〉(1841년, 제35, 6호)에 그 발췌문을 싣고, W.A. 클라우스턴 씨도 1884년에 유익한 주석을 달아서 《신디바드 이야기 Book of Sindibad》를 두 번째로 간행했다. 〔휴 폴코너(Hugh Falconer)는 영국의 고생물학자. 클라우스턴(Clouston)은 '이야기학자'로 불리는데, 비교문학에 조예가 깊으며 버턴판의 빠진 것을 보충하는 많은 해설을 썼다.〕
＊2 유세비우스(Eusebius, 《복음서시론 De Praep. Evang》 iii. 4)는 수좌성(首座星, Lords of the Ascendant)〔성운이 왕성한 사람들이라는 뜻이기도 함〕에 대한 이집트인의 신앙과

관련된 예언에 대해 언급하고 있다. 〔유세비우스는 팔레스타인 출신의 신학사가(神學史家). 위의 책은 *Praeparatio Evangelica*를 가리키며, 그리스도교 교리의 올바름을 실증하기 위해 이교적인 저작자가 말로써 설명한 말을 집대성한 것, 서기 264~340년.〕

*3 '아랍의 헤로도토스'라 불리는 알 마수디(Al-Mas'udi)는 현자 신디바드를 다음과 같이 소개하고 있다(서기 934년 무렵에 쓴《무르지》속에서). '쿠루쉬(Kurush, 또는 키루스(Cyrus)) 시대에 일곱 대신의 이야기를 쓴 알 신디바드가 살고 있었다……'〔알 마수디는 바그다드 출신의 여행가이자 학자로, 아랍문학사상 손꼽히는 작가, 957년 사망.〕 여기에 든《무루지》가 그 대표작인데, 《황금 목장과 보석 광산 *Muruj al-Dahab wa Ma'adin al-Jauhar*》이 완전한 제목이다. 또 쿠루쉬는 페르시아 제국의 창건자로 기원전 528년 사망.〕

알 야쿠비(Al-Ya'akubi)도 또한 서기 880년 무렵에 알 신디바드의 이름을 들었다. 〔알 야쿠비는 페르시아 수파르 왕조(Suffarides)의 시조, 서기 877년 사망.〕신디바드라는 이름에 대해서는 '선원 신드바드와 짐꾼 신드바드'를 참조하기 바란다. 여기서는 현재와 같은 형태의《아라비안나이트》보다 명백하게 더 오래된 책인《7현자》의 내력을 물을 필요는 없다.〕

*4 명백하게 그리스도교도한테서 빌려 쓴 것. 그리스도교도 역시 매우 오랜 옛날의 저작자들한테서 빌린 것이기는 하지만, 어쨌든 이 문구는 모든 윤리의 기반으로 몇 마디 말 속에 최고의 인간의 지혜가 들어 있다.

*5 주석가들은 이 사건을 성서에 나오는 요셉과 포티파르의 아내 이야기, 나아가서 아나폰과 사톤 형제에 얽힌 고대 이집트의 옛날이야기 등에 비교한다. 이러한 사건은 흔히 있었을 것이고, 오늘날 일상생활에서도 드물지 않다. 따라서 모든 민족의 민화에 이런 종류의 장면이 도입된 것이다.

*6《신디바드 이야기》속의 '왕과 정숙한 아내 이야기'에 해당하며, 아랍과 그리스어(《신티파스 *Syntipas*》) 번역본에서는 왕이 반지를 잃어버리고, 히브리어 번역《미슐레 산다바르 *Mishle Sandabar*》에서는 지팡이를 잃어버리며, 고대 스페인어의《여자의 농간 이야기 *Libro de los Enganos et los Asayamientos de las Mugeres*》에서는 짚신을 잃어버리고 있다.

*7 이 대목은 성서의 바테시바(Bathsheba)와 우리야(Uriah)의 고사에서 따온 것일지도 모른다고 생각할 수도 있다. 〔사무엘 후서 제11장 참조. 다윗이 황혼녘에 옥상에서 한 부인이 목욕하는 모습을 보고 나서 사람을 통해 알아보니 우리야의 아내였다. 다윗은 그 여자를 불러 동침했고 바테시바는 아기를 잉태했는데, 이 아이가 훗날의 솔로몬이다.〕그러나 이러한 '간악한 행위'는 직접적인 유래를 묻지 않더라도, 동양의 여러 시대에 다양한 장소에서 종종 벌어진 것이 틀림없다.

박학한 H.H. 윌슨(Wilson) 교수가 이러한 이야기는 '동양 일대에 널리 침투해 있는, 여성을 멸시하는 감정에 그 뿌리가 있다'고 가정한 것은 잘못이다. 오히려 남녀가 서로 싸움을 계속하는 문명의 어떤 단계에 속하는 것이며, 여자를 업신여기는 아시아와 마찬가지로 여존남비의 유럽에도 특색을 부여한다. 〔윌슨은 영국의 동양학자. 1786~1860년.〕

＊8　이 이야기의 유럽적인 형태는 〈매일 자고새(Toujours perdrix)〉이며, 이 문구는 종종 인용되지만 거의 이해되지 않고 있다. 이것은 백작(아름다운 백작부인의 남편)이 1월 한 달 동안 신부(神父)에게 매일 자고새를 먹게 했을 때 신부가 불평한 말이다. 즉 신부는 '매일 자고새만 먹는 것도 고역'이라고 말했다.
　　　어떤 통신원에 의하면, 어느 프랑스 왕의 청문승(聽聞僧)이 왕의 밀통을 꾸짖고 나무란 것과 관련하여 호레스 월폴(Horace Walpole)이 이 말을 했다고 한다. 이 저속한 프랑스어("Toujours de la perdrix" 또는 "des perdrix"로 바뀌었다)는 이국 출신임을 풍기고 있다. 〔월폴은 영국의 문인. 1717~97년.〕
　　　또 다른 지인은 필자에게 《신백화(新百話) Cent Nouvelles Nouvelles》(1432년에 프랑스 황태자, 훗날의 루이 11세를 위로하기 위해 편찬되었다)의 제10화를 읽어볼 것을 권했다. 이야기의 주인공은 앙글레테르 왕국의 대공으로 충신한테서 정결에 대한 훈계를 듣는데, 거기서는 뱀장어 요리가 자고새를 대신하고 있다. 어쩌면 스콧은 《붉은 장갑 Redgauntlet》(제4장) 속에서 이 일에 대해 언급했을 것이다. '정면에 던져진 자고새를 받는다면, 자고새를 상당히 좋아하는 것이 틀림없다.' 〔《신백화》 제10화에는 여자사냥을 비난받은 기혼의 대공이, 그 충신에게 매일 토끼만 먹여 물리게 한 뒤, 자기도 아내의 육체만으로는 싫증 나기 때문에 다른 여자의 육체도 맛보고 싶다고 한 얘기가 나온다. 월터 스콧 경은 영국의 작가이고 위의 소설은 1824년의 작품.〕
　　　이와 같은 이야기는 선교사에 대해서도 있는데, 그는 매일 먹는 같은 음식에 물려서 식사를 끝내고 다음과 같은 기도를 올렸다.

　　　삶은 토끼, 차가운 토끼,
　　　연한 토끼 살, 질긴 토끼 살,
　　　새끼 토끼에 늙은 토끼―
　　　배 터지게 먹었으니, 주께 감사하나이다.

＊9　모든 판(版)에서 대신은 여기서 '상인의 아내와 자고새 이야기'를 하고 있다. 그러나 나는 레인에 따라 그것을 '앵무새와 바람난 아내 이야기'로 옮겼다. 〔이 책 '어부와 마신 이야기' 주석 23에 해당한다.〕 그 대신 종래의 관례를 깨지 않도록, 나는 여기서 《신디바드 이야기》에서 같은 이야기의 페르시아어 역을 소개하기로 했다. '어부와 마신 이야기' 주석 23은 별도로 하고, 또 다음과 같은 이야기도 있음을 덧붙이고자 한다. 라살루(Rasalu) 왕(서기 81년 무렵의 인도의 대군주 샤리바하나의 아들)은 자신의 젊은

아내를 말을 하는 두 마리의 새에게 감시시켰다. 또한 이 라살루는 페르시아의 루스탐, 아라비아의 안타르처럼 펀자브 지방의 영웅이다. 《7인의 현자 Seven Wise Masters》에는 자고새가 까치로 되어 있다.

클라우스턴 씨는 〈글래스고 이브닝 타임스〉(1884)에 기고한 《민화 Popular Tales and Fictions》에 대한 재기에 찬 논평 속에서, 이 이야기와 《로마인 무훈담 Gesta Romanorum》 속의 '간부와 시녀와 세 마리의 수탉 이야기'를 비교하고 있다. 이 수탉 가운데 두 마리는 귀부인과 정부가 밀회하는 동안 시간을 알리며 운다. 이러한 이야기는 명백하게 모두 신디바드 전설에 속하는 것이다. 〔《로마인 무훈담》은 앞에서도 말했듯이 13세기 끝 무렵 영국 또는 독일에서 나온 것으로 중세 유럽에서 가장 인기 있는 읽을거리였다.〕

*10 알 무스타크피 빌라(Al-Mustakfi bi 'llah) 교주(이슬람력 333=서기 944년) 시대에 바그다드의 젊은이들이 수영을 배워, 불판을 들고 그 위에 냄비를 얹어 고기가 익을 때까지 물에 떠 있을 수 있었다고 한다. 이 이야기는 《신디바드 이야기》 속의 '세탁부(洗濯夫)와 나일 강에 빠진 그 아들'이다.

*11 여자가 목욕하러 간 것에서, 방금 밀통했다는 암시를 얻은 것이다.

*12 부하를 결코 자기 앞에 무릎 꿇게 하거나 땅에 엎드리게 하지 않았던 이집트의 노예왕(Mameluke Sultan, 8번째, 치세는 이슬람력 825=서기 1421년)의 생애에 근거한 것. 〔상세한 것은 데르브로의 《동양민족사전》에 나와 있다. 앞에서도 언급했듯이, 맘루크는 백인 노예(주로 코카서스 지방의)들을 말하는데, 그 우두머리가 1251년에 왕이 되어 이집트 정부를 수립하고, 1517년에 터키군에 의해 전복되었다. 그 뒤에도 이 집트군 일부가 되어 마멜루크 베이라는 칭호를 얻었다. 그러나 1811년에 무함마드 알리에 의해 마침내 아주 없어지게 되었다.〕

*13 구역질을 일으키는 이 우스개 이야기는 런던이나 파리의 병원에서 종종 얘기되고 있었다. 이 이야기는 《히토파데사 Hitopadesa》와 마찬가지로 오래된 것이다. 〔위의 책은 산스크리트어로 된 인도 우화로, '모든 우화의 아버지' 또는 이솝 우화의 시조로 불리고 있다.〕

*14 《코란》 제4장 81절에서 '모든 것은 알라에게서 나온다'고 했지만, 인류를 덮치는 재앙은 인류 자체의 부정한 행위의 결과이다.

*15 이 이야기는 5번째 밤의 이야기와 매우 비슷하다. 이것은 《신디바드 이야기》 속의 '왕자와 라미아(Lamia) 이야기'이며, 그 책에서는 페르시아풍의 화려한 말씨와 쓸데없이 많은 말로 얘기되어 있다. 〔라미아는 그리스 전설에 나오는 여자 마물로 사람을 먹고 어린아이의 피를 마신다.〕

*16 변소나 목욕탕은 마신들이 즐겨 나타났다 사라졌다 하는 장소이다.

*17 아라비아 역사는 하찮은 일 때문에 일어난 싸움으로 가득 차 있는 느낌이다. 이집트

의 사드(Sa'ad)족과 하람족, 시리아의 카이스(Kays)족과 야만(Yaman)족(오늘날까지 없어지지 않고 남아 있다)은 고지의 산적(Highland Caterans)과 마찬가지로 호전적이다. 〔고지란 스코틀랜드의 저지방에 대응하는 말이며, 제임스 왕의 잔당, 즉 재커바이트당의 소굴이었다.〕

* 18 이것은 《신디바드 이야기》 속의 '젊은 아내를 시장에 쌀을 사러 보낸 노인의 이야기'이며, 페르시아적인 시각으로 구성되어 있다.
* 19 《코란》 제12장 28절.
* 20 《코란》 제4장 78절. 인용의 착오. 이 문구는 다음과 같다. '그렇다면 악마의 무리와 싸워라. 악마의 간사한 지혜는 어리석은 것이므로.'
* 21 《신디바드 이야기》에서는, 이 이야기는 '사냥을 나간 왕자와 대신이 왕자에게 꾸민 간사한 꾀 이야기'로 되어 있다.
* 22 앞에서도 주를 달았지만, 가령 아랍인의 첫째 사촌여동생이 사전에 허락도 얻지 않고 다른 남자와 결혼한다면, 그것은 그 아랍인에게는 무서운 모욕이 된다. 〔아랍인은 자신의 아내를 친밀하게 부를 때 흔히 '나의 사촌누이'라고 하는데, 실제로 대부분 남편의 사촌여동생이다.〕
* 23 알 자라(Al-Zahra)는 '꽃 같은 사람', '화려한 사람'이라는 뜻으로, 사도〔무함마드〕의 딸 파티마(Fatimah)에 붙이는 수식어이다.
* 24 이것은 《우화집 Hitopadesa》(제1장)의 '왕자와 상인의 아내'로, 인도의 모든 프라크리트어 번역본에 번안되어 있다. 〔프라크리트어는 인도 중부와 북부의 방언으로, 산스크리트어에서 갈라져 나온 언어.〕
* 25 신심이 두터운 교주 알 무크타디 비 아므리 라(Al-Muktadi bi Amri 'llah, 즉위는 이슬람력 467=서기 1075년)는 바지를 입지 않은 남자의 입욕을 금지하지 않을 수 없었다.
* 26 이 특색은 아리아족이나 셈족에게는 드물지 않지만, 아프리카의 종족에서는 거의 볼 수 없다. 여자는(매춘부의 표현을 빌리면) 언제나 '상대 남자의 배가 자기 배 속에 있는' 형상을 매우 귀하게 여긴다.
* 27 동양인은 앞에서도 언급한 것처럼, 남자 이상으로 여자가 여자를 타락시킨다는 사실을 잘 알고 있다. 이 이야기는 《신디바드 이야기》 속의 '방탕자인 남편의 이야기'로, 같은 책의 '중매쟁이와 창녀 이야기'를 혼합한 것이다. 이 이야기는 또 알폰수스(Alphonsus)(서기 1106년)의 '수도원의 제자(Disciplina Clericalis)', 프랑스의 '젊은 아들을 유혹한 노파'라는 익살스러운 이야기, 13세기의 《게스타 로마노룸》, 그리고 《카타 사리트 사가라》의 '교활한 시디카리' 등에서도 볼 수 있다.
* 28 카슈미르인은 남녀 모두, 동양의 이야기 속에서는 지독한 악평을 받고 있다. 즉, 남자는 음험하고 여자는 음란하다는 것인데, 페르시아 속담에 이런 것이 있다.

식량이 부족할 때와 마찬가지로 일손이 부족할 때도 세 부류는 사절이니,
　　첫째는 신드인, 두 번째는 자트인, 그다음은 악당 카슈미르인.
　　카슈미르 여자는 피부도 곱고 얼굴도 아름답지만, 같은 지대에 사는 모든 종족, 이를테면 페르시아 여자, 신드 여자, 아프간 여자 등과 마찬가지로, 아이를 낳으면 유방이 홀쭉해져서 마치 수소 젖처럼 된다. 그러나 인도 여자, 이를테면 라지푸트, 마라티 여자들은 그렇지 않다.

*29 이러한 탈것은 유럽의 마법에서 나온 듯하다. 브레슬라우판에서는 한 여자는 미크나사(Miknasah), 즉 빗자루를 타고 있다.

*30 이 사건은 '세 번째 탁발승'에서도 볼 수 있다.

*31 즉, 혈통을 나타내기 위해 와슴(Wasm), 다시 말해 종족의 표시가 각인된 말을 가리킨다. 와슴에 대한 문제는 광범위하게 걸쳐져 있으며 매우 흥미롭다. 왜냐하면, 이러한 낙인은 의심할 여지없이 유사 이전부터 있었기 때문이다.

*32 동양의 이야기 작자들은 언제나 이 주제, 즉 남편들이 이용하는 기묘한 감시수단과 '운명'에 의한 그 완전한 실패를 되풀이하여 이야기하고 있다. 이럴 때 서양에서는 '신은 여자가 원하는 것을 원하신다(Ce que femme veut, Dieu veut)'고 한다.

*33 남유럽이나 브라질에서도 마찬가지지만, 동양의 나라에서는 이것이 여자들의 큰 즐거움이다. 이들 나라에서의 별장(Quinta)은 안주인을 즐겁게 하기 위한 것이므로 길가에 지어야 한다.

*34 잉크병에는 항상 펜도 들어 있다. 따라서 인도에서는 칼람단(Kalamdan)=갈대(붓) 상자라고 불린다. 필자는 여행자들에게 나무나 종이로 만든 페르시아 제품보다 이집트의 튼튼한 놋쇠제품을 고르라고 조언한 적이 있다. 그러나 그것을 허리띠에 매달아서는 안 된다. 그것은 필사생이라는 표시가 되기 때문이다.

*35 동양의 일반적인 통념에 의하면, 여성들은 글을 배우지 않아도 세상 물정에 밝다고 한다. 그래서 여자는 《코란》, 또는 확실한 문자가 적힌 몇 권의 책만 읽을 뿐, 그 이상의 교육은 받을 필요가 없다. 이것은 현대의 유럽과 매우 다른 점이다.

*36 브레슬라우판에는 왕자가 열쇠를 두 번째 화살에 묶어서 별장 속에 쏘는 것으로 되어 있다.

*37 '상자 속임수(box trick)'는 종종 성공적으로 연출되었다(그중에서도 특히 바이런 경에 의해). 〔이것은 바이런이 학생 시절에 저질렀던 수많은 어리석은 행동의 하나인 듯하다.〕 대신이 이 밀애 계획에 선뜻 참여하는 것은 동양적인 노예근성의 특징이다. 정직한 이슬람교도라면 적어도 한마디쯤 간언해야 하는 대목이다.

*38 이 이야기는 매우 흔한 듯하지만, 나는 그 기원을 찾는 것이 쉬운 일이 아님을 알았다. 초서의 '기사의 종자 이야기(The Squire's Tale)'(《캔터베리 이야기》 속의)에서 카나세(Canace) 공주의 반지는 그것을 끼고 있는 사람에게 새의 말을 알아듣게 해 준다.

*39 까마귀는 이슬람 국가나 동양의 그리스도교 국가에서는 불길한 새이다. '저주받은 생명과 악취를 가진 까마귀'라는 것은 《칼릴라와 딤나》에 나오는 말이다. 힌두교도는 까마귀의 유일한 보호자로, 이 점에서는 그들은 배화교도를 본받고 있다. 또한 여기서의 까마귀(crow)라는 말은 아리아계 언어와 셈계 언어가 분리되기 이전의 고대에 속함을 언급해두는 것이 좋으리라. 즉, 우리는 그것을 히브리어의 oreb, 아랍어의 ghurab, 라틴어의 corvus, 영어의 crow 등에서 볼 수 있다.

*40 이 말은 582번째 밤에 인용되어 있다. 키트피르(Kitfir) 또는 Itfil(포티바르(Potiphar))은 자신의 아내(라일(Rail) 또는 줄라이하(Zulaykha))한테서, 요셉에게 정조를 빼앗길 뻔했다는 호소를 듣고, 또 젊은 요셉의 옷이 앞은 아무렇지도 않고 뒤가 찢어져 있는 것을 보았을 때 한 말(《코란》 제12장).

*41 경우에 따라 재치 있게 대응하는 지혜로 가득 찬 이 이야기는 본문에서는 약간 저속하게 결말을 냈지만, 전 세계에 널리 유포되어 있다. 맨 먼저 《카타》에서 볼 수 있는데, 여기서는 베라루치(Veraruchi)의 명랑한 마누라 우파코샤(Upakosha)가 수도승, 호위대장, 왕자의 가정교사 등의 구애자들을 목욕을 한다는 핑계로 알몸으로 만들어놓고, 폴스타프의 〈빨래바구니〉를 연상시키는 광주리 속에 밀어 넣어버린다. 스토크스(Stokes) 여사의 《인도의 옛날이야기 Indian Fairy Tales》에서는, 여행을 떠난 한 상인의 아름다운 아내가 경찰서장, 대신, 판관, 왕 등을 감쪽같이 속여먹는다. 또 G. H. 다만트(Damant, 1873년 간행된 《인도의 호고가(好古家) Indian Antiquary》)는 디나푸르의 전설 '시금석 이야기'를 풀어놓고 있는데, 이 이야기에서는 한 여자가 자신을 숭배하는 네 명의 남자들을 '팔아넘긴다'. 〔디나푸르는 인도의 갠지스 강 오른쪽에 있는 도시.〕

이스파한〔페르시아의 한 도시〕의 탁발승 모클레스(Mokles, Mukhlis)의 작품으로 알려진 《페르시아 이야기》에서는 노부인 아루야가 판관과 의사, 총독을 속여서 정체를 까발린다. 보카치오 《데카메론》 〈제8일〉에는 남편의 동의를 얻어 호색한을 커다란 상자 속에 가두는 귀부인 이야기가 있고, 스칸나데오(Scannadeo)의 유해와 함께 리누치오(Rinuccio)와 알렉산더(Alexander)에 대해 같은 이야기가 있다(《제9일》).

〔후자의 이야기는 이 설명으로는 이해하기 어려운데, 여주인공은 귀찮게 구는 두 남자를 쫓아버리기 위해 어려운 과제를 낸다. 즉 리누치오에게는 묘지에 들어가서 얼굴이 추악한 스칸나데오의 유해 역할을 하게 하고, 알렉산더에게는 그 유해를 둘러메고 오라고 명령하는 것이다. 두 사내는 계략인 줄도 모르고 시키는 대로 하지만 완전히 실패하여 결국 여자에게 거절의 구실을 주고 만다.〕

리드게이트(Lydgate)(1430년 무렵)라는 사람은 이 이야기에 '여부원장과 그 세 자매'라는 제목의 서사시에 대한 구상을 얻었다. 〔존 리드게이트는 보카치오와 초서의 아류(亞流)로 알려진 영국 시인. 1370~1451년 무렵.〕

이 이야기는 네덜란드어로 번역되면서 플란다스의 호인 로빈이라는 허풍쟁이가 등장함으로써 분위기가 바뀐다. 이 이야기를 영어로 옮긴 것은 코브햄의 아담(Adam of Cobham)〔미상〕에 의한 '장인의 정숙한 아내(The Wright's Chaste Wife)'(1460년 무렵의 초고로 파니발 씨가 편찬한 것)이며, 희생자는 귀공자, 집사, 소송대리인으로 되어 있다. 〔파니발은 Frederick James Furnivall을 가리키며, 영국의 언어학자이자 초서 작품의 편자이다. 1825~1910년.〕 또한 (현재의 조지 경(Sir George)) 데이센트의 《고대 노르웨이인의 민화 Popular Tales from the Norse》속의 '주인을 모시는 하녀(The Master-maid)'도 영어로 옮긴 것이다. 〔데이센트는 영국의 저널리스트로 소설과 번역 작품도 있으며, 위의 책은 1859년에 현대 영어로 번역한 것이다. 1817~96년.〕 그러한 항목을 더욱 상세하게 해설하고 있는 클라우스턴 씨는 호색적인 수행자와 물레방앗간 처녀에 대한, 그와 유사한 스코틀랜드 이야기에 대해 말하고 있다.

〔참고로 '유부녀와 다섯 명의 구애자'는 베네트 A. 서프 편 버턴 역 《아라비안나이트》속에도 수많은 호색담 가운데 대표적인 것으로서 특별히 수록되어 있다.〕

*42 가능한 한 빨리, 가능한 한 유쾌하게 취하고자 하는 술자리에 동양인들이 참석하면, 그들은 흐릿한 색깔의 옷을 벗고 주인이 제공하는 가장 밝은색, 특히 농담이 다양한 노란색이나 초록색 옷을 입는다. 따라서 이 이야기 속의 여자의 방식은 특별히 이상하게 여길만한 것은 아니다. 물론 그녀의 취향은 약간 독특해서, 줄리아(Julia) 양의 그것처럼 기이하기는 하다. 〔줄리아 양은 셰익스피어의 연애희극 《베로나의 두 신사》에 등장하는 소녀.〕

*43 '지저분한 것'은 아랍어로 나자사(Najasah)라고 하며, 예배 전에 목욕을 요구하는 것을 말한다. 그런데 불행하게도 콧물은 그에 들어가지 않기 때문에 일반 이슬람교도는 코에 관해서는 예절이 매우 희박하다.

*44 맥나튼판(版)의 이야기는 매우 명쾌하다. 그러나 브레슬라우판 쪽이 더 뛰어나다. 이 이야기야말로 '세 가지 소원'의 동양판으로, 그 발생연대는 먼 옛날로 거슬러 올라가는데, 우리 시대에는 '검은 소시지(black pudding)'〔피와 지방이 들어간 것으로, 여기서는 페니스〕로까지 타락해 있다. 그것은 여자라는 존재는 현세 또는 내세에서 얻는 모든 것을 주고서라도 1인치라도 더 긴 페니스를 선택한다는 사실을 암시한, 성에 관한 가장 잔혹한 풍자이다.

《신디바드 이야기》에서는 '요정과 신앙심이 깊은 남자' 이야기로 되어 있으며, 주인공은 신의 위대한 이름을 배워 아내와 토론을 한다. 또한 라퐁텐의 '세 가지 소망(Trois Souhaits)'과 프라이어(Prior)의 '국자(Ladle)', 그리고 '성마르틴의 꼭 이루고 싶은 네 가지 소원(Les quatre Souhaits de Saint-Martin)'도 보면 좋다. 〔매시 프라이어는 영국의 외교관, 시인. 1664~1721년.〕

*45 '신의 밤'은 아랍어의 라일라트 알 카드르(Laylat al-Kadr)이며, 주권의 밤 또는 성스

러운 율법의 밤이라는 뜻이다. '천(千)의 달보다도 경사스럽다.'《코란》 제97장 3절) 그러나 불행히도 정확한 시기는 알 수 없다. 하지만 라마단(이슬람력의 제9월)의 마지막 열흘 가운데 하루라는 데는 모든 사람의 의견이 일치하고 있다. 이 '주권의 밤'에 경전《코란》이 알라의 옥좌 옆에 있는 '보존된 작은 서판(Preserved Tablet)'에서 제1천국 또는 달의 천국에 내려졌고, 다시 가브리엘이 그것을 사도에게 계시한 것이다(《코란》 제97장). 또 이 밤 안에, 이어지는 1년의 모든 성스러운 율법이 비문에서 채택되어 그 실행을 천사들에게 맡기는 한편, 천국의 문호는 개방되고 (본문에도 볼 수 있듯이) 기원은 반드시 이뤄진다.

이런 어리석은 이야기가 지방에 따라 각각 다른 수많은 미신을 낳았다. 레인(《근대 이집트인》 제25장)은 신앙심 깊은 사람들이 '밤 속의 밤'에는 달콤해진다고 믿고 한 사발의 소금물을 핥는 모습을 그리고 있다. 이슬람교 인도에서는 단순히 바닷물이 달콤해질 뿐만 아니라, 모든 식물이 알라 앞에 무릎을 꿇는다. 정확한 시간은 예언자만이 알지만, 경건한 사람들은 라마단의 제27일(우리의 26일)에 밤새도록 기도를 계속하면서 향을 피운다. 스탄불(이스탄불 시의 가장 오래된 지구(地區))에서는 이 밤이 '주권의 밤'으로 공인되어 있다.

그와 마찬가지로 중세 유럽에서는 크리스마스이브에 가축이 우리 속에서 신을 향해 예배를 올렸다. 나는 프랑스와 이탈리아에서 그날 밤에는 새와 짐승들이 말을 할 뿐만 아니라, 다음 해에 일어날 일도 예언할 수 있다고 믿어 의심치 않는 사람들을 만난 적이 있다.

*46 그것 때문에 불행을 당한 것이다. 신심이 깊은 사람은 특히 현세적이고 덧없는 왕궁은 피한다.

*47 이것은 우리의 '시녀와 까치(The Maid and the Magpie)' 이야기이다. 맥나튼판은 타이르(Tayr, 새)의 종류를 명시하지 않았지만, 브레슬라우판은 아크아크(Ak'ak) 즉 pie라고 했다. 진짜 까치(C. pica)는 레바논 산지(Libanus)와 안티레바논 산지(Anti-Lebanus)(모두 시리아의 산맥)에 서식하고 있는데, 나는 시리아의 다른 지방이나 아라비아에서는 한 번도 본 적이 없다.

*48 이것은《신디바드 이야기》속에 길게 얘기된 '두 마리의 자고새 이야기'이다.《칼릴라와 담나 Book of Kalilah and Damnah》에 인용된 드사시의《칼릴라와 담나》의 원문을 보기 바란다.

*49 이 터무니없이 집념이 강한 젊은이는 강간을 변명의 여지가 있는 것으로 만든 것이다. 이러한 방식은 현대 소설의 어떤 여주인공들이 기대가 꼭 이루어지기를 간절히 바라는 것이다.

*50《신디바드 이야기》에서는 '숨겨진 옷 이야기'에 해당한다. 같은 책에서는 페르시아적인 모든 수식이 가해져 있다.

*51 문지기는 아랍어로 바우와브(Bawwab)라 하며, 열쇠를 맡고 있다가 빈방을 빌려주는 고대 프랑스의 문지기(concierge)나 파수꾼처럼 중요한 인물이다. 이집트에서는 상 (上)나일 출신의 베르베르인(Berber)이 인망 높은 문지기이다. 왜냐하면 일반적인 이 집트인보다 훨씬 정직한, 또는 덜 악랄한 인간으로 평가받기 때문이다. 그러나 이러한 베르베르인은 진정한 야만인으로, 부저〔일종의 술〕를 매우 좋아하는데, 그러다가 종종 위험을 일으킨다. 이슬람교도들은 자신들을 여호와에게 쫓겨난 고대 시리아인의 후예라고 상상하고 있다. '(새끼 양 구이 대신) 개고기도 먹은 주제에!' 하는 것이 그들에 대한 단골 빈정거림인데, 거기에 대해서는 《순례》 제1권을 참조하기 바란다. 그들은 이집트 속의 이른바 파디스(Paddies)〔아일랜드인을 가리키는 비어(卑語)〕이며, 모든 종류의 허풍과 실책은 그들 탓으로 돌아간다.
*52 1주일은 아랍어로 주마(Juma'ah)라고 하는데, 이 말은 금요일도 의미한다. 이슬람 전기(前期)에는 알 아루바(Al-Arubah)라고 했다〔다른 주일은 샤르(Shiyar) 토요일, 바왈(Bawal), 바한(Bahan), 사바르(Jabar), 다바르(Dabar), 파무니스(Famunis, 목요일). 주마는 글자 그대로는 '회합' 또는 집회(일)라는 의미이며, 이날에 알라가 창조의 일을 끝냈기 때문에 유대교의 안식일이나 그리스도교의 일요일을 나타내게 되었다. 이날은 또 무함마드가 알 메디나에 발을 들여놓은 날이기도 하다.
 알 바이자위(Al-Bayzawi)〔근세 아라비아의 뛰어난 코란학자로, 알 슈티 등과 나란히 일컬어진다. 그 《코란 주석》은 모든 제목을 포괄한 가장 방대한 것으로 전해진다〕에 의하면, 예언자의 조상 가운데 한 사람인 카아브 이븐 로와가 금요일이 되면 신도들을 자기 앞에 불러모으는 관습이 있었으므로 집회일이라 불렸다고 한다. 이슬람교도는 모인 모든 사람의 기도가 끝난 뒤에는 세속의 일에 종사해도 된다.
*53 이것은 매우 경건한 신자들이 하는 행위이다. 만일 한 조각의 빵이 떨어져 있으면, 그들은 그것에 입을 맞추고 일단 머리 위에 얹은 뒤, 사람들의 발에 밟히지 않도록 담장 위 같은 데 올려둔다. 본문의 노파는 어쩌면 이슬람교도가 그 방해물에 발이 걸리지 않게 하려고 돌멩이를 치운 것인지도 모른다.
*54 《코란》 제9장 51절.
*55 이 베일은 아랍어의 키나(Kina)로, 내다보는 구멍이 뚫려 있는 부르카(Burka), 즉 온몸 가리개가 아니라 진짜 베일을 말한다. 타르카(Tarkah) 즉 '머리쓰개'에 대응하는 것. 유럽인들은 루이 14세 시대의 loup〔여성이 가장무도회에 사용하는 검은색 얼굴가리개〕에 해당하는 베일을 욕하는 경향이 있다. 그에 비해 키나는 거친 피부, 들창코, 큰 입, 여윈 턱 등을 가리고, 오직 촉촉하게 반짝이는 검은 눈동자만 보여주는, 이 세상에서 가장 요염한 고안물이다. 게다가 아름다운 여자는 마음만 먹으면 언제라도 베일 아래 있는 것을 여러 사람에게 보여준다.
*56 가자(Ghaza)나무는 노란 꽃이 피는 향쑥(artemisia) 또는 absinthe나무로, 상록수처럼

잘 탄다.
* 57 앞에서도 설명했듯이, 파르즈(Farz), 즉 의무적인 기도는 아무리 불결한 장소라 해도 낭송해야 하지만 그 밖의 기도는 그렇지 않다. 그래서 사자다(Sajjadah), 즉 기도용 깔개가 이용되는데, 이 깔개는 설명할 것도 없이 너무나 잘 알려졌다. 레인은 세가디(Seggadeh)라고 쓰고 있다.
* 58 영어로 하면 복통, 산통(疝痛)이라고 함.
* 59 코란학자, 또는 코란 독송자(Koranist)는 아랍어로 알 하피자(Al-Hafizah)라고 하며, 여기에는 두 가지 의미가 있다. 원래는 전부 다섯 계급이 있는 전설론자 가운데 제3계급, 즉 30만 개의 전설과 그 송가(각 전설의 맨 끄트머리에 붙인다)를 알고 있는 사람을 의미한다. 일반적으로는 '경전을 암송할 수 있는 자'를 가리킨다. 최대의 권위로 인정받고 있는 위대한 전설론자가 6명 있다. (1) 알 보하리(Al-Bokhari) (2) 무슬림(Muslim). 이 두 사람은 알 사히하인, 즉 두 사람의 진정한 권위자라 불리고 있다. 다음에 (3) 알 티르미디(Al-Tirmidi) (4) 아부 다우드(Abu Daud) (5) 알 나사이(Al-Nasai) (6) 이븐 마자(Ibn Majah).
* 60 레인(제3권)은 이 다정한 남녀를 결혼시켜 이야기를 상당히 상식적으로 처리하는 동시에 모든 묘미를 빼앗아 가버렸다.
* 61 중매쟁이는 아랍어로 타리사크(Ta'risak)라고 하며, 이 여자가 무아르리사, 즉 뚜쟁이임을 암시하고 있다. 브레슬라우판에서는 확실하게 캐다타크='당신의 뚜쟁이'라 말하고 있다.
* 62 이 질문은 유럽인들에게는 기묘하게 들릴지도 모르지만, 동양의 이슬람교도 남편은 자신의 아내를 찾아오는 여자들에 대해서는 소문 말고는 아무것도 모른다.
* 63 이것은 이 책 첫 번째('샤리아르 왕과 그 아우 이야기') 이야기를 간단하게 요약한 줄거리에 불과하다. 그러나 여기서는 반지의 수는 대략 80개이고, 전자에서는 90에서 570개이다.
* 64 부왕은 왕자가 자신의 처첩 가운데 한 사람과 밀통한 게 아닌가 의심한 것이다.
* 65 응결한 우유는 아랍어와 히브리어의 라반(Laban, 신선한 생우유인 라반 할리브(laban-halib) 또는 그냥 할리브에 대응하는 말)이며, 인공적으로 신맛이 나게 한 우유를 말한다. 그러나 《아라비안나이트》에서는 지금의 일반용법과 달리, 라반이라는 말은 생우유에도 적용된다. 신맛이 나도록 발효시킨 우유는 동양에서는 일반적으로 쌀과 함께 섞어서 사용하며, 살라타(Salatah), 즉 오이 샐러드에도 이용된다.

모든 우유 음용자(Galactophagi), 즉 우유를 즐겨 마시는 유목민은 절대로 생으로는 먹지 않고 발효시켜서 이용한다. 바다위족은 우유에 대해 기이한 편견을 가지고 있어서 그것을 파는 것(교환하는 것은 아니다)을 수치로 여기며, 라반, 즉 우유장수는 업신여기는 칭호로 되어 있다. 브라후이(Brahui)와 벨로치(Beloch)의 유목민은 아마 이러한 체면문제를 아랍인에게 배웠을 것이다.

〔《순례》제1권에는 파신(Pashin), 즉 계곡의 유목민 브라후이와 발루치(Baluchi)로 되어 있으며, 정확하게는 알 수 없지만 인도와 페르시아 사이에 살았던 것은 확실하다.〕

*66 말할 것도 없이 피부에 상처가 없었더라면 이 독은 전혀 해가 없었을 것이다. 노예가 항아리에 뚜껑을 덮지 않았기 때문에 질책을 당한 것은 흉악한 눈을 불러들일 우려가 있었기 때문이다. 이 이야기는 《신디바드 이야기》에서는 '독을 마신 손님 이야기'로 되어 있으며, 새는 황새이다.

*67 《신디바드 이야기》에서는 이 이야기가 '단향장수와 늙은 장님 충고 이야기'로 되어 있다.

*68 이것은 아랍어로 사(Sa'a)라고 하는데, 곡물의 일정한 양을 가리킨다. 《아랍어 사전 Kamus》에 의하면 4마드(mudd, 1마드는 3분의 1파운드)에 해당한다. 서민에게는 '벌린 두 손으로 네 번'의 분량으로 통한다.

*69 즉, 네가 내 눈을 돌려줄 때까지. 아랍어에는 귀결문이 없고 앞머리만 있는 이러한 문체가 매우 흔하며, 문체에 소박함을 더해 주기 때문에 역문에서도 보존되어야 마땅하다.

*70 모든 이슬람교 도시에는 '도둑의 장로'가 한 사람씩 있어서 정기적으로 부하들을 접견한다.

*71 이 좋은 생각은 벼룩이 득실거려서 골치를 앓는 이집트에서라면 쉽게 생각할 수 있는 얘기이다. '암놈과 수놈'이라고 악당은 말했지만, 그런 구별을 하지 않으면 바구니에 가득 채우는 것도 어려운 일이 아니다. 이 벌레는 어떤 사람들에 의하면 옛날의 인도에는 없었던 것으로 외국인이 가지고 들어온 것이다. 이 이입은 실제로 있을 수 있는 일이다. 1863년에는 서아프리카에서 벼룩(P. penetrans)을 발견할 수 없었다. 그런데 내가 1882년에 돌아와 보니, 브라질에서 바다를 건너와 적도 아프리카 해안선에 옮겨와 있었다.

*72 국왕에 대한 복종과 국왕의 평안과 태평함에 대한 소식은 동양의 모든 백성에게 만족을 주는 것이다.

*73 맥나튼판에서는 수박(Batayikh)으로 되어 있는데, 이것은 아루즈(Aruz), 즉 쌀의 잘못된 글자를 인쇄한 것이다. 수박은 생으로 네모지게 잘라서 한입에 먹을 수 있는 형태로 식탁에 나오며, 쌀과 고기와 함께 먹는다. 입안을 청결하고 상쾌하게 유지하는 데 매우 효과가 있다.

*74 원전에는 자초지종이 다시 한 번 되풀이되어 있다. 유럽인의 인내심으로는 도저히 견딜 수 없는 일이다.

*75 있을 법하지 않은 이야기를 얘기할 때의 상투적인 문구이다. 그러나 여기서는 그럴

필요가 거의 없다.

이와 같은 이야기가 (근거는 희박하지만) 선술집 여주인과 세 목동, 그리고 쉰 살의 네이 왕법장관(王法長官, 제임스 2세 시대, 즉 1577~1634년)에 관해 전해져 내려오고 있다(Journ. Asiat. Soc. 제30권). 또 판관 토마스 에거턴(Thomas Egerton, 1540~1617년)에게도 이런 공훈담이 있었다고 한다(찰머스(Chalmers) 편《전기사전(傳記辭典) Biographical Dictionary》제23권). 〔알렉산더 찰머스는 스코틀랜드 출신의 전기작가. 1759~1834년.〕

그러나 이 이야기는 세속의 풍속소설, 이를테면《읽어서 재미있는 이야기와 임기응변 Tales and Quick Answers, very Merry and Pleasant to Read》(1530), 《웨스트체스터의 어리석은 바보 The Foole of Westchester》라는 제목의《바보 중의 바보를 대신하여 도버의 자크가 한 갖가지 질문 Jacke of Dover's Quest of Inquirie for the Foole of all Fooles》(1604), 그리고《세상에서 왕의 어릿광대라고 불리는 조지 뷰태넌의 기지에 찬 재미있는 공훈 Witty and Entertaining Exploits of George Buchanan, Commonly Called the King's Fool》등에 이미 들어 있던 것이다. 은행가이자 시인인 로저스(Rogers)도 이탈리아에서 람베르티니(Lambertini)가(家)(14세기)의 한 미망인에 대해 같은 이야기를 들었다. 〔새뮤얼 로저스는 영국의 은행업자로 많은 시를 씀. 1763~1855년.〕

토마스 라이트(Thomas Wright)(《7현인》의 서문)는 라틴어 이야기(13~14세기)와《두 사람의 상인에 대한 돈 공의 명단(明斷) Jugement Subtil du Duc d'Ossone contre Deux Marchands》이라는 제목의《새로운 우스개 이야기 Nouveaux Contes à rire》(암스테르담, 1737년) 속에서, 이 이야기가 다르게 구성된 것을 본 적이 있다고 했다. 〔라이트는 영국의 고고학자이자 역사가. 1810~77년.〕

이 이야기의 기원은 명백하게 시리아어에서 그리스어(《신티파스》11세기)와 히브리어로(《미슐레 산다바르》12세기) 번역된 고대의《신디바드 나마 Sindibad-namah》이며, 그 아랍어 번역본에서 오랜 카스티아어의《여자의 농간 이야기》(1255)도 생겨났고, 그것을 원본으로 한 번역은 콤파레티(Comparetti) 교수의《신디바드 이야기 연구 Ricerche intorne al Libro di Sindibad》에 첨부되어 있다. 또한, 같은 책을 민화연구회(Folk-Lore Society)를 위해 H.C. 쿠트(Coote) 씨가 영역했다. 〔도메니코 콤파레티 교수는 피사와 플로렌스 등에서 그리스어를 가르쳤으며, 많은 저서와 번역이 있다. 1835~불명.〕 운문형태의 페르시아어(그 이전의 훨씬 오래된 이야기를 다듬은 작품)는 1375년에 태어났고, 40인의 대신에 관한 터키어 이야기와 카나리아어(Canarese)의《카타 만자리 Katha Manjari》(네 남자가 하나의 돈주머니를 두고 싸운다) 같은, 한 무리의 모방작을 탄생시켰다.

또 글래드윈(Gladwin) 저서《유쾌한 이야기 Pleasing Stories》속의 제6화 '페르시아인 서기(Persian Moonshee)'와, 〈글래스고 이브닝 타임스〉지에 실린 클라우스턴 씨의 논설 '잃어버린 지갑(The Lost Purse)'도 비슷한 이야기이다.

이상의 모든 이야기는 가바르니(Gavarni) 작 《무서운 아이들 Enfants Terribles》의 동양판이다. 〔폴 가바르니는 프랑스의 석판화가. 저서 《선집(選集) Œuvres Choisies》이 있음. 1804~66년.〕

*76 브레슬라우판에서. 살라브(Sa'lab) 또는 아부 호사인(Abu Hosayn, 작은 요새의 아버지)은 여우이며, 모로코에서는 아카브(Aakkab)라고 한다. Talib Yusuf와 Wa'wi는 승냥이다. 트리스트램(Tristram)은 독자에게 잘못 가르치고 있는데(《박물학 Nat. Hist》), 아랍인은 히브리어의 슈알(Shua'l)이나 페르시아어의 샤갈(Shaghal, Shagul이 아님)에서 나온 'Jackal(승냥이)'이라는 말을 사용하지 않는다. 〔H.B. 트리스트램은 중동과 일본 등에 대해 많은 저서를 쓴 영국 승려회 평의원. 1822~1906년.〕

주다르[*1]와 그 형

그 옛날, 오마르라는 장사꾼이 있었는데, 그에게는 세 아들이 있었습니다. 큰아들은 살림, 둘째는 사림, 막내는 주다르라고 이름을 짓고, 아버지는 모두가 어엿한 젊은이로 성장할 때까지 잘 키웠습니다. 그런데 아버지는 그중에서도 막내를 가장 귀여워했으므로, 형들은 어느덧 주다르를 시기하고 미워하게 되었습니다.

다 늙은 아버지는 두 형이 동생을 미워하는 사실을 알고, 자기가 죽고 나면 주다르가 형들에게 구박받지 않을까 걱정이 되었습니다. 그래서 일가친척들은 물론 학자와 재판소의 재산분배 집행인을 불러 놓고, 하인들에게 집에 있는 모든 재산과 피륙을 내오게 하고는 이렇게 말했습니다.

"여러분, 이 돈과 피륙을 법률이 정한 대로 공평하게 넷으로 나누어주시오."

그리하여 나눔이 끝나자 세 아들에게 4분의 1씩 나누어주고, 나머지 4분의 1은 자신의 몫으로 가졌습니다.

"보시다시피 나는 살아 있는 동안 재산을 자식들에게 나누어주었소. 내 몫은 내 아내, 다시 말해서 아이들의 어미가 과부가 되었을 때 주고 싶소."

―여기서 날이 훤히 밝아왔으므로 샤라자드는 이야기를 그쳤다.

607번째 밤

샤라자드는 이야기를 계속했다.

오, 인자하신 임금님, 아버지는 재산을 나누어주고 나서 얼마 지나지 않아 세상을 떠났습니다.

그런데 두 형은 자기들이 받은 몫에 만족하지 않고*2 주다르를 괴롭혔습니다.

"너는 아버지의 재산을 숨겨 갖고 있을 거다. 모두 내놔라."

동생은 하는 수 없이 재판관에게 호소했습니다. 그래서 그 전에 재산을 분배할 때 입회한 이슬람교도들도 재판정에 나와 알고 있는 사실을 증명했습니다.

그리하여 재판관은 앞으로 형제들이 싸우는 것을 금했지만, 주다르도 두 형제도 재판관에게 뇌물을 집어주어 적지 않은 돈을 낭비하고 말았습니다.

그리고 나서 얼마 동안은 형들이 나타나지 않았습니다. 그러나 두 사람은 다시 나쁜 계책을 꾸며 동생을 괴롭히기 시작했으므로 주다르는 어쩔 수 없이 또 재판소에 고소하게 되었습니다. 이번에도 그에게 유리한 판결이 내려지기는 했지만, 재판관을 움직이기 위해 삼형제가 모두 많은 헛돈을 써버렸습니다.

그러나 그때까지도 정신을 못 차린 살림과 사림 형은 어떻게든지 동생을 괴롭혔고 재판정 곳곳마다 이 사건을 들고 다녀, 동생 또한 할 수 없이 그 재판에 맞서야 했습니다. 그 경비가 이만저만한 것이 아니어서 백성들의 피땀을 쥐어짜는 데 이골이 난 관리들 손에 재산은 말라버리고, 마침내 삼형제는 모두 빈털터리 가난뱅이가 되고 말았습니다.

그렇게 되자 두 형은 어머니에게 몰려가서 행패를 부리고 폭력을 휘둘러 어머니 재산을 몽땅 빼앗았을 뿐만 아니라, 어머니를 집에서도 내쫓고 말았습니다. 하는 수 없이 주다르의 집으로 간 어머니는 두 아들의 악행을 얘기하며 저주를 퍼부었습니다.

그러자 주다르가 말했습니다.

"어머니, 형들을 그렇게 저주하지는 마세요. 알라께서는 모든 사람의 행위에 따라 저마다에게 상벌을 내리실 테니까요. 그건 그렇고 어머니, 저는 보시다시피 가난뱅이가 되고 말았습니다. 형님들도 마찬가지이고요. 송사란 신세를 망치는 길인데도 형님들과 저는 끈덕지게 다투었지만, 결국은 아무런 이득도 얻지 못했습니다. 그뿐만 아니라 우리는 모처럼 아버님께서 남겨주신 유산마저 거덜을 내고, 형제끼리 서로 고소한 탓에 지금은 온 성 안의 웃음거리가 되고 말았어요. 그러니 이번 어머님 일로 또 한 번 형님들과 재판 소동을 일으키는 건 그만두는 편이 좋다고 생각해요. 그보다 어머님은 집을 처분하고 저희 집으로 오셔서 제가 먹는 보릿가루나마 같이 잡숫도록 하세요. 저를 위해서 축원만 해 주신다면 어머님을 부양하는 것쯤이야 알라의 힘으로 어떻게 되겠지요. 형님들은 전능하신 알라로부터 인과응보의 대가를 받으면 되니 내버려 두고, 어머니는 다음과 같은 시인의 노래로 마음의 위안을 얻으십시오.

> 어리석은 자가 행여 그대를
> 핍박해도 굳게 견디어라.
> 언젠가 세월이
> 네 원수를 갚아주리라.
> 폭력으로 대하지 말라,
> 산으로 산을 누르면
> 다 함께 무너지리니."

주다르가 이렇게 어머니를 달래며 위로했으므로, 어머니도 아들의 말을 좇아 주다르의 집으로 옮겼습니다.

주다르는 투망을 마련하여 브라크와 카이로 근처의 강과 연못, 그 밖에 물이 있는 곳을 찾아다니면서 매일 고기를 잡았습니다. 어떤 날에는 동전[*3] 열 닢, 스무 닢도 되고 어떤 날에는 서른 닢을 벌 때도 있었지만, 그 돈으로 알뜰하게 어머니와 자신의 생계를 유지하면서 그런대로 부족함 없이 살고 있었습니다.

그런데 형들은 장사도 일도 하지 않고 빈둥빈둥 놀고먹는 동안 꼬리를 물고 들이닥치는 가난과 질병에 시달리다가, 마침내 어머니한테서 빼앗은 재산마저 다 털어먹고 거지 패거리에 끼여 걸식해야 할 만큼 비참한 신세로 전락하고 말았습니다.

그들은 이따금 어머니를 찾아와서 전과는 딴판으로 비굴하게 굽실거리면서 굶주림을 호소했습니다. 그러면 어머니는(무릇 어머니의 마음은 자비로운 법이니까요) 퀴퀴하게 쉰내가 나는 빵이나 전날 먹다 남은 고기 따위를 꺼내주면서 말했습니다.

"주다르가 오기 전에 얼른 먹고 가거라. 이러다가 들키면 그 애는 틀림없이 나를 원망하며 쌀쌀맞게 대할 거다. 이 어미는 너희 때문에 정말 막내에게 얼굴도 들지 못할 지경이야."

그러면 형들은 언제나 씹는 둥 마는 둥 얼른 삼키고는 허겁지겁 사라지곤 했습니다.

그러던 어느 날 두 아들이 또 찾아와서 어머니는 요리한 고기와 빵을 내주었는데, 둘이서 한창 먹고 있을 때 주다르가 돌아왔습니다. 어머니는 막내아들의 모습을 보자 그만 어쩔 줄 몰라 하며, 화를 내지 않을까 걱정이 되어 얼굴을 붉히며 고개를 숙였습니다. 그런데 뜻밖에도 주다르는 형들에게 웃는 얼굴로 이렇게 말하는 것이었습니다.

"형님들 잘 오셨습니다. 이렇게 형님들이 오시다니, 오늘은 무척 운이 좋은 날이군요! 정말 잘 오셨습니다."

그리고 두 형을 얼싸안으며 다정하게 대했습니다.

"형님들이 통 얼굴을 보여주시지 않아서 얼마나 쓸쓸했는지 모릅니다. 어째서 형님들은 어머님과 저를 찾아와 주시지 않았나요?"

그러자 형들이 말했습니다.

"오, 아우야. 우리도 너를 무척 만나고 싶었지만, 너하고 다툰 것이 부끄러워서 찾아오지 못했다. 하지만 지금은 우리도 진심으로 뉘우치고 있다. 정말 그것은 악마의 소행이었어. 더없이 높은 알라께서 그 악마에게 저주를 내려주시기를! 이제 너와 어머니 말고는 우리에게 아무것도 남은 것이 없구나."

―여기서 밤도 훤하게 밝아왔으므로 샤라자드는 이야기를 그쳤다.

608번째 밤

샤라자드는 이야기를 계속했다.

오, 인자하신 임금님, 어머니는 아들들이 주고받는 말을 듣고 자신도 모르게 소리쳤습니다.

"오, 알라께서 네 얼굴을 희게 하시고[1] 너를 더욱 번성하게 해 주시기를! 왜냐하면, 주다르! 네가 우리 가운데 가장 넓은 마음을 가졌으니까."

이윽고 주다르는 말했습니다.

"형님들 정말 잘 오셨습니다. 오늘부터 저희 집에서 살도록 하세요. 알라께서도 자비를 베풀어주실 것이니, 저희 집에 있으면 좋은 일만 있을 겁니다."

이렇게 하여 삼형제는 화해를 하고, 그날 밤 형들은 주다르의 집에서 저녁을 먹고 잤습니다.

이튿날 아침 모두가 밥을 먹은 뒤, 주다르는 이제 유일한 생활 밑천이 된 그물을 어깨에 걸치고 길을 열어주시는*4 신을 믿으면서 고기를 잡으러 나갔습니다.

두 형은 어디를 쏘다녔는지 모르지만, 점심때가 되어서야 돌아왔으므로 어머니는 밥을 차려주었습니다.

날이 저물 무렵 주다르는 고기와 채소를 한 아름 안고 집으로 돌아왔습니다. 주다르는 이렇게 한 달가량 열심히 고기를 잡아서 번 돈으로 어머니와 형들을 부양하고 있는데, 두 형은 그저 먹고 마시며 놀기만 했습니다. 그러던 어느 날 주다르는 강에 가서 그물을 던졌지만, 웬일인지 고기가 전혀 걸리지 않았습니다. 여기저기 장소를 옮겨가며 땅거미가 질 때까지 그물을 열심히 던졌는데 송사리*5 한 마리도 잡히지 않는 것이었습니다.

"이것 참 이상한데? 고기가 모두 도망이라도 쳤나? 괴이한 일도 다 있네!"

그래서 그날은 단념하고 그물을 걷어 돌아섰지만, 어머니와 형들에게 어떻게 저녁을 먹일 수 있을까 걱정되어 힘없이 옮겨 놓는 발걸음은 무겁기만 했습니다.

이윽고 빵가게 앞에 이르러 보니 사람들이 빵을 사기 위해 손에 은화를 들고 모여 있었습니다. 그것을 본 주다르가 한숨을 쉬며 그곳에 우두커니 서 있으니 빵가게 주인이 말을 건넸습니다.

"어서 오십시오, 주다르 님. 빵을 드릴까요?"

주다르가 돈이 없어서 기운없이 잠자코 있자 빵가게 주인은 다시 말을 이었습니다.

"돈이 없으면 필요한 만큼 가져가고 다음에 돈을 주십시오."

"그럼, 빵을 동전 열 닢어치만 주시오. 이 그물을 잡히고 갈 테니까요."
"원 별말씀을. 그 그물은 당신의 생활 밑천이 아닙니까? 그것을 뺏는다는 건 당신 생활의 길을 막는 겁니다. 빵 열 닢어치와 현금을 그만큼 빌려 드릴 테니 내일, 동전 스무 닢어치만큼 물고기를 가져오세요."
"좋습니다."
주다르는 빵과 돈을 받아 들고 중얼거렸습니다.
"내일은 알라께서 제 근심을 씻어주시고 오늘의 빚을 갚을 수 있도록 해 주시기를!"
주다르는 그 돈으로 고기와 채소를 사서 집으로 돌아갔습니다. 어머니가 그것으로 요리하자 모두 저녁을 먹고 잠자리에 들었습니다.
이튿날 아침, 주다르가 날이 밝기 전에 그물을 둘러메고 나가려 하자 어머니가 말했습니다.
"애야, 아침이나 들고 가거라."
"어머님과 형님들이나 잡수세요."
그리고 브라크 근처의 강으로 가서 그물을 던지고 또 던졌지만, 어쩐 일인지 그날도 아무것도 잡히지 않았습니다. 그러다가 오후 기도시간이 되자 주다르는 그물을 어깨에 메고 터덜터덜 집으로 향했습니다.
집으로 가려면 아무래도 빵가게 앞을 지나가야 했습니다. 빵가게 주인은 주다르의 모습을 보자 또다시 빵과 돈을 주면서 말했습니다.
"이것을 갖고 가시오. 빚을 갚는 것은 내일이라도 좋으니까."
주다르가 변명의 말을 하려고 하자 빵가게 주인은 손을 내저었습니다.
"어서 가시오. 변명하실 것 없어요. 무슨 소득이 있었다면 손에 들고 있을 게 아니오. 빈손인 걸 보니 아무것도 잡히지 않은 게지요. 내일도 빈손이거든 사양 말고 빵을 가지러 오시오. 창피해 할 것 아무것도 없어요. 언제까지라도 기다려 드릴 테니까."
그리하여 주다르는 또다시 빵과 돈을 얻어서 집으로 돌아갔습니다. 사흘째 날 아침에도 주다르는 집을 나서서 여기저기 호수를 찾아다니며 오후 기도시간까지 그물을 치고 돌아다녔습니다. 하지만 아무런 소득이 없어 하는 수 없이 빵가게로 가서 또 빵과 돈을 빌렸습니다.
이런 일이 이레 동안이나 계속되니 인내심 강한 주다르도 그만 지쳐버리고 말았습니다.

'그래, 오늘은 카룬 호수*⁶에나 한 번 가 봐야겠다.'

이렇게 마음을 먹고 그곳으로 가서 막 그물을 던지려 하는데 마그리브인, 즉 무어인 한 사람이 다가왔습니다. 그자는 좋은 옷을 입고 있었고, 타고 있는 암노새 등에는 금실로 가장자리를 두른 안장자루 한 쌍이 걸쳐져 있을 뿐만 아니라 마구에도 모두 금가루가 칠해져 있었습니다.

그는 노새에서 내려 주다르에게 인사했습니다.

"안녕하시오, 오마르의 아들 주다르여!"

"오, 순례자님! 안녕하십니까!"

"그런데 주다르, 사실 그대의 힘을 빌리고 싶어서 왔는데, 듬뿍 사례할 테니 내 부탁 한 번 들어주지 않겠나?"

"나리, 무슨 부탁인지 말씀해 보십시오. 할 만하면 해 드릴 테니까요."

"그러면 그 약속의 표시로 두 사람이 함께 코란의 첫 장을 외도록 하세."*⁷

두 사람이 함께 그것을 외고 나자 무어인은 명주끈을 꺼내면서 말했습니다.

"이 끈으로 내 두 손을 단단하게 뒤로 묶어서 이 호수에 밀어 넣게. 그리고 잠깐 기다리고 있다가 내가 몸뚱이보다 두 손을 먼저 물 위로 쳐들거든 얼른 그물을 던져서 나를 끌어올려 줘야 하네. 그러나 만일 발이 먼저 떠오르면 내가 죽은 줄로 알고, 내 몸뚱이는 그대로 둔 채 이 자루를 실은 노새를 끌고 시장으로 가서 샤마야라는 이름의 유대인을 찾게. 그러면 그자가 금화 백 닢을 줄 테니까 그대가 갖도록 하게. 대신 이 일을 절대로 남에게 얘기해서는 안 돼."

그래서 주다르가 그의 두 손을 뒤로 돌려 묶기 시작하자 그는 자꾸만 재촉했습니다.

"좀더 세게, 더 단단히 묶게."

이윽고 결박이 끝나자 그는 말했습니다.

"자, 이젠 나를 뒤에서 떠밀어 호수 속에 빠뜨려주게."

주다르는 시키는 대로 그를 물속에 떠밀어 넣었습니다. 그는 그대로 가라앉았습니다. 그리고 주다르가 잠깐 기다리고 있으니 물 위로 발이 쑥 올라왔으므로, 마침내 그가 죽어 버린 것을 알았습니다.

그래서 주다르는 그자의 노새를 끌고 시장으로 갔습니다. 가보니 마침 창고 입구에 있는 걸상에 유대인 하나가 앉아 있는 것이 보였습니다. 그 남자가 노새를 보더니 이렇게 소리쳤습니다.

"그 녀석이 정말 죽어 버렸구나! 너무 욕심을 부렸어."

그러고는 주다르에게 노새를 받고 비밀을 지켜 달라면서 금화 백 닢을 내주었습니다.

주다르는 곧 빵가게로 달려가 필요한 만큼 빵을 사고 돈을 주었습니다.

"이 금화 한 닢을 받아주십시오."

빵가게 주인은 밀린 외상값을 계산했습니다.

"아직도 이틀치 빵값을 내가 더 맡아 있는 셈이 되오."

―여기서 날이 훤하게 밝아왔으므로 샤라자드는 이야기를 그쳤다.

609번째 밤

샤라자드는 이야기를 계속했다.

오, 인자하신 임금님, 빵가게 주인이 계산을 마치고 아직 이틀분의 빵값이 남았다고 하자 주다르가 말했습니다.

"그대로 맡아 두십시오."

주다르는 이번에는 푸줏간으로 가서 금화 한 닢을 주고 고기를 샀습니다.

"거스름돈은 당신에게 맡겨 두리다."

그러고는 채소까지 사 들고 집으로 돌아갔습니다. 집에서는 어머니가 먹을 것을 달라며 귀찮게 조르고 있는 형들을 달래고 있었습니다.

"주다르가 돌아올 때까지 참으려무나, 먹을 것이라고는 약에 쓸래도 없으니까."

그래서 주다르가 들어가면서 말했습니다.

"자, 이걸 잡수십시오."

그러자 모두 걸신들린 것처럼 허겁지겁 먹을 것에 덤벼들었습니다. 주다르는 남은 돈을 어머니에게 내주었습니다.

"이것을 드릴 테니 제가 없을 때 형님들이 오거든 무엇이든 먹을 것을 사 드리세요."

그날 밤 주다르는 잠을 푹 잔 뒤, 이튿날 아침 다시 그물을 어깨에 걸치고 카룬 호수로 나갔습니다. 그가 적당한 곳을 골라 그물을 던지려 하는데 또 한 사람의 무어인이 나타났습니다. 그자의 차림새는 전날의 무어인보다 훨씬 더 훌륭했고, 암노새의 등에는 안장자루 한 쌍이 걸쳐져 있는데, 그 속에 작은 상자가 한 개씩 들어 있었습니다.

무어인이 입을 열었습니다.

"주다르, 그대에게 행운이 있기를!"

"순례자님, 당신에게도 평화가 있기를!"

"그런데 어저께 이와 비슷한 암노새를 탄 무어인이 여기 오지 않았나?"

주다르는 깜짝 놀라 대답했습니다.

"아니요, 아무도 못 봤는데요."

"아니, 그럴 리가 없어. 그자는 어디로 갔지?"

그는 연거푸 덮어씌우듯이 물었으나, 섣불리 이 호수에 빠져 죽었다고 대답했다가는 혹시 자기를 살인죄로 고발할지도 모르므로 주다르는 끝까지 모른다고 시치미를 뗐습니다.

"가엾은 양반! *8 사실 나보다 먼저 여기 온 것은 내 형이라네."

이 말에도 주다르는 오로지 이렇게 대답했습니다.

"그런 사람은 전혀 모릅니다."

그러자 무어인이 말했습니다.

"그대는 그자의 두 팔을 묶어 이 호수에 밀어 넣었지? 그리고 그자는 손이 먼저 떠오르거든 그물을 던져서 끌어올리고, 발이 먼저 떠오르거든 죽은 줄 알고 노새를 유대인 샤마야에게 끌고 가서 금화 백 닢을 받으라고 하지 않던가?"

"그렇게 잘 아시면서 왜 저에게 꼬치꼬치 캐물으십니까?"

"사실 나도 어저께 온 형과 똑같이 해달라고 싶어서 그러네."

그러면서 무어인은 주다르에게 비단끈을 내주었습니다.

"내 손을 뒤로 묶고 던져 넣게. 만일 내가 형과 마찬가지로 발이 먼저 떠오르면 노새를 유대인에게 데리고 가면 되네. 그러면 또 금화 백 닢을 줄 테니까."

"그러죠, 뭐."

그리하여 무어인이 노새에서 내려와 가까이 다가오자, 전날처럼 두 팔을 뒤로 단단히 묶어 호수에 밀어 넣었더니 금방 가라앉아 보이지 않게 되었습니다.

주다르가 눈을 크게 뜨고 지켜보고 있으니 이윽고 발부터 먼저 물 위로 솟아올랐습니다.

'오, 이자도 역시 죽어 버렸구나! 인샬라! 마그리브인*9이 매일 찾아와 주면 얼마나 좋을까! 한 사람이 극락왕생할 때마다 금화 백 닢씩이니.'

주다르가 노새를 유대인에게 끌고 가자 그가 물었습니다.

"또 죽었나?"

"당신이 장수하시기를 빕니다."(2)

"이것도 지나친 욕심 때문에 받은 벌이야."

유대인은 노새를 인수하고 금화 백 닢을 내주었습니다.

그날 저녁 주다르가 돈을 가지고 집에 돌아오자 어머니가 물었습니다.

"주다르야, 너는 어디서 이렇게 많은 돈을 벌어 오니?"

그는 지금까지 있었던 일을 모두 이야기했습니다. 어머니는 깜짝 놀랐습니다.

"애야, 이젠 제발 카룬 호수에 가지 마라. 무어인들이 무슨 짓을 할지 누가 알겠니?"

"어머니, 저는 부탁만 받고 떠밀어줄 뿐이에요. 그것 말고는 어떻게 할 도리가 없잖아요? 이 일 덕분에 매일 금화 백 닢씩 손에 들어오고 집에도 일찍 돌아올 수 있는 걸요. 알라께 맹세코 저는 카룬 호수에 가는 것을 그만두지 않겠어요. 마그리브인의 씨가 마를 때까지요."

사흘째 날 아침 주다르가 또 호수에 나가 서 있으니 세 번째 무어인이 안장자루를 단 암노새를 타고 죽은 두 사람보다 더 좋은 옷차림으로 나타났습니다. 그리고 주다르에게 이렇게 말했습니다.

"오, 오마르의 아들 주다르여!"

어부 주다르는 속으로 이상하게 여기며 인사를 나눴습니다.

'이 사람들은 어떻게 모두 내 이름을 알고 있을까?'

무어인이 물었습니다.

"어제 무어인이 여기를 지나가지 않았나?"

"두 사람이 지나갔는데요……."

"그들은 대체 어디로 갔나?"

"내가 그 사람들의 두 팔을 묶어 이 호수에 밀어 넣었더니 둘 다 빠져 죽었는데, 당신도 그렇게 해달라는 거지요?"

이 말을 듣자 무어인은 껄껄 웃으면서 말했습니다.

"가엾은 놈들, 하지만 누구에게나 정해진 수명이 있지."

그러면서 무어인은 노새에서 내려 주다르에게 명주끈을 건넸습니다.

"여보게, 주다르. 나도 그 두 사람처럼 해 주게."

"그럼 어서 두 팔을 뒤로 돌려주십시오. 제가 바빠서 우물쭈물할 시간이 없습니다."

무어인이 두 팔을 뒤로 돌리자 주다르는 단단히 묶어서 호수 안으로 탁 밀어버렸습니다. 그리고 잠깐 기다리고 있으니 이윽고 무어인은 물속에서 두 손부터 내밀며 솟아올라 큰 소리로 외쳤습니다.

"빨리 그물을 던지게!"

예상이 빗나간 주다르는 하는 수 없이 무어인에게 그물을 던져 기슭으로 끌어당겨 구해 주었습니다. 그랬더니 그는 양손에 산호처럼 새빨간 물고기를 한 마리씩 움켜쥐고 있었습니다.

"저 안장자루 속에 있는 두 개의 작은 상자를 가져다주게."

주다르가 그것을 가져다 뚜껑을 열어주니, 사내는 두 상자에 고기를 한 마리씩 넣고 뚜껑을 닫았습니다. 그런 다음 주다르를 포옹하며 좌우의 뺨에 입을 맞췄습니다.

"알라께서 그대를 온갖 고뇌로부터 구원해 주시기를! 전능한 신을 걸고 하는 말이지만 만일 자네가 그물을 던져 끌어내 주지 않았으면, 나는 이 두 마리의 물고기를 손에 움켜쥔 채 영락없이 빠져 죽었을 거요. 혼자서는 도저히 물 밖으로 기어 나올 수 없었을 테니까 말이야."

"오, 순례자님, 먼저 빠져 죽은 두 사람과 두 마리의 물고기, 그리고 그 유대인에 대한 이야기를 들려주시지 않겠습니까?"

―여기서 날이 훤히 밝아왔으므로 샤라자드는 이야기를 그쳤다.

610번째 밤

샤라자드는 이야기를 계속했다.
오, 인자하신 임금님, 주다르가 "먼저 빠져 죽은 사람들의 얘기부터 해 주시지 않겠어요?" 하고 청하자 마그리브인은 다음과 같은 이야기를 시작했습니다.
"사실은 말일세, 먼저 빠져 죽은 두 사람은 내 형제인데 이름은 아브드 알 살람, 아브드 알 마하드라고 하네. 내 이름은 아브드 알 사마드인데 노새를 끌고 간 그 유대인도 사실 우리 형제야. 아브드 알 라힘이라고 하지. 그 사람은 유대인이 아니라 이슬람교 정통파인 말리키파[3]의 열성적인 신자라네. 우리 아버지는 이름이 아브드 알 와두드*[10]인데, 우리에게 마술을 부리거나 신비를 풀이해서 숨겨진 보물을 찾아내는 술법을 가르쳐주었네. 그래서 우리 형제는 모두 열심히 그 술법을 익혀서 마침내 마신의 부하인 요괴와 마녀들을 마음대로 부릴 수 있게 되었지.
아버지가 더할 수 없이 많은 재산을 남기고 세상을 떠나자 재물과 비장품을 이것저것 나누어가졌지만, 술법책을 나눌 때 '옛사람의 이상한 이야기'라는 진귀한 책 때문에 그만 형제 사이에 심한 다툼이 생겼네.
이 책은 정말이지 이 세상에 둘도 없는 귀중한 책이라 값을 매길 수도 없고 보석이나 황금과도 바꿀 수 없는 것이라네. 왜냐하면 그 책에는 이 세상에 숨겨진 보물에 대해 빠짐없이 상세히 적혀 있을 뿐만 아니라, 온갖 비밀을 풀 수 있는 술법이 자세히 설명되어 있었거든. 아버지는 언제나 이 책을 가까이 두고 사용하셨지. 우리도 그 일부는 어렴풋이나마 기억하고 있었지만 모두 그 책을 손에 넣어 거기에 적혀 있는 것을 몽땅 알고 싶어 했던 거지.
그 일로 우리가 다투고 있을 때 그 자리에 마침 끝없이 많은 지혜를 가진 현자 코헨 알 아브탄*[11]이란 노인이 있었네. 우리 아버지를 키우면서 점술과 마술을 가르쳐준 스승인데, 이 노인이 우리가 다투는 걸 보고 그 책을 가져오라기에 우리는 책을 건넸다네. 그랬더니 노인이 이렇게 말했네.

'너희는 모두 내 손자와 같다. 따라서 나로서는 누구에게도 불리한 일을 할 수 없다. 그러니 이 책을 얻고 싶거든 누구든지 분발해서, 알 샤마르달의 보물*12을 손에 넣도록 해라. 그리고 천구의(天球儀)와 콜 가루가 든 유리병, 도장반지와 보검을 나에게 가져오너라. 그 귀중한 도장반지에는 알 라드 알 카시프*13라는 마신이 붙어서 섬기고 있기 때문에, 누구든지 그 반지만 끼고 있으면 어떠한 왕후도 건드리지 못한다. 그것을 사용해서 세계 어느 곳이든 발아래 무릎을 꿇게 할 수도 있어. 그리고 보검을 가진 자는 그것을 한 번 휘두르면 어떤 대군도 거미 새끼 흩어지듯 달아나고 말지. 그 사이에 저 군사들을 모조리 죽여 버리라고 명령을 내리면, 칼끝에서 번개와 불길이 뻗어나와 한 사람도 남기지 않고 모두 태워 죽이고 말 게다.

또한 천구의는, 그것을 가진 자가 보고 싶은 나라가 있는 방향으로 돌리기만 하면, 그 나라의 모습과 그곳에 사는 사람들이 생생하게 겉면에 떠올라 마치 손바닥 들여다보듯이 볼 수 있단 말이야. 또 어떤 나라에 원한이 있어서 그것을 불태워 버리고 싶으면 그 천구의를 태양광선에 비추어 '어느 어느 도시를 불태워 버려라'고 말만 하면 순식간에 그곳이 불길에 휩싸여 타버리고 만다. 마지막으로 콜 가루인데, 이것으로 눈 화장을 하면 세상의 온갖 보물을 환히 꿰뚫어 볼 수 있단다. 그러니까 이 네 가지 보물을 찾아오지 못하는 자는 이 책을 요구할 권리를 잃는 것이고, 그 네 가지 보물을 찾아서 나에게 가져오는 자에게 이 책을 주기로 하자.'

그래서 우리가 동의하자 노인은 다시 이렇게 말했네.

'나의 손자들이여, 샤마르달의 보물은 붉은 왕자의 자손이 맡고 있는데, 너희 아버지한테서 들은 말에 의하면 아버지 자신도 그 보물광을 열려고 애썼지만 실패했단다. 왜냐하면 붉은 왕자의 자손은 너희 아버지를 피해서 이집트 땅으로 도망가서는 카룬이라는 호수 속에 몸을 숨기고 말았거든. 그래서 아버지도 뒤를 쫓아 그 호수까지 갔지만, 붉은 왕자의 자손들은 마법에 걸린 호수 속에 숨어 버렸으므로 끝내 손에 넣지 못했단다.'"

—여기서 날이 훤히 밝아왔으므로 샤라자드는 이야기를 그쳤다.

611번째 밤

샤라자드는 이야기를 계속했다.

오, 인자하신 임금님, 세 번째 무어인은 예언자 알 아브탄이 한 말에 대해 다시 이야기를 이어갔습니다.

"'그래서 너희 아버지는 소망을 이루지 못하고 헛되이 돌아갔다. 그리고 나에게 실패로 끝났음을 애기하며 몹시 분통해하기에 내가 한 번 도와주리라 마음먹고 점성학으로 점을 쳐보았지. 그랬더니 그 보물광은 카이로에 사는 젊은 어부인 오마르의 아들 주다르의 손을 빌리지 않으면 열 수 없게 되어 있고, 그 어부는 카룬 호숫가에 가면 만날 수가 있다고 나오는 게야. 그뿐만 아니라 붉은 왕자의 자손들을 사로잡으려면 그자가 보물광에 들어가려는 자를 묶어서 호수에 밀어 넣지 않으면, 절대로 그 호수를 지키고 있는 주문을 풀 수 없게 되어 있더란 말이야. 그리고 이 일에 성공할 운명을 지닌 자는 붉은 왕자의 자손들을 잡을 수 있지만, 그렇지 않은 자는 목숨을 잃고 발이 거꾸로 호수 수면에 떠오르며, 성공한 자는 손이 먼저 수면에 떠오르는데, 그때는 주다르가 그물을 던져서 기슭에 끌어내 주어야 한다.'

코헨 노인의 말을 듣고 형제들 가운데 아브드 알 살람과 아브드 알 마하드가 무릎을 바짝 들이대며 이렇게 말했네.

'설령 목숨을 잃는 일이 있더라도 우리가 한 번 가보지 않겠나.' 그래서 나도 그 말에 찬성했지. 그런데 아브드 알 라힘(자네가 본 그 유대인 차림을 한 자 말일세)만은 '나는 그런 일은 하고 싶지 않은걸' 하며 관심을 보이지 않아서 우리는 라힘과 이렇게 약속했지. 라힘은 유대인으로 변장하고 카이로에 가 있다가 우리 가운데 누군가가 호수에 빠져 죽으면 그 노새와 안장자루를 가지고, 그 대신 노새를 끌고 간 자에게 금화 백 닢을 주기로 말일세. 그래서 맨 먼저 여기에 온 큰형은 붉은 왕자의 자손들에게 살해되었고, 두 번째로 온 작은형도 같은 꼴을 당했지. 그러나 그 붉은 왕자의 자손들도 나에게만은 당할 수가 없었던 모양인지 드디어 나에게 붙잡히고 만 거라네."

"그렇다면 그 잡은 것들은 어디에 있습니까?"

주다르가 외치자 무어인이 말했습니다.

"그놈들을 작은 상자 속에 가두는 걸 자네도 보지 않았나?"

"그건 물고기였는데요."

"아니야, 놈들은 물고기로 모습을 바꾼 마신이라네. 그런데 주다르, 그 보물광을 열려면 아무래도 자네 손을 빌려야 하는데, 어떤가, 내가 하는 말을 잘 듣고 함께 페즈 메키네즈*14 시로 가서 그 보물광을 열어주지 않겠나? 그 일만 잘되면 자네가 원하는 것은 무엇이든 줄 테니. 그리고 알라에 의해 맺어진 내 형제로서 무사히 집에 돌아올 수 있게 해 주겠네."

그러자 주다르는 말했습니다.

"오, 순례자님, 나는 어머니와 두 형을 먹여 살려야 해요."

―여기서 날이 훤히 밝아왔으므로 샤라자드는 이야기를 그쳤다.

612번째 밤

샤라자드는 이야기를 계속했다.

오, 인자하신 임금님, 주다르는 어머니와 두 형을 부양해야만 한다고 말하고서 이렇게 덧붙였습니다.

"만일 내가 당신과 함께 여행을 떠나 버리면 누가 어머니와 형들에게 먹을 것을 주겠습니까?"

그러자 무어인이 말했습니다.

"집에 대해서는 걱정할 필요가 없네. 자네 어머니에게 금화 1천 닢을 드리도록 할 테니까. 그만큼이면 자네가 돌아올 때까지 세 식구가 넉넉하게 살 수 있을 걸세. 그리고 넉 달이 지나기 전에 자네를 반드시 집에 돌려보내 줄 테니까."

금화 1천 닢이라는 말에 주다르는 갑자기 기운이 났습니다.

"오, 순례자님, 그럼 그 돈을 주십시오. 그러면 뭐든지 하겠습니다."

무어인이 돈을 꺼내주자, 주다르는 그것을 갖고 집으로 돌아가서 어머니에게 무어인과의 사이에 일어난 일을 죄다 이야기했습니다.

"그러니 어머니, 이 돈을 넣어 두세요. 저는 무어인과 함께 마로코(4)로 여행을 떠나 넉 달 동안 집을 비울 테니까요. 제가 없는 동안 어머님은 형님들과 이걸로 생활을 꾸려 나가세요. 틀림없이 멋진 행운이 있을 거예요. 어머니, 저를 축복해 주세요."

"오, 아들아, 네가 집에 없으면 나는 쓸쓸해서 어떡하니. 그리고 네 앞날도 걱정이구나."

"어머니, 알라께서 지켜주시는 사람에게는 결코 재난이 찾아올 리가 없답니다. 게다가 그 마그리브인은 인품이 훌륭한 사람인 걸요."

그리고 상대에 대한 칭찬을 늘어놓았습니다.

"오, 알라께서 너를 지켜주시기를! 그럼, 잘 다녀오도록 해라. 아마도 그분이 너에게 좋은 선물을 주실 테니까 말이다."

주다르는 어머니에게 작별인사를 하고 무어인 아브드 알 사마드를 찾아갔습니다.

"어머니와 잘 의논하고 왔는가?"

"예, 저를 위해서 기도를 해달라고 하고 왔습니다."

"그럼, 내 뒤에 타게나."

주다르는 무어인과 함께 노새를 타고 점심때부터 오후 기도시간까지 여행을 계속했습니다. 그러는 동안 배가 고파졌지만, 보아하니 무어인은 식량을 가진 것 같지 않아서 이렇게 말했습니다.

"순례자님, 식량을 갖고 오시는 걸 잊으신 모양이군요."

"왜, 배가 고픈가?"

그렇다고 대답하자 노새에서 내린 아브드 알 사마드는 주다르도 내리게 하고 안장자루[15]를 벗기면서 물었습니다.

"무엇이 먹고 싶은가?"

"무엇이든 좋습니다."

"그건 곤란해, 무엇이든 먹고 싶은 걸 말해 보게."

"그럼, 빵과 치즈를 주세요."

"그런 궁상맞은 소리는 하지 말게! 빵과 치즈라니, 좀더 좋은 걸 말해봐."

"지금은 어떤 것이든 상관없습니다."

"그렇다면 노릇노릇하게 구운 닭고기는 어떤가?"

"좋습니다!"

"꿀을 친 밥은?"

"좋지요!"

무어인이 이건 어떠냐 저건 어떠냐 하면서 자꾸만 늘어놓는 통에 마침내 그 수가 스물 하고도 네 가지나 되었습니다. 주다르는 속으로 생각했습니다.

'이 양반은 정신이 돌았나? 요리사도 주방도 없는데 도대체 그렇게 많은 요리를 어디서 가져온단 말이야? 어디 한 번 어떻게 하나 보자.'

그리고 큰 소리로 외쳤습니다.

"그만하면 충분합니다! 당신은 스물네 가지의 음식 이름을 잔뜩 늘어놓고 내 식욕만 부채질했을 뿐, 도무지 실물은 구경시켜 주지 않는군요."

"주다르, 자, 그렇다면 사양하지 말게나!"

그러면서 무어인은 가죽 자루 속에 손을 쑥 집어넣어 금방 구워서 김이 모락모락 나는 노릇노릇한 닭고기 두 점이 담긴 황금 접시를 꺼냈습니다. 이어서 다시 손을 넣자, 이번에는 양고기*16가 수북하게 담긴 황금 접시가 나오는 게 아니겠습니까?

이렇게 무어인이 가죽 자루에서 연달아 접시를 꺼내어 마침내 주다르가 청한 스물네 가지의 요리를 눈앞에 늘어놓자, 주다르는 눈이 휘둥그레지고 입이 딱 벌어져서 다물어지지가 않았습니다.

이윽고 무어인이 말했습니다.

"자, 어서 들게."

"오, 순례자님, 그 가죽 자루 속에는 주방과 몇 사람의 요리사가 들어 있나 보군요!"

주다르의 말에 무어인은 유쾌한 듯이 웃었습니다.

"이것은 마법의 가죽 자루라네. 이 안에는 하인이 한 사람 있어서, 말만 하면 한 시간에 천 접시의 요리라도 날아올 수 있지."

주다르는 깜짝 놀라 소리쳤습니다.

"정말 신기한 가죽 자루가 다 있군요."

두 사람은 실컷 배를 채운 다음 먹고 남은 음식은 길가에 쏟아 버리고 빈 접시를 안장자루 속에 집어넣었습니다. 이어서 무어인은 안장자루 속에 손을 집어넣어 물 항아리를 꺼낸 뒤, 주다르와 함께 마시고 가벼운 목욕까지 한 다음 오후 기도를 올렸습니다.

그것이 끝나자 아브드 알 사마드는 항아리를 안장자루 속에 넣고 노새 등에 매달았습니다. 그리고 노새에 걸터앉아 소리쳤습니다.

"그럼, 또 출발해 볼까!"

얼마 뒤 무어인이 주다르에게 물었습니다.

"오, 주다르, 우리가 카이로를 떠나서 얼마나 왔는지 알겠는가?"

"짐작이 가지 않는군요."

"벌써 걸어서 한 달이나 걸리는 거리를 왔다네."

"예? 아니, 그게 무슨 말입니까?"

"주다르, 사실 우리가 타고 있는 이 노새는 마신의 부하인 마녀가 변한 것인데, 걸어서 일 년 걸리는 거리를 하루에 달릴 수 있지. 그러나 오늘은 자네를 생각해서 속도를 줄인 거라네."

이처럼 두 사람은 서쪽을 향해 여행을 계속했는데, 날이 저물자 사마드는 노새를 세우고 안장자루에서 저녁으로 먹을 음식을 꺼냈습니다.

이튿날 아침에도 같은 요령으로 안장자루에서 아침으로 맛있는 음식을 꺼내 먹었습니다. 그렇게 나흘 동안 밤이 늦도록 여행을 하고, 다리를 쉬기 위해 잠을 자고 날이 새면 다시 말을 달렸습니다. 사마드는 주다르가 원하는 것은 뭐든지 안장자루 속에서 꺼내주었습니다.

그리하여 닷새째가 되는 날 페즈 메키네즈에 도착했습니다. 그곳에서 큰 길을 지나가는 동안 길에서 만나는 사람들은 모두 사마드에게 인사를 하고 손에 입을 맞추었습니다.

이윽고 어떤 집 앞에 이르러 사마드가 문을 두드리자 보름달처럼 어여쁜 처녀가 나왔습니다.

"오, 라마야, 2층 방을 치워다오."

"예, 아버님."

안으로 사라지는 처녀의 뒷모습을 바라보니, 헤엄치듯이 걸어가는 다리가 샘물을 찾는 사슴처럼 부드럽고 풍만한 엉덩이가 좌우로 흔들거렸습니다.

주다르는 그만 맛있는 술에 취하기라도 한 듯이 황홀해져서 속으로 생각했습니다.

'아, 그야말로 어느 나라 공주 같구나!'

이윽고 처녀가 2층 방을 치우자, 사마드는 노새 등에서 안장자루를 내리고 나서 노새를 향해 이렇게 말했습니다.

"자, 가거라, 알라께서 너를 축복해 주실 거다."

그러자 땅이 두 쪽으로 갈라지더니 노새를 집어삼키고는 눈 깜짝할 사이에 닫혀버렸습니다.

그것을 보고 주다르가 말했습니다.

"오, 수호신이여! 저 노새를 타고 무사히 오게 해 주신 알라를 찬양하라!"

"오, 주다르, 뭐 그렇게 놀랄 건 없어. 저 노새는 마신이라고 말하지 않았나. 자, 함께 2층으로 올라가세."

2층에 올라가 보니 훌륭한 가구와 집기가 놓여 있고 진귀한 금은보석으로 만든 장식품이 걸려 있는데, 그 호화로움을 보고 주다르는 그만 눈이 휘둥그레지고 말았습니다. 두 사람이 자리를 잡고 앉자 사마드는 라마에게 보통이*17를 하나 가져오게 하여, 그 안에서 금화 1천 닢은 돼 보이는 호사스러운 옷 한 벌을 꺼내 주다르에게 주면서 말했습니다.

"주다르, 이 옷을 입으시오. 내 집에 온 걸 진심으로 환영하오!"

주다르가 그 옷을 몸에 걸치니 마치 서쪽 나라의 왕을 연상시키는 멋진 모습이 되었습니다.

사마드는 주다르 앞에 안장자루를 놓고, 연달아 접시를 꺼내 마흔 가지의 산해진미를 식탁 위에 놓더니 주다르를 향해 정중하게 말했습니다.

"자, 나의 손님이여, 이리 가까이 와서 사양 말고 드시오."

―여기서 날이 훤히 밝아왔으므로 샤라자드는 이야기를 그쳤다.

613번째 밤

샤라자드는 이야기를 계속했다.

오, 인자하신 임금님, 사마드는 다시 말을 이었습니다.

"나의 손님이여, 당신이 어떤 것을 좋아하는지 몰라서 말이오, 뭐든지 먹고 싶은 것을 말해 주면 금방이라도 내올 수 있소만."

"오, 순례자님, 저는 음식은 무엇이든 가리지 않아서 싫어하는 게 없습니다. 그러니 제 걱정은 마시고 뭐든지 생각나는 대로 주십시오. 저는 먹는 것 말고는 할 일이 없으니까요."

그로부터 20일이나 사마드의 집에서 묵는 동안, 사마드는 매일같이 주다르에게 새 옷을 입히고 먹을 것은 모두 그 안장자루에서 꺼내 주었습니다. 고기와 빵은 물론 그 밖의 어떠한 것도 사거나 요리하는 일 없이 모두 자루 속에서 꺼내는 것이었습니다. 그리하여 스무하루째가 되자 사마드는 말했습니다.

"주다르, 이제 일어나십시오. 오늘은 알 샤마르달의 보물광을 여는 날이니까요."

그래서 주다르가 사마드를 따라 걸어서*18 성 밖까지 나가보니, 두 사람의 노예가 각각 암노새의 고삐를 잡고 기다리고 있었습니다.

두 사람이 각자 노새에 올라타고 점심나절까지 계속 달리니, 이윽고 작은 강기슭에 이르렀습니다. 사마드는 강기슭에 닿자 노새에서 내리더니 주다르에게 말했습니다.

"주다르, 여기서 내리시오."

그리고 노예들에게 명령했습니다.

"일을 시작해라!"

그러자 두 노예는 노새를 끌고 각각 다른 방향으로 모습을 감추더니, 잠시 뒤 한 사람은 천막을 갖고 와서 치고, 또 한 사람은 양탄자를 갖고 와서 천막 안에 깐 뒤 깃털 이불과 베개, 보료 등을 차려 놓았습니다.

그런 다음 한 사람은 두 마리의 물고기를 봉인해 둔 작은 상자를, 또 한 사람은 안장자루를 가지고 왔습니다. 그러자 사마드가 일어나면서 말했습니다.

"주다르, 안으로 들어갑시다."

주다르는 천막 안으로 사마드를 뒤따라 들어가서 그 옆에 자리를 잡고 앉았습니다. 그러자 무어인이 안장자루 속에서 갖가지 요리를 꺼내 두 사람은 늦은 점심을 들었습니다.

식사가 끝난 뒤, 사마드는 두 개의 작은 상자를 집어 들어 주문을 외웠습니다. 그랬더니 작은 상자 속에서 목소리가 들려왔습니다.

'아도스무스—무엇이든 명령만 내려주십시오. 오, 이 세상의 예언자여!

제발, 자비를 베풀어주소서.'

그러나 무어인은 계속 주문을 외웠고, 상자 속 목소리도 애원을 그치지 않았습니다. 마침내 두 개의 상자는 산산조각으로 부서져서 조각들이 사방으로 흩어지더니, 두 손이 묶인 두 남자가 뛰쳐나오면서 말했습니다.

"목숨만은 살려주십시오, 이 세상의 예언자님! 도대체 무슨 일로 부르셨습니까?"

"너희가 알 샤마르달의 보물광을 열겠다고 맹세하지 않으면, 두 놈 모두 불에 태워 죽일 작정이다."

"알았습니다. 보물광을 열어 드릴 테니 어부 주다르 빈 오마르를 저희에게 데려와 주십시오. 그 보물광은 그 어부의 손을 빌리지 않으면 도저히 열 수 없을 뿐만 아니라, 주다르 말고는 그 안에 들어가지 못하게 되어 있으니까요."

"너희가 말하는 사람은 이미 이 자리에 와 있다. 보아라, 여기 너희들의 얘기를 듣고 얼굴을 쳐다보는 분이 바로 그분이다."

무어인은 두 사람이 보물광을 열겠다고 맹세했으므로 결박을 풀어주었습니다. 그런 다음 무어인은 속이 비어 있는 지팡이 하나와 홍옥수로 만든 패찰을 꺼내 와서, 지팡이 끝에 패찰을 얹었습니다. 이어서 불판을 꺼내 그 위에 숯을 얹고 한 번 입김을 후 부니, 이내 불이 타오르기 시작했습니다. 그런 다음 무어인 사마드는 향을 가지고 와서 말했습니다.

"주다르, 나는 이제부터 매우 중요한 주문을 외면서 향을 살라야 하는데, 한번 시작하면 절대로 도중에 입을 열 수가 없소. 만일 입을 여는 날에는 모처럼의 주문도 헛일이 되고 마는 것이오. 그러니 우선 소원을 이루려면 당신이 무엇을 해야 하는지 가르쳐 드리리다."

"가르쳐주십시오."

"그럼 자세히 얘기할 테니 잘 들어 두시오. 우선 내가 주문을 외며 향을 피우면, 이 강은 순식간에 물이 마르고 강바닥에 성문처럼 으리으리한 황금문이 나타날 거요. 그 문짝에는 쇠고리가 두 개 달렸을 테니 당신은 가볍게 문짝을 두드리시오. 잠시 있다가 전보다 더 세게 두들기고 또 얼마 있다가 세 번 연거푸 두드리면 문 안에서 이렇게 물을 거요.

'비밀을 푸는 술법도 모르면서 이 보물광의 문을 두드리는 놈은 대체 누구냐?' 그러면 이렇게 대답하시오. '나는 오마르의 아들 고기잡이 주다르다.' 그러면 문이 열리고 손에 칼을 든 자가 나타나서 이렇게 말할 거요. '네가 그놈이라면 당장 베어버릴 테니 목을 내밀어라!' 그때 당신은 겁먹지 말고 목을 내미는 거요. 상대방이 칼을 당신에게 내리치는 순간 그놈은 당신 눈앞에서 쓰러져 순식간에 영혼이 없는 송장이 되어 버릴 테니까. 그리고 당신은 아무런 상처나 해도 입지 않을 거요. 그러나 만일 당신이 저항하면 놈은 당신을 정말로 죽여 버릴 거요. 당신이 상대가 시키는 대로 하여 그 마력을 제거해 버리고 나면 계속 안으로 들어가시오.

그러면 두 번째 문이 나오는데 이번에는 창을 메고 암말을 탄 놈이 나타나서 말할 거요. '사람도 마신도 출입이 금지된 이곳에 무슨 일로 들어왔느냐?' 그러면서 당신에게 창을 들이대면 가슴을 내밀고 그 창을 받으시오. 상대방은 창이 당신 몸에 닿는 순간 그 자리에 쓰러져 혼이 빠진 송장이 되고 말 거요. 하지만 상대의 말을 거역하면 당신은 창에 찔려 죽을 것이오.

여기까지 무사히 통과하거든 세 번째 문으로 가시오.

그러면 활을 가진 자가 나타나서 당신을 겨냥할 것이니, 그 화살 앞을 막아서며 가슴을 내미시오. 상대방은 활을 쏘는 즉시 혼이 빠진 송장이 되고 말 테니까. 하지만 상대방에게 대항하거나 하면 활에 맞아 죽고 말 거요. 그런 다음 다시 나아가서 네 번째 문으로 가시오."

—여기서 날이 훤히 밝아왔으므로 샤라자드는 이야기를 그쳤다.

614번째 밤

샤라자드는 이야기를 계속했다.

오, 인자하신 임금님, 마그리브인은 주다르에게 계속 말했습니다.

"네 번째 문을 두드리면 문이 열리면서 엄청나게 큰 사자가 나타나 커다란 입을 딱 벌리고 당신을 한입에 삼키려고 덤벼들 것이오. 그러나 두려워하지 말고 사자가 다가오거든 한 손을 내밀면 되오. 그러면 당신의 손을 물자마자 사자는 나가떨어지면서 쓰러질 테니까. 그래서 다섯 번째 문으로 가면 흑인 노예가 서 있다가 물을 거요. '당신은 누구요?' 당신이 '나는 주다르다' 대답하면 노예는 다시 이렇게 말할 것이오. '정말 그분이라면 여섯 번째 문을 열어 보시오.' 그러면 당신은 여섯 번째 문 앞으로 다가가 이렇게 말하시오. '오, 이사여, 무사에게 문을 열라고 해라.' 그러면 그 문이 열리고 좌우에서 용 두 마리가 나타나 혀를 날름거리면서 한꺼번에 덤벼들 것이오. 그때 당신은 그저 두 손을 그 코끝에 내밀기만 하면 돼요. 용은 각각 한 손을 물자마자 그 자리에서 죽어 쓰러질 테니까. 그렇게 하지 않다간 당장 잡아먹히고 말 것이오. 다음에 일곱 번째 문으로 가서 두드리면 당신 어머니가 나타나서 말할 거요. '주다르야, 가까이 와서 인사를 하려무나.' 그때 당신은 이렇게 대답해야 하오. '내 앞에 가까이 오지 말고 옷을 벗어라.' 그러면 어머니는 말할 거요. '오, 주다르야, 나는 네 어미다. 너에게 젖을 주고 너를 길러낸 은혜를 베푼 어미란다. 어째서 나를 발가숭이로 만들려고 하느냐?' 그래도 당신은 이렇게 말해야만 해요. '옷을 벗지 않으면 죽여 버릴 것이다.' 그리고 오른쪽을 보면 칼이 걸려 있을 테니 그것을 잡아 머리 위에 높이 빼들고 나서 '옷을 벗어라!' 말하는 것이오. 그러면 어머니는 당신을 달래기도 하고 어르기도 하며 애걸할 거요. 그러나 절대로 용서하거나 속아 넘어가선 안 되오. 그리고 하나씩 옷을 벗거든 자꾸만 이렇게 말하는 거요. '몽땅 벗어!' 그렇게 위협을 계속해서 몸에 두른 것이 하나도 안 남게 되면 마침내 그 자리에 쓰러지고 말 것이오. 그것이 주문의 마지막 속박이니 그것만 풀면 당신의 목숨은 무사하게 되오.

그리하여 드디어 보물광 속에 발을 들여 놓게 되면, 그곳에서 산더미처럼 쌓인 황금을 보게 될 거요. 하지만 그따위 것은 거들떠보지도 말고 광 한구석에 있는 작은 방을 살피시오. 그곳에는 장막이 드리워져 있을 것이고, 그것을 헤치면 황금 침대에 누워 있는 마법사 샤므드달의 모습이 보일 것이오. 그리고 그 머리맡에 달처럼 둥그런 것이 빛을 발하고 있을 텐데, 그것이 바로 '천구의'라는 것이오. 마법사는 또 어깨에 보검[*19]을 메고, 손가락에는 도장반지를 끼고 목에는 콜 가루가 든 병을 매단 목걸이를 걸고 있을 거요. 이 네 가지 보물이 바로 나에게 가져다줄 물건이오! 마지막으로 다시 한 번 당부하는데, 방금 내가 말한 물건은 한 가지도 잊어서는 안 돼요. 그렇지 않으면 당신은 나중에 매우 후회할 것이고, 무서운 재앙을 당하게 될 테니까."

이 말을 다 듣고 난 주다르는 말했습니다.

"이미 모두 다 외웠습니다. 하지만 당신이 말씀하신 그런 요괴들에게 일일이 대항하거나 그처럼 무서운 공포를 견딜 용기가 있는 사람이 대체 누가 있겠습니까?"

"오, 주다르, 조금도 무서워하지 마시오. 지금 말한 것은 모두 실체가 없는 환상에 불과하니까."

그러면서 여러 가지로 용기를 북돋아 주었으므로 마침내 주다르는 말했습니다.

"그럼, 오로지 알라께 의지하기로 하지요."

이윽고 아브드 알 사마드가 불판에 향을 사르고서, 잠시 입속으로 중얼중얼 주문을 외니 강물이 금세 사라져 버리고 드러난 강바닥에 보물광의 문이 나타났습니다. 주다르가 내려가서 문을 두드리자 안에서 목소리가 들려왔습니다.

"비밀을 푸는 술법도 모르면서 이 보물광의 문을 두드리는 놈은 대체 누구냐?"

"나는 오마르의 아들 고기잡이 주다르다."

그러자 문이 열리더니 시퍼런 칼을 빼든 요괴가 나타나서 말했습니다.

"네놈의 목을 내밀어라!"

주다르의 목을 칼로 내리치기가 무섭게 요괴는 쓰러져 죽고 말았습니다.

그런 다음 두 번째 문으로 가서 마찬가지로 상대를 쓰러뜨리고, 차례차례 되풀이하여 마침내 여섯 번째 문의 마술도 푼 뒤, 마지막으로 일곱 번째 문까지 왔습니다.

그러자 문 안에서 주다르의 어머니가 나타나서 말했습니다.

"오, 아들아, 어서 오너라."

"너는 대체 웬 놈이냐?"

"주다르야, 나는 너를 아홉 달 동안이나 배 속에 품고 있었고, 네가 태어난 뒤에는 젖을 먹여 키워준 어머니란다."

"잔말 말고 그 옷을 벗어라!"

"나는 네 어미란다. 그런데도 발가벗으라고 그러느냐?"

"어서 벗어라! 아니면 이 칼로 목을 베고 말 테다."

주다르와 그 형 2913

주다르는 한 손을 뻗어 칼을 뽑아들었습니다.

"당장 벗지 않으면 이 칼을 내려칠 테다!"

두 사람의 대결은 좀처럼 끝나지 않았습니다. 주다르가 강하게 위협할 때마다 여자는 조금씩 옷을 벗었습니다.

"자, 그것도 마저 벗어!"

"아들아, 너를 키워준 보람이 겨우 이런 꼴이란 말이냐?"

주다르가 온갖 수단을 써서 위협하자, 여자는 한 장씩 천천히 벗어 나가다가 마침내 사타구니를 가린 속옷 하나만 남았습니다.

"아들아, 네 마음은 돌덩어리란 말이냐? 너는 나를 욕보일 작정인가 보구나. 하지만 이건 정말 무도한 짓이 아니냐, 응, 주다르야!"

그러자 주다르는 그만 이렇게 말하고 말았습니다.

"그건 그래, 그럼 그건 벗지 않아도 괜찮소."

이 말이 끝나기가 무섭게 어머니의 모습으로 둔갑하고 있었던 귀신이 큰 소리로 외쳤습니다.

"이놈이 계율을 어겼다. 모두 이놈을 두들겨 패라!"

그러자 보물광의 파수병들이 우르르 달려들어, 주다르가 평생토록 잊지 못할 만큼 실컷 두드려 팼습니다. 그런 다음 파수병들은 주다르를 보물광 밖으로 내던졌습니다. 그러자 보물광 문은 저절로 닫히고 강물도 다시 전과 같이 부풀어 올랐습니다.

―여기서 날이 훤히 밝아왔으므로 샤라자드는 이야기를 그쳤다.

615번째 밤

샤라자드는 이야기를 계속했다.

오, 인자하신 임금님, 마그리브인 아브드 알 사마드가 급히 주다르를 건져 올려 몇 번인가 주문을 되풀이하여 외우자 가까스로 숨은 돌렸지만, 그래도 주다르는 술에 취한 사람처럼 몹시 현기증을 느끼며 몸을 가누지 못했습니다.

"이 서글픈 양반아, 대체 어찌 된 일이오?"

무어인이 묻자 주다르가 대답했습니다.

"오, 사실은 차례차례 방해가 되는 요괴들을 물리치고 나아갔는데, 마지막으로 우리 어머니를 만나서 한참 실랑이했습니다. 그래도 하나하나 옷을 벗겨가다가 마침내 속곳 하나가 남았을 때, 여자가 '더는 나를 욕보이지 말아다오. 이곳을 남에게 보이는 것은 수치가 아니냐' 하므로, 그만 가엾은 생각이 들어서 속곳만은 눈 감아 주었더니, 그 순간 여자가 큰 소리로 '이놈이 계율을 어겼다. 모두 이놈을 두들겨 패라!' 하고 고함을 치기 시작했습니다. 그러자 어디선가 수많은 놈이 나타나서 나를 죽도록 때린 다음 밖으로 내던졌는데, 그 뒤로는 어떻게 되었는지 도무지 기억이 없습니다."

이 이야기를 듣자 사마드는 매우 낙담하여 말했습니다.

"내가 가르쳐준 것을 어겨선 안 된다고 그처럼 거듭 간곡히 당부했는데도 돌이킬 수 없는 실수를 했구려. 그 때문에 나뿐만 아니라 당신 자신도 엄청나게 많은 손해를 보았소. 왜 그런고 하니, 당신이 그 귀신 속곳만 벗겼던들 우리는 소원대로 목적을 달성할 수 있었거든. 그러나 이렇게 된 이상 어차피 당신은 나와 함께 내년 이맘때까지 있으면서 때를 기다리는 수밖에 없소."

사마드가 두 사람의 노예에게 명령을 내리자 노예들은 곧 천막을 거두어 짐말에 실었습니다. 그리고 잠시 어디론가 가더니 이윽고 두 마리의 노새를 끌고 돌아왔습니다. 두 사람은 그것을 타고 페즈로 돌아왔습니다. 그리하여 주다르는 그대로 마그리브인의 집에 머물면서, 아무런 부족함이 없이 먹고 마시고 좋은 옷을 입으며 하루하루를 보냈습니다. 이윽고 그 해도 저물어 만 1년째 되는 날을 맞이했습니다. 그러자 무어인이 말했습니다.

"오늘이 기다리던 그날이니 함께 갑시다."

"좋습니다."

무어인이 주다르를 데리고 성문 밖에 나가니 노예 두 명이 노새를 끌고 기다리고 있었습니다. 두 사람은 그것을 타고 지난해의 그 강가에 이르렀습니다. 노예들은 그곳에 천막을 치고 그 속에 여러 집기를 갖춰놓았습니다. 또 무어인이 음식이 담긴 식탁을 꺼내자 함께 아침밥을 먹었습니다. 그것이 끝나자 사마드는 전에 했던 대로 마법의 지팡이와 패찰을 꺼내고, 불판 속에 불을 피워 향을 사를 준비를 한 다음 주다르에게 말했습니다.

"주다르, 내가 한 말을 한 번 되풀이해 볼까?"

"오, 순례자님, 만일 그날 매 맞은 아픔을 잊을 수 있다면, 당신이 하신 말도 깡그리 잊었겠지요."*20

"그럼 똑똑하게 기억하고 있다는 말이렷다?"

"물론입니다."

"무엇보다 침착해야 하오. 그리고 그 여자로 둔갑한 귀신을 당신 어머니라고 생각해서는 안 되오. 그것은 여자도 아무것도 아니니까. 다만 마물이 당신 어머니 모습으로 둔갑해서 당신이 맹세를 깨뜨리도록 유혹하는 것이니 속지 마시오. 지난번에는 다행히 목숨은 잃지 않았지만, 만일 이번에도 실수한다면 틀림없이 죽을 각오를 해야 하오. 이번에도 실패하면 화형을 당한다 해도 할 말이 없소."

이윽고 사마드가 향을 태우고 몇 마디 주문을 외자 강물이 사라졌습니다. 주다르는 강바닥으로 내려가서 보물광 문을 두드렸습니다. 문이 열리자 주다르는 안으로 들어가서 요괴들을 차례차례 물리치고 무사히 일곱 번째 문에 다다랐습니다. 그러자 주다르의 어머니 모습을 한 그 귀신이 또 나타났습니다.

"오, 내 아들 주다르야, 잘 왔다."*21

이번에는 주다르의 마음도 흔들리지 않았습니다.

"이 괘씸한 년! 어째서 내가 네 아들이란 말이냐? 썩 옷을 벗어라!"

상대방은 주다르를 달래기도 하고 어르기도 하면서 마지못해 옷을 하나씩 벗었고, 마침내 아랫도리를 가린 속곳 하나만 남게 되었습니다. 그러나 주다르는 더욱 큰 소리로 고함을 쳤습니다.

"이 오사스런 계집년! 그 속곳마저 벗어라!"

그래서 여자가 마지막 남은 속곳을 벗자, 그 순간 영혼이 없는 송장이 되고 말았습니다.

이어서 주다르가 보물이 있는 방에 들어가니 산처럼 쌓인 황금이 보였지만 그런 것은 거들떠보지도 않고 안쪽의 작은 방으로 갔습니다.

그곳에는 마법사 샤마르달이 어깨에 보검을 메고, 손가락에 도장반지를 끼고, 가슴에는 콜 가루가 든 병을 얹고, 머리맡에는 천구의를 걸어둔 채 황금 침대 위에 누워 있었습니다. 주다르는 보검을 끌러 반지와 병, 천구의와 함께 들고 무사히 방을 나섰습니다. 그러자 어디선가 황홀한 음악 소리가 주다르를 맞이하며 울려 퍼지기 시작하고 보물광의 파수병들이 입을 모아 외치는 소리가 들려왔습니다.

"오, 주다르여, 그대가 손에 넣은 보물을 소중히 간직하기를!"

주다르는 계속되는 상쾌한 음악 소리의 배웅을 받으면서 마그리브인이 기다리고 있는 곳으로 돌아갔습니다. 그러자 상대는 주문과 향 사르는 것을 멈추고 벌떡 일어나 주다르를 끌어안으면서 무사히 나온 것을 기뻐했습니다.

주다르가 보물광에서 가지고 나온 네 가지 보물을 내주니, 무어인은 소중히 받아들고 노예들에게 명령을 내렸습니다. 노예들은 곧 천막을 거두고 노새를 끌고 나왔습니다.

두 사람은 그것을 타고 페즈로 돌아왔습니다. 집에 돌아오기가 무섭게 무어인이 안장자루를 가지고 나와 연달아 요리접시를 꺼내자 식탁에는 온갖 산해진미가 가득 차려졌습니다.

"이보시오, 주다르, 당신은 나 때문에 집과 고향을 떠나 머나먼 이곳까지 와서 우리의 큰 희망을 이루어주었소. 그래서 당신에게 충분한 사례를 할 생각이니 무엇이든 갖고 싶은 것이 있으면 사양 말고 말해 주시오. 그것은 우리의 손을 거쳐 더없이 높으신 알라께서 당신에게 내려주시는 것이니까."*22

"그렇다면, 순례자님, 먼저 더없이 높으신 알라께, 그다음으로 당신께 부탁합니다만, 괜찮으시다면 저 안장자루를 주실 수는 없는지요?"

마그리브인은 곧 하인을 불러 안장자루를 가져오게 하더니 주다르에게 내주면서 말했습니다.

"이건 당신 몫이니까 사양 말고 가지시오. 당신은 그만한 일을 해 주었으니까. 당신이 어떤 것을 달라고 해도 나는 거절하지 않을 것이오. 어쨌든 이 안장자루만 있으면 당신을 비롯하여 가족들도 안락하게 살아갈 수 있을 것이오. 그러나 유감스럽게도, 이것은 음식 말고는 아무것도 주지 않는다오. 당신은 나를 위해 크나큰 수고를 해 주었고, 나는 당신을 큰 기쁨과 함께 집으로 돌려보내 드리겠다고 약속했소. 그러니, 그 밖에 금화와 보석을 가득 채운 다른 안장자루도 드릴 테니 어서 고향으로 돌아가시오. 고향에 돌아가면 당신도 훌륭한 상인이 되어, 당신도 당신 가족들도 좋은 옷을 입을 수 있고, 살아가는 데 아무런 부족함이 없게 될 것이오. 그런데 이 안장자루를 사용하는 방법을 잘 배워가도록 하시오. 이것을 사용할 때는 자루 속에 손을

넣고 '오, 안장자루의 하인아, 너를 다스리는 위대한 알라의 이름으로 너에게 분부한다. 여차여차한 것을 내놓아라.' 그러면 설령 하루에 천 가지의 요리일지라도 반드시 가져다줄 것이오."

그리고 사마드는 다른 자루 두 개에 금화와 보석 따위를 가득 채워서 노예더러 노새를 끌고 오게 한 다음 말했습니다.

"오, 주다르, 이 노새를 타시오. 이 노예가 당신의 길잡이가 되어 집 문 앞까지 데려다줄 것이오. 집에 돌아가거든 안장자루를 내리고 노새와 노예는 이리로 돌려보내 주시오. 거듭 다짐해 두겠는데 이 비밀은 누구에게도 누설해선 안 되오. 그럼, 잘 가시오. 알라께서 당신의 여행길을 지켜주시기를!"

"오, 전능하신 알라께서 당신에게 더욱 행운을 내려주시기를!"

주다르는 작별인사를 하고 안장자루 두 개를 노새 등에 싣고 출발했습니다. 그리하여 하룻밤 하룻낮 동안 여행을 계속한 끝에 다음 날 아침 개선문[*23]을 지나 카이로에 들어갔습니다. 그때 문 옆에 웅크리고 앉아 동냥을 비는 한 늙은 여자 거지가 눈에 띄었습니다.

"나리, 한 푼만 적선하십시오!"

그 모습을 자세히 보니 틀림없는 자기 어머니였으므로 까무러치도록 놀란 주다르는 급히 노새에서 뛰어내려 어머니를 안아 일으켰습니다.

어머니는 아들의 얼굴을 알아보고 매우 기뻐서 그만 울음을 터뜨렸습니다.

주다르는 어머니를 노새 등에 태우고 자기는 등자 옆에서 나란히 걸어갔습니다.[*24] 이윽고 집에 도착하자 어머니를 안아 내리고 안장자루를 내렸습니다. 그리고 노새를 노예에게 돌려주니 노예는 곧 주인에게 돌아갔습니다. 그도 그럴 것이 이 노예와 노새는 모두 마물의 화신이었기 때문입니다.

주다르로서는 어머니가 걸식한 것이 못 견디게 괴로운 일이었습니다. 그래서 집 안에 들어가자마자 어머니에게 물었습니다.

"어머니, 형님들은 사고 없이 평안한가요?"

"둘 다 잘 있다."

"그런데, 왜 길가에 앉아 구걸하시게 된 겁니까?"

"배가 고파서 어쩔 수가 없었단다."

"제가 여행을 떠나기 2, 3일 전에 금화 백 닢씩 두 번을 드렸고, 떠나는 날에는 금화 1천 닢을 드리지 않았습니까?"

"오, 주다르, 네 형들이 이것저것 산다면서 나를 속이고 야금야금 그 돈을 빼앗아 갔단다. 그리고 나에게 돈이 떨어지자 나를 쫓아내어 하는 수 없어서 길가에 앉아 구걸을 시작했단다."

"이젠 제가 돌아왔으니까 아무 염려 마십시오, 어머니. 저는 굉장한 행운을 만났거든요. 이걸 보세요, 이 두 개의 가죽 자루에 금화와 보석이 가득 들어 있습니다."

"오, 주다르야, 정말이지 너는 이제 운이 틔었나 보다! 알라께서 너를 어여삐 여기셔서 은혜를 내리신 게 틀림없어. 그러면 주다르야, 우선 뭐 먹을 것부터 좀 다오. 엊저녁부터 아무것도 먹은 것이 없어서 배가 고파 잠도 제대로 못 잤단다."

"예, 어머니, 그러고말고요. 무엇이든 드시고 싶은 것을 말씀하세요. 금방 차려낼 테니까요. 일부러 시장에 장을 보러 갈 필요도 없고 요리를 할 필요도 없어요."

"그렇지만, 보아하니 넌 아무것도 가진 게 없는 것 같은데?"

"이 안장자루 속에 무슨 요리든지 다 들어 있답니다."

"오, 그래? 그럼 무엇이든 좋으니 금방 허기가 사라질 수 있는 것을 다오."

"누구든지 곤란할 때는 아주 하찮은 것으로도 만족하는 법이지만, 많이 있을 때는 자기가 좋아하는 것을 먹고 싶어 합니다. 여기엔 많은 요리가 들어 있으니 무엇이든 원하시는 것을 말씀하세요."

"그렇다면 따뜻한 빵과 치즈를 한쪽만 다오."

"어머니, 이제 그런 것은 안 잡수셔도 돼요."

"그렇다면 신분에 어울리는 것을 먹여주려무나. 그건 네가 잘 알고 있을 테니까."

"어머니, 지금 어머니의 신분에 어울리는 음식은 우선 노릇노릇하게 구운 고기와 훈제 닭고기, 후춧가루를 친 밥이지요. 그리고 소시지와 속을 채운 오이, 어린 양고기와 양갈비, 아몬드가루를 뿌린 스파게티, 호두, 벌꿀, 설탕, 튀김, 아몬드과자도 신분에 어울리지요."

이 말을 듣자 어머니는 아들이 자기를 놀리는 줄 알고 말했습니다.

"어머나! [25] 너 혹시 실성한 게 아니냐? 아니면 꿈을 꾸고 있거나 어디가 아프든지?"

"왜요, 제가 좀 이상한가요?"

"얼토당토않게 이 세상의 맛있는 요리란 요리는 죄다 늘어놓으니까 그러지. 대체 그런 걸 살 돈이 어디 있으며, 누가 그런 요리를 할 줄 안다고?"

"목숨을 걸고 맹세하겠어요! 방금 말한 요리를 하나도 빠뜨리지 않고 드리지요. 그럼 곧 준비하겠습니다."

"하지만 여기엔 아무것도 없잖니?"

"저 안장자루를 이리 가져오세요."

어머니가 안장자루를 가지러 가서 그 속을 들여다보았지만, 그것은 아무것도 없는 빈 자루였습니다. 그런데 아들은 그 자루를 앞에 놓고 그 속에서 연달아 요리가 담긴 접시를 꺼내기 시작하더니, 아닌 게 아니라 자기가 주워섬긴 음식을 하나도 빠짐없이 어머니 앞에 늘어놓았습니다.

그것을 본 어머니는 눈이 휘둥그레져서 물었습니다.

"오, 애야, 이 안장자루는 이렇게 작고 게다가 속은 텅텅 비었는데, 그 속에서 이렇게도 많은 요리를 꺼내 놓다니! 도대체 어디에서 난 게냐?"

"어머니, 이 자루는 그 무어인이 저에게 준 마술주머니예요. 사실은 이 자루 속에 하인이 한 사람 들어 있어서, 무엇이든 먹고 싶은 것이 있으면 이 하인을 다스리는 알라의 이름을 부른 뒤 이러저러한 요리를 차려 내라고 말만 하면 되는 거예요. 그러면 뭐든지 금방 만들어 준답니다."

"그럼, 내가 부탁해 봐도 괜찮겠니?"

"그럼요, 시험 삼아 해 보세요."

그래서 어머니가 한 손을 내밀고 이렇게 말했습니다.

"안장자루의 하인이여, 네가 섬기는 알라의 이름으로 부탁하니, 속을 넣은 갈비를 가져다다오."

그런 다음 자루 속에 손을 넣어 보니 정말 먹음직스럽게 속을 채운 어린양갈비가 나왔습니다. 어머니는 계속해서 자신이 좋아하는 빵이며 그 밖에도 먹고 싶은 것을 다 주문했습니다.

그것이 끝나자 주다르가 어머니에게 말했습니다.

"어머니, 식사가 끝나면 남은 음식은 모두 다른 접시에 비우고 빈 접시는 자루 속에 도로 넣어 두세요."

어머니는 일어나 아들이 말한 대로 하고 안장자루를 안전한 장소에 넣어 두었습니다.

"어머니, 이 일만은 무슨 일이 있어도 누구한테도 말해선 안 됩니다. 뭔가 필요한 음식이 있으면 제가 있건 없건 상관없으니, 이 자루에서 꺼내 다른 사람에게 시주하거나 형님들에게 먹이세요."

그리하여 두 사람이 식사를 하고 있는데 마침 두 형이 들어왔습니다. 그 전에 이웃 사람이 형들에게 주다르가 돌아왔다는 사실을 알려주었던 것입니다.

"당신들의 아우가 노새를 타고 노예의 안내를 받아 돌아왔다네. 좀처럼 볼 수 없는 좋은 옷을 입고 말이야."

이 말을 듣고 형들은 서로를 쳐다보며 말했습니다.

"아, 어머니를 그렇게 박대하지 않는 건데. 어머니는 아마 틀림없이 우리가 한 짓을 주다르에게 다 고해 바쳤을 거야. 그러면 우린 그 녀석의 얼굴을 대할 낯이 없잖아."

"하지만 어머니는 마음이 착하신 데다, 설령 주다르에게 모두 얘기했더라도 주다르가 또 어머니보다 더 착한 아이니까 우리가 잘만 둘러대면 반갑게 맞아줄 거야."

그리하여 두 사람이 집에 들어가니 주다르는 일어나서 그들을 반갑게 맞이하며 인사를 나눈 다음, 함께 앉아서 식사를 하자고 권하는 것이었습니다. 두 사람은 한동안 굶은 판이라 걸신들린 듯 허겁지겁 먹기 시작했습니다.

식사가 끝나자 주다르는 형들에게 말했습니다.

"형님들, 남은 음식은 가난한 사람들에게 나누어주십시오."

그러나 두 사람은 이렇게 대답했습니다.

"이것은 두었다가 나중에 먹어야겠다."

"요다음 식사 때는 더 많은 요리를 드리지요."

그제야 두 사람은 남은 음식을 갖고 밖으로 나가서 지나가는 가난한 사람들에게 모두 나누어주었습니다. 형들이 빈 접시를 갖고 돌아오자 주다르는 어머니에게만 말했습니다.

"어머니, 이 접시를 안장자루 속에 넣어 두세요."

—여기서 날이 훤히 밝아왔으므로 샤라자드는 이야기를 그쳤다.

616번째 밤

샤라자드는 이야기를 계속했다.

오, 인자하신 임금님, 주다르는 어머니에게 빈 접시를 안장자루에 넣으라고 말했습니다.

그날 저녁때가 되자 주다르는 손님방에 들어가 안장자루 속에서 요리가 담겨 있는 마흔 개의 접시를 꺼냈습니다. 그런 다음 2층으로 올라가서 형들과 함께 자리에 앉아 어머니에게 말했습니다.

"저녁식사가 준비되었으니까 가져다주세요."*26

어머니가 손님방에 내려가 보니 요리가 모두 마련되어 있었으므로 쟁반에 담아 차례차례 날라왔습니다.

저녁식사가 끝나자 주다르는 또 두 형에게 말했습니다.

"나머지는 가난한 사람들에게 나누어주십시오."

두 사람이 나머지 음식을 나누어주고 돌아오니 아우가 과자를 잔뜩 내놓고 권했으므로, 그들은 실컷 먹고, 이번에도 남은 것을 이웃의 가난한 사람들에게 나누어주었습니다.

이튿날 아침에도 역시 그런 식으로 식사를 마쳤습니다. 그러나 이렇게 하여 열흘째 밤이 되자 큰형 살림이 동생 사림에게 말했습니다.

"이봐, 아침, 점심, 저녁의 요리와 밤참의 과자까지, 주다르 놈은 대체 어디서 요리를 가져오지? 게다가 남은 것은 모두 가난뱅이에게 나누어주잖아. 이것은 임금님이 아니고는 흉내도 못 낼 일이야. 그런데 그 녀석이 식료품을 사들이는 모습은 본 적도 없고 요리사도 주방도 없단 말이야. 게다가 불 한 번 피우는 걸 못 봤으니, 정말 이상하지 않아?"

"나도 도무지 짐작이 안 가는데, 이것이 대체 어떤 까닭인지 누군가는 알고 있을 거야. 형은 누가 알고 있을 것 같아?"

"어머니는 알고 있겠지."

그리하여 두 사람은 의논 끝에 어느 날 동생이 나간 틈을 타서 어머니한테 말했습니다.

"어머니, 배가 고프군요."

"오냐, 금방 먹을 것을 주마."

어머니는 손님방에 들어가서 안장자루 속 하인에게 따뜻한 음식을 마련하게 하여 그것을 두 아들 앞에 가져갔습니다. 그러자 두 아들이 말했습니다.

"어머니, 어머니는 음식을 장만하지도 않고 불도 피우지도 않았는데, 이 요리는 이렇게 따뜻하군요."

어머니는 그만 무심코 입을 놀리고 말았습니다.

"그것은 안장자루에서 나온 것이란다."

"그 안장자루라는 게 대체 어떤 것인데요?"

"아주 신기한 마술주머니지. 마법의 힘으로 주문을 걸기만 하면 뭐든지 나온단다."

그리고 안장자루의 비밀을 얘기해 준 다음 누구한테도 말하지 말라고 당부했습니다.

"어머니, 비밀은 꼭 지킬 테니까 우리에게도 그 방법을 가르쳐주십시오."

어머니는 그 방법을 두 형들에게 가르쳐주었습니다.

두 아들이 배운 대로 자루 속에 손을 넣어 시험 삼아 해 보니 정말로 원하는 것은 무엇이든 다 나오는 것이었습니다. 주다르는 일이 이렇게 된 줄은 꿈에도 모르고 있었습니다.

큰형 살림은 동생 사림에게 속삭였습니다.

"이봐, 우리는 대체 언제까지 주다르의 하인처럼 그 녀석이 주는 것을 얻어먹고 살아야 하니? 그보다는 차라리 그 안장자루를 빼앗아 달아나자꾸나."

"어떻게 그걸 감쪽같이 빼앗지?"

"그 녀석을 갤리선(5)에 팔아넘기는 거야."

"어떻게?"

"우리 둘이서 수에즈 바다의 선장을 찾아가서 부하 두 사람을 데리고 잔치에 오라고 초대하는 거야. 주다르는 내가 알아서 할 테니까 너는 그저 옆에 앉아서 맞장구만 치고 있으면 돼. 밤이 되면 내가 하는 일을 알게 될 테니까."

두 사람은 동생을 팔아넘기기로 결정하고서, 곧 선장을 찾아갔습니다.

"선장님, 우리는 당신이 기뻐할 소식을 가지고 왔습니다."

"그래?"

선장이 대답하자 두 사람은 말을 계속했습니다.

"우리는 형제이고 막내아우가 또 하나 있는데, 그놈이 정말 우리 속만 썩이는 난봉꾼이라서요. 아버지가 돌아가실 때 남긴 얼마 안 되는 재산을 셋이서 나누었지만, 그 막내란 놈이 우리가 말리는 것도 듣지 않고 제 몫을 술과 여자에 다 써버려서 이내 빈털터리가 되었습니다. 그래 놓고는 우리가 자기 몫의 유산을 횡령했다고 고소하는 바람에 우리도 법정에서 재판을 하다 보니 결국 많은 재산을 잃고 말았습지요. 그런 뒤 얼마 동안은 그 녀석도 얌전히 지내더니, 또다시 우리에게 터무니없는 시비를 걸어와서 마침내 우리마저 거지나 다름없는 한심한 신세가 되어 버렸습니다. 그런데도 그놈은 여전히 행패만 부리니, 이제 이 망나니 동생에게는 오만 정이 떨어져서 차라리 선장님께 팔아버릴까 하고 찾아온 겁니다."

"그렇다면 당신들이 그 아우를 붙잡아서 이리로 데려올 수 있소? 그렇게만 해 준다면 그놈을 곧 선창 밑에 때려넣을 수 있는데."

"우리 손으로 녀석을 여기 데려오기는 좀 어렵고, 오늘 밤 선장님이 부하 두 사람을 데리고 저희 집에 손님으로 와 주신다면, 그놈이 잠든 틈에 우리 다섯 사람이 힘을 합쳐 재갈을 물리고 꽁꽁 묶은 다음, 밤을 이용해 떠메고 가서 그때부터는 선장님 마음대로 처분하십시오. 다만 오늘 밤 데려오시는 부하들은 반드시 두 사람으로 하도록 부탁하겠습니다."

"알았소. 그럼 그 아우를 금화 40닢에 사도 되겠소?"

"좋습니다."

그리고 밤에 어느 이슬람교 사원에서 두 사람 가운데 하나가 기다리고 있겠다고 약속하고는, 집에 돌아와 잠시 있다가 큰형 살림이 주다르에게 다가가서 그 손에 입을 맞추었습니다.

"형님, 왜 그러십니까?"

"사실 나에게 친구 하나가 있는데, 네가 없는 동안 언제나 나에게 잘 해 주었단다. 그래서 그 친구한테 적지 않은 은혜를 입었지. 여기 있는 사림도 잘 알고 있는 사람이다. 그런데, 오늘 그 친구를 만났더니 또 나를 초대하지 않겠니. 내가 '동생 주다르를 두고 혼자 갈 수는 없소' 하면서 거절했더니, 그 친구는 '그렇다면 동생과 함께 오시구려' 하더구나. 그래서 나는 '아니, 동생이 승낙하지 않을 겁니다. 그보다 차라리 당신과 당신 형제들이 우리 집에 손님으로 와서 다 같이 즐겁게 식사를 하는 게 어떨까요?' 하고(왜냐하면 친구의 형제가 그때 같이 있었거든) 초대해 봤지. 난 상대편이 거절할 줄 알고 그랬는데, 아 글쎄, 그 친구는 서슴지 않고 '그렇다면 예배소*27 문 옆에서 기다려주시오. 두 형제들을 데리고 갈 테니까요' 하고 대답하지 않겠니? 난 지금 그 친구가 형제들을 데리고 찾아오지 않을까 그게 걱정이 되어서 너를 볼 낯이 없구나. 하지만 넌 부자니까 제발 내 심정을 헤아려서, 오늘 밤 그 친구들을 대접해 줄 수 없겠니? 아우야, 만일 그게 곤란하다면 어디든 이웃집으로 데려가도 괜찮다만."

"아니, 형님은 어째서 친구를 이웃집으로 데리고 간다고 말씀하십니까? 이 집이 그토록 비좁다는 말씀인가요? 우리에게는 대접할 것이 아무것도 없다는 말씀인가요? 저의 승낙을 구하시다니, 그런 섭섭하신 말씀은 그만두세요. 무엇이든 필요한 것이 있으면 청하기만 하십시오. 언제라도 대접해 드릴 테니까요. 앞으로라도 제가 없을 때 손님을 집에 모시고 왔을 때는 어머니께 말씀하세요. 어머니는 얼마든지 요리를 가져다 드릴 테니까요. 빨리 가셔서 손님을 모시고 오십시오. 그런 손님이 있기에 우리에게 여러 가지 축복이 있는 것입니다."

살림은 동생의 손에 입을 맞추고 밖으로 나가 예배소 문 옆에 앉아서 기다렸습니다. 해가 뉘엿뉘엿 넘어갈 무렵에 선장이 부하를 데리고 나타나서, 그들을 집 안으로 안내했습니다.

주다르는 손님을 보더니 반갑게 맞이하며 자신에 대한 무서운 음모가 진행 중인 것은 꿈에도 모르고 그들과 허물없이 얘기를 나누었습니다.

그리고 그는 어머니에게 저녁식사를 준비해 달라고 부탁했습니다. 어머니는 안장자루 속에서 요리접시를 꺼내기 시작했고, 주다르는 그동안 차려낼 음식의 이름을 하나하나 불렀습니다. 그리하여 마침내 마흔 가지나 되는 음식이 그들 앞에 차려졌습니다.

이윽고 그들은 마음껏 먹고 나서 배를 두드린 뒤 식탁을 물렸는데, 손님들은 푸짐하게 잘 차린 맛있는 음식 모두 큰형 살림이 한턱 낸 줄로만 알았습니다.

그러는 사이 밤이 어지간히 깊어져서 주다르는 모두 앞에 과자를 내놓았고, 살림이 그것을 손님들에게 대접하자 다른 두 사람은 손님 옆에 앉았습니다. 그러다가 이제 잠을 자기로 하고 모두 나란히 누웠습니다.

그러나 주다르가 잠드는 걸 기다렸다가 모두 와락 덤벼들어 미처 눈을 뜨기도 전에 그를 재빨리 꽁꽁 묶고 재갈을 물린 뒤에 둘러메고 어두운 밖으로 나갔습니다.

—여기서 날이 훤히 밝아왔으므로 샤라자드는 이야기를 그쳤다.

617번째 밤

샤라자드는 이야기를 계속했다.

오, 인자하신 임금님, 선장과 노예들이 잠들어 있는 주다르를 습격하여 어둠을 틈타 밖으로 들어낸 뒤, 즉시 수에즈로 납치했습니다. 수에즈에 도착하자, 주다르는 발에 족쇄를 차고 갤리선의 노예로서 힘든 일을 맡아 만 1년 동안 그저 묵묵히 노역을 계속했습니다.*28

한편 형들은 이튿날 아침 어머니에게 가서 물었습니다.

"어머니, 주다르는 아직 일어나지 않았나요?"

"너희가 깨워다오."

"어디서 자고 있는데요?"

"손님들과 함께 자고 있겠지."

"어머니, 우리가 자고 있는 사이에 손님들과 함께 떠난 모양입니다. 동생은 외국 사정을 잘 알고, 게다가 비밀의 보물을 늘 손에 넣고 싶어 하는 듯했어요. 언젠가 무어인들과 얘기하는 것을 엿들은 적이 있는데, 그자들은 함께 가서 보물광을 열도록 하자느니 하는 말을 했으니까요."

"그럼, 무어인과 함께 있었니?"

"간밤의 손님은 무어인이 아니었습니까?"

"그렇다면 틀림없이 그 사람들과 함께 떠났나 보다. 하지만 알라께선 그 애에게 재난이 닥치지 않도록 길을 잘 이끌어주실 거다. 그 애는 축복을 받고 있으니까. 그리고 틀림없이 많은 행운을 잡고 돌아올 거야."

어머니는 주다르가 떠난 것이 못내 슬퍼서 눈물을 흘리며 울었습니다.

그러자 두 형들이 버럭 소리를 질렀습니다.

"꼴도 보기 싫은 늙은 할멈 같으니! 주다르가 그렇게 귀엽단 말이오? 우리는 집에 있든 말든 반가워해 준 적도 슬퍼해 준 적도 없으면서, 주다르가 당신 아들이면 우리도 같은 아들이 아니오?"

"물론 너희도 내 자식이긴 하지. 하지만 너희는 나에게 아무것도 해 준 것 없는 망나니들이 아니냐. 아버지가 돌아가시고 너희가 착한 일을 하는 모습을 한 번도 본 적이 없다. 그런데 주다르는 착한 일을 많이 해 주지 않았느냐. 나를 위로하며 지극정성으로 보살펴주었지. 못된 너희에게까지 잘해 준 것을 생각하면 나는 그 아이를 위해 눈물을 흘릴 수밖에 없구나."

이 말을 들은 두 형들은 화를 내며 어머니를 때렸습니다. 그리고 안장자루를 찾아 헤매다가 마침내 둘 다 찾아내자, 마법이 걸려 있는 자루는 그대로, 마법이 걸리지 않은 두 개의 자루 가운데 하나에서는 황금을, 또 하나에서는 보옥을 모조리 꺼낸 뒤 말했습니다.

"이것은 아버지의 유산이다."

"어림도 없는 소리. 신께 맹세코! 그건 주다르가 무어인의 나라에서 갖고 온 것이다."

"거짓말하지 마시오. 이것은 모두 아버지의 재산이야. 그러니까 우리도 가질 권리가 있단 말이오."

그러고는 금과 보석을 둘이서 반씩 나누어 가졌지만, 마법이 걸려 있는 자루는 하나밖에 없어서 두 사람은 급기야 싸우기 시작했습니다.

"이건 내가 차지해야겠다."

"아니야, 내가 갖겠어."

그리하여 점점 목소리가 높아졌으므로 어머니가 말했습니다.

"애들아, 너희는 금과 보석을 나누어 가졌지만, 이 자루는 그럴 수가 없단다. 이것은 돈으로도 살 수 없는 귀한 것이고 두 개로 찢으면 마법이 풀리고 마니까, 이것만은 나한테 그냥 두도록 해라. 그러면 언제라도 필요할 때 내가 맛있는 음식을 꺼내 먹여줄 수 있고, 어미도 조금만 먹으면 되잖니. 게다가 너희가 몸에 걸칠 거라도 사준다면 어미에게 효도를 하는 것이 되지. 그리고 너희는 둘 다 자기 힘으로 장사를 하는 편이 좋을 게다. 너희는 내 아들이고 난 너희 어미야. 주다르가 돌아왔을 때 낯이 서지 않는 일이 없도록 이대로 셋이 함께 살자꾸나."

그러나 두 사람은 어머니의 말을 듣지 않고 밤새도록 싸움을 계속하고 있었습니다. 그런데 마침 그날 밤, 주다르의 이웃집에 왕가의 친위병[*29]이 손님으로 머무르고 있다가, 열려 있는 창문으로 두 사람이 시끄럽게 싸우는 소리를 듣고 말았습니다.

이튿날 아침 친위병은 이집트 왕 샤무스 알 다우라[*30] 앞에 나가서 어젯밤에 엿들은 내용을 모두 아뢰었습니다.

왕은 즉시 주다르의 형들을 불러 심문하고 자백을 받은 다음, 두 개의 안장자루를 몰수하고 두 형제는 옥에 가두어 버렸습니다. 그리고 어머니에게는 생활하는 데 필요한 수당을 지급했습니다.

한편 주다르는 꼬박 1년 동안 수에즈에서 고역을 치르고 있었습니다. 그러던 어느 날 멀리 항해를 나간 배가 폭풍우를 만나 산에서 뻗어 나온 바위에 부딪치고 말았습니다. 선체는 산산조각이 나고 타고 있던 사람들은 모두 물에 빠져 죽었는데, 주다르만 간신히 기슭으로 헤엄쳐 갔습니다.

기슭에 닿은 주다르는 내륙을 향해 계속 걸어가다가 가까스로 어느 바다위족 천막에 이르렀습니다. 그리하여 바다위인들이 묻는 대로 자기가 노를 젓는 노예가 된 사정을 이야기했습니다. 그런데 마침 천막 안에 있던 지다[(6)] 출신의 장사꾼이 주다르의 신세를 동정하여 말을 걸어왔습니다.

"오, 이집트의 젊은이여, 내 일을 도와줄 생각은 없소? 그렇게 해 주면 그대에게 옷을 사주고 지다로 데리고 가 줄 테니."

그리하여 주다르는 그 장사꾼을 따라 지다로 갔습니다. 지다에 도착하고 나서도 장사꾼은 주다르를 몹시 아끼며 보살펴주었습니다. 얼마 뒤 장사꾼은 주다를 데리고 메카 순례를 떠났습니다.

두 사람이 드디어 메카에 이르자 카이로 사람 주다르는 이슬람의 신전 카바를 둘러보기 위해서 하람의 대사원을 찾아 갔습니다. 그리하여 정해진 규칙대로 순회[*31]하고 있는데, 뜻밖에 무어인 아브드 알 사마드가 마찬가지로 순회하고 있는 모습이 눈에 들어왔습니다.

―여기서 날이 훤히 밝아왔으므로 샤라자드는 이야기를 그쳤다.

618번째 밤

샤라자드는 이야기를 계속했다.

오, 인자하신 임금님, 주다르가 아브드 알 사마드의 모습을 보았을 때, 사마드도 주다르를 발견하고 놀라면서 어떻게 된 일이냐고 물었습니다.

주다르가 자신의 신상에 일어난 일들을 남김없이 얘기해 주자, 사마드는 그를 자기 숙소로 데려가서 지금까지 한번도 본 적이 없는 훌륭한 옷으로 갈아입히고 정중하게 대접해 주었습니다.

"주다르, 이제 드디어 당신의 재난이 모두 끝난 것 같군."

사마드는 점을 쳐보더니 살림과 사림 두 사람에게 어떤 일이 생겼고, 지금은 이집트 왕의 옥에 갇혀 있다는 사실을 주다르에게 가르쳐주었습니다.

"그렇지만 당신은 나와 함께 순례 참배를 모두 마치는 것이 좋을 거요. 뒷일은 내가 알아서 도와줄 테니까."

"오, 사마드 님, 지금 함께 있는 상인한테 가서 얘기를 하고 오겠습니다."

"그 상인에게 빚이라도 있소?"

"없습니다."

"그럼 가서 작별인사를 하고 오시오. 곤경에 빠진 사람은 남의 도움을 받을 권리가 있으니까."

그리하여 주다르는 상인에게 돌아가서 얘기했습니다.

오늘 우연히도 형제[32]를 만났기 때문에 작별을 해야겠다고 말하자 상인이 말했습니다.

"그럼, 그 형제를 이리로 데리고 오시오."

"아니, 그럴 필요는 없습니다. 형님은 부자이고 하인도 많이 거느리고 있으니까요."

상인은 주다르에게 금화 스무 닢을 주었습니다.

"그렇다면 내 책임은 다해야지."[33]

주다르가 상인과 작별하고 나오다 보니 몹시 가난해서 곤경에 처해 있는 사람이 있기에, 방금 받은 금화 스무 닢을 모두 그에게 줘버렸습니다.

그런 다음 사마드한테 돌아가서 순례의식이 모두 끝날 때까지 같이 지냈습니다.

드디어 순례의식이 끝나자 사마드는 샤마르달의 보물광에서 가지고 나온 도장반지를 주다르에게 내주면서 말했습니다.

"이 반지는 마법에 걸린 반지인데, 알 라드 알 카시프라는 하인이 붙어 있어서 뭐든지 소원을 말하면 이루게 해 줄 거요. 이 세상에 있는 것 가운데 원하는 것이 있으면 이 반지를 문지르면 돼요. 그러면 하인이 나타나서 당신이 명령한 대로 움직여 줄 거요."

그러면서 반지를 문지르니 순식간에 마신이 모습을 나타냈습니다.

"여기 있습니다, 주인님. 무엇이든 분부만 하십시오. 곧 소원을 이뤄드리겠습니다. 폐허가 된 도시를 번창시키고 싶습니까? 번창하는 도시를 쑥밭으로 만들고 싶습니까? 어느 임금님을 죽일까요? 아니면 군대를 쳐부술까요?"

"오, 알 라드, 오늘부터 이분이 네 주인이시다. 충성을 다 하도록 해라."

사마드는 마신을 돌려보내고 주다르에게 이렇게 말했습니다.

"이 반지를 문지르면 그 하인이 나타날 테니까 원하는 일이 있으면 시키시오. 명령을 어기는 일은 절대로 없으니까. 자, 그럼 고향에 돌아가도록 하시오. 이 반지를 소중히 간직해야 하오. 이것으로 적을 무찌를 수도 있으니까. 이 반지의 힘을 잊지 않도록 하시오."

"오, 사마드 님, 그럼 저는 이만 고향으로 돌아가겠습니다."

"그 마신을 불러서 등에 타고 가시오. 마신에게 '오늘 안에 나를 고향으로 데려가 다오' 하면 틀림없이 명령대로 해 줄 거요."

주다르가 무어인 아브드 알 사마드에게 작별인사를 하고 반지를 문지르자 금세 알 라드가 모습을 나타냈습니다.

"주인님, 무슨 분부이십니까? 뭐든지 하라는 대로 하겠습니다."

"오늘 안으로 나를 카이로까지 데려다 다오."

"분부대로 하겠습니다."

알 라드는 주다르를 등에 태우고 점심때부터 한밤중까지 날아가서 어머니의 집 안뜰에 내려놓고는 그대로 모습을 감추어 버렸습니다.

눈물을 흘리며 아들을 맞이한 어머니는 임금님이 형들을 붙잡아 옥에 가두고 두 개의 안장자루도 빼앗아갔다고 이야기했습니다.

그 말을 들은 주다르는 여간 큰일이 아니었지만 어머니에게 이렇게 말했습니다.

"지난 일은 깊이 걱정하지 않는 게 좋습니다. 제가 이제부터 하는 일을 보고 있기만 하세요. 형님들을 곧 이 자리에 데려올 테니까요."

그리고 반지를 문지르니 마신이 나타나 말했습니다.

"주인님! 무엇이든 분부만 내려주십시오."

"임금님의 옥에서 내 형님 두 분을 데려다 다오."

순식간에 땅속으로 사라진 마신이 이윽고 모습을 드러낸 곳은, 바로 살림과 사림이 갇혀 있는 옥 안이었습니다.

살림과 사림은 감옥[*34]에서 역병에 걸려 보기에도 비참한 꼬락서니로 누워 오로지 죽을 날만 기다리고 있었습니다. 그때 마침 사림이 살림에게 이렇게 말했습니다.

"형님, 더는 괴로운 생활을 하기가 지겹소. 대체 언제까지 이 옥에 갇혀 있어야 한단 말이오? 이럴 바에는 차라리 죽어 버리는 게 낫겠소."

이 말이 떨어지기가 무섭게 느닷없이 땅이 두 쪽으로 갈라지면서 마신 알라드가 쑥 나타났습니다. 그러고는 두 사람을 움켜잡고 다시 대지 속으로 가라앉아 버렸습니다.

두 사람은 공포에 질려 정신을 잃어버렸다가 다시 정신이 돌아왔을 때는 어머니가 있는 집에 와 있고 그 옆에 주다르가 앉아 있었습니다.

주다르는 두 형을 향해 말했습니다.

"오, 형님들, 어서 오십시오. 형님들을 뵈니 이보다 반가운 일이 없습니다."

두 형은 얼굴을 들지 못하고 울음을 터뜨리고 말았습니다.

"울지 마세요. 형님들에게 그런 짓을 시킨 것은 악마와 탐욕이었으니까요. 그렇지 않고서야 형님들이 어떻게 나를 팔아먹을 수 있었겠습니까? 나는 요셉을 생각하며 스스로 마음을 달랬습니다. 요셉의 형제들도 요셉을 구덩이 속에 던져 넣으며 형님들과 같은 행동을 했으니까요."

—여기서 날이 훤히 밝아왔으므로 샤라자드는 이야기를 그쳤다.

619번째 밤

샤라자드는 이야기를 계속했다.

오, 인자하신 임금님, 주다르는 여전히 말을 이었습니다.

"정말로 어떻게 형님들이 그런 짓을 할 수 있겠습니까? 그러니 죄를 뉘우치고 알라께 용서를 비십시오. 알라께선 누구보다 자비로운 신이므로 두 분을 용서해 주실 겁니다. 저는 형님들 두 분을 용서해 드리고 기쁜 마음으로 맞이하겠습니다. 아무 것도 걱정하지 마십시오."

이렇게 두 사람을 안심시킨 다음 그 뒤 자신이 겪은 여러 가지 고생담, 무어인 아브드 알 사마드를 만난 경위, 그리고 도장반지에 대해서까지 자세히 이야기해 주었습니다.

그러자 두 형이 말했습니다.

"오, 아우야, 한번만 용서해 다오. 이러고도 또다시 그런 짓을 한다면 그때야말로 네 마음대로 해도 좋을 게다."

"아니, 형님들을 절대로 박해하거나 하지는 않겠습니다. 그것보다는 임금님이 형님들에게 한 짓이나 들려주세요."

"임금님은 우리를 죽도록 매질하고 목을 베겠다고 위협하고는 보물이 든 안장자루를 빼앗아 가버렸다."

"그렇다면 임금님에게 복수해야겠군요."

주다르가 반지를 문지르니 다시 알 라드가 모습을 나타냈습니다. 그것을 본 두 형은 새파랗게 질려 몸을 벌벌 떨었습니다. 그러고는 주다르가 자기들을 죽이라고 마신에게 명령한 줄로 알고 허둥지둥 어머니 옆으로 도망치며 울부짖었습니다.

"오, 어머니! 살려주세요. 제발 우리를 위해서 빌어주세요, 어머니!"

그러자 어머니가 대답했습니다.

"오, 아들들아, 무서워할 것 없다. 진정해라."

한편 주다르는 알 라드에게 지시했습니다.

"이제부터 왕실의 보물창고에 들어 있는 것을 모조리 가져오너라. 하나도 남겨선 안 된다. 그리고 왕이 우리 형님들한테서 뺏은 두 개의 안장자루도 찾아오너라."

"분부대로 하겠습니다."

즉시 사라진 알 라드는 임금의 보물창고에 들어 있는 물건을 죄다 쓸어 모아서 두 개의 안장자루와 함께 가지고 돌아와 주다르 앞에 늘어놓았습니다.

"주인 나리, 이제 보물창고에는 아무것도 남아 있지 않습니다."

주다르는 그것을 어머니에게 주면서 소중히 간직하라고 이른 뒤, 마법의 안장자루만 자기 앞에 놓고 마신에게 말했습니다.

"오늘 밤 안으로 하늘에 닿을 듯한 매우 크고 좋은 집을 지어, 내부에 순금을 입히고 최고급 가구를 들여 놓아라. 밤이 새기 전에 일을 마쳐야 한다."

"분부대로 하겠습니다."

마신은 곧 대지 속으로 모습을 감추었습니다. 이어서 주다르는 먹을 것을 꺼내 식구들과 함께 먹고 편안하게 잠자리에 들었습니다.

그동안 알 라드는 부하 마신들을 불러 모아 궁전을 세우라는 명령을 내렸습니다. 그러자 어떤 마신은 돌을 다듬고 어떤 마신은 기둥을 세우고 어떤 마신은 회반죽을 바르고 칠을 하고 장식을 붙이고 하여, 날이 채 밝기도 전에 훌륭한 궁전이 완성되었습니다.

그리하여 알 라드는 주다르에게 가서 보고했습니다.

"주인님, 궁전이 다 되었습니다. 더할 수 없이 훌륭하게 완성되었으니 아무쪼록 한 번 둘러보십시오."

주다르가 어머니와 형들을 데리고 가보니 그것은 세상에 둘도 없는 훌륭한 궁전이었습니다. 그 으리으리하고 웅장하며 위엄 있는 모습에 모두 깜짝 놀라고 말았습니다. 주다르는 길을 걸으면서도 기뻐서 어찌할 바를 몰랐습니다. 이토록 훌륭한 궁전이 돈 한 푼 들지 않고 하룻밤 사이에 손에 들어왔으니, 어찌 그렇지 않겠습니까?

주다르는 어머니에게 물었습니다.

"어떠세요, 어머니, 저와 함께 이 궁전에서 살지 않으시겠습니까?"

어머니가 대답했습니다.

"오, 아들아, 그렇게 하자꾸나."

그리고 어머니는 주다르에게 하늘의 축복이 내리기를 빌었습니다. 주다르는 다시 반지를 문질러 마신을 불러내어, 아름다운 백인 시녀 40명, 흑인 시녀 40명, 그리고 같은 수의 백인 노예와 흑인 노예를 데려오라고 명령했습니다.

"분부대로 하겠습니다."

알 라드는 곧 부하 마신 40명을 이끌고 인도와 신드 및 페르시아를 돌아다니면서 눈에 띠는 아름다운 소년과 소녀를 닥치는 대로 납치하여 명령받은 수만큼 어김없이 대령했습니다.

그 밖에 80명의 마신들은 아름다운 흑인 소녀를, 40명의 마신들은 흑인 소년을 잡아오니 주다르의 집은 수많은 사람으로 가득 찼습니다. 알 라드가 그들을 주다르에게 보여주자 주다르는 마음이 매우 흡족했습니다.

"저들에게 가장 훌륭한 옷을 입히도록 해라."

"분부대로 하겠습니다."

"그리고 어머니의 옷과 나와 형님들의 옷도 가져오너라."

"예."

마신은 옷을 가지고 와서 여자노예들에게 입히고 말했습니다.

"백인 노예도 흑인 노예도 잘 들어라. 이분이 너희 주인님이시다. 그 손에 입을 맞추고 절대로 명령을 거역해서는 안 된다는 것을 명심해라."

노예들은 옷을 갈아입고 주다르의 손에 입을 맞추었습니다. 주다르와 형들도 마신이 가지고 온 옷으로 갈아입자, 마치 주다르는 임금님이고 형들은 대신처럼 보였습니다.

주다르가 그때까지 살던 집도 꽤 넓었으므로, 그 집의 반에서는 큰형 살림과 그의 노예들이, 나머지 반에서는 작은형 사림과 그의 노예들이 살기로 하고, 주다르와 어머니는 새 궁전에서 살기로 했습니다. 그리하여 각자가 한 성의 주인처럼 살게 되었습니다.

이야기는 바뀌어서, 어느 날 왕궁의 광지기 우두머리가 볼일이 있어서 보물창고에 들어가 보니 그 속이 텅텅 비어 있는지라, 마치 시인이 다음과 같이 노래한 것과 비슷한 광경이었습니다.

    일찍이 그것은 영광스러운
    벌집의 모습을 방불케 했건만
    벌 떼는 날아가 버리고

지금은 그 흔적조차 없구나."*35

광지기 우두머리는 외마디 소리를 지르며 그 자리에서 까무러치고 말았습니다. 이윽고 정신이 돌아온 그는, 보물창고의 문을 활짝 열어젖힌 채 허둥지둥 샤무스 알 다우라 왕에게 달려가서 외쳤습니다.

"오, 충실한 자들의 임금님이시여,*36 보물창고가 하룻밤 사이에 씻은 듯 텅 비고 말았습니다."

"보물창고 안에 넣어둔 내 보물을 어떻게 했느냐?"

"알라께 맹세코 소인은 절대로 손을 대지 않았습니다. 그리고 어떻게 된 일인지도 모릅니다. 어제 소인이 보물창고를 돌아봤을 때는 틀림없이 가득 들어 있었는데, 오늘 가보니 깨끗이 사라지고 없었습니다. 그런데 문에는 자물통이 그대로 채워져 있고, 벽을 뚫은 기색도 없으며,*37 빗장*38도 아무런 이상이 없었습니다. 또 도둑이 든 흔적도 전혀 없었습니다."

"그럼, 그 신기한 안장자루도 사라졌단 말이냐?"

"네, 감쪽같이 사라졌습니다."

이 말을 들은 왕은 완전히 낭패한 기색이었습니다.

―여기서 날이 훤히 밝아왔으므로 샤라자드는 이야기를 그쳤다.

620번째 밤

샤라자드는 이야기를 계속했다.

오, 인자하신 임금님, 광지기 우두머리가 왕에게 보물창고가 텅 비어 있고 신기한 안장자루마저 사라져 버렸다고 아뢰자, 왕은 깜짝 놀라 벌떡 일어났습니다.

"어디 가 보자."

왕이 광지기 우두머리를 앞세우고 보물창고에 가보니 정말 텅 비어 있는지라, 왕은 몹시 노하여 병사들을 불러모았습니다.

"병사들아, 내 보물을 간밤에 몽땅 약탈당하고 말았다. 대체 어떤 놈이 감히 겁도 없이 이렇게 발칙한 짓을 저질러 나를 업신여겨 욕보이는 건지 도무지 알 수가 없구나."

그러자 병사들이 물었습니다.

"대체 어떻게 된 일입니까?"

"광지기 우두머리에게 물어 보아라."

병사들이 광지기 우두머리에게 묻자 그는 다만 이렇게 말할 뿐이었습니다.

"어제 내가 보물창고에 갔을 때는 분명히 가득 차 있었는데, 오늘 아침에 들어가 보니까 텅 비어 있었소. 그런데 이상하게도 벽을 뚫은 흔적도 없고, 문에도 아무 이상이 없었단 말이오."

병사들은 이 이야기를 듣고 모두 그저 놀라기만 할 뿐, 왕에게 뭐라고 대답해야 좋을지 알 수가 없었습니다.

마침 그때 살림과 사림을 왕에게 고발한 그 친위병이 나타나 왕에게 이렇게 말했습니다.

"오, 이 세상의 임금님, 저는 간밤에 기막힌 구경을 하느라고 밤을 꼬박 지새웠습니다."

"대체 무엇을 구경했단 말이냐?"

"사실 임금님, 제 말씀을 좀 들어 보십시오. 저는 간밤에 밤새 집을 짓는 것을 구경했는데, 날이 새자 어엿하게 궁전이 하나 완성되어 있지 않겠습니까? 그런데 그 궁전이란 것이 또 이 세상에 둘도 없이 으리으리한 궁전인 것입니다. 그래서 누구의 것인가 궁금해서 물어 보았더니, 주다르라고 하는 자가 더할 수 없이 많은 재산과 흑인과 백인 노예들을 데리고 돌아와 두 형을 감옥에서 구해내고 그 궁전을 지었던 겁니다. 주다르라는 자는 마치 임금님처럼 호사스러운 생활을 하고 있답니다."

"음, 그렇다면 옥을 살펴보고 오너라."

신하가 옥에 가보니 살림과 사림의 모습이 보이지 않았으므로 그 사실을 왕에게 보고했습니다.

"음, 이제 내 보물을 훔친 놈이 누구인지 짐작이 가는구나. 살림과 사림을 옥에서 구해낸 놈이 내 보물도 약탈해 갔을 것이다."

"오, 임금님, 그놈이 대체 누구입니까?"

대신이 묻자 왕이 대답했습니다.

"살림과 사람의 아우 주다르란 자이다. 그 마법의 안장자루를 훔쳐간 것도 그놈이 틀림없어. 여봐라, 대신, 그대는 주다르에게 병사 50명을 거느린 장수를 보내 그놈의 재산을 모두 압수하고 형들과 함께 나한테 끌고 오도록 하라. 목을 매달아 죽여 버릴 테다!"

왕은 몹시 화가 나 펄펄 뛰며 고함을 쳤습니다.

"아니, 무엇을 꾸물대고 있느냐! 빨리 장수를 보내 그놈들을 잡아 오지 못할까! 그놈들을 사형에 처해 버려야 한다니까!"

그러자 대신이 말했습니다.

"부디 자비를 잊지 마십시오. 알라께서는 대자대비하신 신으로서, 그 종들이 죄를 범하더라도 결코 성급하게 처벌하지 않으셨습니다. 그리고 소문에 의하면, 주다르란 자는 하룻밤 사이에 이 세상에 둘도 없이 훌륭한 궁전을 짓는 힘을 갖고 있습니다. 장수를 보낸다 하더라도 어쩌면 주다르한테 망신만 당할지도 모르는 일입니다. 그러니 잠깐이라도 참고 기다려 주십시오. 그러시면 그동안 제가 반드시 교묘한 꾀를 생각해내어 진상을 밝혀냄으로써 임금님의 노여움을 풀어 드리도록 하겠습니다."

"오, 대신, 그렇다면 어떻게 해야 할지 가르쳐다오."

"주다르에게 태수를 보내 초대장을 보내십시오. 주다르가 오게 되면 제가 정중하게 대접하며 호의를 보여주고서, 서서히 상대방의 재산에 대해 캐물으면 모든 것이 드러날 것입니다. 주다르가 만일 담이 큰 놈이라면 이쪽에서 계략을 쓰고, 시시한 놈이면 곧 잡아 묶겠습니다. 그런 다음 임금님 처분대로 하십시오."

대신의 의견에 찬성한 왕은 오스만이라는 태수를 불러 명령을 내렸습니다.

"주다르를 찾아가서 왕이 당신을 잔치에 초대했다고 전해라. 만일 그놈을 데리고 오지 못하면 네 목은 붙어 있지 못하리라."

그런데 이 오스만이라는 자는 약간 모자라는 데가 있을 뿐만 아니라 태도가 매우 거만하고 공손하지 못한 자였습니다. 오스만이 사자의 역할을 하명 받고 주다르의 궁전 앞에 가보니, 문 앞 황금의자에 환관이 한 사람 앉아 있었습니다.

오스만이 가까이 다가가도 그 환관은 일어서려는 기색을 보이지 않았고, 태수와 병사 50명이 바로 앞에 와 있어도 마치 곁에 아무도 없는 것처럼 천연덕스러웠습니다.

　이 환관이야말로 다름 아닌 반지의 하인 알 라드로, 주다르의 명을 받고 환관으로 둔갑하여 궁전 문 앞에 앉아 있었던 겁니다. 오스만은 환관 앞으로 말을 몰아가서 물었습니다.

　"여봐라, 종놈아, 네 주인은 어디 있느냐?"

　"궁전 안에 계시다."

　환관은 의자 등에 비스듬히 등을 기대어 꼼짝도 하지 않은 채 교만하게 대답했습니다. 그 꼬락서니를 보자 오스만 태수는 그만 화가 나서 말했습니다.

　"이런 괘씸한 종놈 같으니, 내가 묻는 데도 마치 목맨 송장처럼 길게 자빠져서 대답을 하다니! 정말 부끄러운 줄도 모르는 놈이구나!"

　그러자 환관이 쏘아붙였습니다.

　"잔말 말고 어서 꺼져 버려!"

　이 말을 듣는 순간, 불같이 화가 난 오스만은, 상대방이 마신인 줄도 모르고 창*39을 빼들어 상대를 죽이려 했습니다.

　그런데 알 라드가 오히려 오스만에게 덤벼들어 창을 빼앗더니 태수를 연달아 네 번이나 후려쳤습니다.

　그 광경을 보고 있던 병사 50명이 일제히 칼을 뽑아 환관을 죽이려고 덤벼들었습니다.

　"이 개놈들이 어딜 덤비려고?"

　알라드는 이렇게 말하기가 무섭게 창을 휘두르며 대항하여 닥치는 대로 후려치니, 상대편 병사들은 점점 뼈가 부러지고 피투성이가 되어 갔습니다.

　마침내 병사들이 도망치기 시작하자 환관은 그 뒤를 쫓아가 창을 휘둘러 궁전 문에서 멀리 쫓아내고 말았습니다.

　그리고 나서 태연하게 돌아온 환관은, 마치 아무 일도 없었다는 듯이 담담한 표정으로 다시 전과 같이 문 앞 의자에 걸터앉았습니다.

　―여기서 날이 훤히 밝아왔으므로 샤라자드는 이야기를 그쳤다.

621번째 밤

샤라자드는 이야기를 계속했다.

오, 인자하신 임금님, 환관 알 라드는 오스만 태수와 그 부하들을 궁전 문에서 멀리 쫓아버리고 다시 태연하게 의자에 앉았습니다.

한편 말할 수 없이 비참한 꼴을 당하고 도망쳐 온 오스만 태수는 샤무스 알 다우라 왕에게 이렇게 보고했습니다.

"오, 이 세상의 임금님이시여, 제가 주다르의 궁전 앞에 가보니 한 환관이 황금 의자에 앉아 있었습니다. 그런데 이놈이 참으로 무엄한 자라서 제가 가까이 가는 것을 보고도 의자에 앉은 채 다리를 쭉 뻗고 앉아 저를 빤히 쳐다보기만 할 뿐, 아예 일어서려고도 하지 않는 것이었습니다. 그래서 제가 말을 걸었더니 까딱도 하지 않고 대답하기에, 저는 화가 나서 놈을 때려줄 생각으로 창을 거머쥐었습니다. 임금님이시여, 그런데 그놈이 제 창을 빼앗아 들고는 도리어 저를 후려갈겼을 뿐만 아니라 부하들도 같은 꼴을 당하여 가까스로 도망쳐 나왔습니다. 그런 놈은 도저히 당할 재간이 없습니다."

이 말을 들은 왕은 화가 머리끝까지 치받쳐 외쳤습니다.

"병사 백 명을 그놈한테 보내라!"

그리하여 병사 백 명이 또다시 그 환관을 습격했지만, 그는 역시 창을 들고 이들과 맞서서 여지없이 후려치고 갈기고 하여 달아나게 했습니다. 그러고는 다시 아무 일도 없었다는 듯이 의자에 가 앉았습니다.

싸움에 진 군사들은 왕에게 도망쳐서 이렇게 아뢰었습니다.

"오, 위대하신 임금님, 저희는 그놈에게 실컷 얻어맞고 마구 발길질당해 어찌나 무섭던지 정신없이 그냥 도망쳐 왔습니다."

그러자 왕은 더욱 분노하여 이번에는 병사 2백 명을 보냈지만, 역시 쫓겨 오는 지저분한 태도를 보였습니다.

그래서 왕은 대신을 향해 말했습니다.

"여봐라, 대신! 이번에는 그대가 손수 군사 5백 명을 이끌고 가서 그 환관 놈을 비롯하여 주다르와 그 형들을 급히 잡아 오도록 해라."

왕이 이렇게 말하자, 대신이 대답했습니다.

"오, 위대하신 임금님, 저에게는 병사가 필요 없습니다. 무기도 지니지 않고 혼자서 갈 작정입니다."

왕이 다시 말했습니다.

"그럼, 가 보아라. 그리고 그대가 생각한 대로 시행해 보라."

그리하여 대신은 무기를 버리고 흰옷*40을 입은 다음, 손에는 염주를 들고 하인도 없이 혼자서 터벅터벅 걸어갔습니다.

이윽고 주다르의 궁전 앞에 가보니 정말 노예가 한 사람 앉아 있어서, 대신은 그 앞으로 가서 공손한 말로 인사를 했습니다.

"당신에게 평화를 내려주시기를!"

노예가 물었습니다.

"오, 인간이여, 당신에게도 평화가 있기를. 그런데 무슨 볼일로 오셨나요?"

이때 대신은 상대방이 '오, 인간이여' 하고 말한 것을 듣고, 그가 마신이라는 사실을 눈치채고 두려움에 몸을 떨면서 말했습니다.

"오, 나리! 당신의 주인 주다르 님이 여기에 계신가요?"

"그렇소, 이 궁전 안에 계시오."

"그렇습니까? 그럼 주다르 님에게 샤무스 알 다우라 왕이 인사를 전하며 특별히 마련한 잔치에 초대하신다고 전해 주시오."

"그럼, 주인님에게 여쭈고 올 테니 여기서 잠깐 기다리고 있으시오."

대신이 공손한 태도로 기다리는 동안 마신은 궁전 안으로 들어가서 주다르에게 보고했습니다.

"오, 주인님, 임금님이 주인님에게 태수와 병사 50명을 보냈지만 제가 쫓아버렸습니다. 다음에는 백 명이 몰려와서 그들을 쫓아냈더니 또 다음에는 2백 명이 와서 그들도 쫓아버렸습니다. 그러자 이번에는 대신이 무기도 갖지 않고 홀로 찾아와서, 왕이 주인님을 잔치에 초대하고 싶다고 했다는데 뭐라 대답할까요?"

"그 대신을 이리로 데리고 오너라."

주다르의 이 말을 듣고 마신은 대신한테 가서 말했습니다.

"직접 가서 말씀 올리시오."

"알았습니다."

대신이 주다르 앞으로 나가보니, 그는 임금님보다도 위세가 당당하고 위엄 있으며, 임금님도 엄두내지 못할 호화로운 양탄자 위에 앉아 있었습니다.

그뿐만 아니라 화려한 궁전 내부와 여러 가지 훌륭한 장식품 때문에 눈이 부셨고, 장식품 수가 헤아릴 수 없을 정도로 많아 그것과 비교한다면, 자기 따위는 마치 거지와 다름없었습니다.

대신은 주다르 앞에 엎드려 양탄자에 입을 맞춘 뒤, 주다르에게 축복의 말을 했습니다.

주다르가 물었습니다.

"대신님, 무슨 일로 오셨소?"

대신이 대답했습니다.

"사실 당신의 친구이신 샤무스 알 다우라 왕께서 문안을 여쭈라고 말씀하셨습니다. 임금님께서는 오래전부터 당신을 만나고 싶어 하셨습니다. 그래서 당신을 위해 잔치를 벌이라는 분부이시니 아무쪼록 임금님의 희망대로 연회에 참석해 주시기 바랍니다."

"정말로 내 친구라면 내 인사를 전해 주시고, 임금님께서 이쪽으로 오시라고 전해 주시오."

"알았습니다."

주다르는 이어서 반지를 꺼내어 문지른 뒤, 나타난 마신에게 훌륭한 옷을 한 벌 가져오게 했습니다. 주다르는 그 옷을 대신에게 주면서 이렇게 덧붙였습니다.

"이 옷을 입고 임금님께 돌아가서 내가 한 말을 전해 주시오."

대신은 지금까지 한번도 본 적 없는 화려한 옷을 입고 왕에게 돌아가서 자세히 보고한 뒤, 궁전이 훌륭하더라고 칭찬까지 하면서 이렇게 전했습니다.

"주다르는 임금님께서 몸소 찾아오시기 바란다고 말했습니다."

그러자 왕은 곧 소리를 높여 명령을 내렸습니다.

"여봐라, 모두 말을 타렷다! 내 말도 이리로 끌고 오너라. 이제부터 주다르에게 가련다."

이윽고 왕과 호위병들은 카이로의 궁전을 향해 말을 달렸습니다.

한편, 주다르도 마신을 불러 명령을 내렸습니다.

"네 부하 마신들을 친위병으로 꾸며서 궁전 앞 광장에 배치해라. 왕이 그 광경을 보고, 두려움을 느끼고 간이 오그라들어, 내 권세를 도저히 당할 수 없다는 것을 느끼도록!"

알 라드는 키가 크고 몸집이 건장한 마신 2백 명을 데리고 와서 훌륭하게 무장을 갖춘 친위병으로 꾸몄습니다.

이윽고 도착한 왕은 이 늠름한 병사들을 보고 그만 겁에 질려버리고 말았습니다. 이어서 궁전 안에 들어가 보니 과연 주다르는 임금도 태수도 미치지 못할 위엄을 풍기며 앉아 있었습니다.

왕은 주다르에게 인사를 했지만, 주다르는 일어나려고도 하지 않을뿐더러 왕에게 앉으라는 말도 없이 언제까지나 그 자리에 계속 세워 두었습니다.

—여기서 날이 훤히 밝아왔으므로 샤라자드는 이야기를 그쳤다.

622번째 밤

샤라자드는 이야기를 계속했다.

오, 인자하신 임금님, 임금님이 들어왔는데도 주다르는 일어서려고도 하지 않고, 앉으라는 말도 없이 왕을 언제까지나 그 자리에 세워 두었습니다.*41

그래서 왕은 두려움을 느끼고 앉지도 돌아서지도 못한 채 마음속으로 생각했습니다.

'주다르가 나를 겁내고 있다면 이렇게 깔보는 행동을 하지는 않을 것이다. 이것은 내가 주다르의 형들에게 그와 같은 꼴을 겪게 한 탓에 나를 해치려는 생각임이 분명하다.'

이때 주다르가 입을 열었습니다.

"오, 이 세상의 임금님, 백성을 괴롭히고 그 재물을 빼앗는 것은 훌륭한 왕에게 어울리는 짓이 아닌 줄 압니다."

그러자 왕이 대답했습니다.

"오, 주다르여, 아무쪼록 내 허물을 용서해 주시오. 그만 욕심에 눈이 멀어 그렇게 되고 말았으나, 이 또한 운명이 시키는 짓이었소. 게다가 이 세상에 죄라는 것이 없다면 용서하는 마음도 없을 것이오."

왕은 지난날의 잘못을 사과하고 주다르에게 용서를 빌면서 이런 시까지 읊었습니다.

> 마음도 너그럽고
> 인품도 드높으신 그대여,
> 나로 말미암아
> 그대에게 화가 미치더라도
> 나를 책망하지 마시라.
> 설령 그대가 나에게
> 허물을 짓더라도
> 나는 기꺼이 용서하리라.
> 그러므로 내 비록 그대에게
> 잘못했지만 그대는 쾌히 용서하시라.

왕이 주다르 앞에서 겸손하게 고개를 숙이며 사과하자 마침내 주다르도 이렇게 말했습니다.
"알라께서 당신을 용서하시기를!"
그리고 왕에게 자리에 앉도록 권하여, 왕이 앉자 주다르는 용서의 표시로 옷을 선물하고 형들에게 식사를 준비하도록 시켰습니다. 식사가 끝나자 주다르는 왕의 호위병들에게도 빠짐없이 옷과 선물을 준 다음, 왕에게 돌아가시라고 일렀습니다.

왕은 그대로 돌아갔지만, 그 뒤로는 거의 매일같이 주다르를 찾아왔고, 회의도 곧잘 주다르의 궁전에서 열게 되어 두 사람 사이는 점차 가까워지게 되었습니다.

그리하여 달포가 지난 어느 날, 대신과 단둘이 되었을 때 왕은 불안한 듯 이렇게 말했습니다.
"대신, 나는 주다르가 나를 죽이고 이 왕국을 빼앗는 게 아닌가 해서 걱정이 되는구려."

그러자 대신이 대답했습니다.
"오, 이 세상의 임금님이시여, 왕국을 빼앗길지도 모른다는 점에 대해서는 조금도 염려하실 것 없습니다. 주다르는 현재 임금님보다도 위세를 떨치고 있으므로, 왕국을 빼앗는다면 오히려 주다르의 존엄성을 깎아 내리는 것이 될 테니까요. 그러나 임금님께서 주다르에게 목숨을 잃게 되지나 않을까 걱정이시라면 공주님을 주다르의 아내로 내리시는 것이 어떨까요? 그렇게 하시면 임금님과 주다르의 신분은 같은 지위가 될 수 있습니다."

"오, 대신, 그렇다면 그대가 공주와 주다르의 혼인을 주선해 다오."

"그러시다면 임금님께서 주다르를 연회에 초청하시고, 그때 어여쁘게 차린 공주님이 손님방 문 앞을 지나가도록 하는 겁니다. 주다르가 공주님을 보면 틀림없이 사랑에 애태우게 될 것입니다. 그렇게만 되면 제가 그를 찾아가서 공주님이라는 사실을 밝히고 결혼하도록 권하겠습니다. 하지만 임금님께서는 주다르 쪽에서 공주님을 아내로 맞이하고 싶다고 청할 때까지 전혀 눈치채지 못한 것처럼 하셔야 합니다. 주다르가 공주님과 결혼만 한다면 임금님과 주다르는 한 배를 탄 셈이 되니, 신변에 대한 걱정도 사라질 겁니다. 또 주다르가 죽으면 임금님은 그의 모든 재산을 차지하실 수 있습니다."

"오, 대신 그것참, 좋은 생각이오."

그리하여 얼마 뒤 왕이 술자리를 마련하여 주다르를 왕궁으로 초대했습니다. 그리고 모두 날이 저물 때까지 즐겁게 보냈습니다.

이에 앞서 왕은 왕비더러 공주를 아름다운 옷과 훌륭한 장신구로 치장시켜 손님방 문 앞을 지나가게 하라고 일러두었습니다.

이윽고 공주가 손님방 문 앞을 지나가자, 주다르는 그 비할 데 없이 아름답고 우아한 모습을 뚫어지게 쳐다보다가 '아!' 하는 탄식과 함께, 팔다리에서 힘이 모두 빠져 달아나는 것을 느꼈습니다. 사랑의 불길이 폭풍처럼 주다르를 사로잡았기 때문입니다. 주다르는 금세 사무치는 정욕에 넋이 빠져 얼굴빛마저 창백하게 변했습니다. 그러자 대신이 물었습니다.

"주다르 님, 부디 아무 일도 아니기를! 무슨 일로 얼굴빛이 갑자기 변해서 괴로워하시는 것인지요?"

"오, 대신, 저 처녀는 누구의 딸이오? 나를 홀리고 내 영혼을 빼앗아가고 말았소."

"그 처녀는 당신의 벗인 임금님의 따님이십니다. 마음에 드신다면 제가 임금님께 말씀드려서 당신에게 주시도록 주선해 드리지요."

"오, 대신, 제발 그렇게 해 주시오. 내가 살아 있는 한, 그대가 갖고 싶은 것은 무엇이든 주겠소. 또 임금님에게도 공주의 지참금으로 원하는 것을 모두 드리리다. 그러면 우리는 친구인 동시에 친척이 되는 거지요."

그리하여 대신은 왕에게 다가가서 그 귀에 속삭였습니다.

"오, 위대하신 임금님, 임금님의 친구 주다르가 임금님과 친척이 되고 싶다 하십니다. 아샤 공주님과의 혼인을 주선해 달라는 얘기였습니다. 그러니 거절하지 마시고 저의 주선을 받아들이십시오. 지참금은 임금님이 원하시는 대로 뭐든지 드리겠다 합니다."

"지참금은 이미 받았다. 공주를 아내로서 맞이해 준다면야 그야말로 고마운 일이지."

―여기서 날이 훤히 밝아왔으므로 샤라자드는 이야기를 그쳤다.

623번째 밤

샤라자드는 이야기를 계속했다.

오, 인자하신 임금님, 그리하여 두 사람은 그날 밤을 함께 보냈습니다. 이튿날 아침이 되자, 왕은 이슬람교 장로*[42]들을 신분의 차이 없이 모두 소집해서 궁정회의를 열었습니다. 여러 사람이 모인 그 자리에서 주다르가 공주에게 청혼하자 왕이 말했습니다.

"지참금은 이미 받았으니 혼인계약서를 작성해 주시오."

그리하여 장로들은 혼인계약서를 작성하고, 주다르는 보석이 든 안장자루를 가져오게 하여 그것을 공주에 대한 증여재산으로서 왕에게 주었습니다.

이윽고 북이 울리고 피리 소리가 울려 퍼지는 가운데 성대한 결혼식이 열렸고, 주다르와 공주는 부부의 연을 맺었습니다.

그 뒤 주다르와 왕은 마치 한몸처럼 오랜 세월 화목하게 살다가 마침내 샤무스 알 다우라 왕은 세상을 떠났습니다. 나라의 모든 장병들은 주다르를 국왕으로 추대하려 했지만, 주다르는 사양하며 받아들이지 않았습니다.

그러나 모두가 간절하게 요청하여 드디어 주다르도 승낙하고 말았습니다.

그리하여 장인 대신 왕위에 오른 주다르는 분두카니야*43 지구에 있는 선왕의 묘소 위에 큰 사원을 짓도록 명령하고, 그 비용을 모두 기부했습니다.

원래 주다르의 저택이 있는 지역은 야마니아라고 하는 곳이었습니다. 그런데 주다르가 왕위에 올라 대중용 사원과 그 밖의 건물을 많이 지어서 주다르의 이름을 붙여 주다리야*44 지구라 부르게 되었습니다.

그리고 주다르는 큰형 살림을 우대신, 작은형을 좌대신에 임명하여 꼭 1년 동안은 아무 탈 없이 편안하게 살았습니다. 왜 1년 동안이냐고요? 들어보세요. 1년이 지나자 살림이 사림에게 이렇게 말했습니다.

"아우야, 대체 언제까지 이런 생활을 계속해야 하는 거냐? 우리는 주다르의 신하로서 일생을 보내야만 하는 거냐? 그 녀석이 살아 있는 동안에는 행운이 찾아올 것 같지도 않고 임금이 되는 건 꿈도 꿀 수 없어. 그러니 어떠냐, 그 녀석을 죽여 버리고 반지와 안장자루를 빼앗아버리는 것이?"

"약빠른 꾀라면 나보다 형이 뛰어나니까, 어떻게든 형이 그놈을 죽일 궁리를 해 보구려."

"이 일이 잘되면 내가 임금이 되어서 반지를 갖고, 너는 우대신이 되어 안장자루를 가지는 게 어떻겠니?"

"좋을 대로 하구려."

두 사람은 이렇게 무서운 욕심 때문에 동생 주다르를 죽이기로 모의한 것입니다.

그들은 주다르를 빠뜨릴 함정을 마련해 놓고 이렇게 말했습니다.

"오, 아우여, 사실 우리는 너 같은 아우를 둔 것을 진심으로 자랑하고 싶단다. 그래서 잔치를 열고자 하니 우리 집에 와서 우리 마음을 기쁘게 해 주지 않겠니?"

"좋고말고요. 그런데 어느 형님의 집에서 잔치를 여시겠소?"

"내 집에서 열도록 하지. 그리고 식사가 끝나면 사림한테도 손님으로 가주면 좋지 않겠니?"

그리하여 주다르는 사림과 함께 큰형님 집을 방문했습니다. 그러자 살림은 주다르에게 독이 든 음식을 내놓았고, 그것을 먹은 주다르는 이내 온몸이 뼈부터 썩어 들어가서 마침내 죽고 말았습니다.

큰형 살림은 얼른 송장 옆으로 가서 반지를 뽑으려 했지만 아무리 해도 빠지지 않아서 칼로 주다르의 손가락을 잘라 버렸습니다. 그렇게 하여 손에 넣은 반지를 문지르자 마신이 나타났습니다.

"무슨 분부이십니까?"

"내 동생 사림을 잡아 죽여라. 그리고 그 송장과 이 독약을 먹고 뒈진 놈의 송장을 병사들 앞에 내던지고 오너라."

마신은 사림을 잡아 죽이고서, 두 사람의 시체를 병사의 대장들 앞에 던져 놓았습니다. 궁전 손님방의 식탁에 둘러앉아 식사를 하던 대장들은 주다르와 사림의 시체를 보자 공포에 떨면서 마신에게 물었습니다.

"누가 임금님과 좌대신을 이 꼴로 만들었나?"

"큰형 살림이다."

그때 살림이 나타나 모두를 향해 말했습니다.

"여봐라, 오늘은 마음껏 마시고 즐겁게 놀아라. 주다르는 죽었고, 반지는 내 손에 들어왔다. 지금 너희 앞에 있는 마신은 이 반지의 하인이다. 내가 아우 사림을 죽인 것은 나와 왕위를 다투는 일이 있어서는 안 된다고 생각했기 때문이다. 그놈은 배신자라서 나를 배신하지 않는다고 믿을 수가 없다. 그러니 지금부터는 내가 너희의 왕이다. 이에 복종하지 않으면 이 반지를 문질러 마신에게 명령하여 너희를 한 놈도 남김없이 모조리 죽여 버릴 것이다."

—여기서 날이 훤히 밝아왔으므로 샤라자드는 이야기를 그쳤다.

624번째 밤

샤라자드는 이야기를 계속했다.

오, 인자하신 임금님, 살림은 계속해서 대장들에게 말했습니다.

"너희는 나를 국왕으로 인정하겠느냐? 만일 인정하지 않는다면 이 반지를 문지르겠다. 그러면 마신이 너희를 한 놈도 남김없이 모두 죽일 것이다!"

그러자 대장들이 대답했습니다.

"당신을 저희 주군으로, 국왕으로 인정합니다."

살림은 두 동생의 시체를 화장하고 즉시 회의를 소집했습니다. 어떤 자들은 장례식에 참석하고 어떤 자들은 살림을 앞세우고 줄을 지어 궁전의 접견실로 나아갔습니다. 이윽고 살림이 옥좌에 앉자 신하들은 국왕 살림에게 충성을 맹세했습니다.

그것이 끝나자 살림이 말했습니다.

"나는 동생 주다르의 왕비와 결혼할 생각이다."

그러자 신하들이 말했습니다.

"그렇지만 과부로서의 법정기간이 끝날 때까지*45 기다려주십시오."

그러나 왕은 들으려 하지 않았습니다.

"과부의 기한 같은 건 나는 모른다. 이 몸이 살아 있는 한, 무슨 일이 있어도 오늘 밤 안에 혼인을 치르고 싶다."

살림이 이렇게 우겨대므로 하는 수 없이 혼인계약서를 쓰고 그 사실을 아샤 공주에게 알리니 공주가 말했습니다.

"살림에게 오라고 전해 주시오."

그날 밤 살림이 아샤 공주를 찾아 가니, 공주는 사뭇 기쁜 듯이 그를 맞이했습니다. 그러나 공주는 물에 독을 타서 마시게 하여 살림을 죽여 버렸습니다.

그리고 살림의 손가락에서 반지를 뽑아 다시는 아무도 가질 수 없도록 부숴 버리고 안장자루도 찢어 버렸습니다.

그런 다음 아샤 공주는 이슬람교 장로들과 고관 중신들에게 사람을 보내어 모든 사정을 알리고 이렇게 명령했습니다.

"여러분의 손으로 백성을 다스릴 국왕을 선출하시오."

—이것이 주다르와 그 형들에 대해 저희에게 전해 내려오는 이야기입니다.*46 오, 임금님, 저는 또 다음과 같은 이야기도 들은 적이 있습니다.

〈주〉

*1 주다르(Judar)라는 인명은 오래된 고전적인 아랍명이다. 《안타르 이야기 *Antar*》에서는 젊은 여전사 자이다가 공식적으로는 주다르라고 불렸다('자이다와 할리드 이야기 Story of Jayda and Khalid'). 뒤에 볼 수 있듯이 이 이름은 카이로의 한 지역 이름이기도 하며, 인명은 종종 이러한 지명에서 따오는 일이 있다. 이를테면 다마스쿠스의 수크 알 주븐(Suk al-Jubn)에서 알 주브니(Al-Jubni)가 나왔다. 이 이야기는 매우 이집트적이

며, 문체도 카이로 사투리의 비속어로 가득 차 있다.
* 2 상인이 죽기 전에 유산을 분배하지 않고 유언장도 작성하지 않은 채 죽었다면, 과부는 4분의 1이 아니라 겨우 8분의 1밖에 받을 수 없을 것이다.
* 3 원전에는 화폐의 이름이 생략되어 있지만, 명백하게 누스프(Nusf), 즉 반 디르함(은화)을 말한다. 레인은 디나르 금화가 이 이야기에서는 170누스프에 해당하는 것에 주목하여, 이 이야기가 쓰인(또는 베껴 써진?) 것은 오스만(Osmann)의 이집트 정복 이후일 거라고 생각하고 있다. 다만 유감인 것은, 레인에게는 이 동전의 가치가 그 정도로 하락한 것은 언제인지 그 정확한 시대를 알 수 없다는 것이다.
〔레인은 자신이 번역한 《신역 천일야화》에서, 빵값에 대한 주다르의 지급 방법을 통해 1누스프의 당시 화폐가치를 추정한 것이다.〕
* 4 즉, 나날의 양식 문을 열어준다는 뜻.
* 5 송사리는 아랍어의 시라(Sirah)로, 여러 가지로 다른 설이 있는 작은 물고기이다. 그래서 손니니(Sonnini)의 표에도 실려 있지 않다. 〔손니니는 프랑스의 박물학자로, 유명한 뷔퐁의 협력자. 그의 노스승에 의하면, '가장 작은 물고기'라고 하는데, 자신은 그 종류를 분명하게 드러내 보일 수 없다고 하면서, 다른 해석을 덧붙인 드 사시의 저서를 들고 있다. 또 버턴의 'sprat'에 대해 레인은 'minnow'라는 번역어를 사용했다.〕
* 6 카룬(Karun) 호수는 카이로 남쪽에 있는 못 또는 작은 호수. 오래전에 파묻혔다. 폰 함메르는 이 호수가 유해를 배에 실어 옮겨준 멤피스(Memphis) 호수의 늙은 카론(Charon)의 이름에서 온 것으로 믿고 있다. 〔늙은 카론은 그리스 신화에 나오는 늙은 뱃사공으로 에레보스의 아들이다. 저승의 강에서 사자(死者)를 건네주었다.〕
* 7 이렇게 하여 약속을 일종의 종교상 서약으로 만든 것이다. 가톨릭교도라면 주기도나 성모 마리아에게 바치는 기도(Ave Maria)를 욀 것이다.
* 8 가엾게도(O unhappy)!는 아랍어로 야 미스킨(Ya miskin)='오, 불쌍한 사람', 메스캉(mesquin)〔프랑스어〕, 메스치노(meschino)〔이탈리아어〕에 해당하며, 이 말들은 분명히 동양에서 온 것이다.
* 9 마가리바(Magharibah)는 마그리비(Maghribi)의 복수형인데, 서쪽〔아프리카〕사람, 무어인(Moor)이라는 뜻이다. 나는 이미 마그리븐(Maghribiyun)에서 나온 라틴어 마우루스(Maurus)를 통해 이 말〔Moor〕의 어원이 발달한 과정을 설명했다.
〔《순례》제1권에, 'Maurus에서 포르투갈어의 Moro와 우리말의 Moor가 나왔다. 바스코다가마가 캘리컷(Calicut)—인도—에 이르렀을 때 어떤 아랍족 이민을 만났는데, 그들은 종교와 언어상 북아프리카의 주민과 같았다. 그 이유에서 그는 그들을 무어인(Moors)이라고 불렀다. 이것은 상당히 오래전에 방상(Vincent)(《페리플루스 Periplus》제3권)에 의해, 최근에는 프리처드(Prichard)(《인간의 박물학 The Natural History of Man》)에 의해 설명되었다……'고 하며, 나아가서 동방인을 의미하는 사라센인

(Saracen)과 비교 검토하고 있다. 참고로 방상 드 보베는 13세기 프랑스의 백과전서 《대경(大鏡) speculum majus》의 저자로, 중세기를 종합적으로 연구했다. 1264년 무렵 사망. J.C. 프리처드는 영국의 인종학자. 위의 책은 1843년 간행, 1786~1848년.〕

유럽인은 가인(Ghain)〔아랍어 알파벳의 19번째, 아랍문자에서는 물론 한 글자이지만 표기하면 gh가 된다〕을 발음할 수 없어서, 위의 Maghribiyun을 Ma'ariyun으로 바꾸는 습관이 있었다. 그들은 대부분 말리키(Maliki)파에 속하며, 마법사나 보물의 발견자로 세상에 알려졌다.

〔말리키파는 이슬람 정통파인 시아파의 4분파의 하나, 상세한 것은 레인 저 《이집트의 생활》에 나와 있다.〕

*10 본문에 나오는 이름은 Abd al-Salam(구원의 노예), Abd al-Ahad(유일한 자―신(神)―의 노예), Abd al-Samad(영원한 자의 노예), Abd al-Rahim(자비로운 자의 노예), Abd al-Wadud(자애로운 자의 노예)이다.

*11 코헨 알 아브판(Cohen Al-Abtan)은 '헤아리기 어려울 만큼 깊은 것'이라는 뜻.

*12 '키가 큰 자'는 뜻.

*13 알 라드 알 카시프(Al-Ra'ad al-Kasif)는 '시끄럽게 울리는(귀가 먹먹한) 천둥'이라는 뜻.

*14 페즈(Fez)와 메키네즈(Mequinez)는 아랍어의 Fas와 Miknas이다. 지은이는 분명히 같은 도시로 간주하고 있다〔둘 다 모로코의 도시〕. 파스는 손도끼라는 뜻인데, 그 지방적인 발음에서 근동 이슬람국의 붉은 모자〔즉, 페즈(fez)〕가 나왔다(이븐 바투타(Ibn Batutah) 저서 참조).

〔바투타는 14세기 아랍인 여행가로, 원나라 때 중국도 방문했다. 여기에 든 책은 그의 《여행기》이며, 마르코 폴로의 동방견문록과 나란히 손꼽히고 있다.〕

*15 안장자루(saddle-bag)는 아랍어로 알 후르지(al-Khurj)라고 하는데, 스페인어의 라스 알포르하스(las alforjas)〔복수형〕가 여기서 나왔다.

*16 〔본문에서는 Kabobs라고 되어 있지만, 일반적인 사전에는 cabobs라고 되어 있다. 생강이나 마늘로 맛을 낸 잘게 썬 고기 요리에 사용된다.〕 아랍어의 Kabab으로, 주사위 모양으로 썰어서 꼬치에 꽂아 구운 양고기를 말한다. 더욱 가까운 동양에서는 불고기를 가리키기도 하는데, 그곳 사람들은 유럽과 마찬가지로, 음식의 고상한 맛을 그대로 보존하는 고기 요리법을 모른다. 아르헨티나 가우초(Gaucho)〔혼혈 카우보이〕들의 아사오(Asa'o) 요리에는 이 요리의 맛매가 보존되어 있다. 가우초는 아직 떨림이 계속되고, 힘줄이 경직되지 않은 생고기를 굽는다. 따라서 짐승이 어리면 완전히 부드럽고 오래 보존하면 '고기맛(meaty)'이 절반으로 준다.

*17 보통이는 페르시아어의 부크체(Bukcheh)에서 나온 아랍어 Bukujah이다. 동양에서 나들이옷을 보관할 때 흔히 쓰는 이 방법은 오염을 피하고자 후추나 향료를 섞어서 가

늘고 긴, 거친 천에 싸 두는 것이다.

*18 걸어서 갔는지 어떤지 일일이 분명하게 드러나 보인다. 왜냐하면, 존경할 만한 사람들은 교외에 나갈 때도 말을 타고 가며, 우리의 친구 보어인이 늘 말하듯이 절대로 '발바닥'으로 걷지 않는다.

*19 대군도 전멸시키는 '마법의 칼' 이야기가 포함된 이 이야기는 유럽에도 도입되었다. 이를테면, 스트라파롤라(Straparola) (iv 3)나 그림형제가 헤센(Hessen)에서 발견한 '생명의 물(Water of Life)', 그리고 《게머 그레텔의 독일 민화 *Gammer Grethel's German Popular Stories*》(에드거 테일러(Edgar Taylor) 편, 벨즈 사, 1878년) 등에서 볼 수 있고, 현재는 A. 랭(Lang)의 서문이 있는 헌트(Hunt) 부인 편 《그림동화 *Grimm's Household Tales*》(2 vols. 8 vo. 1884년) 속에 더욱 완전한 형태로 발표되어 있다. 그토록 신랄하고 독설적인 비평가(랭)가, 서문에서 볼 수 있는 수박 겉핥기식의 잡동사니 지식 탓에 사람들의 비난을 받는 것은 기묘한 일이다.

〔G.F. 스트라파롤라는 이탈리아의 이야기 작가로, 여기에 언급된 책은 《데카메론》식 이야기를 74편 모은 《유쾌한 밤 *Piacevoli Notti*》(1550~4년). 헤센은 옛날 독일의 공국(公國) 이름이다. 야코프 그림은 헤센카셀에서 태어났다. A. 랭은 살아 있었을 당시 막스 밀러 일파를 상대로 신화와 민화의 해석에 대해 논쟁한 적이 있으며, 많은 문예평론을 남겼다. 1844~1912년.〕

*20 주다르의 이러한 응수는 영리한 이집트 사람들이 이럴 때 하는 말 그대로이다.

*21 아랍어의 살라마트(Salamat)로, 살람의 복수형. 이집트인이 즐겨 사용하는 인사말이다.

*22 이 말은 외국인을 매우 어리둥절하게 하는 이슬람교적인 관념을 나타내고 있다. 아랍어에는 우리의 '고맙다'에 해당하는 말이 전혀 없어서, 알 이슬람에서는 완곡한 표현 말고는 감사의 뜻을 나타낼 수가 없다. 따라서 이슬람교도는 증여자를 축복하고 번영을 기원함으로써 은혜를 인정하며, '당신의 그림자가 결코 더 작아지지 않기를!'이라는 말이 '언제나 당신의 비호가 나를 지켜주기를!'이라는 뜻으로 통한다.

여기에 대해서는 앞에서도 주석을 달았지만, 다시 한 번 되풀이해 둘 가치가 있을 것이다. 외국인, 특히 영국인은 매우 독단적이어서 이집트인이나 아랍인을 상대로 하는 모든 사람이 깊이 이해해 두어야 하는 사항에 대해 매우 잘못 생각하고 있다. 동양에서 오랫동안 사는 사람이라면, 무감사(無感謝) 이론은 결코 인간(이나 동물) 고유의 감사하는 마음을 해치는 것이 아님을 알고 있다.

*23 이 훌륭한 문, 즉 바브 알 나스르(Bab al-Nasr, 개선문) 밖에는 커다란 묘지가 있다. 참고로, 하지(Hajj)로서 메카와 알 메디나에 참배한 나의 선배 부르크하르트도 이 묘지에 매장되어 있다. 따라서 수많은 거지가 평소에 그 부근에 모여 있는 것을 볼 수 있다.

*24 지인(知人)은 이따금 애정과 존경의 표시로 등자를 붙들고, 타고 있는 사람과 나란히 걸어간다. 특히 돌아오는 순례자에 대해.

*25 어머나(Yauh)!는 우리의 '아(Alas)!'와 같다. 이것은 여성용어이며, 남자는 절대 사용하지 않는다. 외국인은 이 구별에 주의를 기울여야 한다. 내가 기억하기로는, 여자한테서 힌두스탄어를 배운 어떤 봄베이(뭄바이)군 사관이 늘 여성형으로 말하여, 세포이(Sepoy)〔인도의 영국군에 가담한 인도인 병사〕들을 몹시 당혹스럽게 했다.

*26 가부장적인 사회 단계에서는 어머니가 성인이 된 아들의 시중을 들어준다. 달마티아(Dalmatia)〔오스트리아의 한 주〕에서도, 대부분의 구식 가정에서는 가족의 귀부인들이 손님의 시중을 드는 것을 목격했다. 매우 기분 좋은 일이지만 처음에는 약간 놀란다.

*27 예배소는 아랍어의 자위야(Zawiyah)이며, 마스지드(Masjid)〔이슬람교 사원〕와의 관계는 바로 예배당과 교회의 관계와 같다.

*28 자유로운 신분의 이슬람교도를 이런 식으로 파는 것은 매우 무거운 죄였다. 그러나 지난 몇 세기 동안 영국인은 매매되어 아메리카 대륙의 큰 농원에 보내지는 관습이 있었다.

*29 친위병(Janissary)은 아랍어로 카우와스(Kawwas)라고 하며, 글자 그대로는 '사수(射手)'라는 뜻이다. 산 에르만다드(Sainte Hermandade)의 사수를 연상시킨다. 〔산 에르만다드는 라르스 사전에 의하면 15세기 말에 도둑과 악인에 대비하여 스페인에서 결성된 병단을 가리킨다.〕 근대 이집트에서는 순경이 되었다《순례》제1권). '카바스(Cavass)'는 화려한 제복을 입고, 칼을 차고, 관청이나 영사관에 배치된 순시이다. 〔위의 카바스에 대해서 버턴은 《순례》에서 "이 말을 'Kawas' 'Cavas' 등으로 잘못 쓰는 사람이 있다"고 말했다.〕

*30 완전한 가공의 이름.

*31 이 순회는 아랍어로 타와프(Tawaf)라고 하며, 왼쪽 어깨를 성전을 향하고, 그 둘레를 일곱 번 도는 것. 즉 시계 반대방향으로 돈다.

*32 형제는 아랍어의 아흐(Akh)로, 이 형제라는 말은 이슬람교도 사이에서는 넓은 의미가 있으며, 구원의 신앙에 귀의하는 자라면 누구에게나 사용된다.

*33 〔본문을 직역하면 '내 책임을 해제해 달라'가 된다.〕 하인을 해고할 때 주인이 하는 말이며, '나는 당신에 대한 의무를 소홀히 하지 않았다!'는 뜻. 여기에 대한 대답은 '알라께서 당신의 책임을 없애주시기를!'

*34 이슬람 국가의 감옥은 백 년 전의 유럽의 그것과 같다. 생각만 해도 소름이 돋는 일이다. 동양인은 감옥에 대한 우리의 관념을 비웃으며 봄베이(뭄바이)의 아랍인들은 그것을 알 비스탄(Al-Bistan, 정원)이라고 부른다. 왜냐하면 감옥 마당에 약간의 나무와 관목을 키우고 있기 때문인데, 그들에게 정원이라는 것은 언제나 낙원의 관념을 암시한다.

* 35 할리야(Khalíyah, 꿀벌의 집)와 Khaliyah(텅 비다)에 얽힌 속담이다. 할리야는 원래 나무줄기의 텅 빈 부분에 지은 벌집을 가리키며, 점토나 진흙으로 지은 집인 카우와라(Kawwarah)에 대응한다(알 하리리 작 《티플리스의 집회》). 그 밖에도 많은 명칭이 있는데, 그것은 아랍인이 벌꿀에 대해서는 상당히 까다롭기 때문이다(《순례》 제3권). 〔메카에서만 8, 9종의 벌꿀이 생산되는데, 아라비아에서 가장 우수한 것은 시하라고 하는 것으로, 가시가 있는 식물을 늘 먹는 벌에 의해 만들어지는 녹색의 꿀이라고 한다.〕
* 36 레인은(제3권) 이 칭호에서 추정하여, 작자는 이 이야기를 교주통치(Caliphate) 시대에 속하는 것으로 했다고 생각하고 있다. '충실한 자들의 임금'(원뜻은 신앙심 깊은 자의 주군이라는 뜻)은 나도 앞에서 말한 것처럼, '교주(Caliph, 후계자라는 뜻)'라고 하는 거북한 칭호를 피하고자 오마르 교주가 채용한 것이다.
* 37 동양의 도둑은 네 가지 방법을 가르친다. (1) 구운 벽돌 빼내기 (2) 굽지 않은 벽돌 구멍 내기 (3) 흙벽 적시기 (4) 나무 벽에 구멍 뚫기.
* 38 빗장은 아랍어로 자바트(Zabbat)라고 하며, 글자 그대로는 도마뱀을 가리키지만 나무 빗장도 의미한다. 이집트 전역을 통해 사용되는 유일한 것.
* 39 여기에서 창은 아랍어로 Dabbus이며, 이 동양풍의 창에 대해서는 영국의 수집가들이 잘 알고 있다. 대부분은 금속, 그중에서도 강철로 되어 있고 손잡이는 짧다. 끝은 다양한 모양을 하고 있는데, 가장 단순한 것은 매끄럽고 둥근 공 모양이다. 646번째 밤 참조.
* 40 붉은 옷은 분노와 복수의 표시이고, 파스 알리 샤(Fath Ali Shah) 같은 페르시아 왕들은 이를테면 '샤크(shakk)'처럼 무서운 형벌을 명령할 때 입는 관습이 있었다. 이 샤크라는 형벌에서는 죄인은 복사뼈가 묶여 거꾸로 매달려 다리 가랑이로부터 목까지 몸을 두 동강 냈다.

  흰옷은 평화와 기쁨은 물론이고 자애도 나타냈다. 흰 손과 검은 손에 대해서는 이미 설명한 바와 같다. '하얀 죽음'은 평온하고 자연스러우며, 죄업의 용서를 수반한다. '녹색 죽음'은 이를테면 교살에 의한 죽음처럼 말도 안 되는 무서운 죽음이다. 녹색 죽음은 탁발승처럼 남루함을 입은 죽음이고, 나아가서 '붉은 죽음'은 전쟁 또는 유혈사태에 의한 것이다.
* 41 이것은 동양에서는 'pour se faire valoir'〔자기의 입장을 유리하게 하기 위한〕 방편이다. 유럽인이라면 단순히 거드름을 가장하는 '어느 정도의 무례함'이라고 생각할 것이다.
* 42 이슬람교 장로(Shaykh al-Islam)는 무프티(Mufti)의 우두머리, 즉 법률학자를 말하며, 투르크 왕조 메메드 2세가 1453년에 콘스탄티노플을 점령했을 때 처음으로 설치한 직무이다. 그 이전에는 이 직능은 카지 알 쿠자트(Kaji al-Kuzat, 대판관), 즉 사법관(Chancellor)에 의해 수행되었다.

*43 분두카니야(Bundukaniyah)는 쇠뇌 제작자들이 그곳에 살았기 때문에 그렇게 불렸다(아랍어로 분두크는 현재 화총 또는 구식보병총을 가리킨다). 그것은 유명한 알 하무자위 여관 부근의 현재의 지구이다.
*44 파티마 왕조의 군대의 이름을 따서 명명한 것. 〔참고로 이 왕조는 서기 909~1171년 북아프리카와 시리아에 군림했던 이슬람교 왕조이다.〕야마니야(Yamaniyah)는 아마 이야기 작가가 사실인 양 거짓으로 꾸민 것 일테다.
*45 이 경우, 이른바 이다(Iddah)는 4개월 10일이다.
*46 꼭 그렇다고만은 할 수 없다. 바일(Weil)의 독일어 번역에는, 고타공령 도서관(Ducal Library of Gotha)의 고본을 원본으로 한, 매우 특이한 형태의 《카이로의 주다르와 튀니지의 마흐무드 이야기 Story of Judar of Cairo and Mahmud of Tunis》가 실려 있다. 이 이야기는 대영박물관에 근무하는 W.F. 커비(Kirby) 씨에 의해 《신(新) 아라비안나이트 New Arabian Nights》라는 표제 아래에 위의 독일어역에서 재미있게 번안 편찬되었다. 나도 역자로부터 일부를 기증받았다(런던, W. 스완 존넨샤인 사 발행).

《신 아라비안나이트》라는 제목은 이제 아무런 의미 없이 사용되는 유행적인 표제가 된 것처럼 보인다. 적어도, 이 표제 아래에 로버트 루이스 스티븐슨(Robert Louis Stevenson)이 발표한 19세기 단편소설집은 그러하다(피차투 앤드 윈더스 사, 1884년). 〔G. 바일(1808~89)은 하이델베르크의 동양언어학 교수로 《무함마드의 생애》를 썼는데, 특히 그 독일어역인 《천일야, 아라비아 이야기. 구스타프 바일 박사가 최초로 원전을 완역한 독일어 번역 Tausend und eine Nacht. Arabische Erzählungen. Zum Erstenmale aus dem Urtexte vollständig und treu übersetzt von Dr. Gustav Weil》(슈투트가르트, 4권, 1839~42년)이 유명하며, 커비는 버턴판 원서 제1권의 부록에 '바일의 번역'이라는 항목에서 상세하게 소개하고 있다.〕

〈역주〉
(1) 네 얼굴을 검게 하고……는 지옥으로 가는 것이고, 희게 하는 것은 천국으로 간다는 의미.
(2) 사람이 죽은 것을 알릴 때의 완곡한 어법.
(3) 이슬람 정통파 수니파 중의 한 지파.
(4) 모로코와 같다.
(5) 갤리선은 중세의 대형선으로 주로 노예와 죄인들이 노를 저었다.
(6) 제다라고도 하며, 사우디아라비아의 홍해 연안에 있는 메카의 항구.

가리브와 그 형 아지브 이야기[*1]

아득한 옛날에 쿤다미르라고 하는 세력이 강하고 번성한 왕이 있었습니다. 젊었을 때는 용기 있고 씩씩한 무사로서, 카라만[*2]과도 견줄 만했건만, 밀려오는 나이는 어쩔 수 없어 세월과 더불어 점차 늙어 갔습니다. 그리하여 늙은 뒤에야 알라의 높으신 은혜로 비로소 아들을 하나 얻었습니다. 이 아이에게 아지브[*3]라는 이름을 지어주었는데, 그것은 '희한한 것'이라는 의미입니다. 그만큼 눈과 코, 입과 귀의 생김새가 번듯하고 귀염성 있게 생겼던 것입니다.

아기의 시중은 산파, 유모, 시녀, 하인의 손에 맡겨졌지만, 모든 사람의 보살핌 속에 만 일곱 살이 되자, 이번에는 친척 가운데 같은 신앙에 귀의한 고승의 손에 맡겼습니다.

이 고승은 왕자에게 이교(異敎)의 가르침과 법률을 전수하고, 철학을 비롯한 모든 지식을 가르쳐주었습니다. 그리하여 3년도 지나기 전에 왕자는 온갖 학문에 통달하여 올바른 분별심을 갖게 되었고, 현자들과도 사귀고 법률학자와 토론하면서 점차 뛰어난 웅변술을 가진 사려 깊은 학자가 되었습니다.

이 모습을 보고 부왕은 매우 기뻐하면서 몸소 승마술과 창술을 가르치니, 얼마 지나지 않아 왕자는 모든 무술을 연마하여 뛰어난 용사가 되었고, 스무 살이 지날 무렵에는 무슨 일에서든 그와 어깨를 겨룰만한 자가 없는 달인이 되었습니다.

그러나 무술실력만 믿고 교만해진 왕자는 손댈 수 없는 폭군, 행동이 거만하고 공손치 못한 악마가 되어, 많은 무사와 어울려 사냥을 일삼고, 이웃 나라의 기사를 습격하며, 대상을 약탈하거나 영주와 귀족들의 딸을 납치하기도 했습니다. 그래서 사람들은 부왕에게 왕자의 횡포를 호소했습니다.

왕은 노예 다섯 명에게 명령했습니다.

"그 짐승 같은 놈을 붙잡아 오너라!"

노예들은 곧 왕자를 잡아 뒷결박을 지우고 왕의 명령에 따라 정신을 잃을 때까지 채찍질한 다음, 아무것도 보이지 않는 캄캄한 방에 가두어 버렸습니다.

아지브가 이틀 낮 이틀 밤을 그곳에 갇혀 있는 동안, 태수들이 왕 앞에 나아가 무릎을 꿇고 왕자를 용서하도록 중재하자, 임금님도 그제야 왕자를 풀어주었습니다. 그 뒤 왕자는 열흘 동안 부왕이 하는 말을 들으며 얌전히 지내다가, 열흘째 밤이 되자 부왕의 침실에 숨어들어 잠자는 아버지의 목을 베어 버렸습니다.

날이 밝자 아지브는 아버지의 옥좌에 앉아 부하들을 소집하고서, 갑옷을 입히고 칼을 빼든 채 옥좌의 좌우에 늘어서게 했습니다.

이윽고 태수와 중신들이 조정에 나왔다가 왕이 살해되고 왕자가 옥좌를 차지하고 앉아 있는 것을 보고는, 너무나 놀라 어찌할 바를 모른 채 그저 멍하니 정신을 잃고 있었습니다.

그러자 아지브는 신하들에게 이렇게 선언했습니다.

"모두 잘 들어라, 그대들은 부왕이 어찌 되었는지 잘 보았으리라. 그대들 중에 나에게 복종하는 자는 축복해 주겠지만, 나를 거역하는 자는 모두 아버지와 같은 꼴을 당하게 될 줄 알아라!"

이 말을 들은 사람들은 왕자의 노여움을 살까 두려워 이렇게 대답했습니다.

"당신이야말로 저희의 임금님이시며, 돌아가신 부왕의 적자이십니다."

그리고 그 앞에 무릎을 꿇었습니다. 아지브는 모두에게 감사와 기쁨의 말을 늘어놓았습니다. 그리고 금은과 의복 따위를 내오게 하여 신하들에게 훌륭한 예복과 그 밖에 많은 물건을 나눠주자, 모두 아지브를 좋게 생각하며 그의 명령에 복종했습니다. 아지브는 또한 식민지, 자치령 할 것 없이 여러 곳의 태수와 바다위족의 추장들에게까지 빠짐없이 영예를 주었으므로, 온 나라가 아지브에게 복종하고 백성들은 모조리 충성을 맹세했습니다. 그리하여 아지브는 다섯 달 동안 아무런 탈 없이 편안하게 국사를 다스리며 위엄있는 명령을 내렸습니다.

그러던 어느 날 밤, 아지브 왕은 잠을 자다 꿈에 놀라 잠이 깬 뒤로, 아침까지 잠을 이룰 수가 없었습니다. 왕은 날이 새자 바로 옥좌에 앉아 신하들을 좌우에 앉히고 점성학자와 해몽가들을 불러들였습니다.

"내가 간밤에 꾼 꿈을 한번 점쳐 봐라."

"무슨 꿈을 꾸셨습니까?"

"꿈에 부왕이 양근(陽根)을 드러낸 채 내 앞에 우뚝 서 있었는데, 그 양근에서 꿀벌만 한 크기의 이상한 것이 튀어나오더니, 순식간에 커지면서 갈고리 같은 발톱을 가진 사자가 되어 버렸다. 괴이한 일도 다 있구나, 하고 생각하는 사이, 아, 그놈이 느닷없이 나에게 덤벼들어 발톱으로 내 몸을 두 동강으로 찢어버리지 않겠느냐? 그래서 깜짝 놀라 잠에서 깼는데, 이 꿈의 뜻을 한번 풀이해 봐다오."

이 꿈 얘기를 들은 점성가들은 서로 얼굴을 쳐다보며 잠깐 궁리에 잠겨 있다가 이윽고 입을 열었습니다.

"오, 위대하신 임금님, 그것은 임금님의 부왕에게 또 한 분의 아드님이 있다는 것을 알려주는 꿈입니다. 그리고 그 아드님과 임금님 사이에 전쟁이 일어나, 그 결과로 임금님은 지게 될 것입니다. 그런 꿈을 꾼 이상, 부디 조심하시는 것이 좋겠습니다."

"나에겐 두려워해야 할 형제는 하나도 없다. 너희가 말하는 것은 모두 거짓말이야."

"저희는 다만 점괘에 나타난 대로 숨김없이 말씀드린 것뿐입니다."

아지브는 매우 화를 내며 그들을 채찍으로 때렸습니다.

그리고 나서 자리를 박차고 일어난 그는 선왕의 궁전으로 달려가서 아버지가 남긴 후궁들을 모조리 조사했습니다. 그러자 그중에 임신한 지 7개월 되는 여자가 한 사람 있었습니다.

왕은 노예 두 명을 불러 명령했습니다.

"이 여자를 바닷가로 끌고 가서 물속에 처넣어라!"

두 노예는 곧 여자를 바닷가로 끌고 가 물속에 던져 넣으려다, 여자가 정말 비할 데 없는 드문 미인인 것을 보고, 서로 얼굴을 마주보며 의논했습니다.

"우리가 왜 이 여자를 바닷속에 던져버려야 하지? 그럴 바에는 숲 속으로 데려가서 실컷 재미나 보며 즐기는 편이 훨씬 낫지."

그래서 두 노예는 여자를 데리고 낮과 밤을 가리지 않고 걸어가서 마침내 수풀이 울창하게 우거진 숲 속에 이르렀습니다. 그곳은 과일나무도 무성하고 시냇물도 곳곳에서 졸졸 흐르고 있었습니다.

그러자 한시가 급해진 두 사람은 서로 다투기 시작했습니다.

"내가 먼저다."

"아니, 내가 먼저야."

그러다가 서로 멱살을 잡고 엎치락뒤치락 싸우고 있는데, 난데없이 한 떼의 흑인들이 습격해 왔습니다. 두 사람은 칼을 뽑아 죽을힘을 다해 싸웠지만 결국 흑인들에게 살해되고 말았습니다.

홀로 남은 여자는 숲 속에서 헤매며 나무열매를 따 먹고 샘물을 마시기도 하면서 지내다가 어느덧 달이 차서 사내아이를 낳았습니다. 피부가 검기는 했지만, 팔다리가 늘씬하고 눈·코·입·귀 모두 잘생긴 훌륭한 아들에게, 어머니는 타향의 하늘 아래 있는 자신의 신세를 생각하고 가리브―방랑자―라고 이름 지었습니다.

여자는 탯줄을 끊은 뒤, 자기 몸에 걸친 옷으로 아기를 감싸고 젖을 먹였습니다. 그렇지만 이제부터 살아갈 일을 생각하니 새삼스럽게 잃어버린 재산과 신분, 안락한 생활이 그리워져서 마음속엔 슬픔이 가득 찼습니다.

―여기서 날이 훤히 밝아왔으므로 샤라자드는 이야기를 그쳤다.

625번째 밤

샤라자드는 이야기를 계속했다.

오, 인자하신 임금님, 여자는 고통과 슬픔에 잠겨 숲 속에서 지냈습니다.

여자의 마음은 이렇게 슬픔과 외톨이라는 것에 대한 두려움으로 가득 찼지만, 그래도 갓난아기에게 젖을 먹이는 것만은 잊지 않았습니다.

어느 날, 말에 탄 사람과 걸어오는 사람들이 매와 사냥개를 데리고, 자고새, 학, 기러기와 그 밖의 물새들, 새끼타조, 토끼, 영양, 들소, 살쾡이,*4 늑대, 사자 따위를 실은 말을 끌고 숲 속으로 들어왔습니다. 이 아랍인들은 수풀 속에 발을 들여 놓다가, 갓난아기에게 젖을 물리고 있는 여자의 모습을 보고 다가가서 물었습니다.

"너는 사람이냐, 아니면 마녀신이냐?"
"사람이에요, 오, 아랍인의 추장님!"

그들은 곧 태수에게 이 사실을 알렸습니다. 태수는 카탄족[5]의 왕으로 이름은 마르다스라고 하는데, 그날 사촌형제들과 귀족 약 5백 명과 함께 사냥을 나왔다가 이 여자를 만나게 된 것입니다.

마르다스는 부하에게 여자를 자기 앞으로 데려오게 한 다음, 그 신상 이야기를 자세히 듣고 무척 놀랐습니다. 그는 일족과 호위무사들에게 사냥을 계속하라고 명령하고, 사냥이 끝나자 여자를 데리고 진영으로 돌아왔습니다.

태수는 여자에게 따로 숙소를 마련해 주고 다섯 사람의 시녀에게 시중들게 한 뒤, 여자에게 억제할 수 없는 욕정을 느끼고 여자를 찾아가 함께 밤을 보내기도 했습니다. 그러자 여자는 곧 임신하여 이윽고 달이 차서 사내아이를 낳았습니다. 그 아이에게는 사힘 알 라일[6]이라는 이름을 지어주었습니다. 이 아이는 형 가리브와 함께 유모의 보살핌을 받으면서, 마르다스 태수의 슬하에서 무럭무럭 자라났습니다.

이윽고 적당한 시기가 되자 마르다스는 부족이 신앙하는 종교를 가르쳐주기 위해 두 아들을 탁발승에게 맡겼습니다. 그것이 끝나자 이번에는 아랍인 용사에게 맡겨 검술, 창술, 궁술 등을 배우게 했습니다. 그리하여 두 아들은, 열다섯 살이 될 무렵에는 필요한 것을 모두 배우고 익혀, 부족 가운데 어떤 용사도 그들을 능가할 수 없을 정도가 되었습니다. 가리브는 혼자 천 명을 상대할 정도로 뛰어난 솜씨를 자랑하는 용사가 되었고, 사힘 알 라일도 그에 못지않은 힘 센 사람이 되었던 것입니다.

마르다스에게는 수많은 적이 있었지만, 그 일족들은 호방하기 이를 데 없는 기질이어서 모든 아라비아인 가운데에서도 가장 용맹한 용사들뿐이었으므로, 한번 그들에게 노여움을 샀다 하면 아무도 무사히 넘어가지 못했습니다.[7]

그런데 마르다스의 이웃 고장에 아랍인 태수로서, 하산 빈 사비드라는 사람이 살고 있었는데, 마르다스와도 매우 가까운 사이였습니다. 이 하산이 자기 부족 중에서 귀족의 딸을 골라 아내로 맞이하고 친구들을 모두 초대하여 결혼식을 올리게 되었습니다. 카탄족 마르다스 태수도 이 결혼식에 초대를 받아, 기사 3백 명을 거느리고 4백 명은 뒤에 남아서 여자들을 지키게 한 다음 출발했습니다.

하산은 마르다스를 매우 정중하게 맞이하여 제일 윗자리에 앉혔습니다. 이윽고 많은 기사도 참석하여 성대한 피로연이 벌어졌습니다. 잔치가 끝나자 아랍인들은 각자 집으로 돌아갔습니다.

그런데 마르다스가 막영지의 천막이 보이는 곳에 도착해 보니 여기저기 사람들의 시체가 뒹굴고 까마귀가 그 언저리를 날고 있었습니다. 이 광경을 보고 불안한 마음으로 천막 안에 들어가 보니 갑옷을 입은 가리브가 앉아 있었습니다. 가리브는 마르다스가 무사히 돌아온 것을 보고 매우 기뻐했습니다.

"오, 가리브, 대체 무슨 일이 있었느냐?"

"알 하마르 빈 마지드가 일족 500기를 이끌고 우리를 기습했습니다."

사실 거기에는 이런 까닭이 있었습니다.

마르다스 태수에게는 마디야라고 하는 보기 드물게 아름다운 딸이 있었는데, 이 소문을 들은 나반족[8]의 왕 알 하마르가 부하 500기를 거느리고 마르다스를 찾아와서 그 딸과의 결혼을 신청했습니다. 그러나 기대와는 달리 한마디로 퇴짜를 맞고 쫓겨나고 말았습니다.[9] 그러다가 마르다스가 하산의 결혼식에 초대받아 떠난 틈을 노려, 알 하마르는 부하들을 이끌고 카탄족의 천막을 기습한 것입니다. 그리하여 수많은 기사가 죽고 살아남은 카탄족 기사들은 모두 산으로 달아났습니다.

그때 공교롭게도 가리브와 동생 사힘은 백 명의 기사를 데리고 사냥을 나가서 점심때까지 돌아오지 않고 있었습니다. 형제가 돌아와 보니 알 하마르가 천막을 습격하여 여자들과 마디야를 납치하여 끌고 가버렸으므로, 미칠 듯이 분노한 가리브가 사힘에게 소리쳤습니다.

"어이, 이 호박 같은 년의 아들아! [10] 놈들이 우리 마을을 습격해서 여자들까지 납치해 갔다! 이제부터 앙갚음하고 포로를 빼앗아 와야 한다."

그리하여 가리브와 사힘은 100기의 용사들을 이끌고 적을 추격했습니다. 미친 듯이 분노한 가리브는 적군 속으로 쳐들어가 닥치는 대로 거꾸러뜨리면서 얼마쯤 뚫고 들어가다가, 마침내 알 하마르에게 접근하여 그를 창으로 찔러 죽이고 붙잡혔던 마디야를 구출했습니다.

이렇게 가리브가 적의 대부분을 무찌르거나 도망가게 한 다음, 잡혀 있는 같은 겨레를 구해낸 것은 아직 오후 기도시간도 채 되지 않았을 때였습니다.

가리브는 알 하마르의 목을 창끝에 높이 매달고 천막으로 돌아와서, 다음과 같은 시를 읊었습니다.

> 나야말로 싸움터에서
> 그 이름을 떨치는 용사로다.
> 땅 위의 마신들도
> 내 그림자 보면 달아나리.
> 보라, 내 한 번 일어나
> 오른손에 칼을 휘두르면
> 사람들 모두 죽음을 서두르네.
> 또한 내 창을 움켜잡고
> 수레처럼 휘두를 때
> 보라, 날카로운 이삭 끝[*11]에서
> 초승달처럼 영롱하게
> 빛나는 번뜩임을.
> 내 이름은 가리브,
> 일족의 용사라 손꼽히니
> 비록 부하는 적을지라도
> 하늘 아래 두려움을 모르노라.

가리브가 막 이 시를 다 읊었을 때, 마르다스가 돌아와서 시체와 까마귀 떼를 보고 걱정하면서 그 까닭을 물었던 것입니다.

가리브는 공손히 인사하고 의붓아버지가 없는 사이에 일어난 일을 이야기했습니다.

그러자 마르다스는 진심으로 고마워하며 이렇게 말했습니다.

"오, 가리브, 너는 우리가 키워준 은혜에 훌륭히 보답해 주었다."

마르다스가 말에서 내려 큰 천막으로 들어가니, 그곳에 늘어선 사람들은 입을 모아 가리브의 활약을 칭찬하는 것이었습니다.

"태수님, 가리브가 없었으면 우리 일족은 몰살당할 뻔했습니다."

마르다스는 가리브에게 거듭 감사의 인사를 했습니다.

―여기서 날이 훤히 밝아왔으므로 샤라자드는 이야기를 그쳤다.

626번째 밤

샤라자드는 이야기를 계속했다.

오, 인자하신 임금님, 마르다스 태수는 사람들이 가리브의 용맹한 활약을 칭찬하는 것을 듣고 가리브에게 거듭 감사의 인사를 했습니다.

그런데 젊은 가리브는 알 하마르를 찔러 죽이고 마디야를 구해냈을 때, 그녀의 아름답게 반짝이는 눈동자의 화살에 맞아, 그만 매혹의 포로가 되어 마음을 송두리째 뺏기고 말았습니다. 그로부터 마디야의 모습이 마음에서 한시도 떠나지 않아 밤에도 잠을 이루지 못하고, 먹을 것도 목구멍에 넘어가지 않는 것이었습니다. 그래서 매일 말을 달려 산꼭대기에 올라가서 시를 지으며 하루를 보내다가 밤이 되면 돌아오곤 했습니다. 그 얼굴에는 사랑의 고뇌가 또렷하게 드러나 있었습니다.

이윽고 가리브가 한 친구에게 마음의 비밀을 고백하자, 그 소문이 순식간에 막영지에 퍼져서 마침내 마르다스의 귀에도 들어갔습니다. 마르다스는 불길처럼 화를 내며 안절부절못하고 코웃음을 치다가 이상한 신음 소리를 내기도 하면서 태양과 달을 마구 저주했습니다.

'이것이 불의의 씨를 길러준 보답이란 말인가? 이렇게 된 바엔 가리브를 죽이지 않으면 내가 세상 사람의 웃음거리가 되고 말리라.'[*12]

그는 곧 일족 중에서 꾀 많은 사람 하나를 불러 모든 비밀을 털어놓은 다음 가리브를 죽이는 일을 의논했습니다. 그러자 나이 먹은 현자가 말했습니다.

"오, 태수님, 가리브가 공주님을 구해낸 것은 불과 얼마 전의 일입니다. 그래도 기어코 그 젊은이를 죽여야만 한다면 태수님이 아닌 누군가 다른 사람 손을 빌리는 수밖에 없습니다. 그러면 아무도 당신을 의심하지 않을 테니까요."

"그럼, 그놈을 어떻게 처치하는 게 좋을지 가르쳐주게. 그대 말고는 그 일을 의논할 사람이 없어."

"오, 태수님, 그 젊은이가 사냥을 나가기를 기다려서, 태수님이 100기를 이끌고 어느 동굴에 숨어 있다가 돌아오는 가리브를 기습하여 베어 죽인다면 체면을 잃지 않아도 될 것입니다."

"과연 좋은 생각이다."

그리하여 그는 부하 중에서 용맹한 기사와 자기 뜻대로 움직이게끔 훈련한 아말레키인*13 약 150기를 뽑았습니다. 그리고 그들과 함께 가리브의 행동을 감시하던 어느 날, 드디어 가리브가 사냥을 나가서 말을 타고 골짜기와 산과 들을 휘젓고 달리는 모습이 눈에 들어왔습니다.

마르다스는 미리 뽑아 둔 부하들을 거느리고 그 뒤를 쫓아가서, 돌아오는 가리브를 습격하기에 좋은 장소에 잠복해 있었습니다. 그런데 그들이 숲 속에 숨어 있을 때, 뜻밖에도 진짜 아말레키인 5백 명이 습격해 와서 아차 하는 사이에 마르다스의 부하 60명을 죽이고, 90명을 포로로 잡은 뒤 마르다스까지 꽁꽁 묶어버리고 말았습니다.

사실 여기에는 다음과 같은 까닭이 있었습니다.

가리브가 알 하마르와 그 부하를 죽였을 때, 살아남은 자들은 목숨을 간신히 부지하고 달아나 알 하마르의 동생에게 가서 이 사실을 자세히 알렸습니다.

불같이 노한 알 하마르의 동생은 아말레키인 부하들을 불러모아 그중에서 키가 두 길이나 되는*14 기사 5백 명을 뽑아 형의 복수에 나섰습니다. 그런데 뜻하지 않게 도중에 마르다스 일행과 마주치는 바람에 방금 얘기한 일이 일어났던 겁니다.

적을 응징한 알 하마르의 동생은 부하들에게 말에서 내려 쉬라고 명령했습니다.

"여봐라, 우리가 모시는 우상 덕분에 쉽게 복수를 이루었다. 이제부터 마르다스와 그 일족 놈들을 잘 지켜야 한다. 놈들을 데리고 돌아가서 끔찍한 죽음을 내려줄 작정이니까."

마르다스는 포로 신세가 된 것을 깨닫고, 그제야 자기의 행동을 뉘우치며 중얼거렸습니다.

"이것은 알라의 뜻을 저버린 데 대한 벌이다!"

그리하여 승리에 도취한 적은 기쁨으로 밤을 보냈지만, 마르다스와 그 일족은 이제 살아날 희망도 잃고 어차피 죽은 목숨이라 체념하고 있었습니다.

한편 마르다스의 아들 사힘 알 라일은 알 하마르와 싸우다 다쳤는데, 마침

이날 누이 마디야를 찾아가니 누이는 일어나서 오빠를 맞이하여 그 손에 입을 맞추며 말했습니다.

"오빠의 무용이 지금보다 줄어드는 일이 없기를! 그리고 오빠의 적이 더는 기뻐할 일이 없기를! 오빠와 가리브 님이 계시지 않았더라면 우리는 적의 손에 붙잡혀 포로가 되었을 거예요. 그런데, 오빠, 아버님께서 150기를 이끌고 가리브 님을 죽이러 가신 것을 알고 계세요? 가리브 님을 죽이는 것은 크나큰 손실이고 또 더없는 불명예임을 오빠도 아시죠? 오빠의 명예를 구하고 행복을 지켜주신 것은 가리브 님이 아니던가요?"

이 말을 듣자 사힘은 갑자기 눈앞이 캄캄해지는 것 같았습니다. 그는 당장 갑옷을 입고 말을 집어타더니 가리브가 사냥을 하는 장소로 달려갔습니다. 잠시 뒤 많은 짐승을 잡아 돌아오는 가리브를 만났습니다.

"형님, 왜 저에게는 아무 말 없이 혼자 가셨습니까?"

그러자 가리브가 대답했습니다.

"그런 게 아니다, 다만 네가 다쳤기 때문에 좀더 쉬는 게 좋을 것 같아서 권하지 않았을 뿐이야."

"형님, 제 아버지를 조심하세요."

그리고 마르다스가 150기를 이끌고 가리브를 죽이러 나왔다는 것을 알려주었습니다.

이 말을 들은 가리브는 말했습니다.

"아버님의 배신은 언젠가 알라의 노여움을 사서 틀림없이 자신의 목젖을 찌르게 될 거야."

두 형제는 나란히 막영지를 향해 출발했습니다. 도중에 날이 저물었으나 어둠을 무릅쓰고 계속 길을 재촉했습니다.

이윽고 어느 골짜기에 이르니, 어둠 속에서 말 울음소리가 들려 왔습니다.

"형님, 아버지와 부하들이 저 골짜기에서 잠복하고 있는 모양입니다. 빨리 달아납시다."

그러나 가리브는 말에서 내려 고삐를 아우에게 건네주며 말했습니다.

"내가 돌아올 때까지 여기서 기다리고 있어라."

그러고는 어둠 속으로 사라졌습니다.

사람과 말의 모습이 보이는 곳에 이르자 가리브는 그것이 자기의 일족이 아니라는 것을 알았습니다. 또한 얘기하는 목소리 가운데 마르다스라는 이름도 들려 왔습니다.

"마르다스를 어떻게든지 그놈의 영토 안에서 처치해 버리자."

이 말을 엿들은 가리브는 의붓아버지가 포로가 된 것을 알고 혼자 중얼거렸습니다.

"나는 마디야를 위해서라도 아버님을 구해낼 때까지 이 장소를 떠나지 않으리라. 그렇게 하면 마디야가 슬퍼하지 않을 테니까."

열심히 마르다스를 찾던 가리브는 마침내 묶여 있는 마르다스의 모습을 발견하고 그에게 다가가서 말했습니다.

"오, 아버님, 하늘이 아버님을 이 결박과 수치로부터 구해 주시기를!"

마르다스는 가리브의 모습을 보자 체면이고 뭐고 다 버리고 매달렸습니다.

"오, 아들아, 마침 잘 와 주었다. 너를 키워준 은공을 봐서라도 나를 빨리 구해다오!"

"아버님을 구해 드리면 마디야를 저에게 주시겠습니까?"

"오, 가리브, 모든 신성한 것에 맹세코 내 딸 마디야는 영원히 너의 것이다."

이 말을 듣고 가리브는 마르다스의 결박을 풀어주면서 속삭였습니다.

"빨리 말이 있는 곳으로 가십시오. 사힘이 저기서 기다리고 있습니다."

마르다스가 뱀처럼 기어가서 가까스로 사힘이 있는 곳에 이르자, 사힘은 아버지가 무사히 탈출한 것을 기뻐했습니다.

그 사이 가리브는 분주히 돌아다니며 잡혀 있는 일족의 결박을 하나하나 풀어주어, 마침내 90명을 모두 자유로운 몸으로 만든 다음, 적에게서 멀리 떨어진 곳까지 도망쳐 왔습니다.

가리브는 모두에게 무기와 말을 돌리며 말했습니다.

"자, 모두 말을 타고 흩어져서 적을 에워싼 뒤 '이놈들아! 우리는 카탄족의 후손이다!' 외치는 거다. 알겠나? 만일 적이 잠에서 깨어나면, 물러나서 멀찌감치 흩어져서 포위한다."*15

가리브는 한밤중이 되기를 기다렸다가 큰 소리로 외쳤습니다.

"어이! 카탄족의 후손이 왔다!"

그러자 부하들도 일제히 함성을 질렀습니다.

"어이! 카탄족의 후손이 왔다!"

이 함성은 커다란 메아리가 되어 온 산에 울려 퍼졌습니다. 적은 카탄족의 대군이 쳐들어온 줄만 알고 어둠 속에서 무기를 잡고 일어나 저희끼리 서로 공격하기 시작했습니다.

―여기서 날이 훤히 밝아왔으므로 샤라자드는 이야기를 그쳤다.

627번째 밤

샤라자드는 이야기를 계속했다.

오, 인자하신 임금님, 가리브와 그 부하들이 멀찌감치 지켜보고 있는 가운데, 적들은 새벽녘까지 집안 싸움을 계속했습니다.

이윽고 가리브와 마르다스가 90명의 전사를 이끌고 적진으로 돌격하니, 일부는 이쪽의 칼에 쓰러지고 일부는 달아나 버렸습니다. 이윽고 카탄족은 달아난 적의 말과 쓰러진 적의 무기를 빼앗아 아군의 본거지로 돌아갔습니다.

그동안 마르다스는 자신이 적의 손에서 구출된 것이 도무지 꿈만 같았습니다. 그들이 막영지에 이르자, 남아 있던 사람들이 모두 나와 반기며 그들이 무사히 돌아온 것을 축하했습니다.

그들이 말에서 내려 천막 안으로 들어가니 일족의 젊은이들은 가리브 주위에 모여들어, 지체가 높은 자나 얕은 자나 모두 한결같이 그에게 인사를 건네며 그 무예와 용맹스러움을 칭찬했습니다.

그 모습을 바라보던 마르다스는 의붓자식에 대한 시기의 불길이 전보다 더욱 불타올라 심복부하를 불러 말했습니다.

"나는 가리브가 미워서 견딜 수 없구나. 저렇게 저놈 둘레에 젊은이들이 모여드는 모습을 보는 것이 나로서는 가장 고역이다. 게다가 날만 밝으면 가리브는 틀림없이 나더러 마디야를 내놓으라고 할 거다."

그러자 심복부하가 말하였습니다.

"그렇다면 태수님, 가리브에게 도저히 해낼 수 없는 명령을 내리시는 게 어떨까요?"

이 말을 들은 마르다스는 매우 기뻐하여 그날 밤은 안심하고 잤습니다.

다음 날 아침 마르다스가 일어나서 양탄자에 앉고 그 둘레에 아랍인들이 자리를 차지하고 있는데, 가리브가 부하를 거느리고 젊은이들에게 둘러싸여 나타났습니다.

그가 자기 앞에 엎드리자 마르다스는 사뭇 반가운 듯이 일어나 가리브를 맞이하여 자기 옆에 앉혔습니다.

곧 가리브가 입을 열었습니다.

"아버님, 어제 저에게 약속하신 것을 이행해 주십시오."

"오, 아들아, 딸아이는 언제나 너의 것이다. 그러나 너에게는 재산이 없구나."

"아버님, 무엇이든 분부해 주십시오. 그러면 곧 아랍인 태수들의 저택과 여러 나라의 왕들을 습격하여 이 나라를 동쪽 끝에서 서쪽 끝까지 채울 만큼 많은 보물*16을 가지고 오겠습니다."

"오, 가리브, 나는 적에게 피의 복수를 하고 더러워진 명예를 깨끗이 씻어 주는 자가 아니면 마디야를 주지 않겠다고 알라께 맹세했다."

"아버님, 아버님께서 원한을 품고 계신 사람은 어느 왕입니까? 그것을 가르쳐주시면 저는 반드시 그 옥좌로 정수리를 때려부수고 말겠습니다."

"가리브, 사실은 나에게 옛날 용사 중의 용사로 칭송받던 아들이 하나 있었다. 어느 날 부하 100기를 이끌고 사냥을 나가, 골짜기에서 골짜기를 지나 점점 깊은 산속에 들어갔다가 길을 잃고 헤맨 끝에, '꽃의 골짜기'와 '함 빈 샤이스 빈 샤다드 빈 하라드의 성'에 당도했다. 그곳에는 키가 70완척이나 되는 검둥이 거인이 살고 있었는데, 그놈이 싸울 때는 나무를 뿌리째 뽑아 휘두르곤 했다. 그런데 그 아들이 불행하게도 그만 그 골짜기에 잘못 들어가서 부하 백 명과 더불어 떼죽음을 당하고, 겨우 노예 세 사람만 간신히 살아서 나에게 도망쳐 왔다."

"그래서 나는 부하 용사들을 모아서 멀리 아들의 원수를 갚으러 나갔지만 분하게도 도저히 이길 수 없었다. 그때 나는 이 아들의 원수를 갚아주는 자 말고는 결코 누구에게도 딸을 주지 않겠다고 결심했단다."

"오, 아버님, 제가 그 아말레키인을 습격해서 전능하신 신의 도움으로 반드시 아버님의 원한을 풀어 드리겠습니다."

"가리브, 만일 네가 그 거인을 이길 수만 있다면 어떠한 불길로도 다 태울 수 없을 만큼 많은 보물을 전리품으로서 갖고 돌아올 수 있을 게다."

"그러시다면, 제발 증인을 세워 그 앞에서 저에게 마디야 공주를 아내로 주신다고 맹세해 주십시오. 그렇게 해 주시면 저는 아무 걱정 없이 제 행운을 찾아갈 수가 있습니다."

그래서 마르다스는 일족의 장로들을 증인으로 내세우고 가리브에게 굳은 맹세를 했습니다. 가리브는 드디어 소망이 이루어질 때가 다가온 것을 몹시 기뻐하며 물러나와 그곳에서 곧바로 어머니를 찾아가서 자초지종을 이야기했습니다.

"내 아들, 가리브야, 마르다스는 너를 미워하기 때문에 그 거인에게 너를 보내 이 세상에서 없애려고 하는 거란다. 그러니까 지금이라도 당장 나와 함께 그 폭군의 천막에서 달아나자꾸나."

그러나 가리브는 어머니의 말을 듣지 않았습니다.

"오, 어머니, 저는 제 소원을 달성하고 적의 계략을 망쳐놓기 전에는 이곳에서 떠나지 않겠습니다."

그리하여 그날 밤은 그대로 잠자리에 들었습니다.

이튿날 아침, 가리브는 새벽에 먼동이 트기가 무섭게 일어나 말에 올라탔습니다. 그때는 이미 젊은 친구들이 몰려와 있었습니다. 그 수는 2백 명, 모두 갑옷으로 무장한, 뼈대가 튼튼하고 기운 센 기사들이었습니다.

그들은 입을 모아 소리쳤습니다.

"저희도 함께 데려가주십시오. 따라가서 힘을 빌려주고 길동무도 되어주고 싶습니다."

가리브는 매우 기뻐하며 말했습니다.

"알라께서 반드시 자네들에게 보답을 내려주실 것이네!"

그리고 큰 소리로 덧붙였습니다.

"그럼, 모두 출발하세!"

그렇게 출발한 그들은 여행을 계속하여, 이틀째 밤에는 하늘을 찌를 듯이 서 있는 험한 산기슭에 이르러 말에게 여물을 주었습니다.

가리브는 함께 간 사람들을 남겨두고 혼자 산속을 헤치고 들어가, 이윽고 불빛이 새어나오는 어느 동굴 앞에 섰습니다. 안에 들어가 보니 정면 높은 곳에 나이 340을 헤아리게 하는 노인이 한 사람 앉아 있었습니다. 눈썹이 눈을 덮고 수염이 입을 가리고 있었습니다. 가리브가 두려움과 존경심에 사로잡혀 그 노인을 말없이 바라보고 있으니, 그 은자가 먼저 말을 건넸습니다.

"자네는 아무래도 우상숭배자인 모양이군. 밤과 낮을, 그리고 돌고 돌아 끝이 없는 우주를 창조하시고 스스로 이것을 다스리시는 전능하신 주님을 섬기지 않고 돌을 섬기는구먼."*17

가리브는 이 말을 듣고 옆구리의 근육이 꿈틀꿈틀 떨리는 걸 느꼈습니다.

"오, 은자님, 당신이 말씀하신 주님은 대체 어디에 계십니까? 저는 그 주님을 섬기고 이 눈으로 뵙고 싶습니다."

"젊은이여, 주님은 끝없이 높은 곳에 계시기 때문에 이 세상에서는 그 누구도 모습을 뵐 수 없다네. 주님은 모든 것을 보시지만, 그 누구도 주님을 볼 수는 없지. 주님은 드높은 자리에 계시면서 스스로 창조하신 만물 속에는 어디든지 계신다네. 주님은 온갖 만물을 스스로 만드시고 때가 되면 그것을 차례로 소멸시키신다네. 주님은 사람도 마신도 만드시고 스스로 만드신 인간을 올바른 길로 인도하시려고 이 세상에 예언자를 보내셨지. 주님을 따르는 자는 누구라도 천국에 들어갈 수 있지만, 주님을 거역하는 자는 지옥에 떨어지고 만다네."

"그렇다면 은자님, 모든 것을 다스리는 강대한 주를 섬기는 사람들은 대체 어떤 분들입니까?"

"젊은이여, 나는 아드족의 한 사람인데, 원래 이 족속은 알라를 믿지 않는 죄인이었네. 그래서 알라께서는 아드족에게 후드라는 예언자를 보내셨다네. 그런데 아드족이 그를 거짓말쟁이라고 부르자, 격노하신 알라께서 무서운 바람을 일으켜 아드족을 멸망시키셨네. 그러나 나는 일족 중의 극히 일부 사람들과 함께 예언자의 말을 믿었으므로 화를 면했지.*18 게다가 나는 타무드족과 함께 살면서, 그들이 예언자 사리에 의해 어떤 꼴을 당했는지 목격했다네. 사리 다음에, 전능하신 알라께서는 '친구'*19 아브라함이라고 하는 예언자를 가나안의 자손인 님로드족에게 보내셨지. 그러자 또 똑같은 일이 일어난 거야. 얼마 뒤 나의 동료들은 '구원의 가르침'을 지키다 죽어갔고, 나는 이 동굴에 들어와 줄곧 최고신 알라를 섬겨 왔네. 지금은 알라께서 나날의 양식을 내려주시니, 나는 아무 걱정 없이 살고 있다네."

"그러면 그 위대한 주를 섬기는 신앙에 들고자 할 때는 뭐라고 외면 됩니까?"

"'알라 외에 신은 없고, 아브라함은 알라의 벗이다'라고 외우게."

그리하여 가리브가 진심으로 '복종의 신앙'[*20]에 귀의하자 노인이 말했습니다.

"그대 가슴속에 신앙의 기쁨과 신을 공경하는 마음이 튼튼하게 뿌리내리기를!"

그리고 코란에 쓰여 있는 계율을 가르쳐준 다음 물었습니다.

"그대의 이름은 무엇이라고 하느냐?"

"가리브라고 합니다."

"오, 가리브, 이제부터 자네는 어디로 갈 작정인가?"

가리브는 지금까지 있었던 자신의 이야기를 자세히 들려주고 산속의 식인귀[(1)]를 찾아가는 중이라고 털어놓았습니다.

—여기서 날이 훤히 새었으므로 샤라자드는 이야기를 그쳤다.

628번째 밤

샤라자드는 이야기를 계속했다.

오, 인자하신 임금님, 가리브는 이슬람교로 개종하고서 자신의 신상 이야기를 노인에게 얘기하고 마지막으로, 산속의 식인귀를 찾아가는 중이라는 사실까지 털어놓았습니다.

그러자 노인이 말했습니다.

"오, 가리브, 혼자서 식인귀를 잡으러 가다니, 제정신으로 하는 소린가?"

"저는 용사 200기를 거느리고 있습니다."

"가리브, 설령 자네가 1만 기를 거느리고 있다 한들 그 거인을 당하지는 못할 거다. 그놈은 '사람을 잡아먹는 귀신, 우리는 알라께 평안을 기도할 뿐'이라고 하는 함의 자손이다. 그놈의 아버지는 힌디라고 하며, 인도에 백성을 옮기고, 인도의 이름을 붙인 자인데, 뒤에 남은 아들은 식인귀 사단이라고 이름 붙여지게 되었지. 그런데, 그놈은 제 아비가 살아 있었을 때부터 지금처럼 잔인하기 짝이 없는 악마여서, 아담 자손의 고기 말고는 아무것도 먹지 않았다. 아비가 임종 때 그 짓을 단단히 금했지만, 그놈은 도무지 들으려 하지 않았을 뿐만 아니라, 오히려 더욱더 무도한 짓만 해서 그 아비가 참지 못하고 아들과 심한 싸움을 한 끝에 마침내 인도에서 내쫓고 말았지.

그 뒤 사단은 이 나라로 흘러와서 지금의 장소에 소굴을 마련하고는 길목에 나타나 지나가는 사람들을 잡아 죽이고, 소굴이 있는 골짜기로 돌아가곤 한다네. 그놈의 부하 중에는 싸움을 즐기는 마법사의 자식이 다섯이나 있는데, 이것들이 혼자 1천 명의 용사를 당해내는 힘을 갖고 있네. 그 때문에 그놈이 사는 골짜기에는 말, 낙타, 소, 양 말고도 더할 수 없이 많은 보물들이 전리품으로 쌓여 있어. 그러니 자네 몸이 염려될 수밖에.

그래서 자네가 사단과 싸울 때는 오직 한 분뿐인 신의 가르침에 따라 전능하신 알라께 기도하는 길밖에 없네. '알라는 가장 위대하도다!' 외치며 그 거인 이단자에게 덤벼들어야 하네. '알라 외에 신은 없다!' 이 말이 이단자에게는 가장 무서운 말이니까."

이렇게 말하고 노인은 가리브에게 무게가 12관이나 되는 강철 창을 주었습니다. 거기에는 고리 10개가 달려 있어서 휘두르면 마치 벼락 같은 소리가 났습니다. 그리고 뇌석(雷石)*21으로 벼린 칼도 한 자루 주었는데, 길이가 열세 자 남짓, 폭이 두 자나 되어 그것으로 바위를 한 번 치면 한칼에 가루로 만들 수 있었습니다.

노인은 또 갑옷과 방패와 코란을 주면서 당부했습니다.

"자네 일족에게 돌아가거든 그들에게 이슬람교의 가르침을 전해야만 하네."

가리브는 새 신앙을 얻은 것을 기뻐하면서 노인과 하직하고 친구들이 있는 곳으로 돌아갔습니다. 친구들은 가리브의 모습을 보고 허리를 굽혀 절을 한 뒤 물었습니다.

"어째서 이렇게 늦으셨습니까?"

가리브가 자초지종을 자세히 이야기하고 이슬람교를 설명해 주니 모두 이슬람교도가 되었습니다.

다음 날 아침 일찍 가리브는 다시 말을 타고 은자를 찾아가서 작별인사를 한 뒤, 막영지로 돌아가다가 우연히 온몸을 갑옷으로 감싸고 눈만 내놓고 있는 기사와 마주쳤습니다.

상대는 느닷없이 가리브를 향해 달려들며 소리쳤습니다.

"이 아랍인 나부랭이야! 그 입고 있는 것을 벗어두고 가라. 내 뜻을 거스르면 목숨을 빼앗겠다."

이 말에 가리브도 기사 쪽으로 말을 몰아가니, 두 사람 사이에 격렬한 싸움이 벌어졌고, 그 처절한 싸움은 금방 태어난 젖먹이도 당장 백발노인으로 변해 버리고 단단한 바위도 녹아버릴 정도였습니다.

그러다가 상대방이 별안간 얼굴의 복면을 벗어버리자, 놀랍게도 그는 가리브의 의붓동생 사힘 알 라일이었습니다.

사힘이 이곳에 나타낸 데는 까닭이 있었습니다.

가리브가 식인귀를 찾아 출발했을 때 사힘은 마침 궁에 없었는데, 돌아와 보니 형이 보이지 않았으므로 어머니한테 가서 물어보았습니다.

그제야 형이 여행을 떠난 까닭을 들은 사힘은 곧 무장을 갖추고 말을 달려 그 뒤를 간신히 쫓아와서 아까와 같은 일이 일어난 것입니다.

사힘이 얼굴을 드러내자 동생임을 안 가리브는 놀라면서 물었습니다.

"어째서 이런 짓을 하느냐?"

그러자 사힘이 대답했습니다.

"실은 전장에서 형님과 시합을 해서 제 실력을 시험해 보려고 그랬습니다."

그리하여 두 사람은 나란히 말을 몰고 돌아갔고, 그 도중에 가리브는 아우에게 이슬람교를 설법하여 사힘 역시 이슬람교도가 되었습니다.

두 사람이 길을 서둘러 마침내 골짜기 근처에 이르렀을 때, 산속의 식인귀가 그들이 일으키는 먼지를 보고 아들들에게 명령했습니다.

"애들아, 빨리 달려가서 저 먹이들을 잡아 오너라."

그러자 다섯 명의 아들들이 곧바로 말에 올라타고 그들을 향해 달려갔습니다. 가리브는 다섯 명의 아말레키인이 가까이 오는 것을 보고 말의 옆구리에 박차를 가하며 큰 소리로 외쳤습니다.

"웬 놈들이냐? 어떤 족속들이며 무슨 볼일로 그러느냐?"

5형제 가운데 맏형인 파룬 빈 사단이 나서며 말했습니다.

"네놈들은 어서 말을 버리고 줄줄이 오라를 받도록 해라.[*22] 아버지께서 오랫동안 사람 고기를 구경하지 못했는데, 네놈들을 잡아가 삶고 굽고 해서 맛있게 요리해 드려야겠다."

이 말을 듣자 가리브는 창을 높이 휘두르면서 파룬을 향해 돌격했습니다. 그때 창에 달려 있는 고리가 마치 천둥 같은 소리를 냈으므로 상대편 거인도 그만 주춤하는 기색이었습니다. 이때다 하고 가리브가 재빨리 거인의 두 어깨 사이를 찌르자 거인은 마치 야자나무처럼 쾅하고 길게 땅에 쓰러졌습니다.

그것을 본 사힘과 부하들이 일제히 달려들어 파룬을 꽁꽁 묶고 그 목에 밧줄을 걸어 소처럼 잡아끌었습니다. 형이 포로가 된 것을 본 네 동생들은 한 덩어리가 되어 가리브에게 덤벼들었지만, 그중 세 사람*23은 형과 마찬가지로 산 채로 잡히고, 나머지 하나는 도망쳐서 아버지에게 달려갔습니다.

"뭔가 잡아왔느냐? 형들은 어디 갔느냐?"

"웬걸요, 형님들은 키가 겨우 우리 절반밖에 안 되고 수염도 없는 애송이에게 모두 잡히고 말았어요."

"뭣이? 한심한 놈들 같으니! 태양도 네놈에게 축복을 내려주지 않을 것이다."

사단은 고함을 치면서 소굴을 나서더니 커다란 나무를 뿌리째 뽑아 어깨에 둘러메고 가리브를 찾아 나섰습니다. 몸집이 너무 커서 말을 탈 수가 없어 터벅터벅 걸어가는 수밖에 없었습니다.

아들도 그 뒤를 따라가서 이윽고 가리브 일행에게 가까워진 식인귀 사단은 아무 말 없이 다짜고짜 덤벼들어 손에 쥔 커다란 나무로 가리브의 기사 다섯 명을 때려죽인 뒤, 이어서 사힘을 향해 나무를 내리쳤습니다. 그러나 사힘이 아슬아슬하게 몸을 피했으므로 커다란 나무는 헛되이 허공을 갈랐습니다. 그것을 본 사단은 무시무시한 분노를 내뿜으며 나무를 내던지고는 두 팔을 벌려 사힘을 덮쳤습니다. 그 광경은 마치 독수리가 참새를 잡는 듯했습니다.

동생이 식인귀의 손아귀에 들어간 모습을 본 가리브는 큰 소리로 외쳤습니다.

"알라호 아크바르! —알라는 위대하도다! 오, 예언자의 벗 아브라함, 무함마드,*24 축복받은 자(알라여, 부디 가호하소서!)여, 은총을 내리소서!"

—여기서 날이 훤히 밝아왔으므로 샤라자드는 이야기를 그쳤다.

629번째 밤

샤라자드는 이야기를 계속했다.
오, 인자하신 임금님, 가리브는 알라의 은총을 빌자마자 창을 휘두르면서 사단을 향해 말을 달려갔습니다.
"알라는 위대하도다!"
그리고 쇠고리를 휘두르며 다시 한 번 소리치면서 사단의 가슴팍에 일격을 가하니, 아무리 내로라하는 거인도 견딜 재간이 없었습니다. 상대는 정신을 잃고 땅에 쿵 하고 쓰러졌고, 그러는 바람에 움켜잡고 있던 사힘을 놓치고 말았습니다.
이윽고 식인귀가 깨어났을 때는 온몸이 꽁꽁 묶여 있고, 손과 발에는 차꼬가 채워져 있었습니다.
이 꼴을 본 사단의 아들이 말머리를 돌려 달아나자, 가리브가 빠르고 거센 바람처럼 뒤쫓아 가서 방패로 양어깨 사이를 한 대 내리치니 말 위에서 거꾸로 굴러떨어지고 말았습니다.
그리하여 그들은 거인 6명을 모두 묶어 목에 밧줄을 걸고 마치 낙타처럼 끌며 식인귀의 소굴로 갔습니다.
그곳에는 값비싼 재물이 산처럼 쌓여 있고, 페르시아인 2백 명이 차꼬가 채워진 채 묶여 있었습니다.
가리브는 사단의 의자에 앉아 오른쪽에 사힘을 세우고 기사들은 양쪽에 늘어서게 한 다음 식인귀를 끌어내어 물었습니다.
"이제 정신이 좀 나느냐, 이 저주받을 놈!"
"오, 젊은 나리, 저도 제 자식 놈들도 마치 낙타처럼 묶여서 이렇게 비참한 꼴을 당한 적이 한 번도 없었습니다."
"너희는 나와 마찬가지로 이슬람교도가 되어, 낮과 밤과 그 밖에 온갖 것을 창조하신 알라는 전지전능한 힘을 가지고 계시며, 이 세상에 오직 한 분뿐이라는 것을 인정하고, 예언자의 벗 아브라함(그분에게 평화가 있기를!)

의 전도와 예언을 믿는다고 고백한다면 너희를 살려주마."

식인귀와 그 아들들이 더할 나위 없이 공손하게 신앙의 맹세를 하자, 가리브는 결박을 풀어주라고 명령했습니다.

자유의 몸이 된 사단과 아들들은 눈물을 흘리며 가리브의 발에 입을 맞추려고 했으나, 가리브가 그것을 허락하지 않았습니다. 그러자 그들은 앞에 늘어선 부하들과 가만히 서 있었습니다. 이윽고 가리브가 입을 열었습니다.

"잘 들어라, 사단!"

"무엇이든 분부만 내리십시오, 나리."

"이 사람들은 대체 무엇 때문에 포로가 되었느냐?"

가리브는 묶여 있는 페르시아인들을 가리키며 물었습니다.

"오, 나리, 저것들은 제가 페르시아에서 붙잡아 온 것인데, 이것들 말고도 또 있습니다."

"이 밖에 또 누가 있느냐?"

"페르시아 왕 사푸르*25의 딸 파프르 타지 공주를 비롯하여, 달덩이처럼 아름다운 처녀 백 명이 있습니다."

이 말을 듣고 가리브는 이상하게 여기며 물었습니다.

"너는 어떻게 그런 여자들을 손에 넣었느냐?"

"예, 어느 날 밤, 저는 아들들과 노예 다섯 명을 데리고 사냥감을 찾으러 나섰는데 도무지 소득이 없었습니다. 그래서 뭐든 소득을 얻기 전에는 절대로 돌아가지 않으리라 마음먹고 따로따로 흩어져서 들판을 나아가다 보니, 어느새 페르시아에 들어서 있었습니다. 그러자 아득한 저편에서 먼지가 피어오르는 게 보여서, 노예 하나를 척후로 내보냈더니 이윽고 돌아와서 이렇게 말했습니다.

'주인님, 저것은 페르시아인, 터키인, 메디아인의 왕 사푸르의 딸 타지 공주인데, 2천 기의 군사를 이끌고 여행을 하고 있습니다.'

'야, 신나는 소식이다! 이렇게 좋은 사냥감이 또 있겠느냐!'

그래서 저는 아들들과 함께 페르시아인을 습격하여 3백 명은 잡아 죽이고, 공주와 2백 명의 기사를 붙잡아, 그들이 가지고 있던 재물과 함께 이 성채로 데려온 것입니다."

"혹시 파프르 타지 공주에게 무슨 짓을 하지는 않았느냐?"

"아닙니다, 나쁜 짓은 절대로 하지 않았습니다. 제가 방금 믿게 된 알라의 이름으로 맹세하겠습니다."

"오, 사단, 그건 썩 잘했다. 공주의 아버지는 세계의 왕인 만큼 반드시 공주를 찾기 위해 대군을 보낼 것이고, 공주를 납치해 간 자의 집을 두들겨 부술 것이 틀림없다. 속담에도 '앞일을 내다보지 못하는 자는 운명의 벗이 될 수 없다'고 하지 않더냐? 그런데 공주는 지금 어디 있느냐?"

"공주와 시녀들을 위해서 특별히 별채를 마련해 주었습니다."

"그럼, 그 공주의 거처로 안내하라."

"분부대로 하겠습니다."

사단은 곧 가리브를 여자들의 거처로 안내했습니다.

가리브가 별채 안으로 들어가 보니, 공주는 슬픔에 잠겨 지난날의 호사스러운 신분과 즐거운 생활을 그리워하면서 눈물을 흘리고 있었습니다. 이 공주의 모습을 본 가리브는 마치 자기 앞에 달이 있는 듯한 느낌이 들어서, 모든 것을 점지해 주는 알라를 찬양했습니다. 공주 역시 가리브를 바라보니 보기에도 훌륭한 기사인 데다 눈매에는 용맹함이 넘쳐나고 있었습니다. 하지만 그것은 가리브의 훌륭한 인품을 나타내는 것이었으므로, 공주는 일어나서 그 양손에 입을 맞춘 다음 발아래 엎드리며 말했습니다.

"오, 현세의 영웅이시여, 저는 당신의 보호를 받고자 하는 종이옵니다. 제발 저를 이 식인귀의 손에서 구해 주세요. 이 식인귀가 저를 욕보이고 마구 농락하지 않을까 두렵습니다. 어디든 당신을 따라가서, 당신의 측녀가 되어 모시게 해 주십시오."

"당신은 이제 안전합니다. 머지않아 당신을 무사히 아버님께 돌려보내 전과 같이 사람들이 우러러보게 해 드리겠습니다."

공주는 가리브가, 장수를 기원하고 영예와 높은 지위를 누리기를 빌어주었습니다. 가리브는 페르시아인의 결박을 풀라고 명령하고서 공주를 향해 물었습니다.

"그대는 어쩌다가 궁전을 떠나 황야와 숲을 여행하게 되었습니까? 그러니 이처럼 강도들을 만나게 된 것이 아닙니까?"

"사실 저의 아버지를 비롯하여 영토 안에 사는 터키인도 다이람인도 모두 전능한 왕을 믿지 않고, 불을 숭배하는 마기교도입니다. 우리나라에는 '불꽃의 수도원'이라고 하는 사원이 있는데, 해마다 축제 때가 되면 마기교도 처녀와 불의 숭배자들이 모여 한 달을 그곳에서 보내고, 그것이 끝나면 저마다 자신의 집으로 돌아가는 관습이 있답니다. 그래서 저 역시 언제나 하듯이 처녀들을 데리고 아버지가 파견하신 기사 2천 명의 호위를 받으며 출발한 것입니다. 그런데 도중에 이 식인귀의 습격을 받아 수많은 기사가 살해되고 살아남은 자는 포로가 되어서 이곳에 갇히고 만 거랍니다. 이것이 지금까지 제가 겪은 일들입니다. 오, 용감하신 용사님, 부디 알라께서 현세의 덧없는 세상일로부터 당신을 지켜주시기를!"

"이제 무서워할 것은 조금도 없습니다. 내가 부왕의 궁전에 모시고 가서 영광스런 자리를 다시 찾아 드리지요."

공주는 무척 기뻐하면서 가리브를 축복하고 그 손과 발에 입을 맞추었습니다.

가리브는 공주를 정중하게 모시도록 명령한 다음 그곳에서 나와 그날 밤은 깊은 잠을 취했습니다.

이튿날 아침 가리브는 일어나자마자 목욕을 한 다음, 예언자 아브라함(그분에게 평화가 있기를!)의 예식에 따라 두 번 절하는 기도를 바쳤고, 식인귀와 그 아들과 가리브의 부하들도 모두 그를 따랐습니다. 이윽고 기도가 끝나자 가리브는 식인귀를 향해 물었습니다.

"여보게, 사단, 나에게 '꽃의 골짜기'[*26]를 보여주지 않겠나?"

"네, 안내해 드리겠습니다, 나리."

그래서 가리브를 비롯하여 그 부하들과 타지 공주, 처녀들도 모두 함께 나섰습니다. 그 사이에 사단은 남녀 노예들에게 명령하여, 가축을 죽이고 요리하여 아침을 준비한 다음, 요리한 음식을 숲 속으로 날라 오게 했습니다. 거인 사단은 150명의 하녀와 1천 명의 하인을 시켜 낙타와 양과 소를 치고 있었기 때문입니다.

이윽고 모두 '꽃의 골짜기'에 가보니, 그곳은 이 세상에서는 두 번 다시 볼 수 없는, 뭐라 형용할 수 없을 만큼 아름다운 곳이었습니다. 온갖 새들이 나무에서 즐거운 듯이 지저귀고 있고, 나이팅게일이 절묘한 가락으로 노래하는가 하면, 한편에서는 산비둘기가 알라께서 창조하신 녹색의 장원에서 구슬픈 목소리로 노래하고 있었습니다.

—여기서 날이 훤히 밝아왔으므로 샤라자드는 이야기를 그쳤다.

630번째 밤

샤라자드는 이야기를 계속했다.

오, 인자하신 임금님, 가리브 일행이 '꽃의 골짜기'에 가보니, 작은 새들이 즐겁게 날아다니고 있고, 한편에서는 산비둘기가 알라께서 창조하신 녹색의 장원에서 구슬픈 목소리로 노래하는가 하면, 나이팅게일은 마치 사람이 연주하듯 지저귀고 있으며, 티티새는 무어라 형용할 수 없는 아름다운 목소리로 울고 있었습니다. 산비둘기의 구슬픈 울음소리는 사나이의 마음을 사랑의 황홀경으로 이끄는 듯했고, 염주비둘기와 앵무새가 유창하게 거기에 화답하고 있었습니다.

나무에는 모든 과일이 두 종류씩,*27 가지가 휘어지도록 열려 있었습니다. 달콤한 것과 신 것, 가지마다 빼곡하게 맺혀 있는 석류, 편도, 살구,*28 장뇌나무,*29 그리고 호라산이라 불리는 편도. 자두는 가자나무 가지와 얼기설기 얽혀 있고, 오렌지는 등불처럼 불그스름하게 빛났으며 귤은 사뭇 묵직하게 매달려 있었습니다.

레몬은 보기만 해도 군침이 돌았고, 불수감의 짙은 향기가 코를 찔렀으며, 대추야자의 열매는 황금빛으로 반짝이고 있었습니다. 이 모두 더없이 높으신 알라께서 만든 것이었습니다. 정말이지 이 골짜기야말로 일찍이 사랑에 고민하는 시인이 읊은 다음과 같은 노래를 연상시켜 주었습니다.

> 호수에서 지저귀는 새의
> 뭐라 형용할 수 없는 절묘한 가락,
> 쓸쓸히 혼자 사랑하는 그는
> 그 모습을 한 번 보고 싶어 하네.
> 이곳은 바로 에덴의 동산
> 향기로운 바람 산들 불어와
> 나무 그늘 시원하고

나무 열매 무르익으니
강물도 졸졸 흘러가네.

가리브는 이 골짜기의 아름다움에 그저 몹시 놀라며 감탄할 뿐이었습니다. 이윽고 파프르 타지 공주를 위해 천막을 치도록 명령했습니다. 얼마 지나지 않아 나무 사이에 천막이 쳐지고 호사스러운 양탄자가 깔렸으며, 그 자리에 가리브가 앉자 이윽고 노예들이 요리를 내왔습니다.
　모두 실컷 먹었을 무렵, 가리브가 사단을 불렀습니다.
　"여보게, 사단."
　"주인님, 무슨 분부이십니까?"
　"술은 없느냐?"
　"예, 묵은 술을 가득 담은 술통이 있습니다."
　"갖고 오너라."
　사단이 노예 10명을 시켜 술을 잔뜩 내오게 하자, 모두 다시 마시고 먹으면서 흥겹고 즐거운 한때를 보냈습니다.
　그러는 동안 가리브는 마디야 공주를 생각하며, 다음과 같은 즉흥시를 읊었습니다.

아, 그대와 함께 있었던 나날,
내 가슴은 그리움에 타고
몸과 마음은 삭는 듯하구나.
하지만 알라께 맹세하건대
그대를 영영 떠나온 게 아니고,
다만 시간의 화살로 날아와
잠시 헤어져 있게 된 것뿐.
슬퍼하며 거처 없이 떠도는 길목에서
연인은 그대를 사모하며
몇천 번이고 기도하리라.
그리운 그대에게
평안과 행운의 날 오기를!

그들은 사흘 동안 이 골짜기에서 먹고 마시며 즐겁게 지낸 다음 성채로 돌아왔습니다. 가리브는 사힘을 불러서 말했습니다.

"너는 기사 백 명을 데리고 부모님과 카탄족에게 돌아가서 이곳으로 모시고 오너라. 모두 이 골짜기에 와서 남은 생애를 보내시도록 말이다. 그동안 나는 페르시아의 공주를 그 부왕에게 데려다주고 올 테니까."

그런 다음에는 사단을 불렀습니다.

"너는 내가 돌아올 때까지 아들들과 함께 여기서 기다리고 있어라."

"어째서 저를 페르시아로 데리고 가지 않으십니까?"

"너는 사푸르 왕의 공주를 훔쳤기 때문에, 만일 왕이 너를 본다면 분해서 네 고기를 먹고 피를 마시려 덤벼들 게다."

이 말을 듣자 식인귀는 천둥 같은 소리로 웃으면서 대답했습니다.

"오, 주인님, 주인님의 목숨을 두고 맹세하지만, 페르시아인이나 메디아인들이 한 덩어리가 되어 덤비더라도 저는 얼마든지 놈들에게 파멸의 잔을 마시게 해 줄 수 있습니다."

"그야 그렇겠지만, 어쨌든 내가 돌아올 때까지 여기서 기다리고 있도록 해라."

식인귀는 하는 수 없이 승낙했습니다.

그리하여 사힘은 같은 카탄족 동료들과 함께 고향으로 떠나고, 가리브는 파프르 타지 공주와 그 부하들을 데리고 페르시아 왕 사푸르의 도성으로 향했습니다.

한편 사푸르 왕은 '불의 사원'에 간 공주가 돌아오기를 이제나저제나 목이 빠지게 기다렸으나 예정일이 지나도 돌아오지 않자, 차츰 조바심이 생기고 분노가 치밀어 올랐습니다. 이 왕 밑에는 40명의 대신이 있었는데, 그중에서 가장 나이가 많고 현명한 신하가 재상 단단이었습니다. 왕은 그를 불러 말했습니다.

"오, 대신, 공주가 좀처럼 돌아오지 않는 데다 예정일이 지났는데도 아무 소식이 없구려. 그러니 '불의 사원'으로 사자를 보내 공주가 어찌 되었는지 알아보도록 하시오."

"분부대로 하겠습니다."

단단은 곧 사자들의 우두머리를 불러서 명령을 내렸습니다.

"즉시 사원으로 가서 보고 오게."
그는 곧 사원으로 달려가서 수도승에게 공주의 소식을 물었습니다.
"올해에는 아직 공주님이 오시지 않았습니다."
사자가 이스바니르*30의 도성에 돌아와서 그 사실을 대신에게 알리자 대신은 곧 왕에게 보고했습니다.
사푸르 왕은 그 말을 듣자 왕관을 내동댕이치고 수염을 쥐어뜯더니, 그대로 정신을 잃고 쓰러지고 말았습니다. 부하들이 찬물을 끼얹자 왕은 곧 정신을 차렸지만, 눈에는 눈물이 가득하고 마음은 침통하게 가라앉았습니다. 그리고 시인의 이런 노래를 읊조렸습니다.

　　아득히 멀리 떨어져 있어도
　　눈물 누르며 참았는데
　　마침내 눈물 이기지 못해
　　부르고 또 부르고 기다렸건만
　　끝내 한 가닥의 소식도 없네.
　　아, 이렇듯 언제까지나
　　운명이 우리 사이를 갈라놓고 만다면
　　어찌할거나, 애달픈 이 마음
　　운명과 불신의 두 사이가
　　이토록 가까우니 구슬프구나.

그런 다음 왕은 대장 10명에게 저마다 기사 1천 명을 이끌고 공주를 찾아오라고 명령했습니다. 10명의 대장은 곧 말에 올라타, 저마다 기사 1천 명을 거느리고 각각 다른 방향으로 떠났습니다.
공주의 어머니와 시녀들은 모두 검은 옷을 입고 머리에는 재를 뿌린 채 그저 울면서 슬퍼할 뿐이었습니다.

―여기서 날이 훤히 밝아 왔으므로 샤라자드는 이야기를 그쳤다.

631번째 밤

샤라자드는 이야기를 계속했다.

오, 인자하신 임금님, 사푸르 왕은 공주를 찾기 위해 군대를 파견하고 어머니와 시녀들은 상복을 입고 슬퍼했습니다.

한편 가리브와 파프르 타지 공주, 그리고 그들의 부하들은 열흘 동안 여행을 한 뒤 열하루째에도 길을 재촉하고 있는데, 머나먼 지평선으로 뻗은 한 가닥의 길에서 먼지가 이는 것이 보였습니다.

그것을 본 가리브는 페르시아인 태수를 불러 명령했습니다.

"저 먼지가 무엇인지 알아 오너라."

"예."

태수가 대답하고 말을 달려 가 보니 그곳에 수많은 사람이 있기에 물었습니다.

"너희는 누구냐?"

그러자 그중 하나가 대답했습니다.

"우리는 하타르족인데, 약탈거리를 찾는 중이다. 우리 두목은 삼삼 빈 알 지라라고 하며 부하가 5천 명이나 된다."

이 말을 들은 페르시아인 태수가 급히 돌아와서 가리브에게 보고하자, 가리브는 카탄족 부하와 페르시아인들을 향해 이렇게 소리쳤습니다.

"무기를 준비하라!"

부하들이 준비를 거의 끝냈을 무렵, 별안간 아랍인 한 떼가 소리치며 몰려왔습니다.

"약탈거리다! 약탈거리야!"

이에 가리브도 소리쳤습니다.

"어딜, 이 아라비아의 개들이! 알라께서 네놈들을 벌줄 것이다!"

그러고는 고삐를 늦추고 맹렬하게 말을 몰고 나아가면서 큰 소리로 부르짖었습니다.

"알라호 아크바르![2] 예언자 아브라함(부디 편히 잠드소서!)의 가르침을 위해 싸우라!"

그리하여 양군 사이에 치열한 전투가 벌어져, 칼이 난무하는 아비규환(阿

鼻叫喚)의 광경은 처절하기 짝이 없었습니다. 싸움은 언제 끝날지 모르는 상태로 해가 저물 때까지 계속되다가, 사방이 어두워지자 양군은 저마다 군사를 거두었습니다.

가리브가 아군의 수를 헤아려 보니 카탄족 5명, 페르시아인 73명의 전사자가 났고, 이에 비해 하타르족은 전사자가 5백이 넘었습니다. 삼삼은 말에서 내려 식사도 하지 않고 잠자리에 들지도 않은 채 혼잣말을 했습니다.

'나는 지금까지 그 젊은 놈 같은 용사를 본 적이 없다. 그놈은 칼로 싸우는가 하면 금세 창을 쓰곤 하더란 말이야. 내일은 내가 나가서 그놈과 일대 일로 결투를 벌여 단칼에 승부를 가르고 말리라. 그러면 아라비아 놈들을 쳐부술 수 있을 것이다.'

가리브가 천막으로 돌아오니, 타지 공주는 그 무서운 싸움에 완전히 겁을 먹고 울면서 나와, 말 위에 앉아 있는 가리브의 발에 입을 맞춘 뒤 말했습니다.

"오, 현세의 용사님! 부디 당신의 무예와 용맹이 뒤지는 일이 없으시기를! 또한 당신의 적에게 영광이 내리지 않기를! 오늘 당신의 목숨을 지켜주신 알라께 영광 있으라! 정말 저는 그 아랍인들이 당신의 목숨을 빼앗을까봐 얼마나 걱정했는지 모르겠어요."

"오, 공주님, 두려워할 것 없습니다. 적은 이 들판을 가득 메울 만큼 많이 있지만, 나는 전능하신 알라의 힘을 빌려 반드시 물리치고 말겠습니다."

이렇게 그가 공주를 위로하고 힘을 북돋아주니 공주는 그에게 감사드리며 그 승리를 신에게 기도했습니다. 그러고 나서 공주는 시녀들에게 돌아가고, 가리브는 자기 천막으로 가서 몸에 묻은 이교도의 피를 씻어냈습니다.

그날 밤은 양군 모두 밤새도록 경계를 게을리하지 않았지만, 이튿날 아침이 되자 그들은 또다시 말을 타고 싸움터로 나갔습니다.

이때 선두에서 말을 달리던 가리브는 이윽고 이교도 가까이에 이르자 천둥 같은 소리를 질렀습니다.

"누군가 나하고 말 위에서 승부를 겨뤄볼 자 없느냐? 겁쟁이나 약자는 가까이 오지도 말라!"

그러자 아드족의 대열에서 한 아말레키인이 나타나 무게가 세 관이나 되는 곤봉을 들고 가리브 쪽으로 말을 몰아왔습니다.

"이 아라비아의 밥벌레 같은 놈아! 내 솜씨를 보여주고, 이제 네 목숨은 바람 앞의 등불이라는 기쁜 소식을 알려주마!"

상대는 이렇게 소리치면서 가리브를 향해 달려들었으나, 가리브가 능숙하게 몸을 비키니, 곤봉은 허공만 가르고 땅속 깊이 박히고 말았습니다.

그 바람에 바다위인이 앞으로 고꾸라지듯 허리를 꺾자, 가리브는 재빨리 단창을 내리찍어 상대의 이마를 두 쪽으로 가르고 말았습니다. 적은 이내 말 위에서 굴러떨어져 숨이 끊어졌고, 알라께서는 그 영혼을 지옥불 속으로 보내고 말았습니다.

가리브는 다시 앞으로 나아가 좌우로 달리면서 적의 용사들에게 일대일 싸움을 걸었습니다. 그러자 적도 한 사람씩 차례로 달려나와 가리브에게 덤볐지만 용사 10명이 연거푸 모두 거꾸러지고 말았습니다.

가리브의 단창이 한 번 번뜩일 때마다 상대가 풀잎처럼 거꾸러지는 것을 본 이교도들은 모두 겁을 집어먹고 더는 나서는 자가 없었습니다.

그러자 삼삼은 부하들을 매섭게 노려보며 소리쳤습니다.

"이 저주받아 마땅한 놈들! 이번에는 내가 상대하마."

삼삼은 갑옷을 입고 싸움터 한가운데로 말을 몰아 나오며 가리브를 향해 소리쳤습니다.

"이 아라비아의 개놈아, 네놈은 얼마큼 힘이 있기에 감히 나에게 도전해서 내 부하들을 죽이느냐?"

"네 부하들을 죽인 원수에게 어디 피의 복수를 해 보시지!"

이 말이 채 끝나기도 전에 삼삼은 가리브에게 말을 부딪쳐 왔습니다. 가리브가 이를 침착하게 맞이하자, 두 사람은 단창으로 치열한 싸움을 시작했습니다. 양쪽 군사들은 손에 땀을 쥐며 그 광경을 지켜보았습니다.

두 사람은 앞과 뒤, 왼쪽과 오른쪽으로 말을 몰며 오랫동안 싸우다가, 가리브가 삼삼의 공격을 슬쩍 피하면서 기회를 놓치지 않고 상대의 가슴팍을 찌르니, 말에서 굴러떨어진 삼삼은 그대로 돌처럼 움직이지 않게 되었습니다. 그것을 본 적군이 한꺼번에 와 하고 밀려오고, 가리브도 소리치면서 적을 향해 돌진했습니다.

"알라는 위대하도다! 예언자 아브라함의 신앙을 배신한 자들을 무찌르게 해 주시고 우리에게 승리를 내려주소서!"

―여기서 날이 훤히 밝아왔으므로 샤라자드는 이야기를 그쳤다.

632번째 밤

샤라자드는 이야기를 계속했다.
오, 인자하신 임금님, 이교도들은 인간의 눈에는 보이지 않지만, 인간세상을 훤히 들여다보시는 전능하신 왕,*31 유일한 자, 모든 것을 정복하시는 알라의 이름을 듣자 서로 얼굴을 쳐다보았습니다.
'대체 저게 무슨 소리일까? 저 소리를 들으니 몸이 부들부들 떨리고 마음이 약해져서 도무지 기운을 차릴 수가 없구나. 지금까지 한 번도 들어보지 못한 말이야. 싸움을 중지하고 그 뜻을 알아보자.'
그리하여 싸움을 중지하고 말에서 내린 그들은, 연장자들끼리 모여서 의논한 결과 열 사람만 보내기로 하고, 곧 10명의 뛰어난 자들을 뽑아 가리브에게 보냈습니다.
가리브 쪽에서는 이교도들이 전투를 중지하고 진을 철수했으므로 어찌 된 일인지 몰라 의아해하고 있었습니다. 그때 사자 10명이 나타나 가리브와의 회견을 요구하며, 땅에 엎드려 그의 영광과 장수를 빌었습니다.
그러자 가리브는 사자 10명에게 물었습니다.
"왜 싸움을 중지하는 것이냐?"
"오, 젊은 용사여, 당신이 우리를 향해 외친 고함 소리에 깜짝 놀랐기 때문입니다."
그러자 가리브는 또 물었습니다.
"너희는 대체 무엇을 숭상하고 있는가?"
"우리는 노아족의 왕인 와드와 수와에 야구스*32를 섬기고 있습니다."
"우리는 만물의 창조주이며 모든 생명을 먹여주시는 전능하신 알라만을 믿는다. 그분은 하늘과 땅을 만드시고 산을 쌓으신 알라, 돌에서 물이 솟아나게 하시고 나무를 자라게 하시며 들에 있는 짐승에게도 먹을 것을 주시는 알라, 그분이야말로 유일하고 전능하신 주님이시다."
가리브의 말을 듣는 동안 사자 10명의 마음은 차츰 유일신 알라에 대한 신앙을 이해하게 되었습니다. 그리고 감탄하며 물었습니다.

"참으로 그분은 더없이 높고 위대하시며 자비로우신 주님입니다. 그러면 그 신께 귀의하여 이슬람교도가 되려면 어떻게 해야 합니까?"

"'알라 외에 신은 없고, 아브라함은 알라의 벗이도다' 하고 외치면 된다."

그리하여 사자 10명은 이 참된 신에 대해 진심에서 우러나온 신앙을 맹세했습니다. 그러자 가리브가 말했습니다.

"너희는 이제 참다운 이슬람교도가 되었으니 동족에게 돌아가서 이 올바른 신앙을 전하도록 하라. 너희 일족도 알라를 믿는다면 목숨을 살려주겠지만 그렇지 않을 때는 모두 불태워 죽일 테다."

그래서 장로 10명은 일족에게 돌아가서 이슬람교를 설명하고 진리와 신앙의 길을 가르쳤으므로, 모든 사람이 마음속으로 이슬람교를 믿게 되었습니다.

이윽고 그들은 가리브의 천막으로 걸어가서 그 앞에 엎드려 가리브가 영광과 높은 지위를 누리도록 빈 다음 이렇게 말했습니다.

"오, 위대한 용사여, 우리는 모두 당신의 노예입니다. 무슨 일이든 명령하십시오. 알라께서 당신의 손을 빌려 우리를 올바른 길로 인도하셨으니, 우리는 당신에게 복종하고 결코 등을 돌리지 않겠습니다."

이 말을 듣고 가리브가 대답했습니다.

"알라께서 너희에게 충분히 보답하기를 기도하마. 그럼, 너희는 이제부터 고향에 돌아가서 재산을 정리해 가족들을 데리고 나보다 한발 먼저 '꽃의 골짜기'와 사사 빈 샤이스의 성채로 가거라. 나는 페르시아 왕 사푸르의 공주 파프르 타지를 부왕한테 데려다주고 돌아갈 테니까."

"분부대로 하겠습니다."

이교도들은 이슬람교도가 된 것을 기뻐하면서 자신들의 천막으로 돌아가 아내와 자식에게 참다운 신앙을 가르쳐주었습니다.

그리하여 일족이 모두 신자가 되어, 천막을 걷고 세간을 싣고 가축을 이끌고 '꽃의 골짜기'를 향해 길을 떠났습니다.

샤이스의 성채가 보이는 곳에 이르자 사단이 아들들을 데리고 달려나왔습니다.

그러나 가리브가 미리 이렇게 얘기해 주었습니다.

'만일 산의 식인귀들이 너희를 공격하거든 만물의 창조주 알라의 이름을

불러라. 그러면 상대편은 적대하는 마음을 버리고 너희를 정중하게 맞이해줄 것이다.'

그래서 사단이 달려나오자 그들은 얼른 소리 높여 전능하신 알라의 이름을 불렀습니다. 그러자 사단은 이내 갑자기 달라져 그들을 친절하게 맞이하며, 대체 어떻게 된 일이냐고 물었습니다. 그들이 가리브와의 사이에 일어난 일을 이야기하니 사단은 매우 기뻐하면서 그들을 성채로 안내하여 후하게 대접했습니다.

한편 가리브 일행은 공주를 호위하여 이스바니르의 도성을 향해 여행을 계속했습니다. 여행을 떠난 지 닷새가 지나고 엿새째 부지런히 길을 재촉하고 있는데, 먼 앞쪽에서 먼지가 자욱하게 이는 것이 보였습니다.

가리브는 페르시아인 한 사람을 보내 까닭을 알아오게 했습니다. 페르시아인은 나는 새보다 빨리 갔다 와서 보고했습니다.

"주인님, 저것은 우리의 친구인 1천 명의 기사들인데, 임금님께서 파프르타지 공주를 찾아보라고 파견한 자들입니다."

이에 가리브는 앞으로 나가는 것을 중지하고 천막을 치도록 명령했습니다. 그들이 걸음을 멈추고 수색대가 도착하기를 기다리고 있으니 그들이 곧 나타났으므로, 투만 대장에게 공주가 그들과 함께 있다는 것을 알렸습니다.

투만은 가리브의 천막에 들어가자 정중하게 무릎을 꿇고 공주의 안부를 물었습니다. 가리브가 공주의 천막으로 안내하니, 투만은 공주의 손과 발에 입을 맞추고 부왕과 왕비의 소식을 전했습니다.

공주는 자기가 겪은 모든 재난과 가리브가 산의 식인귀로부터 구출해 준 경위를 모두 이야기했습니다.

―여기서 날이 훤히 밝아왔으므로 샤라자드는 이야기를 그쳤다.

633번째 밤

샤라자드는 이야기를 계속했다.

오, 인자하신 임금님, 타지 공주는 투만에게 자기가 산의 식인귀에게 잡혀

심한 고생을 한 이야기며 가리브가 없었으면 식인귀의 밥이 되었을 것이라는 애기를 자세히 들려준 다음, 이렇게 덧붙였습니다.

"그러니 아버님은 그분에게 왕국의 반을 나눠 드려야 해요."

투만은 다시 가리브에게 가서 말했습니다.

"허락만 해 주신다면 저는 곧 이스바니르의 도성으로 돌아가서 임금님께 공주님의 소식을 전하고자 합니다."

"좋소, 어서 돌아가서 기쁜 소식을 전하시오."

그리하여 투만은 헐레벌떡 이스바니르의 수도로 돌아가 궁전에 들어가서 왕 앞에 엎드렸습니다.

"오, 기쁜 소식의 전령이여, 무슨 좋은 소식이라도 있느냐?"

"임금님께서 이 기쁜 소식에 대해 상을 내리시기 전에는 말씀드리지 않겠습니다."

"그대가 원하는 것을 후히 줄 테니, 어서 기쁜 소식을 들려다오."

"오, 임금님, 기쁜 소식을 가지고 왔습니다. 파프르 타지 공주님이 무사히 귀국하셨습니다."

사푸르 왕은 공주의 이름을 듣자마자 그대로 정신을 잃고 쓰러졌으나, 부하들이 얼른 장미수를 뿌리자 다시 정신을 차리고 투만에게 소리쳤습니다.

"내게 가까이 와서 공주에게 무슨 일이 있었는지 하나도 빼놓지 말고 다 얘기해 다오."

투만이 왕 앞으로 가까이 가서 공주가 말한 이야기를 자세히 들려주자 왕은 손뼉을 치면서 안타까워했습니다.

"오, 저런! 공주가 몹시 고생했구나."

그리고 투만에게는 상금으로 금화 1만 닢에, 이스파한과 그 속령의 통치권을 주었습니다.

그런 다음 태수들을 향해 분부했습니다.

"모두 말을 타라. 이제부터 공주를 만나러 간다."

한편 환관 우두머리가 공주의 어머니인 왕비에게 가서 후궁에도 이 기쁜 소식을 전하자, 왕비는 기뻐서 어쩔 줄 모르며 환관 우두머리에게 예복과 금화 1천 닢을 주었습니다.

백성들도 이 기쁜 소식을 듣고는 거리와 집집을 장식하고 축하했습니다.

사푸르 왕과 투만이 가리브의 모습이 보이는 곳에 이르렀을 때, 왕은 말에서 내려 가리브 앞으로 걸어갔고, 가리브 역시 말에서 내려 사푸르 왕을 향해 걸어가 두 사람은 서로 포옹하며 인사를 나누었습니다. 사푸르 왕은 허리를 굽혀 가리브의 손에 입을 맞추고 깊은 감사의 뜻을 표했습니다.

그러고 나서 두 사람은 공주한테 갔습니다.

공주는 일어나서 부왕을 포옹하고 자기가 겪은 온갖 사건들과 가리브가 식인귀의 손에서 구해 준 일을 빼놓지 않고 모두 얘기했습니다.

그 얘기를 들은 사푸르 왕이 말했습니다.

"오, 아름다운 내 딸아, 네 목숨을 걸고 나는 반드시 그 젊은이에게 커다란 상을 내리리라!"

"아버님, 그분을 양자로 맞이하세요. 그분은 무예와 용맹이 뛰어난 용사이니 틀림없이 아버지를 도와 적들을 정복할 거예요."

"하지만 공주야, 너는 잊었느냐? 히라드 샤 왕이 너를 왕비로 맞이하고 싶다며 비단을 던지고,*33 지참금 금 10만 닢을 보내오지 않았느냐? 또 그는 시라즈와 그 속국의 국왕으로서 수많은 기병과 보병을 거느리고 있단다."

이 말을 들은 공주는 매서운 목소리로 말했습니다.

"어머, 아버님, 저는 그런 분에게 시집가고 싶지 않아요. 만일 억지로 마음이 내키지 않는 곳에 시집가라 하시면 저는 차라리 자결하고 말겠어요."

그래서 사푸르 왕은 공주의 곁을 떠나 가리브의 천막으로 갔습니다. 가리브는 일어나서 왕을 맞이했고, 두 사람은 잠깐 함께 앉아 있었습니다. 왕은 가리브를 뚫어질 듯이 응시하면서 마음속으로 생각하고 있었습니다.

'그래, 공주가 이 바다위인 젊은이에게 마음이 끌리는 것도 무리가 아니다!'

두 사람은 식사를 청해서 먹고 그날 밤을 함께 보냈습니다.

이튿날 아침, 두 사람은 말을 타고 출발하여, 이스바니르에 도착하자 말머리를 나란히 하여 도성 안으로 들어갔습니다. 그날은 두 사람에게 있어서 무엇과도 비할 데 없이 경사스러운 날이었습니다.

파프르 타지 공주도 궁전으로 돌아가 후궁에 들어가니, 어머니와 시녀들이 환성을 지르며 호들갑스럽게 공주를 맞이했습니다.

한편, 사푸르 왕이 먼저 옥좌에 앉은 뒤 가리브를 오른쪽에 앉히자, 좌우에 늘어선 왕자와 시종, 태수, 대신들은 왕에게 공주가 무사히 돌아온 데 대한 기쁨의 인사를 올렸습니다.

사푸르 왕이 말했습니다.

"나에게 충성하는 자는 누구든 좋으니, 가리브에게 명예의 예복을 주어라."

그러자 금세 가리브 앞에 수많은 예복이 산더미처럼 쌓였습니다.

가리브는 열흘 동안 왕의 귀한 손님으로 지내다가 열하루째가 되는 날, 작별인사를 하고 출발하려 했으나, 왕은 그를 붙들고 못 가게 말리면서 어의를 내리고 한 달 동안 더 머물러 달라고 청했습니다.

"오, 임금님, 저는 아랍인의 딸과 백년가약을 맺고 있어서 돌아가고 싶습니다."

"그대의 약혼자와 공주를 비교하면 어느 쪽이 더 아름다운가?"

"오, 임금님, 그것은 노예와 주인을 비교하는 것과 같습니다."

이 말을 받아 사푸르 왕이 말했습니다.

"공주는 그대 덕분에 식인귀의 독니에서 벗어날 수 있었으니, 파프르 타지는 그대의 측실이 된 셈이다. 공주의 남편은 그대 말고는 없네."

이 말을 듣자 가리브는 일어나 무릎을 꿇고 말했습니다.

"오, 이 세상의 임금님이시여, 임금님은 군주이시고 저는 한낱 가난한 인간에 불과합니다. 아마도 임금님께선 더할 수 없이 많은 지참금을 바라시겠지요."

"오, 아닐세, 사실은 시라즈와 그 속령을 다스리는 히라드 샤 왕이 공주에게 청혼하면서 지참금으로 금화 10만 닢을 보내왔네. 그러나 나는 이 왕국을 지키는 칼로 삼고, 적의 원수를 막는 방패로 삼기 위해,*34 다른 자를 제쳐놓고 그대를 선택했다네."

그리고 중신들을 향해서는 이렇게 말했습니다.

"나의 제국의 태수들이여, 이 자리에서 증인이 되어주기 바란다. 나는 파프르 타지 공주를 나의 아들 가리브에게 주기로 결정했다."

—여기서 날이 훤히 밝아왔으므로 샤라자드는 이야기를 그쳤다.

634번째 밤

샤라자드는 이야기를 계속했다.
오, 인자하신 임금님, 아잠[3] 왕국의 군주 사푸르는 태수들에게 말했습니다.
"내 딸 파프르 타지와 나의 아들 가리브를 짝지어줄 것이니, 나를 위해 증인이 되어다오!"
그런 다음 왕은 가리브와 손바닥을 마주쳐[35] 혼담을 성사시켰으므로, 타지 공주는 가리브의 아내가 되었습니다. 이어서 가리브가 말했습니다.
"지참금을 정해 주시면 가지고 오겠습니다. 사사 성에 헤아릴 수 없이 많은 금은보화가 있으니까요."
"오, 내 아들아, 나는 재물도 넉넉한 생활도 전혀 바라지 않는다. 다만 지참금 대신 다슈트와 아와즈[36]를 다스리는 야무르칸 왕의 목을 갖고 싶을 뿐이다."
"그럼, 제가 곧 부하를 이끌고 가서 임금님의 적을 무찌르고 그 영토를 휩쓸고 오겠습니다."
"알라여, 이 사람에게 은총을 내려주시기를!"
그리고 왕은 대공과 가신들을 돌려보내면서, 마음속으로는 이렇게 생각했습니다.
'가리브가 야무르칸을 정벌하러 나선다면 아마 살아서는 돌아오지 못할 것이다.'
이튿날 아침 왕은 가리브와 함께 말을 타고, 전군에도 출마명령을 내려 평평한 들판으로 내보냈습니다. 그곳에서 왕은 부하들을 돌아보며 말했습니다.
"흥을 돋게 말 등에 올라타 창술시합을 해보아라."
그리하여 페르시아의 용사들이 한 쌍씩 시합을 하자, 이것을 보고 있던 가리브가 말했습니다.
"임금님, 저도 아잠 나라의 기사를 상대로 시합하고 싶습니다만, 단 한 가지 조건이 있습니다."
"무슨 조건인고?"
"다름 아니라 저는 얇은 옷옷 한 장 입고 창날이 없는 창에 주황색으로 물들인 창기를 꽂겠습니다. 한편 페르시아 용사들은 창날이 뾰족한 창으로 저와 시합을 하는 것입니다. 만일 제가 지면 항복하지만, 이겼을 때는 상대편 가슴에 점을 찍어 표시하겠으니 그자는 물러가게 해 주십시오."

그래서 왕은 전군의 총대장에게 명령을 내려, 페르시아의 용사들 가운데 가장 용맹한 자 1천2백 명을 뽑게 했습니다. 선발이 끝나자 왕은 그들을 향해 페르시아어로 선언했습니다.

"이 바다위인을 쓰러뜨리는 자에게는 무엇이든 원하는 대로 주겠다."

그리하여 그들은 서로 앞다투어 가리브에게 덤벼들었습니다. 그러나 진실과 허위, 농담과 진담은 분명히 드러나고 말았습니다.

가리브는 이렇게 외쳤습니다.

"나는 예언자의 벗 아브라함의 주님이신 알라를 믿는 자! 알라야말로 만물을 지배하며, 어떠한 것도 그 눈을 피할 수 없는 신, 아무도 그 모습을 볼 수 없는 유일하고 전능하신 신이시다!"

그때 페르시아 용사들 속에서 아말레키인 같은 거인 하나가 돌진해 왔습니다. 가리브는 적당히 상대해 주다가 그 가슴에 주황색 점을 찍었습니다. 그리고 상대가 발길을 돌려 달아나려 할 때, 창 자루로 목을 치니 그대로 땅에 굴러떨어졌습니다. 시동들이 즉각 이 남자를 시합장 밖으로 떠메고 나갔습니다.

다음에 두 번째 용사가 덤벼들었지만, 이 역시 당하지 못하고 곧 가슴에 주황색 점이 찍혔습니다. 이렇게 하여 세 명, 네 명, 다섯 명, 차례차례 덤벼들었지만, 모두 가리브를 당해낼 재간이 없어서 모두 가슴에 점이 찍히고 말았습니다.

그것은 전능하신 신께서 가리브에게 승리를 내려주셨기 때문입니다.

시합이 끝나자 종들이 음식과 독한 술을 날라와 모두 마음껏 먹고 마셨는데, 가리브도 연거푸 술을 들이켠 끝에 그만 취하고 말았습니다.

이윽고 오줌이 마려워 밖으로 나간 가리브는 돌아오는 길을 잃어 타지 공주의 천막으로 들어가게 되었습니다. 공주는 가리브의 모습을 보자 금세 마음이 어지러워져서 시녀들에게 소리를 질렀습니다.

"너희는 속히 너희 방으로 들어들 가거라!"

시녀들이 사라지자 공주는 일어나 가리브의 손에 입을 맞추며 말했습니다.

"저를 식인귀의 손에서 구해 주신 분! 잘 오셨어요. 저는 언제까지나 당신의 시녀예요."

그러고는 가리브를 자기 침대로 끌어당겨 가슴에 껴안았습니다. 가리브는 뜨거운 욕정을 느껴, 남자를 모르는 처녀의 봉인을 뜯고 아침이 될 때까지 한이불 속에서 잤습니다.

한편, 사푸르 왕은 가리브가 이미 출발한 줄 알고 있다가, 아침에 가리브가 모습을 나타내자 일어나서 맞이하여 옆에 앉혔습니다.

이윽고 속령의 왕후들이 들어와 왕 앞에 엎드린 뒤, 좌우에 늘어서서 저마다 가리브의 용맹을 칭찬하기 시작했습니다.

"이 젊은이에게 그만한 용기를 내려주신 신께 영광을!"

그러고 있는데 이게 웬일입니까, 궁전 창문 너머로 말발굽이 일으키는 흙먼지가 점차 다가오는 것이 보였습니다.

이것을 본 왕이 감시병에게 명령했습니다.

"저 먼지는 어인 일이냐? 어서 가서 알아보고 오너라."

한 기사가 말을 타고 달려나갔다가 잠시 뒤 돌아와서 보고했습니다.

"오, 임금님, 그 흙먼지 아래 있는 것은 사힘 알 라일이라고 하는 태수가 이끄는 백 명의 군사들입니다."

이 말을 들은 가리브가 큰 소리로 외쳤습니다.

"그건 제가 심부름을 보낸 동생입니다. 이제부터 마중을 갔다 오겠습니다."

가리브는 말을 타고, 카탄족 백 명과 페르시아인 부하 1천 명을 이끌고 동생을 맞이하러 달려나갔습니다. 그 모습은 참으로 씩씩하고 위엄 있었습니다.

이윽고 서로 다가선 두 사람은 말에서 내려 포옹을 나눴습니다. 그리고 가리브가 사힘에게 물었습니다.

"너는 우리 일족을 '꽃의 골짜기'와 '사사의 성'에 데려다주었느냐?"

"네, 형님, 그런데 그 짐승 같은 배신자 마르다스는 형님이 식인귀의 성채를 정복했다는 말을 듣자 이를 갈며 분해하면서 '내가 여기서 나가지 않으면, 가리브란 놈이 찾아와서 지참금도 내지 않고 딸 마디야를 채 갈 것이다' 하고는 딸을 데리고 세간을 수습하여 일족과 함께 이라크로 달아났습니다. 그리고 쿠파의 도성에 들어가서, 딸을 왕비로 바치기로 하고 아지브 왕의 보호를 요청한다고 합니다."

이 말을 들은 가리브는 너무나 노하여 정신이 까무러칠 지경이었습니다.

"이슬람교도의 성실과 아브라함의 신앙에 맹세코, 더없이 높으신 알라의 덕에 맹세코, 나는 반드시 이라크로 가서 처절한 싸움을 일으키리라."

곧 궁전으로 돌아간 두 사람이 왕 앞에 엎드리자, 왕은 일어나서 가리브를 맞이하고 사힘에게도 인사를 했습니다.

가리브가 모든 것을 얘기하자 왕은 가리브에게 대장 10명을 맡겼는데, 이 대장들은 저마다 가장 용감한 페르시아인과 아잠인 기사 1만 명씩 거느리고 있었습니다.

곧 준비를 서둘러 사흘이 지나기 전에 모든 채비를 하자, 가리브는 사푸르 왕에게 작별인사를 하고 출발했습니다.

며칠이 지나 사사의 성에 도착하니, 식인귀와 그 아들들이 산에서 내려와 그들을 맞이하며, 말 위에 앉은 가리브의 발에 입을 맞추었습니다.

가리브의 설명을 들은 식인귀가 말했습니다.

"오, 주인님, 당신께서는 이 성에 머물러 계십시오. 제가 아들들과 노예를 이끌고 이라크로 가서 알 루스타크의 도성*37을 멸망시킨 다음 적들을 꽁꽁 묶어서 이리 데려오겠습니다."

그러나 가리브는 식인귀의 제의에 감사하면서 이렇게 말했습니다.

"아니야, 사단, 우리 모두 함께 가자."

그리하여 사단도 준비를 하고 성의 수비병 1천 기만 남겨 놓고, 모두 이라크를 향해 출발했습니다.

한편 마르다스는 일족과 함께 호화로운 선물을 가지고 이라크에 이르러 쿠파의 도성으로 들어갔습니다.

그리고 아지브 왕 앞에 나아가 두 손을 모으고 무릎을 꿇은 뒤, 왕에게 어울리는 축복을 기원한 다음 이렇게 덧붙였습니다.

"오, 저의 주군이시여, 사실 저는 당신의 보호를 받고자 머나먼 길을 왔습니다."

―여기서 날이 훤히 밝아왔으므로 샤라자드는 이야기를 그쳤다.

635번째 밤

샤라자드는 이야기를 계속했다.

오, 인자하신 임금님, 마르다스가 아지브 왕에게 보호를 구하자 아지브 왕이 물었습니다.

"귀하를 못살게 구는 자가 대체 어떤 놈인지 말해 보시오! 설령 그 상대가 페르시아인, 터키인, 다이람인의 왕 사푸르라 할지라도, 내 그를 정벌하여 귀하를 지켜주리라."

"오, 현세의 왕이시여, 저를 괴롭히는 자는 다름 아니라 제가 이 가슴에 품고 키워준 젊은 애송이입니다. 어떤 골짜기에서 어린애가 어머니의 무릎에 안겨 있는 것을 발견하고 그 어미를 제 아내로 맞아들였지요. 그 여자가 얼마 안 되어 내 자식을 낳아 사힘 알 라일이라고 이름을 지었습니다. 그런데 아내가 데려온 자식 가리브도 내 무릎 위에서 자랐으나, 뜻밖에도 모든 것을 불태워버리는 천둥번개가 되어 영원한 재앙*38이 되고 말았습니다. 왜냐하면 나반족의 군주 알 하마르를 죽이고 수많은 기병과 보병을 모조리 죽였기 때문입니다. 그리고 저에게는 대왕님께나 어울릴 만한 딸이 하나 있는데, 가리브가 이 딸을 달라고 하는 겁니다. 그래서 저는 산에 사는 식인귀의 목을 베어 오면 주겠다고 했더니, 가리브는 식인귀를 찾아가서 단 한 번의 공격으로 식인귀를 쓰러뜨리고 사사 빈 샤이스 빈 샤다드 빈 아드의 성채를 손에 넣고 말았습니다. 이 성채에는 예전부터 전해지는 많은 보물이 숨겨져 있을 뿐만 아니라, 들리는 말로는 가리브는 이슬람교도가 되어 세상 사람들에게 개종을 권하고 있다 합니다. 지금은 식인귀의 손에서 구해 낸 페르시아의 왕녀를 부왕 사푸르한테 데려다주러 갔습니다만, 돌아올 때는 아마도 페르시아인의 재물과 보물을 손에 넣어서 올 것입니다."

이 말을 들은 순간 아지브 왕은 금세 얼굴빛이 노래지더니 기가 꽉 죽어서 자기 몸의 파멸이 다가온 것을 깨달았습니다.

"오, 마르다스! 그 젊은이의 어미란 여인은 그대와 함께 있는가, 아니면 젊은이와 함께 갔는가?"

"저의 천막에 있습니다."

"이름은 무엇인가?"

"누스라라고 합니다."

"틀림없이 그 계집이다!"

아지브 왕은 그 여자를 불러오게 했습니다.

여인이 앞에 나오자 뚫어지게 쳐다보던 아지브 왕은 자기가 짐작한 바로 그 여자라는 것을 알고 다그쳤습니다.

"이 저주받을 계집 같으니! 너와 함께 보낸 두 노예는 어떻게 되었느냐?"

"노예들은 나를 서로 차지하려다가 둘 다 죽었습니다."

이 대답을 듣자 아지브는 느닷없이 칼을 뽑아 단칼에 여자를 두 쪽 내고 말았습니다.

부하들이 여자의 시체를 밖에 끌어내어 내동댕이쳤습니다. 그러나 아지브는 그래도 못 미더웠던지 의혹과 불안에 사로잡혀 소리쳤습니다.

"오, 마르다스, 그대의 딸을 내 아내로 다오."

"예, 분부하신 대로 제 딸은 대왕님의 측실로 바치겠습니다. 또 무슨 일이든 명령을 내리시면 절대 배신하지 않을 것입니다."

"나는 그 간통한 여자의 자식 가리브란 놈을 만나고 싶다. 이 세상의 온갖 고통을 겪게 한 뒤 때려죽이게 말이다."

아지브는 마르다스에게 혼인지참금으로 금 3만 닢, 금실로 가장자리를 두른 비단 백 필, 비단으로 가장자리를 두른 피륙 백 필, 그리고 모포와 황금 목걸이 백 개를 주었습니다.

마르다스는 이 호화로운 혼인 예물을 받고 왕의 곁을 물러나와 정성 들여 마디야의 결혼 준비에 착수했습니다.

한편 가리브는 여행을 계속하여 알 자지라의 도성 가까이에 이르렀습니다. 그곳은 알 이라크*39의 첫 번째 도시로 주위에는 성벽이 둘러쳐져 있었습니다.

가리브는 그 부근에서 전군에 정지를 명령하고 야영을 하기로 했습니다.

그런데 도성 가까이에 군대가 천막을 치고 있는 것을 보자, 성 안 사람들은 곧 성문을 걸어 잠그고 수비를 엄중히 한 다음 왕에게 달려가서 보고했습니다.

그곳 왕은 싸움터에 나가면 반드시 적군 대장의 정수리를 까부순다 하여 '정수리 까부수기 알 다미그'라 불리고 있었습니다.

보고를 받은 왕이 궁전 망루에 올라가 보니, 정말 페르시아의 대군이 도성의 전면에 진을 치고 있었으므로 신하들을 돌아보며 물었습니다.

"저 아잠인들은 무슨 일로 왔는가?"

"저희는 모르겠습니다."

알 다미그 왕에게는 사바 알 키파르, 즉 '사막의 사자'라는 별명을 가진 꾀 많고 불꽃처럼 머리가 빨리 돌아가는 사내가 있었는데, 성주는 바로 그 사람을 불러 분부했습니다.

"저 진영으로 가서 어느 나라 군대이며 무슨 일로 왔는지 알아내어 보고하라."

사바 알 키파르가 페르시아인의 천막을 향해 바람같이 말을 달려가자, 아라비아인들이 일어나서 가로막으며 물었습니다.

"너는 누구이며 무슨 볼일로 왔느냐?"

"나는 이곳의 왕께서 이 진영의 대장한테 보내신 전령이고 사자이다."

사람들은 그를 데리고 늘어선 천막과 깃발 사이를 지나 가리브의 천막으로 가 성에서 사자가 온 것을 알렸습니다.

가리브가 그를 데려오게 하니, 이윽고 사자가 들어와 가리브 앞에 엎드려 그의 명예와 장수를 빌었습니다.

"사신은 무슨 볼일로 왔는가?"

"저는 알 자지라의 도성을 다스리는 군주이자, 쿠파의 도성과 이라크의 대왕이신 쿤다미르 왕의 형제이신 알 다미그 왕의 사자올시다."

가리브는 쿤다미르라는 아버지의 이름을 듣자 두 눈에서 눈물을 왈칵 쏟아내며, 사자를 지긋이 바라보았습니다.

"네 이름은 무엇인가?"

"저는 사바 알 키파르라고 합니다."

"너희 주인에게 돌아가서 이 군대의 총대장은 아들 아지브에게 살해된 쿠파의 왕 쿤다미르의 아들 가리브라고 전하라. 나는 지금 개만도 못한 아지브에게 아버지의 원한을 풀어 가는 길이다."

사바 알 키파르는 몹시 기뻐하면서 성으로 돌아가 왕 앞에 엎드렸습니다.

"오, 키파르, 적군의 정세는 어떻더냐?"

"오, 임금님, 그 군대의 총대장은 바로 임금님의 조카입니다."

그리고 자세한 이야기를 하자, 이 뜻밖의 소식을 꿈을 꾸는 듯한 심정으로 듣고 있던 왕이 물었습니다.

"오, 사바 알 키파르, 그대가 말한 것이 정말이냐?"

"임금님의 목숨에 맹세코 거짓이 아닙니다."

알 다미그는 곧 부하들을 이끌고 말을 달려 가리브의 천막으로 갔습니다.

가리브는 달려나와 왕과 얼싸안고 인사를 나누고서, 천막으로 맞아들여 두 사람은 훌륭한 깔개에 자리를 잡고 앉았습니다.

알 다미그는 조카 가리브를 만난 것을 무척 기뻐하면서 말했습니다.

"나도 네 아버지를 위해 원수를 갚을 생각을 하고 있었다. 하지만 불행히도 개만도 못한 네 형은 강대한 군대를 갖고 있지만, 나에게는 약간의 부하들밖에 없어서 늘 한탄만 하고 있었단다."

"작은아버님, 저는 아버지의 원수를 갚고 우리 가문의 오명을 씻는 동시에 아지브의 영토를 멸망시키려고 왔습니다."

"오, 조카여, 그대는 아버지와 어머니 두 분을 위해서 복수를 해야 한다."

"아니, 어머니께서 어쨌다는 것입니까?"

"아지브가 네 어머니마저 살해했다."

─여기서 날이 훤히 밝아왔으므로 샤라자드는 이야기를 그쳤다.

636번째 밤

샤라자드는 이야기를 계속했다.

오, 인자하신 임금님, 작은아버지에게서 어머니의 죽음을 들은 가리브가 어떻게 그런 일이 일어났느냐고 물으니, 알 다미그는 그동안의 경위를 자세히 이야기해 주고, 마르다스가 딸을 아지브에게 주기로 했으니, 아지브는 머지않아 그 딸과 잠자리를 함께하게 될 것이라 일러주었습니다.

그 말을 들은 가리브는 정신이 아득해지면서 숨이 멎을 것만 같았습니다. 그러나 가까스로 정신을 차린 그는 큰 소리로 장병들에게 호령했습니다.

"말을 타라!"

그때 알 다미그가 말했습니다.

"오, 조카여, 나에게도 부하를 이끌고 그대와 함께 출발할 준비를 할 수 있는 여유를 다오."

"아닙니다. 저는 조금도 지체할 수가 없습니다. 작은아버님은 이제부터 군사를 갖추시고 나중에 쿠파에서 만나도록 하십시다."

그러고는 말에 올라타서 군대를 이끌고 바벨의 도성에 이르렀습니다.[*40]

이 군대를 본 시민들은 모두 간담이 서늘해졌습니다.

이 도성에 군림하고 있는 자마크라는 왕은 2만 기의 군대를 갖고 있었고, 이 밖에도 각 마을에서 5만의 기사들이 모여들어 성문 앞에 진을 치고 있었습니다.

가리브는 편지를 한 통 써서 사자를 통해 자마크 왕에게 보냈습니다.

사자가 성문에 가서 사자가 왔다고 외치자, 문지기가 자마크 왕에게 가서 그 사실을 전했습니다.

"안내해라."

왕의 말에 문지기가 사자를 안내하여 들어가자, 사자는 왕 앞에 나아가 무릎을 꿇고 그 편지를 바쳤습니다. 왕이 뜯어보니 다음과 같이 적혀 있었습니다.

"모든 살아 있는 것에 나날의 양식을 주시고, 모든 것을 다스리시는 삼계(三界)의 주, 만물의 왕 알라를 찬양하라! 이 글은 이라크와 쿠파의 왕 쿤다미르 왕의 아들 가리브가 자마크 왕에게 보내는 것이니, 이 글을 받은 즉시 그대의 우상을 파괴하고 만물을 헤아리시는 알라, 광명과 어둠의 창조주, 만물의 창조주, 전능하신 알라야말로 유일하심을 인정할지어다. 그대에 대한 나의 대답은 그것밖에 없으니, 그대가 이 명령을 따르지 않고 거스른다면 나는 이날을 그대 생애의 최악의 날로 만들리라. 간음의 결과를 두려워하고 구원의 길을 따르는 자, 만물을 향해 '이렇게 될지어다' 하시면 곧 그렇게 되는 현세와 내세의 주, 더없이 높은 알라의 명령에 따르는 자에게 평안함이 있으라!"

자마크는 이 편지를 읽자, 두 눈이 빛을 잃고 얼굴은 창백하게 질렸지만, 사자를 향해서 거친 목소리로 외쳤습니다.

"네놈의 주인한테 돌아가서, 내일 새벽에 결전을 벌여 승부를 내자고 전하라."

사자가 돌아와 이 말을 전하자 가리브는 부하에게 전투 준비를 명령했습니다.

자마크는 가리브의 진영 바로 앞에 천막을 치고 성난 파도처럼 군대를 내보냈습니다. 그날 밤은 그렇게 살기등등한 가운데 지나가고, 날이 새자 양군은 말을 타고 당당한 진을 짜서 한곳에 모였습니다. 북소리가 둥둥 울리는 가운데, 넓디넓은 크고 평범한 들은 갑옷 차림으로 늠름하게 준마를 타고 있는 용사들로 가득 메워졌습니다. (4)

맨 먼저 큰 소리로 이름을 외치면서 양군 사이로 치고 나온 것은 어마어마하게 큰 통나무를 어깨에 둘러멘 바로 그 식인귀였습니다.

"내가 바로 그 유명한 식인귀 사단이다. 누가 나와 승부를 겨루겠느냐? 겁쟁이와 약골은 아예 나타나지도 마라!"

그러고는 아들들을 돌아보며 말했습니다.

"너희는 장작과 불을 갖고 오너라. 나는 시장기가 돈다."

그러자 아들들은 노예들에게 장작을 가져오게 하여 들판 한가운데 불을 피웠습니다. 그때 나타난 것은 이단자의 한 사람으로, 신을 믿지 않는 아말레키인 중의 아말레키인이었습니다. 그는 어깨에 돛대 기둥만 한 커다란 창을 메고 나와 소리쳤습니다.

"네 이놈, 사단아! 나중에 후회 말아라."

그러고는 식인귀 사단을 겨냥해 달려갔습니다. 이 말을 들은 거인은 불같이 노하여 통나무를 번쩍 들더니 이단자를 향해 내리쳤습니다. 나무가 무서운 소리를 내며 허공을 가르자 아말레키인은 창으로 그 공격을 받아냈습니다. 그러나 도저히 막아낼 수 없었습니다. 나무 무게에 창 무게까지 더해져 그의 머리 위로 쿵쾅거리며 떨어지니, 순식간에 두개골이 깨져서 야자나무처럼 길게 뻗고 말았습니다.

사단은 노예들에게 소리쳤습니다.

"빨리 이놈의 살찐 허벅지 살을 베어다가 불에 구워라."

노예들이 급히 이교도의 가죽을 벗기고 살점을 구워 식인귀에게 가져다주니, 사단은 그 고기를 뜯어 먹고 뼈를 핥았습니다.*41

이교도군사들은 사단이 동료의 살점을 뜯어 먹는 모습을 보자, 온몸에 털이 곤두서고 팔다리는 벌벌 떨리며, 얼굴은 새파랗게 질려 거의 죽은 사람 같았습니다. 그리고 서로 이렇게 속삭였습니다.

"저 식인귀에게 덤비는 자는 모두 뼈는 부서지고, 고기는 창자 속으로 들어가서 두 번 다시 이승의 바람을 쐬지 못하게 될 거야."

적병은 이 식인귀 부자가 무서워 후들후들 떨면서 뒷걸음질치더니 돌아서서 도성을 향해 줄행랑을 놓기 시작했습니다. 그것을 본 가리브가 부하들에게 호령했습니다.

"달아나는 놈들을 쫓아라!"

그러자 페르시아인과 아라비아인들은 바벨의 왕과 그 군대를 추격하여 닥치는 대로 베어 넘기니, 마침내 2만 명가량의 적병이 쓰러지고 말았습니다. 그러고도 뒤쫓아 가며 공격을 멈추지 않아 시체가 성문 안에 산을 이루었고, 성문이 닫히지 않아 아라비아인과 페르시아인들은 성문 안으로 물밀듯이 쏟아져 들어갔습니다.

사단은 죽은 적병의 창을 빼앗아 마구 휘두르면서 아무것도 거칠 것이 없는 듯 달려나갔습니다. 적진을 뚫고 마구 돌진하여 왕궁으로 밀고 들어간 그는 자마크와 마주치자 단창으로 한 대 세게 후려쳤습니다. 자마크는 정신을 잃고 쓰러져 버렸습니다.

사단이 다시 궁전 안 가신들에게 달려들어 닥치는 대로 박살을 내니, 살아남은 자들은 모두 '살려 주시오, 살려 주시오!' 비명을 지르며 달아났습니다.

사단은 달아나는 적병을 향해 소리쳤습니다.

"네놈들의 왕을 꼼짝 못하게 꽁꽁 묶어라!"

―여기서 날이 훤히 밝아왔으므로 샤라자드는 이야기를 그쳤다.

637번째 밤

샤라자드는 이야기를 계속했다.

오, 인자하신 임금님, 사단은 자마크 왕의 궁전에 침입해서 거침없이 날뛰며 가을바람에 떨어지는 나뭇잎처럼 적을 쓰러뜨렸습니다. 그러면서 살려달라고 비명을 지르는 적에게 소리쳤습니다.

"네놈들의 왕을 꼼짝 못하게 꽁꽁 묶어라!"

적병들이 자마크의 손발을 묶어 떠메고 오니, 사단은 마치 양 떼라도 몰듯 그들을 가리브 앞으로 끌고 갔습니다. 그때는 이미 도성의 주민들 대부분이 적의 칼 아래 쓰러져 있었습니다.

바벨의 왕은 정신이 들자 자기가 꽁꽁 묶여 있다는 것을 알았습니다. 그리고 사단이 '오늘 저녁엔 이 자마크를 잡아먹어야겠다'고 얘기하는 것을 엿듣고 가리브 쪽을 향해 큰 소리로 외쳤습니다.

"제발 자비를 베풀어주시오!"

그러자 가리브는 말했습니다.

"이슬람교도가 되겠다면 식인귀의 손에서 구원을 받아 멸망하는 일이 없고 영원한 신의 복수를 면할 수 있으리라."

자마크가 진심으로 이슬람교를 믿겠다고 맹세하자, 가리브는 부하에게 명령하여 묶은 것을 풀어주었습니다.

이어서 자마크는 백성들에게도 이슬람의 신앙을 가르쳐주었으므로, 그들은 모두 참다운 신자가 되었습니다.

이윽고 성 안으로 돌아간 자마크는 가리브에게 양식과 종자를 보내고 바벨의 정면에 있는 장병들의 진영에는 술을 보내주었습니다.

그날 밤을 그곳에서 묵은 군대는 이튿날 아침 가리브의 명령을 받고 출발하여, 길을 재촉한 끝에 이윽고 마이야파리킨[*42]에 도착했습니다. 그러나 도성 안은 텅 비어 있었습니다.

그곳 사람들은 벌써 바벨의 운명에 대한 소문을 듣고, 쿠파의 도성으로 달아나 아지브 왕에게 자초지종을 알린 뒤였던 것입니다.

그 소식을 듣고 마침내 마지막 심판의 날이 다가온 것으로 생각한 가리브는, 부하 용사들을 모아 적군이 가까이 온 것을 알리고 형의 군대를 상대로 결전을 벌일 준비를 하라고 명령했습니다.

그런 다음 병력을 조사해 보니 기병은 3만, 보병은 1만밖에 되지 않았습니다.[*43] 그것만으로는 부족하다고 생각한 가리브는 다시 보병과 기병 5만을 더 모집하고 자신은 이 대군의 중앙에 서서 당당하게 군을 출발시켜 앞으로 나아가게 했습니다. 그리하여 이윽고 모술의 전면에 진을 치고 있는 형의 군대와 마주쳤습니다.

가리브는 적진 바로 앞에 천막을 치고 편지 한 통을 써서 가신들에게 물었습니다.

"누가 이 편지를 아지브에게 전해 주겠는가?"

사힘이 일어나면서 외쳤습니다.

"예, 현세의 임금님, 제가 전하고 답장을 받아 오겠습니다."

그래서 가리브가 편지를 내주니, 사힘이 그것을 가지고 아지브 왕의 진영을 찾아갔습니다. 아지브는 사자로 온 사힘을 보고 물었습니다.

"너는 어디서 왔느냐?"

"세계의 왕 코스로에의 사위이며 아라비아와 페르시아의 왕께서 보내신 사자입니다. 여기 임금이 몸소 쓰신 편지를 가지고 왔으니 회답을 바랍니다."

"이리 내라."

사힘이 아지브에게 내민 편지에는 다음과 같은 것이 씌어 있었습니다.

"그지없이 자비로우신 알라의 이름으로! 알라의 벗 아브라함에게 평안함이 있기를! 그대는 이 편지를 받아 보는 즉시 우상숭배를 그치고 자비로우신 신, 온갖 것의 원인을 만들어내며, 구름을 움직이시는 신의 유일성을 인정하라.*44 그대가 만일 그리한다면, 그대는 나의 형제이고 우리의 지배자가 되리라. 또한 나의 아버지, 나의 어머니 죽음에 대해서도 그대를 용서하리라. 그러나 내 말을 따르지 않는다면 나는 즉시 대군을 진격시켜 그대의 머리를 베고 영토를 쑥밭으로 만들리라. 내 이르노니 내 충언이야말로 올바른 것이로다. 구원의 길을 걸으며 더없이 높은 알라를 받드는 자에게 평안함이 있기를!"

아지브는 이 편지를 읽고 그 속에 들어 있는 위협의 의미를 느끼자, 곧 눈을 부릅뜨고 이를 갈며 몸을 부르르 떨더니 편지를 갈기갈기 찢어 내동댕이쳤습니다.

그것을 보고 사힘이 크게 노하여 소리쳤습니다.

"그런 짓을 하면 알라의 천벌을 받아 네 손이 썩고 말 거다!"

그러자 아지브도 지지 않고 부하들에게 고함을 쳤습니다.

"이 개놈을 잡아서 칼로 마구 베어라."

부하들이 우르르 달려들자 사힘은 잽싸게 칼을 뽑아들고 그들을 맞아 순식간에 적의 용사 50명 남짓을 쓰러뜨렸습니다. 그리고 온몸에 피를 뒤집어쓰고 적의 포위망을 뚫어 무사히 가리브에게 돌아갔습니다.

"오오, 사힘, 이게 어떻게 된 일이냐?"

가리브의 물음에 사힘이 자초지종을 얘기하니 가리브는 분노로 새파랗게 질린 채 외쳤습니다.

"알라흐 아크바르—알라는 위대하도다!"

그리고 곧 돌격의 북을 울리라고 명령했습니다. 전사들은 갑옷을 갖춰 입고 어깨에 칼을 찼습니다. 보병은 대열을 맞춰 집결하자, 기병은 콧김을 내뿜는 군마와 날뛰는 낙타에 뛰어올라 긴 창을 옆구리에 끼고 일제히 싸움터로 돌진했습니다. 아지브도 지휘 아래 병력을 이끌고 말을 달려 나아가니, 마침내 양군 사이에 불꽃 튀는 싸움이 시작되었습니다.

—여기서 날이 훤히 밝아왔으므로 샤라자드는 이야기를 그쳤다.

638번째 밤

샤라자드는 이야기를 계속했다.

오, 인자하신 임금님, 양군 사이에 불꽃 튀는 싸움이 시작되자, 곧 판정을 그르치는 일이 없는 '전쟁의 판관'이 싸움터를 지배했지만, 판관의 입은 굳게 닫힌 채 말이 없었습니다. 피는 강물처럼 흘러 형용하기 어려운 무늬로 대지를 물들이고, 사람들의 머리카락은 순식간에 백발로 변했으며, 싸움은 점점 치열해져 절정으로 치달았습니다. 핏물에 발이 미끄러지자, 용사는 땅을 힘차게 딛고 버티는가 하면, 겁쟁이는 등을 돌려 달아났습니다. 양군은 해가 저물고 밤이 깊어질 무렵까지 계속 싸웠습니다.

이윽고 퇴각의 징이 울리자, 양군은 창과 칼을 거두고 저마다의 진영으로 돌아가 그날 밤을 쉬었습니다.

이튿날 아침 날이 채 밝기도 전에 다시금 치열한 싸움이 시작되었습니다. 전사들은 갑옷을 입고, 어깨에는 눈부시게 번쩍이는 칼을 매달고,*45 갈색 창을 들고서 사납게 날뛰는 군마를 타고는 모두 한결같이 외쳤습니다.

"오늘은 한 놈의 적도 놓치지 않겠다!"

양군은 바람과 파도가 술렁거리는 큰 바다처럼 대오를 짜고 서로 접근해 갔습니다.

먼저 싸움의 실마리를 끊은 것은 사힘이었습니다. 그가 양군 사이로 말을 달려 칼과 창을 자유자재로 놀리면서 숨 돌릴 틈도 없이 갖가지 재주를 보여 주자, 내로라하는 용사들도 입을 딱 벌리고 지켜볼 따름이었습니다. 이윽고 사힘이 목소리를 가다듬고 부르짖었습니다.

"자신 있는 용사는 나오너라! 느림뱅이나 약골은 아예 나서지도 말렷다!"

그때 한 이교도 기사가 나타나 불꽃처럼 사납게 달려들었지만, 눈 깜짝할 사이에 사힘의 공격 한 번에 나가떨어지고 말았습니다. 이어서 또 한 사람이 나왔으나 이 역시 싱겁게 쓰러지고, 세 번째도 금방 두 동강이 났으며, 네 번째 역시 금세 숨통이 끊어지고 말았습니다.

그래도 적은 꼬리에 꼬리를 물고 끊임없이 돌격해 왔지만, 덤벼드는 족족 거꾸러져서 한낮이 될 때까지 용사 2백 명이 쓰러지고 말았습니다.

이때 아지브가 부하들에게 다시 한 번 공격하라고 명령하자, 아지브의 강력한 부대가 가리브군에 공격을 가하니 창칼이 부딪치는 소리와 고함 소리가 몹시 울려 천지가 흔들렸습니다. 번뜩이는 칼이 울 때마다 피는 강물이 되어 흐르고, 보병들은 필사적으로 쫓고 쫓기는 가운데, 선봉에 섰다가 픽픽 쓰러지는 군사들의 머리는 말발굽에 짓밟혔습니다.

양군은 그래도 싸움을 계속하다가 마침내 해가 기울어 검은 밤의 장막이 내릴 무렵이 되자 겨우 갈라져서 저마다 자기 진영으로 물러나 밤을 보냈습니다.

이튿날도 날이 새기를 기다렸다가 양군은 말을 타고 싸움터를 향해 나아갔습니다.

이슬람교도 병사들은 평소처럼 가리브가 말을 타고 깃발 아래 나타나기를 기다리고 있었으나, 아무리 기다려도 나타나지 않자 사힘은 형의 천막에 노예를 보내 알아보게 했습니다.

노예는 가리브의 모습이 보이지 않아 천막을 지키는 부하*46들에게 물어보았습니다.

"전혀 짐작이 가지 않는데요."

이 대답을 듣고 사힘은 무척 걱정되어 밖에 나가 이 사실을 부하 장병들에게 알렸습니다. 그러자 장병들은 싸움을 중단하고 저마다 수군거렸습니다.

"가리브가 없으면 우리에게 이길 가능성이 없는데."

그런데 가리브의 모습이 보이지 않게 된 데에는, 참으로 기이한, 그러면서도 거짓이 아닌 이유가 있었습니다. 그 이야기를 순서에 따라 말씀드리면 다음과 같습니다.

그 전날 밤, 아지브는 천막에 돌아와 사이야르라는 친위대원 한 명을 불러서 말했습니다.

"사이야르, 내가 오래전부터 너를 소중히 해 온 까닭은, 이런 날이 있을 거라고 생각했기 때문이다. 다름이 아니라 이제부터 가리브의 진지에 잠입해서 대장의 천막을 침입하여 놈을 나에게 데려오는 것이다. 네 재주가 어느 정도인지 증거를 보여다오."

"분부대로 하겠습니다."

사이야르는 곧 적진에 잠입하여 사람들이 깊이 잠든 틈을 타 어둠 속에서 가리브의 천막으로 숨어들었습니다. 그리고 가리브를 시중드는 노예처럼 그 옆에 서 있었습니다.

얼마 안 있어 갈증을 느낀 가리브는 노예에게 물을 가져오라고 명령했습니다. 사이야르가 기다렸다는 듯이 마약을 탄 물병을 가져오자 입을 댄 가리브는 얼마 마시기도 전에 막대기처럼 빳빳해져서 털썩 쓰러지고 말았습니다.

사이야르는 얼른 외투를 벗어 가리브를 싸서 둘러메고 아지브의 천막으로 돌아와 왕의 발밑에 던졌습니다.

"오, 사이야르, 이게 무엇이냐?"

"임금님의 동생 가리브입니다."

이 말에 아지브는 춤이라도 출 듯이 기뻐하며 외쳤습니다.

"잘했다, 잘했어! 곧 그놈의 결박을 풀어 정신이 깨어나도록 해라."

환관이 가리브에게 식초냄새를 맡게 하니, 겨우 깨어난 가리브는 어느새 자기가 결박당해 있을 뿐만 아니라 낯선 천막 속에 와 있음을 깨달았습니다.

"오, 알라 외에 주권 없고 알라 외에 권력 없도다! 오, 위대하신 신, 알라께 영광 있으라!"

가리브가 이렇게 외치자 아지브가 사납게 호통을 쳤습니다.

"네 이놈! 네놈은 나한테 쳐들어 와서 나를 죽이고 부모의 원한을 푼다고 했겠다! 바보 같은 자식! 내 오늘은 꼭 네놈의 숨통을 끊어 먼저 간 귀신들한테 보내줄 테다!"

"닥쳐라, 이단의 개야! 운명의 수레바퀴는 돌고 돌아 이윽고 네놈을 괴롭힐 거다! 맹세코 네놈은 머지않아 반드시 전능하신 알라의 노여움으로 멸망하고 말 테니 두고 보아라. 알라께선 네 마음속에 있는 것을 꿰뚫어 보시고 너를 지옥불 속에 던져넣어, 아무리 괴로워하면서 허덕여도 절대 돌아보지 않으실 거다. 너야말로 자신의 몸을 가련히 여긴다면, 나와 함께 '알라 외에 신은 없고, 아브라함은 알라의 벗이다!' 하고 외도록 하라."

이 말을 듣자 아지브는 껄껄대고 웃고 나서 거칠게 콧김을 내뿜으면서 알라를 돌덩어리나 무엇처럼 깔보며 놀리더니, 사형집행인을 불러 참형에 쓰는 가죽 깔개를 가져오라 명령했습니다.

그런데 아지브의 대신(그는 이교도처럼 꾸미고 있었지만, 사실은 이슬람교도였습니다)이 일어나서 왕 앞에 엎드리며 말했습니다.

"오, 대왕님, 기다려주십시오. 서둘러 일을 처리해선 안 됩니다. 적과 아군 어느 편이 승리자가 되는지 똑똑하게 밝혀질 때까지 기다리시는 것이 어떻겠습니까? 아군이 승리하게 된다면 우리는 물론 가리브를 없앨 권력이 있습니다. 또 행여나 패하더라도 이자의 생명을 우리가 손아귀에 쥐고 있다면 우리로서는 매우 유리한 강점이 되지 않겠습니까?"

이 말을 들은 태수들이 모두 한결같이 말했습니다.

"과연, 대신의 말이 옳은 줄 압니다."

─여기서 날이 훤히 밝아왔으므로 샤라자드는 이야기를 그쳤다.

639번째 밤

샤라자드는 이야기를 계속했다.

오, 인자하신 임금님, 이렇게 대신이 나서서 가리브를 죽이는 일을 말리자, 아지브는 가리브를 죽일 것을 중단하고, 손과 발에 차꼬를 채워 자기의 천막 속에 쇠사슬로 묶은 다음 1천 명의 억센 전사들에게 감시하게 했습니다.

이튿날 아침 가리브의 군사가 눈을 떠 보니 자기들의 왕이 보이지 않는지라, 마치 양치기 없는 양 떼와 비슷한 꼴이 되었습니다. 그때 식인귀 사단이 큰 소리로 고함을 쳤습니다.

"오, 여러분, 갑옷을 입으시오. 알라께선 반드시 우리 군사를 지켜주시리다!"

그리하여 아라비아인과 아잠인들은 저마다 쇠로 만든 갑옷을 입고 나서, 말을 타고 펄럭이는 깃발 아래 대장들에게 인솔되어 용감하게 싸움터로 나아갔습니다. 식인귀는 무게 24관은 됨직한 곤봉을 움켜잡고 좌우로 빠르고 거센 바람처럼 뛰어다녔습니다.

"이놈들, 우상을 숭배하는 놈들 나오너라! 오늘은 내가 솜씨를 다해 모조리 다 죽여줄 테니, 저승길의 이야깃거리로나 삼아라. 나를 아는 놈은 내 솜씨를 알겠지만 모르는 놈은 잘 봐두어라. 나는 가리브 왕의 부하인 사단이다. 어느 놈이 나와 싸워 볼 테냐? 오늘은 겁쟁이나 약골 놈은 나오지 말고 가만히 틀어박혀 있어라!"

그러자 한 이교도 용사가 나타나서 타오르는 불길처럼 사단을 향해 돌진해 왔습니다. 그러나 사단이 곤봉으로 한 번 후려치자 갈비뼈가 부러지고 숨통이 끊어져서 땅바닥에 나가떨어졌습니다. 사단은 아들들과 노예들을 돌아보며 큰 소리로 외쳤습니다.

"불을 피워서 쓰러진 이교도를 모조리 구워가지고 오너라. 그것으로 아침 식사를 해야겠다."

부하들이 들 한복판에 불을 피우고 죽은 적병을 그 위에 얹어 잘 구워서 사단에게 가져가니, 식인귀는 그 고기를 뜯어 먹은 뒤 뼈까지 핥아먹었습니다. 그 광경을 본 이교도들은 몸서리쳤고, 아지브는 그런 부하들을 향해 버럭 소리를 질렀습니다.

"이 못난 놈들아! 저 식인귀를 습격해서 언월도로 베어 버려라."

그래서 2만 군병이 사단을 향해 물밀듯이 들이닥쳐 그를 포위하고, 창과 화살을 우박처럼 퍼부어대자, 사단도 어쩔 수 없이 온몸에 스물네 군데나 상처를 입었습니다. 그의 몸에서 콸콸 흘러내린 피가 대지를 적셨습니다.

이윽고 이슬람교도의 군대는 삼계(三界)의 주님께 구원을 빌면서 이교도를 향해 돌격했습니다. 그리하여 닥치는 대로 칼로 후려치고 창으로 찌르면서 죽음을 무릅쓴 치열한 싸움을 벌였지만, 그날도 날이 저물어 사방이 캄캄해지자 일단 싸움을 멈추고 양쪽은 갈라섰습니다.

이교도들은 피를 흘려 비틀거리는 사단을 사로잡아 단단히 결박해서 가리브 곁으로 끌고 갔습니다. 가리브는 결박되어 온 사단을 보자 이렇게 소리쳤습니다.

"오, 알라 외에 영광 없고 알라 외에 주권 없도다! 오, 영광스런 신이여, 위대하신 신이여! 오, 사단, 대체 이게 어찌 된 일이냐?"

"오, 주군님, 기쁨과 고뇌는 모두 알라께서 정하신 것이니 이 몸에 무슨 일이 닥쳐도 하는 수 없는 일입니다."

"사단, 과연 네 말이 옳다."

아지브의 진영은 연이은 승리로 기쁨이 가득했습니다. 아지브는 부하들에게 명령했습니다.

"내일은 총출동하여 이슬람교도를 습격해서 한 사람도 남김없이 죽여 버려라."

한편 이슬람교도군 쪽에서는 그날 밤 낙담에 빠져 왕과 사단을 위해 원통한 눈물을 뿌렸습니다. 그러나 사힘은 부하들을 향해 말했습니다.

"여러분, 걱정할 거 없소. 머지않아 전능하신 알라의 구원이 있을 테니까."

그는 한밤중이 되기를 기다렸다가 천막지기로 변장하여 아지브의 진영으로 갔습니다. 줄지어 늘어선 막사 사이를 빠져나가니, 마침내 왕의 대천막이 나왔습니다.

가만히 보니 아지브는 자신이 거느리는 태수들에게 둘러싸여 옥좌에 앉아 있었습니다. 사힘은 몰래 숨어 들어가 환하게 타고 있는 촛불 옆으로 다가가서 심지를 짧게 자르고, 그 위에 독초인 히요스의 가루를 뿌렸습니다. 그러고는 돌아 나와 장막 밖에서 상황을 엿보았습니다. 이윽고 독초가 타는 연기가 아지브를 비롯하여 태수들이 있는 곳으로 흘러들어가, 그 독한 연기를 들이마신 자들은 마치 송장처럼 바닥에 쓰러지고 말았습니다.

사힘은 그 자리를 떠나 포로를 가둬놓은 천막으로 갔습니다. 가리브와 사단은 용사 1천 명의 감시를 받고 있었는데, 그 감시병들은 모두 한결같이 세상모르게 곯아떨어져 있었습니다.

사힘은 감시병들을 향해 고함을 쳤습니다.

"정말 어처구니없는 놈들이구나! 이렇게 자빠져 잠을 자면 어떡하자는 것이냐! 감시를 똑똑히 하고 화톳불을 밝게 살라 놓아라."

사힘은 화톳불의 기름 항아리에 장작을 잔뜩 집어넣고는, 그 위에 독초 가루를 뿌린 다음 불을 붙여 들고 천막 주위를 한 바퀴 돌고 나니, 이윽고 독한 연기가 경비병들의 콧구멍으로 들어가서 연기에 취한 자들이 모두 그 자리에 축 늘어지고 말았습니다.

그런 다음 다시 천막 안에 들어가 보니 가리브와 사단도 정신을 잃고 있었으므로, 사힘은 미리 준비해 가져간 식초에 적신 해면을 두 사람 코에 갖다 대어 깨어나게 한 다음, 결박을 풀고 차꼬를 떼어냈습니다. 두 사람은 사힘을 보고 몹시 기뻐하며 깊이 감사했습니다. 세 사람은 곧 천막을 나와 경비병들의 무기를 모조리 빼앗아 버렸습니다.

"먼저 진영으로 돌아가십시오."

사힘은 두 사람에게 이렇게 말하고 혼자 아지브의 천막으로 다시 돌아갔습니다. 그리고 아지브를 자기 외투에 둘둘 말아 어깨에 떠메고 진영으로 돌아와서 가리브 앞에 외투를 풀어 놓았습니다. 가리브는 그 속에서 나타난 사내를 지긋이 쳐다보다가, 그것이 형 아지브인 것을 알고 이렇게 부르짖었습니다.

"알라는 위대하도다! 오, 구원의 신이여! 승리의 신이여!"

그리고 사힘에게 알라의 은혜가 내려지기를 기도한 다음, 아지브를 깨우게 했습니다.

사힘이 향료를 섞은 식초를 맡게 하자 정신이 돌아온 아지브는, 자기 몸이 묶여 있고 손과 발에 차꼬가 채워진 것을 알자 고개를 푹 숙이고 말았습니다.

―여기서 날이 훤히 밝아왔으므로 샤라자드는 이야기를 그쳤다.

640번째 밤

샤라자드는 이야기를 계속했다.
오, 인자하신 임금님, 깨어난 아지브가 고개를 푹 숙이자 사힘이 소리쳤습니다.
"이놈, 이 나쁜 놈 같으니, 얼굴을 들어라!"
아지브가 눈을 들어보니 아라비아인과 아잠인이 에워싸고 있고, 게다가 동생이 권력의 자리인 옥좌에 앉아 있었으므로, 입을 다물고 한마디도 하지 않았습니다.
가리브가 큰 소리로 외쳤습니다.
"이 개를 발가벗겨라!"
부하들이 아지브를 발가벗긴 다음 채찍으로 사정없이 때렸으므로, 마침내 아지브는 온몸에서 힘이 쭉 빠지고 거만하고 공손치 못한 마음도 꺾이고 말았습니다.
가리브는 기사 백 명을 뽑아 아지브의 감시를 맡겼습니다. 이렇게 아지브에 대한 형벌이 끝났을 무렵, 갑자기 적의 진영에서 이런 소리가 들려왔습니다.
"알라 외에 신은 없고, 알라는 가장 위대하도다!"
거기에는 이런 까닭이 있었습니다.
가리브의 작은아버지 알 다미그 왕은 가리브보다 열흘이나 늦게 지휘 아래 장병 2만 기를 이끌고 알 자지라를 출발했습니다.
그리하여 싸움터에 가까이 이르렀을 때 척후병을 보내어 적진을 정찰시켰는데, 거의 하루나 걸려서 살피고 온 척후병은 가리브와 그 형 아지브 사이에 생긴 일들을 자세히 보고했습니다.
그래서 알 다미그는 밤이 되기를 기다렸다가 이렇게 외쳤습니다.
'알라호 아크바르!'
그러고는 이교도의 무리를 습격하여 날카로운 언월도의 밥으로 만들었던 것입니다.

가리브는 그 함성(타크비르)*47을 듣고 사힘을 돌아보며 말했습니다.

"저 함성이 대체 무엇인가 살펴보고 오너라."

사힘이 싸움터로 나가서 노예와 종자들에게 사정을 물어보니, 알 다미그가 지휘 아래 장병 2만 기를 이끌고 와서 '알라의 벗 아브라함의 덕을 두고 맹세코, 나는 형님의 아들을 죽게 내버려 두지는 않을 테다. 용사의 의무를 다해, 사교의 무리를 무찌르고 전능하신 신을 기쁘게 하리라'라고 외치며 밤의 어둠을 틈타 우상숭배자들을 습격한 것이라고 말했습니다.

사힘이 돌아와서 작은아버지의 배짱 두둑한 행동을 이야기하자 가리브는 부하에게 명령을 내렸습니다.

"무기를 들고 곧 말을 타라. 지금부터 작은아버님을 구하러 나간다!"

그리하여 모두 즉시 말을 몰아 이단자의 진영으로 쳐들어가서 닥치는 대로 칼을 휘둘렀습니다.

이튿날 아침까지 이교도들을 거의 5만 명 가까이 죽이고, 3만 명을 사로잡았습니다. 아지브의 남은 병사는 뿔뿔이 흩어져 달아나고, 큰 승리를 거둔 이슬람군은 의기양양하게 싸움터에서 돌아왔습니다.

가리브는 말을 타고 작은아버지를 맞아 인사를 한 다음, 그 구원에 깊이 감사했습니다. 이에 알 다미그가 말했습니다.

"그 아지브란 놈이 과연 오늘 싸움에서 죽었을까?"

"오, 작은아버님, 안심하십시오. 그놈은 지금 쇠사슬에 묶여 우리 진영에 있습니다."

이 말을 듣고 알 다미그는 매우 기뻐했습니다. 두 사람은 같이 말에서 내려 막사로 들어갔습니다. 그런데 아지브가 그림자도 보이지 않아 가리브는 자기도 모르게 그만 소리쳤습니다.

"어렵쇼! 이상한 일도 다 있구나. 빛나는 승리의 날에 이게 웬 실수란 말이냐!"

그러고는 천막을 지키는 노예들을 꾸짖었습니다.

"이 얼빠진 놈들! 내 원수는 어디 있느냐?"

"주인님이 말을 타고 나가실 때 저희도 함께 있었습니다. 특별히 그놈을 감시하라는 분부가 없어서……."

"오, 위대한 신 알라 외에 주권 없고 알라 외에 권력 없도다!"
그러자 알 다미그가 말했습니다.
"뭐, 그렇게 상심할 것 없다. 그놈이 어디로 달아났든 반드시 잡고 말 테니까!"

그런데 아지브가 달아난 경위는 이러했습니다.

아지브의 심복부하 사이야르는 미리 이슬람교도의 진영에 잠복하고 있었습니다. 그런데 아지브를 지키는 감시병을 남겨두지 않고 가리브가 말을 타고 출발하자 사이야르는 자신의 눈을 의심했습니다.

그래서 잠깐 동정을 살피다가, 막사 안으로 들어가서 채찍을 맞아 기절해 있는 아지브를 어깨에 둘러메고 넓은 들판으로 도망쳐 나와, 그 이튿날까지 내리 줄달음을 쳤던 것입니다.

그리하여 이윽고 배나무 밑에서 솟아나고 있는 샘가에 이르렀을 때, 등에서 아지브를 내려놓고 얼굴을 씻겨주자, 아지브는 눈을 뜨고 사이야르를 바라보았습니다.

"오, 사이야르, 나를 쿠파로 데려가 다오. 그곳에서 몸조리를 한 다음 기병과 보병을 그러모아 적에게 복수를 할 테다. 그런데 사이야르, 나는 지금 몹시 배가 고프구나."

사이야르는 곧 일어나서 사막으로 나가 새끼 타조 한 마리를 잡아왔습니다. 그런 다음 마른 나뭇가지를 주워 모아 교묘하게 불을 피워 죽인 새[*48]를 구웠습니다.

타조 고기를 먹고 샘물을 마시는 동안 아지브는 기운을 차렸습니다. 사이야르는 다시 바다위인의 부락으로 가서 말 두 필을 훔쳐내어 아지브를 태운 다음, 여러 날 여행을 계속한 끝에 마침내 쿠파 부근에 이르렀습니다.

이 소식을 들은 도성의 부왕(副王)은 아지브 왕을 마중 나와 인사를 했는데, 아지브는 아우에게 매를 맞아 꼴이 말이 아니었습니다. 아지브는 도성에 들어가자마자 곧 병을 잘 고치기로 이름난 의사들을 불러들였습니다. 명령을 받고 의사들이 모여들자 열흘 안에 낫게 하라고 명했습니다.

"분부대로 하겠습니다."

의원들은 즉시 치료를 시작하여 채찍질의 상처가 말끔히 나을 때까지 열심히 간호했습니다.

이윽고 아지브는 대신들에게 명하여 각 지방의 모든 태수와 가신들에게 편지를 써보내게 하고, 자기 자신도 편지를 21통이나 써서 이곳저곳의 총독들에게 보냈습니다.

총독들은 즉각 군사를 소집하여 쿠파를 향해 강행군했습니다.

―여기서 날이 훤히 밝아왔으므로 샤라자드는 이야기를 그쳤다.

641번째 밤

샤라자드는 이야기를 계속했다.

오, 인자하신 임금님, 아지브가 소집한 대군이 쿠파를 향해 출발하는 한편, 가리브 쪽에서는 용사 1천 명을 뽑아 달아난 아지브를 곳곳이 뒤져서라도 엄명을 내렸습니다. 그러나 용사들은 사방팔방으로 흩어져서 하룻낮 하룻밤을 찾았지만 허탕을 치고 돌아왔습니다. 그래서 가리브는 동생 사힘을 불렀으나 이 동생의 모습도 보이지 않자, 변덕스러운 운명의 장난에 무슨 사고라도 생긴 게 아닌가 무척 걱정하고 있었습니다. 그런데 갑자기 사힘이 나타나 가리브 앞에 엎드리는 것이었습니다.

가리브는 일어나 동생의 얼굴을 살피면서 물었습니다.

"오, 사힘, 어디를 갔던 게냐?"

"사실 쿠파에 다녀왔습니다. 아지브란 놈은 그곳으로 달아나서 상처를 말끔히 치료했습니다. 게다가 그놈은 직속 신하들에게 격문을 띄워 각 지방의 태수들을 소집했는데, 그 군사들이 속속 집결하고 있었습니다."

이 말을 듣고 가리브는 곧 부하들에게 진군명령을 내렸습니다. 부하들은 천막을 걷고 쿠파를 향해 출발했습니다.

도성이 보이는 지점에 이르니 적의 대군이 큰 파도처럼 성을 둘러싸고 있는 것이 보였습니다. 가리브는 이교도군과 마주보는 곳에 진을 쳤습니다. 이윽고 해가 저물고 사방이 어둑어둑해지자 양군은 횃불을 밝히고 날이 샐 때까지 경계를 강화했습니다.

이튿날 아침, 가리브 왕은 일어나서 목욕을 하고 조상인 알라의 벗 아브라함(그분이 편안히 잠드시기를!)의 의식에 따라 두 번 머리를 조아리고 기도를 올렸습니다.

이윽고 출전의 북이 둥둥 울려 퍼지고 군기가 바람에 펄럭이니 전사들은 무장을 하고 말에 올라 앞으로 나아갔습니다.

그날 맨 먼저 달려나간 것은 가리브군의 용맹한 장수 알 다미그 왕이었습니다. 왕이 말을 몰아 적진 앞에 늠름한 모습을 드러내어 칼과 창을 자유자재로 휘둘러 보이자, 적군과 아군은 모두 그 묘기에 혀를 내둘렀습니다.

그것이 끝나자 알 다미그는 목소리를 가다듬고 외쳤습니다.

"나와 말 위에서 창을 겨룰 자는 없는가? 굼벵이 놈들과 약골들은 나설 생각도 마라! 나는 쿤다미르 왕의 형제 알 다미그 왕이다!"

이 소리를 듣고 이교도군의 한 기사가 불같은 기세로 달려나와 알 다미그를 향해 칼을 휘둘렀지만, 왕은 창을 번쩍 들어 적의 가슴을 단번에 꿰뚫어 버렸습니다. 적병은 순식간에 피를 내뿜으며 그대로 지옥에 떨어지고 말았습니다. 이어서 두 번째, 세 번째 기사가 덤벼들었으나 모두 한 번 휘두른 창에 세상을 떠났고, 알 다미그는 연달아 이교도 기사 76명을 쓰러뜨렸습니다.

이 광경을 보고 이교도 무리들은 겁을 집어먹고 꽁무니를 빼기 시작했습니다. 그러자 아지브는 몹시 노하며 펄펄 뛰면서 큰 소리로 꾸짖었습니다.

"이놈들! 이게 무슨 꼴들이냐? 한 놈씩 덤벼들었다간 모두 죽고 만다. 즉시 한 덩어리가 되어 공격해 이 땅에서 적을 죄다 없애 버려라. 이 싸움터를 자갈밭처럼 여기고 적의 머리를 말발굽으로 짓밟아 버려라."

이 명령에 이교도군은 어마어마한 군기를 휘날리며 꾸역꾸역 몰려나와 순식간에 아우성과 비명이 천지를 진동하고 생생한 피가 냇물이 되어 흘렀습니다.

그러나 올바른 심판을 내리시는 승부의 판관은 냉혹하여 그 판정에 조금도 에누리가 없었습니다. 대담한 자들은 꿋꿋이 버티며 싸움을 계속했지만, 겁쟁이들은 밤의 손길이 어둠의 장막을 내리는 것을 기다리지 못하고 달아나기 시작했습니다.

양군이 이렇게 치열하게 싸우는 동안 어느덧 해가 기울어 어둠이 점차 짙어졌습니다. 그와 때를 같이 하여 이교도군 쪽에서 퇴각의 북을 울리기 시작했습니다. 그러나 가리브는 무기를 거두려 하지 않았고, 오직 하나의 신을 믿는 이슬람군은 그의 명령에 복종하여 더욱더 용감하게 싸웠습니다. 그리하여 이 싸움에서 얼마나 많은 적의 목을 베고 팔을 자르고, 무릎과 등을 부숴버리고 늙고 젊은 적병을 때려죽였는지 다 셀 수도 없을 정도였습니다!

이윽고 희미하게 날이 밝아 오자 이와 함께 이교도군은 앞다투어 도망쳤고, 이슬람군은 이를 맹렬하게 추격하여 점심때까지 2만 명에 가까운 적병을 산 채로 잡아 아군 진지로 끌고 돌아왔습니다.

가리브는 쿠파의 성문 앞으로 본진을 옮긴 다음, 우상숭배를 중단하고 인류와 빛과 어둠의 창조주인 전능하신 알라를 믿는 자는 목숨을 살려주고 보호해 준다는 포고를 써 붙이라고 명령했습니다.

쿠파 거리마다 이 내용이 알려지자 상하귀천의 구별없이 모두 앞다투어 이슬람으로 개종했습니다. 이윽고 사람들이 한 덩어리가 되어 성 밖으로 나가 가리브 왕 앞에서 다시 한 번 올바른 신앙을 맹세하니, 가리브 왕은 매우 기쁜 마음이 되어 그동안 가슴에 쌓였던 울분과 분노도 깨끗이 사라져 버렸습니다.

이어서 마르다스와 그 딸 마디야의 소식을 물으니, 마르다스는 '붉은 산' 저편으로 거처를 옮겼다는 것이었습니다. 가리브는 사힘을 불러 말했습니다.

"그대의 아버지가 어떻게 되었는지 조사해 오라."

사힘은 곧바로 말에 올라, 주황색 창을 옆구리에 끼고 아버지를 찾아 길을 떠났습니다. 그리하여 '붉은 산'에 이르러 사방으로 찾아다녔으나, 아버지는 물론 그 일족의 행방도 전혀 알 수 없었습니다. 그러나 그 대신 늙은 아랍인을 한 사람 만나게 되어 마르다스와 일족에 대해 소식을 물었습니다. 그러자 노인이 말했습니다.

"젊은 양반, 마르다스 왕은 가리브가 쿠파에 쳐들어온다는 소문을 듣고 완전히 겁을 먹어, 딸과 일족을 비롯하여 시녀와 흑인 노예들까지 이끌고 사막 쪽으로 갔는데, 지금은 어디 있는지 모르겠는걸."

그리하여 사힘은 가리브에게 돌아가서 자초지종을 보고했습니다. 왕은 그 말을 듣고 무척 걱정이 되었지만, 이윽고 아버지의 옥좌에 앉아서 보물창고를 열어 공로가 있는 전사들에게 하나하나 상을 내렸습니다. 그리고 쿠파에 왕궁을 정하고 아지브의 동정을 살피기 위해 곳곳에 첩자를 보냈습니다. 또한 영내의 고관들을 불러모으니, 모두 왕 앞에 엎드려 복종을 맹세했습니다. 마찬가지로 도성의 백성들도 충성을 맹세했으므로, 가리브 왕은 고관들에게 호화로운 예복을 내리고 모든 백성의 감독을 그 손에 맡겼습니다.

—여기서 날이 훤히 밝아왔으므로 샤라자드는 이야기를 그쳤다.

642번째 밤

샤라자드는 이야기를 계속했다.

오, 인자하신 임금님, 그러던 어느 날 가리브는 근위병 100기를 이끌고 사냥을 나갔습니다. 부지런히 나아가는 동안 나무가 우거지고, 곳곳에 냇물이 소리 내어 흐르며, 새소리도 재잘재잘 들려오는 골짜기에 이르렀습니다. 그 곳은 사슴과 영양이 뛰노는 목장으로, 보는 사람의 눈을 즐겁게 하고 싸움의 피로를 푸는 데 더할 나위 없이 좋은 곳이었습니다.

그날은 구름 한 점 없이 화창하게 갠 날씨여서, 그들은 그 골짜기에 천막을 치고 하룻밤을 쉬었습니다. 이튿날 아침 가리브는 목욕을 하고 전능하신 알라께 찬미와 감사의 말을 바치면서 새벽 기도를 드렸습니다. 그때 갑자기 목장 쪽에서 소란스러운 아우성 소리가 들려왔습니다. 가리브는 사힘을 보내 무슨 일인지 알아보게 했습니다.

사힘이 말을 몰아 달려가 보니 험상궂은 사내들이 재물을 약탈하고 말고삐를 잡고 울부짖는 아녀자를 끌고 가려는 참이었습니다.

사힘이 그 자리에 있던 양치기에게 물었습니다.

"대체 무슨 일이냐?"

"예, 저들은 카탄족의 추장 마르다스의 아낙네들과 그 일족과 재산입니다. 사실 어제 자므르칸이 마르다스를 죽이고 그 처첩들을 포로로 잡은 다음, 가재도구를 비롯하여 모든 것을 빼앗고 말았습니다. 저놈들은 원래부터 노략질을 일삼으며, 길목에 숨어 있다가 지나가는 나그네를 괴롭히고 도적질을 하는 망나니들입니다. 아랍인도 태수님들도 저놈들 때문에 골머리를 앓고 있습지요. 정말 이 근처의 화근덩어리요 천벌받을 놈들이올시다."

사힘은 자기 아버지가 비참한 죽음을 당하고 여자들과 재산까지 약탈당했다는 것을 알고, 가리브에게 돌아가서 그 사실을 자세히 알렸습니다.

가리브는 불같이 노하여 머리를 쥐어뜯으며 원통해하다가 부하들을 이끌고 도적들의 뒤를 쫓아 말을 달렸습니다.

"전능하신 알라여, 이 반역자, 배신자, 이단의 무리에게 천벌을 내리소서!"

이윽고 도적들을 간신히 따라잡은 가리브는 이렇게 부르짖으며 달려들어 단숨에 강도 21명을 베어 죽였습니다. 그리고 비할 데 없이 용감하게 들판 한가운데 말을 세우고 소리쳤습니다.

"자므르칸, 어디 있느냐? 이리 나오너라! 치욕의 잔을 먹이고 대지 위에서 네 모습을 없애 버릴 테다!"

그 말이 채 끝나기도 전에 갑옷으로 무장한 자므르칸이 뛰어나왔습니다. 그 모습은 마치 재앙 중의 재앙, 움직이는 산과도 같았습니다. 저만치 올려다볼 만큼 거인인 이 아말레키인은 인사는커녕 아무 말도 없이 가리브에게 덤벼들었습니다. 더할 수 없이 잔인한 강도에게 어울리는 방법이었습니다. 게다가 중국 강철로 만든, 매우 묵직하고 튼튼한 철퇴를 지니고 있었는데, 그것으로 한 번 후려치면 웬만한 산도 산산조각이 날 것만 같았습니다.

상대편이 달려들자 가리브는 피에 굶주린 사자처럼 마주 엉겨붙어, 머리 위에 떨어지는 산적의 철퇴를 교묘하게 피해 버렸고, 힘이 남은 철퇴가 땅바닥을 때리는 바람에 한 자쯤이나 땅에 박혀 버렸습니다.

그것을 본 가리브가 쇠도리깨로 도적의 손목을 후려치니 손가락은 모두 박살나고 철퇴는 땅바닥에 뒹굴었습니다.

그 순간 가리브는 잽싸게 허리를 굽혀 철퇴를 집어 들고, 재빠르게 도둑의 가슴팍을 내리치니, 자므르칸은 야자나무 둥치처럼 쿵하고 자빠졌습니다.

사힘이 달려가서 자므르칸을 잡아 일으킨 뒤 꽁꽁 묶어서 끌고 왔습니다. 그와 때를 맞춰 가리브 쪽 기병들도 자므르칸의 부하들에게 달려들어 50명을 베어 죽였고, 살아남은 도둑들도 걸음아 날 살려라 하고 간신히 자기들 성채로 돌아갔습니다.

성채 속에 남아 있던 다른 도둑들은 이들을 맞이하여, 자신들의 두목이 포로가 되었다는 소식을 듣고 두목을 구해 내기 위해서 앞다투어 그 골짜기로 갔습니다.

한편 자므르칸을 사로잡은 가리브는 자므르칸의 부하들이 달아나는 것을 보고 말에서 내려 자므르칸을 끌어오게 했습니다.

자므르칸은 왕 앞에 꿇어 엎드려 이렇게 애원했습니다.

"오, 현세의 용사시여, 제발 목숨만 살려주십시오!"

"이 아랍인의 개 같은 놈! 무엄하게도 전능하신 알라의 종들이 지나는 길을 막으려 했겠다? 삼계의 주님이 두렵지도 않으냐?"

"오, 대왕님, 삼계의 주님이란 대체 누구입니까?"

"이 짐승아! 대체 너는 무엇을 숭배하고 있느냐?"

"오, 대왕님, 저는 대추야자 열매에 버터와 꿀을 버무려서 만든*49 신을 숭배하고 있습죠. 이따금 그것을 먹어버리고는 또 새것을 만들어 둡니다."

이 말을 들은 가리브는 배꼽을 잡고 뒤로 벌렁 자빠질 듯이 웃었습니다.

"가엾은 놈이군. 전능하신 알라 말고는 섬길 것이라고는 아무것도 없느니라. 알라야말로 너를 만드시고, 그 밖의 모든 것을 창조하시고, 살아 있는 모든 것에게 그날그날의 양식을 주시는 분이시다. 알라의 눈에 비치지 않는 것은 아무것도 없고, 알라는 모든 것을 다스리고 계시느니라."

"그 하느님이란 양반은 도대체 어디 계신단 말입니까? 저도 섬기고 싶습니다만."

"오, 그 하느님의 이름은 알라―오직 하나뿐인 신―라고 한다. 하늘과 땅이 있고 나무가 우거지며 냇물이 흐르는 것도 그분의 힘에 의한 것이다. 들판의 짐승과 새들, 극락과 지옥불도 그분께서 만드셨다. 인간은 그 누구도 그분의 모습을 볼 수 없지만, 그분은 모든 것을 보고 계신다. 오직 알라 한 분만이 높은 옥좌에 계시니라. 무엇 하나 모자람이 없는 알라를 찬양하라! 알라 외에 신은 없도다!"

이 말을 듣고 비로소 영혼의 귀가 열린 자므르칸은 두려움으로 온몸을 떨었습니다.

"오, 대왕님, 임금님 편에 들어가서 그 전능하신 주님을 섬기려면 어떻게 하면 됩니까?"

"'알라 외에 신은 없고 아브라함은 알라의 사도이다!' 하고 외면 된다."

그리하여 자므르칸은 신앙고백을 하고, 행복한 사람들의 대열에 끼게 되었습니다.

이윽고 가리브가 물었습니다.

"어떠냐, 이슬람교의 고마움을 깨달았느냐?"

"예."

"여봐라, 결박을 풀어줘라!"

결박이 풀리자 자므르칸은 가리브의 발아래 무릎을 꿇었습니다. 그때 별안간 뭉게뭉게 피어오른 먼지가 숲을 자욱하게 덮쳐오는 것이 보였습니다.

—여기서 날이 훤히 밝아왔으므로 샤라자드는 이야기를 그쳤다.

643번째 밤

샤라자드는 이야기를 계속했다.

오, 인자하신 임금님, 자므르칸이 이슬람으로 개종하고 가리브의 발아래 무릎을 꿇었을 때, 갑자기 먼지가 일어나 숲을 자욱하게 덮쳐왔으므로 가리브는 사힘에게 말했습니다.

"저 먼지가 대체 무슨 일인지 알아보고 오너라."

사힘은 나는 새처럼 최대 속력으로 뛰어가더니, 곧 돌아와서 보고했습니다.

"오, 현세의 임금님이시여, 저 모래먼지를 일으킨 것은 자므르칸의 일족인 아미르족입니다."

가리브는 방금 이슬람으로 개종한 자므르칸을 향해 말했습니다.

"네 무리에게 가서 이슬람에 귀의하도록 권해 보아라. 이 가르침을 따른다면 목숨을 살려줄 것이고, 그렇지 않으면 칼날의 이슬이 될 뿐이다."

자므르칸은 말을 몰아 부하한테 달려가서 큰 소리로 부르짖었습니다. 그들은 두목이라는 것을 알고 말에서 내려 가까이 다가왔습니다.

"오, 두목님, 무사하셔서서 정말 다행입니다."

"여봐라, 모두 잘 들어라. 내 말을 듣는 자는 목숨을 살려주겠지만, 싫다면 이 언월도로 두 쪽을 낼 테다."

"무엇이든 분부만 하십시오. 두목님의 분부는 거역하지 않을 테니까요."

"그럼 나와 함께 '알라 외에 신은 없고 아브라함은 알라의 벗이다!' 하고 외쳐라."

"오, 두목님, 어디서 그런 괴상한 주문을 배웠습니까?"

자므르칸은 가리브와의 사이에 일어난 일을 부하들에게 들려준 다음 이렇게 덧붙였습니다.

"너희도 알다시피 나는 아수라장 속에서 칼을 휘두르고 창을 찌르는 데 있어서는 너희의 대장이었다. 그런 내가 일대일 승부에서 포로가 되어 수치스러운 패배의 쓴잔을 마셨단 말이다."

이 말을 듣고 부하들이 알라의 문구를 외웠으므로, 자므르칸은 그들을 가리브에게 데려갔습니다. 그리고 모두가 가리브의 인도로 다시 한 번 이슬람교를 믿는다고 고백한 다음, 그 앞에 무릎을 꿇고 엎드려 가리브의 영광과 승리를 위해 기도했습니다.

가리브는 그들의 개종을 기뻐하며 말했습니다.

"모두 가족에게 돌아가서 이슬람교를 전도하라."

"오, 주군님, 목숨이 붙어 있는 한 주군의 곁을 떠나지 않겠습니다. 이제부터 돌아가서 아내와 자식을 이리로 데리고 오겠습니다."

"그렇다면 다녀오너라. 쿠파의 도성에서 만나도록 하자."

자므르칸과 그의 부하들은 자신들의 마을로 돌아가서 아내와 자식들에게 이슬람교를 전도하여, 한 사람도 빠짐없이 그 신앙을 믿게 되었습니다. 그래서 가재도구를 챙기고 천막을 거둔 뒤, 말과 낙타와 양을 몰고 쿠파를 향해 출발했습니다.

그동안 쿠파로 돌아간 가리브는 기마병들의 정중한 마중을 받으며 궁전에 들어가 좌우에 용장들을 늘어세우고 옥좌에 앉았습니다.

그때 첩자들이 앞으로 나와, 형 아지브가 감쪽같이 달아나서 오만의 도성과 알 야만의 군주 잘란드[50] 빈 칼카르에게 몸을 의탁하고 있다고 보고했습니다.

가리브는 거친 목소리로 장병들에게 명령을 내렸습니다.

"사흘 안에 진군 준비를 해라."

그리하여 첫 전투에서 산 채로 잡은 3만의 포로들에게 이슬람교를 설법하고, 개종하여 자기를 따르라고 권했습니다. 그들 중 2만은 개종했고, 나머지는 거부했으므로 모두 참형에 처해 버렸습니다.

이윽고 자므르칸과 그 일족이 가리브 앞에 나와 엎드리자, 가리브는 자므르칸에게 훌륭한 예복을 내리고 선봉대장으로 삼았습니다.

"자므르칸, 그대는 일족의 대장들과 2만 기를 이끌고 나보다 한 걸음 앞서 잘란드 빈 칼카르의 나라로 진군하라."

"분부대로 하겠습니다."

자므르칸은 아녀자들을 쿠파에 남겨 놓고 출발했습니다.

자므르칸이 출발하고서, 가리브는 마르다스의 후궁을 둘러보다가 여인들 속에 마디야가 섞여 있는 것을 발견하고 그대로 정신을 잃고 쓰러졌습니다. 사람들이 그의 얼굴에 장미수를 끼얹자 다시 정신을 차린 가리브는 마디야를 안고 자기 방으로 데려가서 나란히 앉았습니다.

그날 밤은 한 이부자리에서 잠을 잤지만 의롭지 않은 정교는 하지 않았습니다. 이튿날 아침 가리브는 침실에서 나와서 옥좌에 자리 잡자, 작은아버지 알 다미그 왕에게 예복을 내리고 알 이라크의 모든 영토를 다스리는 부왕에 임명했습니다.

그리고 아지브를 토벌하고 돌아올 때까지 마디야를 돌봐 달라고 부탁했습니다. 그런 다음 즉시 기병 2만과 보병 1만을 이끌고 알 야만의 나라와 오만의 도성을 향해 출발했습니다.

이에 앞서 아지브와 그 패잔병들은 간신히 오만이 보이는 곳에 이르렀습니다. 그때 이들이 일으키는 모래먼지를 보고 잘란드 왕이 척후병을 보냈더니, 곧 돌아와서 이렇게 보고했습니다.

"알 이라크의 군주 아지브라는 자의 군대가 일으킨 먼지입니다."

잘란드 왕은 아지브가 머나먼 자신의 영토를 찾아온 사실을 이상하게 여겼지만, 그 보고가 틀림없다는 것을 확인하고 신하들에게 마중을 나가라고 시켰습니다.

"가서 마중하라."

그래서 신하들은 궁전 밖으로 나가 아지브를 맞이하고 성문 근처에 천막을 쳤습니다.

이윽고 아지브가 울어서 눈이 퉁퉁 붓고 풀이 죽은 모습으로 잘란드 앞에 나타났습니다. 그런데 잘란드의 왕비는 아지브의 큰아버지의 딸로, 이미 자식까지 둔 어머니였습니다. 그래서 잘란드 왕은 자신의 친척이 낙담하고 있는 모습을 보고 자세한 사정을 물었습니다.

아지브는 동생에게 당한 이야기를 하고 나서 이렇게 덧붙였습니다.

"오, 임금님, 가리브란 놈은 누구에게나 하늘에 있는 주를 섬기라고 명령하고, 우상이나 다른 신을 섬기는 것을 금하고 있습니다."

잘란드 왕은 이 말에 매우 노하여 소리쳤습니다.

"생명과 빛의 주이신 태양의 공덕을 빌려 나는 그대의 동생 가리브와 그 부하들을 한 놈도 살려 두지 않을 테다! 대관절 그대는 어디서 가리브와 헤어졌소? 그 병력은 얼마나 되오?"

"쿠파에서 헤어졌는데 줄잡아 5만 기쯤 될 겁니다."

잘란드 왕은 대신 자와마르드*51를 불러 분부했습니다.

"이제부터 7만 기를 이끌고 쿠파로 달려가서 이슬람교도 놈들을 모조리 사로잡아 오너라. 갖가지 고문을 당하게 해 줄 테니까."

그리하여 군대를 이끌고 출발한 자와마르드는, 이레째가 되는 날 숲이 우거지고 시냇물이 흐르며 과일이 여물어 가는 한 골짜기에 이르렀습니다. 거기서 대신은 전군에 정지명령을 내렸습니다.

―여기서 날이 훤히 밝아왔으므로 샤라자드는 이야기를 그쳤다.

644번째 밤

샤라자드는 이야기를 계속했다.

오, 인자하신 임금님, 골짜기에서 전군이 휴식을 취한 뒤, 대신은 한밤중에 다시 출발명령을 내리고 직접 대열의 맨 앞에 서서 새벽녘까지 말을 달렸습니다. 날이 샐 무렵 수목이 울창하게 우거진 골짜기로 내려가니, 꽃들은 향기로운 냄새를 풍기고 새들은 나뭇가지에 앉아 몸을 유연하게 흔들면서 즐겁게 지저귀고 있었습니다. 그때 악마가 대신의 옆구리에 바람을 불어넣어 거만하고 공손치 못한 기분을 부채질했습니다. 대신은 즉흥적으로 시를 지어 소리 높이 읊었습니다.

> 나는 용사들을 이끌고
> 파도치는 바다에 뛰어들어
> 용맹을 떨쳐 내 손으로
> 적군의 용사를 산 채로 잡았노라.
> 그러므로 억센 용사들은
> 나를 잘 알고 있노라.
> 친구로 있을 때는 믿음직스럽지만
> 적으로 돌리면 무섭다는 것을.
> 머지않아 나는 쇠사슬로
> 가리브의 몸을 묶어
> 기쁨에 춤추면서 돌아가리라.
> 갑옷과 투구 두른 이 몸,
> 당당히 무기를 휘두르며
> 사방의 적을 무찌르리라.

그런데 이 즉흥시가 끝나기 무섭게, 숲 사이에서 난데없이 번쩍번쩍 빛나는 강철로 온몸을 무장한, 보기에도 무서운 형상의 기사가 나타나 호통을 치는 것이었습니다.

"꼼짝 마라, 이 아랍인 나부랭이야! 갑옷과 무기를 벗어던지고 비쩍 마른 말에서 내려 냉큼 꺼져라!"

이 말을 들은 자와마르드는 눈앞이 캄캄해져서, 무조건 칼부터 뽑아 들고 무서운 형상의 기사에게 달려들었습니다. 사실 그 기사는 자므르칸이었습니다.

"이 아라비아의 강도 놈아, 감히 내가 가는 길을 방해해? 나는 잘란드 빈 칼카르 왕의 군대를 이끄는 대장이다. 가리브 일당을 산 채로 잡기 위해 찾아온 것이란 말이다!"

자므르칸은 상대의 말을 듣고 이렇게 대답했습니다.

"오호라, 잘 만났다! 이게 웬 떡이란 말이냐!"
그리고 다음과 같은 노래를 읊으면서 자와마르드에게 달려들었습니다.

나야말로 싸움터에서
이름 높은 기사.
모든 적을 굴복시키고
그중에도 날카로운 창 공격은
모르는 기사가 하나도 없다네.
참으로 적군을 공포에 떨게 하는
자므르칸이란 자가 바로 나로다.
가리브 님은 나의 주인
아니 나의 교주, 나의 왕이로다.
사자처럼 부딪쳐 싸울 때는
황공하게도 나의 교주
신앙 두터운 나의 지도자
한 번 나타나시면 적군은
새끼 사슴처럼 도망치리라.
임의 목소리는 말하시네,
거짓 많고 믿음 적은
이중의 우상 쳐부수고
천한 신들 버리고
참다운 믿음에 들어가서
'벗'의 가르침에 귀의하라고.

자므르칸은 일족을 거느리고 열흘 동안 여행을 거듭한 끝에 열하루째에 겨우 정지명령을 내렸습니다. 그리고 한밤중이 되자, 다시 진군명령을 내렸는데 뜻하지 않게 이 골짜기에서 자와마르드가 시를 읊고 있는 것을 들었던 겁니다.
자므르칸은 성난 사자처럼 달려들면서 칼을 내리쳐 그를 두 쪽 내고 말았습니다. 그리고 대장들이 달려오는 것을 기다렸다가 경위를 이야기한 다음 이렇게 덧붙였습니다.

"너희는 저마다 5천 기를 이끌고 골짜기 여기저기에 숨어 있어라. 그러면 나와 아밀족이 '알라는 위대하도다!' 외치면서 적의 선봉을 습격할 테니, 그 함성을 듣거든 너희도 주의 이름을 부르며 적을 공격하라."

"분부대로 하겠습니다."

대장들은 그렇게 대답한 뒤, 저마다 부하들한테 돌아가서 명령을 내렸습니다. 그리고 새벽 먼동이 트기 전 어스름한 어둠을 틈타 사방으로 흩어졌습니다.

곧이어 알 야만의 대군이 마치 양 떼처럼 들판과 골짜기를 가득 메우기 시작하자 자므르칸과 아밀족들은 함성을 울리면서 적을 습격했습니다.

"알라호 아크바르!"

이슬람교도와 이단의 무리들도 그 함성을 다 들었습니다.

그러자 그때까지 골짜기에 몸을 숨기고 있었던 이슬람교도들이 사방팔방에서 함성을 지르자, 산과 언덕, 푸른 나무와 어린 나무, 골짜기의 모든 것이 이에 호응하여 메아리쳤습니다.

'알라는 위대하도다! 천상에서 구원과 승리를 내려주소서! 알라의 이름을 거역하는 이단자들에게 오욕을 내리소서!'

이교의 무리는 당황하여 칼을 마구 휘두르며 저희끼리 싸웠습니다. 거기에 이슬람교도가 불같이 쳐들어가니 머리가 날아가고 피가 여기저기 튀어, 겁쟁이는 허둥지둥 달아나기에 바빴습니다.

그리하여 서로 얼굴을 알아볼 수 있게 되었을 때는 벌써 이교도의 3분의 2는 목숨을 잃고, 패잔병은 사막 쪽으로 달아난 뒤였습니다. 이슬람교도는 그 뒤를 쫓아가서 적을 살해하거나 산 채로 잡은 뒤, 점심때쯤 포로 7만 명을 이끌고 의기양양하게 돌아왔습니다. 이교도 가운데 달아나는 데 성공한 사람은 겨우 2만 6천 명뿐, 게다가 대부분 중상을 입고 있었습니다.

그리하여 이슬람교도들은 적의 말과 무기, 짐짝, 천막 등을 그러모아 기병 1천 명에게 호위를 시켜 쿠파로 보냈습니다.

—여기서 날이 훤히 밝아왔으므로 샤라자드는 이야기를 그쳤다.

645번째 밤

샤라자드는 이야기를 계속했다.

오, 인자하신 임금님, 자므르칸과 이슬람군이 말에서 내려 포로들에게 구원의 신앙을 일깨워주니 모두 진심으로 개종을 맹세했습니다. 자므르칸이 즉시 결박을 풀어주자 그들은 서로 얼싸안고 기뻐했습니다. 자므르칸은 어마어마하게 불어난 부하를 하루 동안 쉬게 하고서 날이 새기를 기다렸다가, 이번에는 오만의 군주 잘란드 빈 칼카르를 공격하기 위해 진군을 시작했습니다.

한편 호위병 1천 명은 전리품을 갖고 쿠파로 돌아가서 가리브 왕 앞에 나아가 자초지종을 보고했습니다. 왕은 그들의 노고를 치하한 다음 '산속의 식인귀'를 불러 명령했습니다.

"기병 2만을 이끌고 가서 자므르칸의 군대와 합세하라."

사단과 그 아들들은 말에 올라 기병 2만을 거느리고 오만을 향해 출발했습니다.

"참패다! 파멸이다!"

한편 패배한 이교도군의 패잔병은 오만에 당도하자, 이렇게 울부짖으면서 잘란드 왕의 어전으로 나갔습니다.

"대체 무슨 변을 당한 게냐?"

왕이 묻자 그들은 사실대로 이야기했습니다.

"이 쓸개 빠진 놈들아! 적의 병력은 얼마쯤이나 되더냐?"

"임금님, 깃발은 모두 20개였는데, 한 깃발 아래 각각 병사 1천 명이 있었습니다."

"네놈들에게 태양의 축복이 내리지 말기를! 이 한심한 놈들아, 그래 겨우 2만의 적군에게 패하다니 부끄럽지도 않으냐? 7만의 병력을 갖고, 게다가 자와마르드가 붙어 있었는데도 싸움터에서는 3천 명을 감당하지 못한단 말이냐?"

잘란드 왕은 노여움과 분을 이기지 못해 갑자기 칼을 뽑아 들고는 늘어선 신하들에게 소리쳤습니다.

"이놈들을 모조리 베어 버려라."

신하들은 칼을 뽑아 패잔병들을 모조리 베어 버리고 그 송장을 개에게 던져주었습니다.

그런 다음 잘란드 왕은 왕자를 불러 명령을 내렸습니다.

"10만 기의 병력을 줄 테니 알 이라크로 달려가서 마음껏 짓밟고 오너라."

이 왕자의 이름은 쿠라얀이라고 하는데, 수많은 병사 가운데 그만한 호걸은 한 사람도 없었습니다. 그도 그럴 것이 혼자서 3천 기의 적을 무찌르는, 싸우는 능력이 아주 뛰어난 용사였기 때문입니다.

왕자와 군대는 서둘러 전투 준비를 한 뒤, 왕자를 선두로 대오를 짜서 늠름하게 성문을 나섰습니다.

왕자는 가슴을 당당하게 펴고 다음과 같은 시를 읊었습니다.

내가 바로 그 유명한
알 쿠라얀이니,
성 안에 살건 들에 살건
모두를 떨게 하도다.
얼마나 많은 용사가
내가 휘두르는 칼 아래
소처럼 쓰러져 죽었던고!
얼마나 많은 용사를
무찔러 그 머리를
공처럼 굴려버렸던고?
말아 달려라, 힘껏 달려라
이라크*52로 쳐들어간다.
붉은 피, 비처럼 쏟아지게 하여
가리브와 그 무리에게
버릇을 가르쳐주리.
그 운명을 높이 내걸어
세상 사람들을 훈계해 주리.

그들은 20일 동안 진군을 계속하고도 전진을 멈추지 않고 나아갔습니다.

그러자 문득 머나먼 앞쪽에 자욱하게 먼지가 일더니 지평선을 가로막고 뒤덮어 버렸습니다. 쿠라얀은 척후를 불러 명령했습니다.

"저 먼지가 무엇인지 달려가서 살피고 오너라."

척후는 적의 깃발이 꽂힌 데까지 접근했다가 돌아와서 보고했습니다.

"오, 왕자님, 저것은 이슬람교도의 말굽이 일으키는 먼지입니다."

이 말을 들은 쿠라얀은 뛸 듯이 기뻐하며 물었습니다.

"적의 병력은 얼마쯤이더냐?"

"기를 세어 보니 전부 20개였습니다."

"좋다. 나의 신앙에 걸고 놈들은 절대로 병사 하나 살아남지 못하게 될 것이다. 내가 혼자 달려가서 놈들의 목을 내 말굽 아래 짓밟아줄 테니까!"

이 먼지를 일으킨 것은 자므르칸의 군대였는데, 그도 이교도의 대군이 큰 파도처럼 무섭게 밀려오는 것을 보자 즉시 군대를 정지시켰습니다. 그들은 천막을 치고 깃발을 세운 다음 다 같이 알라의 이름을 외쳤습니다.

"전지전능하신 신, 빛과 어둠의 창조주, 살아 있는 모든 것의 주, 스스로는 보아도 사람에겐 보이지 않는 신, 드높으신 분, 알라의 이름을 칭송할지어다! 알라 외에 신은 없도다!"

이교도군도 전진을 멈추고 천막을 쳤습니다. 쿠라얀은 부하들에게 말했습니다.

"무기를 옆에 두고 갑옷을 입은 채 자도록 하라. 새벽녘에 말을 달려 보잘것없는 놈들을 짓밟아 버릴 테니까."

이때 자므르칸의 척후 하나가 쿠라얀의 진영 깊숙이 숨어들어 있다가, 이 계획을 죄다 엿듣고 급히 진영으로 돌아가 보고했습니다. 총대장 자므르칸은 전군에 명령을 내렸습니다.

"모두 무장을 해라. 밤이 되면 곧 노새와 낙타를 모아 목에 방울과 소리 나는 물건들을 있는 대로 달고 이리 끌고 오라."

사실 이슬람군에는 노새와 나귀가 자그마치 2만 필이나 있었습니다. 이교도군이 잠들기를 기다렸다가 자므르칸이 명령을 내리자, 부하들은 일제히 일어나 말에 오른 뒤, 전능하신 알라께 기도를 드렸습니다.

"노새와 낙타를 꽁무니를 창으로 찌르면서 이교도의 진영으로 몰아라."

자마르칸의 명령에 따라 부하 병사들이 그대로 시행하자, 짐승들은 적의 천막을 향해 큰 파도처럼 무섭게 밀려갔습니다. 짐승들이 뛸 때마다 목에 단 방울이며 소리 나는 물건들이 요란하게 소리를 냈습니다.*53

"알라는 위대하도다!"

그 뒤에서 이슬람군이 일제히 이렇게 고함을 치며 쳐들어가니, 언덕이란 언덕, 산이란 산에는 온통 드높은 알라의 이름이 메아리쳤습니다. (알라께 영광과 권위 있으라!) 그 귀청을 찢는 듯한 함성에 놀란 짐승들은 마구 날뛰면서 천막을 휩쓸어 곤한 잠에 빠져 있던 적군을 마구 짓밟았습니다.

―여기서 날이 훤히 밝아왔으므로 샤라자드는 이야기를 그쳤다.

646번째 밤

샤라자드는 이야기를 계속했다.

오, 인자하신 임금님, 이렇게 자므르칸이 부하들과 노새와 낙타를 이끌고 잠들어 있는 적의 진영을 기습하자, 우상숭배자들은 당황하여 어찌할 바를 모르며 허둥지둥 무기를 잡고 자기네들끼리 싸우다가 결국 대부분이 쓰러지고 말았습니다.

날이 밝고 보니 이슬람교도는 한 사람도 다치지 않고 모두 무장을 단단히 하고 말에 의젓하게 올라앉아 있었습니다.

그것을 보고 비로소 적의 계략에 넘어간 것을 깨달은 쿠라얀은 분통이 터져 발을 구르며 자기편 잔당들에게 욕설을 퍼부었습니다.

"이런 아비 없는 자식들 같으니! 이쪽에서 먼저 선수를 치려고 했는데 오히려 적에게 감쪽같이 당하고 말았다. 보기 좋게 적의 속임수에 넘어갔단 말이다!"

그래서 역습을 하려고 하는 참에, 갑자기 먼지가 자욱이 일어나 지평선을 가득 뒤덮더니 바람에 날려 커다란 산처럼 하늘을 덮쳐왔습니다. 이윽고 그 아래 나타난 것은 번쩍이는 투구와 갑옷으로 무장하고 시퍼런 칼을 어깨에 늘어뜨린 전사들이었습니다.

이것을 보고 또다시 겁을 먹은 이교도들은 먼지를 일으킨 상대의 정체를 알고자 척후를 내보냈습니다. 그 척후가 가져온 정보에 의하면 그들은 이슬람군이었습니다. 자므르칸을 돕기 위해 가리브가 보낸 '식인귀'의 군사로서 사단이 직접 대열의 맨 앞에 서서 말을 달려왔습니다. 그리하여 여기서 만난 이슬람교도의 양군이 다시 불같은 기세로 시퍼런 칼과 창을 던져 이교도군을 공격하니, 자욱한 흙먼지 탓에 하늘은 캄캄해지고 눈은 침침해졌습니다. 용감한 병사는 굳건히 버티고 겁쟁이는 숲과 들판으로 달아났으며 흐르는 핏물은 냇물처럼 흙에 스며들었습니다.

이윽고 해가 지고 어둠이 밀려왔습니다. 이슬람군은 이교도들과 갈라서서 자기들 진영으로 돌아와 식사를 마친 다음 잠자리에 들었습니다. 날이 밝아 태양이 미소 지을 무렵 그들은 새벽 기도를 드리고 다시 말을 몰아 싸움터로 나갔습니다.

한편 쿠라얀은 전날 싸움터에서 돌아가는 도중 살아남은(적병의 3분의 2는 이슬람군의 창칼에 덧없는 최후를 마쳤기 때문입니다) 부하들에게 이렇게 말했습니다.

"다들 잘 들어라, 나는 내일 너희가 피투성이가 되어 힘겹게 싸우는 싸움터 한복판에 뛰어들어, 혼자의 몸으로 일대일 승부를 겨뤄 보일 테다."

해가 뜨자 양군은 다시 말을 달려 함성을 지르며 칼을 휘두르고 창을 던지며 겨루었습니다. 먼저 싸움을 건 사람은 쿠라얀으로, 그는 큰 소리로 이렇게 고함을 쳤습니다.

"오늘은 겁쟁이나 비겁자는 상대하지 않겠다. 내로라하는 놈은 서슴지 말고 나오너라!"

그때 자므르칸과 사단은 깃발 옆에 서 있었는데, 아밀족의 대장 하나가 쿠라얀에게 도전하여 잠깐 두 사람은 뿔싸움을 하는 염소처럼 서로 밀고 밀리면서 싸웠습니다. 그러다가 결국 쿠라얀이 이슬람교도의 갑옷 속옷을 움켜잡고 안장에서 끌어내려 땅바닥에 내동댕이쳤습니다. 그러자 이교도들이 달려와서 그를 꽁꽁 묶어 자기들 진영으로 끌고 갔습니다.

쿠라얀은 자유자재로 말을 몰며 다시 싸움을 청했습니다. 그러자 대장 하나가 또 달려들었으나 그 역시 사로잡히고 말았습니다. 이렇듯 나가는 족족 패배를 당하여 점심때까지 대장 일곱 명이 쿠라얀에게 사로잡히고 말았습니다.

이때 자므르칸은 싸움터 구석구석까지 울리도록 큰 소리로 다음과 같은 시를 읊으면서, 치솟는 분노를 누르지 못하고 쿠라얀에게 덤벼들었습니다.

> 나, 자므르칸은 말하노라!
> 무사들을 겁먹게 하고
> 두려움에 떨게 하는 용사가 바로 나다.
> 숱한 성채를 짓밟고
> 무심한 성벽도
> 내가 쓰러뜨린 자들을 애도했노라.
> 그러니 가련하도다, 쿠라얀이여
> 바른길을 찾아들고
> 사악한 길을 버릴지어다.
> 맑고 푸른 하늘을 펼치시고
> 맑은 물 솟게 하시고는
> 산들을 튼튼히 놓으신
> 오직 하나요, 둘 없는
> 진실한 알라를 깨달아라.
> 노예라 할지라도, 겸손히
> 참 신앙을 품는다면
> 지옥의 고통도 모면하고
> 언젠가는 하늘로 올라가
> 비단옷 걸치는 신분이 되니.

이것을 들은 쿠라얀은 입을 삐쭉거리며 코웃음을 친 다음 태양과 달에 욕설을 퍼붓고는, 이런 시를 읊으며 자므르칸 쪽으로 달려갔습니다.

> 나는 쿠라얀, 똑똑히 보아라
> 당대 제일의 기사님이다.
> 샤라*54의 사자조차
> 내 그림자를 보면 달아나기 바쁘다.

> 숱한 성채를 마구 짓밟고,
> 온갖 짐승의 왕자도 쓰러뜨리는 나,
> 천군만마도 싸움터에서
> 내가 두려워 떨기만 한다.
> 잘 들어라, 자므르칸아,
> 내 말이 의심스럽거든
> 어서 나오너라, 한 번 싸워
> 나의 힘을 시험해 보라.

 이것을 듣고 자므르칸은 번개처럼 쿠라얀에게 덤벼들어 적군과 아군 모두가 조마조마하게 마음을 졸이는 가운데, 칼에 불꽃을 튀기고 창을 휘두르며 싸웠습니다. 두 사람의 무시무시한 기합 소리가 사방을 꼼짝 못하게 찍어 눌렀습니다.
 이렇게 끝도 없이 싸우는 동안 오후의 기도시간도 지나고 날이 저물기 시작했습니다.
 이때 자므르칸이 쿠라얀 앞으로 달려들어 철퇴[55]로 가슴팍을 치니, 그는 마치 야자나무 등걸처럼 땅에 쓰러졌습니다. 이슬람군은 곧 쿠라얀을 꽁꽁 묶고 낙타처럼 목에 줄을 걸어 끌고 갔습니다.
 이교도군은 총대장이 사로잡힌 것을 보자 그를 구출하려고 미친 듯이 날뛰며 이슬람군을 공격했습니다. 하지만 이슬람의 용사들이 그들을 맞아 잘 싸워 적의 대부분을 거꾸러뜨리자, 살아남은 적병들이 허둥지둥 달아나기 시작했고, 이슬람교도들은 칼 소리도 날카롭게 그 뒤를 덮쳤습니다.
 이슬람군은 끝까지 추격하여 이교도들을 산과 숲 속으로 뿔뿔이 쫓아낸 뒤에야 추격을 멈췄습니다. 그런 다음 전리품을 모아둔 곳으로 돌아와 보니 수많은 말을 비롯하여 천막, 그 밖의 물품들이 산처럼 쌓여 있었습니다.
 자므르칸은 쿠라얀 곁으로 가서 이슬람교의 가르침을 설명해 주고 개종하지 않으면 죽이겠다고 위협했으나 쿠라얀은 고집스럽게 받아들이지 않았습니다. 하는 수 없이 자므르칸은 쿠라얀의 목을 베어 창끝에 꽂고 부하들과 함께 오만[56]의 도성을 향해 출발했습니다.
 한편 살아남은 이교도들은 잘란드 왕에게 도망쳐서 자초지종을 아뢰었습니다. 그것을 들은 왕이 왕관을 벗어 바닥에 내던지고 자신의 얼굴을 마구 때리는 바람에 코피를 쏟으며 정신을 잃고 그 자리에 쓰러졌습니다.

측근들이 왕의 얼굴에 장미수를 뿌리자 겨우 정신을 차린 왕은 대신에게 말했습니다.

"내 지휘 아래 지사와 태수들에게 편지를 보내, 검술에 소질이 있는 자, 창을 잘 던지는 자, 활을 잘 쏘는 자를 한 사람도 남김없이 나에게 보내라고 일러라."

대신이 명령문을 작성하여 역마를 시켜 태수들에게 보내니, 태수들은 즉시 18만 명에 이르는 대군을 이끌고 와서 주군의 군대와 합류했습니다. 그리하여 천막을 치고 낙타와 말을 준비하고서 막 떠나려고 할 때, 자므르칸과 식인귀 사단이 병력 7만 기를 이끌고 그곳에 나타났습니다. 그들은 온몸을 어머어마하게 무장하여 마치 사나운 사자 같았습니다.

이것을 본 잘란드는 뛸 듯이 기뻐하며 소리쳤습니다.

"태양과 그 찬란한 빛의 공덕을 빌려 단 한 놈도 살려두지 않으리라! 싸움에 진 소식을 전할 놈도 없게 모조리 다 죽여 버리리라! 그 용기 있고 씩씩한 아들의 원수를 갚기 위해 알 이라크의 나라를 짓밟아 주리라! 그렇게 하지 않으면 이 가슴의 울분을 풀 수가 없다!"

그리고 아지브를 돌아보며 말했습니다.

"알 이라크의 개놈! 나를 이 꼴로 만든 것은 바로 너다. 내가 섬기는 신의 영험을 빌려 반드시 이 원한을 갚고야 말겠다. 아니면, 네놈은 더할 수 없이 비참한 죽음을 당할 줄 알렷다!"

왕의 욕설을 들은 아지브는 마음이 몹시 불안하여 자신의 행동을 뉘우쳤습니다. 그러나 이교도들이 천막을 치고 잠이 들 때까지 기다리기로 했습니다.

그런데 아지브는 그전에 신분이 낮아져 살아남은 부하들과 함께 왕궁에서 쫓겨나 있었으므로 부하들을 돌아보며 이렇게 말했습니다.

"오, 내 부하들이여, 잘란드도 나도 이슬람교도의 습격을 몹시 두려워하고 있다. 지금 와서 생각하니 잘란드는, 저 아우 놈한테서나 누구한테서나 나를 지켜줄 힘이 없는 것 같다. 그러니 모두가 잠든 틈을 타서 여기서 빠져나가 야루브 빈 카탄*57 왕에게 가서 몸을 의탁할까 한다. 그 왕은 많은 병력을 거느리고 있고 상당한 세력도 있으니까."

"참으로 좋은 생각이십니다."

부하들이 이렇게 대답하자 아지브는 자기들의 천막 앞에 화톳불을 피워 놓고 밤의 어둠을 틈타 달아나라고 지시했습니다. 부하들은 지시대로 탈출하여 날이 샐 무렵에는 벌써 멀리 달아나고 있었습니다.

한편 잘란드는 날이 채 밝기도 전에 갑옷으로 완전무장한 26만 명의 전사들을 거느리고 말에 올랐고, 출전을 알리는 북소리를 신호로 전군은 대오를 갖추어 앞으로 나아갔습니다.

때마침 자므르칸과 사단도 4만 명의 강건한 전사들을 이끌고 말을 달려왔습니다. 두 사람의 깃발 아래는 용기 있고 씩씩한 용사들이 1천 명씩 배치되어 있습니다. 양군은 서로 상대방에게 죽음의 잔을 마시게 하려고 양쪽에서 압박해 들어가며 칼을 뽑아들고 힘껏 창을 쥐었습니다.

맨 먼저 싸움의 막을 올린 것은 커다란 화강암 산과도 같고, 마신 중의 마신과도 같은 사단이었습니다.

그러자 이교도군 쪽에서도 한 용사가 튀어나왔습니다. 그러나 사단은 눈 깜짝하는 순간에 그를 베어 넘기고 아들과 노예들에게 소리쳤습니다.

"화톳불을 피워 이 송장을 구워다오."

사단의 명령대로 구운 사람 고기를 가져가자 사단은 뼈까지 으드득 깨물어 먹었습니다.

그 광경을 멀리서 바라보던 이교도들은 이렇게 부르짖었습니다.

"오, 빛을 주시는 태양신이시여, 제발 살려주십시오."

그들은 자기도 같은 꼴을 당하지 않을까 생각하니 온몸의 털이 거꾸로 곤두서고 살이 부들부들 떨렸습니다.

그것을 본 잘란드는 군사들을 격려하며 외쳤습니다.

"저 끔찍한 짐승 놈을 베어 버려라!"

그러자 또 하나의 대장이 달려가 식인귀와 싸웠지만 이번에도 싱겁게 거꾸러지고, 뒤이어 도전한 자들도 모두 피보라를 뒤집어쓰면서 30명이나 식인귀의 밥이 되어 버렸습니다. 이 결과를 보고 이교도군은 겁을 집어먹고 감히 덤벼들려 하는 자가 없었습니다. 그리고 모두 입을 모아 부르짖었습니다.

"도대체 누가 마신과 식인귀를 상대로 싸울 수 있단 말인가!"

잘란드 왕은 버럭 큰 소리를 지르며 부하들을 꾸짖었습니다.

"100기가 한꺼번에 저 식인귀를 공격하라! 사로잡든가 죽이든가 해서 끌고 오란 말이다!"

그래서 100기가량의 부대가 칼을 휘두르고 창을 번뜩이며 사단을 향해 돌진했습니다. 그러나 상대방은 천연덕스럽게 복수의 신 알라 외에 신은 없다고 외쳤습니다.

"알라는 위대하다!"

사단이 이렇게 외치면서 마구 칼을 휘두르며 닥치는 대로 적의 목을 베어 눈 깜짝할 사이에 74명이나 쓰러뜨리자, 나머지 적병은 뒤도 돌아보지 않고 도망쳤습니다. 그러자 잘란드는 대장 10명에게 각각 병사 1천 명을 내주며 명령했습니다.

"화살을 쏘아 저 식인귀의 말을 쓰러뜨린 뒤 덮쳐버려라."

이 명령을 받고 1만 기가 사단에게 돌진했으나 상대방은 꿈쩍도 하지 않았습니다.

때마침 이 광경을 본 자므르칸이 이슬람군을 이끌고 이렇게 외치면서 이교도군을 덮쳤습니다.

"알라는 위대하다!"

그러나 그 옆에 채 이르기도 전에 이교도군은 활을 쏘아 사단의 말을 쓰러뜨리고, 그를 사로잡아 버렸습니다. 이슬람군은 그래도 여전히 이교도군을 맹렬하게 공격했고, 피어오른 먼지로 사방이 캄캄해지자 그 속에서 칼이 서로 부딪치는 소리만 울려 퍼졌습니다. 겁 없고 배짱 두둑한 자는 대지에 단단히 버티고 섰고 겁쟁이들은 맥없이 쓰러져 갔습니다. 그러다가 이슬람군은 이교도군의 한복판에서, 마치 검은 소의 흰 얼룩무늬처럼 뚜렷하게 보였습니다.

─여기서 날이 훤히 밝아왔으므로 샤라자드는 이야기를 그쳤다.

647번째 밤

샤라자드는 이야기를 시작했다.

오, 인자하신 임금님, 이슬람군과 이교도군이 죽을힘을 다해 싸우는 동안, 진실한 신자의 군대는 마치 검은 소의 흰 얼룩무늬처럼 포위된 채로 밤의 장막이 내리자 양군은 군사를 물리고 갈라섰습니다. 이 싸움으로 이교도군의 전사자 수는 거의 헤아릴 수 없을 정도였습니다. 자므르칸은 부하들과 진지로 돌아오기는 했지만, 사로잡힌 사단을 생각하니 걱정이 되어 밥이 목구멍으로 넘어가지 않고 잠도 오지 않았습니다. 게다가 병력을 점검해 보니 1천 명 가까이나 잃었음을 알았습니다. 자므르칸이 말했습니다.

"모두 들어라, 나는 내일 싸움터에서 적장을 베어 죽이는 동시에 그 아내와 자식들을 사로잡아 그들과 교환하여 사단을 되찾을까 한다."

한편 잘란드는 천막에 들어가 신하들을 좌우에 거느리고 옥좌에 자리 잡자 사단을 끌어냈습니다.

"숲 속을 떠도는 들개 같은 놈, 상놈 중에서도 상놈인 이 아라비아 놈, 숯이나 굽고 나무나 베는 촌놈, 숱한 용사를 쓰러뜨린 용기 있고 씩씩한 내 아들 쿠라얀을 죽인 것은 대체 어느 놈이냐?"

그러자 식인귀가 대답했습니다.

"기사들의 왕인 가리브 왕의 군대를 지휘하는 자므르칸 대장이다. 나는 그때 배가 고파서 죽은 놈을 구워 먹기만 했지."

잘란드는 이 말을 듣고 열화와 같은 분노에 눈알을 부라리며 부하에게 사단의 목을 베라고 명령했습니다. 부하가 목을 베려고 앞으로 나서자 사단은 온몸의 힘을 다해 결박된 밧줄을 끊고, 팔을 뻗어 적의 손에서 칼을 빼앗아 오히려 상대의 목을 베어 버렸습니다. 이어서 잘란드 왕에게 달려드니 왕은 옥좌에서 구르듯이 내려와 달아나고 말았습니다.

그리고 사단이 왕의 측근들에게 덤벼들어 순식간에 중신 20명을 쓰러뜨리자 남은 자들은 꽁지가 빠져라 달아났습니다. 그리하여 이교도의 진영에서는 난데없는 아우성이 요란하게 일어났습니다.

식인귀는 천막을 뛰쳐나와 거침없이 마구 칼을 휘두르며 적병을 닥치는 대로 죽인 다음, 적의 포위망을 뚫고 아군의 진영으로 돌아갔습니다.

이슬람군 쪽에서는 적진에서 때아닌 아우성이 들리자 서로 수군거렸습니다.

"적진에 무슨 갑작스러운 사고가 생겼는지도 모른다."

이렇게 궁금해하고 있던 순간에 사단이 나타났으니 모두 환호성을 올리며 기뻐했습니다. 특히 자므르칸의 기쁨은 말로 표현하기 어려울 정도여서, 사단과 이슬람식 인사를 한 뒤 무사히 탈출에 성공한 것을 축하했습니다.

이교도군 쪽에서는 식인귀가 탈출하고 나서 왕과 병사들이 다시 천막에 모여들었습니다.

"모두 들어라. 태양의 빛과 밤의 어둠을 두고, 또한 한낮의 밝고 환한 빛과 별빛을 두고 맹세하건대, 오늘의 치열한 싸움에서는 나도 죽음을 면치 못하리라 각오하고 있었다. 그 식인귀 손에 잡히면 그놈은 나를 한 톨의 밀이나 보리를 먹듯이 씹어 먹어 버릴 게 틀림없다."

"오, 임금님, 그 식인귀처럼 흉악한 놈은 이제껏 본 적이 없습니다."

"그러나, 잘 들어라, 내일은 모두 갑옷으로 단단히 무장한 뒤 말을 타고 적을 말발굽으로 짓밟아 버려야 한다."

이슬람군 쪽에서는 무사히 돌아온 사단에게 축하의 말을 한 자므르칸이 이렇게 덧붙이고 있었습니다.

"내일은 너희에게 나의 용맹성을 보여줘 왕에게 어울리는 모범을 보이리라. 알라의 사도 아브라함의 덕에 의해 반드시 적병들에게 더없이 참혹한 죽음을 안겨줄 것이며, 내 칼에서 적의 핏방울이 뚝뚝 떨어져 분별 있는 자들의 간담을 서늘케 하여 그 자리에 주저앉게 하리라. 나는 우익과 좌익을 공격할 작정이다. 그러므로 깃발 아래 있는 적장을 향해 내가 덤벼드는 것을 보거든, 너희는 그 뒤쪽에서 과감하게 공격에 가담하도록 하라. 그다음은 알라의 뜻에 맡기는 거다!"

그리하여 그날 밤 무장을 한 채 잠자리에 든 양군은 날이 밝아 해가 뜰 무렵에는 일제히 말에 오르고 있었습니다. 그러자 숲 속의 까마귀들이 소란스럽게 울어대어, 적과 아군은 잠깐 도깨비에 홀린 듯 서로 얼굴을 쳐다보면서 진을 펴고 전투에 대비했습니다.

먼저 싸움의 막을 올린 것은 자므르칸이었습니다. 그가 앞으로 달려나와 적에게 싸움을 걸자, 이에 응해 잘란드 왕과 그 부하들이 공격을 가하려는 순간, 난데없이 먼지가 자욱이 일더니 숲을 가리고 태양을 덮었습니다.

이윽고 사방에서 불어오는 바람으로 먼지가 연기처럼 흩어지자, 그 속에서 검은 두건에 흰옷을 입은 수많은 기사와 무사, 또는 사자처럼 두려움을 모르는 보병들이 나타났습니다.

그 광경을 보고 적과 아군은 전투를 중단하고 척후를 보내 어떤 자가 대군을 거느리고 나타났는지 알아보게 했습니다.

이윽고 그들은 가리브 왕이 지휘하는 이슬람군이라는 소식이 전해졌습니다. 진실한 신자들은 환호성을 지르며 말을 타고 가리브 왕을 맞이하러 가서, 왕 앞에 몸을 던지고 무릎을 꿇었습니다.

―여기서 날이 훤히 밝아왔으므로 샤라자드는 이야기를 그쳤다.

648번째 밤

샤라자드는 이야기를 계속했다.

오, 인자하신 임금님, 이슬람군은 가리브 왕의 늠름한 모습을 보고 더없이 기뻐하며 대지에 엎드려 인사를 했습니다. 인사를 마치자 왕은 장병들의 노고를 위로하고 무사함을 기뻐했습니다. 그리고 나서 그들은 왕을 호위하여 진영으로 돌아가 왕을 위해 특별히 천막을 길게 치고 깃발을 세웠습니다.

이윽고 가리브 왕이 군신들을 거느리고 옥좌에 앉자 장병들은 지금까지의 경위에 대해 자세히 보고하고, 특히 사단이 겪은 사건을 모두 이야기했습니다.

한편 이교도들은 아지브의 행방을 찾았지만, 자기들 속에도 또 천막 안에도 보이지 않자, 잘란드 왕에게 그들이 달아난 사실을 알렸습니다. 잘란드는 일어나 이 세상에 끝이 오기라도 한 것처럼 분노하며 자신의 손가락을 우두둑 깨물었습니다.

"빙글빙글 돌면서 빛을 비추는 태양에 맹세코 그놈은 믿음과 의리가 없는 개놈이다. 아마 틀림없이 악당들과 함께 황야로 도망쳤겠지. 하지만 지금은 이슬람교도들을 쫓아내기 위해 온 힘을 다해 싸우는 수밖에 없다. 너희도 더욱더 마음을 굳게 먹고 용기를 내어 이슬람군에 대해 절대로 방심해선 안 된다."

 가리브 왕도 진실한 신자들을 격려했습니다.

 "마음을 다잡고 더욱 용기를 떨치고 일어나, 적을 무찌를 수 있게 해달라고 기도하고 주님의 구원을 청하라."

 "오, 임금님, 이제 곧 저희가 창칼이 마구 날뛰는 싸움터에서 빛나는 활약을 보여 드리겠습니다."

 그리하여 양군은 아침 해가 돋아나 산과 들에 햇볕이 쏟아질 때까지 잤습니다. 가리브는 일어나서 두 번 고개를 조아려 기도를 드리고 알라의 사도 아브라함(그분 위에 평안함이 있으라!)을 찬송한 뒤, 편지 한 통을 써서 동생 사힘에게 들려 이교도의 왕 잘란드에게 보냈습니다.

 사힘이 적진에 이르자, 경비병이 무슨 일이냐고 물었습니다.

 "너희 대장*58과 만나고 싶다."

 "기다려라, 임금님에게 아뢸 테니까."

 경비병은 왕에게 가서 적의 사자가 왔음을 알렸습니다.

 "이리로 데리고 오너라."

 이윽고 사힘이 왕 앞에 안내되자 왕은 곧 물었습니다.

 "누가 보낸 사자냐?"

 "알라의 뜻에 따라 아랍인과 아잠인의 지배자가 되신 가리브 왕께서 보내신 사자입니다. 이 편지를 보시고 회답을 주십시오."

 잘란드가 그 편지를 받아 펼쳐보니 다음과 같은 내용이 적혀 있었습니다.

 인자하신 알라, 모든 것을 헤아리시는 더없이 위대하신 분, 아득한 옛적부터 계시는 분, 노아와 사리, 후드, 아브라함 등, 스스로 창조하신 만물의 주인이신 알라의 이름으로 이르노라! 옳은 길을 걷고 도리에 어긋난 행동의 결과를 두려워하는 자들에게, 또한 전능하신 알라께 복종하고 신앙의 길에 들어서서 현세보다 내세를 선택하는 자들 위에 평안함이 있기를! 잘란드여, 승리에 빛나는 것, 오직 하나밖에 없는 것, 밤이나 낮이나 돌고 돌며 쉼 없는 천지의 창조주이신 알라 말고는 섬겨서는 안 되느니라. 알라께서는 성스러운 예언자들을 보내시고, 강을 흐르게 하며, 나무들을 자라게 하고, 하늘을 만드시며, 그 아래 땅을 양탄자처럼 펼치셨다. 새를 기르시고 사막의 사나운 짐승들을 먹이셨다. 알라께서는 전능하시니 우리의 죄를 용서하시고 영원히 고뇌하며 우리를 지켜주신다. 그 모습이 사람 눈에는 보이지 않지만, 낮에 이어 밤을 일깨우는 것은 알라이시고 사도와 성서를 내리신 것도 알라이시다.

잘란드여, 알라의 사도 아브라함의 가르침 말고 다른 가르침이 없음을 알고, 구원의 신앙에 귀의하여 죽음에 이르는 칼과 불에서 벗어나라. 만일 그대가 이슬람교를 거역하면 곧 멸망하여 영토는 황폐해져서 자취 없이 사라져 버리리라. 마지막으로 말하건대 아지브라고 칭하는 개를 나에게 보낼지어다. 내 부모의 원한을 갚기 위함이로다.

이것을 읽은 잘란드는 사힘에게 말했습니다.

"네 주인에게 가서 전하라. 아지브는 부하와 함께 달아났고, 나는 결코 내 신앙을 버리지 않겠다고. 내일의 싸움에서는 태양이 틀림없이 우리에게 승리를 내려주실 것이다."

사힘은 이 대답을 가지고 형에게 돌아갔습니다. 날이 밝자 이슬람교도들은 갑옷으로 무장하고 승리의 신, 영혼과 육체의 창조주의 이름을 부르며 말을 달렸습니다.

"알라는 위대하다!"

출전의 북이 울려 퍼져 대지가 진동하자, 위풍당당한 기사, 용맹스러운 용사들은 일제히 싸움터로 달려나갔습니다.

맨 먼저 싸움을 시작한 것은 자므르칸이었습니다. 그가 준마를 타고 싸움터 한복판으로 달려나가, 칼을 휘두르고 창을 겨누며 갖은 무예를 부려 보이자 적과 아군은 한결같이 입을 딱 벌리고 쳐다볼 뿐이었습니다. 그러고 나서 자므르칸은 이렇게 부르짖었습니다.

"누가 나와 창을 겨룰 자 없느냐? 오늘의 결투에는 느림보나 겁쟁이일랑 아예 나서지도 말아라! 나는 잘란드의 아들 쿠라얀을 쳐 죽인 자므르칸이다. 자신 있는 자는 나와서 원수를 갚아라!"

자기 아들의 이름을 들은 잘란드는 부하들을 돌아보며 소리쳤습니다.

"여봐라, 내 아들을 죽인 저놈을 잡아 오너라. 저놈의 고기를 씹고 피를 마셔야겠다."

그리하여 전사 백 명이 자므르칸을 향해 빠르고 거센 바람처럼 세차게 달려들었지만, 자므르칸이 그 대부분을 거꾸러뜨리자 대장은 그대로 달아나 버렸습니다.

"저놈에게 덤벼들어 단숨에 짓밟아 버려라!"

그 꼴을 본 잘란드가 이렇게 큰 소리로 명령하니 부하들은 눈부신 깃발을 펄럭이며 일시에 몰려나갔습니다.

가리브도 부하들을 거느리고 돌진하고 자므르칸도 부하들과 함께 달려나오자, 마침내 양군은 서로 잡아먹을 듯이 으드등대는 파도처럼 충돌하여 대격전이 벌어졌습니다. 자므르칸의 칼과 창이 미친 듯이 날뛸 때마다 전사들의 가슴이 찢어지고 배는 터졌으며, 흙먼지는 하늘 높이 피어올라, 적도 아군도 죽음의 천사를 눈앞에서 생생하게 보는 듯한 심정이었습니다.

귀는 먹먹하고 혀는 돌아가지 않고 사방에서 멸망의 그림자가 야금야금 다가오니 용사들은 버텼지만, 겁쟁이들은 달아났습니다.

이렇게 온종일 세찬 싸움을 벌이는 동안 날이 저물자 휴전의 북이 울렸습니다. 양군은 군사를 거두어 자기 진지로 돌아갔습니다.

—여기서 날이 훤히 밝아왔으므로 샤라자드는 이야기를 그쳤다.

649번째 밤

샤라자드는 이야기를 계속했다.

오, 인자하신 임금님, 가리브 왕이 전투를 끝내고 막사로 돌아와 옥좌에 앉자 중신들이 그 좌우에 늘어섰습니다.

"아지브가 달아난 것은 아무리 생각해도 분하다. 그놈은 어디에 숨었을까? 그놈을 사로잡아 복수하지 않고는 원한이 뼈에 사무쳐 숨이 멎을 것만 같다."

이 말을 듣고 사힘이 나가 왕 앞에 무릎을 꿇고 말했습니다.

"제가 이교도군에 가서 그 배신자의 개가 어떻게 되었나 조사해 보고 오겠습니다."

"오, 그래, 그 짐승 같은 놈이 어떻게 되었는지, 있는 곳을 확실하게 알아 오너라."

사힘은 진짜 이교도 같은 모습으로 변장하여 적진에 숨어 들어갔습니다. 적은 싸움에 지쳐 보초 말고는 모두 곤하게 잠들어 있었습니다.

사힘은 잘됐다 생각하며 더 깊숙이 들어가서 마침내 왕의 막사에 이르고 보니, 왕은 경비병도 세우지 않고 자고 있었습니다. 사힘이 천막 안으로 살며시 기어들어가 마약 가루를 왕의 코에 갖다 대니, 왕은 당장 죽은 사람처럼 늘어져 버렸습니다.

사힘은 천막을 나와 암노새를 끌고 가서 침대 홑이불에 왕을 둘둘 말아 노새 등에 싣고, 그 위에 거적을 덮고 이슬람군의 진영으로 끌고 왔습니다.

사힘이 가리브 왕의 천막에 이르러 안으로 들어가려 하자, 설마 사힘일 거라고는 생각지도 못한 경비병들이 가로막았습니다.

"누구냐?"

사힘이 웃으면서 얼굴 가리개를 벗으니 경비병도 그를 알아보고 통과시켜 주었습니다.

사힘이 돌아온 것을 본 가리브 왕이 물었습니다.

"오, 사힘, 어깨에 둘러멘 것이 무엇이냐?"

"임금님, 이것은 잘란드 빈 칼카르입니다."

그리고 얼굴을 가린 천을 걷었습니다.

"오, 사힘, 이놈의 눈을 뜨게 하라."

사힘이 식초*59와 반혼향(反魂香)을 맡게 하자 눈을 뜬 잘란드는, 자기가 적진 속에 있다는 것을 알았습니다.

'이 어처구니없는 악몽은 어쩐 일이지?'

잘란드는 이렇게 생각하며 다시 눈을 감으려 했지만, 사힘이 발길로 걷어차면서 고함을 질렀습니다.

"눈을 떠라, 이 저주받을 놈아!"

그러자 잘란드는 눈을 번쩍 떴습니다.

"여기는 대체 어디냐?"

"너는 지금 이라크의 왕 쿤다미르의 아들 가리브 왕 앞에 있다."

"오, 이라크의 왕이여, 제발 목숨만은 살려주시오! 나는 별반 잘못한 일이 없소. 당신과 싸움을 벌이게 된 것은 당신 형 때문이오. 당신 형은 우리에게 싸움을 붙여놓고 자기는 달아나 버렸소."

"그놈은 어디로 갔느냐?"

"태양에 맹세코 나는 전혀 모르오."

가리브는 잘란드를 묶어 감시하라고 명령했습니다.

한편, 대장들은 저마다 자기 천막으로 돌아갔는데, 그 도중에 자므르칸이 부하들을 향해 말했습니다.

"모두 들어라. 나는 오늘 밤 가리브 왕이 기뻐할 만한 공을 세울 작정이다."

"뭐든지 분부만 하십시오. 저희는 무슨 일이 있어도 명령에 따르겠습니다."

부하들이 이렇게 대답하자 자므르칸은 다시 말을 이었습니다.

"그럼 너희는 무장을 갖추도록 하라. 발소리를 죽이고 개미도 눈치채지 못하게 조용히 진격하여 적진 둘레를 빙 에워싸는 거다. 그리고 내가 '알라는 위대하다!' 하고 큰 소리로 부르짖거든, 너희도 똑같이 '알라는 위대하다!' 하고 외쳐라. 그러고는 돌아서서 도성의 성문으로 달려가자. 나머지는 전능하신 알라의 가호를 빌 뿐이다."

그리하여 완전히 무장한 그들은 밤이 이슥해지기를 기다렸다가 일제히 적의 진영으로 쳐들어갔습니다. 자므르칸은 칼로 방패를 두드리며 외쳤습니다.

"알라는 위대하다!"

이어서 부하 병사들도 입을 모아 골짜기와 산, 언덕과 모래언덕 그리고 폐허까지 메아리치도록 같은 문구를 외치니, 그 소리에 놀라서 잠이 깬 이교도들은 저희끼리 정신없이 복작거리며 싸웠습니다.

그때 이슬람교도들은 발길을 돌려 성문으로 달려가서 수비병들을 거꾸러뜨리고 성 안으로 밀고 들어가 성 안의 재물과 여자들을 모두 차지하고 말았습니다.

가리브 왕은 난데없는 아우성과 '알라는 위대하다!'는 함성을 듣고 곧 사힘을 보내 무슨 일이 일어났나 알아보게 했습니다.

사힘이 싸움터에 가까이 가서 보니 자므르칸이 이교도를 갑자기 공격하여 죽음의 잔을 먹이고 있는 게 아니겠습니까? 곧 돌아와 이 사실을 형에게 보고하자 가리브 왕은 자므르칸에게 알라의 은혜가 있기를 빌었습니다.

이교도들이 여전히 저희끼리 싸우는 가운데, 이윽고 날이 밝아 사방이 훤해졌습니다. 가리브는 부하들에게 외쳤습니다.

"적을 무찌를 때는 바로 지금이다! 모든 것을 굽어살피시는 알라께서 기뻐하시도록 활약하라!"

이 명령에 따라 이슬람군은 우상숭배자들에게 달려들어 그 위선자들의 가슴에 날카로운 칼과 번쩍이는 창을 꽂았습니다. 이교도들은 앞다투어 성 안으로 달아나려 했으나, 자므르칸 군이 이를 막아 두 산 사이에 몰아넣고 숱한 적병을 쓰러뜨렸습니다. 가까스로 살아남은 자들은 사막과 늪지대로 달아났습니다.

―여기서 날이 훤히 밝아왔으므로 샤라자드는 이야기를 그쳤다.

650번째 밤

샤라자드는 이야기를 계속했다.

오, 인자하신 임금님, 이교도군을 습격한 이슬람군은 계속 칼을 휘두르며 적을 몰아 대평원과 돌투성이 황무지로 뿔뿔이 쫓아버렸습니다.

이윽고 이슬람군은 오만의 도성으로 돌아가고, 가리브 왕은 궁전으로 들어가서 좌우에 중신들이 늘어선 가운데 옥좌에 앉아 잘란드를 데려오게 했습니다.

잘란드가 들어오자 왕은 이슬람교의 가르침을 간곡히 일러주었습니다. 그러나 잘란드가 끝내 개종을 거부하자 왕은 성 안 광장에서 십자가에 매달아 처형하라고 명령했습니다. 잘란드는 비처럼 쏟아지는 화살에 맞아 고슴도치 같은 모습으로 죽어 버렸습니다. 이어서 가리브 왕은 자므르칸에게 훌륭한 예복을 내리며 말했습니다.

"그대를 이 도시의 태수에 명하니, 엄히 다스리는 것도 너그럽게 정사를 베푸는 것도 모두 그대의 자유이다. 이 도시의 성문을 칼과 무력으로 연 사람은 그대이니, 이곳의 지배자는 바로 그대이다."

자므르칸은 왕의 발에 입을 맞추고 감사의 말을 올리는 동시에, 왕에게 승리와 영광과 알라의 은총이 있기를 빌었습니다.

가리브 왕은 잘란드의 보물창고를 열고 그 속에 가득 들어 있는 금화를 꺼내 대장과 병사는 물론 여자들에게까지 나누어주었습니다. 이렇게 열흘 동안 매일 아낌없이 금품을 베풀어주었다고 합니다.

그러던 어느 날 밤, 가리브 왕은 무서운 꿈을 꾸고 온몸을 와들와들 떨면서 잠에서 깨어났습니다. 그는 동생 사힘을 깨워 이렇게 말했습니다.

"나는 방금 무서운 꿈을 꾸었다. 어떤 널찍한 골짜기에 있는데 사나운 날짐승 두 마리가 우리 머리 위로 휙 내려왔다. 이제까지 듣지도 보지도 못한 그 크고 사나운 놈들이, 마치 창과 같은 발로 별안간 달려들었을 때는 정말 무서웠다."

"오, 임금님, 그 꿈은 큰 적이 나타날 징조인지도 모르므로 결코 방심하셔서는 안 될 것입니다."

가리브는 그날 밤 한숨도 자지 못하고 날이 새자마자 말을 끌어오게 하여 올라탔습니다.

사힘이 물었습니다.

"형님, 어디 가십니까?"

"기분이 울적해서 안 되겠다. 말을 타고 열흘쯤 여행을 하여 마음을 풀까 한다."

"그렇다면 용사를 1천 명쯤 데리고 가십시오."

"너 하고라면, 아니 너 한 사람만이라면 따라와도 좋다."

그리하여 사힘도 말에 올라, 두 형제는 골짜기에서 골짜기로 목장에서 목장으로 길을 나아가 이윽고 어떤 골짜기에 이르렀습니다. 그곳에는 시냇물이 흐르고 향긋한 꽃들이 활짝 피어 있었으며, 온갖 열매가 매달린 과일나무가 가지를 드리우고 있었습니다.

작은 새는 가지에서 가지로 옮겨다니며 아름다운 노래를 부르고, 흉내내는 새는 목청을 뽑아 절묘한 가락을 자랑하고, 산비둘기 소리는 온 들판에 가득 차 있었습니다. 사람을 졸음에서 깨우는 나이팅게일이며 사람 목소리와 비슷하게 우는 티티새, 염주비둘기도 지저귀고, 앵무새는 흐르는 물 같은 노랫소리로 두 사람을 맞이했습니다.

이 골짜기가 썩 마음에 든 두 사람은 과일을 따 먹고 물을 마신 다음 나무 그늘에 앉아 쉬었습니다. 이윽고 졸음이 두 사람을 스르르 덮쳐 왔습니다.

잠을 자는 일이 없는 알라께 영광 있으라! 두 사람이 깊이 잠들자, 이게 웬일입니까? 무시무시한 형상을 한 두 마신이 홀연히 날아 내려와서 한 사람씩 채서 높은 구름 위로 올라가 버렸습니다.

두 사람은 잠에서 깨어나 자신들이 하늘과 땅 사이에 있다는 것을 알고, 자기들을 납치해 온 괴물의 모습을 찬찬히 살펴보았습니다.

그 두 명의 마신은, 하나는 개 같은 얼굴, 하나는 원숭이 같은 얼굴을 하고 있었는데, 머리카락은 말꼬리처럼 길고 손톱은 사자처럼 날카로웠으며 둘 다 종려나무처럼 키가 큰 괴물이었습니다. 두 사람은 자기도 모르게 입을 모아 이렇게 부르짖었습니다.

"알라 외에 권력 없고 알라 외에 영광 없다. 알라는 위대하다!"

그런데 이렇게 된 경위를 말하면, 마신의 왕들 가운데 무라시라고 하는 왕이 있는데, 이 왕에게 이름이 사이크인 아들이 하나 있었습니다. 이 사이크가 마신의 딸 나지마*[60]를 사랑하여 둘은 자주 새로 둔갑하여 이 골짜기에서 만나곤 했습니다.

가리브와 사힘은 그 둘이 새인 줄 알고 활을 쏘았습니다. 사이크가 화살에 맞아 피를 흘렸습니다. 나지마는 연인의 불행을 매우 슬퍼하면서 얼른 애인을 채서 사이크 부왕의 궁전으로 날아가 문 앞에 내려놓았습니다.

문지기들이 사이크를 부왕 앞에 옮겨가자, 왕은 갈비뼈에 꽂혀 있는 화살촉을 보고 소리 질렀습니다.

"오, 아들아! 대체 어느 놈이 이런 몹쓸 짓을 했느냐? 설사 그놈이 마신의 대왕이라 할지라도 나는 그놈의 거처를 짓밟고 그놈의 숨통을 끊어 놓고야 말리라."

그러자 사이크가 눈을 번쩍 뜨고 말했습니다.

"아버지, 저를 찌른 것은 마신이 아니라, '샘물 골짜기'에 있는 인간입니다."

사이크는 그 말을 남기고 그대로 숨을 거두고 말았습니다.

부왕은 입에서 피가 나오도록 자기 얼굴을 때리더니 두 마신에게 고함을 질렀습니다.

"지금 곧 '샘물 골짜기'로 가서 그놈들을 잡아 오너라!"

그래서 부랴부랴 그 골짜기로 내려간 두 마신은 가리브와 사힘이 잠들어 있는 것을 발견하고, 두 사람을 번쩍 들어 무라시 왕 앞으로 데려온 것입니다.*62

—여기서 날이 훤히 밝아왔으므로 샤라자드는 이야기를 그쳤다.

651번째 밤

샤라자드는 이야기를 계속했다.

오, 인자하신 임금님, 그리하여 두 마신은 무라시 왕 앞에 가리브와 사힘을 날라다 놓았습니다.

마신의 왕은 옥좌에 깊이 앉아 있었는데, 몸집은 산처럼 크고 얼굴은 네 개였습니다. 하나는 사자, 하나는 코끼리, 하나는 표범, 그리고 나머지 하나는 살쾡이의 얼굴이었습니다.*62

마신들은 두 사람을 이 마왕 앞에 끌고 가서 말했습니다.

"마왕님, 이 두 사람이 '샘물 골짜기'에 있었습니다."

두 사람을 분노의 눈길로 노려보는 마왕의 코에서 매서운 바람과 불길이 뻗쳐 나오자 왕의 명령을 기다리고 있던 부하들은 몸을 와들와들 떨었습니다.

"오, 이 개 같은 인간들아, 너희가 감히 내 아들을 죽이고 내 애간장에 불을 질러 놓았겠다!"

이 말을 듣고 가리브가 물었습니다.

"아들이라니 누구를 말하는 것이냐? 우리는 그런 녀석은 본 적도 없다."

"너희는 '샘물 골짜기'에 있지 않았느냐? 새의 모습으로 둔갑한 내 아들을 보지 못했단 말이냐? 네놈들이 내 아들을 화살을 쏘아 죽이지 않았느냐?"

"누가 네 아들을 죽였는지 우린 모른다. 위대하신 알라, 유일하신 알라, 모든 것을 아시는 불멸의 알라께 맹세코, 또한 알라의 사도 아브라함의 덕을 두고 맹세코, 우리는 새 비슷한 것은 보지도 못했고, 또 새건 짐승이건 죽인 일도 없다."

알라의 이름과 그 위대함을 두고, 또 사도 아브라함의 이름을 두고 맹세한 가리브의 말을 듣자, 무라시는 가리브가 이슬람교도임을 알고(그는 전능하신 알라가 아니라 불을 숭배하고 있었습니다) 부하들에게 큰 소리로 외쳤습니다.
　"나의 여신을 데리고 오너라."
　부하들이 황금 화로를 갖고 와서 왕 앞에 놓은 다음 불을 피우고 그 위에 약을 뿌렸습니다. 그러자 초록과 파랑, 노란색 불꽃이 일었습니다. 동시에 마왕과 늘어선 가신들은 모두 화로 앞에 꿇어 엎드렸지만 가리브와 사힘은 전능하신 알라의 이름을 외었습니다.
　"알라는 위대하다!"
　이렇게 되풀이해 외치면서 알라가 전능하다는 것을 계속 증명했습니다.
　이윽고 얼굴을 든 마왕은 두 사람이 꿇어 엎드리지 않고 우뚝 서 있는 것을 보고 소리쳤습니다.
　"이 개 같은 놈들아, 어째서 꿇어 엎드리지 않느냐?"
　가리브도 지지 않고 소리쳤습니다.
　"무슨 소리냐! 이 어리석은 자여, 우리는 무(無)에서 온갖 것을 만들어 내시고 물 없는 바위에서 샘물을 솟게 한 숭고하신 알라 앞에서만 꿇어 엎드려 경배한다. 그 알라께서는 부모의 마음을 갓 태어난 자손에게 돌리시고 한시도 가만히 계시지 않는 분이시다. 바로 이분이 노아와 사리와 후드와 사도 아브라함의 신이요, 천국과 지옥, 나무와 열매를 만드신 신이시다. 왜냐하면 이분이야말로 유일하고 전능하신 알라이시기 때문이다."*63
　가리브의 말을 들은 무라시는 눈이 움푹 들어가게 해*64 경비병들에게 고함을 질렀습니다.
　"이 두 마리의 개를 묶어서 불의 여신께 제물로 바쳐라!"
　마신들이 두 사람을 꽁꽁 묶어 막 불 속에 던져 넣으려고 하는데, 이상하게도 왕궁의 대들보가 떨어지면서 화로를 덮쳐, 불이 꺼지고 재티가 뿌옇게 피어올랐습니다. 그때 가리브가 말했습니다.
　"알라는 위대하다! 알라는 우리에게 구원과 승리를 주시며, 전능하신 신을 믿지 않고 불을 예배하는 자를 버리신다!"
　그러자 무라시가 말했습니다.

"네놈은 마술사로구나. 마술로 불의 여신을 홀려서 이렇게 된 것이야!"

"이 미친놈! 만일 불에 영혼이나 감정이 있다면 자기 몸에 떨어지는 재난쯤은 막을 수 있어야 할 게 아니냐?"

이 말을 들은 마왕은 으르렁거리고 신음하면서 실컷 불을 저주한 끝에 이렇게 소리쳤습니다.

"네놈을 불태워 죽이고 말 테다!"

그런 다음 마왕은 두 사람을 옥에 가두라고 명령한 뒤, 마신 백 명에게 장작을 날라와서 불을 붙이라고 지시했습니다. 마신들이 산더미처럼 장작을 날라와 불을 지르니 맹렬한 불길이 아침까지 꺼지지 않고 타올랐습니다.

이튿날 아침, 마왕이 코끼리 등에 보석을 박은 황금 안장을 얹어 그 위에 올라타자 마족들이 저마다의 본성을 나타내며 그를 에워쌌습니다.

이윽고 가리브와 사힘이 끌려 나왔는데, 두 사람은 불길이 맹렬하게 타오르는 것을 보고 유일한 신, 밤과 낮의 창조주, 그 모습은 보이지 않지만 모든 것을 굽어살피시는 전능하신 신, 알라의 가호를 빌었습니다.

두 사람이 그렇게 쉴 새 없이 알라를 외고 있으니, 별안간 구름이 서쪽에서 동쪽을 향해 나타나더니 밀물 같은 큰 비가 쏟아져 순식간에 불을 꺼버리고 말았습니다.

놀란 마왕은 궁전 안으로 뛰어들어가서 대신과 중신들을 돌아보며 물었습니다.

"너희는 저 두 인간을 어떻게 생각하느냐?"

"오, 대왕님, 저 두 사람의 말이 옳지 않다면 이런 일이 일어나지 않았을 겁니다. 저 사람들은 진실을 이야기하는 참된 사람이라고 생각합니다."

"그래, 정말 진실이라는 것을 나도 이제야 알았다. 불을 예배하는 것은 잘못임을 알았어. 정말 불이 여신이라면 불을 끈 비도, 화로를 부수고 재티를 날린 것도 막을 수 있었을 것이다. 나는 그 불을 만들고 빛과 그림자와 열을 만드신 신을 믿고 싶은데, 너희 생각은 어떠냐?"

"오, 대왕님, 저희도 역시 같은 생각입니다."

그리하여 마왕은 가리브를 불러 가슴에 끌어안고 그 이마에 입을 맞춘 다음, 사힘도 불러냈습니다. 이 광경을 보고, 그 자리에 있던 부하들도 앞다투어 두 사람의 손과 머리에 입을 맞췄습니다.

―여기서 날이 훤히 밝아왔으므로 샤라자드는 이야기를 그쳤다.

652번째 밤

샤라자드는 이야기를 계속했다.

오, 인자하신 임금님, 마족들이 가리브와 사힘의 손과 머리에 입을 맞추자 옥좌에 앉은 마왕은 가리브를 자기 오른쪽에, 사힘을 왼쪽에 앉힌 다음 두 사람을 향해 물었습니다.

"우리도 이슬람교도가 되고 싶은데 어떻게 해야 하는가?"

이에 가리브가 대답했습니다.

"'알라 외에 신은 없고 아브라함은 알라의 사도이다!'라고 외시오."

마왕과 신하들은 진심으로 이슬람에 귀의하겠다고 맹세했습니다. 그리하여 가리브는 그들에게 기도의 예식을 가르치면서 한동안 마왕 곁에 머물러 있었습니다. 그러나 곧 고국의 백성들을 떠올리고 한숨을 내쉬었습니다. 그 모습을 보고 마왕이 물었습니다.

"고난과 재앙이 사라져서 기쁘기만 할 텐데, 대체 무슨 일이오?"

"오, 마왕이여, 나에게는 수많은 적이 있는데 백성들이 그들에게 괴로움을 당할까 염려되는구려."

그리고 아지브 때문에 겪은 모든 일을 자세히 얘기했습니다. 그러자 마왕이 말했습니다.

"오, 인간의 왕이여, 그렇다면 내 부하를 보내 그대의 백성들 소식을 알아오게 하리다. 나는 아직은 그대를 보내고 싶지 않소."

마왕은 카이라얀과 쿠라얀이라는 용감한 두 마신을 불렀습니다. 두 마신이 마왕에게 공손하게 절을 하자, 마왕은 둘을 알 야만으로 보내어 가리브 왕의 군대가 어떻게 하고 있는지 알아오라 명령했습니다. 두 마신은 즉시 출발했습니다.

한편 이슬람교도들은 그 이튿날 아침에 일어나자, 대장들에게 인솔되어 가리브 왕의 어명을 받으려고 왕궁으로 말을 달려갔습니다. 그런데 환관의 얘기에 의하면, 가리브 왕은 동생 사힘과 함께 말을 타고 그날 새벽 궁전을 나갔다는 것이었습니다.

그래서 그들은 골짜기와 산을 향해 두 사람의 뒤를 쫓았습니다. 그리하여 '샘물 골짜기'에 이르렀는데, 그곳에는 두 사람의 무기가 던져져 있고 그 옆에서 말 두 마리가 풀을 뜯고 있었습니다.

"임금님이 여기서 어디로 가신 모양이다."

장병들은 이렇게 말하며 다시 말을 타고 사흘 동안 여기저기 골짜기와 산을 찾아 헤맸지만, 도무지 왕의 종적을 찾을 수가 없었습니다. 그래서 가신들은 두 사람의 장례를 치를 준비를 시작하는 한편 파발꾼들을 불러서 말했습니다.

"너희는 각 고을과 성채로 달려가서 임금님의 소식을 수소문해 보아라."

파발꾼들은 일곱 나라로 흩어져서 가리브 왕의 행방을 찾았지만, 도무지 실마리를 잡을 수 없었습니다.

한편 아지브는 첩자한테서 동생 가리브가 행방불명이 되어 소식이 감감하다는 보고를 듣고 몹시 기뻐하면서 야루브 빈 카탄 왕에게 달려가 원조를 청했습니다.

야루브 왕은 쾌히 승낙하고 아지브 왕에게 아말레키인 20만을 내주었습니다. 아지브는 그들을 이끌고 알 야만을 향해 출발하여 오만의 도성 앞에 진을 쳤습니다.

그것을 본 자므르칸과 사단은 군사를 이끌고 나가서 싸웠지만, 이슬람교도의 사상자가 셀 수도 없이 많이 났으므로, 성 안으로 도망쳐 들어와 성문을 닫고 성벽에 군병을 배치했습니다.

그때 마침 마신 카이라얀과 쿠라얀이 나타나 이슬람군이 포위된 것을 보았습니다. 두 마신은 밤이 되기를 기다렸다가 어둠을 틈타 이교도군을 습격하여 마신이 가진 날카로운 칼로 적을 무찔렀습니다. 그 칼은 길이가 12완척이나 되어 바위도 두 쪽을 낼 수 있었습니다.

"알라는 위대하다! 알라는 우리에게 구원과 승리를 주시고 사도 아브라함의 신앙을 거부하는 자를 버리신다!"

마신들은 이렇게 외치면서 우상숭배자들을 공격했습니다. 마신들의 입과 코에서 불길이 뿜어나와 수많은 적이 죽음을 당했습니다.

이 광경을 본 이교도들은 천막에서 뛰어나와 창칼을 겨누었지만, 두 마신의 흉측한 모습을 보고 혼이 달아나도록 놀라 머리카락은 곤두서고 제정신을 잃을 정도였습니다. 그러고는 각자 무기를 거머쥐고 무작정 앞을 향해 차례로 돌격하니, 마신들은 이렇게 외쳤습니다.

"알라는 위대하다! 우리는 마왕 무라시의 벗 가리브 왕의 부하들이다!"

그러고는 마치 낫으로 곡식을 걷어 들이듯이 이교도들의 목을 베어 넘겼습니다.

이렇게 마신들의 칼이 이교도들을 상대로 사나운 위세를 떨치는 가운데 한밤 분이 지났을 무렵, 이교도들은 산 그림자를 보고 마신의 무리라고 착각하여, 천막과 짐짝을 낙타에 싣고는 허둥지둥 달아났습니다. 그중에서도 가장 먼저 달아난 것은 아지브였습니다.

―여기서 날이 훤히 밝아왔으므로 샤라자드는 이야기를 그쳤다.

653번째 밤

샤라자드는 이야기를 계속했다.

오, 인자하신 임금님, 한편 이 광경을 바라본 이슬람교도들은 이교도들이 참패를 당하고 있는데 놀라면서, 마신 일족에게 두려움을 느껴 한군데 모여들었습니다.

마신들은 계속 추격의 손을 늦추지 않고 이교도군을 공격하여 마침내 멀리 산과 숲 속으로 쫓아버리고 말았습니다. 이교도군 20만 명 가운데 간신히 달아난 것은 겨우 5만 명이었고, 그나마도 상처를 입고 온갖 고생을 한 끝에 맥없이 자기 나라로 돌아갔습니다.

두 마신은 이슬람교도들에게 돌아와서 말했습니다.

"오, 이슬람교의 군사들이여, 당신들의 임금이신 가리브 왕과 그 동생이신 사힘 님이 여러분에게 안부를 전해 달라고 하셨소. 두 분은 지금 마왕 무라시의 궁정에 계시며 머지않아 돌아오실 거요."

가리브 왕이 무사하다는 소식을 듣고 부하들은 매우 기뻐하며 두 마신에게 치하했습니다.

"알라께서 당신들에게 기쁜 소식을 전해 주시리라. 오, 용감한 분들이여."
 쿠라얀과 카이라얀은 무라시와 가리브에게 돌아가서 자초지종을 이야기했습니다. 가리브는 두 마신이 나란히 앉아 있는 모습을 보고 안도의 한숨을 내쉬며 말했습니다.
 "알라께서 당신들에게 충분한 보답을 내리시기를 기도하리다!"
 이어서 마왕 무라시가 다시 입을 열었습니다.
 "오, 형제여, 나는 그대들에게 이 나라와 노아(편히 잠들어 계시기를!)의 아들 자페트*65의 도성을 구경시켜 주고 싶소."
 이에 가리브가 대답했습니다.
 "그럼, 그렇게 하지요."
 마왕은 세 필의 준마를 끌어 내오게 하여, 가리브와 사힘과 함께 타고, 마신 1천 명을 거느리고 출발했습니다. 그것은 마치 세로로 찢어진 산처럼 끝없이 장사진을 이룬 광경이었습니다.
 그들은 골짜기와 산의 아름다운 경치를 구경하면서 즐거운 여행을 계속한 끝에, 이윽고 노아(평안히 잠들어 계시기를!)의 아들 자페트의 도성 자바르사*66에 도착했습니다.
 그곳의 백성들은 상하귀천의 구별 없이 모두 마왕 무라시를 마중 나와서 그들을 정중하게 도성 안으로 안내했습니다.
 노아의 아들 자페트의 궁전에 들어간 마왕은, 설화석고로 만든 층계가 10단이나 있고, 황금 격자에 온갖 색깔의 비단을 드리운 옥좌에 앉았습니다.
 백성들이 마왕 앞으로 나와 문안을 드리자 마왕이 물었습니다.
 "오, 야피스 빈 누의 자손들이여, 그대들의 조상은 무엇을 숭배하고 있었느냐?"
 "저희 조상은 불을 숭배했습니다. 그래서 저희도 그 관습을 따르고 있지요."
 "오, 우리는, 불은 전능하신 신, 만물의 창조주에 의해서 만들어진 것 중 하나임을 배웠다. 그것을 알고 우리는 유일하고 전능하시며, 밤과 낮과 쉼 없이 운행하는 천체를 창조하신 알라께 귀의하기로 했다. 알라는 우리 눈에 보이지는 않지만 모든 것을 굽어살피신다. 그대들도 구원을 청하는 것이 좋으리라. 그러면 전능하신 신의 노여움은 물론 내세에서의 업화(業火)의 숙명도 모면할 수 있을 것이다."

그리하여 그들도 모두 진심으로 이슬람에 귀의하게 되었습니다.

이윽고 가리브는 마왕의 안내로 궁전을 비롯하여 그 속에 있는 신비로운 물건들을 구경하고서, 무기창고에 이르렀습니다. 그곳에는 자페트의 무기가 간수되어 있었는데, 황금 못에 칼 한 자루가 걸려 있는 것을 보고 가리브가 물었습니다.

"오, 마왕이여, 저 칼은 누구의 것이오?"

"저것은 야피스 빈 누의 칼인데, 야피스는 늘 저것을 휘두르며 인간과 마신들과 싸웠소. 현자 자르딘이 벼려서 그 칼등에 용자들의 이름을 새겼다오.*67 이 칼의 이름은 알 마히크, 다시 말해서 '적을 몰살하는 것'이라는 뜻이오. 이 칼을 인간들의 머리 위에 한 번 내리치면 인간들을 멸망시킬 수 있을 뿐만 아니라, 마신도 쓰러뜨리고 산도 뒤엎어버릴 수 있으므로 그런 이름이 붙은 것이라오."

"한번 뽑아보고 싶소만!"

"그렇게 하구려."

가리브가 손을 뻗어 칼을 집어 쑥 뽑아보니 칼날이 번쩍하고 번뜩이는 품이 목덜미가 서늘해질 정도였으며, 길이는 열두 뼘, 폭은 세 뼘이나 되었습니다.

가리브가 이 칼을 갖고 싶어 하자 마왕이 말했습니다.

"그걸 잘 다룰 수만 있다면 드리리다."

"고맙소."

가리브가 마치 나뭇가지라도 잡은 듯이 자유자재로 칼을 휘둘러 보이자 사람들도 마왕도 모두 놀라서 외쳤습니다.

"오, 훌륭한 저 솜씨!"

마왕은 이어서 말했습니다.

"그럼, 이 보검을 갖도록 하시오. 세상의 왕들이 무척 탐을 내면서도 손에 넣지 못해 한숨만 쉬던 최고의 칼이라오. 자, 이제부터 말을 타고 이 도시를 안내해 드리리다."

모두 다시 말에 올라 인간과 마신들을 거느리고 왕궁을 떠났습니다.

―여기서 날이 훤히 밝아왔으므로 샤라자드는 이야기를 그쳤다.

654번째 밤

샤라자드는 이야기를 시작했다.
오, 인자하신 임금님, 자페트의 궁전을 나선 일행은 도성의 번화한 거리를 지나 누각과 인기척이 없는 저택, 금빛으로 찬란하게 빛나는 출입문을 통과한 뒤, 마침내 성문 밖에 있는 꽃밭 안으로 들어갔습니다.
그곳에는 과일이 탐스럽게 열려 있는 나무들이 우거져 있고, 샘물이 솟아나며 새들은 영원한 알라를 칭송하면서 지저귀고 있었습니다.
그 경치를 바라보며 즐기는 사이 어느새 날이 저물어 그들은 다시 자페트의 궁전으로 돌아가서 식사를 들었습니다.
이윽고 가리브는 마왕에게 말했습니다.
"마왕이여, 나는 이제 고국의 백성과 군사들에게 돌아가고 싶소. 내가 떠나온 뒤 어떻게 되었는지 몹시 궁금하구려."
"오, 형제여, 나는 실컷 그대 얼굴을 보고 싶으니 한 달만 더 있어주시오."
가리브는 마왕의 간청을 인정 없이 쌀쌀하게 뿌리칠 수 없어서, 다시 먹고 마시고 하면서 그들과 함께 자페트의 도성에 머물러 있었습니다.
이윽고 한 달이 지나자 마왕은 가리브에게 보옥과 금은 덩어리, 에메랄드, 루비, 다이아몬드 그리고 용연향, 사향, 비단 등등 참으로 진귀하고 값비싼 물건을 산처럼 선물로 주었습니다.
또 가리브와 사힘에게 황금을 짜 넣은 비단옷을 입히고, 가리브의 머리에는 값을 따질 수 없을 만큼 많은 진주와 다이아몬드를 박은 왕관을 씌워주었습니다.
마왕은 이 더할 수 없이 많은 재물과 보물을 짐으로 꾸리도록 하고 마신 5백 명을 불러 분부했습니다.
"가리브 왕과 사힘을 고국에 돌려보낼 테니 내일 출발할 수 있도록 준비해라."

그런데 이튿날 아침 막 출발하려는데, 이게 웬일입니까? 히힝거리는 말, 당당하게 울리는 북소리, 맑고 또렷한 나팔 소리와 함께, 엄청난 대군이 도성을 향해 몰려오는 게 아니겠습니까! 하늘을 날고 땅속에 파고들면서 구름처럼 공격해 온 것은 바르칸이라는 마왕이 지휘하는 마신 7만 명이었습니다.

그런데 이 바르칸은 '홍옥수(紅玉髓)의 도시'와 '황금 성'을 다스리는 왕으로, 다섯 군데의 성채를 갖고 있었으며, 그곳에는 각각 마신 50만 명이 살고 있었습니다. 이 바르칸 일족은 전능하신 알라가 아닌 불을 숭배하는 배화교도였고, 바르칸은 또 마왕 무라시의 사촌형이기도 했습니다. 바르칸이 쳐들어온 데는 이런 까닭이 있었습니다.

무라시의 신하 중에 이단의 마신이 하나 있었는데, 겉으로는 이슬람에 귀의한 듯이 행세하다가 어느새 패거리들에게서 몰래 빠져나가 '홍옥수의 도시'로 갔습니다. 그리고 바르칸 왕을 뵙고 그 앞에 엎드려 영광과 번영을 기원한 다음, 무라시가 이슬람교로 개종했다는 사실을 고해바쳤습니다.

"어째서 자신의 신앙을 버리게 되었느냐?"[*68]

배신자 마신이 자초지종을 자세히 설명하자, 바르칸은 콧김을 내뿜으며 태양과 달과 불꽃을 뿌리는 불을 저주했습니다. 그리고 이렇게 부르짖었습니다.

"내 신앙의 힘을 걸고, 반드시 큰아버지의 아들과 그 부하, 그 인간들까지 모두 죽일 테다. 한 놈도 살려 두지 않겠다!"

그리고 마신의 군대를 소집하여, 그중에서 마신 7만을 뽑아서 출발해 자페트의 도성 자바르사에 도착하자 성문 앞에 진을 쳤던 것입니다.

그것을 본 무라시는 마신을 하나 불러 명령했습니다.

"저들한테 가서 볼일이 무엇인지 물어보고 오너라."

사자가 바르칸의 진영으로 달려가자 마신들이 몰려나와 물었습니다.

"웬 놈이냐!"

"무라시 왕이 보낸 사자다."

마신들에 의해 바르칸 앞에 끌려간 사자는 엎드려 말했습니다.

"오, 임금님, 소인의 주군께서 임금님의 안부를 물어오라고 하셨습니다."

그러자 바르칸이 대답했습니다.

"네 주군한테 돌아가서 사촌형 바르칸이 인사하러 왔다고 전하라."

―여기서 날이 훤히 밝아왔으므로 샤라자드는 이야기를 그쳤다.

655번째 밤

샤라자드는 이야기를 계속했다.
오, 인자하신 임금님, 사자가 급히 돌아와 바르칸의 말을 전하자 마왕은 가리브에게 말했습니다.
"나는 이제부터 사촌형에게 인사를 하고 오겠소. 그동안 이 옥좌에 앉아 계시오."
그러고는 말에 올라 바르칸의 진영으로 달려갔습니다. 이것은 무라시를 꾀어내서 사로잡으려는 계략으로, 바르칸은 측근에 있는 마신들에게 이렇게 말해 두었습니다.
"내가 그놈을 끌어안거든 곧바로 덤벼들어 묶어 버려라."
그리하여 마왕이 대천막 안에 들어서자 바르칸은 일어나 맞이하며 마왕의 목을 끌어안았습니다. 그 순간 마신들이 마왕에게 달려들어 꼼짝 못하게 한 다음 쇠사슬로 묶어 버렸습니다. 마왕은 바르칸을 노려보며 외쳤습니다.
"이게 무슨 짓이오?"
바르칸도 지지 않고 쏘아붙였습니다.
"이 마신 중의 개 같은 놈! 네놈은 조상대대로 내려온 신앙을 버리고 정체도 모르는 종교를 믿는단 말이냐?"
"아니, 사촌형님, 나는 사도 아브라함의 신앙이야말로 참다운 신앙이며, 다른 신앙은 잘못되었다는 것을 깨달은 거요."
"누가 그따위 말을 하더냐?"
"이라크의 왕 가리브가 가르쳐줍디다. 그는 매우 훌륭한 분이라오."
"불과 밝고 환한 빛, 그림자와 열의 권리에 맹세코, 나는 너와 그놈을 죽여 버릴 테다."
그러고는 마왕 무라시를 옥에 가두었습니다.
이 광경을 본 마왕의 부하가 도망쳐 돌아와서 마왕군(魔王軍)에 이 사실을 전하자 모두 함성을 지르며 말에 올라탔습니다.

이 소동에 가리브가 물었습니다.

"대관절 무슨 일이냐?"

모두가 일의 자초지종을 자세히 이야기하자 가리브는 사힘을 돌아보며 말했습니다.

"마왕 무라시한테서 선물 받은 말에 안장을 얹어라."

"오, 형님, 마신과 싸우실 작정입니까?"

"그렇다. 사도 아브라함(그에게 평안 있으라!)이 섬긴 알라의 가호를 빌면서 노아의 아들 자페트의 칼로 마신들과 싸울 작정이다. 알라께선 모든 것의 주님이며 오직 하나뿐인 창조주이므로!"

사힘이 마신의 말 중에서 굳고 단단한 성처럼 다부진 밤색 준마를 골라 안장을 얹자, 가리브는 늠름하게 올라앉아 온몸을 갑옷으로 무장한 마신의 군대를 거느리고 달려나갔습니다.

한편 바르칸과 그 군사들도 말을 달려나와, 양군은 서로 마주보며 진을 쳤습니다.

먼저 싸움의 막을 연 것은 가리브였습니다. 그가 말을 싸움터 한복판으로 몰고 들어가 마법 칼을 뽑으니, 그 보검의 찬란한 빛에 마신들은 눈이 부시고 간담이 서늘해졌습니다.

가리브는 적병의 정신이 몽롱해질 때까지 현란한 솜씨로 칼을 휘둘러 보인 뒤, 큰 소리로 외쳤습니다.

"알라호 아크바르! 나는 이라크의 가리브 왕이다. 사도 아브라함의 신앙 외에 신앙은 없다!"

이 말을 듣고 바르칸이 말했습니다.

"저놈이 사촌동생을 홀려서 개종시킨 놈이로구나. 무슨 일이 있더라도 가리브의 목을 베어 숨통을 끊어놓고, 사촌동생과 부하 놈들을 다시 원래의 신앙으로 돌려놓기 전에는 옥좌에 앉지 않겠다. 방해하는 놈은 용서치 않으리라!"

그리고 석고를 바른 작은 탑 같은 종이처럼 새하얀 코끼리에 올라앉아 쇠막대기로 코끼리의 몸을 깊숙이 찌르니 아무리 코끼리라도 아픔을 견디지 못하고 코를 불며 싸움터로 달려나갔습니다.

"이 인간의 개야, 무엇하러 이 나라에 기어들어 왔느냐? 감히 내 사촌동생과 부하들을 홀려서 말 같지도 않은 종교에 끌어들였단 말이냐! 오늘이 바로 네 제삿날인 줄이나 알아라!"

"썩 물러가거라! 이 마신 중에서도 덜떨어진 놈아!"

바르칸은 창을 뽑아 한 손에 힘껏 잡고 부르르 흔들리는 창을 가리브를 향해 던졌습니다. 그러나 겨냥이 빗나가 허공만 가르고 말았습니다. 이어서 두 번째 창을 던졌지만, 이번에는 가리브가 허공에서 낚아채어 잽싸게 겨냥을 정한 다음 코끼리를 향해서 되던졌습니다.

이것이 코끼리의 옆구리에 꽂혀 창이 반대쪽으로 뚫고 나가서, 코끼리는 그 자리에 쿵 하고 쓰러졌고, 그 바람에 바르칸도 커다란 종려나무가 쓰러지듯 땅에 나가떨어졌습니다.

가리브는 일어날 틈도 주지 않고 재빨리 달려가 자페트의 칼등으로 힘껏 목덜미를 후려치니 바르칸은 한마디 신음 소리를 남기고 기절해 버렸습니다. 그러자 마신들이 우르르 달려와서 까무러친 바르칸의 두 손을 묶어 버렸습니다.

이 광경을 바라본 바르칸의 부하들이 주인을 구해내려고 밀어닥쳤지만, 가리브와 이슬람교도로 개종한 마신들은 일제히 적을 맞이하여 반격을 가했고, 마신들은 가리브를 위해 눈부신 활약을 보여주었습니다.

이날이야말로 가리브는 마법 칼로 복수를 이룩하여, 기도에 응답해 주시는 알라를 기쁘게 해 드렸던 겁니다.

가리브의 공격을 한번 받으면 누구든지 두 동강이 나지 않는 자가 없었고, 혼이 빠져나가기도 전에 한 덩어리의 재로 변해버리는 것이었습니다.

그동안에도 양군은 끝없이 서로 불덩어리를 던져, 싸움터는 뭉게뭉게 피어오르는 자욱한 연기에 뒤덮였습니다. 가리브가 이단자들 사이를 마구 휘저으며 풀을 베듯이 마구 베어 넘기자 이교도들은 썰물처럼 물러나 달아났습니다. 그 틈에 가리브는 카이라얀과 쿠라얀을 양쪽에 거느리고 바르칸 왕의 대천막에 이르자 두 마신에게 명령했습니다.

"너희 주군의 결박을 풀어라!"

그리하여 두 마신은 마왕의 결박을 풀고 차꼬를 때려 부쉈습니다.

—여기서 날이 훤히 밝아왔으므로 샤라자드는 이야기를 그쳤다.

656번째 밤

오, 인자하신 임금님, 두 마신이 마왕 무라시의 결박을 풀고 차꼬를 때려 부수자 마왕이 말했습니다.

"내 갑옷과 날개 달린 말을 끌고 오너라."

마왕은 날개 달린 말을 두 필 갖고 있었는데, 한 필은 가리브에게 주고 한 필은 남겨 두었던 것입니다. 마왕은 갑옷을 걸치자 자기 말에 올라타고 가리브와 함께 하늘을 날면서 적에게 달려들었습니다.

진실한 신자인 마신들은 두 사람의 뒤를 따라가면서 들판과 언덕, 골짜기와 산에 메아리치도록 외쳤습니다.

"알라호 아크바르! —알라는 위대하다!"

이교도들이 견디지 못하고 달아나자 마왕의 군대는 3만이 넘는 마신과 악마를 베어 죽이고 자페트의 도성으로 돌아왔습니다.

두 왕은 옥좌에 앉아 바르칸을 끌어내려 했으나 그의 모습이 보이지 않았습니다. 바르칸을 사로잡기는 했지만 치열한 싸움에 정신이 팔려 경비를 소홀히 한 틈에, 바르칸을 섬기는 한 마신이 숨어들어 결박을 끊고 자기 진영으로 떠메고 가버린 것입니다. 이미 그때는 이교군의 반은 쓰러지고, 나머지는 정신없이 달아나던 중이었으므로, 마신은 바르칸 왕을 떠메고 하늘 높이 날아올라, 이윽고 '홍옥수의 도성'과 '황금 성'에 왕을 내려놓았습니다. 바르칸이 옥좌에 앉자 마왕과의 싸움에서 살아남은 부하들이 와서 왕의 무사함을 축하했습니다.

"무사가 다 뭐냐! 부하는 살해되고 나는 사로잡혔다. 마신의 종족 사이에서의 내 명예도 땅에 떨어지고 말았단 말이다!"

"오, 대왕님, 왕이란 항상 남을 괴롭히고 자신도 괴로워하는 것이 세상의 관례올시다."

"아니다. 나는 무슨 수를 써서라도 원한을 풀고 치욕을 씻지 않으면 살 수가 없다. 그러지 않고는 마신의 종족들 사이에서 영원히 고개를 들지 못할 것이다."

바르칸은 곧 자신이 지배하는 성채의 총독들에게 편지를 띄웠습니다. 이윽고 총독들은 왕 앞에 공손하게 출병했습니다. 바르칸 왕이 그들을 열병해 보니, 용맹한 마신과 악마들의 총수가 32만 명에 이르렀습니다.

"분부하실 일은?"

"모두 사흘 안에 출발할 수 있도록 준비해라."

한편 마왕 무라시는 바르칸이 달아난 것을 알고 분통을 터뜨리며 중얼거렸습니다.

"마신을 백 명만 감시시켰더라면 달아나지 못했을 텐데! 그나저나 바르칸은 어디로 갔을까?"

그리고 가리브에게 말했습니다.

"오, 형제여, 바르칸은 속이 검은 놈이라 아마 반드시 앙갚음하려 들 거요. 병력을 끌어모아 다시 역습해 올 것이 틀림없는데, 이쪽에서 먼저 선수 치면 어떨까요?"

"좋은 생각이오. 그러는 것이 좋겠소."

"그럼, 형제여, 마신이 데려다줄 것이니 그대는 고국으로 돌아가시오. 이 교도들을 상대로 한 성전은 나에게 맡겨주시오. 나는 내 죗값을 가볍게 덜고 싶소."

"인자하고 관대하신 알라, 눈에 보이지 않는 알라의 공덕에 맹세코, 알라를 믿지 않는 마신들을 쳐부수기 전에는 절대로 고국에 돌아가지 않으리다. 알라시여, 이교도들의 넋을 지옥불 속에, 무서운 영겁의 소굴에 던져 넣으시라! 오직 하나뿐인 알라를 숭배하는 자 말고는 아무도 구원받을 수 없도다. 그러나 사힘은 오만으로 돌려보내고 싶소. 어쩌면 병에 차도가 있을지도 모르니까."

왜냐하면 그 무렵 사힘은 병이 들어 있었습니다.

그래서 마왕은 마신들에게 명령했습니다.

"사힘을 안아서 오만으로 데려다줘라. 이 재물과 보물들도 함께."

"네, 분부대로 하겠습니다."

마신들은 곧 사힘과 함께 인간의 나라를 향해 떠났습니다.

그들이 출발하자 마왕 무라시가 자신이 지배하고 있는 성채의 대장들에게 편지를 보내자, 그들은 전사 16만 명을 이끌고 모여들었습니다. 전군이 준비를 하자 하루에 1년 치 길을 달릴 정도의 빠른 속도로 '홍옥수의 도시'와 '황금 성'을 향해 출발했습니다. 그리고 어느 골짜기에 이르러 전군이 야영하며 그날 밤을 보냈습니다.

이튿날 아침 막 출발하려고 하는데 뜻밖에도 바르칸의 선봉 부대가 나타나, 마신들은 함성을 내지르며 서로 마주쳤고, 마침내 그 골짜기에서 양군은 서로 창을 겨루게 되었습니다.

싸움의 기운이 무르익자 마치 지진이 대지를 뒤흔드는 듯한 격렬한 싸움이 벌어졌습니다. 일상적인 상황이 어수선한 상황으로 바뀌어 진지함을 띠게 되자, 장난기는 사라지고 적과 아군의 개별적인 담판과 교섭도 중단되었습니다.*69 긴 목숨도 한순간에 꺾이고 불신의 무리는 오욕의 심연 속에 가라앉았습니다. 그것은 가리브가 숭배해야 할 신, 전능하신 신의 유일성을 외치면서 적에게 달려들어, 목을 베고 머리를 날려 진흙 속에 나뒹굴게 했기 때문입니다.

그리하여 밤의 장막이 내릴 때까지 이교도 7만 명이 목숨을 잃었고, 이슬람교도도 1만 명가량이 쓰러졌습니다.

그때 휴전을 알리는 북소리가 울려 퍼졌으므로 양군은 군사를 거두었습니다.

—여기서 날이 훤히 새기 시작하여 샤라자드는 이야기를 그쳤다.

657번째 밤

샤라자드는 이야기를 계속했다.

오, 인자하신 임금님, 양군이 싸움터에서 돌아오자 가리브와 무라시는 무기를 손질한 다음 천막으로 들어가 저녁을 같이 들었습니다. 그러면서 서로가 무사함을 축하하고 아군의 손해가 예상 밖으로 적었음을 기뻐했습니다.

바르칸 쪽에서는 자기편 용사를 많이 잃은 것을 슬퍼하고 탄식하며 천막으로 돌아가 부하들에게 말했습니다.

"모두 들어라. 여기서 우물거리며 사흘만 더 싸움을 계속하다간 우리는 마지막 한 사람까지 죽고 만다."

"그럼, 어떻게 하는 것이 좋겠습니까?"

"오늘 밤 적이 곤히 잠든 틈을 타 갑자기 들이쳐, 한 놈이라도 살아남아서 이러쿵저러쿵하는 놈이 없도록 모조리 죽여 버리자. 자, 모두 무기를 잡아라. 내가 명령을 내리면 일제히 돌격하는 거다."

그런데, 바르칸의 부하 가운데 이슬람교에 마음을 두고 있던 얀다르라는 마신이 이 계책을 엿듣고 말았습니다. 그는 본군의 진영을 몰래 빠져나가 무라시 왕과 가리브 왕에게 달려가서 바르칸의 속셈을 알렸습니다.

마왕은 가리브를 돌아보며 물었습니다.

"오, 형제여, 어떻게 하면 좋겠소?"

"전능하신 알라의 뜻이라면, 오늘 밤 우리 쪽에서 먼저 이교도들을 습격하여 황무지와 늪 속으로 쫓아버립시다."

마왕은 곧 마신의 대장을 불러 놓고 말했습니다.

"모두 무장을 갖추어라. 밤이 되는 즉시 백 명씩 천막에서 가만히 빠져나가 산속에서 잠복한다. 그러다가 적이 모두 천막에 들어간 다음 사방에서 달려드는 거다. 용기를 내고 싸워라! 그리고 주님께 기도하라. 반드시 승리를 차지하게 될 것이다. 알겠느냐, 나도 너희와 함께 간다."

한편 이교도군은 날이 저물자 곧 불과 빛의 구원을 기원하면서 이슬람군의 진영을 공격했습니다. 그러나 진지를 공격해 들어간 순간, 이슬람군은 삼계 주님의 도움을 빌면서 적을 공격했습니다.

"오, 자비로운 자 중에서도 가장 자비로운 자여! 오, 만물의 창조주여!"

그리고 마치 잡초라도 베어내는 듯이 수많은 이교도를 죽였습니다. 그리하여 날이 밝기도 전에 이교도 대부분은 시체가 되고, 살아남은 적병은 황무지와 늪으로 달아났습니다.

가리브 왕과 마왕은 적의 물건을 빼앗아 의기양양하게 돌아왔습니다. 그들은 이튿날 아침까지 그간의 피로를 푼 다음 '홍옥수의 도시'와 '황금 성'을 향해 출발했습니다.

한편, 바르칸은 갈수록 병력이 약해지고 부하 대부분이 쓰러지자, 나머지 군대를 이끌고 밤의 어둠을 틈타 자신들의 도성으로 달아났습니다. 그리고 궁전에 도착하자 곧 군사를 불러놓고 말했습니다.

"모두 잘 들어라, 소중한 물건을 가진 자는 그것을 가지고 나와 함께 카프 산으로, '얼룩의 궁전'의 군주인 푸른 대왕을 찾아가자. 우리의 원수를 갚아

줄 사람은 그 대왕 말고는 아무도 없으니까."

이윽고 그들은 갖가지 물건을 수습한 뒤, 일족을 이끌고 카프 산으로 향했습니다.

한편 마왕과 가리브가 '홍옥수의 도시'와 '황금 성'에 이르러 보니, 성문이 활짝 열려 있고 사람은 아무도 없었습니다. 안으로 들어가 성 안을 둘러보니, 성벽은 에메랄드를 쌓은 것이었고, 성문은 백은의 장식 못이 박힌 짙은 다홍색 마노로 만들었으며, 집들과 저택의 지붕은 침향과 백단향 기둥과 대들보로 받쳐져 있었습니다.

큰 거리와 뒷골목을 두루 구경하는 동안 '황금 성'에 다다른 그들은 안으로 들어가서 복도 7개를 지나 한 건물에 다가갔습니다. 그 벽은 눈부신 루비로 되어 있고, 바닥에는 에메랄드와 히야신스석이 깔려 있었습니다.

마왕과 가리브는 궁전이 너무나 화려하고 호사스러운 데 놀라면서 여러 개의 방을 지나 마침내 후궁에 들어섰습니다.

그 안에는 각각 정취가 다른 네 개의 높은 좌석이 마련되어 있고, 한가운데에는 황금 사자*70에 둘러싸인 순금의 분수가 있으며, 그 입에서 물이 솟아나고 있었습니다.

이렇게 모든 풍경이 보는 이를 깜짝 놀라게 하는 것들뿐이었습니다. 제일 안쪽의 높은 자리에는, 온갖 색의 금란을 늘어뜨려 깔고 그 위에 진주와 보석을 수없이 박아 넣은 황금 옥좌가 두 개 나란히 놓여 있었습니다.

그래서 마왕 무라시와 가리브는 바르칸의 옥좌에 앉아 '황금 성'의 실권을 손아귀에 넣었습니다.

—여기서 날이 훤히 밝아오기 시작하여 샤라자드는 이야기를 그쳤다.

658번째 밤

샤라자드는 이야기를 계속했다.

오, 인자하신 임금님, 이윽고 가리브가 무라시에게 물었습니다.

"이제 어떻게 할 작정이오?"

마왕이 대답했습니다.

"오, 인간의 임금이여, 바르칸의 종적을 알아내기 위해서 100기를 내보냈으니 행방을 알게 되는 즉시 추격할 작정이오."

그 뒤 두 사람이 이 궁전에 사흘 동안 머무르고 있으니, 정찰을 나갔던 마신이 돌아와서 바르칸이 카프 산으로 달아나 '푸른 대왕'의 보호를 요청했으며, 푸른 대왕이 그 청을 받아들였다는 소식을 전했습니다. 마왕이 가리브에게 물었습니다.

"형제여, 그대의 의견은 어떻소?"

"이쪽에서 놈들을 치지 않으면 저쪽에서 쳐들어올 것이 뻔하오."

그리하여 두 사람은 전군에 출발 준비를 명령했습니다. 사흘 뒤에 전군을 이끌고 출발하려 할 때, 마침 사임을 수행하여 선물을 갖고 오만에 갔던 마신들이 돌아와 가리브 앞에 엎드렸습니다.

가리브가 자기 백성들의 소식을 묻자 그들이 대답했습니다.

"지난 전투 이후, 아지브는 야루브 빈 카탄의 곁을 떠나 인도의 대왕에게 가서 사정을 말하고 그 보호를 청했습니다. 왕은 그 청을 받아들이고 지휘 아래 모든 태수에게 편지를 보내, 시작도 없고 끝도 없이 무섭게 밀려오는 큰 파도와 같은 대군을 소집했습니다. 그리고 이 대군을 이끌고 알 이라크로 쳐들어가서 온 나라를 쑥밭으로 만들려고 벼르고 있다 합니다."

이 말을 듣고 가리브가 부르짖었습니다.

"이교도의 무리를 한 놈도 남김없이 없애 버리고 말 테다. 전능하신 알라께서는 틀림없이 알 이슬람에 승리를 내려주실 것이니, 놈들은 머지않아 뼈저린 맛을 느끼게 될 것이다!"

그러자 마왕도 이렇게 말했습니다.

"오, 인간의 왕이여, 전능하신 알라의 덕을 받고 있으니, 나도 반드시 그대의 나라로 같이 가겠소. 그리고 적을 없애 그대의 소원을 이루어주겠소."

가리브가 그 호의에 감사의 말을 하니, 두 사람은 더욱더 뜻을 정해 굳게 마음 먹고 이튿날 아침 카프 산을 향해 출발했습니다. 그리고 밤을 낮 삼아 행군한 끝에 '설화석고의 도시'와 '얼룩의 궁전'에 이르렀습니다.

이 도시는 마신의 조상 바리크 빈 파키가 설화석고와 갖가지 보석으로 세운 곳이었습니다. 바르칸은 여기에 또 '얼룩의 궁전'을 지었던 겁니다. '얼룩'이란 이름은 이 궁전이 금과 은의 벽돌을 하나씩 번갈아 쌓아서 지었기 때문으로, 사실 이러한 궁전은 세계 어느 곳에도 없었습니다.

그들은 앞으로 반나절이면 도성에 도착할 수 있는 곳에 이르자, 행군을 멈추고 휴식을 취했습니다. 마왕이 척후를 하나 내보내어 적정을 탐색시키니 이윽고 그가 돌아와서 보고했습니다.

"'설화석고의 도시' 안에는 빗방울이나 나뭇잎만큼 많은 마신의 군사가 우글거리고 있습니다."

마왕은 가리브를 돌아보며 물었습니다.

"오, 인간의 왕이여, 어떻게 하는 게 좋겠소?"

"군사를 넷으로 나누어 이교도의 진지를 포위합시다. 그리고 한밤중에 '알라는 위대하다!' 외치게 하여 마신군에 어떤 일이 일어나는지 지켜보기로 하지요."

마왕은 가리브의 조언대로 한밤중이 되기를 기다렸다가 적군을 포위한 뒤 일제히 외쳤습니다.

"알라는 위대하다! 오, 알라의 벗 아브라함(그분께 평안함이 있기를!)의 신앙을 위해 싸워라!"

이 함성을 들은 이교도들은 자다가 깜짝 놀라 눈을 뜨고 허둥지둥 무기를 움켜잡고는 저희끼리 맹렬하게 싸움을 벌였습니다. 이튿날 아침이 되자, 마신군의 대부분은 시체가 되고 살아남은 자는 얼마 되지 않았습니다.

이때 가리브가 큰 소리로 부르짖었습니다.

"자, 남은 무리를 무찔러라! 내가 여기 있다. 알라께서 너희를 수호하신다!"

이슬람교도들이 함성을 지르며 적군에게 달려들자, 가리브도 마법 칼을 뽑아들고 적진 속에 뛰어들어 닥치는 대로 코를 베고 목을 날리니, 적은 모두 등을 돌려 달아나고 말았습니다.

가리브는 달아나는 바르칸을 쫓아가 단칼에 그의 숨통을 끊어버리고, '푸른 대왕'도 쫓아가서 두 동강을 내버렸습니다. 점심때쯤 되자, 이교도 가운데 살아남은 자는 하나도 없었습니다.

가리브와 마왕이 '얼룩의 궁전'에 들어가 보니 벽은 금과 은으로 번갈아 쌓은 것이고, 문지방은 수정이요, 이맛돌은 비할 데 없이 짙은 녹색의 에메랄드였습니다.

궁전 안뜰에는 방울과 장막 말고도 갖가지 짐승들의 조각으로 장식한 연못이 물을 뿜어내고 있었습니다.

분수 가까이에는 높다란 자리가 마련되어 있는데, 보옥으로 가장자리를 두르고 수를 놓은, 금실을 섞어 짠 비단이 깔려 있었습니다. 아무튼 이 궁전에는 진기한 보물이 헤아릴 수 없고 끝도 없이 많이 있었습니다.

두 사람이 내전에 들어가자 이윽고 화려한 후궁이 나왔습니다. 가리브가 문득 눈을 들어 바라보니 '푸른 대왕'의 측실 가운데 금화 1천 닢의 가치가 있는 옷을 입은 한 처녀가 섞여 있었는데, 일찍이 그토록 아름다운 여자는 한 번도 본 적이 없었습니다.

처녀의 주위에는 여자노예 백 명이 시중을 들고 있고, 황금장식이 달린 긴 옷자락을 늘어뜨리며 있는 그녀는 마치 눈부시게 빛나는 수많은 별 속 달과 같았습니다.

가리브는 처녀를 보는 순간 머리가 어찔어찔해져서 시녀 한 사람에게 물었습니다.

"저 처녀는 누구인가?"

"푸른 대왕님의 샛별 공주입니다."

―여기서 날이 훤히 밝아왔으므로 샤라자드는 이야기를 그쳤다.

659번째 밤

샤라자드는 이야기를 계속했다.

오, 인자하신 임금님, 가리브는 시녀의 대답을 듣고 마왕을 돌아보며 말했습니다.

"오, 마신의 왕이여, 저 공주를 아내로 맞이하고 싶구려."

"이 궁전은 물론, 이 안에 있는 것은 살아 있든 죽어 있든 모두 당신의 전리품이오. 왜냐하면 당신이 세운 계책을 쓰지 않았다면 '푸른 대왕'과 바르칸 놈을 거꾸러뜨리기는커녕 놈들 때문에 우리는 죄다 죽음을 당했을 테니 말이오. 이곳의 재물과 보물은 모두 당신의 것이며 백성도 당신의 노예요."

마왕의 이 말에 가리브는 깊이 감사하고 공주에게 다가서서 그 얼굴을 들여다보았습니다. 그러자 가슴에 뜨거운 사랑이 불타올라 파프르 타지 공주와 마디야의 존재는 까맣게 잊고 말았습니다.

이 공주의 어머니는 본디 중국 제왕의 딸이었는데, 푸른 대왕이 궁전에서 빼앗아와서 강제로 범하고 말았습니다. 푸른 대왕의 씨앗을 잉태한 그녀는 이윽고 딸을 낳았고, 왕은 이 딸을 몹시 사랑하여 샛별 공주라는 이름을 지어주었습니다. 그도 그럴 것이, 공주는 그 이름에 걸맞게 미인 중의 미인이었기 때문입니다.

공주가 태어나서 40일도 채 되기 전에 어머니는 세상을 떠나고, 그 뒤 열일곱 살이 될 때까지 유모와 환관의 손에 자랐는데, 전부터 아버지를 싫어했으므로 그가 살해된 것을 도리어 기뻐하고 있었습니다.

가리브와 공주는 손을 마주 잡고 그날 밤 한 자리에 들어 운우의 정을 주고받았으며, 가리브는 공주가 그날까지 깨끗한 처녀였음을 알았습니다.

이윽고 가리브는 '얼룩의 궁전'을 파괴하라고 명령하고 그 전리품은 참다운 신앙을 받드는 마신들과 나누어 가졌습니다. 그러자 가리브의 몫으로서 금은의 벽돌 2만 1천 개와 헤아릴 수 없이 많은 황금과 보물이 손에 들어왔습니다.

그 뒤 마왕은 가리브에게 카프 산에 있는 모든 신기한 것들을 구경시켜 주었습니다. 구경이 끝나고 바르칸의 성채로 돌아온 그들은 그 성채도 모두 뜯어내어 전리품으로서 분배했습니다.

그런 다음 모두 마왕의 도성으로 돌아가 그곳에서 닷새 동안 머물렀습니다. 가리브가 이때 다시 고국으로 돌아가고 싶다고 하자 마왕이 말했습니다.

"오, 인간의 왕이여, 그렇다면 나도 그대와 말머리를 나란히 하여 같이 가려오."

"아니, 아니, 알라의 벗 아브라함의 공덕에 걸고서라도, 더는 당신에게 수고를 끼치고 싶지 않소. 마신을 데리고 간다면 카이라얀과 쿠라얀 둘이면 충분하오."

"그럼, 호위군사로서 마신 1만 기를 거느리고 가시오."

"아니요, 지금 말한 대로 두 사람이면 충분하오."

그리하여 마왕은 마신 1천 명에게 전리품을 들려 가리브를 고국까지 배웅하게 하고, 카이라얀과 쿠라얀에게는 가리브 왕의 명령을 받들어 잘 모시라고 일렀습니다.

"분부대로 하겠습니다."

두 사람이 대답하자 가리브는 마신들에게 말했습니다.

"너희는 보물을 갖고 샛별 공주를 모시고 가거라."

가리브 자신은 하늘을 나는 그 준마를 타고 갈 생각이었던 겁니다.

그러나 마왕이 말했습니다.

"아니요, 형제, 그 말은 내 영토 안에서는 살아 있지만 인간세상에 내려가면 곧 죽고 마오. 그런데 내 마구간에는 아마 알 이라크는 물론이고 세계 어느 곳에서도 볼 수 없는 해마가 한 마리 있소."

마왕이 그 말을 끌어내오자, 가리브는 너무나도 아름다운 해마의 모습에 반해 버리고 말았습니다.

카이라얀이 해마를 묶어 어깨에 둘러메고, 쿠라얀은 손에 들 수 있는 만큼 물건을 들었습니다. 마왕은 가리브 왕을 가슴에 와락 끌어안더니 작별을 슬퍼하여 눈물을 뚝뚝 떨어뜨렸습니다.

"오, 형제여, 당신에게 무슨 일이 생겨서 혼자 힘으로 감당할 수 없게 되거든 언제라도 나한테 사람을 보내시오. 그러면 나는 대지와 함께, 지상에 있는 모든 것을 휩쓸어버릴 만한 군세를 이끌고 구원하러 달려가리다."

가리브는 마왕의 뜨거운 호의와 참다운 가르침에 대한 깊은 신앙에 감사하고 그와 작별했습니다.

그리하여 마신들은 가리브 왕과 함께 보물을 가지고 출발하여, 50년이나 걸리는 먼 길을 단 이틀과 하룻밤 만에 날아가 오만의 도성 가까이 내려서 휴식을 취했습니다.

가리브가 카이라얀을 보내 도성의 사정을 살피게 하니, 이윽고 돌아와서 보고했습니다.

"주군님, 도성은 마치 커다란 파도와도 같은 이교도의 대군에 포위되어 있고 백성들은 죽을힘을 다해 맞서 싸우고 있습니다. 북소리가 높이 울리고 자므르칸은 용감하게 싸우고 있습니다."

"알라는 위대하다!"

가리브는 이렇게 외치고 카이라얀을 향해 말했습니다.

"말에 안장을 얹고 내 무기와 창을 갖고 오너라. 오늘에야말로 싸움터에서 용사와 겁쟁이가 어떻게 다른지 똑똑히 보여줄 테니까."

카이라얀이 무기를 가져오자 가리브는 갑옷을 입고 보검 알 마히크를 어깨에 걸고 해마에 올라타더니 쏜살같이 적진을 향해 달려갔습니다.

이때 카이라얀과 쿠라얀이 가리브 왕에게 말했습니다.

"부디 아무 염려 마십시오. 저희가 이교도 놈들과 싸워서 사막과 황야 멀리 내쫓아 버리겠습니다. 전능하신 알라의 가호를 얻어 한 놈도 살려두지 않겠습니다."

"아니다, 알라의 벗 아브라함의 공덕을 두고 맹세하거니와 너희만 싸우게 할 수는 없다. 자, 그럼 간다!"

그런데 이교도의 대군이 이처럼 쳐들어온 데는 참으로 기묘한 까닭이 있었습니다.

—여기서 날이 훤히 새기 시작하여 샤라자드는 이야기를 그쳤다.

660번째 밤

샤라자드는 이야기를 계속했다.

오, 인자하신 임금님, 가리브 왕의 도성에 이교도의 대군이 쳐들어온 데는 다음과 같은 까닭이 있었습니다.

야루브의 군대가 모조리 파괴당한 뒤 전쟁터에서 탈출한 아지브는 부하들에게 말했습니다.

"모두 들어라. 만일 우리가 카탄의 야루브한테 돌아간다면 틀림없이 '네놈들이 없었으면 내 아들과 부하들도 죽지 않았을 거다' 하면서 우리를 한 사람도 남김없이 죽여 버릴 것이다. 그래서 내 생각으로는 차라리 인도 왕 타르카난에게 가서 복수를 부탁하는 게 가장 좋은 대책일 것 같다."

"그럼 모두 그리로 가십시다. 당신께 불의 축복이 내리기를!"

그리하여 이교도들은 며칠 낮 며칠 밤을 말을 달려 마침내 타르카난 왕의 수도에 도착했습니다.

아지브는 뵙기를 청하고 허락이 내려지자, 곧 궁 안으로 들어가 왕 앞에 엎드려 마치 신하가 군주를 대하듯 문안을 올린 뒤 이렇게 말했습니다.

"오, 임금님, 번쩍이는 '불의 신'이 임금님을 지켜주시기를! 또한 밤이 그 암흑으로 임금님을 지켜주듯이 아무쪼록 저를 보호해 주시기 바랍니다."

타르카난 왕은 아지브를 빤히 쳐다본 뒤 물었습니다.

"너는 누구냐? 무엇을 원하느냐?"

"저는 이라크의 왕, 아지브입니다. 동생 놈이 저를 이렇게 비참한 신세로 만들고 저의 왕국 지배권을 빼앗았으며, 부하들도 그놈에게 항복했습니다. 그뿐만 아니라 그놈은 이슬람교에 귀의하여 제가 어느 나라로 도망쳐도 추격의 손을 늦추지 않습니다. 그래서 임금님의 보호를 요청하고 임금님의 힘을 빌리고자 찾아온 것입니다."

아지브의 말을 듣고 타르카난은 일어섰다 앉았다 하면서 소리쳤습니다.

"불의 힘에 매달려서라도 반드시 너를 위해 복수해 주리라. 어떤 놈이고 나의 여신인 '불' 말고 다른 것을 섬기는 자는 용서치 않겠다!"

그리고 다시 거친 목소리로 왕자를 불렀습니다.

"아들아, 준비를 해 알 이라크로 가서 국토를 쑥밭으로 만들고, '불'이 아닌 다른 것을 숭배하는 자들을 모조리 굴비 엮듯이 엮어서 끌고 오너라. 놈들을 고문하여 본보기로 삼겠다. 죽이지 말고 반드시 산 채로 잡아들여야 한다. 내가 직접 온갖 방법으로 고문하여 굴욕의 쓴맛을 보게 해 줄 테다. 지금 본때를 보여줘야지 그대로 두면 때가 늦는다."

그리하여 왕자는 기마병 8만, 기린*71을 탄 전사 8만, 그리고 코끼리 1만 마리를 선발해서 이끌고 가기로 했습니다. 코끼리 등에는 옥좌를 마련했는데, 거기에는 금괴로 만든 난간을 설치하고 금은의 판금을 씌웠으며, 금 못으로 못질을 하고 금과 에메랄드로 만든 커다란 방패로 방어하게 되어 있었습니다.

그뿐만 아니라 많은 전차도 동원했는데, 그 하나하나에는 온갖 무기를 갖춘 전사가 8명씩 타고 있었습니다.

이 왕자의 이름은 라드 샤*72라고 하며, 당대에 제일가는 용기 있고 씩씩한 호걸이었습니다. 이러한 왕자와 부하들이 열흘이나 걸려 모든 준비를 하고 출발하니, 마치 구름 봉우리들이 움직이기 시작한 것 같았습니다.

그들은 두 달 뒤에 가까스로 오만의 도성에 이르러 도성을 사방에서 에워쌌습니다. 이 광경에 그저 기뻐서 어쩔 줄 몰라 하는 아지브는, 승리는 어김없이 자신의 것이라고 믿었습니다.

자므르칸과 사단은 부하들과 함께 북소리가 요란하고 말 울음소리가 어지러운 싸움터로 달려나갔습니다.

바로 그때 가리브가 도착한 것입니다. 왕은 카이라얀의 보고를 들었으므로 몸소 말을 몰아 이교도들 속에 섞여서 싸움이 시작되기를 기다렸습니다.

이때 식인귀 사단이 달려나와 적에게 일대일 싸움을 걸자 적진에서 한 인도군 전사가 나와 이에 응했습니다. 사단은 상대가 다가오기가 무섭게 철퇴로 후려쳐 땅바닥 위에 박살을 내버렸습니다. 계속해서 한 사람씩 쓰러뜨려 마침내 전사 30명을 죽였습니다.

그때 바타시 알 아크란*73이라는 인도인 기사가 달려나왔습니다. 타르카난의 큰아버지이자, 수많은 대장부가 와도 당할 수 없는 호걸인 그는 사단을 향해 큰 소리로 부르짖었습니다.

"이 아라비아의 강도 놈아! 겨우 그따위 재주로 인도의 왕과 전사들을 죽이고 그 기마병을 사로잡을 수 있을 거라 생각하느냐? 오늘이야말로 네놈을 이 세상에서 하직시켜 주마."

이 말을 들은 사단은 눈에 핏발을 세우고 바타시에게 바짝 접근하여 철퇴로 골통이 부서지라 내리쳤습니다.

그러나 바타시가 몸을 휙 돌려 피해 버리는 바람에 사단은 중심을 잃고 앞으로 폭 고꾸라지고 말았습니다. 그 틈에 인도인들이 재빨리 달려들어 사단을 묶어서 자기들 천막으로 끌고 갔습니다.

자므르칸은 전우가 포로가 된 것을 알고 외쳤습니다.

"여봐라! 알라의 벗 아브라함의 신앙을 위하여!"

그리고 말에 박차를 가하여 바타시를 향해 달려갔습니다.

두 사람은 빙빙 돌며 잠시 틈을 노리다가 이윽고 바타시가 번개처럼 자므르칸에게 달려들어 조끼*74를 움켜잡고는 말안장에서 끌어내려 땅바닥에 내동댕이쳤습니다.

그러자 인도인들은 자므르칸도 묶어서 자기들 천막으로 끌고 가버렸습니다.

바타시가 이렇게 뒤를 이어 나서는 대장들을 모조리 쓰러뜨려 마침내 이슬람교도 대장 24명이 사로잡혀 버리자 진실한 신자들은 그만 당황하여 어찌할 바를 몰랐습니다.

이 광경을 보고 있던 가리브는 슬그머니 무릎 밑에*75 숨겨둔 순금 철퇴를 꺼냈습니다. 이것은 전에 마신의 왕 바르칸이 갖고 있었던 겁니다.

―여기서 날이 훤히 밝아왔으므로 샤라자드는 이야기를 그쳤다.

661번째 밤

샤라자드는 이야기를 계속했다.

오, 인자하신 임금님, 순금 철퇴를 무릎 밑에서 꺼낸 가리브가 해마 옆구리를 한 번 차니, 해마는 가리브를 태우고 빠르고 거센 바람처럼 싸움터 한복판으로 달려나갔습니다.

"알라는 위대하다! 알라는 구원과 승리를 내려주시고, 알라의 사도 아브라함의 신앙을 거부하는 자를 모두 물리치신다!"

가리브는 그렇게 외치면서 바타시를 향해 똑바로 말을 달려 철퇴로 공격했습니다. 그러자 상대는 미처 피하지 못하고 그만 쿵 하고 땅에 쓰러지고 말았습니다. 가리브는 이슬람군을 돌아보며, 동생 사힘에게 소리쳤습니다.

"이놈을 묶어라!"

사힘이 달려나가 바타시를 단단히 묶어서 끌고 오자, 이슬람군 용사들은 이 기사가 누구인지 궁금해했고 인도인 쪽에서도 서로 수군거렸습니다.

"우리 진영에서 뛰어나가 인도인 대장을 사로잡은 저 기사가 누구지?"

그 사람은 다름 아닌 가리브 왕, 숨돌릴 새도 없이 다시 싸움을 청하니 인도인 대장 한 명이 또다시 달려나왔습니다. 가리브가 철퇴를 휘둘러 금세 땅에 쓰러뜨리자 카이라얀과 쿠라얀이 그를 뒤로 묶어 사힘에게 넘겨주었습니다.

그리하여 가리브는 차례차례 적을 쓰러뜨려 마침내 인도군에서도 가장 용감한 대장 52명이 사로잡혔습니다. 그때 마침 날이 저물어 퇴진의 북이 울렸으므로 가리브는 싸움터에서 물러나 이슬람군 진영으로 말을 몰았습니다.

맨 먼저 뛰어나와 그를 맞이한 것은 사힘이었습니다. 그러나 그는 상대가 가리브인 줄은 모르고 등자에 얹혀 있는 가리브의 두 발에 입을 맞추며 물었습니다.

"오, 현세의 용사여! 당신의 팔이 녹슬지 않기를! 이처럼 용감하신 당신은 대체 누구신지요?"

그래서 가리브가 투구를 들쳐 보이니 다름 아닌 형인지라 사힘은 미친 듯이 소리쳤습니다.

"오, 이분은 그대들의 주군 가리브 님이시다. 마신의 나라에서 돌아오신 임금님이시다!"

가리브의 이름을 듣자 이슬람교도들은 모두 구르듯이 말에서 내려와 속속 왕 주위로 모여들어, 등자에 얹혀 있는 두 발에 입을 맞추며 무사히 귀국한 것을 기뻐했습니다.

그런 다음 왕을 오만의 도성 안으로 안내하자, 왕은 궁전으로 들어가서 옥좌에 앉았으며 대관들은 기쁨을 감추지 못하고 그 좌우에 늘어섰습니다.

이윽고 식사가 준비되어 모두가 식사를 마치자, 가리브 왕은 카프 산에서 마신들과의 사이에 일어난 일들을 자세히 얘기해 주었습니다.

그 얘기를 들은 그들은 때로는 놀라고 때로는 감탄하면서 왕이 무사한 것을 알라께 감사드렸습니다.

이윽고 신하들이 모두 물러가고 한시도 곁을 떠나지 않는 카이라얀과 쿠라얀 두 사람만 남았습니다. 왕이 두 사람에게 물었습니다.

"모처럼 후궁에 가서 기분을 풀고 싶은데, 그대들은 나를 쿠파까지 데리고 갔다가 날이 새기 전에 다시 이곳에 데려다줄 수 있겠나?"

그러자 두 사람이 대답했습니다.

"예, 임금님. 그런 일은 식은 죽 먹기나 마찬가집니다."

그런데 오만과 쿠파 사이의 거리는 전속력으로 말을 달려도 60일은 걸리는 거리였으므로, 카이라얀이 쿠라얀에게 말했습니다.

"가는 길은 내가 모실 테니 돌아올 때는 자네가 책임지게."

카이라얀은 가리브를 안고 쿠라얀과 함께 공중을 날아서 한 시간도 채 못되어 쿠파에 닿아 왕을 궁전 앞에 내려놓았습니다.

가리브 왕은 궁정에 들어가서 먼저 작은아버지 알 다미그를 찾아가 인사한 뒤 물었습니다.

"제 아내 파프르 타지*76와 마디야는 어떻게 지내고 있습니까?"

"두 사람 다 잘 지내고 있네."

이때 환관이 후궁으로 달려가서 여자들에게 가리브 왕이 돌아왔다는 소식을 알리자, 여자들은 기뻐서 환희의 소리를 터뜨리면서 이 기쁜 소식을 전한 환관에게 상금을 주었습니다.

이윽고 왕이 후궁에 들어오자 모두 일어나서 인사를 하고 지난 일들을 이야기했습니다. 그러는 사이 알 다미그도 들어왔으므로, 가리브는 그들에게 마신의 나라에서 있었던 일들을 얘기해 주었습니다.

그 이야기를 들은 사람들은 그저 놀랄 뿐이었습니다.

그날 밤, 파프르 타지와 한 이불 속에서 보낸 가리브 왕은, 새벽이 되자 아내들과 작은아버지에게 작별인사를 하고, 쿠라얀의 등에 업혀 날이 채 밝기도 전에 오만의 도성으로 돌아왔습니다.

이윽고 왕과 부하들 모두 무기를 잡은 뒤, 왕은 성문을 열라고 명령했습니다.

그러자 뜻밖에도 인도군 진영에서 한 기마병이 자므르칸을 비롯하여 사단과 그 밖의 포로들을 끌고 나타나서 가리브에게 넘겨주었습니다. 이슬람군에서는 그들의 무사함을 기뻐하며 갑옷을 입고 말에 오른 뒤, 북을 울려 전투 시작을 알리자 이교도군도 곧 진을 펼쳤습니다.

—여기서 날이 훤히 밝아왔으므로 샤라자드는 이야기를 그쳤다.

662번째 밤

샤라자드는 이야기를 계속했다.

오, 인자하신 임금님, 그리하여 이슬람군이 말을 달려 싸움터로 나가자, 먼저 싸움의 막을 연 사람은 가리브 왕이었습니다. 보검 알 마히크를 뽑아들고 말을 몰아 양군 사이로 나아간 왕은 큰 소리로 이렇게 부르짖었습니다.

"나를 아는 자는 내 무서운 힘에 대해 잘 알 것이다. 모르는 자에게는 이제 알려주마. 나는 아지브의 동생, 이라크와 알 야만의 왕 가리브다!"

이 말을 듣자 인도의 왕인 라드 샤는 부하 대장들에게 고함을 쳤습니다.

"아지브를 데려오너라."

그리하여 아지브가 끌려나오자 라드 샤는 아지브에게 말했습니다.

"너도 이미 아는 일이지만, 이 싸움은 말할 것도 없이 네 싸움이다. 이렇게 목숨을 걸고 싸우는 것도 원인을 따지고 보면 너 때문이다. 지금 네 아우 가리브가 싸움터 한가운데 우뚝 버티고 있다. 그러니 네가 나가서 그놈을 사로잡아 나한테 끌고 오라. 나는 그놈을 낙타 위에 돌려 앉혀 구경거리로 삼으면서 인도 나라로 끌고 갈 작정이다."

이 말을 듣고 아지브가 말했습니다.

"오, 임금님이시여, 부디 다른 사람을 내보내십시오. 저는 오늘 아침에는 몸이 좋지 않아서……."

그러자 라드 샤는 콧방귀를 뀌면서 소리쳤습니다.

"번쩍이는 불과 빛, 그림자와 열의 힘을 빌려, 네가 동생과 대결하여 사로잡아 오지 않는다면 나는 네놈의 목을 베어 숨통을 끊어 놓을 테다!"

아지브는 하는 수 없이 용기를 내어 싸움터 한가운데 서 있는 동생한테 말을 달려가서 소리쳤습니다.

"이 아라비아인의 개! 천막 말뚝이나 박는 종놈 중에서도 가장 천한 놈아! 너는 임금을 상대로 싸울 작정이냐? 내가 하늘을 대신하여 천벌을 내려줄 것이니 저세상에 갈 기쁜 소식이나 받아라!"

가리브가 이 말을 듣고 물었습니다.

"너는 어느 나라의 무슨 왕이냐?"

"나는 네놈의 형님이다. 오늘 안으로 네놈을 저세상에 보내줄 테다."

상대가 틀림없이 형이라는 사실을 알고 가리브는 큰 소리로 부르짖었습니다.

"오, 내 부모의 원수구나! 네 죄를 네가 알렷다!"

그러고는 마법 칼을 카이라얀에게 넘겨주고[*77] 아지브에게 맹렬하게 달려들어 짧은 창으로 갈비뼈가 부서지라 공격을 가한 뒤, 목덜미를 움켜잡고 말 안장에서 끌어내려 땅바닥에 내던졌습니다.

그러자 두 마신이 달려들어 아지브를 제압하고 단단히 묶고서, 보기에도 처량할 정도로 기운을 잃은 아지브를 끌고 가버렸습니다.

가리브 왕은 적을 산 채로 잡은 기쁨에 겨워 다음과 같은 시를 읊었습니다.

마침내 내 소망 이루었노라.
나의 간절한 소원을 남김없이 이루었노라.
오 신이여, 당신에게
감사와 찬사를 드리오리!
나는 본디 가난하고 비천하여
기를 못 펴고 자랐으나
알라께서 날 어여삐 여기사
소원한 온갖 행복
쾌히 베풀어주셨노라.
내 숱한 나라를 평정하고
숱한 사람들을 거느렸지만
드높고 존엄하신 신이여,
당신에게 이 몸은 아직도
티끌만도 못한 것.
거의 없는 거나 마찬가지인 것을.

 라드 샤는 아지브가 동생에게 지는 모습을 보자, 말을 준비시켜 갑옷과 투구로 몸을 감싼 뒤, 싸움터를 향해 빠르고 거센 바람처럼 돌진했습니다. 그리고 가리브 왕에게 다가가자마자 목청껏 외쳤습니다.
 "이 아라비아인 중에서도 가장 천한 놈아! 나뭇짐이나 져 나를 놈아!*78 왕과 용사를 사로잡다니 괘씸한 일이로다. 어서 말에서 내려 손을 뒤로 돌리고 내 발에 입을 맞춰라. 그리고 내 부하들을 풀어주고, 네놈은 내 사슬에 묶여 내 왕국으로 따라오너라. 그러면 목숨만은 살려주고 내 부하로 삼아주마. 그러면 빵 한 조각이라도 얻어먹을 수 있을 거다."
 이 말을 들은 가리브 왕은 뒤로 벌렁 나자빠지도록 한바탕 웃고는 이렇게 되쏘아줬습니다.
 "오, 미친개 같은 자야, 이 옴에 걸린 늑대야! 이제 곧 운명의 화살이 누구에게 꽂히는지 보여주마!"
 그리고 사힘을 향해 말했습니다.
 "그 포로들을 이리 끌고 오너라."

포로들이 끌려 나오자 가리브는 그 자리에서 모조리 목을 베어버렸습니다. 그것을 본 라드 샤는 무서운 기세로 가리브에게 덤벼들었는데, 그 날카로운 칼솜씨는 가히 명수라 할 만했고, 그 처절함은 무서운 살육자를 연상시켰습니다.

그리하여 두 사람은 허허실실 남몰래 전해 오는 온갖 술법을 다해 싸우다가 이윽고 날이 저물어 북이 울렸으므로 일단 물러가기로 했습니다.

―여기서 날이 훤히 밝아왔으므로 샤라자드는 이야기를 그쳤다.

663번째 밤

샤라자드는 이야기를 계속했다.
오, 인자하신 임금님, 군사를 거두라는 퇴진의 북이 울려 두 사람이 각자 자기 진영으로 돌아가자, 신하들은 자기편 임금이 무사히 돌아온 것을 기뻐했습니다.
이슬람교도들은 가리브 왕에게 말했습니다.
"오, 대왕님, 싸움을 길게 끄신 것은 임금님의 본마음이 아니시겠지요?"
이에 왕이 대답했습니다.
"오, 모두 들어라, 나는 이제까지 수많은 왕족*79과 용사를 상대로 싸워왔다. 그러나 오늘 싸운 그자만큼 무예와 용맹이 뛰어난 자는 보지 못했다. 만일 보검 알 마히크를 뽑아 그놈을 내려친다면 단숨에 그놈의 뼈를 가루로 만들고 숨통을 끊어 놓았겠지만, 나는 그놈을 사로잡아 이슬람교의 참맛을 알려주고 싶어서 일부러 삼간 것이다."
한편 라드 샤가 대천막으로 돌아와서 옥좌에 앉자, 부하 대장들이 들어와 적장에 대해 물었습니다. 그러자 왕이 말했습니다.
"번뜩이는 불 신의 진리를 두고 맹세하거니와 이제까지 그 같은 용사는 처음 봤다. 그러나 내일은 그놈을 사로잡아 보기에도 비참한 꼴을 만들어서 끌고 올 테다."
그리고 나서 모두 잠자리에 들었습니다. 이윽고 새날이 밝아오자 또다시

싸움의 시작을 알리는 북소리가 둥둥 울렸고, 전사들은 어깨에 칼을 메고 일어섰습니다. 끓어오르는 함성과 함께 적도 아군도 준마에 올라타고 싸움터로 달려나가니, 넓은 들판과 산은 금세 사람과 말로 가득 메워지고 말았습니다.

먼저 싸움의 막을 올린 사람은 용기 있고 씩씩한 용사, 마치 성난 사자와 같이 용맹스러운 가리브 왕이었습니다. 왕은 날랜 말을 채찍질하면서 양군 사이로 달려나와 이리저리 빠르고 거센 바람처럼 말을 달리며 큰 소리로 외쳤습니다.

"나와 겨뤄볼 자 그 누구 없느냐? 오늘에야말로 겁쟁이는 나오지도 말고 게으름뱅이는 물러서라!"

이 말이 채 끝나기도 전에 라드 샤가 커다란 탑과 같은 코끼리 등 위에 비단 띠를 두른 안장을 얹어 첨탑처럼 높이 올라앉아 돌진해 왔습니다. 그는 코끼리의 두 귀 사이에 앉아 손에 쥔 쇠갈고리로 그 덩치 큰 동물을 마음대로 조종하고 있었습니다.

코끼리가 가리브의 말 앞에 이르자 지금까지 코끼리란 놈을 한 번도 본 적 없는 말은 놀라서 꽁무니를 빼며[*80] 발걸음이 어지러워졌습니다.

그래서 가리브는 말을 카이라얀에게 넘겨준 뒤, 보검 알 마히크를 뽑아들고 코끼리의 앞을 막아섰습니다.

그런데 이것은 라드 샤가 즐겨 쓰는 전법으로, 그는 상대방이 녹록치 않을 때 반드시 사용하는 올가미라는 도구[*81]를 가지고 코끼리에 탔습니다. 그것은 그물처럼 생겨서, 밑은 넓고 위는 홀쭉하며 가장자리에 달린 고리에는 비단끈이 꿰어져 있었습니다. 라드 샤는 곧잘 그 그물을 상대편에게 덮어씌워 줄을 죄어서 말에서 끌어내려 산 채로 잡곤 했습니다.

그래서 이날도 가리브가 가까이 다가오자, 라드 샤는 한 손을 높이 쳐드는가 했더니, 휙 그물을 덮어씌우고 코끼리 등으로 끌어당기면서 코끼리를 큰 소리로 꾸짖어 인도군 진영으로 돌아가려고 했습니다.

그러나 카이라얀과 쿠라얀 두 마신이 가리브를 그대로 내버려 둘 리가 없었습니다. 주군이 위험에 처한 모습을 본 그들이 코끼리를 꽉 붙들고 꼼짝 못하게 하자, 가리브는 그물 속에서 안간힘을 써서 마침내 그물을 갈기갈기 찢어버리고 말았습니다. 그러자 두 마신은 라드 샤를 붙잡아 종려나무 섬유로 꼰 밧줄로 꽁꽁 묶어 버렸습니다.

이윽고 양군은 서로 맞부딪쳐 마치 두 개의 커다란 파도가 부서지듯, 두 개의 산이 부딪쳐 와르르 무너지듯 세찬 싸움이 벌어졌고, 뭉게뭉게 피어오른 모래먼지는 하늘 끝까지 뻗어 앞이 보이지 않았습니다. 싸움은 점점 절정으로 치달아 처절함은 극에 달했고, 전사들이 흘린 피는 냇물이 되어 흘렀습니다. 양군 모두 젖 먹던 힘을 다해 창으로 찌르고 칼을 휘두르면서 한 번 앞으로 나아가고 한 번 뒤로 물러서는 세찬 싸움을 거듭하니, 언제까지나 끝나지 않을 것만 같았습니다.

그러나 이윽고 해가 떨어지고 밤의 어둠이 짙게 깔리자 군사를 물리는 북소리가 둥둥 울려 퍼지고 양군은 좌우로 갈라졌습니다.[82]

이날은 이슬람군의 상황이 그다지 이롭지 못했습니다. 그것은 코끼리와 기린[83]을 타고 있는 적을 상대로 하는 싸움에 익숙지 않았기 때문으로, 그로 말미암아 많은 병사를 잃고 살아남은 자는 거의 상처를 입고 있었습니다.

그것을 본 가리브 왕은 매우 상심하면서 부상자를 잘 간호하게 하고 대장들을 돌아보면서 물었습니다.

"이제부터 어떻게 하는 게 좋겠나?"

그러자 모두 대답했습니다.

"오, 임금님, 코끼리와 기린 때문에 고전을 면치 못했으니, 그 짐승들을 없애 버리면 반드시 적을 칠 수 있을 겁니다."

그 말을 들은 카이라얀과 쿠라얀이 말했습니다.

"그럼, 저희 두 사람이 칼을 뽑아 코끼리를 습격해서 모조리 다 죽여 버리겠습니다."

그 자리에 일찍이 잘란드의 의논상대였던 오만 출신의 사나이가 하나 있었는데, 그가 나서서 말했습니다.

"오, 임금님, 만일 제가 하는 말에 귀를 기울이고 저의 조언에 따라주신다면, 반드시 이기시리라고 장담합니다."

가리브는 대장들을 돌아보며 말했습니다.

"이 현자가 하라는 대로 해라."

─여기서 날이 훤히 밝아왔으므로 샤라자드는 이야기를 그쳤다.

664번째 밤

샤라자드는 이야기를 계속했다.

오, 인자하신 임금님, 그 오만의 사나이는 대장 가운데 열 사람을 골라 물었습니다.

"여러분은 부하를 얼마나 거느리고 있습니까?"

"1만 명이오."

그러자 오만인은 그들을 무기고로 데려가서 그중 5천 명에게는 화승총을, 나머지 5천 명에게는 쇠뇌를 나누어주고 이 새로운 총기*84 사용법을 가르쳤습니다.

이윽고 날이 밝아지자 인도인들은 충분한 무장을 하고 코끼리와 기린을 앞세우고 나타났습니다. 가리브와 그 부하들도 말에 올라 싸움터로 나가 양군이 서로 대치하자, 전투 시작을 알리는 북이 울렸습니다.

그때 오만인은 쇠뇌의 궁수와 화승총을 쏘는 사람들을 향해 크게 외쳤습니다.

"쏘아라!"

모두가 기다렸다는 듯이 코끼리와 기린을 향해 일제히 화살과 납탄을 퍼부어 짐승들의 옆구리를 꿰뚫어 버렸습니다. 코끼리들은 미친 듯이 날뛰며 비통한 신음을 내지르면서 방향을 바꿔 자기편 군사들을 마구 습격했습니다.

그것을 본 이슬람군은 와 하고 함성을 지르면서 이교도군에 달려들었습니다. 그들이 좌우 양쪽을 공격하니 코끼리와 기린은 더욱더 사납게 날뛰면서 자기편을 짓밟고 산과 숲 속으로 달아났습니다. 이슬람교도들이 날카로운 칼을 휘둘러 달아나는 적을 바짝 추격하자, 코끼리와 기린은 대부분 쓰러지고 말았습니다.

가리브 왕과 부하들은 대승리를 축하하며 돌아왔고, 이튿날에는 전리품을 분배하고 그 뒤 닷새 동안은 쉬었습니다. 닷새가 지나자 가리브 왕은 옥좌에 앉아 형 아지브를 불러냈습니다.

"이 개 같은 놈아! 어째서 너는 다른 나라의 왕들을 불러모아 우리와 싸우게 했느냐? 그러나 세상에 있는 모든 것을 다스리시는 알라의 뜻에 따라 마침내 너희는 패배했다. 그러니 네가 이 구원의 신앙에 귀의한다면 목숨만은 살려주마. 또한 내 부모의 복수도 단념하겠다. 그리고 너를 다시 왕위에 앉히고 나는 너의 신하가 되겠다."
"나는 절대로 내 신앙을 버리지 않겠다!"
하는 수 없이 가리브는 그의 손발에 차꼬를 채우고 건강한 노예 백 명에게 감시시켰습니다. 다음에는 라드 샤를 불러냈습니다.
"너는 이슬람의 신앙을 어떻게 생각하느냐?"
"오, 대왕님, 저를 당신들의 신앙에 들게 해 주십시오. 만일 그것이 진실한 신앙, 훌륭한 신앙이 아니었다면, 이렇게 당신이 저를 이길 수는 없었을 겁니다. 바라건대 당신의 손을 내밀어주십시오. 그러면 저는 '알라 외에 신은 없고 아브라함은 알라의 사도이다!'라고 맹세하겠습니다."
이 말에 가리브는 매우 기뻐하며 말했습니다.
"진실로 그대의 마음이 깨달음을 얻어 이 종교의 가르침에 만족한다는 말이냐?"
"물론입니다. 대왕님!"
"오, 라드 샤여, 그대는 고국으로 돌아갈 생각인가?"
"대왕님, 저는 아버지의 신앙을 버렸으니 고국에 돌아가면 아버지가 틀림없이 저를 죽이고 말 겁니다."
"그렇다면 내가 그대와 함께 가서, 그대를 나라의 왕으로 앉히고 자비로운 신 알라의 가호를 얻어 백성으로 하여금 복종을 맹세케 하리라."
라드 샤는 왕의 손발에 입을 맞췄습니다.
가리브 왕은 이번 싸움에서 승리하는 데 큰 공을 세운 오만의 현자에게 더할 수 없을 만큼 많은 금화를 상으로 주었습니다.
그다음에는 카이라얀과 쿠라얀을 돌아보며 말했습니다.
"마신의 우두머리들이여, 나와 라드 샤와 자므르칸, 그리고 사단을 인도 나라에 데려다다오."
"분부대로 하겠습니다."
그리하여 쿠라얀은 자므르칸과 사단을 어깨에 메고, 카이라얀은 가리브 왕과 라드 샤 왕자를 메고 인도 나라를 향해 날아올랐습니다.

—여기서 날이 훤히 밝아왔으므로 샤라자드는 이야기를 그쳤다.

665번째 밤

샤라자드는 이야기를 계속했다.

오, 인자하신 임금님, 그리하여 그들은 저녁때부터 날이 밝아올 때까지 날아가서 마침내 카슈미르에 있는 타르가난 왕의 궁전 지붕 위에 내렸습니다.

이보다 앞서 패잔병들에게서 왕자에 대한 자세한 소식을 들은 타르카난 왕은 잠도 자지 못하고, 무슨 일을 해도 마음이 답답하고 울적하기만 하여 애를 태우고 있었습니다.

그렇게 왕자를 걱정하면서 후궁에 들어와 있는데, 뜻밖에 가리브 왕 무리가 궁전 계단을 내려와 왕 앞에 나타났던 것입니다.

타르카난 왕은 왕자와 그들의 모습을 보고 깜짝 놀랐고, 더욱이 두 마신을 보고는 몸을 벌벌 떨었습니다.

왕자가 부왕에게 말했습니다.

"오, 반역자여, 불을 숭배하는 자여, 언제까지 고집을 부리시럽니까? 당신에게 재앙이 있기를! 불의 신에 대한 숭배를 중단하고 낮과 밤의 창조주, 눈에 보이지 않는 전능하신 알라를 섬기십시오."

그 소리를 들은 타르카난 왕은 갑자기 옆에 있던 쇠몽둥이를 집어 왕자에게 던졌습니다. 그러나 빗나가서 궁전 벽에 맞아 돌이 세 개나 깨졌습니다. 왕은 큰 소리로 외쳤습니다.

"이 짐승 같은 놈! 너는 내 군대를 모조리 없애고 자신의 신앙을 배신했을 뿐만 아니라 이젠 또 나에게까지 개종을 권하려고 돌아왔느냐?"

이때 가리브가 성큼성큼 왕에게 다가가서 손바닥으로 그의 목덜미를 때려 쓰러뜨렸습니다. 이어서 마신이 왕을 단단히 묶어 버리니, 후궁의 여자들은 모두 겁이 나서 사방으로 달아났습니다.

가리브는 옥좌에 앉아 라드 샤에게 말했습니다.

"그대의 아버지를 심판하라!"

"오, 고집 센 노인이여, 구원받은 자와 한편이 되면 불과 전능하신 알라의 노여움을 피할 수 있습니다."

"나는 결코 내 신앙을 버리면서까지 살고 싶지는 않다!"

타르카난이 소리치자 가리브 왕은 보검 알 마히크를 뽑아 그대로 후려쳤습니다. 타르카난 왕은 두 쪽이 나서 바닥에 쓰러졌고, 알라는 그 영혼을 무서운 집, 지옥의 불길 속에 던져 넣었습니다.*85

가리브가 왕의 시체를 궁전 정문 위에 매달라고 명령하자, 신하들은 시체의 반쪽은 오른쪽에, 다른 반쪽은 왼쪽에 매달아 놓고 날이 새기를 기다렸습니다.

아침이 되자 가리브 왕은 라드 샤에게 왕의 옷을 입혀 아버지의 옥좌에 앉히고, 자기는 그 오른쪽에 자리를 차지한 다음, 자므르칸과 사단과 마신들을 양쪽에 세웠습니다. 그리고 카이라얀과 쿠라얀에게 분부했습니다.

"중신과 무관들이 들어오면 모조리 잡아서 묶어라. 한 사람도 놓쳐선 안 된다."

"알았습니다!"

잠시 뒤 중신들이 왕에게 문안을 드리려고 궁전에 들어왔습니다. 맨 먼저 들어온 총대장은 타르카난의 시체가 반쪽씩 궁전 입구 양쪽에 매달려 있는 것을 보고 소스라치게 놀라며 공포에 떨었습니다.

그러자 카이라얀이 총대장의 뒷덜미를 움켜잡고 꼼짝 못하게 한 뒤 꽁꽁 묶어서 안으로 끌고 갔습니다.

그리하여 아침 해가 떠오를 무렵까지 중신 350명을 묶어서 가리브 왕 앞에 꿇어앉혔습니다.

"너희는 입구에 매달려 있는 왕의 꼴을 보았느냐?"

가리브 왕이 묻자 중신들이 말했습니다.

"대체 누가 그런 짓을 했습니까?"

"전능하신 알라의 힘을 얻어 바로 내가 했다. 내 뜻을 거역하는 자는 누구든 저 왕과 같은 꼴을 당할 것이다!"

"그럼, 저희에게 어찌하라는 분부십니까?"

"나는 가리브라고 하며 너희 용사들을 죽인 이라크의 왕이다. 라드 샤 왕자는 구원의 신앙에 귀의하여 너희를 지배하는 훌륭한 임금이 되었으니, 너희도 진실한 신자가 되는 것이 어떠냐? 만일 싫다고 하면 나중에 뼈저린 후회를 하게 될 것이다."

그래서 무관들은 신앙 고백을 하고 알라의 풍부한 은총을 입은 사람들의 대열에 끼게 되었습니다.

가리브가 다시 물었습니다.
"너희 마음이 흔들림 없이 참다운 신앙의 은혜를 만족하게 생각하느냐?"
"예."
"그렇다면 너희 부하에게 돌아가서 모든 사람에게 이슬람교를 전파하라. 이 신앙을 받아들이는 자는 용서해 주고 거부하는 자는 죽여도 좋다."
가리브는 중신들을 묶었던 끈을 풀어주고 훌륭한 예복을 내려주었습니다.

—여기서 날이 훤히 밝아왔으므로 샤라자드는 이야기를 그쳤다.

666번째 밤

샤라자드는 이야기를 계속했다.
오, 인자하신 임금님, 그리하여 대장들은 궁전에서 물러나와 부하들을 모아 놓고 경위를 얘기한 다음, 이슬람교의 가르침을 설명하니, 모두 이슬람교에 귀의할 것을 맹세했습니다. 그리고 끝까지 개종을 거부한 아주 적은 사람들은 죽여 버렸습니다. 대장들이 다시 궁전으로 돌아가서 가리브 왕에게 결과를 보고하니, 왕은 알라를 축복하고 칭송했습니다.
"싸우지 않고도 일을 성취하게 해 주신 전능하신 알라를 찬양할진저!"
가리브는 인도의 카슈미르에 40일 동안 머무르면서 나라의 정사를 지시하고, 불의 신전과 사원을 파괴하고 나서 그 자리에 이슬람교 사원과 큰 회당을 지었습니다.
한편 라드 샤는 가리브를 위해 헤아릴 수 없을 정도로 많은 보물과 진귀한 재물을 마련하여 배에 실어서 이라크로 보냈습니다.
이윽고 가리브 왕과 그 신하들은 라드 샤와 작별하고, 가리브는 카이라얀의 등에 자므르칸과 사단은 쿠라얀의 등에 업혀 출발했습니다. 밤새도록 날아 이튿날 새벽녘에 오만의 도성에 도착하자, 부하 군사들은 무사히 돌아온 그들을 보고 매우 기뻐했습니다.
그들은 다시 쿠파로 날아가서 형 아지브를 끌어내어 처형하라고 명령했습니다. 사형이 쇠갈고리를 가지고 와서 그것을 아지브의 발뒤꿈치 힘줄에 꿰어, 성문에 거꾸로 매달았습니다.

"저놈을 쏘아라!"

가리브가 명령하자 소낙비처럼 화살이 쏟아져서 아지브의 몸뚱이는 마치 고슴도치처럼 되고 말았습니다.

궁전으로 돌아간 가리브가 옥좌에 앉아 여러 가지 국사를 보다가 밤이 되어 후궁에 들어가니 '샛별 공주'가 마중 나와 왕을 끌어안고 시녀들과 함께 왕이 무사히 돌아온 것을 기뻐했습니다.

그날 밤 왕은 공주와 함께 침실에 든 뒤, 이튿날 아침 온몸을 목욕하고 새벽 기도를 드린 뒤 옥좌에 앉아 마디야와의 결혼을 준비하라고 명령했습니다.

그로 말미암아 신하들은 양 3천 마리, 소 2천 마리, 수산양 1천 마리, 낙타 5백 마리, 말 5백 마리 그리고 닭 4천 마리와 수많은 거위를 잡았습니다.

잔치가 끝나자 왕은 마디야의 방으로 가서 첫날밤의 인연을 맺고 열흘 동안 함께 지냈습니다.

그런 다음, 작은아버지 알 다미그에게 왕국의 통치를 맡기면서 백성들을 공평하게 다스리도록 거듭거듭 당부한 뒤, 왕비와 시녀 그리고 전사들을 거느리고 여행을 떠났습니다. 도중에 라드 샤가 보내준 재물과 보물, 진귀한 물건을 실은 배를 만나 부하들에게 나누어주니 그들은 당장 부자가 되었습니다.

일행은 다시 여행을 계속하여 마침내 바벨의 도성에 도착했습니다. 가리브 왕은 사힘 알 라일에게 명예의 옷을 내려주고, 이 도성의 국왕으로 삼았습니다.

—여기서 날이 훤히 밝아왔으므로 샤라자드는 이야기를 그쳤다.

667번째 밤

샤라자드는 이야기를 계속했다.

오, 인자하신 임금님, 가리브 왕은 바벨의 도성에서 열흘 동안 머문 다음 다시 여행을 계속하여 식인귀 사단의 성채에 이르러 그곳에서 닷새 동안 쉬었습니다.

그곳에서 왕은 카이라얀과 쿠라얀에게 분부했습니다.

"이제부터 너희는 이스바니르 알 마다인으로 날아가 황제의 궁전에 가서 파프르 타지가 어떻게 지내고 있나 알아보거라. 그리고 그 뒤 소식을 알려줄 만한 왕의 친척을 한 사람 데리고 오너라."

"분부대로 하겠습니다."

두 사람은 곧 이스바니르를 향해 날아갔습니다. 하늘과 땅 사이를 날아가면서 문득 땅 위를 내려다보니, 마치 무섭게 밀려오는 큰 파도 같은 대군이 눈에 띄어 카이라얀이 쿠라얀에게 말했습니다.

"아래로 내려가서 저 군대의 정체를 살펴보자."

땅 위로 내려가서 그 군대 속을 걸어 다니던 두 마신은 그들이 페르시아군이라는 것을 알고 대장은 누구이며 어디로 가는 것인지 물었습니다.

"우리는 가리브와 그 부하들을 쳐부수러 알 이라크로 가는 중일세."

이 대답을 들은 마신들은 루스탐이라는 페르시아인 대장의 천막으로 가서 병사들이 잠들기를 기다렸다가 침대째 루스탐을 둘러메고 그대로 가리브가 있는 성채로 날아갔습니다. 그리하여 한밤중에 성에 이르러 왕의 천막 앞에 와서 큰 소리로 외쳤습니다.

"용서하십시오! 지금 돌아왔습니다."

그 소리를 듣고 가리브 왕이 말했습니다.

"들어오너라!"

두 사람은 안으로 들어가서 루스탐이 잠자고 있는 침대를 내려놓았습니다.

"이자는 누구냐?"

"이놈은 페르시아의 대장인데, 임금님과 부하들을 모조리 없애기 위해 대군을 이끌고 오는 것을 중간에서 만났습니다. 그래서 임금님이 알고 싶으신 것을 이놈에게 직접 들으시라고 잡아 왔습니다."

"그럼 용사 백 명을 이리로 데리고 오너라."

두 사람이 용사들을 데려왔습니다.

"너희는 칼을 뽑아들고, 이 페르시아 녀석의 머리맡에 서 있어라!"

용사가 흔들어 깨우자 눈을 뜬 루스탐은 머리 위에 칼날의 아치 문이 서 있는 것을 보고 이렇게 중얼거렸습니다.

"괴상한 꿈도 다 있군."

그러고는 다시 눈을 감았습니다. 그때 카이라얀이 칼끝으로 살을 콕 찌르자 루스탐은 벌떡 일어나 앉으며 말했습니다.

"내가 대체 어디에 있는 거지?"

그러자 사힘이 대답했습니다.

"너는 지금 페르시아 대왕의 사위이신 가리브 왕의 어전에 있다. 너는 뭐 하는 놈이며, 어디로 가는 길이냐?"

가리브의 이름을 들은 루스탐은 깜짝 놀라 속으로 중얼거렸습니다.

'이게 꿈이냐, 깨어 있는 것이냐?'

그 모습을 보고 사힘은 그를 철썩 때렸습니다.

"어째서 대답을 하지 않느냐?"

"나를 천막 속에서, 아군 한복판에서 이리 데리고 온 것은 누구냐?"

이번에는 가리브가 대답했습니다.

"이 두 사람의 마신이 너를 데려왔다."

루스탐은 카이라얀과 쿠라얀을 쳐다보고 소스라치게 놀랐습니다.

마신들은 이빨을 드러내고 칼을 휘두르며 고함쳤습니다.

"이놈! 어서 일어나서 가리브 왕 앞에 엎드리지 못할까!"

루스탐은 비로소 꿈이 아니라는 것을 깨닫고 몸을 덜덜 떨면서 일어나 가리브 앞에 꿇어 엎드렸습니다.

"오, 임금님이시여, 불의 신의 축복을 받으시기를! 그리고 만수무강하시기를 기원합니다!"

"네 이놈, 이 페르시아 놈! 불이라는 것은 해로운 것, 음식을 요리할 때 말고는 아무런 쓸모가 없으니, 숭배해서는 안 되느니라."

"그렇다면, 무엇을 숭배해야 합니까?"

"숭배해야 하는 이는 단 한 분, 알라뿐이다. 인간을 만드시고 천지를 창조하신 분이다."

"그럼 그분의 편이 되어 여러분의 신앙에 들려면 어떻게 하면 됩니까?"

"'알라 외에 신은 없고 아브라함은 알라의 사도이다!'라고 외면 된다."

그리하여 루스탐은 이슬람의 신앙에 귀의할 것을 맹세하고 알라의 축복을 받은 사람들의 대열에 끼게 되었습니다. 그러자 루스탐이 말했습니다.

"임금님이시여, 사실 임금님의 장인 사푸르 왕은 어떤 수단을 써서라도 임금님을 죽이려 하고 있습니다. 사푸르 왕은 여러분을 하나도 남기지 말고 죽이라고 10만 군사를 주어 저를 보낸 것입니다."

"그것이 죽음과 굴욕에서 공주를 구해 준 나에 대한 보답인가! 알라께서는 틀림없이 그런 사악한 생각을 응징하시리라. 그런데 네 이름은 무엇이냐?"

"제 이름은 루스탐이라고 하며 사푸르군의 총대장입니다."

"우리 군대에서 그와 똑같은 지위를 너에게 주겠다. 그런데, 루스탐이여, 파프르 타지 공주는 어떻게 지내고 있느냐?"

"오, 현세의 왕이시여, 임금님은 장수하시기를 빕니다."[5]

"뭐? 어쩌다가 죽게 되었느냐?"

"임금님이 출발하시자 곧 공주님의 시녀 한 사람이 사푸르 왕 어전에 나아가서 물었습니다. '임금님께서 가리브 님에게 공주님과 잠자리를 같이하는 걸 허락하셨습니까?' 이에 왕은 불같이 화를 내며 말했습니다. '무슨 소리냐! 불의 공덕에 맹세코 그런 일은 없다!' 그러고는 느닷없이 칼을 뽑아들고 공주님한테 달려가서 호통을 치셨습니다. '이 음탕한 년! 어째서 너는 지참금도 받지 않고 혼례도 올리지 않는데 그따위 바다위인과 잠자리를 같이했단 말이냐?' 그러자 공주님이 대답했습니다. '함께 자도 좋다고 말씀하신 건 아버님이십니다.' 왕은 다시 물었습니다. '몸을 허락했단 말이냐?' 그러나 공주님은 대답하지 않고 고개를 숙이셨습니다. 그러자 왕은 큰 소리로 산파와 여자노예들을 향해 소리치셨습니다. '이년을 뒤로 묶어 음부를 조사해 봐라.' 그래서 모두 공주의 옥문을 살핀 뒤 아뢰었습니다. '오, 임금님, 공주님은 이미 처녀가 아니십니다.' 이 말을 들은 왕은 몹시 노하여 펄펄 뛰며 공주에게 달려들며 당장 두 토막을 내려고 하자 왕비께서 두 사람 사이에 뛰어들며 말했습니다. '오, 임금님, 공주를 죽이시면 후세에 수치를 남기시게 됩니다. 그보다는 차라리 죽을 때까지 감금하도록 하세요.' 그래서 왕은 공주를 옥에 가두고, 밤이 되자 두 신하를 불러 명령을 내렸습니다. '공주를 멀리 데려가서 자이훈 강에 던져 넣어라. 누구에게도 말해선 안 된다!' 그래서 두 사람은 왕의 명령대로 시행했습니다. 그리하여 지금은 공주에 대해서는 모두 잊어버리고 누구도 입에 올리는 자가 없습니다."

—여기서 날이 훤히 밝아왔으므로 샤라자드는 이야기를 그쳤다.

668번째 밤

샤라자드는 이야기를 계속했다.
오, 인자하신 임금님, 가리브 왕은 루스탐의 얘기를 듣고 눈앞이 캄캄해지는 듯한 심정으로 소리쳤습니다.
"오, 사도 아브라함의 힘을 빌려, 내 반드시 그 개놈한테 가서 그놈을 멸망시키고 왕국을 짓밟아주리라!"
왕은 자므르칸을 비롯하여 모술과 마이야파리킨의 총독들에게 편지를 보내고서, 루스탐을 돌아보며 물었습니다.
"네가 거느린 병력은 얼마나 되느냐?"
"페르시아인 10만 기입니다."
"그럼 1만 기를 줄 테니 이제부터 네 고국으로 돌아가서 싸움을 벌여라. 나도 곧 뒤따라가마."
루스탐은 말에 올라타 아랍인 1만 기를 이끌고 자신의 고향을 향해 출발했습니다. 그리고 가는 길 내내 혼자 다짐했습니다.
"눈부시게 활약하여 가리브 왕에게 상을 받아야지."
루스탐은 이레 동안 행군한 끝에 마침내 페르시아군 진지까지 반나절이면 닿을 수 있는 지점에 이르자, 병력을 넷으로 나누어 명령을 내렸습니다.
"페르시아군을 사방에서 포위하고 칼을 뽑아 습격하라!"
그들은 저녁때부터 밤중까지 말을 달려 아무것도 모르고 깊이 잠들어 있는 페르시아군 진지를 포위하자, 이렇게 외치면서 급습했습니다.
"알라는 위대하다!"
갑작스러운 공격을 받고 허둥지둥 잠에서 깨어난 페르시아군은 오금이 떨려 제대로 일어나지도 못하고 갈팡질팡하며 서로 적으로 잘못 생각하고 싸우기 시작했습니다.
이 모든 것은 페르시아군이 전지전능하신 알라의 노여움을 샀기 때문입니다. 루스탐은 적진 속에 쳐들어가 마치 바짝 마른 장작에 불이 붙은 것처럼 눈부신 활약을 보였습니다. 그리하여 날이 샐 무렵, 페르시아군은 모조리 전사하거나 다치지 않으면 달아나버렸고, 이슬람군은 적군의 천막과 짐짝, 말, 낙타, 보물상자까지 모두 약탈해 버렸습니다.

그들이 말에서 내려 페르시아인의 진지에서 쉬고 있을 때 가리브 왕이 도착했습니다. 루스탐이 뛰어난 활약과 계략으로 적을 모조리 없애고 큰 승리를 거둔 사실을 알고, 왕은 명예로운 예복을 내리면서 말했습니다.

"오, 루스탐, 페르시아인이 모두 달아난 것은 그대의 공이므로, 이 전리품은 모두 그대의 것이다."

루스탐은 왕의 손에 입을 맞추고 감사를 표했습니다. 그들은 그날 저녁때까지 휴식을 취한 뒤 날이 저물자 사푸르 왕의 도성을 향해 출발했습니다.

한편 달아난 페르시아군 병사들은 간신히 이스바니르에 도착했습니다.

"아, 혼났다, 혼났어."

"이제야 살았구나!"

"정말 끔찍한 하루였다!"

그들은 저마다 이렇게 울부짖으며 사푸르 왕에게 달려갔습니다.

"대체 이게 어찌 된 일이냐? 어떤 놈에게 그토록 형편없이 당했단 말이냐?"

왕이 묻자 병사들은 자초지종을 설명했습니다.

"다름이 아니라 어둠을 틈타 우리에게 기습을 가한 것은 바로 아군 대장 루스탐이었습니다. 이 모든 것은 그놈이 이슬람으로 개종했기 때문입니다. 가리브란 놈은 우리 군에 손도 대지 않았습니다."

왕은 사건의 경위를 듣고 나자 왕관을 땅바닥에 내던지고 소리쳤습니다.

"우리 편엔 쓸 만한 놈이 한 놈도 없단 말이냐!"

그러더니 왕자 와르드 샤[86]를 돌아보며 말했습니다.

"오, 아들아, 이 어려운 상황을 해결할 사람은 너밖에 없구나."

"아버지, 제 목숨을 걸고 반드시 가리브와 그 측근 중신들을 차꼬를 채워서 끌고 올 것이며, 나머지 놈들은 모조리 죽여 없애겠습니다."

이렇게 말한 다음, 와르드 샤가 부하 군사들을 헤아려 보니 모두 20만 명이나 되었습니다. 그날 밤 잠을 자고 이튿날 아침 막 출발하려는데, 갑자기 아득한 지평선에 뭉게뭉게 흙먼지가 일더니 순식간에 이 세상을 덮어 버릴 듯이 번져 오는 것이었습니다.

아들과 작별하려고 말을 타고 있던 사푸르 왕은 심상치 않은 흙먼지를 보자 신하를 불러서 명령했습니다.

"저 먼지가 무엇인지 살펴보고 오너라."

척후는 이내 다녀와서 보고했습니다.

"대왕님! 가리브와 그 군대가 몰려오고 있습니다."

그들은 곧 말에 실었던 짐짝을 내리고 신속하게 전열을 펼쳤고, 가까이에 와서 페르시아인 군대가 진형을 갖추고 있는 것을 본 가리브는 부하들을 향해 소리쳤습니다.

"알라께서 수호해 주실 것이다. 어서 돌격하라!"

군병들이 깃발을 휘날리며 돌진하자, 마침내 아라비아인과 페르시아인의 대격전이 시작되었습니다. 서로 뒤엉켜서 몇 겹으로 에워싸고 싸우는 동안 피는 흘러 강물을 이루고 군사들은 저마다 죽음 앞에 마주서게 되었습니다. 용기 있는 자는 죽기로 기를 쓰며 돌격하고, 겁쟁이들은 주춤거리다 등을 돌려 달아났습니다.

이렇게 세찬 싸움을 거듭하는 사이에 어느새 날이 저물어 퇴진의 북이 울려 퍼졌습니다. 양군은 창칼을 거두어 자신의 진영으로 돌아갔습니다.

사푸르가 성문 가까운 곳에 천막을 치자 가리브는 적진 바로 앞에 천막을 쳤고, 병사들은 저마다 자기 천막으로 돌아갔습니다.

―여기서 날이 훤히 새기 시작하여 샤라자드는 이야기를 그쳤다.

669번째 밤

샤라자드는 이야기를 계속했다.

오, 인자하신 임금님, 좌우로 갈라진 양군은 자신의 천막으로 돌아가 아침까지 쉬었습니다. 날이 밝자 적과 아군은 다시 갑옷으로 무장하고 앞다투어 싸움터로 나갔습니다.

맨 앞자리를 차지하려고 싸움의 시작을 알린 이슬람군의 용사 루스탐은 말을 싸움터 한가운데로 몰고 들어가서 큰 소리로 부르짖었습니다.

"알라는 위대하다! 나야말로 아라비아인과 아잠인의 총대장 루스탐이다! 누구든지 나와 상대할 자는 없느냐? 겁쟁이와 약골들은 썩 물러서거라!"

그러자 페르시아군 속에서 한 용사가 뛰어나와 루스탐에게 달려들었습니다. 두 사람은 한 치의 양보 없이 서로 앞으로 나아가고 뒤로 물러서기를 거듭하며 맹렬하게 싸웠습니다. 그러나 마침내 루스탐이 적에게 다가가서 무게 아홉 관짜리 철퇴로 머리에서 몸뚱이로 내려치니, 적은 대지 위에 털썩 쓰러져 피투성이가 된 채 숨이 끊어지고 말았습니다.

그것을 본 사푸르는 자기편의 위기라 여기고 부하에게 돌격 명령을 내렸습니다.

사푸르의 부하가 빛을 주는 태양에 구원을 청하면서 이슬람군을 향해 달려들자, 진실한 신자들도 자비로운 알라의 구원을 빌었습니다. 그러나 이교의 무리 아잠인은 이슬람의 아랍인보다 병력 면에서 훨씬 우세했으므로 아라비아 쪽 전사자가 훨씬 더 많았습니다.

그것을 본 가리브는 보검 알 마히크를 뽑아들더니, 좌우에 카이라얀과 쿠라얀을 거느리고 함성을 지르면서 페르시아군을 향해 쳐들어갔습니다. 적을 베어 헤치면서 나아가 마침내 기수 앞에 선 그가 칼등으로 상대의 머리를 후려치자 상대방은 신음을 내면서 쿵 하고 땅에 쓰러졌습니다. 두 마신은 그를 둘러메고 자기 진영으로 돌아갔습니다.

페르시아군은 기수가 쓰러진 것을 보고 등을 돌려 성문 쪽으로 달아났습니다. 이슬람군이 계속 칼을 휘두르면서 적을 추격하여 밀물처럼 도성 안으로 밀고 들어가자, 적군은 미처 성문을 닫지 못해 많은 군사가 허무하게 최후를 마쳤습니다.

때마침 루스탐을 비롯하여 사단, 자므르칸, 사힘, 알 다미그, 카이라얀, 쿠라얀 등, 이슬람의 용사와 유일신을 믿는 무사들이 일제히, 성문에 세차게 몰려드는 이교의 무리 페르시아군을 덮쳤습니다. 그러자 이교도들의 피는 빠른 속도로 흐르는 물이 되어 도시로 흘러내렸습니다. 그리하여 마침내 적들은 무기와 갑옷을 버리고 목숨을 구걸하는 신세가 되었습니다.

이슬람군은 살육의 칼을 거두고 마치 양 떼를 몰듯이 적병을 아군 천막으로 몰아왔습니다. 이윽고 가리브도 자신의 대천막에 돌아와서 무장을 풀고 불신의 무리 피를 깨끗이 씻은 다음, 옥좌에 앉아 페르시아 왕 사푸르를 불러냈습니다.

"이 아잠인의 개놈 같으니! 무슨 까닭으로 네 딸에게 그런 짓을 하였느냐? 내가 어째서 네 딸의 남편이 될 자격이 없단 말이냐?"

"오, 왕이시여, 부디 내가 저지른 죄를 용서해 주시오. 지금은 후회하고 있지만, 당신에게 대항하여 싸운 것은 다만 두려웠기 때문이오."*87

이 말을 들고 가리브 왕은 사푸르를 땅에 엎어놓고 가차없이 채찍질을 하라 명령했습니다. 부하들은 신음도 내지 못할 정도로 사푸르를 매질한 다음 다른 죄수들과 함께 옥에 집어넣었습니다.

또 가리브 왕은 페르시아인에게 이슬람의 교리를 가르쳐 12만 명을 개종시켰고, 그 밖의 사람들은 모두 베고 말았습니다.

게다가 도성의 백성들도 모두 이슬람 신앙에 귀의하였으므로 가리브 왕은 말을 타고 위풍당당하게 이스바니르 알 마다인에 입성했습니다. 그리하여 왕궁에 들어가서 사푸르가 차지하고 있던 옥좌에 앉아, 시민들에게는 옷과 선물을 내리고 아라비아인과 페르시아인에게는 전리품과 재물과 보물을 나누어주니, 신하들은 왕의 덕을 칭송하고 그 승리를 축하하며 영광과 장수를 빌었습니다.

그러나 파프르 타지 공주의 어머니는 딸을 잊지 못하여 구슬픈 소리로 울음을 터뜨리자, 궁 안은 온통 통곡과 울부짖음으로 가득 찼습니다.

그 얘기를 들은 가리브 왕이 후궁으로 찾아가서 시녀들에게 슬픔에 잠긴 까닭을 물으니, 공주의 어머니가 앞으로 나와 흐느껴 울며 대답했습니다.

"오, 임금님, 임금님을 뵈니 딸아이가 생각나서 그럽니다. 그 아이가 살아 있었다면 임금님이 돌아오신 것을 얼마나 기뻐했을까요?"

가리브도 공주를 생각하고 눈물을 흘리면서 옥좌로 돌아와서 사푸르를 끌어냈습니다. 사푸르가 차꼬를 차고 비틀비틀 끌려나오자 가리브가 소리쳤습니다.

"이 페르시아의 개놈아, 네 딸을 어떻게 했느냐?"

사푸르가 자이훈 강에 던지라는 명령과 함께 두 신하에게 내주었다고 대답하자, 다시 그 두 사람을 불러왔습니다.

"사푸르 왕의 말이 틀림없느냐?"

"예, 그렇습니다. 하지만 임금님, 저희는 공주님을 강물에 던지지 않았습니다. 공주님의 신세가 하도 딱하여 자이훈 강변에 두고 이렇게 말하고 돌아왔습니다.

'부디 몸조심하십시오. 도성에 돌아오시면 안 됩니다. 잘못하면 임금님의 손에 걸려 공주님도 저희도 다 함께 죽음을 면치 못할 테니까요.' 그러나 그 뒷일은 알 수 없습니다."

—여기서 날이 훤히 밝아왔으므로 샤라자드는 이야기를 그쳤다.

670번째 밤

샤라자드는 이야기를 계속했다.

오, 인자하신 임금님, 공주를 강에 던지지 않았다는 말을 들은 가리브 왕은 수많은 점성술사를 불러들여 물었습니다.

"점을 쳐서 파프르 타지 공주가 어떻게 되었는지 알아봐다오. 현재 어디에 살아 있는지, 아니면 죽었는지 봐다오."

그들은 점을 치고 나서 이렇게 말했습니다.

"오, 임금님, 점괘에 나타난 바로는, 공주님은 지금 살아 계시며 사내아이를 낳으신 것이 분명합니다. 그러나 마신의 일족에게 몸을 의탁하고 있으므로 20년이 지나야 임금님과 만날 수 있습니다. 그런데 임금님이 타국에서 계신 햇수가 얼마나 되는지 꼽아 보십시오."

가리브가 손꼽아 헤아려 보니 8년밖에 안 되었으므로 다시 공주와 만나려면 아득한 뒷날인지라 이렇게 소리치며 탄식했습니다.

"영광스러운, 위대한 신 알라 외에 주권 없고 권력 없도다!"[*88]

왕이 사푸르의 지배 아래 있던 도시와 성채의 태수들을 불러모으니, 모두 가리브 왕 앞에 나와 복종의 맹세를 했습니다.

그러던 어느 날 가리브가 옥좌에 앉아 있는데, 갑자기 아득한 지평선 멀리서 흙먼지가 뽀얗게 일어나더니 순식간에 퍼져서 그 근처를 뒤덮고 지평선도 보이지 않게 되었습니다.

그래서 가리브는 두 마신을 불러 살펴보고 오라고 분부했습니다. 그들은 먼지 속을 뚫고 들어가 몰려오는 군사 중에서 한 기마병을 납치하여 왕 앞으로 끌고 왔습니다.

"이놈이 적군 속에 있었으니까 심문해 보십시오."

"저건 누구의 군대냐?"

"오, 임금님, 그건 시라스의 왕 히라드 샤의 군대로, 임금님과 한바탕 싸움을 벌이기 위해 온 것입니다."

그런데 히라드 샤[*89]가 공격해 온 사연은 이러했습니다. 앞서 가리브 왕이 사푸르의 군대를 쳐부수고 적왕을 사로잡자, 사푸르 왕의 왕자는 위기에서 탈출하여 부왕의 군대를 약간 이끌고 시라스의 도성으로 갔습니다. 거기서 히라드 샤 왕 앞에 나아가 흐르는 눈물도 닦지 않고, 그 앞에 무릎을 꿇었습니다.

왕은 그 모습을 바라보며 말했습니다.

"여보게, 젊은이, 어째서 우는가? 얼굴을 들고 자세히 얘기해 보아라."

"오, 임금님, 사실 가리브라는 아랍인 왕이 저희를 공격하여 아버지를 사로잡고 우리 페르시아군에 패배의 쓴잔을 들게 했습니다."

그리고 그때까지의 경과를 이야기하자 왕이 물었습니다.

"나의 아내는 무사한가?"[*90]

"가리브가 빼앗아 갔습니다."

왕자가 대답하자, 히라드 샤 왕은 자기도 모르게 버럭 소리를 질렀습니다.

"내 목숨이 이어지는 한, 바다위인도 이슬람교도도 이 땅 위에 한 놈도 살려 두지 않을 테다."

그리고 태수들에게 편지를 보내자 태수들은 즉시 군사를 모집하여 왕에게 달려왔는데 그 수가 8만 5천에 이르렀습니다.

히라드 샤는 무기고를 열어 무기와 갑옷을 나눠주고 그들을 이끌고 출발하여 행군을 거듭한 끝에 이스바니르에 도착하자 성문 바로 앞에 진을 쳤던 것입니다.

이것을 본 카이라얀과 쿠라얀은 가리브 왕 앞에 나아가 무릎에 입맞춘 뒤 말했습니다.

"임금님, 부디 저희에게 저 군사들을 맡겨주십시오."

"좋다, 당장 가거라!"

가리브의 대답에 두 마신은 하늘 높이 날아올랐다가 시라스 왕의 대천막 위에 내려서 보니, 왕은 호사스러운 의자에 비스듬히 앉아 있고 오른쪽에는 사푸르 왕의 아들 와르드 샤가 앉아 있으며, 둘레에는 무장들이 늘어서서 이슬람교도를 모조리 없앨 음모를 꾸미는 중이었습니다.

카이라얀이 가까이 가서 와르드 왕자를 잡아채자 쿠라얀은 시라스 왕을 잡아서 나란히 가리브 왕에게 돌아왔습니다. 왕이 두 포로를 매질하게 하니 마침내 혼절하고 말았습니다.

카이라얀과 쿠라얀이 다시 시라스군의 진지로 돌아가서 인간의 힘으로는 도저히 다룰 수 없는 큰 칼을 뽑아들고 이교도군에 달려드니, 알라께서는 적의 넋을 차례차례 화염지옥과 공포의 세계로 쫓아버렸습니다. 적의 눈에는 사람의 모습은 보이지 않고, 다만 두 개의 칼이 마치 농부가 곡식을 베어내듯 자기 아군 병사들을 베어 넘기는 모습만 비칠 뿐이었습니다.

그래서 적군은 진지를 버리고 안장도 없는 말을 타고 달아났습니다. 두 마신은 이틀 동안 그 뒤를 추격하여 대부분을 베어 죽인 뒤, 궁전으로 돌아와서 가리브 왕의 손에 입을 맞췄습니다.

왕은 두 사람의 공로를 치하하며 말했습니다.

"이교도의 전리품은 모두 그대들이 가지도록 해라. 다른 자에게는 나누어 주지 않으리라."

두 사람은 가리브 왕에게 축복이 내리기를 기원하고 물러나와 싸움터로 가서 전리품을 걷어 자기들의 거처로 가져갔습니다.

―여기서 날이 훤히 밝아왔으므로 샤라자드는 이야기를 그쳤다.

671번째 밤

샤라자드는 이야기를 계속했다.

오, 인자하신 임금님, 얘기는 바뀌어, 살아남은 시라스의 병사들은 간신히 도망쳐 시라스의 도성에 이르자, 비탄의 소리를 지르며 죽은 동료들을 위해 추모의식을 올렸습니다.
 그런데 히라드 샤 왕에게는 시란이라는 당대에 어깨를 겨눌 자가 없는 마술사 아우가 있었습니다.
 이 마술사는 '과일의 성채'라고 부르는 곳에 따로 살고 있었는데, 그곳은 도성에서 반나절 가량 걸리는 곳으로, 숲이 울창하게 우거져 있고 시냇물이 졸졸 흐르며, 새들이 지저귀고 꽃이 활짝 피어 있었습니다.
 패잔병들이 이 마술사한테 가서 소리 높여 통곡하자 시란이 그 까닭을 물었습니다.
 "너희는 무엇이 슬퍼서 그렇게 우는가?"
 그들은 자초지종을 이야기하고, 특히 두 마신이 나타나서 히라드 샤를 잡아갔다는 것을 상세히 전했습니다.
 그 말을 들은 시란은 눈물을 글썽거리면서 말했습니다.
 "내 신앙의 힘으로 반드시 가리브와 그 부하들을 모조리 죽여 돼먹지 않게 큰소리치는 놈은 하나도 살려두지 않겠다!"
 그런 다음, 시란은 무언가 주문을 외어 '붉은 대왕'을 불러냈습니다.
 "이제부터 이스바니르에 가서 가리브를 습격하라."
 시란이 명령하자 '붉은 대왕'이 대답했습니다.
 "분부대로 하겠습니다."
 '붉은 대왕'은 즉시 군사를 이끌고 이스바니르에 가서 가리브를 습격했습니다. 그러나 가리브 왕은 보검 알 마히크를 뽑아들고 카이라얀, 쿠라얀과 함께 그를 맞이하여 싸워, 마침내 530명을 쓰러뜨리고 '붉은 대왕'에게도 중상을 입혔습니다. '붉은 대왕'은 부하들과 함께 '과일의 성채'로 달아나 시란 앞에 나아갔습니다.
 "아, 무서웠다!"
 "혼이 났다!"
 모두 이렇게 떠들어 대는 가운데 '붉은 대왕'도 시란에게 말했습니다.
 "오, 현자여, 가리브란 놈은 노아의 아들 자페트의 요검을 갖고 있어서 닥치는 대로 두 동강을 내고 맙니다. 또 그놈 곁에는 코카서스의 산에서 온 두 마신이 붙어 있습니다. 그놈들은 무라시 왕이 보낸 자들입니다. '푸른 대왕'과 '홍옥수의 도시' 바르칸 대왕을 죽이고, 마족의 일족을 많이 죽인 것도 바로 그 가리브입니다."

이 말을 들은 마술사 시란이 '붉은 대왕'에게 말했습니다.

"꺼져라!"

그러자 '붉은 대왕'은 곧 자취를 감추고 말았습니다. 시란은 다시 마법을 써서 주아지아라고 하는 마신을 불러내어 마약을 한 봉지 주면서 명령했습니다.

"이스바니르에 가서 가리브 왕의 궁전에 숨어들어가 참새로 둔갑하고 기다리고 있다가, 왕이 침대에 누워 옆에 아무도 없을 때 이 마약을 맡게 하여 이리 떼메고 오너라."

"분부대로 하겠습니다."

마신은 이스바니르로 날아가서 참새로 둔갑한 다음, 궁전 창문에 앉아 측근들이 물러간 뒤 왕이 잠들기를 기다렸습니다.

이윽고 왕이 잠들자 창문에서 날아 내려와 가리브 왕의 곁에 가서 마약가루를 콧구멍에 불어 넣었습니다. 그리고 정신을 잃은 것을 확인한 다음 왕을 이불에 싸서 빠르고 거센 바람처럼 '과일의 성채'로 날아갔습니다. 도착했을 때는 한밤중이었지만, 곧 사로잡아 온 가리브 왕을 시란 앞에 앉혔습니다.

마술사 시란이 마신을 치하하고서 마약 때문에 정신을 잃은 가리브를 죽이려 하자, 부하 한 사람이 말렸습니다.

"오, 현자님, 이자를 죽이시면 친구인 무라시 왕이 부하 마신들을 모조리 이끌고 와서 이 영토를 짓밟을 것입니다."

"그럼 어떻게 하면 좋겠느냐?"

"마약에 취해 있는 동안에 자이훈 강에 던지십시오. 그러면 이놈은 물에 빠져 죽어 누가 범인인지 아무도 모르게 됩니다."

그래서 시란은 그 마신을 시켜 가리브 왕을 자이훈 강에 던지게 했습니다.

―여기서 날이 훤히 밝아왔으므로 샤라자드는 이야기를 그쳤다.

672번째 밤

샤라자드는 이야기를 계속했다.

오, 인자하신 임금님, 마신은 가리브 왕을 안고 자이훈 강에 갔습니다. 그러나 물에 던지기에는 아무래도 슬프고 아까운 생각이 들어서 나무로 뗏목을 엮어 그 위에 가리브를 태운 뒤, 강 한가운데로 밀어 넣으니 급한 물살이 뗏목을 멀리 떠내려 보내고 말았습니다.

한편 가리브 왕의 신하들은 이튿날 아침 시중을 들려고 왕의 거실로 가보니 왕의 모습이 온데간데없었습니다. 옥좌 위에 염주가 걸려 있는 것을 보고 잠시 기다려 보았으나 왕은 나타나지 않았습니다. 그래서 그들은 시종장에게 물어보았습니다.

"후궁으로 가서 임금님을 찾아보시오. 지금까지 머물러 계신 적은 한 번도 없었소만."

그리하여 시종장이 후궁으로 가서 임금님이 계신지 물으니 시녀들이 대답했습니다.

"어제부터 오시지 않았습니다."

시종장이 후궁에서 나와 관원들에게 이 말을 전하자 모두 당황하며 말했습니다.

"어쩌면 뜰에 산책하러 나가셨는지도 모른다. 살펴보자."

그리하여 밖에 나가서 정원지기에게 물었습니다.

"임금님을 보았느냐?"

"아니오, 못 보았는데요."

그들은 비로소 몹시 불안을 느끼고 온종일 정원 여기저기를 찾아 헤맸지만 끝내 찾지 못하고 눈물을 뿌리며 돌아왔습니다.

두 마신도 사흘 동안 도성 안을 샅샅이 찾아다녔으나 아무런 단서도 얻지 못하고 돌아왔습니다. 그리하여 백성들은 검은 옷을 입고, 모든 일을 뜻대로 성취하시고 모든 것을 창조하신 알라께 도움을 청했습니다.

얘기는 바뀌어, 가리브 왕을 태운 뗏목은 자이훈 강의 급류를 따라 닷새 동안 떠내려가서 마침내 바다로 나갔습니다.

가리브는 파도에 몸이 흔들리는 동안 가슴이 답답해져서 자기도 모르게 마약을 토해 버리게 되었습니다. 그는 눈을 닦고 자기가 바다 한복판에서 파도에 흔들리고 있다는 사실을 깨달았습니다.

"영광스러운 신 위대한 알라 외에 주권 없고 권력 없다! 아, 대체 누가 나를 이렇게 만들었을까?"

가리브는 자신의 불운을 탄식했습니다.

그때 배 한 척이 근처를 지나는 것을 발견하고 옷소매를 흔들어 신호를 보내자, 배는 가까이 노를 저어 와서 가리브 왕을 뗏목에서 구해 주었습니다.

"당신은 어디 사는 누구요?"

배를 타고 있던 사람들이 물었습니다.

"배가 몹시 고프니까 우선 먹을 것과 마실 것부터 좀 주실 수 없소? 그다음에 내 신분을 밝히리다."

선원이 가져다준 음식을 먹고 물을 마시고서야 왕은 이제 살았다는 기분이 들었습니다.

"여러분은 어느 나라 사람이며, 무엇을 믿고 계시오?"

"우리는 카라지*91에서 왔고 민카슈라는 우상을 받들고 있지."

그러자 가리브는 소리쳤습니다.

"너희도 너희 우상도 모두 지옥에나 떨어져야 할 것들이다! 만물을 창조하신 알라 말고 숭배할 만한 것은 아무것도 없다. 그분이 나타나라고 하셨기에 만물이 세상에 나타난 것이다."

이 말을 들은 선원들은 불같이 화를 내며 왕을 잡으려고 덤벼들었습니다. 왕은 몸에 쇠붙이 하나 지니고 있지 않았지만, 상대를 닥치는 대로 때려눕히고 숨통을 끊어 마침내 뱃사람 40명을 쓰러뜨렸습니다. 그러나 아무래도 수적으로 불리하여 왕은 결국 온몸이 꽁꽁 묶이고 말았습니다.

"이놈은 고국에 돌아갈 때까지 살려 두었다가 임금님께 보여 드리자."

선원들은 그렇게 결정을 하고 다시 항해를 계속하여 이윽고 카라지에 닿았습니다.

―여기서 날이 훤히 밝아왔으므로 샤라자드는 이야기를 그쳤다.

673번째 밤

샤라자드는 이야기를 계속했다.

오, 인자하신 임금님, 그런데 카라지의 왕은 본디 타고난 성품이 잔인하고 흉악한 아말레키인으로서 성문 앞에는 마법 동상을 세워 놓고 있었습니다.

이 동상은 타국 사람이 성문에 들어서면 온 도성에 울릴 정도로 나팔을 울려 사람들에게 알렸습니다. 그리고 신앙이 같지 않은 사람이면 가차없이 그 머리 위로 쓰러져 목숨을 빼앗아버렸습니다.

그래서 가리브 왕이 성 안에 들어서자 성문의 동상은 무시무시하게 큰 소리로 나팔을 불었습니다. 그 소리에 왕이 깜짝 놀라 동상 앞에 가보니 그 입과 코와 귀로 마구 불을 뿜고 있지 않겠습니까! 그리고 이 동상의 배 속에는 원래 악마가 숨어 있어서 마치 자기 혀로 말을 하듯이 지껄이는 것이었습니다.

"오, 임금님, 이곳에 이슬람교도의 왕 가리브가 들어와서 백성들에게 신앙을 버리고 자기가 믿는 신을 숭배하라고 권하고 있습니다. 그러니 가리브가 임금님의 어전에 끌려오거든 절대 용서하시지 마십시오."

왕이 들어가 옥좌에 앉자 뱃사람들이 가리브를 왕 앞에 끌고 가서 말했습니다.

"오, 임금님, 저희는 이자가 바다에서 난파당하여 떠다니고 있는 것을 발견하고 끌고 왔습니다. 이놈은 이교도로서 저희 신을 믿지 않습니다."

그리고 그들이 자세한 경위를 이야기하자 왕이 말했습니다.

"이놈을 대신상(大神像)의 사당으로 데리고 가, 신 앞에서 목을 베어라. 그러면 신께서 기뻐하실 것이다."

그때 대신이 입을 열었습니다.

"임금님, 그렇게 하면 놈이 금방 숨이 끊어질 테니 이놈에게 어울리는 죽음이 아닌 듯합니다. 그러니 일단 옥에 가둔 다음 장작을 산처럼 쌓아 놓고 불태워 죽이는 것이 좋겠습니다."

그래서 왕은 가리브를 옥에 가두고 나무를 날라 오게 했습니다. 장작더미가 쌓이자 불을 질렀더니 이튿날 아침까지 훨훨 타고 있었습니다.

이윽고 왕을 비롯하여 온 도시 사람들이 모여들자 왕은 가리브를 끌어내오라고 명령했습니다. 그런데 신하가 옥에 가보니 가리브의 모습이 보이지 않는 것이었습니다. 그 사실을 안 왕이 소리쳤습니다.

"어떻게 도망쳤단 말이냐?"

"쇠사슬과 차꼬가 내팽개쳐져 있지만, 문은 굳게 자물통이 채워진 채입니다."

왕은 영문을 알 수가 없었습니다.

"그놈이 하늘로 솟았거나 땅속에 들어가기라도 했단 말이냐?"

"글쎄올시다. 저희는 도무지 알 수가 없습니다."

"신전에 가서 신께 여쭈어 보자. 어디에 숨었는지 가르쳐주시겠지."

그리하여 자리에서 일어나 우상을 예배하러 갔습니다. 그런데 우상의 모습 또한 보이지 않는 것이었습니다. 왕은 그거 이상한 일도 다 있구나 생각하며 눈을 비비면서 자기도 모르게 중얼거렸습니다.

"내가 꿈을 꾸고 있는 건가, 아니면 눈을 뜨고 있는 건가?"

왕은 대신에게 돌아가서 소리쳤습니다.

"나의 신(神)을 어떻게 했느냐? 또 그 죄수는 어디에 있느냐? 이 멍청한 대신 놈! 네가 그놈을 태워 죽이라고 쓸데없는 소리만 하지 않았어도 지금쯤 그놈은 벌써 숨통이 끊어졌을 텐데, 봐라, 그놈은 나의 우상을 훔쳐서 달아나지 않았느냐? 이 원한을 그대로 둘 것 같으냐!"

왕은 말하기가 무섭게 칼을 뽑아들더니 대신의 목을 쳐버렸습니다.

그런데 가리브 왕이 우상을 갖고 달아난 데는 이상한 까닭이 있었습니다.

가리브 왕이 갇힌 옥은 우상이 서 있는 둥근 지붕의 사당과 붙어 있었는데 그가 몸을 일으켜 전능하신 알라(그에게 축복과 영광 있으라!)의 이름을 부르며 구원을 청하고 기도를 올렸습니다. 그러자 이 우상을 맡아 대신 신 노릇을 하고 있던 마신이 왕의 기도 소리를 듣고 으스스 겁이 나서 무심코 혼자 중얼거렸습니다.

"아, 이렇게 민망한 일이 있나! 이쪽에선 보이지 않는데 저놈에겐 보이다니, 대체 저놈은 어떤 자란 말인가?"

그리하여 마신은 가리브 왕의 옥으로 숨어 들어가서 그 발아래 몸을 던지고 말했습니다.

"오, 임금님, 당신과 같은 편이 되어 같은 신앙에 입문하자면 어떤 기도문을 외어야 합니까?"

그러자 가리브가 대답했습니다.

"'위대하신 알라 외에 신은 없고 아브라함은 알라의 벗이다!' 하고 외면된다."

그래서 마신은 신앙을 맹세한 다음 복 받은 자들의 대열에 끼게 되었습니다. 이 마신의 이름은 알 무잘질의 아들 잘잘*92이라고 하며 마왕 가운데 대왕의 하나였습니다.

이윽고 마신은 가리브 왕을 묶고 있던 쇠사슬과 차꼬를 풀고 우상과 함께 떠멘 다음 하늘 높이 솟아 올라갔습니다.

―여기서 날이 훤히 밝아왔으므로 샤라자드는 이야기를 그쳤다.

674번째 밤

샤라자드는 이야기를 계속했다.

오, 인자하신 임금님, 한편 카라지 왕의 병사들은 대신이 무참하게 살해되는 광경을 눈앞에서 보자 우상숭배를 거부하고 칼을 뽑아 왕을 죽이고 말았습니다.

그런 다음 저희끼리 서로 싸움이 붙어 사흘 동안 한데 엉켜 치고받은 끝에 살아남은 자는 겨우 두 사람밖에 없었고, 그중 한 사람마저 상대에게 살해되고 말았습니다.

그러자 소년들이 살아남은 한 사람을 습격해서 죽여 버리니, 이번에는 아이들끼리 싸움이 벌어져 마침내 이들 역시 모조리 죽고 말았습니다.

그 꼴을 보고 여자와 소녀들이 마을이나 성채가 있는 곳으로 달아나자, 도성은 황무지가 되고 그곳에 살아 있는 것이라고는 올빼미만 남게 되었습니다.

한편 마신 잘잘은 가리브 왕을 떠메고 자기 고향인 '장뇌의 섬'에 있는 '수정궁'을 향해 날아갔습니다. 이 나라는 '마법에 걸린 송아지의 나라'라고 불리고 있었는데, 그 까닭은 국왕 알 무잘질이 얼룩송아지를 키워 순금으로 수놓은 옷을 입혀 놓고 신으로 모시고 있었기 때문입니다.

어느 날 왕과 신하들이 송아지의 궁전에 가보니 송아지가 부들부들 떨고 있는 게 아니겠습니까? 그래서 왕이 말했습니다.

"오, 신이여, 대체 왜 그러십니까?"

그러자 송아지 배 속에 있던 악마가 큰 소리로 외쳤습니다.

"오, 알 무잘질이여, 그대의 아들이 이라크의 왕 가리브 때문에 알라의 벗 아브라함의 신앙을 받들고 있다."

그리고는 지금까지 있었던 자초지종을 자세히 들려주었습니다. 왕은 허둥지둥 옥좌로 돌아가서 중신들을 불러모았습니다.

그리고 송아지한테서 들은 것을 이야기하니 모두 너무나도 뜻밖의 일에 깜짝 놀라 물었습니다.

"오, 임금님, 이 일을 어떻게 하면 좋겠습니까?"

"아들이 돌아와서 나와 포옹하는 것을 보거든 가차없이 베어버려라!"

이틀 뒤 잘잘과 가리브가 카라지의 우상을 갖고 도착하여 왕궁의 문을 들어서자마자, 마신이 둘을 잡아 묶어서 알 무잘질 왕 앞에 끌고 갔습니다. 왕은 분노에 이글거리는 눈길로 아들을 노려보며 말했습니다.

"이 나쁜 놈! 어째서 너는 자기의 신앙과 조상 전래의 신앙을 버렸느냐?"

"저는 참다운 신앙에 귀의했습니다. 아버님도 두려운 마음으로 저와 함께 삼가 구원을 청하십시오. 그러면 낮과 밤을 창조하신 전능하신 신의 노여움을 피할 수 있을 겁니다."

이 말에 왕은 더욱 노여움에 불타서 말했습니다.

"이 불효자식아! 너는 그렇게 무례한 말로 나를 거역할 셈이냐!"

알 무잘질 왕은 욕설을 퍼부으면서 왕자를 옥에 집어넣으라고 소리쳤습니다. 그리고 나서 가리브를 향해 말했습니다.

"이 돼먹지 못한 놈이 감히 내 아들을 홀리고 신앙을 빼앗았겠다!"

"아니다, 나는 올바르지 않은 것에서 올바른 길로 이끌고, 지옥에서 천국으로, 불신앙에서 참다운 신앙으로 인도해 주었을 뿐이다."

왕은 사이야르라는 마신을 불러 명령했습니다.

"이놈을 '불의 골짜기'에 던져 넣어라."

그런데 사막지방[93]에 있는 그 골짜기는 타오르는 불길과 거센 불기운으로 가득 차 있어서, 그 속에서는 한 시간도 살아 있을 수 없는 곳이기에 그런 이름이 붙여져 있었습니다. 또 그 주위에는 높고 험한 산들이 둘러싸여 있어서 빠져나갈 데도 없었습니다.

사이야르는 가리브를 짊어지고 '불의 골짜기'를 향해 날아가다가, 이제 한 시간만 더 가면 도착하는 곳에 이르러 피로를 느껴, 나무가 울창하게 우거지고 냇물이 졸졸 흐르며 꽃들이 활짝 핀 골짜기에 내려 잠시 쉬기로 했습니다. 그리고 가리브를 쇠사슬에 묶어 놓은 채 내려놓고 깊은 잠에 빠지고 말았습니다.

마신이 코 고는 소리를 들은 가리브는 자신의 결박을 풀려고 안간힘을 쓴 끝에 마침내 쇠사슬을 끊는 데 성공했습니다.

가리브는 일어나 무거운 돌을 집어 들어 마신의 머리 위로 내리쳤습니다. 그리고 마신의 목뼈를 짓이겨 놓은 다음 골짜기 속 깊이 헤치고 들어갔습니다.

—여기서 날이 훤히 밝아왔으므로 샤라자드는 이야기를 그쳤다.

675번째 밤

오, 인자하신 임금님, 가리브는 사방을 살펴보고 그곳이 바다 가운데 떠 있는 섬이라는 것을 알았습니다. 그리고 세상에서 가장 맛있는 과일이 주렁주렁 열려 있는 것을 보았습니다.

그리하여 혼자서 샘물을 마시고 과일을 따 먹고 물고기를 잡아먹으며 겨우 목숨을 이어 살아가는 동안 세월은 자꾸만 흘러 어느새 7년이 지났습니다.

어느 날 가리브가 앉아 있는데 문득 하늘에서 두 마신이 인간을 하나씩 안고 내려왔습니다. 가리브의 모습을 본 마신들이 물었습니다.

"오, 친구, 자넨 누군가? 어디의 마신족인가?"

마신들은 가리브의 머리카락이 길게 자란 것을 보고 마신으로 잘못 보았던 겁니다.

"나는 마신이 아닐세."

가리브가 대답하자 두 마신이 이것저것 물었으므로 자신이 겪은 이야기를 자세히 들려주었습니다. 그러자 마신들은 매우 가엾게 여기며 말했습니다.

"이 양 두 마리를 왕에게 가져다주고 올 때까지 여기 있게나. 임금님은 한 마리로 아침식사를 하시고, 나머지 한 마리는 저녁식사로 드신다네. 이것을 전해 주고 나면 자네를 고국에 데려다주지."

"그 양은 어디 있나?"

"여기에 있는 두 명의 인간이 그 양일세."

"만물의 창조주시자 만물을 지배하시는 알라의 벗 아브라함에게 나는 모든 것을 맡기겠다."

마신들이 날아간 뒤 이틀 동안 기다리고 있으니, 그중 하나가 옷을 한 벌 가지고 돌아와 가리브에게 입히고서 안아 하늘 높이 올라갔습니다.

한참 올라가자 천상계에서 알라를 칭송하는 천사들의 목소리가 들리고 그 천사들로부터 불화살이 마신 쪽으로 날아왔습니다. 마신이 땅 위를 향해 달아나자 유성의 화살도 계속 쫓아왔습니다.

그리하여 땅 위에 화살이 닿을 만한 거리쯤 왔을 때 가리브가 마신의 어깨에서 뛰어내리는 순간, 마신은 불화살을 맞고 한 줌의 재가 되고 말았습니다. 가리브는 바다에 떨어져 물속으로 두 길이나 가라앉았다가 다시 떠올라 이틀 밤낮을 헤엄쳤습니다.

그러나 마침내 기운이 다 빠져 가리브는 이제 죽는 수밖에 없다고 단념하고 말았습니다. 사흘째가 되어 절망에 빠진 왕의 눈에 깎아지른 절벽이 산처럼 솟아 있는 그림자가 어렴풋이 들어왔습니다. 가리브는 그곳을 향해 헤엄쳐 갔습니다. 가까스로 뭍으로 기어 올라가 근처를 돌아다니며 풀을 뜯어 먹고 하루를 쉬었습니다.

이튿날 산꼭대기로 올라가 반대쪽 언덕으로 이틀 동안 걸어가니 나무가 우거지고 냇물이 흐르며 성벽을 둘러친 성채가 있는 도성이 보였습니다. 가까이 다가간 가리브는 느닷없이 문지기에게 붙잡혀, 잔 샤*94라는 여왕 앞에 끌려갔습니다. 이 여왕은 5백 살이나 먹은 늙은 노파로, 이 도시에 발을 들여 놓는 남자란 남자는 모조리 잡아서 본인의 뜻과는 상관없이 잠자리를 같이하고 볼일이 끝나면 상대를 죽였습니다. 그렇게 지금까지 여왕에게 수많은 남자가 생명을 빼앗겼습니다.

여왕은 가리브를 보고 매우 마음에 드는 눈치로 물었습니다.

"그대의 이름은 무엇이며 신앙은 무엇인가? 또 어느 나라에서 왔는가?"

"나는 이라크의 왕 가리브라고 하며 이슬람교도입니다."

"그 종교를 버리고 내 신앙을 믿어라. 그렇게 하면 그대와 천 년의 인연을 맺고 임금을 시켜줄 테니까."

이 말을 듣고 가리브는 노여움을 담은 눈길로 여왕을 노려보았습니다.

"너도 너의 종교도 모두 멸망할 지어다!"

가리브가 이렇게 소리치자 여왕도 거친 목소리로 부르짖었습니다.

"너는 홍옥수로 만들어 진주와 보석으로 장식한 내 우상에 욕을 보일 참이냐?"

그러고는 신하를 불러 말했습니다.

"이놈을 우상을 모신 신전에 가두어라. 그러면 마음을 고쳐먹을 테지."

신하들은 둥근 천장의 신전 안에 가리브를 가두고서 문에 자물쇠를 채워놓고 가버렸습니다.

—여기서 날이 훤히 밝아왔으므로 샤라자드는 이야기를 그쳤다.

676번째 밤

샤라자드는 이야기를 계속했다.

오, 인자하신 임금님, 신하들이 가버린 뒤 가리브는 우상을 자세히 들여다보았습니다. 그것은 홍옥수로 만든 것으로 목에는 진주와 보석으로 장식한 천을 두르고 있었습니다. 가리브는 그 앞에 가서 그것을 두 손으로 움켜쥐고 땅바닥에 내동댕이쳐 산산조각을 내고 말았습니다. 그런 다음 벌렁 드러누워서 날이 샐 때까지 잤습니다.

이튿날 아침 여왕은 옥좌에 나와 앉아 신하에게 명령했습니다.

"여봐라, 어제의 그 사내를 데리고 오너라."

그들이 신전의 문을 열고 들어가 보니 우상이 산산조각 나 있지 않겠습니까! 이 광경을 보고 그들은 눈과 귀에서 피가 나도록 자기 얼굴을 때렸습니다.

그런 다음 가리브를 붙잡으려고 덤벼들었지만 그중 하나가 가리브의 주먹에 맞아 죽은 것을 시작으로 차례차례 맞아 죽어 25명이 순식간에 거꾸러지고 말았습니다. 나머지는 비명을 지르며 잔 샤 여왕에게 달아났습니다.

"무슨 일이냐?"

"그 포로가 여왕님의 신상을 부숴버리고 동료들을 때려죽였습니다."

신하들이 자초지종을 이야기하자 여왕은 왕관을 땅바닥에 내던지며 탄식했습니다.

"이제 그 신상은 아무런 가치도 없게 되었구나!"

여왕은 말에 올라 많은 신하를 거느리고 신전으로 가보았습니다. 칼을 잡은 가리브가 부하 병사들을 마구 베어 넘기고 있었습니다. 그 용기 있고 씩씩한 모습을 본 여왕의 가슴에는 불같은 정욕이 타오르기 시작했습니다.

'저런 사내를 평생 가슴에 품고 살 수만 있다면 신상이고 뭐고 다 필요 없다.'

여왕은 마음속으로 그렇게 생각하면서 부하들에게 말했습니다.

"그자를 내버려 둬라. 상관 말고!"

그리고 가리브에게 다가가며 뭐라고 주문을 외니 이상하게도 가리브는 팔이 저리면서 힘이 쑥 빠져버려 칼을 떨어뜨리고 말았습니다. 그 틈에 모두 한꺼번에 달려들어 몽롱해진 가리브를 꽁꽁 묶어 버렸습니다.

궁전에 돌아와 옥좌에 앉은 여왕은 부하들을 모두 물러가게 하고 입을 열었습니다.

"이 아라비아 놈아! 너는 내 신상을 가루로 만들어 놓고, 내 신하마저 모조리 죽일 작정이냐?"

"오, 저주받을 계집년! 만일 그것이 신이라면 제 몸뚱어리쯤 지킬 수 있었을 텐데!"

"나를 어여삐 여겨다오. 그러면 네가 저지른 죄는 모두 용서해 줄 테니까."

"맹세코 나는 그따위 짓은 하지 않는다."

"그렇다면 내 신앙의 힘을 걸고 네놈에게 따끔한 맛을 보여주마."

여왕이 물을 손에 들고 중얼중얼 주문을 왼 다음 왕에게 끼얹으니, 왕은 그 자리에서 원숭이 한 마리가 되어 버렸습니다. 여왕은 그 원숭이를 작은 방에 가두고 음식과 물을 주면서 시중꾼을 하나 붙여 놓았습니다.

그리하여 2년의 세월이 흐른 어느 날, 여왕은 가리브를 불러내어 물었습니다.

"내 말을 듣겠느냐?"

그러자 원숭이는 고개를 끄덕이며 승낙의 뜻을 보였습니다. 그것을 본 여왕은 매우 기뻐하면서 마법을 풀어주고 음식을 내오게 했습니다. 그것을 먹은 가리브가 여왕을 상대로 희롱을 하고 입을 맞추기도 하자, 여왕은 가리브를 완전히 믿게 되었습니다. 이윽고 밤이 되자 자리에 누운 여왕이 가리브를 재촉했습니다.

"자, 꼭 안아다오."

"좋지."

그러나 여왕의 가슴 위에 올라탄 가리브는 느닷없이 여왕의 머리를 붙잡고 뒤로 꺾어 버렸습니다. 그리고 숨이 끊어질 때까지 상대의 몸을 제압했습니다.

이윽고 열려 있는 밀실로 들어가니 잔무늬가 돋을새김 되어 있는 강철 칼한 자루와 중국 쇠로 만든 방패가 하나 있었습니다. 가리브는 그것으로 무장한 다음, 날이 새기를 기다렸습니다.

아침이 되자 가리브가 곧 방에서 나와 내전 문 앞에 가서 서 있으니, 태수들이 평소에 하듯이 여왕에게 문안을 드리려고 들어왔다가 빈틈없이 무장한 가리브를 발견했습니다. 가리브는 그들을 향해 외쳤습니다.

"모두 잘 들어라, 우상숭배는 그만두고 전지전능한 신, 낮과 밤의 창조주, 인간의 주님, 말라비틀어진 뼈에 생명을 불어 넣으시는 신을 숭배하라. 그분이야말로 만물을 창조하고 만물을 지배하시는 신이시다."

이교도들은 이 말을 듣고 와락 가리브에게 덤벼들었지만, 가리브는 마치 성난 사자처럼 맹렬하게 칼을 휘둘러 수많은 사람을 베어 버렸습니다.

―여기서 날이 훤히 밝아왔으므로 샤라자드는 이야기를 그쳤다.

677번째 밤

샤라자드는 이야기를 계속했다.

오, 인자하신 임금님, 그러나 밤이 되자 적은 그 힘으로 가리브를 압도하여, 죽을힘을 다해 마침내 가리브를 사로잡고 말았습니다. 그런데 이게 웬일입니까? 그때 마침 이교도들의 머리 위에 내려온 것은 잘잘이 지휘하는 마신 1천 명이었습니다. 저마다 날카로운 큰 칼을 휘두르며 적을 공격하여 파멸의 잔을 마시게 하니, 알라께서는 당장 그 영혼을 초열지옥(焦熱地獄)으로 보내버렸습니다. 마침내 마지막까지 살아남아 후세에 이야기를 전할 사람은 불과 몇 사람 남지 않았습니다. 그러나 그들마저도 이렇게 외쳤습니다.
"제발 목숨만은 살려주십시오!"
그리고 모든 것에 공정한 앙갚음의 신, 폭군*95의 파괴자, 제왕의 절멸자(絕滅者), 현세와 내세의 왕인 알라를 믿게 되었습니다.
이윽고 마신 잘잘이 가리브 왕에게 인사를 하며 무사함을 축하하자, 가리브 왕이 물었습니다.
"내가 이리 된 것을 어찌 알았느냐?"
"오, 임금님, 아버지는 임금님을 '불의 골짜기'로 보내고 나서 나를 2년 동안 옥에 가두셨습니다. 그리고 석방되어 1년 동안 아버지와 함께 살면서 다시 아버지의 총애를 받게 되자 아버지를 죽여 버렸습니다. 장병들이 모두 내 명령에 복종하여 만 1년 동안 이들을 통솔하다가, 어느 날 밤 잠자리에 누워 임금님을 생각하다 잠이 들었습니다. 그런데 잔 샤의 부하들과 싸우고 계시는 꿈을 꾸고 마신들을 이끌고 달려온 것입니다."
가리브 왕은 몹시 절박한 순간에 운 좋게 구원을 얻어 그저 놀랄 뿐이었습니다. 이윽고 잔 샤의 재물과 전리품을 거두고 그곳을 다스릴 통치자 한 사람을 정했습니다. 그것이 끝나자 마신들은 가리브 왕과 함께 재물을 둘러메고 '수정궁'으로 돌아가 그날 밤은 그곳에서 쉬었습니다.
왕은 여섯 달 동안 잘잘의 손님으로 머물다가 이윽고 작별인사를 하니, 잘잘은 막대한 재물을 선물하고 마신 3천 명을 시켜 카라지의 도성과 잔 샤에게서 빼앗은 보물을 함께 나르게 했습니다. 그리고 나서 잘잘은 마신 4만 명에게 보물을 들게 하고 가리브 왕은 자신이 안고서 이스바니르의 수도 알 마다인을 향해 날아올라 한밤중에 도착했습니다.
그런데 가리브 왕이 살펴보니 사방의 성벽에 승리에 취한 적의 대군이 큰 파도처럼 몰려들어 있었습니다.
"오, 형제여, 도대체 무슨 까닭으로 저렇게 포위하고 있는 걸까? 저들은 어디서 온 군대인가?"

잘잘에게 이렇게 묻고 나서 가리브는 궁전 발코니 위에 내리면서 소리쳤습니다.

"샛별 공주! 마디야!"

이 소리를 들은 두 여자는 깜짝 놀라 침대에서 일어나 서로에게 물었습니다.

"이 시간에 누가 우리를 부르는 걸까?"

"나요, 그대들의 남편 가리브, 기이한 공을 세우고 온 용사요!"

남편의 목소리를 들은 두 사람은 말할 것도 없고 시녀와 환관들도 뛸 듯이 기뻐했습니다. 왕이 그들 앞에 내려서자, 모두 왕 앞에 몸을 던지며 기쁨의 소리를 지르니 온 궁전 안에 환성이 메아리쳤습니다.

"대체 무슨 일일까?"

잠이 깬 대장들도 그렇게 중얼거리며 궁전으로 가서 환관들에게 물었습니다.

"임금님의 측실에게서 왕자라도 태어났느냐?"

"아닙니다, 기뻐하십시오. 임금님이 무사히 돌아오셨습니다."

환관의 대답에 모두 매우 기뻐했습니다. 가리브 왕이 여자들에게 이마에 손을 대고 인사를 한 다음 대장들 앞으로 가자, 그들은 왕을 에워싸고 손과 발에 입을 맞춘 뒤, 전능하신 알라께 감사드리고 그 덕을 칭송했습니다.

이윽고 왕이 옥좌에 앉자 부하들이 좌우에 늘어섰으므로 그제서야 왕은 도성을 포위하고 있는 적군에 대해 물었습니다.

"오, 임금님, 저들은 사흘 전부터 저렇게 성 바로 앞에 진을 치고 있는데, 인간 말고 마신도 참가한 모양입니다. 그러나 저희는 싸움을 걸지도 않았고 이야기도 하지 않았으므로, 적이 무엇을 요구하고 있는지 알 수가 없습니다. 저들의 총대장은 무라드 샤라고 하며 기병 10만, 보병 3천, 그리고 마신족도 2백 명을 거느리고 있습니다."

그런데 이 무라드 샤가 습격해 온 데는 참으로 이상한 까닭이 있었습니다.

―여기서 날이 훤히 밝아왔으므로 샤라자드는 이야기를 그쳤다.

678번째 밤

샤라자드는 이야기를 계속했다.

오, 인자하신 임금님, 무라드 샤의 군대가 이스바니르의 도성에 온 데는 참으로 이상한 까닭이 있었습니다.

사푸르 왕에게서 파프르 타지 공주를 강에 던지라는 명을 받은 두 신하는 공주를 놓아주며 달아나라고 일렀습니다. 그러나 공주는 갈 곳을 몰라 당황하며 탄식했습니다.

"오, 가리브 님, 당신의 눈동자는 어디에 있나요? 이렇게 비참한 신세가 된 저를 봐주시면 좋으련만!"

그 뒤 이 나라 저 나라, 이 골짜기 저 골짜기를 헤매다가 마침내 어느 골짜기에 이르렀는데, 그곳에는 나무가 우거지고 냇물이 흐르고 있었습니다. 그 골짜기 한가운데는 마치 낙원의 누각 같은 성이 튼튼한 주춧돌 위에 서 있었습니다.

공주가 성 안에 들어가 보니 주위에는 비단이 드리워져 있고, 바닥에도 비단이 깔려 있으며 수많은 금은 그릇이 갖추어져 있었습니다. 게다가 아름다운 처녀 백 명도 있었습니다. 처녀들은 공주를 보자 가까이 다가와서 마신의 처녀인 줄 알고 공손히 인사하며 신분을 물었습니다.

"나는 페르시아 왕의 딸이에요."

공주가 신분을 밝히고 그때까지의 경위를 자세히 이야기하자, 처녀들은 동정의 눈물을 흘리며 말했습니다.

"공주님, 기운을 차리고 눈물을 닦으세요. 여기 계시면 식사와 옷 걱정은 하지 않으셔도 됩니다. 저희가 공주님의 시녀가 되어 시중을 들어 드리겠어요."

그리하여 공주는 그들에게 알라의 축복을 빌고 가져다준 음식을 먹고 나서 물었습니다.

"이 궁전은 누구의 것이고, 당신들의 주인은 누구신지요?"

"다르 님의 아들로 살살 왕이 저희 주인이십니다. 임금님은 매달 하룻밤만 여기서 주무시고 다음 날 아침에는 마신족을 다스리기 위해 돌아가십니다."

파프르 타지 공주는 이 처녀들과 함께 살게 된 지 닷새 만에 마치 보름달과 같은 사내아이를 낳았습니다. 처녀들은 아기의 탯줄을 끊고 눈꺼풀에 콜 가루를 칠한 뒤 무라드 샤라는 이름을 지어주었습니다. 왕자는 어머니 품에 안겨 무럭무럭 자랐습니다.

그리고 여러 날이 지나자 종이처럼 하얀 코끼리를 탄 살살 왕이 마신의 군대를 이끌고 궁전에 나타났습니다. 그 모습은 마치 석회를 바른 탑과 같았습니다.

왕이 어전에 들어서자 처녀 백 명이 왕을 맞이하며 그 앞에 무릎을 꿇었는데, 그 속에는 파프르 타지 공주도 있었습니다. 왕은 공주를 보자 한참 지켜보고서 물었습니다.

"저기 있는 저 여자는 누구냐?"

"페르시아인과 투르크인과 다이람인의 왕 사푸르의 공주입니다."

"누가 이곳에 데려왔느냐?"

그들은 왕에게 공주의 신상에 대해 자세히 얘기해 주었습니다. 그러자 왕은 공주의 신세를 매우 가엾게 여기며 말했습니다.

"너무 상심하지 마라. 꾹 참고 왕자가 자라는 것을 기다려라. 왕자가 크면 내가 아잠 나라로 쳐들어가서 그대 아버지를 베고 왕자를 임금에 앉힐 테니까."

왕의 위로에 공주는 몸을 일으켜 왕의 손에 입맞추고 축복을 빌었습니다. 그 뒤 그 성에서 계속 사는 동안 왕자도 살살 왕의 왕자들과 함께 성장해 갔습니다.

그리고 왕자들과 산양과 새를 잡으러 돌아다니면서 사냥솜씨도 늘었습니다. 또 맹수와 사자를 잡아서 그 고기를 먹곤 하여 정신은 바위보다 더 단단하게 단련되어 갔습니다.

왕자가 열다섯 살 봄을 맞이할 무렵이 되자, 용맹심이 샘솟듯이 끓어오른 왕자는 어머니 파프르 타지 공주에게 물었습니다.

"어머니, 우리 아버지는 누구신가요?"

"오, 왕자야, 이라크의 왕 가리브라는 분이 너의 아버님이시고, 나는 페르시아 왕의 공주란다."

"정말 할아버지가 어머니와 아버지를 죽이라고 명령하셨어요?"

"그렇단다."
"그럼, 저를 길러주신 어머님의 은혜를 갚기 위해서 반드시 할아버지의 도성으로 쳐들어가서 목을 베어 어머니께 가져다 보여 드리겠습니다."
왕자는 어머니께 굳게 맹세했습니다.

─여기서 날이 훤히 밝아왔으므로 샤라자드는 이야기를 그쳤다.

679번째 밤

샤라자드는 이야기를 계속했다.
오, 인자하신 임금님, 이렇듯 언제나 마신 2백 명을 거느리고 말달리기를 힘써 배우고 닦은 무라드 샤 왕자는 마침내 성인이 되자, 부하들과 함께 노략질과 강도질을 하기 시작했습니다. 그리고 점점 큼직한 공략에 나서서 마침내 어느 날, 시라스의 도성에 쳐들어가 성을 점령해 버렸습니다. 그리고 왕궁에 침입하여 옥좌에 앉아 있는 왕의 목을 베고 많은 부하를 죽였습니다.
"살려주십시오, 살려주십시오!"
그러자 나머지 무리는 저마다 이렇게 외치면서 젊은이의 갑옷에 입을 맞췄습니다. 그리하여 자기편 군사를 세어 보니 1만 기에 이르렀으므로 무라드 샤는 이들을 이끌고 바르프로 쳐들어갔습니다. 그리고 왕을 죽이고 그 부하들을 달아나게 한 다음 재물을 몽땅 몰수했습니다.
다시 3만 기를 이끌고 누라인[96]으로 진격하니, 누라인의 군주는 보물과 진상품을 들고 몸소 성 밖으로 마중 나와 신하의 예를 올렸습니다. 이어서 무라드 샤는 페르시아의 사마르칸트를 함락하고 다시 아홀라트[97]의 도성을 공략하여 그곳마저 점령해 버렸습니다. 그리하여 싸울 때마다 계속 이기기를 되풀이하면서 가는 곳마다 반드시 함락하고 말았습니다.
무라드 샤는 마침내 용장 중의 용장이 되었으며, 여러 도성에서 빼앗은 전리품과 재물은 모조리 병사들에게 나누어주었으므로, 전군이 그의 무용과 너그러운 성품을 공경하며 사모하게 되었습니다.
무라드 샤가 마지막으로 찾아온 곳은 이스바니르 알 마다인이었습니다.

그곳의 앞쪽에 진을 친 무라드 샤는 이렇게 중얼거렸습니다.

"여기서 후속 부대가 올 때까지 기다리기로 하자. 전군이 다 모이면 할아버지를 사로잡고 어머니의 눈앞에서 그 목을 베어 마음을 위로해 드리리라."

그리하여 어머니를 모셔 올 사자를 보내 놓고 사흘 동안 기다리고 있는데, 마침 가리브와 잘잘이 4만의 마신들에게 보물과 선물을 지워서 도착한 것입니다. 따라서 두 사람이 이 포위군에 대해 물었을 때, 싸움 한 번 걸지 않고 사흘 동안 진을 치고 있다는 것밖에 사정을 아는 사람이 없었던 겁니다.

이윽고 파프르 타지가 도착하자 무라드 샤는 어머니를 얼싸안으며 말했습니다.

"할아버지를 이곳에 데려올 때까지 천막에서 기다려주십시오."

어머니는 아들을 위해 삼계의 왕이자 천지의 주님인 알라께 아들의 구원을 빌었습니다.

이튿날 아침 날이 새자 무라드 샤는 말에 올라 오른쪽에 마신 200기, 왼쪽에 항복한 국왕들을 거느리고 싸움터로 나가니, 종과 북이 전투의 시작을 알리며 울려 퍼졌습니다.

그것을 듣고 가리브도 말에 올라탄 채 부하에게 교전명령을 내리고 오른쪽에는 마신부대, 왼쪽에는 부하 대장들을 거느리고 나아갔습니다.

이윽고 빈틈없이 무장한 무라드 샤가 앞으로 달려나와 큰 소리로 외쳤습니다.

"여봐라, 내가 상대할 자는 너희 왕뿐이다! 만일 너희 왕이 이기면 양군의 왕으로서 맞이하겠지만, 내가 이기면 다른 자들과 마찬가지로 숨통을 끊어 놓겠다."

그 소리를 들은 가리브 왕은 자기 아들인 줄도 모르고 호통을 쳤습니다.

"물러가거라, 이 아라비아 놈아!"

그리고 서로 창을 손에 힘껏 쥐고 맹렬하게 싸우니 양쪽 모두 창이 부러져버려, 다음에는 칼을 잡고 칼날의 이가 빠질 때까지 싸웠습니다. 한 번 나아갔다 한 번 물러서고 좌우로 거침없이 달리면서 온갖 비술을 다하는 가운데 어느새 한낮이 되자, 마침내 말이 쓰러지고 말았습니다. 두 사람은 말을 버리고 땅에 내려서서 서로 맞붙어 격투를 시작했습니다.

이윽고 무라드 샤가 가리브를 두 손으로 움켜잡고 높이 쳐들고서 막 땅바닥에 내동댕이치려는 순간, 가리브가 그의 두 귀를 잡고 있는 힘을 다해 당기는 바람에, 젊디젊은 그도 더는 버티지 못하고 너무 놀라 그만 이렇게 소리쳤습니다.

"오, 현세의 기사여, 부디 자비를 베푸시오!"

그리하여 가리브 왕은 곧 그 젊은이를 꽁꽁 묶어 버렸습니다.

—여기서 날이 훤히 밝아왔으므로 샤라자드는 이야기를 그쳤다.

680번째 밤

샤라자드는 이야기를 계속했다.

오, 인자하신 임금님, 이때 무라드 샤가 잡힌 것을 본 마신들이 온힘을 다해 그를 다시 뺏으려 했지만, 가리브가 마신 1천 명을 이끌고 그들을 맞아 금방이라도 적을 모조리 죽일 기세였으므로 마신들은 저마다 이렇게 외치며 무기를 던졌습니다.

"목숨만이라도 살려주십시오!"

얼마 뒤 가리브는 초록색 비단에 황금으로 수를 놓고 진주와 보석으로 장식한 대천막으로 돌아가 옥좌에 앉은 뒤 무라드 샤를 끌고 오라고 명령했습니다. 포로가 되어 손발에 차꼬를 찬 무라드 샤는 왕을 바라보더니 부끄러움에 고개를 숙였습니다. 그것을 보고 가리브가 꾸짖었습니다.

"이 아라비아의 애송이야, 제 분수도 모르고 여러 나라의 왕들을 상대로 싸우다니, 너는 도대체 누구냐?"

그러자 무라드 샤가 대답했습니다.

"오, 임금님, 저를 꾸짖지는 마십시오. 거기에는 깊은 까닭이 있습니다."

"어떤 까닭이 있단 말이냐?"

"사실 저는 페르시아 왕 사푸르에게 부모의 원수를 갚으려고 왔습니다. 사푸르는 일찍이 저희 부모님을 죽이려고 했습니다. 다행히 어머니만은 위기를 모면했지만, 아버지는 죽었는지 살았는지조차 모르고 있습니다."

"음, 알라께 맹세코, 과연 이치에 닿는 변명이로구나. 그래, 네 부모는 누구이고 이름이 뭐냐?"

"아버지는 이라크의 왕 가리브라고 하며, 어머니는 페르시아 왕의 공주 파프르 타지라고 합니다."

이 말을 듣고 가리브는 외마디 비명을 지르며 정신을 잃고 쓰러졌습니다. 신하들이 얼른 장미수를 끼얹자 정신을 차린 가리브는 무라드 샤에게 말했습니다.

"아니, 네가 정말 파프르 타지가 낳은 가리브의 아들이란 말이냐?"

"그렇습니다."

"그대는 용사로다. 용사의 아들이로다. 여봐라, 어서 내 아들의 포박을 풀어라!"

사힘과 쿠라얀이 무라드 샤에게 달려가서 포박을 풀어주었습니다. 가리브는 아들을 힘껏 끌어안고 옆에 자리를 내주면서 물었습니다.

"그래, 네 어머니는 어디 계시느냐?"

"지금 제 천막에 계십니다."

"이리로 모셔 오너라."

무라드 샤는 쏜살같이 말을 달려 자신의 진영으로 갔습니다. 군사들은 무라드 샤가 무사한 모습을 보고 크게 기뻐하며 어찌 된 일이냐고 물었습니다.

"지금은 그런 얘기할 틈이 없다."

그리고 곧장 어머니에게 가서 자초지종을 이야기하니 어머니의 기쁨은 이루 말할 수가 없었습니다. 무라드 샤는 곧 어머니를 모시고 가리브에게 가니 두 사람은 얼싸안고 기쁨의 눈물을 흘렸습니다.

이윽고 파프르 타지와 무라드 샤는 이슬람으로 개종하고, 부하 장병에게도 이슬람을 가르치고 신앙을 퍼뜨리니 그들도 진심으로 이슬람에 귀의했습니다.

그것이 끝나자, 가리브는 사푸르와 그의 아들 와르드 샤를 끌어내어 그 악독한 행위를 꾸짖고 정성스럽게 이슬람 교리를 가르쳤습니다. 그러나 두 사람이 끝까지 신앙고백을 거절하자 하는 수 없이 그들을 성문에 못 박아 죽이고 말았습니다. 한편 백성들은 거리를 장식하고 성대한 축하잔치를 벌였습니다.

가리브는 무라드 샤에게 왕관을 주어 페르시아와 터키와 메디나의 황제로 즉위시켰습니다. 또한 작은아버지인 알 다미그는 이라크의 왕으로 임명하니, 모든 백성은 가리브를 하늘처럼 우러러보며 진심으로 복종했습니다.

그 뒤에도 가리브는 대왕으로서 신하들에게 정의를 폈으므로 백성들은 모두 그 덕을 공경하며 사모했고, 왕들을 비롯하여 그 처첩과 신하들도 오래도록 인간세상의 온갖 즐거움을 누리면서 행복한 나날을 보냈습니다. 이윽고, 가리브는 인간에게서 즐거움을 빼앗고 교제를 끊는 죽음이 찾아와 저세상으로 길을 떠났습니다.

영원히 번영하며, 살아 있는 모든 것에 은총을 베푸시는 전능하신 알라를 칭송할진저! 이것이 저희들에게 전해지고 있는, 가리브와 그 형 아지브의 신상에 대한 이야기입니다.

또, 압둘라 빈 마말 알 카이시는 이런 이야기를 전하고 있습니다.

〈주〉

*1 폰 함머는 이 이야기를 아랍인의 미신과 이슬람교의 강제적인 전도, 즉 *compelle intrare*(라틴어로, 들어가도록 강요하라는 뜻)에 대한 풍자로 보고 있다. 레인은 이해하기 어려운 이유를 붙여서 이 이야기를 완전히 생략했다. 나는 동양의 책을 널리 섭렵하고 박학한 남작과는 매우 의견이 다르다. 〔폰 함머는 오스트리아 출신의 동양학자로, 1835년에 작위를 수여받았다. 1774~1856년.〕 이 이야기는 그의 해석을 정당화하는 것으로는 생각되지 않는다. 나에게는 고의의 시대착오(이를테면 시대를 아브라함과 모세의 중간에 두고, 그러면서도 《코란》을 인용하는 등)로 가득 찬 방자함도 아닌, 터무니없는 것에 지나지 않는 이야기로 생각된다. 또 이것은 오만(Oman)〔페르시아 만과 오만 만에 접하는 동부 아라비아 지방〕의 역사에 통달한 누군가에 의한 것이리라. 문체는 매우 특이하고, 많은 대목에서 너무나 당돌하므로, 부끄럽지 않은 외관(체제)으로 하기 위해서는 솜씨 좋게 다룰 필요가 있다. 그러나 그 묘사하는 곳의 밝고 격렬하며 토속적인 생활에 딱 일치하고 있다. 폰 함머의 의심을 뒷받침하는 부분은, 맨 끄트머리 근처의 사건뿐이다.

*2 카라만(Kahraman)은 시무르그(Simurgh) 또는 그리핀(Griffin)〔크고 괴상하게 생긴 새〕과 대화를 할 줄 아는 페르시아 기사 이야기 속의 주인공.

*3 아지브(Ajib)는 독일의 분데르바르(*Wunderbar*)〔영어의 wonderful과 같다〕와 마찬가지로 이집트에서도 많이 사용된다. 감탄사로서는 '정말 멋져!'와 같다.

*4 살쾡이(lynx)의 투파트(Tufat)는 인도의 샤고슈(Siyahgosh)='검은 귀(*Felis caracal*)'이며, 페르시아의 살쾡이, 사냥개 닥스훈트가 좋아하는 사냥감이다. 살쾡이는 지금도

카이로와 가까운 수풀이나 숲 속에 많이 서식하고 있다.
* 5 카탄족(Banu Kahtan)은 '카탄의 아들들'이라는 뜻. 특히 오만에서 수많은 역사를 남긴 야루바(Ya'arubah)족. 야루브(Ya'arub, 이름난 조상)는 Ya'arab라고도, 또 Ya'arib라고도 쓴다(아루바(Aruba)의 부정과거 Ya'arubu에서 나왔다). Ya'arub가 가장 뛰어난 것은 모든 권위자에 의하면 소박한 아랍어와 아랍 시를 육성, 발전시킨 최초의 인물이기 때문이다(코산 드 페르스발 저 《아랍인의 역사 Hist. des Arabes》).
* 6 사힘 알 라일(Sahim al-Layl)은 '밤에 활을 쏘는 자.'
* 7 31번째 밤 '이발사 이야기'를 보기 바란다. 여기서의 이 문장은 [본문을 직역하면, '누구도 그들의 화톳불을 쬐며 몸을 녹일 수 없었다'가 되므로] '그들이 화를 내고 있을 때는 아무도 옆에 가까이 갈 수 없었다' '그들의 분노를 면할 수 있는 자는 아무도 없었다'라는 의미가 될 것이다.
* 8 나반(Nabhan)의 아들들은 오만의 옛날 말리크(Malik, 왕이라는 뜻), 즉 국왕을 지냄 (《오만의 이맘과 사이드들 History of the Imams and Sayyids of Oman》 런던, 하클루이트 협회, 1871년). [사이드는 무함마드의 후예를 가리킨다. Richard Hakluyt는 영국의 지리학자로, 처음으로 학교에 지구의를 받아들여서 썼다. 1552년 무렵~1616년. 하클루이트 협회는 1846년의 창설.]
* 9 이것은 아라비아에서는 매우 모욕적인 일이다. 이 경우, 아랍인은 "나는 콧잔등이나 얻어맞는 말(馬)이 아니다"라고 말한다.
* 10 이것 역시 역설화법으로, "흥, 너도 대단한 녀석이군(Now, you're a *damned fine fellow*) ……"과 같다.
* 11 바다위족은 다양한 종류의 창, 특히 아름답게 제작된 미즈라크(Mizrak)를 사용한다 (《순례》 제1권). 보병에게는 샬파(Shalfah)라고 하는 창이 있는데, 이것은 폭 4인치 정도의 창끝을 붙인 대나무나 종려나무 장대이다. 기사용 창은 손잡이 쪽 끝에 쇠를 붙인 약 12피트의 대나무로, 길고 뾰족한 창끝은 종종 돛새김을 새기거나 반짝이는 잔무늬를 넣은 강철로 되어 있다. 또 그 아래쪽 부분에는 검은 타조의 깃털이 한두 송이 달려 있다. 나는 원전에 언급된 초승달 모양의 창끝은 아직 한 번도 본 적이 없다.

바다위인은 이러한 무기는 체면상 절대 팔지 않는다. [당신의 창을 나에게 파시오] 라고 말하면 상대는 맹렬하게 분개한다. 그러므로 예의 바르게] 이렇게 말해야 한다. "그 물건을 나에게 주시오. 그 대신 당신을 만족하게 해 드릴 테니!" 그러면 사막의 아들들은 겨우 동전 하나를 두고도 끈질기게 값을 흥정할 것이다.
* 12 이 굴욕감은 가리브가 그 여자를 보고 사랑에 빠진 것, 즉 정식으로 여자에게 구혼하지 않은 것 때문이다. 사막 민족의 이러한 까다로운 기질은 비정상적일 만큼 미묘하고 예민하다. 외국인은 좀처럼 쉽게 이해할 수 없는 점이다.
* 13 아랍인에 의하면, 이러한 노아 시대의 아말레키인(Amalekites)은 셈(Shem)의 증손자

이믈리크(Imlik)에서 나와, 언어의 혼란 이후 아냐(Sana'a)에 정착하고, 그 뒤 북상하여 메카에 가서 제5영묘(Ka'abah)를 건립했다. 〔버턴은 다른 데서는 Amalikah라고 쓰고 있다. 성서에서는 아말레키라고 표기. 또한 셈, 언어의 혼란 등에 대해서는 창세기 제10장과 제11장을 참조.〕

당시의 왕조명(王朝名)은 아르캄(Arkam), 즉 C. 드 페르스발의 'Arcam'으로, 그는 이것을 레켐(Rekem)(민수기 제31장 8절)과 똑같은 것으로 보려고 했다. 그 왕조의 마지막 아르캄은 성지(알 히자즈)에서 우상숭배를 한꺼번에 싹 제거하기 위해 모세가 파견한 군세 앞에 쓰러졌다. 코란 주석자들은(제7장) 모세 시대의 이집트 왕(Pharaoh)을 알 왈리드라 부르며, 아말레키인 출신으로 하고 있다. 우리도 최근에 이 메네프타(Mene-Ptah)〔일반적으로 출애굽기에 나오는 이집트 왕(Pharaoh)이라고 되어 있으므로〕가 목인(牧人) 왕의 한 사람인 것을 확인할 수 있었다. 그런 이유로, 더 옛날의 이슬람교도들에 의하면, 힉소스인(Hyksos)〔이 원뜻은 목인 왕이다〕은 이믈리크의 후손이었다. 〔메네프타와 힉소스인에 대해서는 《순례》제2권, 또는 쿠크(Cook)의 안내기 《이집트와 이집트 수단 Egypt and the Egyptian Sudan》속의 '이집트 개사(槪史)' '이집트 왕의 명자고(名字考)'를 보기 바란다.〕 시리아에서는 그들 아말레키인은 눈(Nun)의 아들 여호수아(Joshua)와 싸웠다. 〔여호수아기 제1장 1절 참조.〕 이 종족 또는 민족은 그 이름을 높이 떨친 데다 절대적인 위세를 안고 있었다. 그러나 우리는 이 민족에 대해서는 거의 아는 것이 없다. 아말레키인의 나라가 충분히 답사 되는 날에는 히타이트족(Hittites)에 버금가는 중요한 기념물이 나올 것이다. 〔소아시아의 히타이트족에 대해서는 이미 주석한 적이 있지만 구약의 가나안 7족의 하나로, 고대 동방문화에서 차지하는 지위가 매우 높았다.〕

'시나이 반도를 점거한 유목민'(스미스(Smith) 저 《성서사전》)이라는 것은 특히 피상적이고 천박한 견해이다. 〔W.R. 스미스는 영국의 신학자이자 동양학자. 《대영백과사전》의 편집장을 역임한 적도 있다. 1846~94년.〕

* 14 아밀레키인은 몸이 아주 큰 사람으로, 5백 년이나 살았다고 한다.
* 15 그의 부하는 적의 5백 명에 대해 90명에 지나지 않았기 때문이다.
* 16 보물(fee)은 아랍어로 말(Mal)이라고 하며, 여기서는 바다위족의 돈과 가축을 말한다. 또한 영어의 fee는 feoh, vieh, 즉 마소에서 나왔다. 그것은 바로 pecunia(금전)가 pecus(가축)에서 나온 것과 같다.
* 17 고대 아랍인의 돌 숭배(litholatry)는 논란의 여지가 없다. 마나트(Manat)라는 여신의 우상은 크고 거친 돌이었고, 또 메카 사람들이 이민단을 파견했을 때, 그들은 성지의 돌을 가지고 가서 그것을 카바와 마찬가지로 숭배했다. 큰 운석으로 추정되는 메카의 유명한 흑석(Black Stone)은 그 숭배의 잔재였고, 또 제다(Jeddah)에 가까운 이브의 묘지는 그 옛날의 '사크라 타윌라(Sakhrah tawilah)', 즉 긴 돌이었다. 에다는 오늘날,

근세에 탄생한 이브의 전설에 따라 할머니로 번역되고 있다. 그러나 원래는 주다 (Juddah), 즉 '물이 없는 평원'을 말한다.

*18 최초의 아드족(Adites)은 앞에서 말한 것처럼 한 사람도 남김없이 멸망한 것은 아니었다. 적은 수의 신자가 예언자 후드(Hud, Heber?)와 함께 하즈라마우트로 피신했다. 제2의 아드족은 마리브(Marib) 댐(《순례》에는 '마레브 댐'으로 되어 있다)을 수도로 정하고 루크만(Lukman)을 왕으로 추대했으나, 알 야만의 홍수에 의해 흩어졌다. 〔이 댐은 아드족의 장로 루크만이 건설했다고도 하는데, 전체 길이와 폭이 각각 4마일이나 되며, 홍수 때문에 파괴되었다. 일설에는 쥐의 짓이라고도 한다.〕 그들의 왕조는 천 년 동안 계속되었고, 탈출이 있었던 것은 드사시에 의하면 서기 150~170년, C. 드 페르스발에 의하면 서기 100년이 약간 지났을 때의 일이었다. 그리고 최초의 아라비아 학자 야루브 빈 카탄(Ya'arub bin Kahtan)에 의해 뒤집혔다.

*19 이 칭호에 대해서는 앞에서도 설명했지만, 우리 중세 여행가들의 '성(聖) 아브라함'을 일러준다. 위대한 예언자는 모두 명칭을 가지고 있다. 알라의 정결한 자(또는 선택받은 자) 아담, 알라에게 구원받은 자(Najiy) 노아, 알라와 함께 얘기하는 자(Kalim) 모세, 알라의 일러준, 숨결(Ruh) 또는 말(Kalam) 예수 등. 무함마드에 대해서는 알 부시리(Al-Busiri)의 《피복(被覆)의 시(詩)(Mantle-poem)》을 보기 바란다. 〔즉, 이 《부루다》는 예언자를 칭송한 시로, 앞에도 나왔다.〕

*20 《코란》 제3장 17절. '참으로 알라의 눈에 비치는 진실한 가르침은 이슬람교다', 즉 주께 자기를 맡기는 것 또는 모든 걸 바치는 것이다.

*21 뇌석(雷石, thunderbolt)은 아랍어의 사이카(Sa'ikah)로, 그것은 돌로 추정되고 있다. 이 비유는 안타르의 명검 '더미'에 대한 것으로, 검은색의 광택이 나는 돌로 만든 것이며 암석(운석)처럼 단단했다. 그것으로 낙타의 오른쪽을 찌르면 왼쪽으로 관통했다. 대장장이는 몸체 3피트, 폭 1피트 8인치 정도의 칼날을 만들어(일종의 언월도 또는 짐승을 잡는 데 쓰는 칼) 황금 칼집에 넣었고, 날이 잘 든다는 점에서 더미(끝이 뾰족한)라고 명명했다. 그러나 대장장이는 지주를 향해서 말했다. "칼은 명검이지만 검객은 어디에 있습니까?" 이 말을 들은 칼 주인 안타르는 그 자리에서 대장장이의 목을 베었다. 〔안타르는 《안타르 이야기》의 주인공.〕

*22 뒤에서 알 수 있듯이, 두 형제는 기마병들과 합류해 있었다.

*23 맥나튼판〔제2콜카타판과 같음〕에는 '네 사람'이라고 되어 있는데, 〔이미 포로가 된〕 파룬에 대해서는 잊고 있는 것으로, 앞뒤가 잘 맞지 않는 이 이야기의 특징이다.

*24 무함마드(Muhammad, 위대한 찬미를 받을 자격이 있는 자)는 인간이 사용하는 이름. 아마드(Ahmad, 더욱 칭송해야 할 자)는 천사가 사용하는 이름, 마무드(Mahmud, 칭송받아야 할 자)는 악마가 사용하는 이름.

*25 사푸르(Sapor) 2세(서기 310~330년)는 오만의 강대한 아랍인 군단을 토벌하지 않을

수 없었는데, 그들의 대부분은 이를테면 타이족, 아우스족, 하즈라지(Khazraj)족, 나반족, 히나위(Hinawi)족처럼, 서기 100~170년에 알 야만을 떠나 알 나지드(Al-Najd)〔중앙아라비아의 한 지방〕북부와 동북부로 이주해 있었다. 〔사푸르는 페르시아의 왕으로, 3세까지 있다.〕

여러 종족의 이러한 대규모 옮김과 흩어짐은 앞에서도 언급했듯이, 원래 힘야르(Himyar)족〔위에 말한 아우스, 하즈라지족 등〕의 시조 아브드 알 샴스 사바(Abd al-Shams Saba)가 건설한 마리브 댐이 터졌기 때문이다. 궁지에 빠진 이들 야만계 종족은 북방으로 흘러가 아드난족의 후손 마드(Ma'add)의 아랍인들 사이에 자리를 잡고 살았다. 여기서 시리아의 가산(Ghassan) 왕국이 탄생하게 되어, 그 족장들은 로마인(즉, 콘스탄티노플의 그리스 황제들)의 지배 아래 시리아와 팔레스타인의 아랍인들을 마음대로 했다. 또 히라(Hirah) 왕국은 페르시아에 의존하며, 유프라테스 강, 오만, 알 바라인(Al-Bahrayn)〔페르시아 만안의 섬〕등의 아랍인을 통치했다. 〔위의 주석 18 참조.〕

＊26 나는 앞에서 《순례》제1권) 바다위인이 와디 알 와르드(Wady al Ward)='장미의 골짜기'라는 이름으로 잰 체하는, 오싹한 장소를 묘사한 적이 있다. 〔5번째 밤 '신디바드 왕과 매 이야기' 주석 21 참조.〕

＊27 《코란》제13장 3절. '각각의 과일마다 두 가지의 다른 종류', 즉 크고 작음, 흑과 백, 단맛과 신맛 등.

＊28 편도에 접붙인 접나무로, 과육에 단맛과 특별한 풍미를 가한다. 러셀(Russell)의 이름난 저서 《알레포의 박물학》에 자세히 나와 있다. 〔P. 러셀은 알레포의 의사. 1726~1805년.〕

＊28 과육의 풍미에 의해 장뇌나무라고 불린다. 다마스쿠스에서는 유명하다. 살구의 요리법은 많이 있지만, 특히 '목마의 가죽'이라 하여 얇게 편 설탕과자가 있는데, 그 이름이 유래한 목마의 가죽과 흡사하다. 필요할 때는 그것을 물에 녹여서 빵 또는 비스킷과 함께 먹는다.

＊30 이스바니르(Isbanir)는 바그다드 아래쪽 티그리스 강변에 있는, 페르시아 황제의 고대 수도 크테시폰(Ctesiphon)일지도 모른다. 《아라비안나이트》다른 이야기에서도 언급되어 있다. 특히 679번째 밤에서는 이스바니르 알 마다인(Isbanir Al-Madain)이라 불리고 있다.

＊31 《코란》제6장 103절. 이 번역문은 세일의 것으로, 나는 대체로 많은 결함이 있지만 이 세일의 번역을 채택했다. 레인은 이 문장을 '눈은 알라를 보지 못하지만, 알라는 눈을 보신다'라고 번역하고 있다.

＊32 알 바이다위(《코란 주해》제71장 22절에 대해)는 와드(Wadd), 수와(Suwa'a), 야구스(Yaghus), 야우크(Ya'uk), 그리고 나스르(Nasr)에 대해, 그것은 아담과 노아 사이

의 경건한 사람들의 이름이며, 나중에 신격화되었다고 말했다. 이를테면 야구스는 알 야만의 아카마(Akamah)에 사는 마자지(Mazhaj)족의 커다란 우상이 되었고, 나중에 나지란 알 우자(Najran al-Uzza)에서 널리 숭배되었다.

*33 앞뒤 문맥으로 보아, 이것은 '손수건을 던지는(throwing the handkerchief)'〔속마음을 암시하는 것을 의미함〕왕자다운 방법을 일러주고 있다. 그러나 다른 데서는 전혀 나오지 않는 표현이다. 사실, 이 유럽적인 사고방식은 냅킨이나 흰 천에 선물을 싸서 보내는 동양적인 관습에서 나온 것인 듯하다.

*34 '만약 실망한 구혼자가 나를 공격해 온다면'이라는 뜻.

*35 '손바닥을 마주친다'는 아랍어로 무사파하(Musafahah)라고 하며, 아랍풍의 악수법이다. 오른쪽 손바닥을 펴서 상대의 손바닥에 딱 맞춘다. 그런 다음 손가락으로 꼭 잡고 손을 이마까지 올린다(《순례》 제2권). 〔또한 같은 곳에는 '손가락을 꼭 죄지 않고'라고 되어 있으니, 과연 어느 쪽이 옳은 것인지?〕

*36 아와즈(Ahwaz)는 후지스탄(Khuzistan)〔페르시아만에 면한 서부 페르시아의 한 지방〕의 도시와 주를 가리킨다. 고대의 수시아나(Susiana)이다. 다슈트(Dasht)는 호라산의 도읍 또는 아와즈에 속한 삼림(다슈트)일 것이다(데르브로의 Ahuaz의 항목 참조).

*37 알 루스타크(Al-Rustak)는 데르브로에 의하면(Rostac의 항목 참조), 호라산의 여러 부락에 주어진 이름이다. 그것은 바로 소아드(Souad, Sawad)가 이라크의 마을에, 마흘라프(Makhlaf)가 알 야만의 마을에 주어진 것과 같다. 그러나 마스카트(Maskat) 서쪽의 오만 지방에도 유명한 알 루스타크가 있다(또한, 이 이름은 알 바라인(Al-Bahrayn)과 마찬가지로 항상 관사를 붙인다).

*38 즉, 미친 듯이 어지럽게 날뛰는 말을 탄 무사.

*39 고전 아랍어에서 이라크(Irak)에는 (Yaman, Bahrayn, Rustak와 마찬가지로) 언제나 관사가 붙는다.

*40 이야기 작가는 오마르 교주 시대에 창건된 쿠파에서, 단숨에 아브라함의 시대로 거슬러 올라갔다.

*41 이러한 술책은 그때까지 드물지 않게 볼 수 있었다. 특히 보헤몬드(Bohemond, 기번)의 지휘 아래 있었던 제1차 십자군에 의해, 또 최근에는 열대 동아프리카의 아랍인 노예상에 의해. 그들은 토인들과 작은 다툼을 벌인 뒤, 야영하면서 시체를 짐승처럼 해체하여 가장 질 좋은 부위의 살점을 불에 구워 익힌 뒤, 그 고기를 먹는 시늉을 했다. 죽음을 두려워하지 않는 적도 그 광경을 보면 공포에 질릴 수밖에 없었다. 이 공포는 미개인의 심리에서 본능적인 것이리라 생각한다. 〔M. 보헤몬드는 1096년, 제1차 십자군에 참여하여 2년 뒤에 안타키아를 점령했다. 1056~1111년.〕

*42 마이야파리킨(Mayyafarikin)은 유프라테스와 티그리스 강 상류에 끼여 있는 나시빈(Nasibin), 즉 고전상(古典上)의 니시비스(Nisibis)에서 30파라상 떨어진 디야르 바크

르(Diyar Bakr)의 당시의 수도로서, 《아라비안나이트》 속에 종종 언급되어 있다.

*43 이 비율은 근대인에게는 기묘하지만 아라비아, 특히 투르크만 군대의 특색이었다.

*44 사자〔압운한 산문〕의 해운(諧韻)에 의해 생긴 점락(漸落, 베이소스)이다. 〔베이소스(bathos)는 장엄하고 무게가 있는 어법에서 우스꽝스러운 어법으로 전락하는 것. 여기서는 요컨대 아랍어를 영어로 옮기면 우스꽝스럽기 짝이 없는 표현이 되는 것을 말하려 한 것.〕 이 아랍어의 음악적 즐거운 가락을 띤 어법은 역어의 단순함과 묘한 대조를 이루고 있다. 《코란》의 경우에도 마찬가지로, 원문은 아름답지만 유럽의 언어로는 몹시 삭막하고 재미가 없다. 그것은 바로 《영역성서》의 장엄한 문체를 힌두스탄어 또는 마라티어의 사생아적인 형제에 비교하는 것과 같다.

*45 아랍인은 오른쪽 어깨에 띠나 끈을 걸어 무기를 휴대한다. 최근에는 왼쪽 어깨에 건 '마지다르'로 오른쪽 허리에 한 줄로 늘어선 타타리프 즉, 놋쇠탄창을 매단다. 왼쪽의 다른 탄띠(알 마스다르)에는 하리자, 즉 가죽으로 만든 탄환주머니를 건다. 또 히잠, 즉 허리띠에는 칼을 꽂고 예비 약포(藥包)를 단다(《순례》 제3권).

*46 아랍어의 파르라시(Farrash, 페르시아어로도 사용된다)로, 천막을 치거나 바닥을 청소하고, 태형을 가하는 역할도 하는 잡일꾼이다.

*47 타크비르(Takbir)란 '알라는 가장 위대하다(Allaho Akbar)'라고 외치는 함성을 말한다. 바르비에 드 메이나르(Barbier de Meynard)는 이것을 그리스도교도의 'Te Deum'에 비교했다. 〔바르비에는 프랑스의 동양학자. 1827~1908년. 또 위의 라틴어는 '오, 하느님이시여'라는 뜻이며, '오, 하느님이시여 당신을 찬미하나이다'로 시작되는 성가이다.〕

*48 죽인 새의 '죽인'은 영인어(英印語)의 할랄(hallal)이며, 이슬람의 의식에 따라 식용짐승을 도살한 것을 말한다. 〔《순례》 제1권에는 halal로 되어 있으며, 버턴은 이 말 말고는 그 행위를 적절하게 표현할 수 없다고 말했다.〕

*49 씨를 뺀 대추야자를 압축하여 질이 단단하고 굳은 물체로 만든 것으로, 차가운 푸딩처럼 칼로 얇게 썬다. 이것은 하니파(Hanifa)족 가루 반죽의 우상으로, 그들이 신상을 먹는다는 말을 듣고 그토록 근엄한 오마르 교주도 웃음을 터뜨렸다고 한다. 본문은 그것을 암시하고 있다.

*50 잘란드(Jaland)를 페인 씨는 Julned라 쓰고 있다. 우리는 마음대로 짓는 이름에 문법을 따져서는 안 된다. 그러나 아랍어에는 무음인 람(J) 다음에 눈(ㄴ)이 오는 경우가 없다. 그러나 또 우리는 lan(즉 파트하(Fatha)가 붙은 람과 눈)의 실례를 여러 가지 볼 수 있는데, 이를테면 잘란다(Jalandah)는 '해로운, 불건전한'이라는 뜻이다. 오만에도 또한 Julandah라고 하는 왕조가 존재했는데, 이것에 대해서는 바자 씨의 제13장과 그 밖의 것을 보기 바란다. 〔파트하는 아랍어의 자음 위에 붙이는 ´의 기호로, 영어의 모음 a를 표시한다.〕

* 51 자와마르드(Jawamard)는 의심할 여지없이 Jawan-mard, 즉 un giovane[청년을 뜻하는 이탈리아어], 용사를 가리킨다.
* 52 알 이라크는 알 야만과 마찬가지로, 시에서는 관사 '알'을 뗀다.
* 53 매우 시끄러운 소음은 아랍어로 카카트(Ka'ka'at), 여기서 옛날 주르함족(Jurhamites)이 살았던 메카의 고지 카카 산(Jabal Ka'ka'an)이라는 이름이 나왔는데, 이런 이름이 붙은 것은 그들의 무기가 서로 부딪쳐 창! 창! 하는 소음을 냈기 때문이다. 한편, 아말레키족(Amalekites)은 지야드(Jiyad)라는 더 낮은 곳에 살고 있었으며, 이 지명은 그들의 말이 우수했다는 것을 나타내고 있다《순례》제3권).
* 54 샤라(Al-Shara)는 아라비아의 산 이름.
* 55 "이 철퇴는 어깻죽지, 또는 무장하지 않은 팔에 맞으면 위험한 무기이다. 투구를 쓴 머리 위에 공격을 가하면 아마 기절할 것이다."(라 브로키에르의 말)
* 56 토착민이 아만(Aman)이라고 발음하는 오만(Oman)은 수도 마스카트(Maskat) 덕택에 매우 유명한 지방이다. 프톨레마이오스의 Omana Moscha와 Omanum Emporium에서 이븐 바투타는 Amman이라고 쓰고 있다. 그러나 우수한 사전류에는 Oman이 실려 있다. 오만의 주민은 결코 빼어난 성격을 갖추고 있지는 않다. 이븐 바투타에 의하면(14세기), "그들의 아내는 품성이 매우 비열하다. 그러나 남편들은 이 사실을 부정하지도 않고, 이 점에 대해서는 질투 같은 감정도 전혀 겉으로 드러내지 않는다."(리(Lee)) [바투타에 대해서는 '주다르와 그 형' 이야기 주석 14 참조. 또 S. 리는 영국의 동양학자로, 바투타 책의 편찬자, 1783~1852년.]
* 57 야루브 빈 카탄(Ya'arub bin Kahtan)은 준(準) 역사적인 인물의 이름. 즉 요크탄의 아들로, 최초의 아라비아 학자, 또 알 야만 토바왕조의 창건자. 한편, 그의 형제 주르함(Jurham)은 알 히자즈[성지] 왕조를 확립했다. 아마 카탄이 나오는 것은 유명했기 때문일 것이다.
* 58 대장은 아랍어의 하킴(Hakim)으로, 글자 그대로는 '명령하는 자'라는 뜻이다. 무학자는 흔히 박사나 철학자를 가리키는 하킴(Hakim)과 혼동한다. 후자는 히브리어의 하함(Khakham)이 되어 나타나, 최근에는 법률학자(Rabbi)를 대신하는 유대인 학자(scribe)에 적용되고 있다.
* 59 식초는 일찍이 각성제로 복용되었고, 오늘날에도 이용되고 있다. 이에 비해 뜨거운 향료나 과자류는 마취제, 아편, 사리풀, 흰독말풀 등의 효과를 크게 높인다. 페르시아인은 술에 만취한 사람을 아주 불쾌하게 다룬다. 즉, 우리가 물에 빠진 사람을 다루듯, 발목을 잡고 거꾸로 매달아 입안에 사람의 똥을 넣는 것이다. 그러면 당사자는 반드시 구토하게 된다.
* 60 남자 연인의 이름 사이크(Sa'ik)는 '(벼락을) 치는 자'. 여자의 연인 나지마(Najmah)는 '별'이라는 뜻.

*61 필자는 맥나튼판의 마지막 3행을 변경했다. 왜냐하면 명백하게 필사생의 부주의에 의해 쓸데없이 되풀이되어 있기 때문이다.

*62 힌두교도 학자들은 브라마, 비슈누, 시바 등, 3체를 성기(性器)에 의해 설명하고, 비슈누 신이 4개의 팔을 가지고 있는 사실에 대해서는 '성교할 때 남녀는 각각 그만한 팔을 가지고 있는 것'으로 해석하고 있다(《다비스탄》 ii. 202). 이것은 라브리의 '두 개의 등을 가진 짐승'에 대한 동양인의 견해이다.

*63 이 말의 혼란은 압운한 산문 때문이다.

*64 영어의 '눈이 머리에서 튀어나오다'에 해당하는 관용구.

*65 자페트(Japhet)는 아랍어의 Yafis 또는 Yafat이다. 그는 11명의 아들을 두었는데, 아부 알 투르크(Abu al-Turk)〔투르크인의 아버지라는 뜻〕라는 칭호가 주어졌다. 왜냐하면 다른 형제들이 중국인, 스키토인, 노예(사크라브인), 고그, 마고그, 그리고 러시아인을 낳은 것처럼, 그는 투르크만인의 시조였기 때문이다.

*66 자바르사(Jabarsa)라는 도시 이름은 여기서 처음으로 등장한다.

*67 투르크만인의 전설(명백하게 이슬람교 이후의 것)에 의하면, 노아는 아들 자페트에게 최고의 이름을 새겨 넣은 돌을 주었는데, 그것은 마음대로 비를 내리게 하고 멈추게도 하는 공덕을 지니고 있었다. 몽골인은 오랫동안 이 전설을 보존했으며, 아마 이 칼도 여기서 나온 것인 듯하다.

*68 이것은 이슬람교도의 감정을 나타내고 있다. 알 이슬람으로 개종한 자는 논리상으로는 존경받지만, 실제로는 경멸당한다. 투르크인은 개종자를 부르마(Burma) 즉, 가짜 또는 변절자라 부르며, 그 사람이 하는 말은 아무도 믿지도 않고 그 성의를 신용하지도 않는다.

*69 여기서 번역자는 원문의 순서를 잘 정리하거나, 아니면 음률을 맞추어야 한다.

*70 아마 알함브라(Alhambra)의 '사자의 방'에서 빌려 쓴 것인 듯하다. 알함브라는 알 하므라(Al-Hamra)〔아랍어〕 즉 '붉은 집'이라는 뜻이다.

*71 기린(giraffe)은 아랍어로 자르프(Zarf)='서둘러 걷는 것'에서 나온 자르라프(Zarraf)를 어원으로 한다. 옛날에는 cameleopard라고 했다. 영양속(屬) 중에서 가장 겁이 많은 동물로 사람이 타기에는 적합하지 않다.

*72 라드 샤(Raad Shah)는 '뇌제(雷帝)'라는 뜻으로, 아랍어, 페르시아어.

*73 바타시 알 아크란(Battash al-Akran)은 '동등한 상대를 맹렬하게 공격하는 자(당대 제일가는 자)'라는 뜻. 바트샤트 알 쿠브라(Batshat al-Kubra)='커다란 재앙'은 이슬람력 2년 라마단 17일(서기 624년 1월 13일)의 불행한 '베드르(바드르) 전투'에 사용되는 말. 즉, 이날에 무함마드는 하마터면 패배할 위험에 처해 천사들이 그를 원조하지 않을 수 없었다(《코란》 제3장 11절, 제1장 42절, 제8장 9절).

*74 조끼(jerkin)는 아랍어의 질바브(Jilbab)로, 소매가 없는 미늘옷이나 그 속에 입는 부

드러운 가죽조끼이다.
* 75 가벼운 무기를 지니고 다니는 방법으로, 원시적이고 간편하며 가장 흔한 방법이다. 《아라비안나이트》에 자주 나온다. 《안타르 이야기》의 후스라완도 '두 다리 속에 작은 창을 네 개' 지니고 있었다.
* 76 페인 씨는 이 대목부터 파프르 타지를 샛별 공주로 바꿔놓았는데(파프르 타지는 634번째 밤에서는 아버지의 왕궁에 남겨졌고, 667번째 밤에서는 죽은 것으로 전해지고 있다), 이것이 맞다. 이야기 작자는 이 공주에 대한 모든 것을 잊어버리고 있었던 것이 틀림없다. 나는 동양인의 무심함을 보여주는 좋은 예로서 원문 그대로 두기로 한다.
* 77 가리브가 마법 칼을 사용하는 것을 자제한 점에서 어느 정도의 기사도 정신을 볼 수 있다. 대개 이야기의 기사들은 정상적인 승부는 완전히 무시하고, 아무리 비열한 마술상의 편법이라도 닥치는 대로 이용한다.
* 78 나뭇짐 짐꾼은 아랍어의 함말 알 하타비(Hammal al-Hatabi)로, 황야에서 주운 땔감을 시장에 내다 파는 자라는 뜻이다. 《코란》(제111장)에서는 무함마드의 적(敵)인 사촌형제 아브드 알 우자(Abd al-Uzza)의 아내 움 자밀(Umm Jamil)에게 이 말이 사용되고 있다. 한편, 남편 쪽에는 아부 라하브(Abu Lahab) '연기가 나지 않는 불꽃의 아버지'라는 이름이 주어져 있는데, 그것은 남이 모르는 사이에 그녀가 지옥의 업화에 땔감을 져 나르는 것을 암시한 것이다.
* 79 왕족(royalties)은 아랍어로 아크얄(Akyal)이라고 하며, 글자 그대로는 사람이 그 말(Kaul)에 복종하는 자를 가리킨다. 이것은 힘야르 왕들의 칭호이며, 알 베르겐디(Al-Bergendi)[미상]는 그들에 대해 왕 한 사람이 야마르칸드에서 비명(碑銘)을 남겼지만, 수백 년 전의 옛날에도 그것을 판독할 수 있는 사람은 아무도 없었다고 한다. 이 말은 명백하게 토바 왕조의 전(前) 왕조와 제24세 샤마르 야르아시(Shamar Yar'ash, 중풍에 걸린 샤마르)를 가리키고 있다. 그 사람들은 이 왕을 나시르 알 니암(축복을 뿌리는 자)이라는 별명을 얻은 말리크의 아들로 삼고, 또 다른 사람들은 아프리쿠스(Afrikus, 제18세)의 아들이라고 말하고 있다. 아프리쿠스는 알 얀나비(Al-Yannabi), 아마드 빈 유수프(Ahmad bin Yusuf), 그리고 이븐 이부든(Ibn Ibudn) 등에 의하면(포코크 저 《아라비아 역사에 관한 주석》), '눈의 아들인 도둑 여호수아'에게 쫓긴 카우산(Causanites)의 잔당 베르베르족(Berber, Barbar)의 시조가 되어, '아프리카(Africa)'의 명조(名祖)가 되었다. [힘야르의 왕이나 토바 왕조에 대해서는 이 책 '누르 알 딘 알리와 그 아들 바드르 알 딘 하산 이야기' 주석 31 참조.]

말이 나온 김에 나는 귀띔해 두고 싶다. 이 아프리카라는 말은 로마인의 지배 아래에서는 북방 해변의 소지역을 가리켰지만, 사실 아파르 카히(아파르국), 즉 아파르족은 현재의 단칼리(Dankali)족이므로 오시리스 신의 나라이다. 그리고 우리의 박학한 친구 고(故) 마리에트 파샤(Mariette Pasha)는 이 나라와 소말리국은 같다고 본 것이다. 이상에서 명백하게 알 수 있듯이, 또 당연히 그래야 하지만, Africa라는 말은 이집 트인(콥트인)이 붙인 명칭일 것이다. 〔A.F. 마리에트 파샤는 프랑스의 이집트 발굴자 로, 중요한 비명을 수없이 발견했고, 스핑크스를 발굴하여, 이집트사의 해명에 크나큰 공헌을 했다. 1821~81년.〕

*80 헤로도토스는 낙타에 대해《역사》제1부에 이런 주를 달았다. 영국과 인도에서는 코 끼리가 거리를 걸어 다니는 것이 금지되어 있다. 그것은 각종 사고를 일으킨 적이 있 기 때문이다.

*81 올가미(lasso)는 아랍어로 와크(Wahk) 또는 와하크(Wahak)라고 하며, 로마인의 retiarius〔그물을 든 전사라는 뜻〕를 암시한다. 그러나 단순한 올가미는 양치기가 잘 쓰 는 무기이며, 고대 이집트인들에게도, 또 고대 인도에서도 널리 알려졌다. 그것은 상 형문자의 T라는 문자 하나와 닮은꼴을 하고 있다.

*82 이 문장이나 아랍인의 다른 전투정경과《카타 사리트 사가라》의 범학자(梵學者)의 묘 사를 비교해 보기 바란다. 이를테면 "이어서 활, 투창, 장창, 단창, 도끼 등의 시끄러 운 소음과 함께 아수라의 전투가 벌어지니, 무수한 무사의 목숨이 스러졌다…… 전란 의 향연은 사람 고기를 즐기는 악귀들을 기쁘게 하여, 술이 아닌 피를 마신 악귀들은 불을 흔들면서 미친 듯이 춤추었다……." 〔《카타 사리트 사가라》에 대해서는, 이 책 '샤리아르 왕과 그 아우 이야기' 주석 14 참조.〕

*83 여기에 기린을 등장시키는 것은 알맞지 않다. 한 번 더 되풀이하지만, 기린은 비슷한 짐승 무리에서도 가장 겁이 많은 동물의 하나이다. 길고 가는 목을 머리 위의 나뭇잎 으로 뻗어서 나무 밑에 서 있을 때 이 커다란 짐승만큼 우아한 것은 없다. 그러나 한번 달리기 시작하면, 네 다리는 제멋대로 풀린 것처럼 보이고 머리는 거의 등과 수평이 될 정도로 낮게 내려간다.

*84 〔앞에 화승총(harquebuses)이 나와 있으므로〕화기 쪽은 필사생이 멋대로 삽입한 것일 지도 모른다. 쇠뇌(cross-bow, Arcu-balista)는 유사 이전부터 있었던 오래된 것이다. 나는 졸저《칼의 서(書)》(1884) 속에서 설명한 적이 있는데, 쇠뇌는 인류의 무기와 짐 승의 무기를 구별하는 최초의 결정적인 증거이며 처녀막과 마찬가지로, 설사 인간과 이른바 하등동물의 종의 차이는 아니라도 정도의 차이를 증명한다. 율이 쓴《마르코 폴로》(ii. 143)에서 인용하면, '쇠뇌는 12세기 유럽의 전쟁에 새롭게 도입되었다.' 그러 나 돌을 쏘는 활(arbalesta)은 선량한 샤를마뉴 대제도 잘 알고 있었다(레니에 (Régnier)《풍자시집》Sat. 제10편). 〔레니에는 마튀랭 레니에를 가리킨다. 프랑스의 시인. 1573~1613년.〕

*85 알 이슬람에서는 이것은 변명의 여지가 없는 살인죄였다. 다만, 이 이단자가 가리브 의 아들을 죽이려고 한 일이 있으므로, 그 점에서는 정당하다고 할 수 있다.

*86 와르드 샤(Ward Shah)는 '장미의 왕'이라는 뜻.

*87 '후회하고 개개한 자는 무죄가 된다'는 알 이슬람 특유의 훌륭한 속담이다. 이 문구는 가장 먼저 세네카(Seneca)에게서 볼 수 있는데, 아마도 문학의 여명과 비슷한 정도로 오래된 것인 듯하다. 〔L.A. 세네카는 로마의 스토아학파 철학자. ?~65년.〕
*88 여기서는 안절부절못할 때의 외침.
*89 히라드 샤(Khirad Shah)는 '지혜의 왕'이라는 뜻.
*90 즉, 전에 그와 결혼을 약속한 파프르 타지 공주를 가리킨다. 633번째 밤 참조.
*91 카라지(Karaj)는 페르시아인의 이라크의 한 도시.
*92 알 무잘질(Al-Muzalzil)의 아들 잘잘(Zalzal)은 Ennosigaeus〔라틴어, 땅을 뒤흔드는 자라는 뜻〕의 아들 '지진'.
*93 사막지방(Waste Quarter)은 아랍어로 룹알카라브((Rub'al-Kharab) 또는 룹알할리(Rub'al-Khali, 공백의 지역)라고 하며, 거의 5만 제곱마일에 이르는 아라비아 중앙의 대황야이다. 오늘날에도 우리의 지도에는 공백으로 되어 있다《순례》제1권). 〔영어 지도에서는 보통 이 지역을 Empty Abode라 부른다.〕
*94 잔 샤(Jan Shah)는 '생명의 왕'이라는 뜻. 여자도 샤의 칭호를 쓴다.
*95 자바비라(Jababirah)는 언어상으로는 '폭군' 또는 '거인'을 의미한다. 그리고 님로드(Nimrod), 시리아의 강대한 지배자들, 히브리 우화의 아나킴(Anakim)족, 거인 등에 적용된다. 아카시라(Akasirah)는 코스로에(Chosroës)를 가리킨다. 〔아카시라에 대해서는 이 책 '어부와 마신 이야기' 주석 52를 참조하기 바란다. 아나킴족은 팔레스타인 남부에 살았던 거인종.〕
*96 투르키스탄에서는 누라인(Nurayn)이라는 이름은 '두 줄기의 빛'을 의미한다.
*97 아흘라트(Akhlat)는 아르메니아의 도시.

〈역주〉
(1) 이 책 '어부와 마신 이야기' 주석 27 참조.
(2) 알라는 가장 위대하다는 뜻.
(3) 아잠에 대해서는 이 책 '바그다드의 짐꾼과 세 여자' 주석 59를 참조.
(4) 이 대목의 원문 4, 5행은 이른바 '사자', 즉 압운한 산문으로 되어 있다. 이 뒤에도 이따금 사자를 볼 수 있다.
(5) 사람이 죽은 것을 알릴 때의 완곡한 표현이다.

오트바*¹와 라이야

　어느 해, 저는 알라의 성전을 순례하러 가서 참배를 마친 뒤, 예언자(그에게 알라의 축복과 가호가 있기를!)의 묘를 참배할 생각으로 다시 되돌아갔습니다.
　그런데 어느 날 밤, 정원*²의 무덤과 설교단 사이에 앉아 있으니, 어디선가 낮은 목소리로 뭔가 소곤소곤 탄식하는 목소리가 들려왔습니다. 가만히 귀 기울여 보니 그것은 다음과 같은 시를 노래하고 있는 것이었습니다.

　　연꽃 사이에 앉아 우는 비둘기들이
　　그대의 가슴을 아프게 하고
　　힘에 겨운 불행을 가져왔는가.
　　아니면 아름답게 차려입은
　　청순한 처녀의 추억이
　　이러한 의심을 알게 하고
　　이런 절망에 빠뜨렸는가?
　　사랑 때문에 애태우고 초췌해진
　　이 상사병의 망령에게
　　밤은 너무 울적하고 길어서
　　잠 못 이루매, 사랑의 불꽃은
　　타오르는 숯불과 같아라.
　　참으로 내 가슴은 그 여인의
　　밝고 향긋하게 빛나는
　　달빛 젖은 이마에 사로잡혔으니
　　달이 내 마음을 증명해 줄까.
　　누가 알았으랴, 내가 사랑에 사로잡힐 줄을

나도 모르게 애욕의 노예가 되고 말았구나.

　여기서 문득 노랫소리가 그쳤습니다. 내가 어디서 들려오는지 알 수가 없어 얼떨떨해하고 있으니, 또다시 다음과 같은 구슬픈 노래가 들려왔습니다.

　　검은 머리 같은 어두운 밤에
　　라이야의 환상이 떠올라서
　　그대의 눈동자를 슬프게 하네.
　　그 눈에서 단잠 앗아간 것은
　　바로 사랑이런가?
　　그대 영혼을 괴롭히는 것은
　　그 환영이런가?
　　파도가 굽이치는 바다만큼이나
　　어두운 밤을 향해
　　나는 외치노라.
　　"아, 밤이여,
　　달빛 말고 그 어떤 구원도 없는
　　연인에게 너는 너무나 길구나!"
　　밤이 대답하여 말하기를,
　　"내가 길다고 푸념하지 말라,
　　그대 탄식하는 까닭은
　　사랑하는 탓이니!"

　이 노래의 첫 문구가 귀에 들어오자 나는 벌떡 일어나 소리 나는 쪽으로 뛰어갔습니다.
　그리고 그 노랫소리가 끝나기 전에 나는 노래의 주인공 옆에 가 있었습니다. 노래의 주인공은 아직 뺨에 수염도 나지 않은, 세상에 둘도 없이 아름다운 젊은이로, 그 뺨에는 두 줄기 눈물이 흐르고 있었습니다.

　―여기서 날이 훤히 밝아왔으므로 샤라자드는 이야기를 그쳤다.

681번째 밤

샤라자드는 이야기를 계속했다.

오, 인자하신 임금님, 압둘라 이븐 마말 알 카이시는 이렇게 이야기를 계속했습니다.

―그래서 나는 눈물을 흘리고 있는 젊은이를 보고 말했습니다.

"젊은 그대에게 행복이 찾아오기를!"

그러자 젊은이도 답례하면서 물었습니다.

"그렇게 말해 주시는 분에게도 축복이 있기를! 그런데 누구십니까?"

"나는 압둘라 빈 마말 알 카이시라고 하오."

"저에게 무슨 볼일이십니까?"

"나는 지금까지 정원에 앉아 있었는데, 오늘 밤은 어쩐지 당신의 노랫소리가 마음에 걸리는구려. 대체 무슨 일로 그렇게 괴로워하는지 들려주시오. 힘닿는 대로 도와 드릴 테니까."

"그럼, 여기 앉으십시오."

내가 앉으니 젊은이는 다음과 같은 이야기를 꺼냈습니다.

"저는 무함마드의 벗*3인 알 야무의 아들 알 문디르의 아들, 알 후바브의 아들인 오트바라고 합니다. 어느 날 아침 알 아자브 사원*4에 가서 잠시 기도를 드린 다음 혼자 예배를 하고 나오는데, 저쪽에서 한 여자가 달처럼 아름다운 여자들에게 둘러싸여 사뿐사뿐 걸어오는 것이었습니다. 정말 세상에서 좀처럼 볼 수 없는 아름다운 자태를 지니고 있더군요.

그 여자가 내 앞에 오더니 걸음을 멈추고 이렇게 말했습니다.

'오트바 님, 당신과 부부의 인연을 맺고 싶어 하는 분을 당신은 어떻게 생각하시나요?'

그러고는 나를 남겨두고 그냥 가버렸습니다. 그 뒤로 저는 그 여자의 소식도 듣지 못하고 어디 사는 누군지도 모르는 채, 보시다시피 미친 사람처럼 여기저기 헤매고 있습니다."

그러더니 젊은이는 외마디 소리를 지르며 정신을 잃고 말았습니다.

이윽고 다시 정신을 차린 그는, 두 뺨이 마치 잇꽃*5으로 물들인 것처럼 빨개져서 이런 시를 읊었습니다.

나는 마음으로 그대를 본다,
먼 나라에서,
바라건대 그대도 먼 나라에서
나를 보라,
내 마음도 눈동자도
그대로 인해 슬퍼하며 눈물 흘리노라.
내 영혼은 그대 곁에,
그대는 내 옆에 나와 함께 있네.
그대 보지 못하면
영원한 나라도,
천국도 기쁘지 않고
사는 기쁨도 없다네.

"오, 오트바여, 신께 참회하고 용서를 비시오. 당신은 언젠가 무서운 심판을 받아야 하니까."
내가 이렇게 말하자 젊은이가 대답했습니다.
"그럴 수 없습니다. 미모사를 따라 간 두 여자가 돌아올 때까지[6] 저는 절대로 이 사랑을 포기하지 않겠습니다."
나는 잠깐 젊은이 옆에 앉아 있다가 날이 새자 젊은이에게 말했습니다.
"자, 함께 알 아자브 사원으로 갑시다."
우리는 함께 가서 정오의 기도가 끝날 때까지 앉아 있었습니다.
그런데 이 무슨 희한한 일입니까! 그곳에 그 여자들이 나타난 겁니다! 하지만 여자들 속에 그 처녀의 모습은 보이지 않았습니다.
여자들이 젊은이에게 물었습니다.
"오트바 님, 당신과 인연을 맺고 싶어 하는 분을 어떻게 생각하세요?"
그러자 젊은이가 되물었습니다.
"그 여자는 어떻게 되었소?"
"아버님과 함께 알 사마와[7]로 가셨어요."
내가 처녀의 이름을 물었더니 여자들이 대답했습니다.
"그분은 알 기트리프 알 술라미[8]의 딸 라이야라고 합니다."

그 말을 들은 오트바는 얼굴을 들고 다음과 같은 시를 읊었습니다.

오, 나의 벗이여,
라이야는 아침 해가 떠오르자 말을 타고
사마와 사막으로 길 떠나갔네.
오, 나의 벗이여, 나는 울었네,
울고 또 울어 이제 눈물도 말랐네.
아, 대답하라,
내게 빌려줄 눈물 한 방울
누가 가졌나?

나는 젊은이에게 말했습니다.
"오트바여, 나는 많은 돈을 가지고 있는데, 그것으로 마음이 너그러운 사람들을 도와주고 싶소. 그래서 알라께 맹세코, 당신을 위해 그 돈을 드리고 싶군요. 그렇게 하면 당신의 소원이 이루어질 뿐만 아니라 나도 소망을 이룰 수 있지 않겠소? 자, 이제부터 함께 신자들의 모임에 나갑시다."
우리는 그 자리를 떠나 모임에 나갔습니다. 내가 먼저 그곳에 있는 신자들에게 인사를 하자 그들도 정중하게 답례했습니다.
내가 먼저 물었습니다.
"여러분, 오트바와 그 아버지에 대해 알고 계십니까?"
"알고말고요, 아라비아의 귀족인 걸요."
"오트바는 지금 사랑 때문에 몹시 괴로워하고 있습니다. 그래서 알 사마와로 가는데, 여러분의 힘을 빌리고 싶습니다."
그러자 신도들은 쾌히 승낙해 주었습니다.
그리하여 그들은 우리와 함께 말을 타고 길을 서둘러서 술라임족이 사는 고장에 이르렀습니다. 이 소식을 들은 기트리프가 얼른 마중을 나와 인사했습니다.
"오, 귀인들이여, 여러분이 만수무강하시기를 빕니다."
상대의 인사에 우리도 답례했습니다.
"당신도 오래도록 천수를 누리시기를! 우리는 당신을 찾아뵈려고 온 사람들입니다."

"여러분은 이 세상에서 가장 대접이 후하고 살림이 넉넉한 집에 오셨습니다."

기트리프는 이렇게 말하며 말에서 내리더니 소리쳤습니다.

"여봐라, 노예들은 모두 나오너라!"

노예들이 곧 달려와서 가죽 깔개와 보료를 펴고, 양과 소를 잡아 맛있는 음식을 푸짐하게 잘 차렸습니다. 우리는 말했습니다.

"저희는 볼일이 끝나기 전에는 음식을 들 수 없습니다."

"무슨 볼일이십니까?"

"댁의 따님을 명문가 출신인 오트바 빈 후바브 빈 문디르의 아내로 맞이하고 싶습니다."

"오, 형제들이여, 그것은 딸이 제 뜻으로 정하는 것이니까 지금부터 딸한테 가서 그 이야기를 해 보지요."

기트리프는 굳은 얼굴로 일어서더니*9 딸 라이야의 방으로 갔습니다.

"아버님, 왜 그렇게 불쾌한 기색이신지요, 무슨 일이세요?"

"신자들 여럿이 찾아와서 너를 색시로 맞고 싶다는구나."

"그분들은 신분이 높은 분들이에요. 아마도 예언자(그분에게 축복과 평안함이 있기를!)께서 저분들에게 알라의 뜻을 전하셨나 보지요. 그런데 그중 어느 분이 저를 원하시죠?"

"오트바 빈 알 후바브라는 젊은이다."

"그 오트바 님은 약속한 것은 반드시 지키고, 자기가 원하는 것은 꼭 찾아내고 마는 분이라고 전부터 들었어요."

"나는 무슨 일이 있어도 너를 그 젊은이에게 주지 않을 테다. 알겠느냐, 나는 네가 전에 그 젊은이에게 말을 건넸다는 소문을 다 듣고 있단 말이다."

"그게 무슨 말씀이세요? 하지만 어쨌든 신자들의 요청을 매정하게 거절하시면 안 돼요. 이 자리에서는 뭔가 그럴듯한 구실을 내세워서 모면하도록 하세요."

"그러니 어떻게 하면 좋으냐?"

"지참금을 아주 많이 부르세요. 그러면 신자들도 단념하고 돌아가겠지요."

"음, 그거 좋은 생각이다."

그래서 기트리프는 얼른 나와서 신도들에게 말했습니다.

"부족의 처녀[10]는 승낙했습니다만, 자기에게 합당한 지참금이 있어야 한다고 말하는군요. 대체 어느 분이 그것을 맡으시겠습니까?"

"제가 맡지요."

내가 대답하자 기트리프는 말을 이었습니다.

"금팔찌 1천 개와 은화[11] 5천 닢, 알 야만제 모직과 줄무늬 피륙[12] 백 필, 용연향 다섯 부대를 지참금으로 받고 싶습니다."

"좋습니다, 드리지요. 그러면 이의 없으신 거지요?"

"만족합니다."

그래서 내가 '광명의 도시'[13] 알 메디아로 신자들을 보내자, 신자들은 내가 보증인이 되어 주문한 물건을 완벽하게 갖추어 가지고 왔습니다.

그래서 모두 양과 소를 잡았고, 술라임족 사람들은 맛있는 음식을 대접받기 위해 모여 들었습니다.

그렇게 40일이 지나자, 기트리프가 우리를 찾아와서 말했습니다.

"신부를 데려가십시오."

그래서 단봉낙타 등의 교자에 라이야를 태우자, 아버지 기트리프는 값진 물건을 실은 낙타 30필을 딸려 보내주었습니다. 이윽고 기트리프와 작별하고, 이제 하루면 '광명의 도시' 알 메디아에 들어가는 지점에 이르렀을 때 난데없이 말 탄 무리가 약탈을 목적으로 습격해 왔습니다.

나는 틀림없이 술라임족이라고 생각했습니다. 오트바는 적을 맞아 용감하게 싸워 마구 베어 쓰러뜨렸지만, 이윽고 창에 찔려 눈 깜짝하는 사이에 말에서 떨어지고 말았습니다.

그때 그 지방 사람들이 우리를 구원하러 달려와서 도둑들을 쫓아주었으나 오트바는 이미 숨을 거둔 뒤였습니다.

"오, 가엾은 오트바여!"

우리는 그의 죽음을 안타까워했습니다. 그때 라이야가 그 소리를 듣고 낙타에서 뛰어내리더니, 오트바의 시체 위에 몸을 던지고 애절하게 울부짖으면서 다음과 같은 시를 읊었습니다.

잘도 참았다고 생각했더니

내가 참은 것은
임의 모습을 볼 때까지
내 자신을 속이고 있었던 것뿐.
내 영혼이 하는 대로 올바르게 행동했던들
아마도 임보다 먼저
뜬세상을 떠났을 텐데.
임과 나 떠난 그 뒤에
누가 벗에게 정성을 이바지하며
이렇듯 서로 맺어지는
두 개의 영혼이 또 있을까.

그리고 소리 높여 흐느껴 우는가 했더니 그대로 영혼이 육체를 떠나고 말았습니다. 우리는 두 사람을 위해 무덤을 파고 함께 묻어주었습니다. 그런 다음 나는 가족이 사는 집으로 돌아와 7년 동안 살았습니다.

그 뒤 나는 다시 성지(알 히자즈)에 갔습니다. 그때 참배를 위해 '광명의 도시' 알 메디아에 발을 들여 놓으면서, 다시 한 번 오트바의 무덤을 찾아가 보리라고 마음먹었습니다.

그리하여 그 무덤에 가 보았더니 이상하게도 무덤 위에 나무 한 그루가 높게 자라고 있고, 나무에 빨강과 초록과 노란색의 헝겊 끈*14이 걸려 있었습니다. 그래서 그곳 사람들에게 물어보았습니다.

"이것은 무슨 나무입니까?"

그들이 대답했습니다.

"신랑 신부 나무입니다."

나는 무덤 옆에서 하룻낮 하룻밤을 보내고 다시 길을 떠났습니다.

오트바에 대해 내가 알고 있는 것은 이것뿐입니다. 전능하신 알라여, 바라건대 오트바에게 자비를 내려주소서!

또 다음과 같은 이야기도 전해지고 있습니다.

〈주〉

*1 나는 왜 트레뷔티앙(Trébutien)이 이 오트바(Otbah)를 Afba라고 썼는지 이해할 수가

없다. 그의 이야기에 의하면, 이 이야기는 자미의 '오이나와 리야(Oina and Riya)'로, 《아시아 잡지 Journal Asiatique》 제1권에 드 셰지(Chézy) 씨에 의해 법도에 맞고 단아하게 번역되어 있다고 한다. 〔G.S. 트레뷔티앙은 독일의 E. 친젤링(Zinserling)의 원전 번역 《아라비안나이트》를 다시 프랑스어로 번역한 사람으로, 그 프랑스어역은 1828년 파리에서 3권으로 간행되었다. 자미는 페르시아의 시인. A.L. 드 셰지는 프랑스의 동양학자. 1773~1832년.〕

*2 나는 《순례》 제2권에서 메디나 이슬람 사원의 이 부분을 묘사한 적이 있다. 이 이름〔즉 정원〕은 무함마드의 말(각종의 잡다한 표현이 있지만)에서 나왔다. "내 무덤과 연단 사이에 낙원 중의 낙원이 있다."(부르크하르트 저 《아라비아》) 남쪽의 콜로네이드(colonnade)에는 모두(일부분이 아니라) 이 명예로운 명칭이 붙어 있으며, 현란한 장식은 화단을 암시하도록 꾸며져 있다.

*3 무함마드의 동지(Ashab)는 약 5백 명을 헤아리며, 두 종류로 나뉜다. 첫째는 사도 무함마드를 따라 알 메디나로 수행한 무하지리안(Muhajirin, 도망자) 또는 메카 사람이고(《순례》 제2권), 두 번째는 무함마드를 자신들의 도시에 초대하여 열성적으로 원조해 준 안사르(Ansar, 원조자) 또는 메디나 사람이다(《순례》 제2권). 위의 특수용어는 아라비아 역사에 끊임없이 나온다.

*4 알 아자브(Al-Ahzab) 사원은 '군대의 사원'이라는 뜻으로, 알 파스(Al-Fath, 승리)의 사원이라고도 하는데, '4사원' 가운데 가장 큰 것이다. 오늘날에도 참배자가 끊이지 않으며, 예배도 허용되고 있다. 《코란》 제33장과 《순례》 제2권. 〔흔히 '4사원'으로 불리는 '알 파스 사원은 '와디 사이'에 있고……가장 큰 것은 알 파스 또는 알 아자브, 즉 군대의 사원이다.'〕

*5 잇꽃(safflower)은 아랍어로 알 와르스(Al-Wars)라고 하며, 일반적으로 우리는 우스푸르(Usfur), 쿠르툼(Kurtum) 또는 잇꽃(*Carthamus tinctorius*)이라고 한다. 나는 이것을 수출하는 하랄 부근 일대에서 이 관목이 무성하게 자라는 광경을 보았다. 알 야만에도 매우 많은데, 여자들은 이것으로 피부를 노르스름하게 물들이거나, 주근깨를 제거하기도 한다. 이것은 또 나병의 먹는 치료제이기도 하다. 그러나 염료로 가장 많이 쓰이며, 아라비아의 어떤 지방에서는 와르스로 물들인 묘석을 흔히 볼 수 있다. 손니는 이것을 상세히 설명하며, 이집트의 유럽인들은 새가 이것을 좋아하기 때문에 '앵무종(種)'이라 부르고, 레반트 지방의 무역업자는 'Saffrenum'이라 부른다고 설명하고 있다.

*6 아나자족이라는 대종족에 속하는 두 남자가 카라즈(Karaz) 즉, 산트(Sant)의 열매(*Mimosa nilotica*, 다룸가죽용으로 사용됨)를 따라 가서는 영영 돌아오지 않았다. 여기서 일상 대화에서 더는 쓰이지 않는 속담이 나왔다. 부르크하르트편 《속담집》 659번을 보면 된다. 이것은 'ad Graecas Kalendas'를 대신하는 것이다.

* 7 알 사마와(Al-Samawah)는 바스라와 케르벨라(Kerbela)[바그다드 주의 중심 도시] 부근에 있는 고대 쿠파의 소재지와의 중간, 유프라테스 강 언저리에 있는 사막과 마을의 명칭. 바빌로니아 이라크의 유명한 관광지.
* 8 알 기트리프 알 술라미(Al-Ghitrif al-Sulami)는 술라임(Sulaym)족의 알 기트리프라는 뜻. 형용사는 Sulaymi가 아닌 Sulami이다.
* 9 주인인 기트리프가 화난 것은 바로 뒤에서 밝혀지듯이, 두 사람 사이에 연애편지가 오간 것을 들었기 때문이다. 아라비아에서 이런 일은 그 가족에게 불명예였다.
* 10 '내 딸'을 대신하는 완곡어법.
* 11 바다위족은 완전한 화폐를 'Kirsh hajar' 또는 'Riyal hajar(돌의 화폐)'라고 부른다.
* 12 아랍어의 부르다(Burdah)와 하바라(Habarah)를 가리킨다. 흔히 덮개 또는 겉옷으로 번역되는 부르다는 갈색 또는 회색의 두꺼운 직사각형 모직으로, 밤낮의 구별 없이 담요처럼 [몸을 감싸는 데] 사용된다. 무함마드의 후궁에서 제조되어 시인 카브(Ka'ab)에게 주어진 부르다는 세로 7피트 반, 가로 4피트 반으로, 오늘날에도 스탄불 위의 후궁에 보존되어 있다. 이 천은 초기에는 대개 줄무늬로 짰지만, 현재는 무늬가 없거나, 아니면 올이 매우 촘촘한 줄무늬를 이루고 있기 때문에 마치 단색처럼 보인다. 하바라는 알 야만에서 제조되는 일종의 부르드(Burd)로, 같은 이름의 이집트풍 대형 베일(mantilla)과 혼동해서는 안 된다(레인 저 《근대 이집트인》 제3장).
* 13 동양의 도시는 모두 특수한 이름을 가지고 있다. 알 메디나는 예언자의 무덤을 에워싸고 있는, 범인의 눈에는 보이지 않는 눈부신 빛을 이름 하여 알 무나와라(Al-Munawwarah, 빛에 조명된)라고 불린다(《순례》 제2권). 나는 이러한 착상이 태어난 것은 '정원'[무함마드의 묘지의]의 커다란 등불 때문이라고 생각한다.
* 14 여기서 가늘고 긴 끈은 보통의 헝겊 대신, 명예로운 무덤을 나타내기 위해 걸려 있는 것이다. 레인(제3권)과 그 밖의 많은 사람은 그러한 끈이 무엇에 사용되는 것인지 몰라서 곤란해하고 있다. 대부분 이 가늘고 긴 끈은 질병을 육체에서 나무로, 또 손을 접촉하는 사람에게 옮기기 위해 나무에 거는 것이다. 사와힐리(Sawahili)인은, 병자의 육체보다 나무속에 깃드는 것을 좋아하는 신비로운 유령을 위한 이러한 것을 케티(Keti, 좌석 또는 매개물)라 부르고 있다. 간단히 말해, 아라비아 전체에 퍼져 있는 이 습관은 아프리카적이고 또 배물교적인 미신이다.

알 누만의 딸 힌드와 알 하자지[*1]

알 누만의 딸 힌드는 당대에 겨룰 자가 없을 정도로 절세미인이었습니다. 이 소문을 전해 들은 알 하자지는 힌드에게 청혼하면서 더할 수 없이 많은 재물을 아낌없이 보냈습니다.

그리고 이혼할 때는 은화 20만 닢을 준다는 약속으로 힌드를 아내로 맞이하여 둘은 오랫동안 함께 살았습니다.

어느 날, 알 하자지가 힌드의 방에 들어가 보니 아내는 자기 얼굴을 거울에 비춰 보면서 다음과 같은 노래를 부르고 있었습니다.

> 힌드는 좋은 말, 아라비아 암말,
> 핏줄 좋은 암말인 것을
> 잡종 노새와 짝을 지웠네.
> 좋은 말 태어나면 다행이련만,
> 혹시 노새가 태어난다면 어떻게 하나?
> 그야 물론 노새 씨를 받았기 때문일 테지만.

이 노래를 들은 알 하자지는 힌드가 눈치채지 않도록 가만히 물러 나왔습니다. 그리고 아내와 이혼하기로 하고, 그 말을 전하는 사자로서 압둘라 빈 타히르를 보냈습니다. 압둘라가 힌드에게 가서 말했습니다.

"알 하자지 아부 무함마드 님이 당신에게 약속한 특별지참금으로 은 20만 닢을 드립니다. 즉, 당신과의 이혼을 저에게 의뢰하셨습니다."

그러자 힌드가 말했습니다.

"오, 이븐 타히르 님, 기꺼이 승낙하겠어요. 저는 그 사람 탓에 즐거운 마음을 가졌던 적이 하루도 없었답니다. 그러니까 헤어지더라도 절대 후회하지 않겠어요. 이 은화 20만 닢은 저 타카피족[*2]의 개에게서 해방되었다는 기쁜 소식을 가져다준 사례로 당신에게 드리겠어요."

그 뒤 충실한 자들의 임금인 아브드 알 말리크 빈 마르완 교주는 힌드가 얼굴이 아름답고 샛별 같은 눈동자와 옥구슬을 굴리는 듯한 목소리를 가졌다는 소문을 듣고, 사자를 보내 자신의 측실로 청했습니다.

— 여기서 날이 훤히 밝아왔으므로 샤라자드는 이야기를 그쳤다.

682번째 밤

샤라자드는 이야기를 계속했다.

오, 인자하신 임금님, 힌드는 교주에게 보내는 답장에서 우선 알라를 칭송하고 신의 예언자를 축복한 다음 이렇게 썼습니다.

"삼가 한 말씀 아뢰옵니다. 오, 충실한 자들의 임금님이시여, 하지만 이미 늦으셨습니다. 저의 단지 속은 들개가 실컷 핥아버리고 말았으니까요."

이것을 읽은 교주는 웃으며 무함마드(알라여, 이분께 축복을 내리소서!)의 말을 인용하여 답장을 썼습니다.

"개가 그대의 단지에 들어가 핥았다면 물로 일곱 번 씻고, 한 번은 흙으로 말끔히 씻도록 해라."

그리고 이렇게 덧붙였습니다.

"공덕이 있는 곳에서 오욕을 씻어낼 지어다."[3]

이 답장을 받고 힌드는 더는 거절할 수 없어서 다시 답장을 썼습니다.

"오, 충실한 자들의 임금님이시여, 한 가지 조건을 들어주신다면 승낙하겠습니다. 알 하자지에게 평상복을 입은 채 맨발로 저의 낙타를 임금님의 도성까지 끌고 가게 해 주십시오."[4]

이것을 읽고 교주는 한참 동안 큰 소리로 웃다가 곧 알 하자지에게 힌드의 소망대로 해 주라고 했습니다.

알 하자지는 교주의 명령이라 거역하지 못하고 곧 힌드에게 여행준비를 하라고 일렀습니다. 힌드가 준비를 마치자 그녀의 가마가 낙타 등에 앉혀지고 알 하자지가 하인들을 거느리고 왔습니다. 힌드가 가마를 타고, 시녀와 종들이 말에 올라 그 주위를 둘러싸자, 알 하자지는 말에서 내려 신을 벗고 힌드를 태운 낙타의 고삐를 잡았습니다.

그것을 본 힌드와 시녀들, 몸종들은 실컷 웃으면서 알 하자지를 깔보며 놀렸습니다. 이윽고 힌드는 종에게 가마의 휘장을 걷어 올리라고 명령했습니다.

휘장이 걷히자 힌드는 알 하자지의 얼굴을 마주보며 그를 비웃었습니다. 그러자 알 하자지는 즉흥적으로 다음과 같은 노래를 읊었습니다.

    가엾다, 힌드여, 그대는 지금
    나를 깔보고 비웃지만
    그 옛날, 잠들지 못하고
    새벽녘을 기다렸던
    정사의 밤이 얼마였더냐.

이에 대해 힌드는 다음과 같이 대답했습니다.

    우리의 목숨이 탈 없이
    멸망을 피할 수만 있다면
    어떠한 부와 재물과 보물을
    헛되이 쓴들, 어찌 아까우랴.
    병과 괴로움도
    낫기만 하면,
    다시 재물은 얻어지리라.
    또다시 영예도 차지하리라.

힌드가 계속 알 하자지를 비웃는 사이에 어느덧 일행은 교주의 도성 가까이에 이르렀습니다. 그때 힌드는 일부러 금화 한 닢을 떨어뜨린 다음 알 하자지에게 말했습니다.

"여보게, 낙타 몰이꾼, 내가 지금 은화를 떨어뜨렸으니 찾아다오."

알 하자지가 여기저기 찾아보았으나 금화밖에 보이지 않았습니다.

"이것은 금화인데요."

힌드가 말했습니다.

"아니야, 내가 떨어뜨린 것은 은화야."

"금화입니다."

알 하자지가 다시 대답했습니다.

"보잘것없는 은화를 금화로 바꿔주신 알라를 칭송하라! 그럼, 그것을 이리다오."

이처럼 알 하자지가 갖은 모욕을 당하면서 힌드를 충실한 자들의 임금님 궁전에 데려가니, 힌드는 교주와 굳은 인연을 맺어 그 애첩이 되었다고 합니다.

—여기서 날이 훤히 밝아왔으므로 샤라자드는 이야기를 그쳤다.

683번째 밤

샤라자드는 이야기를 계속했다.

오, 인자하신 임금님, 또 이런 이야기도 전해지고 있습니다.

〈주〉

*1 알 마수디(Al-Mas'udi)(제95장)는 힌드 빈트 아스마〔아스마의 딸 힌드라는 뜻〕라는 자를 들어, 이 여자와 '알라의 적' 시인 자릴에 대해 우스꽝스러운 이야기를 하고 있다. 〔알 마수디는 서기 944년에 《황금 목장과 보석 광산》을 쓴 아라비아 여행가이자 시인. 중국에 건너간 적도 있다고 한다. 957년 사망.〕

*2 알 하자지(Al-Hajjaj)의 종족 이름은 알 타키피(Al-Thakifi) 또는 사키프의 후예였다. 알 마수디에 의하면, 그는 타카피(Thakafite)족의 유수프 빈 우카일과 파리가(키가 큰 미인) 사이에서 태어난 아들로, Vint au monde tout difforme avec l'anus obstrué. 〔이 프랑스어 문장은 '항문이 막힌 기형아로 태어났다'는 뜻.〕 그리고 그는 젖을 무는 것을 거부했기 때문에, 악마는 인간의 모습을 빌려 새까만 수산양과 검은 뱀의 피를 마시라고 권했다. 그 효과는 악마가 생각한 대로 되었다.

*3 트레비튜앙은(제3권) 이 말을 〔프랑스어가 아니라〕 이탈리아어로 번역했다.

*4 여자의 원한에 대한 좋은 본보기. 그러나 교주는 알 하자지를 매우 소중히 여겼으므로 본문에 있는 것처럼 취급하지는 않았다.

비슈르의 아들 후자이마와 이크리마 알 파이야즈

 옛날 술라이만 빈 아브드 알 말리크*1 교주님 시대에 아자드족 출신인 후자이마 빈 비슈르라는 사람이 있었습니다. 이 사람은 어마어마한 재산을 갖고 있었고, 본디 성질이 너그러워 아무나 가리지 않고 잘 도와주는 것으로 유명했습니다.
 그래서 재산을 아낌없이 뿌렸으므로 차츰 살림이 쪼들려서 마침내 자기가 도와준 이슬람교도 친구들한테서 오히려 원조를 받아야만 할 신세가 되어버렸습니다.
 그리하여 신자들은 얼마 동안은 후자이마를 도와주었지만 얼마 못 가 진저리를 내기 시작했습니다.
 그것을 눈치챈 후자이마는 사촌누이이기도 한 아내에게 말했습니다.
 "여보, 아무래도 내 친구들의 태도가 변한 것 같으니 나는 죽을 때까지 집 안에 틀어박혀 있으려오."
 그래서 문을 닫아걸고 들어앉아 집에 남아 있는 것으로 겨우 목숨을 이어가다가 그것마저는 모두 써버리게 되었습니다. 이제는 어찌 해야 좋을지 갈피를 잡을 수 없이 아득하여 정말 죽기만 기다려야 하는 형편이었습니다.
 그런데 메소포타미아*2의 총독이며 알 파이야즈라는 별명을 가진 이크리마 알 라바이라는 사람이 후자이마를 잘 알고 있었습니다. 어느 날 접견실에서 손님과 이야기하다가 우연히 후자이마의 이름이 나왔습니다.
 "후자이마는 요즘 어떻게 지내고 있나?"
 "말씀 마십시오. 이루 말할 수 없이 비참하게 살림이 줄어들어, 문을 걸어 잠근 채 집 안에만 틀어박혀 있다고 합니다."
 "그렇게 된 건 다 후자이마가 너무 헤펐던 탓이야. 하지만 그를 위로하거나 그에게 은혜를 갚는 자가 하나도 없다니 알 수가 없는걸."
 "그런 자는 한 사람도 없습니다."

그날 밤, 이크리마는 금화 4천 닢을 꺼내 자루에 담고, 말에 안장을 얹으라 명령했습니다. 그리고 돈을 든 시동 하나만 데리고 몰래 후자이마의 집을 찾아갔습니다.

문 앞에 이르자 이크리마는 말에서 내려 돈 자루를 받아들고, 시동은 멀찍이 가 있게 했습니다. 그리고 문에 다가서서 똑똑 두드리니 후자이마가 나왔습니다.

"이걸로 당분간 지내도록 하시오."

이크리마는 돈 자루를 내주었습니다. 후자이마가 받아들고 보니 묵직했으므로 이크리마의 말고삐를 붙잡으며 말했습니다.

"당신은 누구십니까, 이런 것을 주시다니?"

"아니, 내 이름을 밝힐 생각이었으면 이런 시간에 찾아오진 않았을 거요."

"하지만 누구시라고 말씀해 주실 때까지는 돌아가실 수 없습니다."

"나는 자비르 아타라트 알 키람*3이라고 하는 자요."

"좀더 똑똑히 성함을 말씀해 주십시오."

"아니, 그럴 수는 없소."

이렇게 대답하고 이크리마는 그대로 그곳을 떠났습니다.

후자이마는 하는 수 없이 자기 아내에게 가서 말했습니다.

"여보, 기뻐하시오, 알라께서 이토록 빨리 우리를 구원하는 돈을 베풀어 주셨소. 이것이 은화라 하더라도 이만하면 충분할 거요. 자, 일어나서 불을 좀 켜봐요."

"불을 켤 것이 아무것도 없어요."

하는 수 없이 후자이마는 돈을 만져보면서 밤을 밝혔습니다. 손에 닿는 감촉으로 봐서 금화가 틀림없다고 생각했지만 아무리 생각해도 믿을 수가 없었습니다.

한편 이크리마의 집에서는 아내가 남편이 집에 없는 것을 알고 수상쩍게 여기고 있는 참에 남편이 돌아왔습니다.

"여보, 어딜 갔다 오세요?"

"말을 타고 나갔다 왔소."

아내는 그만 엉뚱한 생각을 하고 말했습니다.

"알 자지라의 총독이나 되는 분이 이런 밤중에 종자도 없이 몰래 나갔다

오시는 걸 보니 틀림없이 첩이나 정부한테 갔다 오시는 거죠?"
"내가 그런 곳에 다니지 않는다는 것은 알라께서 잘 알고 계셔."
"그럼, 어디에 가셨는지 말해 주세요."
"이런 밤중에 간 것은 누구에게도 그곳을 알리고 싶지 않았기 때문이오."
"안 됩니다. 꼭 말씀해 주셔야겠어요."
"비밀을 지키겠소?"
"지키고말고요."
그래서 이크리마는 모든 이야기를 해 주고 다시 한 번 다짐을 해 두었습니다.
"반드시 비밀을 지켜야 하오."
"염려 마세요. 얘기를 듣고 나니 속이 후련하네요. 당신 말씀을 믿겠어요."

후자이마 쪽에서는 이튿날 당장 빚쟁이들에게 빚을 갚고 모든 것을 깨끗이 해결한 다음, 여행준비를 하여 팔레스티나*4에 머물고 있는 술라이만 빈 아브드 알 말리크의 궁전을 향해서 떠났습니다. 이윽고 궁전 정문에 이르러 시종에게 뵙기를 청하니, 시종은 교주의 어전에 나아가 이 뜻을 전했습니다.
원래부터 후자이마는 덕행으로 소문이 높았던 자라 술라이만도 잘 알고 있었으므로 즉시 알현이 허락되었습니다.
후자이마는 교주 앞에 나가 정해진 인사*5를 했습니다.
그러자 교주가 물었습니다.
"후자이마 아닌가? 어째서 그토록 오랫동안 소식이 없었는가?"
"그동안 곤란한 사정이 있었습니다."
"그렇다면 어째서 나한테 알리지 않았는가?"
"오, 충실한 자들의 임금님이시여! 사실 병을 앓고 있었습니다."
"그렇다면, 오늘은 무슨 일로 왔는고?"
"예, 사실 어느 날 밤늦게 어떤 사람이 저희 집 문을 두드렸습니다."
그리고 이크리마와 자신 사이에 있었던 일을 자세히 얘기했습니다.
"그 사람의 이름을 알고 있는가?"
"오, 임금님, 모르고 있습니다. 그 사람은 이름도 대지 않고 다만 '선심 잘 쓰는 사람을 뒷바라지하는 자'라고만 말했을 뿐입니다."
이 말을 들은 술라이만은 어떻게든 그 사람을 찾아내야겠다고 생각하고 후자이마에게 말했습니다.

"그 사람이 발견되면 반드시 그 너그러운 행동에 대해 상을 내리리라."

그리고 교주는 후자이마를 위해 깃발을 매고[*6] 이크리마 알 파이야즈 대신 후자이마를 메소포타미아의 총독에 임명했습니다.

후자이마가 곧 알 자지라를 향해 출발하여 도성에 가까이 이르자, 이크리마를 비롯한 시민들이 마중을 나와 서로 인사를 나누었습니다.

도성에 들어간 후자이마는 총독관저로 거처를 옮기고 이크리마의 보증금을 거둬들이고 금전 결산을 명했습니다.[*7] 결산을 해 보니 이크리마가 경비를 지나치게 써서 많은 금액이 부족하다는 것이 판명되었으므로 그 손해를 물어 달라고 요구했습니다.

그러자 이크리마는 말했습니다.

"지금은 지급할 능력이 없습니다."

"꼭 지급해 주어야 합니다만."

"지금 나에게는 그만한 돈이 없습니다. 그러니 규정대로 처분해 주십시오."

그래서 후자이마는 이크리마를 옥에 가두라고 명령했습니다.

―여기서 날이 훤히 밝아왔으므로 샤라자드는 이야기를 그쳤다.

684번째 밤

샤라자드는 이야기를 계속했다.

오, 인자하신 임금님, 후자이마는 이크리마를 옥에 가두라고 명령한 뒤 다시 사람을 보내 손해를 물어 달라고 말했습니다. 그러나 당사자는 이렇게만 대답할 뿐이었습니다.

"나는 남자의 체면을 손상하면서까지 재물을 모으는 사람이 아닙니다. 그러니 부디 마음대로 처분하십시오."

그래서 하는 수 없이 이크리마를 쇠사슬에 묶어 옥에 가두었습니다.

한 달쯤 지나자 옥살이의 고통으로 이크리마는 차츰 몸이 쇠약해져 갔습니다. 아내는 남편이 쇠약해졌다는 소식을 듣고 몹시 상심하여, 노예에서 해방된, 분별도 있고 견문도 넓은 한 여자를 불러 이렇게 일렀습니다.

"지금부터 후자이마 지사의 저택에 가서 '태수님께 드릴 말씀이 있습니다' 하고 여쭈어라. 만일 누가 볼일이 무엇인지 묻거든 나리께 직접 말씀드려야 할 일이라 말하고, 만나는 일이 허락되거든 사람들을 물리쳐 주십사 부탁 드리거라. 그리고 나서 이렇게 여쭈어라. '나리께서는 참으로 박정한 분이십니다. '선심 잘 쓰는 사람을 뒷바라지하는 자'를 옥에 가두어 쇠사슬로 묶는 것이 은혜를 갚는 길입니까?'"

여자가 시키는 대로 하자 이 말을 들은 후자이마는 비통한 소리를 질렀습니다.

"오, 이 얼마나 부끄러운 짓을 했단 말인가! 그래, 정말 그분이 틀림없나?"

"네, 틀림없습니다."

후자이마는 곧 말을 끌어내오게 하고 성 안의 명사들을 불러모아 함께 감옥으로 달려갔습니다.

그들이 옥문을 열고 이크리마에게 갔더니, 그는 오랜 감옥생활의 고통 탓에 무척 수척해져서 앉아 있었습니다.

이크리마는 후자이마를 보고 얼굴을 붉히며 고개를 숙였습니다. 후자이마가 몸을 굽혀 그의 얼굴에 입을 맞추자 이크리마는 얼굴을 들고 물었습니다.

"어째서 이런 짓을 하십니까?"

"당신의 너그러운 은혜에 나는 개만도 못한 보답을 했기 때문입니다."

"알라께서 나와 당신의 허물을 용서해 주시기를!"

후자이마는 옥지기에게 이크리마의 차꼬를 풀게 하고 그것을 자기 발에 채우라 명령했습니다. 그러자 이크리마가 말리며 말했습니다.

"대체 왜 이러십니까?"

후자이마가 대답했습니다.

"당신이 받으신 고통만큼 나도 받으려고 그럽니다."

"제발 그러지 마십시오."

그리하여 두 사람은 함께 후자이마의 집으로 돌아갔습니다. 이크리마가 작별인사를 하고 돌아가려 하자 후자이마가 붙잡았습니다.

"왜 못하게 말리십니까?"

"당신의 모습을 고쳐 드리고 싶습니다. 당신에 대해 부끄럽게 여기는 것 이상으로 부인에 대해서도 낯이 없으니까요."

그리고 하인에게 목욕탕을 청소시킨 다음 이크리마와 함께 목욕하면서 손수 시중을 들어주었습니다. 목욕이 끝나자 그에게 호사스러운 예복을 입히고 말에 태워 더할 수 없이 많은 금품까지 들려서 집까지 데려다 준 뒤, 이크리마의 아내에게 사과하고 용서를 빌었습니다.

그리고 후자이마는 그 무렵 라무라*8에 머물던 교주에게 함께 가자고 권하니 이크리마도 승낙하여, 두 사람은 곧 라무라를 향해 출발했습니다. 이윽고 교주의 궁전에 도착하자, 시종은 곧 술라이만 빈 아브드 알 말리크 교주에게 가서 후자이마가 찾아왔음을 알렸습니다.

그 말을 들은 교주는 불안을 느끼며 생각했습니다.

"뭣이, 메소포타미아의 지사가 명령하지도 않았는데 찾아왔다고? 아마도 무슨 중대한 일이 일어났나 보다."

그는 알현을 허락하고, 인사도 받는 둥 마는 둥 하며 후자이마에게 물었습니다.

"오, 후자이마여, 대체 무슨 일로 왔는고?"

"좋은 소식을 가지고 왔습니다. 충실한 자의 임금님이시여!"

"무슨 소식인데 그러나?"

"드디어 '선심 잘 쓰는 사람을 뒷바라지하는 자'의 정체를 알아냈습니다. 임금님께서 그 사람을 만나고 싶어 하시기에 기쁘게 해 드리려고 오늘 데려왔습니다."

"대체 그게 누군가?"

"이크리마 알 파이야즈올시다."

술라이만이 이크리마를 불러들이니, 그가 들어와서 교주에게 인사를 했습니다. 교주는 매우 기뻐하면서 그를 옥좌 가까이에 불러 말했습니다.

"오, 이크리마여, 후자이마에게 베푼 그대의 훌륭한 인정이 오히려 그대를 불행하게 만들었구나. 자, 그대가 필요한 것은 뭐든지 사양 말고 적도록 해라."

교주는 이크리마가 시키는 대로 적어낸 것을 보고 신하들에게 전부 갖추어주도록 명령했습니다. 게다가 이크리마가 희망한 것 말고도 금화 1만 닢과 옷 스무 상자를 주고, 창을 가져오게 하여 거기에 깃발을 매달고 아르메니아와 아자르비잔*9과 메소포타미아의 총독에 임명했습니다.

"후자이마의 직위에 대해서는 그대의 재량에 맡기겠다. 그대가 원한다면 현직에 두어도 좋고, 싫으면 자리에서 물러가게 해도 상관없다."

그러자 이크리마가 대답했습니다.

"오, 충실한 자들의 임금님이시여! 저는 전처럼 후자이마를 현직에 그대로 두고 싶습니다."

그리하여 교주의 궁전에서 물러난 두 사람은 술라이만 빈 아브드 알 말리크 교주의 시대가 끝날 때까지, 오래도록 그 밑에서 총독을 지냈다 합니다.

또 이런 이야기도 있습니다.

〈주〉

*1 술라이만 빈 아브드 알 말리크(Sulayman bin Abd al-Malik) 교주는 옴미아드[우마이야] 왕조 제7세, 이슬람력 96~99년(서기 715~719년) 재위. 그는 한 번에 새끼 양 한 마리, 새 6마리, 석류 70개, 알이 작은 건포도 11.25파운드를 먹을 정도도 폭식가였는데, 그 때문에 죽었다. 그는 평소에 자신의 젊음과 미모를 자랑하여 자주 이렇게 말했다. "무함마드는 사도, 아부 바크르는 진정한 증인, 오마르는 감식자, 오스만은 숫기없는 사람, 무아위야는 우유부단, 야지드는 병자, 아브드 알 말리크는 법의 집행자, 와리드는 폭군이었다. 그러나 나는 젊은 군주다!"

*2 메소포타미아는 아랍어의 알 자지라(Al-Jajirah)이며, '섬'을 가리킨다. 그 지방의 이름이자, 수도의 이름이기도 하다.

*3 자비르 아타라트 알 키람(Jabir Atharat al-Kiram)은 '선심 잘 쓰는 사람을 뒷바라지하는 자'라는 뜻. 즉 둘러대는 말이지만, 질문하는 사람을 속여넘길 수는 없었다.

*4 팔레스티나(Palestine)는 아랍어의 Falastin으로, 오늘날에는 쓰이지 않는다. 이 말은 멀리 서방에까지 퍼졌지만, 고귀한 종족 이름도 결국에는 '필리스틴 사람(Philister, 부르주아, 윤택한 시민)'으로 타락하고 말았다.

*5 '오, 참된 신자들의 임금님이시여! 평화가 당신과 함께하기를 빕니다'라는 말. 〔Peace be with thee는 일상 대화에서 흔히 쓰이는 인사로, 안녕하세요, 잘 가시오, 이젠 안녕, 등에 해당하는 관용구.〕

*6 부왕(副王)에 임명할 때 한다.

*7 전임총독의 관례. 이 관행은 스페인에 의해, 특히 재미(在美) 포르투갈인에 의해 채택

되었다. 정의 또는 평범한 정직함 따위는 생각조차 하지 않는 이크리마의 너그러움은 이야기 속 아랍인의 특징이다.
*8 자파(Jaffa)와 예루살렘 사이에 있는 유명한 역참.
*9 아자르비잔(Azarbijan)은 일명 코히스탄(Kohistan) 또는 산악지역으로, 수사(Susa)를 수도로 하는 수시아나(Susiana, 후지스탄(Khuzistan)). 배화교의 본거지이기도 하다. 아자르(불)는 아브라함 아버지의 이름이었다.

학자 유누스와 왈리드 빈 살 교주

아브드 알 말리크의 아들 히샴이 교주*[1]의 자리에 있었을 때, 유누스라고 하는 유명한 율법학자가 있었습니다.

어느 날 유누스는 세상에 드문 미모의 노예를 데리고 대상과 함께 다마스쿠스를 향해 길을 떠났습니다. 본디 이 여자노예에게는 필요한 것은 하나도 빼놓지 않고 모두 가르쳐 두었으므로, 누구에게든 판다면 은화 10만 닢의 가치는 있었습니다.

대상 일행이 다마스쿠스 근처에 이르러 호숫가에서 걸음을 멈췄을 때 유누스는 노예를 데리고 조용한 곳을 찾아가, 가지고 온 음식과 큰 가죽 술 자루를 풀어놓고 식사를 하고 있었습니다.

그런데 그 자리에 난데없이 구렁말을 탄 한 젊은이가 찾아왔습니다. 얼굴이 빼어나게 아름답고 풍채가 훌륭한 젊은이로, 환관 두 사람을 거느리고 나타나 유누스에게 이렇게 말하는 것이었습니다.

"저도 손님으로 끼워주시지 않겠습니까?"

"좋습니다."

유누스의 대답에 처음 보는 젊은이는 말에서 내리면서 말했습니다.

"술도 한 잔 주십시오."

유누스가 술을 권하니, 젊은이는 다시 이렇게 말했습니다.

"괜찮으시다면 노래도 한 곡 들려주시지 않겠습니까?"

그래서 유누스는 다음과 같은 즉흥시를 읊어주었습니다.

 이 세상의 사람 옷과는
 상관없는, 참으로 온갖
 매력이야말로 여자의 성질.
 그 여자를 사랑하기에

밤잠 못 이루며
흘리는 눈물 애달퍼라.

이 노래를 듣고 정체 모를 젊은이는 매우 기뻐했습니다. 유누스가 자꾸만 술을 권하는 바람에 젊은이는 그만 거나하게 취하여 이렇게 말했습니다.
"이 노예에게도 노래를 불러보라 하십시오."
그래서 여자는 다음과 같은 시를 지었습니다.

요염한 처녀의 아름다움에
내 가슴 아프게 설레네.
버들가지와 해도
아니 달조차도
어딜 감히 견줄 수 있을까.

낯선 젊은이는 여자의 노랫소리를 듣고 여간 기뻐하지 않았습니다. 두 사람이 자꾸 술을 주고받으며 흥겨워하는 사이에 어느덧 날이 저물자 저녁 기도를 드렸습니다. 그런 다음 젊은이는 유누스에게 물었습니다.
"그런데 이곳에는 무슨 볼일로 오셨습니까?"
"빚을 갚고 어떻게든 앞으로 살아나갈 밑천을 만들려고 왔소."
"그러시다면 이 노예를 나한테 은화 3만 닢에 팔지 않으시겠습니까?"
"좀더 주셔야 하겠는데요."
"그럼, 4만 닢 드리지요."
"그것으로는 고작해야 빚을 갚을 뿐이고 내 손에는 한 푼도 남지 않는 걸요."
"그럼, 노예의 대가로 은화 5만 닢*2과 그 밖에 옷 한 벌과 여비를 드리고, 당신이 살아 있는 동안 먹고 살 수 있게 주선해 드리지요."
"그런 조건이라면 팔겠습니다."
"당신은 나를 신용하시겠습니까? 값은 내일 지급하기로 하고, 여자는 지금 넘겨주실 수 없을까요? 아니면 지급이 끝날 때까지 여자를 당신 옆에 두시겠소?"

유누스는 술도 취했고 거절하는 것도 창피한 데다 이 낯선 젊은이에 대한 두려움 때문에 그만 이렇게 대답하고 말았습니다.

"당신을 믿겠습니다. 그러니 여자를 데려가십시오. 이 여자를 손에 넣은 당신에게 알라의 축복 있기를!"

그리하여 젊은이는 환관 하나에게 여자노예를 말에 태우게 하고 자기도 그 뒤에 올라탄 다음 유누스에게 인사하고 가버렸습니다.

이윽고 그 모습이 보이지 않게 되자, 유누스는 비로소 술기운이 달아나면서 제정신이 들어 이렇게 외쳤습니다.

"아뿔싸!"

그리고는 혼자 투덜댔습니다.

"내가 바보짓을 했구나. 생전 처음 보는 자에게 노예계집을 넘겨주었으니 대체 그게 누군지 알아야지! 또 안다 한들 어디서 그자를 찾느냐 말이야!"

유누스는 날이 샐 때까지 곰곰이 생각에 잠겨 있었습니다.

아침 기도가 끝나자 대상들은 모두 다마스쿠스의 성 안으로 들어갔지만, 유누스만은 어찌해야 좋을지 몰라 우두커니 앉아 있었습니다.

그러는 동안 햇볕이 쨍쨍 내리쬐어 더 기다리려니 멀미가 나서 성 안으로 들어갈까 말까 망설였습니다. 그러다가 마음속으로 다시 생각을 고쳤습니다.

'만일 내가 성 안으로 들어간 뒤에 심부름꾼이 날 찾아 여기 온다면, 나는 결국 이중의 실패를 하는 셈이 아닌가.'

그리고 근처에 있는 벽에 기대어 앉아 있는데, 어느덧 해가 기울 시간이 되자 한 환관이 나타났습니다. 보아하니 그 젊은이를 따라왔던 환관이었기에 유누스는 몹시 기뻐하며 생각했습니다.

'이 환관처럼 반가운 사람이 또 있을까.'

이윽고 환관이 다가와서 말했습니다.

"나리, 너무 오래 기다리게 해서 미안합니다."

그러나 유누스는 조금 전까지 근심하며 마음을 졸였던 눈치는 조금도 보이지 않았습니다. 그러자 환관이 다시 말했습니다.

"여보시오, 어제 노예를 산 분이 누구신지 아시오?"

"아니오, 모릅니다."

"그분은 왕위를 이으실 왈리드 빈 살*³ 님이라오."

유누스가 아무 말 없이 묵묵히 앉아 있으니, 환관은 끌고 온 말에 유누스를 태워 어느 대저택으로 데리고 갔습니다.

말에서 내려 안으로 들어가 보니 마침 그 여자노예가 있었습니다. 여자가 매우 반가워하며 유누스에게 인사를 하자, 유누스는 여자를 산 젊은이와는 어떻게 되었느냐고 물어보았습니다.

"그분은 저에게 이 집을 주시고 제가 필요한 것은 뭐든지 마련해 주셨습니다."

잠깐 앉아 있으니 하인 하나가 들어와서 말했습니다.

"이리로 오십시오."

유누스가 하인을 따라 집주인 방으로 가보니 주인은 바로 어제저녁에 만난 그 젊은이였습니다.

젊은이는 긴 의자에 앉은 채 물었습니다.

"그대는 누구인가?"

"저는 율법학자 유누스라 합니다."

"오, 그대가 유누스인가! 반갑다. 나는 오래전부터 그대의 이름을 듣고 한번 만나고 싶었지. 그래, 어젯밤은 어떻게 보냈는가?"

"예, 매우 편안하게 보냈습니다. 전능하신 알라께서 당신께 더욱더 은총을 베풀어주시기를!"

"아니야, 그대는 아마도 어제 일을 후회하면서 속으로 '나는 노예를 생전 처음 보는 사내에게 줘버렸구나. 나는 그놈의 이름도 모를뿐더러 어디 사는지도 모르지 않나' 생각했을 게 틀림없어."

"오, 태수님, 후회하다니요! 천만의 말씀입니다. 설령 왕자님께 여자를 바쳤다 하더라도 왕자님에 대한 선물로서는 가장 시시한 것인 걸요."

─여기서 날이 훤히 밝아왔으므로 샤라자드는 이야기를 그쳤다.

685번째 밤

샤라자드는 이야기를 계속했다.

오, 인자하신 임금님, 율법학자 유누스는 아름다운 여자노예를 왕자에게 바쳤다 하더라도 그것은 시시한 선물에 지나지 않는다 말하고는 이렇게 덧붙였습니다.

"아니, 완전히 왕자님의 신분에는 어울리지 않는 물건이지요."

그러자 왈리드가 말했습니다.

"그러나 나는 그 여자를 데려온 일을 후회하면서 혼잣말을 했다네. '그 사람은 내가 모르는 사람이고 그쪽에서도 나를 모른다. 내가 서둘러 여자를 데려온 것은 그자에게는 정말 뜻하지 않게 갑자기 들이친 일이었을 것이다,' 이렇게 말이야. 그런데 그대는 간밤의 약속을 기억하고 있나?"

"예, 기억하고 있습니다."

"그럼 그 처녀를 은화 5만 닢에 나에게 팔겠나?"

"팔겠습니다."

그래서 왕자 왈리드는 하인을 시켜 은화 5만 닢과 별도로 금화 1천5백 닢을 가져오게 하여 유누스에게 주었습니다.

"자, 이것이 노예 값이고 이 금화 1천 닢은 그대가 나를 신용해 준 데 대한 상금이네, 그리고 나머지 5백 닢은 노자로 주는 걸세. 그것으로 무엇이든 가족에게 줄 좋은 선물을 사도록 하게. 어떤가, 이만하면 됐나?"

"예, 오히려 분수에 넘칩니다."

유누스는 왈리드의 손에 입을 맞추며 말했습니다.

"알라께 맹세코, 왕자님은 저의 눈과 손과 마음을 가득 채워 주셨습니다."

"나는 아직 그 여자와 변변히 얘기할 틈도 없었고 노래도 듣지 못했네. 여자를 이리로 데려오게."

여자가 들어오자 왈리드는 자리를 권하고서 노래를 불러보라고 말했습니다. 여자는 곧 다음과 같은 노래를 불렀습니다.

    아, 그대는 '아름다움'의 선물을
    빠짐없이 몸에 지녔네.
    고운 마음씨에
    아름다운 자태.
    터키, 아라비아, 어디에나

수많은 미인이 살건만
오, 나의 어린 사슴아,
그대에 비길 매력 가진 이 없네.
귀여운 그대,
바라건대 꿈이라도 좋으니
연모하는 자를 돌아보고
그대의 맹세를 지키시라.
수줍음을 느끼는 것도,
행동을 삼가는 것도,
귀여운 그대다운 일.
하지만 잠 못 드는 밤에
그대 그리며 기쁨에 부푸는 이 가슴
부디 살피시라.
그대로 하여 마음 미친 자
내가 처음이 아니니
그대 그리다 뜻 못 이룬
숱한 사람들 생각할 때
아, 살아서 그대를 차지하면
달리 바랄 것 없으련만.
목숨보다 더한 정으로
그대에 대한 사랑 불태우련만!

이 시를 들은 왕자는 매우 기뻐하며 유누스의 훌륭한 교육을 칭찬했습니다. 그런 다음 하인에게 안장을 깔고 옷을 입힌 말과 은화를 운반할 노새를 준비시키고서 말했습니다.

"오, 유누스, 장차 내가 왕위에 오르거든 또 찾아오라. 틀림없이 그대의 두 손을 재물로 가득 채우고, 명예를 높여주고, 평생 안락하게 살도록 해 줄 테니."

그런데 유누스는 말했습니다. (1)

"나는 더할 수 없이 많은 보물을 얻어서 집으로 돌아갔습니다. 그 뒤 왈리드 왕자가 교주의 자리를 계승했을 때 내가 달려가자, 교주님은 약속을 잊지 않고 나를 극진하게 대접해 주고 높은 명예를 내려주었습니다. 그 뒤 나는 교주님 곁에서 만족한 나날을 보내면서 지위도 신분도 높아지고 재산도 늘어나서, 나 자신뿐만 아니라 자자손손 대대로 만족할 만한 재물과 농지를 손에 넣었습니다. 그렇게 함께 살아가던 어느 날, 왈리드 교주는 마침내 남의 손에 허무하게 최후를 마쳤습니다. 전능하신 알라여, 부디 왈리드 교주님에게 자비를 내리소서!"

또 이런 이야기도 있습니다.

〈주〉

＊1 히샴(Hisham) 교주는 옴미아드 왕조 제10세, 이슬람력 105~125년(서기 724~743년) 재위. 탐욕과 금욕의 성질과 심성을 동시에 지닌 총명하고 사려 깊은 지배자였다. 어떤 사람들은 옴미아드 왕조가 한 일은 무아위야, 아브드 알 말리크, 히샴, 이 세 사람의 정치가를 낳은 것밖에 없다고 말한다. 히샴의 통치가 끝남과 동시에 사려 깊은 정치와 능력 있는 정치도 끝났다.

＊2 은화 5만 닢은 약 1250파운드로, 높은 가격으로 생각된다. 그러나 당시의 다마스쿠스는 이웃 나라의 약탈품 덕분에 재물이 넉넉했다.

＊3 왈리드 빈 살(Walid bin Sahl)은 옴미아드 왕조 제11세, 재위는 이슬람력 125~126년(서기 743~744년). 이븐 살(안일한 아들)은 별명이며, 그는 야지드(Yazid) 2세의 아들로 히샴의 형제였다. 카바(선조의 영혼을 모신 사당)의 옥상에서 술을 마시기 위해 순례를 하고 싶어 했고, 그러한 방탕한 행동이 가신들을 분개시켰다. 그래서 가신들은 왕궁을 습격하여 사사롭게 형벌을 가했다. 744년 4월 16일 무렵에, 그의 사촌형제이자 후계자인 야지드(3세)의 손에 불의의 죽음을 당했다. 본문의 이야기에서 그는 칭송을 받고 있는데, 아랍인들 사이에서 너그러운 행동은 많은 죄업도 가려주는 것으로, 세상에서는 '인색한 성인보다 너그러운 죄인이 낫다'고들 한다.

〈역주〉

(1) 종종 볼 수 있듯이, 여기서도 이야기를 하는 사람이 갑자기 주인공으로 바뀌었다.

하룬 알 라시드 교주와 아라비아 처녀

어느 날 하룬 알 라시드 교주는 바르마크 집안의 자파르를 데리고 산책을 하고 있었습니다.

그러다가 처녀 한 무리가 물을 긷는 것을 보고 물을 한 잔 마시고 싶어서 처녀들 쪽으로 다가갔습니다.

그때 처녀 하나가 친구들을 돌아보며 이런 노래를 불렀습니다.

오, 그대의 환상을 쫓아 보내라,
내 잠자리에서 멀리멀리.
그러면 내 몸에 타는 불도 꺼져
편안히 잠자련만.
그러나 짓궂은 사랑의 손길은
이 몸을 쉴 새 없이 뒤치게만 하는구나.
뜨거운 한숨 쉬는 사이사이,
그 모양을 그대는 알까, 모른들 어이하랴만
아, 애달프다, 이토록 무정하게
그 언제까지 만남을 거부하려나.

교주는 처녀의 그 맑은 목소리와 아름다운 자태에 그만 깜짝 놀랐습니다.

—여기서 날이 훤히 밝아왔으므로 샤라자드는 이야기를 그쳤다.

686번째 밤

샤라자드는 이야기를 계속했다.
오, 인자하신 임금님, 교주는 처녀의 노랫소리를 듣고 매우 놀랐습니다.
그래서 교주는 처녀에게 물었습니다.
"오, 아름다운 아가씨, 지금 그 노래는 그대가 지은 것인가, 아니면 어느 책에 있는 것인가?"
"제가 지었습니다."
"그것이 정말이라면 뜻은 바꾸지 말고 가사만 바꾸어서 노래를 해 보려무나."
그러자 처녀는 아름다운 목소리로 다음과 같이 노래하기 시작했습니다.

> 내가 잠든 사이에 잠자리에서
> 그대의 환상을 쫓아 보내라.
> 그러면 내 몸에 타오르는
> 불꽃을 끄고 눈을 감고
> 마음 편히 잠들 수 있으리.
> 사랑의 손길은
> 사랑에 병든 이 몸을
> 침대 위에서 뒤척이게 하네,
> 한없이 탄식하는 그 사이에.
> 그대가 알거나 말거나 상관없네
> 그대와 맺어지는 일 말고
> 더는 바라는 일 아무것도 없으니.

이 노래를 듣고 교주가 말했습니다.
"그것도 남이 지은 것을 아무 허락 없이 빌려 온 거겠지."
"아닙니다, 제가 지었습니다."
"정말 그대가 지었다면, 다시 한 번 뜻은 바꾸지 말고 가사만 바꿔서 노래를 불러 보아라."

그러자 처녀는 또 이렇게 노래했습니다.

    아, 애달프다, 그대의 환상
    쫓아 보내라, 내 잠자리에서.
    그러면 이 가슴속
    타는 불길 꺼져서
    평안히 잠 이루리.
    쉴 새 없이 사랑의 여신은
    그 손길로 날 굴리누나.
    사랑에 병든 이 몸을
    끝없이 한숨 쉬는 그 사이.
    그대 그것을 알든 말든
    무슨 상관있으랴.
    오직 생각하는 것은
    그대와 맺어지는 날뿐.

"그것도 다른 사람이 지은 것이겠지?"
"아닙니다, 모두 제가 지었습니다."
"정말 그대가 지은 것이라면 한 번만 더 가사를 바꿔서 불러 보려무나."
그리하여 처녀는 다시 노래를 불렀습니다.

    그리운 그대의 환상을
    쫓아 주세요, 잠자리에서
    하다못해 깊은 밤 잠잘 때만이라도
    갈비뼈 밑에서 타오르는
    불을 끄고 고이 잠들게요.
    그리움에 여윈 이 몸은
    연모의 정에 끌려가다
    홀로 누워 눈물 흘리며
    몸을 뒤척이는 애달픔이여!

당신이라면 이 마음
다 아실 텐데.
만남도 이별도 세상의 운명이라지만,
언제 또 우리 만날 수 있을까요?

교주가 물었습니다.
"그대는 저 마을 속 어디쯤 살고 있소?"
"한가운데 기둥이 제일 높은 천막이에요."*1
교주는 그 처녀가 족장의 딸이라는 것을 알았습니다.
그러자 이번에는 처녀 쪽에서 물었습니다.
"그럼, 나리의 말은 어느 나무에 매여 있습니까?"
"가장 높고 가장 열매가 많이 열려 있는 나무란다."
"오, 신앙심 깊은 자의 임금님, 알라께서 임금님을 지켜주시기를!"
처녀는 땅에 엎드려 교주의 축복을 빌었습니다. 이윽고 처녀가 아라비아 처녀들을 데리고 가버리자, 교주는 자파르에게 말했습니다.
"나는 아무래도 저 처녀를 아내로 맞아야겠다."
자파르는 처녀의 아버지를 찾아갔습니다.
"교주님이 당신 따님을 바라고 계시오."
"영광이옵니다. 딸을 신앙심 깊은 자의 임금님 측실로 바치겠습니다."
족장이 준비를 하여 딸을 교주한테 데리고 가니 교주는 곧 그 처녀를 측실로 맞아들였습니다. 그리하여 처녀는 수많은 처첩을 제치고 교주에게 가장 큰 총애를 받게 되었습니다. 게다가 교주는 처녀의 아버지에게도 더할 수 없이 많은 선물을 보냈으므로, 아버지는 알라의 곁으로 불려 갈 때까지 아랍인 가운데서도 가장 넉넉한 생활을 할 수 있었습니다.

교주는 장인이 죽었다는 소식을 듣고 매우 슬퍼하면서 애첩한테 갔습니다. 애첩은 근심에 잠긴 교주 얼굴을 바라보더니, 자기 방으로 들어가서 입고 있던 화려한 옷을 모두 벗고 상복으로 갈아입은 뒤 아버지의 죽음을 슬퍼하며 구슬피 울었습니다. 그 모습을 본 사람들이 물었습니다.
"대체 무슨 일입니까?"
사람들이 묻자 애첩이 대답했습니다.

"아버지가 돌아가셨어요."

사람들이 교주에게 달려가 이 이야기를 하자 교주는 곧 애첩에게 가서 물었습니다.

"누가 그대에게 아버지의 소식을 알렸는가?"

"오, 충실한 자들의 임금님이시여, 임금님의 얼굴이 알려주었습니다."

"그건 또 무슨 소린가?"

"제가 임금님 곁에 온 이후 지금까지 오늘처럼 근심에 찬 얼굴은 뵌 적이 없었습니다. 게다가 아버지는 나이가 많으셔서 언제 돌아가실지 몰라 늘 걱정하고 있었지요. 하지만 충실한 자들의 임금님이시여, 부디 임금님께서는 장수를 누리시기를 빕니다."

이 말을 들은 교주는 눈물을 글썽거리며 애첩을 위로했습니다. 하지만 애첩은 줄곧 아버지의 죽음을 탄식하고 슬퍼하더니, 끝내 자기도 뒤를 따라 죽고 말았다고 합니다. 알라시여! 부디 두 사람에게 자비를 베푸소서!

또 다음과 같은 이야기도 있습니다.

〈주〉

*1 바다위족 여자들이 짜는 검은 양털 천막은 보통 세로와 비스듬하게 서로 엇갈리거나 마주치도록 세 개의 기둥을 세워(중앙을 가장 높게) 지탱하며, 덮개 천은 못으로 고정한다. 그리하여 지붕의 외곽선은 둘 이상의 수하곡선(垂下曲線)을 그리는 것이며, 그것은 다탄인이나 중국인들의 건축 특색이기도 하다. 오늘날에도 이 지붕의 곡선은 투르크의(또 때로는 유럽의) 키오스크(Kiosque, 정자)에 보존되어 있으며, 브라질까지 그 영향이 미쳐 있다. 거기서는 추녀가 젖혀져 있고, 아래쪽 부분은 흔히 붉은 칠이 되어 있어 금방 여행자의 눈길을 끈다.

알 아스마이와 바소라의 세 여자

 충실한 자들의 임금, 하룬 알 라시드 교주는 어느 날 밤인가 잠이 오지 않아 자리에서 일어나 이 방 저 방을 돌아다니기 시작했습니다. 하지만 아무래도 마음이 뒤숭숭하여 잠을 이룰 수가 없었습니다.
 그러는 사이 어슴푸레하게 날이 밝아오자 당장 알 아스마이[*1]를 불러오라고 명령했습니다. 환관이 나가 문지기에게 알렸습니다. 문지기는 시인 알 아스마이를 불러놓고 교주에게 그 사실을 전했습니다.
 시인이 들어오자 교주가 말했습니다.
 "오, 알 아스마이여, 여자의 이야기나 여자의 시에 대해, 그대가 지금까지 들어본 작품 중에서 가장 뛰어난 것을 들려다오."
 "예, 지금까지 여자가 지은 시를 매우 많이 들었지만, 진심으로 감동한 것은 세 개밖에 없습니다. 그것은 옛날에 세 처녀가 들려준 것입니다."

 ─여기서 날이 훤히 밝아왔으므로 샤라자드는 이야기를 그쳤다.

687번째 밤

 샤라자드는 이야기를 계속했다.
 오, 인자하신 임금님, 시인의 대답에 교주가 말했습니다.
 "그럼, 그 얘기를 들려다오."
 시인은 다음과 같이 이야기하기 시작했습니다.
 ─오, 충실한 자들의 임금님, 사실 그 옛날, 제가 바소라에 살고 있었던 시절의 일입니다. 어느 날, 길을 걷다가 햇볕이 따갑고 더워서 어디 낮잠을 잘 만한 장소가 없나 하고 여기저기 찾아다녔습니다.

그러나 공교롭게도 마땅한 장소가 좀처럼 없었습니다. 그래서 좀더 찾아 다니다가 어느 집 문 앞에 이르게 되었습니다. 문 앞은 깨끗하게 비질이 되어 물이 뿌려져 있었고, 안쪽의 격자창 밑에는 긴 나무의자가 놓여 있는데, 활짝 열어젖혀진 창문에서는 사향 향기가 아련히 풍겨왔습니다. 그 문 안으로 들어가서 긴 의자에 다리를 쭉 뻗고 누워 있으니 창문 안에서 처녀들의 아름다운 목소리가 들려왔습니다.

그 목소리는 이렇게 말하고 있었습니다.

"동생들아, 오늘은 여기서 재미있는 얘기를 하면서 놀자. 먼저 모두 금화 백 닢씩 내놓고 시를 지은 다음 가장 아름다운 시를 지은 사람이 금화 3백 닢을 갖도록 하면 어떨까?"

"네, 그래요."

그러자 제일 손위인 처녀가 먼저 다음과 같은 시를 읊었습니다.

내가 잠든 사이,
잠자리에 임 오시면
그야 물론 기쁘지요.
하지만 깨어 있을 때
임 오시면 더 기쁘답니다.

다음엔 두 번째 처녀의 시가 시작되었습니다.

잠든 나를 찾아주는 이
다만 임 그림자뿐,
그림자에게 나는 소리 지르네.
'아, 반가워요, 어서 오세요,'

마지막으로 가장 손아래인 처녀는 다음과 같이 노래했습니다.

나의 영혼도 친족도
밤마다 잠자리 찾아오는

사항내 그윽한 그 젊은이에게
바치렵니다!

그것을 듣고 있던 나는 이렇게 혼잣말을 했습니다.
"만일 저 아가씨들이 지금 들은 시처럼 아름답다면 더 바랄 나위가 없겠는데."
그리고 의자[*2]에서 일어나 나가려고 하는데, 안쪽에서 문이 열리며 한 여자노예가 나오더니 말했습니다.
"할아버지, 사양 말고 더 앉아 계셔요."
그래서 내가 다시 걸터앉자 노예는 두루마리 하나를 나에게 주었습니다. 거기에는 매우 아름다운 글씨체로, '알리프' 자는 날렵하게, '하' 자는 굵은 서체로, '와우' 자는 곡선을 띠며,[*3] 이렇게 적혀 있었습니다.

'할아버지(알라여! 이 할아버지께 장수를 내려주소서!)께 한 글자 올립니다. 저희는 세 자매인데 오늘은 의좋게 앉아서 저마다 금화 백 닢씩을 놓고 가장 시를 잘 지은 사람이 그 돈 3백 닢을 갖기로 했습니다. 그러니 할아버지께서 심사하셔서 저희의 나음과 못함을 가려주세요. 할아버지에게 평안함이 있으시기를!'

나는 노예소녀에게 먹과 종이를 가져오라고 일렀습니다. 소녀는 집 안으로 들어가서 은으로 만든 먹통과 금을 입힌 갈대 펜을 가지고 나왔습니다.
그래서 나는 종이에 다음과 같은 시를 적었습니다.

소문도 훌륭한 세 아가씨
소곤거리는 모습이
세상물정 다 아는 사내와 다름없어라.
세 처녀 새벽 꽃과 같아서
사랑하는 자의 가슴은 슬퍼지네.
처녀들은 호기심 어린 눈을 피하여
호젓하게 숨어

잠자면서도 정숙함을 잃지 않더니
이제 가슴 활짝 열며
장난으로 시를 지었네.
아리따운 처녀가 따뜻한 사랑 넘치는
아름다운 목소리로
하얀 이 반짝이며
노래 부르네.
"내가 잠든 사이,
잠자리에 임 오시면
그야 물론 기쁘지요.
하지만 깨어 있을 때
임 오시면 더 기쁘답니다."
시가 끝나니 그 목소리는
처녀의 미소에 덮였네.
다음은 나이팅게일 같은 처녀가
노래를 부르기 시작하네.
"잠든 나를 찾아주는 이는
다만 임 그림자뿐,
그림자에게 나는 소리 지르네.
'아, 반가워요, 어서 오세요,'"
하지만 나는 분명히
마지막 처녀의 시를 택하리.
아름다운 가락도 묘하거니와
정곡을 찔러서 불렀으니
―그 시는 이러하네.
"나의 영혼도 친족도
밤마다 잠자리 찾아오는
사향내 그윽한 그 젊은이에게
바치렵니다!"
세 처녀의 시 중 제일가는 것을 고르며

짓궂은 짓은 하지 않았네.
어느 시보다 손아래 아가씨의 시가
제일 훌륭하다고 믿어 후회하지 않네
사실에 가장 가까운 시이므로.

다 쓴 다음 두루마리를 노예소녀에게 주니 소녀는 계단을 올라 안으로 들어갔습니다. 그러자 갑자기 집 안에서 발을 구르는 소리며 손뼉 치는 소리가 요란하게 들려 왔습니다.
"이거 얼른 나가는 게 좋겠는걸."
나는 이렇게 혼자 중얼거리면서 긴 의자에서 일어나 그대로 나가버리려 하는데 처녀 하나가 나를 불렀습니다.
"알 아스마이 님! 제발 그냥 앉으셔요."
"내가 알 아스마이라는 사실은 어떻게 알았소?"
"할아버지의 성함은 모르지만, 할아버지의 시는 잘 알고 있는 걸요."
내가 다시 자리에 앉자, 문이 열리며 첫 번째 아가씨가 과일과 과자가 담긴 쟁반을 들고 나왔습니다.
그것을 맛있게 먹고 돌아가려 하자 처녀가 말했습니다.
"알 아스마이 님, 조금만 더 계시다 가셔요."
눈을 들어 처녀를 바라보니 사프란빛 소매 사이로 장밋빛 손이 엿보이는데, 마치 새벽하늘에 환하게 걸린 보름달처럼 아름다웠습니다.
처녀는 금화 3백 닢이 든 돈주머니를 나에게 내밀면서 말했습니다.
"이것은 저희 것입니다만, 시를 뽑아주신 사례로 드리겠습니다."

이야기를 듣고 하룬 알 라시드 교주가 물었습니다.
"그대는 어째서 가장 어린 처녀의 시를 뽑았는가?"
"오, 충실한 자들의 임금님이시여, 가장 나이 먹은 처녀의 시는 '내가 잠들어 있는 동안 연인이 찾아오면 얼마나 좋을까' 하는 시였는데, 과연 그렇게 입맛에 맞도록 잘 될지 모르는 상태에 있습니다. 두 번째 처녀의 시는, 처녀가 잠들면 꿈속에 환영이 나타나 그에게 인사를 했다는 내용이었습니다. 그런데 제일 어린 처녀의 시에서는, 실제로 연인과 함께 자고 사향보다 향긋한 숨결을 맡으며 젊은이에게 자신의 영혼과 몸을 모두 바친 것입니다. 만약 처녀가 연인을 자신의 영혼보다 더 사랑하지 않았다면 그렇게 하지 않았을 게 분명합니다."

"오, 알 아스마이여, 그대의 판정이 옳았다!"

그리고 그 이야기를 들려준 상으로 금화 3백 닢을 알 아스마이에게 주었습니다.

또, 이런 이야기도 있습니다.

〈주〉

*1 253번째 밤 참조. 알 아스마이(Al-Asmai)는 콘스탄티노플의 영국 공사관 비서 타리크 해밀턴(Terrick Hamilton)의 구역(舊譯)에 의해 영국인에게 친숙한 《안타르 이야기》의 작자. 이 《안타르》 전 45권에는 원본에서 필요한 부분만 뽑아서 베낀 책이 있다. 안타리야(Antariyyah), 즉 직업적 강석사(講釋師)는 대부분 이 이야기에서 소재를 얻고 있다. 또는 적어도 옛날에는 그랬다.

*2 여기서의 의자는 다카(Dakkah)라고 하는 긴 나무소파를 말하며, 돌 의자인 마스타바(Mastabah)에 대응한다. 다카는 또한 종종 높은 단을 가리키기도 하는데, 이슬람 사원에서는 일종의 설교단 같은 것으로, 난간을 두르고 기둥으로 받치고 있다. 독송자는 그 위에서 《코란》을 읽는다. 레인(《근대 이집트인》 제3장)은 '사원의 내부'에 이 단을 스케치하고 있다.

*3 알리프(ﺍ), 하(ﻩ), 와우(ﻭ). 아랍어 알파벳의 첫 번째, 26번째, 27번째 문자. 첫 번째는 가장 단순하면서도 글씨를 쓰는 법으로서는 어려운 글자이다.

모술의 이브라힘과 악마[*1]

아부 이사크 이브라힘 알 마우시리는 이런 이야기를 한 적이 있습니다.
나는 어느 때, 알 라시드 교주님께 집안끼리 즐겁게 놀고 싶으니 하루의 말미만 허락해 달라고 청하자, 왕께서는 안식일인 토요일에는 쉬도록 하라고 말씀하셨습니다.
그날 나는 집으로 돌아와 음식과 그 밖에 필요한 것을 마련한 다음 문지기에게 문을 잠그고 아무도 들어오지 못하게 했습니다.
그리고 시중을 들어주는 하녀들과 함께 방으로 들어갔는데, 그곳에 난데없이 흰옷을 입고 머리에는 학자의 터번을 감았으며, 손에는 은장식이 달린 지팡이를 든, 보기에도 엄숙한 풍채를 한 노인[*2]이 나타났습니다. 집 안에는 노인의 몸에 밴 향긋한 향기가 자욱하게 풍겼습니다.
나는 이 노인의 출현에 화가 나서 문지기를 시켜 쫓아내게 할 작정이었지만, 노인이 하도 공손하게 인사를 해서 나도 하는 수 없이 답례하고 자리를 권했습니다.
노인은 자리에 앉자 아랍인 이야기와 시에 대해 얘기해 주었습니다. 그러는 동안에 어느 정도 화가 풀려, 아마 하인들이 나를 기쁘게 해 주려고 이처럼 교양 높은 노인을 불렀을 거라 생각하며 내가 물었습니다.
"뭘 좀 드시겠습니까?"
"아니, 괜찮소."
"그럼, 술이라도."
"좋도록 하구려."
그래서 나는 3홉가량의 술을 마시고 노인에게도 같은 양의 술을 권했습니다. 이윽고 노인이 말했습니다.
"오, 아부 이사크 님, 뭐든 한 곡 들려주지 않겠소? 당신 솜씨를 좀 구경하고 싶구려."

상대의 말이 거슬렸지만, 나는 노여움을 꾹 참고 아무렇지도 않은 듯 비파를 타고 노래를 불렀습니다. 그러자 노인이 말했습니다.
"오, 아부 이사크,*3 참 잘하시는구려!"
이 말을 들으니 나는 더욱더 기분이 상해서 속으로 생각했습니다.
'내 허락도 없이 멋대로 남의 방에 들어와서, 이거 해라 저거 해라 하다니 너무 뻔뻔스럽잖아? 더구나 예의도 모르고 남의 이름이나 함부로 불러대고, 뭐 이런 늙은이가 다 있어."
노인이 다시 말했습니다.
"노래를 더 불러준다면 사례를 하리다."

나는 아무렇지도 않은 척하고 다시 비파를 들고 노래를 불렀습니다. 사례하겠다는 상대의 말을 생각하면서 있는 힘을 다해 노래했습니다.

—여기서 날이 훤히 밝아왔으므로 샤라자드는 이야기를 그쳤다.

688번째 밤

샤라자드는 이야기를 계속했다.
오, 인자하신 임금님, 아부 이사크는 계속 이야기해 나갔습니다.
—내 노래에 보답해 주겠다는 노인의 말을 생각하며 정성껏 노래를 불렀습니다. 그랬더니 노인은 몹시 기뻐하면서 말했습니다.
"야, 참 잘한다. 그럼, 이번엔 내가 한마디 불러볼까?"
"좋도록 하십시오."
나는 이렇게 대답은 했지만 속으로는 내 노래를 듣고서, 그것도 내 눈앞에서 노래를 부르다니 분수를 모르고 말과 행동이 가벼운 자로구나 생각했습니다.
이윽고 노인은 비파를 들어 줄을 튕겨보았습니다. 그 순간 현 자체가 아름답고, 물 흐르는 듯한 낮은 목소리로 아랍어를 중얼거리는 것처럼 느껴졌습니다.

노인은 이런 시를 읊기 시작했습니다.

내 아픈 가슴을 견디었네,
누군가 이것과 바꾸지 않으려나,
병 없고 아픔 없고 온전한 마음과.
아니, 그럴 테지 누가 그러한
손해 보는 흥정을 할까 보냐.
슬픔과 한탄 마다치 않고
반기는 자 어디 있다고.
가엾어라 가엾어,
나는 술 취한 사람처럼 신음하고
버둥대고 그리워하며
뜻대로 아니 됨을 한탄하네.

알라께 맹세코, 이것을 듣고 있으니 문짝이고 벽이고 집 안에 있는 모든 것이 노인의 노랫소리에 장단을 맞추고 있는 것처럼 여겨지더군요.
그만큼 노인의 목소리는 맑고 아름다워 마침내 내 손발과 옷자락까지도 그 아름다운 목소리에 떨릴 정도였습니다. 나는 그저 입을 딱 벌린 채 입을 떼지도, 몸을 움직이지도 못하고 있었습니다. 그러는 사이에 노인은 계속해서 다음과 같은 노래를 불렀습니다.

리와*4의 비둘기들아,
너희 둥지로 돌아가거라.
한숨지으며 슬퍼하는 그 목소리에
내 가슴 몹시도 떨리는구나.
이윽고 비둘기들 숲으로 가버리면
이 목숨을 가까이 불러
은밀한 내 비밀을 소곤거려라.
구구구 울며 가버린 벗을 부르는 울음소리여,
마치 내 가슴도 술의 힘에 미치는 듯하구나.

내 눈은 일찍이 비둘기들처럼
눈물 한 방울 흘리지 않고 우는 사람 못 보았노라.

그리고 또, 이런 노래도 불렀습니다.

쓸쓸한 나지드의 산들바람아
저 나지드에서 불어오는
너의 숨결은, 재앙에
또다시 재앙을 보탤 뿐이로다!
산비둘기 한 마리,
가는 버들가지 사이에서
아침 꽃 속에 있는 나에게 말하도다.
이 산비둘기는
사랑을 앓는 젊은이의
슬픔을 더불어 슬퍼하며
꿈에도 밝히지 않은
사랑의 비밀을 가르쳐주었노라.
연인이란
가까이에 있으면 사랑에 싫증 내고
멀리 떨어지면
사랑의 괴로움이 나아진다던가.
나, 둘 다 겪어봤지만
내 사랑은 여전하더라.
그중에서도 연인은
멀리 있는 것보다
가까이 있는 편이 좋지만
가까이 있은들, 사랑하는 사람이
사랑을 싫다하면 소용없는 일.

노인은 노래를 끝내자 이렇게 말했습니다.

"여보게, 이브라힘, 이 노래를 그대의 노예들에게도 가르쳐주게나."
"그럼 한 번 더 불러주셔야요."
"그럴 필요가 없어. 너는 모두 암기해 버렸으니 더 이상 가르칠 게 없단 말이지."

그리고 노인은 홀연히 자취를 감추고 말았습니다.

깜짝 놀란 나는 칼이 있는 곳으로 달려가 그것을 뽑아들고 안채를 향해 달려갔습니다. 그러나 문이 굳게 닫혀 있어서 여자들에게 물었습니다.

"너희는 무슨 소리를 못 들었느냐?"
"매우 아름답고 멋진 노랫소리를 들었습니다."

나는 더욱더 놀라서 바깥문까지 가 봤지만, 역시 자물쇠가 잠겨 있었으므로 문지기에게 노인에 대해 물어보았습니다.

"노인이라니요? 오늘은 손님을 한 분도 안에 들여보낸 적이 없는데요."

나는 대체 이게 어찌 된 일일까 고개를 갸우뚱거리며 다시 방으로 돌아왔습니다. 그러자 또 신기하게도, 방 한구석에서 갑자기 이런 목소리만⁽¹⁾이 들려왔습니다.

"아부 이사크야, 걱정할 것 없다. 오늘 너와 함께 술을 마신 것은 나, 아부 무라*5이다. 두려워하지 마라."

나는 곧 말을 타고 왕궁으로 가서 알 라시드 교주님에게 자초지종을 이야기했습니다. 그러자 교주님이 말씀하셨습니다.

"그대가 들었다는 그 노래를 한 번 들려주지 않겠나?"

나는 곧 비파를 타며 악마한테서 들은 노래를 불렀습니다. 신기하게도 한 군데도 틀리지 않고 끝까지 부를 수 있었습니다. 교주님은 그 노래가 무척 마음에 들었던지 평소엔 별로 즐기지 않는 술을 자꾸 마시면서 이렇게 말씀하셨습니다.

"그 악마가 그대를 즐겁게 해 주었듯이 언젠가 이곳으로 와서 나도 즐겁게 해 주었으면 좋겠구나."*6

그리고 나에게 상을 내리셨으므로 나는 그것을 가지고 집으로 돌아왔습니다.

또 다음과 같은 이야기도 있습니다.

⟨주⟩

*1 레인은 이 이야기가 《아라비안나이트》 속에 있는 것을 모르고 제1권 속에 삽입했다. 그리고 시는 전부 생략하고 단순한 줄거리만 소개했다. 그는 이 이야기를 《할바트 알 쿠마이트 Halbat al-Kumayt》(제14장)나 알 마수디(제111장)한테서 빌려 썼을 것이다. 〔《할바트 알 쿠마이트》는 경마라는 뜻이지만, 사실 포도주에 대한 시어(詩語)이며, 경마에서 말을 타는 사람들이 쓰는 말이다. 책 전부가 한결같이 술과 여자 이야기를 다룬 음악책으로, 판관 샤무스 알 딘 무함마드의 작품으로 일컬어지고 있다. 알 마수디는 아라비아 여행가로 《황금 목장과 보석 광산》의 지은이.〕

나는 C. 바르비에 드 메나르(Barbier de Maynard) 씨가 왜 모음에 악센트를 넣어서 레시드(Réchid)〔정확하게는 Rashid〕라고 썼는지 이해할 수가 없다. 하기는 그는 '오, 네 어미의 벌어진(할례를 하지 않은) 음핵(Bazar)을 깨무는 자여!'라고 되어 있는 원전을, 프랑스인다운 조심성에서 '매춘부의 아들이여!'라고 번역하기는 했지만. 〔메나르는 프랑스의 동양학자. 마르세유 출신, 1827~1908년.〕

*2 알 마수디의 악마는 '잘생기고 늘씬한 젊은이'로, 악마라기보다는 '유혹자'에 가깝다. 이 악마는 또 물들인 가벼운 비단을 두르고 있다.

*3 전혀 모르는, 처음 마주보는 인물이면 '오, 주인장!'이라고 말하는 것이 더욱 정중했을 것이다.

*4 리와(Liwa)는 아랍인들의 템페(Tempe) 같은 것이다. 〔템페는 라틴어이며, 그리스와 라틴의 시인들이 커다란 찬사를 보낸 테살리아 계곡을 말한다. 중앙에 피니오스 강이 흐르고 있어 경치가 더할 나위 없이 훌륭하다. 그리하여 아름다운 계곡을 템페라 부르기도 한다.〕

*5 아부 무라(Abu Murrah)는 '고통의 아버지', 즉 악마를 말한다. 모술의 이브라힘에게 악마가 출현했다는 이 전설은 현대인들도 인정하는 듯하며, 유럽에서의 이러한 악마의 방문―특히 파우스트 박사에 대한―을 연상시킨다. 나는 일찍이 악마의 전기를 쓰기 시작한 적이 있다. 그러나 유럽의 민화는 옛날의 훌륭한 티폰 아리만(Typhon-Ahriman)을 아주 우습게 여기고, 결국 인간적인 흥미를 모두 박탈해 버린 것을 알았다. 〔티폰은 그리스 신화에 나오는 백 개의 뱀 머리와 불의 눈을 가진 괴물. 아리만은 조로아스터교의 악의 화신.〕

*6 알 마수디에서는, 교주는 '정말로 그대는 악마의 방문을 받은 거로군' 하고 소리쳤다.

⟨역주⟩

(1) '목소리만……'의 원문은 일부러 라틴어로 Vox et praeterea nihil로 되어 있다. '목소리 그리고 그 밖에는 아무것도 없다', 즉 '오직 목소리만'이라는 의미이다.

고산고정일(高山高正一)

서울에서 태어나다. 성균관대학교국문학과졸업. 성균관대학교대학원비교문학과졸업. 소설「청계천」으로「자유문학」등단. 1956년~현재 동서문화사 발행인. 1977~87년 동인문학상운영위집행위원장. 1996년「한국세계대백과사전」편찬주간발행. 지은책「청계천 사람들」「불굴의 혼·박정희」「한국출판100년을 찾아서」「愛國作法·新文館 崔南善·講談社 野間淸治」「망석중이들 잠꼬대」「高山 大三國志」「불과 얼음 17일 전쟁 장진호」「세계를 매혹한 최승희」한국출판문화상수상, 한국출판학술상수상.

World Book 135
Richard Francis Burton
THE BOOK OF THE THOUSAND NIGHTS AND ONE NIGHT
아라비안나이트 Ⅲ
리처드 버턴/고산고정일 옮김
1판 1쇄 발행/1969. 12. 12
2판 1쇄 발행/2010. 12. 12
2판 4쇄 발행/2021. 10. 1
발행인 고정일
발행처 동서문화사
창업 1956. 12. 12. 등록 16-3799
서울 중구 마른내로 144(쌍림동)
☎ 546-0331~6 Fax. 545-0331
www.dongsuhbook.com
잘못 만들어진 책은 바꾸어 드립니다.

＊

이 책은 저작권법(5015호) 부칙 제4조 회복저작물 이용권에 의해 중판발행합니다.
이 책의 한국어 문장권 의장권 편집권은 저작권 법에 의해 보호받으므로
무단전재 무단복제 무단표절 할 수 없습니다.
이 책의 법적문제는「하재홍법률연구소 jhha@naralaw.net」에서 전담합니다.

＊

사업자등록번호 211-87-75330
ISBN 978-89-497-0676-4 04080
ISBN 978-89-497-0382-4 (세트)